長沙簡牘博物館
中國文化遺産研究院
北京大學歷史學系
故宫研究院古文獻研究所
走馬樓簡牘整理組 編著

長沙走馬樓三國吴簡

竹簡〔玖〕

（下）

文物出版社

釋文

入臨湘西鄉二年郵卒限米五斛〓嘉禾六〼　一

〼十日彈溲丘棵信關坒閣董基付三州〼　二

大男鄭樵年七十踵兩足　〼　三

……松子十一斛七〼　四

〼麻一千四百一十四斤　〼　五

〼□月十八日小半丘黄金關坒閣董基〼　六

右出□□□□〼　七

〼其三百九十二〼　八

〼□縣嘉禾三年□□〼　九

草言府縣不坐□〼　一〇

〼□年卅四　一一

〼九斛七升　□〼　一二

〼倉吏郭勳馬欽　一三

〼番末關坒閣馬統付倉吏郭勳馬欽　一四

嘉禾四年四月一日關坒閣〼　一五

〼食四人　訾　五〼　一六

〼□斗〓嘉禾五年十一月四日横□丘男子□〼　一七

能女弟□年□〼　一八

【注】「年」上□右半殘缺，左半從「言」。

子男惦年六歲〼　一九

入三州倉運嘉禾三年〼　二〇

〼□□□合□□五車有入四〼　二一

其一萬一千□〼　二二

入臨湘廣成鄉二年税米□〼　二三

【注】簡中有朱筆塗痕。

其卌四斛八斗七升……〼　二四

【注】簡中有朱筆塗痕。

〼年正月十一日付庫吏潘　〼　二五

〼……斛□税（?）白（?）米（?）一百斛二斗三升　二六

【注】簡中有朱筆塗痕。

其□〼　二七

〼妻大女香年廿八　□姪子〼　二八

□□□□□言□〼　二九

〼田曹史……〼　三〇

〼曹史□□□〼　三一

〼弟□年廿　〼　三二

【注】「年」上□右半殘缺，左半從「扌」。

入臨湘西鄉五年〼　三三

〼……　□□□十九盲□目　三四

【注】「目」上□已殘，據存墨，應爲「左」或「右」字。

〼訾　五　十　三五

〼□四人粻　〼　三六

〼馬統付倉吏郭勳馬欽　三七

〼女（?）姪墺（?）年五歲　三八

〼□種粻米入倉　三九

〼□笄（?）五〼　四〇

〼年租米六斛一斗胄畢〓嘉禾六年十一月十日□〼　四一

〼□□六（?）斛四（?）斗胄畢〓嘉禾二年十一月廿一日□〼　四二

〼　右□家口食三人〼　四三

〼嘉禾二年税米六斛胄畢〓嘉禾二年十一月三日京〼　四四

〼□關坒閣董基付倉吏鄭黑受　四五

〼年十一月十八日東平丘男子郭厚關坒閣董基付三〼　四六

〼十一月二日負丘潘豆關坒閣董基付倉吏鄭黑受　四七

〼□畢簿　〼　四八

〼六斛七斗胄畢〓嘉禾二年十一月十一日上利丘烝潁（?）關〼　四九

大男李草年卅一　〼　五〇

⍁一萬□千三百七十五錢　⍁　五一

□領税米□⍁　五二

今（？）……⍁　五三

入臨湘都鄉⍁　五四

⍁□露丘謝縣關坙閣⍁　五五

⍁乘錢（？）□年卅三　筭一　⍁　五六

⍁十一月廿日常略丘趙當關坙閣⍁　五七

⍁董基付三州倉吏鄭黑受　五八

⍁〼嘉禾二年十一月廿二日負丘潘逐關坙閣董基⍁　五九

⍁九十七畝八十一步　六〇

已入米五十六斛三斗付倉吏⍁　六一

⍁坙閣董基付三州倉吏鄭黑受⍁　六二

入臨湘□□嘉禾二年……⍁　六三

⍁平樂丘謝中關坙閣董⍁　六四

⍁三斗胄畢〼嘉禾二年十一月廿八日夫⍁　六五

⍁税米十九斛胄畢〼⍁　六六

⍁胄畢〼嘉禾二年十一月廿三日松田⍁　六七

入平鄉嘉禾二年税米三斛胄米⍁　六八

⍁董基付三州倉吏鄭黑受　六九

⍁關坙閣董基付三州倉吏鄭黑⍁　七〇

⍁□年卅刑左足　⍁　七一

入平鄉嘉禾二年租米三斛胄畢〼⍁　七二

⍁基付三州倉吏鄭黑受　中（？）　七三

⍁……關坙閣董基付三州倉吏鄭黑受　七四

⍁鄉嘉禾二年税米七斛二斗胄畢〼嘉禾二年十一月廿二日帝丘謝

會（？）關坙閣⍁　七五

入廣成鄉嘉禾二年税米三⍁　七六

⍁日窟丘郡吏毛鈞關坙閣董基⍁　七七

⍁州倉吏鄭黑受　七八

⍁年四歲　⍁　七九

入西鄉嘉禾二年⍁　八〇

入西鄉嘉禾⍁　八一

⍁〼嘉禾二年十一月□⍁　八二

⍁烝宋（？）所主上利丘民烝□等十户〼嘉禾二年四月六日縣吏

五訓付□⍁　八三

【注】「烝」下□右半殘缺，左半從「金」。

入二年私學限米十□斛三□　⍁　八四

⍁錢二萬七千二百六十□錢　八五

⍁　六月十七日兼户曹别主史陳□白　八六

⍁　妻大女思年五十　□⍁　八七

⍁……鄉吏五訓付□□黄勳□　八八

⍁石男弟咸（？）年卌四　⍁　八九

⍁　子男囊年十六　九〇

⍁　五月入　⍁　九一

⍁……四萬（？）……　九二

⍁□湘關烝宋鋘潰（？）　九三

入州吏黄恭買夷生口大女□□賈⍁　九四

大成里大女陳衣年九十　⍁　九五

草言府□丞尉……⍁　九六

其一千八百八十七斛三升六合□⍁　九七

【注】簡中有朱筆塗痕。

居男弟□年十⍁　九八

【注】「弟」下□右半殘缺，左半從「女」。

出桑鄉嘉禾元年租米一斛五斗〼嘉禾二年四月廿□⍁　九九

□□里户人公乘鄭市年廿六　⍁　一〇〇

妻大女□⍁　一〇一

☐□□□□年五歲 ☐ 一〇二

☐兩足 ☐ 一〇三

右□□□☐ 一〇四

【注】「右」上原有墨筆點記。

☐限米四斛 ☐ 一〇五

入運三州倉嘉禾☐ 一〇六

☐董基付倉吏谷漢受☐ 一〇七

☐閣馬統付倉吏郭勳馬欽 一〇八

☐□七月三日己卯白 一〇九

【注】七月三日爲己卯，則七月朔爲丁丑。據陳垣《魏蜀吴朔閏異同表》，嘉禾四年七月朔爲丁丑。

☐基付三州倉吏黑受 一一〇

【注】「黑」上脱「鄭」字。

☐□□……☐ 一一一

【注】第二□右半殘缺，左半從「女」。

入平鄉嘉禾二年税米九斛☐ 一一二

☐米□萬七百六十☐ 一一三

【注】簡中有朱筆塗痕。

☐首士一百一十三人其十五☐ 一一四

【注】簡前殘斷，據吴簡文書格式，「首士」前應有「自」字。

☐税米十五斛……≡✕嘉☐ 一一五

☐丘何種關堅閣□☐ 一一六

☐……典……☐ 一一七

☐付倉吏李金☐ 一一八

☐家口食五人 ☐ 一一九

☐□四事二 ☐ 一二〇

☐士四人爲簿事 ☐ 一二一

☐□襍限米……☐ 一二二

入廣成鄉嘉禾☐ 一二三

☐年十一 一二四

入□☐ 一二五

入臨湘中鄉五年☐ 一二六

☐右新成里☐ 一二七

☐米四斛☐ 一二八

☐子妻在本縣☐ 一二九

☐州吏黄星（？）☐ 一三〇

【注】「子妻」應爲「妻子」之倒。

☐張曼周棟☐ 一三一

出用 ☐ 一三二

☐□付倉吏☐ 一三三

☐□漬米□☐ 一三四

☐年十月十一日□□☐ 一三五

☐郭勳馬☐ 一三六

☐□二斛五□☐ 一三七

☐三州倉☐ 一三八

☐十斛 ☐ 一三九

☐□□…… 一四〇

【注】簡中有朱筆塗痕。

☐□李田年卅九 任☐ 一四一

入臨湘都鄉五年☐ 一四二

☐年税米十三斛八斗☐ 一四三

☐關堅閣□□☐ 一四四

☐堅閣馬統☐ 一四五

☐……行錢……☐ 一四六

☐□斛五斗☐ 一四七

☐□□事 ☐ 一四八

☐□卅五斛≡✕嘉禾☐ 一四九

入臨湘西鄉五年田畝布☑ 一五〇

☑□□與前所入合六十三萬☑ 一五一

☑罔子男□☑ 一五二

入鹽鐵曹掾五連□□☑ 一五三

☑□……□ 一五四

五斗八升畢圜☑ 一五五

☑田畝布米 ☑ 一五六

☑五月五日新唐丘☑ 一五七

☑五年稅米廿☑ 一五八

☑□嘉禾五年☑ 一五九

九月廿七日中簿☑ 一六〇

入臨湘廣成鄉五年稅米□☑ 一六一

☑ 鼠弟□☑ 一六二

右起☑ 一六三

【注】「右」上原有墨筆點記。

☑嘉禾四年……☑ 一六四

☑其五十六斛五斗民自入 ☑ 一六五

☑ 子男馬年廿二苦☑ 一六六

右倉吏☑ 一六七

☑箄一 ☑ 一六八

☑十一月十三日□☑ 一六九

☑□五□……☑ 一七〇

☑斛□☑ 一七一

☑斛□畢≡×☑ 一七二

☑十一斛四斗≡×嘉禾五年☑ 一七三

☑……月□□☑ 一七四

☑□月一日梨下丘□☑ 一七五

領……☑ 一七六

☑ 右□☑ 一七七

【注】「右」上原有墨筆點記。

☑≡×嘉禾五年☑ 一七八

☑其十斛船師☑ 一七九

☑ □男弟秋年五歲 ☑ 一八〇

☑嘉禾五年□☑ 一八一

☑唐鄉□☑ 一八二

☑統☑ 一八三

入臨湘☑ 一八四

☑稅米十☑ 一八五

☑欽☑ 一八六

【注】此字爲簽署，應爲「馬欽」之「欽」。

☑付倉☑ 一八七

☑□歲 ☑ 一八八

☑合六十五斛一斗 ☑ 一八九

【注】簡中有朱筆塗痕。

☑合十五斛□□☑ 一九〇

起嘉禾□年□月□☑ 一九一

入臨湘小武陵鄉☑ 一九二

☑諸關☑ 一九三

☑□關邸閣☑ 一九四

……里户人大女毛☑ 一九五

☑關邸閣馬☑ 一九六

☑米一百斛六斗出 一九七

定領襍吳☑ 一九八

【注】「定」上原有墨筆點記。

☑≡×嘉禾四（？）年五（？）月二日□☑ 一九九

☑訾 五 十 二〇〇

二〇一　入……☒

二〇二　☒生口大女……☒

二〇三　☒卅一　☒

二〇四　☒[嘉]禾二年田畝（？）□□☒

二〇五　☒十一月二日大[男]☒

二〇六　入臨湘南鄉☒

二〇七　☒[臨]湘西鄉五[年]☒

二〇八　入三州倉吏☒

二〇九　☒勳馬欽☒

二一〇　☒□付庫[吏]☒

二一一　☒□南（？）二鄉☒

二一二　☒□廿九斛☒

二一三　☒吏□☒

二一四　☒　恙母☒

二一五　☒七斛□畢⋈[嘉]☒

二一六　☒五年稅[米]☒

【注】簡中有朱筆塗痕。

二一七　☒□三百五十☒

二一八　入臨湘西鄉五[年]☒

二一九　☒□四六[佃][吏]限米☒

二二〇　☒□　☒

二二一　☒曹史烝堂白☒

二二二　☒□□□□五☒

二二三　☒[男]弟□　☒

二二四　☒[五]　十

二二五　☒十一斛四☒

二二六　☒壂閣馬統☒

二二七　☒□[年][七][十][一]☒

二二八　☒□[關]☒

二二九　☒⋈嘉禾☒

二三〇　☒家口食☒

二三一　☒□嘉禾二年稅☒

二三二　☒米一斗☒

二三三　☒□☒

【注】簡中有朱筆塗痕。

二三四　☒……年十二月廿一日石唐丘大男李㘶關壂閣□☒

二三五　☒……[事]　[元]……☒

二三六　☒倉吏黃諱史番慮

二三七　入平鄉嘉禾二年租米三斛　胄☒

二三八　☒⋈嘉禾二年十一月十日惕丘☒

二三九　☒　五　十

二四〇　部□謹列嘉禾☒

二四一　☒禾二年稅米二[斛]☒

二四二　右歲伍五[京]☒

【注】「右」上原有墨筆點記。

二四三　☒[州]倉吏鄭黑受

二四四　☒有入復言君

二四五　☒統付三州倉吏鄭黑受

二四六　☒壂閣董基付三州倉吏鄭黑受

二四七　☒世丘郡吏禹具關壂閣董基付倉吏鄭[黑]☒

二四八　六十九斛一斗一升倉吏☒

二四九　□黃龍三年郡吏雷濟鹽賈吳☒

二五〇　[其]□□□☒

二五一　☒　……武（？）年卅七　☒

二五二　妻姪子……☒

二五三　……五十三斛……☒

二五四　☑　□母大女妾年七十六　☑

二五五　大男□明年八十三　□□☑

二五六　寶（？）□充（？）餉（？）間（？）□間（？）□☑

二五七　入平鄉嘉禾二年……☑

二五八　承二月簿餘元年士（？）租錢□☑

二五九　☑基付三州倉吏鄭黑受

二六〇　領□民八户　☑

二六一　　右紋家口食□☑

二六二　☑畢⋈嘉禾二年十一月十八日□□丘郡☑

二六三　入小武陵鄉嘉禾二年佃帥限米十七斛☑

二六四　☑⋈嘉禾二年十一月十八日□□丘縣吏□□☑

二六五　入西鄉嘉禾二年税米八斛胄畢⋈嘉禾二年☑

二六六　其（？）□□☑

二六七　　☑□□士伍綵（？）年十□　☑

二六八　☑□錢卅六萬□千四百五十八錢嘉禾三年五月☑

二六九　☑閣董基付三州☑

二七〇　☑禾二年税米六斛九☑

二七一　☑畢⋈嘉禾二年十一月☑

二七二　入廣成鄉嘉禾二年租米十六斛☑

二七三　入東鄉嘉禾二年税米十五斛☑

二七四　☑丘李巴關邸閣□☑

二七五　☑董基付倉吏鄭黑受

二七六　　☑元年私學限米

二七七　☑張高謹列自首叛士☑

二七八　☑□基付倉吏鄭黑受☑

二七九　☑禾二年□月二日吴昌頓丘□□☑

二八〇　☑倉吏鄭黑受

二八一　☑付三州倉吏鄭黑受

二八二　☑税米二斛胄畢⋈嘉禾二年二月二日☑

二八三　☑元年□□☑

二八四　☑倉吏鄭黑受

二八五　☑□嘉禾二年十月☑

二八六　☑禾二年十一月廿□☑

二八七　　前後稱□☑

二八八　入西鄉嘉禾二年税米一斛☑

二八九　☑鄭黑受

二九〇　☑□斛二斗畢⋈嘉禾二年十一月十四日☑

二九一　☑禾二年十一月十一日帝丘縣吏黄☑

二九二　入樂鄉嘉禾二年租米一斛一斗☑

二九三　☑□米八斛四斗⋈嘉禾二年十一月□☑

二九四　入西鄉嘉禾二年租米一斛胄畢⋈☑

二九五　☑千一百卅一□□□　☑

二九六　☑□百六十八斛六斗一升五合　☑

二九七　☑畢⋈嘉禾二年九☑

二九八　☑基付倉吏鄭黑受☑

二九九　☑□四萬五千□☑

三〇〇　☑基付三州倉吏鄭黑受

三〇一　☑付三州倉吏鄭黑受

三〇二　入廣成鄉嘉禾二年税米七斛二☑

三〇三　☑五日白石丘男子□□☑

三〇四　入桑鄉嘉禾二年租米二斛七斗斛胄畢⋈嘉禾二年十一月十六日東
平丘□☑

【注】「七斗」下「斛」疑爲衍字。

三〇五　其四畝□☑

三〇六　……四六佃□□吏□☑

三〇七　軍母大女婢年☑

右□家口□　〼　三〇八

府前言部吏黄□　〼　三〇九

〼□物故男子潘季證知　三一〇

宋等文書□□□〼　三一一

入平鄉嘉禾二年税米□〼　三一二

〼畢≡×嘉禾二年十一月二日桐丘縣吏劉僮關〼　三一三

入平鄉嘉禾二年租米三斛胄畢≡×嘉禾二年十二月十日桐〼　三一四

〼劉□限田收米五十斛　三一五

【注】「劉」下□右半殘缺，左半從「糸」。

〼　□子女黑年十二刑□足　三一六

〼禾二年十月十日帝丘縣吏黄□關邸閣董基付三州倉〼　三一七

【注】「黄」下□右半殘缺，左半從「木」。

入小武陵鄉嘉禾二年税米卅五斛胄畢≡×嘉禾二年十一月三日石唐丘李貴關〼　三一八

右欽家口食四人　〼　三一九

〼二月十一日高樓丘男子逢□關邸閣董基付三州倉吏鄭黑受　三二〇

兄子女常年四歲　〼　三二一

〼十一月一日資丘馬謝關邸閣董基付三州倉吏鄭黑受　三二二

〼平支丘男子□□關邸閣董基付三州倉吏鄭黑受　三二三

〼故吏邸閣郎中□□何宗限收米十五斛　三二四

入東鄉嘉禾二年税米□〼　三二五

入模鄉……〼　三二六

〼丘州吏石殷關邸閣〼　三二七

〼嘉禾二年十一月廿四日耶（？）丘男子〼　三二八

〼斛三斗胄畢≡×嘉〼　三二九

入西鄉嘉禾二年税米二斛〼　三三〇

〼三州倉吏鄭黑受　三三一

〼年十一月二日河丘男子〼　三三二

〼付三州倉吏鄭黑受　三三三

〼……貸食嘉禾□〼　三三四

〼　右領二年布租錢十〼　三三五

〼□限米十八斛　〼　三三六

〼基付三州倉吏鄭黑受　三三七

〼胄畢≡×嘉禾二年十一月卅日〼　三三八

〼五百四十五錢　三三九

〼　思户下婢香年十四　〼　三四〇

入平鄉嘉禾二年租米一斛〼　三四一

〼年税米三斛七斗畢≡×嘉禾二年〼　三四二

□□□問領松子五〼　三四三

〼二年税米三斛六斗胄畢〼　三四四

入平鄉嘉禾二年税米四斛四斗胄畢≡×〼　三四五

〼五升胄畢≡×嘉禾二年十一月十六日郡〼　三四六

入平鄉嘉禾二年租米四斛八斗〼　三四七

十二月廿二日〼　三四八

入小武陵鄉嘉禾二年税米〼　三四九

〼閣董基付三州倉〼　三五〇

〼□四千二百□　〼　三五一

〼卒（？）限（？）〼　三五二

〼……租米五斛≡×〼　三五三

右五月入平鋘錢廿一萬二千四百〼　三五四

【注】「右」上原有墨筆點記。

〼畢≡×嘉禾二年十一月廿三日柚丘謝讓關邸閣董基付三州倉吏鄭〼　三五五

年九月十五日壬寅書給大常　〼　三五六

【注】九月十五日爲壬寅，則九月朔爲戊子。據陳垣《魏蜀吴朔閏異同表》，嘉禾二年九月朔爲戊子。

☐嘉禾二年十一月八日夫與丘縣吏黃肅關坣閣董基付三州倉吏鄭☐　三五七

☐胄畢嘉禾二年十一月八日唐下丘李稽關坣閣董基付三州倉吏鄭黑
受　三五八

未畢卌四斛五斗三升　三五九

☐董基付三州倉吏☐　三六〇

右廣成鄉入　□☐　三六一

【注】「右」上原有墨筆點記。

入西鄉嘉禾二年税米十二斛胄畢≡×嘉禾二年☐　三六二

☐胄畢≡×嘉禾二年十一月三日扶丘大女由侵關坣閣董☐　三六三

☐……十一月十五日□丘□吏周□☐　三六四

☐□飛關坣閣董基付三州倉吏鄭黑受☐　三六五

☐磨妻大女遣年十七　☐　三六六

☐其九十八斛七斗五升嘉禾三年☐　三六七

☐閣董基付三州倉吏鄭黑☐　三六八

☐妻大女妙年卅三　☐　三六九

☐斛七斗七升　☐　三七〇

☐　其二百一十五斛一斗六升☐　三七一

☐年十一月十二日下平丘謝思關☐　三七二

☐　右出吳平斛米☐　三七三

其廿三斛□□☐　三七四

☐吏資震限米廿斛胄畢≡×嘉禾二年十一月廿日唐下丘男☐　三七五

入廣成鄉嘉禾二年税六斛一斗就畢≡×嘉禾二年☐　三七六

【注】「税」下疑脱「米」字。

☐嘉禾二年十一月廿日露丘吉□關坣閣董基☐　三七七

☐　筭一　☐　三七八

☐嘉禾二年十一月三日木匹（？）丘區襄關坣閣董☐　三七九

☐女恨年六歲　☐　三八〇

☐税米一斛一斗五升胄畢≡×嘉禾二年☐　三八一

☐□月三日文丘烝得關坣閣董基☐　三八二

入桑鄉嘉禾二年新吏限米十七斛☐　三八三

入桑鄉嘉禾二年税米十斛胄畢☐　三八四

其百卌一斛□☐　三八五

……年□四□心病☐　三八六

右出吳平斛米□□□☐　三八七

【注】「右」上原有墨筆點記。

☐閣董基☐　三八八

☐畢≡×嘉禾二年十一月廿一☐　三八九

☐禾二年新吏限米　三九〇

☐三斛三斗就畢≡×嘉禾二年十一月☐　三九一

☐□□斛□□胄畢≡×嘉禾☐　三九二

☐□九十五　☐　三九三

☐閣董基付三州倉吏鄭☐　三九四

☐斛八斗胄☐　三九五

大男劉□年卅☐　三九六

☐　其六頃☐　三九七

【注】「其」上原有墨筆點記。

☐□庠士限米十斛☐　三九八

入平鄉嘉禾二年□☐　三九九

☐月八日租下丘谷八關坣閣董☐　四〇〇

☐基付三州倉吏鄭黑受　四〇一

☐胄畢≡×嘉禾二年☐　四〇二

入東鄉嘉禾二年税米□☐　四〇三

☐倉吏鄭黑受　四〇四

入桑鄉嘉禾二年租米□☐　四〇五

☐　筭一刑右足　☐　四〇六

☒閣董基付倉吏鄭黑受　四〇七
承三月簿餘元年□□錢☒　四〇八
　□子公乘肫年廿六　☒　四〇九
入廣成鄉嘉禾二年火種田租米四斛七斗就畢〓嘉禾二年十一月廿
四日世丘□□關邸閣董基☒　四一〇
☒年十一月十二日園（？）丘縣吏史胤關邸閣董基付三州倉吏☒
四一一
　☒　其二户上品　☒　四一二
☒百二十四斛九斗五升　四一三
　兒妻大女釗（？）年廿九　☒　四一四
☒頃七畝一百廿二步民税田收米一百廿九斛三升　四一五
☒……關邸閣董基付三州倉吏鄭黑受　四一六
☒畢〓嘉禾二年十一月二日下象丘男子李民關邸閣董基付三州倉
吏☒　四一七
　其九頃十四畝一百步民税☒　四一八
☒十　妻大女巢年七十九　四一九
入平鄉嘉禾二年税米二斛五升胄畢〓嘉禾二年十一月十日上和丘
□平關邸閣☒　四二〇
☒米三斛六斗胄畢〓嘉禾二年十一月十一日栢奈（？）丘黃受關
邸閣董基付三州倉吏鄭黑受　四二一
　尚孫子女如年八歲　四二二
☒月□日雷丘謝武關邸閣董基☒　四二三
☒十六筭一　四二四
☒禾二年十一月十日伍社丘縣吏陳曠關邸閣董基付三☒　四二五
　未畢二百卌二斛四斗六升五合　☒　四二六
　☒□□□□郎吏□□領□□□□□□□如□　四二七
縣三年領賊黃勳……☒　四二八
　□弟士伍民年一歲　☒　四二九

☒姪子男茁年七歲　四三〇
☒嘉禾二年税米三斛四斗五升胄畢〓☒　四三一
☒二年十一月二日何丘縣吏谷水☒　四三二
☒〓嘉禾二年十一月十二日下□丘□☒　四三三
承（？）二（？）月（？）簿（？）出米三斛　☒　四三四
☒□□□税□□　四三五
☒□番□關邸閣☒　四三六
☒嘉禾二年十一月廿日夷丘番有關邸閣董基☒　四三七
☒〓嘉禾二年十一月十日平陽丘劉章關邸閣董☒　四三八
☒閣董基付三州倉吏鄭黑受　四三九
　☒　訾　百　四四〇
☒月十日聶（？）丘男子烝徐關邸閣董基付三州倉吏鄭☒　四四一
☒陽里户人公乘李遺年六十九　苦腹心病　☒　四四二
☒禾二年十一月二日下象丘潘吉關邸閣董基付三州倉☒　四四三
☒已入□一斛七斗六升　☒　四四四
入小武陵鄉嘉禾二年税米五斛胄畢〓嘉禾二年☒　四四五
　定未畢廿八□☒　四四六
　其☒　四四七

【注】「其」上原有墨筆點記。

　☒年七歲　☒　四四八
☒□關邸閣董基付三州☒　四四九
☒月廿七日窟丘縣吏毛慙關邸閣董☒　四五〇
☒□關邸閣董基付三州倉吏鄭黑受　四五一
☒月廿一日柚丘軍吏黃元關邸閣董基付三州☒　四五二
　☒年□歲　四五三
　☒□斗三升　四五四
入桑鄉嘉禾二年租米四斛八斗胄畢〓嘉禾二年十一月十一日東平
丘☒　四五五

☑禾二年十一月二日□□利常關坠閣董基付三州倉吏鄭黑受　四五六

入平鄉嘉禾二年租米五斛二斗□升胄畢⋈嘉禾二年十一月十二日
平□丘☑　四五七

☑……斛□斗□升五合　☑　四五八

☑基付倉吏鄭黑受　四五九

入廣成鄉嘉禾二年税米六斛☑　四六〇

☑禾二年十一月十二日上俗丘朱旻關坠閣☑　四六一

右（？）□□□□☑　四六二

【注】「右」上原有墨筆點記。

☑關坠閣董基付三州倉☑　四六三

☑鉞六印石一枚麻一千四百　四六四

其☑　四六五

今從□□　☑　四六六

☑關坠閣董基付三州倉吏鄭黑受　四六七

☑　七萬五千七百☑　四六八

☑……關坠閣董基☑　四六九

☑□入見錢二萬五☑　四七〇

☑□四百　四七一

☑年十一月十九日空渡丘□☑　四七二

☑新（？）吏限米　☑　四七三

出嘉禾二年租米☑　四七四

入廣成鄉嘉禾二年税米三斛□☑　四七五

入平鄉嘉禾二年税米四斛一斗胄☑　四七六

☑嘉禾二年品□賭賓　☑　四七七

入樂鄉嘉禾二年税米三斛九斗五☑　四七八

☑……見（？）……　四七九

☑　右□斛八斗五升嘉禾二年貸……☑　四八〇

【注】「右」上原有墨筆點記。

☑　子士伍□年一歲　四八一

出黄龍二年税米六百六十五斛三斗七升　☑　四八二

黄□子士伍養年九歲　☑　四八三

右出吴平斛米九百六十二斛四斗九升六合准稟斛☑　四八四

□弟士伍憲年十歲　☑　四八五

其□斛嘉禾三年☑　四八六

入小武陵鄉嘉禾二年子弟限米六斛胄畢⋈嘉禾二年十一月廿☑　四八七

入西鄉嘉禾二年税米一斛三斗胄畢⋈嘉禾二年十一月十一日早丘
男☑　四八八

右黄家口食二人　☑　四八九

頭死罪死罪敢言之　☑　四九〇

頭死罪死罪案文書縣起黄武五年訖嘉禾三年□領自☑　四九一

人□□□□給佃□□□送詣府□其年不得佃不入限☑　四九二

入樂鄉元年財用錢三千☑　四九三

☑基付倉吏鄭黑受　四九四

☑董基付三州倉吏鄭☑　四九五

☑税米一千八百六十七☑　四九六

☑公乘至年☑　四九七

☑⋈嘉禾二年十一月□☑　四九八

☑□畢⋈嘉禾☑　四九九

☑基付三州倉吏鄭黑受　五〇〇

入平鄉嘉禾二年税米四斛胄畢⋈嘉禾☑　五〇一

入廣成鄉嘉禾二年税米八斛就畢☑　五〇二

溪給付庫吏潘有□☑　五〇三

入西鄉嘉禾二年税米一斛二斗胄畢⋈嘉禾二年十一月廿七日☑　五〇四

其四户上品☑　五〇五

☑三斗七升嘉禾二年貸食嘉禾元年税米　五〇六

☑二千七百元年紵租錢　五〇七

☒五斗三升膃脂一百七十斤五千石弩檐八　五〇八
其一户上品　☒　五〇九
☒曠□□有列（?）……谷漢☒　五一〇
☒〓嘉禾二年十一月十一日上俗丘鄧潘關邸閣董基☒　五一一
□□彭（?）東出米二斛……☒　五一二
☒　筭一　☒　五一三
☒年十一月廿日……丘子弟鄭元關邸閣董基☒　五一四
☒□廿五斛四斗五升　五一五
入南鄉嘉禾二年帥客限米十三斛胄畢〓嘉禾二☒　五一六
☒卅五　☒　五一七
變中丘月伍五壬領田三頃☒　五一八
☒年税米八（?）斛二斗胄畢〓嘉禾二年十一月十二日下俗（?）丘☒　五一九
☒□酒彭臈（?）等□人□領田十□……　五二〇
☒董基付三州倉吏鄭黑受　五二一
☒二年十一月十日東丘番關關邸閣董☒　五二二
☒首士謝囊年卅　自首☒　五二三
【注】簡前殘斷，據吳簡文書格式，「首士」前應有「自」字。
☒二年火種租米二斛胄畢〓嘉禾二年十一☒　五二四
☒十一月廿二日無丘謝尾關邸閣☒　五二五
☒基付三州倉吏鄭黑受　五二六
☒□子……軍吏　五二七
☒□二年正月十日付庫掾潘□　五二八
☒嘉禾二年私學限米　五二九
☒敢言之　掾水史野　五三〇
☒周弟士伍□年五歲　☒　五三一
☒五千九百五十市麻卅六斤八□□柏船師鄭甲嘉禾二年四月廿一日☒　五三二
☒潘□　五三三
【注】「潘」下□右半殘缺，左半從「木」。
……百廿二斛六斗倉吏鄭黑言□督軍糧☒　五三四
☒□財用錢七十一萬四千七錢　五三五
右歲伍吳□領褋米☒　五三六
【注】「右」上原有墨筆點記。
入平鄉嘉禾二年□□吏謝閔子弟謝常限米三□☒　五三七
☒基付三州倉吏鄭黑受　五三八
☒閤董基付三州倉吏鄭黑受　五三九
☒縣吏殷連關邸閣董基☒　五四〇
☒畢〓嘉禾二年十一月九☒　五四一
自首士胡建年卅六　自首士吳起年卅二　自首妻（?）年卅一　五四二
【注】據吳簡文書格式，「妻（?）」字前後疑有脱字。
☒　右草家口食十二人　五四三
定就佃者七人出限米　人卅斛合二百八十斛已入畢　五四四
【注】「定」上原有墨筆點記。
春妻大女江年廿六　五四五
右嘉禾元年簿　五四六
【注】「右」上原有墨筆點記。
□賈簿詣府拘校愷（?）誠惶誠恐叩頭死罪死罪敢言之　五四七
入黄龍二年鹽賈吳平斛米十九斛　五四八
定收一頃六十五畝一百□☒　五四九
【注】「定」上原有墨筆點記。
汝弟士伍意年九歲　☒　五五〇
月一日訖十月卅日旦簿……☒　五五一
□女□史母妻合三百七十二人☒　五五二
出黄龍元年……吳平斛米五十七斛五斗☒　五五三
☒□斛五斗三升膃脂一百七十斤五千石弩檐財用錢少卅六銅木印□　五五四

右莊家口食六人　五五五

〼二人松子□□〼　五五六

〼限米二斛冑畢〼　五五七

〼斛冑畢≡×嘉禾二年□〼　五五八

〼鄭黑受　五五九

〼吏鄭黑受　五六〇

〼米六斛一斗八升〼　五六一

〼大女賓年卅　〼　五六二

〼斛□斗嘉禾□年私學限米　五六三

入二年市租錢十萬六千□百□〼　五六四

〼基付三州倉吏鄭黑受　五六五

□□司馬汝南鄧邵〼　五六六

〼禾二年十一月二日園丘梅鹿關邸閣董基付倉吏鄭黑〼　五六七

〼其一斛八斗嘉禾三年貸食嘉禾二年新吏限米　〼　五六八

入西鄉嘉禾二年稅米二斛冑畢〼　五六九

〼□百　五七〇

大男烝何（？）年七（？）十七　〼　五七一

〼基付倉吏鄭黑受　五七二

〼其十一斛七斗嘉禾三年貸食〼　五七三

〼基付倉吏鄭黑受　五七四

入桑鄉嘉禾二年□〼　五七五

〼鄭黑受　五七六

〼稅米四百五十六〼　五七七

〼□斛三斗八升　〼　五七八

〼月二日何丘大男胃尹關邸閣董〼　五七九

〼　其三斛四斗嘉〼　五八〇

〼閤董基付三州倉吏鄭黑受　五八一

〼□百八十斛　〼　五八二

其□〼　五八三

〼部典田曹　五八四

〼三州倉吏鄭黑受　五八五

〼≡×嘉禾二年十一月〼　五八六

〼□關邸閣董基〼　五八七

〼丘段它關邸〼　五八八

〼重年十五　□〼　五八九

〼二年十一月一日烝丘陳遲關邸閣〼　五九〇

〼弟□年□歲〼　五九一

入廣成鄉嘉禾二年稅米〼　五九二

〼斛已入畢　〼　五九三

〼□□重（？）□〼　五九四

入平鄉嘉禾二年火種〼　五九五

〼付三州倉吏鄭黑受　五九六

〼萬三千二百　五九七

〼□入□備入　五九八

〼□□世丘州吏車席關邸閣董基〼　五九九

〼六十八畝七十二步郡士留（？）〼　六〇〇

〼月八日常略丘謝君關邸閣〼　六〇一

〼詣潘慮　六〇二

〼倉吏鄭黑受　六〇三

〼董基付倉〼　六〇四

〼所負〼　六〇五

入平鄉嘉禾二年租米□斛〼　六〇六

〼基付三州〼　六〇七

〼畢≡×嘉禾二年十一月廿一日三州丘〼　六〇八

右七人見得〼　六〇九

【注】「右」上原有墨筆點記。

六一〇 ☒塈閣董基付三州倉吏鄭☒

六一一 ☒□百 ☒

六一二 ☒關塈閣董基☒

六一三 ☒□五斛八斗冑畢✕嘉☒

六一四 ☒□子弟限米十七斛冑畢✕嘉禾二年十一月☒

六一五 ☒禾二年租米六斛冑畢✕☒

六一六 ☒其四斛黃龍三年貸食黃龍☒

六一七 右樂鄉入租米☒

六一八 ☒斛三斗冑畢✕嘉禾二年☒

六一九 ☒冑畢✕嘉禾二年十月☒

六二〇 ☒□年稅米

六二一 ☒董基付三州倉吏鄭☒

六二二 ☒□不得稽留言☒

六二三 ☒其卅三戶下品

六二四 ☒董基付三州倉吏鄭黑受

六二五 ☒□六百八十四斛九斗……☒

【注】本簡下殘，下部似爲另一枚簡，誤拼於此，因字迹不清，暫不分爲甲乙。

六二六 右承餘☒

【注】「右」上原有墨筆點記。

六二七 入平鄉嘉禾三年庠士限米十八斛五斗冑畢✕嘉☒

六二八 ☒右膢家口食十一人☒

六二九 入廣成鄉嘉禾二年稅米八斛二斗冑☒

六三〇 ☒區丘縣吏殷連關塈閣☒

六三一 ☒斛五斗……✕嘉禾☒

六三二 ☒畢✕嘉禾二☒

六三三 ☒□□子弟誦□關☒

【注】「誦」下□左半殘缺，右半爲「貟」。

六三四 ☒米七斛冑畢✕嘉禾☒

六三五 ☒縣吏黃諱關塈閣☒

六三六 入平鄉嘉禾二年新吏限☒

六三七 ☒上丘梅愓關塈☒

六三八 ☒米八斛三斗冑畢✕嘉禾二年十一☒

六三九 ☒二年十一月廿一日撈丘□☒

六四〇 ☒子男□☒

六四一 ☒斗就畢✕嘉☒

六四二 ☒閣董基付三州倉☒

六四三 ☒□畢✕嘉禾二年十一月☒

六四四 ☒閣董基付三州倉吏☒

六四五 入樂鄉嘉禾二年租米八斗冑畢☒

六四六 入平鄉嘉禾二年稅米二☒

六四七 入廣成鄉嘉禾二年習射限米☒

六四八 ☒□米二斛六斗冑畢✕嘉禾二年☒

六四九 ☒斛二斗冑畢✕嘉☒

六五〇 ☒塈閣董☒

六五一 ☒禾二年十一月廿二日□☒

六五二 ☒八斗冑畢✕嘉☒

六五三 ☒黑受

六五四 ☒ 貸（？）禾 ☒

六五五 東陽里戶人公☒

六五六 ☒倉吏鄭黑受

六五七 ☒冑畢✕嘉禾二年☒

六五八 ☒□劉頡關塈閣董基☒

六五九 出口筭具錢十五萬八千四百……☒

六六〇 ☒帥客限米

六六一 ☒嘉禾二年十一月十一日柤上丘郡吏番□☒

六六二 ☒二年吏帥客限米

☑右郎中南郡蔡指年卅☑　六六三

入廣成鄉嘉禾二年税米四斛八斗胄畢≡×嘉禾二年☑　六六四

☑斛二斗四升　☑　六六五

☑　慎子士伍急年七歲　六六六

東陽里户人公乘李水年☑　六六七

☑年十一月一日區丘大男☑　六六八

☑斛四斗胄畢≡×嘉☑　六六九

☑年税米八斛三斗胄畢≡×☑　六七〇

入……鄉嘉禾二年税☑　六七一

☑禾二年十一月一日龍中☑　六七二

☑關坒閣董基付倉☑　六七三

入模鄉元年財用錢十☑　六七四

右平家口食五☑　六七五

☑平斛米二斛二斗胄畢≡×嘉禾☑　六七六

☑□王他受☑　六七七

☑□畢≡×嘉禾二年十一月☑　六七八

☑丘文沽關坒閣董☑　六七九

☑上郡吏□☑　六八〇

☑日吴昌吾坐丘敷（？）莀關坒閣董基付倉吏鄭黑受　六八一

☑千市嘉禾元年布二年正月十八日付市掾潘羜　六八二

☑丘藍元關坒閣董基付三州倉吏鄭黑受　六八三

☑……錢二萬三千三百九十　☑　六八四

☑閣董基付倉吏鄭黑受　六八五

☑萬七千……　☑　六八六

入平鄉嘉禾二年税米三斛胄米畢≡×嘉☑　六八七

☑□□禮（？）年八十二　妻大女☑　六八八

☑已入一千五百七十七斛五升付倉吏黄諱潘慮　六八九

☑七斛嘉禾三年貸食嘉禾二年私學限米　六九〇

☑二萬一百元年市租錢　六九一

☑　右承餘復民租錢一萬　六九二

☑一萬九百一十九錢元年蒭錢　六九三

☑□□九斛八斗四升　六九四

☑……十□日付劉宋　六九五

入平鄉嘉☑　六九六

☑吏鄭黑受　六九七

☑基付三州倉吏鄭黑受　六九八

□□□食口☑　六九九

右諸鄉入叛士☑　七〇〇

【注】「右」上原有墨筆點記。

☑基付三州倉吏鄭黑受　七〇一

入廣成鄉嘉禾二年租米五斛五斗胄畢☑　七〇二

入桑鄉嘉禾二年限米廿斛胄畢≡×☑　七〇三

☑月廿日常略丘謝懸關坒閣☑　七〇四

☑□吏帥客限☑　七〇五

☑唐……☑　七〇六

☑斛胄畢≡×嘉禾二年十一月☑　七〇七

入廣成鄉嘉禾二年☑　七〇八

☑男子王信關坒閣☑　七〇九

☑……癸亥還□☑　七一〇

☑董基付倉吏☑　七一一

入廣成鄉嘉禾二年□☑　七一二

☑禾二年租米……☑　七一三

入東鄉嘉禾二年税米廿斛☑　七一四

☑□斛胄畢≡×嘉禾二年☑　七一五

☑烝邵關坒閣董基付倉吏鄭黑受　七一六

☑□□□□　牒書　□□賊曹　七一七

〼☐千一百五十市布〓嘉禾二年二月十八日十九日付吏潘羜　七一八
入西鄉二年租蒭錢二千六百　〼　七一九
　右承餘新入財用錢廿萬八千九百六〼　七二〇
【注】「右」上原有墨筆點記。
　一千五百元年復（？）民租錢　〼　七二一
　☐子士伍☐年一歲　七二二
〼十一月廿四日東丘陳囷關邸閣董基〼　七二三
〼☐大男吳☐關邸閣董基〼　七二四
〼☐吏關……　七二五
〼丘魯化關邸閣董基〼　七二六
入☐鄉嘉禾二年稅米一斛七斗☐〼　七二七
〼　〓嘉禾二年十一月廿三日〼　七二八
〼年火種租米五斛就畢〼　七二九
〼十一月一日彈溲丘鄭元關邸閣董基〼　七三〇
〼基付三州倉吏鄭黑受　七三一
　右承〼　七三二
　〼嘉禾二年貸食黃龍二年☐米　〼　七三三
〼☐日逐石頎盡日☐〼　七三四
〼畢〓嘉禾二年十一月一日何丘黃憂關邸閣董〼　七三五
〼畢〓嘉禾二年十一月廿一日〼　七三六
出財用具錢卅一萬六百☐☐〼　七三七
〼☐☐所催其昔……〼　七三八
〼邸閣董基付三州倉吏鄭黑受　七三九
　二斗八升〼　七四〇
〼胃畢〓嘉禾二年十一月十日函丘番嘉關邸閣董基〼　七四一
　〼☐市租錢四千八百　〼　七四二
〼曰上莘丘男子黃強關邸閣董基付三州倉吏鄭黑受　七四三
〼禾二年十一月九日寇丘常禮（？）關邸閣董基付三州倉吏鄭黑
受　七四四
〼二斗六升羊皮卅枚銅十斤各〼　七四五
　右出錢三萬一百　〼　七四六
【注】「右」上原有墨筆點記。
〼〓嘉禾二年十一月廿二日劉里丘劉苗關邸閣董〼　七四七
自首士謝物年卅七　自首〼　七四八
〼嘉禾二年十一月十六日☐丘孫一關邸閣董基〼　七四九
〼〓嘉禾二年十一月廿八日彈溲丘番買關邸閣董基付倉吏鄭黑受　七五〇
〼〓嘉禾二年十一月☐日……丘男子……關邸閣董基付三州倉吏
鄭黑受　七五一
〼畢〓嘉禾二年十一月十日☐☐丘……關邸閣董基付倉吏鄭黑受　〼　七五二
入廣成鄉嘉禾二年稅米六斛胄畢〓嘉禾二年十一月十日彈溲丘唐
若關邸閣☐　〼　七五三
〼月☐日盡丘番明關邸閣董基付倉吏鄭黑受　七五四
　〼萬八千七十　七五五
〼私學限米十一斛胄米畢〓嘉禾二年十一月十五日栗丘男子周客
關邸閣〼　七五六
　子女系年七歲〼　七五七
〼鄭黑限田收米五十斛今曠　七五八
　右入吏帥客限米一百五〼　七五九
〼☐關邸閣董基付三州倉吏鄭黑受　七六〇
〼日上俗丘林陷關邸閣董基付三州倉吏鄭黑受　七六一
　〼其十户下品　七六二
〼領吏民三百六十四户　七六三
〼禾二年十一月廿二日劉里丘殷利關邸閣董基付三州倉吏鄭黑受　七六四

七六五　☒户中品

七六六　入西鄉嘉禾二年税米七斛胄畢〓嘉禾二年十一月廿六日温丘大男
供士關坚閣董☒

七六七　☒一千三百六十　中

七六八　右兒家口食三人　☒

七六九　☒〓嘉禾二年十一月一日林溲丘朱王關坚閣董基付三州倉吏鄭黑受

七七〇　☒□允嗣　……

七七一　☒〓嘉禾二年十一月四日□☒

七七二　☒□啓年十四　☒

七七三　入平鄉嘉禾二年税米☒

七七四　入小武陵鄉嘉禾二年……子弟限米☒

七七五　☒嘉禾二年十一月廿一日盡（？）丘……☒

七七六　入樂鄉嘉禾二年税米三斛……☒

七七七　☒子史渝（？）關（？）坚（？）閣（？）☒

七七八　☒嘉禾二年十一月廿八日□☒

七七九　☒□斛胄畢〓嘉☒

七八〇　☒禾二年十一月十日☒

七八一　入廣成鄉嘉禾二☒

七八二　☒□亢子男尚年卅☒

七八三　入平鄉嘉禾二☒

七八四　☒□□九十八人收限

七八五　☒吏限米七斛胄畢〓☒

七八六　☒畢〓嘉禾二年十一月廿三日☒

七八七　嘉禾五年□☒

七八八　☒□三千四百□☒

七八九　入廣成鄉嘉禾二年☒

七九〇　☒畢〓嘉禾二年十一月二日溲丘☒

七九一　☒　章妻大☒

七九二　☒□縣吏謝□☒

七九三　☒叩頭死罪死罪☒

七九四　☒〓嘉禾二年十一月一日㚇☒

七九五　入□鄉嘉禾二年☒

七九六　☒税米二斛三斗胄畢☒

七九七　☒……黄張年廿九　☒

七九八　☒□鄧不關坚閣☒

七九九　臨湘言部吏☒

八〇〇　☒三百卅☒

【注】「三百卅」三字爲朱筆。

八〇一　☒畢〓嘉禾二☒

八〇二　入桑鄉嘉禾二年租☒

八〇三　凡月伍□□□☒

八〇四　……六十七☒

八〇五　☒□□關坚閣董基付倉吏鄭黑受☒

八〇六　☒廿一日撈丘烝諆關坚閣董　☒

八〇七　其五☒

八〇八　☒　付三州倉吏鄭黑受

八〇九　☒□□二年……☒

八一〇　□言（？）□□□□☒

八一一　☒□五斗八升☒

八一二　右新☒

【注】「右」上原有墨筆點記。

八一三　☒胄畢〓嘉禾二☒

八一四　入□鄉嘉禾二年税米八斛☒

八一五　☒僦畢〓嘉禾二年十一月☒

八一六　☒斗胄畢〓嘉禾二年十一月□旦☒

八一七　☒□七斛冑畢≡×嘉禾二年十一月十三日☒
八一八　☒副關邸閣董基付倉吏鄭黑☒
八一九　☒……廉（？）□☒
八二〇　入廣成鄉嘉禾二年稅☒
八二一　☒邸閣董基☒
八二二　☒頭死罪　☒
八二三　☒付倉吏鄭黑受　☒
八二四　☒十一月六日溲丘男子☒
八二五　☒□卌斛未入☒
八二六　☒二日下象丘男子□☒
八二七　☒關邸閣董☒
八二八　入平鄉嘉禾二年……☒
八二九　☒郡吏……☒
八三〇　☒□三
八三一　☒十一月十二日□□☒
八三二　☒二年十一月廿二☒
八三三　☒□□□□□年十五☒
八三四　入廣成鄉嘉☒
八三五　☒□丘黃佝關邸閣☒
八三六　☒禾二年稅米五十□☒
八三七　☒潘躬關邸☒
八三八　☒畢≡×嘉禾二年十一月☒
八三九　☒萬□六千……☒
八四〇　☒□倉吏鄭黑受
八四一　☒□□子弟米九斛四斗三升冑☒
八四二　☒首關邸閣☒
八四三　☒≡×嘉禾二年十一月十一日世丘郡☒
八四四　☒七斛冑畢≡×嘉禾二年☒
八四五　☒基付三州倉吏鄭黑受
八四六　右☒
八四七　入桑鄉嘉禾二年租米十四斛二□☒
八四八　☒十四日柤丘鄭宜關邸閣董☒
八四九　☒倉吏鄭黑受
八五〇　☒□已關邸閣董基☒
八五一　☒年十一月十日伍社丘壬敬關邸閣董☒
八五二　☒閣董基付三州倉吏☒
八五三　☒葛蕡關邸閣董基☒
八五四　☒張復田米
八五五　入桑鄉嘉禾二年☒
八五六　☒吏鄭黑受
八五七　☒二年十一月一日上俗丘葛（？）□☒
八五八　☒然關邸閣☒
八五九　入西鄉嘉禾二年稅☒
八六〇　☒十一月四日盡丘☒
八六一　☒章關邸閣董☒
八六二　☒……黑受
八六三　入西鄉嘉禾二☒
八六四　☒吏鄭黑受
八六五　入廣成鄉嘉禾二年☒
八六六　☒□皮卌枚☒
八六七　☒董基付三州倉☒
八六八　☒邸閣董基付三州倉☒
八六九　☒□五日不竟
八七〇　☒畝一百五十□☒
八七一　☒米一斛冑畢☒
八七二　☒限米一斛二斗冑☒

☑關邸閣董基☑　八七三

☑七斗四升冑畢〼嘉禾二年☑　八七四

☑董基付三☑　八七五

入桑鄉嘉禾☑　八七六

☑□平樂丘☑　八七七

入樂鄉嘉禾二年□☑　八七八

☑米一斛二斗五升冑☑　八七九

☑月十一日桓平丘大男婁□☑　八八〇

☑□萬一千三百七十五錢元年陶租錢　八八一

□□□□四斛　☑　八八二

入樂鄉嘉禾二年稅米二斛五斗僦畢〼嘉禾二年□☑　八八三

☑嘉禾二年稅米三斛冑畢〼嘉禾☑　八八四

☑〼嘉禾二年十一月十三日葭丘唐旦關邸閣☑　八八五

自首士謝物年卅四　出☑　八八六

☑……謝兒☑　八八七

☑……事　□月……白　八八八

☑……田□　☑　八八九

草言……☑　八九〇

入……稅米……斛☑　八九一

☑斛九斗　八九二

☑年□□　……☑　八九三

□□□□□□□□□☑　八九四

☑□□□□□□☑　八九五

☑　其三……☑　八九六

……二斛☑　八九七

☑　嘉禾□年□月廿二日☑　八九八

☑頭死罪敢言☑　八九九

☑邸閣董☑　九〇〇

☑鄉……☑　九〇一

☑……畢〼嘉禾二年十一月□☑　九〇二

☑　□□□□年卅　☑　九〇三

……筭一　☑　九〇四

□子女□年十四　□☑　九〇五

☑十一月十日……　☑　九〇六

南弟士伍□年七歲……　九〇七

☑　……年□□　九〇八

☑吏……慮受☑　九〇九

☑筭　二　☑　九一〇

☑□□□□　☑　九一一

☑已入未畢□□　☑　九一二

右（？）一（？）人☑　九一三

☑……元年……☑　九一四

右□家口食□人☑　九一五

☑……元年……四萬七千□□□□　九一六

九☑　九一七

私學□□張□……☑　九一八

【注】第二□右半殘缺，左半從「扌」。

自首士☑　九一九

……斛三斗□☑　九二〇

【注】省略號上原有墨筆點記。

……汝南☑　九二一

□□鄉嘉禾……☑　九二二

☑□一萬☑　九二三

☑關邸閣董基☑　九二四

☑邸閣☑　九二五

☑……月□☑　九二六

九二七　☑□合　☑
九二八　☑簿　☑
九二九　☑□　皮□　☑
九三〇　☑……未畢……☑
九三一　☑斛青畢☰嘉禾二年十一月☑
九三二　☑名收米爲簿　☑
九三三　□□□□□☑
九三四　☑畢　☑
九三五　☑□關坐閣□☑
九三六　……紙……☑
九三七　☑□歲
九三八　☑之
九三九　☑吏帥客限米☑
九四〇　☑木唐丘縣吏□□關☑
九四一　☑日丗丘……關坐閣□☑
九四二　□九月□承餘財用□☑
九四三　☑曼　☑

【注】「曼」字爲簽署，前缺應有「張」字。

九四四　男子呂常關☑
九四五　☑……錢四百
九四六　☑基付三州倉吏☑
九四七　☑八十四……☑
九四八　☑基付倉吏鄭黑受
九四九　☑□關☑
九五〇　☑女文愓☑
九五一　☑宦（？）……☑
九五二　☑……掾（？）☑
九五三　☑基付倉吏□☑
九五四　☑閤董基付三州倉吏鄭黑受
九五五　☑……列……☑
九五六　☑□歲
九五七　出中倉租米廿三斛□斗　☑
九五八　言願□言在☑
九五九　倉吏□□☑
九六〇　☑嘉禾二年十一☑
九六一　入西鄉嘉禾二☑
九六二　☑黑受
九六三　☑受
九六四　☑公乘☑
九六五　☑□七十七□☑
九六六　☑　丘縣吏□☑
九六七　☑鄭黑受
九六八　☑受
九六九　☑已列言□☑
九七〇　☑……歲（？）……☑
九七一　入廣成鄉嘉禾二年稅☑
九七二　☑尹釋關坐閣☑
九七三　☑禾二年十一月廿六日□□☑
九七四　☑□年十□☑
九七五　☑男弟□□☑
九七六　☑一斗　☑
九七七　☑青米畢☰嘉禾二年十一月三日☑
九七八　☑……吳（？）□☑
九七九　☑鄭黑受
九八〇　☑年稅米六斛□☑
九八一　☑□□□☑

九八二　☐　子小女□☐

九八三　☐墨受

九八四　☐二年十一月☐

九八五　☐閣董基☐

九八六　☐……鄭黑受

九八七　☐斛四斗冑　☐

九八八　☐吏殷連受☐

九八九　☐受（？）☐

九九〇　☐米六斛三斗冑畢☒　☐

九九一　☐斛六斗冑畢☒嘉禾☐

九九二　☐年卅（？）　☐

九九三　☐　五斛三□☐

九九四　入小武陵鄉嘉禾二年税米七☐

九九五　☐五斗冑畢☒嘉禾二年☐

九九六　☐基付三州倉☐

九九七　☐☒嘉禾二年十一☐

九九八　☐年十一月一日東□☐

九九九　☐□年卅四筭☐

一〇〇〇　☐吏鄭黑受

一〇〇一　☐□斛二斗五升☐

一〇〇二　大男☐

一〇〇三　☐□斛六斗五☐

一〇〇四　☐嘉禾二年十一月□☐

一〇〇五　☐□芁（？）□☐

一〇〇六　☐年八歲☐

一〇〇七　入西鄉嘉☐

一〇〇八　☐女妾年六十一

一〇〇九　☐年十一月廿五日白石☐

一〇一〇　☐董基付三州倉☐

一〇一一　☐冑畢☒嘉禾二年十一月☐

一〇一二　☐頭　□

一〇一三　☐□□米三斛　☐

一〇一四　☐☒嘉禾二年十一月廿日□丘男子雷吉☐

一〇一五　☐　妻大女□☐

一〇一六　☐邸閣董基付三州倉吏鄭☐

一〇一七　☐閣董基付三☐

一〇一八　入小武陵鄉嘉禾□☐

一〇一九　☐□畢☒嘉禾☐

一〇二〇　☐□壬（？）曰（？）□☐

一〇二一　☐限米　☐

一〇二二　☐禾二年☐

一〇二三　☐嘉禾二☐

一〇二四　☐年（？）卌（？）☐

一〇二五　☐基付倉吏鄭☐

一〇二六　☐鄭黑受

一〇二七　☐嘉禾二年十一月二日大象丘☐

一〇二八　☐□鄉嘉禾二年租米☐

一〇二九　入平鄉嘉☐

一〇三〇　☐就畢☐

一〇三一　☐……冑畢☒嘉☐

一〇三二　☐□殷連關邸閣☐

一〇三三　☐二年税米二斛冑☐

一〇三四　☐基付☐

一〇三五　自首士□　☐

一〇三六　☐……□□……☐

【注】中二□均右半殘缺，左半分别從「扌」「子」。

☒□□卅五斛☒　一〇三七

☒斗嘉禾二年僮客限米☒　一〇三八

☒董基☒　一〇三九

☒……三（？）……☒　一〇四〇

☒……出禾□☒　一〇四一

☒閣董☒　一〇四二

入平鄉嘉禾二年☒　一〇四三

☒鄭黑受　一〇四四

☒畢☰嘉禾☒　一〇四五

☒四千九百☒　一〇四六

☒基付倉吏黄□☒　一〇四七

☒胄畢☰嘉禾☒　一〇四八

☒黑受☒　一〇四九

入平鄉嘉☒　一〇五〇

☒□年五十一☒　一〇五一

☒五斗　☒　一〇五二

入□鄉嘉禾二☒　一〇五三

☒□吏典☒　一〇五四

☒□倉吏☒　一〇五五

☒基☒　一〇五六

入西鄉☒　一〇五七

☒嘉禾二年税米二☒　一〇五八

☒□十一斛□□☒　一〇五九

☒……☒　一〇六〇

☒年十一月八日唐下丘☒　一〇六一

☒米前□□　一〇六二

☒董基☒　一〇六三

☒關坠閣☒　一〇六四

☒斗六升　☒　一〇六五

☒嘉禾二年　☒　一〇六六

☒十一日監淘（？）丘☒　一〇六七

☒入□□☒　一〇六八

【注】「入」下□右半殘缺，左半從「糸」。

☒石承餘新入☒　一〇六九

☒□悦（？）　□☒　一〇七〇

☒斛胄畢☰嘉☒　一〇七一

☒龍三年□☒　一〇七二

☒入口筭錢卅□☒　一〇七三

☒黑受☒　一〇七四

☒□□□□☒　一〇七五

☒□□□□☒　一〇七六

☒黑受　一〇七七

☒禾二年十一月☒　一〇七八

入□鄉嘉禾☒　一〇七九

☒□□□□☒　一〇八〇

☒……三……☒　一〇八一

☒　☰嘉☒　一〇八二

☒斛胄畢☒　一〇八三

☒黑受　一〇八四

☒畢☰嘉禾二年十一月十日☒　一〇八五

☒　其卅八斛一斗五☒　一〇八六

☒筭一　一〇八七

☒□□□□十月十八日☒　一〇八八

☒州倉吏鄭黑受☒　一〇八九

☒　五　十　一〇九〇

☒年税米二斛六斗☒　一〇九一

䇂（?）□□二斛區（?）□□□責□□九□☒　一〇九二
☒代者悉送真身不從姑徙□疾□當　一〇九三
☒□能（?）出米三斛　稼友出米三斛　一〇九四
☒□□□五十　一〇九五
☒限米卌斛已入畢　一〇九六
☒　……弟公乘年卅　□子男羊☒　一〇九七
☒……給葛名是北韋借　一〇九八
☒丘縣吏番熹關堅閣☒　一〇九九
☒□□□問赤與□　一一〇〇
☒堅閣董基☒　一一〇一
☒董基☒　一一〇二
☒□區□☒　一一〇三
☒□妻思☒　一一〇四
☒畢〼嘉禾☒　一一〇五
☒年税米☒　一一〇六
☒女（?）弟（?）☒　一一〇七
☒〼嘉☒　一一〇八
☒禾二年☒　一一〇九
☒□斛□斗就畢〼嘉☒　一一一〇
☒倉吏鄭黑受　一一一一
☒年十一月……☒　一一一二
☒處相六□☒　一一一三
☒□禿（?）☒　一一一四
☒□米一斛胄☒　一一一五
☒嘉禾二年☒　一一一六
☒董基☒　一一一七
☒□妻大女□☒　一一一八
☒受　一一一九
☒言☒　一一二〇
☒　□子男□☒　一一二一
☒三州倉吏鄭黑受☒　一一二二
入西鄉嘉禾二年税米二☒　一一二三
妻□☒　一一二四
☒□一斛嘉禾二年貸食☒　一一二五
入樂鄉二年租□錢□☒　一一二六
☒出米三斛　□簿領十月出米三斛　一一二七
其三百九十五斛九斗三升嘉禾☒　一一二八
其十四斛七斗嘉禾三年佃卒限☒　一一二九
☒□□這□具所病篤　□不□佳欲留質如故☒　一一三〇
其八十四斛備畢本領☒　一一三一
☒　其一斛五斗黄龍二年貸食黄龍元年税米☒　一一三二
☒米卌斛已入畢　一一三三
罰（?）廖柱出米三斛　☒　一一三四
☒壬六百六十一錢　☒　一一三五
☒□關堅閣董基付三州倉吏鄭黑　一一三六
☒種租米四斛胄畢〼嘉禾二年十一月十一日上和丘庫吏殷盛關堅☒　一一三七
閩（?）子女曲年七歲☒　一一三八
八月廿日具書給□□□領田卅三畝☒　一一三九
馭（?）妄弟目年五歲　☒　一一四〇
☒……復……☒　一一四一
右雷家口食二人☒　一一四二
☒嘉禾二年二月……☒　一一四三
☒右（?）……☒　一一四四
☒□□吏□□□□☒　一一四五
☒〼嘉禾……☒　一一四六

臨湘丞▨　一一四七

▨吏吳祎關邸閣董基付倉▨　一一四八

▨□發遣無益於官材槓□▨　一一四九

【注】「槓」下□右半殘缺，左半從「身」。

右初領襍米九十三斛□▨　一一五〇

【注】「右」上原有墨筆點記。

主卄五領廿八畝卅二步　▨　一一五一

▨……男□年十三　一一五二

其三斛四斗嘉禾二年貸食黄▨　一一五三

▨□男弟末年三歲　▨　一一五四

▨□□□□一　▨　一一五五

▨□□二年十一月一日烝丘□□關▨　一一五六

□子女思年……　▨　一一五七

▨　皆　五　▨　一一五八

▨□息關邸閣董基▨　一一五九

▨　皆　五　十　一一六〇

文弟士伍□▨　一一六一

▨　妻大女□年卅二　▨　一一六二

縣三年領歲□賭齎……▨　一一六三

□寡　▨　一一六四

▨嘉禾二年十一月□日盡丘男子□□關邸閣董基　▨　一一六五

▨　□子女□年三歲　▨　一一六六

▨入六年蒭錢十　▨　一一六七

▨閣董基付倉吏鄭黑受　一一六八

▨□斛胄畢✕嘉▨　一一六九

▨年十一月三日□□丘祭□關邸▨　一一七〇

▨□□關邸閣董基付倉▨　一一七一

▨　□妻大女㠯卅一筭一　▨　一一七二

▨年三歲　一一七三

▨不得稽留言如府旁書科令　一一七四

▨　其□斛嘉禾三年貸食黄龍▨　一一七五

黄妻▨　一一七六

▨其七斛嘉禾三年貸食嘉禾二年▨　一一七七

入小武陵鄉二年租蒭錢□▨　一一七八

▨嘉禾二年税米四斛胄米畢✕嘉▨　一一七九

▨□鄉市租錢……▨　一一八〇

▨□年五……　▨　一一八一

▨　基付倉吏鄭黑▨　一一八二

▨斛米二百六十二斛六斗□升一合▨　一一八三

▨□□□□五斛其卅斛□▨　一一八四

▨倉吏鄭黑受　一一八五

▨禾二年十一月八日東平丘大女吳▨　一一八六

▨撈丘謝棠關邸閣▨　一一八七

▨嘉禾二年税米五斗五升胄畢▨　一一八八

▨　筭四　□▨　一一八九

入廣成鄉嘉▨　一一九〇

入廣成鄉嘉▨　一一九一

入平鄉嘉禾▨　一一九二

入東鄉嘉▨　一一九三

▨黑受　一一九四

▨未▨　一一九五

▨□斛二斗三升▨　一一九六

▨……共▨　一一九七

▨黑受　一一九八

▨付三州倉▨　一一九九

▨……撈丘▨　一二〇〇

☑年廿三　☑　一二〇一
☑二千一百　☑　一二〇二
入西鄉嘉禾二年稅米☑　一二〇三
☑壁閣☑　一二〇四
☑……☑　一二〇五
☑□吏□☑　一二〇六
☑胄畢☒嘉☑　一二〇七
☑□李嵩□☑　一二〇八
☑□五筭一☑　一二〇九
☑貸食嘉禾□年新吏☑　一二一〇
☑嘉禾二年稅米三斛胄☑　一二一一
☑墨受　一二一二
☑嘉禾□年……☑　一二一三
☑禾子士伍長年☑　一二一四
☑四歲☑　一二一五
☑……屯田☑　一二一六
入西鄉嘉禾三☑　一二一七
入西鄉嘉禾☑　一二一八
☑租莂錢□☑　一二一九
☑□鄉□☑　一二二〇
☑墨受　一二二一
☑斛四斗☒嘉禾二年十一月十日□☑　一二二二
☑年廿八筭一　子☑　一二二三
入中鄉五年田畝□☑　一二二四
入桑鄉嘉禾二年租米廿斛胄畢☑　一二二五
☑廿八日撈丘黄京關壁閣董☑　一二二六
☑　其七斛□斗　☑　一二二七
☑□斛八斗五升□□☑　一二二八

☑列簿領不　☑　一二二九
☑☒嘉禾□☑　一二三〇
☑基付☑　一二三一
　軍妻大女□年□□　一二三二
……年五十　……年□五□……　一二三三
　南子公乘豆年十九踵兩足　一二三四
入小武陵鄉嘉禾二年稅米十三斛六斗胄畢☒嘉禾二年十一月三日谷渡丘烝貴關壁閣董基☑　一二三五
入小武陵鄉嘉禾二年稅米四斛胄畢☒嘉禾二年十一月十四日箬丘鄧禮關壁閣董基☑　一二三六
入小武陵鄉嘉禾二年稅米一斛五斗胄米畢☒嘉禾二年十一月十四日谷渡丘潭掉關壁☑　一二三七
入平鄉嘉禾二年火種租米二斛一斗九升胄畢☒嘉禾二年十一月八日彈溲丘雷鄉關壁閣董☑　一二三八
入平鄉嘉禾二年火種租米四斛胄畢☒嘉禾二年十一月十日寇丘鄧儘閣壁閣☑　一二三九

【注】前「閣」應爲「關」之誤。

舞子公乘武年十□苦腹心病　一二四〇
香妻大女葛年六十八　一二四一
自首士盧蔙年卌八　出限米卌四斛已入畢　一二四二
　定妻大女汝年卌一　一二四三
其卌六畝二百卌五步民稅田收米五十六斛三斗七　一二四四
自首士謝物年卌　出限米卌斛已入畢　一二四五
☑□□二千六百六十□斛五斗　一二四六
十一月四日……長沙大守行立節校尉列□　☑　一二四七
☑妻大女□年廿八　一二四八
□子女仵年二歲　一二四九
……表年卌六苦腹心病　一二五〇

大男李尚年七十五　一二五一

如姪子士伍駮年七歲　一二五二

☐　其一千一百九十八斛二斗☐升備小……限米　一二五三

長絢結☐☐一枚☐☐四千枚在縣☐☐☐☐劉☐諸鄉 吏番有區光吳亘等領☐　一二五四

☐田收下所買到合復☐付☐除☐☐☐以來　一二五五

其七畝七十八步火種田收米☐斛九斗☐升六合　一二五六

中部勸農督郵掾治所謹寫呂愷惶恐叩頭死罪死罪敢言之　吏　措　一二五七

☐女弟取年二歲　一二五八

☐☐顯莨五千二百☐☐合不應☐☐☐等備所☐☐　一二五九

大男蔡民年八十　民妻大息年卌五　一二六〇

【注】「妻大」下應脱「女」字。

凡縣嘉禾元年領自首士合八人　☐　一二六一

☐具錢二千☰✕嘉禾五年十月廿九日下程丘男子周文付庫吏潘　一二六二

☐斗冑畢☰✕嘉禾二年十一月二日大溲丘潘上關邸閣董基付倉吏鄭
黑受　一二六三

蔡女姪子盧年[十]一　一二六四

已入二千九百六十斛三斗五升　一二六五

草言部……客彭番詣宮案文書　一二六六

☐年廿[一][盲][左][目]　娚妻大女質年廿☐　一二六七

[囷]妻大女涗年廿[五]　☐　一二六八

[自]以狀上如[科][令]　☐　一二六九

入東鄉嘉禾二年租米廿斛冑米畢☰✕嘉禾二年十一月二日谷丘縣吏
烝贇關邸閣董☐　一二七〇

子女☐年☐歲盲左目　一二七一

右☐[家][口]食五人　一二七二

右濃家口食八人　一二七三

右廣成鄉入火佃租米　☐　一二七四

前不見其年廿以下十五以上悉發充☐☐卌六人……☐　一二七五

入東鄉嘉禾二年租米一斛[冑][畢]☰✕嘉禾二年十一月一日縣吏烝組關
邸☐　一二七六

右虎家口食三人　一二七七

眚母[大]女燕年[六]十一　一二七八

☐科所☐☐　一二七九

其☐斛六斗七升[已][入]☐　一二八〇

☐　何[黑]☐　一二八一

☐食☐　一二八二

☐禾二年☐　一二八三

☐租故户☐　一二八四

☐廿三日☐　一二八五

☐嘉禾二年十一月一日彈溲丘☐☐　一二八六

☐　右雫家☐　一二八七

右[縮]（？）領租稅[襍][米]三百七十四斛☐　一二八八

右黃龍元年簿　☐　一二八九

右孫家口食五人　一二九〇

出其年　麻千斤與郡所市麻九千八百五十一斤　合一萬八百五十
一斤嘉禾二年二月廿日付☐　一二九一

右[定]（？）領襍米合二百斛五[斗]一升九[合]　一二九二

兒子女☐年[十]☐　一二九三

自首賊帥[捆]☐年五十四　一二九四

[欒]（？）丘月伍五億領田五頃☐畝一百廿五步　☐　一二九五

☐　出限米人卌斛合二百八十[斛]已入畢　一二九六

其十斛八斗嘉禾三年貸食嘉☐　一二九七

☐吏　白解　一二九八

☐卌[二]斛[五]斗五升五合　一二九九

雫妻大女偌年廿　一三〇〇

□子男士伍是年九歲　一三〇一

東鄉謹列在□出户口食人名年紀爲簿　一三〇二

大男□□年七十三　……年卅五　一三〇三

右□家口食四人　一三〇四

【注】「右」上原有墨筆點記。

凡縣嘉禾二年領自首士七人見得佃出限米人四斛合二百八十斛
已入畢　一三〇五

□□□萬一千三斛一斗九　一三〇六

☐　一枚麻一千四百八十四斤賭膏一斛六斗失□心五枚蹄四百廿
二隻　一三〇七

其廿四畝六十九步旱敗不收　一三〇八

☐……頃八十五畝二百步　一三〇九

大女㛮蜀年五十三　一三一〇

思子公乘僕年廿四　一三一一

右連家口食□人　一三一二

大男殷卿年七十三　一三一三

未畢七百廿四斛四斗五升　一三一四

☐斛八斗冑畢☰嘉禾二年十一月十八日上閬丘男子黄利關邸閣董
基付三州倉吏鄭黑受　一三一五

其一頃五十畝一百步收租☐　一三一六

華子士伍象年卅九　☐　一三一七

其卅畝……　☐　一三一八

□子士伍從年十一☐　一三一九

右然家口食三人☐　一三二〇

衆子士伍客年一歲　一三二一

其一人被病物故前已列言其年不得佃不出　☐　一三二二

☐八人　☐　一三二三

縣妻大女□年廿二　一三二四

【注】「大女」下□右半殘缺，左半從「亻」。

右禮家口食□人　一三二五

□弟公乘負年廿四　一三二六

橐弟士伍汲年三歲　一三二七

右□家口食三人　一三二八

【注】「右」下□下半殘缺，上半從「艹」。

其十三萬五千三百雇所市東部柏船作布賈　一三二九

入東鄉嘉禾二年租米五斛冑畢☰嘉禾二年十一月二日音溲丘州吏
何目關邸閣董基☐　一三三〇

已入米三百七斛五斗六升付吏黄諱潘慮　一三三一

右軍家口食三人　一三三二

大男鄭谷年卅六聾左耳　一三三三

自首士吳囊年卅八　出限米卅斛已入畢　一三三四

……畝一百廿步□列畝畢田十二畝一百廿步收米九　一三三五

其十一斛嘉禾二年貸食嘉禾元年張復田米　一三三六

其十九畝卅八步郡士税田收米十二斛七斗六合　一三三七

入小武陵鄉嘉禾二年税米七斛☐　一三三八

☐基付三州倉吏鄭黑受　一三三九

☐鄉元年蒭錢八百☐　一三四〇

☐税米十一斛冑畢☰嘉禾二年十二☐　一三四一

董妻大女☐　一三四二

自首賊帥胡諸年五十一　出限米☐　一三四三

☐……☰嘉禾二年十一月十日須丘廖恷關☐　一三四四

入西鄉嘉禾二年税五斛四斗冑畢☰嘉禾二年十一月☐　一三四五

【注】「税」下應脱「米」字。

右虎家口食四人　☐　一三四六

☐□關邸閣董基付倉吏鄭黑受　一三四七

☐郭據付倉吏黄諱潘慮　一三四八

⧄據（？）……出米三斛　一三四九

⧄吕年十　⧄　一三五〇

入廣成鄉嘉禾二年税米⧄　一三五一

⧄五斛三斗胄畢≡×⧄　一三五二

右集領租税褋米合四百五斛□斗□升五合⧄　一三五三

⧄　嘉禾二年三月三日兼功曹史常未白模鄉私學劉銀　本鄉正户民不應爲私學□□左郎中更舉草諳□□□□□　一三五四

大男烝萬年八十三　⧄　一三五五

卓妻大女仙年廿九　一三五六

欽男士伍憲年七歲　一三五七

其一斛五斗黄龍三年貸食黄龍元年吏帥客限米⧄　一三五八

嘉禾三年六月甲寅朔日　臨湘侯相行文書事丞叩頭死罪死⧄　一三五九

其六十二斛四斗五升二合⧄　一三六〇

其□千一百五□不應給吏𠬠列□□□□所□　一三六一

【注】「所」上三□均右半殘缺，左半從「糸」。

吏衡配　一三六二

⧄……年六月十四日戊申書付頃丘□純攝告發遣諳宫　一三六三

【注】六月十四日爲戊申，則六月朔爲乙未。據陳垣《魏蜀吴朔閏異同表》，嘉禾元年六月朔爲乙未。

軍子士伍宫年十三　一三六四

大男乾囷年廿一　一三六五

谷妻大女□年六十六　一三六六

□□姪子士伍□年九歲　一三六七

⧄其九千卌斛七斗七升其年所調税米⧄　一三六八

右入税米七十二斛六斗五升⧄　一三六九

右思家口食六人⧄　一三七〇

其五十一畝池民田不收租又池民田卒五十一畝　一三七一

大男□□年卅二苦腹心病　一三七二

維姪子士伍能年八歲　一三七三

入小武陵鄉元年財用錢一萬六千⧄　一三七四

⧄表關坚閣董基付三州倉吏鄭黑受　一三七五

入平鄉嘉禾二年火種租米一斛胄畢≡×嘉禾二年十一月廿一日枯丘　一三七六

□⧄　一三七七

⧄二斗四升僦畢≡×嘉禾二年十一月十九日龍丘庫吏烝鄭關坚閣董基⧄　一三七八

⧄……黄龍元年士租米　一三七九

右出錢二萬四千六百五十⧄　一三八〇

⧄二斛胄畢≡×嘉禾二年十一月十三日劉里丘州吏劉儀關坚閣董基　一三八一

付三州倉吏鄭⧄　一三八二

入西鄉嘉禾二年税米一斛⧄　一三八三

⧄丘大男苗𢇍關坚閣董⧄　一三八四

⧄□二斛□⧄　一三八五

⧄一枚□⧄　一三八六

⧄二日石丘□⧄　一三八七

⧄□吏□⧄　一三八八

⧄馬⧄　一三八九

⧄筭⧄　一三九〇

⧄黄（？）龍（？）⧄　一三九一

⧄□客付庫吏⧄　一三九二

入小武陵⧄　一三九三

⧄黑⧄　一三九四

⧄千七百⧄　一三九五

⧄曼□⧄　一三九六

⧄倉吏鄭黑⧄　一三九七

⧄關坚⧄　一三九八

⧄□□⧄

⧄坚閣董⧄

承餘錢〼　一三九九

〼年□歲〼　一四〇〇

〼妻大女汝年廿九〼　一四〇一

〼吏鄭黑〼　一四〇二

〼□黑受〼　一四〇三

〼□□〼　一四〇四

〼七〼　一四〇五

〼大女□〼　一四〇六

〼□日儘〼　一四〇七

〼□限米　一四〇八

〼　右承餘租稅□三萬三百　已廿五□〼　一四〇九

【注】「右」上原有墨筆點記。

大男烝董年卅七〼　一四一〇

〼□□□出米三斛〼　一四一一

〼……掾縣□〼　一四一二

大男屈敏（?）年八十七　〼　一四一三

凡口六事四　〼　一四一四

〼……九……〼　一四一五

集凡〼　一四一六

〼十一月三日濇丘郡吏謝〼　一四一七

一萬〼　一四一八

入西鄉嘉禾二年稅米十四斛胄畢〓嘉禾〼　一四一九

〼嘉禾二年租米廿一斛六升胄畢〓嘉禾二年十一月廿三日甚丘〼　一四二〇

〼其十四斛監池司馬鄧邵嘉禾二年池〼　一四二一

〼三日拞陵丘忩（?）叙（?）關坠閣董基付倉〼　一四二二

集凡承餘入錢……〼　一四二三

入小武陵鄉嘉禾二年稅米八斛四斗胄畢〓嘉禾二年十一月一日遲丘黃維關坠〼　一四二四

〼　訾　五　十　一四二五

〼□□斛□□年十月廿五日付監運史潘喜……　一四二六

入平鄉嘉禾二年租米二斛五斗胄畢〓嘉禾二年十一月十二日下和丘光賢關坠閣董基〼　一四二七

入中鄉元年財用錢二千六百　〼　一四二八

其七斛州吏董宣嘉禾……〼　一四二九

入廣成鄉嘉禾二年稅米八斛五斗〼　一四三〇

〼關坠閣董基付三州〼　一四三一

入廣成鄉嘉禾二年稅米〼　一四三二

〼畢〓嘉禾二年十一月〼　一四三三

〼閣董基〼　一四三四

入西鄉嘉禾二年稅〼　一四三五

入小武陵〼　一四三六

入樂鄉嘉禾二年租米七斛就畢〓嘉禾二年〼　一四三七

入□鄉嘉禾二年租米廿八斛胄畢〓嘉禾二年十一月十一日□□丘郡吏□〼　一四三八

入樂鄉嘉禾二年租米五斛五斗胄畢〓嘉禾二年十一月廿八日園丘郡吏劉交關坠閣〼　一四三九

〼胄畢〓嘉禾二年十一月十八日曼溲丘栂黟關坠閣董基付三州倉吏〼　一四四〇

〼胄畢〓嘉禾二年十一月廿七日桑都丘劉惕關坠閣董基付三州倉吏鄭黑受　一四四一

〼六斛二斗四升胄畢〓嘉禾二年十一月十三日窟丘郡吏毛鈞關坠閣董基付三州倉吏鄭黑受　一四四二

〼米十斛三斗胄畢〓嘉禾二年十一月廿三日敬賢丘州吏石張關坠閣董基付三州倉吏鄭黑受　一四四三

入平鄉嘉禾二年稅米四斛胄畢〓嘉禾二年十一〼　一四四四

入平鄉嘉禾二年租米七斛胄☐　一四四五

入小武陵鄉嘉禾二年稅米☐　一四四六

入平鄉嘉禾二年☐　一四四七

入西鄉嘉禾二年稅米六斛六斗畢≡嘉禾二年十一月廿二日☐　一四四八

入廣成鄉嘉禾二年稅米四斛□斗≡嘉禾二年☐　一四四九

☐　……筭一刑足復　子男□年廿二筭一刑手復　一四五〇

入小武陵鄉嘉禾二年稅米八斛二斗胄畢≡嘉禾二年十一月廿六日　一四五一

□丘大男□□☐

☐年租米四斛三斗胄畢≡嘉禾二年十一月二日唐中☐　一四五二

入桑鄉嘉禾二年租米二斛胄畢≡嘉禾二年十一月廿九日東平丘縣

吏五訓☐　一四五三

☐年十一月廿三日盡丘郡吏潘朋關邸閣董基付倉吏☐　一四五四

入小武陵鄉嘉禾二年稅米一斛胄米畢≡嘉禾☐　一四五五

入平鄉嘉禾二年租米十一斛七斗五升胄畢≡嘉☐　一四五六

☐□□年租米三斛□斗≡☐　一四五七

入桑鄉嘉禾二年稅米五斛僦畢≡☐　一四五八

入小武陵鄉嘉禾二年火佃租米一斛六斗胄☐　一四五九

☐七斛胄畢≡嘉禾二年十一月☐　一四六〇

☐□□年十一月廿三日彈溲丘☐　一四六一

☐鄉嘉禾二年租米四斛胄畢≡嘉禾二年十一月☐　一四六二

☐五斗胄畢≡嘉禾二年十一月十一日租伻丘男子黃受關邸☐　一四六三

☐石誌關邸閣董基付三州倉吏鄭黑受　一四六四

☐胄畢≡嘉禾二年十一月九日彈溲丘縣吏陳開關邸閣董基☐　一四六五

☐踵兩足　已　訾　五　十　一四六六

☐大女則年卅三筭一　子男告年七歲　一四六七

☐年十一月一日巾竹丘州吏石誌關邸閣董基付三州倉吏鄭黑受　一四六八

入□鄉嘉禾二年稅米……胄畢≡嘉禾二年十二月廿三日☐　一四六九

入廣成鄉嘉禾二年稅米四斛四斗就畢≡嘉禾二年十一月☐　一四七〇

☐邸閣董基付倉吏鄭黑受　一四七一

入平鄉嘉禾二年稅米二斛五斗胄米畢≡嘉☐　一四七二

入廣成鄉嘉禾二年稅米四斛胄畢≡☐　一四七三

入平鄉嘉禾二年稅米十斛五斗胄畢☐　一四七四

入南鄉嘉禾二年稅米八斛四斗胄畢≡嘉禾☐　一四七五

☐帥客限☐　一四七六

入平鄉嘉禾二年新☐　一四七七

入平鄉☐　一四七八

☐□鄉嘉☐　一四七九

入廣成鄉☐　一四八〇

入平鄉☐　一四八一

大男麴（？）□年☐　一四八二

☐縣吏☐　一四八三

☐□☐　一四八四

入平鄉☐　一四八五

☐黑受　一四八六

☐基☐　一四八七

☐禾二年☐　一四八八

☐元年私學☐　一四八九

☐租錢☐　一四九〇

☐陵鄉□☐　一四九一

☐關邸☐　一四九二

☐基☐　一四九三

☐吏鄭☐　一四九四

☐基☐　一四九五

☐姑年卅五☐　一四九六

☐邸閣董基付三州倉吏鄭黑受☐　一四九七

入西鄉嘉禾二年火種租米一斛三升胄畢≡×嘉禾二年十一月十二日月丘
▨　一四九八

入小武陵鄉嘉禾二年稅米五斛八斗五升胄畢≡×嘉禾二年十一月十
三▨　一四九九

入□鄉嘉禾二年租米五斛六斗胄畢≡×嘉禾二年十一月十一日
⿰扌豆陵丘▨　一五〇〇

▨……年十一月十一日▨　一五〇一

▨……第二　一五〇二

▨年租米十八斛一斗胄畢≡×嘉禾二年十一月七日敷丘州吏由園▨　一五〇三

入小武陵鄉嘉禾二年稅米四斛胄畢≡×嘉禾二年十一月十六日平丘▨　一五〇四

入西鄉嘉禾二年稅米廿五斛胄畢≡×嘉禾▨　一五〇五

▨≡×嘉禾二年十一月六日平支丘烝平關堅▨　一五〇六

入廣成鄉嘉禾二年稅米四斛三斗胄畢≡×嘉禾▨　一五〇七

▨嘉禾二年十一月九日撈丘吏潘宛▨　一五〇八

入西鄉嘉禾二年稅米十斛胄畢≡×嘉禾▨　一五〇九

入桑鄉嘉禾二年稅米卅六斛八斗胄畢≡×嘉▨　一五一〇

入桑鄉嘉禾二年租米九斛九斗四升胄畢≡×嘉禾二年十一月廿四日
平樂丘郡吏▨　一五一一

▨與丘郡吏雷齊關堅閣董基付三州倉吏鄭黑受　一五一二

入廣成鄉嘉禾二年稅米四斛僦畢≡×嘉禾二年十一月廿日□丘縣吏
忩香關堅閣董▨　一五一三

入廣成鄉嘉禾二年租米六斛二斗胄畢≡×嘉禾二年十一月十日彈溲
丘郡吏鄧右關堅閣董基▨　一五一四

入桑鄉嘉禾二年租米十三斛四斗五升胄畢≡×嘉禾二年十一月廿一
日園丘州吏呂次關堅閣董▨　一五一五

▨米四斛胄畢≡×嘉禾二年十一月十日杷丘石彭關堅閣董基付倉吏
鄭黑受　一五一六

入平鄉嘉禾二年租米二斛五斗胄畢≡×嘉禾二年十一月十八日上和
丘郡吏何表關堅閣董基付三州倉吏鄭黑▨　一五一七

入平鄉嘉禾二年縣吏潘右子弟限米三斛胄畢≡×嘉禾▨　一五一八

入西鄉嘉禾二年稅米二斛胄畢≡×嘉禾二年十一月十一日上俗丘州
卒何碧關堅園▨　一五一九

其十一斛嘉禾三年貸食嘉禾二年▨　一五二〇

其一人給作唐民送詣宮其年不……▨　一五二一

其□斛二斗三升嘉禾三年貸食嘉禾二年稅米　一五二二

其六斛六斗黃龍三年貸食黃龍元年士租米　一五二三

其一斛嘉禾二年貸食嘉禾□年……　一五二四

▨……吏限米　一五二五

▨鄉嘉禾二年稅米四斛四斗胄畢≡×嘉禾二年十一月六日□▨　一五二六

▨畢≡×嘉禾二年十一月一日林溲丘李從關堅閣董基▨　一五二七

其一斛五斗嘉禾▨　一五二八

其九十一斛二斗嘉禾▨　一五二九

其一百六十四斛二斗嘉禾二年　▨　一五三〇

出用　無　▨　一五三一

其四斛五斗郡掾粻□　▨　一五三二

入小武陵鄉嘉禾二年稅米二斛胄米畢≡×嘉禾二年▨　一五三三

▨□≡×嘉禾□年　▨　一五三四

承四月簿餘元年財用▨　一五三五

▨嘉禾二年十一月十日上和丘郡吏何▨　一五三六

▨□嘉禾元年私學限米四斛≡×□▨　一五三七

▨　田　▨　一五三八

入西鄉嘉禾二年稅米四斛胄▨　一五三九

紬租具錢二萬四千二百五十錢▨　一五四〇

一五四一　☒閤董基付倉吏鄭黑受
一五四二　……户窮羸老頓女户不任役　☒
一五四三　入四月所受禨擿米十斛……升　☒
一五四四　姪子男□年五歲　☒
一五四五　入嘉禾元年限米五斛☒
一五四六　☒出米……斛五斗
一五四七　☒年紀……等亟各攝縣
一五四八　□□蔡□□□□☒
一五四九　……侯相☒
一五五〇　右諸鄉入嘉禾二☒
一五五一　☒禾五年十二月廿四日□☒
一五五二　入□鄉嘉禾二年税米☒
一五五三　其一斛七斗司馬黄升嘉☒
一五五四　☒　其六斛還民貴□三年☒
一五五五　☒其……嘉禾二年禨☒
一五五六　☒其□斛……黄龍二年租米
一五五七　☒　無　☒
一五五八　其卌斛黄龍三年貸食黄龍元☒
一五五九　☒關坠閤董基付三州倉吏鄭黑☒
一五六〇　☒……更詭責……
一五六一　☒……卅七……　☒
一五六二　☒租米二斛僦畢≡×嘉禾☒
一五六三　入廣成鄉嘉禾☒
一五六四　☒董基☒
一五六五　☒番孔關坠閤董☒
一五六六　入廣成鄉嘉禾二年税米☒
一五六七　其□斛七斗司馬☒
一五六八　入廣成鄉嘉禾二年税米二斛就畢≡×嘉禾二年十一月☒
一五六九　☒□年七歲　□男弟□年卅……　☒
一五七〇　☒閤董基付倉吏鄭黑受
一五七一　其四斛五斗郡掾張祇所賣……☒
一五七二　☒其十一斛州吏董宣嘉☒
一五七三　入……所貸黄龍元年……限米
一五七四　☒　其一斛吏帥客□☒
一五七五　入西鄉嘉禾二年税米一斛胄畢≡×嘉禾□☒
一五七六　☒畢≡×嘉禾□年十一月廿□日彈溲丘番迷關坠☒
一五七七　☒……二斛二斗三升胄畢≡×嘉禾二年十一月十三日□丘□☒
一五七八　入桑鄉嘉禾二☒
一五七九　☒斗胄畢≡×嘉☒
一五八〇　☒雷嘉關☒
一五八一　入桑鄉嘉禾二年火種租米十九斛三斗四升胄畢≡×嘉禾二年十一月十一日園丘州吏☒
一五八二　其八斛七斗一升□貴□黄龍□☒
一五八三　☒　右承餘新入口筭錢二萬二千一百一錢
一五八四　☒其□□斛五斗五升嘉禾元年貸食嘉禾☒
一五八五　入嘉禾元年溢米九十一斛六斗　☒
一五八六　承三月簿餘元年財用錢八萬五千一百六十二錢☒
一五八七　☒　其一百卅五斛七斗七升嘉禾二年僮客限米
一五八八　右入□☒

【注】「右」上原有墨筆點記。

一五八九　入西鄉嘉禾二年税米七斛六☒
一五九〇　☒年火佃租米☒
一五九一　☒三州倉吏黑受

【注】「黑」上脱「鄭」字。

一五九二　入東鄉□□□□☒
一五九三　☒閤董基☒

☐丘唐虎關坠☐　一五九四

☐董基☐　一五九五

☐七歲　一五九六

右小武陵鄉入火佃租米□□☐　一五九七

右模鄉入火佃租米一斛二斗☐　一五九八

☐□年卅五　□子女見年十二　一五九九

其三百一十三斛五升民還□☐　一六〇〇

其三斛四斗黄龍三年所☐　一六〇一

入小武陵鄉嘉禾二年税米七斛六斗胄畢≡✕☐　一六〇二

☐　妻大女羅年六十八　☐　一六〇三

☐黄龍二年限米　一六〇四

☐斛二斗胄畢≡✕嘉禾二年十一月十一日☐　一六〇五

☐嘉禾二年十一月☐　一六〇六

☐付三州倉吏☐　一六〇七

☐□二百一……☐　一六〇八

☐坠閣董基付三州倉吏鄭黑受　一六〇九

主庫吏殷連謹列五月旦承餘新入□☐　一六一〇

入樂鄉嘉禾二年租米二斛就畢≡✕嘉禾二年十一月八日頃丘吏□☐　一六一一

入桑鄉嘉禾二年火種租米二斛胄畢≡✕嘉禾二年十一月廿九日□☐　一六一二

入小武陵鄉嘉禾二年租米一斛二斗胄米畢≡✕嘉禾二年十一月十二　一六一三

日余元丘☐　一六一四

入平鄉元年財用錢八萬六千七十　☐　一六一五

入廣成鄉元年……☐　一六一五

☐斛二斗胄畢≡✕嘉禾二年十一月三日下有丘☐　一六一六

☐日上溪丘石彭關坠閣董基☐　一六一七

☐月十四日下樂丘州吏□學關坠閣☐　一六一八

右平鄉入□☐　一六一九

☐基付三州倉吏鄭黑受　一六二〇

入小武陵鄉嘉禾二年税米廿四斛三斗胄畢☐　一六二一

入桑鄉嘉禾二年租米十一☐　一六二二

☐……黄□☐　一六二三

入廣成鄉嘉禾……☐　一六二四

☐箄二事　一六二五

☐……　一六二六

☐人　其三人男□□女　一六二七

☐七歲　一六二八

☐　訾　五　十　一六二九

右桑鄉入租米三百……☐　一六三〇

☐年卅三箄一　子男俱（？）年九歲　一六三一

☐□□箄一　☐　一六三二

☐十一月廿一日園丘州吏尹䆄關坠閣董☐　一六三三

入小武陵鄉嘉禾二年税米九十□斛☐　一六三四

☐……☐　一六三五

☐禾二年十一月☐　一六三六

☐　其十四斛司馬黄升黄龍三年限米☐　一六三七

其八十二斛☐　一六三八

……民還二年所貸☐　一六三九

其二百五十一斛一斗六升黄龍☐　一六四〇

其三百九十一斛六斗嘉禾元年□□☐　一六四一

其六斛新還民黄龍三年……☐　一六四二

主庫吏殷連謹列二月旦承餘新入襍錢簿　☐　一六四三

入樂鄉嘉禾三年税米六斛一斗☐　一六四四

☐□年卌　一六四五

子男士伍□年八歲☒　一六四六

☒……☒　一六四七

☒十二斛民……☒　一六四八

入平鄉嘉禾二年☒　一六四九

☒禾二年吏帥客☒　一六五〇

入平鄉嘉禾二年税米十四斛胄畢≡×嘉禾二年十一月三日栗丘石各關坐☒　一六五一

入廣成鄉嘉禾二年税米二斛胄畢≡×嘉禾二年十一月十日世丘谷石關坐閣董☒　一六五二

入廣成鄉嘉禾二年税米五斛胄畢≡×嘉禾二年十一月十日平丘陳嫄關坐閣董基付☒　一六五三

入平鄉嘉禾二年租米四斛八斗八升胄畢≡×嘉禾二年十一月八日彈溲丘唐欠（？）關坐閣董基☒　一六五四

入平鄉嘉禾二年租米一斛胄畢≡×嘉禾二年十一月十日僕丘廖（？）陳關坐閣董基☒　一六五五

入桑鄉嘉禾二年租米廿斛二斗四升胄畢≡×嘉禾二年十一月五日郡吏陳富關坐閣☒　一六五六

入平鄉嘉禾二年租米二斛九斗胄畢≡×嘉禾二年十一月十四日杞丘縣吏石彭關坐閣董基付三州□☒　一六五七

☒日桐丘吏☒　一六五八

☒鄭黑受　一六五九

☒米　一六六〇

☒□米張復田☒　一六六一

☒……☒　一六六二

入廣成鄉嘉禾二年租米十七斛☒　一六六三

入平鄉嘉禾二年租米七斛☒　一六六四

承閏月黃龍元年☒　一六六五

☒十二月廿六日平陽丘☒　一六六六

☒斛三斗四升嘉禾☒　一六六七

☒□三年限米☒　一六六八

☒年限米☒　一六六九

☒就畢≡×嘉☒　一六七〇

☒平鄉火種☒　一六七一

☒謹列襍米□☒　一六七二

☒閣董基付三州☒　一六七三

☒□錢五十□☒　一六七四

入平鄉嘉禾二☒　一六七五

入西鄉嘉禾二年火種租米二斛七斗胄畢≡×嘉禾二年十一月十二日旱丘大女紀妾☒　一六七六

入東鄉嘉禾二年租米七斛胄畢≡×嘉禾二年十一月廿二日帝丘縣吏黃階關☒　一六七七

入□鄉嘉禾二年租米卅一斛二斗四升僦畢≡×嘉禾二年十一月十七日露丘縣吏烝□☒　一六七八

入平鄉嘉禾二年税米九斛六斗僦畢≡×嘉禾二年十一月一日寇丘潘調關坐閣☒　一六七九

今餘錢六十三萬七千七百卅五錢　☒　一六八〇

入廣成鄉嘉禾二年税米一斛四斗二升胄畢≡×嘉禾二年十一月廿日周陵丘監兵閣坐閣董基付三州倉吏☒　一六八一

【注】前「閣」應爲「關」之誤。

入模鄉元年口筭錢九百八錢　一六八二

入西鄉嘉禾二年税米二斛五斗☒　一六八三

☒付三州倉吏鄭黑☒　一六八四

☒米十七斛六斗□☒　一六八五

☒鄉嘉禾二年税☒　一六八六

☒區光□黃龍二年貸……　一六八七

入平鄉……≡×嘉……☒　一六八八

入小武陵鄉嘉禾二年税米三斛五斗胄☒ 一六八九

☒□所賣……☒ 一六九〇

☒ 其四百八十三斛二斗嘉禾元年☒ 一六九一

☒ □妻弟張堂年廿七筭一 給縣吏 一六九二

☒ □妻如年廿三 一六九三

☒年十一月十二日旱丘大女紀妾關坚閣董基☒ 一六九四

☒……所貸嘉禾二年新吏☒ 一六九五

入小武陵鄉嘉禾□年税米……斛□斗胄☒ 一六九六

入小武陵鄉嘉禾二年☒ 一六九七

☒月廿日上俗丘張斗付三☒ 一六九八

入小武陵鄉嘉禾二年税米四☒ 一六九九

入□鄉嘉禾二年税米□☒ 一七〇〇

☒入……鄉……二年税米九斛☒ 一七〇一

☒≡嘉禾二年十一月十七日和丘宋賈關☒ 一七〇二

☒吏潘慮 一七〇三

☒區□關坚閣董基☒ 一七〇四

入西鄉嘉禾二年税米七斛☒ 一七〇五

☒董基付倉☒ 一七〇六

☒閣董基☒ 一七〇七

入小武陵鄉嘉☒ 一七〇八

入小武陵☒ 一七〇九

☒黑受 一七一〇

☒□米四斛胄畢≡嘉☒ 一七一一

入桑鄉嘉禾二年☒ 一七一二

☒上樂吏誦巡關坚閣董☒ 一七一三

【注】「上樂」下應脱「丘」字。

☒基付三州倉吏鄭黑受 一七一四

入平鄉嘉禾二年租米六斛一斗胄畢≡☒ 一七一五

☒基付三州倉吏鄭黑受 一七一六

☒ 右桑鄉入☒ 一七一七

【注】「右」上原有墨筆點記。

入小武陵鄉嘉禾二年☒ 一七一八

☒日下和丘廖終關☒ 一七一九

入平鄉嘉禾二年☒ 一七二〇

入東鄉嘉禾二☒ 一七二一

入桑鄉嘉禾二年税米十斛胄畢≡☒ 一七二二

入西鄉嘉禾二年税米三斛五斗胄☒ 一七二三

☒基付三州倉吏鄭黑☒ 一七二四

☒嘉禾二年十一月十六日遅丘烝憘關☒ 一七二五

入西鄉嘉禾二年税☒ 一七二六

☒基付三州倉吏鄭黑受 一七二七

☒禾二年十一月廿七日栗丘石□☒ 一七二八

☒吏鄭黑受 一七二九

☒坚閣董基付倉吏鄭黑受 一七三〇

☒税米二百卅二斛四☒ 一七三一

入小武陵鄉嘉禾二年火田租米二☒ 一七三二

☒租米一百卅六斛七斗□☒ 一七三三

入桑鄉嘉禾二年租米二斛胄☒ 一七三四

☒女妾年廿二筭一……☒ 一七三五

入小武陵鄉嘉禾二年税米一斛三斗☒ 一七三六

入廣成鄉元年財用錢☒ 一七三七

☒……米 一七三八

☒三州倉吏鄭黑受 一七三九

☒禾二年十二月廿六日柤下☒ 一七四〇

入廣成鄉嘉禾二年税米☒ 一七四一

☒董基☒ 一七四二

入黄龍□年所貸黄龍□年私學限米卅斛□⧄　一七四三
⧄民還貸食元年火佃租米十五斛　一七四四
⧄……□月卅日魁李恒主　一七四五
中李嵩被督軍糧都尉嘉禾三年⧄　一七四六
⧄年租米四斛□斗胄畢✕嘉禾二年十一月廿三日下俗丘□□⧄　一七四七
⧄筭一　一七四八
……還二年所貸嘉禾元年⧄　一七四九
⧄□弟承年卅二⧄　一七五〇
⧄……日筋竹丘州吏⧄　一七五一
⧄吏鄭黑受　一七五二
⧄民所貸嘉禾元年吏帥客⧄　一七五三
⧄畢✕嘉禾二年十一月十六日吏□⧄　一七五四
⧄嘉禾二年税米五斛胄畢✕嘉禾二年十一月八日⧄　一七五五
⧄弟限米　一七五六
⧄訓關坚閣董基付倉吏鄭黑受　一七五七
⧄其一斛九斗□□⧄　一七五八
⧄□年粢租米　一七五九
⧄其廿二斛三斗七升六合嘉禾□年⧄　一七六〇
入廣成鄉嘉禾二年火佃租米一斛二斗胄畢✕⧄　一七六一
⧄其二斛郡屯田掾利焉所貸黄龍三年⧄　一七六二
其一千一百五十⧄　一七六三
□□……⧄　一七六四

【注】第二□左半殘缺，右半從「攴」。

⧄其六斛五斗黄龍三年租米　⧄　一七六五
⧄十六斛一斗五升　⧄　一七六六
⧄基付三州倉吏鄭黑受　一七六七
入桑鄉嘉禾二年税米六⧄　一七六八
⧄斛胄畢✕嘉禾二年十一月十四日□⧄　一七六九
⧄餘新入復民租錢三千五⧄　一七七〇
⧄□□子男已年五歲　一七七一
⧄掾利焉嘉禾元年限米　一七七二
⧄……田年五十　一七七三
⧄其六斛二斗嘉禾二年貸食黄龍⧄　一七七四
⧄……私學限米　一七七五
其一百六十四斛二斗嘉禾二⧄　一七七六
……筭一　⧄　一七七七
入黄龍元年吏帥客限米　⧄　一七七八
其□斛一斗⧄　一七七九
⧄其　三人男　三人女　一七八〇
⧄坚閣董基……鄭黑受⧄　一七八一
⧄斛五斗胄畢✕嘉禾二年十月十九日東丘大男⧄　一七八二
⧄文丘烝特關坚⧄　一七八三
⧄禾二年租米⧄　一七八四
入模鄉元年口筭錢七百　⧄　一七八五
入平鄉嘉禾二年租米八斛胄畢✕嘉禾⧄　一七八六
入小武陵鄉嘉禾二年税米二斛胄米畢✕嘉⧄　一七八七
入廣成鄉嘉禾二年税米十二斛胄畢✕⧄　一七八八
入平鄉嘉禾二年税米七斛五斗胄畢✕嘉⧄　一七八九
出用　無　⧄　一七九〇
⧄　其二斛郡屯田掾⧄　一七九一
⧄八日頃丘番虎關坚閣董基付倉⧄　一七九二
⧄食嘉禾元年新吏限米　一七九三
⧄□年新吏限米　一七九四
⧄税禾還米十斛胄畢✕嘉禾⧄　一七九五

☑三百六十斛三斗　☑　一七九六

☑閣董基付三州倉☑　一七九七

☑倉吏鄭黑受　一七九八

吏潘□☑　一七九九

右真家口☑　一八〇〇

☑□困丘□□☑　一八〇一

入郡吏□☑　一八〇二

☑……丘民☑　一八〇三

☑□□李石……　☑　一八〇四

☑　……☑　一八〇五

大男……　☑　一八〇六

☑男□年廿一　一八〇七

入南鄉米一斛七斗□升☑　一八〇八

☑鄉嘉禾二年税米四斛胄畢☑　一八〇九

☑　□具□　☑　一八一〇

☑嘉禾二年□米十四☑　一八一一

☑鄉領□□☑　一八一二

……☑　一八一三

☑……五☑　一八一四

☑胄畢≡×☑　一八一五

☑米畢≡×☑　一八一六

右☑　一八一七

☑記□　☑　一八一八

☑……☑　一八一九

☑嘉禾二年十一月□日敬賢丘州吏石張關邸閣董☑　一八二〇

其一斛不□民還□□□　☑　一八二一

其九斛民還二年所貸元☑　一八二二

入嘉禾三年新吏限米十四斛二斗　一八二三

☑……士伍石新年五歲　□姪子男開年十三　一八二四

入民還二年所貸吏區光備黄武□年蒭錢□□☑　一八二五

其二百卌斛□□嘉禾二年税米　一八二六

☑□□年卅筭一　一八二七

☑□具錢卅六萬☑　一八二八

☑三（？）斗（？）二（？）升（？）☑　一八二九

☑董基付☑　一八三〇

入民還二年所貸嘉禾……☑　一八三一

其七☑　一八三二

其六斛五斗黄龍三年租☑　一八三三

其五斛民還二年所貸吏區光☑　一八三四

其二百二斛一升民還二年☑　一八三五

入黄龍元年税米廿斛☑　一八三六

其卌九斛三斗民還二年所貸☑　一八三七

入嘉禾元年□縣吏限米□斛三斗☑　一八三八

……六升黄龍三年税米十二斛☑　一八三九

☑焉還所貸黄龍三年限米　☑　一八四〇

☑≡×嘉禾二年十一月一日……☑　一八四一

☑其六斛守倉曹郎盖☑　一八四二

☑□鄉嘉禾二年税米□☑　一八四三

☑桑鄉二年……二斛☑　一八四四

其九十八斛叛士嘉禾二年☑　一八四五

其十一斛五斗監池司馬鄧邵嘉禾元年臨☑　一八四六

☑關邸閣董基付三州倉吏鄭黑受　一八四七

☑胄畢≡×嘉禾……☑　一八四八

入小武陵鄉嘉禾二年税米二斛六斗胄畢≡×嘉禾二年十一月十六日☑　一八四九

其八斛七斗一升☑　一八五〇

出蒭具錢十萬六千廿爲行錢十一萬四千五百廿七錢嘉禾二☑ 一八五一

☑□錢七□☑ 一八五二

入西鄉嘉禾二年☑ 一八五三

☑食嘉禾元年税米七☑ 一八五四

入樂鄉嘉禾二年☑ 一八五五

☑付……黑受 一八五六

□市布□☑ 一八五七

入廣成鄉嘉禾二年□☑ 一八五八

入小武陵鄉嘉禾二年税米一斛☑ 一八五九

入小武陵鄉嘉禾二年税米三斛胄畢〼嘉禾☑ 一八六〇

其一斛五斗……☑ 一八六一

☑　其九斛司馬……元年限米　☑ 一八六二

入平鄉嘉禾二年火種租米二斛四斗胄畢〼嘉禾二年十一月廿四日上☑ 一八六三

入小武陵鄉嘉禾二年税米二斛胄畢〼嘉禾二年十一月廿六日蘁丘大男☑ 一八六四

入桑鄉嘉禾二年租米十斛僦畢〼嘉禾二年……☑ 一八六五

☑□月十日世丘☑ 一八六六

☑關坚閣董基☑ 一八六七

☑□毛訓關☑ 一八六八

☑□丘縣吏烝脩關坚閣董基☑ 一八六九

入西鄉嘉禾二年税米十三☑ 一八七〇

☑五斗六升〼嘉禾元年正月廿二日☑ 一八七一

☑年税米二斛胄畢☑ 一八七二

☑長給府嘉禾四年二月十四日關☑ 一八七三

☑年□月三日□丘鄧忩關坚閣董☑ 一八七四

入廣成鄉嘉禾二年租米二斛胄☑ 一八七五

入桑鄉嘉禾二年税米八斛胄畢☑ 一八七六

☑……☑ 一八七七

☑年張復田米 一八七八

☑□貸食黄龍二年限米 一八七九

☑　其六斛四斗八升嘉禾二☑ 一八八〇

☑　其卅一斛七斗二升嘉禾二☑ 一八八一

☑閣董基付三州倉吏鄭黑受 一八八二

入平鄉嘉禾二年税米二斛四斗胄畢〼嘉☑ 一八八三

其一斛☑ 一八八四

☑斛三斗胄畢〼嘉禾二年九月四日專丘鄧□☑ 一八八五

☑限牛齒米三斛胄畢〼嘉禾二年十一月四日白丘☑ 一八八六

右十二斛四斗六升别領☑ 一八八七

出口筭具錢廿二萬九千二百錢爲行錢廿六萬九☑ 一八八八

入模鄉嘉禾二年租米四斛胄畢〼嘉禾二年十一月十日石唐丘吏區☑ 一八八九

其四萬二千八百七十八錢嘉禾元☑ 一八九〇

入平鄉嘉禾二年税米三斛三斗胄畢〼嘉禾二年十一月三日幽（？）丘男子番尾關坚閣☑ 一八九一

入廣成鄉嘉禾二年税米十七斛胄畢〼嘉禾二年十一月廿日楊丘楊頃關坚☑ 一八九二

入廣成鄉嘉禾二年税米十八斛胄畢〼嘉禾二年十一月二日夌丘大男唐齊（？）關坚☑ 一八九三

入西鄉嘉禾二年税米二斛三斗胄畢☑ 一八九四

入小武淩鄉嘉禾二年税米十一斛七斗二升胄畢☑ 一八九五

【注】「淩」應爲「陵」之誤。

入平鄉嘉禾二年税米二斛六斗胄畢〼☑ 一八九六

☑基付三州倉吏鄭黑受 一八九七

☑□鄧倉倉以其月廿一日關坚☑ 一八九八

☑五斗五升民還二☑ 一八九九

入小武涹鄉嘉禾二年税米二斛二斗五升胄☒　一九〇〇

【注】「涹」應爲「陵」之誤。

☒胄畢⨉嘉禾☐年☒　一九〇一

入西鄉嘉禾二年税米三斛三☒　一九〇二

☒出用　☒　一九〇三

☒……吏帥客限米☐☐☒　一九〇四

☒……年卅筭一　一九〇五

其卅五☐☒　一九〇六

☒……☒　一九〇七

☒　其……　一九〇八

☒☐錢卅九萬四千市嘉禾元年☒　一九〇九

☒　其一千七十三斛一斗☒　一九一〇

☒關坚閣董基付☒　一九一一

出用☒　一九一二

☒年卅☐　☐妻☐☐年☐五筭一　一九一三

月受吏褋擿米二斛四斗五升☐☒　一九一四

☒財用錢一萬一千六百　一九一五

☒☐☐所貸嘉禾二年火田收米　一九一六

☒二斛嘉禾三年租米　一九一七

☒男☐年六歲　一九一八

年十月☐租吴平斛米☐百廿二斛二斗☐升一合　一九一九

☒年租米五斛三斗胄畢☒　一九二〇

☒貸黄龍二年税米☒　一九二一

☒☐田平陽丘☐☐☐☒　一九二二

☒五斗胄畢⨉嘉禾二年十一月☒　一九二三

☒吏鄭黑受　一九二四

☒基☒　一九二五

右承餘☐☒　一九二六

☒右☐鄉入口筭錢五千四百　☒　一九二七

☒　右承餘紵租錢一萬一千四☒　一九二八

入小武陵鄉嘉禾二年税米二斛七斗胄畢⨉嘉禾二年☒　一九二九

其七斗九升民☒　一九三〇

入☐☐鄉嘉禾……☒　一九三一

入平鄉嘉禾二年税米三斛一斗胄米畢⨉嘉禾二年十一月十日盡丘

☐☒　一九三二

☒閣董基付三州倉吏鄭黑受　一九三三

☒歲　☒　一九三四

☒户下品　☒　一九三五

入嘉禾二年……☒　一九三六

☒坚閣董基付☒　一九三七

☒付三州倉吏鄭黑☒　一九三八

☒三州倉吏鄭黑☒　一九三九

其五斛一斗郵卒黄龍三年☒　一九四〇

入民還二年所貸食嘉禾元年……☒　一九四一

其五斛民還二年所貸吏區☒　一九四二

其一斛三斗☐☒　一九四三

其廿斛四斗黄龍☐☒　一九四四

入南鄉……⨉嘉禾二年十一月廿一日……☒　一九四五

其四斛二斗賊黄勳黄龍☒　一九四六

其一百五十一斛☒　一九四七

【注】「其」上原有墨筆點記。

入民還二年所貸吏區光備黄龍二年吏帥客☒　一九四八

☒……民還二年所貸嘉禾二年☐☒　一九四九

☒☐斛胄畢⨉嘉禾二年十一月十☒　一九五〇

☒日租平丘大男盧贛關坚閣董☒　一九五一

☒☐斛三斗五升民還☒　一九五二

一九五三　☐𦺇嘉禾二年十一月☐

一九五四　入桑鄉嘉禾二年稅米十八斛三升冑畢𦺇嘉禾☐

一九五五　☐冑畢𦺇嘉禾二年十一月二日□丘大男區建關☐

一九五六　☐禾二年稅米九斛九斗冑畢𦺇嘉禾二年……☐

一九五七　☐關坠閣董基付三州倉吏鄭黑受

一九五八　入西鄉嘉禾二年稅米四斛冑畢𦺇嘉禾二年十一月十二日☐

一九五九　☐……□□合七十八人嘉禾三年三月食廿五人三斛七斗七升☐

一九六〇　未三百五十斛嘉禾二年吏帥客限米三百☐

【注】「未」下應脱「畢」字。

一九六一　入樂鄉嘉禾二年稅米十斛就畢　☐

一九六二　☐□斛冑畢𦺇嘉禾二年十一月十日泊丘吳☐

一九六三　入東鄉嘉禾二年租米四斛五斗冑畢𦺇嘉禾二年十一☐

一九六四　入平鄉嘉禾二年稅米一斛九斗𦺇嘉☐

一九六五　☐日茹丘雷岑關坠閣董☐

一九六六　入桑鄉嘉禾二年稅米三斛五斗☐

一九六七　☐□三斗冑畢𦺇嘉禾二年十一月□日□丘☐

一九六八　☐三千□百☐

一九六九　☐　其一斛四斗嘉禾二年貸☐

一九七〇　承四月簿餘元年蒭☐

一九七一　☐百五十

一九七二　☐……吏鄭黑受

一九七三　☐承餘錢四萬二千八百十☐

一九七四　☐三年郵卒限米

一九七五　入西鄉嘉禾二年稅米五斛七斗☐

一九七六　入西鄉嘉禾二年稅米二斛冑☐

一九七七　入桑鄉嘉禾二年稅米十八斛☐

一九七八　入桑鄉嘉禾二年稅米八斛☐

一九七九　☐斛八斗冑畢𦺇嘉禾☐

一九八〇　☐禾三年四月十四日……☐

一九八一　入廣成鄉嘉☐

一九八二　入小武陵鄉嘉禾二年租米二斛冑畢☐

一九八三　入西鄉嘉禾二年稅米一斛☐

一九八四　入元年復民租錢二千☐

一九八五　☐冑畢𦺇嘉禾二☐

一九八六　☐□關□☐

一九八七　☐錢簿　☐

一九八八　☐基付三州倉☐

一九八九　☐坠閣董基付三州倉吏鄭黑受

一九九〇　入桑鄉嘉禾二年稅米廿斛冑畢𦺇嘉禾二年十一月☐

一九九一　☐嘉禾二年租米十二斛八斗冑畢𦺇嘉禾二年☐

一九九二　☐嘉禾二年十一月十一日龍丘□□關☐

一九九三　☐　寡（？）

一九九四　☐烝瞿關坠閣董基付倉吏鄭黑受

一九九五　其十斛九斗四升黃龍☐

一九九六　右新入鄉市租錢一千四百☐

一九九七　☐□卅三斛五斗……三年稅米

一九九八　☐五斗冑畢𦺇嘉禾二年十一月廿一日撈丘陳執☐

一九九九　☐禾二年稅米七斛冑畢𦺇嘉禾二年十一月□☐

二〇〇〇　☐畢𦺇嘉禾二年十一月廿七日平丘州吏張□關坠☐

二〇〇一　☐嘉禾二年十一月十日租丘縣吏……☐

二〇〇二　☐畢𦺇嘉禾二年十一月八日東平丘大男□□☐

二〇〇三　☐……𦺇嘉禾二年十一月廿一日平丘☐

二〇〇四　☐……十一月廿日……☐

入桑鄉嘉禾二年稅米二斛一斗五升冑畢𦺇嘉禾二年十一月八日租

下丘郭　□〼　二〇〇五
〼□新入芻錢四萬九百十一九錢　二〇〇六
入□鄉嘉禾二年税米三斛一斗冑畢≡×嘉禾二年十一月……關〼　二〇〇七
〼口筭錢六十三萬四千四百一十一錢　二〇〇八
其五十一斛一斗五升〼　二〇〇九
〼□七月十八日付市掾潘羜　二〇一〇
〼董基付倉吏鄭黑受　二〇一一
入西鄉元年財用錢〼　二〇一二
〼□三□□□〼　二〇一三
〼嘉禾二年租〼　二〇一四
〼入□錢十七〼　二〇一五
入平鄉嘉禾二年税米五〼　二〇一六
〼税米一斛就畢≡×嘉禾二年十一月十八日枯丘雷貢〼　二〇一七
〼二年郡吏謝暐子弟限米二斛二斗冑畢≡×嘉禾〼　二〇一八
入東鄉嘉禾二年税米一斛一斗冑畢≡×嘉禾二年十一月八日吴昌楮
丘〼　二〇一九
〼錢一千三百　〼　二〇二〇
〼麻……船所用……〼　二〇二一
〼十一月上□丘劉□關坚閣董基付三州倉　二〇二二
〼税米一斛冑畢≡×嘉禾二年十一月十八日東平丘郡吏鄧金關〼　二〇二三
〼三日彈溲丘州卒孫屯關坚閣〼　二〇二四
〼≡×嘉禾二年十一月廿一日……〼　二〇二五
〼□火種租米　二〇二六
〼基付三州倉吏鄭黑受　二〇二七
〼斛九斗五升嘉禾三年〼　二〇二八
〼火種租米　〼　二〇二九
承三月簿餘元年市租錢〼　二〇三〇
入廣成鄉嘉禾二年税米三斛三斗冑畢〼　二〇三一
〼坚閣董基付三州倉吏鄭黑受　二〇三二
輸大男谷□所買行錢五千□百七十　〼　二〇三三
入收除數錢九千八百一十二錢　〼　二〇三四
〼□三年貧民租具錢二萬□千　〼　二〇三五
其一千一百五十一斛五斗〼　二〇三六
右平鄉入租米一百一十一斛八斗六升　二〇三七
入西鄉嘉禾二年税米七斛冑畢≡×嘉禾二年十一月十一日下□〼　二〇三八
〼□紵租錢九千二百一　〼　二〇三九
入平鄉□米三斛一斗〼　二〇四〇
〼□斛冑畢≡×嘉禾二年十一月廿五日撈丘烝〼　二〇四一
入□鄉元年紵租錢一千　〼　二〇四二
〼右承餘新〼　二〇四三
〼嘉禾二年十一〼　二〇四四
入嘉禾二年吏□〼　二〇四五
〼≡×嘉禾三年五月三日周陵丘□□〼　二〇四六
〼吏鄭黑受　二〇四七
〼基付三州倉吏鄭黑受　二〇四八
入中鄉元年芻錢一千六百〼　二〇四九
〼冑畢≡×嘉禾二年十一月十〼　二〇五〇
〼鄉□□五十三〼　二〇五一
入平鄉嘉禾二年……〼　二〇五二
〼□盡丘潘朋關〼　二〇五三
〼平丘大女盧禖關〼　二〇五四
〼□□息米三斛　〼　二〇五五
入廣成鄉□□〼　二〇五六

☒二年十一月廿一日唐中丘男☒　二〇五七
☒☐黃龍二年☐米☒　二〇五八
☒☐二月卅三日……☒　二〇五九
☒男訓年五歲　二〇六〇
☒所貸☐☐☒　二〇六一
☒……鄉嘉禾……☒　二〇六二
☒……☒　二〇六三
☒升胄畢〓嘉禾☒　二〇六四
☒付三州倉吏鄭黑☒　二〇六五
☒年蒭錢　☒　二〇六六
右出具錢一☒　二〇六七
☒訾　五　十　二〇六八
☒……租米☒　二〇六九
☒貴　五人男　☐☐女　二〇七〇
出用　無　☒　二〇七一
☒……周陵丘☐☐關邸閣董基付……☒　二〇七二
☒年七十筭一　二〇七三
☒……☒　二〇七四
☒受　二〇七五
☒六萬五千四☒　二〇七六
☒張虛（？）　關☒　二〇七七
入☐鄉☒　二〇七八
入西鄉☒　二〇七九
入廣成鄉嘉禾二年☒　二〇八〇
☒邸閣☒　二〇八一
☒☐稅米三斛二☒　二〇八二
☒〓嘉禾二年☒　二〇八三
入☐鄉嘉禾☒　二〇八四
☒鑪（？）佐（？）☒　二〇八五
☒☐錢八十☒　二〇八六
☒畢〓嘉禾二年十一月廿七日☒　二〇八七
☒☐☐一千四百☒　二〇八八
☒胄畢〓嘉禾二☒　二〇八九
入平鄉嘉禾二☒　二〇九〇
入小武陵鄉嘉☒　二〇九一
☒☐郡吏吳唐關邸☒　二〇九二
☒邸閣董基☒　二〇九三
☒……畝☐步☒　二〇九四
入小武陵鄉嘉禾二年稅米四☐☒　二〇九五
入☐鄉嘉禾二年所貸食☒　二〇九六
右出錢一千☒　二〇九七
☒邸閣董基☒　二〇九八
☒日盡丘男子☒　二〇九九
☒元年佃吏限米　☒　二一〇〇
☒☐丘大男殷顏關邸閣☒　二一〇一
☒☐五十三萬☒　二一〇二
☒☐稅米三斛☒　二一〇三
☒曲丘朱葛關邸☒　二一〇四
☒其三斛☐斗嘉☒　二一〇五
☒關邸閣董基☒　二一〇六
☒☐二年紵租錢☒　二一〇七
入小武陵鄉元年☒　二一〇八
☒☐☐稅米☒　二一〇九
☒〓嘉禾二☒　二一一〇
☐☐戶下品☒　二一一一

〼嘉禾二年□□〼　二一一二

〼　其九斛〼　二一一三

〼□□鄉入元年貸〼　二一一四

領收除數錢□萬〼　二一一五

〼妻大女□年廿一筭一　二一一六

入……〼　二一一七

入中鄉嘉禾二年税米□〼　二一一八

〼……關堅閣董〼　二一一九

〼……〼　二一二〇

〼八升　二一二一

〼嘉禾三年……〼　二一二二

〼入□鄉嘉〼　二一二三

入廣成〼　二一二四

〼陽丘□〼　二一二五

〼二□〼　二一二六

〼萬三千〼　二一二七

〼税米□〼　二一二八

〼旱丘男子謝處〼　二一二九

〼年三月廿八日□〼　二一三〇

〼萬三千卅九〼　二一三一

〼鄉鹽漬米□□〼　二一三二

〼□州吏租米廿一〼　二一三三

〼□≡×嘉禾二年十一月……〼　二一三四

〼　中　二一三五

【注】簡末「中」爲朱筆。

〼年十一　……〼　二一三六

〼董基付三州倉吏〼　二一三七

〼堅閣董〼　二一三八

〼私學黄龍〼　二一三九

入臨湘中鄉五〼　二一四〇

〼斛胄畢≡×嘉〼　二一四一

出用　〼　二一四二

〼三斗一升胄畢≡×〼　二一四三

〼吏鄭〼　二一四四

〼基〼　二一四五

【注】「基」字爲簽署，應爲「董基」。

入桑鄉嘉禾二〼　二一四六

〼≡×嘉禾二年〼　二一四七

〼禾三年限〼　二一四八

〼□升嘉禾元年〼　二一四九

〼□六斛八〼　二一五〇

〼廿四日一人〼　二一五一

〼吏黄□〼　二一五二

〼墨受　二一五三

入平鄉嘉禾二年〼　二一五四

〼吏鄭墨受　二一五五

〼百卌一〼　二一五六

〼≡×嘉禾二〼　二一五七

〼首丘鄭〼　二一五八

〼堅閣董〼　二一五九

〼黄龍〼　二一六〇

〼二年〼　二一六一

〼小武陵〼　二一六二

〼限米十二斛　〼　二一六三

〼諱關堅閣〼　二一六四

入樂鄉〼　二一六五

☑閣董☑　二一六六
☑斗胄畢☒☑　二一六七
☑嘉禾二年……☑　二一六八
☑☒嘉☑　二一六九
☑十四斛☑　二一七〇
☑黑受　二一七一
☑□斗　二一七二
右桑鄉☑　二一七三
☑□萬四千一百廿一錢☑　二一七四
☑□黄龍三年☑　二一七五
入平鄉嘉禾二年火種租米二斛五斗胄畢☒嘉禾二年十二月☑　二一七六
☑其……斛民還二年所貸食黄龍元☑　二一七七
☑☒嘉禾二年☑　二一七八
☑畢☒嘉禾☑　二一七九
☑十一月三日□☑　二一八〇
史潘慮□☑　二一八一
入西鄉嘉禾三☑　二一八二
☑二年□□☑　二一八三
☑□☒嘉☑　二一八四
☑年紵□□☑　二一八五
☑白米廿一斛……☑　二一八六
☑……病應揖破□☑　二一八七
☑□□丘大男□☑　二一八八
□尺□☑　二一八九
入桑鄉嘉☑　二一九〇
☑入東☑　二一九一
☑其二人男 □女　二一九二
☑限米　二一九三
☑……☑　二一九四
☑嘉禾二年限米☑　二一九五
☑訾　五　十　二一九六
入小武陵鄉嘉禾二年私學限米□☑　二一九七
☑六斗還民☑　二一九八
☑年税米□☑　二一九九
☑男子安中尹明☑　二二〇〇
☑關□□☑　二二〇一
☑嘉禾二年☑　二二〇二
☑□税米☑　二二〇三
☑關坚閣☑　二二〇四
☑毛□關坚☑　二二〇五
入東鄉嘉☑　二二〇六
☑黑受　二二〇七
☑斗胄☑　二二〇八
入西鄉嘉☑　二二〇九
☑倉吏鄭☑　二二一〇
☑斛六斗☑　二二一一
☑筭一□☑　二二一二
☑□□關坚☑　二二一三
☑年四歲☑　二二一四
入西鄉嘉禾二☑　二二一五
☑二年租米☑　二二一六
☑黑受　二二一七
☑□萬□□☑　二二一八
☑八百一十四斛四斗□☑　二二一九
☑黑受　二二二〇

⧄□斛□⧄　二二二一
⧄鄧伯□⧄　二二二二
入小武陵鄉嘉禾二⧄　二二二三
⧄黑受　二二二四
⧄胄畢〓⧄　二二二五
⧄□□行□⧄　二二二六
⧄□斗⧄　二二二七
入桑鄉嘉禾⧄　二二二八
⧄〓嘉⧄　二二二九
⧄□年□⧄　二二三〇
入□鄉嘉⧄　二二三一
⧄米□⧄　二二三二
⧄……屯（？）□⧄　二二三三
⧄下丘男子謝⧄　二二三四
入平鄉嘉禾二年⧄　二二三五
⧄其七斛⧄　二二三六
⧄吏鄭黑受　二二三七
⧄還所貸食嘉禾元年税米⧄　二二三八
⧄禾二年税米十斛就⧄　二二三九
入□鄉嘉禾二年□□⧄　二二四〇
入廣成鄉⧄　二二四一
⧄閣董基付⧄　二二四二
⧄三州倉吏鄭黑受　二二四三
⧄……⧄　二二四四
入廣成鄉嘉禾⧄　二二四五
⧄□廣陵桓□⧄　二二四六
⧄……〓嘉禾三年⧄　二二四七
⧄七十八斛三斗⧄　二二四八
⧄米四斛三斗胄畢⧄　二二四九
⧄黑受　二二五〇
入桑鄉嘉禾⧄　二二五一
⧄貸黄龍三⧄　二二五二
⧄……見⧄　二二五三
⧄中⧄　二二五四
⧄□□⧄　二二五五
⧄畢〓嘉⧄　二二五六
⧄五□二升□⧄　二二五七
⧄□年五十⧄　二二五八
⧄萬三千□⧄　二二五九
⧄……嘉禾二年十一月廿三日□⧄　二二六〇
⧄二年□米　二二六一
⧄二年税□⧄　二二六二
⧄付三州倉吏鄭⧄　二二六三
⧄子到⧄　二二六四
□二年十一月⧄　二二六五
⧄胄畢〓嘉禾三⧄　二二六六
⧄嘉禾二年十一月十四日⧄　二二六七
⧄妻□⧄　二二六八
⧄嘉禾二⧄　二二六九
⧄鄭黑⧄　二二七〇
⧄□年土蒭⧄　二二七一
⧄禾二年⧄　二二七二
⧄中　二二七三
⧄龍三年⧄　二二七四
⧄嘉禾二年⧄　二二七五
⧄閣董⧄　二二七六

☒客叛士□☒　二二七七

☒州倉吏☒　二二七八

☒基付三☒　二二七九

☒塈閣☒　二二八〇

入西鄉嘉☒　二二八一

☒嘉禾二年□☒　二二八二

☒五斛六斗四升胄畢〓☒　二二八三

☒□斛□斗胄畢〓☒　二二八四

☒入黄龍……☒　二二八五

☒嘉禾二年十一月十日☒　二二八六

☒倉吏鄭黑受☒　二二八七

☒基付☒　二二八八

☒基付三州☒　二二八九

☒關塈閣董基☒　二二九〇

☒丘張增關塈閣董基☒　二二九一

入嘉禾二年習射限米□☒　二二九二

☒閣董基☒　二二九三

☒〓嘉禾二年十一月□☒　二二九四

☒董基付三州☒　二二九五

☒右☒　二二九六

入桑鄉嘉禾二年税米二斛胄☒　二二九七

☒長關塈閣董基付三州☒　二二九八

入□鄉嘉禾二年□米……☒　二二九九

☒萬九千五十七錢☒　二三〇〇

☒嘉禾二年貸食嘉禾元年□☒　二三〇一

☒〓嘉禾二年十一月八日東☒　二三〇二

☒月一日枯干丘軍吏江穆關☒　二三〇三

☒出嘉禾□☒　二三〇四

☒丘劉六關☒　二三〇五

☒二年税米四斛☒　二三〇六

☒五斛民還二年☒　二三〇七

☒□千一百冊六錢☒　二三〇八

☒就畢〓嘉禾二年十一月廿日☒　二三〇九

☒月十日□□□☒　二三一〇

☒付三州倉吏鄭黑受　二三一一

☒貸三年限米　二三一二

☒七萬七千一百卅☒　二三一三

☒訾　五　☒　二三一四

☒……嘉禾二年屯田……☒　二三一五

☒胄畢〓嘉禾二年十一月☒　二三一六

右出錢五☒　二三一七

☒　中　二三一八

☒……宋謂關塈閣董基付三州倉吏鄭黑受　二三一九

☒吏鄭霖備嘉禾元年肉醬米　二三二〇

☒□踵右足　二三二一

☒逼姪子男盧年三歲　二三二二

入廣成鄉嘉禾元年租米一斛一斗五升胄畢☒　二三二三

☒……〓嘉禾……☒　二三二四

☒妻弟胡准年四歲刑右手　二三二五

☒……斛吏……限米　二三二六

☒妻大女……　二三二七

☒……□□□　二三二八

其☒　二三二九

☒……　二三三〇

……妻思年卅☒　二三三一

☒□畝私學限田□□☒　二三三二

☒五月二日……☒ 二三三三

☒ 二千七百七十五錢☒ 二三三四

☒一十九畝九十五步旱死不收☒ 二三三五

☒不得佃不入限米 二三三六

☒□畝郡縣吏田收……☒ 二三三七

□十月旦承餘新入襍錢廿萬八千九百廿六錢☒ 二三三八

☒未畢息米……☒ 二三三九

☒……收錢八百合□ 二三四〇

☒斗民還所貸吏區光備黄龍…… 二三四一

☒□賊帥廿人得佃出限米☒ 二三四二

☒旱死不收 二三四三

入模鄉元年□☒ 二三四四

☒□鄉還……☒ 二三四五

六千二年復民□☒ 二三四六

☒□五十四畝一百五十六步 ☒ 二三四七

領息米二百一十四斛五斗☒ 二三四八

自首士梅囷以黄龍二年☒ 二三四九

☒其一十九畝一百一十一步旱死☒ 二三五〇

番琬校十月十六日丙寅白 二三五一

【注】十月十六日爲丙寅，則十月朔爲辛亥。據陳垣《魏蜀吴朔閏異同表》，吴簡所見時間内，無十月朔爲辛亥者，僅嘉禾三年十月朔爲壬子最爲接近，但與辛亥亦有一日之差。

☒一百一十五步地士民田不收租 二三五二

□中丘月伍鄧然領田□☒ 二三五三

右廣成鄉入□□☒ 二三五四

☒……九畝卅一步☒ 二三五五

☒餘元年復民租米□☒ 二三五六

入平鄉嘉禾二年郡吏廖俊子弟限米☒ 二三五七

☒畢≡嘉禾二年十一月☒ 二三五八

☒□關坐閣董☒ 二三五九

承閏月簿餘嘉禾二年鄉市租錢☒ 二三六〇

☒□先（？）知（？）□□□□□□☒ 二三六一

☒月□日被病物故男子區丹證知 二三六二

☒□簿 二三六三

☒三萬四千二年□☒ 二三六四

☒旱死 二三六五

☒ 其九十一畝二百廿九步□税田□ 二三六六

其二畝一百☒ 二三六七

☒年所調五千大奴□□☒ 二三六八

☒廣被□□□□□☒ 二三六九

☒□庫掾□這□彭米畢 二三七〇

☒其廿畝吏帥客賞□☒ 二三七一

☒……廿五斛一斗二升 ☒ 二三七二

☒廿一步 二三七三

☒□斛□斗□升 二三七四

☒嘉禾□年吏帥客限米 二三七五

☒□畝卅八步郡士粢田不收☒ 二三七六

☒龍元年十二月五日被病物故大男 ☒ 二三七七

九千八百☒ 二三七八

【注】「九千」上原有墨筆點記。

☒侯……又領已畢☒ 二三七九

出行錢廿三萬五千七百□□民□嘉禾四年☒ 二三八〇

☒基付三州倉吏鄭黑受 二三八一

☒人卅斛合八百斛已入畢☒ 二三八二

其卅六斛☒ 二三八三

其一斛☒ 二三八四

右承餘新⧄　二三八五
【注】「右」上原有墨筆點記。
⧄　右□□⧄　二三八六
【注】「右」上原有墨筆點記。
□□年二歲⧄　二三八七
出行錢卅八萬四千三百卅錢□⧄　二三八八
⧄……白米十六斛一斗二升⧄　二三八九
⧄□升　二三九〇
其八百七斛三斗五⧄　二三九一
出黄武二年新吏吳平斛米九斛二斗嘉禾三年十月□日⧄　二三九二
出嘉禾二年州佃吏限米十斛嘉禾三年七月□日⧄　二三九三
⧄……踵足　二三九四
⧄禾二年貸黄龍三年吏帥客限米　二三九五
⧄在宮　二三九六
⧄□足　二三九七
⧄年鄉市租錢二……⧄　二三九八
⧄　右承餘蒻錢二千七百⧄　二三九九
吏帥客□□□□⧄　二四〇〇
⧄六萬一千□百□⧄　二四〇一
⧄□萬九十⧄　二四〇二
⧄百廿六步　⧄　二四〇三
出用　無⧄　二四〇四
⧄昌調嘉禾□年……⧄　二四〇五
⧄□年卅五　二四〇六
【注】「年」上□右半殘缺，左半從「木」。
⧄其年不得佃不入限米⧄　二四〇七
⧄府中部督郵衛癸□□言被書録⧄　二四〇八
三千四百元年紵租錢⧄　二四〇九

⧄這五斗嘉禾□年……⧄　二四一〇
⧄主簿五　省五□□⧄　二四一一
⧄□十五畝二百二十三步□□⧄　二四一二
⧄限田收米五十斛　二四一三
⧄斛一斗五升　⧄　二四一四
右一人被病物故□⧄　二四一五
凡月伍番□龍□□□⧄　二四一六
【注】「凡」上原有墨筆點記。
⧄其七十畝州吏孫□□□□⧄　二四一七
⧄惕兵曹史□□闟掾番棟白草　二四一八
⧄□百六十四斛五斗　二四一九
已入二千一百廿四斛九斗⧄　二四二〇正
白　解　二四二〇背
⧄□四年小租錢十九萬二□錢⧄　二四二一
……馬等前買⧄　二四二二
⧄□會月十日……⧄　二四二三
⧄……男子唐重證知　二四二四
⧄□□各一枚□□□⧄　二四二五
⧄□口筭錢□⧄　二四二六
⧄□米⧄　二四二七
⧄□故吏□⧄　二四二八
【注】「故吏」下□下半殘缺，上半從「艹」。
⧄□頃九十畝□⧄　二四二九
承九月簿餘二年酒租錢一萬七□⧄　二四三〇
⧄大男董□……⧄　二四三一
⧄嘉禾元年佃吏限米　二四三二
自首士劉曼以黄龍元年十一月□日□⧄　二四三三
右承餘口筭錢九千□⧄　二四三四

☐……有入已依癸卯書絶置　二四三五

已入一千三百九十八斛二斗☐　二四三六

自首李青　以黄龍☐　二四三七

錢如紀豫……☐　二四三八

☐被病物故男子陳車證知　二四三九

　☐其廿五畝新吏周厚　☐　二四四〇

入小武陵鄉二年財用錢一萬☐　二四四一

☐基付三州倉吏鄭黑受　二四四二

入平鄉嘉禾二年私學限米☐　二四四三

……☐☐種粻☐　二四四四

☐二年吏客米　二四四五

☐……賞……　二四四六

右領錢二☐　二四四七

【注】「右」上原有墨筆點記。

☐男姪利奇年廿筭一　☐　二四四八

☐……董基☐　二四四九

其一千一百廿四☐　二四五〇

入西鄉嘉禾元年口筭錢一千　☐　二四五一

☐　妻大女妾年卅八筭一☐　二四五二

☐被病物故及給新兵爲……　二四五三

其廿五畝☐　二四五四

其四斛嘉禾二年☐　二四五五

其三斛五斗☐☐　二四五六

入西鄉元年口筭錢四千☐　二四五七

☐　右……入民☐　二四五八

☐　其一斛嘉☐　二四五九

☐鄭（？）☐☐☐錢七千　嘉禾☐☐　二四六〇

☐☐☐合……☐　二四六一

☐☐佃☐☐☐☐☐　二四六二

☐今餘錢　☐　二四六三

☐被病物故男子毛石證知　二四六四

☐七十　二四六五

☐……皮卌枚……☐　二四六六

☐……七（？）萬（？）☐　二四六七

☐廿三斛二斗五升嘉禾☐☐　二四六八

☐……白（？）　二四六九

☐承餘蒭錢一人二☐　二四七〇

☐　☐☐☐　二四七一

☐☐月簿餘☐　二四七二

☐☐貸☐☐　二四七三

☐☐模鄉入民☐　二四七四

☐吏李金受　二四七五

☐月十四日☐☐白　二四七六

領收除數錢十二萬一千☐　二四七七

入樂鄉元年蒭錢三千五☐　二四七八

☐　妻盈年卅一筭一　☐　二四七九

☐廿六斛七斗合簿所領　二四八〇

☐嘉禾元年鋘賈錢　☐　二四八一

出用　無☐　二四八二

右緒家口食五（？）人　☐　二四八三

☐取私學鄭泳限田收米五十斛　二四八四

☐　……禾三年貸食嘉禾二年新吏限☐　二四八五

☐……嘉禾☐☐☐　二四八六

☐…錢　☐　二四八七

☐吏☐　二四八八

【注】「吏」上☐下半殘缺，上半從「門」。

⧄千五百六錢　二四八九

⧄　其卌畝步□⧄　二四九〇

⧄畢≡×嘉禾二年四月⧄　二四九一

⧄三州倉吏□□⧄　二四九二

出用　⧄　二四九三

出用　無　⧄　二四九四

入□年租蕍具錢三千二百卌　⧄　二四九五

七千⧄　二四九六

右出錢四百廿　⧄　二四九七

□□皮錢六萬八千四百　⧄　二四九八

右出錢……　⧄　二四九九

【注】「右」上原有墨筆點記。

入桑鄉嘉禾二年郡吏潘掾子⧄　二五〇〇

罪案文書縣三年領□⧄　二五〇一

⧄三千三百　⧄　二五〇二

⧄……畝一百步⧄　二五〇三

⧄□□所買夷……大女⧄　二五〇四

⧄備吏衆物⧄　二五〇五

未畢一百六十七斛□斗二升□⧄　二五〇六

未畢十□斛八斗　⧄　二五〇七

⧄料（？）校（？）米未見合□千六百□⧄　二五〇八

未畢百卌九斛□⧄　二五〇九

⧄……簿入稅米六□⧄　二五一〇

⧄……寫言責惕□⧄　二五一一

⧄……五年所領錢⧄　二五一二

⧄相君丞叩頭死罪敢言之　二五一三

⧄用　無　⧄　二五一四

⧄食□人　⧄　二五一五

□□　右倉曹史烝堂白⧄　二五一六

卅九萬七千四百廿二□⧄　二五一七

【注】「卅九」上原有墨筆點記。

⧄□□二頃三畝一百五十七步　⧄　二五一八

⧄九斗五升　⧄　二五一九

小武陵西二鄉領種粻米⧄　二五二〇

⧄□□珠毛曹三人領田七頃⧄　二五二一

入中鄉□年財用錢一千　二五二二

其一百廿一斛一斗一升⧄　二五二三

其一千八百七十斛四升⧄　二五二四

其一斛嘉禾二年□⧄　二五二五

⧄　四千八百元年蕍錢⧄　二五二六

【注】「四千」上原有墨筆點記。

桑樂二鄉領種粻米□⧄　二五二七

□其四千八百⧄　二五二八

其二斛黃□⧄　二五二九

⧄食黃龍三年吏帥客限限米　二五三〇

【注】「限限」，應衍一「限」字。

⧄……黃龍三年…⧄　二五三一

⧄日常略丘烝宛關坚閣□⧄　二五三二

⧄八千二百五十五錢（？）　⧄　二五三三

右領錢□⧄　二五三四

【注】「右」上原有墨筆點記。

⧄黃龍三年吏帥客限米　二五三五

⧄行錢一千一百六十七斛一斗⧄　二五三六

⧄畝一百八十五步今稅田收米……　二五三七

承七月簿餘元年鄉市租錢四千八百　二五三八

入西鄉嘉禾二年稅米五斛八斗胄畢≡×嘉禾二年十一月十一日上俗

丘張竟（？）⧄ 二五三九

兄（？）昭年廿七筭一刑右足　昭妻大女憂（？）年廿五筭一 二五四〇

⧄出限米卌斛未入　⧄ 二五四一

右中倉入……⧄ 二五四二

【注】「右」上原有墨筆點記。

⧄□□□□ □□□□……⧄ 二五四三

南鄉領五年種粻⧄ 二五四四

從掾位烝循白……⧄ 二五四五

⧄□□□□□□□⧄ 二五四六

⧄二斛二斗二升二合……⧄ 二五四七

【注】倒第二□右半殘缺，左半從「衤」。

出用　無⧄ 二五四八

⧄妻弟公乘臣惡⧄ 二五四九

⧄□□佃田收米卌斛 二五五〇

其二百卅⧄ 二五五一

⧄……合十八萬一千六百 二五五二

⧄……筭一刑足 二五五三

⧄　筭　二　事 二五五四

⧄稅（？）田（？）收米卅斛一斗四升 二五五五

⧄……六合嘉禾二年稅米　⧄ 二五五六

⧄□限米　⧄ 二五五七

未畢□⧄ 二五五八

⧄畝一百廿六步⧄ 二五五九

⧄二年襍韯□□ 二五六〇

⧄　其一千□⧄ 二五六一

⧄……五斛⨯嘉禾二年十一月廿六日□□⧄ 二五六二

承正月簿餘元年士蒭錢一千□百……⧄ 二五六三

⧄……□米一斛⨯嘉禾元年十二月九……⧄ 二五六四

⧄　其……嘉禾四年屯田限米　⧄ 二五六五

自首士劉曼年卅　自首前⧄ 二五六六

三千二百嘉禾二年……⧄ 二五六七

……錢（？）　二千一百　⧄ 二五六八

⧄……月十二日勸農掾□□白 二五六九

凡口六事⧄ 二五七〇

入……斛二斗三升三合□⧄ 二五七一

⧄　無　⧄ 二五七二

承□月簿餘嘉禾元年⧄ 二五七三

⧄……年五十⧄ 二五七四

右入二……⧄ 二五七五

⧄十日付監運吏番喜喜以其年九 二五七六

⧄　其十七斛嘉禾二年佃吏限米　⧄ 二五七七

⧄一千七百六十七斛八斗五升⧄ 二五七八

其廿五⧄ 二五七九

⧄用錢八百合廿□萬二千　⧄ 二五八〇

其二百九十三⧄ 二五八一

⧄錢會月……掾□⧄ 二五八二

其二百卅一斛二斗⧄ 二五八三

□千⧄ 二五八四

⧄……嘉禾二年…… 二五八五

⧄…嘉禾三年…… 二五八六

其一百⧄ 二五八七

⧄……租米⧄ 二五八八

入□鄉嘉禾元年口筭錢□⧄ 二五八九

……⧄ 二五九〇

具錢……⧄ 二五九一

〼乘烝囷年六十五　〼　二五九二

〼……二年……　二五九三

出用　無〼　二五九四

……弟細年五歲　〼　二五九五

……以其年十一月十九日關坠閣……〼　二五九六

〼□卒限米五斛胄畢〓嘉禾二年十一月〼　二五九七

〼……田曹掾……〼　二五九八

〼禾二年税米六斛胄畢〓嘉禾二年〼　二五九九

〼已畢〼　二六〇〇

〼□□□□　二六〇一

〼年限米四斛胄畢〼　二六〇二

〼文丘吴□〼　二六〇三

□□□□□〼　二六〇四

出嘉禾元年……一斛〼　二六〇五

〼叩頭死罪敢言之　二六〇六

〼□□斛火種租米　二六〇七

〼　一千一百六〼　二六〇八

〼……關坠閣□□付倉〼　二六〇九

〼畢〓嘉禾□年〼　二六一〇

起嘉禾二年十一月一日訖三年□月〼　二六一一

〼……所貸黄龍三年子弟米五〼　二六一二

〼一千九百　〼　二六一三

承二月簿餘三年〼　二六一四

〼二斗四升五合　〼　二六一五

〼萬六千六百五十六〼　二六一六

〼□錢百〼　二六一七

其一百卅八斛三〼　二六一八

〼……貸食三年……〼　二六一九

〼　其六百八十三斛四斗二升嘉禾二年租〼　二六二〇

〼金曹史李珠白縣領四年……〼　二六二一

右承餘市租錢〼　二六二二

喜以其年三月廿二日關坠閣李嵩付〼　二六二三

右歲伍李租領吏民卅六户　〼　二六二四

【注】「右」上原有墨筆點記。

右模鄉所貸食二年〼　二六二五

承三月簿餘元年鄉市租〼　二六二六

入□鄉二年財用錢一萬八千〼　二六二七

入小武陵鄉元年蒭錢三千七〼　二六二八

〼訾　五　十　二六二九

〼其三萬四千七百九十　〼　二六三〇

〼喜年卅七　〼　二六三一

承九月簿餘二年□〼　二六三二

〼……嘉禾□年……〼　二六三三

〼□謂□〼　二六三四

〼□□鹽賈〼　二六三五

〼……〼　二六三六

〼嘉禾二年十一月〼　二六三七

入□鄉□〼　二六三八

入□鄉元年□〼　二六三九

入小武陵西鄉〼　二六四〇

入□鄉〼　二六四一

〼關坠閣董〼　二六四二

入□鄉□□〼　二六四三

〼年十二月四日忠丘烝□〼　二六四四

□賈米　〼　二六四五

〼□領□〼　二六四六

☐四斛胄畢⨯嘉☐　二六四七

☐……☐　二六四八

入平鄉嘉禾二年税☐　二六四九

☐……一人……　二六五〇

☐妻田年卅一筭一☐　二六五一

入……☐　二六五二

入（？）領（？）米（？）不（？）得（？）……☐　二六五三

☐□十二月餘錢訖三月卅日旦簿□☐　二六五四

☐凡口三事　☐　二六五五

其九千八百廿元年□☐　二六五六

……年子弟限米……☐　二六五七

右出錢五千八百八十二　☐　二六五八

右惕家口食六人　筭二　☐　二六五九

☐財用錢要簿　☐　二六六〇

☐……☐　二六六一

……吏限米一斛七斗⨯嘉禾☐　二六六二

☐……☐　二六六三

☐禾二年税米三斛六斗胄畢☐　二六六四

☐二年税米十一斛胄畢⨯嘉禾☐　二六六五

☐□鄉嘉禾二年税米一斛☐　二六六六

☐承餘☐　二六六七

☐□□斗四□☐　二六六八

☐……領□膃脂□☐　二六六九

入卅九萬四千☐　二六七〇

【注】簡中有朱筆塗痕

右新入褌☐　二六七一

【注】「右」上原有墨筆點記。

☐首士黄處年卅　☐　二六七二

【注】簡前殘斷，據吴簡文書格式，「首士」前應有「自」字。

☐妻大女妾年七十一　☐　二六七三

☐　正月廿八日户曹史尹桓白　二六七四

☐年十一月十日上利丘烝思關邸☐　二六七五

☐五升嘉禾元年……☐　二六七六

☐□二枚……　二六七七

☐……百　二六七八

入西鄉嘉禾二年☐　二六七九

☐妾年卌八筭一　二六八〇

☐黑受　二六八一

☐口萬……☐　二六八二

☐兼功曹史蔡楷　二六八三

☐三人給作曹　☐　二六八四

☐　右　☐　二六八五

☐　其☐　二六八六

已出☐　二六八七

【注】「已」上原有墨筆點記。

☐年新吏限米☐　二六八八

☐□承餘□□☐　二六八九

☐……十三☐　二六九〇

出用☐　二六九一

前（？）□得（？）☐　二六九二

☐九合　☐　二六九三

☐其卅畝縣吏孫儀☐　二六九四

☐元年蒭錢三千九百☐　二六九五

臨湘謹條列嘉☐　二六九六

☐□錢　☐　二六九七

☐七十一　☐　二六九八

⧄禾三年年佃帥限⧄　二六九九

　⧄　今餘錢⧄　二七〇〇

【注】「今」上原有墨筆點記。

⧄一斛≡嘉⧄　二七〇一

入廣成鄉嘉禾⧄　二七〇二

⧄……錢（？）　⧄　二七〇三

⧄千二百　⧄　二七〇四

　⧄□二斛五斗嘉⧄　二七〇五

⧄君叩頭叩頭□⧄　二七〇六

　右新入襍□⧄　二七〇七

【注】「右」上原有墨筆點記。

承七月簿餘嘉禾二年⧄　二七〇八

自首士謝囊年卅　出限米⧄　二七〇九

⧄九月十三日遣吏五珪送詣⧄　二七一〇

自首士□□年□　……⧄　二七一一

　⧄　兒男弟軍年二歲　⧄　二七一二

⧄……□月五日被病物故⧄　二七一三

　⧄年新吏限米　二七一四

⧄……年十六筭一　⧄　二七一五

⧄□五苍⧄　二七一六

……人（？）名（？）爲（？）簿（？）⧄　二七一七

⧄餘□租錢四千八⧄　二七一八

　⧄　易男弟專年□⧄　二七一九

⧄鄉元年豆一斤……⧄　二七二〇

　⧄張男弟□年八歲　⧄　二七二一

承五月簿餘元年蒭錢□⧄　二七二二

入廣成鄉嘉禾……⧄　二七二三

⧄斛五斗≡嘉⧄　二七二四

入南鄉元年蒭⧄　二七二五

⧄□主……⧄　二七二六

⧄學□⧄　二七二七

⧄倉吏鄭黑受　二七二八

⧄嘉禾⧄　二七二九

⧄……三（？）月（？）七日……⧄　二七三〇

右模鄉貸食三□⧄　二七三一

【注】「右」上原有墨筆點記。

⧄復民租錢一萬　⧄　二七三二

主□掾……⧄　二七三三

⧄右出錢卌六萬　⧄　二七三四

右□□鄉民所貸食三年⧄　二七三五

【注】「右」上原有墨筆點記。

入□鄉二年市租錢四萬三千八百五十⧄　二七三六

⧄……斛四斗五升……⧄　二七三七

　⧄　其二千四百七十⧄　二七三八

⧄□廿斛□斗□升⧄　二七三九

入武陵吏孫易税米□斛⧄　二七四〇

　⧄事二　⧄　二七四一

⧄庫吏殷連受　二七四二

⧄嘉禾二年貸食⧄　二七四三

　⧄　子男⧄　二七四四

⧄□桑鄉……⧄　二七四五

⧄年税米五斛胄畢≡嘉⧄　二七四六

　⧄米　二七四七

⧄□疑臧罪論□□⧄　二七四八

　今餘□⧄　二七四九

⧄……≡嘉⧄　二七五〇

⧄□事……日兼功曹史□珠白⧄　二七五一

右八月旦承餘新入襍錢六⧄　二七五二

【注】「右」上原有墨筆點記。

右新入錢四□⧄　二七五三

右□⧄　二七五四

【注】「右」上原有墨筆點記。

⧄廿二日大男謝主關坒閣郭據⧄　二七五五

⧄元年蒭錢二千七百□⧄　二七五六

⧄渚田丘大男□如關坒閣郭據⧄　二七五七

入西鄉二年財用錢二萬□⧄　二七五八

⧄……六錢傳（？）送詣（？）……⧄　二七五九

⧄日倉曹掾何絲白⧄　二七六〇

⧄客限米　二七六一

⧄……嘉禾二年□⧄　二七六二

⧄……周珠賈行錢一萬□⧄　二七六三

⧄……文萇吏客吴易⧄　二七六四

⧄五斛民還⧄　二七六五

⧄……丘男子……⧄　二七六六

師吴農（？）……⧄　二七六七

⧄吏郭動　二七六八

⧄嘉禾二年税米一斛⧄　二七六九

⧄□錢十九萬□⧄　二七七〇

⧄史□□白　二七七一

⧄新吏□□⧄　二七七二

⧄……☰嘉⧄　二七七三

⧄……⧄　二七七四

⧄　訾　五⧄　二七七五

⧄錢……⧄　二七七六

⧄米四斛三斗胄畢☰嘉禾二年十一月⧄　二七七七

⧄米八斛　⧄　二七七八

⧄舅爰谷年五十六　⧄　二七七九

⧄……入……⧄　二七八〇

入西鄉元年蒭錢一千四百⧄　二七八一

⧄□男姪□年□⧄　二七八二

⧄□一百二□　二七八三

未畢□⧄　二七八四

⧄九□二合⧄　二七八五

⧄□男李曼⧄　二七八六

入□鄉……⧄　二七八七

⧄　斗女弟客年⧄　二七八八

⧄……五□⧄　二七八九

⧄……百……⧄　二七九〇

⧄元年貸食黄龍元年⧄　二七九一

喜以其月廿日⧄　二七九二

⧄貸食嘉禾⧄　二七九三

⧄年卅九筭一踵兩足⧄　二七九四

⧄□簿餘錢一千……⧄　二七九五

右出錢二萬⧄　二七九六

【注】「右」上原有墨筆點記。

⧄二百五十七斛五斗□⧄　二七九七

⧄米到官　⧄　二七九八

⧄□□□年卅七□□⧄　二七九九

⧄……⧄　二八〇〇

⧄□□年七歲　⧄　二八〇一

⧄歲　⧄　二八〇二

⧄□千卌一斛□⧄　二八〇三

☒食嘉禾二年税米　☒　二八〇四
☒□陽里户人公乘……☒　二八〇五
☒關坒閣董☒　二八〇六
☒……☒　二八〇七
☒……户曹史□☒　二八〇八
☒二年税米一斛五斗☒　二八〇九
☒十斛　二八一〇
☒□□年卅□　☒　二八一一
右□☒　二八一二
☒□亿其年五月廿二日關☒　二八一三
☒女三　☒　二八一四
☒胄畢✕嘉☒　二八一五
☒□年廿九筭一　二八一六
☒已入畢□☒　二八一七
☒甲（？）□□□☒　二八一八
☒□郭宋省☒　二八一九
☒□不急興敢言之　二八二〇
☒錢有入☒　二八二一
☒貸□　☒　二八二二
☒州倉吏鄭黑☒　二八二三
☒年十二月二日☒　二八二四
☒其七□☒　二八二五
☒一斗　二八二六
入廣成鄉二年……☒　二八二七
☒□唐（？）□☒　二八二八
☒卅斛　☒　二八二九
☒……五斛☒　二八三〇
☒……☒　二八三一
☒女……☒　二八三二
☒……部□☒　二八三三
☒……貸☒　二八三四
☒限米十□☒　二八三五
☒□□關坒閣☒　二八三六
☒六百五十☒　二八三七
☒□新……　二八三八
☒歲　☒　二八三九
凡（？）……☒　二八四〇
☒……六十☒　二八四一
☒凡□□□☒　二八四二
☒斛三斗☒　二八四三
出用☒　二八四四
☒……倉禾☒　二八四五
☒日林溲丘張葛關☒　二八四六
☒□年（？）卅（？）六（？）☒　二八四七
☒……董☒　二八四八
☒米　☒　二八四九
……☒　二八五〇
☒斛□斗✕☒　二八五一
☒貸食……☒　二八五二
☒……嘉禾元年……☒　二八五三
入東鄉嘉禾☒　二八五四
☒□米　☒　二八五五
☒米□從☒　二八五六
……里户人☒　二八五七
☒斛四斗八升☒　二八五八
☒□一百廿三斛□☒　二八五九

凡月伍☐　二八六〇

【注】「凡」上原有墨筆點記。

☐弟毛都限米☐　二八六一

☐　右入□☐　二八六二

【注】「右」上原有墨筆點記。

☐　□元年□☐　二八六三

☐貸食嘉禾☐　二八六四

入十二月貸禾□☐　二八六五

右□☐　二八六六

【注】「右」上原有墨筆點記。

☐……二年☐　二八六七

出用　☐　二八六八

☐□月（？）餘（？）□☐　二八六九

☐斛……☐　二八七〇

☐……元年□☐　二八七一

☐三百廿七□☐　二八七二

☐　右……☐　二八七三

【注】「右」上原有墨筆點記。

☐其□斛四斗嘉禾□年貸食☐　二八七四

☐□未畢☐　二八七五

☐□妻☐　二八七六

☐千八百四☐　二八七七

☐□其□☐　二八七八

☐□年五月□日☐　二八七九

☐年六歲☐　二八八〇

☐卅斛……☐　二八八一

入桑鄉☐　二八八二

☐□丘大男唐☐　二八八三

☐□斗☐　二八八四

入西鄉嘉禾☐　二八八五

☐□□□□☐　二八八六

……大☐　二八八七

☐□八千五□☐　二八八八

☐百九十　☐　二八八九

☐……嘉禾☐　二八九〇

☐鄉正户民不☐　二八九一

☐……畢☒嘉禾☐　二八九二

☐……官☐　二八九三

入中鄉元年紵租☐　二八九四

☐關坠閣……☐　二八九五

☐□□□□　二八九六

☐□三萬……☐　二八九七

☐　客女弟元☐　二八九八

☐□□米□☐　二八九九

☐……區□☐　二九〇〇

☐□□錢一萬☐　二九〇一

……貸食☐　二九〇二

☐……食嘉☐　二九〇三

三州倉☐　二九〇四

☐□年十一月廿日付　二九〇五

☐□□□□☐　二九〇六

☐□收米……☐　二九〇七

☐……年正月十五日……☐　二九〇八

出七月簿餘米□☐　二九〇九

☐嘉禾元年十二☐　二九一〇

☐董基☐　二九一一

⧄右入稅米⧄　二九一二
⧄一人□□□□⧄　二九一三
⧄莂錢……百卌⧄　二九一四
⧄　主庫⧄　二九一五
⧄見米卅七斛⧄　二九一六
⧄六十七畝⧄　二九一七
⧄錢廿二萬□⧄　二九一八
入西鄉嘉禾二年……⧄　二九一九
入廣成鄉元年莂□⧄　二九二〇
⧄所市　⧄　二九二一
⧄□嘉禾二年貸⧄　二九二二
⧄　今（？）餘（？）錢⧄　二九二三
⧄斗胄畢≡嘉禾⧄　二九二四
⧄　見年□歲⧄　二九二五
⧄年七十三⧄　二九二六
⧄黃龍三年⧄　二九二七
⧄今餘（？）錢（？）……⧄　二九二八
⧄□頃八畝一百□⧄　二九二九
⧄卅四斛……　二九三〇
⧄……元年稅米一斛⧄　二九三一
鄉吏其□⧄　二九三二
⧄適（？）年五十三刑□□　二九三三
⧄十一斛胄畢≡嘉禾⧄　二九三四
⧄百廿七錢　⧄　二九三五

【注】簡中有朱筆塗痕。

⧄□二斛四斗三升□⧄　二九三六
⧄其五十二萬七千□⧄　二九三七
⧄公乘鄭高⧄　二九三八
入桑鄉稅米二斛⧄　二九三九
⧄子男□年八⧄　二九四〇
⧄□田收米□⧄　二九四一
⧄火種田收租⧄　二九四二
⧄□六十五⧄　二九四三
⧄收米……　二九四四
⧄　右……錢□⧄　二九四五
⧄□□孫□⧄　二九四六
草言……⧄　二九四七
⧄□莂錢　⧄　二九四八
⧄□關……⧄　二九四九
入……鄉州吏□⧄　二九五〇
⧄所貸褋僦米　二九五一
⧄□斗四升六　⧄　二九五二
入廣成鄉⧄　二九五三
⧄□斗（？）≡嘉（？）⧄　二九五四
⧄□□　二九五五
入東鄉⧄　二九五六
⧄年……⧄　二九五七
⧄……喜以其⧄　二九五八
⧄不應發　二九五九
入……畢≡嘉禾……⧄　二九六〇
⧄　二月十一日主庫史殷連白　二九六一
⧄……吏衛士發……⧄　二九六二
富貴里戶人公乘□咄年廿　踵兩⧄　二九六三
如詔書科令　⧄　二九六四
⧄……乇八歲　……⧄　二九六五
二月廿五日……⧄　二九六六

☒　右承餘新入𦮼錢☒　二九六七

【注】「右」上原有墨筆點記。

☒斛畢≡×嘉禾□年……月……日……丘大男……☒　二九六八

☒　其十二户下户之貧羸老頓户不☒　二九六九

【注】「其」上原有墨筆點記。「下户之」下應脱「下」字。

☒□升嘉禾二年□　二九七〇

☒年四歲　☒　二九七一

已入……　☒　二九七二

出用　無☒　二九七三

領大子舍人㝡日還種粻……☒　二九七四

已入五百……五斛□斗□☒　二九七五

右新入𦮼錢二☒　二九七六

【注】「右」上原有墨筆點記

自首士區當年廿七　出限米卌斛☒　二九七七

☒……焉所舉頎先知（？）起遣☒　二九七八

☒頃廿畝出錢送□官□番黑……☒　二九七九

☒錢米並無……☒　二九八〇

☒　其一百卅五畝□☒　二九八一

大男賈君年卅□☒　二九八二

☒物故曾……二人證知事　二月□日……☒　二九八三

已入一千☒　二九八四

東鄉領種粻☒　二九八五

☒□□下縣鄉主者□　二九八六

☒基付倉吏鄭黑受　二九八七

☒六斛九升胄畢≡×嘉禾☒　二九八八

☒匹□丈□尺五寸　☒　二九八九

右□☒　二九九〇

【注】「右」上原有墨筆點記。

☒……年五歲　☒　二九九一

……年三月一日訖卅日……☒　二九九二

☒二斛五斗　合□畝收米……　二九九三

□子男亘☒　二九九四

未畢卅斛二斗七升已□☒　二九九五

☒……限米　☒　二九九六

☒年□五　☒　二九九七

☒□□租錢一百卌二萬一千八百☒　二九九八

承五月簿餘元年市租☒　二九九九

縣三年領賊黄勳軍☒　三〇〇〇

☒……仙……☒　三〇〇一

出用　無☒　三〇〇二

☒……十一斛五斗一升九合
……□□□八斛九斗五升　三〇〇三

☒……吴……☒　三〇〇四

曹從男姪陳耳年□☒　三〇〇五

☒子男文年五歲　三〇〇六

……眞……嘉禾二年貸食☒　三〇〇七

……財用錢二萬七千□☒　三〇〇八

右☒　三〇〇九

【注】「右」上原有墨筆點記。

☒事二　☒　三〇一〇

☒其一百七十二斛六☒　三〇一一

☒六千三百廿七錢　三〇一二

☒□一升一合　□☒　三〇一三

☒……畢≡×嘉禾二年☒　三〇一四

右☒　三〇一五

☒□□不入限米　三〇一六

☒　筭四事三　三〇一七

入（？）嘉禾□年□□□□□……　☒　三〇一八
☒　蒞年枚年五歲　謝主□☒　三〇一九
【注】前「年」應爲「弟」之誤。
其九斛八斗黄龍三年貸食……☒　三〇二〇
出用　無☒　三〇二一
☒□子男鼠年四歲　三〇二二
☒……遣☒　三〇二三
☒……米☒　三〇二四
☒……士薪租錢□千□百☒　三〇二五
☒□□心（？）者□□☒　三〇二六
☒□元年薪錢一千☒　三〇二七
☒□二年税米七☒　三〇二八
入襄（？）陽周長買夷生口大男……☒　三〇二九
【注】「周長」與「買夷生口」間有一道墨跡，按此類文書格式，此處一般無字，倘若有字，亦應是「所」字，因疑此處墨跡爲另簡印痕。
☒其……□年私學限米☒　三〇三〇
☒……步旱死☒　三〇三一
☒踵兩足　姪子男達七歲　三〇三二
☒□年卌筭一　□子男城年六歲　□　三〇三三
☒　其五斛三斗五（？）升（？）……　☒　三〇三四
☒年卅五筭一　羊妻大女屈年五筭一　三〇三五
☒根妻大女紫年廿筭一　三〇三六
☒已入……☒　三〇三七
☒……付（？）取（？）……　☒　三〇三八
☒　筭　二　事☒　三〇三九
☒司馬銅印一枚☒　三〇四〇
☒□年七十二　☒　三〇四一
☒□□□白（？）☒　三〇四二
☒……不（？）……☒　三〇四三
……發遣☒　三〇四四
右承餘市租☒　三〇四五
出嘉禾二年租米七百七十六斛二斗八升嘉禾三年☒　三〇四六
☒……送（？）吏　☒　三〇四七
……等三人收……☒　三〇四八
☒無　☒　三〇四九
☒□妻大女□年……　☒　三〇五〇
☒付監運吏潘喜喜以其　三〇五一
☒……買（？）行（？）錢（？）　☒　三〇五二
☒入□鄉三年☒　三〇五三
入西鄉□☒　三〇五四
☒□運□☒　三〇五五
入嘉禾三☒　三〇五六
☒□堅□☒　三〇五七
□六月☒　三〇五八
☒嘉禾三☒　三〇五九
☒回承餘新☒　三〇六〇
☒有言　三〇六一
☒□一斛嘉☒　三〇六二
☒月十二日上俗丘何緒（？）☒　三〇六三
☒税米二斛☒　三〇六四
☒頃廿畝☒　三〇六五
☒禾二年十一月三日☒　三〇六六
☒三雀兩☒　三〇六七
☒□五　☒　三〇六八
☒元年市☒　三〇六九
☒……詣□言☒　三〇七〇

☑□錢一□□☑　三〇七一

☑限（？）米（？）☑　三〇七二

☑所主☑　三〇七三

入□鄉嘉☑　三〇七四

☑度丘大男☑　三〇七五

☑□凡☑　三〇七六

☑禾二年租☑　三〇七七

☑斛九斗☑　三〇七八

☑□還□☑　三〇七九

☑戸人公乘□☑　三〇八〇

☑□其（？）☑　三〇八一

入……☑　三〇八二

☑基☑　三〇八三

☑歲　三〇八四

入東☑　三〇八五

☑斛胄☑　三〇八六

☑鄭黑受☑　三〇八七

☑□妻子所□☑　三〇八八

☑付三州倉吏☑　三〇八九

☑　受☑　三〇九〇

入廣成鄉嘉禾二年租米☑　三〇九一

☑基☑　三〇九二

【注】「基」字爲簽署，應爲「董基」。

縣三年領☑　三〇九三

入平鄉嘉禾二☑　三〇九四

☑關坚閣□☑　三〇九五

☑關坚閣董☑　三〇九六

☑基☑　三〇九七

【注】「基」字爲簽署，應爲「董基」。

☑閣董☑　三〇九八

今餘錢☑　三〇九九

☑閣董基　☑　三一〇〇

出給貸　☑　三一〇一

☑　其十四☑　三一〇二

☑基付三州倉吏鄭黑受　三一〇三

領收除數錢五千一百七十六錢　☑　三一〇四

☑四年二月廿九日付船師養恙恙以其年四月六日　三一〇五

☑□六百一十九錢……十六萬二千七百七十六□☑　三一〇六

☑區有臧行錢一千三百七十六☑　三一〇七

自□躬若其未有入　九萬☑　三一〇八

☑　右領收（？）除（？）數錢☑　三一〇九

【注】「右」上原有墨筆點記。

領故吏曹信臧行錢☑　三一一〇

☑其田斛黃龍☑　三一一一

☑付三州倉吏鄭☑　三一一二

領息米四百九十七☑　三一一三

☑……除數錢八百八十二錢　三一一四

□世頻家買夷生口小男張安直錢☑　三一一五

……七千四百六十一錢□□□☑　三一一六

□□八百卌九□☑　三一一七

☑□五十八斛一升嘉禾二年……　☑　三一一八

領故吏唐洪臧行錢一萬一千二百一十五錢　☑　三一一九

右模鄉入□年……限米□☑　三一二〇

【注】「右」上原有墨筆點記。

☑□女弟促年一歲　☑　三一二一

☑……月一日……☑　三一二二

入……鄉元年……☒ 三一二三

☒ 踵兩足 ☒ 三一二四

儁付軍吏李☒ 三一二五

☒付倉吏鄭黑受 ☒ 三一二六

□□錢□萬嘉禾四年☒ 三一二七

……貸錢……☒ 三一二八

☒……月廿一日付吏李……二年調布 三一二九

閣張儁付庫吏江蓋李從☒ 三一三〇

☒禾二年税米八斛就畢※嘉禾二年十一月一日頃丘大男毛生關☒ 三一三一

十八人訖十月卅日被病物故□☒ 三一三二

☒……鹽…… 三一三三

☒ 正月卅日主庫吏殷連白 三一三四

☒ 基……黑☒ 三一三五

☒入……鄉嘉禾二年租米九斛五斗※嘉禾二年 ……☒ 三一三六

☒□米 ☒ 三一三七

☒董基付倉吏□☒ 三一三八

☒閣董基付倉吏☒ 三一三九

☒屯（?）田（?）掾（?）孫（?） ☒ 三一四〇

☒ 入（?）……爲具錢四萬□千三百卅□☒ 三一四一

□陳卑出米二斛五斗 入（?）備（?）☒ 三一四二

☒督年十三 督男弟紹☒ 三一四三

☒□未畢十七斛六斗一升逋□☒ 三一四四

☒□女姪年五 ☒ 三一四五

東陽里户人公乘烝劉年五十☒ 三一四六

富貴里户人公乘彭丹年□☒ 三一四七

☒□卅斛六斗……市租☒ 三一四八

入南鄉嘉禾二年故帥朱番子☒ 三一四九

入……鄉吏子弟□☒ 三一五〇

☒畢※……☒ 三一五一

西鄉☒ 三一五二

☒黑☒ 三一五三

【注】「黑」字爲簽署，應爲「鄭黑」。

☒倉吏□☒ 三一五四

☒嘉禾二年□□☒ 三一五五

☒吏限米 三一五六

☒董基付三州倉吏鄭☒ 三一五七

☒□見米合一千（?） ☒ 三一五八

承四月簿餘元年市☒ 三一五九

☒年五歲 ☒ 三一六〇

☒鄉鹽賈行錢二萬五千□☒ 三一六一

☒從父……☒ 三一六二

☒……米☒ 三一六三

☒主庫吏陳瑜史李從□□ ☒ 三一六四

承八月簿餘二年復民□□☒ 三一六五

☒限米 三一六六

☒□年五歲☒ 三一六七

☒千□百六十錢……☒ 三一六八

☒……備黃☒ 三一六九

☒……有入未☒ 三一七〇

☒□□畢（?） ☒ 三一七一

宜陽里户人公乘☒ 三一七二

□吏……☒ 三一七三

☒□鄉領……☒ 三一七四

今餘□☒ 三一七五

☒……民入☒ 三一七六

☐故吏限米☐　三一七七

☐　筭四　□☐　三一七八

☐鄉還所貸☐　三一七九

☐遣男弟☐　三一八〇

☐堅閣張　三一八一

☐　曹　三一八二

☐□斗四升嘉☐　三一八三

集凡東（？）☐　三一八四

【注】「集」上原有墨筆點記。

☐起嘉禾五年☐　三一八五

☐基付☐　三一八六

☐禾二年☐　三一八七

出嘉禾☐　三一八八

☐□月旦□☐　三一八九

☐□賈人□□☐　三一九〇

☐基☐　三一九一

【注】「基」字爲簽署，應爲「董基」。

僞付主庫掾江蓋史李從受　☐　三一九二

☐□鄉嘉禾二年財用錢□千六百七十　☐　三一九三

【注】三一九三、三一九四兩簡可拼合，三一九三在左，三一九四在右。

☐　右……簿承餘市租錢四□☐　三一九五

【注】「右」上原有墨筆點記。

姪子兒年□□　☐　三一九六

☐□簿餘□□財用錢□千一百☐　三一九七

陽貴里户人公乘張□年廿七筭一　☐　三一九八

☐□六萬☐　三一九九

入西鄉嘉禾二年☐　三二〇〇

☐□斛直□☐　三二〇一

☐……主☐　三二〇二

☐□五千☐　三二〇三

入小武陵鄉嘉禾二年□☐　三二〇四

☐小西鄉……☐　三二〇五

☐……元年張復田□☐　三二〇六

☐年廿　筭一　☐　三二〇七

☐　無　☐　三二〇八

入西鄉嘉禾二年税米八斗胄畢☒嘉禾二☐　三二〇九

☐……弟公乘頃年十　☐　三二一〇

☐仁（？）受……☐　三二一一

入廣成鄉嘉禾二年税米三斛六斗胄畢☒嘉禾二年十一月十日☐　三二一二

☐□錢八□☐　三二一三

出用　☐　三二一四

今餘☐　三二一五

☐□□五斗☒☐　三二一六

☐付倉吏……☐　三二一七

承五月簿☐　三二一八

☐□死罪（？）☐　三二一九

☐董基付☐　三二二〇

☐……給縣吏☐　三二二一

☐□年六十□□□☐　三二二二

承十月簿餘□□☐　三二二三

☐□病　三二二四

☐□母大女絲年六十☐　三二二五

☐閤董基付三州倉吏鄭黑受　三二二六

☐二　事　☐　三二二七

☐□年九歲刑足　三二二八

☑……☒嘉禾二年十一月四日☑ 三二二九
入中鄉嘉禾二年税米一斛八斗五□☑ 三二三〇
☑……四年十月八日☑ 三二三一
☑付三州倉吏鄭黑受 三二三二
☑家口食五人　☑ 三二三三
☑……鄉☑ 三二三四
☑禾二年十一月☑ 三二三五
入廣成鄉嘉☑ 三二三六
☑東（？）□☑ 三二三七
☑六箄一　☑ 三二三八
☑……年八月十九日……☑ 三二三九
☑□年（？）……□ 三二四〇
出用☑ 三二四一
☑□□廿二□☑ 三二四二
☑十一月十日巾竹丘郡☑ 三二四三
富貴里☑ 三二四四
☑關坐閣☑ 三二四五
☑□合□☑ 三二四六
☑□關坐閣☑ 三二四七
出用☑ 三二四八
☑□兩☑ 三二四九
☑里户人公乘☑ 三二五〇
☑錢一萬☑ 三二五一
☑□□入□☑ 三二五二
☑閣董☑ 三二五三
☑年□□☑ 三二五四
入平鄉嘉禾二年☑ 三二五五
入東鄉嘉禾二年租米☑ 三二五六

☑右承餘新入☑ 三二五七
☑冑畢☒嘉禾四☑ 三二五八
☑男弟涣年☑ 三二五九
入臨湘……☑ 三二六〇
☑……潘羜市布☑ 三二六一
☑□丘郡吏☑ 三二六二
☑基付倉吏☑ 三二六三
☑倉吏鄭黑受☑ 三二六四
☑斛二斗僦畢☒嘉禾二年☑ 三二六五
入東鄉嘉禾二年☑ 三二六六
承四月簿餘二年☑ 三二六七
☑二年十一月九日□丘陳慮關坐☑ 三二六八
☑君叩頭叩頭死罪 三二六九
☑基付三州倉吏鄭黑受 三二七〇
☑付三州倉吏鄭黑受 三二七一
其廿六斛☑ 三二七二

【注】簡中有朱筆塗痕。

☑　其☑ 三二七三
☑貴里户人公乘□☑ 三二七四
入桑鄉嘉禾二年☑ 三二七五
☑□市租錢☑ 三二七六
入小武陵鄉☑ 三二七七
☑年税米二斛五斗冑☑ 三二七八
☑里户人公乘郵卒☑ 三二七九
☑□付主庫吏□□ 三二八〇
☑基付倉吏鄭黑受
基付倉吏鄭黑受 三二八一

【注】本簡左右二行文字全同，應是剖「莂」爲「别」錯位所致。

☑一千四百　☑ 三二八二

☐□户下奴□□☐　三二八三

☐董基付三州☐　三二八四

☐子男名年☐　三二八五

☐　連受☐　三二八六

☐……☐　三二八七

☐胄畢〼嘉禾二年十一月十☐　三二八八

☐平樂丘烝昱關邸閣☐　三二八九

☐吏鄭黑受　三二九〇

☐　禮男弟☐　三二九一

☐□男弟出年八歲☐　三二九二

☐□女一　☐　三二九三

☐□□叔……☐　三二九四

☐卅五　筭一☐　三二九五

☐三百七十二錢　☐　三二九六

☐年十八　☐　三二九七

☐案條罰閣☐　三二九八

☐……關邸閣☐　三二九九

☐□姪子女□☐　三三〇〇

☐畢〼嘉禾二年十□☐　三三〇一

領二年□□☐　三三〇二

☐　今餘　☐　三三〇三

☐卅七　筭☐　三三〇四

☐嘉禾二年十一月十日下略丘☐　三三〇五

☐付三州倉吏鄭黑受　三三〇六

☐□姪子女□年廿一　☐　三三〇七

□里（？）……☐　三三〇八

入中鄉二年財用錢二萬□壬☐　三三〇九

☐董基付三州倉吏鄭黑受　三三一〇

右領租酒☐　三三一一

入廣成鄉嘉禾二年税米□☐　三三一二

☐禾二年十一月十九日何丘男子☐　三三一三

☐付三州倉吏鄭黑受☐　三三一四

☐立年十五　☐　三三一五

☐州倉吏鄭黑☐　三三一六

☐□子弟☐　三三一七

☐□二年□☐　三三一八

定收七千八百☐　三三一九

☐□□□以其年十一月☐　三三二〇

☐□卌四萬二千□☐　三三二一

☐年四歲　三三二二

☐元年吏帥客限米　三三二三

☐七十六　☐　三三二四

☐　右承餘復民租錢三千五☐　三三二五

☐□元年復民租錢三千五百　☐　三三二六

☐□夷生口伍封……☐　三三二七

☐付吏李珠市布二年五月廿七日□　三三二八

☐年新吏限米十九斛胄畢〼嘉禾二年十一月十三☐　三三二九

☐敀（？）年九歲　□□伍兒年□歲□　三三三〇

☐……嘉禾四年十一月六日□　三三三一

入……年陶租錢二萬☐　三三三二

☐二千　☐　三三三三

☐餘二年財用錢卌五萬　☐　三三三四

……☐　三三三五

☐邸閣董基付倉吏鄭黑受　三三三六

☐□□市租錢三☐　三三三七

入西鄉嘉禾二年税米五斛二斗　☐　三三三八

☐無　☐　三三三九

☐五人　三三四〇

☐　右承餘士黃組錢二萬三　☐　三三四一

☐……言君叩頭叩頭□□　三三四二

右樵家口食六人☐　三三四三

☐種年六歲　☐　三三四四

右□家口食四人　☐　三三四五

☐七百元年口筭錢　☐　三三四六

☐訾　五　十　三三四七

凡口五事四　筭□事☐　三三四八

☐□□嘉禾二年绚租錢一萬☐　三三四九

右餘錢九十六萬二千□　三三五〇

……江蓋□☐　三三五一

☐基付倉吏鄭黑受　三三五二

☐財用錢廿六萬四千一百廿二錢□　三三五三

☐≡×嘉禾六年四月十三日□□丘大男陳開付庫☐　三三五四

妻大女姑年卅六☐　三三五五

☐其三斛四斗五升……☐　三三五六

☐……吏番有……☐　三三五七

☐……主者掾史谷水烝　三三五八

☐男雷年四歲　姪子□年十一　三三五九

☐　五☐　三三六〇

☐谷鄧等生口☐　三三六一

☐□年佃吏限米三☐　三三六二

☐□以其年□☐　三三六三

☐課第簿　三三六四

☐胄畢≡×嘉禾□年……☐　三三六五

☐　無　☐　三三六六

入平鄉嘉禾二年新☐　三三六七

其二頃新☐　三三六八

☐子□☐　三三六九

右九月旦承餘新入□□□☐　三三七〇

【注】「右」上原有墨筆點記。

右承餘市☐　三三七一

☐……關邸閣張儁付主庫掾……☐　三三七二

入平鄉嘉禾二年財用錢五□萬五百　☐　三三七三

出用　無　☐　三三七四

☐……嘉禾元年……□☐　三三七五

【注】末□右半殘缺，左半從「犭」。

☐……大☐　三三七六

☐□□萬五千□□　☐　三三七七

☐卌六錢　三三七八

☐……八十一□☐　三三七九

☐年卌□　三三八〇

☐曲江五□年卅　素居☐　三三八一

【注】「五」下□右半殘缺，左半從「亻」。

入小西鄉二年財用錢四萬九千八百☐　三三八二

☐復言□誠惶誠恐叩頭死罪死　三三八三

☐承十月簿餘二年財用錢六十九萬五千四百☐　三三八四

出用　無　☐　三三八五

☐　其九斛一斗五升嘉禾二年貸食黃龍三年稅☐　三三八六

大成里户人公乘何□年卌三　筭一真　吏復　☐　三三八七

☐≡×嘉禾二年二月三日西丘大男黃☐　三三八八

☐……付主庫掾陳□☐　三三八九

☐弟牛年六歲　三三九〇

☐堅閣董基☐　三三九一

☐米一斛☐ 三三九二

☐前丘鄧歷關☐ 三三九三

☐鄭黑受 三三九四

☐萬一千五百□□☐ 三三九五

☐ 右領二年□□☐ 三三九六

☐子男壽年四歲☐ 三三九七

☐……書佐□☐ 三三九八

☐斗五升嘉禾二年☐ 三三九九

☐陶租錢□☐ 三四〇〇

☐白 ☐ 三四〇一

☐□蒴（？）簿 ☐ 三四〇二

☐貴里户人公乘烝樵年☐ 三四〇三

☐壬三百九十 三四〇四

☐唐元關坒閣董基付□☐ 三四〇五

☐關坒閣董基付三☐ 三四〇六

☐董基付☐ 三四〇七

☐斛胄畢☒☐ 三四〇八

入□鄉二年□□☐ 三四〇九

入模鄉元年財用☐ 三四一〇

☐年五十 弟士伍……☐ 三四一一

入臨湘男子□□買☐ 三四一二

右汝家口食☐ 三四一三

☐□□殷歆年卌四☐ 三四一四

☐旦承餘新入褉錢簿 ☐ 三四一五

☐…… 三四一六

☐九百五十 ☐ 三四一七

☐□胄畢嘉禾二年十一月廿一日巾竹丘□☐ 三四一八

☐……斛僦畢☒嘉禾二年十一月廿八日☐ 三四一九

☐……年四歲賈銀七錢嘉禾☐ 三四二〇

☐□□誠惶誠恐□□□☐ 三四二一

則妻汝年□☐ 三四二二

☐ 小妻子女益年一歲☐ 三四二三

承三月簿餘元年財用錢□☐ 三四二四

□周長廣及田頃畝爲簿☐ 三四二五

☐□二百五十□□□☐ 三四二六

☐倉吏鄭黑受 三四二七

☐……合十三畝……☐ 三四二八

☐倉吏鄭黑受 三四二九

☐萬☐ 三四三〇

☐訾 五 十 三四三一

☐應爲匠 三四三二

……衆☐ 三四三三

☐ 右新入酒租錢☐ 三四三四

汝男弟屯年八歲 三四三五

入臨湘男子廖相所買夷女夷生口梁貴年五十一賈銀七錢……☐ 三四三六

☐盲左目 三四三七

……☐ 三四三八

☐壬九百 三四三九

入州吏黄農謝熏周□嘉禾☐ 三四四〇

☐ 男弟□☐ 三四四一

☐ 右米家口食四人 ☐ 三四四二

☐□受☐ 三四四三

☐妻大女湘年七十四 ☐ 三四四四

☐中倉付吏黄諱潘慮 三四四五

☐朋年卌三 ☐ 三四四六

☒二　三四四七
　同從兄☐年……☒　三四四八
☒大女思年卅二　筭一踵兩足　三四四九
入襄陽烝物所買夷女生口歡☐年卅賈行錢十萬☐☒　三四五〇
　☒嫂彭☐年卌九　筭一　三四五一
入樂鄉嘉禾二年叛士限米一斛二斗就畢⊠嘉禾二年十一月廿八☒　三四五二
大成里戶人公乘☐頭年卅三　☒　三四五三
☒……二年所貸黃龍☐年☐☒　三四五四
入模鄉嘉禾……☒　三四五五
☒☐李金受　☒　三四五六
☒☐年襍米十七斛☒　三四五七
……☒　三四五八
☒妻意年卅四　三四五九
入廣成鄉嘉禾二年稅米七☒　三四六〇
入襄陽☐☐買夷女生口☐☐……☒　三四六一
陽貴里戶人公乘貴歸☒　三四六二
☒……私學……☒　三四六三
☒爲遺脫復白　☒　三四六四
☒　☐妻過年卅一☒　三四六五
☒☐倉吏鄭黑受　三四六六
……☒　三四六七
☒☐斛五斗胄畢⊠嘉☒　三四六八
☒丘文華關坠閣☒　三四六九
☒付三州倉吏鄭☒　三四七〇
☒廿七日復署☒　三四七一
　☒定收二頃☐☒　三四七二
入廣成鄉二年☒　三四七三

府前言☐☐　☒　三四七四
☒☐二年財用☒　三四七五
☐☐里戶人☒　三四七六
☒☐年口筭錢☒　三四七七
入臨湘男子張最買☒　三四七八
☒基付倉吏鄭黑受　三四七九
給衛維米二斛　☒　三四八〇
☒付三州倉吏鄭黑受　三四八一
入西鄉嘉禾二年稅米九斗胄☒　三四八二
☒基付三州倉吏鄭黑受　三四八三
☒董基付三州倉吏鄭黑受　三四八四
☒子男每年十一　三四八五
☒☐財用錢三☐☐　三四八六
☒吏區順關坠閣董基付倉☒　三四八七
　☒　右箬家口食五人　☒　三四八八
☒……關坠閣董基☒　三四八九
☒基付倉吏鄭黑受　三四九〇
☒吏鄭黑受　三四九一
☒吏鄭黑受　三四九二
☒吏鄭黑受　三四九三
☒付三州倉吏鄭黑受　三四九四
☒基付三州倉吏鄭黑受　三四九五
☒……領☐事☐☐☒　三四九六
☒倉吏鄭黑受　三四九七
入烝陽☐☐☐☒　三四九八
☒☐二年☐☒　三四九九
　其廿五斛七斗付吏區☐☒　三五〇〇
其七千☒　三五〇一

☐□年十六　母□年六十二　三五〇二

☐　五　十☐　三五〇三

☐……備付庫吏李從（？）☐　三五〇四

☐武陵吏向恩運嘉禾□☐　三五〇五

☐董基付倉吏鄭黑受　三五〇六

☐男承年十五　一名捐　三五〇七

☐□大常討賊要☐　三五〇八

☐鄧□關坠閣董基☐　三五〇九

縣所領□□□☐　三五一〇

☐十合爲行錢二萬嘉禾四☐　三五一一

☐弟限米九斛二斗冑畢㸚嘉禾二年☐　三五一二

☐筭一　三五一三

☐年私學□□☐　三五一四

☐付倉吏鄭黑受　三五一五

☐……賈行錢☐　三五一六

☐拘校復白……☐　三五一七

☐㸚嘉禾二年十一月☐　三五一八

☐所買夷生口大女□□　三五一九

入廣成鄉嘉禾三年新吏　☐　三五二〇

☐斗冑畢㸚☐　三五二一

出用　☐　三五二二

☐□佃吏限米☐　三五二三

☐……所貸元年☐　三五二四

☐……鄉嘉禾□年……☐　三五二五

☐元年鋘賈行（？）錢……☐　三五二六

其一百卌八斛三斗五升黃龍☐　三五二七

☐□鄉嘉禾二年吏帥客限米☐　三五二八

☐基付三州倉吏鄭黑受　三五二九

☐基付三州倉吏鄭黑受　三五三〇

☐基付三州倉吏鄭黑受　三五三一

☐□如年卌……☐　三五三二

☐□調布☐　三五三三

入廣成鄉嘉☐　三五三四

☐弟增年四歲　☐　三五三五

領平父丘禖米卅□□☐　三五三六

中　其廿二斛付吏□☐　三五三七

庚（？）陽里户人公乘謝丁年……☐　三五三八

☐妻□年卅七筭一　□弟□☐　三五三九

☐斛二斗嘉禾二年江少限米　☐　三五四〇

☐客弟小男思年三歲　思弟小女兒年二歲　三五四一

☐訾　五　十　三五四二

☐餘蒭錢一千一百☐　三五四三

入小武陵鄉……☐　三五四四

入臨湘男子鄧客江令蔣☐　三五四五

☐□關坠閣董☐　三五四六

☐謝範篤吏　三五四七

☐合爲錢三萬五千　三五四八

入東鄉元年財用錢六萬　☐　三五四九

其□☐　三五五〇

☐七升六合其一百□五☐　三五五一

☐□□年卅六　……☐　三五五二

其三百一十五斛☐　三五五三

領二年佃吏限米一千八　☐　三五五四

☐年紵租錢二千□百　☐　三五五五

入樂鄉元年口筭錢一萬　☐　三五五六

☐□帛年六十八　三五五七

☒……女□　☒　三五五八

☒□□年□七　□□□　三五五九

☒已列言書　☒　三五六〇

☒閤董基付倉吏鄭黑受☒　三五六一

☒五　妾子男要　☒　三五六二

承二月簿餘嘉禾元年薌☒　三五六三

妻□　☒　三五六四

☒□妻□□年七十七　三五六五

☒……爲具錢九萬……☒　三五六六

☒□餘市租錢四千八百　☒　三五六七

☒□錢一萬二千　☒　三五六八

☒……年卅……☒　三五六九

已出錢五十九萬九千☒　三五七〇

今餘錢卅二萬五千二百六十一錢　☒　三五七一

☒六　☒　三五七二

☒　訾　五　十　三五七三

☒……□□□白言□□

☒二百七斛五斗四升五合貸□□□□　三五七四

☒□□□□米二千三百五十☒　三五七五

☒□母妾年九十七　☒　三五七六

☒僞付主庫掾□☒　三五七七

☒萬四千九百六十□錢……☒　三五七八

入輿（？）中（？）馬九匹粟……　三五七九

……付主庫吏李從受☒　三五八〇

☒錢畢民自送牒還縣不☒　三五八一

【注】此爲背面，正面無字。

☒送……☒　三五八二

☒……錢二萬嘉禾四年三月卅日　三五八三

☒□□□買夷生口大女文□□□☒　三五八四

入□□□□限米卅一斛六斗☒　三五八五

☒董基付三州倉吏鄭黑受　三五八六

☒□關坠閤董基付倉吏鄭黑受☒　三五八七

☒坠閤董基付倉吏鄭黑受　三五八八

入樂鄉元年財用錢三萬二□☒　三五八九

☒……　三五九〇

☒□關坠閤董基付三州倉吏鄭黑受　三五九一

☒　已出錢☒　三五九二

☒　錢五……　☒　三五九三

出用　無☒　三五九四

☒弟豆年二歲　☒　三五九五

高遷里户人公乘□□年五十　☒　三五九六

☒廣成鄉……☒　三五九七

☒嘉禾二年四月六日州（？）吏五謝付□□陳□□☒　三五九八

☒……米十二斛……☒　三五九九

☒鄉典田掾董□☒　三六〇〇

☒六斗胄畢冥嘉禾二年十一月廿七日桑☒　三六〇一

入廣成鄉嘉禾二年舊遷□人……☒　三六〇二

☒男弟是年四歲☒　三六〇三

☒李從受　☒　三六〇四

☒……錢二萬嘉禾四年□☒　三六〇五

☒□男……　☒　三六〇六

入廣成鄉嘉禾二年☒　三六〇七

☒鄭黑受　三六〇八

☒閤董基付三州☒　三六〇九

☒□□條……☒　三六一〇

入臨湘男子張狗所買夷☒　三六一一

出用　☑　三六一二

☑箠一　☑　三六一三

☑關邸閣董基☑　三六一四

☑□限米六斛胄畢☒☑　三六一五

☑蓋李從受☑　三六一六

入平鄉元年☑　三六一七

☑□黄龍三年民還所貸□☑　三六一八

☑……　中　三六一九

【注】簡末「中」爲朱筆

☑……米一斛……☑　三六二〇

☑□年廿五箠　三六二一

☑年廿三刑背　☑　三六二二

十二月廿五日辛未　☑　三六二三

【注】十二月廿五日爲辛未，則十二月朔爲丁未。據陳垣《魏蜀吳朔閏異同表》，吳簡所見時間内，無十二月朔爲辛未者，僅嘉禾四年十二月朔爲乙巳最爲接近，但與丁未亦有二日之差。

☑廣成鄉入新吏　☑　三六二四

入平鄉嘉禾二年新吏限米□斛□☑　三六二五

直一千六百嘉禾☑　三六二六

史李從受☑　三六二七

☑年十一月十六日兼功曹史蔡祭
……□□西部爲□士已列簿☑　三六二八

妻大女☑　三六二九

☑邸閣董基付三州倉☑　三六三〇

☑□妻□年……　□男弟□☑　三六三一

☑董基付三州倉吏鄭黑受　三六三二

☑……☑　三六三三

☑武陵船漢吕董……嘉禾□☑　三六三四

☑……長……　三六三五

……年……☑　三六三六

☑……以其年五月六日　三六三七

☑　右平鄉入叛士限☑　三六三八

兒女☑　三六三九

☑□嘉禾□年六月十☑　三六四〇

右詳家口食☑　三六四一

州卒臣佃年廿二……　三六四二

☑☒嘉禾二年十一月十一日☑　三六四三

☑　其四户下品　☑　三六四四

☑……限米　三六四五

☑□□一人人四斛八月九　三六四六

☑子女□年五歲　☑　三六四七

☑董基付倉吏鄭黑受　三六四八

☑入民還嘉禾二年貸食黄龍☑　三六四九

☑萬八千二百卅　☑　三六五〇

☑……米四斛四斗……☑　三六五一

☑□等詭責　三六五二

☑□□□□□□☑　三六五三

☑□四斗　三六五四

出□筭具錢一萬二千八百八錢爲行錢☑　三六五五

今餘錢七萬四千六百六十七錢☑　三六五六

【注】「右」上原有墨筆點記。

☑……曹掾宋買關意☑　三六五七

☑……年廿筭一　☑　三六五八

☑□男弟□年□二☑　三六五九

……廿三日……九月□日付吏□☑　三六六〇

☑……董基付三州倉吏鄭黑受　三六六一

☑□弟壬年三歲　三六六二

入□鄉元年市租錢□□☐　三六六三

☐　右□家口食十二人☐　三六六四

☐嘉禾元年□☐　三六六五

☐年卅一踵兩足☐　三六六六

☐□年廿四筭一☐　三六六七

☐　受　三六六八

☐鄉黃龍元年限米　三六六九

承正月簿餘元年市租錢　☐　三六七〇

☐　右出錢卅二萬九千一☐　三六七一

【注】「右」上原有墨筆點記。

☐□萬四千二百　☐　三六七二

出財用具錢十三萬四千□百爲行錢十□☐　三六七三

入平鄉元年財用錢九千六百一十七☐　三六七四

☐……四人事　☐　三六七五

入南鄉嘉禾六年蒭錢一萬☐　三六七六

☐□一百廿七斛五……☐　三六七七

☐……月伍□□等迫逐……　三六七八

☐基付三州倉吏鄭黑受　三六七九

☐……武陵……☐　三六八〇

☐倉吏鄭黑受　三六八一

☐廿五□☐　三六八二

☐付主庫掾陳瑜……☐　三六八三

☐董基付三州倉吏鄭黑受　三六八四

承正月簿餘元年財用錢□☐　三六八五

承五月簿餘三年士蒭錢二萬一百九☐　三六八六

☐……一日訖□月……☐　三六八七

☐……弟……☐　三六八八

☐邸閣董基付三州倉吏鄭黑受　三六八九

☐　無　☐　三六九〇

入平鄉二年紵租錢□☐　三六九一

入廣成鄉所貸二年□□☐　三六九二

……□付船曹掾　☐　三六九三

☐子小女告年十☐　三六九四

入□□☐　三六九五

承六月簿☐　三六九六

☐日南彊丘樊利關邸閣董基☐　三六九七

☐邑下大女□☐　三六九八

☐漚口倉吏谷□受☐　三六九九

☐四年□受十六日□□☐　三七〇〇

☐吏鄭黑受　三七〇一

☐男六女五　三七〇二

☐日東平丘大男郭厚關邸閣董基☐　三七〇三

☐庫掾江蓋史李☐　三七〇四

☐基付☐　三七〇五

☐……十七日凡☐　三七〇六

☐付倉☐　三七〇七

☐……十一日……☐　三七〇八

入西鄉嘉禾☐　三七〇九

☐關邸閣☐　三七一〇

☐□年□歲　三七一一

入東鄉嘉禾二年稅米☐　三七一二

☐禾二年新吏☐　三七一三

☐□關邸閣☐　三七一四

☐吏區視關☐　三七一五

☐□年六月□☐　三七一六

☐□年二月□☐　三七一七

☒閣董基付三☒ 三七一八

☒十一月十五日㮾都丘鄧竹關坠☒ 三七一九

右頃家口食把人☒ 三七二〇

☒二年十一月一日陽渡丘區僕關坠閣□☒ 三七二一

☒訾 五 十 三七二二

☒□妻婢年廿二筭一 ☒ 三七二三

☒男子廖瞻關坠閣董基☒ 三七二四

☒鄭黑受 三七二五

☒董基☒ 三七二六

☒廿七日上彈☒ 三七二七

☒黑受 三七二八

☒米七斛胄畢⊠嘉 三七二九

☒坪丘張節關坠閣☒ 三七三〇

右文家口食☒ 三七三一

【注】「右」上原有墨筆點記。

☒□□賈行錢一萬五千嘉禾☒ 三七三二

☒三州倉吏鄭黑受 三七三三

☒董基付三☒ 三七三四

☒□丘縣吏烝□☒ 三七三五

☒吏鄭黑受 三七三六

☒坠閣董☒ 三七三七

入廣成鄉二年☒ 三七三八

右張家口食☒ 三七三九

中 三七四〇

【注】簡末「中」爲朱筆。

☒□帛關坠閣董基付三州倉☒ 三七四一

右汝家口食二人 ☒ 三七四二

☒□付吏黃諱……☒ 三七四三

☒…… 訾 五 十 三七四四

右承餘紵租錢☒ 三七四五

☒嘉禾二年十一月八日元畀丘莫府吏黃春關坠閣☒ 三七四六

☒⊠嘉禾二年十一月一日柚丘烝問關坠閣董☒ 三七四七

☒其年……□曼……☒ 三七四八

……錢☒ 三七四九

☒ 無 ☒ 三七五〇

☒□年六十八☒ 三七五一

☒□□光年卅四筭一☒ 三七五二

☒……年卅四筭一 ☒ 三七五三

☒今餘錢廿二萬……☒ 三七五四

☒ □子女□☒ 三七五五

入模鄉二年財用錢四千八百……☒ 三七五六

☒□子男□年八歲 三七五七

承三月簿餘嘉禾元年財用錢五☒ 三七五八

右出錢廿七萬二百八錢☒ 三七五九

【注】「右」上原有墨筆勾記。

私學謝牛年卅三 ☒ 三七六〇

定領……☒ 三七六一

勿稽留……☒ 三七六二

☒基付倉吏鄭黑受☒ 三七六三

□□□人者□☒ 三七六四

出用 ☒ 三七六五

入平鄉嘉☒ 三七六六

☒□□三年□☒ 三七六七

☒□年七歲☒ 三七六八

☒歲 ☒ 三七六九

☒⊠嘉禾☒ 三七七〇

〼入中鄉〼　三七七一

平陽里户人公乘□□〼　三七七二

入東鄉元年士蒭錢二千三百〼　三七七三

入東鄉嘉〼　三七七四

〼倉吏　〼　三七七五

〼吏鄭黑受　三七七六

〼〓嘉禾二年十一月廿□日曼丘〼　三七七七

〼貲　五　〼　三七七八

〼米……斛六斗六升〼　三七七九

〼壂閣董基付三〼　三七八〇

〼嘉禾二年十一月……〼　三七八一

入桑鄉嘉禾二年故帥□〼　三七八二

〼禾三年四月……〼　三七八三

〼付三州倉吏〼　三七八四

〼日半丘男子石用〼　三七八五

承□月簿〼　三七八六

〼黑受　三七八七

〼㬎買夷生口〼　三七八八

〼嘉禾二年〼　三七八九

入廣成鄉〼　三七九〇

富貴里……〼　三七九一

〼禾二年財錢准入米〼　三七九二

【注】「財」下應脱「用」字。

右……〼　三七九三

〼筭一腫右足復　三七九四

〼歲　三七九五

〼二年十一月〼　三七九六

〼□歲〼　三七九七

〼雷虞關壂閣〼　三七九八

〼老鈍□〼　三七九九

〼□光惦年□〼　三八〇〇

承三月簿餘元年□〼　三八〇一

〼□胄畢〓嘉禾二年〼　三八〇二

〼入吴平斛米〼　三八〇三

〼□廣〼　三八〇四

〼基〼　三八〇五

入□□〼　三八〇六

〼三月□〼　三八〇七

〼八頃九〼　三八〇八

〼斛□斗胄畢〓〼　三八〇九

〼鄭黑受　三八一〇

〼男〼　三八一一

〼胄畢〓嘉禾〼　三八一二

〼廿二日□〼　三八一三

〼〓嘉禾二年十一月十□〼　三八一四

入桂陽郡吏□〼　三八一五

〼□十二〼　三八一六

〼□子男□〼　三八一七

〼胄畢〓嘉禾二年十一月十八日〼　三八一八

入廣成鄉嘉禾二年〼　三八一九

〼壂閣董基付倉〼　三八二〇

〼詘男弟益年六〼　三八二一

〼日平支丘故帥烝□關壂閣董基〼　三八二二

入模鄉三年蒭錢二千　〼　三八二三

〼□□鄭副等終副以其　三八二四

〼□五錢〼　三八二五

⧄六十六……⧄　三八二六

小大小浦合六六……⧄　三八二七

⧄嘉禾二年十一月廿七日林丘區□⧄　三八二八

⧄禾二年十一月廿一日□⧄　三八二九

⧄黑受　三八三〇

⧄　右平⧄　三八三一

⧄二斛胄畢⧄　三八三二

⧄受　三八三三

⧄嘉禾二年□月⧄　三八三四

⧄月廿六日東丘大男潘卲關⧄　三八三五

⧄發遣書給⧄　三八三六

⧄基⧄　三八三七

⧄嘉禾二年十一月一日柚丘⧄　三八三八

⧄≡×嘉禾□年四月廿日林丘軍吏⧄　三八三九

入平鄉嘉禾□年新吏　⧄　三八四〇

⧄米六斛胄畢≡×嘉禾⧄　三八四一

⧄禾二年十一月廿日常略丘□□□⧄　三八四二

承十月簿餘二年士蒭錢□□⧄　三八四三

⧄倉吏鄭黑⧄　三八四四

⧄斛三斗胄≡×嘉禾⧄　三八四五

【注】「胄」下脱「畢」字

⧄黑受　三八四六

入廣成鄉⧄　三八四七

⧄畝收□⧄　三八四八

⧄≡×嘉禾二年十□⧄　三八四九

⧄畢≡×⧄　三八五〇

出用　⧄　三八五一

千七百七⧄　三八五二

⧄禾二年十一月十八日⧄　三八五三

⧄□史□⧄　三八五四

⧄五萬⧄　三八五五

⧄年十二月一日關⧄　三八五六

⧄受　三八五七

⧄關邸閣董基付⧄　三八五八

⧄董基付倉吏鄭黑受　三八五九

⧄年□六　⧄　三八六〇

二年復民租錢六千　⧄　三八六一

⧄……關邸閣董基⧄　三八六二

右承餘紵租錢⧄　三八六三

【注】「右」上原有墨筆點記。

……客（？）弟⧄　三八六四

入東鄉元年財用錢□⧄　三八六五

⧄董基付三州⧄　三八六六

⧄……□月□日東溲丘……⧄　三八六七

⧄□□關邸閣董⧄　三八六八

⧄……品……⧄　三八六九

⧄弟吴廖關⧄　三八七〇

⧄丘大男烝□⧄　三八七一

⧄□年⧄　三八七二

⧄□千六十⧄　三八七三

⧄　中　三八七四

【注】簡末「中」爲朱筆。

⧄所貸⧄　三八七五

⧄閣董基⧄　三八七六

⧄關邸閣董基⧄　三八七七

⧄□當米□⧄　三八七八

⊠……丘男子新□⊠ 三八七九

⊠二年九月□日□丘□⊠ 三八八〇

⊠鄭黑受 三八八一

出用 ⊠ 三八八二

⊠十斛 三八八三

凡口四事三 ⊠ 三八八四

⊠□□私學限米廿九斛八斗 ⊠ 三八八五

⊠□年一歲⊠ 三八八六

⊠元年四歲⊠ 三八八七

⊠付監運掾⊠ 三八八八

⊠公乘李⊠ 三八八九

⊠財用⊠ 三八九〇

⊠掾□⊠ 三八九一

⊠□大女⊠ 三八九二

⊠文妻□年廿一腹心病⊠ 三八九三

⊠以其月廿八日付監鹽吏 三八九四

⊠□□郡吏□□子弟限米□⊠ 三八九五

入廣成鄉□年士薊錢□⊠ 三八九六

社舅□飛年廿⊠ 三八九七

⊠ 其八十六斛⊠ 三八九八

⊠□盧㽞張⊠ 三八九九

入錢米八十四斛五斗……⊠ 三九〇〇

【注】簡三九〇〇至三九〇四出土時原爲一坨，揭剥順序參見《揭剥位置示意圖》圖一。

入廣成鄉……⊠ 三九〇一

……十斛九斗…… 三九〇二

⊠……關邸閣李嵩……⊠ 三九〇三

私學弟子攸縣廣陽鄉區小年廿五能書畫有父兄温厚
屬監劉弈居在下鄱丘
小親父名聲即爲小監 嘉禾二年十一月一日監長沙邸閣右郎中張儁 三九〇三（一）
移

【注】本簡爲木牘，共三行，此處按原格式迻録。

⊠……任裴遣□□□部□⊠ 三九〇四

⊠□□吏武肅（？）關邸閣董基⊠ 三九〇五

【注】簡三九〇五至三九二八出土時原爲一坨，揭剥順序參見《揭剥位置示意圖》圖二。

入平鄉嘉禾二年租米四斛胄畢𡖖嘉禾二年十一月廿七日僕丘縣吏屯章關邸閣董基付倉⊠ 三九〇六

⊠□鄉嘉禾二年租米一斛五斗胄畢𡖖嘉禾二年十月十一日僕丘郡吏廖□關邸閣董基付三州倉⊠ 三九〇七

入廣成鄉嘉禾二年租米八斛胄畢𡖖嘉禾二年十一月十五日上伻丘州吏鄧鍛關邸閣董基⊠ 三九〇八

入平鄉嘉禾二年租米四斛一斗胄畢𡖖嘉禾二年十一月一日栗丘烝山關邸閣董基⊠ 三九〇九

⊠鄉嘉禾二年租米六斛五斗胄畢𡖖嘉禾二年十一月十日撈丘州吏吳蔄關邸閣董基付倉吏鄭黑⊠ 三九一〇

入平鄉嘉禾二年税米廿七斛七斗五升胄畢𡖖嘉禾二年十一月一日上和丘縣吏魏威關邸閣董⊠ 三九一一

入平鄉嘉禾二年郡吏逢訓租米三斛七斗胄畢𡖖嘉禾二年十一月十二日石文丘逢訓關邸⊠ 三九一二

入廣成鄉嘉禾二年租米七斛胄畢𡖖嘉禾二年十一月十七日彈溲丘栂緞關邸閣董基付⊠ 三九一三

⊠嘉禾二年……胄畢𡖖嘉禾二年十一月十五日彈溲丘縣吏陳同關邸閣董基付三州倉吏鄭黑⊠ 三九一四

入桑鄉嘉禾二年租米廿八斛胄畢𡖖嘉禾二年十一月一日敕丘郡吏番禄關邸閣⊠ 三九一五

右平鄉入租米二百一斛二斗四升⊠ 三九一六

入平鄉嘉禾二年郡吏逢訓租米十斛二斗冑畢≡×嘉禾二年十一月二日石文丘逢訓關邸閣董基⧄ 三九一七

入平鄉嘉禾二年郡吏廖祚（？）租米四斛一斗冑畢≡×嘉禾二年十一月十二日僕丘廖祚（？）關邸閣⧄ 三九一八

入桑鄉嘉禾二年租米十二斛五斗冑畢≡×嘉禾二年十一月廿二日□⧄ 三九一九

入廣成鄉嘉禾二年租米五斛二斗冑畢≡×嘉禾二年十一月廿一日撈丘陳曠關邸閣⧄ 三九二〇

入桑鄉嘉禾二年租米十二斛五斗冑畢≡×嘉禾二年十一月廿三日東平丘□⧄ 三九二一

入平鄉嘉禾二年租米四斛……冑畢≡×嘉禾二年十一月六日僕丘州吏唐安關邸閣董基⧄ 三九二二

入模鄉嘉禾二年租米二斛七斗冑畢≡×嘉禾二年十一月廿二日栗⧄ 三九二三

入平鄉嘉禾二年租米六斛八斗冑畢≡×嘉禾二年十一月十二日敬賢丘郡吏石欣關⧄ 三九二四

入□鄉嘉禾二年租米五斛七斗冑畢≡×嘉禾二年十一月一日敷丘州吏田闔關邸閣董基⧄ 三九二五

入桑鄉嘉禾二年租米七斛二斗冑畢≡×嘉禾二年十一月二日園丘使匠關邸閣董基⧄ 三九二六

入桑鄉嘉禾二年租米八斛六斗冑畢≡×嘉禾二年十一月三日東平丘縣吏監⧄ 三九二七

入桑鄉嘉禾二年火種租米卅斛八斗冑畢≡×嘉禾二年十一月⧄ 三九二八

⧄交前鉤答悉具言琰叩頭叩頭死罪死罪案文書前部□ 三九二九

【注】簡三九二九至三九三六出土時原爲一坨，揭剥順序參見《揭剥位置示意圖》圖三。

入小武陵鄉嘉禾二年税米三斛冑畢≡×嘉禾二年十月十六日平支丘烝平關邸閣董基付三州倉吏鄭黑受 三九三〇

入平鄉嘉禾二年火種租米四斛八斗冑畢≡×嘉禾二年十一月十日伍社丘壬敬關邸閣董基付三州倉吏鄭⧄ 三九三一

⧄冑畢≡×嘉禾二年十一月十日彈溲丘烝儇關邸閣董基付三州倉吏鄭黑受 三九三二

入小武陵鄉嘉禾二年税米七斛冑畢≡×嘉禾二年十一月四日石下丘烝衆關邸閣董基付三州倉吏鄭黑受 三九三三

入小武陵鄉嘉禾二年税米百一十四斛四斗冑畢≡×嘉禾二年十一月六日桐丘州吏毛尋關邸閣董基付⧄ 三九三四

入小武陵鄉嘉禾二年税米三斛二斗冑畢≡×嘉禾二年十一月十六日暹丘大男苗礁關邸閣董基付三州倉吏⧄ 三九三五

入西鄉嘉禾二年税米十八斛冑畢≡×嘉禾二年十一月一日林溲丘朱夷關邸董基付⧄ 三九三六

【注】「邸」下應脱「閣」字。

其一斛一斗嘉禾二年豆 ⧄ 三九三七

【注】簡三九三七至三九九三出土時原爲一坨，揭剥順序參見《揭剥位置示意圖》圖四。

其一斛五斗嘉禾二年豆 ⧄ 三九三八

其十一斛二斗民還二年所貸□⧄ 三九三九

其五斛郡屯田掾利焉黄龍元⧄ 三九四〇

其卅五斛故吏□□備 ⧄ 三九四一

其五斛民還二年所貸⧄ 三九四二

其六斛新⧄ 三九四三

右入吴平斛米□百七十七斛八斗九⧄ 三九四四

其廿八斛監池司馬鄧邵嘉禾二年⧄ 三九四五

其六斛新還民黄龍三 ⧄ 三九四六

⧄……盲右目 訾 五 十 三九四七

其三百五十一斛⧄ 三九四八

其□斛民還二年所貸⧄ 三九四九

⧄其廿六斛郡屯田掾利焉嘉禾二年限米 三九五〇

其三斛二斗郡屯田掾利焉⧄ 三九五一

☑妻大女思年六十六　小女縣年十六筭一　☑　三九五二

……妻大女□年……　□姪□□年□歲　三九五三

☑……胄畢𫝀嘉禾二年十一月廿一日泊丘大女張絡關邸閣董基付　三九五四

三州☑　三九五五

其……四斛□□黄龍元年……☑　三九五六

☑　其四斛黄龍二年粢租米　三九五七

☑年税米還米五斛一斗胄畢𫝀嘉禾二年十月廿六日暹丘郡吏張秖　三九五八

關邸閣董基付☑　三九五九

☑賈年廿五筭一　賈女弟仁年廿五筭一　三九六〇

☑……年六十一踵兩足　宗妻大女兼年☑　三九六一

☑……踵兩足　訾　五☑　三九六二

二月直人二斛其年二月五日付書史士碩　三九六三

承二月簿領餘吴平斛米千一百卌四斛七斗一升　三九六四

☑年五歲　□□弟□年三歲　三九六五

☑□□☑　三九六六

☑貸嘉禾元年子弟限米□斛胄畢𫝀嘉禾二年十月十二日巾竹丘大　三九六七

男石春關邸閣董基☑　三九六八

☑　其六十一斛四升嘉禾三年禖擿米　三九六九

其二斛五斗民還二年所貸嘉禾二年郵卒息米☑　三九七〇

其十四斛……☑　三九七一

入廣成鄉……　三九七二

☑　筭二事　☑　三九七三

☑□年□□　□姪子男□……　三九七四

其十九斛民還二年所貸吏區光備黄武六年蒭錢准☑　三九七五

定領米二千六百九十七斛二斗　三九七六

其二斗五升民還二年所貸嘉禾元☑　三九七七

其□斛民還黄龍二年限米　三九七八

……限米二百五十斛七斗二升……　三九七九

☑□妻大女姿年卌八筭一　□子女貞年七歲　三九八〇

其四百卌三斛□斗六升……二年粢租米　三九八一

☑……二　事一　☑　三九八二

其五斛九斗黄龍二年税米☑　三九八三

☑胄畢𫝀嘉禾二年十一月六日帝丘武賈關邸閣董基付倉☑　三九八四

☑□年四歲　妻父武年七十二苦腹心病　三九八五

【注】「年」上□左半殘缺，左半爲「長」。

☑　姪子男元年十一　姪子男東年七歲　三九八六

☑何年廿八筭一　妻（？）男弟會年九歲　三九八七

☑所貸嘉禾□年……斛……☑　三九八八

☑□米三斛一斗胄畢𫝀嘉禾二年十一月一日下象丘潘囊關邸閣董　三九八九

基☑　三九九〇

☑……　三九九一

☑妻大女妾年五十二筭一　☑　三九九二

☑季母大女妾年六十二　季子男發年七歲　三九九三

□□曹……☑　三九九四

其十七斛州吏番義周唐備□□　☑　三九九五

右諸鄉入嘉禾二年租米五百廿二斛八斗八升☑　三九九六

☑　訾　五　十　三九九七

入小武陵鄉元年紵租錢四千八百　三九九八

【注】簡三九九四至四〇一〇出土時原爲一坨，揭剥順序參見《揭剥位置示意圖》圖五。

出用　無☑　三九九九

☑用　無　四〇〇〇

入中鄉元年蒭錢五千　☑　四〇〇一

其……嘉禾二年貸食元年☑

入模鄉元年蒭錢三千八百　☑

承六月簿餘元年租蒭錢七百七十五錢　☑

☑鄉元年蒭錢一萬八千五百　☑

入都鄉二年紵租錢一萬二千　⊠　四〇〇二

出財用具錢廿六萬四千七百廿□錢爲行錢廿一萬一千五百……⊠
四〇〇三

出財用具錢[八][萬]□[千]……爲行錢九萬九千一百七十市[布][嘉][禾]□⊠
四〇〇四

入中鄉元年財用錢三萬七千七百　⊠　四〇〇五

右正月旦承餘新入襍錢一百七萬五千三百九十三錢　⊠　四〇〇六

【注】「右」上原有墨筆點記。

右承餘新入蒭錢[八]萬[五][千]　⊠　四〇〇七

入西鄉元年口筭錢二萬　⊠　四〇〇八

入東鄉三年蒭錢一千一百九　⊠　四〇〇九

入廣成鄉元年蒭錢□萬六千二百七十　⊠　四〇一〇

⊠　其九斛民還二年所貸黄武[六]年租米　四〇一一

【注】簡四〇一二至四〇五〇出土時原爲一坨，揭剥順序參見《揭剥位置示意圖》圖六。

郎中李嵩被督軍糧都尉嘉禾三年二月十八日壬申書給監運兵曹
趙春所領士客　四〇一二

其一百四斛一斗嘉禾二年過□[米]　四〇一三

⊠　其七斛一升都尉陳整士[妻]子嘉禾二年租米　四〇一四

其一百卅七斛[六]斗五升黄龍二年租米　四〇一五

其六斛五斗黄龍三年租米　四〇一六

其一斛民還二年所貸嘉禾元年租息米　四〇一七

其五十八斛五升黄龍二年[吏]帥客限米　四〇一八

右米八百一十五斛七斗四升別領　四〇一九

其九斛私學黄龍三年限米　四〇二〇

其一斛七斗司馬黄升嘉禾元年限米　四〇二一

出倉吏黄諱潘慮所領襍吳平斛米四千八百斛其一千九百七十九斛
八斗七升嘉禾二年稅　四〇二二

其一斛九斗民還二年所貸私學黄龍元年限米　四〇二三

其十四斛監池司馬鄧邵嘉禾二年池賈米　四〇二四

其八十斛三斗八升郵卒嘉禾二年限米　四〇二五

其一百二斛五斗六升新吏嘉禾二年限米　四〇二六

其廿斛四斗黄龍元年吏帥客限米　四〇二七

其四斛四斗民還二年所貸黄龍三年新吏限⊠　四〇二八

其五斛郡屯田掾利焉黄龍元年[餘][力][稅][米]　⊠　四〇二九

其九斛郡屯田掾利焉嘉禾二年餘力稅米　四〇三〇

覆佃士吏客百廿四人嘉禾三年二月直人二斛其年二月廿一日付
書史發遣　四〇三一

其四斛四斗民還二年所貸黄龍三年新吏限米　四〇三二

右倉曹史烝堂白中倉吏黄諱潘慮列簿起嘉禾三年正月一　四〇三三

其七斛州吏董宣嘉禾元年限米　四〇三四

其一百七十五斛二升私學嘉禾二年限米　四〇三五

二年限稅米三百卅斛三斗四升郡屯田掾利焉嘉禾二年限米一千
一百五斛二斗　四〇三六

[出]倉吏黄諱潘慮所領嘉禾二年租吳平斛米廿一斛四斗二[升]爲稟斛
米廿三斛一斗邸閣右郎　四〇三七

其五十斛五斗三升嘉禾二年襍擿米　四〇三八

其十四斛司馬黄升黄龍三年限米　四〇三九

邸閣右郎中李嵩被督軍糧都尉嘉禾三年九月廿日甲戌書[給][監][運]□□
四〇四〇

[出]倉吏黄諱潘慮嘉禾二年[稅]吳平斛米二百卅九斛八斗八[升]爲稟斛
米二百卅九斛五[斗]　四〇四一

其九十八斛七斗一升黄龍……　四〇四二

四升民還二年所貸嘉禾元年稅米三百斛五升民還[二]年所貸嘉禾元
年吏帥客　四〇四三

⊠十八斛七斗八升郡屯田掾利焉嘉禾二年餘力稅米　□　四〇四四

⊠二斗新吏黄龍元年限米　四〇四五

☐　其五斗二升監池司馬鄧邵嘉禾二年限米　☐　四〇四六

☐　其三斛吏信化備黄武五年租米 ☐　四〇四七

閣李嵩付倉吏李金受　四〇四八

右出領米一千八百□斛一斗一升　四〇四九

其二百六十四斛二斗嘉禾三年租米　四〇五〇

其一斛五斗黄龍二年貸食黄龍元年税米　四〇五一

【注】簡四〇五一至四一〇三出土時原爲一坨，揭剥順序參見《揭剥位置示意圖》圖七。

其六斛嘉禾三年貸食嘉禾二年私學限米　四〇五二

一百斛州佃吏董基蔡雅嘉禾二年限米五斛監池司馬鄧邵嘉禾　四〇五三

其七十二斛嘉禾三年郵卒限米　四〇五四

其廿七斛嘉禾三年習射限米　四〇五五

入都鄉元年蒭錢五千七百　中　四〇五六

其二斛四斗嘉禾二年貸食黄龍三年吏帥客限米　四〇五七

其一千八百七十斛四斗四升嘉禾二年吏帥客限米　四〇五八

其九斛八斗五升嘉禾二年貸食黄龍元年……　四〇五九

定領米八十七斛七斗五升二合四勺　四〇六〇

其卌斛嘉禾二年賊帥限米　四〇六一

出用　無　☐　四〇六二

入廣成鄉元年口筭錢六千二百　中　四〇六三

其七百九十七斛四斗六升七合九勺八撮襍擿米　四〇六四

其四斛七斗嘉禾三年民還所貸吏區稠鹽賈米　四〇六五

其二斛嘉禾二年私學限米　四〇六六

☐……斛米一萬六百廿六斛九斗……　四〇六七

其九斛八斗黄龍元年貸食黄武五年税米　四〇六八

☐嘉禾二年貸食黄龍二年私學限米　四〇六九

右新入蒭錢一千三百　四〇七〇

【注】「右」上原有墨筆點記。

入嘉禾三年民還所貸吏區稠鹽賈米四斛七斗　四〇七一

其十二斛二斗黄龍三年貸黄龍二年吏帥客限米　四〇七二

其十二斛嘉禾二年貸食黄龍元年私學限米　四〇七三

其一斛嘉禾元年佃吏限米　四〇七四

……嘉禾二年貸黄龍元年吏帥客限米　四〇七五

入都鄉元年財用錢五萬四千　四〇七六

斛數多少嘉禾□年□月十二日付……　四〇七七

其一百六十二斛四斗七升嘉禾二年貸食嘉禾元年私學限米　四〇七八

六斗六升被督軍糧都尉嘉禾三年正月廿三日戊申書給大常劉陽侯所領　四〇七九

☐　其十斛□斗□升黄龍三年私學限米　四〇八〇

其卅六斛二斗嘉禾二年池賈限米　四〇八一

其一萬四千六百□十七錢……年財用錢　四〇八二

入小武陵鄉元年口筭錢三百　四〇八三

入都鄉元年財用錢三萬四百五十　四〇八四

☐　其廿斛七斗九升嘉禾二年僮客限米　☐　四〇八五

其八斛七斗一升會吏☐　四〇八六

入西鄉二年財用錢五千　☐　四〇八七

入東鄉元年財用錢五千八百五十五錢　☐　四〇八八

☐廿斛黄龍三年吏帥客限米　☐　四〇八九

入桑鄉元年蒭錢□千□百卌　☐　四〇九〇

其一百廿一斛一斗五升嘉禾二年貸食黄龍三年税米　四〇九一

右新入襍錢卅九萬四千二百七十三錢　☐　四〇九二

☐百五十一斛八斗九升七合嘉禾元年租米　四〇九三

☐　三月廿日倉吏黄諱潘慮白　四〇九四

其六斛黄龍三年貸食嘉禾元年士租米　四〇九五

☐出嘉禾元年叛士限米一百六十□斛九升嘉禾三年七月九日付監運吏潘喜喜以其年　四〇九六

出嘉禾元年私學限米七十斛八升嘉禾三年七月廿九日付監運吏潘
喜喜以　四〇九七

入西鄉元年口筭錢六百九十　⧄　四〇九八

其六斛三斗五升黄龍二年叛士限米　⧄　四〇九九

⧄其三斛四斗黄龍三年郵卒限米　四一〇〇

入西鄉嘉禾二年税米一斛胄畢⨯嘉禾二年十一月十七日復皐丘胡　四一〇一

同關坠閣董基付三州倉吏鄭⧄　四一〇二

入小武陵鄉嘉禾二年税米十三斛三斗胄畢⨯嘉禾二年十一月廿七

日祭丘衛葵關坠閣董基付三州倉⧄　四一〇三

⧄　其五斛郡屯田掾利焉黄龍元年餘力税米　四一〇四

其五斛民還二年所貸吏歐光備黄龍元年私學限米　四一〇五

【注】簡四一〇四至四一二八出土時原爲一坨，揭剥順序參見《揭剥位置示意圖》圖八。

其五十八斛五斗二升嘉禾□年私學限米　四一〇六

⧄□□月餘米訖十二月卅日旦簿領襍米四萬九千四百……

斗一升已出四萬七千七十六斛七斗八升運詣集所給計主吏□稾　四一〇七

其一百八十五斛一升嘉禾二年租米　四一〇八

其十斛吏帥客嘉禾二年限米　四一〇九

其四百廿三斛一斗□升嘉禾五年粢租米　四一一〇

⧄平斛米三壬八百七十一斛二升縣正領　四一一一

⧄　其三斛四斗黄龍三年郵卒限米　四一一二

⧄　其六斛守倉曹郎盖儀還嘉禾二年限米　四一一三

其卅五斛故吏番觀備黄武六年蒭錢准米　四一一四

⧄　其八十斛五斗嘉禾二年司馬黄升限米　四一一五

其十四斛司馬黄升黄龍三年限米　四一一六

⧄　其三百六十斛九斗五升嘉禾元年限米　四一一七

其五斛三斗黄龍三年限米⧄　四一一八

其卅六斛二斗嘉禾二年池賈限米　四一一九

⧄　右襍米二千八十五斛四斗八升別領　四一二〇

⧄　大常劉陽侯昭武都尉曹恪運詣集所嘉禾三年二月二日付吏　四一二一

案杝師王斗等⧄　四一二二

其五十一斛七斗佃卒嘉禾二年限米　四一二三

⧄　其□斛四斗民還二年所貸黄龍三年新吏限米　四一二四

⧄　其□百廿九斛一斗郡縣佃吏嘉禾二年限米　四一二五

其六斛司馬黄升黄龍元年限米　四一二六

⧄其七十七斛七斗一升新還民嘉禾二年限米　四一二七

⧄　鄧主等卅三人嘉禾三年三月直人七斗其年二月廿四日付女

帥鄧主　四一二八

出用　無　四一二九

……潘慮所領嘉禾二年……吴平斛米三斛七斗七升爲稾斛米三

斛九斗三升……　四一三〇

【注】簡四一二九至四二一四出土時原爲一坨，揭剥順序參見《揭剥位置示意圖》圖九。

⧄　其九十九斛八斗佃帥嘉禾二年限米　四一三一

其五百五十三斛六斗二升嘉禾二年佃吏限米　四一三二

其二斛嘉禾元年步侯還民限米　四一三三

集凡承餘新入襍吴平斛米三萬二千一百廿六斛四斗一升二合二勺

一撮　四一三四

其四斛嘉禾二年貸食黄龍二年私學限米　四一三五

其九斛黄龍三年貸食黄龍元年叛士限米　四一三六

其六斛黄龍元年吏張復田米　四一三七

入嘉禾二年租米十七斛　四一三八

其十五斛四斗七升黄龍二年粢租米　四一三九

其九斛三斗五升嘉禾二年貸食嘉禾元年郵卒限米　四一四〇

其三百六十二斛六合嘉禾二年粢租米　四一四一

其三百一十四斛七斗嘉禾二年佃卒限米　⧄　四一四二

其三斛三斗八升黄龍三年郵卒限米　四一四三

入嘉禾元年税米一百五十二斛六升　四一四三
其二斛黄龍三年貸食黄龍元年叛士限米　四一四四
入嘉禾二年税米一百七十五斛四斗五升　四一四五
其二百九十三斛三斗六升三合□勺五撮褋擿米　四一四六
其十七斛黄龍元年新吏限米　四一四七
其十二斛五斗黄龍三年貸食黄龍二年吏帥客限米☑　四一四八
其二百八十一斛九斗二升七合嘉禾二年火種租米　四一四九
其卅六斛二斗嘉禾二年池賈限米　四一五〇
其六十斛嘉禾二年郵贏庠士限米　四一五一
其二千七百五十九斛四斗三升嘉禾二年□□褋僦米　四一五二
其一千七百五十一斛四斗六合嘉禾二年租米　四一五三
其六十斛嘉禾二年州佃吏限米　四一五四
其二斛嘉禾二年步侯還民限米　四一五五
其廿七斛六斗黄龍二年租米　四一五六
其七斛二斗黄龍二年私學限米　四一五七
其卅二斛五斗五升嘉禾元年貸食黄龍元年吏帥客限米　四一五八
☑　其卅二斛五斗五升嘉禾元年貸食黄龍元年吏帥客限米　四一五九
其三斛四斗嘉禾二年貸食黄龍三年吏帥客限米　四一六〇
其二斛嘉禾二年步侯還民限米　四一六一
其卅八斛四斗八升黄龍三年吏帥客☑　四一六二
其二斛五斗嘉禾二年貸食黄龍三年新吏限米　四一六三
其六斛二斗嘉禾二年貸食黄龍二年租米　四一六四
其四斛嘉禾二年貸食黄龍二年私學限米　四一六五
☑帥客限吴平斛米六百卌七斛九斗二升准稟斛米六百七十七斛被
督軍糧　四一六六
其七斛二升黄龍二年私學限米　四一六七
其五十斛嘉禾二年衛士限米　四一六八
入嘉禾二年吏帥客限米一百一十四斛六斗　四一六九

其一百□斛四斗五升嘉禾元年限米　四一七〇
☑十四斛九斗三升嘉禾三年七月九日付監運吏潘喜喜　四一七一
☑關坠閣李嵩付倉吏黃諱潘慮　四一七二
其六斛三斗五升黄龍二年叛士限米　四一七三
其三百一十四斛七斗嘉禾二年佃卒限米　四一七四
其一百卅一斛五斗五升嘉禾元年新吏限米　四一七五
其三斛四斗嘉禾二年貸食黄龍三年吏帥客限米　四一七六
其卌三斛四斗三升五合黄龍三年税米　四一七七
其卅斛四斗八升黄龍三年吏帥客限米　四一七八
☑　其十二斛五斗黄龍三年貸食黄龍二年吏帥客限米　四一七九
出嘉禾二年税米七百九十□斛六斗八升嘉禾三年七月廿一日廿二
日付監運吏潘喜船師　四一八〇
其一萬二千八百五十二斛八斗二合四勺嘉禾二年税米　四一八一
其二斛嘉禾二年貸食黄武六年蒭錢米　四一八二
其一百廿斛四斗八升嘉禾元年私學限米　四一八三
其六斛□斗□升嘉禾□年私學限米　四一八四
☑　坠閣李嵩付倉吏黃諱潘慮　☑　四一八五
☑　其九斛九斗黄龍二年粢租米　☑　四一八六
其六十斛嘉禾二年郵贏庠士限米　四一八七
其一壬卅斛八斗嘉禾二年佃帥限米　四一八八
其六十斛嘉禾二年州佃吏限米　四一八九
其卅斛嘉禾二年習射限米　四一九〇
其十一斛九斗嘉禾二年貸食黄龍三年私學限米　四一九一
其七斛二升黄龍二年私學限米　四一九二
其三百一十四斛七斗嘉禾二年佃卒限米　四一九三
其六斛二斗嘉禾二年貸食黄龍元年租米　四一九四
其十七斛六斗黄龍二年税米　四一九五
其二百八十八斛九斗二升七合嘉禾二年火種租米　四一九六

其一百廿一斛一斗五升嘉禾二年貸食黄龍三年税米　四一九七

其三百一十四斛七斗嘉禾二年佃卒限米　四一九八

其一千六百五十六斛二斗嘉禾二年私學限米　四一九九

其四斛五斗嘉禾二年貸食黄龍三年新吏限米　四二〇〇

右模鄉入税米田斛三斗　☑　四二〇一

右□鄉入税米廿一斛一斗二升一合六勺　四二〇二

其廿二斛八斗嘉禾二年屯田民限米　四二〇三

其二斛嘉禾元年歩侯還民限米　四二〇四

其五斛五斗嘉禾二年貸食黄龍元年蒭錢限米　四二〇五

其一斛二斗嘉禾二年貸食黄龍二年租米　四二〇六

□以其月廿八日廿九日關邸閣李嵩付……☑　四二〇七

其卌二斛五斗二升……☑　四二〇八

其五十三斛四斗五升嘉禾元年佃吏限米　四二〇九

其四斛嘉禾二年貸食嘉禾元☑　四二一〇

其三斛四斗嘉禾二年貸食黄龍三年吏帥客限米　四二一一

其□斛八斗黄龍三年貸食黄武五年税米　四二一二

☑□□嘉禾二年七月九日付監運吏潘喜喜以其月十五　四二一三

嘉禾三年五月十一日甲午書給大常劉陽侯所領留屯及從被督　四二一四

入廣成鄉嘉禾二年税米五斛七斗胄畢☒嘉禾二年十一月十日寇丘呂賓關邸閣董基付三州倉吏鄭黑受　四二一五

【注】簡四二一五至四二三四出土時原爲一坨，揭剥序順參見《揭剥位置示意圖》圖十。

右小武陵鄉入税米五百卌一斛八斗二升　四二一六

入廣成鄉嘉禾二年税米六斛胄畢☒嘉禾二年十一月廿日頃丘劉打關邸閣董基付三州倉吏☑　四二一七

入西鄉嘉禾二年税米四斛五斗胄畢☒嘉禾二年十一月廿四日温丘文勉關邸閣董基付三州☑　四二一八

入小武陵鄉嘉禾二年税米一斛胄米畢☒嘉禾二年十一月十三日丈丘謝芀關邸閣董基付三州倉吏鄭黑受　四二一九

右入税米二百二斛五斗二升　四二二〇

入小武陵鄉嘉禾二年租米一斛六斗胄畢☒嘉禾二年十一月廿三日待丘胡卿關邸閣董基付三州倉吏鄭黑受　四二二一

入廣成鄉嘉禾二年火種租米二斛胄畢☒嘉禾二年十一月十日彈溲丘潘覲關邸閣董基付三州倉吏鄭黑受　四二二二

☑□□關邸閣董基付三州倉吏鄭黑受　四二二三

入小武陵鄉嘉禾二年税米二斛五斗胄畢☒嘉禾二年十一月二日伻丘文屈關邸閣董基付倉吏鄭黑受　四二二四

入……鄉嘉禾二年☒嘉禾二年十一月□日余元丘烝唐關邸閣董基付三州倉吏鄭黑受　四二二五

入小武陵鄉嘉禾二年税米三斛胄畢☒嘉禾二年十一月十三日淦丘男子苗恂關邸閣董基付倉吏鄭黑受　四二二六

入東鄉嘉禾二年税米六斛胄畢☒嘉禾二年十一月八日番丘董旻關邸閣董基付倉吏鄭☑　四二二七

入西鄉嘉禾二年税米二斛五斗畢☒嘉禾二年十一月廿四日復丘廖莀關邸閣董基付倉吏鄭黑受　四二二八

入廣成鄉嘉禾二年税米二斛六斗就畢☒嘉禾二年十一月廿一日撈丘盧張關邸閣董基付三州倉吏鄭☑　四二二九

右入税米……斛七斗八升　四二三〇

入東鄉嘉禾二年税米五斛一斗胄畢☒嘉禾二年十一月廿一日東田丘鄭張關邸閣董基付三☑　四二三一

入西鄉嘉禾二年税米三斛七斗胄畢☒嘉禾二年十一月十八日上俗丘張□關邸閣董基付三州付三州倉吏鄭黑受　四二三二

入平鄉嘉禾二年租米一斛胄畢☒嘉禾二年十一月十日上和丘縣吏陳通☑　四二三三

入小武陵鄉嘉禾二年税米一斛五斗胄畢☒嘉禾二年十一月十二日石下丘烝就關邸閣董基付三州☑　四二三四

入小武陵鄉嘉禾二年稅米四斛八斗胄畢〓嘉禾二年十一月十二日平支丘吳傳關〼 四二三五

【注】簡四二三五至四二九二出土時原爲一坨，揭剥順序參見《揭剥位置示意圖》圖十一。

入平鄉嘉禾二年租米一斛一斗胄畢〓嘉禾二年十一月二日上和丘縣吏陳通關坒閣董基〼 四二三六

入小武陵鄉嘉禾二年稅米一斛六斗胄畢〓嘉禾二年十二月十二日石下丘鄧前關坒閣董基付三州倉吏鄭黑〼 四二三七

〼二年稅米九斛胄畢〓嘉禾二年十一月……關坒閣董基付…… 四二三八

右西鄉入火田租米三斛七斗一升 〼 四二三九

入廣成鄉嘉禾二年稅米十一斛五斗五升胄畢〓嘉禾二年十一月十日平陽丘陳命關坒閣董基付倉吏〼 四二四〇

〼〓嘉禾二年十一月十八日坪丘張喬關坒閣董基付三州倉吏鄭黑受 四二四一

〼……斛胄畢〓嘉禾二年十一月十六日𨛱丘男子周萇關坒閣董基付三州倉吏鄭黑受 四二四二

入桑鄉嘉禾二年租米二斛一斗胄畢〓嘉禾二年十一月六日何丘郡吏古坡關坒閣董基付倉吏〼 四二四三

入平鄉嘉禾二年租米一斛五斗胄畢〓嘉禾二年十一月十四日杞丘縣吏烝循關坒閣董基付三〼 四二四四

〼二年租米廿斛胄畢〓嘉禾二年十一月十一日桐丘州吏毛尋關坒閣董基付三州倉吏鄭黑受 四二四五

入樂鄉嘉禾二年租米十一斛二斗四升胄畢〓嘉禾二年十一月八日窟丘郡吏毛機（？）關坒閣董基〼 四二四六

入樂鄉嘉禾二年租米四斛胄畢〓嘉禾二年十一月十三日窟丘縣吏毛動關坒閣董基付三州倉吏鄭黑受 四二四七

入廣成鄉嘉禾二年火種租米一斛二斗就畢〓嘉禾二年十一月一日彈溲丘鄧元關坒閣董基付倉吏……〼 四二四八

入小武陵鄉嘉禾二年稅米七斛胄畢〓嘉禾二年十一月一日平支丘烝平關坒〼 四二四九

入小武陵鄉嘉禾二年稅米十五斛五斗胄畢〓嘉禾二年十一月二日坪丘鄭丑關坒閣董基付倉吏鄭黑〼 四二五〇

入西鄉嘉禾二年稅米五斗胄畢〓嘉禾二年十一月廿四日淦丘宗讓關坒閣董基付三州倉吏鄭〼 四二五一

〼□米卌三斛七斗四升 四二五二

〼 右小武陵鄉入民所貸嘉禾元年稅米十九 〼 四二五三

〼 其九斛九斗黃龍二年粢租米 四二五四

〼一百七十四斛一斗四升 四二五五

〼□□□米九百六十五斛三斗九合四勺 四二五六

〼萬三百七十五錢 四二五七

〼 其一百九十一斛一斗四升嘉禾三年皮賈米 四二五八

〼 其八十斛嘉禾二年佃吏限米 四二五九

〼 中 四二六〇

〼□□一千八百八十一錢 四二六一

〼租米□斛二斗五升胄畢〓嘉禾二年十一月十日桓坪丘縣吏潘喜關坒〼 四二六二

入廣成鄉嘉禾二年租米五斛二斗胄畢〓嘉禾二年十一月廿三日租伻丘□〼 四二六三

右小武陵鄉入租米卌六斛四斗 〼 四二六四

其二斛郡屯田掾利焉所貸……〼 四二六五

其二斛郡屯田掾利焉所貸黃龍三〼 四二六六

其□斛五斗郡屯田掾利焉黃龍二年〼 四二六七

其十一斛五斗監池司馬鄧邵嘉禾□〼 四二六八

〼□□□米六斛……胄畢〓嘉禾二年十一月廿一日……〼 四二六九

☒☐☐嘉禾元年税米八斛五斗胄畢☒嘉禾二年十一月十二日侵佃丘
番☐關坠閣董基……　四二七〇

上伻丘州吏鄧鍛關坠閣董☒　四二七一

右承餘新入均租錢四萬三千☐五錢　☒　四二七二

入小武陵鄉三年蒭錢四千　☒　四二七三

入桑鄉元年財用錢一萬七千　☒　四二七四

右承餘新入蒭錢七萬五千一百八十一　☒　四二七五

入廣成鄉元年財用錢六千四百　☒　四二七六

☒其六斛嘉禾元年貸食黄龍☐年税米……☒　四二七七

其一斛二斗五升嘉禾☐年……☒　四二七八

☒弟☐年六歲　四二七九

入小武陵鄉嘉禾二年租米三斛三斗胄畢☒嘉禾二年十一月十三日
涂元丘烝謝關坠閣董☒　四二八〇

入廣成鄉嘉禾二年租米五斛胄畢☒嘉禾二年十一月三日復丘潘琬
關坠閣董基☒　四二八一

出紵租具錢二萬四千六百五十爲行錢二萬九千市嘉禾元年布二年
☐月十八日付☒　四二八二

入樂鄉元年蒭錢一千　☒　四二八三

☒　訾　五　十　四二八四

入廣成鄉嘉禾二年税米三斛四斗胄畢☒　四二八五

☒☐☐年☐筭一屯郡司馬　任委父當上年八十五　四二八六

☒其一斛五斗一升嘉禾元年擿白（？）米☒　四二八七

☒母☐年五十七筭一　四二八八

領州合錢六萬三千☒　四二八九

☒……　☐子男童年☐歲　四二九〇

☒☐☐嘉禾三年十二月十日付監運吏潘喜喜以其……☒　四二九一

☒　其三斛五斗郡屯田掾利焉黄龍二年限☒　四二九二

☒斛嘉禾二年池賈錢准入米　四二九三

【注】簡四二九三至四四九六出土時原爲一坨，揭剥順序參見《揭剥位置示意圖》圖十二。

☒　其卌斛三斗五升嘉禾三年租米　四二九四

其六斛六斗黄龍三年貸食黄龍元年士租米　四二九五

其四斛黄龍三年貸食黄龍元年鹽賈米　四二九六

其卅一斛四斗嘉禾三年火種租米　四二九七

其五千八百卌六斛七斗☐升四合六勺嘉禾二年税米　四二九八

其一斛五斗黄龍三年貸食黄龍元年吏帥客限米　四二九九

其一斛嘉禾元年佃吏限米　四三〇〇

其九千八百廿三斛一升嘉禾☐年税米　四三〇一

其三升四合嘉禾元年税米　四三〇二

其六百廿七斛四斗七升嘉禾三年吏帥客限米　四三〇三

其七斛七斗嘉禾二年新吏限米　四三〇四

其廿四斛九斗嘉禾元年貸食黄龍元年吏帥客限米　四三〇五

其二斛七斗嘉禾三年貸食嘉禾二年吏帥客限米　四三〇六

其☐斛八斗黄龍三年貸食黄武五年税米　四三〇七

其一百廿斛五斗七升嘉禾二年貸食嘉禾元年税米　四三〇八

其☐斛☐斗☐升嘉禾☐年貸食　四三〇九

其一斛嘉禾二年貸食黄龍元年……米　四三一〇

其☐☐斛五斗七升嘉禾二年貸食☐☐元年税米　四三一一

其六十一斛九升故吏鄭霖備嘉禾元年☐賈米　四三一二

其三斛四斗嘉禾二年貸食黄龍元年吏帥客限米　四三一三

嵩付倉吏李金受　四三一四

其卌斛嘉禾三年賊帥限米　四三一五

出嘉禾二年貸食黄龍元年吏帥客限米五斛五斗嘉禾四年正月☐日
付監運吏潘喜喜以其月十四日關　四三一六

其卌斛嘉禾三年習射限米　四三一七

其五斛黃龍元年吏逢斐（？）鹽賈米　四三一八
其七百七十一斛九斗九升嘉禾二年限米　四三一九
入嘉禾二年醬賈米六斗五升　四三二〇
邸閣李嵩付倉吏李金受　四三二一
其□斛嘉禾三年貸食嘉禾□年張復田米　四三二二
其□斛八斗嘉禾三年貸食嘉禾二年新吏限米　四三二三
其一百五十二斛六斗三合嘉禾元年稅米　四三二四
其十二斛嘉禾二年貸食黃龍元年私學限米　四三二五
入嘉禾二年皮賈米廿七斛一斗五升　四三二六
其五斛四斗嘉禾二年貸食嘉禾元年吏帥客限米　四三二七
出嘉禾三年稅米二百一十三斛二斗六升嘉禾四年正月廿七日付
……以其年二月七日關邸閣李　四三二八
其卌九斛六斗嘉禾三年衛士限米　四三二九
其五十一斛四斗嘉禾三年尪羸庐士租限米　四三三〇
其一百一十七斛七斗一升四合船師梅朋等建安廿□年折咸米
四三三一
其四斛嘉禾三年習射限米　☒　四三三二
入嘉禾三年粢租米一斛　四三三三
其廿斛二斗三升嘉禾三年貸食嘉禾二年稅米　四三三四
入嘉禾三年皮賈米三……斛二斗八升　四三三五
入嘉禾三年還所貸吏區稠鹽賈米六斛　四三三六
其廿斛七斗九升嘉禾二年僮客限米　四三三七
其一斛黃龍二年員口漬米　四三三八
其卅三斛四斗三升五合黃龍三年稅米　四三三九
其五十一斛四斗嘉禾三年尪羸庐士限米　四三四〇
其……　四三四一
其廿斛嘉禾三年賊帥限米　四三四二
其十斛九斗四升黃龍三年私學限米　四三四三

其卌二斛三斗七升六合嘉禾二年租米　四三四四
其一百一十七斛九斗九升船師梅朋等建安廿六年折減米　四三四五
入嘉禾三年佃卒限米一百六十一斛三斗　☒　四三四六
其卅八斛三斗□升黃龍三年吏帥客限米　四三四七
入□□……吏帥客限米……斛　四三四八
其卌斛嘉禾二年習射限米　四三四九
其卅六斛二斗嘉禾二年池賈限米　四三五〇
其二千六百七十八斛三斗八升一合九勺六撮褋僦米　四三五一
其十一斛嘉禾二年私學限米　四三五二
入嘉禾三年貸食嘉禾二年私學限米六斛　四三五三
其廿斛六斗六升嘉禾□年私學限　四三五四
【注】「限」下脫「米」字。
其五百七十一斛一斗七升嘉禾三年皮賈米　四三五五
其九斛七斗嘉禾元年新吏限米　四三五六
入嘉禾三年私學限米三百七十六斛九斗九升　四三五七
入嘉禾□年□□限米二斛……　四三五八
黃武六年十月簿領租吳平斛米一萬五千廿六斛九斗八升二合九勺
七撮　四三五九
其卌三斛四斗三升五合黃龍三年稅米　四三六〇
其一斛黃龍二年員口漬米　四三六一
入嘉禾二年新吏限米……五……　四三六二
十月卅日倉吏鄭黑白　四三六三
出嘉禾二年貸食嘉禾元年□米……卅四斛嘉禾四正月八日付監運
吏潘喜喜以其月十四日關邸　四三六四
【注】「嘉禾四」下脫「年」字。
三州倉吏鄭黑謹列嘉禾三年二月旦簿　四三六五
十九日關邸閣李嵩付倉吏李金受　四三六六
出嘉禾二年稅吳平斛米一百□□斛一斗七升嘉禾三年十月卅日付

監運吏潘喜喜以其年十一月　四三六七

【注】據陳垣《魏蜀吳朔閏異同表》，嘉禾三年十月朔爲壬子，十一月朔爲辛巳，即其年十月僅有二十九日，本簡記有「卅日」，與陳表不合。

☐……年……　四三六八

其九斛七斗嘉禾元年新吏限米　四三六九

其九斛八斗五升嘉禾二年貸食黃龍三年稅米　四三七〇

其五十四斛七斗三升嘉禾二年佃帥限米　四三七一

其一斛五斗黃龍三年貸食黃龍元年吏帥客限米　四三七二

其一斛五斗黃龍三年貸食黃龍元吏帥客限米　四三七三

【注】「元」下脱「年」字。

其一百卌三斛五斗一升六合六勺一撮襍擿米　四三七四

其三斛五斗嘉禾二年貸食嘉禾元年新吏限米　☐　四三七五

其六斛六斗黃龍三年貸黃龍元年士租米　四三七六

閣李嵩付倉吏李金受　四三七七

其五斛黃龍元年吏逢杲鹽賈米　四三七八

入嘉禾三年佃帥限米……　四三七九

十九日關堅閣李嵩付倉吏李金受　四三八〇

入嘉禾三年佃吏限米廿三斛……　四三八一

其八十斛嘉禾二年佃吏限米　四三八二

入嘉禾三年貸食禾二年……　四三八三

【注】「禾」上應脱「嘉」字。

其卌六斛四斗□升黃龍三年吏□□限米　四三八四

其十斛九斗四升黃龍三年私學限米　四三八五

其卌二斛五斗五升嘉禾元年貸食黃龍元年吏帥客限米　四三八六

入嘉禾三年貸食嘉禾二年稅米十二斛六斗一升　四三八七

其一斛嘉禾元年……　四三八八

其卌三斛四斗三升五合黃龍□年稅米　四三八九

出嘉禾二年貸食黃龍二年私學限米四斛嘉禾四年正月八日監運吏

潘喜喜以其月十四日關　四三九〇

【注】「監運吏」上應脱「付」字。

堅閣李嵩付倉吏李金受　四三九一

【注】本簡與前四三九〇簡應原爲一組，四三九〇簡在前，本簡在後。

其一斛嘉禾三年貸食嘉禾元年新吏限米　四三九二

其九斛八斗黃龍三年貸食黃武五年稅米　四三九三

年十一月十九日關堅閣李嵩付倉吏李金受　☐　四三九四

其三百卌三斛貸食嘉禾元年佃吏限米　中（？）　四三九五

出黃龍三年貸食黃龍元年叛士限吳平斛米二斛嘉禾三年十月卅日

付監運吏潘喜喜以其年十一月　四三九六

【注】據陳垣《魏蜀吳朔閏異同表》，嘉禾三年十月朔爲壬子，十一月朔爲辛巳，即其年十月僅有二十九日，本簡記有「卅日」，與陳表不合。

其二斛黃龍三年貸食黃龍元年叛士限米　四三九七

其卌九斛六斗嘉禾三年圍士☐　四三九八

入嘉禾二年郵卒限米十九斛　☐　四三九九

出嘉禾二年新吏限米一千一百廿四斛一斗嘉禾三年九月廿八日付

吏番喜運集中　四四〇〇

☐　其三百八十斛三升嘉禾二年□□米　四四〇一

其四斛嘉禾二年貸食嘉禾元年火種租☐　四四〇二

【注】本簡原「元年火種租」五字開裂中空，以另簡誤拼，顛倒嵌入，上有「禾元年□□□」六字。

出黃龍三年貸食黃龍二年……吳平斛米二斛五斗嘉禾三年十月卅

日付監運☐　四四〇三

【注】據陳垣《魏蜀吳朔閏異同表》，嘉禾三年十月朔爲壬子，十一月朔爲辛巳，即其年十月僅有二十九日，本簡記有「卅日」，與陳表不合。

入嘉禾二年增租米卌五斛□斗　四四〇四

入嘉禾三年稅米五十九斛二斗五升　四四〇五

入嘉禾三年吏帥客限米一斛五斗　四四〇六

其一百五十二斛四斗八升嘉禾三年粢租米　四四〇七

其八十斛嘉禾二年佃吏限米　四四〇八
入嘉禾三年貸食嘉禾二年吏張復田米五斛　四四〇九
入嘉禾三年新吏限米三百一十四斛五斗　四四一〇
☒其□百一斛黄龍三年叛士限米　四四一一
其五斛五斗黄龍二年貸食黄龍元☒　四四一二
正月卅日倉吏鄭黑白　四四一三
出黄龍三年貸食黄龍二年吏帥客限米十二斛五斗嘉禾四年正月七
日付監運吏潘喜喜以其月十　四四一四
其三斛五斗嘉禾二年貸食嘉禾元年新吏限米　四四一五
其六斛六斗黄龍三年貸食黄龍元年田租米　四四一六
其卅斛嘉禾二年田租米　四四一七
四日關堅閣李嵩付倉吏李金受　四四一八
【注】本簡與前四四一四簡應原爲一組，四四一四簡在前，本簡在後。
入嘉禾三年佃吏限米十五斛　四四一九
其七斛嘉禾三年貸嘉禾二年税米　四四二〇
其五升三合嘉禾□年税米　四四二一
其廿（？）斛九斗民還所貸吏區稠鹽賈米　四四二二
畢悉草及行書合六十七事其卅七事……卅事行……　四四二三
☒右行書　四四二四
君教　丞　如掾期會掾烝若録事掾谷水校
主簿　省　嘉禾三年五月十五日白二年正月所言衆期草剌事　四四二四（一）正
已刺　四四二四（一）背
【注】本簡爲木牘。
其一百一十九斛九斗嘉禾三年叛士限米　四四二五
其□百廿斛五斗□升嘉禾二年貸食嘉禾元年税米　四四二六
其二斛二斗嘉禾二年貸食嘉禾元年吏帥客限米　四四二七
入嘉禾三年習射限米十三斛　四四二八
入嘉禾二年鋘賈米七斛六斗一升　四四二九
☒　其□十一斛四斗故吏貢霖備嘉禾元年肉醬米　四四三〇
其一斛黄龍二年員口漬米　四四三一
其卅六斛二斗嘉禾二年佃（？）□限米　四四三二
其廿三斛六斗六升嘉禾二年鋘賈米　四四三三
其二百廿斛五斗七升嘉禾二年貸食嘉禾元年税米　四四三四
其四斛黄龍三年貸食黄龍元年鹽賈米　四四三五
右民還僦擿米……斛五……　四四三六
集凡承餘新入襍米合三萬八千五百斛二斗□升二合七撮　四四三七
【注】「集」上原有墨筆點記。
其廿斛□斗九升嘉禾二年僮客限米　四四三八
其□斛□□黄龍三年貸食黄武五年税米　四四三九
其一百一十九斛九斗嘉禾二年叛士限米　四四四〇
其八十斛七斗八升嘉禾二年鋘賈米　四四四一
其五十四斛九斗三升嘉禾二年佃帥限米　四四四二
☒　其……黄龍三年吏帥客限米　四四四三
【注】簡中有朱筆塗痕。
其□斛黄龍□年貸食黄龍元年鹽賈米　四四四四
出嘉禾二年貸食黄龍□年租米□斛□斗嘉禾四年六月八日付監運
吏潘喜喜以其月十四日關堅閣　四四四五
其……斛……嘉禾元年貸食黄龍元年吏帥客限米　四四四六
其二斛□斗嘉禾二年貸食嘉禾元吏帥客限米　四四四七
【注】「嘉禾元」下應脱「年」字。
其□斛五斗黄龍二年貸食黄龍元年吏帥客限米　四四四八
其□斛六斗黄龍三年貸食黄龍元年税米　四四四九
其□一斛五斗嘉禾元年貸食黄龍二年吏帥客限米　四四五〇
金曹謹列四年市租錢米已入未畢課（？）第簿　四四五一
君教　丞缺録事掾潘琬校

主簿 省 嘉禾四年十二月十二日白市租錢米無入事 四四五一（一）

【注】本簡爲木牘，背面無字。「君教」上有濃墨押批「若」字。

入三月擿米十七斛二斗二升□合七勺 四四五二

右僦擿米一百八十九斛七斗八升二合七勺 四四五三

其八百一十四斛五斗八升嘉禾三年佃帥限米 四四五四

其卅三斛四斗嘉禾三年僮客限米 四四五五

其一百三斛五斗五升嘉禾三年佃吏限米 四四五六

其三百卅三斛三斗嘉禾三年佃卒限米 四四五七

其一百一斛嘉禾三年郵卒限米 四四五八

入嘉禾三年叛士限米十□斛九斗 四四五九

喜喜以其年十一月十九日關坠閣李嵩付倉吏李金受 四四六〇

其五斛五斗嘉禾二年貸食黄龍元年吏帥客限米 □ 四四六一

其十一斛嘉禾二年私學限米 四四六二

其一百一十七斛九斗九升四合船師梅朋等建安廿六年折減米 四四六三

其十二斛五斗黄龍三年貸食黄龍二年吏帥客限米 四四六四

其二斛嘉禾二年貸食黄武六年蓊錢賈米 四四六五

其三百五十四斛七斗一升嘉禾三年皮賈米 四四六六

其九斛三斗五升嘉禾二年貸食嘉禾元年郵卒限米 四四六七

其……吏□□限米 四四六八

其二百卌斛八斗一升嘉禾二年貸食嘉禾元年租米 四四六九

其九斛三斗三升嘉禾二年貸食嘉禾元年新（？）吏限米 四四七〇

坠閣李嵩付倉吏黄諱番慮受 ☑ 四四七一

其二百七十六斛七斗三升嘉禾二年貸食嘉禾元年吏帥客限米 四四七二

☑禾三年尪羸庄士限米卅九斛三斗 四四七三

其二千七百斛二斗四升嘉禾二年吏帥客限米 四四七四

其九斛七斗嘉禾元年新吏限米 四四七五

其七斛嘉禾二年貸食黄武六年……賈米 四四七六

出黄龍元年新吏限吴平斛米四斛一斗六升嘉禾三年八月

……日付監運吏番喜以其…… 四四七七

其一千六百五十六斛二斗嘉禾二年私學限米 四四七八

其三百七十六斛七斗三升嘉禾☑ 四四七九

其一百一十四斛七斗嘉禾二年郵卒限米 ☑ 四四八〇

廿三日關坠閣李嵩付倉吏黄諱潘慮受 四四八一

其五百六十斛二升嘉禾二年佃吏限米 四四八二

其四斛黄龍三年貸食黄龍元年鹽賈米 四四八三

八月卅日倉吏鄭黑白 四四八四

出嘉禾二年吏帥客限米一千二百卅七斛一斗一升六合准爲稟斛米

一千二百八十八斛 四四八五

其卅二斛五斗五升嘉禾元年貸食黄龍元年吏帥客限米 四四八六

其六斛六斗黄龍三年貸食黄龍二租米 四四八七

【注】「二」下脱「年」字。

其七斛四斗嘉禾三年財用錢准米 四四八八

其七斛九斗九升四合船師梅朋等建安廿六年折減米☑ 四四八九

其十三斛嘉禾三年屯田民限米 四四九〇

出嘉禾元年吏帥客限米□百卅七斛七斗一升嘉禾三年……月……

日付監運吏潘喜喜 四四九一

其十二斛五斗黄龍三年貸食黄龍二年吏帥客限米 四四九二

其二斛嘉禾二年貸食黄武六年蓊錢米 四四九三

簿所入合百廿二萬五千三百六十餘□行錢五十八萬（？） 四四九四

□百六十五萬九千五百卅有入復言君叩頭叩 四四九五

月十五日關坠閣李嵩付倉吏黄諱潘慮受 四四九六

右嘉禾三年簿 四四九七

【注】「右」上原有墨筆點記。簡四四九七至四五四一出土時原爲一坨，揭剥順序

參見《揭剥位置示意圖》圖十三。

自首士黄非年卅六　自首士盧張年卅五　自首士龔廷年卅一　四四九八

自首士區黔　以黄龍三年十月六日被病物故男子文廖證知　四四九九

自首賊帥胡諸年卅七　自首士衛夷年卅五　自首李青年卅九　四五〇〇

右黄龍二年簿　四五〇一

【注】「右」上原有墨筆點記。

自首士衛夷　以黄龍元年十一月十二日叛走男子雷渚證知　四五〇二

自首士董易年卅六　出限米卅斛未入　四五〇三

自首士衛夷年卅七　出限米卅斛未入　四五〇四

自首士唐[杭]　以黄龍元年十一月五日被病物故男子黄春證知　四五〇五

自首士李慙年廿八　出限米卅斛未入　四五〇六

☑□□[畝]二百六步民税田收米八十三斛八斗三升　四五〇七

自首士李梨年卅六　出限米卅斛未入　四五〇八

自首賊帥胡諸年卅[八]　自首士衛夷年卅六　自首士[李][青]年卅　四五〇九

右黄武五年簿　四五一〇

【注】「右」上原有墨筆點記。

自首賊帥胡諸年卅九　出限米卅斛已入畢　四五一一

自首賊帥胡諸年五十　出限米卅斛已入畢　四五一二

☑詭畢□□[使]□[逋]□□□☑　四五一三

自首李青年卅一　出限米卅斛未入　四五一四

【注】「自首」下脱「士」字。

自首士盧張年卅六　出限米卅斛已入畢　四五一五

自首士李梨年卅五　自首士李慙年廿六　自首士鄧將年卅九　四五一六

自首士雷囷年廿八　出限米卅斛　已入廿四斛五斗 未畢十五斛五斗　四五一七

自首董易　以黄龍元年十一月十日被病物故男子陳丹證知　四五一八

【注】「自首」下應脱「士」字。

☑□六斛九斗九升　四五一九

自首士黄非年卅六　出限米卅斛已入畢　四五二〇

右一人給作溏民送詣宫其年不限佃不入限☑　四五二一

【注】「右」上原有墨筆點記。

其卅二斛五斗五升嘉禾元年貸食黄龍元年吏帥客限米　四五二二

入嘉禾三年皮（？）賈米一百六十五斛六斗七升　四五二三

其九斛八斗黄龍三年貸食黄武五年税米　四五二四

其卅八斛四斗八升黄龍三年吏帥客限米　四五二五

☑　其□斛三升三合嘉禾元[年][税][米]　☑　四五二六

入嘉禾二年貸食吏……黄龍三年縣□税米三斛　四五二七

其一百一十七斛九斗九升四合船師梅朋等建安廿六年折減米　四五二八

☑……卅一斛六斗九升　四五二九

☑[租]錢一千八百　四五三〇

其□斛黄龍三年……限米　四五三一

其十二斛六斗嘉禾二年私[學]☑　四五三二

自首士謝物年卅二　☑　四五三三

自首士黄非年卅七　出限米卅斛未入　四五三四

其……斛九升嘉禾二年貸食嘉禾元年税米　四五三五

☑　其卅六斛二斗嘉禾二年佃[吏]限米　四五三六

☑　其九斛七斗嘉禾元年新吏限米　四五三七

☑……[米]（？）　四五三八

☑其一斛六斗嘉禾二年貸食嘉禾元年吏帥客限米　四五三九

[入][嘉]禾二年郵卒限米九十二斛　四五四〇

[其]二斛八斗五升嘉禾元年貸食黄龍三年税米　四五四一

其卅三斛四斗二升五合黄龍三年税米　四五四二

【注】簡四五四二至四六三七出土時原爲一坨，揭剥順序參見《揭剥位置示意圖》圖十四。

入嘉禾□年税米十六斛八斗　四五四三

入嘉禾二年增租米五十一斛□斗　四五四四

其十二斛嘉禾二年貸食黃龍元年私學限米　四五四五

其五斛嘉禾二年貸食黃龍龍元年□米　四五四六

【注】「龍龍」，衍一「龍」字。

出嘉禾二年貸食嘉禾元年租吳平斛米二百卌八斛八斗一升嘉禾三
年十一月卅日付監☑　四五四七

喜以其年十一月十九日關邸閣李嵩付倉吏李金受　四五四八

出嘉禾二年貸食嘉禾元年稅吳平斛米四百六十三斛八斗五升嘉禾
三年十月卅日付監運吏潘喜　四五四九

【注】據陳垣《魏蜀吳朔閏異同表》，嘉禾三年十月朔爲壬子，十一月朔爲辛巳，即其年十月僅有二十九日，本簡記有「卅日」，與陳表不合。又，本簡與前四五四八簡應原爲一組，四五四八簡在後，本簡在前。

其一百九十二斛四斗七升嘉禾二年貸食嘉禾元☑　四五五〇

其六百八十四斛四斗二升嘉禾二年貸食嘉禾元年稅米　四五五一

其十一斛九斗嘉禾二年貸食龍三年吏帥客限米　四五五二

【注】「龍」上脱「黃」字。

其一百九十二斛四斗七升嘉禾二年貸食嘉禾元年私學限米　四五五三

其六百八十四斛四斗二升嘉禾二年貸食嘉禾元年稅米　四五五四

入嘉禾三年吏帥客限米六百卅斛三斗　四五五五

其四斛嘉禾二年貸食黃龍二年私學限米　四五五六

出嘉禾二年貸食黃龍三年稅吳平斛米一百廿三斛六斗五升嘉禾三
年十月卅日付監運吏潘　四五五七

【注】據陳垣《魏蜀吳朔閏異同表》，嘉禾三年十月朔爲壬子，十一月朔爲辛巳，即其年十月僅有二十九日，本簡記有「卅日」，與陳表不合。

其二百七十六斛七斗三升嘉禾二年貸食嘉禾元年吏帥客限米　四五五八

其二斛嘉禾二年貸食黃武六年蒭錢☒　四五五九

其廿四斛嘉禾二年貸食嘉禾元年新吏限米　四五六〇

其廿四斛嘉禾二年貸食嘉禾元年新吏限米　四五六一

喜以其年十一月十九日關邸閣李嵩付倉吏李金受　四五六二

其六斛二斗嘉禾二年貸食黃龍二年租米　四五六三

其十一斛六斗嘉禾二年貸食黃龍三年□□限米　四五六四

中倉□以嘉禾元年十月十一日關邸閣李嵩付倉吏☑　四五六五

其廿四斛嘉禾二年貸食嘉禾元年新吏限米　四五六六

出嘉禾二年私學限米一千六百卌六斛二斗嘉禾三年九月廿日付吏
番喜運集　四五六七

今餘吳平斛米二萬四千六百卌六斛五斗七升八合七勺七撮　四五六八

其二千六百廿斛九斗二合黃龍……　四五六九

中倉喜以其月廿一日關邸閣李嵩付倉吏黃諱潘慮　四五七〇

【注】本簡與前四五六七簡應原爲一組，四五六七簡在前，本簡在後。

出嘉禾二年吏帥客限米一千一百卌七斛一斗八升嘉禾三年九月八
日廿八日付吏番喜　四五七一

定就佃者九十八人收限米三千六百八十四斛八斗　四五七二

其□百六十六斛七斗三升嘉禾二年貸食嘉禾元☑　四五七三

其四斛黃龍三年貸食黃龍鹽賈米　四五七四

【注】第二「黃龍」下應脱「二年」或「元年」二字。

其一百九十二斛四斗七升嘉禾二年貸食嘉禾元年私學限米　四五七五

集凡承餘新入襍米二萬八千七十一斛五斗九升二合二勺七撮　四五七六

出黃龍二年私學限吳平斛米七斛二升嘉禾三年八月一日付監運吏
潘喜喜以其月廿二日　四五七七

其一百廿三斛六斗五升嘉禾二年貸食黃龍三年稅米　四五七八

其一斛九斗嘉禾二年貸食黃龍三年私學限米　四五七九

其一斛五斗黃龍三年貸食黃龍元年吏帥客限米　☑　四五八〇

右八月出襍米三千四百卌五斛一升三合　四五八一

【注】「右」上原有墨筆點記。

其卌二斛五斗五升嘉禾元年貸食黃龍元年吏帥客限米　四五八二

其一百廿一斛一斗五升嘉禾二年貸食黃龍三年稅米　四五八三

其九斛八斗黃龍三年貸食黃武五年稅米　四五八四

大男張阞張文等運集中倉喜（？）等以其月十三日十四日廿一日十月十一日關　四五八五

其三斛四斗嘉禾二年黄龍三年吏帥客限米　四五八六

【注】「嘉禾二年」下疑脱「貸食」二字。

出擿吳平斛米卅三斛二斗九升一升五勺隨本領米集州中倉⍁　四五八七

【注】「一升」疑爲「一合」之誤。「集」上疑脱「運」字。

右□月正□入僦擿米□百廿七斛七斗四升七勺　四五八八

其一萬二千二百八十一斛七斗八升□⍁　四五八九

出嘉禾二年衛士限米五十斛嘉禾三年七月九日付監運吏番喜⍁　四五九〇

其□千六百五十六斛二斗嘉禾□年……⍁　四五九一

其二百廿六斛七斗六合四勺一撮擿米　四五九二

其二百卅斛一斗八升嘉禾二年貸食嘉禾元年⍁　四五九三

其六百八十三斛四斗二升嘉禾二年貸食⍁　四五九四

其十二斛嘉禾二年貸食黄龍元年私學限米　四五九五

出嘉禾二年郡屯田民限米卅□斛六斗嘉禾三年七月廿二日付□⍁　四五九六

以其年八月二日關坒閣李嵩付倉吏黄諱潘慮⍁　四五九七

其一百九十二斛四斗七升嘉禾二年貸食嘉禾元年□□□⍁　四五九八

其三千五百卌四斛九斗二升嘉禾二年吏帥⍁　四五九九

其八百八斛六斗五升六合嘉禾二年租米　中　四六〇〇

其一千一百廿四斛一斗嘉禾二年新吏限米　四六〇一

其一萬五百七斛二斗三升二合四勺嘉禾二年税米　四六〇二

出嘉禾二年粢租吳平斛米□斛九斗嘉禾三年□月十一日付監運吏潘喜喜以其月　四六〇三

其九千九百五十八斛六斗一升二合□□⍁　四六〇四

其四斛黄龍三年貸食黄龍元年鹽賈米　⍁　四六〇五

關坒閣李嵩付倉吏黄諱潘慮　四六〇六

月廿一日關坒閣李嵩付倉吏黄諱潘慮　⍁　四六〇七

其一千六百五十七斛二斗嘉禾二年私學限米　四六〇八

其十二斛五斗黄龍三年貸食黄龍二年吏帥客限米　四六〇九

出黄龍元年新吏限吳平斛米□□斛八斗三升嘉禾三年……⍁　四六一〇

入故吏鄭霖所備嘉禾元年肉醬米十三斛九斗　⍁　四六一一

其三百七十九斛二斗四升四合嘉禾二年吏帥客⍁　四六一二

入嘉禾元年佃吏限米一斛　⍁　四六一三

其一千二百卅二斛一斗嘉禾二年□⍁　四六一四

其三百一十四斛七斗嘉禾二年佃卒限米　四六一五

其十一斛九斗嘉禾二年貸食黄龍三年私學限米　四六一六

⍁　其四斛嘉禾二年貸食嘉禾元年火種租米　四六一七

其四斛嘉禾二年貸食黄龍二年私學限米　四六一八

其六斛六斗嘉禾二年貸食黄龍二年租米　四六一九

其四斛黄龍二年貸食黄龍元年□□米　四六二〇

其五斛五斗黄龍三年貸食黄龍元年吏帥客限米　四六二一

出嘉禾二年郵卒限米□百一十四斛七斗嘉禾三年九月□日付吏番喜運集中倉　四六二二

其五百五十七斛五斗二升嘉禾二年鋘賈米　四六二三

其六斛六斗黄龍三年貸食黄龍元年士租米　四六二四

其二斛黄龍□年貸食黄龍元年叛士限米　四六二五

其十一斛嘉禾二年貸食黄龍元年税米　四六二六

其一斛五斗黄龍三年貸食黄龍元年吏帥客限米　四六二七

喜以其月廿一日關坒閣李嵩付倉吏黄諱番慮　四六二八

其□斛九斗黄龍三年貸食黄龍元年士租米　四六二九

出褋擿吳平斛米廿一斛一斗二升一合六勺隨本領米運集坒閣倉　四六三〇

出嘉禾二年貸食嘉禾元年吏帥客限米一百斛嘉禾三年九月八日付吏番喜運　四六三一

集中倉喜以其月廿一日關壂閣李嵩付倉吏黃諱番慮　四六三二

【注】本簡與前四六三一簡應原爲一組，四六三一簡在前，本簡在後。

其四斛黃龍三年貸食黃龍元年鹽賈米　四六三三

☑　其九斛八斗黃龍三年貸食黃武五年税米　☑　四六三四

其卌二斛五斗五升嘉禾元年貸食黃龍元年吏帥客限米　四六三五

其十五斛四斗嘉禾二年鋘賈米　四六三六

其廿二斛五斗五升嘉禾元年貸食黃龍元年吏帥客限米　四六三七

☑□日關壂閣李嵩付倉吏李金受　☑　四六三八

【注】簡四六三八至四七五二出土時原爲一坨，揭剥順序參見《揭剥位置示意圖》圖十五。

其……斛……衛佃吏限米　四六三九

【注】「衛」下應脱「士」字。

承嘉禾□年□月簿餘……米二萬一千一百六十二斛八斗四升一合三勺七撮　四六四〇

其三斛四斗嘉禾二年貸☑　四六四一

入□月擿米……四斛一斗六升九合九勺　四六四二

其五十四斛九斗三升嘉禾二年佃帥限米　四六四三

其三升三合嘉禾元年税米　四六四四

其十二斛嘉禾二年貸食黃龍元年私學限米　四六四五

未畢六十八斛九斗□□☑　四六四六

□褷僦米……貸食黃武五年……　四六四七

其六十一斛九升故吏鄭霖備嘉禾元年肉醬米　四六四八

右十二月僦擿米一千三百六十五斛八斗六升八合九勺　四六四九

☑　其廿六斛七斗嘉禾三年民還所貸吏區稠鹽賈米　四六五〇

其一斛五斗黃龍三年貸食黃龍元年吏帥客限米　四六五一

☑……斛　四六五二

……斛一斗四升三合五勺隨本領米集中倉　四六五三

【注】「集」上疑脱「運」字。

右出褷僦擿米二百廿二斛八斗二升五勺　四六五四

其二斛七斗嘉禾二年貸食……　四六五五

右八月□□□所（？）備（？）擿米一萬三千七百八十二斛七斗□升□合九勺……　四六五六

其五斛五斗嘉禾二年貸食黃龍元年吏帥客限米　四六五七

……☑　四六五八

其四千七百卌四斛三斗七升六合九勺六撮褷僦米　四六五九

其一百一十七斛九斗九升四合船師梅朋等建廿六年折減米　四六六〇

【注】「建」下應脱「安」字。

其一斛□斗黃龍三年貸食黃龍元年吏帥客限米　四六六一

右入褷米□千二百八十□斛……五□　四六六二

右二月新入褷米九十七斛六斗九升　四六六三

入二月褷僦米八斛七斗六升九合　四六六四

其□百廿二斛九斗五升一合一撮褷擿米　四六六五

右正月出褷米二千四百七斛三斗七升五勺　四六六六

其廿六斛七斗嘉禾三年民還所貸吏區稠鹽賈米　四六六七

其六斛六斗黃龍二年貸食黃龍元年士租米　四六六八

三州倉吏鄭黑謹列嘉禾四年三月旦簿　四六六九

其一斛五斗黃龍二年貸食黃龍元年税米　四六七〇

入二月褷擿米九斗七升六合九勺　四六七一

其卅二斛三斗七升六合嘉禾二年租米　四六七二

其二斛七斗嘉禾二年貸食嘉禾元年吏帥客限米　四六七三

其六斛六斗黃龍三年貸食黃龍元年士租米　四六七四

其十一斛嘉禾三年貸食嘉禾二年吏張復田米　四六七五

二月卅日倉吏鄭黑白　四六七六

☑禾二年税米一千斛嘉禾四年二月八日被□鄧晁別領

□□□□□以其月十一日□□　四六七七

☑□新入褷米三萬六千二百七十一斛二斗七升八合二勺七撮　四六七八

右所領及貸擿米一百八斛四斗三升五合九勺　四六七九

其七斛嘉禾二年貸食嘉禾二年私學限米　四六八〇

其九斛八斗五升嘉禾二年貸食嘉禾元年税米　四六八一

☑禯擿米三萬六千一百六十二斛八斗四升二合三勺七撮　四六八二

☑□斗□升五合九勺　四六八三

其三百卌二斛九斗五升一合二撮　四六八四

其一百卌二斛六斗一升嘉禾二年增租米　四六八五

其一百廿一斛一斗一升嘉禾二年吏帥客限米　四六八六

其七千四百七十二斛二斗二升六合四勺嘉禾二年税米　四六八七

☑　其一斛嘉禾三年貸食嘉禾元年新吏限米　四六八八

其四千七百卌四斛三斗七升六合九勺六撮禯僦米　四六八九

……升佃……☑　四六九〇

☑吏鄭黑謹列嘉禾四年三月旦簿　四六九一

入民還貸食吏區稠鹽賈米四斛　四六九二

其一斛五斗黄龍三年貸食黄龍元年吏帥客限米　四六九三

其六斛六斗黄龍三年貸食黄龍元年士租米　四六九四

十……關堅閣李嵩付倉吏李金受　四六九五

其十□斛六斗嘉禾二年私學限米　四六九六

其八十斛嘉禾二年佃吏限米　四六九七

其四斛黄龍三年貸食黄龍元年鹽賈米　四六九八

承嘉禾四年二月簿領餘旲斛米三萬……斛一斗八升六合二勺七撮　四六九九

出嘉禾三年税米一……嘉禾□年……月卅日付船師胡主陳主□　四七〇〇

□□□以其年廿一日廿二日廿三日關堅閣李嵩付倉吏李金受　四七〇一

其一斛五斗嘉禾二年私學限米　四七〇二

其卅二斛三斗七升六合嘉禾二年吏帥客限米　四七〇三

右三月新入……百……　四七〇四

其四千四百卌八斛九斗一升三合嘉禾□年禯僦米　四七〇五

入……米五斛……一……　四七〇六

入三月禯僦米廿四斛□斗……　四七〇七

其二百九十七斛八斗□升七合□勺一撮禯擿米　四七〇八

其一百廿□斛□斗□升嘉禾二年增租米　四七〇九

☑……新入禯米二萬八千五百五十斛□斗九升一合二勺二撮　四七一〇

其三斛五斗嘉禾二年貸食嘉禾元年新吏限米　四七一一

其十斛九斗四升黄龍二年私學限米　四七一二

☑……士□米　四七一三

入嘉禾二年□米五十一斛五升　四七一四

☑限米……　四七一五

入嘉禾二年屯田民限米十二斛二斗　四七一六

其四斛黄龍三年貸食黄龍□年鹽賈米　四七一七

其卅六斛四斗八升黄龍二年佃帥限☑　四七一八

其一斛八斗嘉禾三年貸食嘉禾二年新吏限米　四七一九

其卅四斛九斗民還所貸吏區稠鹽賈米　四七二〇

其二斛嘉禾三年鋘賈米　四七二一

其二百廿斛五斗七升嘉禾二年貸食嘉禾元年税米　四七二二

其十一斛七斗嘉禾三年貸食嘉禾二年……兒限米☑　四七二三

其廿五斛二斗嘉禾三年屯田民限米　四七二四

☑米二斛四斗　四七二五

☑……三年私學限米六斗　四七二六

☑　其六百八十三斛二斗二升嘉禾三年皮賈米　四七二七

入嘉禾三年吏帥客限米卅一斛五斗三升　四七二八

其一斛黄龍二年員口漬米　四七二九

其卅八斛八斗八升五合黄龍三年税米　四七三〇

其廿斛二斗三升嘉禾三年貸食嘉禾二年税米　四七三一

其十二斛嘉禾三年貸食黄龍元年私學限米　四七三二

承九月簿餘三年蒭錢一千一百卌 四七三三

三千二百二年鄉市租錢 四七三四

其□斛嘉禾元年佃吏限米 四七三五

其七斛七斗嘉禾元年新吏限米 四七三六

⧄ 其七斛四斗嘉禾三年財用錢准入米 四七三七

其一斛五斗黄龍二年貸食黄龍元年税米⧄ 四七三八

其九斛□斗嘉禾元年吏區稠鹽賈米 四七三九

出用 無 四七四〇

承閏月簿餘元年鄉市租錢四千八百 四七四一

入小武陵鄉嘉禾二年財用錢一千 中 四七四二

九千三百元年紵租錢 四七四三

四千八百元年鄉市租錢 四七四四

右承餘市租錢四千八百 四七四五

出用 無 四七四六

今餘錢十一萬六千□百六錢⧄ 四七四七

【注】「今」上原有墨筆點記。

□具錢卌□萬一千三百卌⧄ 四七四八

【注】前□上原有墨筆點記。

出用 無⧄ 四七四九

三州倉吏谷漢所送蒭（？）錢二萬二千三百 ⧄ 四七五〇

□行□□錢三萬一百□□行錢□⧄ 四七五一

⧄錢□□萬□千三百卌九錢 ⧄ 四七五二

右逋四年市租錢九十萬六千一百米二百卌斛 ⧄ 四七五三

【注】「右」上原有墨筆點記。簡四七五三至四七八五出土時原爲一坨，揭剥順序參見《揭剥位置示意圖》圖十六。

逋四年復民租錢八千 四七五四

百八十斛料計見簿已（？）入錢卌五萬二千□百米二百斛餘 四七五五

⧄□地僦錢十□萬…… 四七五六

已入二千七百廿斛四斗二升⧄ 四七五七

□萬五百一十四斛八斗九升五合⧄ 四七五八

⧄…… 四七五九

【注】本簡無字，僅存殘墨，應係另簡所印。

未畢九十六萬八千六百米二百…… 四七六〇

【注】「九十六萬八千六百」上似脱「錢」字。

⧄民二年租錢二萬四…… 四七六一

已入二百卌一斛□斗五升 ⧄ 四七六二

都中二鄉領種粻三千八百五十五斛一□⧄ 四七六三

⧄……萬□千一百 ⧄ 四七六四

⧄ 已入八萬六千七百 四七六五

未畢九十六萬八千六百米二百八十斛前後□所貸故市吏潘喜受 四七六六

【注】「九十六萬八千六百」上似脱「錢」字。

錢卌五萬三千一百米二百斛 四七六七

⧄六升 四七六八

自首盧張年卌七 出限米卌斛已入畢 四七六九

【注】「自首」下應脱「士」字。

其三百七十五斛七斗二升……⧄ 四七七〇

⧄未畢二百廿二斛五斗六升 ⧄ 四七七一

⧄□鄉中鄉貸種粻及息米合五⧄ 四七七二

已入五千三百五十斛九斗四升 ⧄ 四七七三

【注】「三百」下原寫「卌畝二」，後被塗抹，右補「五十」二小字更正。

其三千七百廿五斛五斗四升⧄ 四七七四

【注】「三千」下原寫「八百」，後被塗抹，右補「七百廿」三小字更正。

⧄…… 四七七五

【注】本簡無字，僅存殘墨，應係另簡所印。

⧄……百□斛……付倉吏…… 四七七六

⧄□十五萬一千二百米二百二斛 四七七七

⧄　已入錢卌三萬八千九百米二百斛　四七七八

錢七十五萬一千六百……有入復言君叩頭叩頭死罪死罪　四七七九

府前言部吏郭宋區光殷連等收責三年財用餘逋　四七八〇

府前言部吏郭宋區光等收責三年逋錢　四七八一

⧄……給民種粻　四七八二

⧄　訾　五　十⧄　四七八三

廿一日……付倉吏黄諱潘慮⧄　四七八四

⧄頃六十九畝一百廿二步　四七八五

⧄　妻大女汝年卌九筭一　□從弟遠年九歲　四七八六

【注】簡四七八六至四八三〇出土時原爲一坨，揭剥順序參見《揭剥位置示意圖》圖十七。

⧄　其卅一斛州吏鄭䞡⧄　四七八七

⧄……筭二事　四七八八

⧄……筭二事　四七八九

⧄……妻大女思年廿八筭一　柔母大女兒年六十三　四七九〇

⧄……妻大女妾年廿七筭一　四七九一

⧄……訾　五　十　四七九二

⧄……刑佐手　訾　五　十　四七九三

⧄　孫子男頭年卅筭一　妾父郎年六十一踵兩足　四七九四

⧄　姪子杭年八歲　杭男弟客年六歲　四七九五

⧄　筭四事二　四七九六

⧄　筭一事　四七九七

⧄……腹心病　訾　五　十　四七九八

⧄……吏　訾　一　百　四七九九甲

⧄……兒姪子男□年六歲　四七九九乙

⧄　發（？）男弟針年五歲　姪子男勝年九歲　四八〇〇

⧄筭一　訾　五　十　四八〇一

⧄□年廿一筭一踵兩足　子男□年五歲　四八〇二甲

⧄□女弟□年……　□□□年□二　四八〇二乙

⧄□姪子男鼠年七歲　四八〇三

⧄□年六歲　□姪子□年七歲　四八〇四

⧄　筭二事一　四八〇五

⧄奇年廿五筭一　□從父趙年七十一　四八〇六

⧄……筭二事……⧄　四八〇七

⧄妻大女罷年六十三　子男萬年三歲　四八〇八

⧄　筭三事二　四八〇九

⧄滿男弟早年五歲　外姪子男難年七歲　四八一〇

⧄　妻大女始年卅二筭一　子男浦年九歲　四八一一

⧄逢外姪張録年廿二佳兩足　録妻大女思年廿佳兩足　四八一二

⧄刑兩足　□……　四八一三

⧄□二筭一　訾　五　十　四八一四

⧄　筭一　訾　五　十　四八一五

⧄　筭三事　四八一六

⧄妻汝年卅六筭一　子女汝年十二⧄　四八一七

⧄妻大女息年卅九筭一　妻男弟蓮年十一　四八一八

⧄□姪子男朋年六歲盲左目刑兩足朋男弟頭年四歲　四八一九

⧄　訾　五　十　四八二〇

⧄□大女妾年廿一筭一　文男弟皆（？）年廿五　四八二一

⧄　筭二事一　四八二二

⧄□男弟生年八歲　四八二三

⧄　訾　五　十　四八二四

⧄　訾　五　十　四八二五

⧄……白（？）　四八二六

⧄妻大女汝年卅六筭一　子男移年九歲　四八二七

⧄……筭一腹心病　訾　一　百　四八二八

⧄　筭四事　四八二九

☒　䇲三事　四八三〇

自首士□□年卅四　自首謝囊年卅一　☒　四八三一

【注】後「自首」下應脱「士」字。簡四八三一至五〇二九出土時原爲一坨，揭剥順序參見《揭剥位置示意圖》圖十八。

其□斛八升二合嘉禾六年新吏☒　四八三二

☒蒭錢七萬一千六百五十八錢　四八三三

其三人被病物故前已列言其年不得佃不入限米　四八三四

凡縣黄龍二年領自首士廿人　四八三五

☒　右承餘新入蒭錢七萬一千六百五十八錢　四八三六

☒筭二事☒　四八三七

☒子男長年七歲口（？）唇（？）病　長男弟板年三歲　四八三八

自首賊帥閻諸（？）年五十五　自首士胡建年卅七　自首士盧張年☒　四八三九

其一萬三千一十八斛二斗五升六合四勺嘉禾二年税米　四八四〇

其□□斛五斗一升□勺隨本領米集坐閣倉　四八四一

【注】「集」上疑脱「運」字。

其一百廿二斛二斗五升嘉禾元年郵卒限米　四八四二

其五斛嘉禾二年叛士限米　四八四三

其十八斛一斗三升黄龍三年新吏限米　四八四四

主庫吏殷連謹列十月旦承餘新入襍錢☒　四八四五

☒五月簿餘吴平斛米三萬一千四百七十五斛□斗六升四合一勺一撮　四八四六

其三百六十二斛六合嘉禾二年粢租米　四八四七

其九斛四斗黄龍三年貸食黄武五年税米　四八四八

☒□　訾　五　十　四八四九

其五斛黄龍元年貸食黄武七年□□米☒　四八五〇

☒……嘉禾三年貸食嘉禾二年新吏限米　四八五一

右六月旦領及貸擿米□□六百五十一斛二斗四升八合……　四八五二

右承餘襍米七斛五斗三升八合一勺　四八五三

其二斛五斗黄龍二年貸食黄龍元年……　四八五四

右承餘復民租錢三千五百☒　四八五五

其四斗二升黄龍元年佃卒限米　四八五六

入嘉禾三年粢租米十五斛一斗四升　四八五七

其八斛二斗七升黄龍元年私學限米　四八五八

☒筭一　盲右目　訾　五　十　四八五九

其三百七十七斛八斗四升四合……☒　四八六〇

其十二斛嘉禾二年貸食黄龍元年私學限米　四八六一

其一百六十二斛四斗七升嘉禾二貸食嘉禾元年私學限米　四八六二

【注】「嘉禾二」下應脱「年」字。

其五斛五斗嘉禾二年貸食黄龍元年吏帥客限米　四八六三

其一百五十二斛四斗八升嘉禾三年屯租米　四八六四

其一百五十二斛六升三合嘉禾元年税米　四八六五

其十四斛七斗嘉禾三年叛士限米☒　四八六六

其一百卌八斛三斗五升黄龍元年吏帥客限米　四八六七

其九斛九斗嘉禾元年新吏限米　四八六八

入嘉禾三年粢租米七十一斛七斗　四八六九

其一百五十二斛六升三合嘉禾元年税米　四八七〇

其三百一十七斛八斗四升四合嘉禾二年吏帥客限米　☒　四八七一

其廿四斛嘉禾二年貸食嘉禾元年新吏限米　四八七二

其四百八十斛二升嘉禾二年佃吏限米　四八七三

其三百六十二斛六合嘉禾二年粢租米　四八七四

☒　其一百一斛嘉禾三年叛士限米　四八七五

其□斛嘉禾二年習射限米　四八七六

右九月新入襍米四百廿二斛九斗一升　四八七七

☒嘉禾二年税米一斛　四八七八

出用　無☒　四八七九

其三百廿一斛五斗嘉禾三年僮☒　四八八〇

其廿斛七斗九升嘉禾二年僮客限米☒　四八八一

☒□月旦領及新入擿米九千七百卌斛八斗四升九合四勺　四八八二

嵩付倉吏黄諱潘慮受　四八八三

其一百一十七斛九斗九升四合船師拇朋等建安廿六年折減米　四八八四

☒□賈米□百八十一斛六斗　四八八五

☒　其八斛六斗七升黄龍元年僮客限米　四八八六

出行錢一千六百廿二錢與裸錢合四萬給常從都尉劉□☒　四八八七

【注】「劉」下□左半殘缺，右半從「月」。

右領及收除數錢八萬　四八八八

其二千六百九十九斛☒　四八八九

其十七斛黄龍元年新吏限米　四八九〇

☒……　四八九一

【注】本簡無字，僅存殘墨，應係另簡所印。

☒　塈閣張儁付庫吏江蓋李從　四八九二

☒　其十四斛五斗嘉禾三年僮客限米　四八九三

其五斛五斗嘉禾二年貸食黄龍元年吏帥客限米　四八九四

右領錢一萬六千六百六十三錢　四八九五

出行錢廿六萬七千五百六錢嘉禾四年六月廿八日七月三日付吏陳
通市布　四八九六

☒斛九斗二升雇大男□……□□領二百六十斛僦直□　四八九七

其卌六斛二斗嘉禾二年池少限米　四八九八

其十二斛嘉禾二年貸食黄龍元年私學限米　四八九九

三斛四人人一……斛五人人月一斛五斗其月□□人從在武昌吏士
及妻　四九〇〇

其卅三斛四斗三升五合黄龍三年税米　四九〇一

其卅八斛四斗八升黄龍三年吏帥客限米　四九〇二

次四月五人人月五升十五人人月五升□□人人月四斗□□　四九〇三

出黄龍元年佃卒限米四斗二升嘉禾三年七月九日付監運吏潘喜喜
以其月　四九〇四

領故吏鄧慎臧行錢一萬六千六百六十三錢　四九〇五

今餘錢　無　四九〇六

☒……　四九〇七

其□斛嘉禾二年貸食嘉禾元年□□限米☒　四九〇八

昌吏士及妻二百一十八人起其年四月訖五月其八十六人留屯吏
士其廿一　四九〇九

其十二斛嘉禾二年貸食嘉禾元年私學限米　四九一〇

入黄武三年吏帥客限米□八斛☒　四九一一

入嘉禾二年税米六十一斛五斗　四九一二

入嘉禾二年佃吏限米三斛九斗　四九一三

十五日關塈閣李嵩付倉吏黄諱潘慮受　四九一四

入行錢二萬三千□百卅錢　嘉禾……　四九一五

其一百卌一斛一斗五升嘉禾元年新吏限米　四九一六

領作部空耗行錢十二萬二千一百五十　四九一七

其六斛二斛嘉禾二年貸食黄龍二年租米　四九一八

【注】第二「斛」應爲「斗」之誤。

其一斛黄龍二年員口漬米　四九一九

其二百九十二斛八斗三升三合嘉禾元年税米　四九二〇

右裸錢卅二萬二千☒　四九二一

其十五斛三斗七升黄龍二年粢租米　四九二二

其九升嘉禾元年叛士限米　四九二三

出嘉禾二年厓贏民限米六十斛嘉禾三年七月九日付監運吏潘喜喜
以其月　四九二四

【注】本簡與前四九一四簡應原爲一組，四九一四簡在後，本簡在前。

其卌四斛五斗一升黃武五年稅米　四九二五

領三年市具錢一百一十七萬二千九百廿⧄　四九二六

今餘錢　無　四九二七

右出錢二萬☐千☐百卌六錢　四九二八

其一萬五千七百八十三斛五斗嘉禾☐稅米　四九二九

出黃龍二年稅吴平斛米十七斛六斗嘉禾三年八月十日付監運史潘　四九三〇

喜喜以其月廿三日關堅閣李

【注】本簡與前四八八三簡應原爲一組，四八八三簡在後，本簡在前。

其四千七百九十四斛一斗四升嘉禾二年吏帥客限米　四九三一

其九升嘉禾元年叛士限米　四九三二

其六十斛嘉禾二年州佃吏限米　四九三三

其一千一百廿四斛一斗嘉禾二年新吏限米　四九三四

其卌斛嘉禾二年屯田限米　四九三五

其六十斛嘉禾二年𢈔贏庠士限米⧄　四九三六

領收除數錢二萬☐千六百六十　四九三七

領故吏毛昂臧行錢一萬二千五百　四九三八

今餘錢　無　⧄　四九三九

其卅一斛四斗嘉禾三年火種租米　四九四〇

入嘉禾二年租米一斛三斗　四九四一

入嘉禾二年私學限米十斛　四九四二

其十二斛五斗黃龍三年貸食黃龍二年吏帥客限米　四九四三

其六斛六斗黃龍三年貸食黃龍元年士租米　四九四四

其二斛嘉禾元年步侯還民限米　四九四五

其卌四斛五斗一升黃武五年稅米　四九四六

其卌四斛五斗一升黃武五年稅米　⧄　四九四七

入嘉禾二年佃帥限米廿七斛　四九四八

其五斛五斗嘉禾二年貸食黃龍元年吏帥客限米　四九四九

其六斛二斗嘉禾二年貸食黃龍二年租米　四九五〇

其一斛黃龍二年員口漬米　四九五一

其九斛八斗黃龍三年貸食黃武五年稅米　四九五二

其一百卌斛七斗七升三合嘉禾元年稅米　四九五三

其一百五十四斛一斗五升七合嘉禾元年租米　四九五四

其四斛黃龍三年貸食黃龍元年鹽賈米　四九五五

其二斛嘉禾元年步侯還限米　四九五六

【注】「步侯還」下應脱「民」字。

其一百一十七斛九斗六升四合船師栂朋等建安廿六折減米　四九五七

其一百卅七斛七斗一升嘉禾元年吏帥客限米　四九五八

其一百卅三斛五斗七升嘉禾二年僮客限米　四九五九

其三斛三斗八升黃龍三年郵卒限米　四九六〇

其十七斛黃龍元年新吏限米　四九六一

其十斛九斗四升黃龍三年私學限米　四九六二

其二百卅斛八斗一升嘉禾二年貸食嘉禾元年租米⧄　四九六三

其一百六十斛嘉禾二年叛士限米　四九六四

其一百卌八斛三斗五升黃龍元年吏帥客限米　四九六五

其一百卅七斛七斗一升嘉禾元年稅米⧄　四九六六

其一斛五斗黃龍三年貸食黃龍元年吏帥客限米　四九六七

其六百六十六斛二升嘉禾二年貸食嘉禾元年稅米　四九六八

其六斛黃龍元年吏張復田米　⧄　四九六九

其十五斛三斗七升黃龍二年粢租米　四九七〇

其四千六百八十斛二斗四升嘉禾二年吏帥客限米　四九七一

其一千一百廿四斛一斗嘉禾二年新吏限米　四九七二

其五十斛嘉禾二年衛士限米　四九七三

其卅二斛五斗五升嘉禾元年貸食黃龍元年吏帥客限米　四九七四

入嘉禾元年新吏限米九斛六斗　⧄　四九七五

⧄　其二千七百斛九斗六升六合九勺六撮襍僦米　四九七六

其二百八十七斛四斗九升六合七勺五撮襍僦米　四九七七

凡縣黃龍元年領自首士廿人見得佃出限米人卌斛合八百斛　五〇七七

【注】「凡」上原有墨筆點記。

自首士區黠年六十二　自首士胡健年卌五　自首士董易年卌五　五〇七八

右十一人見得佃出限米人卌斛合四百卌斛已入畢　五〇七九

凡縣黃武六年領自首士賊帥十人其年部吏區光監將爲官限佃收
禾六　五〇八〇

【注】「凡」上原有墨筆點記。

凡縣黃龍三年領自首士十一人　五〇八一

【注】「凡」上原有墨筆點記。

未畢六十八斛九斗五升　☐　五〇八二

☐　二月卅日倉吏鄭黑白　五〇八三

☐其五畝佃卒蔡庫限田收米十斛　五〇八四

☐□斛七斗二升五合　五〇八五

其廿五畝新吏☐　五〇八六

集凡縣起黃武五年訖嘉禾三年領自首☐　五〇八七

【注】「集」上原有墨筆點記。

右八人見得佃出限米人卌斛合三百卌二斛……☐　五〇八八

自首士黃據　以嘉禾二年十月七日被病物故男子張將證知　五〇八九

☐斛八斗八升　五〇九〇

【注】簡五〇九〇至五一一一出土時原爲一坨，揭剥順序參見《揭剥位置示意圖》圖二十。

☐□百□十畝新吏吳昌誦□一人限田收米一百斛　五〇九一

□一百收褋職習射吏卒十一□□□□☐　五〇九二

☐　已入四千　五〇九三

縣三年領所市古麻一千四百一十斤　五〇九四

誠惶誠恐叩頭死罪死罪敢言之　五〇九五

未畢四千　五〇九六

☐槥散四人仍在縣界……☐　五〇九七

文妻父元□年六十四　五〇九八

負者今有入錢七萬二千一百付庫吏潘有與　五〇九九

已入萬六千　五一〇〇

叩頭死罪死罪敢言之　五一〇一

☐右四年領褋租錢合一百卌二萬一千八百米四百八十斛　五一〇二

未畢　☐　五一〇三

九月廿二日辛巳長沙臨湘侯相君丞叩頭死罪敢言之　五一〇四正

【注】九月廿二日爲辛巳，則九月朔爲庚申。據陳垣《魏蜀吴朔閏異同表》，吴簡所見時間内，無九月朔爲庚申者，待考。

長沙臨湘侯相印
月　日　來　待吏白解　五一〇四背

七千四百卌重絞促宋光等詭責負者☐　五一〇五

【注】「宋光等」三字原被塗抹，似爲廢字。

縣領四年酒租錢二萬七千六百　五一〇六

……肉四斤賭膏一斛六斗尖弋牛皮□枚蹄蹓廿二具五千石　五一〇七

丞丁琓疢固還宮　五一〇八

其……羊皮卌枚嘉禾四年正月十日付　郡吏胡趯送詣建業宮　五一〇九

【注】「其」上原有墨筆點記。

其卌（？）萬（？）二千四百一十一錢給縣……　五一一〇

已入一萬一千六百　五一一一

【注】簡五一一二至五一二三八出土時原爲一坨，揭剥順序參見《揭剥位置示意圖》圖二十一。

子男曲年四歲　五一一二

□女弟巡年田　筭一　五一一三

□男弟鍾年三歲　五一一四

妻貸年十九　五一一五

客（？）妻師年卅四　筭一☐　五一一六

黑母妾年六十三　五一一七

其二百卌三斛五斗六升息米　五一一八

其一百卌五斛税米　五一一九

未畢息米三百六十斛五斗六升　五一二〇

其一千五百廿斛五斗二升息米　五一二一

☐　象女弟畏年三歲　五一二二

☐　訾　五　十　五一二三

☐種租米百廿一斛六斗……卌一斛六斗歲□薄　五一二四

子ㄢ蓮年三歲　五一二五

☐年卌九踵右足　五一二六

右□家口食四人筭一　訾　五☐　五一二七

【注】「右」上原有墨筆點記。

☐□□□年卌腹心風疾　五一二八

責米而田曹初不知税米領有張始今覺問而對下辭付曹料白　五一二九

【注】「税」爲右補小字。

□誠惶誠恐　五一三〇

磐女姪行年廿一筭一　五一三一

其廿四斛嘉禾二年貸食嘉禾元☐　五一三二

其三千五百卌四斛九斗二升嘉禾二年吏帥客限米　五一三三

謝男弟平年三歲　五一三四

其一百卌一斛六斗六升嘉禾☐　五一三五

其八百七斛三斗五升六合嘉禾二年租米　五一三六

富貴里户人公乘鄧武年卌八　踵兩手　五一三七

☐　子女頭年六歲　五一三八

子女雙年十歲☐　五一三九

在（？）女弟受年五歲　五一四〇

屬田曹豫復大男□陽不敢更正定列簿付曹當定列☐　五一四一

【注】「田曹」之「曹」原爲右補小字。「復大男□」四字原被塗抹。

其二斛五斗嘉禾二年貸食黄龍三年新吏限米　五一四二

連女弟池年六歲　五一四三

威妻姑年卅一筭一　五一四四

威男姪徐年十歲　五一四五

其二百五十七斛七斗六升四合嘉禾□年僦褋擿米　五一四六

富貴里户人公乘鄧運年□二　筭一　五一四七

□男弟章年六歲　五一四八

☐　右□家口食七人　訾　一　百☐　五一四九

妻行年□二　筭一　五一五〇

屬男弟□年九歲　五一五一

☐九千四百卅　五一五二

其年八月十九日廿日關壂閣李嵩付倉吏黄諱潘慮受　五一五三

連兄胡年十五　筭一　五一五四

學女弟姑年三歲　五一五五

其廿斛四斗八升黄龍三年吏帥客限米　五一五六

關壂閣李嵩付倉吏黄諱潘慮受　五一五七

其一千七十斛一斗嘉禾二年佃客限米　五一五八

其二百一十四斛七斗嘉禾二年佃卒限米　五一五九

其九斛三斗五升嘉禾二年貸食嘉禾元年郵卒限米　五一六〇

其一千一百廿四斛一斗嘉禾二年新吏限米　五一六一

其二斛嘉禾二年貸食黄龍二年蒭錢米　五一六二

其□□斛……限米　五一六三

今餘吴平斛米□□□百卌一斛六斗五升一合□勺七撮　五一六四

入六月褋僦米五十八斛六斗七升一合　五一六五

其一千五十七斛八斗嘉禾二年佃帥限米　五一六六

☐□無復有入者請有豫入畢逋米別正文白請（？）　五一六七

☐未畢八千　五一六八

磐子女赤年一歲　五一六九

其六斛嘉禾二年貸食黄龍□年☐　五一七〇

月二日關壂閣李嵩付倉吏黄諱潘慮☐　五一七一

☒倉吏鄭黑謹列嘉禾三年六月旦簿　四九七八

其一千七百卅四斛四斗六合嘉禾二年租米　四九七九

入嘉禾二年貸食嘉禾元年税米十七斛四斗　四九八〇

其一千六百卌六斛二斗嘉禾二年私學限米　四九八一

其五十三斛四斗五升嘉禾元年佃吏限米　四九八二

其卅六斛二斗嘉禾二年池少旱限米☒　四九八三

其五十四斛九斗三升嘉禾二年佃卒限米☒　四九八四

其三百一十四斛七斗嘉禾二年佃卒限米　四九八五

其廿二斛六斗嘉禾二年屯田民限米　四九八六

其五百五十三斛六斗二升嘉禾☒　四九八七

領嘉禾元年襍錢一萬八千　四九八八

今餘錢　無　☒　四九八九

☒其七斛□斗嘉禾三年貸食嘉禾二年吏帥客限米　四九九〇

□□□□□潘□□□□□税米☒　四九九一

其□斛□斗五升嘉禾□年☒　四九九二

☒今餘錢　無　四九九三

☒　其□斛四斗黄龍二年貸食黄龍元年税米　四九九四

☒□四萬……錢　☒　四九九五

嘉禾四年二月旦簿餘……☒　四九九六

☒烝堂條列已入未畢付授吏姓名爲簿如牒☒　四九九七

言君叩頭死罪案文書縣三年領松子☒　四九九八

☒□具錢一萬八千　四九九九

……送……☒　五〇〇〇

☒十九萬四千三百卌九錢　五〇〇一

其二百七十六斛一斗二升嘉禾□年貸食嘉禾□年□□☒　五〇〇二

其廿三斛六斗六升嘉禾□☒　五〇〇三

其……三升嘉禾三年貸食嘉禾二年□☒　五〇〇四

出行錢七萬四千一百卌七錢爲具錢六萬三千二百八十送詣府嘉禾

□年……月十四日關坠閣□　五〇〇五

領……年租具錢一萬□□　五〇〇六

□具錢卌萬七千九百七十三錢　☒　五〇〇七

今餘錢一萬七千二百七十七錢　☒　五〇〇八

千其年四月廿八日付胡兵曹　☒　五〇〇九

☒右出錢一萬一千一百十五錢　☒　五〇一〇

☒六萬一千五百一十五錢　☒　五〇一一

☒其□斛五斗嘉禾二年新吏限米　五〇一二

☒其一百六十四斛二斗嘉禾二年税米　五〇一三

☒錢十萬□千　☒　五〇一四

☒六百□□斛□斗□升嘉禾□年九月十四日……☒　五〇一五

承九月簿餘二年口筭錢一萬五千一百　☒　五〇一六

其卅六斛嘉禾☒　五〇一七

☒百一十二錢　五〇一八

付庫吏江蓋李☒　五〇一九

右領錢合☒　五〇二〇

右出錢□萬四千五百□☒　五〇二一

右一人被病物故前已列言其年☒　五〇二二

出行錢五千八百八十二錢傳送詣府嘉禾四年二月十四日關坠☒　五〇二三

☒□□□一百卌五錢　五〇二四

右領錢一萬一千二百一十八☒　五〇二五

出行錢六萬一千五百一十八錢傳送詣府嘉禾四年二月十三日關坠☒　五〇二六

嘉禾五年五月奉鮭☒　五〇二七

出行錢一萬一千二百一十五錢傳送詣府嘉禾四年二月十四日關坠

閣☒　五〇二八

領二人酒租具錢五萬一千三百卌八錢　☒　五〇二九

縣三年領桐（?）松子五十斛五斗三升　☑　五〇三〇

【注】簡五〇三〇至五〇八九出土時原爲一坨，揭剥順序參見《揭剥位置示意圖》圖十九。

☑□領田（?）五頃六十一畝一百卌二步　☑　五〇三一

☑已入米九百廿四斛六斗五升付倉吏黃諱潘慮　五〇三二

如牒書　☑　五〇三三

☑七斛四斗……☑　五〇三四甲

……百卌☑　五〇三四乙

☑已入米三百斛三斗付倉吏黃諱潘慮　五〇三五

☑其卌畝州吏彭□租田收米卅一斛□☑　五〇三六

☑……五畝一百步……收米五斛　五〇三七

未畢卅一斛□斗五升☑　五〇三八

☑卅四畝卅一步民稅田收米廿一斛□斗五升五合　五〇三九

☑　其六斛一斗與已入倉米合三百卌六斛四斗☑　五〇四〇

☑　其六斛六斗六升五勺……本領　五〇四一

右出領褋米三百卌二斛二斗五升☑　五〇四二

【注】「右」上原有墨筆點記。

☑□□稅米六十六斛三斗五升　五〇四三

自首士區黠年六十七　出限米卌斛未入　☑　五〇四四

自首士李慙　以黃龍五年十一月十八日被☑　五〇四五

自首李梨年卅三　自首李慙年廿四　自首士鄧將年卅七　五〇四六

【注】前二「自首」下均脱「士」字。

自首士吳喜年卅七　出限米卌八斛已入畢☑　五〇四七

自首士胡健年卌六　出限米卌斛已入畢　五〇四八

自首士栂囷年廿九　五〇四九

自首士謝囊年廿八　出限米卌斛未入　五〇五〇

右黃武六年簿　五〇五一

□□百八十六束准米二百八十二斛四斗出用歲盡簿別列　五〇五二

右黃武七年簿　五〇五三

自首士李慙年廿五　自首士鄧將年卅八　自首士黃非年卅五　五〇五四

自首士盧張年卌四　自首士李梨年卅四　自首士龔廷年卌　五〇五五

自首士黃非年卌四　自首士盧張年卌三　自首士龔廷年卅九　五〇五六

自首士栂囷年卅一　自首士區當年廿六　自首士雷囷年卅一　五〇五七

自首士吳喜年卅五　自首士謝物年卅八　自首士謝囊年廿七　五〇五八

自首士黃非年卅六　出限米卌斛未入　五〇五九

自首士唐杭年卅六　出限米卌斛未入　五〇六〇

自首士鄧將年卅　出限米卌斛未入　五〇六一

□□百九十八束准米二百八十二斛四斗出用歲盡簿別列　五〇六二

自首士龔廷　以黃龍元年十一月九日叛走男子謝並證知　五〇六三

自首士李梨　以黃龍元年十二月二日叛走男子區平證知　五〇六四

自首士劉寧年卅一　出限米卌斛未入　五〇六五

自首士栂囷年卅三　出限米卌斛已入畢　五〇六六

自首士栂囷年卅二　出限米卌斛未入　五〇六七

凡縣黃武五年領自首士十人其年部吏區光監將爲官限佃收禾六　五〇六八

【注】「凡」上原有墨筆點記。

自首賊帥胡諸年卌六　自首士衛夷年卅四　自首士李青年卅八　五〇六九

自首士龔廷年卌一　出限米卌斛未入　☑　五〇七〇

右三人叛走逐捕未禽其年不得佃不入限米　五〇七一

自首士鄧將　以黃龍二年十二月十二日被病物故男子區並證知　五〇七二

自首士栂囷年卅　五〇七三

臨湘謹列起黃武五年訖嘉禾三年自首士賊帥人名收米斛數簿　五〇七四

其二人被病物故其年不得佃不入限米　五〇七五

自首士謝物年卅六　自首士盧張年卅八自首士謝囊年廿九　五〇七六

集凡承餘新入襍吳平斛米三萬二千四百一十八斛九斗□升一合五
勺七撮 五一七二
其廿四斛嘉禾元年新吏限米 五一七三
其十一斛九斗嘉禾二年貸食黃龍三年私學限米 五一七四
其七斛七斗四升黃龍三年私學限米☑ 五一七五
其卌三斛四斗三升五合黃龍三年稅米 五一七六
其三百七十六斛七斗三升嘉禾二年貸食嘉禾元年吏帥客限米 五一七七
其三斛四斗嘉禾二年貸食黃龍三年吏帥客限米 五一七八
其九斛八斗黃龍三年貸食黃武五年稅米 五一七九
出嘉禾二年吏帥客限米六百斛嘉禾三年七月廿八日傳送□□☑ 五一八〇
☑□□□□九百斛四斗收□火種租米盈一斗五升六合□□ 五一八一
其一百廿斛四斗二升嘉禾…… 五一八二
其廿四斛嘉禾二年貸食嘉禾元年新吏限米 五一八三
嘉禾四年正月□日…… 五一八四
其二百八十八斛九斗二升七合嘉禾二年火種租米 五一八五
右七月入正領及僦擿米合二百九十二斛二斗九升八合三勺六撮☑ 五一八六
其三百一十四斛七斗嘉禾二年郵卒限米 五一八七
其一百廿二斛二斗五升嘉禾元年新吏限米 五一八八
其一千七百五十一斛四斗六合嘉禾二年租米 五一八九
其一百廿斛四斗八升嘉禾元年私學限米 五一九〇
其廿二斛六斗嘉禾二年屯田民限米 五一九一
出黃龍二年叛士限米吳平斛米六斛三斗五升嘉禾三年八月十日付
監運吏潘喜喜以其月廿三日關邸 五一九二
右六月新入襍米五百八十六斛七斗一升 五一九三

【注】「右」上原有墨筆點記。

其一百一十七斛九斗九升四合船師……建安廿六年折減☑ 五一九四
其二百五十七斛七斗□升嘉禾二年□□限米☑ 五一九五
其五百十七斛五斗二升☑ 五一九六
其六斛六斗黃龍三年貸食黃龍元年士☑ 五一九七
其六百八十四斛四斗二升嘉禾□☑ 五一九八
八月二日關邸閣李嵩付倉吏黃諱潘慮受　☑ 五一九九
其二斛黃龍三年貸食黃龍元年叛士限米 五二〇〇
其十一斛九斗嘉禾二年貸食黃龍三年私學限米 五二〇一
其一百八十二斛四斗七升嘉禾三年貸食嘉禾元年□米☑ 五二〇二
其一萬三千一十八斛二斗五升二合四勺嘉禾二年稅米 五二〇三
其一百廿一斛一斗三升嘉禾二年貸食黃龍三年□米 五二〇四
其九斛三斗五升嘉禾二年貸食嘉禾元年郵卒限米 五二〇五
其卌三斛四斗三升五合黃龍二年稅米 五二〇六
其二斛五斗嘉禾二年貸食黃龍三年新吏限米 五二〇七
日關邸閣李嵩付倉吏黃諱潘慮受 五二〇八
其卌斛四斗八升黃龍三年吏帥客限米 五二〇九
☑鄧倉喜俞以其年八月一日二日關邸閣李嵩付倉吏黃諱潘慮受 五二一〇
年八月襍擿米五斛八斗六升七合一勺 五二一一
其一百卌三斛五斗七升嘉禾二年僮客限米 五二一二
其一百廿一斛一斗五升嘉禾二年貸食黃龍三年稅米 五二一三
其□斛嘉禾元年佃吏限米 五二一四
其十八斛一斗三升黃龍三年新吏限米 五二一五
其四千七百九十四斛八斗四升嘉禾二年吏帥客限米 五二一六
其□□斛□斗□升黃龍三年新吏限米 五二一七
其九百六十斛嘉禾二年私學限米 五二一八
出用　無　□□　☑ 五二一九
其三人叛走逐捕未禽其年不得佃不入限米 五二二〇
自首士區當年廿八　出限米卌斛已入畢 五二二一

自首士鄧將年卌一　出限米卌斛已入畢　五二二二
已入一百卌四斛……　五二二三
自首士區當　以黄龍二年十二月十八日被病物故男子謝□證知　五二二四
自首士胡健年卌五　自首士吴起年卅二　自首士黄據（？）年卌　五二二五
其一百五十二斛六升三合嘉禾元年▨　五二二六
右六人被病物故前已列言其年不得佃不入限米　五二二七
▨□一頃卅四畝卅□步畝收米……　五二二八
右入稞僦擿米廿四斛五斗七升七勺　▨　五二二九
其一斛八斗嘉禾三年貸食嘉禾▨　五二三〇
子女眠年三歲　五二三一
入嘉禾□年……三斛一斗一▨　五二三二
右承餘口筭錢二千一百▨　五二三三
承一月簿餘嘉禾二年財用錢八千　▨　五二三四
右承餘鄉市租錢……▨　五二三五
入嘉禾二年叛士限米廿四斛九斗▨　五二三六
▨筭四事五　五二三七
其□斛四斗一升黄龍三年吏帥客限米　五二三八
模鄉領種粻米一千□百八十四斛　五二三九

【注】簡五二三九至五二八一出土時原爲一坨，揭剥順序參見《揭剥位置示意圖》圖二十二。

已入　五二四〇
已入　五二四一
▨錢□四萬□千　五二四二
▨九斛……膏一斛二斗尖弋牛皮□枚蹄蹗廿二具五千石如牒　五二四三
已入未畢餘見所付授吏姓名爲簿如牒遣脩等賫詣府拘校謹列列言
遺誠惶誠恐　五二四四

□其年……松子十一斛七斗七升嘉禾五年九月……付曹其　五二四五
……陵……如……　五二四六
右三人被病物故前已列言其年不▨　五二四七

【注】「右」上原有墨筆點記。

自首賊帥胡諸年五十三　▨　五二四八
九千二百七十□▨　五二四九
▨□年假下户自代詣宫合七百六十四人悉送集（？）　五二五〇
□税田中火種田領有□□有□□▨　五二五一

【注】「中」爲右補小字。

能如豫章柴桑郡曹□言□定税□□　五二五二
▨事子弟於武昌給大常君促　五二五三
▨□松子五十斛七斗三升膒脂一百七十枚十一石弩檐八十枚羊皮
卌枚銅　五二五四
今餘麻四百一十四斤膒脂卅一枚䐗膏一斛三斗尖弋牛皮五枚蹄
蹗廿二具五千　五二五五
右出松子卅一斛七斗七升尖弋卌一枚麻一千斤　五二五六
……紀詣送……　五二五七
……已入未畢……　五二五八
騎吏一石弩鉤鑐散　五二五九
▨松子十四斛□一枚要引木竿廿一萬一百枚□□□□人弩　五二六〇
▨鉤鑐各一枚檫散四千枚新録事掾□□三人掾谷水丞趙野　五二六一
□中□老□及列所不任者送者不審宋□所就□具……　五二六二
嘉禾四年十月□日□□□臨湘侯相君丞叩頭死罪敢言之　五二六三正
掾谷水史趙野　五二六三背
其□人弩鉤鑐各十一枚檫散四千枚木竿二萬枚皦□　五二六四
□　□　五二六五

【注】本簡無字，僅存殘墨，應係另簡所印。

其膏一斛□□嘉禾二年所調䐗膏　五二六六

石弩檐卅八枚弓朴二千四百六十一枚要引木竿卅二萬□百枚弩卅 五二六七

……吏□直 五二六八

其□□□□□六十一枚要引木竿廿一萬 五二六九

其牛□□枚蹄蹈二具黄龍三年尖弋牛皮蹄蹈 五二七〇

其牛蹄蹈廿具嘉禾二年尖弋牛蹄蹈 五二七一

未畢弩檐八十枚松子卅八斛七斗七升膃脂一百七十斤賭膏一斛三
斗人弩檐松子已依癸卯書 五二七二

其檐六枚嘉禾二年所調五千石弩檐 五二七三

其弓朴二千四百六十枚黄龍三年所調弓朴 五二七四

其麻四百一十四斤嘉禾二年所調古麻 五二七五

總置 五二七六

其脂一百七十斤其年所調膃脂 五二七七

其膏一斛三斗其年歲限賭膏 五二七八

其檐八十枚其年所調□□檐□一石弩檐 五二七九

其銅印一枚木印一枚嘉禾二年□□臧□□一木銅印 五二八〇

領郡吏一户下品　□ 五二八一

……付庫吏潘有書詣尉曹 五二八二

【注】簡五二八二至五三四二出土時原爲一坨，揭剥順序參見《揭剥位置示意圖》圖二十三。

者民有入復言君誠惶誠恐叩頭死罪□ 五二八三

……絞促……詭責□□ 五二八四

□□中部勸農掾□ 五二八五

丞丁琓疢固不視事□ 五二八六

五萬二千八百有入復言君叩頭叩頭□ 五二八七

□部吏……收責□□ 五二八八

□□領與前所入合七十六萬□百六十錢□□ 五二八九

録事掾番琬校 五二九〇

惶誠恐叩頭死罪死罪敢言之 五二九一

丞丁琓疢固不視事 五二九二

未畢 五二九三

□□□□關丞邵（？） 五二九四

……日　尉曹掾番棟白草 五二九五

□□掾烝□…… 五二九六

錢五千付庫吏番有書詣尉曹 五二九七

臨湘言部吏文騰何耕谷漢等收責三年財用錢□□□ 五二九八

臨湘言部吏何耕等收責三年財用錢三萬三千三百 五二九九

□主記史栂綜省二月廿一日庚午白 五三〇〇

嘉禾四年正月庚辰朔十日臨湘侯相君丞叩頭死罪□ 五三〇一

九十錢付庫吏番有書詣船曹 五三〇二

府前言部吏文騰何耕谷漢等收責三年財用□ 五三〇三

……日　尉曹掾周棟白草 五三〇四

八十一萬二千八百有入復言君叩頭叩頭死罪死罪案文 五三〇五

□督郵 五三〇六

領後入三年財用錢十三萬九百七十
正月六日庫吏潘有白 五三〇六（一）

【注】本簡爲木牘。

□言部吏區光蔡忠等收責合財用錢有入三萬二千 五三〇七

百付庫吏番有與前所入合卅六萬□千□百七十錢 五三〇八

書輒絞促騰馬耕漢等收責負者今有入錢四萬八千二 五三〇九

□　□　□主簿卒史省二月廿二日丙午白 五三一〇

……日　尉曹掾番棟白草 五三一一

録事掾番琬校 五三一二

……日　尉曹掾番棟白草 五三一三

主記史栂綜省四月一日丁酉白 五三一四

【注】「主」上原有墨筆點記。四月一日爲丁酉，據陳垣《魏蜀吴朔閏異同表》，

吳簡所見時間内，無四月一日爲丁酉者，僅嘉禾元年四月一日爲丙申最爲接近，但與丁酉亦有一日之差。

領後入三年財用錢五萬二千　二月六日庫吏潘珛白　五三一四（一）

【注】本簡爲木牘。

☑□□未畢百七十七萬三千錢□□□□　五三一五

領後入三年財用錢七萬二千一百　六月十五日庫吏潘有白　五三一五（一）

【注】本簡爲木牘。

未畢百卅四萬九千五百廿錢重絞促□□☑　五三一六

□……□□□□□漢等收責　五三一七

☑復言君誠惶誠恐叩頭死罪死罪敢　五三一八

五三一九

【注】本簡無字，僅存殘墨，應係另簡所印。

五三二〇

【注】本簡無字，僅存殘墨，應係另簡所印。

☑……臨湘侯相君丞叩頭死罪敢言之　五三二一

領後入三年財用錢卌萬九千三百　二月十日庫吏潘珛白　五三二一（一）

【注】本簡爲木牘。

☑……□□臨湘侯相君丞叩頭死罪敢言之　五三二二

☑死罪案文書縣領户二千二百八十二户　五三二三

☑　其……嘉禾□年吏帥客限米　五三二四

負責有入復言郡誠惶誠恐叩頭死罪死罪敢言之　五三二五

領郡卒一户下品　☑　五三二六

□□　五三二七

五三二八

【注】本簡無字，僅存殘墨，應係另簡所印。

☑……萬七百□　五三二九

☑其一百一十七斛九斗九升船師栂朋等建安廿六年折減米☑　五三三〇

☑□月十一日勸農掾鐵彊白　五三三一

☑關邸閣李嵩付倉吏黄諱潘慮受　五三三二

☑書輒絞促忠耕等收責負者今有入錢三　五三三三

☑復一百卌五户　五三三四

五三三五

【注】本簡無字，僅存殘墨，應係另簡所印。

☑丞丁琓疾固不視事☑　五三三六

五三三七

【注】本簡無字，僅存殘墨，應係另簡所印。

☑　典田掾烝若校　☑　五三三八

其卌三斛四斗三升五合黄龍三年税米☑　五三三九

☑丞丁琓疾固不視事　五三四〇

☑……斛□斗□升四合嘉禾四年吏帥客限米　五三四一

☑主簿五尊六年十二月十六日☑　五三四二

☑□□賈錢二萬五千嘉禾四年正月□日關邸閣張僑付主庫　五三四三

【注】簡五三四三至五四五七出土時原爲一坨，揭剥順序參見《揭剥位置示意圖》圖二十四。

年三月十二日關邸閣張僑付主庫掾江蓋史李從受　五三四四

……月旦簿餘……　五三四五

……　五三四六

……典付……☑　五三四七

……限米……吴平斛米□斛六斗……　五三四八

□……合一萬三千□百　五三四九

入臨湘男子陳□買夷生口……年□歲賈行錢……嘉禾五年八月一
日關邸閣張僑付主庫掾陳瑜史李從受　五三五〇

☑倉曹史烝堂白……　五三五一

入攸男子□□買夷生口……年十一賈行錢□□嘉禾四年四月一日

關堅閣張　五三五二

……嘉禾四年二月廿一日關堅閣張儁付主庫掾陳瑜史李從受　五三五三

☑……嘉禾□年八月十日關堅閣張儁付主庫掾陳瑜史李從受　五三五四

……命□年□□□□□☑　五三五五

☑□□□男子烏□買夷生口……☑　五三五六

☑……主簿郭宋付……　五三五七

入臨湘男子□□買夷生口……關堅閣張儁付主庫掾陳瑜史李從受　五三五八

庫掾陳瑜史李從受　五三五九

☑……□□直錢三萬六千嘉禾四年□月廿八日關堅閣張儁付主庫　五三六〇

☑……嘉禾四年三月廿日關堅閣　五三六一

☑掾□郭史龍□受　五三六二

☑生口小女黃滿賈行錢四萬五千嘉禾四年三月六日關堅閣張儁☑　五三六三

☑　掾陳瑜史李從受　五三六四

入武（？）昌（？）鄧胡（？）買夷女生口□汝年卅賈行錢四萬
五千嘉禾四年□月一日關堅閣張儁付主庫掾　五三六五

陳瑜史李從受　中　五三六六

【注】簡末「中」爲朱筆。

入□□□烝□買夷生口□□□□賈行錢□□嘉禾□年三月二日
關堅閣張　五三六七

☑李從受　五三六八

☑萬五千嘉禾四年□月十日關堅閣張儁付主庫　五三六九

☑……　中　五三七〇

【注】簡末「中」爲朱筆。

☑陳瑜史李從受　五三七一

入臨湘男子於讓所買夷生口小男□黃年六歲賈行錢三萬五千嘉禾
四年三月廿四日關堅閣張儁付主庫　五三七二

☑□叩頭死罪死罪　五三七三

掾江盖史李從受　五三七四

入臨湘男子高茶買夷生口小女鄧衣賈行錢六萬五千嘉禾四年五月
一日關堅閣張儁付主庫　五三七五

☑賈行錢二萬嘉禾四年五月一日關堅閣張儁付主庫　五三七六

☑□□□文賈行錢九千嘉禾三年□月十五日關堅閣張儁付　五三七七

☑主庫掾江盖史李從受　五三七八

掾陳瑜史李從受　五三七九

掾陳瑜史李從受　五三八〇

☑……李從受　中　五三八一

【注】簡末「中」爲朱筆。

☑□錢五千嘉禾三年二月十九日關堅閣　五三八二

☑□年□賈行錢二萬嘉禾四年十月三日關堅閣張儁☑　五三八三

☑受　五三八四

☑子張曼（？）買夷生口□□□□賈行錢一萬五千嘉禾四年三月
二日關堅閣張儁　五三八五

☑從受　中　五三八六

【注】簡末「中」爲朱筆。

付主庫掾陳瑜史李從受　☑　五三八七

入郡吏李嵩（？）買夷生口□□□□賈錢一萬嘉禾四年□月十七
日關堅閣張儁付主　五三八八

☑李從受　中　五三八九

【注】簡末「中」爲朱筆。

入武陵郡吏胡肅買夷生口□□張□年七歲賈行錢□萬嘉禾四年五
月一日關堅閣張儁付　五三九〇

☑監利黃得買夷生口……賈行錢二萬五千嘉禾四年三月十日關堅
閣張儁　五三九一

⧄賈行錢六千□百嘉禾四年十月十日關邸閣張僑付主　五三九二

⧄行錢一萬嘉禾四年六月三日關邸閣張僑付主庫　五三九三

⧄僑付主庫掾陳瑜史李從受　中　五三九四

【注】簡末「中」爲朱筆。

⧄□□買夷生口……年卅賈錢□萬五千嘉禾□年□月廿五日關邸
閣張僑　五三九五

⧄□郡吏唐姓買夷生口大女枏汝年七十賈行錢一萬□千嘉禾四年
五月一日關邸　五三九六

……　五三九七

⧄關邸閣張僑付主庫掾陳瑜史李從受　五三九八

……　五三九九

□……關邸閣付主庫掾陳瑜史李從受　五四〇〇

⧄李從受　五四〇一

⧄從受　中　五四〇二

【注】簡末「中」爲朱筆。

⧄掾陳瑜史李從受　五四〇三

⧄□□買夷生口……銀二兩兩直五千合行錢一萬七千　五四〇四

⧄……夷生口……賈行錢五萬嘉禾□年四月十三日關邸閣張　五四〇五

⧄生口□□賈銀二兩兩直行錢五千合一萬嘉禾四年三月一日　五四〇六

⧄吏王□買夷生口小女□□年十五直銀二兩錢五千合爲行錢一萬
嘉禾四年□月□日……　五四〇七

⧄□月廿一日關邸閣馬統付主庫掾陳瑜史李從受　中　五四〇八

【注】簡末「中」爲朱筆。

⧄……賈錢一萬二千嘉禾四年四月廿五日關邸閣　五四〇九

⧄從受　五四一〇

⧄主庫掾陳瑜史李從受　中　五四一一

【注】簡末「中」爲朱筆。

入衛士安買買夷生口大男□□賈行錢一萬嘉禾四年□月⧄　五四一二

……付主庫掾陳瑜史李從受　五四一三

⧄……□錢三千合一萬二千嘉　五四一四

入□□男子張□買夷生口……□□一萬九千嘉禾四年□月十日關
邸閣張僑付主庫陳瑜史李從受　中　五四一五

【注】簡末「中」爲朱筆。

⧄唐好買夷生口大女枏汝年七十賈行錢□萬……百嘉禾四年七月
十四日關　五四一六

⧄閣張僑付主庫掾陳瑜史李從受　五四一七

⧄掾陳瑜史李從受　中　五四一八

【注】簡末「中」爲朱筆。

⧄生口大女□□賈銀二兩直五千合爲行錢一萬嘉禾□年三月一日
關邸閣張　五四一九

⧄□男子張□買夷生口……合爲行錢□萬□千嘉禾四年三月十日
關邸閣　五四二〇

閣張僑付主庫掾江蓋史李從受　中　五四二一

【注】簡末「中」爲朱筆。

⧄……買……　五四二二

⧄……嘉禾四年□月十五日關邸閣張僑付主庫掾陳瑜史李從受　五四二三

入湘南男子□□買夷生口小女年五歲賈銀七兩直五千合爲行錢四
萬五千嘉禾四年□月⧄　五四二四

⧄掾陳瑜史李從受　五四二五

⧄付主庫掾陳瑜史李從受　中　五四二六

【注】簡末「中」爲朱筆。

⧄□□買夷生口……直五千□□□千二百□　五四二七

張僑付主庫掾陳瑜史李從受　五四二八

閣張僑付主庫掾陳瑜史李從受　中　五四二九

【注】簡末「中」爲朱筆。

……年三月□日關邸閣　五四三〇

☐等八人限田收米四百斛　☐　五四三一

☐□□銀二兩直□……　五四三二

張僑付主庫掾陳瑜史李從受　五四三三

☐□賈銀三兩直五千爲行錢一萬五千嘉禾四年　五四三四

☐□汝年七十賈行錢五千嘉禾四年七月十一日關坒　五四三五

☐張僑付主庫掾陳瑜史李從受　中　五四三六

【注】簡末「中」爲朱筆。

☐□□□年五歲賈銀五兩□銖兩直五千合行錢二萬五千五　五四三七

……關坒閣張僑付主庫掾陳瑜史李從受　五四三八

入南陽大男張皮買夷生口小女區□年□歲賈銀□□☐　五四三九

張僑付主庫掾陳瑜史李從受　五四四〇

入□□大女□□買夷生口……行錢□萬嘉禾四年六月十日關坒閣　五四四一

張僑付庫掾脩翰史李從受

嘉禾五年閏月二日關坒閣張僑付庫掾脩翰史彭翼受　五四四二

三月一日關坒閣張僑付主庫掾陳瑜史李從受　五四四三

☐……賈銀□兩直五千合行錢四萬□嘉禾……關坒閣張僑付主庫　五四四四

掾脩翰史李從受

☐張僑付主庫掾陳瑜史李從受　五四四五

四萬五千……　五四四六

入建寧男子張文買夷生口小女張次年八歲賈銀九兩十四銖兩直行　五四四七

錢五千合

入郡吏尚從所買夷女生口□濡賈銀二兩八銖兩直行錢五千合一萬　五四四八

一千六百六十

入南陽男子虞忠買夷生口大男何富年六十大女□□年十七賈銀七　五四四九

兩直行錢三萬五千

【注】簡中有朱筆塗痕。

☐□□□年八十賈銀一兩直行錢五千嘉禾四年二月五日關坒閣　五四五〇

☐月一日關坒閣張僑付庫掾脩翰史李從受　中　五四五一

【注】簡末「中」爲朱筆。

☐從受　中　五四五二

【注】簡末「中」爲朱筆。

☐□□□□賈銀□□……　五四五三

☐……嘉禾□年四月十一日……□□□□　五四五四

☐……買夷生口大男□□年……賈銀……　五四五五

嘉禾五年五月一日關坒閣張僑付主庫掾陳瑜史李從受　五四五六

入南陽……買夷生口大男……賈行錢□壬嘉禾□□……關坒閣張　五四五七

僑付主庫掾脩翰史李從受

坒閣張僑付主庫掾陳瑜史李從受　☐　五四五八

【注】簡五四五八至五五一七出土時原爲一坨，揭剥順序參見《揭剥位置示意圖》圖二十五。

□日關坒閣張僑付主庫掾陳瑜史李從受　五四五九

入郡吏鄧陽買夷生口□□□□賈行錢□萬三壬嘉禾四年六月二日　五四六〇

關坒閣張僑付主庫掾脩

入郡吏□□買夷生口小女鄧□賈行錢□萬嘉禾五年七月一日關坒　五四六一

閣張僑付主庫掾□□□□□□□□

入郡吏李□買夷生口安□年□□□□妾年五十二□賈銀七兩十九　五四六二

銖□合萬九千嘉禾五年九月三日關坒閣張僑付主庫掾脩翰史彭翼受

☐……買夷生口□□年□□……　五四六三

☐……賈行錢……月十五日關坒閣張僑付主庫掾脩翰史彭翼受　五四六四

十五日關坒閣張僑付主庫掾陳瑜史李從受

☐□男子□□買夷生口□□□□年六十入銀十五銖銖直賈行錢六　五四六五

千一百嘉禾四年三月　五四六六

【注】「男子」下二□均右半殘缺，左半從「言」。

萬嘉禾五年□月□□日關坒閣張僑付主庫掾脩翰史彭翼受　五四六七

▨壂閣張儁付主庫掾脩翰史彭翼受　五四六八

▨□買夷生口大男□□年卅九賈行錢一萬五千嘉禾□年□月□日
關壂　五四六九

▨閣張儁付主庫掾脩翰史彭翼受　五四七〇

▨□□□□夷口男子小女凡五口田汝買絹五匹其二匹直行錢千五
百少度二尺三寸一□□　五四七一

入丹陽男子□□所買……□賈行錢一萬嘉禾四年七月廿三日關壂　五四七二

入□□□……□賈行錢五千嘉禾□年□月三日關壂閣張……　五四七三

脩翰史彭翼受　五四七四

付主庫掾陳瑜史李從受　五四七五

入賣官鹽吏田黄買夷生口小男□□年五歲賈行錢□萬五千嘉禾□
年□月□日關壂閣張儁付主庫掾□□　五四七六

▨夷生口大女王積年卅六賈行錢□萬嘉禾四年五月一日關壂　五四七七

▨□□□……史李從受　中　五四七八

【注】簡末「中」爲朱筆。

□付主庫掾陳瑜史李從受　五四七九

入□□男子秦菊所買夷女生口鄧五年六歲賈錢二萬嘉禾四年三月
九日關壂閣張儁▨　五四八〇

主庫掾陳瑜史李從受　五四八一

入南陽五□所買夷生口大女唐汝賈錢嘉禾四年六月十日關壂閣張
儁付主庫　五四八二

入□□郡吏□義買夷女生口田□賈銀……萬五千嘉禾四▨　五四八三

閣張儁付主庫掾陳瑜史李從受　五四八四

入丹陽男子□□買夷生口小女宋妾買銀四兩兩直五千合二萬嘉禾▨　五四八五

入湘南□□□□買夷生口大女王客……嘉禾四年五月一日關▨　五四八六

入郡吏龍達買夷生口大男□□賈行錢二千九百廿嘉禾四年三月七日
關壂閣張　五四八七

入……夷生口小男……　五四八八

入□□郡吏□黄所買夷生口大女……▨　五四八九

入郡吏龍□買夷生口……賈行錢□萬嘉禾四年三月五日關▨　五四九〇

入□□男子□□買夷生口小男年五歲……嘉禾四年□月廿一日關
壂閣□▨　五四九一

妻大女面年十八　筭一踵兩足復　▨　五四九二

妻大女平年卅　筭一踵兩足復　▨　五四九三

儁付主庫掾陳瑜史李從受　五四九四

儁付主庫掾陳瑜史李從受　五四九五

……受　五四九六

關壂閣張儁付主庫掾陳瑜史李從受　中　五四九七

【注】簡末「中」爲朱筆。

閣張儁付庫掾脩翰史李從受　中　五四九八

【注】簡末「中」爲朱筆。

張子男從年五歲▨　五四九九

入下雋男子蔡南夷女生口張五年六歲賈銀四兩直五千合二萬嘉禾
四年三月九日　五五〇〇

【注】「夷女生口」上應脱「買」字

入臨湘男子程生買夷生口大女□銀賈銀四兩十二銖兩直五千合爲
行錢二萬　五五〇一

禾五年□月五日關壂閣張儁付主庫掾陳瑜史李從受　中　五五〇二

【注】簡末「中」爲朱筆。

庫掾陳瑜史李從受　五五〇三

▨瑜史李從受　五五〇四

▨……□□年六十入行錢一萬嘉禾▨　五五〇五

▨張儁付主庫掾陳瑜史李從受　五五〇六

□弟子女□年四歲　☐　五五〇七

關坒閣張儁付主庫掾陳瑜☐　五五〇八

張儁付主庫掾陳瑜史李從受　五五〇九

閣張儁付主庫掾陳瑜史李從受　五五一〇

儁付主庫掾陳瑜史李從受　五五一一

☐付主庫掾陳瑜史李從受　☐　五五一二

☐史李從受　五五一三

☐□丘男子文達關坒閣董基付三州倉吏鄭黑受　五五一四

☐□吏伍非關坒閣董基付三州倉吏鄭黑受　五五一五

☐常略丘唐湮關坒閣董基付三州倉吏鄭黑受　五五一六

……受　五五一七

……李從受　五五一八

【注】簡五五一八至五六三四出土時原爲一坨，揭剥順序參見《揭剥位置示意圖》圖二十六。

吉陽里户人公乘孟狗年五十五筭一□□復☐　五五一九

富貴里户人公乘鄧苗年十八筭一真吏復　☐　五五二〇

□妻大女□年六十　五五二一

□弟小女見年七歲　五五二二

凡口六事五　筭三事一　訾　五　十　五五二三

妻大女民年卅一☐　五五二四

吉陽里户人公乘潘求年卅七　筭一　☐　五五二五

凡口□事□　筭□事□　訾　五　十　五五二六

富貴里户人公乘宋萇年廿　五五二七

富貴里户人公乘稟從年廿七　筭一　五五二八

□男弟公乘涇年十四　☐　五五二九

涇弟小女植年十三　☐　五五三〇

……年……　☐　五五三一

姪子公乘府年四歲　五五三二

凡口五事□　筭二事　訾　五　十　五五三三

富貴里户人毛張年五十三筭一踵兩足　五五三四

苗母大女姑年六十四　☐　五五三五

平子女小年八歲　五五三六

苗嫂大女殺年廿五筭一　☐　五五三七

小妻大女思年十六　☐　五五三八

妻大女□年卅六　☐　五五三九

妻大女□年卅五　筭一踵兩足　五五四〇

妻大女流年十五　筭☐　五五四一

妻大女兒年十九　☐　五五四二

子小女□年七歲　☐　五五四三

凡口五事二　筭二事一　訾　五　☐　五五四四

妻大女筭年卌一　筭一踵兩手　五五四五

小弟小女客年四歲　☐　五五四六

入□□男子□□所買夷生口小女鄒釗賈行錢一萬□□嘉禾四年□月三日關坒閣張　五五四七

入下雋□民買夷生口小女□□年十一入銀一兩直行錢五千嘉禾四年五月十日關坒閣張　五五四八

常遷里户人公乘何視年廿九筭一　五五四九

常遷里户人公乘張有年六十二盲左目　☐　五五五〇

胃弟小女伯年五歲　☐　五五五一

凡口五事□　筭一事　訾　五　十　五五五二

凡口六事五　筭二事一　訾　五　十　五五五三

子小女如年十三　☐　五五五四

和弟公乘昊年七歲　☐　五五五五

杭弟小女𨁂（？）年四歲　五五五六

賈母大女羊年六十六　五五五七

伯弟小女兒年三歲　五五五八

……受☑ 五五五九

□母大女妾年六十 五五六〇

姪子公乘買年十一湛弟小女始年七歲 五五六一

汝弟小女沮年六歲 五五六二

妻大女思年廿一 筭一盲右目復 五五六三

子公乘囷年廿三 □□ 五五六四

子公乘伯年十一 五五六五

混弟士伍設（？）年十一 ☑ 五五六六

凡口三事 筭三事 訾 ☑ 五五六七

【注】「凡」上原有墨筆點記。

妻大女思年廿八 筭一 五五六八

妻大女黄年廿二 筭一踵兩足復 五五六九

□妻思年卅七 五五七〇

常遷里户人公乘壬衆年廿二筭一給縣卒 五五七一

常遷里户人公乘五旻年七十三 刑右足 度小武陵 五五七二

凡口二事 筭一復 訾 五 十 五五七三

【注】「凡」上原有墨筆點記。

……公乘□年六歲 五五七四

從弟小女紫（？）年十 ☑ 五五七五

□母大女□年六十八 ☑ 五五七六

子公乘曼年廿一 ☑ 五五七七

妻大女□年……筭一 ☑ 五五七八

□妻大女繒（？）年卅五 筭一踵兩足 ☑ 五五七九

凡口五事二 筭二事 訾 五 十 五五八〇

妻大女思年十七 筭一 刑右手☑ 五五八一

子公乘陂年卅七 ……☑ 五五八二

右常遷里領民卅九户口一百五十七人 ☑ 五五八三

【注】「右」上原有墨筆點記。

富貴里户人公乘稟湛年卅六 筭一 刑左手復 五五八四

凡口六事四 筭三事二 訾 五 十 五五八五

□寡姪大女□年卅九 筭一 五五八六

凡口四事 筭二復 訾 五 十 五五八七

【注】「凡」上原有墨筆點記。

凡口五事四 筭二事一 訾 五 十 五五八八

【注】「凡」上原有墨筆點記。

妻大女如年十七 ☑ 五五八九

富貴里户人公乘宫自年廿 筭一 ☑ 五五九〇

筭弟公乘有年六歲聾兩耳☑ 五五九一

逹弟小女筭年九歲 ☑ 五五九二

姑（？）弟小女逹年十 ☑ 五五九三

子公乘囊年六歲 ☑ 五五九四

子小女從年十 五五九五

從弟公乘専年五歲 専男弟鷂年四歲 五五九六

常遷里户人公乘□□年廿四筭一 五五九七

□弟小女汝年八歲 五五九八

凡口三事二 筭二事一 訾 ☑ 五五九九

狗弟公乘朖年廿五 ☑ 五六〇〇

凡口六事 筭三事二 訾 五☑ 五六〇一

子公乘啟年五歲 五六〇二

□□建年八歲 ☑ 五六〇三甲

☑羽姪子公乘☑ 五六〇三乙

☑筭二事一 訾 五 十 五六〇四

子公乘兒年五歲 五六〇五

□弟公乘叱年七歲 五六〇六

妻大女姑年卅 筭一 五六〇七

子公乘稟年九刑右足 筭一 五六〇八

凡口五事四　筭二事復　訾　五　十　五六〇九
復姪子女公乘□年七歲　五六一〇
凡口六事四　筭二事一　訾　五　十　五六一一
【注】「凡」上原有墨筆點記。
富貴里户人公乘宫公年六十二　踵兩足　五六一二
曼妻大女汝年十四　五六一三
凡口四事　筭三事復　訾　五☒　五六一四
界姉大女汝年十四　五六一五
子公乘非年六歲　五六一六
象弟公乘筭年十八　筭一　五六一七
常遷里户人公乘馬德年卅五筭一給州卒　五六一八
妻大女□年卅□　筭一　五六一九
□弟公乘福年一歲　筭一　給縣卒　五六二〇
常遷户人大女劉妾年七十□　五六二一
【注】「遷」下脱「里」字。
□弟公乘敬年八歲□□□　五六二二
凡口四事三　筭三事一　訾　五　十　五六二三
常遷里户人公乘張佃年卅□筭一　五六二四
常遷里户人公乘五脉年廿二筭一　五六二五
富貴里户人公乘區應年□□　筭一盲右目　☒　五六二六
常遷里户人公乘林臣（?）年廿　筭一　五六二七
臣（?）母大女妾年卌二　筭一踵兩足　☒　五六二八
子公乘脩年七歲□☒　五六二九
妾孫子小女婢年九歲☒　五六三〇
富貴里户人公乘黄巡年廿　筭一　五六三一
凡口十四事十一　筭六事一　訾　一　千　五六三二
【注】「凡」上原有墨筆點記。
☒　□妻大女上年十四　□姪男文年三歲　五六三三

常遷里户人公乘張民年卅　筭一踵兩足　姪子男萬年五歲　五六三四
☒　□□□會年二歲　五六三五
【注】簡五六三五至五七六四出土時原爲一坨，揭剥順序參見《揭剥位置示意圖》
圖二十七。
□□□□買夷生口大男□□年……☒　五六三六
☒□買夷生口大女□□……嘉禾□年十月□日關坚閣張僑付主庫
掾脩翰史李從受　五六三七
入下雋高□買夷生口大男田憒年六十賈銀一兩十四銖半兩直五千
……　五六三八
禾四年二月五日關坚閣張僑付主庫掾□□☒　五六三九
千嘉禾四年三月□日關坚閣張僑付主庫掾□□□☒　五六四〇
入……買夷生口大男……　五六四一
入□□□買夷生口大男……　五六四二
入……買夷生口大女□□賈銀……直行錢五千合□萬□□　五六四三
☒……嘉禾四年五月廿四日關坚閣張僑　五六四四
入□□鄉馬□郡……　五六四五
禾四年五月□日關坚閣張僑付主庫掾□□☒　五六四六
☒……　中　五六四七
【注】簡末「中」爲朱筆。
出用　無　☒　五六四八
☒張僑付主庫掾陳瑜史李從受　五六四九
閣張僑付主庫掾陳瑜史李從受　☒　五六五〇
入……買夷生口……☒　五六五一
☒□賈行錢……☒　五六五二
入□□李□所買夷男生口□□年五歲賈行錢二萬嘉禾四年三月四
日關坚閣張僑付主庫　五六五三
☒……買夷男生口……一萬三　五六五四
☒關坚閣張僑付主庫掾脩翰史李從受　五六五五

付主庫掾陳瑜史李從受　中　五六五六

【注】簡末「中」爲朱筆。

主庫掾脩翰史李從受　中　五六五七

【注】簡末「中」爲朱筆。

張儁付主庫掾脩翰史李從受　☒　五六五八

☒……錢二萬五千嘉禾四年五月一日關邸閣張儁付主　五六五九

☒陳瑜史李從受　中　五六六〇

【注】簡末「中」爲朱筆。

關邸閣張儁付主庫掾陳瑜史李從受　五六六一

入□□李□所買夷男生口張兒年十歲賈行錢四萬五千嘉禾四年三
月廿關邸☒　五六六二

【注】「廿」下應脱「日」字

☒男子程文買夷生口□□賈銀二兩直行錢五千合一萬……嘉禾四
年三月一日關　五六六三

☒□大女□銀（？）年卌賈行錢七千嘉禾四年□月一日關邸閣張
儁付主庫掾　五六六四

☒……賈行錢七千嘉禾□年□月☒　五六六五

☒……買……錢四千嘉禾……☒　五六六六

☒李從受　五六六七

掾陳瑜史李從受　五六六八

☒付主庫掾陳瑜史李從受　五六六九

☒男子劉文所買夷生口大男石和年六十賈行錢三萬嘉禾四年五月
四日關邸閣張儁付　五六七〇

☒……大女黄蜀（？）賈行錢五千嘉禾四年□月七日關邸閣張儁
付主庫　五六七一

☒要年廿筭一　五六七二

☒……□所買夷生口大女鄭沙賈行錢六千嘉禾四年十月一日關邸
閣張儁付主庫掾　五六七三

☒□買夷生口大男張維賈行錢二萬嘉禾五年閏月廿二日關邸閣張儁付
主庫掾脩翰史彭翼受　五六七四

☒……維行買夷生口小男張傅賈行錢三萬九千嘉禾四年三月二日
關邸閣張儁付主庫　五六七五

☒□邑下大女趙容（？）買夷民生口大女石取賈行錢五千嘉禾四
年三月一日關邸閣張儁付主　五六七六

☒庫掾陳瑜史李從受　五六七七

☒……關邸閣……☒　五六七八

☒生口大男栂寇（？）賈行錢五千嘉禾四年十一月十一日關邸閣
張儁付主庫掾脩翰史彭翼受　五六七九

☒夷生口大女潭（？）妾年六十二賈行錢二萬嘉禾四年二月廿一
日關邸閣張儁付　五六八〇

☒……生口大男□三年七十賈行錢一萬□□嘉禾四年三月一日關
邸閣張儁付　五六八一

☒□張西賈行錢□萬八千☒嘉禾四年十二月十七日關邸閣張儁付
主庫掾脩翰史彭翼受　五六八二

☒　中一　五六八三

☒瑜史李從受　中一　五六八四

☒□吴買夷生口大女石栂賈行錢三千嘉禾五年正月七日關邸閣張
儁付主庫掾脩翰史彭翼受　五六八五

☒□買夷生口大女□□言年廿五賈行錢一萬嘉禾四年三月十六日關　五六八六

☒……年九歲賈行錢□萬嘉禾四年六月□日關邸閣張儁付主庫掾
陳瑜　五六八七

☒掾陳瑜史李從受　中　五六八八

【注】簡末「中」爲朱筆。

☒□□所買夷生口小女□□年五歲賈行錢□萬二千嘉禾四年二月
六日關　五六八九

☒意買夷生口大女□欣年五十賈錢一萬嘉禾四年□月十一日關坚閣張
偒付主庫　五六九〇

☒張偒付主庫掾陳瑜史李從受　五六九一

☒夷女生口張（？）南年十五賈行錢四萬嘉禾四年□月□日關坚
閣張偒　五六九二

☒買夷生口大女鄭善年六十賈行錢一萬五千嘉禾四年二月七日關
坚閣　五六九三

☒□嘉禾四年……☒　五六九四

☒主庫掾陳瑜史李從受　五六九五

☒買夷生口大男□□賈行錢五萬四千嘉禾四年五月五日關坚閣張　五六九六

☒陳瑜史李從受　五六九七

☒大女□女賈行錢一萬七千嘉禾五年□月一日關坚閣張偒付主庫
掾陳　五六九八

☒大女周□賈行錢□萬五千嘉禾四年二　五六九九

☒……受　五七〇〇

☒……受　五七〇一

☒賈行錢二萬五千嘉禾四年三月四日關坚　五七〇二

☒□□賈行錢一萬六千嘉禾四年四月一日關坚閣張　五七〇三

☒陳瑜史李從受　五七〇四

☒萬二千嘉禾四年五月一日吴胏關坚　五七〇五

☒行錢五萬嘉禾四年四月□□日關坚閣張偒付　五七〇六

☒□史李從受　五七〇七

☒□吕敢年卅賈行錢□萬嘉禾四年□月□日關坚閣張偒　五七〇八

☒……賈行錢□萬嘉禾四年三　五七〇九

☒四年六月三日關坚閣張偒付主庫掾　五七一〇

☒□□年廿賈行錢一萬嘉禾四年三月□日關坚☒　五七一一

☒從受　五七一二

☒生口大男黄雷賈行錢二萬嘉禾四年四月一日關坚閣張偒☒　五七一三

入平鄉嘉禾二年税米六斛四斗胄畢𦋜嘉禾二年十一月八日常樂丘
郡吏謝有☒　五七一四

入州吏蘇甚買夷女生口□□賈行錢四萬嘉禾四年☒　五七一五

入軍糧吏黄□買夷生口□□賈行錢☒　五七一六

☒主庫掾陳瑜史李從受　五七一七

☒□□陳□買夷女生口□□賈行錢……☒　五七一八

入臨湘男子高福買夷生口大女□☒　五七一九

☒……買夷生口……☒　五七二〇

承四月簿餘二年蒭錢二千一百卌六錢☒　五七二一

主庫史殷連謹列閏月旦承餘新入襍錢簿　五七二二

右承餘市租錢一千四百　☒　五七二三

☒……六十四□　☒　五七二四

右入税米一百卌三斛　五七二五

承閏月簿餘元年口筭錢七百　五七二六

承六月簿餘元年紵租錢三千四百　五七二七

☒　妻大女妾年卅　筭一　☒　五七二八

妻大女難年卅一　筭一　☒　五七二九

入平鄉嘉禾二年税米五斛七斗胄畢𦋜嘉禾二年十月廿日常略丘烝
有關坚閣☒　五七三〇

☒　從兄公乘迁年五十六筭一苦腹心病復　五七三一

入廣成鄉嘉禾二年税米八斛胄畢𦋜嘉禾二年十一月十日楊丘盧張
關坚閣☒　五七三二

入平鄉嘉禾二年税米八斛五斗胄畢𦋜嘉禾二年十一月十日山下丘
盧觀關坚閣董基☒　五七三三

入平鄉嘉禾二年税米十一斛胄米畢𦋜嘉禾二年十一月廿一日盡丘
潘黑關坚閣☒　五七三四

☒……賈行錢二萬二千嘉禾四年□月十四日關坚閣張偒付　五七三五

□□五百嘉禾四年三月□日關邸閣張儁付主庫掾陳瑜史李從▨　五七三六

入廣成鄉嘉禾二年稅米十斛六斗冑畢☰嘉禾二年十一月廿七日寇丘番調關邸閣董基付▨　五七三七

……五月□日▨　五七三八

出用　無　▨　五七三九

右承餘蒭錢二千七百七十五錢　五七四〇

▨十一月廿三日上利丘番止關邸閣董基付倉吏鄭黑　五七四一

莣弟小女思年□歲　五七四二

▨　妻大女撮年卅　筭一苦腹心病復　五七四三

婢弟公乘馮年七歲　五七四四

入西鄉嘉禾二年稅米三斛二斗冑畢☰嘉禾二年十一月廿七日上俗丘張有關邸閣董▨　五七四五

右入稅米六十六斛□□▨　五七四六

入桑鄉嘉禾二年稅米廿斛二斗冑畢☰嘉禾二年十一月二日上俗丘□□關邸閣董基付三州倉吏鄭黑▨　五七四七

入桑鄉嘉禾二年稅米一斛八斗冑畢☰嘉禾二年十一月三日坪下丘谷伍（？）關邸閣董基▨　五七四八

入小武陵鄉嘉禾二年稅米八斛冑米畢☰嘉禾二年十一月五日彈溲丘烝貴關邸▨　五七四九

入桑鄉嘉禾二年租米二斛四斗冑畢☰嘉禾二年……▨　五七五〇

入平鄉嘉禾二年稅米四斛冑畢☰嘉禾二年十一月廿一日▨　五七五一

三州謹列所領嘉禾二年租稅襍限米種主簿　五七五二

領二年租米二千一百五十八斛六斗四升七合　五七五三

領二年新吏限米一千一百廿五斛六斗　五七五四

領二年𫏋贏客限米六十斛運集中倉付吏黃諱▨　五七五五

其一千八百十七斛三斗六合給稟大常所領吏　五七五六

入西鄉嘉禾二年稅米二斛七斗冑畢☰嘉禾二年十一月十一日上俗丘張長關邸閣董▨　五七五七

入西鄉嘉禾二年稅米八斛冑畢☰嘉禾二年十一月一日林溲丘廖侯關邸閣董▨　五七五八

▨斛三斗四合……二月十五日六斛六升付吏黃諱　三月九日九斛七斗五升付吏李金　五七五九

領二年粢租米一千一百七十五斛五斗一升　五七六〇

入□米二百一十八斛二斗▨　五七六一

妻大女妾年廿七▨　五七六二

▨……□□賈行錢二千□百嘉禾四年□月十日關邸閣張儁　五七六三

領二年都尉陳整士妻子租米三百卌七斛一升　▨　五七六四

▨□男弟伯年十歲　五七六五

【注】簡五七六五至五八〇九出土時原爲一坨，揭剝順序參見《揭剝位置示意圖》圖二十八。

領二年衛士限米五十斛運集中倉付吏▨　五七六六

▨　右晃家口食十人　男七女三　▨　五七六七

▨□父帛年八十一苦腹心病　五七六八

陽貴里户人公乘張益年……筭一　▨　五七六九

右□家口食□□人　男□□女一　▨　五七七〇

▨□　始生　五七七一

▨□男弟舉年六歲　五七七二

▨乘府年七歲　五七七三

遠姉雙年廿二筭一　▨　五七七四

▨湖男弟志年十三　五七七五

▨筭一　五七七六

如（？）妻禿年十▨　五七七七

凡口五事三　訾　五　十　五七七八

▨……百五十　▨　五七七九

□男弟張年十八筭一　▨　五七八〇

陽貴里戶人公乘雷如年卅二筭一 ☒ 五七八一

右㬎家口食六人 男四女二 ☒ 五七八二

□男姪□年十五 ☒ 五七八三

典田掾蔡忠惶恐叩頭死罪死罪……☒ 五七八四

何小妻妾年卅三筭一 ☒ 五七八五

右汝家口食九人 男三女六 ☒ 五七八六

委男弟皮年七歲☒ 五七八七

買妻犒年十七筭一 五七八八

表妻思年六十一 ☒ 五七八九

廟男姪毛鼠年十二 ☒ 五七九〇

子女回年十二 ☒ 五七九一

禿男弟庋年四歲 ☒ 五七九二

思妻汝年卅一筭一 五七九三

□男弟覽年廿一筭一 五七九四

右勳家口食八人 男三女五 ☒ 五七九五

凡……十人 ☒ 五七九六

【注】「凡」上原有墨筆點記。

☒……史李從受 五七九七

☒□賈行錢四萬□百嘉禾四年七月廿日關 五七九八

☒……史李從受 五七九九

☒……孫流賈行錢四萬嘉禾四年三月□日關邸閣張僑付主庫掾
…… 五八〇〇

☒……小女張□年十歲賈行錢二萬嘉禾四年二月廿四日關邸閣張僑 五八〇一

☒李從受 五八〇二

☒嘉禾四年□月十四日關邸閣張僑付主庫掾脩翰史彭翼受 五八〇三

☒夷生口大女□金賈行錢一萬七千嘉禾五年四月一日關邸閣張☒ 五八〇四

入南陽男子鄭文賈夷生口……賈行錢……關邸閣張僑付主庫掾脩翰 五八〇五

入……賈夷生口小男……直行錢七千（度□三千五百卅 雷□三千四百六十）嘉禾五年□月□日
關邸閣張僑付主庫掾陳瑜史李從受 五八〇六

入州吏董基所買二年夷生口小女張筭年十歲賈行錢一萬五千關邸閣張 五八〇七

入州吏曹□買夷生口小女張取賈行錢……☒ 五八〇八

入邑下男子黃敢買夷生口大女周□賈行錢七千嘉禾四年十二月十
日……☒ 五八〇九

入邑下男子□□買夷生口…… 五八一〇

【注】簡五八一〇至五八五二出土時原爲一坨，揭剥順序參見《揭剥位置示意圖》圖二十九。

覽妻衣年廿四踵足☒ 五八一一

下薮（？）里戶人高舉年八十六……☒ 五八一二

☒□年□歲 五八一三

☒□歲 五八一四

草言府……送叛士子弟李賈等四人詣……☒ 五八一五

☒凡口三人 五八一六

☒口食十人 五八一七

☒裸女弟兒年三歲 五八一八

景（？）男姪租年六歲 五八一九

☒ 十二月入倉 五八二〇

入民還二年所貸嘉禾元年……☒ 五八二一

富貴里戶人張如年卅九 妻□☒ 五八二二

☒……☒ 五八二三

右颺家口食五人 ☒ 五八二四

☒里戶人公乘唐政年卅九 政妻大女繒年卅二 政子仕伍界年十二 五八二五

☒　正月入倉　五八二六

☒年五十一筭一　□病　五八二七

☒嘉禾四年□月廿一日關坒閣張儁付主庫掾脩翰史彭翼受　五八二八

☒……☒　五八二九

領□八千　冊　五八三〇

入平鄉逢民二年所貸嘉禾元年……☒　五八三一

☒　踵女姪思年六歲　五八三二

右民還二年所貸☒　五八三三

廣成里户人公乘陳市年卅一　市妻大女給年廿二　市子仕伍兒年六歲　五八三四

☒乘潘禄年廿九　禄母大女妾年七十七　禄妻大女盤年廿二　五八三五

☒虞囊年卅二給郡卒　囊母大女妾年八十　囊大女姑年廿二　五八三六

【注】第三「囊」下應脱「妻」字。

☒　成子仕伍得年三歲　得弟小女兒年一歲新占民　五八三七

右情家口食四人　訾　五　十　五八三八

【注】「右」上原有墨筆點記。

☒　情弟仕伍兒年三歲　五八三九

☒右安家口食六人　訾　五　十　五八四〇

☒　囊父公乘□年六十八　囊妻大女思年卅二　五八四一

☒家口食五人　訾　五　十　五八四二

☒□妻大女□年……　五八四三

☒家口食四人　訾　五　十　五八四四

☒……踈妻大女明年廿七　踈小妻大女汝年廿三　五八四五

☒　禄弟公乘光年十五　禄子仕伍兒年五歲　五八四六

☒萬……　五八四七

☒□弟小男山年七歲　五八四八

☒食三人　訾　五　十　五八四九

右□家口食□人　☒　五八五〇

【注】「右」上原有墨筆點記。

右罷家口食五人　☒　五八五一

【注】「右」上原有墨筆點記。

☒□百一户口五百八十四人前所列黄簿民　五八五二

其一十九户口五十一人前所簿新占民　五八五三

【注】簡五八五三至五九六四出土時原爲一坨，揭剥順序參見《揭剥位置示意圖》圖三十。

☒□男□年四歲　□姪子男□年十一　五八五四

黑妻大女如年□□　黑子男□年五歲　五八五五

☒攘妻亲年六十　攘外姪子男□□年……　五八五六

顯弟大男識年廿二　客□弟小男興年□歲□□　五八五七

☒百七十人男　五八五八

閣李嵩倉吏李金蒴誤爲税入　☒　五八五九

庫吏殷連　☒　五八六〇

☒　子男□年十二腹左足　☒　五八六一

【注】「腹」與「左足」間有脱文。

☒　□樂二鄉領吏民户二百六十二户口一千五百五十四人　五八六二

☒其卅六户口二百卅九人係□□得新占民　五八六三

☒七百八十四斛……合□□☒　五八六四

縣二年領新還民限吴平斛米三百廿斛已入畢☒　五八六五

其八十八斛九斗……☒　五八六六

【注】簡中有朱筆塗痕。

☒□□年十七　□妻大女☒　五八六七

【注】簡中有朱筆塗痕。

☒五斛三斗六升……☒　五八六八

☒……脱逸不應爲　五八六九

☒廿三日租丘郭安關坒閣董基付☒　五八七〇

☒斛五斗民自入　五八七一

☒三州倉所運米　五八七二

☐卄　卌三斛五斗七升付吏黄諱番慮□斛二斗□升付吏李金　五八七三

☐……升　五八七四

☐其廿二斛六斗三州倉運米　☐　五八七五

☐　……斛一斗二升付吏黄諱番慮　四百卌三斛九斗一升付　五八七六
吏李金

未畢十八斛二斗　☐　五八七七

已入一千一十五斛七斗四升五合　五八七八

☐付主庫掾陳瑜史李從受　☐　五八七九

☐　買妻大女樂年卅九　☐　五八八〇

☐□歲　□弟小女宫年六歲　五八八一

☐里户人公乘王狗年五十五筭一　五八八二

☐二千　五八八三

☐　子公乘存年七歲　五八八四

☐庫掾陳瑜史李從受　☐　五八八五

小女囊年五歲　五八八六

子公乘硯年七歲　五八八七

☐　妻大女系年卅四　筭一　五八八八

☐治年五歲　五八八九

☐年七月十一日關邸閣張僑付主庫掾陳瑜史李從受　五八九〇

☐　凡口四事二　筭二事　訾　五　☐　五八九一

☐　妻大女閏年廿三　筭一　五八九二

入嘉禾二年新吏限米四斗　十一月入倉　五八九三

其一千七百三斛一斗二升三州倉運米　五八九四

☐　妻汝年……　子男漢年十歲　五八九五

☐家口食七人　☐　五八九六

☐……里户人公乘□□年五十七……　妻大女□☐　五八九七

右□家口食四人　☐　五八九八

☐諱潘慮☐　五八九九

☐　訾　五　十　五九〇〇

子小女從（？）年四歲　五九〇一

妻大女羽年卅六　筭一踵兩足　五九〇二

☐庫掾陳瑜史李從受☐　五九〇三

☐妾年七十九　五九〇四

☐右承餘蒭錢一千六百……　五九〇五

☐　□子公乘□年廿□　筭一踵兩足復　五九〇六

領二年火種租米七百六十九斛九斗六升　五九〇七

☐禾一斛　居　在　石　唐　丘　五九〇八

……五千八百……☐　五九〇九

□男弟金七歲　□□□☐　五九一〇

【注】「七歲」上應脱「年」字。

領二年佃卒限米二百廿二斛四升　五九一一

其一百六十斛九升三州倉運米　五九一二

☐習射限米卌斛　五九一三

☐斛五斗三升　☐　五九一四

☐……州倉吏周棟☐　五九一五

入二年郵卒限米二斛　五九一六

☐索達年卅　筭一刑左足復☐　五九一七

☐妻大女汝年六十五　五九一八

☐□弟小女告年七歲　五九一九

☐其十二户下户民☐　五九二〇

☐　户下婢絲長五尺踵足　户下☐　五九二一

☐□子女□年□歲☐　五九二二

☐其四萬五千一百九十九斛二斗九升已☐　五九二三

☐限米廿九斛八斗三升　五九二四

☐子小女□年七歲　五九二五

☐烝丁琉……民事（？）　五九二六

☒……言君誠惶誠恐叩頭死罪死罪☒　五九二七

☒□守粟民限米五十斛　五九二八

☒□入鄉□書其年八月九日　☒　五九二九甲

☒……安□如□□　五九二九乙

☒爲……錢卌三萬八……☒　五九三〇

……萬……
……生口……萬七千四百……☒　五九三一

入桑鄉嘉禾二年税米三斛胄畢𡒄嘉禾二年十一月廿日何丘縣吏谷

□☒　五九三二

☒子男生年四歲　五九三三

☒□年□歲　五九三四

高平里户人公乘區應年八十……　五九三五

妾弟大女禿年卌七　☒　五九三六

☒……賈行錢四萬嘉禾四年三月一日關坚閣張　五九三七

☒年五歲　五九三八

☒琦（？）年十六　筭一　五九三九

☒□　訾　五☒　五九四〇

☒筭二事　訾　五☒　五九四一

☒筭二事　訾　五☒　五九四二

☒年五歲　五九四三

☒　□弟小男禺（？）年七歲　五九四四

☒　□□男非年……　☒　五九四五

右羽家口食□人　男☒　五九四六

☒□　五九四七

陽貴里户人公乘廖孫年卅八筭☒　五九四八

定收二頃六十一畝二百卅五步　五九四九

右民還嘉禾二年所貸嘉禾元年税米四百☒　五九五〇

九千八百錢元年均租錢　五九五一

一千一百卅六錢三年蒭錢　五九五二

承五月簿餘二年均租錢一萬五千　五九五三

☒……年四歲　五九五四

☒……年五歲　五九五五

☒年五十　子男五年四歲　五九五六

☒　兒男弟前年十一　五九五七

其……人故……　五九五八

右承餘新入財用錢四萬五千☒　五九五九

☒□公乘南年二歲　五九六〇

承正月簿餘元年均租錢二萬八千五百☒　五九六一

右盧家口食☒　五九六二

承五月簿餘元年士蒭錢一千三百☒　五九六三

右出具錢三千一百　☒　五九六四

子小女金年七歲☒　五九六五

【注】簡五九六五至六〇七八出土時原爲一坨，揭剥順序參見《揭剥位置示意圖》圖三十一。

……年七十七　五九六六

☒□九人男二人女　☒　五九六七

☒□年六十二　子公乘毛年廿八給州卒　☒　五九六八

☒筭一事　訾　五　十　五九六九

富貴里户人公乘周金年六十一　聾苔　☒　五九七〇

……蒭錢……☒　五九七一

☒　□妻□年十七筭一　五九七二

☒……　五九七三

右銀家口食三人　男一女二☒　五九七四

篤妻思年卅七　筭一☒　五九七五

☒　不　五九七六

☒　右……　五九七七

☒□妻思年卅一筭一☒　五九七八

……九十錢……　五九七九

☒　見　五九八〇

☒□事三　筭☒　五九八一

陽貴里户人公乘市阻年卅一筭一　☒　五九八二

☒　□男弟平年六歲　五九八三

⧄子男當年八歲　□⧄　五九八四

⧄子小女□年四歲⧄　五九八五

⧄……⧄　五九八六

右北家口食十一[人]　筭五⧄　五九八七

……⧄　五九八八

⧄　□□思年廿六筭一　⧄　五九八九

⧄歲　妻男弟懸年十二生病　五九九〇

□姪矩年卅一⧄　五九九一

⧄　作（？）妻□年廿一筭一　五九九二

⧄　妻勉年卅筭一　五九九三

陽貴里户人公乘潘堅年[九]十一樵民　⧄　五九九四

⧄□吴絲年卅　五九九五

陽貴里户人公乘鄭如年卅八筭一　五九九六

⧄公乘鄧高[年]……　⧄　五九九七

⧄……已年七十一　⧄　五九九八

陽貴里户人公乘吴勳（？）年五十三筭一　⧄　五九九九

⧄□妻□年卌一筭一　⧄　六〇〇〇

子男未年廿一筭一⧄　六〇〇一

子男平年⧄　六〇〇二

⧄[弟][約]年五歲　六〇〇三

陽貴里户人公乘萬平年□九　⧄　六〇〇四

富貴里户人公乘孫元年卌　⧄　六〇〇五

⧄　卅三斛五斗得牛一頭脂卅斤□五□大□⧄　六〇〇六

【注】「卅」上原有墨筆點記。

右故家口食六人　男一女五　六〇〇七

⧄……萬年七[歲]　六〇〇八

⧄　滇子男勞年卅八筭一　⧄　六〇〇九

思男弟解年十二盲左目　⧄　六〇一〇

⧄户人大女□汝年[廿][九]　六〇一一

⧄□舅逢黑年廿三筭一　六〇一二

⧄右□[家]口[食]八人　男七女一　筭[二]⧄　六〇一三

【注】「右」上原有墨筆點記。

⧄　□弟公乘□年十一□　□□　⧄　六〇一四

宫男弟鼠年四歲　⧄　六〇一五

⧄[户][人][公][乘][謝][龍][年][五][十]……⧄　六〇一六

小妻禁年[廿][六]筭一　⧄　六〇一七

右買家口食……人　男□女□　訾⧄　六〇一八

……[年][四]歲　⧄　六〇一九

□男弟[山]年七歲⧄　六〇二〇

【注】「男弟」上□右半殘缺，左半從「木」。

厭男弟□年五歲⧄　六〇二一

⧄　其廿三斛一斗二升嘉禾四年鋘賈□⧄　六〇二二

東□[里][户][人][公][乘]烝馬年五十腹心病　訾⧄　六〇二三

⧄□　訾　五⧄　六〇二四

妻大女□年卅[五]　□姪子男唐（？）年□⧄　六〇二五

妻大女妾年廿八筭一　子男頭年五歲　六〇二六甲

⧄爲錢（？）……⧄　六〇二六乙

⧄　姪子男早年九歲　早男弟在年八歲盲左目　六〇二七

⧄　妻大女□年卌筭一　子男[韭]年十二　六〇二八

⧄兄□年卌四筭一　六〇二九

⧄……　筭□　六〇三〇

⧄……　訾　五　十　六〇三一

⧄　子男□年六歲⧄　六〇三二

右里家口食十四人　筭六　⧄　六〇三三

義妻姑年廿□　⧄　六〇三四

⧄温年十五筭一　六〇三五

⧄六十三　子男□年卅筭一足勁　六〇三六

【注】「子男」下□右半殘缺，左半從「木」。

……年財用錢二千六百　⧄　六〇三七

右平家口食三人　男一女二　六〇三八

頃女弟兒年[三]歲　六〇三九

莫子男夷年[卅][四][踵][兩][足]　六〇四〇

陽貴里户人公乘朱伍年卅一踵兩足　六〇四一

☑　□男姪竟年四歲　六〇四二

☑妻大女思年□五　筭一　☑　六〇四三

入……年稅米……冑畢☑　六〇四四

右平鄉入□士限米廿　☑　六〇四五

【注】「右」上原有墨筆點記。

☑鄉校……女弱……☑　六〇四六

☑　☑右……☑　六〇四七

☑　□男弟□年二歲　☑　六〇四八

☑　□男弟岑年十一　☑　六〇四九

☑……踵兩足　☑　六〇五〇

☑四百一十二錢　☑　六〇五一

☑筭四事二　訾　二　十　六〇五二

☑……筭一　六〇五三

今餘錢　無　☑　六〇五四

☑　妻□年卅腹心病☑　六〇五五

☑□十四　六〇五六

出大男區有臧行錢一千三百七十六錢送詣府嘉禾四年二月☑　六〇五七

☑吏限米六斛冑畢𣥺嘉禾二年十一月十日常略丘謝得關邸閣董基付☑　六〇五八

☑嘉禾二年新吏限米……冑畢𣥺嘉禾二年十一月十日專丘謝大關邸閣董基☑　六〇五九

☑弟金年十五　筭一　六〇六〇

☑畢𣥺嘉禾二年十一月十一日須丘盧張關邸閣董基付三州倉吏鄭黑☑　六〇六一

子男□☑　六〇六二

☑姪子公乘棟年十一　六〇六三

☑嘉禾四年五月廿三日廿九日六月卅三日付吏陳通市稻☑　六〇六四

☑三萬四百嘉禾四年三月廿日四月十日十□月四日付吏□□☑　六〇六五

其一百卅三斛五斗七升□☑　六〇六六

其一百七十五斛☑　六〇六七

其一斛五斗……☑　六〇六八

入嘉禾元年步侯還民……嘉☑　六〇六九

其三斛□□嘉禾二年　☑　六〇七〇

其一百廿二斛□合嘉☑　六〇七一

年四月□日關邸閣張儁付庫掾陳□☑　六〇七二

入桑鄉二年財用錢九千　☑　六〇七三

☑……廿一□嘉禾四年三月十一日……☑　六〇七四

右出錢五千七百七十出用盡　☑　六〇七五

☑　筭一事　六〇七六

☑……萬七千九百七十五錢送詣府☑　六〇七七

☑大女忩年六十五　忩子男敬年十八　六〇七八

入都鄉嘉禾元年蒭錢七千　☑　六〇七九

【注】簡六〇七九至六一三三出土時原爲一坨，揭剥順序參見《揭剥位置示意圖》圖三十二。

☑　承□月市行錢三萬七□□四年□　☑　六〇八〇

☑　無　☑　六〇八一

入桑鄉元年口筭錢六千五百卌　☑　六〇八二

妻大女□☑　六〇八三

子公乘鼠年三☑　六〇八四

其一千一百卅一錢三年蒭錢　☑　六〇八五

☑一千　六〇八六

承二月簿餘嘉禾元年稅市租錢四千八百　☑　六〇八七

☑二歲　六〇八八

入中鄉元年口筭錢六千☑　六〇八九

入都鄉元年均租錢二千☑　六〇九〇

☑　一萬二百七十五錢元年均租錢　☑　六〇九一

☑□百五十八爲行錢一萬六百六付吏李□☑　六〇九二

承二月簿餘嘉禾元年稅市租錢二☑　六〇九三

出用　無　☑　六〇九四

入桑鄉市租錢四千八百　六〇九五

☑　無　六〇九六

☑　承餘市租錢四千八百　六〇九七

出用　無　☑　六〇九八

右承餘新入均租錢□☑　六〇九九

入廣成鄉嘉禾元年紵租錢四千八百　☑　六一〇〇

入南鄉元年財用錢三萬☑　六一〇一

三千二百元年復民租錢☑　六一〇二

右承餘市租錢四千☑　六一〇三

出用　無　☑　六一〇四

四千嘉禾二年復民租☑　六一〇五

☑兩足腹心病　六一〇六

☑□百五□二年酒租錢　六一〇七

☑□□年□□　六一〇八

富貴里户人公乘高文年五……☑　六一〇九

□女弟□年九歲　☑　六一一〇

□男弟□年一歲　☑　六一一一

☑三　腹心病　☑　六一一二

妻☑　六一一三

☑　其五萬□千九十七錢財用錢　☑　六一一四

承正月簿餘元年口筭錢卅六萬四千二百三☑　六一一五

中鄉一萬四千二百　☑　六一一六

□男弟帝（？）年□☑　六一一七

東陽里户人公乘烝習年五十五　☑　六一一八

迪女弟小年一歲　☑　六一一九

□□公乘□年……☑　六一二〇

☑□年十八筭一　六一二一

☑……　筭二事　六一二二

☑四人　訾　五　十　六一二三

☑　筭三事　六一二四

☑……　訾　五　十　六一二五

☑百九十二錢　☑　六一二六

□□掾蔡忠楊□董□□□　☑　六一二七

右皮家口食五人　☑　六一二八

妻大女妾年卅一筭一　☑　六一二九

凡口二事□　筭一事☑　六一三〇

☑歲　賢妻大女汝年十六　六一三一

☑　訾　五　十　六一三二

☑□妻大女訇（？）年卅二　六一三三

☑□二百四錢爲具錢九千四百☑　六一三四

妻大女枉（？）年□☑　六一三五

☑□思年五十一筭一　六一三六

凡口四事三　筭☑　六一三七

☑斗女弟約年三歲　六一三八

從男姪毛（？）龍年五歲☑　六一三九

九月廿一日庚申長沙大守兼中部督郵書☑　六一四〇

☑……　訾　五　☑　六一四一

☑　……□斛二斗給區……☑　六一四二

☑　妻大女從年卅四筭一　子男發年廿二　六一四三

☑　客（？）女弟思年九歲　六一四四

東陽里户人公乘唐張年六十四　訾　☑　六一四五

東陽里户人公乘烝衆年卌五　筭一　刑毆背　訾□☑　六一四六

東陽里户人公乘吴百年卅　刑病　訾☑　六一四七

妻大女□年卅三……子女生☑　六一四八

☑十三　聾苔　☑　六一四九

☑匡七歲　六一五〇

☑鉊（？）男弟士年八歲　六一五一

☑　妻大女頡年卌一筭一　子男主年六歲　六一五二

☑婢年十五筭一　六一五三

☑　□男弟斗年九歲　六一五四

☑　訾　五　十　六一五五

☑　□妻吴年十七筭一　六一五六

☑　筭二事一　六一五七

⧄筭三⧄　六一五八

⧄　□男弟小年十二　⧄　六一五九

⧄□弟小男暹年五歲　⧄　六一六〇

⧄　安男弟□年……⧄　六一六一

⧄□　筭二　訾　五　十　六一六二

妻大女思年□⧄　六一六三

⧄元年卌　風病　刑左□　⧄　六一六四

⧄□五筭一　從男弟公乘留（？）十三　踵病　六一六五

【注】「十三」上應脱「年」字。

⧄年六歲　六一六六

⧄年廿八筭一　六一六七

⧄　昭姪子女見年八歲　見男弟⧄　六一六八

⧄陽里户人公乘潘奇年五十六刑左足　⧄　六一六九

⧄人公乘苗昭年五十七　腹心病　訾　二　百　六一七〇

⧄　姪子男山年八歲　⧄　六一七一

⧄……李……⧄　六一七二

⧄……丞……⧄　六一七三

⧄平……　六一七四

⧄合子女□年十五　孝父公乘税年八十五　六一七五

⧄　筭三事　六一七六

⧄　筭三事　六一七七

妻大女莌年卌八　筭一　六一七八

⧄筭二事　訾　五　十　六一七九

凡口六事四　筭二事一　訾　五　十　六一八〇

⧄　愁弟小女思年四歲　六一八一

東龍里户人公乘□禮（？）年□九　苦腹心病　六一八二

⧄……年十五　筭一腹心病復（？）　⧄　六一八三

富貴里户人公乘烝龍年卌四筭一苦腹心病　六一八四

□□里户人公乘朱禽年卌二筭一　六一八五

⧄婢女弟倉年七歲　⧄　六一八六

⧄　子小女精年三歲　⧄　六一八七

⧄事　筭二事一　訾⧄　六一八八

妻大女妾年卌九　筭一　六一八九

常遷里户人公乘張增年六十四踵兩足　六一九〇

⧄　凡口七事五　筭四事二　⧄　六一九一

【注】「凡」上原有墨筆點記。

迫妻大女思年廿三　筭一踵兩足　六一九二

□子小女止年十一　六一九三

凡口四事三　筭二事一　訾　五　十　六一九四

【注】「凡」上原有墨筆點記。

常遷里户人公乘胡主年卌八筭一給郡卒　六一九五

止弟公乘伯年七歲　六一九六

凡口五事　筭□事□　訾　五　十　六一九七

【注】「凡」上原有墨筆點記。

□弟小女訾年六歲　六一九八

【注】「弟」上□右半殘缺，左半從「禾」。

妻大女姑年卌三　筭一腹心病　六一九九

粟弟公乘延年卌二　筭一踵兩足　六二〇〇

宣弟小女積年五歲　六二〇一

凡口四事二　筭二事一　訾　五　十　六二〇二

【注】「凡」上原有墨筆點記。

⧄　筭一踵兩足　六二〇三

挃弟小女思年五歲　黑姪子女占（？）年五歲　六二〇四

常遷里户人公乘何黑年卌五筭一聾兩耳復　六二〇五

妻大女思年廿　筭一踵兩足　六二〇六

妻大女思年十九　六二〇七

妻大女蒻年廿九　筭一刑右手　六二〇八

凡口四事三　筭二事復　訾　五　十　六二〇九

【注】「凡」上原有墨筆點記。

杭子公乘□年廿五　筭⧄　六二一〇

常遷里户人公乘馬秩年卌一筭一　⧄　六二一一

子公乘禾年十三　⧄　六二一二

⧄……五年□□　筭一給軍卒復　六二一三

高平里户人公乘魯鳥年廿二　筭一刑右足復　六二一四

杭從弟公乘特年卅　六二一五

☐凡口五事四　筭三事一　訾　五　☐　六二一六

【注】「凡」上原有墨筆點記。

子小女利年十四　六二一七

困母大女姜年六十一　六二一八

子公乘慮年七歲　六二一九

右出錢二萬二千四百七十一　☐　六二二〇

【注】「右」上原有墨筆點記。

承十月簿餘元年鄉市租錢四千八百　☐　六二二一

☐禾二年十一月廿五日頃丘盧張關邸閣董基付倉吏鄭☐　六二二二

☐聚（？）男弟鈓年十五筭一　階子男□☐　六二二三

子小女見年五歲　☐　六二二四

☐卅六筭一刑左足　訾　五☐　六二二五

子公乘苾年十　☐　六二二六

□子男果年九歲　六二二七

☐年九月卅日平陽丘呂卓關邸閣董基付倉吏鄭黑受　六二二八

入樂鄉嘉禾二年税米一斛三斗就畢𠄡嘉禾二年十一月廿日下溲☐　六二二九

☐𠄡嘉禾二年十一月一日吴丘新吏黄連關邸閣董基付倉吏☐　六二三〇

☐年……常略丘向思關邸閣董基付倉吏鄭黑受　六二三一

入平鄉嘉禾二年税米一斛胄畢𠄡嘉禾二年十一月廿日平樂丘□☐　六二三二

☐米畢𠄡嘉禾二年十一月三日溧丘番金關邸閣董基付倉吏鄭黑受☐　六二三三

東陽里户人公乘□黑年廿六筭一真吏復　六二三四

【注】簡六二三四至六四四九出土時原爲一坨，揭剥順序參見《揭剥位置示意圖》圖三十三。

上鄉里户人公乘栂喜年廿二　筭一　六二三五

☐斛五斗就畢𠄡嘉禾二年十一月廿八日彈溲丘番巴關邸閣董基☐　六二三六

☐盡丘陳專關邸閣董基付倉吏鄭黑受　六二三七

☐□𠄡嘉禾二年二月廿四日東丘陳困關邸閣董基付倉吏鄭☐　六二三八

☐□米九斛胄畢𠄡嘉禾二年十一月十日吴丘黄貢關邸閣☐　六二三九

☐溲丘烝梟關邸閣董基付倉吏鄭黑受　六二四〇

入平鄉嘉禾二年租米十四斛二斗胄畢𠄡嘉禾二年十一月十一日□☐　六二四一

九月日關中部督郵　☐　六二四二

君誠惶誠恐叩頭死罪死罪敢言之　☐　六二四三

☐□百卅六錢　六二四四

☐□六錢　六二四五

☐承餘𧬘租錢二萬三百七十五錢　六二四六

……錢……萬四千八百☐　六二四七

【注】簡上原有墨筆點記。

出用　無　六二四八

鄭柏趙□作船□……　六二四九

☐□市調布八月得布匹數□　六二五〇

☐　其九千二年絢租錢　☐　六二五一

☐領米八萬六百一十斛三斗七升六合已　六二五二

【注】簡中有朱筆塗痕。

承六月簿餘元年士妻子蒻（？）錢□千四百　六二五三

右承餘新入絢租錢一萬三千一百七十　☐　六二五四

【注】「右」上原有墨筆點記。

右承餘蒻錢一千一百卅六錢　六二五五

【注】「右」上原有墨筆點記。

右承餘新入財用錢五千……☐　六二五六

【注】「右」上原有墨筆點記。

右承餘……錢……☐　六二五七

【注】「右」上原有墨筆點記。

☐承餘新入財用錢□千□百六十五錢　六二五八

右承餘新入復民☐　六二五九

【注】「右」上原有墨筆點記，

右承餘新入埳租錢一萬五千　六二六〇

【注】「右」上原有墨筆點記。

出市租具錢一萬五百五十五錢爲行錢一萬一千四百一十七錢付吏
李珠市布二年五月□☑　六二六一

右出錢廿萬五百　六二六二

【注】「右」上原有墨筆點記。

右承餘蒻錢一千五百　六二六三

【注】「右」上原有墨筆點記。

☑千　☑　六二六四

☑……千六百……☑　六二六五

出復民租具錢八千爲行錢九千四百一十二錢嘉禾二年閏月十四日
付吏李珠市布　六二六六

右承餘蒻錢七千廿八錢　☑　六二六七

【注】「右」上原有墨筆點記。

右出具錢一萬五百五十五錢　☑　六二六八

【注】「右」上原有墨筆點記。

☑□承餘新入裸錢一百二萬五千一百五十七錢　六二六九

承七月簿餘嘉禾二年市租錢十五萬　☑　六二七〇

承八月簿餘三年士妻子蒻錢七千廿八錢　☑　六二七一

☑七月簿餘四月……錢　☑　六二七二

☑……吏黄諱潘慮列簿起☑　六二七三

☑　右新入復民租錢六千　六二七四

【注】「右」上原有墨筆點記。

☑　右承餘蒻錢一千一百卌六錢　六二七五

【注】「右」上原有墨筆點記。

右出錢八千　☑　六二七六

【注】「右」上原有墨筆點記。

主庫吏殷連謹列六月旦承餘新入裸錢簿　☑　六二七七

承閏月簿餘三年蒻錢一萬一百卌六錢　六二七八

今餘錢二千　六二七九

【注】「今」上原有墨筆點記。

今餘錢　無　六二八〇

出用　無　六二八一

入市吏番羜嘉禾二年酒租錢□二萬三千五百　□　六二八二

☑　無　☑　六二八三

出用　無☑　六二八四

承五月簿餘元年堣租錢九千八百廿　六二八五

右承餘堣租錢九千八百廿　六二八六

【注】「右」上原有墨筆點記。

☑……丘□□關坠閣董基付倉吏鄭☑　六二八七

承五月簿餘元年口筭錢七百　六二八八

☑□餘嘉禾二年復民租錢四千　六二八九

出酒租具錢二萬五千五百爲行錢三萬嘉禾二年六月四日付吏李珠
市布　六二九〇

右承餘……錢九千八百廿　六二九一

右承餘復民租錢四千　六二九二

【注】「右」上原有墨筆點記。

六千二年復民租錢　六二九三

出用　無　六二九四

承四月簿餘元年士蒻錢一千三百　六二九五

右出酒租錢二萬五千五百　六二九六

【注】「右」上原有墨筆點記。

右承餘蒻錢一千一百卌六錢　六二九七

【注】「右」上原有墨筆點記。

☑出用　無　☑　六二九八

出用　無　六二九九

右出錢卌二萬五千　六三〇〇

【注】「右」上原有墨筆點記。

右承餘市租錢十五萬　六三〇一

【注】「右」上原有墨筆點記。

☑□二年堣租錢九千　六三〇二

右承餘堣租錢九千　☑　六三〇三

【注】「右」上原有墨筆點記。

右承餘士蒻錢一千三百　☑　六三〇四

【注】「右」上原有墨筆點記。

承四月簿餘元年紵租錢一萬七千四百五十　六三〇五

右四月旦承餘新入褋錢卌八萬一千二百卌一錢　六三〇六

【注】「右」上原有墨筆點記。

右新入錢五萬五千九百八十　六三〇七

【注】「右」上原有墨筆點記。

今餘錢九千八百廿　六三〇八

【注】「今」上原有墨筆點記。

右出錢二萬五千五百　六三〇九

【注】「右」上原有墨筆點記。

⍁□二千四百七十　六三一〇

承九月簿餘二年紵租錢一萬三千一百七十　六三一一

其二千九百九十五元年蒭錢　六三一二

今承餘……二萬五千四百六十　六三一三

出用　無　六三一四

其二千一百元年口筭錢　六三一五

出用　無　⍁　六三一六

承八月簿餘二年均租錢九千　六三一七

承閏月簿餘元年均租錢九千八百廿　六三一八

今餘錢　無　六三一九

【注】「今」上原有墨筆點記。

出用　無　六三二〇

承六月簿餘元年口筭錢二千一百　⍁　六三二一

出用　無　六三二二

入東鄉元年紵租錢一千　⍁　六三二三

承七月簿餘元年紵租錢七千八百　⍁　六三二四

入東鄉嘉禾二年紵租錢……　⍁　六三二五

入東鄉二年口筭錢一萬二千　⍁　六三二六

右承餘復民租錢三千五百　六三二七

【注】「右」上原有墨筆點記。

其廿七萬四千三百廿二錢　□⍁　六三二八

出用　無　⍁　六三二九

出用　無　六三三〇

一萬二千二年紵租錢　⍁　六三三一

承三月簿餘元年紵租錢二萬四千二百五十　六三三二

【注】簡中有朱筆塗痕。

入西鄉元年紵租錢一千五百　⍁　六三三三

右承餘口筭錢七百⍁　六三三四

【注】「右」上原有墨筆點記。

入中鄉元年蒭錢七百卅　⍁　六三三五

承二月簿餘□年復民租錢三千五百　⍁　六三三六

入小武陵鄉嘉禾元年蒭錢四千三百　⍁　六三三七

今餘錢六百廿□錢　⍁　六三三八

【注】「今」上原有墨筆點記。

……坾租錢一萬六千三百六十二錢　⍁　六三三九

承三月簿餘元年坾租錢二萬三百七十五錢　⍁　六三四〇

入□鄉元年絢租錢二千　中　六三四一

⍁□年蒭錢七百六十　六三四二

右新入褋錢一萬六千七百七十五錢　六三四三

【注】「右」上原有墨筆點記。

右承餘口筭錢二千一百　六三四四

【注】「右」上原有墨筆點記。

入桑鄉嘉禾元年口筭錢四百　中　六三四五

入□鄉元年紵租錢五百　六三四六

承二月簿餘嘉禾元年士蒭錢……千三百　⍁　六三四七

廿二萬□千八百……⍁　六三四八

一千一百卌六錢三年蒭錢　⍁　六三四九

一千一百卌六錢三年蒭錢⍁　六三五〇

一千三百元年士蒭錢⍁　六三五一

今餘錢卌六萬四千八百七十九　⍁　六三五二

【注】「今」上原有墨筆點記。

入西鄉元年紵租錢二千　六三五三

入□鄉嘉禾元年蒭錢二千　⍁　六三五四

承四月簿餘二年復民租錢六（？）千　⍁　六三五五

右承餘新入蒭錢廿四萬八千八百九十八錢　六三五六

【注】「右」上原有墨筆點記。

出用　無　☑　六三五七

其廿八萬五百□☑　六三五八

出用　無　☑　六三五九

出用　無　☑　六三六〇

其廿九萬四千一百廿二錢元年□□錢　☑　六三六一

【注】「其」上原有墨筆點記。

入東鄉元年紵租錢一千　☑　六三六二

入二年復民租錢二千　☑　六三六三

入桑鄉元年紵租錢二千　☑　六三六四

右承餘新入復民租錢八千　☑　六三六五

【注】「右」上原有墨筆點記。

右承餘新入紵租錢二萬六千五十　六三六六

【注】「右」上原有墨筆點記。

入樂鄉元年紵租錢三百　☑　六三六七

右承餘埼租錢九千八百　☑　六三六八

【注】「右」上原有墨筆點記。

出用　無　☑　六三六九

承四月簿餘元年鄉市租錢四千八百　☑　六三七〇

入南鄉三年蒭錢二千　☑　六三七一

一萬一千四百五十嘉☑　六三七二

☑賦用錢二萬七千　中　六三七三

□月卅日☑　六三七四

三千五百元年復民租錢　六三七五

入桑鄉元年蒭錢八百　中　六三七六

右承餘市租錢四千八百　六三七七

【注】「右」上原有墨筆點記。

右承餘市租錢三萬一百　☑　六三七八

【注】「右」上原有墨筆點記。

卅六萬四千一百三錢元年口筭錢　☑　六三七九

承三月簿餘元年蒭錢四萬九百一十九錢　☑　六三八〇

承正月簿餘二年蒭錢七萬五千七百八十一錢　☑　六三八一

入東鄉嘉禾元年蒭錢三千三百☑　六三八二

入西鄉三年蒭錢二千七百　☑　六三八三

四千八百元年桑鄉市租錢　☑　六三八四

三萬一百嘉禾元年市租錢　六三八五

出用　無　☑　六三八六

一千三百元年士妻子蒭錢　六三八七

承三月簿餘元年紵租錢一萬一千四百五十　六三八八

入樂鄉三年蒭錢二千　☑　六三八九

入都鄉元年蒭錢一萬二千八百　☑　六三九〇

右出錢廿萬七千六百……　☑　六三九一

【注】「右」上原有墨筆點記。

二萬三千三百九十三年士蒭錢　六三九二

【注】「二萬」上原有墨筆點記。

右承餘新入市租錢四千八百　☑　六三九三

入桑鄉元年市租錢一千八百　☑　六三九四

出用　無　☑　六三九五

承十二月簿餘元年口筭錢五十五萬六千十三錢　☑　六三九六

主庫史殷連謹列二月旦承餘新入襍錢簿　☑　六三九七

☑……付吏……　六三九八

領州吏鄧賈罰皮殼錢……☑　六三九九

出行錢□萬□千三百……☑　六四〇〇

【注】本簡與前六三九八簡可能係同一枚簡的上、下段。

入桑鄉嘉禾元年蒭錢六千　☑　六四〇一

三萬三百七十五錢嘉禾元年埼☑　六四〇二

入小武陵鄉元年口筭錢二千　☑　六四〇三

☑鄉元年口筭錢三萬一千七百廿四錢　☑　六四〇四

☑　十一萬二千八百六十九錢元年蒭錢　☑　六四〇五

【注】「十一」上原有墨筆點記。

右承餘新入紵租錢一萬一千四百五十　六四〇六

今餘錢五十一萬二千九十七錢　☑　六四〇七

【注】「今」上原有墨筆點記。

今餘錢三萬一千九百七十　☑　六四〇八

六四〇九 承五月簿餘元年紵租錢二千七百 ☒
六四一〇 右餘錢三萬五千 ☒
六四一一 領男子潘郡所賈夷生口鄭以賈行錢☒
六四一二 右承餘市租錢三萬一百 ☒
六四一三 承二月簿餘元年市租錢三萬一百 ☒
六四一四 承二月簿餘嘉禾元年市租錢三萬一百 ☒
六四一五 出用 無 ☒
六四一六 ☒ 三萬一百元年市租錢 ☒
六四一七 今餘錢卅六萬五千二百三錢 ☒
六四一八 ☒ 右承餘紵租錢二千□☒

【注】「右」上原有墨筆點記。

六四一九 右承餘士蕓錢一千三百 ☒

【注】「右」上原有墨筆點記。

六四二〇 卅一萬三千三百六十三年士蕓☒
六四二一 主庫吏殷連謹列三月旦承餘新入襍錢簿 ☒
六四二二 出財用具錢廿萬一千九百一十爲行錢廿三萬☒
六四二三 出用 無 ☒
六四二四 入東鄉二年士蕓錢三千二百 ☒
六四二五 出用 無 ☒
六四二六 承二月簿餘元年桑鄉市租錢三千 ☒
六四二七 右出錢八千五百 ☒

【注】「右」上原有墨筆點記。

六四二八 出用 無 ☒
六四二九 入都鄉元年口筭錢一萬四千二五十 ☒
六四三〇 ☒中
六四三一 領收除數錢三千五百廿 ☒
六四三二 右領及收除數錢二萬三千五百廿 ☒

【注】「右」上原有墨筆點記。

六四三三 右出錢……三…… ☒
六四三四 ……關坚閣董基……☒
六四三五 出行錢一萬六百一十七縣……四年七月☒
六四三六 出復民租具錢八千五百爲行錢一萬市嘉禾元年□☒
六四三七 承三月簿餘元年蕓錢二萬六千一百七十九☒
六四三八 右承餘士蕓錢☒

【注】「右」上原有墨筆點記。

六四三九 右出錢十三萬四千三百 ☒
六四四〇 今餘錢一千五百 ☒
六四四一 入小武陵鄉二年絢租錢二萬二千七百廿 ☒
六四四二 ☒男□受年八十八 ……女弟□年五十三 ☒
六四四三 右領錢三萬 ☒

【注】「右」上原有墨筆點記。

六四四四 出用 無 ☒
六四四五 右承餘新入蕓錢八萬五千五百☒

【注】「右」上原有墨筆點記。

六四四六 ☒ 無 ☒
六四四七 一千廿八錢三年士蕓錢☒

【注】「一千」上原有墨筆點記。

六四四八 出口筭具錢廿萬七千六百六十六錢爲行錢☒
六四四九 承三月簿餘元年埳租錢三萬二千☒
六四五〇 右琿家口食五人 其三人男 二人女

【注】「右」上原有墨筆點記。

六四五一 梁母大女妾年七十一 □……
六四五二 耶男弟忠年十 士姪子男福年十三
六四五三 吉陽里户人公乘魯客年五十一腫兩足 訾 五 十
六四五四 止母大女妾年六十九 止妻大女姑年廿五
六四五五 梁妻大女貞年卌一 梁子李年十七踵兩足
六四五六 妻大女汝年卌一 子男皎年歲刑兩足

【注】「年」「歲」間應脱數字

六四五七 吉陽里户人公乘鄧馮年卌八 聾兩耳
六四五八 妻大女緒年卅二 子男伯年九歲
六四五九 妻大女姑年卅一 子男希年六歲

李男弟困年六歲　困女弟婢年七歲　六四六〇

姪子男絺年十一　絺男弟了年六歲　六四六一

舟男弟統年十六　婺子男得年卅　六四六二

婺姪子男二年六歲　外姪子項年九　六四六三

☐……中部督郵……日甲辰（？）白☐　六四六四

【注】「九」下應脱「歲」字。

☐鄉嘉禾□年限米十七……〼嘉禾□年□月□日……付三州倉吏　六四六五

谷漢受　六四六六

……　□男弟□年二歲　六四六七

入南鄉嘉禾二年税白米九斗☐　六四六八

入西鄉嘉禾二年税粢□米十一斛☐　六四六九

入東鄉……☐　六四七〇

☐税米一斛七斗三斤〼☐　六四七一

☐……月十九日……☐　六四七二

☐……二百三斛……☐　六四七三

☐……☐　六四七四

☐……三……☐　六四七五

☐對封　六四七六

☐〼嘉禾☐　六四七七

☐史殷連白　六四七八

☐□事☐　六四七九

☐區☐　六四八〇

☐□□□飲食不見覺後迪……　戶下□□□　六四八一

☐□□□□□□□□如（？）何□□□□☐　六四八二

……嘉……　六四八三

☐……人名年紀簿……　六四八四

☐……　六四八五

……☐　六四八六

□白……一□☐　六四八七

☐……市租錢米有入未畢□☐　六四八八

☐其二張（？）□　六四八九

☐十日付……☐　六四九〇

亟隱核……☐　六四九一

☐□□掾史張□草　六四九二

☐□□益……☐　六四九三

☐……下……☐　六四九四

☐……復……　六四九五

☐姑母大女……☐　六四九六

☐□長四尺四寸☐　六四九七

☐□已入畢……☐　六四九八

☐年給私學　☐　六四九九

☐……□十　訾……☐　六五〇〇

☐……益……☐　六五〇一

☐陽貴里……　六五〇二

☐□郡吏……☐　六五〇三

☐□□……　六五〇四

☐二百一十八步　六五〇五

【注】第二□右半殘缺，左半從「糸」。

☐□鄉元年□☐　六五〇六

☐畝一百□□□☐　六五〇七

☐□□言前□□吏☐　六五〇八

☐……升〼嘉禾☐　六五〇九

☐……其十人□□☐　六五一〇

☐其……☐　六五一一

☐□日東平丘歲伍吳☐　六五一二

☐……里户人……☐　六五一三
☐……新入……☐　六五一四
☐☐☐具☐☐☐☐　六五一五
☐學男弟☐年一歲　六五一六
☐☐婢子梁年二☐　六五一七
☐米倉☐☐　六五一八
☐嘉禾三年習射限米☐　六五一九
☐☐☐足☐聾☐☐　六五二〇
☐府言……☐　六五二一
丘民☐☐☐☐　六五二二
草（?）布（?）名紀☐☐☐　六五二三
☐其入六萬☐☐☐　六五二四
領縣☐☐　六五二五
☐……新占☐　六五二六
☐……奉……　☐　六五二七
☐☐☐☐☐　六五二八
☐句日☐　☐　六五二九
☐四歲　☐　六五三〇
☐☐斮首☐☐　六五三一
其六☐　六五三二
☐☐☐☐選☐☐☐　六五三三
☐生口大男……☐　六五三四
☐……日上衆丘鄭宮☐☐　六五三五
☐年四歲　☐　六五三六
☐……舟☐　六五三七
☐☐大男　六五三八
☐☐☐☐領☐☐　六五三九
☐☐☐到（?）員（?）☐　六五四〇
☐……書（?）（?）☐　六五四一
☐☐☐……萬☐☐　六五四二
【注】第二☐右半殘缺，左半從「金」。
☐……年卅☐　六五四三
草言……☐　六五四四
☐三☐☐☐　六五四五
☐唐丘大男☐☐　六五四六
☐☐妻大女☐☐　六五四七
☐盡丘張☐☐☐　六五四八
☐☐☐倉　六五四九
☐☐被病☐　六五五〇
☐在淇☐　六五五一
☐李☐五☐☐　六五五二
【注】第一☐左半殘缺，右半從「月」。
☐☐☐四日☐☐☐　六五五三
☐草☐☐言☐　六五五四
☐九歲　☐　六五五五
☐☐☐☐☐　六五五六
☐☐謝☐☐　六五五七
☐平☐☐☐　六五五八
☐☐東（?）☐☐　六五五九
☐☐七十☐　六五六〇
☐☐☐嘉☐　六五六一
☐☐亘簿☐　六五六二
☐租☐☐☐　六五六三
吉陽里户人公乘李琿年廿九　刑左足　六五六四
觔男弟舊（?）年六歲　屈男弟箍年廿五刑兩手　六五六五
吉陽里户人公乘區深年卅三　六五六六

高遷里户人公乘杜寄（？）年八十二　訾　五　十　六五六七
吉陽里户人公乘胡諸年六十七刑右足　六五六八
▨　六百布十五匹直□□千金十□▨　六五六九
右入税米百廿一斛六斗三升　▨　六五七〇
▨年六月廿八日書佐吕承對封　六五七一
【注】「右」上原有墨筆點記。
平鄉領□年粢租米二百卅三斛▨　六五七二
▨月廿六日付庫吏殷連□　六五七三
▨……女弟……▨　六五七四
……宫……▨　六五七五
▨……關邸閣董基……▨　六五七六
▨……謝□□▨　六五七七
▨……嘉禾三年五月廿□▨　六五七八
▨基付三州倉吏鄭黑受　六五七九
入廣成鄉……〓嘉禾□年……關邸閣董基付三州倉吏谷漢受　六五八〇
凡口十事□　筭二事　訾　一　百　六五八一
▨妻大女□年六十三　六五八二
▨　右□家口食□人　▨　六五八三
妻大女産年六十二　淮孫子苗年三歲　六五八四
入中鄉税米五斛七斗胄米畢〓嘉禾元年十一月廿八日於上丘悉侯　六五八五
付三州倉吏谷漢受　六五八六
▨□限米卅斛黄龍……▨　六五八七
▨□里户人胡健年▨　六五八八
其□廿斛……黄龍三年□米　六五八九
□男弟□年□歲　□姪子男□年七歲　六五九〇
高遷里户人公乘文屈年卅七　給縣卒　訾　五　十　六五九一
妻大女金年廿五　子小女生年九歲　六五九二
右誠家口食二人　其一人男 一人女　六五九三

【注】「右」上原有墨筆點記。
▨……□年七十刑左▨　六五九四
□□里户人公乘壬堂年廿　六五九五
……男弟□年□歲▨　六五九六
右孫家口食五人　其四人男 一人女　六五九七
【注】「右」上原有墨筆點記。
右龍家口食五人　其三人男 二人女　六五九八
【注】「右」上原有墨筆點記。
苗從子女□年五歲　六五九九
□□里户人公乘□□年□□　▨　六六〇〇
右兒家口食六人　其四人男 二人女　六六〇一
【注】「右」上原有墨筆點記。
妻大女興年十九　子小女□年三歲　六六〇二
右元家口食七人　其三人男 四人女　六六〇三
【注】「右」上原有墨筆點記。
渠妻大女□年廿二　渠從男弟□年十　六六〇四
高遷里户人公乘李牛年卅　訾　五　十　六六〇五
元子男得年八歲　得男弟□年□歲　六六〇六
訊妻汝年五十一　□□▨　六六〇七
高遷里户人公乘□□年卅五　踵兩足　六六〇八
右兒家口食四人　其一人男 三人女　六六〇九
【注】「右」上原有墨筆點記。
□母大女□年六十二　妻大女□年廿二　六六一〇
渠男弟買年十二　渠從父其年廿八　六六一一
右訢家口食五人　其四人男 一人女
【注】「右」上原有墨筆點記。

高遷里户人公乘殷□年卅四　給縣吏　□妻大女絮年卅一　六六一二

意（？）男弟敷（？）年廿四　意（？）姪子男侯年七歲　六六一三

吉陽里户人公乘唐佑年卅⧄　六六一四

姪子男規年三歲　六六一五

右士家口食七人　其六人男一人女　六六一六

右奉家口食三人　其二人男一人女　六六一七

【注】「右」上原有墨筆點記。

吉陽里户人公乘□□年卅四　給郡吏　六六一八

□男弟□年五歲　姪子男狶年十七　六六一九

【注】第一□左半殘缺，右半爲「孛」。

右張家口食八人　其五人男三人女　六六二〇

右□家口食五人　其二人男三人女　六六二一

□妻大女汝年廿七　□子男兒年七歲　六六二二

妻大女思年卅七　子男充（？）年十五　六六二三

琕男弟加年六歲　琕姪子男金年四歲　六六二四

⧄□言府□□……⧄　六六二五

⧄　……事　□月四日兼功曹掾蔡珠白　六六二六

□言□遣□……⧄　六六二七

右備家口食四人　⧄　六六二八

【注】「右」上原有墨筆點記。

⧄廿二……　六六二九

夫□里户人黄□年廿三　……⧄　六六三〇

其三斛五斗郡□⧄　六六三一

其二人守業以下户民□⧄　六六三二

⧄……年廿□　□男弟⧄　六六三三

⧄□□年□□　妻□年卅五　⧄　六六三四

……年五十□　妻壽年卅六　□⧄　六六三五

定領吏民卅三户　⧄　六六三六

⧄……嘉禾三年十二月十日模鄉典田掾烝若白　六六三七

⧄年税米三斛就畢⩥嘉禾二年十一月廿日彈溲丘郡⧄　六六三八

⧄錢五千見錢八萬五千　六六三九

入桑鄉嘉禾二年税米六斛二斗冑畢⩥嘉禾二年⧄　六六四〇

□□大男（？）□□□⧄　六六四一

⧄　嘉禾三年十一月十八日模鄉典田掾烝若白　六六四二

四斗二升　⧄　六六四三

⧄□□⩥嘉禾□年□月□日⧄　六六四四

子女文年□歲　⧄　六六四五

⧄……新吏……⧄　六六四六

⧄□鄉嘉禾二年税米二斛八斗冑畢⩥嘉禾⧄　六六四七

⧄　……事　六月九日中賊曹史利□⧄　六六四八

⧄……日言入今年未□□　六六四九

⧄……鄉限米□斛⧄　六六五〇

其二百九十一斛⧄　六六五一

右襍米二百卅斛⧄　六六五二

【注】「右」上原有墨筆點記。

五唐里户人公乘□己年□□⧄　六六五三

⧄　妻圭（？）年六十四　六六五四

⧄□□□□⧄　六六五五

【注】第二□右半殘缺，左半從「言」。

右碩家口食四人　⧄　六六五六

【注】「右」上原有墨筆點記。

……嘉禾二年二月直其一人三斛⧄　六六五七

⧄□三署⧄　六六五八

⧄□五百⧄　六六五九

入東鄉嘉禾二年吏陳竅税米☑　六六六〇

入樂鄉嘉禾二年私學限米☑　六六六一

☑身役人及死叛定見☑　六六六二

☑斛七斗三州☑　六六六三

☑言之　六六六四

☑□所領䅳租米……☑　六六六五

☑□月□簿……☑　六六六六

☑　右□家口食十一人☑　六六六七

入平鄉嘉禾二年税米☑　六六六八

出中鄉嘉禾二☑　六六六九

☑□丘大男烝帛關邸閣☑　六六七〇

☑嘉禾四年八月丁未朔十八日甲子□□☑　六六七一

高平里户人公乘□□年□十九☑　六六七二

☑甲子書給右别治兵曹史都□□□☑　六六七三

入南鄉嘉禾二年所調布四匹〼嘉禾☑　六六七四

　右士家口食□人　☑　六六七五

【注】「右」上原有墨筆點記。

出桑鄉黄龍元年䅳租☑　六六七六

☑史市□除給右部吏□☑　六六七七

☑一日□中丘□□關邸閣董基付倉吏鄭黑☑　六六七八

☑……米□斛□斗　☑　六六七九

☑〼嘉禾三年□月廿二日□□丘☑　六六八〇

☑□七日無丘男子婁錢關邸閣☑　六六八一

入東鄉貸食□□☑　六六八二

　右模鄉入□☑　六六八三

【注】「右」上原有墨筆點記。

☑□□五□筭（？）三□☑　六六八四

☑□日伍社丘王□☑　六六八五

☑□□付倉吏鄭☑　六六八六

入桑鄉嘉禾二年吏黄□☑　六六八七

　右和家口☑　六六八八

☑……嘉禾二年具私學限米廿斛□斗胄畢〼☑　六六八九

☑□斛胄畢〼嘉禾三年正月☑　六六九〇

入平鄉嘉禾二年……☑　六六九一

☑付倉吏鄭黑受　六六九二

入東鄉嘉禾二年租米五☑　六六九三

☑禾三年正月九日泊平丘□□關邸閣董基付☑　六六九四

☑禾二年十一月□日……☑　六六九五

高遷里户人公乘五□年五十□☑　六六九六

三月旦簿□□□☑　六六九七

高遷里户人公乘□□年六十☑　六六九八

私學□□年十☑　六六九九

☑五月卅日……關邸閣☑　六七〇〇

☑倉吏黄諱潘慮☑　六七〇一

☑畝郡吏□☑　六七〇二

入平鄉税米五斛胄☑　六七〇三

☑□□□付三州倉吏谷漢受中　六七〇四

☑烝弁付庫吏殷連受　六七〇五

□里户人公乘□□年□☑　六七〇六

☑田畝布賈准入米三☑　六七〇七

入模鄉黄龍三年☑　六七〇八

☑□月廿一日劉里丘☑　六七〇九

☑□二斛二斗六升☑　六七一〇

金曹言□□☑　六七一一

☑……年十一月十三日盡□☑　六七一二

☑甚思（？）☑　六七一三

☒年十月廿三日……莫堂付三州☒　六七一四

☒二月七日□下丘……☒　六七一五

☒坚閣李嵩☒　六七一六

☒……莨丘□□付三州倉吏黄諱☒　六七一七

入小武陵鄉嘉禾☒　六七一八

☒□□丘□□☒　六七一九

☒□鄉税米二□☒　六七二〇

☒匹≡×嘉禾元年十二月五日上變丘鄭□付庫吏☒　六七二一

☒大男宋南年六十☒　六七二二

☒米二百一十四□☒　六七二三

☒□日烝弁付庫吏☒　六七二四

入……限米二百卌六斛□斗□☒　六七二五

☒畢≡×嘉禾元年十月☒　六七二六

☒基付三州倉吏鄭黑受☒　六七二七

☒閣董基付三州倉吏谷漢受　中　☒　六七二八

☒關坚閣董基付三州倉☒　六七二九

☒□年十月廿九日於陵丘男☒　六七三〇

☒七日石下丘男子☒　六七三一

☒男子黄□關坚閣☒　六七三二

入□鄉□□□米一斛□斗胄米畢≡×嘉禾□年……☒　六七三三

☒□斛五升□米☒　六七三四

☒運米廿三人　六七三五

☒五匹≡×嘉禾元年十一月五日五□丘大男☒　六七三六

☒禾元年十月七日上和丘何□關坚閣☒　六七三七

☒　年十月十七日付□　☒　六七三八

☒弟小男筭年六歲☒　六七三九

☒□布賜布□復令☒　六七四〇

入□□鄉嘉禾□年布□匹三丈九尺≡×☒　六七四一

☒□丘男子□□付倉吏監賢受☒　六七四二

入□鄉嘉禾□年租米十二斛□斗胄畢≡×嘉禾□☒　六七四三

☒年限米二百五十二斛☒　六七四四

☒付主庫掾殷連受☒　六七四五

☒九十斛嘉禾元年……☒　六七四六

☒陵鄉布一匹≡×嘉☒　六七四七

☒□卒限米一斛五斗≡×□□☒　六七四八

☒庫吏殷　☒　六七四九

☒□月□日□□丘男子□□付☒　六七五〇

☒年正月十二日都鄉典田掾蔡忠白☒　六七五一

入南鄉元年布二匹二丈八尺☒　六七五二

入小武陵鄉三年税米☒　六七五三

☒≡×嘉禾元年九月□日☒　六七五四

☒米五斛胄畢≡×☒　六七五五

☒≡×嘉禾元年正月□日
嘉禾元年正月□日☒　六七五六

【注】本簡左右文字全同，右行文字完整，左行文字僅存一半，應爲剖「莂」爲「別」方位不正所致。

☒□七斛三斗一升□☒　六七五七

☒女思年五十三　☒　六七五八

□妻□年卅□　六七五九

□□遣□□……☒　六七六〇

【注】第四□右半殘缺，左半從「氵」。

財模師吴昌鄭□年卅六　六七六一

☒嘉禾元年十一月十九日楊丘男子□金付三州倉吏☒　六七六二

☒□□部賊曹史□□　六七六三

【注】本簡文字均爲反文，係另簡所留印痕。

右造家☒　六七六四

☒　其一百五十九斛五斗四升☒　六七六五

□里户人公乘□☒　六七六六

大男□□年卅☒　六七六七

☒□給郡吏☒　六七六八

【注】第二□右半殘缺，左半從「言」。

☒財用錢五☒　六七六九

集凡承餘☒　六七七〇

【注】「集」上原有墨筆點記。

☒三斛胄☒　六七七一

☒□□≡嘉禾二年四月十三日☒　六七七二

☒□□米二斛胄畢≡☒　六七七三

☒郭據付倉吏黃☒　六七七四

☒□縣討脩☒　六七七五

☒米□斛三斗胄畢☒　六七七六

☒□子弟限米十斛□☒　六七七七

☒右社家口食□☒　六七七八

大男雷倉年六☒　六七七九

入小武陵鄉嘉禾二年佃☒　六七八〇

承（？）餘（？）新（？）入（？）……　六七八一

☒□年二月十五日□丘……付三州☒　六七八二

☒□吴平斛米一百一十五斛□斗一升二□□☒　六七八三

☒關邸閣郭據付倉吏黃諱潘慮受 / 關邸閣郭據付倉吏黃諱潘慮受　六七八四

【注】本簡左右文字全同，右行文字僅存一半，左行文字僅存殘跡，應爲剖「莂」爲「别」方位不正所致。

☒右十月旦承餘新入襍米四☒　六七八五

☒□里户人公乘□年……　六七八六

入模鄉所調布□□……付庫吏殷連受　六七八七

入平鄉□□二枚≡嘉禾二年二月……☒　六七八八

郡吏南陽陳胃年……　六七八九

☒≡嘉禾□年□月四日□□☒　六七九〇

☒九千四百四□☒　六七九一

☒赤辛子弟限☒　六七九二

☒　右都家口食六☒　六七九三

☒□嘉禾二年十月☒　六七九四

【注】「右」上原有墨筆點記。

☒黃楊關主☒　六七九五

入桑鄉嘉禾☒　六七九六

☒男吴陽□☒　六七九七

☒田畝錢☒　六七九八

☒□一腫兩足　☒　六七九九

☒□胄畢☒　六八〇〇

☒付庫吏☒　六八〇一

☒六日何丘黃厚關丞☒　六八〇二

☒□茅丘縣吏☒　六八〇三

☒□付三州倉吏谷☒　六八〇四

入中鄉一斛胄☒　六八〇五

【注】「一斛」上應有脱文。

☒掾孫儀☒　六八〇六

☒病復　☒　六八〇七

☒≡嘉禾二年十月十二……☒　六八〇八

☒日臨湘侯☒　六八〇九

☒關邸閣郭據☒　六八一〇

☒丘大男吴狶關☒　六八一一

☒□≡嘉禾□年□月□□日□□丘郡吏□☒　六八一二

☒廿斛胄畢≡嘉禾二年十一月十☒　六八一三

☒　其二千九百卅斛一☒　六八一四

☒……付三州倉吏谷漢受　六八一五

☒嘉禾元年六☒　六八一六
☒得頭身寒熱四☒　六八一七
☒付三州倉吏谷漢受　中　六八一八
☒□□建寧黄黑年十七　六八一九
☒□男弟非年廿二　☒　六八二〇
☒鄉稅米一☒　六八二一
☒≡×黄武五年☒　六八二二
☒黄龍元年新吏限米四☒　六八二三
☒千四百一十□☒　六八二四
☒□斗冑畢≡×嘉禾二年十一月二日□☒　六八二五
☒□年八十二踵兩足☒　六八二六
☒□付倉吏黄諱☒　六八二七
☒□□□左足☒　六八二八
☒西鄉五年稅米八斛≡×嘉禾五年十一月三日男子☒　六八二九
☒珛受　六八三〇
☒□鄉嘉禾二年☒　六八三一
☒鄉口筭錢☒　六八三二
入運曹（？）付三州倉吏谷漢所領黄龍□☒　六八三三
☒丘何佳關坚閣李□☒　六八三四
中倉吏李金受　六八三五
☒黄武二年□☒　六八三六
☒董基付倉吏□☒　六八三七
☒關坚閣董基付三州倉吏谷漢受　六八三八
☒≡×嘉禾三年十月三日雷☒　六八三九
☒□丘烝兒關坚閣☒　六八四〇
☒郭據付三州倉吏☒　六八四一
☒冑畢≡×嘉禾元年正月十一日☒　六八四二
右□家☒　六八四三

右廉家☒　六八四四
☒黄龍三年□□☒　六八四五
☒餘通□□□限米□☒　六八四六
□母弟☒　六八四七
☒鄉□米二斛就畢≡×嘉禾元年四月九☒　六八四八
右嘉禾□□吏帥客☒　六八四九
☒一百一十四斛新吏□☒　六八五〇
☒……倉吏谷漢受　六八五一
☒　其九百五十□斛□斗五□☒　六八五二
☒□□米三斛一斗七升黄龍二年粢☒　六八五三
☒丘縣吏□□☒　六八五四
☒□朔付主庫吏殷連受　六八五五
☒□關坚閣李嵩付倉吏☒　六八五六
右□家口食七人　☒　六八五七
☒　其六百廿六斛□米　☒　六八五八
入……限米二斛冑畢≡×嘉禾二年☒　六八五九
入廣成鄉……限米□斛冑畢≡×嘉禾□年□□☒　六八六〇
☒……十月九日……☒　六八六一
☒董基付三州倉吏鄭黑受☒　六八六二
☒潘慮受　六八六三
☒月一日領下丘□☒　六八六四
☒佃卒限米☒　六八六五
☒□租米四斛≡×☒　六八六六
☒二年布一☒　六八六七
☒原付庫吏殷☒　六八六八
入東鄉嘉☒　六八六九
☒吏鄭黑受☒　六八七〇
☒諱史潘慮受　六八七一

▨黃諱史潘盧受　六八七二

▨□道（？）没□□▨　六八七三

▨關丞塞▨　六八七四

▨……黃龍元年□□稅米　六八七五

【注】第一□右半殘缺，左半從「禾」。

▨督軍糧都尉□▨　六八七六

▨日遲丘▨　六八七七

▨年卅六刑左足　▨　六八七八

▨陵鄉嘉禾元▨　六八七九

▨男吳根付三州倉▨　六八八〇

▨≡嘉禾元年十一月……▨　六八八一

妻大女餒年卅一　在本縣　六八八二

軍吏黃買年……　▨　六八八三

▨米卅斛　六八八四

……還……▨　六八八五

▨□五斛　六八八六

丞丁琉疢固不衽▨　六八八七

入平鄉嘉禾元年……冑畢≡嘉禾二年□月廿二日……▨　六八八八

▨　堅　▨　六八八九

▨……年廿二□□　見　六八九〇

▨　其□人男四人女　▨　六八九一

▨□六斗冑畢≡▨　六八九二

▨□關丞塞紀▨　六八九三

高里户人公乘□□□□　▨　六八九四

▨佳姉大女錐年□□▨　六八九五

▨□樂鄉入□年新吏限米▨　六八九六

▨□吏何䨻▨　六八九七

其十一人在本縣　六八九八

▨　□子女兒年三歲▨　六八九九

【注】「子女」上□右半殘缺，左半從「糸」。

右□家口食▨　六九〇〇

【注】「家」上□右半殘缺，左半從「亻」。

▨□限米二斛冑畢≡▨　六九〇一

高（？）里户人公乘▨　六九〇二

▨李嵩付三州倉▨　六九〇三

▨□□取□石　▨　六九〇四

▨鄭黑受　六九〇五

▨□斛≡嘉禾二年十一月□日田▨　六九〇六

還民□▨　六九〇七

▨吏殷連受　六九〇八

▨　□姪子女□▨　六九〇九

【注】「子女」下□右半殘缺，左半從「亻」。

▨嘉禾二年……日……▨　六九一〇

▨吏帥客限米□▨　六九一一

▨□付三州倉吏□▨　六九一二

今餘錢□▨　六九一三

▨　慮受　六九一四

▨區丘□□關堅▨　六九一五

▨□付庫吏殷　▨　六九一六

▨□栂綜付掾孫▨　六九一七

▨　其一百卅三斛□□▨　六九一八

▨　見　六九一九

▨嘉禾元年九月四日□魁（？）□□□付主庫……▨　六九二〇

▨……布一匹≡▨　六九二一

▨　□子男仕伍鼠年……　▨　六九二二

▨□□錢三萬三千五百六▨　六九二三

☐市鼉（？）藥菫☐　六九二四

☐在西小空……在西空　九月一日☐　六九二五

☐月廿七（？）日□□丘□□☐　六九二六

誠恐叩頭死☐　六九二七

☐居　在　舞　丘　六九二八

☐□□付三州倉☐　六九二九

☐□付三州☐　六九三〇

☐……嘉禾四年☐　六九三一

☐……月卅日典田掾蔡忠白☐　六九三二正

☐……及帥　☐　六九三二背

☐　訾☐　六九三三

☐□年十一月十八日模□☐　六九三四

☐□子小女思□☐　六九三五

☐年四月廿一日□丘□□☐　六九三六

☐□苦腹心病　六九三七

☐廿九日新澤丘男子陳文關邸閣李嵩☐　六九三八

☐□月廿六日下衆丘男子李民關邸閣董基☐　六九三九

☐□百六十斛領悉畢列□☐　六九四〇

☐……閣董基付三州倉吏谷漢受　中　六九四一

☐……〼□□二年十月廿日常丘男子□□☐　六九四二

☐基付三州倉吏鄭黑受　六九四三

□☐　六九四四

☐故吏廖□☐　六九四五

☐□料四□……關邸閣☐　六九四六

出黄龍元年私學限☐　六九四七

☐□年七歲　☐　六九四八

☐限米□斛胄畢〼嘉禾☐　六九四九

☐月六日郡吏栂□關邸☐　六九五〇

☐公乘謝壽年☐　六九五一

出黄龍三年□米☐　六九五二

☐〼嘉禾元年十一月□☐　六九五三

☐□男根年七歲　☐　六九五四

☐……□□倉吏谷漢☐　六九五五

☐□九百卌一斛☐　六九五六

☐畢〼嘉禾□年……付三州倉吏谷漢受　中　六九五七

出□□黄龍三年□米……被縣嘉禾元年十一月十一日書付大男☐　六九五八

入桑鄉嘉禾二年調布一匹……〼嘉禾二年八月十八日□下丘男子☐　六九五九

☐□□斛一斗一升限□☐　六九六〇

其□百五十二斛二斗三升……米　☐　六九六一

其□百七十二斛三斗五升……□□☐　六九六二

☐年十二月十二日樓丘☐　六九六三

☐米六斛嘉禾元年☐　六九六四

☐……丘周善關邸閣□☐　六九六五

☐倉吏鄭黑受　六九六六

☐其三百十八斛四斗☐　六九六七

☐……付三州倉吏黄諱☐　六九六八

☐　首母大女妾年八十九　六九六九

☐子男□年□歲　□□☐　六九七〇

其卌九斛一斗……税米　☐　六九七一

☐□黄龍三年……〼嘉禾元年十一月三日□丘□☐　六九七二

其廿六斛□斗嘉禾元年……☐　六九七三

其五百（？）……☐　六九七四

☐……民〼黄（？）龍（？）……庫吏□☐　六九七五

右士家口食□人 六九七六

☑□業□□…… 六九七七

……郡掾□☑ 六九七八

……甕匡 ……☑ 六九七九

☑……年□☑ 六九八〇

☑ □子男□年□□□☑ 六九八一

☑☰×嘉禾元年……☑ 六九八二

□妻大女□☑ 六九八三

☑……苦□病 ☑ 六九八四

☑□□給縣吏復 ☑ 六九八五

☑□嘉禾元年十一月五日男子金買☑ 六九八六

☑……中 六九八七

【注】簡末「中」爲朱筆。

入平鄉嘉禾二年□□ ☑ 六九八八

☑付三州倉吏谷漢受 六九八九

☑□ 廿三□ ☑ 六九九〇

☑……吏…… 六九九一

☑付三州倉吏鄭黑受 六九九二

☑嘉禾二年故吏□□子弟限米三斛□□☑ 六九九三

☑□□大男月伍□☑ 六九九四

☑□□□嘉禾二年☑ 六九九五

☑……☰×嘉禾……☑ 六九九六

☑□限米一百廿六斛……☑ 六九九七

其……☑ 六九九八

☑居 在 滿（?） 丘 六九九九

☑二年租米三斛胄畢☑ 七〇〇〇

☑年（?）四（?）月（?）□□☑ 七〇〇一

☑□非（?）政□☑ 七〇〇二

☑□合（?）卅九人 ☑ 七〇〇三

☑董基付三州倉吏□□受 七〇〇四

右遠家☑ 七〇〇五

☑監運掾☑ 七〇〇六

☑□歲 ☑ 七〇〇七

☑鄉貸食黄龍二年吏☑ 七〇〇八

☑ 其廿八斛□☑ 七〇〇九

☑☰×嘉禾二年十一月□☑ 七〇一〇

☑……□米九斛□□☑ 七〇一一

☑限米十斛 ☑ 七〇一二

☑米六斛胄畢☰×☑ 七〇一三

☑黑受 七〇一四

訾☑ 七〇一五

☑□□關（?）堅（?）☑ 七〇一六

☑平丘郡吏□☑ 七〇一七

☑ 妻母大☑ 七〇一八

入□鄉嘉禾☑ 七〇一九

☑租米□☑ 七〇二〇

☑□縣所☑ 七〇二一

☑□貸米☑ 七〇二二

☑婢弟公乘□年十一□☑ 七〇二三

【注】「公乘」下□右半殘缺，左半從「氵」。

☑□年正月十一☑ 七〇二四

☑ ☰×嘉禾☑ 七〇二五

☑□丘烝□☑ 七〇二六

☑其九十斛民自入☑ 七〇二七

☑□年五十三踵足☑ 七〇二八

☑□月□一日□□丘董□關坚閣……☑ 七〇二九

⧄□鄉□□□□□□限米二斛胄畢≡嘉禾⧄　七〇三〇

⧄三州倉□米五十一斛⧄　七〇三一

【注】「米」上□右半殘缺，左半從「禾」。

⧄……肉醬米　七〇三二

⧄□□三年□⧄　七〇三三

⧄　著子男文⧄　七〇三四

⧄□合四萬嘉禾⧄　七〇三五

入都鄉二年……⧄　七〇三六

⧄□付三州倉吏谷漢受　七〇三七

⧄□家口食一人　七〇三八

⧄魁　谷　元　主⧄　七〇三九

⧄年四歲□　……　⧄　七〇四〇

⧄□鄉（？）……⧄　七〇四一

⧄□馬入二年⧄　七〇四二

⧄栂綜付掾孫儀⧄　七〇四三

⧄　其四百□⧄　七〇四四

⧄□米廿七斛⧄　七〇四五

⧄主記史栂⧄　七〇四六

⧄關丞睾紀付⧄　七〇四七

⧄□□長□尺三寸□□⧄　七〇四八

⧄興年五歲⧄　七〇四九

⧄　連受　七〇五〇

付之□□　⧄　七〇五一

⧄侯相　……⧄　七〇五二

⧄兵曹别主□⧄　七〇五三

⧄□□□入嘉禾⧄　七〇五四

⧄州倉吏黄諱⧄　七〇五五

入桑鄉嘉⧄　七〇五六

⧄吏朱魁⧄　七〇五七

⧄□□十六□□……□□⧄　七〇五八

⧄　右西鄉⧄　七〇五九

【注】「右」上原有墨筆點記。

平（？）□□□□⧄　七〇六〇

⧄鄉嘉禾元⧄　七〇六一

⧄　訾　五　十⧄　七〇六二

⧄斛三斗　⧄　七〇六三

⧄□吏□替關⧄　七〇六四

⧄□二月□日□黑□⧄　七〇六五

⧄斛五斗胄畢⧄　七〇六六

⧄□曹史婁潘黄⧄　七〇六七

⧄　訾⧄　七〇六八

⧄□廿日夫丘男子董□⧄　七〇六九

⧄出粟二百五十□⧄　七〇七〇

⧄□董基⧄　七〇七一

⧄七人　⧄　七〇七二

⧄五人　⧄　七〇七三

⧄□一千六百□⧄　七〇七四

⧄□這縣　⧄　七〇七五

⧄已入畢　⧄　七〇七六

⧄付倉吏黄諱史番□⧄　七〇七七

⧄付庫吏　□□　七〇七八

⧄≡嘉禾元年十二月十六日田溲丘……⧄　七〇七九

⧄……關堅閣董基付三州倉吏谷漢受⧄　七〇八〇

⧄□□年子弟米一十三斛五斗　七〇八一

入桑鄉嘉禾元年蒭錢□⧄　七〇八二

⧄　儀受　七〇八三

七〇八四　入平鄉三年□米□□〼

七〇八五　〼百五十斛四升青畢〓嘉禾元年十一月〼

七〇八六　妻銀年廿九筭一

七〇八七　〼勳（?）吏等□縣……〼

【注】「縣」上□右半殘缺，左半從「食」。

七〇八八　〼□〓□□年□月□日下桒丘□□關丞𡩋紀〼

七〇八九　其一千一百二……〼

七〇九〇　入小武陵鄉□□禾□斛〼

七〇九一　入錢畢民自〼

【注】此爲背面，正面無字。

七〇九二　〼付倉吏□〼

七〇九三　〼付主庫〼

七〇九四　〼□年九月十一日〼

七〇九五　〼□三丈五尺〼

七〇九六　〼民男子潘璋〼

七〇九七　〼□年十二月七日□〼

七〇九八　〼墨付倉吏谷〼

七〇九九　〼十五日肥丘〼

七一〇〇　〼禾二年調布一〼

七一〇一　〼年田給縣吏〼

七一〇二　〼吏谷漢受

七一〇三　〼鄉嘉禾二年□〼

七一〇四　〼禾五年□〼

七一〇五　〼黑受

七一〇六　〼嘉禾五年□〼

七一〇七　〼年十二月□日楊溲丘男子〼

七一〇八　〼□役民廿九□〼

七一〇九　〼□二年〼

【注】「二年」上□左半殘缺，右半從「力」。

七一一〇　〼　連受

七一一一　〼□長三□〼

七一一二　〼□　居　在　〼

七一一三　〼□　□　〼

【注】第一□右半殘缺，左半從「食」。

七一一四　入模鄉嘉禾□年還民𥜥米□斛〼

七一一五　〼□匹□尺〓〼

七一一六　〼二年十一月六日□〼

七一一七　〼董基〼

七一一八　□□里戶人公乘□□年卅□〼

七一一九　〼……布一匹〓嘉禾二……〼

七一二〇　〼□□□〓嘉禾二年十二月□〼

七一二一　〼　潘慮受

七一二二　〼嘉禾六年二月十日□〼

七一二三　〼……曹（?）掾（?）□□白

七一二四　〼案文書輒絞促……〼

七一二五　〼□貸食黃龍三年稅米□〼

七一二六　〼烝弁付庫吏殷連〼

七一二七　〼□六日函丘男〼

七一二八　□二百卌□〼

七一二九　〼□下丘大男□□關〼

七一三〇　〼倉吏鄭黑受

七一三一　〼□年廿三給郵卒〼

七一三二　〼付三州倉吏鄭黑受

七一三三　高遷里戶人公乘□□年　〼

七一三四　〼禾二年十月廿二日〼

七一三五　〼□□丘□□〼

☐五碩關☐　七一三六

☐□丘大男潘□□☐　七一三七

☐八日窟丘☐　七一三八

☐丘烝咄關主☐　七一三九

入平鄉嘉禾□☐　七一四〇

入東鄉嘉禾二年☐　七一四一

☐〼嘉禾☐　七一四二

☐□五年稅米□☐　七一四三

【注】「年歲」上壓書朱筆「中」字。

☐□□有□貸息里其入□賈□少估□□☐　七一四四

☐斛六斗嘉☐　七一四五

☐□誠惶誠恐叩頭叩頭死罪死罪敢言之☐　七一四六

☐□付州中倉吏監賢受　七一四七

☐二年□□□□□斛☐　七一四八

☐兼□☐　七一四九

☐月九日下衆丘男☐　七一五〇

☐還民限米☐　七一五一

所入粢租米☐　七一五二

☐斛〼嘉☐　七一五三

☐六歲☐　七一五四

☐三斛☐　七一五五

入平鄉稅米五十五斛☐　七一五六

出具錢……爲行錢□□☐　七一五七

☐關堅閣董基☐　七一五八

☐長關丞寧　☐　七一五九

☐付倉吏鄭黑受　七一六〇

☐賞二□☐　七一六一

☐户人公乘李□年廿七☐　七一六二

☐合五□已出二千二☐　七一六三

☐□李邕☐　七一六四

桑鄉所貸☐　七一六五

☐烝贇關□☐　七一六六

桑鄉嘉禾□☐　七一六七

☐嘉禾五年田畝錢☐　七一六八

☐　十　七一六九

☐白石□□□☐　七一七〇

☐　見　七一七一

☐□潘慮受　七一七二

入布廿☐　七一七三

☐士王布☐　七一七四

☐主記梅綜☐　七一七五

☐嘉禾元年七月☐　七一七六

☐嵩付倉吏□□受　七一七七

集凡承餘新入……☐　七一七八

☐二歲　見　七一七九

宜陽里户人黄□年……　七一八〇

其四百□斛……　☐　七一八一

【注】「其」上原有墨筆點記。

☐……私學黄☐　七一八二

☐胄米畢〼☐　七一八三

☐畢〼嘉禾□☐　七一八四

☐訾　五☐　七一八五

☐倉吏鄭☐　七一八六

☐頭死罪死罪敢言之……謹☐　七一八七

入平鄉稅米☐　七一八八

☐月廿五日區丘男☐　七一八九

☒倉吏鄭黑受 七一九〇
入□鄉嘉禾□年□☒ 七一九一
☒□付庫掾殷連受 七一九二
入桑鄉嘉禾二年☒ 七一九三
☒三州倉吏鄭黑☒ 七一九四
☒錢二萬二千八十 七一九五
□□死□□酉☒ 七一九六
☒……年廿三刑左□☒ 七一九七
☒米六十斛□斗四升 ☒ 七一九八
☒ 無 ☒ 七一九九
☒ 連受 七二〇〇
☒六十三人貸米☒ 七二〇一
☒□□達付三州☒ 七二〇二
□行書人通言府……☒ 七二〇三
……郡吏……☒ 七二〇四
☒大男朱□故户中品出錢☒ 七二〇五
【注】此爲正面，背面無字。
☒付三州倉吏☒ 七二〇六
☒史彭政白 七二〇七
☒董基☒ 七二〇八
☒ □月八日☒ 七二〇九
□都鄉貸食嘉禾元年□米二斗□☒ 七二一〇
☒□□□年廿一 七二一一
☒ 宜陽 七二一二
☒畢✕嘉☒ 七二一三
☒□餘見□□□☒ 七二一四
☒□吏□□詭責吏□訾千□☒ 七二一五
☒ 嵩付倉☒ 七二一六
☒……佃（？）…… 七二一七
出嘉禾二年□☒ 七二一八
☒吏鄭黑受 七二一九
☒□鄉嘉禾☒ 七二二〇
☒□付倉吏☒ 七二二一
平鄉☒ 七二二二
☒綜付掾孫 ☒ 七二二三
☒綜付掾孫☒ 七二二四
☒ 妻大女思☒ 七二二五
☒楅八枚 □□□☒ 七二二六
☒ 其六户☒ 七二二七
☒□通白 七二二八
☒□稅旱田 七二二九
☒頭叩頭死罪……☒ 七二三〇
市今餘錢十二☒ 七二三一
☒亟宜以還有給☒ 七二三二
☒丘周殷關☒ 七二三三
右廣☒ 七二三四
☒冑米畢✕嘉☒ 七二三五
☒付三州倉吏☒ 七二三六
☒右妻家口食□☒ 七二三七
☒稅米三斛☒ 七二三八
☒□年十二月七日☒ 七二三九
☒□受其一□☒ 七二四〇
乾鍛佐□☒ 七二四一
☒七斛六斗八升□☒ 七二四二
☒鄉二年限米 ☒ 七二四三

⧄　珛受　七二四四

⧄禾三年吏帥客⧄　七二四五

⧄鄉税米□斛□⧄　七二四六

⧄簿　七二四七

⧄　其二人男　⧄　七二四八

⧄□□其六百⧄　七二四九

⧄□斛五升□⧄　七二五〇

⧄吏鄭黑⧄　七二五一

⧄匠弟公乘⧄　七二五二

⧄年六歲刑左⧄　七二五三

⧄丘男子⧄　七二五四

⧄≡×嘉禾六年⧄　七二五五

潘張李桐⧄　七二五六

⧄□二年税米二斛⧄　七二五七

⧄口食五人　⧄　七二五八

⧄集凡□⧄　七二五九

入桑鄉□年吏⧄　七二六〇

⧄吏潘慮受⧄　七二六一

⧄□仕伍客年□□⧄　七二六二

⧄塈閣董基⧄　七二六三

⧄≡×嘉禾……⧄　七二六四

⧄日丞掾葛⧄　七二六五

⧄罡（？）過（？）□⧄　七二六六

⧄郭據付⧄　七二六七

⧄關主記栂綜⧄　七二六八

⧄限米五斛畢≡×⧄　七二六九

⧄□付倉吏□⧄　七二七〇

⧄關主記栂綜⧄　七二七一

⧄十一日　君（？）⧄　七二七二

⧄≡×嘉禾二⧄　七二七三

⧄□吏尹□⧄　七二七四

⧄……鄭□關主記栂⧄　七二七五

⧄孫儀受　七二七六

⧄其九十萬口筭錢⧄　七二七七

⧄領錢米二萬一千⧄　七二七八

⧄姪子公乘□年⧄　七二七九

⧄　鳴男⧄　七二八〇

右□家口食□人　七二八一

⧄定應役民卅五户　七二八二

⧄　其□斛□斗□升二年……⧄　七二八三

⧄　限米一斛一斗黃龍二年□
□□縣民還黃龍二年□□⧄　七二八四

右廣成鄉入二年粢租米一斛⧄　七二八五

【注】「右」上原有墨筆點記。

⧄□女弟□年六歲　七二八六

⧄□妻大女情年卅四　⧄　七二八七

⧄斛≡×嘉禾二年七月十五日弦丘⧄　七二八八

⧄　□妻大女□年⧄　七二八九

⧄　連受　七二九〇

⧄月十三日⧄　七二九一

⧄≡×嘉禾五年⧄　七二九二

入平鄉⧄　七二九三

⧄關塈閣郭⧄　七二九四

⧄□付府督郵□⧄　七二九五

⧄廿一日□丘男子□⧄　七二九六

入西鄉嘉禾□年⧄　七二九七

⧄　珛受　七二九八

入平鄉嘉禾元☑　七二九九

☑年限米一斛☑　七三〇〇

☑十二月卅日☑　七三〇一

☑稅米六斛☑　七三〇二

☑賢妻大女□年☑　七三〇三

☑……五十七斛　☑　七三〇四

☑公乘隻……☑　七三〇五

☑……月□日彈溲丘男子□□☑　七三〇六

☑　畢　七三〇七

其一百卅一斛……☑　七三〇八

臨（？）里户人公乘謝羊年五十☑　七三〇九

☑給稟吏（？）民所……☑　七三一〇

入□鄉嘉禾……〓□☑　七三一一

□男弟□年七歲☑　七三一二

☑鄉稅……　☑　七三一三

☑庫吏潘珛受　七三一四

☑　已入……錢五十　七三一五

☑□□故户中品出錢八千☑　七三一六

【注】此爲正面，背面無字。

☑□　嘉禾五年□☑　七三一七

☑□年□月直人二斛□☑　七三一八

☑斛二斗□升爲稟斛米……☑　七三一九

☑日□□丘周遲（？）付庫☑　七三二〇

□□鄉嘉禾元年……☑　七三二一

萆從女弟□年廿一歲□□　七三二二

☑□□□軍（？）吏（？）　☑　七三二三

☑……鄉黃龍三年新吏限米……☑　七三二四

入……嘉禾二年稅米□斛□升〓嘉禾□年八月十一日李下丘男子□☑　七三二五

☑……嘉禾□年□布□□匹三丈二尺〓嘉禾二年十月七日☑　七三二六

集凡起九月一日訖□月□日民入嘉禾二年布合□百九匹☑　七三二七

☑口食九人　訾☑　七三二八

入□□□民還所貸黃龍□年稅米□斛　☑　七三二九

入桼鄉嘉禾二年桼租米八斛〓嘉禾二年十一月廿二日僕丘謝□☑　七三三〇

……〓嘉禾二年□月廿五日□☑　七三三一

☑卅七筭一　七三三二

入西鄉嘉禾元年……☑　七三三三

☑五十一　七三三四

□子女鼠年五歲　☑　七三三五

其□百□十斛□☑　七三三六

☑□□大女僕年九十　☑　七三三七

☑八十　七三三八

☑……調布□□〓嘉禾元年☑　七三三九

☑　見　七三四〇

☑廿五户　七三四一

☑□月二日攷丘文廉關邸閣董基付三州倉吏☑　七三四二

右西鄉入布廿九匹一丈一尺　☑　七三四三

【注】「右」上原有墨筆點記。

☑　居　在　介（？）　丘　七三四四

☑　□妻大女□年卅五筭一☑　七三四五

☑　中　七三四六

☑……謹牒列出用□☑　七三四七

☑料校不見前已列言詭責負☑　七三四八

入模鄉嘉禾元年布□匹□丈□尺☑　七三四九

還連道黃武六年☑　七三五〇

☒□吏苾□□□☒　七三五一

☒□月十一日……關坚閣郭據☒　七三五二

☒□食郭□☒　七三五三

入郡掾利焉黄☒　七三五四

☒基付三州倉吏鄭☒　七三五五

☒　其一百斛□斗□☒　七三五六

☒……年五月七日□☒　七三五七

☒　見　七三五八

☒月廿五□☒　七三五九

☒　□謝宜□　☒　七三六〇

☒　見　七三六一

☒董基付三州倉吏☒　七三六二

☒二千六百六☒　七三六三

☒關坚閣董基☒　七三六四

☒　見　七三六五

☒□五日盡丘大☒　七三六六

☒年□月□二日□丘男子吴☒　七三六七

☒□皮（?）☒　七三六八

☒十二月廿六日夷丘□☒　七三六九

□鄉（?）……☒　七三七〇

☒……吴（?）丘（?）……☒　七三七一

☒餘新入襍□□☒　七三七二

☒□□付倉吏□☒　七三七三

☒關坚閣李嵩☒　七三七四

☒□鄉復民租米☒　七三七五

入平鄉元年布□☒　七三七六

☒訾　五　十　七三七七

☒坚閣董基☒　七三七八

☒□十二斛一斗☒　七三七九

☒中品　七三八〇

☒　無　☒　七三八一

☒□侍關坚閣董基☒　七三八二

右都鄉入佃帥限米□☒　七三八三

【注】「右」上原有墨筆點記。

☒□□關坚閣董基☒　七三八四

☒嘉禾二年布七匹☒　七三八五

☒□□□年□☒　七三八六

☒□年廿三箕一☒　七三八七

☒□畢〓嘉□☒　七三八八

入平鄉盡丘潘明二年☒　七三八九

☒日□衆丘男子□☒　七三九〇

☒□鄉二年□調布☒　七三九一

☒□人嘉禾二年限米☒　七三九二

☒□斛九斗私學□□□年☒　七三九三

入□鄉所調布□匹三丈七尺〓嘉☒　七三九四

庫吏潘珛年☒　七三九五

☒湘侯相君☒　七三九六

☒鄉嘉禾二年布□匹三丈八尺　☒　七三九七

☒　居　在　平　溲　丘　七三九八

☒　巴子男元年□☒　七三九九

☒入□鄉嘉禾二年税米□斛☒　七四〇〇

☒合料校□☒　七四〇一

大男謝新年五十五　☒　七四〇二

右平鄉入六年市租米☒　七四〇三

【注】「右」上原有墨筆點記。

☒平鄉鋘賈錢五□☒　七四〇四

〼年卌四筭一　七四〇五

〼□丘謝許關丞睾紀〼　七四〇六

〼□鄉二年布三丈九□〼　七四〇七

右小武陵鄉入……〼　七四〇八

〼付倉吏鄭黑受　七四〇九

〼閣董基〼　七四一〇

〼閣董基〼　七四一一

〼本主以欺□辟〼　七四一二

〼貸三年□〼　七四一三

〼大男五斅年〼　七四一四

〼□潘慮受〼　七四一五

〼匹≡×嘉禾〼　七四一六

〼買妻大女貞年卌　〼　七四一七

〼七户叛吏二□〼　七四一八

〼　右莂廿八枚布合〼　七四一九

【注】「右」上原有墨筆點記。

〼□□鄉□米廿三斛≡×嘉禾□年三月□日□丘大男□□關坚〼　七四二〇

〼……年私學限米□斛五斗□升　七四二一

〼……年□□　居　在　敷　丘　七四二二

其卌斛一斗九升嘉禾二年〼　七四二三

〼九千（？）三（？）百九十四斛三斗一升　七四二四

鍛佐劉陽五□年……〼　七四二五

年四月十三日……　七四二六

□子男宛年十一給……　〼　七四二七

〼……≡×嘉禾□年五……坚閣□□〼　七四二八

慮　〼　七四二九

〼畢≡×嘉禾□年□月□日□丘大男□□關坚閣董基〼　七四三〇

領六年市租錢　〼　七四三一

定收市（？）……〼　七四三二

〼殷連受　七四三三

入□鄉安成新〼　七四三四

〼　□小妻貞年□〼　七四三五

〼□年九歲〼　七四三六

〼男弟□年十一細小聾右耳　七四三七

入東鄉嘉禾二年□米□斛七斗胄畢≡×〼　七四三八

〼□□嘉禾元年……〼　七四三九

〼□□付庫吏殷連受　七四四〇

〼□期會掾烝　録事掾谷　校〼　七四四一

【注】「烝」「谷」下原空一格，待簽署「若」「水」人名，而尚未簽署。

其三〼　七四四二

其□〼　七四四三

〼漢付三州倉吏黄諱史潘慮受　七四四四

〼□□付庫吏殷　〼　七四四五

〼……民還黄龍二年□〼　七四四六

〼……三斗鹽米□〼　七四四七

入小武陵鄉冬賜布……〼　七四四八

〼□黄鳴龔敬鄧鼎□□〼　七四四九

〼□□□□□□□□□〼　七四五〇

〼其一人給□卒〼　七四五一

〼□旱死不收　七四五二

剛佐醴陵□□年□□　〼　七四五三

〼……中　……〼　七四五四

〼卅一斛大男□□黄龍三年〼　七四五五

〼　嘉禾元年□米五十斛□□〼　七四五六

〼□掾右倉田曹史　烝□□　七四五七

〼　訾　五　十　七四五八

户曹言遣吏□□還□□⧄　七四五九
⧄子男□年□六序男弟□年□⧄　七四六〇
⧄關堅閣李嵩付三州倉吏黃諱史潘慮⧄　七四六一
其六升漬米⧄　七四六二
⧄入付州中倉關堅閣李嵩吏黃諱⧄　七四六三
⧄□關堅閣郭據付倉吏谷漢受　七四六四
九斛餘未畢⧄　七四六五
⧄堅閣郭據付倉吏　⧄　七四六六
□□里户人公乘謝□年卅□筭　⧄　七四六七
⧄元年六月□日烝弁付倉吏殷　⧄　七四六八
⧄□民及户匹桑以三品收給　七四六九
⧄□□民　七四七〇
⧄　見　七四七一
⧄據倉吏黃諱潘慮⧄　七四七二
⧄領一夫　取禾二⧄　七四七三
軍吏……⧄　七四七四
⧄十月廿三日……⧄　七四七五
⧄妻大女□年□⧄　七四七六
⧄斛八斗二升〓嘉⧄　七四七七
⧄年限米□斛⧄　七四七八
□□民□□⧄　七四七九
□□里户人公乘□⧄　七四八〇
入□鄉黃龍三年□米⧄　七四八一
⧄……斛胄畢〓□⧄　七四八二
⧄倉吏鄭黑受　七四八三
⧄□□曹史⧄　七四八四
⧄　妻大女⧄　七四八五
⧄□百一十□⧄　七四八六

⧄□付庫吏殷⧄　七四八七
⧄諱史潘慮受
諱史潘慮受⧄　七四八八
【注】本簡左右二行文字全同，應是剖「莂」爲「別」錯位所致。
⧄□鄉嘉禾□年□米□斛〓⧄　七四八九
⧄□〓嘉禾二年□月□⧄　七四九〇
⧄墍紀付掾孫儀受　七四九一
⧄里户人公乘□□年卅⧄　七四九二
⧄〓嘉禾三年十二月□⧄　七四九三
⧄　連受　七四九四
⧄二年十一月□日□丘男子⧄　七四九五
⧄谷漢受　七四九六
⧄入限米二百□⧄　七四九七
⧄……□二年□□鹽米□□⧄　七四九八
⧄年九月廿日□□丘□□關堅閣董基⧄　七四九九
⧄升黃龍□年粢租米　⧄　七五〇〇
⧄庫吏殷⧄　七五〇一
⧄斛四斗嘉禾元年□□⧄
⧄□□民還黃龍三⧄　七五〇二
⧄胄畢〓嘉禾二年⧄　七五〇三
⧄□嘉禾二年……⧄　七五〇四
⧄□□年八十五風病　⧄　七五〇五
⧄□□〓嘉禾二年正⧄　七五〇六
大男□□年五□⧄　七五〇七
户曹言吏毛昂□⧄　七五〇八
⧄曹史　烝堂⧄　七五〇九
⧄　其□萬□千四⧄　七五一〇
⧄□升一合黃龍……⧄　七五一一
⧄訾　五　十　七五一二

☒□二年米　七五一三

浦里户人公乘□㚇年□☒　七五一四

☒坚閣李嵩付倉吏黄諱☒　七五一五

☒付倉吏黄諱史潘慮受　七五一六

☒□關坚　☒　七五一七

民大男文□☒　七五一八

☒諱史潘慮受　七五一九

☒□□關丞睾☒　七五二〇

☒杋皮□枚□☒　七五二一

☒嘉禾三年新吏限米□□斛□☒　七五二二

☒黄諱史潘
黄諱史潘☒　七五二三

【注】本簡左右二行文字全同，應是剖「莂」爲「別」錯位所致。

☒言□□□□□☒　七五二四

☒嘉禾二年新調布二匹□丈□尺☒　七五二五

☒……十　☒　七五二六

☒□□□□□侯□□☒　七五二七

□□謹列☒　七五二八

☒年五十　☒　七五二九

☒税米□斛□斗〓嘉禾□年□月□☒　七五三〇

烈妻……☒　七五三一

☒嘉禾元年□□限米　☒　七五三二

其一百廿六斛□☒　七五三三

六萬一千五百☒　七五三四

其□☒　七五三五

已畢付吏鄭□……☒　七五三六

☒倉吏鄭黑受
倉吏鄭黑受　七五三七

【注】本簡左右二行文字全同，應是剖「莂」爲「別」錯位所致。

入□鄉嘉禾二年郵卒限米□□□☒　七五三八

☒　〓嘉禾□年八月六日□□丘大男□☒　七五三九

其☒　七五四〇

☒　□子公乘□年廿一　☒　七五四一

☒□卅日臨湘☒　七五四二

其三百□☒　七五四三

入□□元年復田税米□斛☒　七五四四

入東鄉嘉☒　七五四五

行書言□……☒　七五四六

☒其六萬□□☒　七五四七

☒□鄉二年調布□丈□☒　七五四八

☒　筭一八十所復　中　七五四九

其卌六斛四斗□升　☒　七五五〇

☒□□三年税米　七五五一

入□鄉……米□斛〓嘉禾二年□月廿五日下☒　七五五二

☒……　□子女□年……　七五五三

☒君妻大女詠年卌　七五五四

☒口食五人　訾　五　十　七五五五

☒鄉嘉禾□年□米□斛□□〓嘉禾□年□月五日□□☒　七五五六

右南鄉入布□□匹三丈□尺　☒　七五五七

右睾家口食七人　七五五八

☒　其三斛一斗黄龍三年□米　七五五九

☒〓嘉禾元年九月十九日□□丘大男……☒　七五六〇

☒訾　五　十　七五六一

☒弟殷年卅□　☒　七五六二

入郡吏吴萇□□☒　七五六三

☒廿一斛九斗□升畢〓☒　七五六四

☒龍三年税米☒　七五六五

⧄丘□□關丞垦紀付掾⧄　七五六六
⧄里户人公乘□軍年卅　⧄　七五六七
⧄吏□□□□受⧄　七五六八
　⧄其三百二斛四斗□⧄　七五六九
⧄　廣□□⧄　七五七〇
入□鄉嘉禾□年⧄　七五七一
⧄户人公乘□□年□　七五七二
⧄嘉禾二年稅米□斛□斗……⧄　七五七三
⧄……部督郵……⧄　七五七四
……〓嘉禾二年八月□日□丘男子□□關邸閣⧄　七五七五
其八斛四斗……　七五七六
右□家口食□人　其 □人男 □人女　七五七七
……年□苦聾耳　□男弟□年□□　⧄　七五七八
⧄　其一斛五斗……⧄　七五七九
⧄　右黃龍三年稅米十斛　⧄　七五八〇
⧄□□□年限米卅七斛……　七五八一
⧄米二斛胄米畢〓嘉禾□年□月□日□丘□□付三州倉吏谷漢受
中　七五八二
□□鄉……吏限米□斛〓……丘□□關邸閣董基付倉……⧄　七五八三
入模鄉□錢……〓……□月二日頃丘□□付庫　⧄　七五八四
入□鄉二年□米□斛□□胄畢〓嘉禾□年□月□日……　七五八五
入□鄉二年稅米　⧄　七五八六
入桑鄉黃龍元年……　七五八七
□□鄉二年稅米……〓嘉禾二年□月□□日□丘□□關邸閣董基
付三州倉吏□□⧄　七五八八
其卅斛郡掾利焉黃龍元年限米　七五八九
妻大女金年□□筭一　七五九〇

…… 嘉禾四年□月廿□日遣吏……⧄ 嘉……　七五九一
⧄嘉禾⧄　七五九二
⧄□年粢租米　⧄　七五九三
⧄□年廿九　⧄　七五九四
⧄入模鄉……⧄　七五九五
⧄掾黃諱史潘慮　七五九六
⧄□布三丈八尺⧄　七五九七
⧄錢一百八十八萬⧄　七五九八
⧄州倉吏鄭⧄　七五九九
⧄……三年十二月⧄　七六〇〇
⧄　妻大女走年⧄　七六〇一
入模⧄　七六〇二
⧄嘉禾二年九月廿八日⧄　七六〇三
⧄嘉禾元年□□⧄　七六〇四
⧄肖年□歲（？）⧄　七六〇五
⧄月廿一日庫丘男子童⧄　七六〇六
　⧄右□家口食三人　⧄　七六〇七
⧄……稅米……胄畢〓嘉禾□年十一月十□日□□丘……⧄　七六〇八
乾鍛佐建寧陳□年……⧄　七六〇九
二丈□⧄　七六一〇
⧄……五斛□斗六升七合□⧄　七六一一
都鄉男子□□故户中品出錢八千侯⧄　七六一二正
入錢畢民自送牒還　⧄　七六一二背
⧄□□□□□ 嘉禾二年 □□□ 嘉禾三年正月⧄　七六一三
　宣妻婢年廿八　⧄　七六一四
⧄□四六佃吏限米……⧄　七六一五
⧄李嵩付倉吏黃諱潘⧄　七六一六

七六一七　☐三百□斛□☐

七六一八　其三百……☐

七六一九　☐□利焉子弟限米廿[九]斛≡×□☐

七六二〇　☐二斗九升

七六二一　伐（？）男（？）☐

七六二二　☐≡×嘉禾二年十一月一日☐

七六二三　☐　盧受

七六二四　☐州倉吏谷漢受☐

七六二五　☐鄉入稅米□[斛]　☐

七六二六　☐□斛□斗≡×[嘉]禾元年☐

七六二七　☐□[付]庫吏殷☐

七六二八　☐□吏鄧六嘉禾二年☐

七六二九　右廣成鄉入稅米……

【注】「右」上原有墨筆點記。

七六三〇　☐……≡×……日□□丘□□[關]坒閣[董][基]付三州倉吏鄭黑受☐

七六三一　右□[鄉]□[米][卌][四][斛][四]斗

【注】「右」上原有墨筆點記。

七六三二　……米……[斛]五斗一[升]

七六三三　治皮師醴陵彭□年……

七六三四　其五斛□斗……

七六三五　絹白佐劉陽□□☐

七六三六　☐妻大女□年七十一

七六三七　☐□□[關]坒閣李嵩付[倉][吏]□□☐

七六三八　☐……曹史
□□曹史☐

七六三九　☐□[曹]□□[領]吏民□☐

七六四〇　其廿六斛六斗嘉禾□年稅米☐

七六四一　□[鄉]嘉禾□年……米廿□[斛]二斗……

七六四二　入西鄉布□匹□丈≡×嘉禾□年……兒目付庫吏殷連☐

七六四三　……二斛六斗

七六四四　財模師吳昌□□年十□☐

七六四五　□[男][弟][眇]十歲☐

七六四六　☐……萬四千九百□☐

七六四七　☐禾二年十月十二日□丘男☐

七六四八　其四斛嘉禾二年[稅][米]☐

七六四九　☐年十二月廿六日資丘[謝]□□[關]☐

七六五〇　☐其　七　斛　二　□☐

七六五一　☐　□妻□年卅一　☐

七六五二　其二□☐

七六五三　其十二斛□□☐

七六五四　☐□十

七六五五　其一[斛]四斗三升☐

七六五六　☐□□[鄉]二年□米……≡×[嘉][禾]二年八月……大男□☐

七六五七　……七升　☐

七六五八正　[都][鄉]男子□□[故][户]□[品][出][錢]□……☐

七六五八背　[入][錢][畢][民][自][送][牒][還][縣][不]……☐

七六五九　右故吏（？）□☐

七六六〇　☐□稅米九百廿四斛七斗□□

七六六一　☐[吏][殷]連受

七六六二　☐□　踵兩足　☐

七六六三　☐[烝][弁]付[庫]☐

七六六四　☐[匹]九尺六寸☐

七六六五　☐[付]三州倉吏谷☐

七六六六　☐□斛□升八[合]☐

七六六七　☐米四斛≡×嘉禾☐

七六六八　☐□[斛]×嘉[禾]☐

七六六九　☐其三百一十七斛☐

七六七〇　☐□吏限米十一斛☐

七六七一　入廣成鄉嘉☐

七六七二　☐吏殷連受

七六七三　入桑鄉嘉禾二☐

七六七四　☐右西鄉入二年□☐

七六七五　☐吏谷漢☐

七六七六　☐……□起嘉禾□年……☐

七六七七　□妻（?）□年卅

【注】簡中有朱筆塗痕。

七六七八　□里户人公乘□□年……　妻□年卅□☐

【注】簡中有朱筆塗痕。

七六七九　☐□年五□□　刑右手　訾　五　十

七六八〇　☐〼嘉禾□年十一月一日□丘……☐

七六八一　☐□已列言依癸卯書原除

七六八二　☐青畢〼嘉禾元年六月八日……☐

七六八三　乾鍛佐羅周□年卅一

七六八四　☐□吏民……役（?）☐

七六八五　……逋税米及種（?）☐

七六八六　□租米□□斛□斗三升〼嘉禾□□☐

七六八七　☐□佐荼陵彭□□……☐

七六八八　☐□佐醴陵……☐

七六八九　☐□□□關邸閣董基付三州倉吏谷漢受

七六九〇　入□鄉□□□布□匹□丈□尺〼……☐

七六九一　出用　無☐

七六九二　右樂鄉鋘賈錢五千　☐

【注】「右」上原有墨筆點記。

七六九三　☐……付庫吏殷連受

七六九四　☐……潘慮　☐

七六九五　☐□踵兩足　☐

七六九六　☐□厩（?）□☐

七六九七　☐谷漢受

七六九八　☐畢〼嘉禾元年□□☐

七六九九　☐米三斛一斗青畢☐

七七〇〇　入吏黄諱潘慮……☐

七七〇一　☐鄉嘉禾二年私學限米二斛〼嘉☐

七七〇二　☐嵩付倉☐

七七〇三　☐□二斛六斗□□☐

七七〇四　☐其四斛九斗□☐

七七〇五　妻大女☐

七七〇六　□曹（?）書（?）☐

七七〇七　☐□日録事掾潘琬白

七七〇八　其卅一斛監☐

七七〇九　☐斛〼嘉禾二年三月廿二日畢□丘☐

七七一〇　☐……元年租米☐

七七一一　……火種租米……斛六斗

七七一二　右□家口食三人　☐

七七一三　□□里户人公乘□□年五□□　……

七七一四　入□餘……☐

七七一五　☐閣□□付州中倉吏黄諱潘慮

七七一六　☐□□□□廿八斛四斗一升

七七一七　右（?）承（?）餘（?）……

七七一八　☐〼嘉禾□年□月十日□□付庫吏殷連受

七七一九　囊子男胎年五歲　□□☐

七七二〇　入都鄉鋘賈錢一百〼嘉禾□年□月一日……☐

七七二一　☐　右□家口食五人

【注】「右」上原有墨筆點記。

☒□□十斛付吏區業給稾□□ 七七二二

☒吏□□付庫吏殷☒ 七七二三

☒□斗五升 七七二四

☒≡×嘉禾元年正月七日□□丘男子……受☒ 七七二五

□妻大女□年卅□筭一 ☒ 七七二六

□女弟婢年九歲 ☒ 七七二七

☒布□匹□丈□尺≡×嘉禾二年九月六日睾丘□潘……☒ 七七二八

☒□□付縣（？）吏陳贊□入別列□□ 七七二九

☒□元年私學限米七百□斛□☒ 七七三〇

□□錢□□萬二千□百□□ ☒ 七七三一

都鄉男子□□故户下品出錢四千四百臨湘侯相 七七三二正

入錢畢民自送牒還縣不得持還鄉典田吏及帥 七七三二背

□妻大女婢年廿七 七七三三

☒口食十三人 其七人男 六人女 七七三四

☒承十一月旦簿餘吏市布合一千一百□☒ 七七三五

入中鄉……所市布二匹≡×嘉禾元年□月□日□□☒ 七七三六

……曹史□□白 七七三七

☒公乘潘□年卅一 訾 五 十 七七三八

右碩家口食□人 其□人男 □人女 ☒ 七七三九

【注】「右」上原有墨筆點記。

高里户人公乘□□年廿□ ☒ 七七四〇

☒一百匹□□≡×嘉禾□年……文……☒ 七七四一

☒嘉禾二年十二月□日□□□☒ 七七四二

右平鄉☒ 七七四三

☒妻宗年卅四 ☒ 七七四四

☒名爲簿如牒重復核占☒ 七七四五

☒子小女□年四歲☒ 七七四六

☒ 其三百卅九斛一斗☒ 七七四七

☒ □妻大女銀年□☒ 七七四八

☒□啓年七十一□ 妻大女真年五十□☒ 七七四九

☒凡八萬□千六百一十五☒ 七七五〇

☒口食七人 ☒ 七七五一

草言府……連道……☒ 七七五二

☒□男弟六年二歲苦聾☒ 七七五三

☒月二日兵曹史賀帛白 七七五四

☒……米二斛六斗 ☒ 七七五五

☒□廿四斛復民租米 七七五六

☒ 妻大女仨年□ ☒ 七七五七

☒□□□米……□ 錢米五……☒ 七七五八

……承（？）餘（？）新（？）入（？）…… 七七五九

兵曹言府依科結正……書佐□□白 七七六〇

入□鄉佃卒限米□斛就畢≡×嘉禾□年十一月十五日平丘□土付三 七七六一

州倉吏鄭黑受 七七六二

運□□□米…… 七七六三

□女弟路年五歲 七七六四

入都鄉……九斗四升一合九撮≡×☒ 七七六五

☒税米六十四斛八斗 ☒ 七七六六

其四斛九斗□☒ 七七六七

已入 ☒ 七七六八

☒ 其六十斛……米☒ 七七六九

【注】「其」上原有墨筆點記。

右春家口食□人 其□人男 □人女 七七七〇

【注】「右」上原有墨筆點記。

☒□鄉□丘男子□□布一匹≡×嘉禾□☒ 七七七一

▨……九日關▨　七七七一

▨□萬三千嘉禾▨　七七七二

▨五　十　七七七三

▨右平鄉□年布廿八匹三丈七尺　▨　七七七四

【注】「右」上原有墨筆點記。

▨一萬二□▨　七七七五

兵曹掾五右□▨　七七七六

▨……　□兄□年……▨　七七七七

其□斛□斗……米　七七七八

▨領吏民（?）□□　七七七九

□妻大女貞年廿七　七七八〇

▨……　□寡嫂大女□年六十□　七七八一

▨……≡嘉禾二年正月……壓閣董▨　七七八二

右□鄉元年稅米□□五十四斛一斗四升一合▨　七七八三

▨妻□年廿四　……年□　▨　七七八四

▨倉吏谷漢受　七七八五

▨□三年□月□日□丘男子□□▨　七七八六

▨……郡吏雷濟黄龍三年襍稅米　七七八七

其……斛一斗六升　▨　七七八八

▨……嘉禾□年□米……≡嘉禾▨　七七八九

▨廿一日□丘大男鄧宮付庫吏殷連受　七七九〇

▨□斛五斗≡嘉▨　七七九一

▨七十二斛三斗▨　七七九二

▨□七斛□斗≡嘉禾二年▨　七七九三

▨丘謝陵付庫▨　七七九四

▨米□斛七斗冑畢≡嘉　▨　七七九五

▨杷丘大男□▨　七七九六

▨□≡嘉禾元年□月□日……▨　七七九七

▨□十七匹三丈五尺　▨　七七九八

▨……調布十▨　七七九九

▨……大男……▨　七八〇〇

▨基付倉吏黄▨　七八〇一

▨就畢≡嘉禾二年七月二日▨　七八〇二

模鄉大男鄭□▨　七八〇三

▨丘大男▨　七八〇四

▨□鄉下伍丘▨　七八〇五

▨嘉禾元年十一月二日▨　七八〇六

▨成鄉□丘大男▨　七八〇七

▨年八歲佳兩足▨　七八〇八

▨丘大男蔡□▨　七八〇九

□百六十四斛二斗六▨　七八一〇

附録一

簡牘總平面分佈圖

總立面示意圖

揭剥位置示意圖

説　明

一、自《竹簡〔肆〕》始，後續各卷皆列入考古發掘清理的序列。本卷發表的簡牘爲考古發掘清理所獲最終之卷。本卷簡牘整理編號接續《竹簡〔捌〕》之最末號，自六一四〇二起，迄六九二一一止。本卷編號自一始，迄七八一〇止。

二、由於經考古發掘的簡牘一般保存較爲完整，故在清理中簡牘揭剥圖的數量大爲增加。爲使讀者對簡牘揭剥圖有一個總體的了解，以便於核對、檢查與比較，我們在《竹簡〔肆〕》附録一的總説明中，對J 22堆積層位，簡牘分區發掘的情況做了必要的介紹，茲不再贅述。請讀者分别參看《長沙走馬樓三國吴簡・嘉禾吏民田家莂・長沙走馬樓二十二號井發掘報告》和《長沙走馬樓三國吴簡・竹簡〔肆〕》附録一總説明。

三、簡牘册書編聯的微觀狀況是通過具體的揭剥示意圖表現出來。在簡牘清理揭剥的過程中，我們是本着科學、嚴肅、謹慎、認真的態度進行操作的。爲了彌補發掘現場揭取時可能存在的不足，在簡牘的室内揭剥操作與記録層面上，我們又做了更爲細緻的編排，特别是針對繪製的簡牘揭剥圖、表。將揭剥程序與簡牘編號劃分爲五個層級，這是在田野考古清理記録的基礎上進一步地細化。一級編號用羅馬數字表示，代表的是分區；二級編號用英文小寫表示，代表的是區内各段簡牘；三級編號用阿拉伯數字表示，代表的是某段中的某一小段；四級編號用帶圈的阿拉伯數字表示，代表的是某小段中的某坨，每坨的數量不等，少則十餘枚，多則數百枚，上千枚；五級編號則爲每枚簡自身編號，亦用阿拉伯數字表示。需要説明的是，三級與四級編號的劃分界綫並不是絶對的。有些級編號之下無三級（小段），則直接到四級（坨）。這樣做的目的，既是整理的要求，也是試圖爲册書的完整復原，提供有參考價值的依據，但上述操作方法與觀察記録，除去客觀因素的影響外，仍不可避免地存在着人爲的失誤。關於這一點，我們在《長沙三國吴簡的現場揭取與室内揭剥——兼談吴簡的盆號與揭剥圖》（《吴簡研究》第三輯，長沙簡牘博物館、北京大學、中國古代史研究中心、吴簡研討班編著，中華書局二〇一一年）一文中做了較爲詳細的説明，敬請讀者參看。至於簡牘揭剥圖表的作用，我們在已發表的各卷附録一的説明中均做了相同意義的表述，終卷不再贅述，期待讀者的批評。

四、本卷發表的簡牘系發掘清理Ⅲ區的部分。Ⅲ區位於古井的東部，簡層長約七〇，寬六〇，厚一四—三〇釐米。其三分之一受井壁塌垮泥土的擠壓，呈傾斜狀，原位發生移動，簡册錯亂。

五、本卷公佈J22簡牘總平面分佈圖，總立面示意圖各一幅。兩圖均標識本卷簡牘在平、立面上大體的位置，可互爲參看，供讀者在研究中參考。

六、本卷公佈簡牘揭剥圖三十三幅，根據實際情況大部分採用平剖面相結合的方式。選用這樣的方式是想盡可能比較全面地報告揭剥整理的結果，體現揭剥工作的水準與要求，爲觀察研究提供一些新的視角，例如木牘、楬牌的原來擺放位置等等。

七、本卷整理編號爲七八一〇，實際發表簡牘共計七八二三枚。其中竹簡七八一六枚，木牘七枚。涉及揭剥竹簡二五五六枚（含甲、乙簡六枚），木牘七枚；其餘五二六〇枚竹簡因散亂雜錯，仍按所在的區位歸併整理。

八、在揭剥過程中，如發現某坨竹簡中裹夾木牘時，其採用的處理方式則是選擇在最貼近木牘的竹簡的編號中綴加分號，藉以表明它們原有的關聯。例如本卷揭剥圖一的三九〇三（一）；揭剥圖十二的四四二四（一）、四四五一（一）；揭剥圖二十三的五三〇六（一）、五三一四（一）、五三一五（一）、五三二一（一）所見七處即是。個别殘簡因前後兩枚粘結緊實，在揭剥時未能發現；或修復時將兩枚殘簡誤拼綴爲一枚簡。在後期整理中凡見此類情況時，我們採用的處理方式則是在不變動原編號的前提下，於原編號後分别綴加甲、乙，以示區别。本卷處理此類情況凡見六處，即四七九九甲、乙（圖十七）；四八〇二甲、乙（圖十七）；五〇三四甲、乙（圖十九）；五六〇三甲、乙（圖二十六）；五九二九甲、乙（圖三十）；六〇二六甲、乙（圖三十一）。

九、本卷各揭剥示意圖均有對應表。表標題的內容包括簡牘發掘區位號、發掘段、小段及揭剥坨號。表欄的內容則包括每坨簡對應的揭剥順序示意圖號與本卷簡牘整理號。標題中簡牘發掘區位號用羅馬數字表示；發掘段號用英文小寫字母表示；小段號用阿拉伯數字表示；小段中的揭剥坨號用帶圈的阿拉伯數字表示。因整個Ⅲ區僅此一長段，故直接用a表示。例如本卷圖四、Ⅲ—a—2—②，即爲吴簡發掘Ⅲ區a段2小段②坨。本卷圖十二、Ⅲ—a—5—①，即爲吴簡發掘掘Ⅲ區a段5小段①坨。本卷圖十八，Ⅲ—a—7—③，即爲吴簡發掘Ⅲ區a段7小段③坨。凡對應表中標題縮寫均依次類推。對應表中竹簡整理號即爲本卷簡牘釋文、圖版的流水號，示意圖號則爲本坨簡牘揭剥時的序號。二種號皆可互相對應，便於研究時檢核。

十、本卷簡牘總平面分佈圖、總立面示意圖由宋少華繪製。總説明由宋少華撰寫。竹簡揭剥圖的草圖由蕭静華繪製，簡牘揭剥合成電腦圖由劉佩潔繪製，揭剥圖對應表由宋少華、雷長巍、胡冬成等校對編製，揭剥圖簡牘的編號、尺寸由蔣維、金平、畢燦、劉慶等核校。本附録一全部圖、表均由宋少華最終核定。

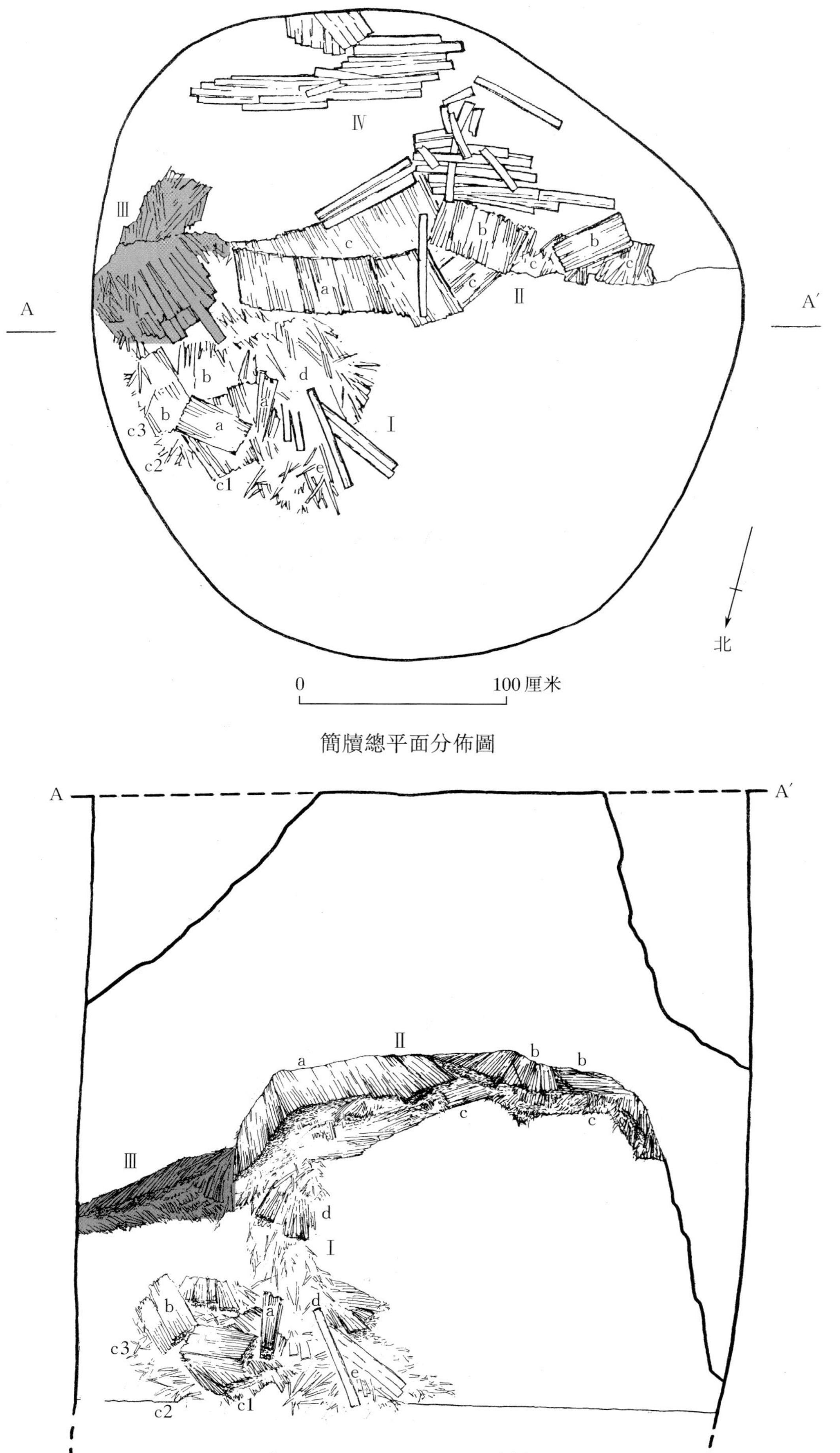

簡牘總平面分佈圖

簡牘總立面示意圖

本卷簡牘揭剥整理區位

圖一竹簡整理編號與示意圖編號對應表

整理號	示意圖號
三九〇〇	1
三九〇一	2
三九〇二	3
三九〇三	4
三九〇三（一）	4—1
三九〇四	5

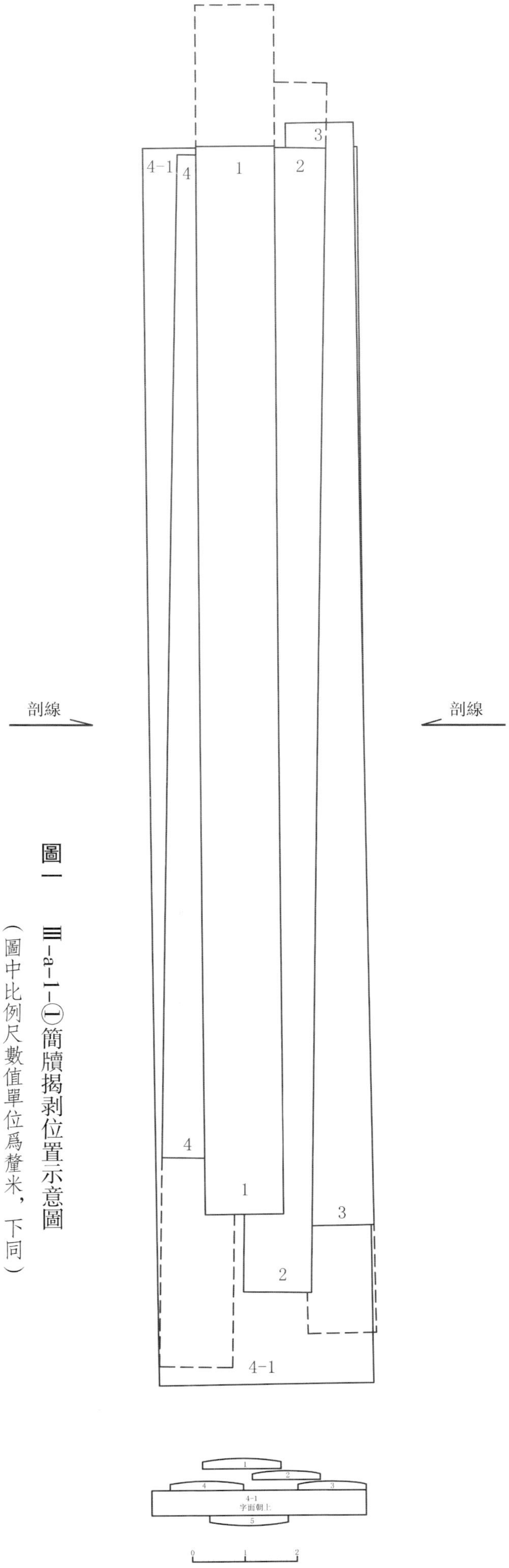

圖一 Ⅲ-a-1-① 簡牘揭剥位置示意圖

（圖中比例尺數值單位爲釐米，下同）

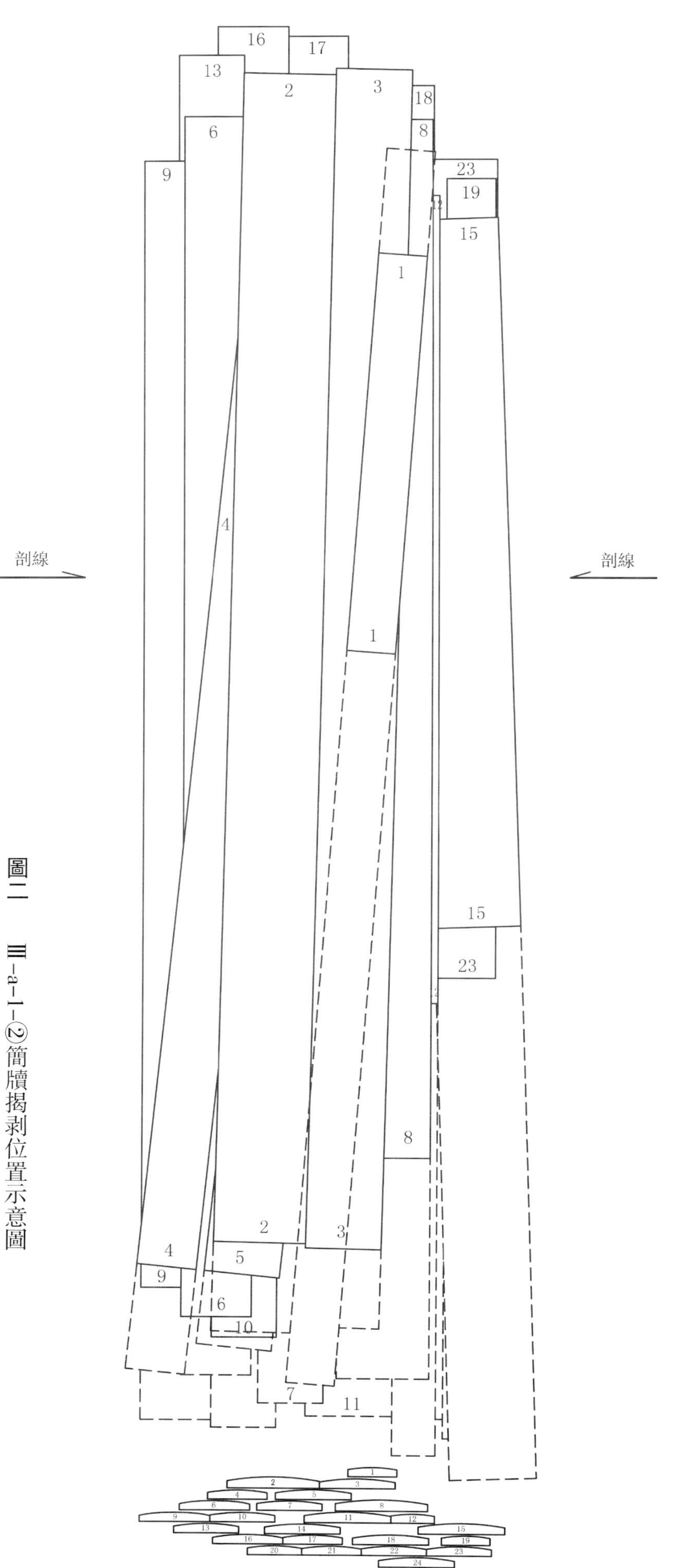

圖二 Ⅲ-a-1-②簡牘揭剥位置示意圖

圖二竹簡整理編號與示意圖編號對應表

整理號	示意圖號
三九〇五	1
三九〇六	2
三九〇七	3
三九〇八	4
三九〇九	5
三九一〇	6
三九一一	7
三九一二	8
三九一三	9
三九一四	10
三九一五	11
三九一六	12
三九一七	13
三九一八	14
三九一九	15
三九二〇	16
三九二一	17
三九二二	18
三九二三	19
三九二四	20
三九二五	21
三九二六	22
三九二七	23
三九二八	24

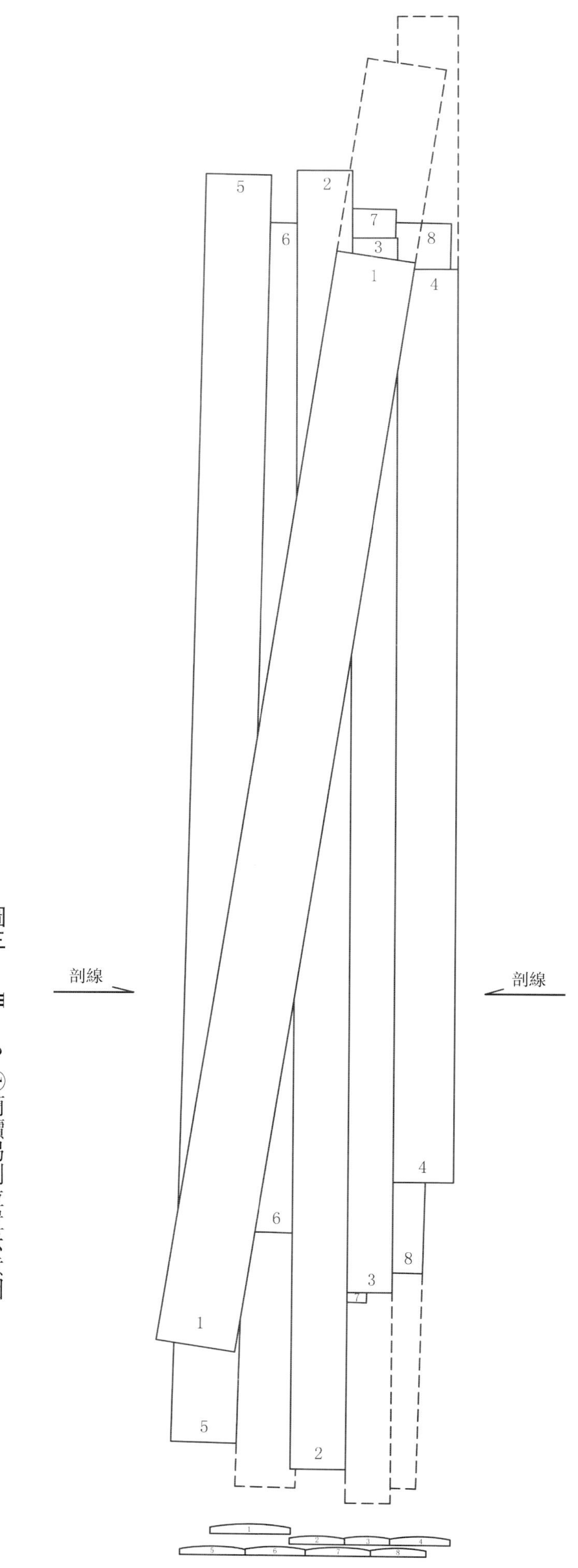

圖三 Ⅲ-a-2-①簡牘揭剥位置示意圖

圖三竹簡整理編號與示意圖編號對應表

整理號	示意圖號
三九二九	1
三九三〇	2
三九三一	3
三九三二	4
三九三三	5
三九三四	6
三九三五	7
三九三六	8

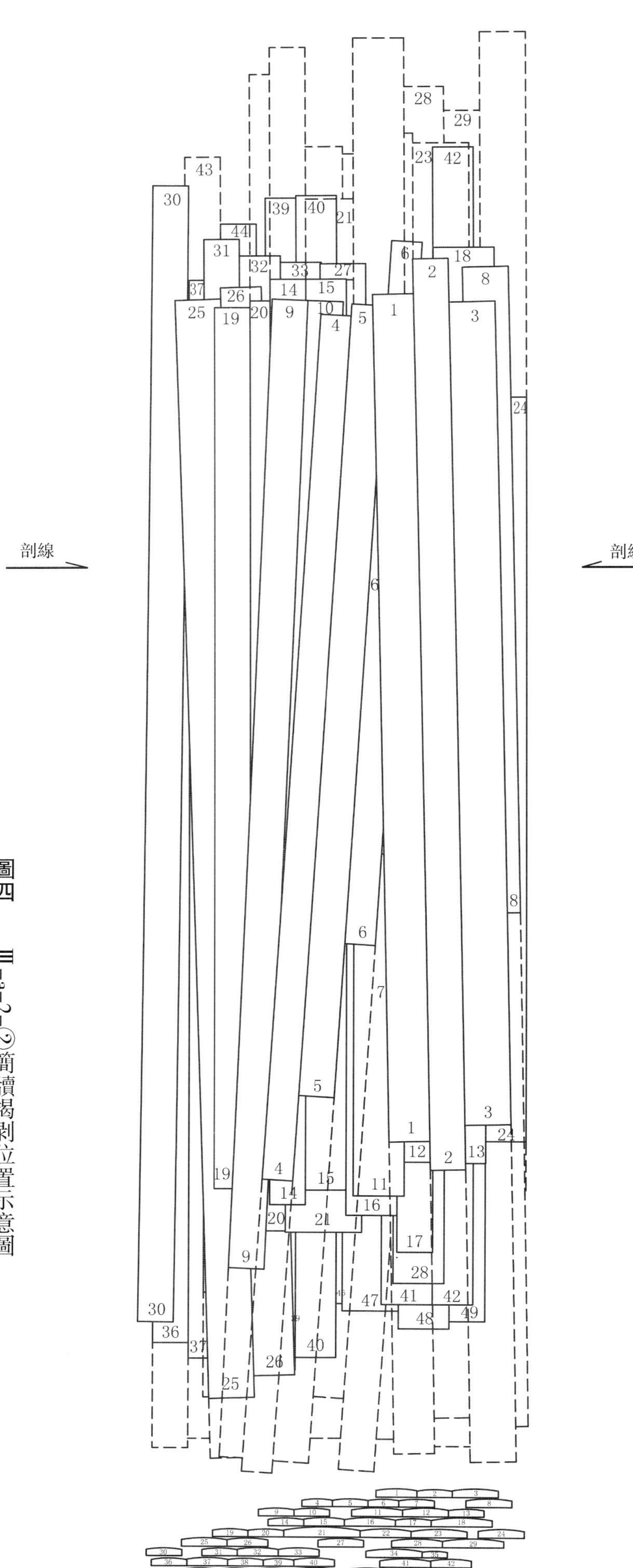

圖四　Ⅲ-a-2-②簡牘揭剥位置示意圖

圖四竹簡整理編號與示意圖編號對應表

整理號	示意圖號	整理號	示意圖號	整理號	示意圖號
三九三七	1	三九六一	25	三九八五	49
三九三八	2	三九六二	26	三九八六	50
三九三九	3	三九六三	27	三九八七	51
三九四〇	4	三九六四	28	三九八八	52
三九四一	5	三九六五	29	三九八九	53
三九四二	6	三九六六	30	三九九〇	54
三九四三	7	三九六七	31	三九九一	55
三九四四	8	三九六八	32	三九九二	56
三九四五	9	三九六九	33	三九九三	57
三九四六	10	三九七〇	34		
三九四七	11	三九七一	35		
三九四八	12	三九七二	36		
三九四九	13	三九七三	37		
三九五〇	14	三九七四	38		
三九五一	15	三九七五	39		
三九五二	16	三九七六	40		
三九五三	17	三九七七	41		
三九五四	18	三九七八	42		
三九五五	19	三九七九	43		
三九五六	20	三九八〇	44		
三九五七	21	三九八一	45		
三九五八	22	三九八二	46		
三九五九	23	三九八三	47		
三九六〇	24	三九八四	48		

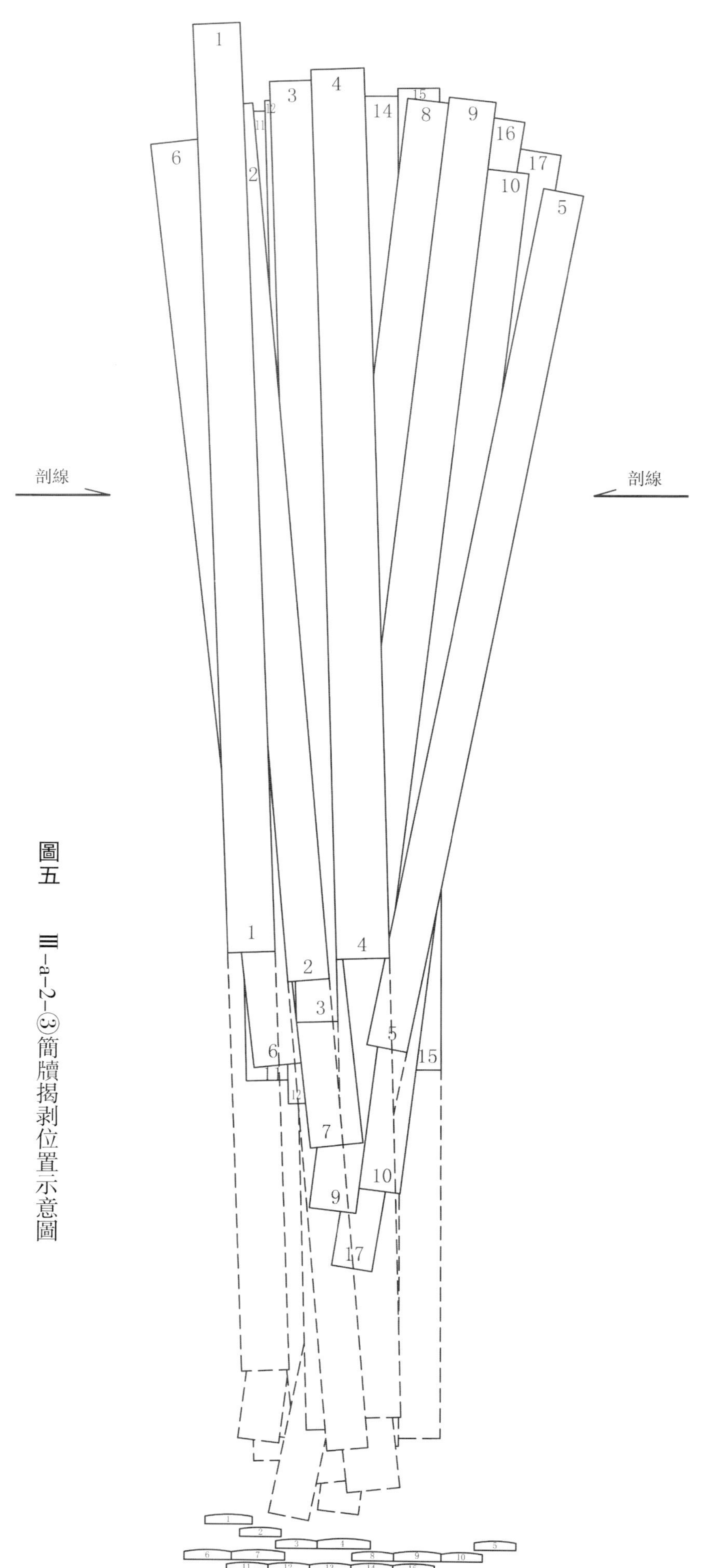

圖五　Ⅲ-a-2-③簡牘揭剥位置示意圖

圖五竹簡整理編號與示意圖編號對應表

整理號	示意圖號
三九九四	1
三九九五	2
三九九六	3
三九九七	4
三九九八	5
三九九九	6
四〇〇〇	7
四〇〇一	8
四〇〇二	9
四〇〇三	10
四〇〇四	11
四〇〇五	12
四〇〇六	13
四〇〇七	14
四〇〇八	15
四〇〇九	16
四〇一〇	17

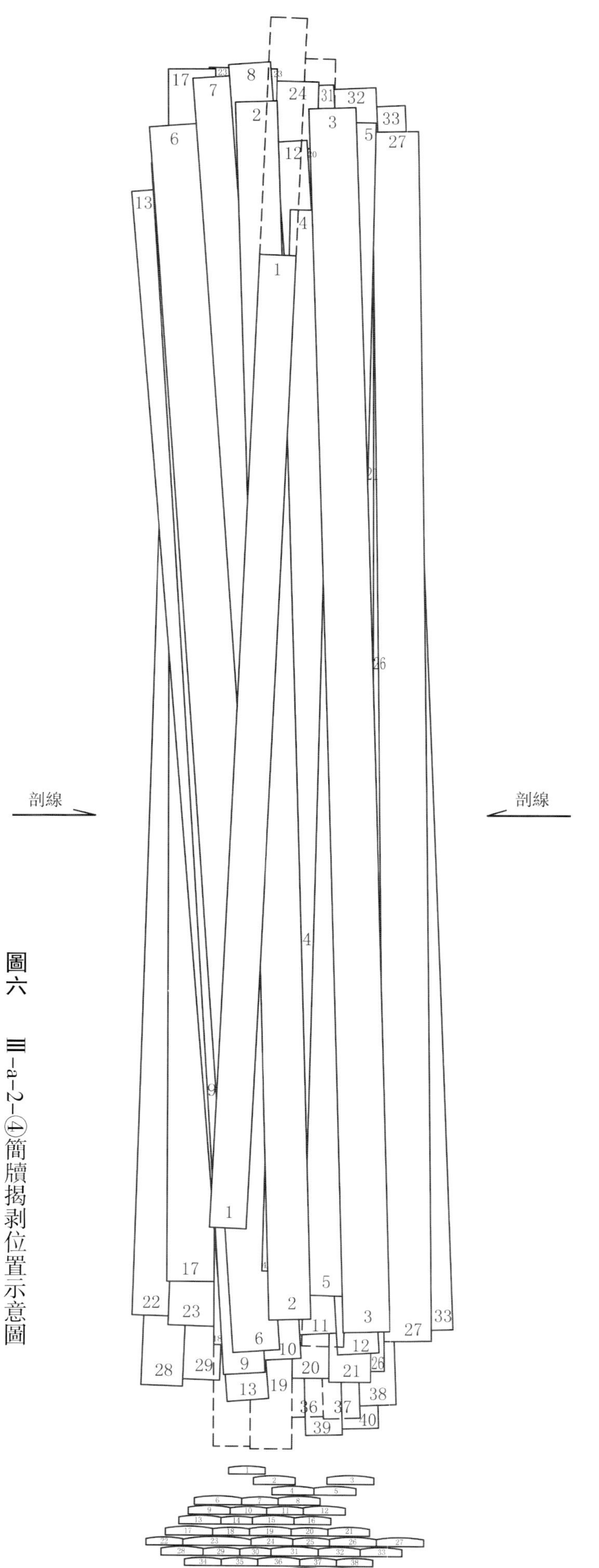

圖六 Ⅲ-a-2-④簡牘揭剥位置示意圖

圖六竹簡整理編號與示意圖編號對應表

整理號	示意圖號	整理號	示意圖號
四〇一一	1	四〇三五	25
四〇一二	2	四〇三六	26
四〇一三	3	四〇三七	27
四〇一四	4	四〇三八	28
四〇一五	5	四〇三九	29
四〇一六	6	四〇四〇	30
四〇一七	7	四〇四一	31
四〇一八	8	四〇四二	32
四〇一九	9	四〇四三	33
四〇二〇	10	四〇四四	34
四〇二一	11	四〇四五	35
四〇二二	12	四〇四六	36
四〇二三	13	四〇四七	37
四〇二四	14	四〇四八	38
四〇二五	15	四〇四九	39
四〇二六	16	四〇五〇	40
四〇二七	17		
四〇二八	18		
四〇二九	19		
四〇三〇	20		
四〇三一	21		
四〇三二	22		
四〇三三	23		
四〇三四	24		

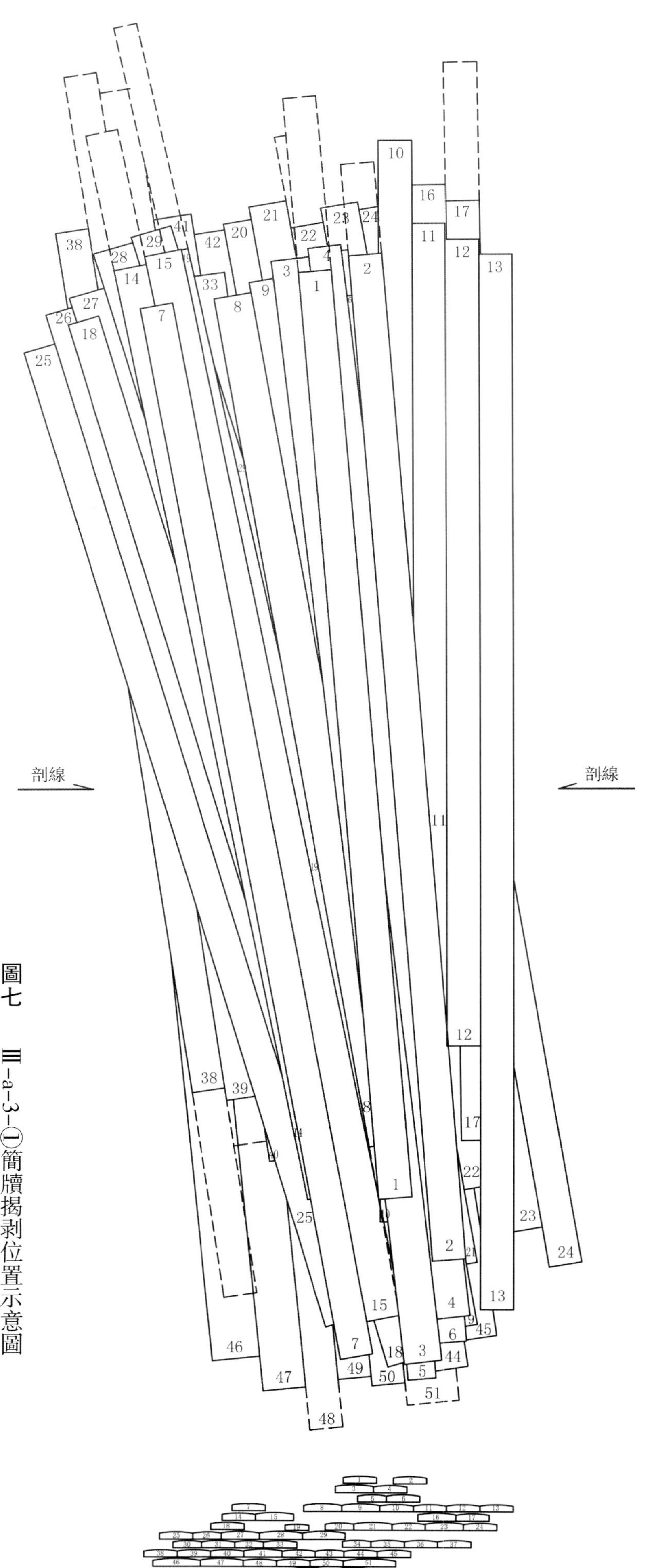

圖七　Ⅲ-a-3-①簡牘揭剥位置示意圖

圖七竹簡整理編號與示意圖編號對應表

整理號	示意圖號	整理號	示意圖號	整理號	示意圖號
四〇五一	1	四〇七五	25	四〇九九	49
四〇五二	2	四〇七六	26	四一〇〇	50
四〇五三	3	四〇七七	27	四一〇一	51
四〇五四	4	四〇七八	28	四一〇二	52
四〇五五	5	四〇七九	29	四一〇三	53
四〇五六	6	四〇八〇	30		
四〇五七	7	四〇八一	31		
四〇五八	8	四〇八二	32		
四〇五九	9	四〇八三	33		
四〇六〇	10	四〇八四	34		
四〇六一	11	四〇八五	35		
四〇六二	12	四〇八六	36		
四〇六三	13	四〇八七	37		
四〇六四	14	四〇八八	38		
四〇六五	15	四〇八九	39		
四〇六六	16	四〇九〇	40		
四〇六七	17	四〇九一	41		
四〇六八	18	四〇九二	42		
四〇六九	19	四〇九三	43		
四〇七〇	20	四〇九四	44		
四〇七一	21	四〇九五	45		
四〇七二	22	四〇九六	46		
四〇七三	23	四〇九七	47		
四〇七四	24	四〇九八	48		

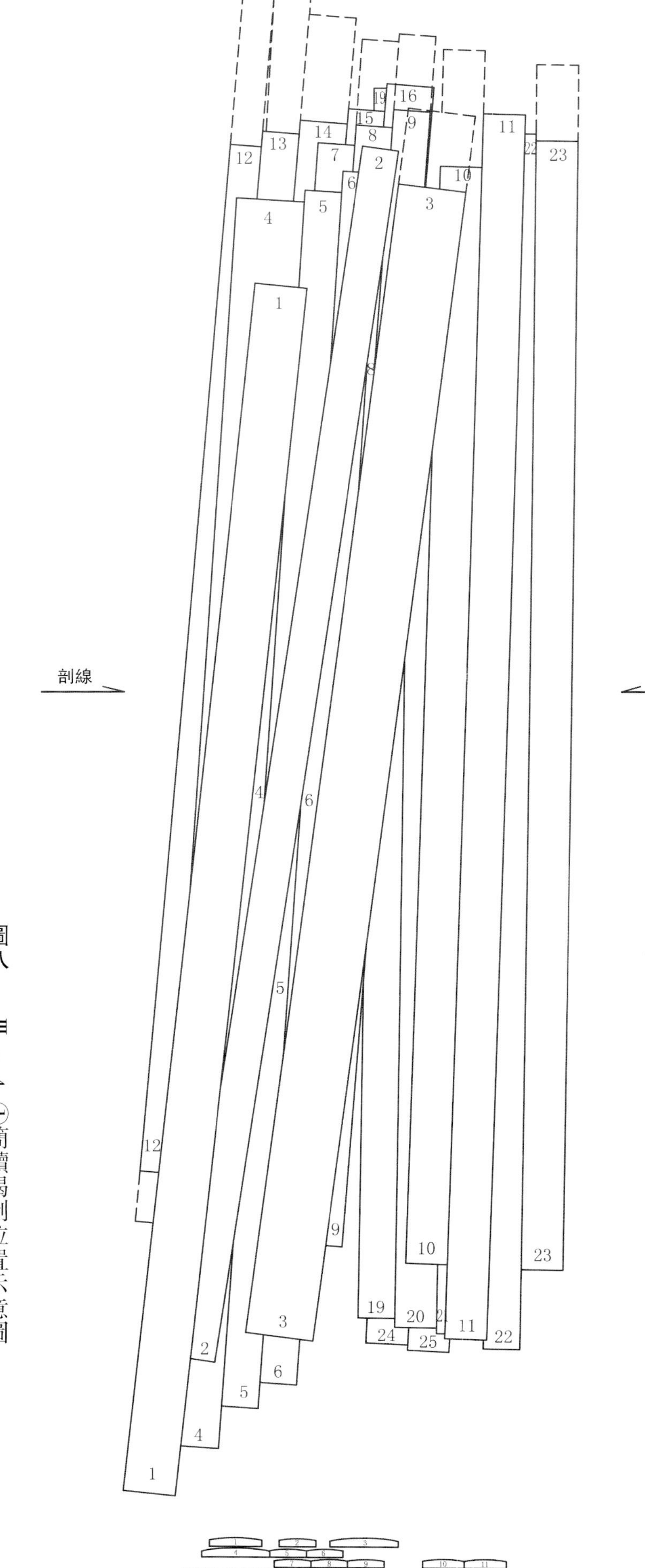

圖八 Ⅲ-a-4-①簡牘揭剥位置示意圖

圖八竹簡整理編號與示意圖編號對應表

整理號	示意圖號	整理號	示意圖號
四一〇四	1	四一二八	25
四一〇五	2		
四一〇六	3		
四一〇七	4		
四一〇八	5		
四一〇九	6		
四一一〇	7		
四一一一	8		
四一一二	9		
四一一三	10		
四一一四	11		
四一一五	12		
四一一六	13		
四一一七	14		
四一一八	15		
四一一九	16		
四一二〇	17		
四一二一	18		
四一二二	19		
四一二三	20		
四一二四	21		
四一二五	22		
四一二六	23		
四一二七	24		

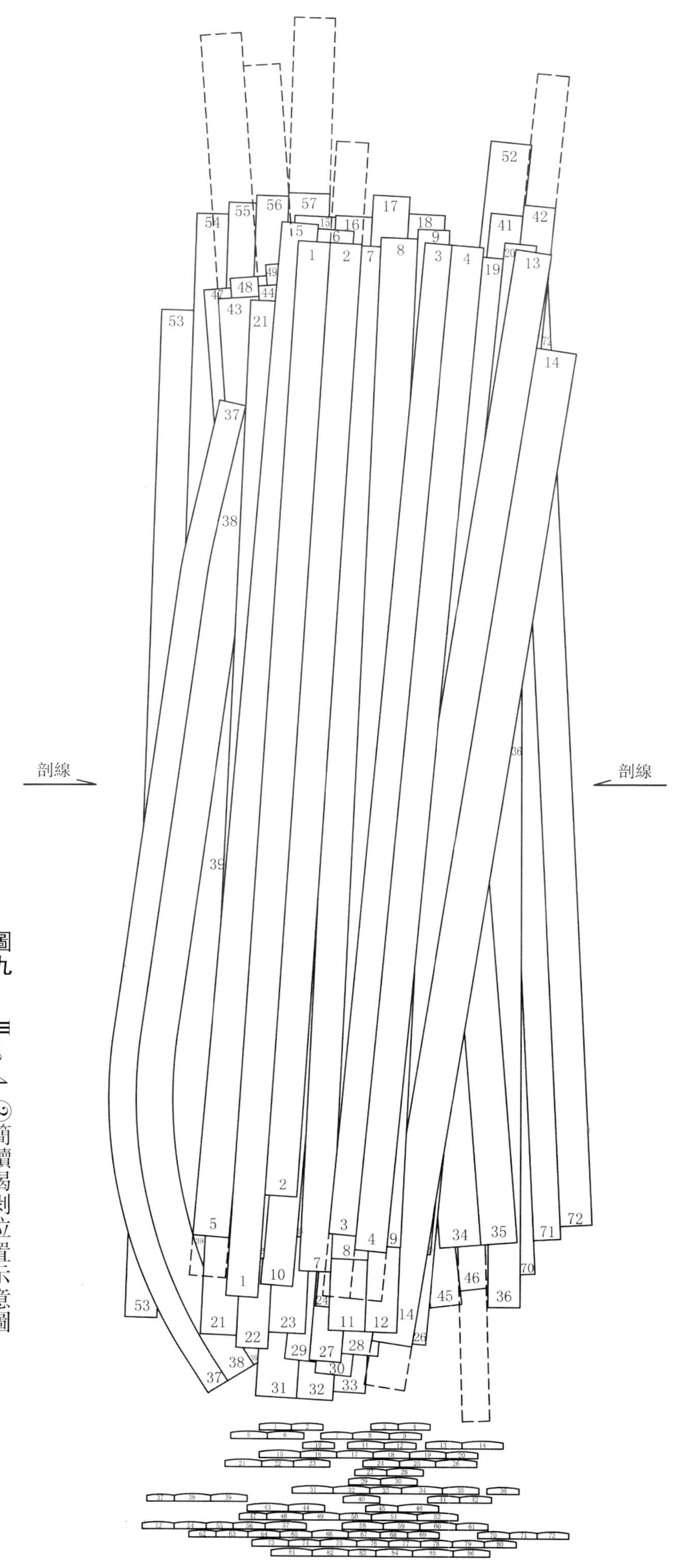

圖九　Ⅲ-a-4-②簡牘揭剥位置示意圖

圖九竹簡整理編號與示意圖編號對應表

整理號	示意圖號	整理號	示意圖號	整理號	示意圖號	整理號	示意圖號
四一二九	1	四一五三	25	四一七七	49	四二〇一	73
四一三〇	2	四一五四	26	四一七八	50	四二〇二	74
四一三一	3	四一五五	27	四一七九	51	四二〇三	75
四一三二	4	四一五六	28	四一八〇	52	四二〇四	76
四一三三	5	四一五七	29	四一八一	53	四二〇五	77
四一三四	6	四一五八	30	四一八二	54	四二〇六	78
四一三五	7	四一五九	31	四一八三	55	四二〇七	79
四一三六	8	四一六〇	32	四一八四	56	四二〇八	80
四一三七	9	四一六一	33	四一八五	57	四二〇九	81
四一三八	10	四一六二	34	四一八六	58	四二一〇	82
四一三九	11	四一六三	35	四一八七	59	四二一一	83
四一四〇	12	四一六四	36	四一八八	60	四二一二	84
四一四一	13	四一六五	37	四一八九	61	四二一三	85
四一四二	14	四一六六	38	四一九〇	62	四二一四	86
四一四三	15	四一六七	39	四一九一	63		
四一四四	16	四一六八	40	四一九二	64		
四一四五	17	四一六九	41	四一九三	65		
四一四六	18	四一七〇	42	四一九四	66		
四一四七	19	四一七一	43	四一九五	67		
四一四八	20	四一七二	44	四一九六	68		
四一四九	21	四一七三	45	四一九七	69		
四一五〇	22	四一七四	46	四一九八	70		
四一五一	23	四一七五	47	四一九九	71		
四一五二	24	四一七六	48	四二〇〇	72		

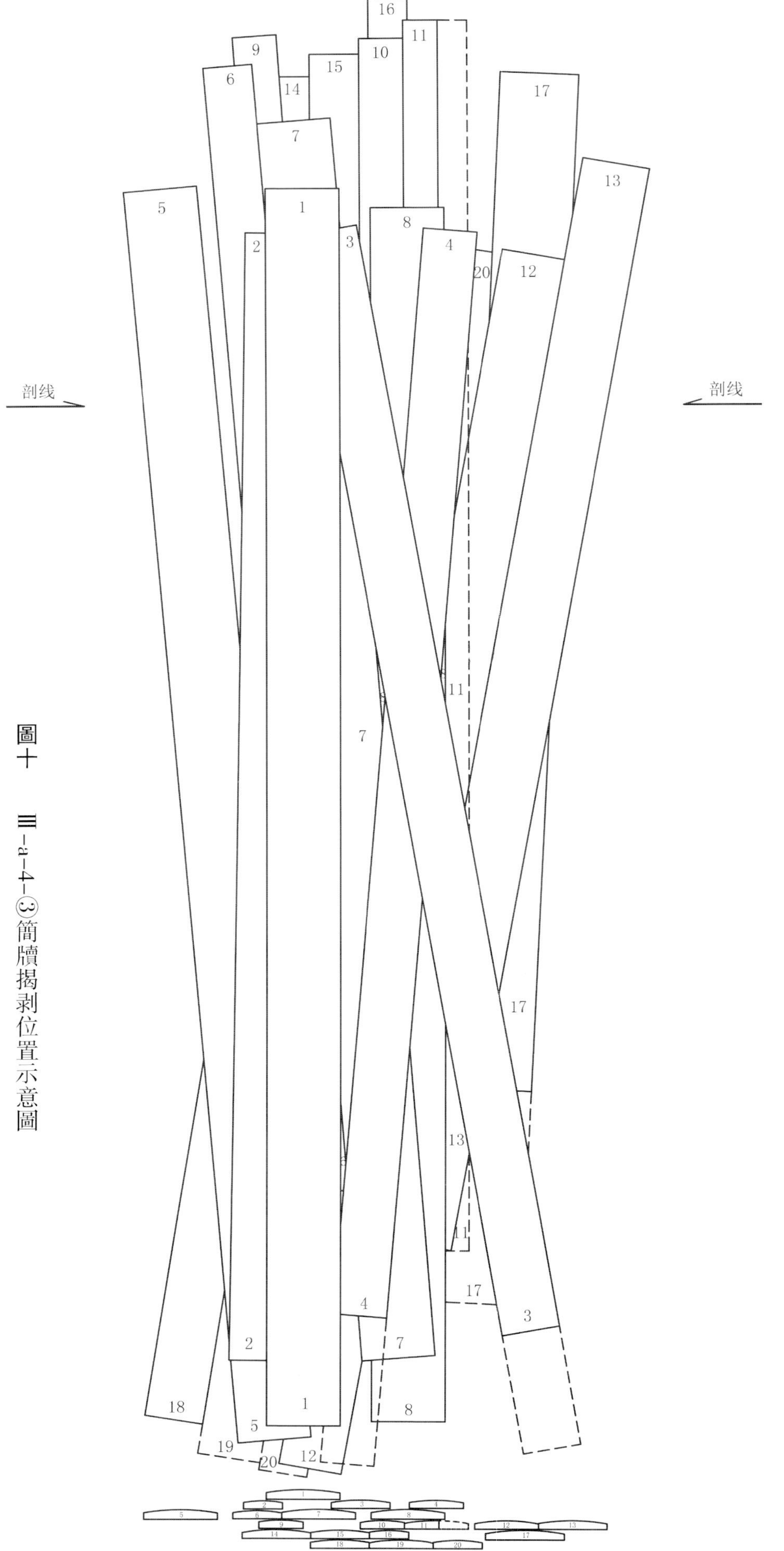

圖十 Ⅲ-a-4-③簡牘揭剥位置示意圖

圖十竹簡整理編號與示意圖編號對應表

整理號	示意圖號
四二一五	1
四二一六	2
四二一七	3
四二一八	4
四二一九	5
四二二〇	6
四二二一	7
四二二二	8
四二二三	9
四二二四	10
四二二五	11
四二二六	12
四二二七	13
四二二八	14
四二二九	15
四二三〇	16
四二三一	17
四二三二	18
四二三三	19
四二三四	20

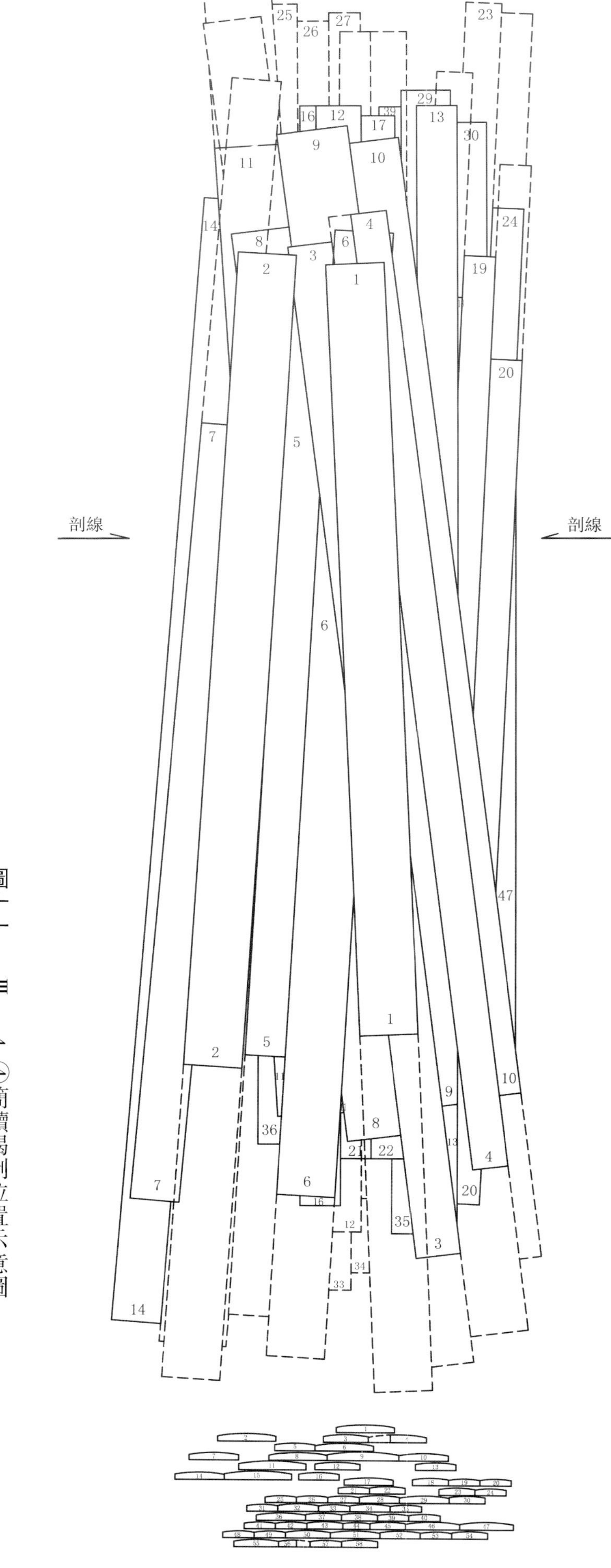

圖十一　Ⅲ-a-4-④簡牘揭剥位置示意圖

圖十一　竹簡整理編號與示意圖編號對應表

整理號	示意圖號	整理號	示意圖號	整理號	示意圖號
四二三五	1	四二五九	25	四二八三	49
四二三六	2	四二六〇	26	四二八四	50
四二三七	3	四二六一	27	四二八五	51
四二三八	4	四二六二	28	四二八六	52
四二三九	5	四二六三	29	四二八七	53
四二四〇	6	四二六四	30	四二八八	54
四二四一	7	四二六五	31	四二八九	55
四二四二	8	四二六六	32	四二九〇	56
四二四三	9	四二六七	33	四二九一	57
四二四四	10	四二六八	34	四二九二	58
四二四五	11	四二六九	35		
四二四六	12	四二七〇	36		
四二四七	13	四二七一	37		
四二四八	14	四二七二	38		
四二四九	15	四二七三	39		
四二五〇	16	四二七四	40		
四二五一	17	四二七五	41		
四二五二	18	四二七六	42		
四二五三	19	四二七七	43		
四二五四	20	四二七八	44		
四二五五	21	四二七九	45		
四二五六	22	四二八〇	46		
四二五七	23	四二八一	47		
四二五八	24	四二八二	48		

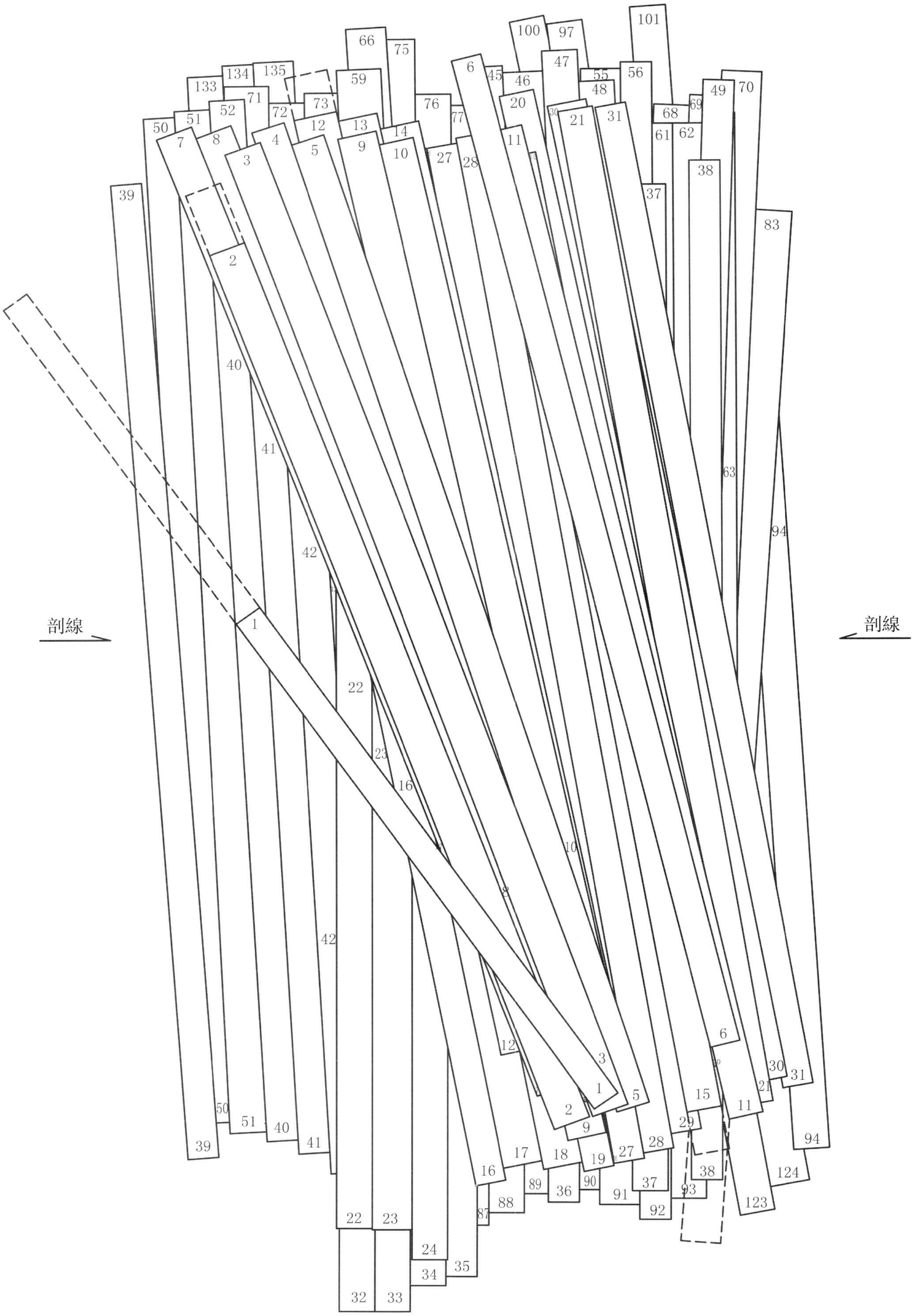

圖十二 Ⅲ-a-5-①簡牘揭剥位置示意圖

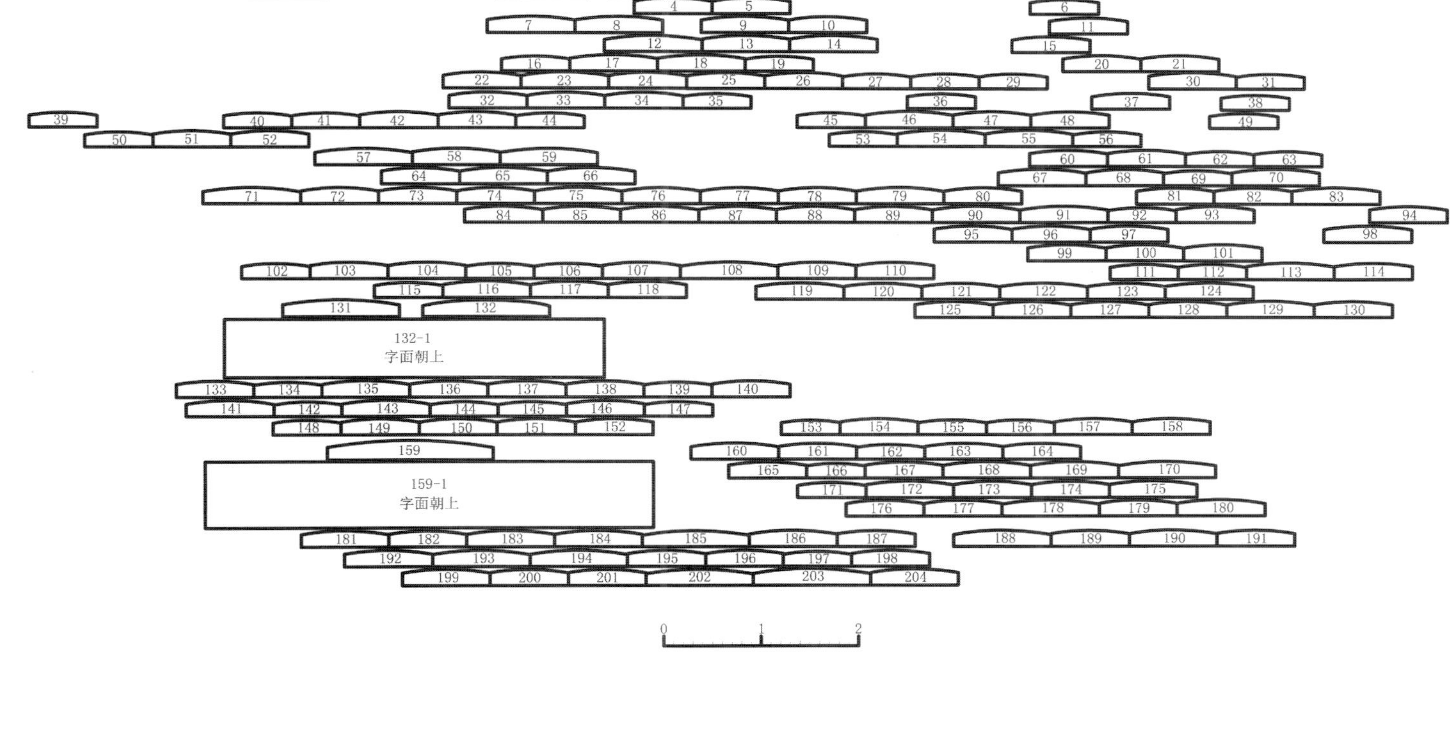
132-1
字面朝上
159-1
字面朝上
0
1
2

圖十二竹簡整理編號與示意圖編號對應表

整理號	示意圖號	整理號	示意圖號	整理號	示意圖號	整理號	示意圖號		
四二九三	1	四三一七	25	四三四一	49	四三六五	73	四三八九	97
四二九四	2	四三一八	26	四三四二	50	四三六六	74	四三九○	98
四二九五	3	四三一九	27	四三四三	51	四三六七	75	四三九一	99
四二九六	4	四三二○	28	四三四四	52	四三六八	76	四三九二	100
四二九七	5	四三二一	29	四三四五	53	四三六九	77	四三九三	101
四二九八	6	四三二二	30	四三四六	54	四三七○	78	四三九四	102
四二九九	7	四三二三	31	四三四七	55	四三七一	79	四三九五	103
四三○○	8	四三二四	32	四三四八	56	四三七二	80	四三九六	104
四三○一	9	四三二五	33	四三四九	57	四三七三	81	四三九七	105
四三○二	10	四三二六	34	四三五○	58	四三七四	82	四三九八	106
四三○三	11	四三二七	35	四三五一	59	四三七五	83	四三九九	107
四三○四	12	四三二八	36	四三五二	60	四三七六	84	四四○○	108
四三○五	13	四三二九	37	四三五三	61	四三七七	85	四四○一	109
四三○六	14	四三三○	38	四三五四	62	四三七八	86	四四○二	110
四三○七	15	四三三一	39	四三五五	63	四三七九	87	四四○三	111
四三○八	16	四三三二	40	四三五六	64	四三八○	88	四四○四	112
四三○九	17	四三三三	41	四三五七	65	四三八一	89	四四○五	113
四三一○	18	四三三四	42	四三五八	66	四三八二	90	四四○六	114
四三一一	19	四三三五	43	四三五九	67	四三八三	91	四四○七	115
四三一二	20	四三三六	44	四三六○	68	四三八四	92	四四○八	116
四三一三	21	四三三七	45	四三六一	69	四三八五	93	四四○九	117
四三一四	22	四三三八	46	四三六二	70	四三八六	94	四四一○	118
四三一五	23	四三三九	47	四三六三	71	四三八七	95	四四一一	119
四三一六	24	四三四○	48	四三六四	72	四三八八	96	四四一二	120

整理號	示意圖號	整理號	示意圖號	整理號	示意圖號	整理號	示意圖號
四四一三	121	四四三六	144	四四五九	167	四四八三	191
四四一四	122	四四三七	145	四四六〇	168	四四八四	192
四四一五	123	四四三八	146	四四六一	169	四四八五	193
四四一六	124	四四三九	147	四四六二	170	四四八六	194
四四一七	125	四四四〇	148	四四六三	171	四四八七	195
四四一八	126	四四四一	149	四四六四	172	四四八八	196
四四一九	127	四四四二	150	四四六五	173	四四八九	197
四四二〇	128	四四四三	151	四四六六	174	四四九〇	198
四四二一	129	四四四四	152	四四六七	175	四四九一	199
四四二二	130	四四四五	153	四四六八	176	四四九二	200
四四二三	131	四四四六	154	四四六九	177	四四九三	201
四四二四	132	四四四七	155	四四七〇	178	四四九四	202
四四二四（二）	132—1	四四四八	156	四四七一	179	四四九五	203
四四二五	133	四四四九	157	四四七二	180	四四九六	204
四四二六	134	四四五〇	158	四四七三	181		
四四二七	135	四四五一	159	四四七四	182		
四四二八	136	四四五一（二）	159—1	四四七五	183		
四四二九	137	四四五二	160	四四七六	184		
四四三〇	138	四四五三	161	四四七七	185		
四四三一	139	四四五四	162	四四七八	186		
四四三二	140	四四五五	163	四四七九	187		
四四三三	141	四四五六	164	四四八〇	188		
四四三四	142	四四五七	165	四四八一	189		
四四三五	143	四四五八	166	四四八二	190		

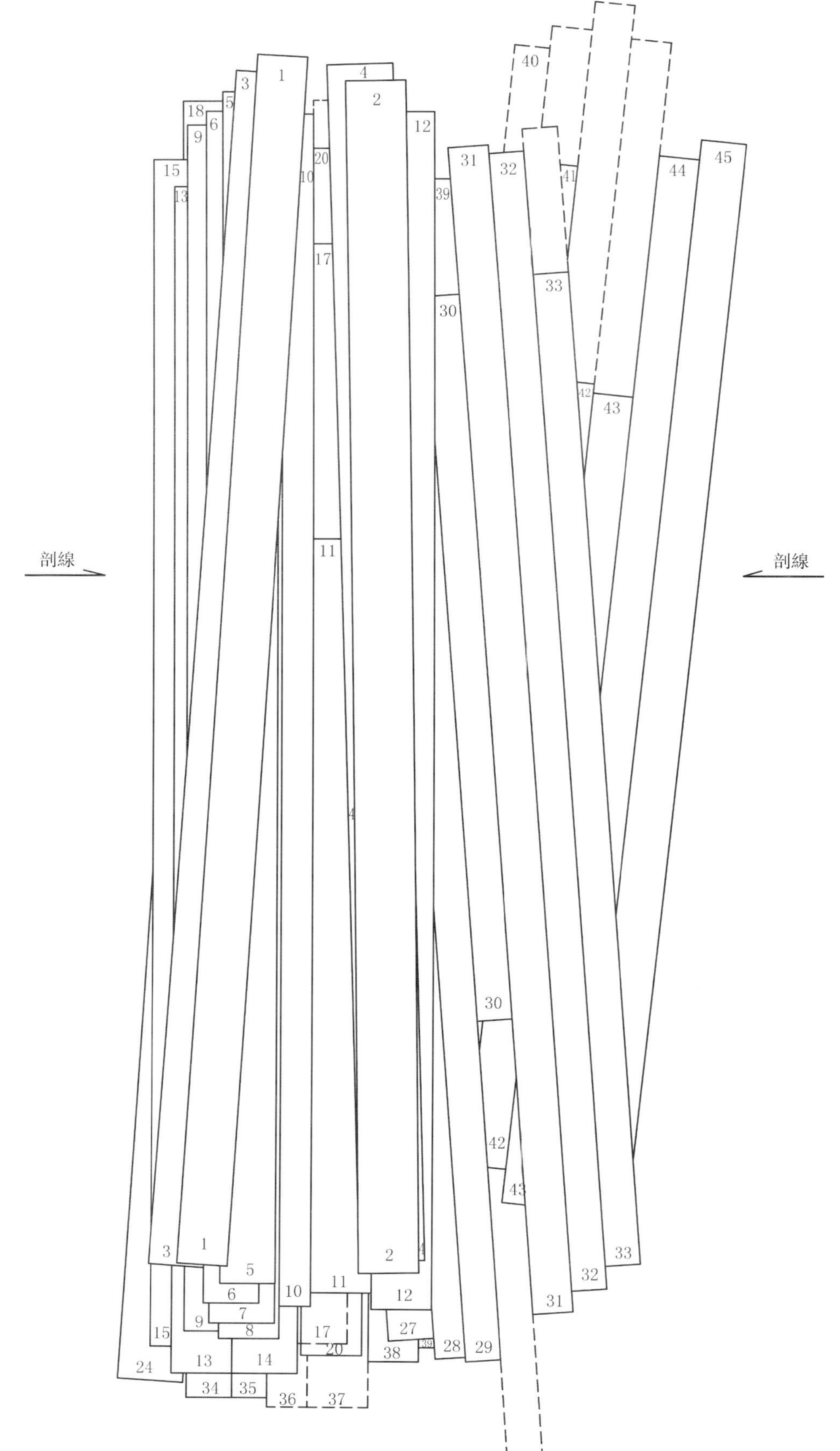

圖十三 Ⅲ-a-6-㈠簡牘揭剥位置示意圖

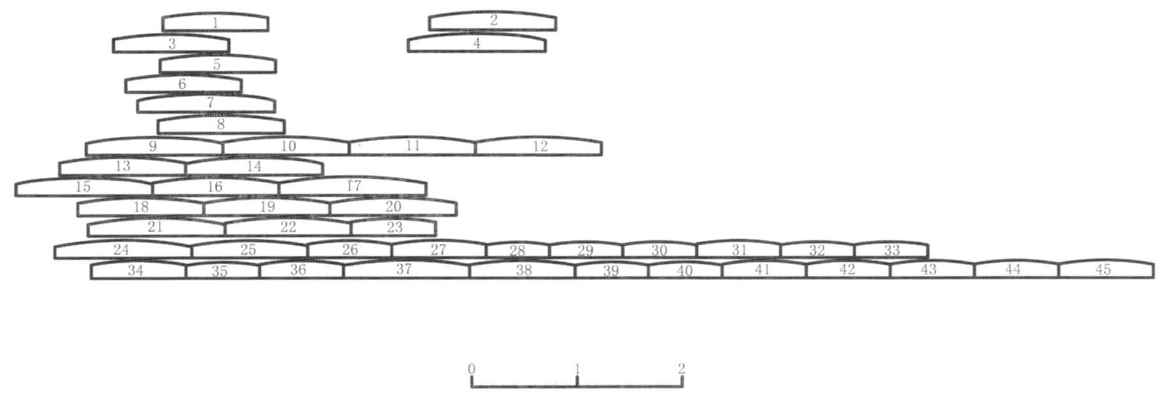

圖十三竹簡整理編號與示意圖編號對應表

整理號	示意圖號	整理號	示意圖號
四四九七	1	四五二一	25
四四九八	2	四五二二	26
四四九九	3	四五二三	27
四五〇〇	4	四五二四	28
四五〇一	5	四五二五	29
四五〇二	6	四五二六	30
四五〇三	7	四五二七	31
四五〇四	8	四五二八	32
四五〇五	9	四五二九	33
四五〇六	10	四五三〇	34
四五〇七	11	四五三一	35
四五〇八	12	四五三二	36
四五〇九	13	四五三三	37
四五一〇	14	四五三四	38
四五一一	15	四五三五	39
四五一二	16	四五三六	40
四五一三	17	四五三七	41
四五一四	18	四五三八	42
四五一五	19	四五三九	43
四五一六	20	四五四〇	44
四五一七	21	四五四一	45
四五一八	22		
四五一九	23		
四五二〇	24		

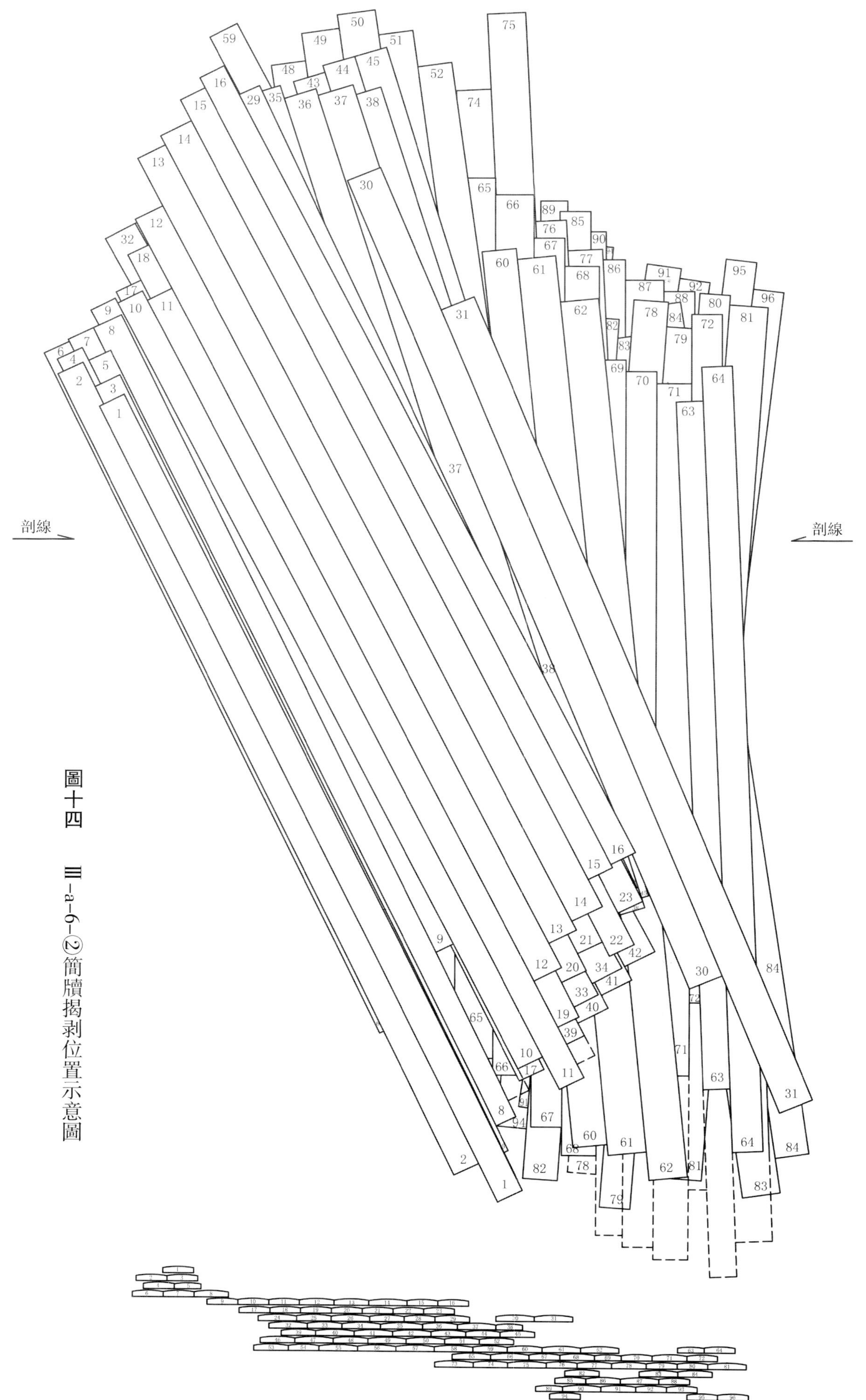

圖十四 Ⅲ-a-6-②簡牘揭剥位置示意圖

圖十四竹簡整理編號與示意圖編號對應表圖六

整理號	示意圖號	整理號	示意圖號	整理號	示意圖號	整理號	示意圖號
四五四二	1	四五六六	25	四五九〇	49	四六一四	73
四五四三	2	四五六七	26	四五九一	50	四六一五	74
四五四四	3	四五六八	27	四五九二	51	四六一六	75
四五四五	4	四五六九	28	四五九三	52	四六一七	76
四五四六	5	四五七〇	29	四五九四	53	四六一八	77
四五四七	6	四五七一	30	四五九五	54	四六一九	78
四五四八	7	四五七二	31	四五九六	55	四六二〇	79
四五四九	8	四五七三	32	四五九七	56	四六二一	80
四五五〇	9	四五七四	33	四五九八	57	四六二二	81
四五五一	10	四五七五	34	四五九九	58	四六二三	82
四五五二	11	四五七六	35	四六〇〇	59	四六二四	83
四五五三	12	四五七七	36	四六〇一	60	四六二五	84
四五五四	13	四五七八	37	四六〇二	61	四六二六	85
四五五五	14	四五七九	38	四六〇三	62	四六二七	86
四五五六	15	四五八〇	39	四六〇四	63	四六二八	87
四五五七	16	四五八一	40	四六〇五	64	四六二九	88
四五五八	17	四五八二	41	四六〇六	65	四六三〇	89
四五五九	18	四五八三	42	四六〇七	66	四六三一	90
四五六〇	19	四五八四	43	四六〇八	67	四六三二	91
四五六一	20	四五八五	44	四六〇九	68	四六三三	92
四五六二	21	四五八六	45	四六一〇	69	四六三四	93
四五六三	22	四五八七	46	四六一一	70	四六三五	94
四五六四	23	四五八八	47	四六一二	71	四六三六	95
四五六五	24	四五八九	48	四六一三	72	四六三七	96

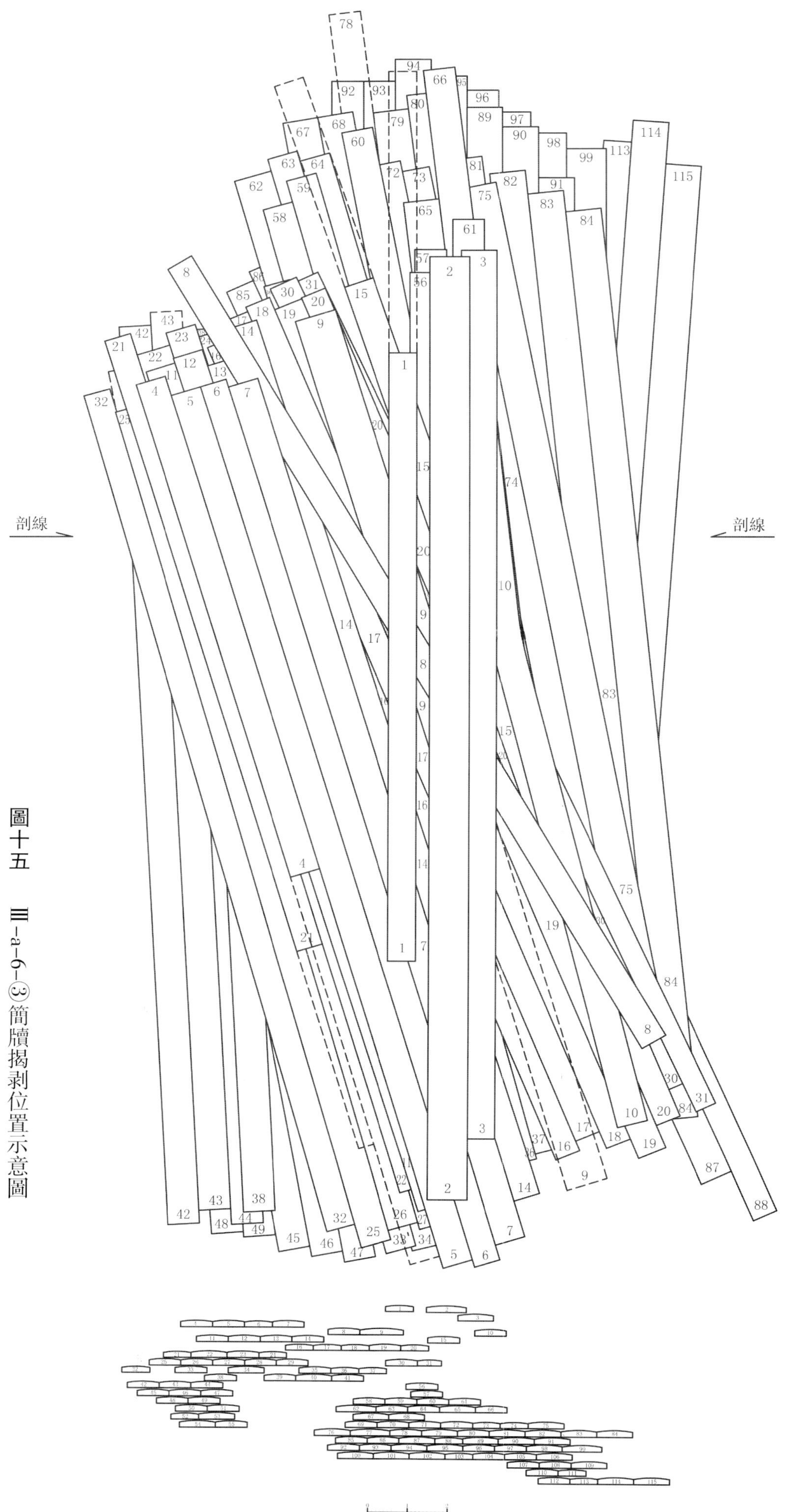

圖十五 Ⅲ-a-6-③簡牘揭剥位置示意圖

圖十五竹簡整理編號與示意圖編號對應表

整理號	示意圖號	整理號	示意圖號	整理號	示意圖號	整理號	示意圖號		
四六三八	1	四六六二	25	四六八六	49	四七一〇	73	四七三四	97
四六三九	2	四六六三	26	四六八七	50	四七一一	74	四七三五	98
四六四〇	3	四六六四	27	四六八八	51	四七一二	75	四七三六	99
四六四一	4	四六六五	28	四六八九	52	四七一三	76	四七三七	100
四六四二	5	四六六六	29	四六九〇	53	四七一四	77	四七三八	101
四六四三	6	四六六七	30	四六九一	54	四七一五	78	四七三九	102
四六四四	7	四六六八	31	四六九二	55	四七一六	79	四七四〇	103
四六四五	8	四六六九	32	四六九三	56	四七一七	80	四七四一	104
四六四六	9	四六七〇	33	四六九四	57	四七一八	81	四七四二	105
四六四七	10	四六七一	34	四六九五	58	四七一九	82	四七四三	106
四六四八	11	四六七二	35	四六九六	59	四七二〇	83	四七四四	107
四六四九	12	四六七三	36	四六九七	60	四七二一	84	四七四五	108
四六五〇	13	四六七四	37	四六九八	61	四七二二	85	四七四六	109
四六五一	14	四六七五	38	四六九九	62	四七二三	86	四七四七	110
四六五二	15	四六七六	39	四七〇〇	63	四七二四	87	四七四八	111
四六五三	16	四六七七	40	四七〇一	64	四七二五	88	四七四九	112
四六五四	17	四六七八	41	四七〇二	65	四七二六	89	四七五〇	113
四六五五	18	四六七九	42	四七〇三	66	四七二七	90	四七五一	114
四六五六	19	四六八〇	43	四七〇四	67	四七二八	91	四七五二	115
四六五七	20	四六八一	44	四七〇五	68	四七二九	92		
四六五八	21	四六八二	45	四七〇六	69	四七三〇	93		
四六五九	22	四六八三	46	四七〇七	70	四七三一	94		
四六六〇	23	四六八四	47	四七〇八	71	四七三二	95		
四六六一	24	四六八五	48	四七〇九	72	四七三三	96		

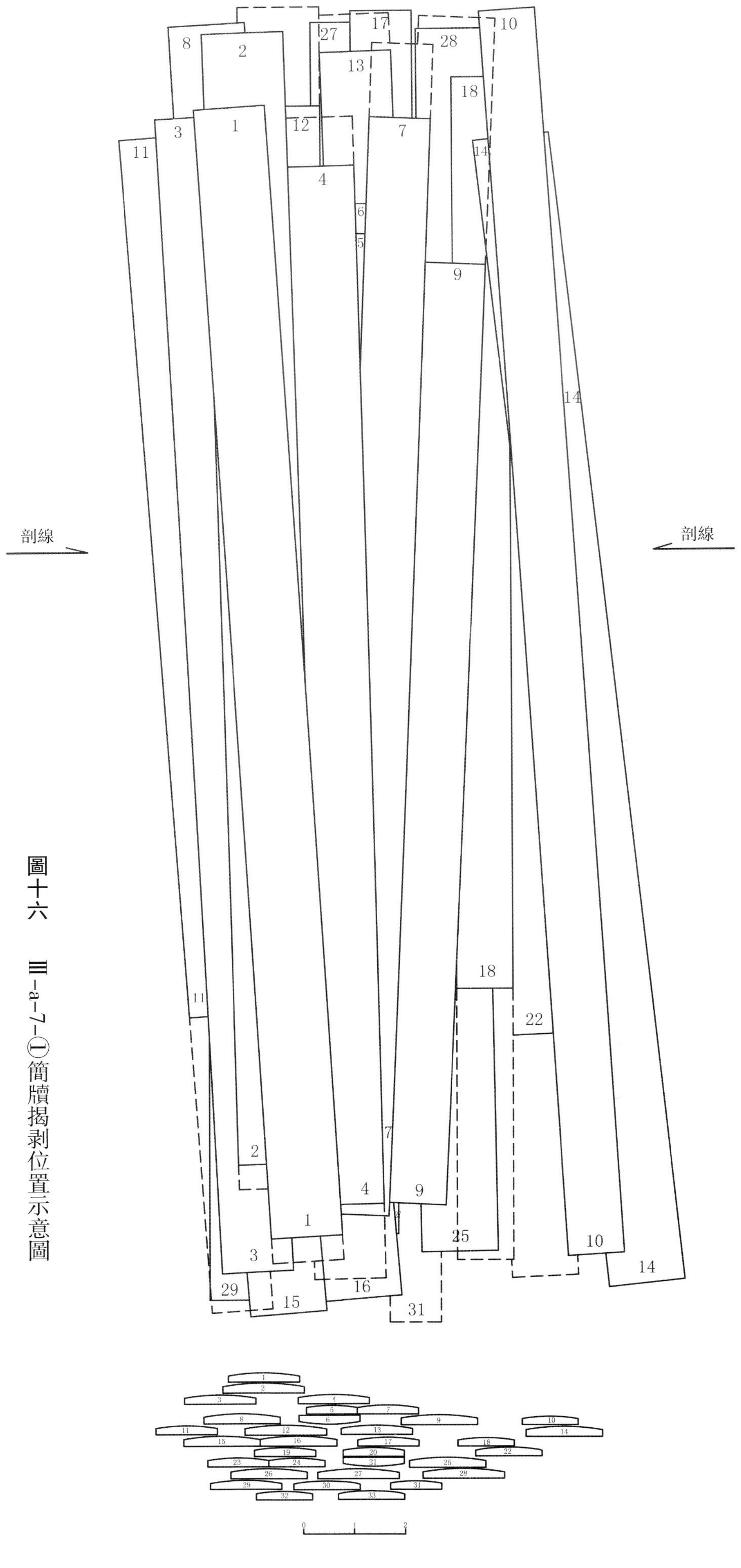

圖十六　Ⅲ-a-7-①簡牘揭剥位置示意圖

圖十六竹簡整理編號與示意圖編號對應表

整理號	示意圖號	整理號	示意圖號
四七五三	1	四七七七	25
四七五四	2	四七七八	26
四七五五	3	四七七九	27
四七五六	4	四七八〇	28
四七五七	5	四七八一	29
四七五八	6	四七八二	30
四七五九	7	四七八三	31
四七六〇	8	四七八四	32
四七六一	9	四七八五	33
四七六二	10		
四七六三	11		
四七六四	12		
四七六五	13		
四七六六	14		
四七六七	15		
四七六八	16		
四七六九	17		
四七七〇	18		
四七七一	19		
四七七二	20		
四七七三	21		
四七七四	22		
四七七五	23		
四七七六	24		

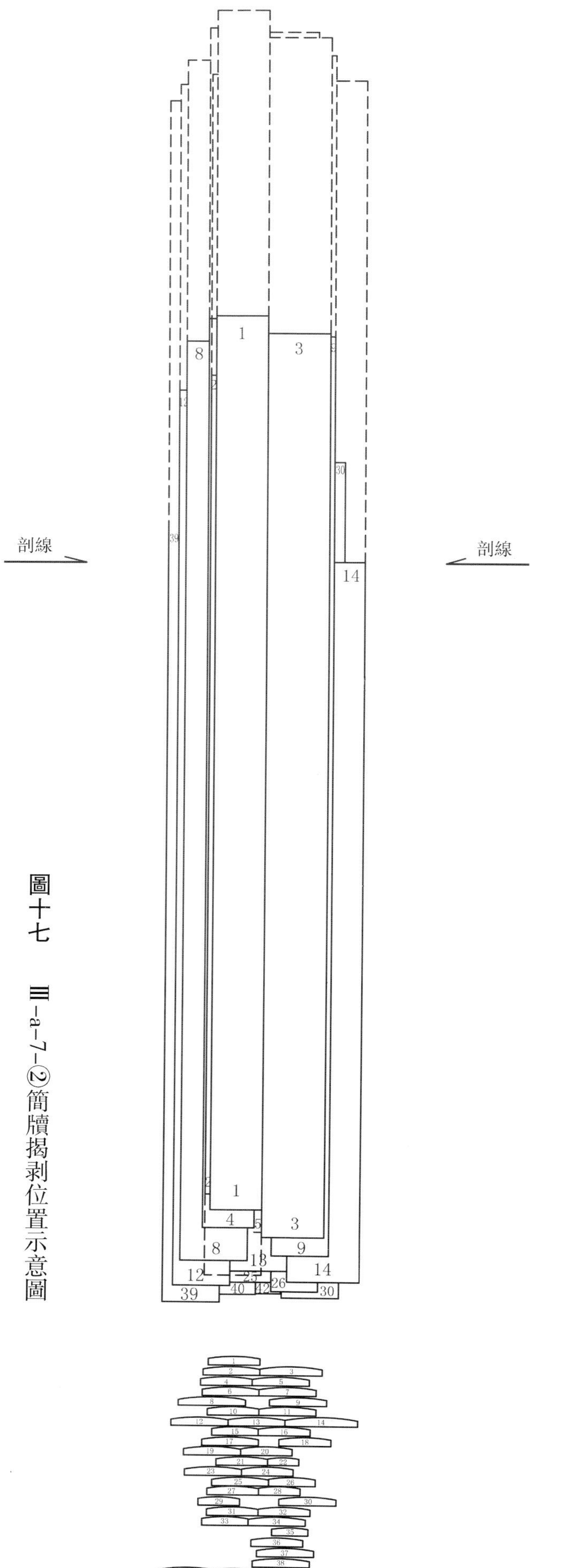

圖十七 Ⅲ-a-7-②簡牘揭剥位置示意圖

圖十七竹簡整理編號與示意圖編號對應表

整理號	示意圖號	整理號	示意圖號
四七八六	1	四八〇七	22
四七八七	2	四八〇八	23
四七八八	3	四八〇九	24
四七八九	4	四八一〇	25
四七九〇	5	四八一一	26
四七九一	6	四八一二	27
四七九二	7	四八一三	28
四七九三	8	四八一四	29
四七九四	9	四八一五	30
四七九五	10	四八一六	31
四七九六	11	四八一七	32
四七九七	12	四八一八	33
四七九八	13	四八一九	34
四七九九甲乙	14	四八二〇	35
四八〇〇	15	四八二一	36
四八〇一	16	四八二二	37
四八〇二甲乙	17	四八二三	38
四八〇三	18	四八二四	39
四八〇四	19	四八二五	40
四八〇五	20	四八二九	44
四八〇六	21	四八三〇	45

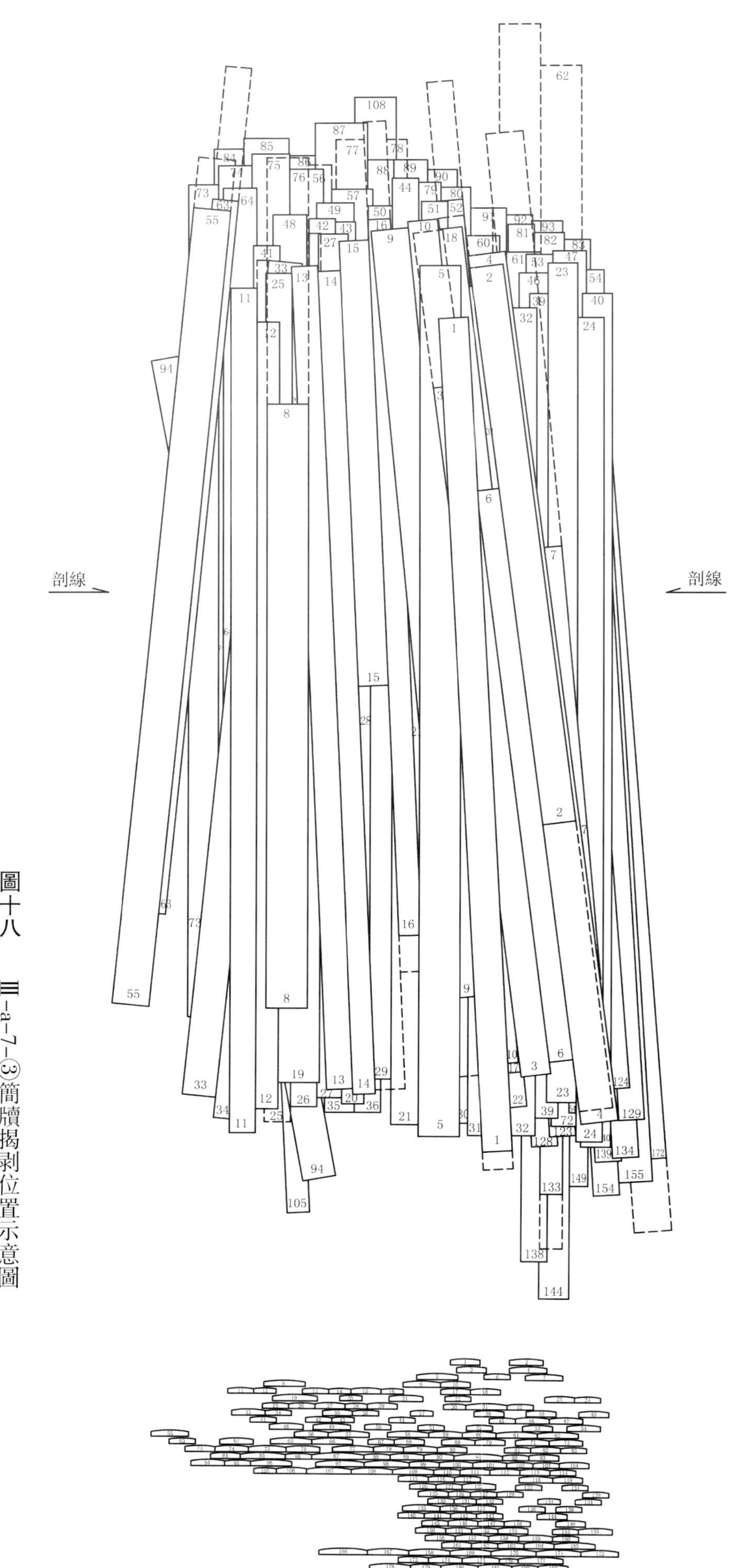

圖十八 Ⅲ-a-7-③簡牘揭剥位置示意圖

圖十八竹簡整理編號與示意圖編號對應表

整理號	示意圖號	整理號	示意圖號	整理號	示意圖號	整理號	示意圖號		
四八三一	1	四八五五	25	四八七九	49	四九○三	73	四九二七	97
四八三二	2	四八五六	26	四八八○	50	四九○四	74	四九二八	98
四八三三	3	四八五七	27	四八八一	51	四九○五	75	四九二九	99
四八三四	4	四八五八	28	四八八二	52	四九○六	76	四九三○	100
四八三五	5	四八五九	29	四八八三	53	四九○七	77	四九三一	101
四八三六	6	四八六○	30	四八八四	54	四九○八	78	四九三二	102
四八三七	7	四八六一	31	四八八五	55	四九○九	79	四九三三	103
四八三八	8	四八六二	32	四八八六	56	四九一○	80	四九三四	104
四八三九	9	四八六三	33	四八八七	57	四九一一	81	四九三五	105
四八四○	10	四八六四	34	四八八八	58	四九一二	82	四九三六	106
四八四一	11	四八六五	35	四八八九	59	四九一三	83	四九三七	107
四八四二	12	四八六六	36	四八九○	60	四九一四	84	四九三八	108
四八四三	13	四八六七	37	四八九一	61	四九一五	85	四九三九	109
四八四四	14	四八六八	38	四八九二	62	四九一六	86	四九四○	110
四八四五	15	四八六九	39	四八九三	63	四九一七	87	四九四一	111
四八四六	16	四八七○	40	四八九四	64	四九一八	88	四九四二	112
四八四七	17	四八七一	41	四八九五	65	四九一九	89	四九四三	113
四八四八	18	四八七二	42	四八九六	66	四九二○	90	四九四四	114
四八四九	19	四八七三	43	四八九七	67	四九二一	91	四九四五	115
四八五○	20	四八七四	44	四八九八	68	四九二二	92	四九四六	116
四八五一	21	四八七五	45	四八九九	69	四九二三	93	四九四七	117
四八五二	22	四八七六	46	四九○○	70	四九二四	94	四九四八	118
四八五三	23	四八七七	47	四九○一	71	四九二五	95	四九四九	119
四八五四	24	四八七八	48	四九○二	72	四九二六	96	四九五○	120

整理號	示意圖號	整理號	示意圖號	整理號	示意圖號	整理號	示意圖號
四九五一	121	四九七五	145	四九九九	169	五○二三	193
四九五二	122	四九七六	146	五○○○	170	五○二四	194
四九五三	123	四九七七	147	五○○一	171	五○二五	195
四九五四	124	四九七八	148	五○○二	172	五○二六	196
四九五五	125	四九七九	149	五○○三	173	五○二七	197
四九五六	126	四九八○	150	五○○四	174	五○二八	198
四九五七	127	四九八一	151	五○○五	175	五○二九	199
四九五八	128	四九八二	152	五○○六	176		
四九五九	129	四九八三	153	五○○七	177		
四九六○	130	四九八四	154	五○○八	178		
四九六一	131	四九八五	155	五○○九	179		
四九六二	132	四九八六	156	五○一○	180		
四九六三	133	四九八七	157	五○一一	181		
四九六四	134	四九八八	158	五○一二	182		
四九六五	135	四九八九	159	五○一三	183		
四九六六	136	四九九○	160	五○一四	184		
四九六七	137	四九九一	161	五○一五	185		
四九六八	138	四九九二	162	五○一六	186		
四九六九	139	四九九三	163	五○一七	187		
四九七○	140	四九九四	164	五○一八	188		
四九七一	141	四九九五	165	五○一九	189		
四九七二	142	四九九六	166	五○二○	190		
四九七三	143	四九九七	167	五○二一	191		
四九七四	144	四九九八	168	五○二二	192		

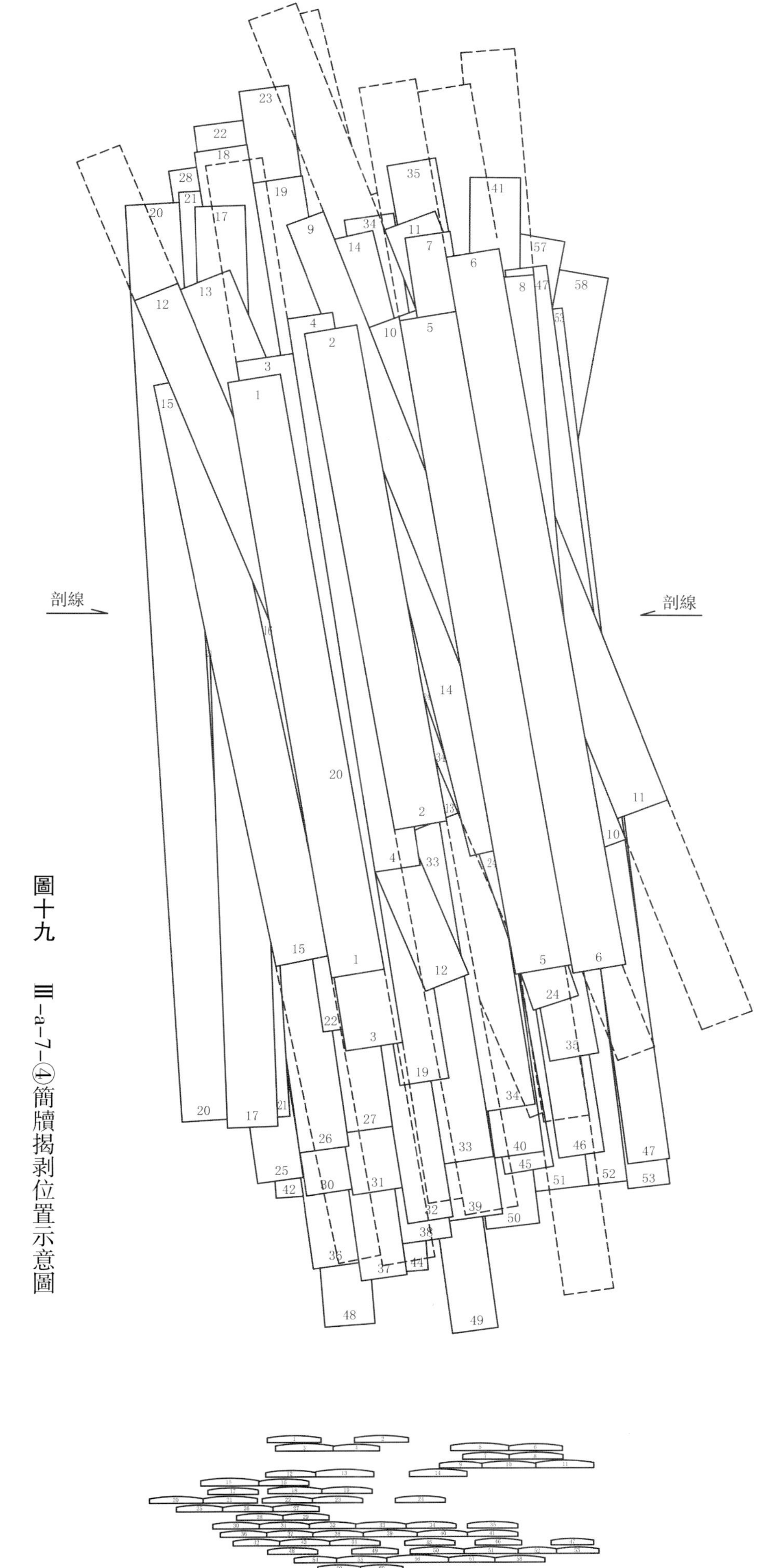

圖十九 Ⅲ-a-7-④簡牘揭剥位置示意圖

圖十九竹簡整理編號與示意圖編號對應表

整理號	示意圖號	整理號	示意圖號	整理號	示意圖號
五〇三〇	1	五〇五四	25	五〇七八	49
五〇三一	2	五〇五五	26	五〇七九	50
五〇三二	3	五〇五六	27	五〇八〇	51
五〇三三	4	五〇五七	28	五〇八一	52
五〇三四甲乙	5	五〇五八	29	五〇八二	53
五〇三五	6	五〇五九	30	五〇八三	54
五〇三六	7	五〇六〇	31	五〇八四	55
五〇三七	8	五〇六一	32	五〇八五	56
五〇三八	9	五〇六二	33	五〇八六	57
五〇三九	10	五〇六三	34	五〇八七	58
五〇四〇	11	五〇六四	35	五〇八八	59
五〇四一	12	五〇六五	36	五〇八九	60
五〇四二	13	五〇六六	37		
五〇四三	14	五〇六七	38		
五〇四四	15	五〇六八	39		
五〇四五	16	五〇六九	40		
五〇四六	17	五〇七〇	41		
五〇四七	18	五〇七一	42		
五〇四八	19	五〇七二	43		
五〇四九	20	五〇七三	44		
五〇五〇	21	五〇七四	45		
五〇五一	22	五〇七五	46		
五〇五二	23	五〇七六	47		
五〇五三	24	五〇七七	48		

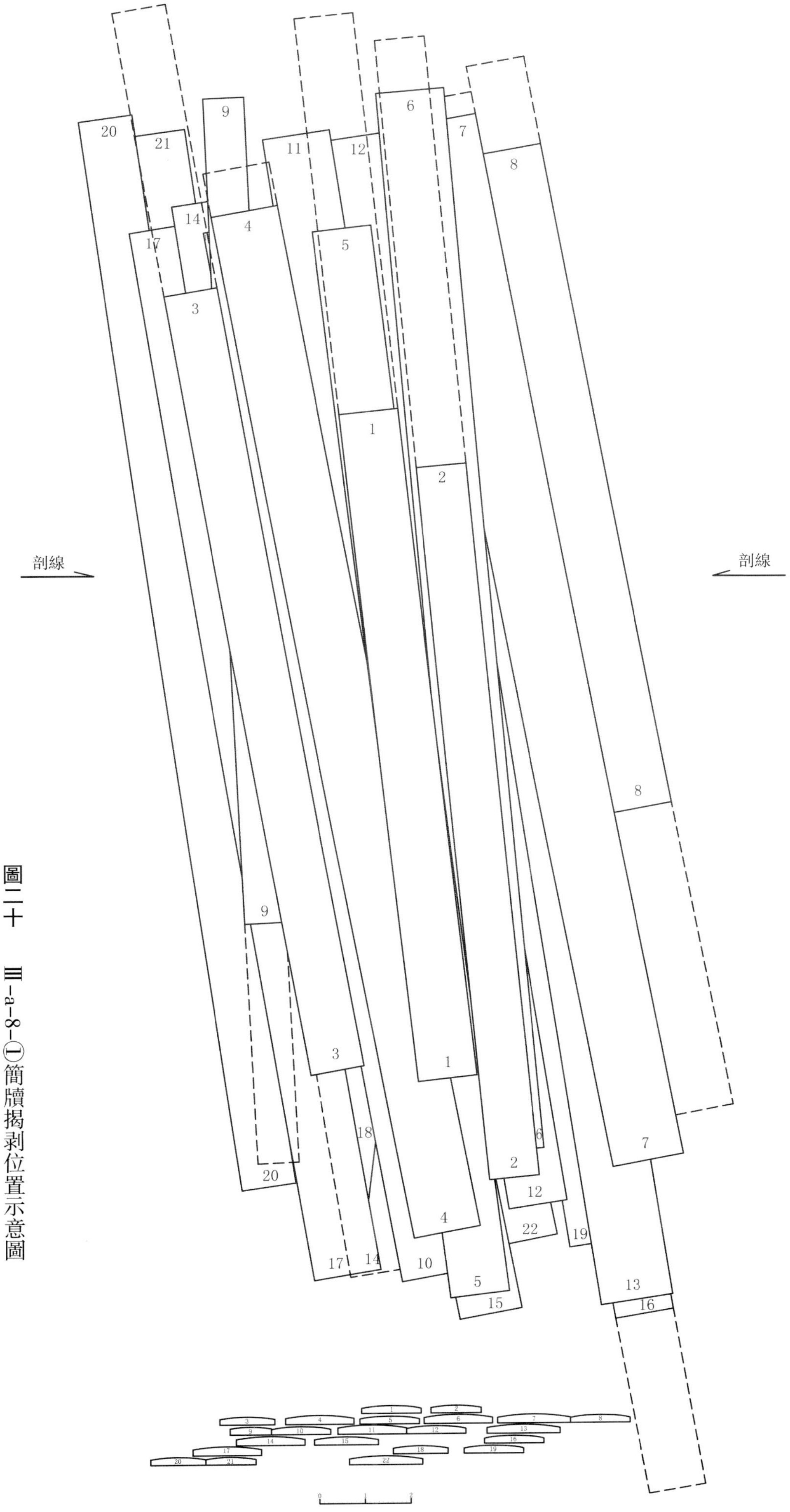

圖二十 Ⅲ-a-8-①簡牘揭剥位置示意圖

圖二十竹簡整理編號與示意圖編號對應表

整理號	示意圖號
五〇九〇	1
五〇九一	2
五〇九二	3
五〇九三	4
五〇九四	5
五〇九五	6
五〇九六	7
五〇九七	8
五〇九八	9
五〇九九	10
五一〇〇	11
五一〇一	12
五一〇二	13
五一〇三	14
五一〇四	15
五一〇五	16
五一〇六	17
五一〇七	18
五一〇八	19
五一〇九	20
五一一〇	21
五一一一	22

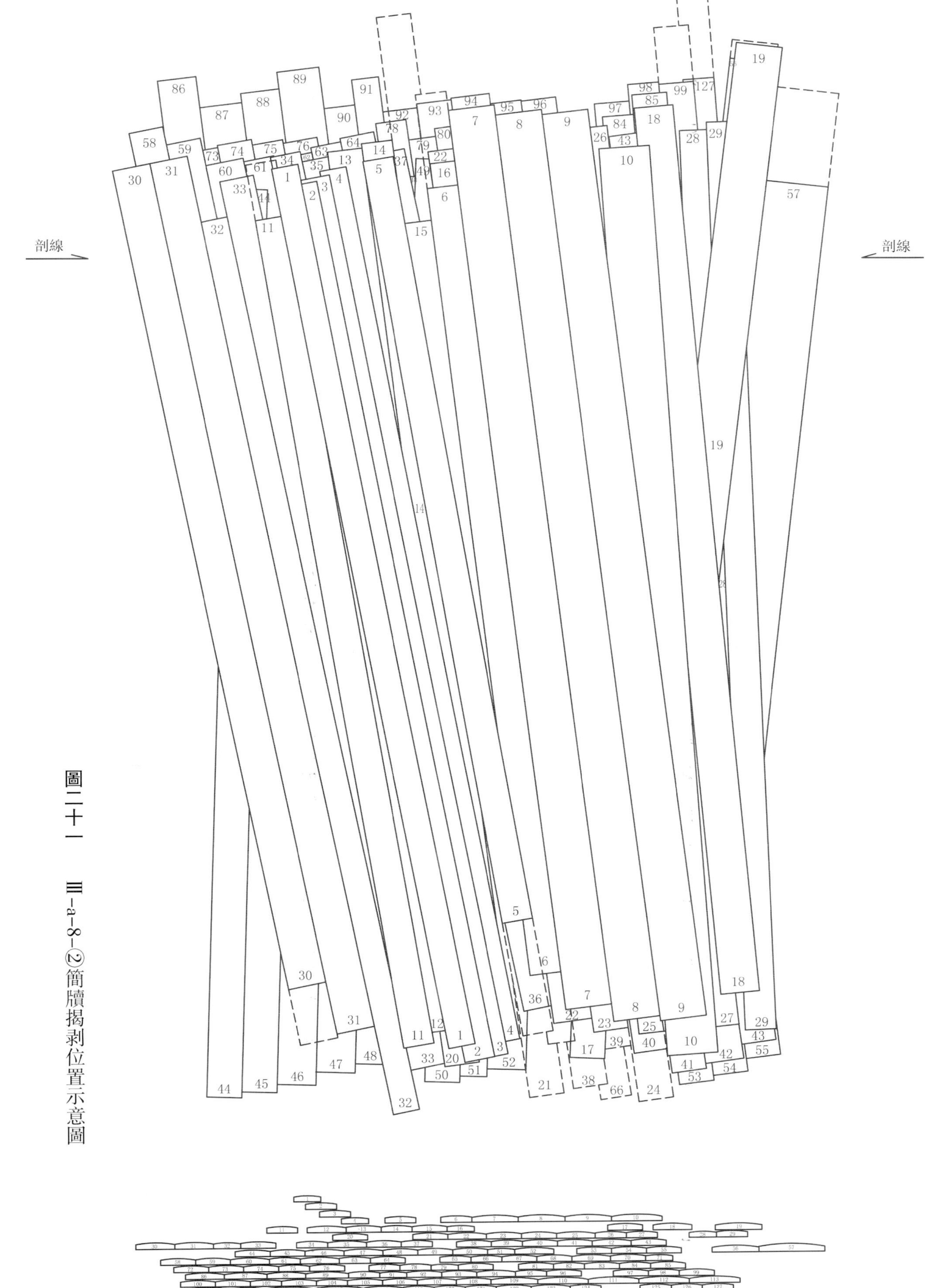

圖二十一 Ⅲ-a-8-②簡牘揭剥位置示意圖

圖二十一 竹簡整理編號與示意圖編號對應表

整理號	示意圖號	整理號	示意圖號	整理號	示意圖號	整理號	示意圖號	整理號	示意圖號
五一一二	1	五一三六	25	五一六〇	49	五一八四	73	五二〇八	97
五一一三	2	五一三七	26	五一六一	50	五一八五	74	五二〇九	98
五一一四	3	五一三八	27	五一六二	51	五一八六	75	五二一〇	99
五一一五	4	五一三九	28	五一六三	52	五一八七	76	五二一一	100
五一一六	5	五一四〇	29	五一六四	53	五一八八	77	五二一二	101
五一一七	6	五一四一	30	五一六五	54	五一八九	78	五二一三	102
五一一八	7	五一四二	31	五一六六	55	五一九〇	79	五二一四	103
五一一九	8	五一四三	32	五一六七	56	五一九一	80	五二一五	104
五一二〇	9	五一四四	33	五一六八	57	五一九二	81	五二一六	105
五一二一	10	五一四五	34	五一六九	58	五一九三	82	五二一七	106
五一二二	11	五一四六	35	五一七〇	59	五一九四	83	五二一八	107
五一二三	12	五一四七	36	五一七一	60	五一九五	84	五二一九	108
五一二四	13	五一四八	37	五一七二	61	五一九六	85	五二二〇	109
五一二五	14	五一四九	38	五一七三	62	五一九七	86	五二二一	110
五一二六	15	五一五〇	39	五一七四	63	五一九八	87	五二二二	111
五一二七	16	五一五一	40	五一七五	64	五一九九	88	五二二三	112
五一二八	17	五一五二	41	五一七六	65	五二〇〇	89	五二二四	113
五一二九	18	五一五三	42	五一七七	66	五二〇一	90	五二二五	114
五一三〇	19	五一五四	43	五一七八	67	五二〇二	91	五二二六	115
五一三一	20	五一五五	44	五一七九	68	五二〇三	92	五二二七	116
五一三二	21	五一五六	45	五一八〇	69	五二〇四	93	五二二八	117
五一三三	22	五一五七	46	五一八一	70	五二〇五	94	五二二九	118
五一三四	23	五一五八	47	五一八二	71	五二〇六	95	五二三〇	119
五一三五	24	五一五九	48	五一八三	72	五二〇七	96	五二三一	120

整理號	示意圖號
五二三二	121
五二三三	122
五二三四	123
五二三五	124
五二三六	125
五二三七	126
五二三八	127

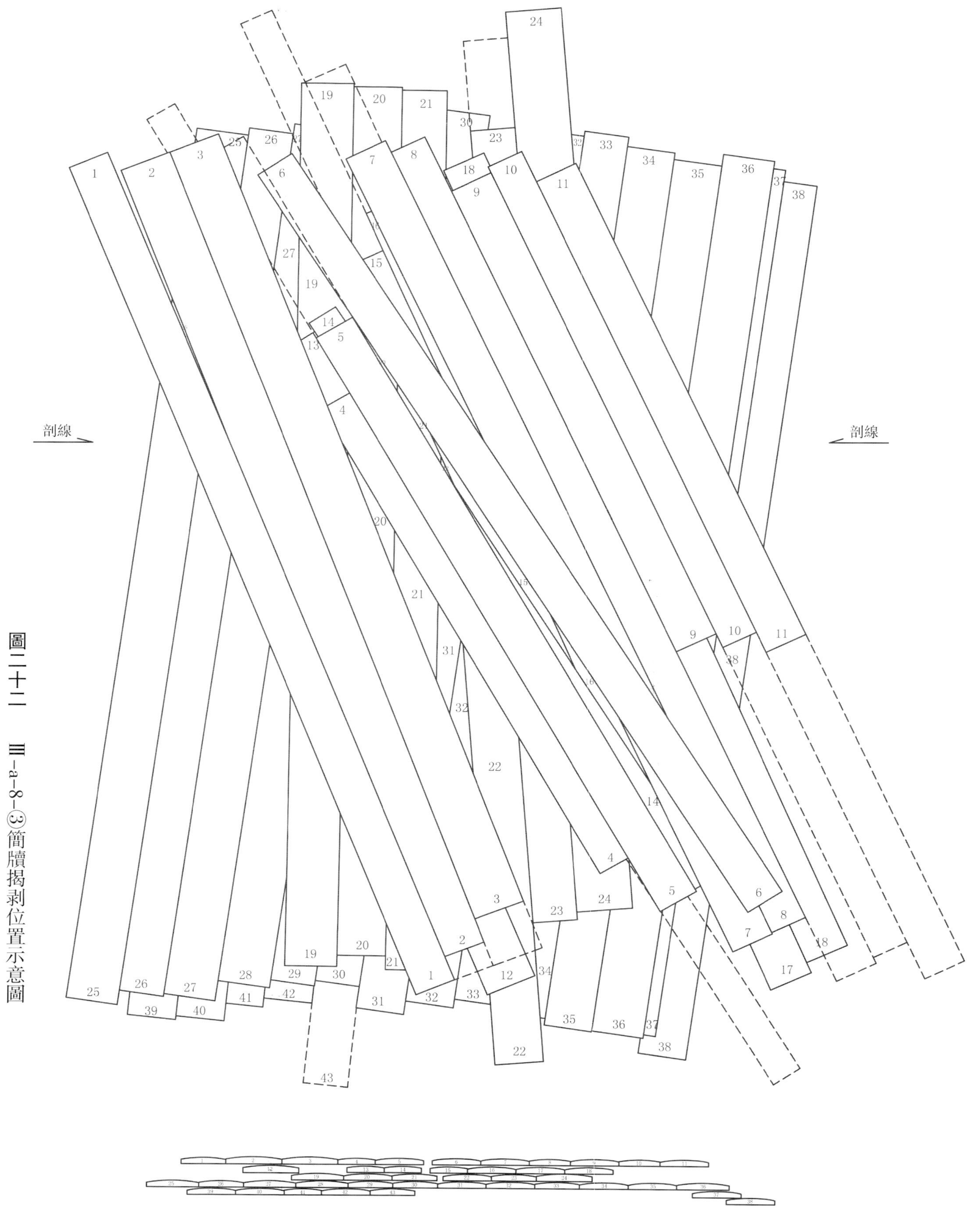

圖二十二 Ⅲ-a-8-③簡牘揭剥位置示意圖

圖二十二竹簡整理編號與示意圖編號對應表

整理號	示意圖號	整理號	示意圖號
五二三九	1	五二六三	25
五二四〇	2	五二六四	26
五二四一	3	五二六五	27
五二四二	4	五二六六	28
五二四三	5	五二六七	29
五二四四	6	五二六八	30
五二四五	7	五二六九	31
五二四六	8	五二七〇	32
五二四七	9	五二七一	33
五二四八	10	五二七二	34
五二四九	11	五二七三	35
五二五〇	12	五二七四	36
五二五一	13	五二七五	37
五二五二	14	五二七六	38
五二五三	15	五二七七	39
五二五四	16	五二七八	40
五二五五	17	五二七九	41
五二五六	18	五二八〇	42
五二五七	19	五二八一	43
五二五八	20		
五二五九	21		
五二六〇	22		
五二六一	23		
五二六二	24		

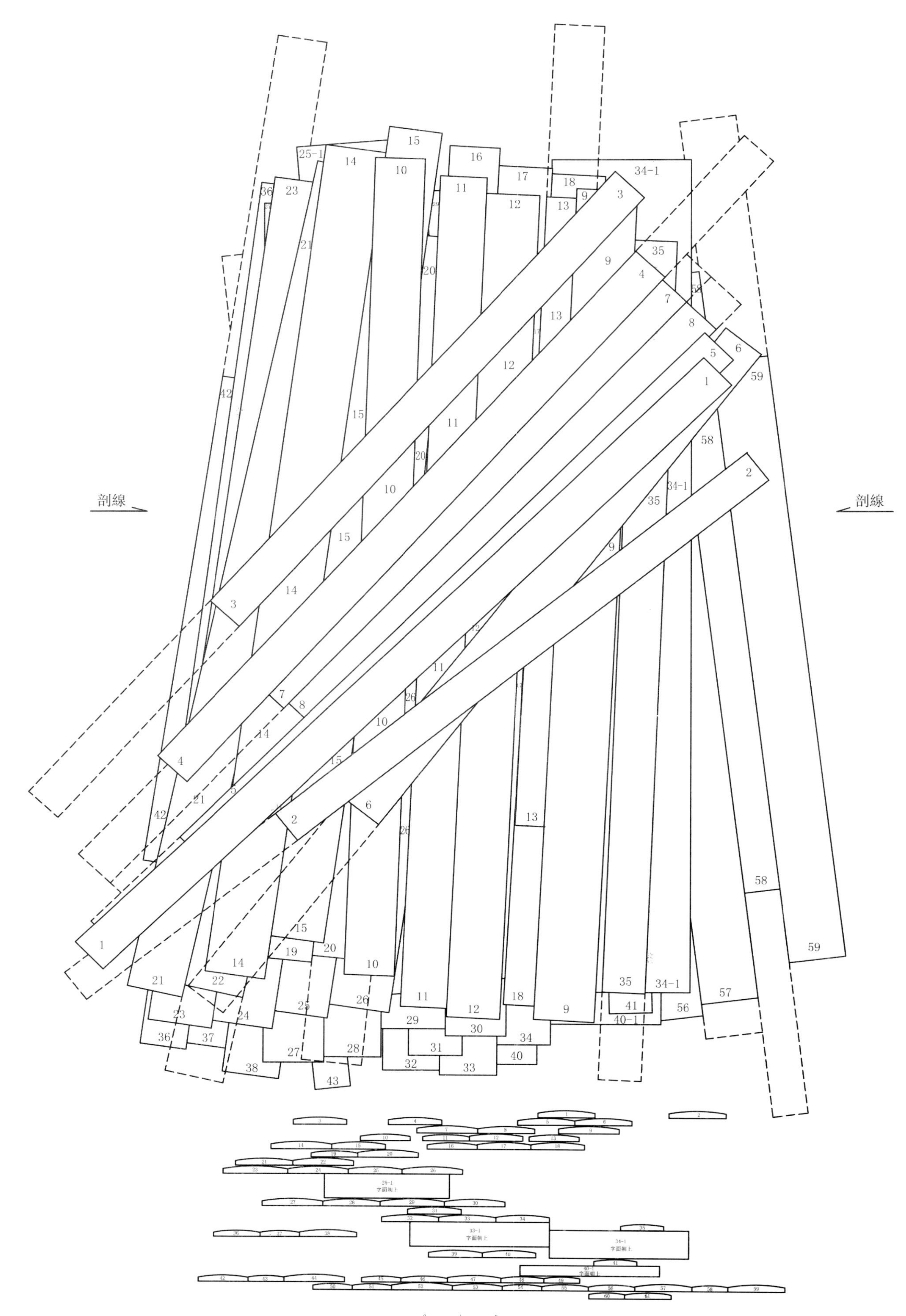

圖二十三 Ⅲ-a-8-④簡牘揭剥位置示意圖

圖二十三竹簡整理編號與示意圖編號對應表

整理號	示意圖號	整理號	示意圖號	整理號	示意圖號
五二八二	1	五三〇六	25	五三二六	45
五二八三	2	五三〇六（一）	25—1	五三二七	46
五二八四	3	五三〇七	26	五三二八	47
五二八五	4	五三〇八	27	五三二九	48
五二八六	5	五三〇九	28	五三三〇	49
五二八七	6	五三一〇	29	五三三一	50
五二八八	7	五三一一	30	五三三二	51
五二八九	8	五三一二	31	五三三三	52
五二九〇	9	五三一三	32	五三三四	53
五二九一	10	五三一四	33	五三三五	54
五二九二	11	五三一四（一）	33—1	五三三六	55
五二九三	12	五三一五	34	五三三七	56
五二九四	13	五三一五（一）	34—1	五三三八	57
五二九五	14	五三一六	35	五三三九	58
五二九六	15	五三一七	36	五三四〇	59
五二九七	16	五三一八	37	五三四一	60
五二九八	17	五三一九	38	五三四二	61
五二九九	18	五三二〇	39		
五三〇〇	19	五三二一	40		
五三〇一	20	五三二一（一）	40—1		
五三〇二	21	五三二二	41		
五三〇三	22	五三二三	42		
五三〇四	23	五三二四	43		
五三〇五	24	五三二五	44		

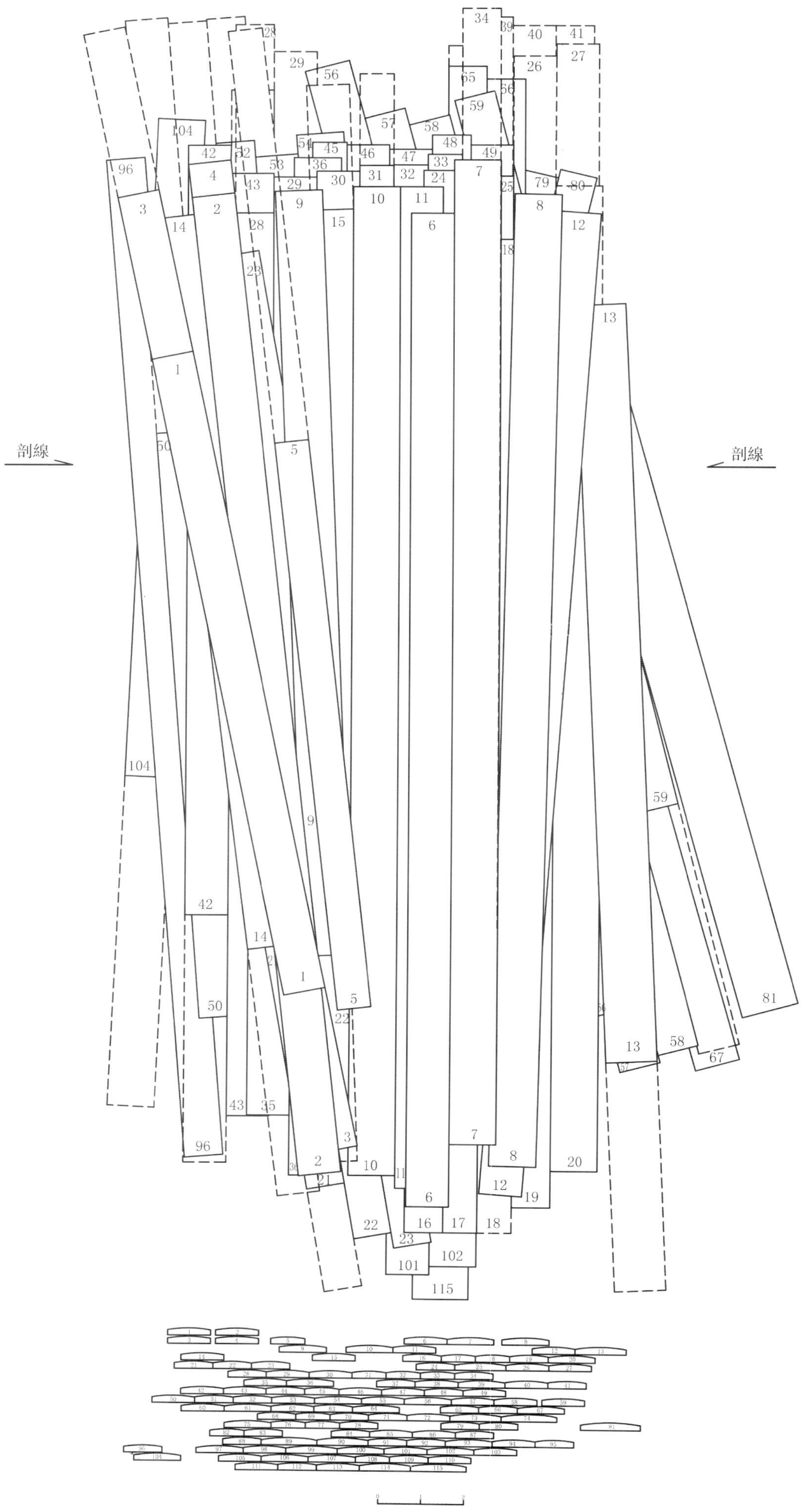

圖二十四 Ⅲ-a-9-①簡牘揭剥位置示意圖

圖二十四竹簡整理編號與示意圖編號對應表

整理號	示意圖號	整理號	示意圖號	整理號	示意圖號	整理號	示意圖號	整理號	示意圖號
五三四三	1	五三六七	25	五三九一	49	五四一五	73	五四三九	97
五三四四	2	五三六八	26	五三九二	50	五四一六	74	五四四○	98
五三四五	3	五三六九	27	五三九三	51	五四一七	75	五四四一	99
五三四六	4	五三七○	28	五三九四	52	五四一八	76	五四四二	100
五三四七	5	五三七一	29	五三九五	53	五四一九	77	五四四三	101
五三四八	6	五三七二	30	五三九六	54	五四二○	78	五四四四	102
五三四九	7	五三七三	31	五三九七	55	五四二一	79	五四四五	103
五三五○	8	五三七四	32	五三九八	56	五四二二	80	五四四六	104
五三五一	9	五三七五	33	五三九九	57	五四二三	81	五四四七	105
五三五二	10	五三七六	34	五四○○	58	五四二四	82	五四四八	106
五三五三	11	五三七七	35	五四○一	59	五四二五	83	五四四九	107
五三五四	12	五三七八	36	五四○二	60	五四二六	84	五四五○	108
五三五五	13	五三七九	37	五四○三	61	五四二七	85	五四五一	109
五三五六	14	五三八○	38	五四○四	62	五四二八	86	五四五二	110
五三五七	15	五三八一	39	五四○五	63	五四二九	87	五四五三	111
五三五八	16	五三八二	40	五四○六	64	五四三○	88	五四五四	112
五三五九	17	五三八三	41	五四○七	65	五四三一	89	五四五五	113
五三六○	18	五三八四	42	五四○八	66	五四三二	90	五四五六	114
五三六一	19	五三八五	43	五四○九	67	五四三三	91	五四五七	115
五三六二	20	五三八六	44	五四一○	68	五四三四	92		
五三六三	21	五三八七	45	五四一一	69	五四三五	93		
五三六四	22	五三八八	46	五四一二	70	五四三六	94		
五三六五	23	五三八九	47	五四一三	71	五四三七	95		
五三六六	24	五三九○	48	五四一四	72	五四三八	96		

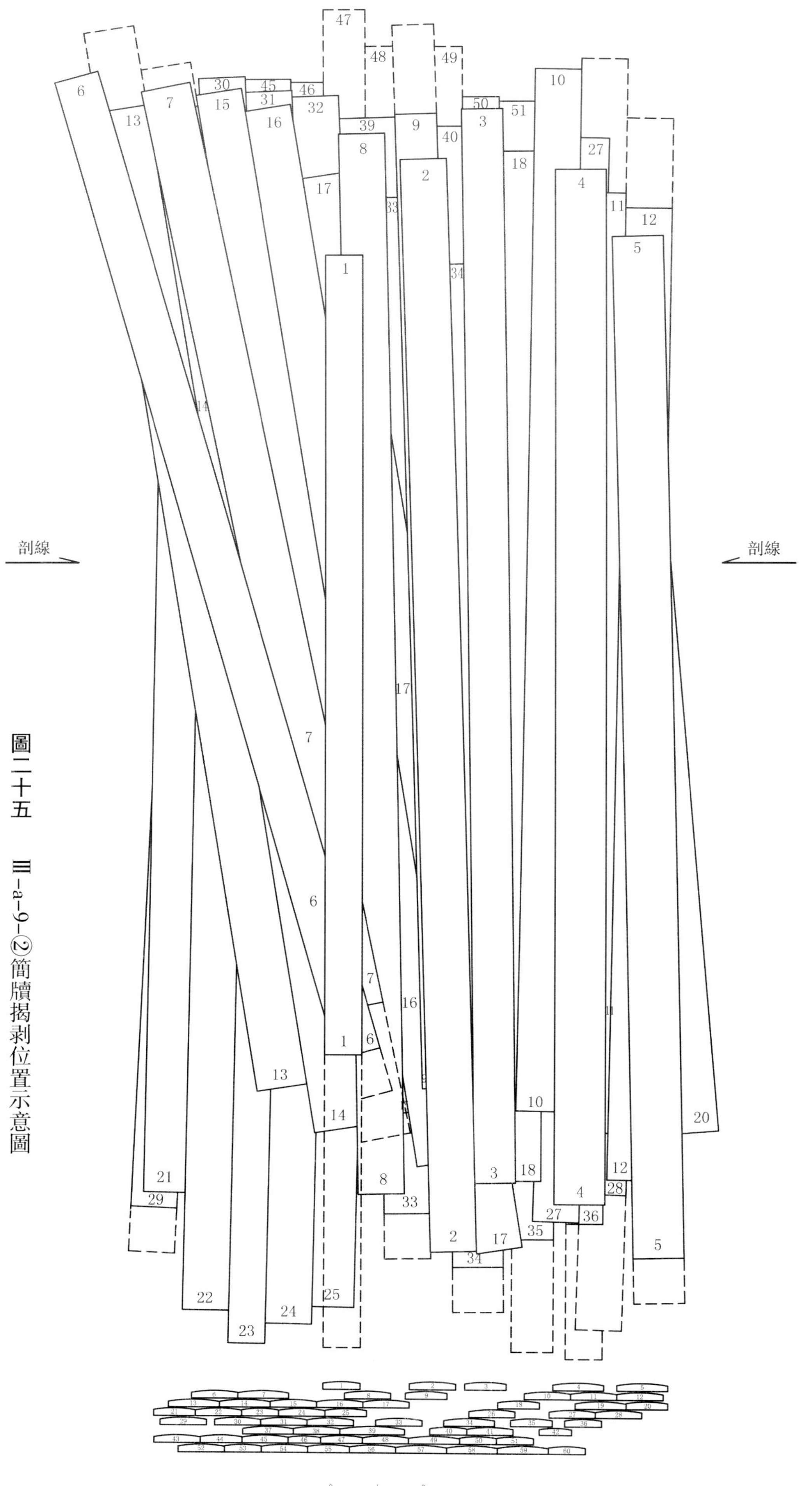

圖二十五 Ⅲ-a-9-②簡牘揭剥位置示意圖

圖二十五竹簡整理編號與示意圖編號對應表

整理號	示意圖號	整理號	示意圖號	整理號	示意圖號
五四五八	1	五四八二	25	五五〇六	49
五四五九	2	五四八三	26	五五〇七	50
五四六〇	3	五四八四	27	五五〇八	51
五四六一	4	五四八五	28	五五〇九	52
五四六二	5	五四八六	29	五五一〇	53
五四六三	6	五四八七	30	五五一一	54
五四六四	7	五四八八	31	五五一二	55
五四六五	8	五四八九	32	五五一三	56
五四六六	9	五四九〇	33	五五一四	57
五四六七	10	五四九一	34	五五一五	58
五四六八	11	五四九二	35	五五一六	59
五四六九	12	五四九三	36	五五一七	60
五四七〇	13	五四九四	37		
五四七一	14	五四九五	38		
五四七二	15	五四九六	39		
五四七三	16	五四九七	40		
五四七四	17	五四九八	41		
五四七五	18	五四九九	42		
五四七六	19	五五〇〇	43		
五四七七	20	五五〇一	44		
五四七八	21	五五〇二	45		
五四七九	22	五五〇三	46		
五四八〇	23	五五〇四	47		
五四八一	24	五五〇五	48		

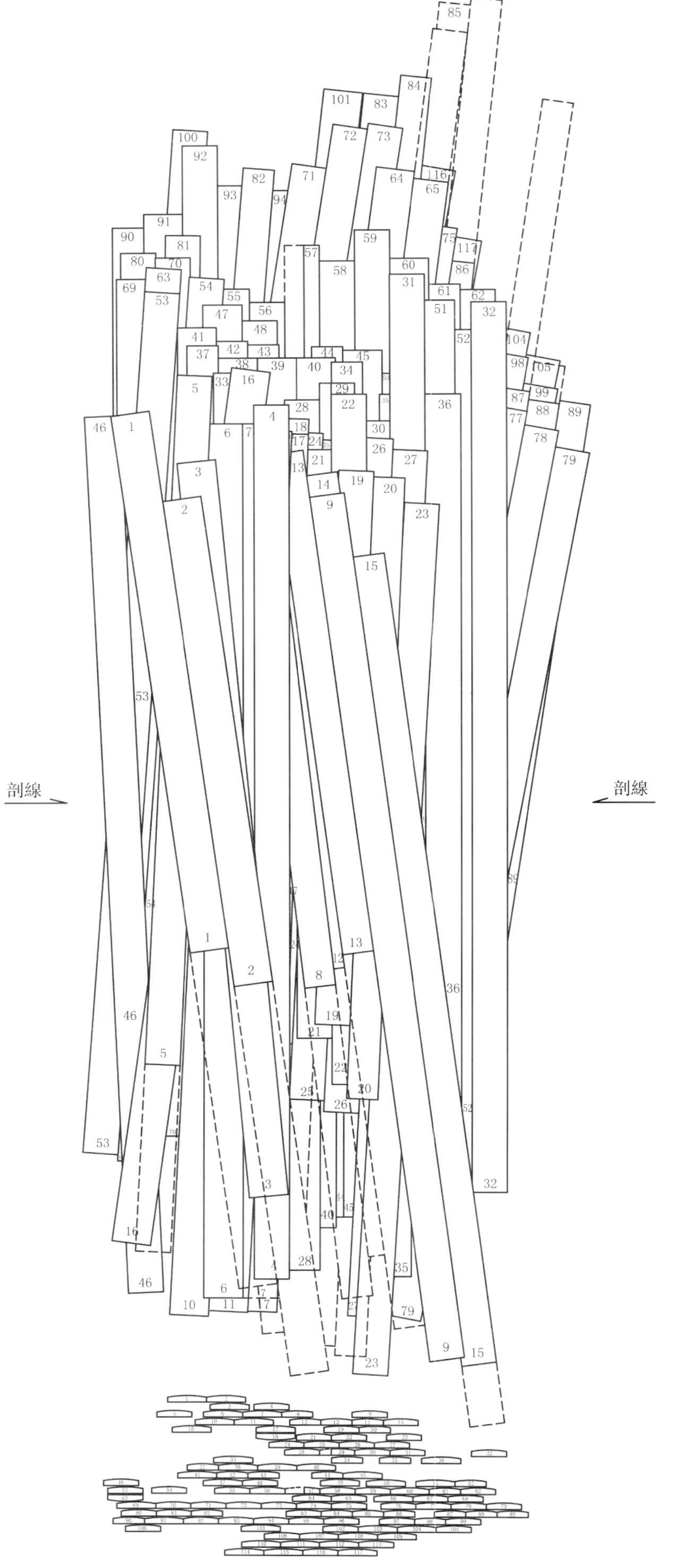

圖二十六　Ⅲ-a-10-①簡牘揭剥位置示意圖

圖二十六竹簡整理編號與示意圖編號對應表

整理號	示意圖號	整理號	示意圖號	整理號	示意圖號	整理號	示意圖號		
五五一八	1	五五四二	25	五五六六	49	五五九〇	73	五六一四	97
五五一九	2	五五四三	26	五五六七	50	五五九一	74	五六一五	98
五五二〇	3	五五四四	27	五五六八	51	五五九二	75	五六一六	99
五五二一	4	五五四五	28	五五六九	52	五五九三	76	五六一七	100
五五二二	5	五五四六	29	五五七〇	53	五五九四	77	五六一八	101
五五二三	6	五五四七	30	五五七一	54	五五九五	78	五六一九	102
五五二四	7	五五四八	31	五五七二	55	五五九六	79	五六二〇	103
五五二五	8	五五四九	32	五五七三	56	五五九七	80	五六二一	104
五五二六	9	五五五〇	33	五五七四	57	五五九八	81	五六二二	105
五五二七	10	五五五一	34	五五七五	58	五五九九	82	五六二三	106
五五二八	11	五五五二	35	五五七六	59	五六〇〇	83	五六二四	107
五五二九	12	五五五三	36	五五七七	60	五六〇一	84	五六二五	108
五五三〇	13	五五五四	37	五五七八	61	五六〇二	85	五六二六	109
五五三一	14	五五五五	38	五五七九	62	五六〇三甲乙	86	五六二七	110
五五三二	15	五五五六	39	五五八〇	63	五六〇四	87	五六二八	111
五五三三	16	五五五七	40	五五八一	64	五六〇五	88	五六二九	112
五五三四	17	五五五八	41	五五八二	65	五六〇六	89	五六三〇	113
五五三五	18	五五五九	42	五五八三	66	五六〇七	90	五六三一	114
五五三六	19	五五六〇	43	五五八四	67	五六〇八	91	五六三二	115
五五三七	20	五五六一	44	五五八五	68	五六〇九	92	五六三三	116
五五三八	21	五五六二	45	五五八六	69	五六一〇	93	五六三四	117
五五三九	22	五五六三	46	五五八七	70	五六一一	94		
五五四〇	23	五五六四	47	五五八八	71	五六一二	95		
五五四一	24	五五六五	48	五五八九	72	五六一三	96		

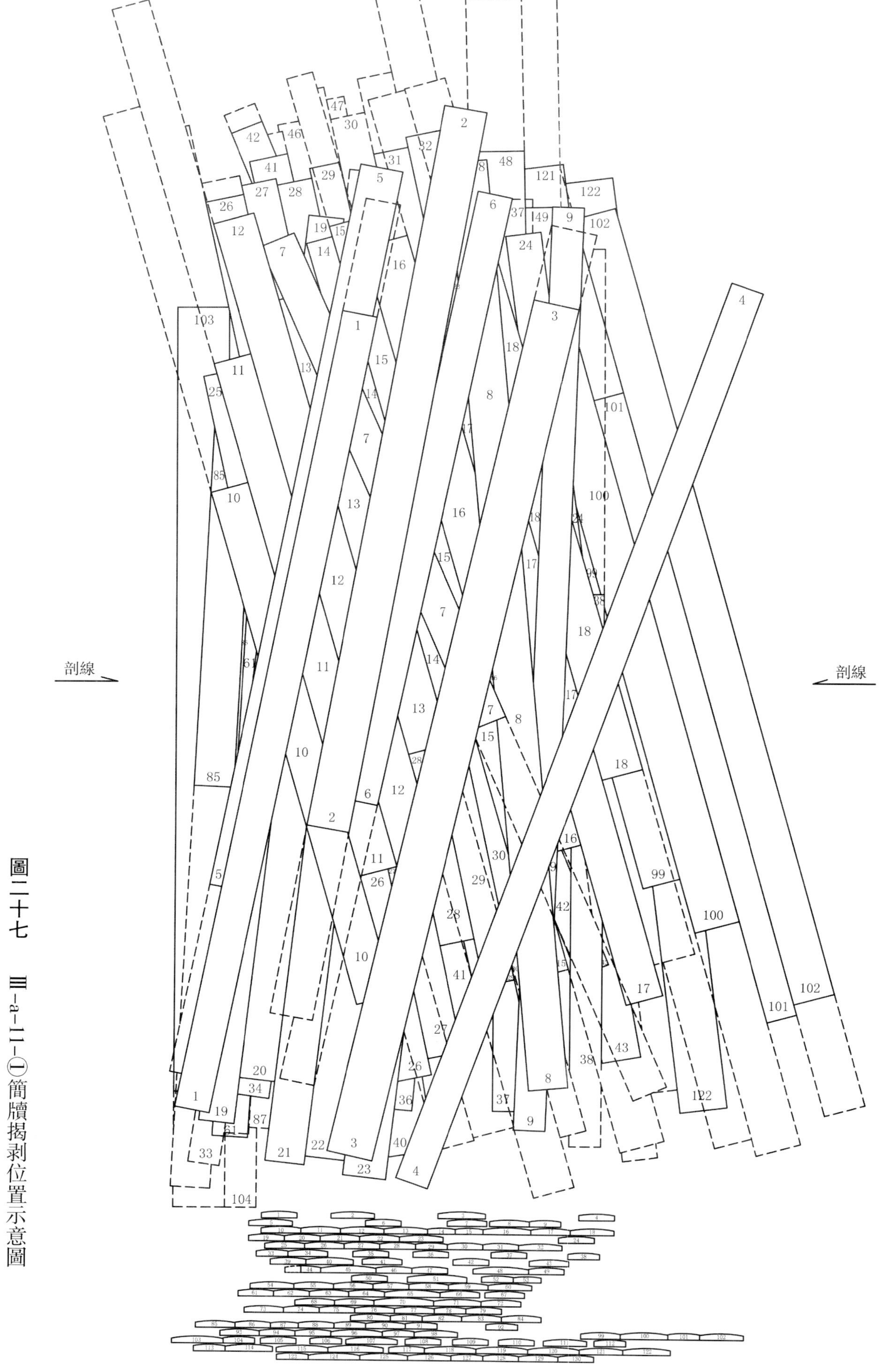

圖二十七 Ⅲ-a-二-①簡牘揭剥位置示意圖

圖二十七竹簡整理編號與示意圖編號對應表

整理號	示意圖號	整理號	示意圖號	整理號	示意圖號	整理號	示意圖號		
五六三五	1	五六五九	25	五六八三	49	五七〇七	73	五七三一	97
五六三六	2	五六六〇	26	五六八四	50	五七〇八	74	五七三二	98
五六三七	3	五六六一	27	五六八五	51	五七〇九	75	五七三三	99
五六三八	4	五六六二	28	五六八六	52	五七一〇	76	五七三四	100
五六三九	5	五六六三	29	五六八七	53	五七一一	77	五七三五	101
五六四〇	6	五六六四	30	五六八八	54	五七一二	78	五七三六	102
五六四一	7	五六六五	31	五六八九	55	五七一三	79	五七三七	103
五六四二	8	五六六六	32	五六九〇	56	五七一四	80	五七三八	104
五六四三	9	五六六七	33	五六九一	57	五七一五	81	五七三九	105
五六四四	10	五六六八	34	五六九二	58	五七一六	82	五七四〇	106
五六四五	11	五六六九	35	五六九三	59	五七一七	83	五七四一	107
五六四六	12	五六七〇	36	五六九四	60	五七一八	84	五七四二	108
五六四七	13	五六七一	37	五六九五	61	五七一九	85	五七四三	109
五六四八	14	五六七二	38	五六九六	62	五七二〇	86	五七四四	110
五六四九	15	五六七三	39	五六九七	63	五七二一	87	五七四五	111
五六五〇	16	五六七四	40	五六九八	64	五七二二	88	五七四六	112
五六五一	17	五六七五	41	五六九九	65	五七二三	89	五七四七	113
五六五二	18	五六七六	42	五七〇〇	66	五七二四	90	五七四八	114
五六五三	19	五六七七	43	五七〇一	67	五七二五	91	五七四九	115
五六五四	20	五六七八	44	五七〇二	68	五七二六	92	五七五〇	116
五六五五	21	五六七九	45	五七〇三	69	五七二七	93	五七五一	117
五六五六	22	五六八〇	46	五七〇四	70	五七二八	94	五七五二	118
五六五七	23	五六八一	47	五七〇五	71	五七二九	95	五七五三	119
五六五八	24	五六八二	48	五七〇六	72	五七三〇	96	五七五四	120

整理號	示意圖號
五七五五	121
五七五六	122
五七五七	123
五七五八	124
五七五九	125
五七六〇	126
五七六一	127
五七六二	128
五七六三	129
五七六四	130

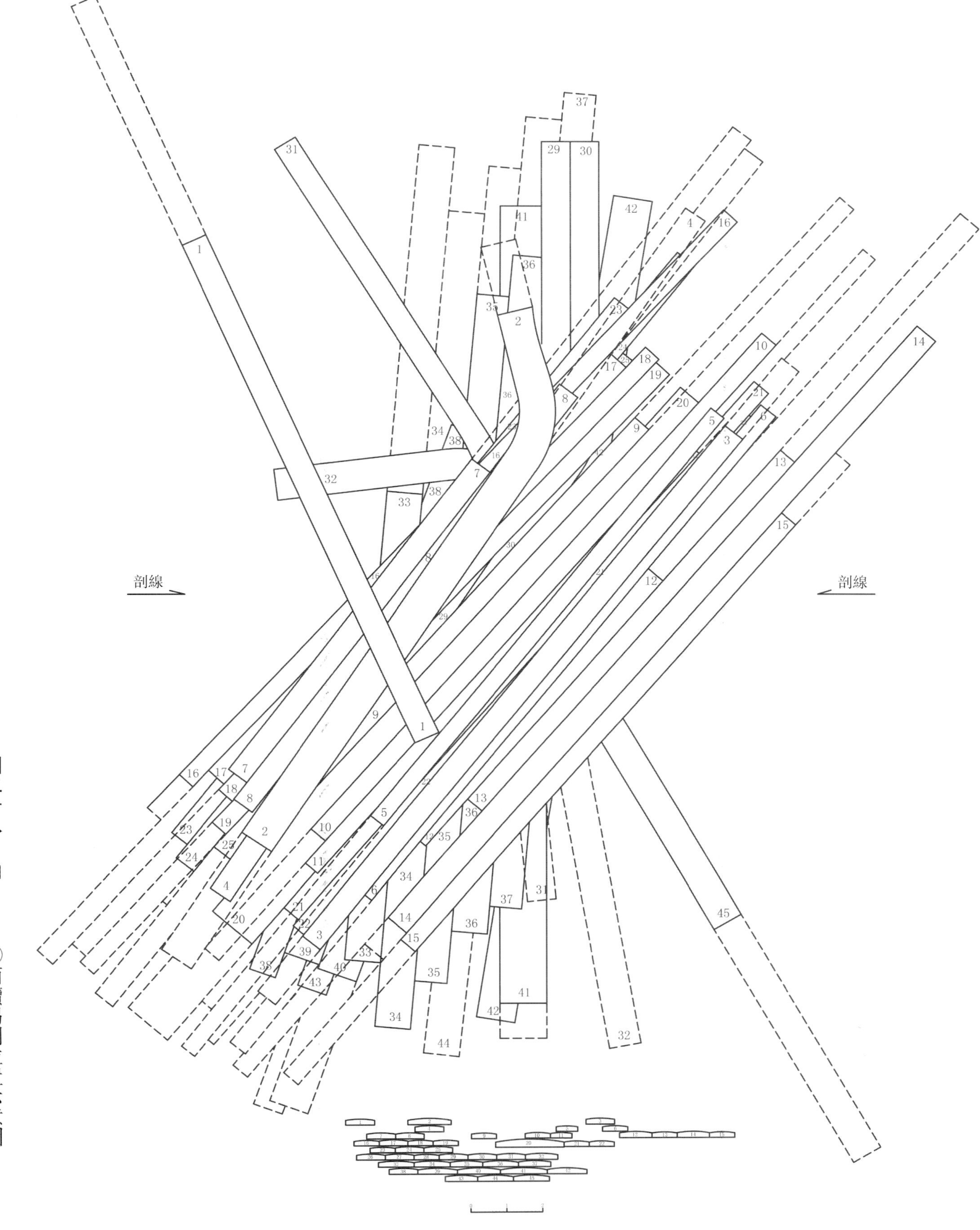

圖二十八　Ⅲ-a-11-②簡牘揭剥位置示意圖

圖二十八竹簡整理編號與示意圖編號對應表

整理號	示意圖號	整理號	示意圖號
五七六五	1	五七八九	25
五七六六	2	五七九〇	26
五七六七	3	五七九一	27
五七六八	4	五七九二	28
五七六九	5	五七九三	29
五七七〇	6	五七九四	30
五七七一	7	五七九五	31
五七七二	8	五七九六	32
五七七三	9	五七九七	33
五七七四	10	五七九八	34
五七七五	11	五七九九	35
五七七六	12	五八〇〇	36
五七七七	13	五八〇一	37
五七七八	14	五八〇二	38
五七七九	15	五八〇三	39
五七八〇	16	五八〇四	40
五七八一	17	五八〇五	41
五七八二	18	五八〇六	42
五七八三	19	五八〇七	43
五七八四	20	五八〇八	44
五七八五	21	五八〇九	45
五七八六	22		
五七八七	23		
五七八八	24		

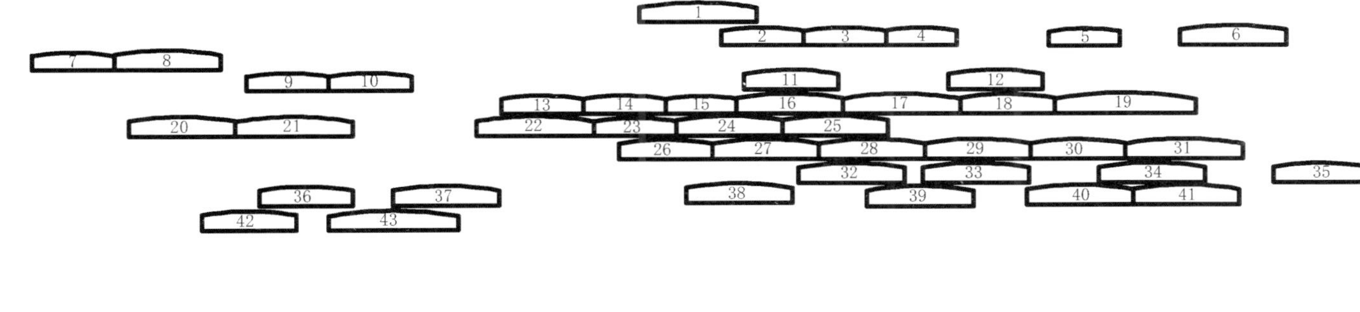

圖二十九 Ⅲ-a-11-③簡牘揭剥位置示意圖

圖二十九竹簡整理編號與示意圖編號對應表

整理號	示意圖號	整理號	示意圖號
五八一〇	1	五八三四	25
五八一一	2	五八三五	26
五八一二	3	五八三六	27
五八一三	4	五八三七	28
五八一四	5	五八三八	29
五八一五	6	五八三九	30
五八一六	7	五八四〇	31
五八一七	8	五八四一	32
五八一八	9	五八四二	33
五八一九	10	五八四三	34
五八二〇	11	五八四四	35
五八二一	12	五八四五	36
五八二二	13	五八四六	37
五八二三	14	五八四七	38
五八二四	15	五八四八	39
五八二五	16	五八四九	40
五八二六	17	五八五〇	41
五八二七	18	五八五一	42
五八二八	19	五八五二	43
五八二九	20		
五八三〇	21		
五八三一	22		
五八三二	23		
五八三三	24		

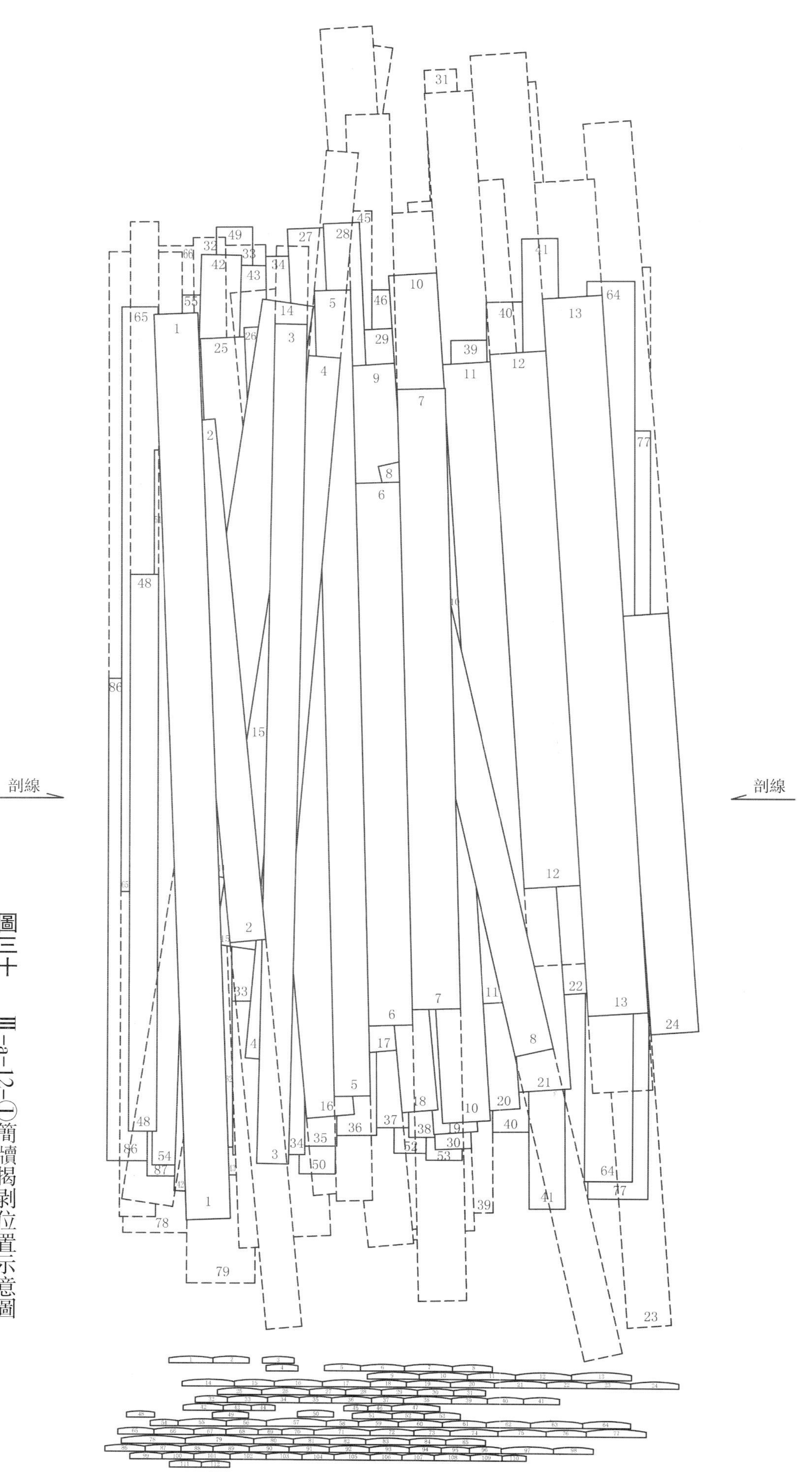

圖三十　Ⅲ-a-12-①簡牘揭剥位置示意圖

圖三十竹簡整理編號與示意圖編號對應表

整理號	示意圖號	整理號	示意圖號	整理號	示意圖號	整理號	示意圖號		
五八五三	1	五八七七	25	五九〇一	49	五九二五	73	五九四九	97
五八五四	2	五八七八	26	五九〇二	50	五九二六	74	五九五〇	98
五八五五	3	五八七九	27	五九〇三	51	五九二七	75	五九五一	99
五八五六	4	五八八〇	28	五九〇四	52	五九二八	76	五九五二	100
五八五七	5	五八八一	29	五九〇五	53	五九二九甲乙	77	五九五三	101
五八五八	6	五八八二	30	五九〇六	54	五九三〇	78	五九五四	102
五八五九	7	五八八三	31	五九〇七	55	五九三一	79	五九五五	103
五八六〇	8	五八八四	32	五九〇八	56	五九三二	80	五九五六	104
五八六一	9	五八八五	33	五九〇九	57	五九三三	81	五九五七	105
五八六二	10	五八八六	34	五九一〇	58	五九三四	82	五九五八	106
五八六三	11	五八八七	35	五九一一	59	五九三五	83	五九五九	107
五八六四	12	五八八八	36	五九一二	60	五九三六	84	五九六〇	108
五八六五	13	五八八九	37	五九一三	61	五九三七	85	五九六一	109
五八六六	14	五八九〇	38	五九一四	62	五九三八	86	五九六二	110
五八六七	15	五八九一	39	五九一五	63	五九三九	87	五九六三	111
五八六八	16	五八九二	40	五九一六	64	五九四〇	88	五九六四	112
五八六九	17	五八九三	41	五九一七	65	五九四一	89		
五八七〇	18	五八九四	42	五九一八	66	五九四二	90		
五八七一	19	五八九五	43	五九一九	67	五九四三	91		
五八七二	20	五八九六	44	五九二〇	68	五九四四	92		
五八七三	21	五八九七	45	五九二一	69	五九四五	93		
五八七四	22	五八九八	46	五九二二	70	五九四六	94		
五八七五	23	五八九九	47	五九二三	71	五九四七	95		
五八七六	24	五九〇〇	48	五九二四	72	五九四八	96		

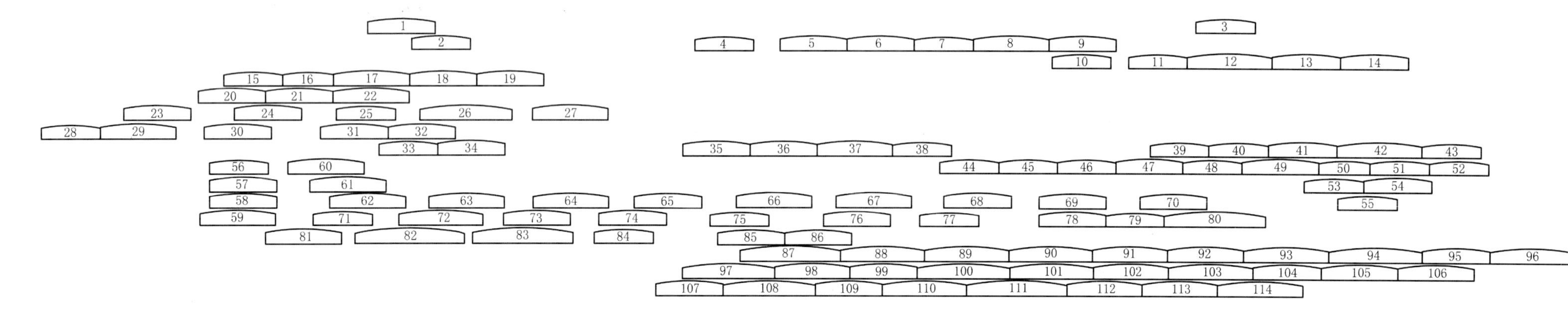
1
2
3
4
5
6
7
8
9
10
11
12
13
14
15
16
17
18
19
20
21
22
23
24
25
26
27
28
29
30
31
32
33
34
35
36
37
38
39
40
41
42
43
44
45
46
47
48
49
50
51
52
53
54
55
56
57
58
59
60
61
62
63
64
65
66
67
68
69
70
71
72
73
74
75
76
77
78
79
80
81
82
83
84
85
86
87
88
89
90
91
92
93
94
95
96
97
98
99
100
101
102
103
104
105
106
107
108
109
110
111
112
113
114
0
1
2

圖三十一　Ⅲ-a-12-②簡牘揭剥位置示意圖

圖三十一 竹簡整理編號與示意圖編號對應表

整理號	示意圖號	整理號	示意圖號	整理號	示意圖號	整理號	示意圖號		
五九六五	1	五九八九	25	六〇一三	49	六〇三七	73	六〇六一	97
五九六六	2	五九九〇	26	六〇一四	50	六〇三八	74	六〇六二	98
五九六七	3	五九九一	27	六〇一五	51	六〇三九	75	六〇六三	99
五九六八	4	五九九二	28	六〇一六	52	六〇四〇	76	六〇六四	100
五九六九	5	五九九三	29	六〇一七	53	六〇四一	77	六〇六五	101
五九七〇	6	五九九四	30	六〇一八	54	六〇四二	78	六〇六六	102
五九七一	7	五九九五	31	六〇一九	55	六〇四三	79	六〇六七	103
五九七二	8	五九九六	32	六〇二〇	56	六〇四四	80	六〇六八	104
五九七三	9	五九九七	33	六〇二一	57	六〇四五	81	六〇六九	105
五九七四	10	五九九八	34	六〇二二	58	六〇四六	82	六〇七〇	106
五九七五	11	五九九九	35	六〇二三	59	六〇四七	83	六〇七一	107
五九七六	12	六〇〇〇	36	六〇二四	60	六〇四八	84	六〇七二	108
五九七七	13	六〇〇一	37	六〇二五	61	六〇四九	85	六〇七三	109
五九七八	14	六〇〇二	38	六〇二六甲乙	62	六〇五〇	86	六〇七四	110
五九七九	15	六〇〇三	39	六〇二七	63	六〇五一	87	六〇七五	111
五九八〇	16	六〇〇四	40	六〇二八	64	六〇五二	88	六〇七六	112
五九八一	17	六〇〇五	41	六〇二九	65	六〇五三	89	六〇七七	113
五九八二	18	六〇〇六	42	六〇三〇	66	六〇五四	90	六〇七八	114
五九八三	19	六〇〇七	43	六〇三一	67	六〇五五	91		
五九八四	20	六〇〇八	44	六〇三二	68	六〇五六	92		
五九八五	21	六〇〇九	45	六〇三三	69	六〇五七	93		
五九八六	22	六〇一〇	46	六〇三四	70	六〇五八	94		
五九八七	23	六〇一一	47	六〇三五	71	六〇五九	95		
五九八八	24	六〇一二	48	六〇三六	72	六〇六〇	96		

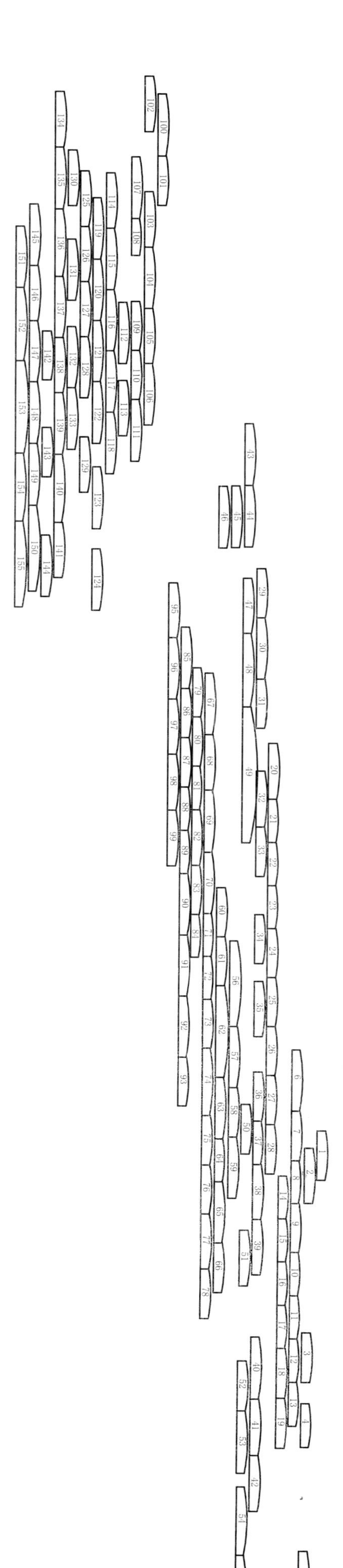

圖三十二　Ⅲ-a-12-③簡牘揭剥位置示意圖

圖三十二竹簡整理編號與示意圖編號對應表

整理號	示意圖號	整理號	示意圖號	整理號	示意圖號	整理號	示意圖號		
六〇七九	1	六一〇三	25	六一二七	49	六一五一	73	六一七五	97
六〇八〇	2	六一〇四	26	六一二八	50	五一五二	74	六一七六	98
六〇八一	3	六一〇五	27	六一二九	51	五一五三	75	六一七七	99
六〇八二	4	六一〇六	28	六一三〇	52	五一五四	76	六一七八	100
六〇八三	5	六一〇七	29	六一三一	53	五一五五	77	六一七九	101
六〇八四	6	六一〇八	30	六一三二	54	五一五六	78	六一八〇	102
六〇八五	7	六一〇九	31	六一三三	55	五一五七	79	六一八一	103
六〇八六	8	六一一〇	32	六一三四	56	五一五八	80	六一八二	104
六〇八七	9	六一一一	33	六一三五	57	六一五九	81	六一八三	105
六〇八八	10	六一一二	34	六一三六	58	六一六〇	82	六一八四	106
六〇八九	11	六一一三	35	六一三七	59	六一六一	83	六一八五	107
六〇九〇	12	六一一四	36	六一三八	60	六一六二	84	六一八六	108
六〇九一	13	六一一五	37	六一三九	61	六一六三	85	六一八七	109
六〇九二	14	六一一六	38	六一四〇	62	六一六四	86	六一八八	110
六〇九三	15	六一一七	39	六一四一	63	六一六五	87	六一八九	111
六〇九四	16	六一一八	40	六一四二	64	六一六六	88	六一九〇	112
六〇九五	17	六一一九	41	六一四三	65	六一六七	89	六一九一	113
六〇九六	18	六一二〇	42	六一四四	66	六一六八	90	六一九二	114
六〇九七	19	六一二一	43	六一四五	67	六一六九	91	六一九三	115
六〇九八	20	六一二二	44	六一四六	68	六一七〇	92	六一九四	116
六〇九九	21	六一二三	45	六一四七	69	六一七一	93	六一九五	117
六一〇〇	22	六一二四	46	六一四八	70	六一七二	94	六一九六	118
六一〇一	23	六一二五	47	六一四九	71	六一七三	95	六一九七	119
六一〇二	24	六一二六	48	六一五〇	72	六一七四	96	六一九八	120

整理號	示意圖號	整理號	示意圖號
六一九九	121	六二二三	145
六二〇〇	122	六二二四	146
六二〇一	123	六二二五	147
六二〇二	124	六二二六	148
六二〇三	125	六二二七	149
六二〇四	126	六二二八	150
六二〇五	127	六二二九	151
六二〇六	128	六二三〇	152
六二〇七	129	六二三一	153
六二〇八	130	六二三二	154
六二〇九	131	六二三三	155
六二一〇	132		
六二一一	133		
六二一二	134		
六二一三	135		
六二一四	136		
六二一五	137		
六二一六	138		
六二一七	139		
六二一八	140		
六二一九	141		
六二二〇	142		
六二二一	143		
六二二二	144		

圖三十三　Ⅲ-a-12-④簡牘揭剥位置示意圖

圖三十三竹簡整理編號與示意圖編號對應表

整理號	示意圖號	整理號	示意圖號	整理號	示意圖號	整理號	示意圖號	整理號	示意圖號
六二三四	1	六二五八	25	六二八二	49	六三〇六	73	六三三〇	97
六二三五	2	六二五九	26	六二八三	50	六三〇七	74	六三三一	98
六二三六	3	六二六〇	27	六二八四	51	六三〇八	75	六三三二	99
六二三七	4	六二六一	28	六二八五	52	六三〇九	76	六三三三	100
六二三八	5	六二六二	29	六二八六	53	六三一〇	77	六三三四	101
六二三九	6	六二六三	30	六二八七	54	六三一一	78	六三三五	102
六二四〇	7	六二六四	31	六二八八	55	六三一二	79	六三三六	103
六二四一	8	六二六五	32	六二八九	56	六三一三	80	六三三七	104
六二四二	9	六二六六	33	六二九〇	57	六三一四	81	六三三八	105
六二四三	10	六二六七	34	六二九一	58	六三一五	82	六三三九	106
六二四四	11	六二六八	35	六二九二	59	六三一六	83	六三四〇	107
六二四五	12	六二六九	36	六二九三	60	六三一七	84	六三四一	108
六二四六	13	六二七〇	37	六二九四	61	六三一八	85	六三四二	109
六二四七	14	六二七一	38	六二九五	62	六三一九	86	六三四三	110
六二四八	15	六二七二	39	六二九六	63	六三二〇	87	六三四四	111
六二四九	16	六二七三	40	六二九七	64	六三二一	88	六三四五	112
六二五〇	17	六二七四	41	六二九八	65	六三二二	89	六三四六	113
六二五一	18	六二七五	42	六二九九	66	六三二三	90	六三四七	114
六二五二	19	六二七六	43	六三〇〇	67	六三二四	91	六三四八	115
六二五三	20	六二七七	44	六三〇一	68	六三二五	92	六三四九	116
六二五四	21	六二七八	45	六三〇二	69	六三二六	93	六三五〇	117
六二五五	22	六二七九	46	六三〇三	70	六三二七	94	六三五一	118
六二五六	23	六二八〇	47	六三〇四	71	六三二八	95	六三五二	119
六二五七	24	六二八一	48	六三〇五	72	六三二九	96	六三五三	120

整理號	示意圖號	整理號	示意圖號	整理號	示意圖號	整理號	示意圖號
六三五四	121	六三七八	145	六四〇二	169	六四二六	193
六三五五	122	六三七九	146	六四〇三	170	六四二七	194
六三五六	123	六三八〇	147	六四〇四	171	六四二八	195
六三五七	124	六三八一	148	六四〇五	172	六四二九	196
六三五八	125	六三八二	149	六四〇六	173	六四三〇	197
六三五九	126	六三八三	150	六四〇七	174	六四三一	198
六三六〇	127	六三八四	151	六四〇八	175	六四三二	199
六三六一	128	六三八五	152	六四〇九	176	六四三三	200
六三六二	129	六三八六	153	六四一〇	177	六四三四	201
六三六三	130	六三八七	154	六四一一	178	六四三五	202
六三六四	131	六三八八	155	六四一二	179	六四三六	203
六三六五	132	六三八九	156	六四一三	180	六四三七	204
六三六六	133	六三九〇	157	六四一四	181	六四三八	205
六三六七	134	六三九一	158	六四一五	182	六四三九	206
六三六八	135	六三九二	159	六四一六	183	六四四〇	207
六三六九	136	六三九三	160	六四一七	184	六四四一	208
六三七〇	137	六三九四	161	六四一八	185	六四四二	209
六三七一	138	六三九五	162	六四一九	186	六四四三	210
六三七二	139	六三九六	163	六四二〇	187	六四四四	211
六三七三	140	六三九七	164	六四二一	188	六四四五	212
六三七四	141	六三九八	165	六四二二	189	六四四六	213
六三七五	142	六三九九	166	六四二三	190	六四四七	214
六三七六	143	六四〇〇	167	六四二四	191	六四四八	215
六三七七	144	六四〇一	168	六四二五	192	六四四九	216

附录二　索　引

一　人名索引

一、本索引所列爲走馬樓吴簡中出現的人名，是用電腦按姓字的中文拼音字母順序編排的。包括姓字清楚、名字不清楚的姓名，不包括姓字不清楚、名字清楚的姓名。爲方便排版，原釋文未敢遽定之字而在釋文下加的（？）號及在釋文外補的「□」號，一律取消。

二、個別人名採用通假字時，本索引將其與正字並列，如「番慮」列在「潘慮」之後。

三、本索引之後附簡中所見明確對應的人名、地名列表，以便讀者查閲。不可確認之字沿用「□」號，可以判定的脱字用「（）」號注出，如「都」作「都（鄉）」。

四、凡姓字爲自造字者，附於最後。

附

附録：簡中所見明確對應的人名、地名簡表

地名	人名	簡號
常遷里	何視	五五四九
常遷里	張有	五五五〇
常遷里	壬眾	五五七一
常遷里	五旻	五五七二
常遷里	馬德	五六一八
常遷里	張佃	五六二四
常遷里	五脉	五六二五
常遷里	林臣	五六二七
常遷里	張民	五六三四
常遷里	張增	六一九〇
常遷里	胡主	六一九五
常遷里	何黑	六二〇五
常遷里	馬秩	六二一一
常遷（里）	劉妾	五六二一
大成里	何□	三三八七
大成里	□頭	三四五三
東□里	烝馬	六〇二三
東龍里	□禮	六一八二
東陽里	李水	六六七
東陽里	烝劉	三一四六
東陽里	烝習	六一一八
東陽里	唐張	六一四五
東陽里	烝衆	六一四六
東陽里	吴百	六一四七
東陽里	□黑	六二三四
夫□里	黄□	六六三〇
富貴里	□咄	二九六三
富貴里	彭丹	三一四七
富貴里	鄧武	五一三七
富貴里	鄧運	五一四七
富貴里	鄧苗	五五二〇
富貴里	宋萇	五五二七
富貴里	稾從	五五二八
富貴里	毛張	五五三四
富貴里	稾湛	五五八四
富貴里	宫自	五五九〇
富貴里	宫公	五六一二
富貴里	區應	五六二六
富貴里	黄巡	五六三一
富貴里	張如	五八二二
富貴里	周金	五九七〇
富貴里	孫元	六〇〇五
富貴里	高文	六一〇九
富貴里	烝龍	六一八四
高平里	區應	五九三五
高平里	魯鳥	六二一四
高遷里	杜寄	六五六七
高遷里	文屈	六五九〇
高遷里	李牛	六六〇四
高遷里	殷□	六六一二
高遷里	五□	六六九六
廣成里	陳市	五八三四
吉陽里	孟狗	五五一九
吉陽里	潘求	五五二五
吉陽里	魯客	六四五三
吉陽里	鄧馮	六四五七
吉陽里	李琿	六五六四
吉陽里	區深	六五六六
吉陽里	胡諸	六五六八
吉陽里	唐佑	六六一四
臨里	謝羊	七三〇九
浦里	□奚	七五一四
上鄉里	栂喜	六二三五
五唐里	□己	六六五三
下菠里	高舉	五八一二
陽貴里	張□	三一九八
陽貴里	貴歸	三四六二
陽貴里	張益	五七六九
陽貴里	雷如	五七八一
陽貴里	廖孫	五九四八
陽貴里	市阻	五九八二
陽貴里	潘壄	五九九四
陽貴里	鄭如	五九九六
陽貴里	吴勳	五九九九
陽貴里	萬平	六〇〇四
陽貴里	朱伍	六〇四一
宜陽里	黄□	七一八〇
庾陽里	謝丁	三五三八
☐貴里	烝樵	三四〇三
☐陽里	李遣	四四二
☐陽里	潘奇	六一六九
東鄉	烝贇	一二七〇
東鄉	烝組	一二七六
東鄉	何目	一三三〇
東鄉	黄階	一六七七
東鄉	董旻	四二二七
東鄉	鄭張	四二三一
東鄉	陳竂	六六六〇
都鄉	蔡忠	六七五一
廣成鄉	唐若	七五三
廣成鄉	忩香	一五一三
廣成鄉	鄧右	一五一四
廣成鄉	谷石	一六五二
廣成鄉	陳嫄	一六五三
廣成鄉	監兵	一六八一
廣成鄉	楊頃	一八九二
廣成鄉	唐齊	一八九三
廣成鄉	鄧鍛	三九〇八
廣成鄉	栂羖	三九一三
廣成鄉	陳曠	三九二〇
廣成鄉	吕賓	四二一五
廣成鄉	劉打	四二一七
廣成鄉	潘覲	四二二二
廣成鄉	盧張	四二二九
廣成鄉	陳命	四二四〇
廣成鄉	鄧元	四二四八
廣成鄉	鄧鍛	四二七一
廣成鄉	潘琬	四二八一
廣成鄉	盧張	五七三二
廣成鄉	番調	五七三七
廣陽鄉	區小	三九〇三（一）
樂鄉	劉交	一四三九
樂鄉	毛機	四二四六
樂鄉	毛勳	四二四七
模鄉	劉銀	一三五四
模鄉	區☐	一八八九
模鄉	烝若	六六三七
		六六四二
模鄉	鄭□	七八〇三
南鄉	朱番	三一四九
平鄉	□平	四二〇
平鄉	謝閔	五三七
平鄉	謝常	五三七
平鄉	雷鄉	一二三八
平鄉	鄧儘	一二三九
平鄉	光賢	一四二七
平鄉	何表	一五一七
平鄉	潘右	一五一八
平鄉	石吝	一六五一
平鄉	唐欠	一六五四
平鄉	廖陳	一六五五
平鄉	石彭	一六五七
平鄉	潘調	一六七九
平鄉	番尾	一八九一
平鄉	廖俊	二三五七
平鄉	屯章	三九〇六
平鄉	烝山	三九〇九
平鄉	魏威	三九一一
平鄉	逢訓	三九一二
		三九一七
平鄉	廖祚	三九一八
平鄉	唐安	三九二二
平鄉	石欣	三九二四
平鄉	壬敬	三九三一
平鄉	陳通	四二三三
		四二三六
平鄉	烝脩	四二四四
平鄉	謝有	四二一四
平鄉	烝有	五七三〇
平鄉	盧觀	五七三三
平鄉	潘黑	五七三四
平鄉	潘明	七三八九
桑鄉	五訓	一四五三
桑鄉	吕次	一五一五
桑鄉	陳富	一六五六
桑鄉	郭□	二〇〇五
桑鄉	潘掾	二五〇〇
桑鄉	番禄	三九一五
桑鄉	使匹	三九二六
桑鄉	監☐	三九二七
桑鄉	古坡	四二四三
桑鄉	伍闞	五七四八
桑鄉	谷□	五九三二
桑鄉	黄□	六六八七
桑鄉	謝□	七三三〇
西鄉	供士	七六六

二　地名索引

一、本索引所列爲走馬樓吴簡中出現的地名，分鄉、里、丘、郡縣四部分。各部分是用電腦按中文拼音字母順序編排的。爲方便排版，原釋文未敢遽定之字而在釋文下加的（？）號及在釋文外補的「□」號，一律取消。

二、凡地名首字爲自造字及地名首字不可確認者，附於其後，不可確認之字沿用「□」號，可以判定的脱字用（）號注出，如「都」作「都（鄉）」。

三、本索引之後附同一簡中所見縣、鄉、里、丘列表，以便讀者查閲。

鄉

D

G

Z

附

丘

B

C

D

F

G

H

J

Z

附

里

C

D

F

G

吳簡中出現的郡縣及其他地名

武陵　二七四〇
三五〇五
三六三四
三六八〇
五三九〇
下雋　五五〇〇
五五四八
五六三八
湘闗　九三
湘南　五四二四
五四八六
襄陽　三〇二九
三四五〇
三四六一
攸　五三五二
攸縣　三九〇三（二）
豫章　五二五二
員口　四三三八
四三六一
四四三一
四七二九
四九一九
四九五一
烝陽　三四九八

附録：（見於同一簡中縣、鄉、丘、里的明確對應）

東鄉　谷丘　一二七〇
東鄉　帝丘　一六七七
東鄉　楮丘　吴昌　二〇一九
東鄉　番丘　四二二七
東鄉　東田丘　四二三一
都鄉　臨湘　五四
都鄉　臨湘　一四二
都鄉　臨湘　七七三二
廣成鄉　臨湘　二三
廣成鄉　臨湘　一六一
廣成鄉　世丘　四一〇
一六五二
廣成鄉　彈渡丘　七五三
一五一四
三九一三
四二二二
四二四八
廣成鄉　平丘　一六五三
廣成鄉　周陵丘　一六八一
廣成鄉　楊丘　一八九二
五七三二
廣成鄉　宴丘　一八九三
廣成鄉　上伻丘　三九〇八
四二七一
廣成鄉　撈丘　三九二〇
四二二九
廣成鄉　寇丘　四二一五
五七三七
廣成鄉　頃丘　四二一七
廣成鄉　平陽丘　四二四〇
廣成鄉　柤伻丘　四二六三
廣成鄉　复丘　四二八一
廣陽鄉　攸縣　三九〇三（二）
樂鄉　園丘　一四三九
樂鄉　頃丘　一六一一
樂鄉　窟丘　四二四六
四二四七
樂鄉　下渡（丘）　六二二九
模鄉　石唐丘　一八八九
模鄉　頃丘　七五八四
南鄉　臨湘　二〇六
平鄉　上和丘　四二〇
一五一七
三九一一
四二三三
四二三六
平鄉　平□丘　四五七
平鄉　彈渡丘　一二三八
一六五四
平鄉　寇丘　一二三九
一六七九
平鄉　枯丘　一三七六
平鄉　下和丘　一四二七
平鄉　栗丘　一六五一
三九〇九
平鄉　僕丘　一六五五
三九〇六
三九一八
三九二二
平鄉　杞丘　一六五七
四二四四
平鄉　幽丘　一八九一
平鄉　盡丘　一九三二
五七三四
七三八九
平鄉　石文丘　三九一二
三九一七
平鄉　敬賢丘　三九二四
平鄉　伍社丘　三九三一
平鄉　常樂丘　五七一四
平鄉　常略丘　五七三〇
平鄉　山下丘　五七三三
平鄉　平樂丘　六二三二
桑鄉　東平丘　三〇四
四五五
一四五三
桑鄉　平樂丘　一五一一
桑鄉　園丘　一五一五
一五八一
三九二六
桑鄉　柤下丘　二〇〇五
桑鄉　敕丘　三九一五
桑鄉　何丘　四二四三
五九三
桑鄉　上俗丘　五七四七
桑鄉　坪下丘　五七四八
桑鄉
桑鄉　□下丘　六九五九
桑鄉　僕丘　七三三〇
西鄉　臨湘　一
西鄉　臨湘　三三
西鄉　臨湘　一五〇
西鄉　臨湘　二〇七
西鄉　臨湘　二一八
西鄉　旱丘　四八八
一六七六
西鄉　溫丘　七六六
四二一八
西鄉　月丘　一四九八
西鄉　上俗丘　一五一九
二五三九
四二三二
五七四五
五七五七
西鄉　林渡丘　三九三六
五七五八
西鄉　復皋丘　四一〇一
西鄉　復丘　四二二八
西鄉　涂丘　四二五一
小武陵鄉　臨湘　一九二
小武陵鄉　石唐丘　三一八
小武陵鄉　谷渡丘　一二三五
一二三七
小武陵鄉　筌丘　一二三六
小武陵鄉　遲丘　一四二四
三九三五
小武陵鄉　平丘　一五〇四
小武陵鄉　余元丘　一六一三
小武陵鄉　平支丘　三九三〇
四二三五
四二四九
小武陵鄉　石下丘　三九三三
四二三四
四三三七
小武陵鄉　桐丘　三九三四
小武陵鄉　祭丘　四一〇二
小武陵鄉　丈丘　四二一九
小武陵鄉　待丘　四二二一
小武陵鄉　伻丘　四二二四
小武陵鄉　淦丘　四二二六
小武陵鄉　坪丘　四二五〇
小武陵鄉　涂元丘　四二八〇
小武陵鄉　彈渡丘　五七四九
中鄉　臨湘　一二六
中鄉　臨湘　二一四〇
中鄉　於上丘　六五八五

三　紀年索引

一、本索引所列爲走馬樓吴簡中出現的紀年，以年號先後爲序。紀年不完整但能明確判定者，仍列入，並用「()」號注出，如「嘉禾元」作「嘉禾元（年）」，列在「嘉禾元年」之後。因竹簡斷損造成紀年殘缺者，用☒號表示殘缺之字，列在補足紀年之後。不可確認之字沿用「□」號。紀年不明或者僅有年號者，亦附後。

二、一年之中，以月份先後爲序編次，一月之中，以日期先後爲序編次。無確切紀日者置於該月份之後。閏月置於十二月之後。無確切月份者置於該年之末。年號清楚而無確切年份者，置於該年號之末。

黄龍元年十一月十日　四五一八
黄龍元年十一月十二日　四五〇二
黄龍元年十一月□日　二四三三
黄龍元年十二月二日　五〇六四
〼龍元年十二月五日　二三七七
黄龍二年
四八二
五四八
七三三
一一三二
一五五六
一六〇四
一六八七
一八七九
一九二一
一九四八
二〇五八
二三四九
三九五六
三九七五
三九八〇
四〇一五
四〇一八
四〇五一
四〇六九
四〇七二
四〇九九
四一三四
四一三八
四一四八
四一五六
四一五七
四一六四
四一六五
四一六七
四一七三
四一七九
四一八六
四一九二
四一九五
四二〇六
四二五四
四二六七
四二九二
四三三八
四三六一
四三九〇
四四〇三
四四一二
四四一四
四四三一
四四四八
四四五〇
四四六四
四四九二
四五〇一
四五五六
四五六三
四五七七
四六〇九
四六一八
四六一九
四六二〇
四六六八
四六七〇
四七一二
四七一八
四七二九
四七三八
四八三五
四八五四
四九一八
四九一九
四九二二
四九三〇
四九四三
四九五〇
四九五一
四九七〇
四九九四
五一六二
五一九二
五二〇六
六八五三
七〇〇八
七二八四
七四四六
黄龍元（年）　四四八七
黄龍二年十二月十二日　五〇七二
黄龍二年十二月十八日　五二二四
黄龍三年
二四九
六一六
一三五八
一五二三
一五五八
一六〇一
一六三七
一六四二
一七六二
一七六五
一八三三
一八三九
一八四〇
一九四〇
二一七五
二三九五
二五三〇
二五三一
二五三五
二六一二
二九二七
三〇二〇
三三八六
三六一八
四〇一六
四〇二〇
四〇二八
四〇三二
四〇三九
四〇五七
四〇七二
四〇八〇
四〇八九
四〇九一
四〇九五
四一〇〇
四一一二
四一一六
四一一八
四一二三
四一三五
四一四二
四一四四
四一四八
四一六〇
四一六二
四一六三
四一七六
四一七七
四一七八
四一七九
四一九一
四一九七
四一九九
四二一一
四二一二
四二九五
四二九六
四二九九
四三〇七
四三三九
四三四三
四三四七
四三六〇
四三七〇
四三七二
四三七三
四三七六
四三八四
四三八五
四三九三
四三九六
四三九七
四四〇三
四四一一
四四一四
四四一六
四四三五
四四三九
四四四三
四四四九
四四六四
四四八三

四四八七
四四九二
四五二四
四五二五
四五二七
四五三一
四五四一
四五四二
四五五七
四五六四
四五七四
四五七八
四五七九
四五八〇
四五八三
四五八四
四五八六
四六〇五
四六〇九
四六一六
四六二一
四六二四
四六二七
四六二九
四六三三
四六三四
四六五一
四六六一
四六七四
四六九三
四六九四
四六九八
四七一七
四七三〇
四八四四
四八四八
四九〇一
四九〇二
四九四三
四九四四
四九五二
四九五五
四九六〇
四九六二
四九六七
五〇八一
五一四二
五一五六
五一七四
五一七五
五一七六
五一七八
五一七九
五一九七
五二〇〇
五二〇一
五二〇四
五二〇七
五二〇九
五二一三
五二一五
五二一七
五二三八
五二七〇
五二七四
五三三九
六五八八
六七〇八
六八四五
六九五二
六九五八
六九七二
七一二五
七三二四
七四五五
七四八一
七五五九
七五八〇
七七八七

（黃）龍三年

四五五二

黃龍三▨

二二五二
三九四六
四二六六
七五〇二

▨龍三年

一〇七二
二二七四
七五六五

黃龍三年十月六日

四四九九

黃龍五年十一月十八日

五〇四五

黃龍□年

一七四三
三四五四
四二七七
四三八九
四四四四
四四四五
四六二五
四七一七
五一七〇
七三二九
七五〇〇

黃龍

六一六
一一七五
一三八九
一五八二
一六四〇
一七七四
一九四四
一九四六
一九九五
二一三九
二一六〇
二二八五
二三四一
二四三七
三一一一
三五二七
三六四九
四〇四二
四五六九
四五七四
六五八六
六八三三
六九七五
七五一一

嘉禾元年

九九
五〇六
五四六
六八二
一二六一
一三三六
一五三七
一五四五
一五八四
一五八五
一六四一
一六九一
一七四九
一七五三
一七七二
一七九三
一八三八
一八四六
一八五四
一九〇九
一九四一
二一四九
二二三八
二三〇一
二三二〇
二三三三
二四三二
二四五一
二四八一
二五七三
二五八九
二六〇五
二六七六
二八五三
三三七五
三五六三
三六六五
三七五八
三九六五
四〇一七
四〇二一
四〇三四
四〇四三
四〇七四
四〇七八
四〇九三
四〇九五
四〇九六
四〇九七
四一一七

嘉禾元年十一月
六八八一
六九五三
七〇八五
嘉禾元年十一月二日
七八〇六
嘉禾元年十一月三日
六九七二
嘉禾元年十一月五日
六七三六
六九八六
嘉禾元年十一月十一日
六九五八
嘉禾元年十一月十九日
六七六二
嘉禾元年十一月廿八日
六五八五
嘉禾元年十二月五日
六七二一
嘉禾元年十二月九
二五六四
嘉禾元年十二月十六日
七〇七九
嘉禾元年十二〼
二九一〇
嘉禾元年□月□日
七七三六
七七九七
嘉禾二年
四四
六三
六八
七二
七五
七六
八〇
一一二
二〇四
二三一
二三七
二五七
二六三
二六五
二七二
二七三
二八八
二九二
二九四
三〇一
三〇四
三一二
三一四
三一八
三二五
三三〇
三四一
三四二
三四五
三四七
三四九
三六二
三七六
三八一
三八三
三八四
三九九
四〇二
四〇三
四〇五
四一〇
四二〇
四三一
四四五
四五五
四五七
四六〇
四七四
四七五
四七六
四七七
四七八
四八〇
四八七
四八八
五〇一
五〇二
五〇四
五〇六
五一六
五二九
五三七
五五八
五六八
五六九
五七五
五九二
五九五
六〇六
六一九
六二九
六三六
六四五
六四六
六四七
六四八
六五六
六六四
六七一
六八七
六九〇
七〇二
七〇三
七〇八
七一二
七一四
七一五
七二七
七三三
七五三
七六六
七七三
七七四
七七六
七八九
七九五
八〇二
八一四
八二〇
八二八
八四四
八四七
八五五
八五九
八六五
八七四
八七八
八八三
八八四
九七一
九九四
九九五
一〇二八
一〇三八
一〇四三
一〇五八
一〇六六
一一一六
一一二三
一一二五
一一五三
一一七七
一一七九
一一八八
一二〇三
一二一一
一二二五
一二三五
一二三六
一二三七
一二三八
一二三九
一二七〇
一二七六
一三〇五
一三三〇
一三三六
一三三八
一三四五
一三五一
一三七六
一三八一
一四一九
一四二〇
一四二一
一四二四
一四二七
一四三〇
一四三二
一四三五
一四三七
一四三八
一四三九
一四四四
一四四五

四一九〇
四一九一
四一九三
四一九四
四一九六
四一九七
四一九八
四一九九
四二〇〇
四二〇三
四二〇五
四二〇六
四二一〇
四二一一
四二一五
四二一七
四二一八
四二一九
四二二一
四二二二
四二二四
四二二五
四二二六
四二二七
四二二八
四二二九
四二三一
四二三二
四二三三
四二三四
四二三五
四二三六
四二三七
四二四〇
四二四三

四二四四
四二四六
四二四七
四二四八
四二四九
四二五〇
四二五一
四二五九
四二六三
四二七一
四二八〇
四二八一
四二八五
四二九三
四二九八
四三〇四
四三〇六
四三〇八
四三一〇
四三一一
四三一三
四三一六
四三一九
四三二〇
四三二三
四三二五
四三二六
四三二七
四三三四
四三三七
四三四四
四三四九
四三五〇
四三五二
四三五三

四三六二
四三六四
四三六七
四三七〇
四三七一
四三七五
四三八二
四三八七
四三九〇
四三九九
四四〇〇
四四〇一
四四〇二
四四〇四
四四〇八
四四〇九
四四一五
四四一七
四四二〇
四四二六
四四二七
四四二九
四四三二
四四三三
四四三四
四四三八
四四四〇
四四四一
四四四二
四四四五
四四四七
四四六一
四四六二
四四六五
四四六七

四四六九
四四七〇
四四七二
四四七四
四四七六
四四七八
四四八〇
四四八二
四四八五
四四九三
四五二七
四五三二
四五三五
四五三六
四五三九
四五四〇
四五四四
四五四五
四五四六
四五四七
四五四九
四五五〇
四五五一
四五五二
四五五三
四五五四
四五五六
四五五七
四五五八
四五五九
四五六〇
四五六一
四五六三
四五六四
四五六六

四五六七
四五七一
四五七三
四五七五
四五七八
四五七九
四五八三
四五八六
四五九〇
四五九三
四五九四
四五九五
四五九六
四五九八
四五九九
四六〇〇
四六〇一
四六〇二
四六〇三
四六〇八
四六一二
四六一四
四六一五
四六一六
四六一七
四六一八
四六一九
四六二二
四六二三
四六二六
四六三一
四六三六
四六四一
四六四三
四六四五

七五三八　七五七三　七六一三　七六二八　七六四八　七七〇一　七七九三

嘉禾二　七一一九

嘉禾二（年）　四八六二

嘉禾二▨　六三二　七八一　七八三　八〇一　八一三　八六三　九六一　一〇二三　一〇五三　一五五〇　一五七八　一六七五　一七二一　一七七六　一八五一　一八八〇　一八八一　一九八五　二〇八九　二〇九〇　二一一〇　二一四六　二一五七　二二一五　二二二三　二二六九　三〇九四

嘉禾二▨　五一六　三二〇九　六六六九　七二七三　七六七三

▨禾二年　二四一　二七〇　三九〇　六一五　七一三　八三六　一〇二二　一一〇九　一二八三　一四八八　一六五〇　一七八四　一九五六　一九九九　二二三九　二二七二　二三九五　二五九九　二六六四　三〇七七　三一三一　三一八七　三七一三　三七九二　四三八三　四六七七　七一〇〇

嘉禾二年正月　七七八二

（嘉禾）二年正月十八日　六八二

嘉禾二年二月　一一四三　六六五七　六七八八

嘉禾二年二月二日　二八二

嘉禾二年二月三日　三三八八

嘉禾二年二月廿日　一二九一

嘉禾二年二月十八日十九日　七一八

嘉禾二年二月廿四日　六二三八

嘉禾二年三月三日　一三五四

嘉禾二年三月廿二日　七七〇九

嘉禾二年四月　二四九一

嘉禾二年四月六日　八三　三五九八

嘉禾二年四月十三日　六七七二

嘉禾二年四月廿□　九九

嘉禾二年四月廿一日　五三二

嘉禾二年六月四日　六二九〇

嘉禾二年七月二日　七八〇二

嘉禾二年七月九日　四二一三

嘉禾二年七月十五日　七二八八

嘉禾二年八月　七六五六

嘉禾二年八月十八日　六九五九

嘉禾二年八月□日　七五七五

嘉禾二年九月四日　一八八五

嘉禾二年九月六日　七七二八

嘉禾二年九月廿八日　七六〇三

嘉禾二年九　二九七

嘉禾二年十月　二八五　六一八　六七九四

嘉禾二年十月七日　五〇八九　七三二六

▨禾二年十月十日　三一七

嘉禾二年十月十二日　三九六五

嘉禾二年十月十二　六八〇八

▨禾二年十月十二日　七六四七

嘉禾二年十月十一日　三九〇七

嘉禾二年十月十六日　三九三〇

嘉禾二年十月十九日　一七八二

嘉禾二年十月廿日　五七三〇

▨禾二年十月廿二日　七一三四

嘉禾二年十月廿六日　三九五七

嘉禾二年十　三三〇一

嘉禾二年十□　三八四九

嘉禾二年十一月　八二　二七一　二九三　三九一　四九八　五八六　六一四　六四三　六七八　七〇七　八一五　八三八　九〇二　九三一　一〇〇四　一〇一一　一三四五　一四三三　一四六〇　一四六二　一四七〇　一五六八　一六〇六　一九二三　一九五三　一九九〇　一九九九　二〇〇七　二一三四　二二九四　二三一六　二三五八　二五九七　二六三七　二七七七　三五一八　三七八一　四二三八　七〇一〇

嘉禾二年十一▨　五二四　六三八　九六〇　九九七　一四四四　一九六三　二〇四四

▨禾二年十一月　一〇七八　一六三六　三二三五

▨禾二年十一月一日　六七二

▨禾二年十一月二日　五六七

嘉禾二年十一月一日　七三五　七六九　七九四　一二七六　一二八六　一四二四　一五二七

一六七九
一八四一
二六一一
三一三一
三七四七
三八三八
三九〇九
三九一一
三九一五
三九二五
三九三六
三九八六
四二四八
四二四九
五七五八
六二三〇
七六二二

☐禾二年十一月二日
四四三
四五六
五六七

嘉禾二年十一月二日
三一三
四一七
七九〇
一〇二七
一二六三
一二七〇
一三三〇
一四五二
一八九三
一九五五
三九一七
三九二六
四二二四
四二三六
四二五〇
五七四七
六八二五

嘉禾二年十一月三日
四四
三一八
三六三
三七九
九七七
一二三五
一六一六
一六五一
一八九一
三九二七
四二八一
五七四八
六二三三

☐禾二年十一月三日
三〇六六

嘉禾二年十一月四日
七七一
一八八六
三二二九
三九三三
四二七一

嘉禾二年十一月五日
一六五六
五七四九

嘉禾二年十一月六日
一五〇六
一五二六
三九二二
三九三四
三九八一
四二四三

嘉禾二年十一月七日
一五〇三

嘉禾二年十一月八日
三五七
三五八
一二三八
一六一一
一六五四
一七五五
二〇〇二
二〇〇五
二〇一九
二三〇二
三七四六
四二二七
四二四六
五七一四

☐禾二年十一月八日
一一八六

☐禾二年十一月九日
七四四

嘉禾二年十一月九日
一四六五
一五〇八

嘉禾二年十一月九
五四一

嘉禾二年十一月十日
二三八
四二〇
四三八
七四一
七五二
七五三
一〇八五
一二二二
一二三九
一三四四
一五一四
一五一六
一五三六
一六五二
一六五三
一六五五
一八八九
一九三三
一九六二
二〇〇一
二二八六
三二一二
三三〇五
三九一〇
三九三一
三九三二
四二一五
四二二二
四二三三
四二四〇
四二六二
五七三二
五七三三
六〇五八
六〇五九
六二三九

☐禾二年十一月十日
四二五
七八〇

嘉禾二年十一月十一日
四九
四二一
四五五
四八八
五一一
六六一
八四三
一一三七
一四三八
一四六三
一五〇〇
一五一九
一五八一
一六〇五
一九九二
二〇三八
二五三九
三六四三
四二四五
五七五七
六〇六一
六二四一

☐禾二年十一月十一日
二九一

嘉禾二年十一月十二日
四三三
四五七
五一九
一四二七
一四九八
一六一三
一六七六
一九五八
三九一二
三九一八
三九二四
四二三四
四二三五
四二七〇

☐禾二年十一月十二日
四六一

嘉禾二年十一月十三日
八一七
八八五
一三八〇
一四四二
一五七七
四二一九
四二二六
四二四七
四二八〇

嘉禾二年十一月十三
一四九九

嘉禾二年十一月十三☐
三三二九

嘉禾二年十一月十四日
二九〇
一二三六

一二三七
一六五七
一七六九
二二六七
四二四四
嘉禾二年十一月十五日
七五六
三九〇八
三九一四
嘉禾二年十一月十六日
三〇四
三四六
七四九
一五〇四
一七二五
一七五四
一八四九
三九三五
四二四二
嘉禾二年十一月十七日
一六七八
一七〇二
三九一三
四一〇一
嘉禾二年十一月十八日
二六二
二六四
一三一五
一四四〇
一五一七
二〇一七
二〇二三
三四一九
三八一八
四二三二
四二四一
☐禾二年十一月十八日
三八五三
嘉禾二年十一月十九日
一三七七
☐禾二年十一月十九日
三三一三
嘉禾二年十一月十☐
一九五〇
二〇五〇
三二八八
六八一三
嘉禾二年十一月十□
三八一四
嘉禾二年十一月廿日
三七五
三七七
四三七
一〇一四
一五一三
一六八一
一八九二
二三〇九
四二一七
五九三二
六二二九
六二三二
六六三八
嘉禾二年十一月廿☐
四八七
☐禾二年十一月廿日
三八四二
嘉禾二年十一月廿一日
四二
六〇八
七三六
七七五
一三七六
一五一五
一九四五
一九九八
二〇〇三
二〇二五
三四一八
三九二〇
三九五四
四二二九
四二三一
四二六九
五七三四
五七五一
嘉禾二年十一月廿一☐
三八九
☐禾二年十一月廿一日
三八二九
嘉禾二年十一月廿二日
五九
七五
七四七
一四四八
一六七七
三九一九
三九二三
七三三〇
☐禾二年十一月廿二日
六五一
七六四
嘉禾二年十一月廿三日
六七
三五五
七二八
七八六
一四二〇
一四四三
一四六九
一七四七
二二六〇
三九二一
四二二一
四二六三
嘉禾二年十一月廿四日
三二八
四一〇
一五一一
一八六三
四二一八
四二二八
四二五一
嘉禾二年十一月廿五日
二〇四一
☐禾二年十一月廿五日
六二二三
嘉禾二年十一月廿六日
七六六
一四五一
一八六四
二五六二
☐禾二年十一月廿六日
九七三
嘉禾二年十一月廿七日
五〇四
一四四一
二〇〇〇
二〇八七
三六〇一
三八二八
三九〇六
四一〇二
五七三七
五七四五
☐禾二年十一月廿七日
一七二八
嘉禾二年十一月廿八日
六五
七五〇
七七八
一四三九
六二三六
嘉禾二年十一月廿八☐
三四五二
嘉禾二年十一月廿九日
一四五三
一六一二
嘉禾二年十一月廿□日
三七七七
☐禾二年十一月廿□
二八六
嘉禾二年十一月卅日
三三八
嘉禾二年十一月□日
七五一
八一六
一一六五
一八二〇
一九六七
四二二五
六九〇六
☐禾二年十一月□日
六六九五
嘉禾二年十二月
二一七六
七一二〇
嘉禾二年十二☐
一三四一
嘉禾二年十二月十日
三一四
嘉禾二年十二月十二日
四二三七
☐禾二年十二月廿六日
一七四〇
嘉禾二年十二月□日
七七四二
嘉禾二年閏月十四日
六二六六
嘉禾二年□月
三八三四
七四九〇
☐禾二年□月二日
二七九
嘉禾二年□月十五日
七三三一
嘉禾二年□月廿二日
六八八八
嘉禾二年□月廿五日
七五五二
嘉禾二年□月□□日
七五八八
嘉禾三年
九
二〇

六六四二
嘉禾三年十一月卅日 四五四七
嘉禾三年十二月七 四九三
嘉禾三年十二月十日 四二九一
六六三七
嘉禾三年□月十一日 四六〇三
嘉禾三年□月十五日 五三七七
嘉禾三年□月廿二日 六六八〇
嘉禾四年 一六四
二三八〇
二五六五
三一二七
三六〇五
五三四一
五四三四
五六九四
五七一五
六〇二二
六九三一
嘉禾四⧄ 三二五八
三五一一
五四八三
嘉禾四年正月七日 四四一四
嘉禾四年正月八日 四三九〇
嘉禾四（年）正月八日 四三六四
嘉禾四年正月十日 五一〇九
嘉禾四年正月庚辰朔十日 五三〇一
嘉禾四年正月廿七日 四三二八
嘉禾四年正月□日 四三一六
五一八四
五三四三
嘉禾四年二月 四六九九
四九九六
六〇五七
嘉禾四年二 五六九九
嘉禾四年二月五日 五四五〇
嘉禾四年二月六日 五六八九
嘉禾四年二月七日 五六九三
嘉禾四年二月八日 四六七七
嘉禾四年二月十三日 五〇二六
嘉禾四年二月十四日 一八七三
五〇二三
五〇二八
嘉禾四年二月廿一日 五三五三
五六八〇
嘉禾四年二月廿四日 五八〇一
嘉禾四年三月 四六六九
四六九一
五四六六
嘉禾四年三 五七〇九
嘉禾四年三月一日 五四〇六
五六六三
五六七六
五六八一
五九三七
嘉禾四年三月二日 五三八五
五六七五
嘉禾四年三月四日 五六五三
五七〇二
嘉禾四年三月五日 五四九〇
嘉禾四年三月六日 五三六三
嘉禾四年三月七日 五四八七
嘉禾四年三月九日 五四八〇
五五〇〇
嘉禾四年三月十日 五三九一
五四二〇
嘉禾四年三月十一日 六〇七四
嘉禾四年三月十六日 五六八六
嘉禾四年三月廿日 五三六一
六〇六五
嘉禾四年三月廿（日） 五六六二
嘉禾四年三月廿四日 五三七二
嘉禾四年三月卅日 三五八三
嘉禾四年三月□日 五六四〇
五七一一
五七三六
五八〇〇
嘉禾四年四月一日 一五
五三五二
五七〇三
五七一三
嘉禾四年四月廿五日 五四〇九
嘉禾四年四月□□日 五七〇六
嘉禾四年五月一日 五三七五
五三七六
五三九〇
五三九六
五四七七
五四八六
五六五九
五七〇五
嘉禾四年五月二日 一九九
嘉禾四年五月四日 五六七〇
嘉禾四年五月五日 五六九六
嘉禾四年五月十日 五五四八
嘉禾四年五月廿三日 六〇六四
嘉禾四年五月廿四日 五六四四
嘉禾四年六月二日 五四六〇
嘉禾四年六月三日 五三九三
嘉禾四年六月八日 四四四五
嘉禾四年六月十日 五四四一
五四八二
嘉禾四年六月廿八日 四八九六
嘉禾四年六月□日 五六八七
嘉禾四年七月十一日 五四三五
嘉禾四年七月十四日 五四一六
嘉禾四年七月廿日 五七九八
嘉禾四年七月廿三日 五四七二
嘉禾四年八月丁未朔十八日
甲子 六六七一
嘉禾四年十月一日 五六七三
嘉禾四年十月三日 五三八三
嘉禾四年十月十日 五三九二
嘉禾四年十月□日 五二六三正
嘉禾四年十一月六日 三三三一
嘉禾四年十二月十日 五八〇九
嘉禾四年十一月十一日 五六七九
嘉禾四年十二月十二日 四四五一（一）
嘉禾四年十二月十七日 五六八二
嘉禾四年□月 五四一二
五四二四
嘉禾四年□月一日 五三六五
五六六四
嘉禾四年□月三日 五五四七
嘉禾四年□月七日 五六七一
嘉禾四年□月十日 五三六九
五四一五
五七六三
嘉禾四年□月十一日 五六九〇
嘉禾四年□月十四日 五七三五
五八〇三
嘉禾四年□月十五日 五四二三
嘉禾四年□月十七日 五三八八
嘉禾四年□月廿一日 五四九一
五八二八
嘉禾四年□月廿八日 五三六〇
嘉禾四年□月廿□日 七五九一
嘉禾四年□月□日 五四〇七
五六九二
五七〇八
嘉禾五年 一五九
一七三
一七八
一八一
七八七
三一八五
四一一〇
七一〇六
七一六八
七二九二
七三一七
⧄禾五年 七一〇四
嘉禾五年正月七日 五六八五
禾四年二月五日 五六三九
嘉禾五年四月一日 五八〇四
嘉禾五年五月 五〇二七
嘉禾五年五月一日 五四五六
禾四年五月□日 五六四六
嘉禾五年七月一日 五四六一
嘉禾五年八月一日 五三五〇
嘉禾五年九月 五二四五
嘉禾五年九月三日 五四六二
嘉禾五年十月廿九日 一二六二
嘉禾五年十一月三日 六八二九
嘉禾五年十一月四日 一七
⧄禾五年十二月廿四日 一五五一
嘉禾五年閏月二日 五四四二
嘉禾五年閏月廿二日 五六七四
嘉禾五年□月一日 五六九八

二七二三
二七二九
二七九三
二八五四
二八六四
二八八五
二八九〇
二八九二
二九二四
二九三四
二九六〇
二九八八
三一八八
三四二〇
三四四〇
三四五五
三五〇五
三六二六
三六三四
三七〇九
三七三二
三七七〇
三八一二
三八四一
三八四五
四〇〇四
四〇五三
四二六八
四四七九
四九一五
四九二九
四九八七
五〇〇三
五〇一七
五一三五
五一八二
五一九八
五二三〇
五四四四
五四五七
五四八五
五五〇五
五六六六
六四七六
六五〇九
六六四七
六六七四
六七一八
六七四三
六七九六
六八四九
六九四九
六九九六
七〇一九
七〇二五
七〇三〇
七〇三五
七〇五四
七一四〇
七一四二
七一六七
七一八四
七二二〇
七二六四
七三一一
七四一六
七五九二
七六六七
七六六八
七六八六
七七七〇
七七七二
七七八九

嘉

一六八八
五四一四

嘉□

七三八八

嘉☐

一一五
二一五
三二九
五八〇
六一三
六二七
六四一
六四九
六五二
六六九
六八七
六九六
七七九
八三四
一〇〇七
一〇二九
一〇三一
一〇五〇
一〇七一
一〇八二
一一〇八
一一一〇
一一六九
一一七九
一一九〇
一一九一
一一九三
一二〇七
一二九七
一四五六
一四七二
一四七九
一五一〇
一五五三
一五七二
一五七九
一六七〇
一七〇八
一七一一
一七八七
一七八九
一八八三
一九六四
一九八一
二〇九一
二一〇五
二一二三
二一八一
二二四一
二二六九
二二八四
二二九〇
二三〇六
二三〇九
二三二九
二三三一
二三五六
二四五九
二六四七
二六九六
二七〇一
二七〇五
二七二四
二七四六
二七五〇
二七七三
二八一五
二九〇三
二九五四
三〇七四
三一八三
三三三六
三四六八
三五三四
三七二九
三七六六
三七七四
六〇六九
六〇七一
六三七二
六五六一
六七四七
六八六九
七〇五六
七一四五
七一五三
七二一三
七二三五
七三九四
七四七七
七五四五
七六七一
七七〇一
七七九一
七七九五

長沙簡牘博物館
中國文化遺産研究院
北京大學歷史學系
故宮研究院古文獻研究所
走馬樓簡牘整理組 編著

長沙走馬樓三國吴簡

竹簡〔玖〕

㊤

文物出版社

書名題簽　啓功
攝影　劉小放　孫之常
封面設計　張希廣
責任編輯　蔡敏
責任印製　張麗

圖書在版編目（CIP）數據

長沙走馬樓三國吴簡・竹簡．玖／長沙簡牘博物館等編著．—北京：文物出版社，2019．12
ISBN 978－7－5010－6411－3

Ⅰ．①長…　Ⅱ．①長…　Ⅲ．竹簡－匯編－長沙－三國時代　Ⅳ．K877．5

中國版本圖書館 CIP 數據核字（2019）第 248612 號

長沙走馬樓三國吴簡
竹簡〔玖〕（上、中、下）

編著者　長沙簡牘博物館
中國文化遺産研究院
北京大學歷史學系　走馬樓簡牘整理組
故宫研究院古文獻研究所

出版發行者　文物出版社
北京市東直門内北小街二號樓
http://www.wenwu.com
E-mail:web@wenwu.com

印刷者　河北鵬潤印刷有限公司
經銷者　新華書店
二〇一九年十二月第一版第一次印刷
定價：二九八〇圓

787×1092　1/8　印張：123
ISBN 978－7－5010－6411－3

長沙走馬樓三國吳簡保護整理領導小組

組　長　張文彬

副組長　文選德　梅克葆　唐之享

成　員（按姓氏筆劃排序，下同）

田餘慶　吳加安　金則恭　胡繼高　侯菊坤　張　柏　譚仲池

長沙走馬樓三國吳簡總體方案制訂組

顧　問　何茲全　宿　白　田餘慶　胡繼高

組　長　譚仲池

副組長　歐代明　謝建輝　李曉東　孟憲民　謝辟庸　盛永華　易肇沅

成　員　宋少華　宋新潮　何介鈞　趙一東　熊傳薪

辦公室　主　任　何　强

副主任　關　强

長沙走馬樓三國吳簡整理組

組　長　田餘慶

副組長　宋少華　王　素

成　員　吳榮曾　李均明　李鄂權　汪力工　胡平生　馬代忠　雷長巍

鄔文玲　楊　芬　熊　曲　蔣　維　駱黃海　劉紹剛　羅　新

長沙走馬樓三國吳簡保護組

組　長　胡繼高

成　員　方北松　金　平　胡冬成　畢　燦　趙桂芳　劉　慶　蕭静華

一九九七年至一九九八年期間，曾任長沙走馬樓三國吳簡保護整理領導小組的有副組長秦光榮、成員袁漢坤。一九九八年至二〇〇二年期間，曾任長沙走馬樓三國吳簡保護整理領導小組成員的有杜遠明，曾任長沙走馬樓三國吳簡總體方案制訂組的有組長杜遠明、副組長鍾興祥、鄭佳明、楊源明。

本卷編者

王　素

宋少華

鄔文玲

「十五」國家重點圖書出版規劃項目

本書出版得到全國古籍整理出版規劃領導小組資助

目録

前言

本書爲《長沙走馬樓二十二號井窖出土三國吴簡，根據出土情況分爲二大類：一大類爲採集簡，一大類爲發掘簡。採集簡係施工擾亂後，從井窖四周及十里以外湘湖漁場卸渣區搶救撿回的簡；這種簡相對殘斷。發掘簡係吴簡正式發現後，現場得到保護，經過科學發掘出土的簡；這種簡相對完整。《長沙走馬樓三國吴簡·竹簡》第壹至第叁卷爲採集簡，第肆至第玖卷爲發掘簡。本書所收均爲發掘簡，故而整體相對完整。

本書所收竹簡：按長沙原始編號，起六一四〇二號，止六九二一一號；按本書整理編號，起一號，止七八一〇號。本書的拍照工作，分兩次完成：第一次起於二〇〇五年九月十四日，止於同年十月二十日；第二次起於二〇〇八年六月十六日，止於同月二十八日。拍照工作由文物出版社劉小放、孫之常承擔，宋少華領導和協調，汪力工、金平、蔣維、姜望來、畢燦、胡冬成、田開源、劉慶等參加。本書的貼版與覈對工作，起於二〇一二年七月，止於二〇一三年十月，係分階段完成，由宋少華領導和協調，蔣維、劉慶、畢燦等具體承擔。

本書附録揭剥圖的簡牘數量與序號的覈校工作，早在二〇〇八年十月，就由宋少華率領雷長巍、胡冬成完成。揭剥圖的掃描、繪製工作，起於二〇一三年四月，止於二〇一四年十一月，由宋少華領導和安排，金平具體負責揭剥草圖的圖像掃描工作，劉佩潔具體負責電子揭剥圖的繪製工作。關於揭剥圖及附表的詳細情況，本書附録一另有專門説明，可以參閲。揭剥圖表的尺寸、編號、數量的覈對工作，由宋少華組織，畢燦、劉慶具體承擔。二〇一七年五月三日，宋少華率金平、雷長巍將全部貼版和揭剥圖表等送到北京，交王素驗收發稿。

本書的釋文初稿，由宋少華組織，與楊芬、胡冬成共同完成，起於二〇一一年六月，止於二〇一二年七月。楊芬承擔初稿電子文本的迻録。二〇一三年十月，宋少華又將剛移交的簡牘保護初期兄弟單位用於脱水試驗的一百三十餘枚竹簡進行釋文，交由楊芬迻録併入初稿中。釋文初稿的審覈和訂正，由王素、鄔文玲承擔。這項工作歷時較長。二〇一三年工作情況爲：鄔文玲十月二十三日先到長沙，十一月十一日返京；十二月一日再到長沙，十二月六日轉赴上海參加另項工作；王素十月二十八日後到長沙，十一月五日返京；十一月二十九日再到長沙，十二月七日轉赴香港參加會議。因工作未完，王素、鄔文玲於二〇一四年四月九日一起再到長沙，同月十四日完成全部剩餘工作。由於貼版貼反較多，釋文存疑不少，王素又於二〇一六年十一月八日至二十日、十二月一日至十日，兩次到長沙從事覆核工作，同時從事釋文編注工作。釋文定稿後，鄔文玲於二〇一六年十二月十四日至十八日，完成原始編號轉换本書編號工作。宋少華於二〇一六年十二月中旬至二〇一七年三月中旬，完成揭剥圖表與圖版、釋文三者的合校工作。本書人名、地名、紀年等索引的編輯工作，起於二〇一六年十二月二十日，止於二〇一七年三月二十四日，由熊曲獨立承擔。

本書在整理過程中，得到長沙簡牘博物館、故宫博物院、故宫研究院、中國社會科學院歷史研究所等各級領導的大力支持。此外，文物出版社的責編蔡敏也爲本書的出版和協調竭盡心力。在此，謹向所有關心、支持本書工作的同行、朋友，表示衷心的感謝！另外，本書所收雖爲發掘簡，整體相對完整，但由於種種原因，字跡仍然不太清晰，給釋讀造成很大困難。因此，本書的疏漏和錯誤在所難免。希望得到專家、學者的批評、指正。

編　者

二〇一七年四月

凡例

一　本書收録的是長沙走馬樓二十二號井窖出土三國孫吴竹簡。共收録竹簡七八一〇號。整理按發掘簡盆號依次進行。本書收録發掘簡五盆，具體爲：第二十三盆一至一三七三號，第二十四盆一三七四至二四三三號，第二十五盆二四三四至四四九六號，第二十六盆四四九七至六四四九號，第二十七盆（爲散殘竹簡）六四五〇至七八一〇號。其中，兩面有字的簡，竹黄爲正，竹青爲背；拍攝時一簡拆爲二簡，權宜處理，前者爲甲，後者爲乙；原始編號完成後重新歸位的木牘，不單獨編號，附在前簡後，與前簡同號，後加「（一）」作爲區别。内有成卷竹簡三十三卷，附有竹簡揭剥位置示意圖三十三幅，以及簡牘總平面分佈圖、總立面示意圖與相關情況説明，可以參考。

二　本書主要分圖版、釋文二部分。圖版係完成清洗後拍攝，拍攝時即分别給予原始編號，因而基本按原始順序編排（每頁起止號與前後頁銜接，其中長短稍有搭配）。釋文主要根據照片做出，照片不清楚則調出原簡或借助紅外線閲讀儀訂正，完全按原始順序編排。但將原始編號（六一四〇二至六九二一一號）改爲了整理編號（一至七八一〇號）。研究者如需覈查原始編號，僅需將整理編號加六一四〇一，就可得出原始編號。此外，本書還有附録二種：一種爲圖表（包括簡牘總平面分佈圖、總立面示意圖、揭剥位置示意圖及竹簡整理編號與示意圖編號對應表），一種爲索引（包括人名、地名、紀年三類索引），由於各自原有專門的説明可以參閲，這裏不作介紹。

三　釋文按通例：缺字用□表示，缺文用……表示，殘斷用☐表示，補字外加□，疑字下括問（？）號。「同」字文形制繁簡不一，統一用〼表示。此外，竹簡書寫原有一定格式。譬如：户口簿籍等簡，户主一般均頂格書寫，其他成員均退若干格書寫；收支錢糧賦税等簡，首字爲「入」「出」者均頂格書寫，首字爲「其」「右」者均退若干格書寫。還有常見的「凡口多少人」以及「貲若干」「居在某丘」「某月入倉」等注文，字與字間多保持一定間隔。釋文將儘量尊重原格式，但不論原空多少格，釋文都衹空一格。不是齊字殘斷，殘斷符號☐與字亦空一格。因回避編繩、竹節等造成的空格，以及爲計數、簽署等預留而未寫滿的空格，釋文則不空。

四　竹簡中的古字和俗別、異體等字，釋文一般均改爲通行繁體字。如「凬」改爲「風」「賔」改爲「賓」，等等。有規律的俗別字，處理採取統一原則。如竹簡「開」往往作「并」，釋文「荆」「開」統一改爲「刑」「開」。但懷疑有特殊含義的俗別字，釋文一般保持原貌。如「坙」可能與本身係土坯建築有關，不改爲「邸」。有規則或作人名、地名、病名的簡體字，釋文一般均照録。如「盖」「仙」「复」「亘」等，釋文均照録。不規則的簡體字，釋文則改爲通行繁體字，如「庄」「礼」改爲「莊」「禮」。此外，當時「竹」「艸」不分，「簿」「薄」寫法混同，本書作爲官文書用語均釋爲「簿」，作爲人名、地名均釋爲「薄」。

五　注釋按照出土文獻整理原則，主要限於竹簡及釋文本身，大致包括朱筆、墨筆點記（有圓點、有頓點，不盡相同）、塗痕，以及衍脱疑誤、殘缺倒補，俗別異體、紀年干支等，衹説明情況，不作繁瑣考訂。此外，爲了既保存線索，又方便製版，凡字殘一半，注明另一半。簽署酌情加注。但坙閣「李嵩」「郭據」「董基」「馬統」「張儁」等，庫吏「殷連」「陳瑜」、「李從」等，倉吏「監賢」「鄭黑」「谷漢」「黄諱」「潘（番）慮」「郭勳」「馬欽」等，出現頻繁，其名多爲簽署，不一一注明。

其一百十七斛六斗六升四合 [illegible]

其四千六百八十斛二斗四升嘉禾元 [illegible]

其一千六百卅六斛三斗嘉禾二年私學限米

其一千二百卅四斛一斗 [illegible] 新吏限米

其五斛貸食 [illegible] 鹽賈米

其卅四斛九斗六升 [illegible] 鹽賈米

其二斛四斗六升嘉禾二年貸食 [illegible] 限米

其 [illegible] 斛 [illegible] 三年貸食 [illegible] 鹽賈米

圖版

（一——四五〇七）

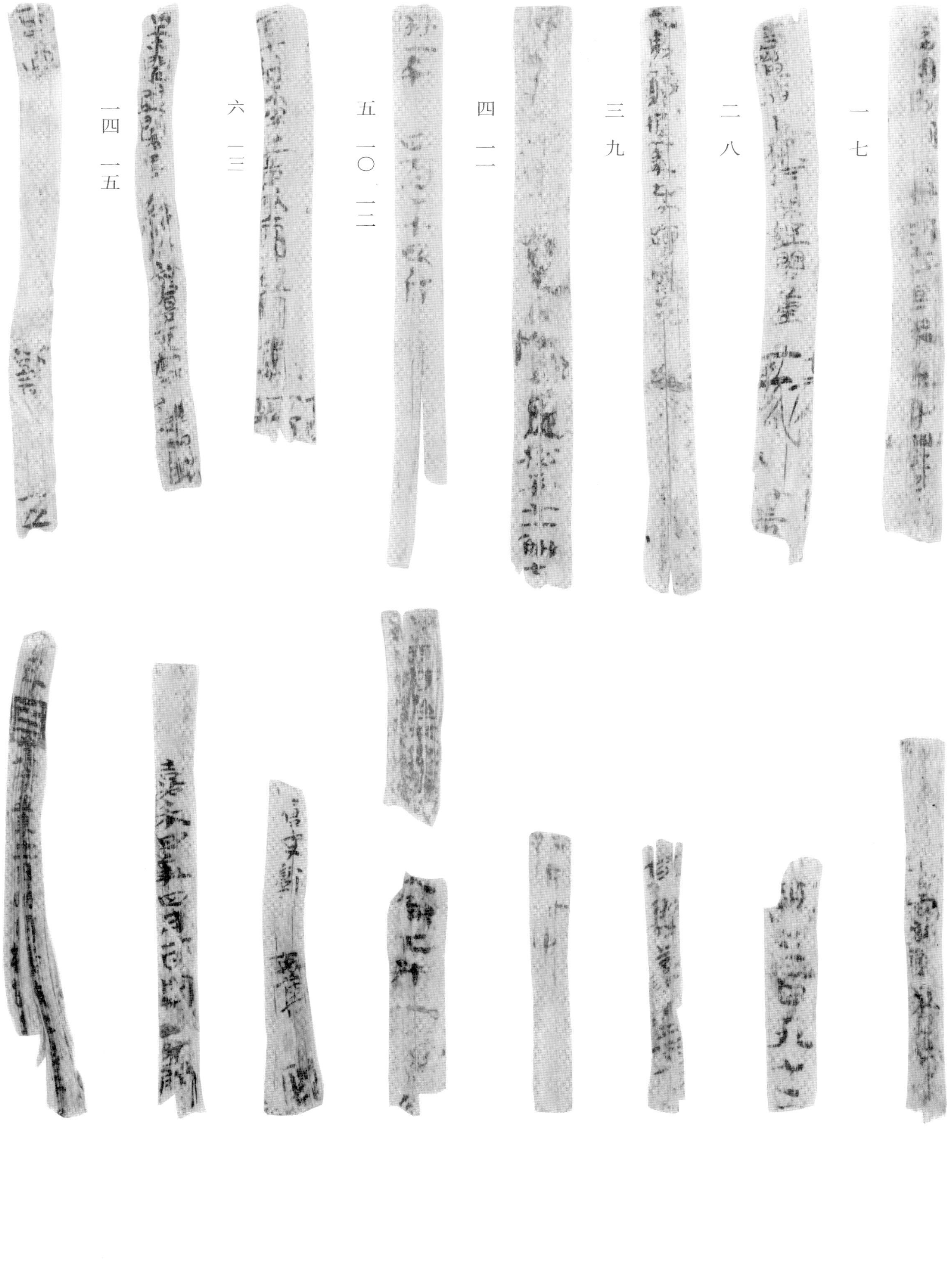

一 七

二 八

三 九

四 一一

五 一〇 一三

六 一二

一四 一五

一六 一七

一八　一九

二〇　二一

二二　二三

二四　二五

二六　二七

二八　二九

三〇　三一　三二

三三　三四　三五

三六　四四

三七　四五

三八　四六

三九　四七

四〇　四八

四一　四九

四二　五〇

四三　五一

五二　五三　五四

五五　五六　五七

五八　五九

六〇　六五

六一　六六

六二　六七

六三　六八

六四　六九

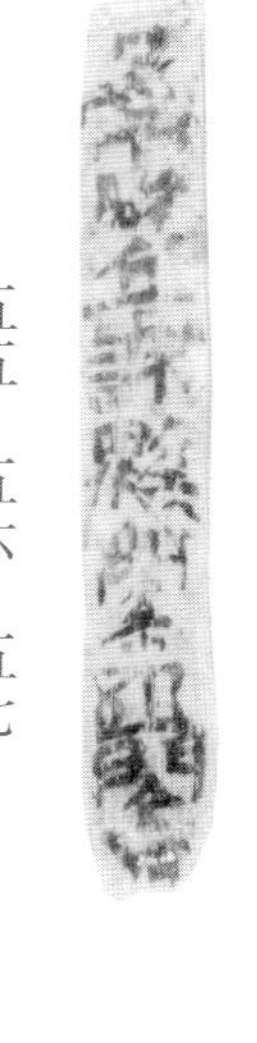
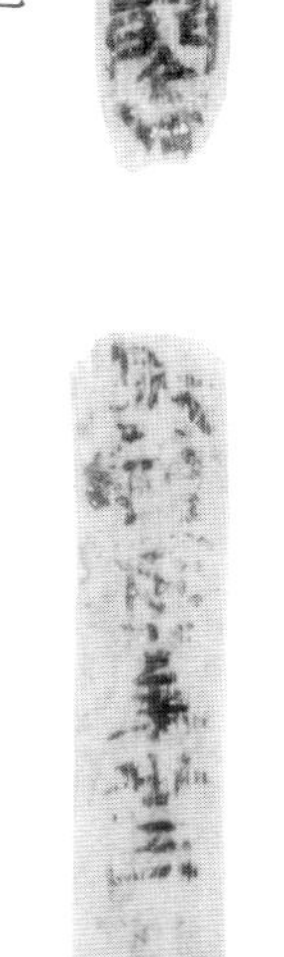
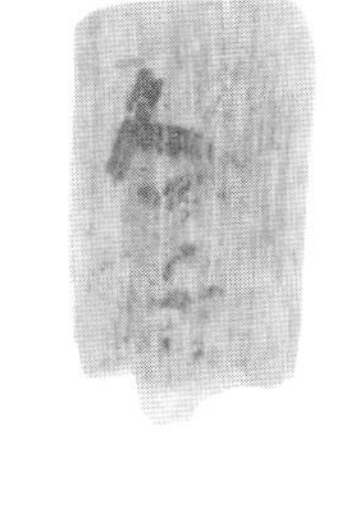

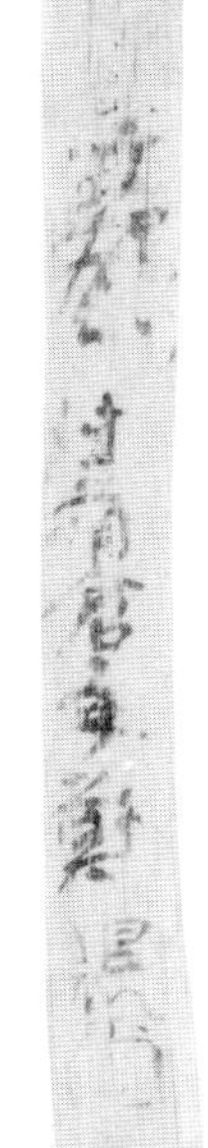
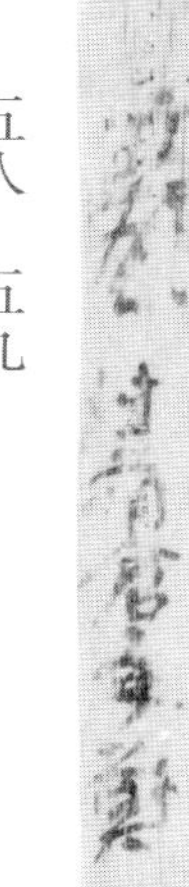

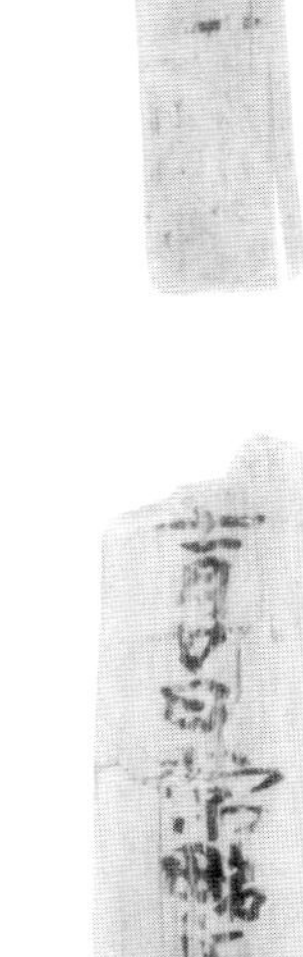

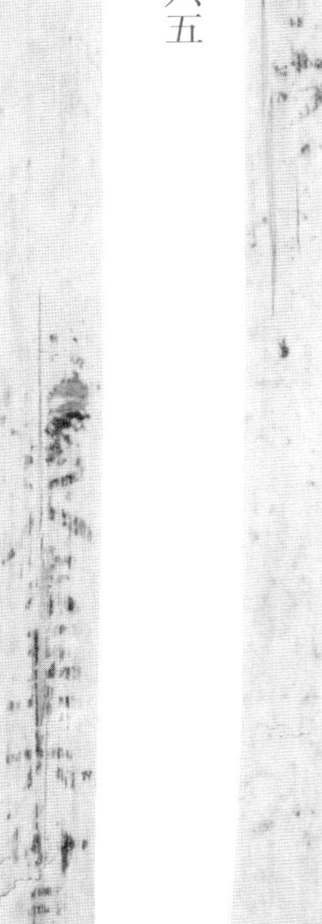

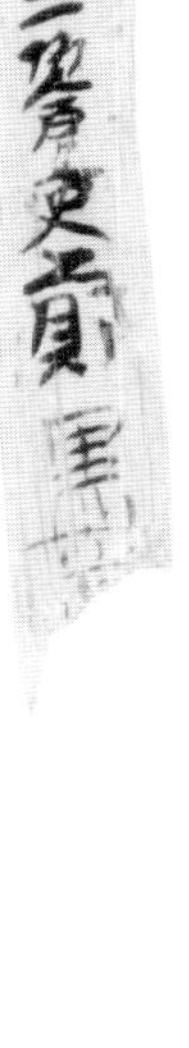
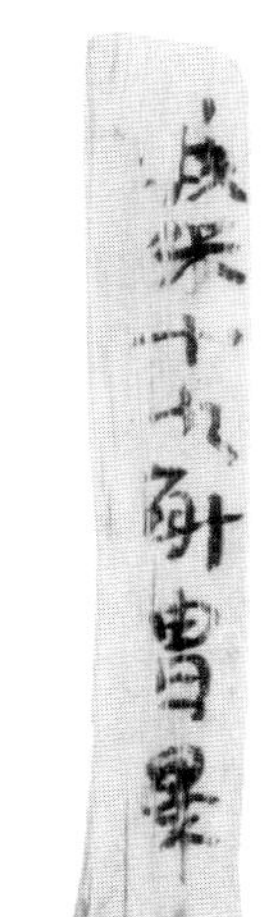

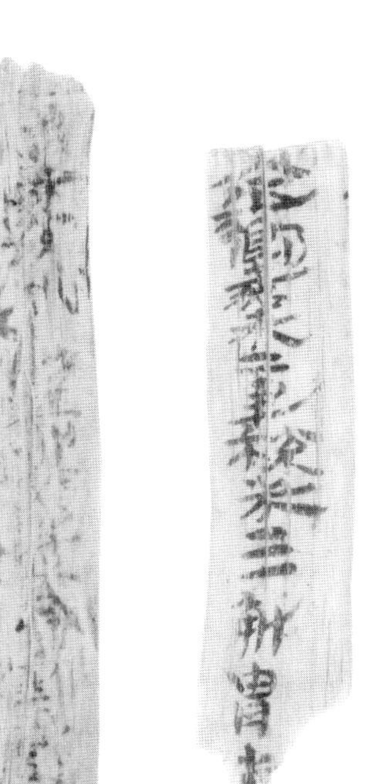

七〇　七一

七二　七三

七四　七六

七五　七七

七八　七九　八〇

八一　八二　八三

八四　八五

八六　八七

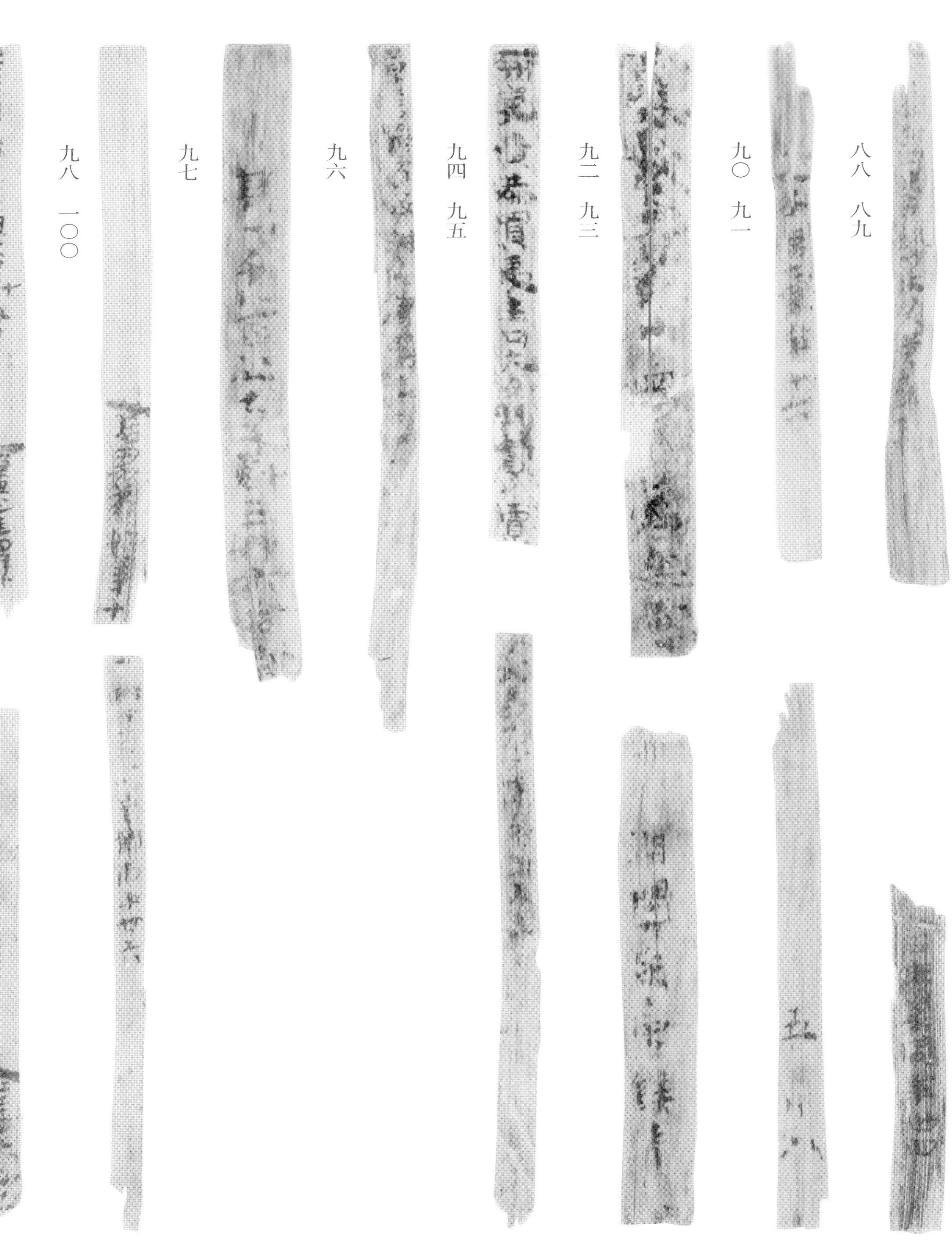

八八　八九

九〇　九一

九二　九三

九四　九五

九六

九七

九八　一〇〇

九九　一〇一

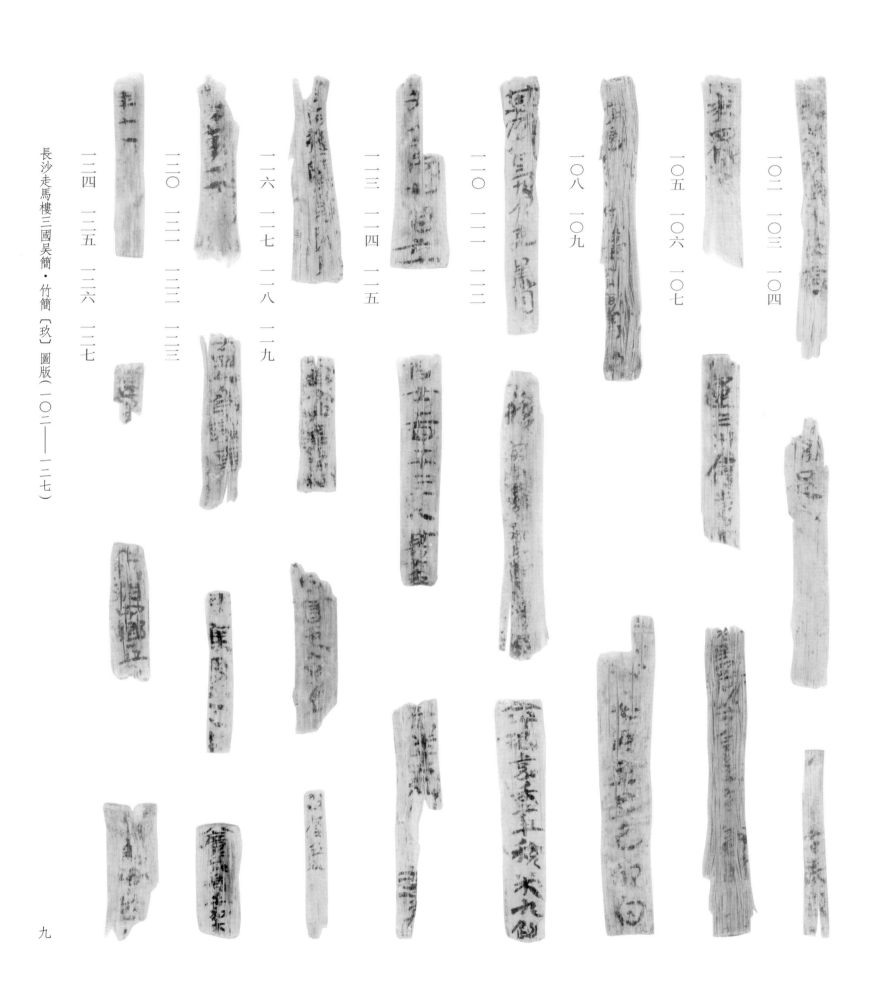

一〇二　一〇三　一〇四

一〇五　一〇六　一〇七

一〇八　一〇九

一一〇　一一一　一一二

一一三　一一四　一一五

一一六　一一七　一一八　一一九

一二〇　一二一　一二二　一二三

一二四　一二五　一二六　一二七

一二八　一二九　一三〇　一三一

一三二　一三三　一三四　一三五

一三六　一三七　一三八　一三九

一四〇　一四一　一四二　一四三

一四四　一四五　一四六　一四七

一四八　一四九　一五〇

一五一　一五二　一五三

一五四　一五五　一五六

一五七　一五八　一五九　一六〇

一六一　一六二　一六三

一六四　一六五　一六六

一六七　一六八　一六九　一七〇　一七一

一七二　一七三　一七四　一七五

一七六　一七七　一七八　一七九

一八〇　一八一　一八二

一八三　一八四　一八五　一八六　一八七

一八八　一八九　一九〇

一九一　一九二　一九三　一九四　一九五

一九六　一九七　一九八

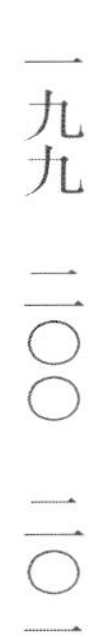

一九九　二〇〇　二〇一

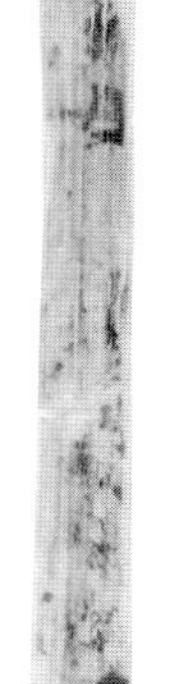

二〇二　二〇三　二〇四

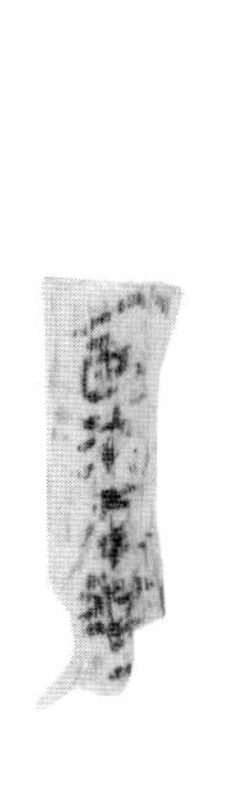

二〇五　二〇六　二〇七　二〇八

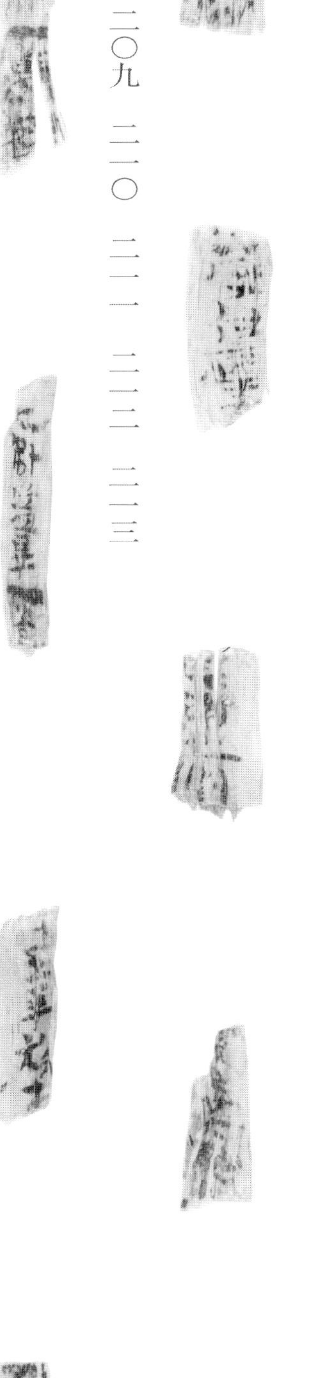

二〇九　二一〇　二一一　二一二　二一三

二一四　二一五　二一六　二一七

二一八　二一九　二二〇　二二一

二二二　二二三　二二四　二二五

二二六　二二七　二二八　二二九　二三〇

二三一　二三二　二三三　二三四

二三五　二三六

二三七　二三八　二三九

二四〇　二四一　二四二

二四三　二四四　二四五

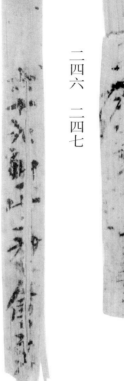

二四六　二四七

二四八　二五〇

二四九　二五一

二五二　二五三

二五四　二五五

二五六　二五七

二五八　二五九　二六〇

二六一　二六二　二六三

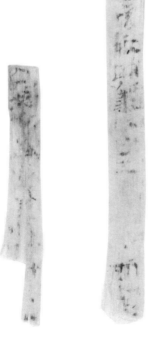

二六四　二六五

二六六　二六七

二六八　二六九　二七〇

二七一　二七二　二七三

二七四　二七五

二七六　二七七

二七八　二七九　二八〇

二八一　二八二　二八三

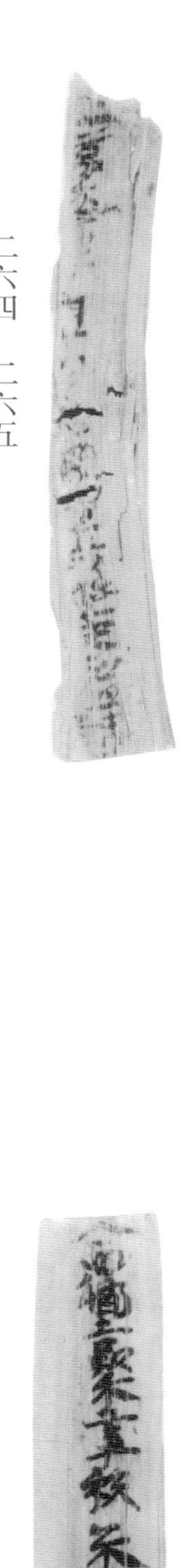
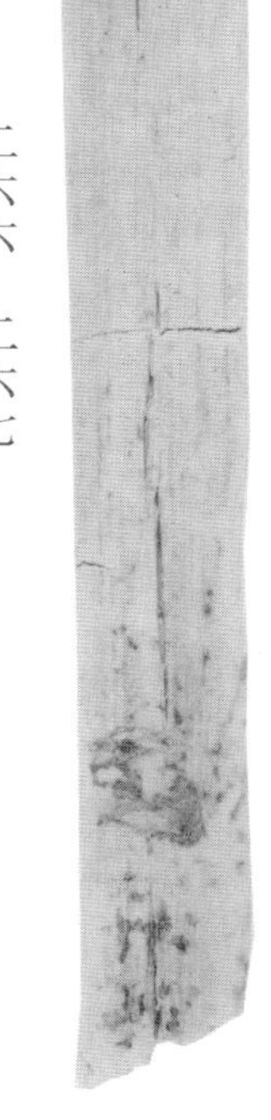

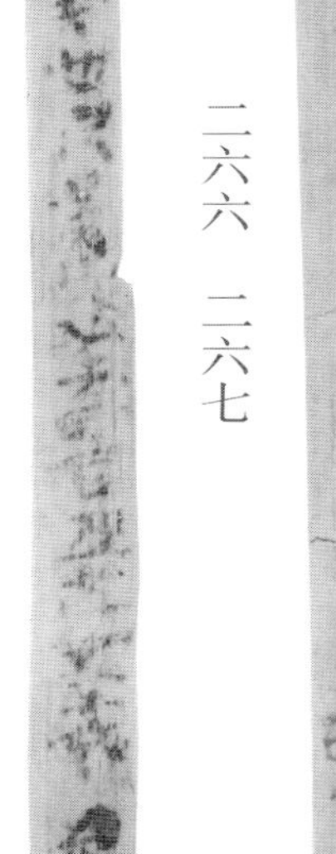

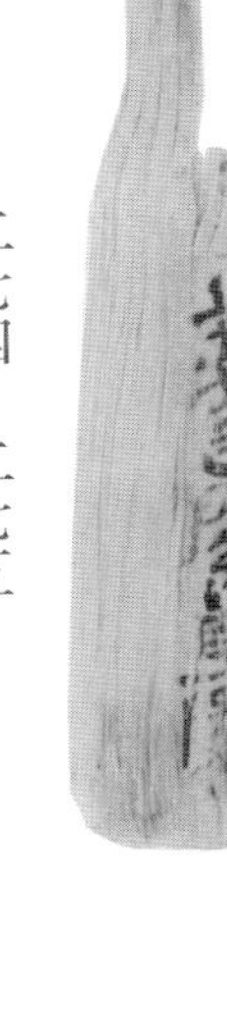
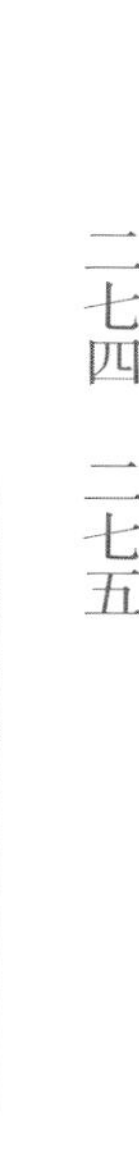
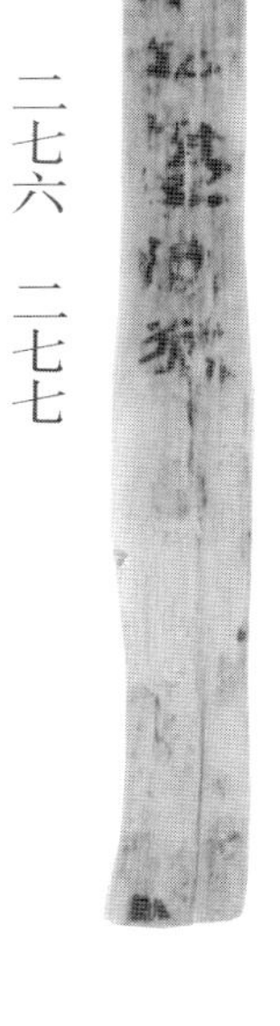
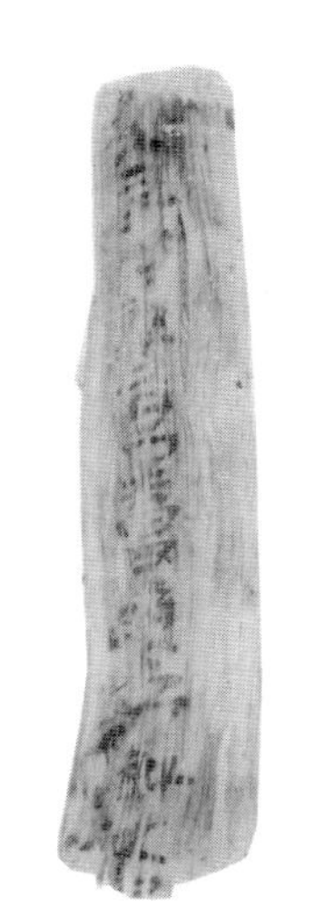
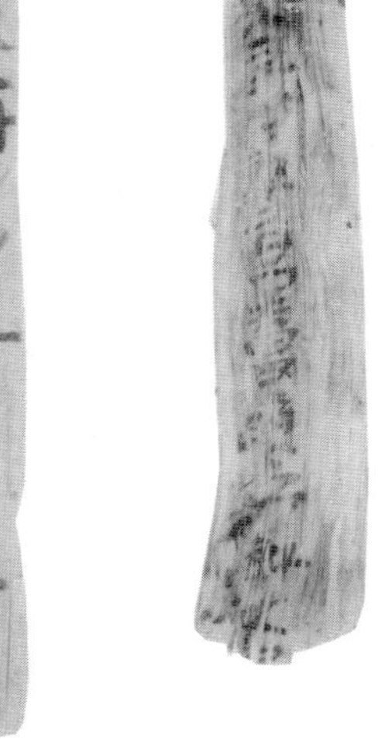

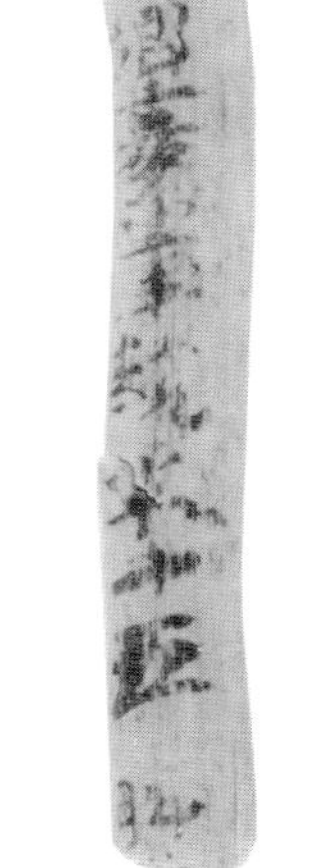
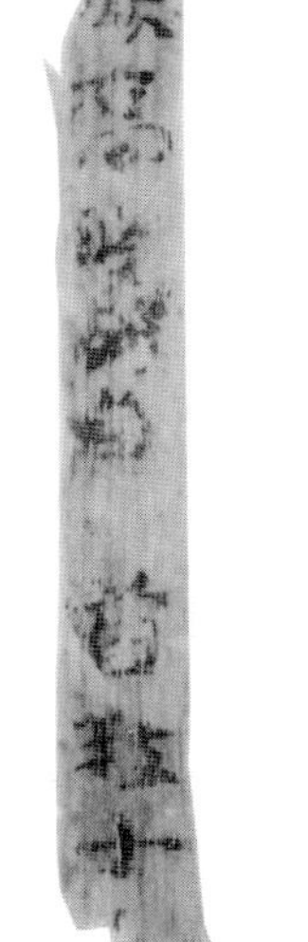
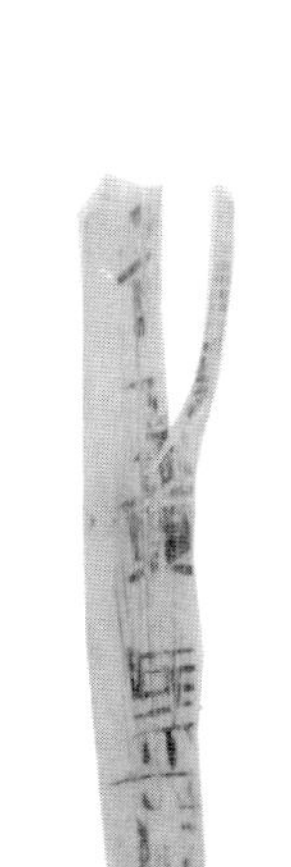
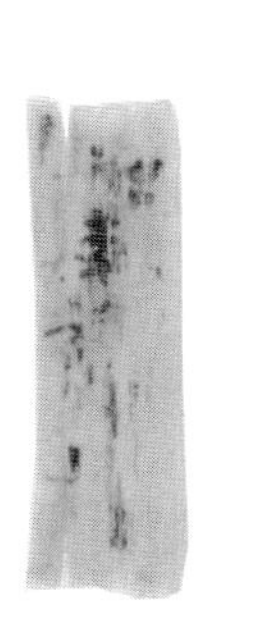

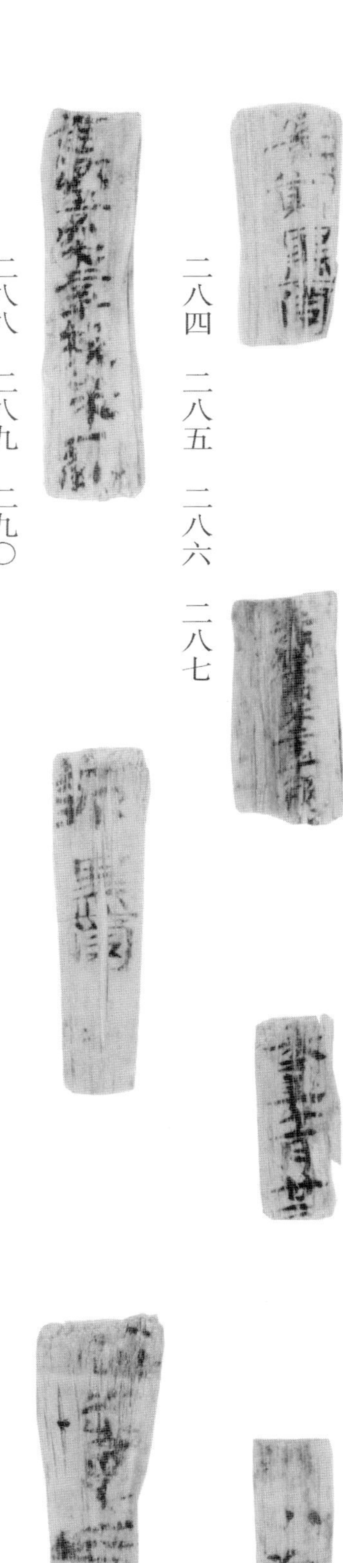

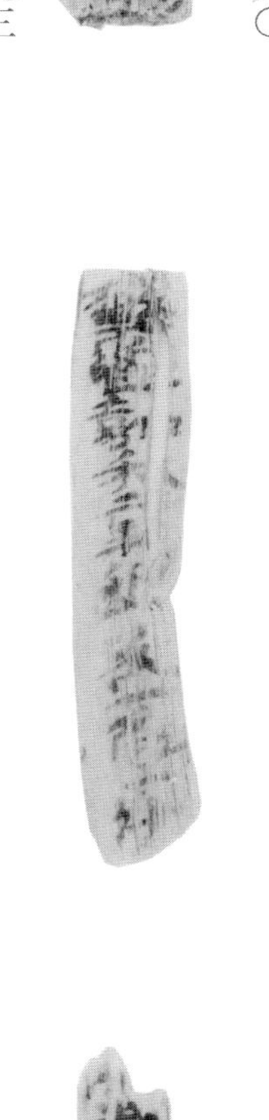
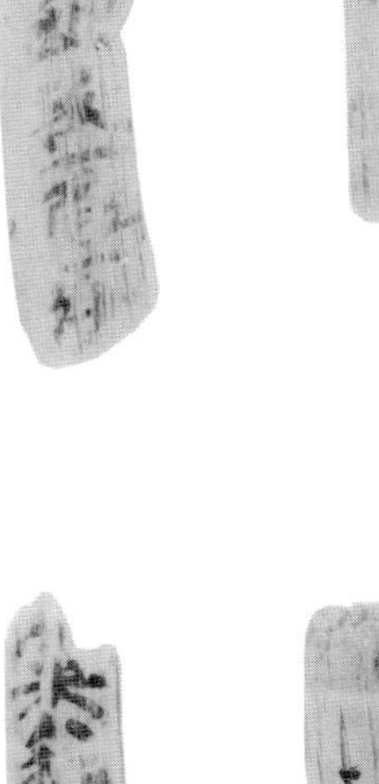
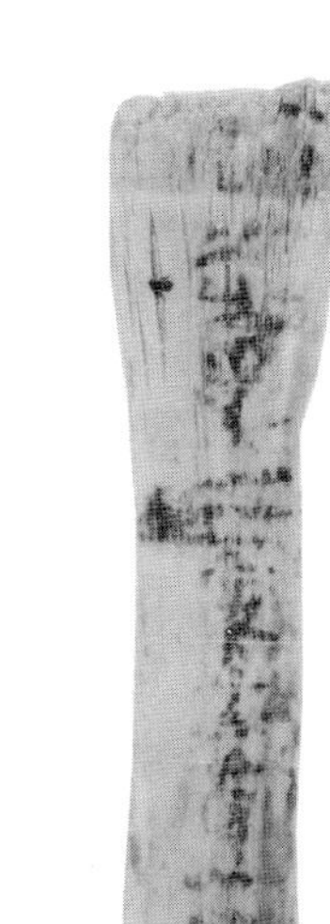
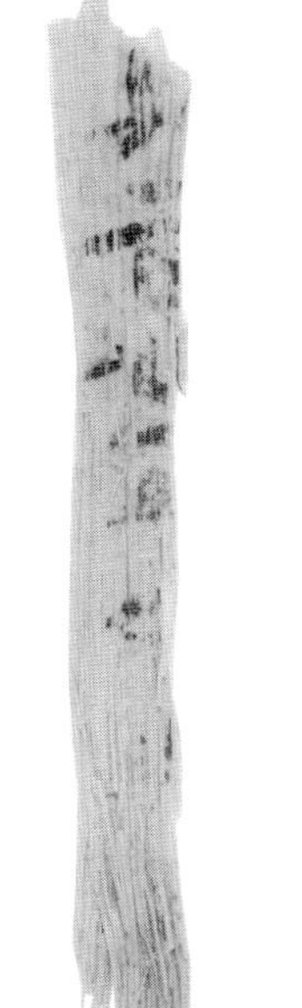

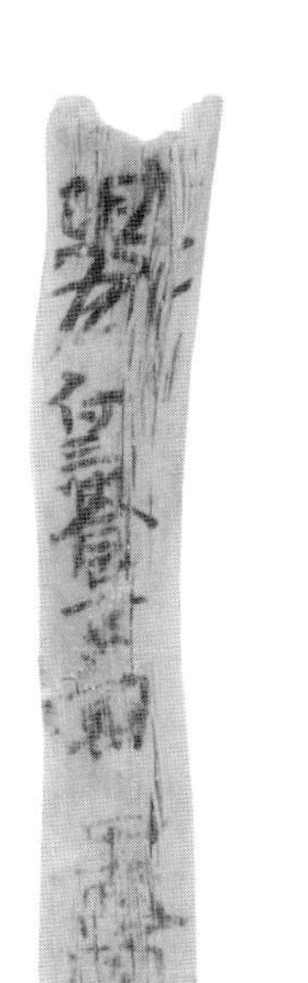
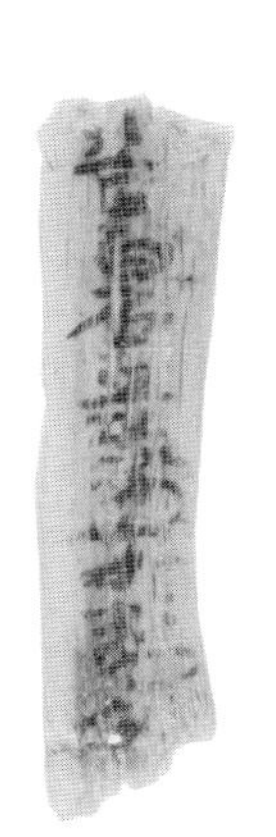

二八四　二八五　二八六　二八七

二八八　二八九　二九〇

二九一　二九二　二九三

二九四　二九五

二九六　二九七

二九八　二九九　三〇〇

三〇一　三〇二　三〇三

三〇四

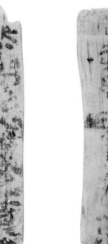

三〇五　三〇六

三〇七　三〇八

三〇九　三一〇

三一一　三一二　三一三

三一四　三一五

三一六

三一七

三一八

三一九　三二五

三二〇　三二六

三二一　三二七

三二二　三二八

三二三　三二九

三二四　三三〇

三三一　三三二　三三三

三三四　三三五　三三六

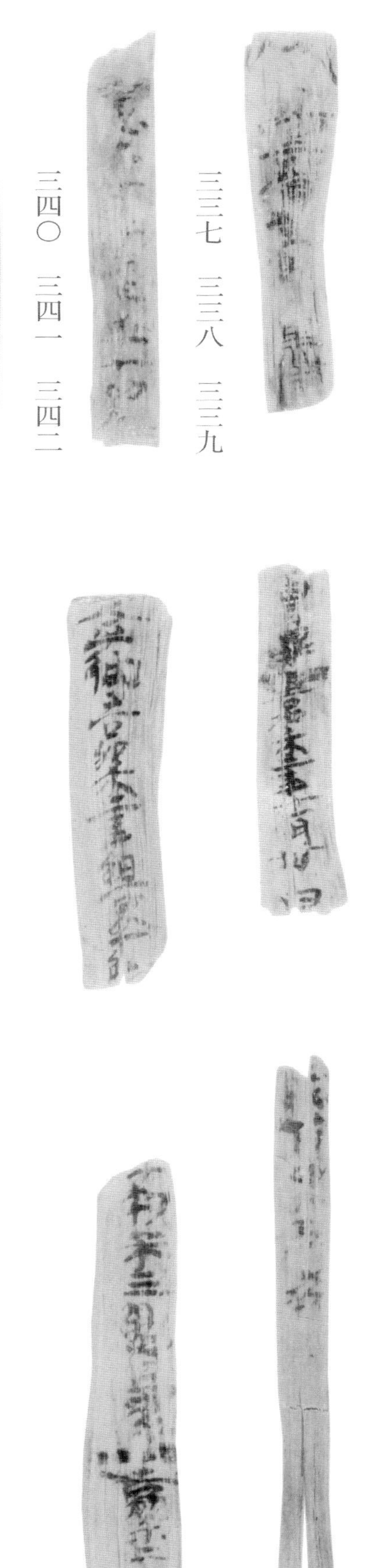

三三七　三三八　三三九

三四〇　三四一　三四二

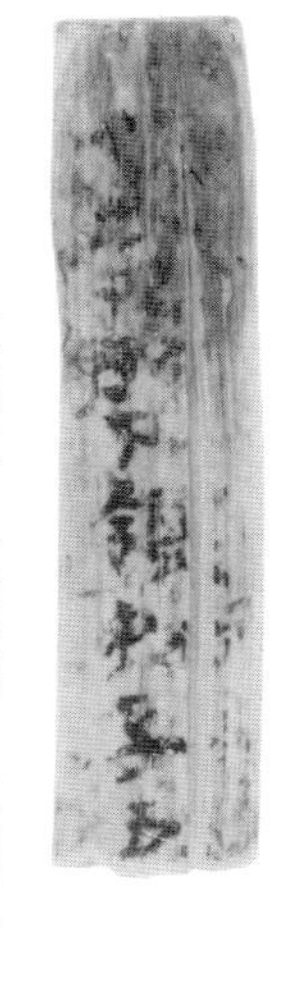
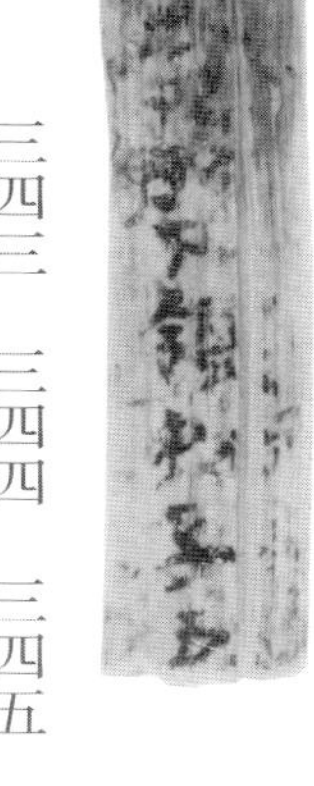
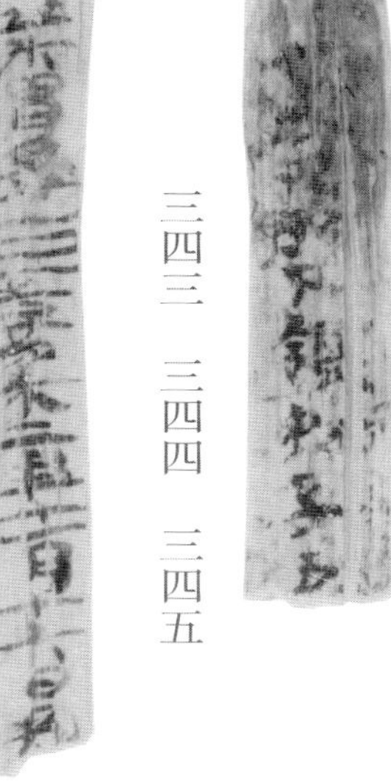
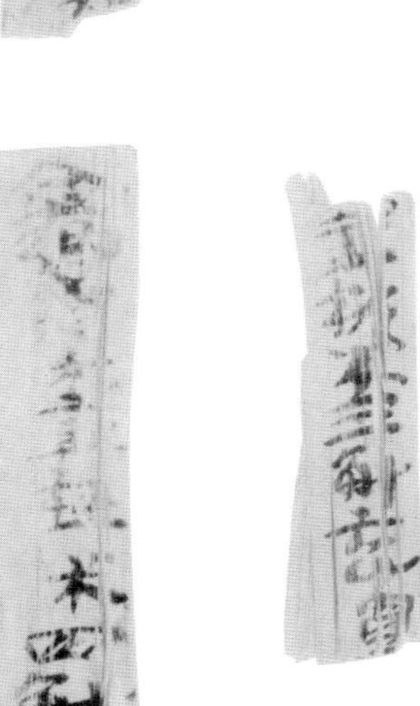

三四三　三四四　三四五

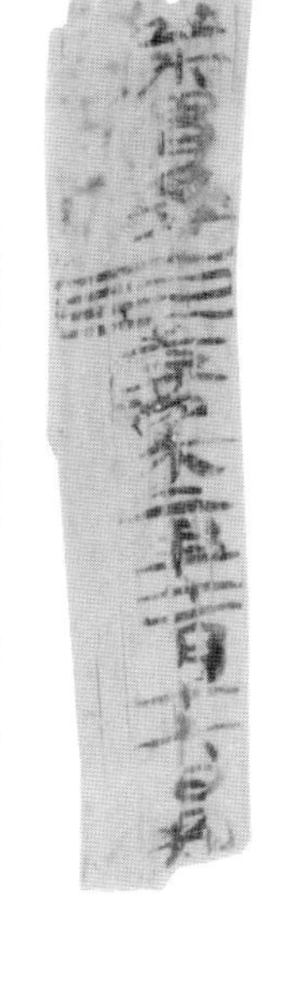
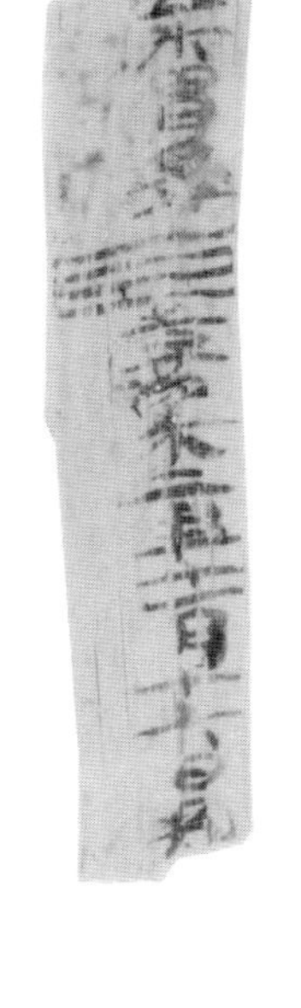
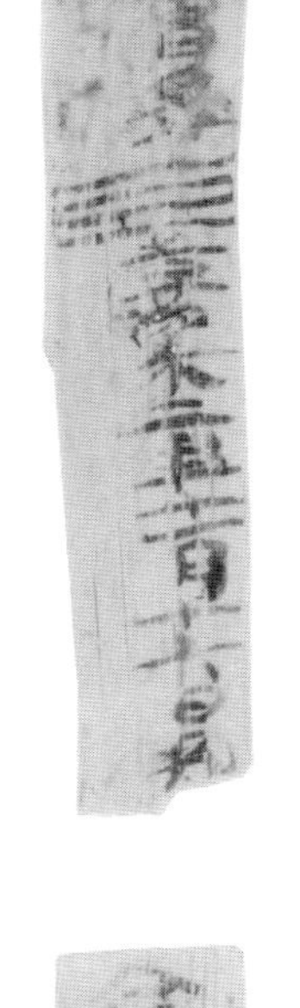
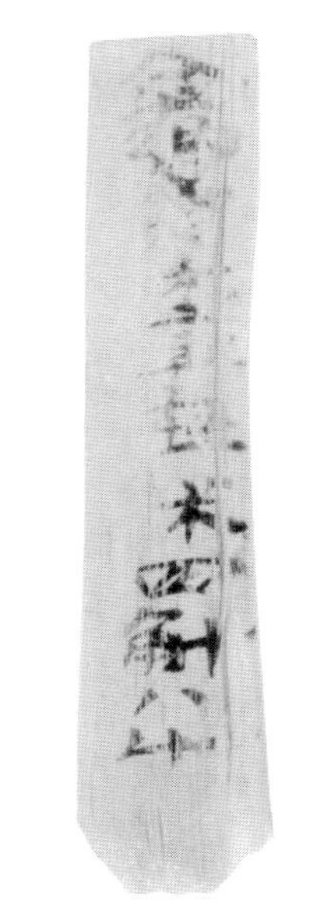
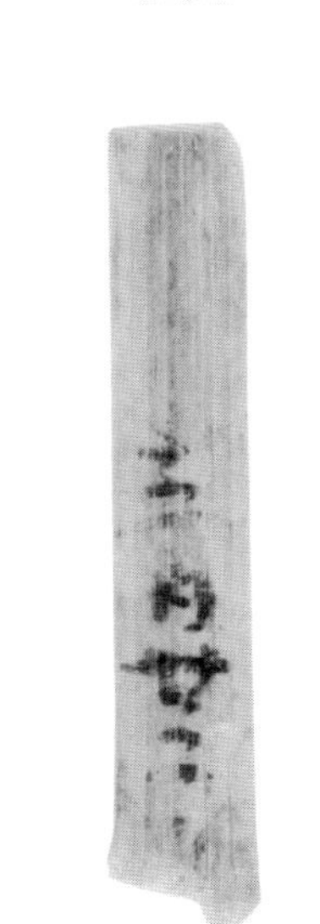
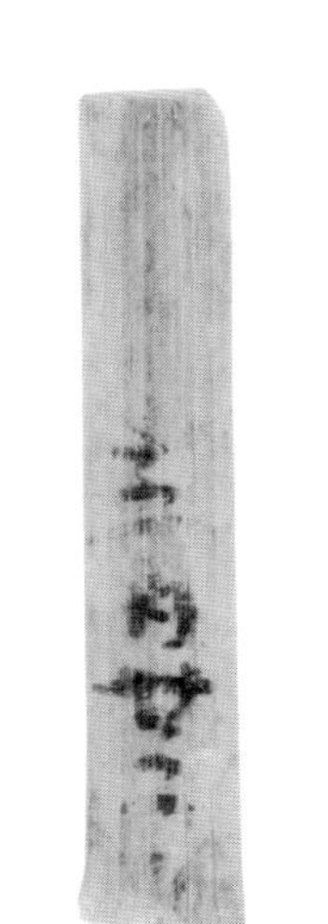

三四六　三四七　三四八

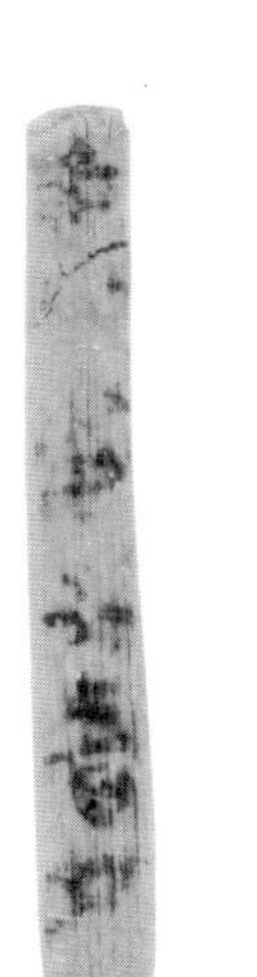

三四九　三五〇　三五一

三五二　三五三　三五四

三五五

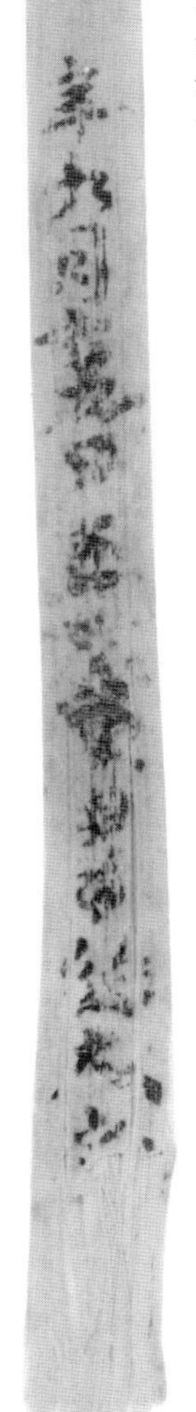

三五六

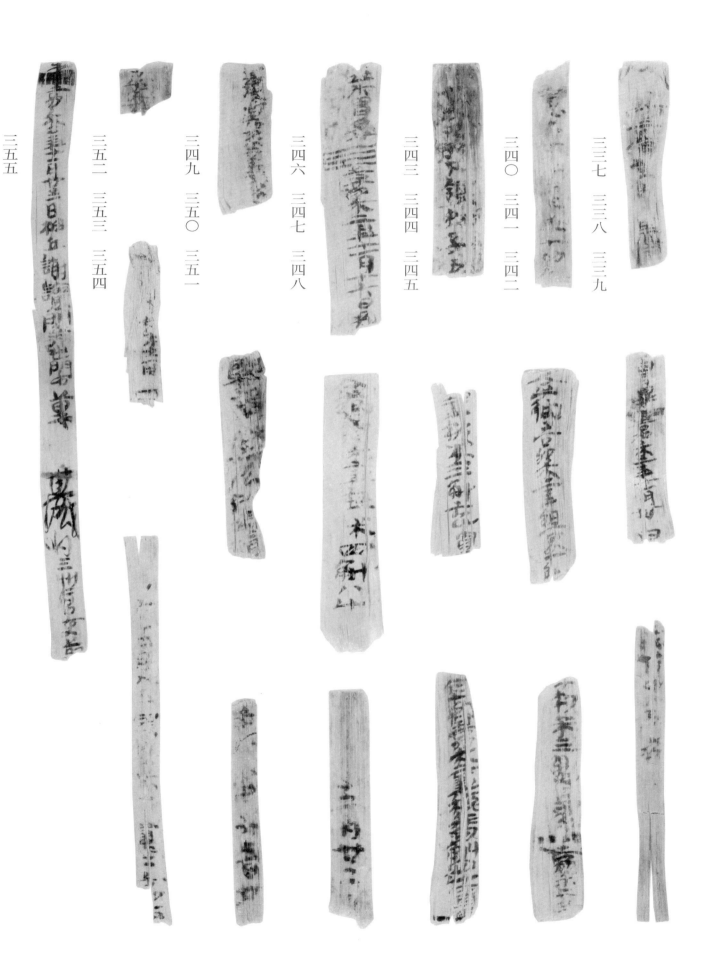

三五七　三六〇
三五八
三五九
三六一　三六二
三六三　三六四
三六五　三六七
三六六　三六八
三六九　三七〇　三七一

三七二　三七四

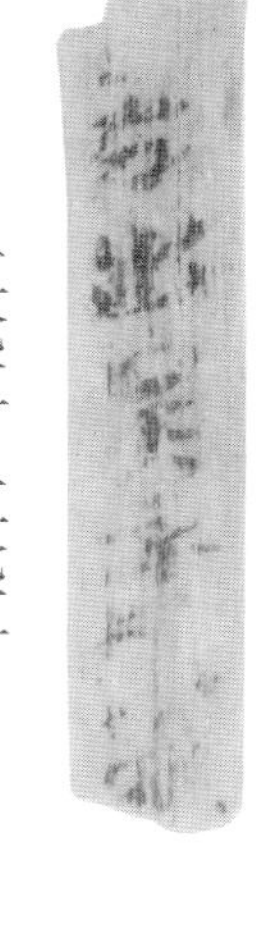

三七三　三七五

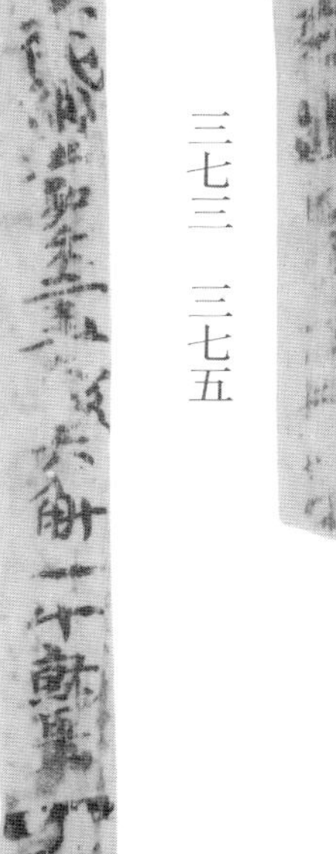

三七六　三七七

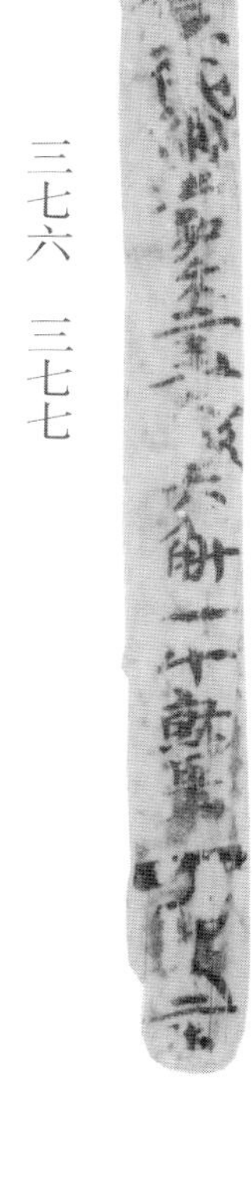

三七八　三七九

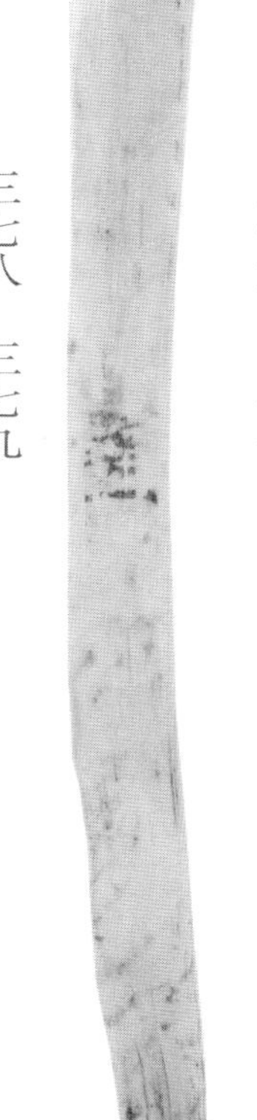

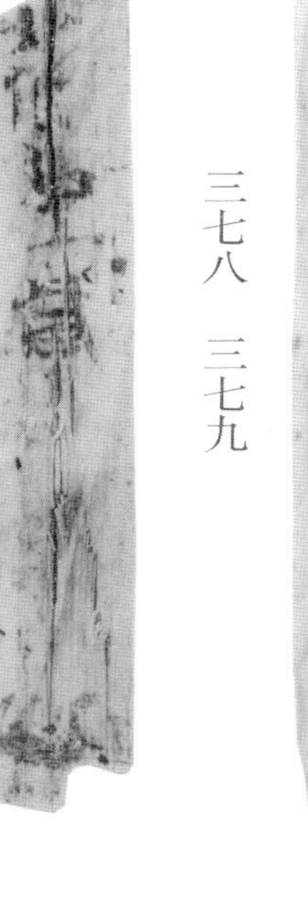

三八〇　三八一

三八二　三八三　三八四

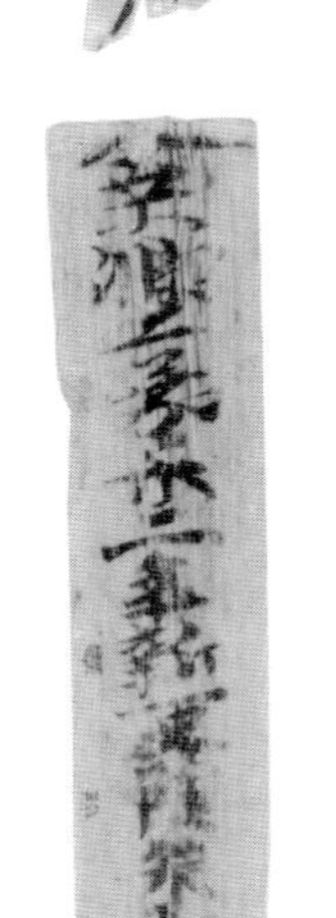

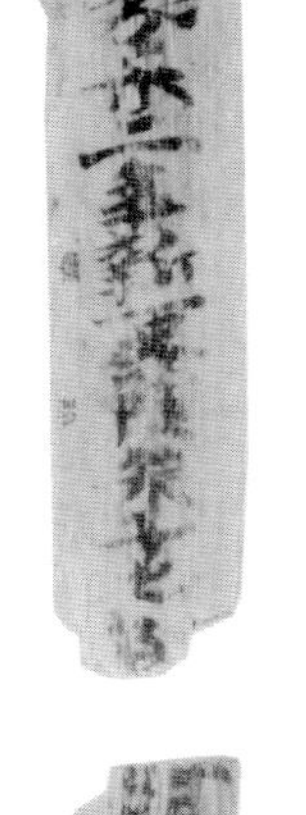

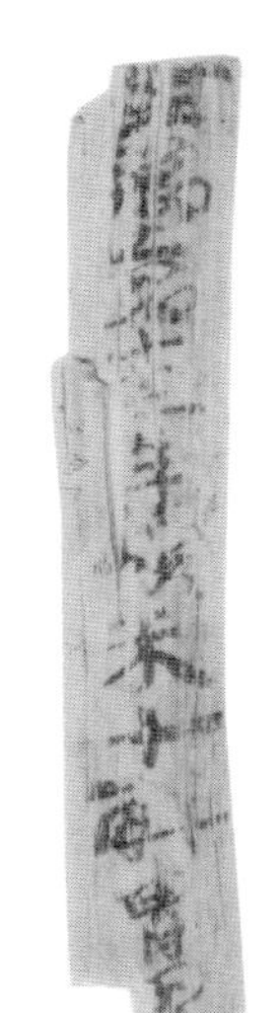

三八五　三八六

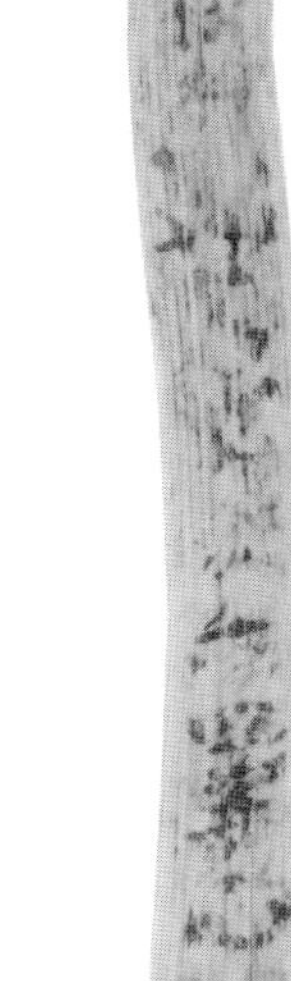

三八七　三八八　三八九

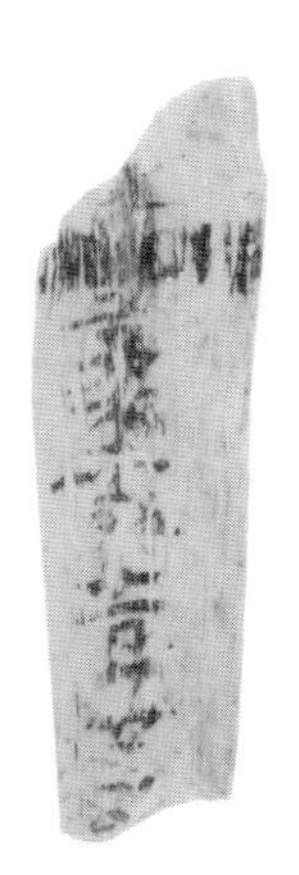

三九〇　三九一　三九二

三九三　三九四　三九五

三九六　三九七　三九八

三九九　四〇〇　四〇一

四〇二　四〇三　四〇四　四〇五

四〇六　四〇七　四〇八

四〇九

四一〇

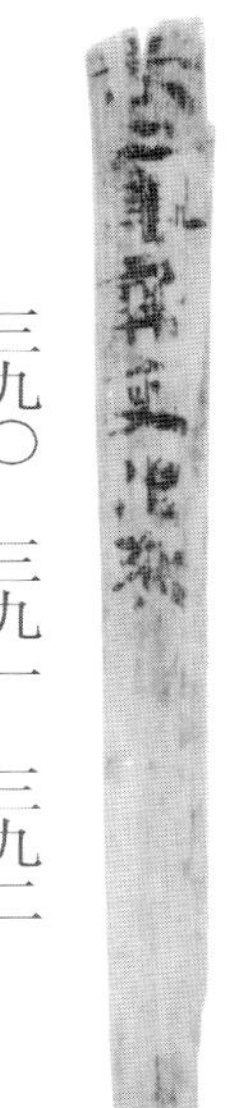
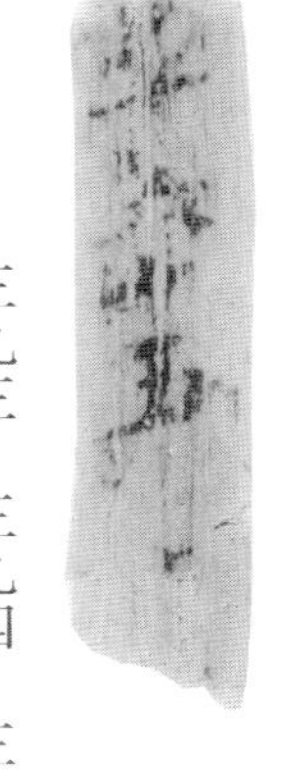
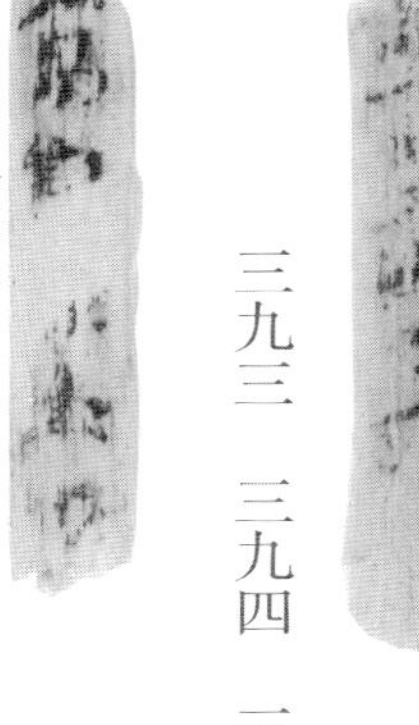
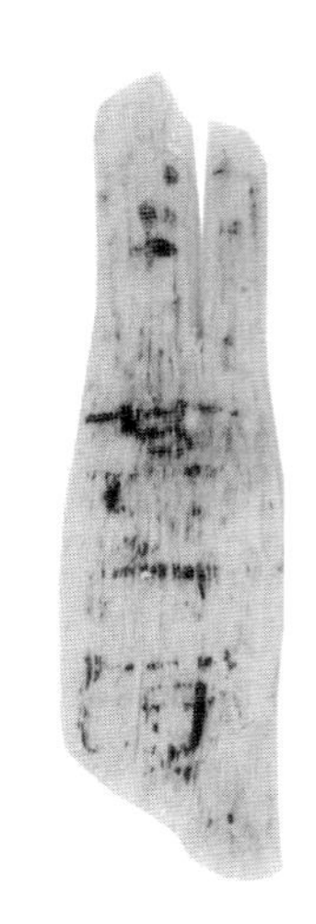
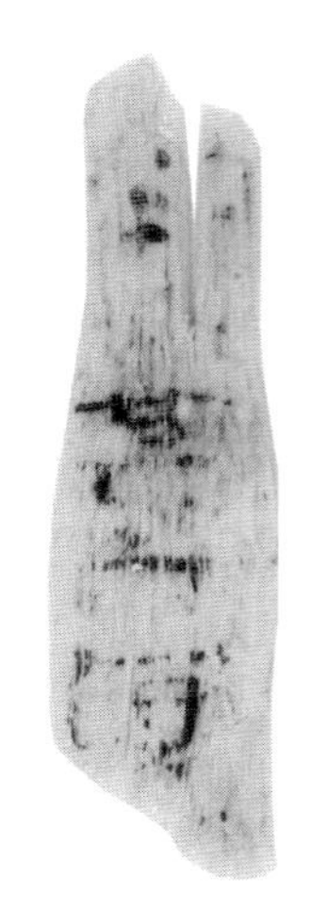
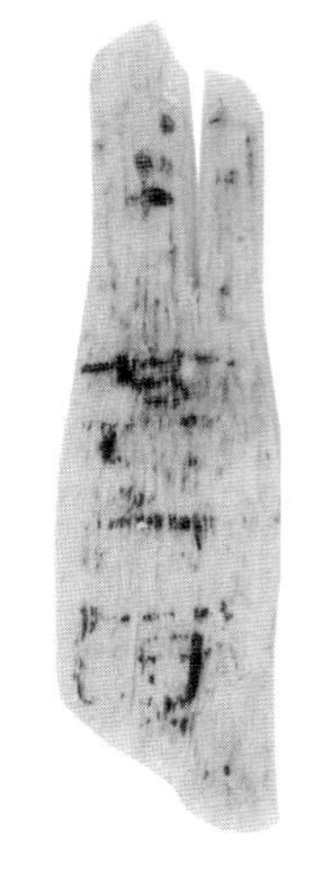
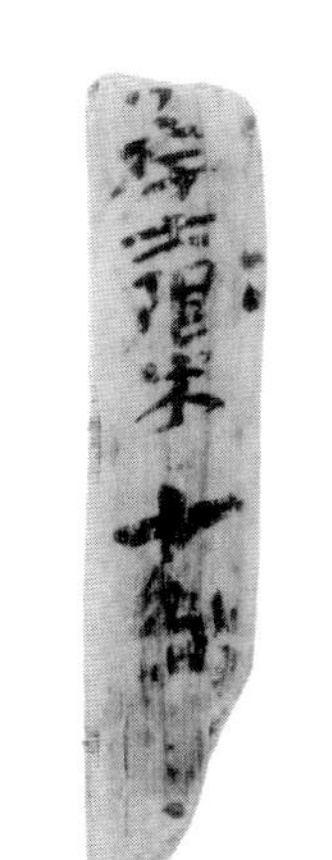

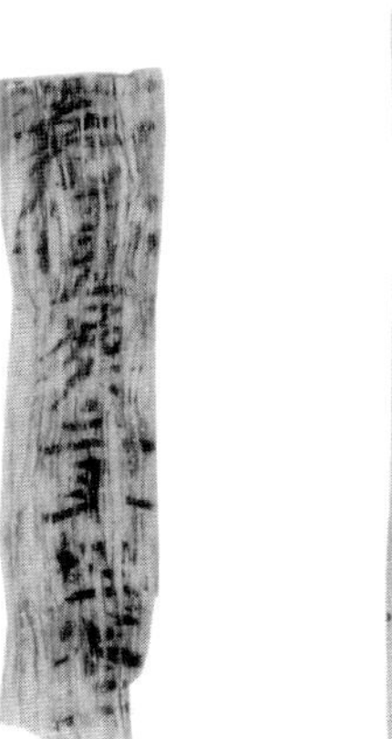
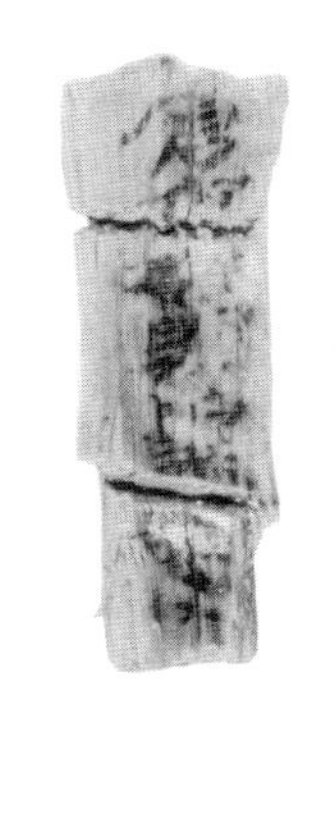
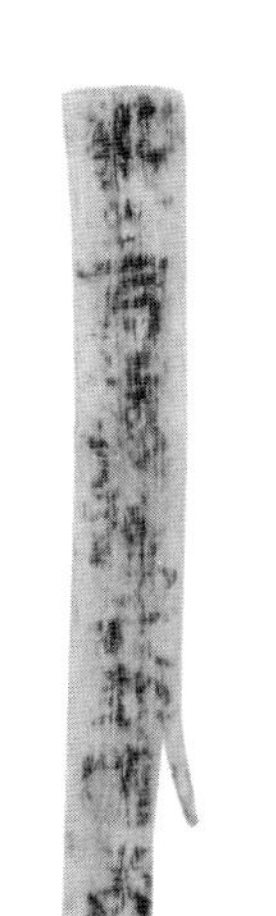
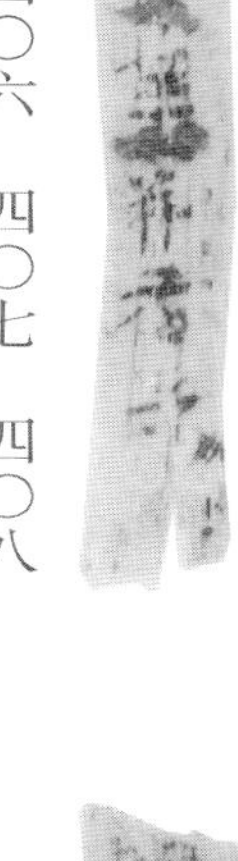
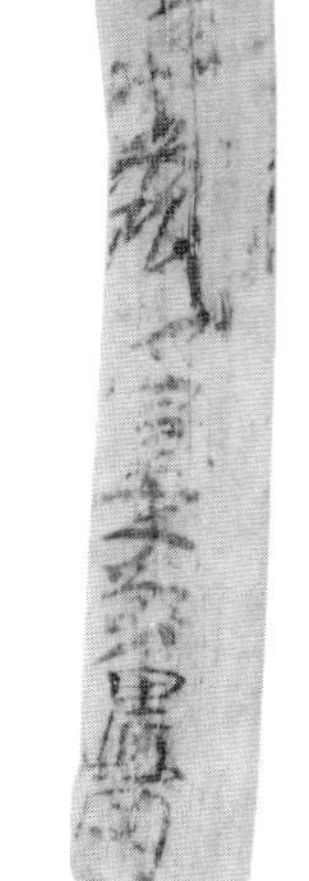
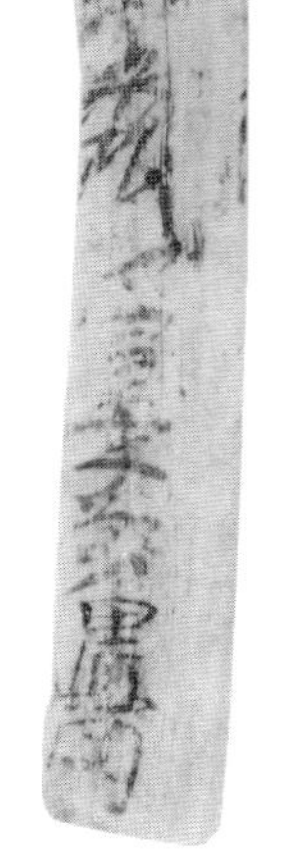
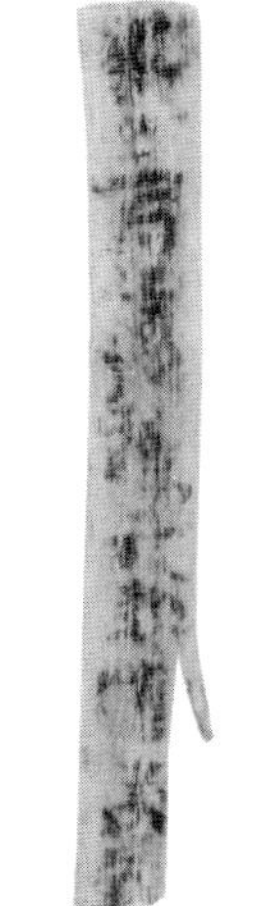
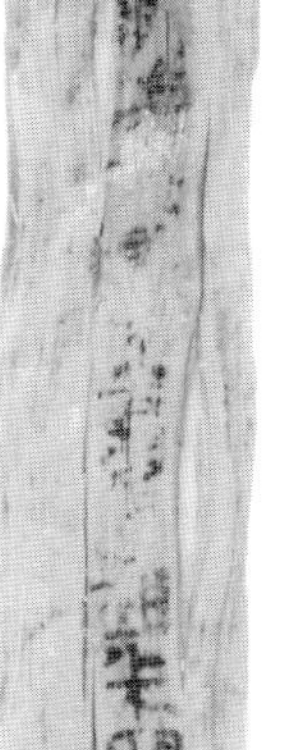

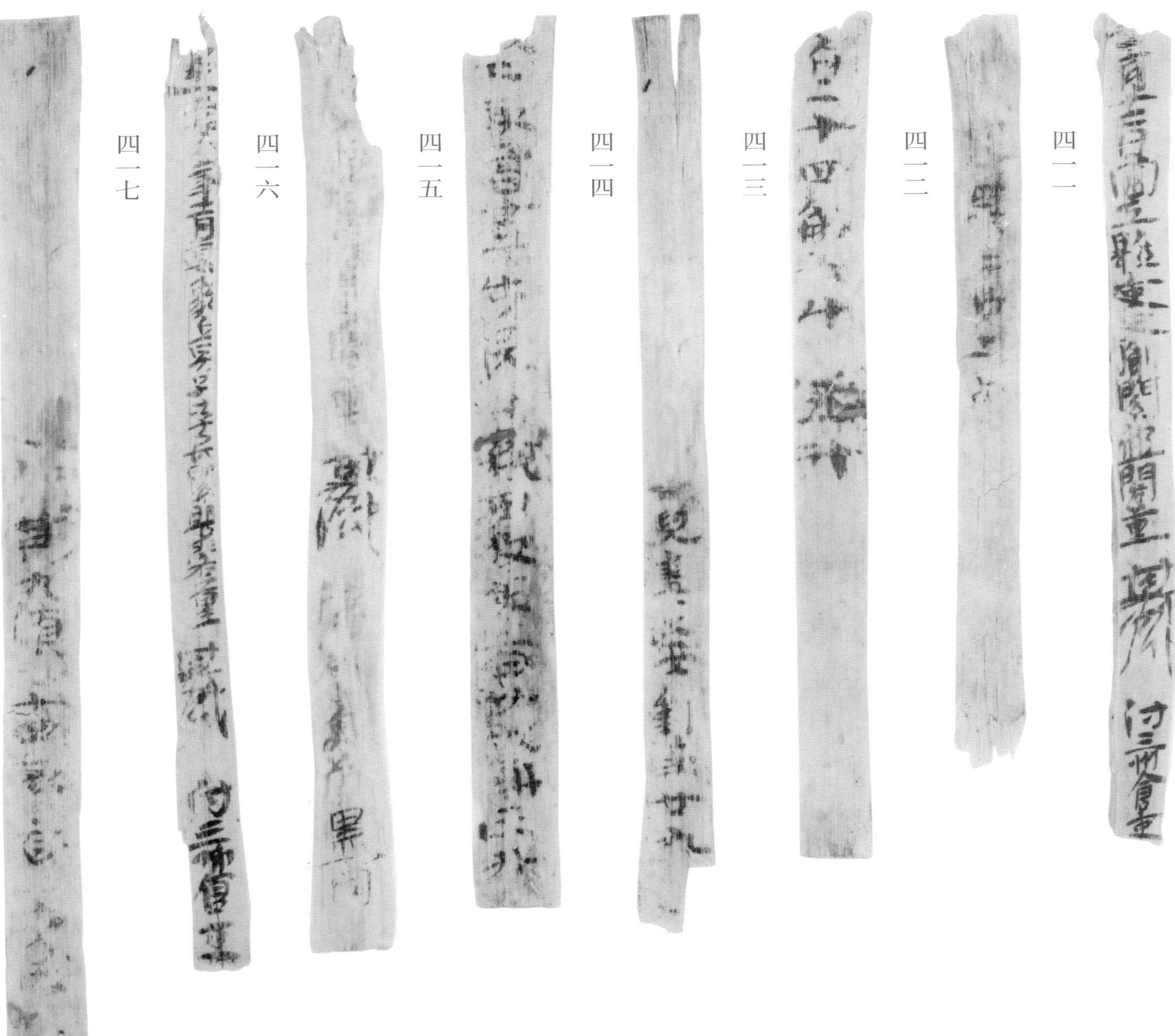

四一一

四一二

四一三

四一四

四一五

四一六

四一七

四一八

四一九
四二〇
四二一
四二二
四二三 四二四
四二五
四二六
四二七

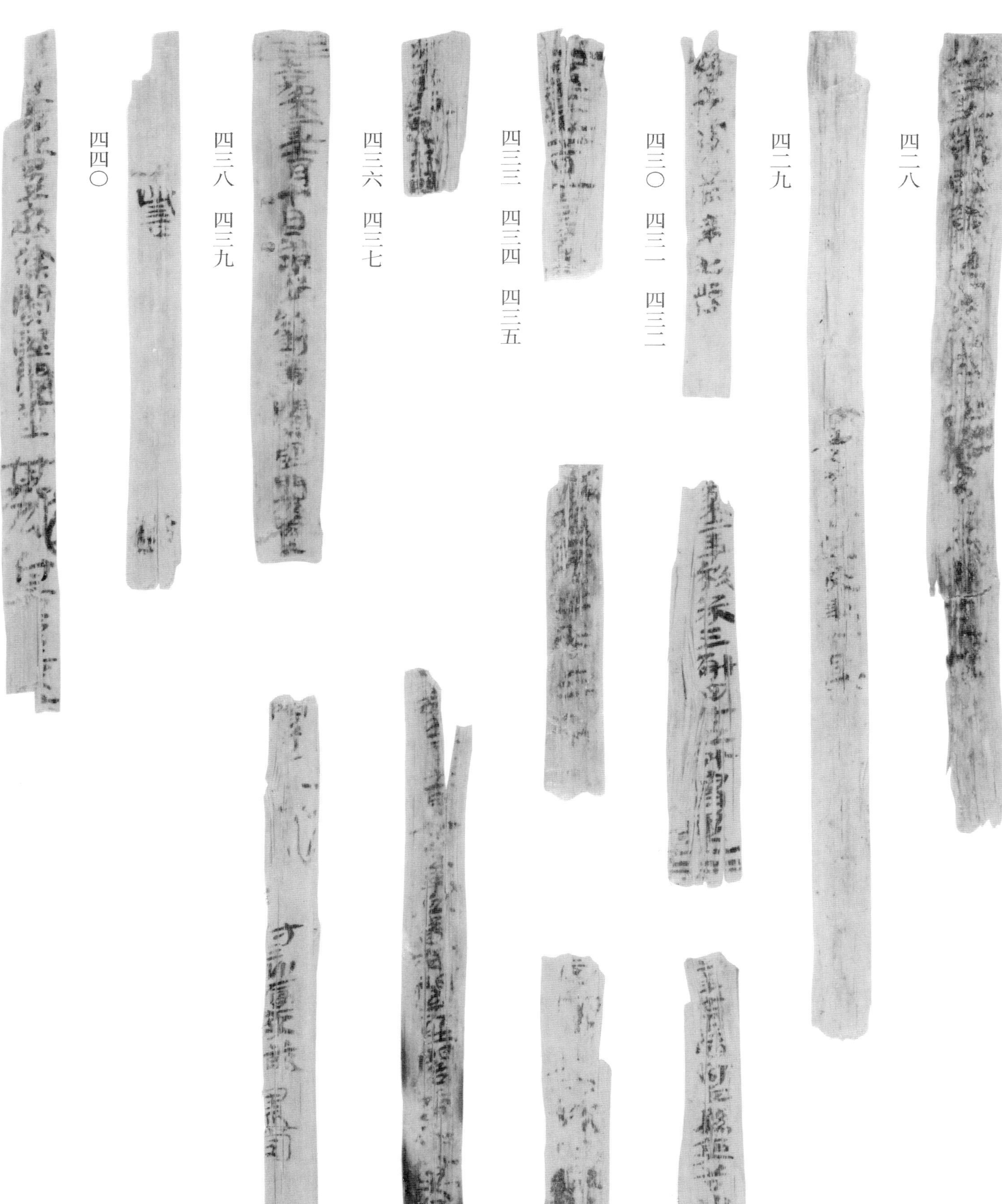

四二八
四二九
四三〇　四三一　四三二
四三三　四三四　四三五
四三六　四三七
四三八　四三九
四四〇
四四一

四四二　四五〇

四四三

四四四　四五一

四四五　四五二

四四六　四五三

四四七　四五四

四四八　四五五

四四九　四五六

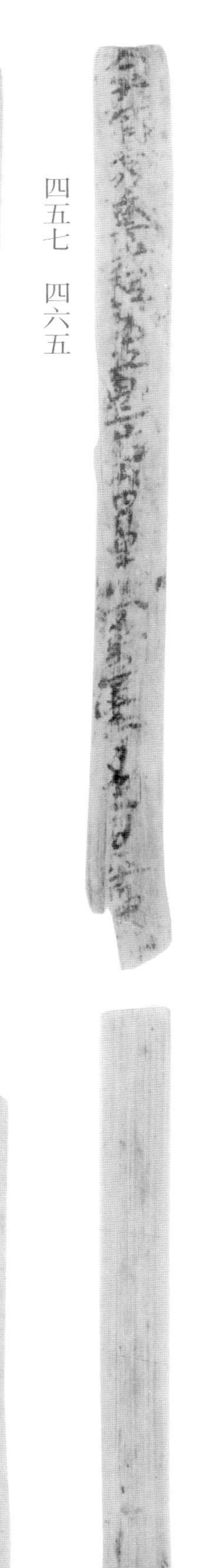
四五七　四六五

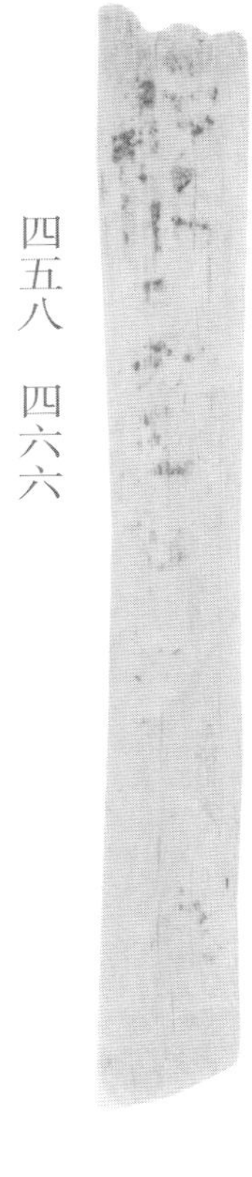
四五八　四六六

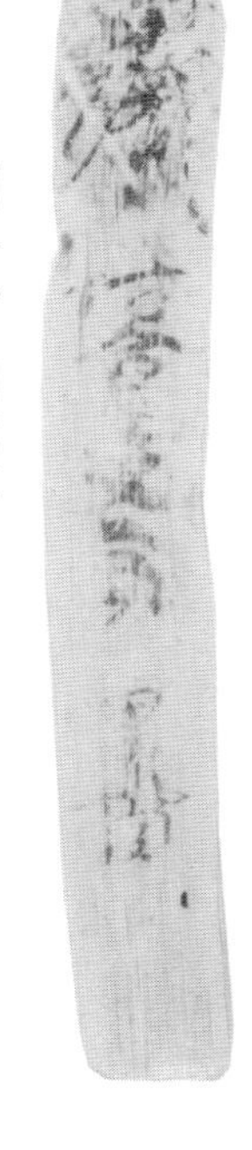
四五九　四六七

四六〇　四六八

四六一　四六九

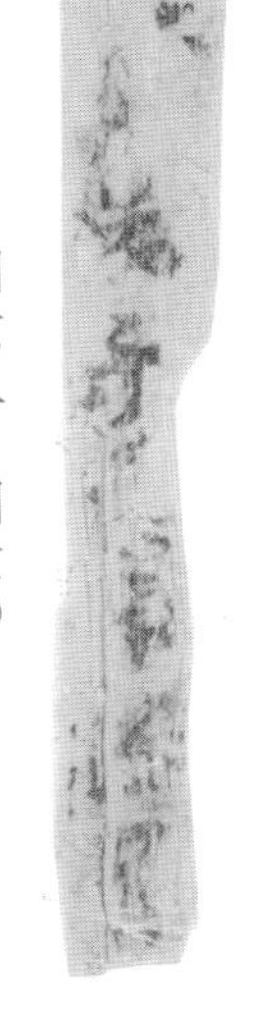
四六二　四七〇

四六三　四七一

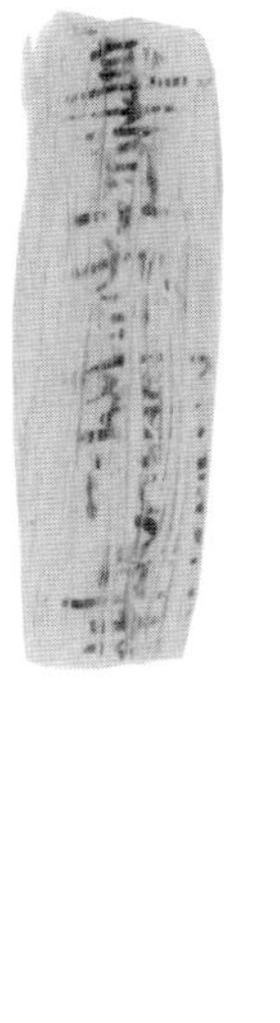
四六四　四七二　四七三

四七四　四七五　四七六

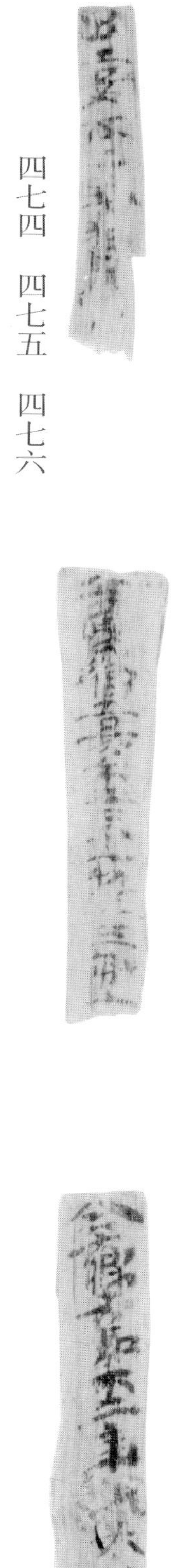

四七七　四七八

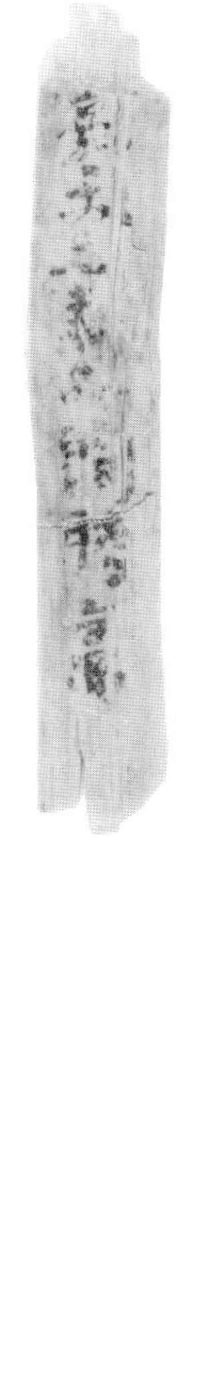

四七九

四八〇

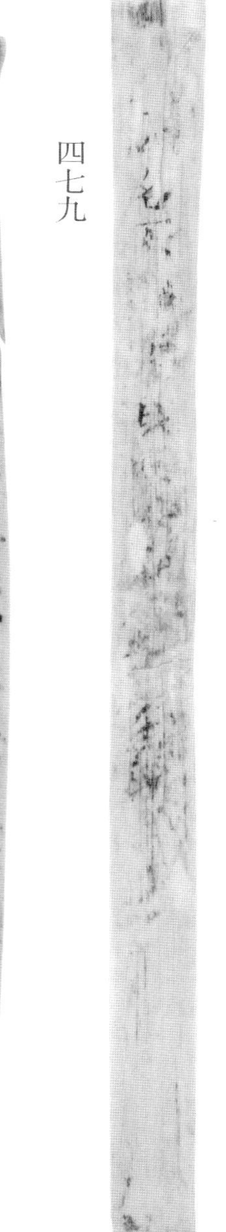

四八一

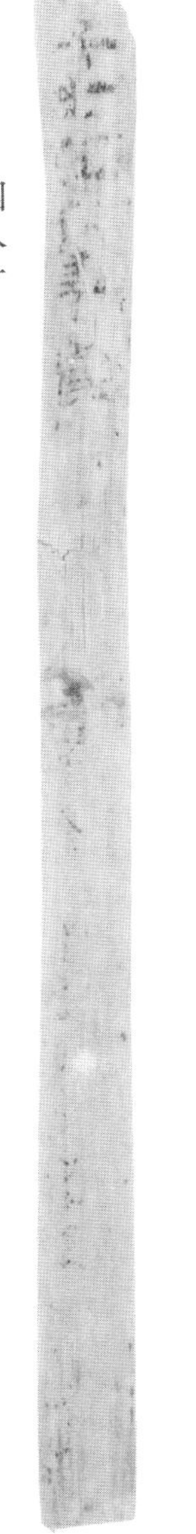

四八二

四八三

四八四

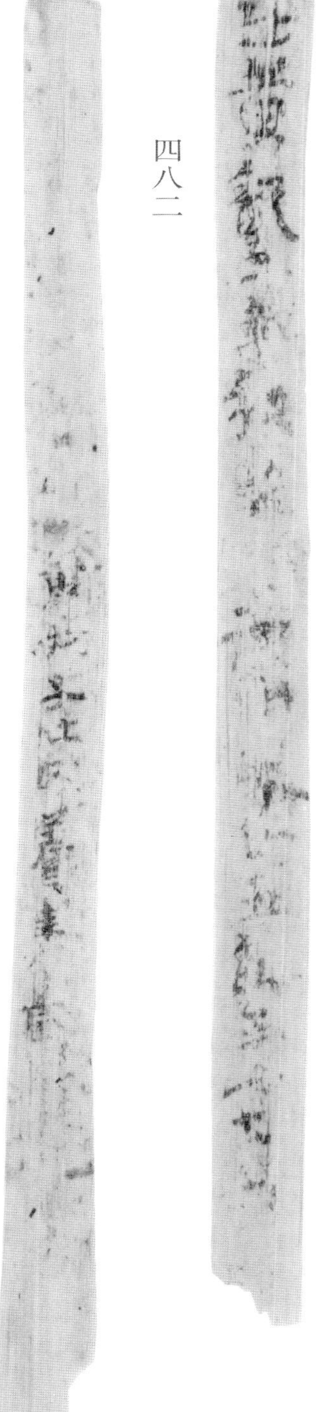

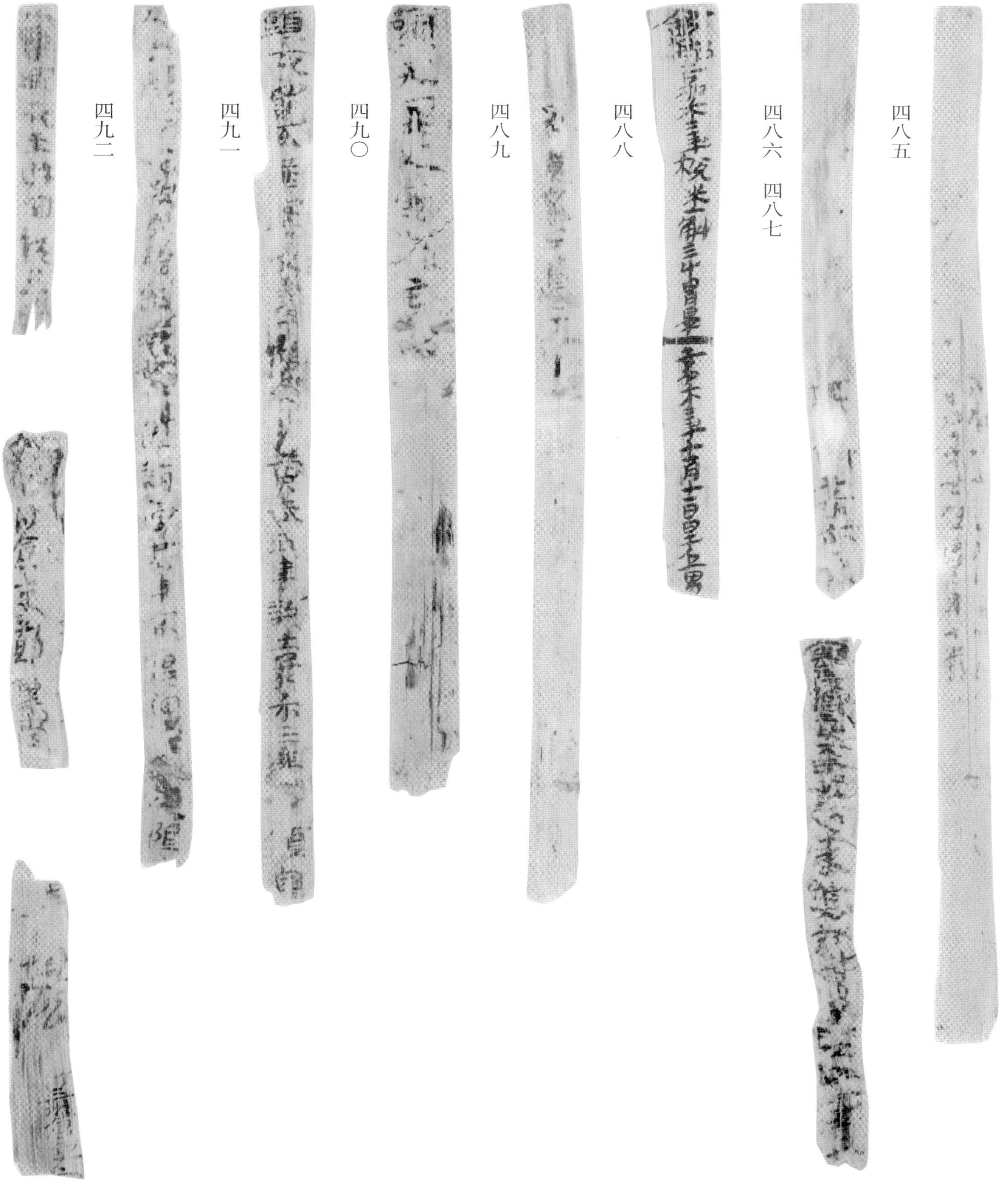

四八五

四八六　四八七

四八八

四八九

四九〇

四九一

四九二

四九三　四九四　四九五

四九六　五〇四

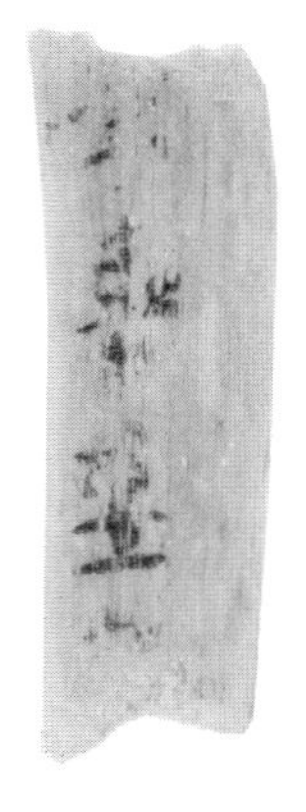

四九七　五〇五

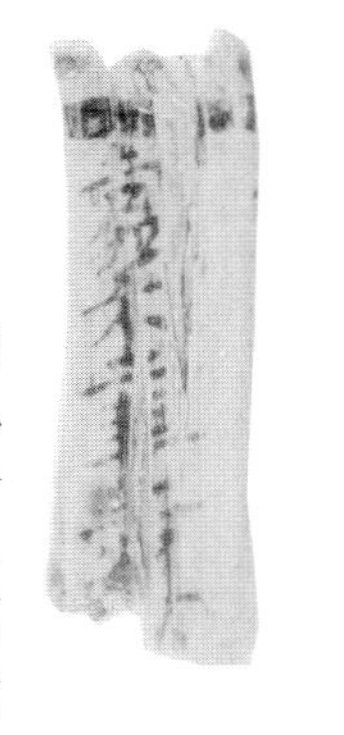

四九八　五〇六

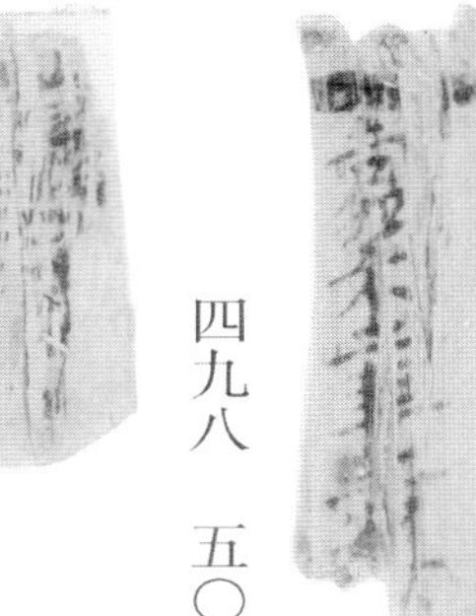

四九九　五〇七

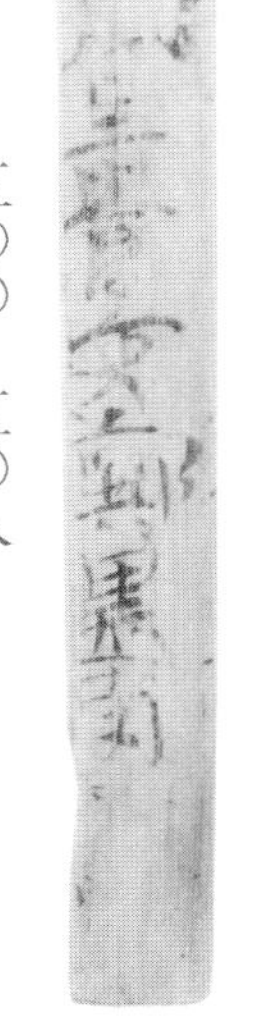

五〇〇　五〇八

五〇一　五〇九

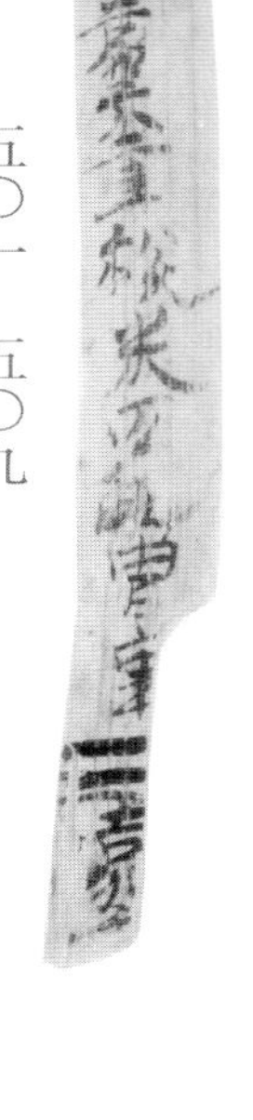

五〇二　五一〇

五〇三　五一一

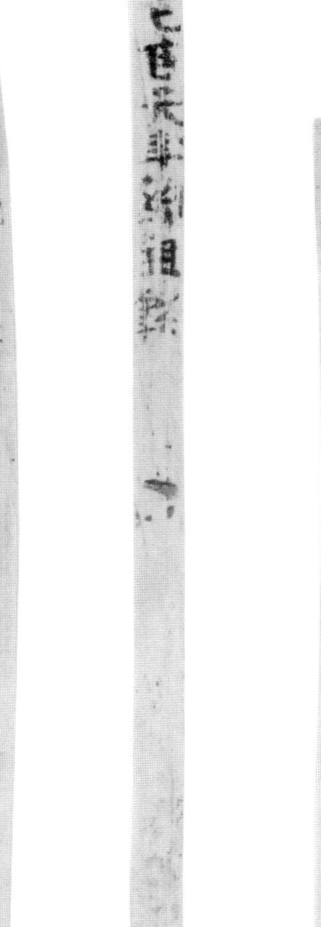

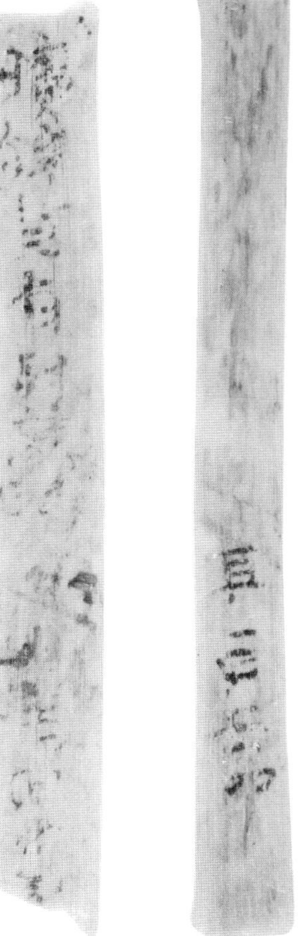

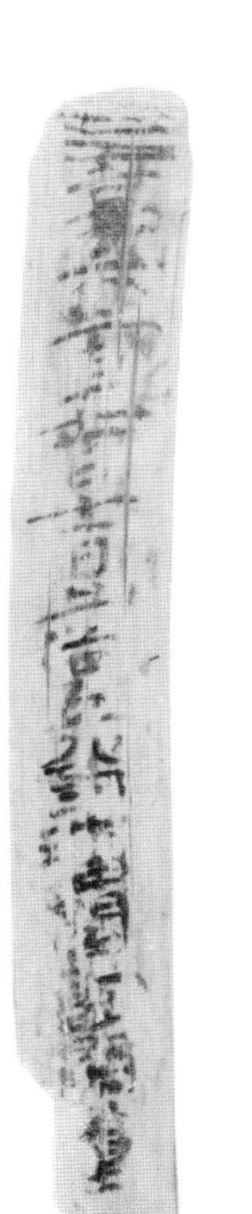

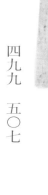

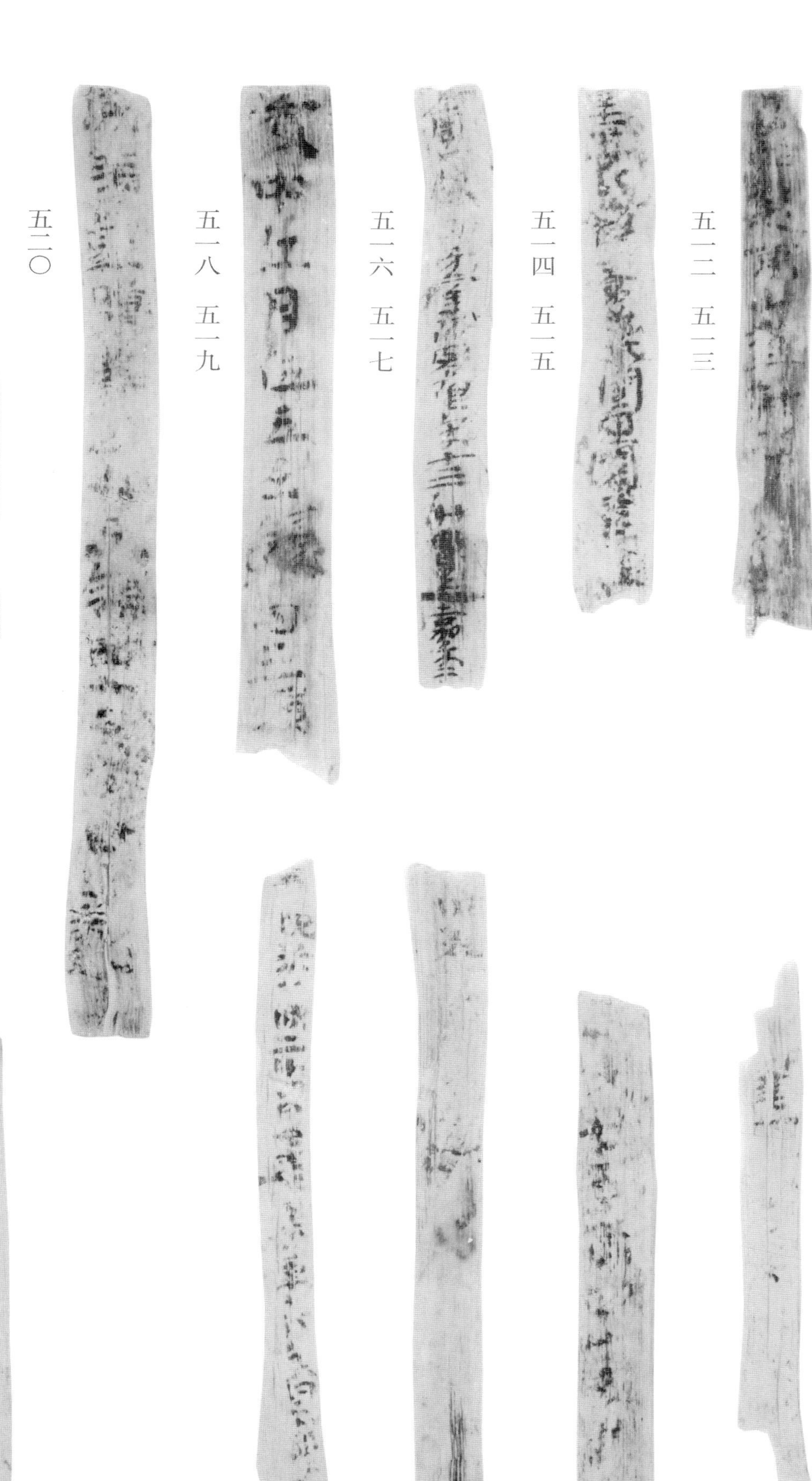

五一二　五一三

五一四　五一五

五一六　五一七

五一八　五一九

五二〇

五二一　五二二

五二三　五二四

五二五　五二六　五二七

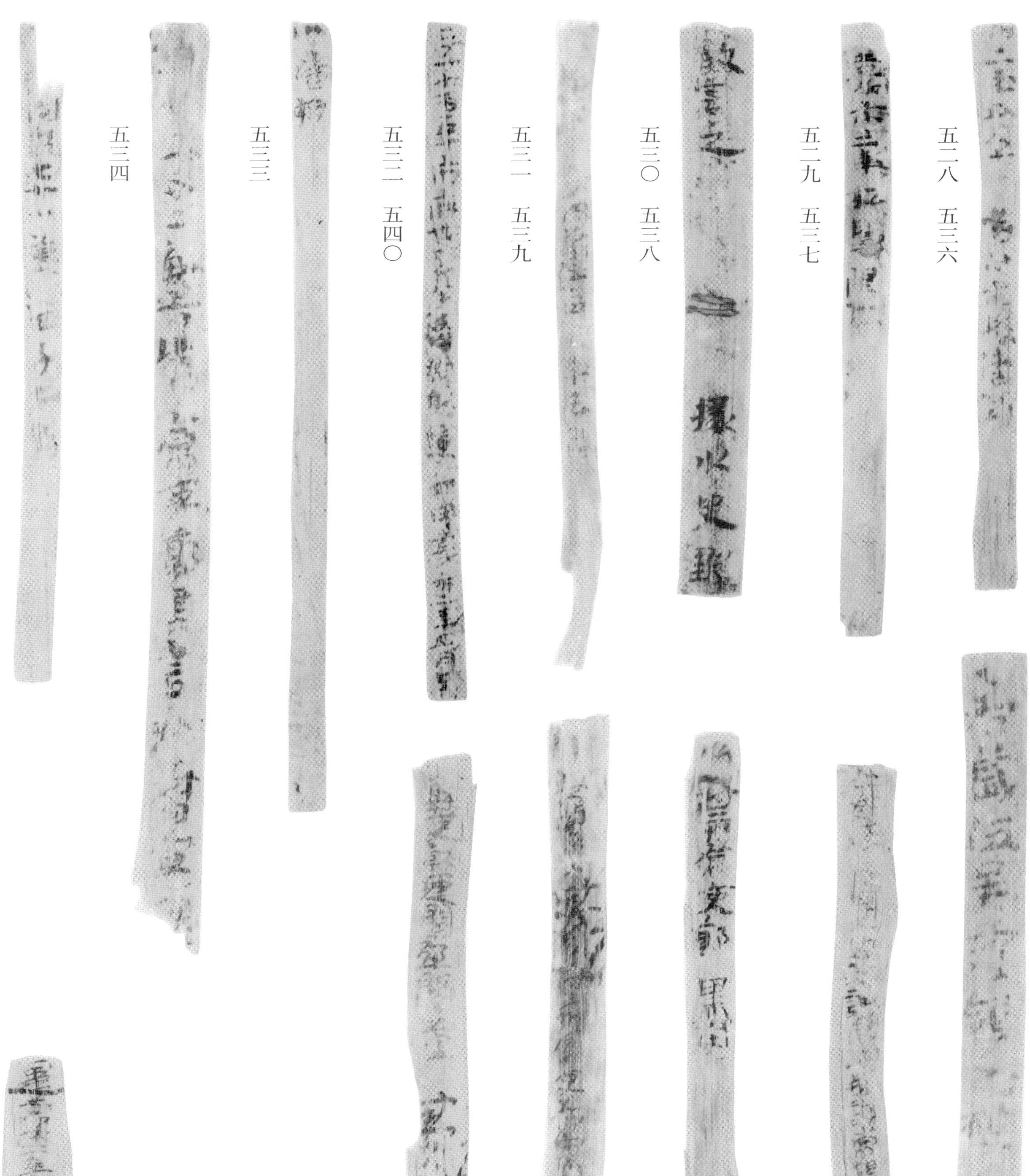

五二八　五三六

五二九　五三七

五三〇　五三八

五三一　五三九

五三二　五四〇

五三三

五三四

五三五　五四一

五四二

五四三

五四四

五四五

五四六

五四七

五四八

五四九

五五〇
五五一
五五二
五五三
五五四
五五五
五五六　五五七　五五八　五五九
五六〇　五六一　五六二

五六三　五六四

五六五　五六六

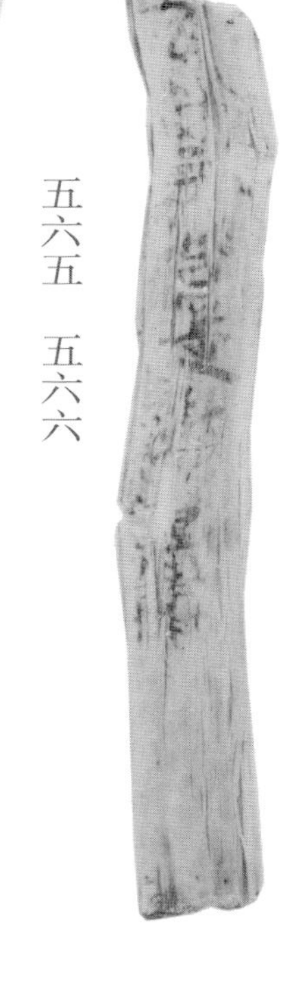

五六七　五六九

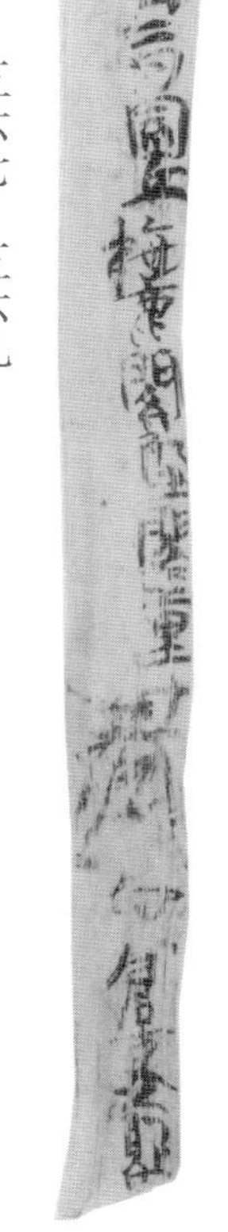

五六八　五七〇

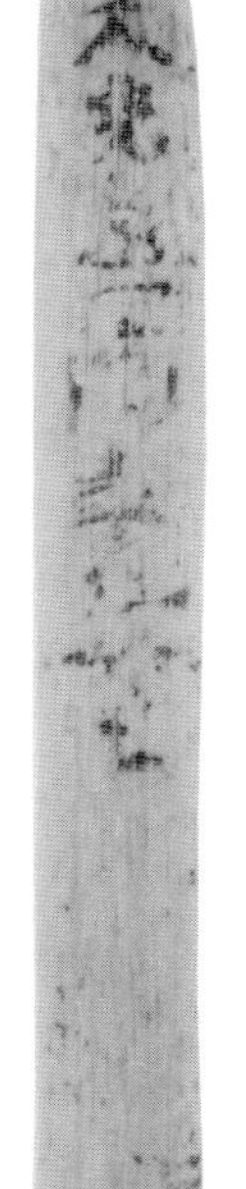

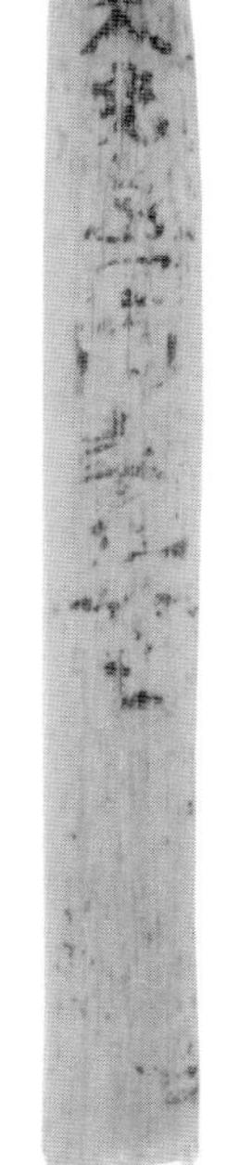

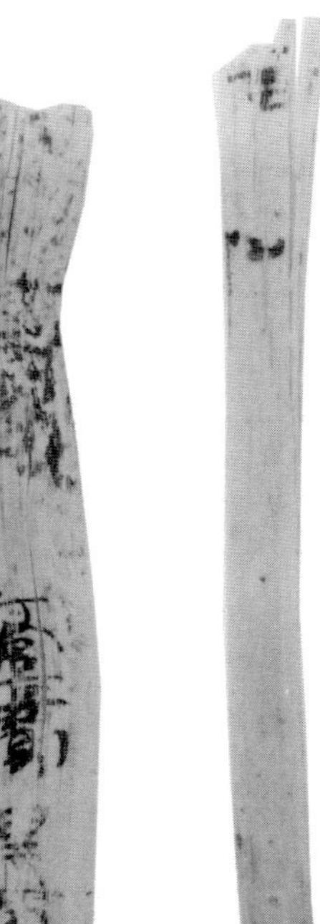

五七一　五七二

五七三　五七四　五七五

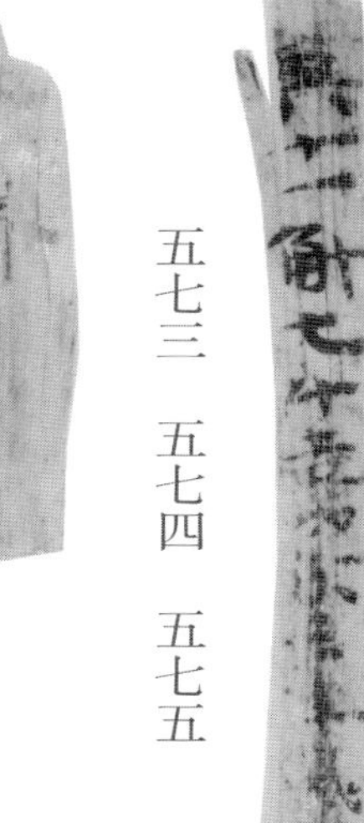

五七六　五七七　五七八

五七九　五八〇

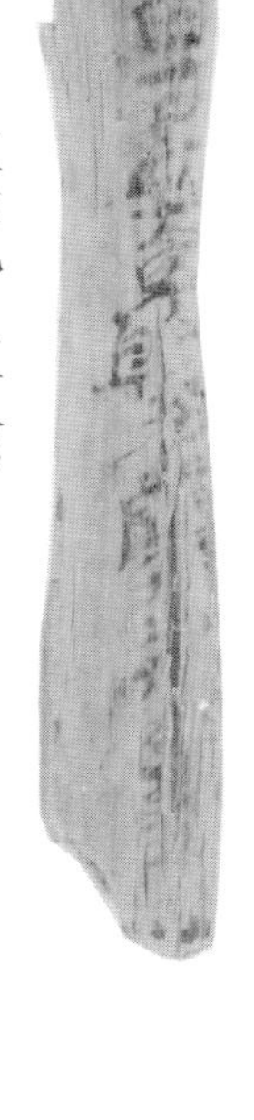

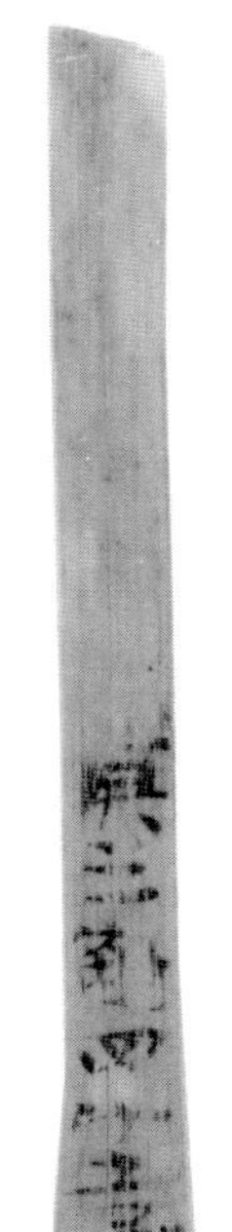

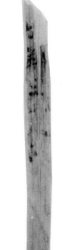

五八一　五八二

五八三　五八四　五八五

五八六　五八七　五八八

五八九　五九〇　五九一

五九二　五九三　五九四

五九五　五九六　五九七

五九八　五九九

六〇〇　六〇一

六〇二　六〇三　六〇四

六〇五　六〇六　六〇七

六〇八　六〇九

六一〇　六一一　六一二

六一三　六一四　六一五

六一六　六一七　六一八

六一九　六二〇　六二一

六二二　六二三

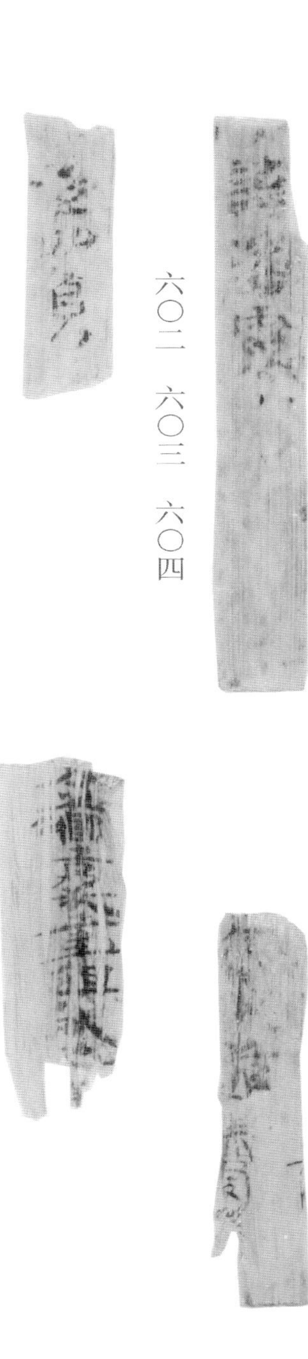
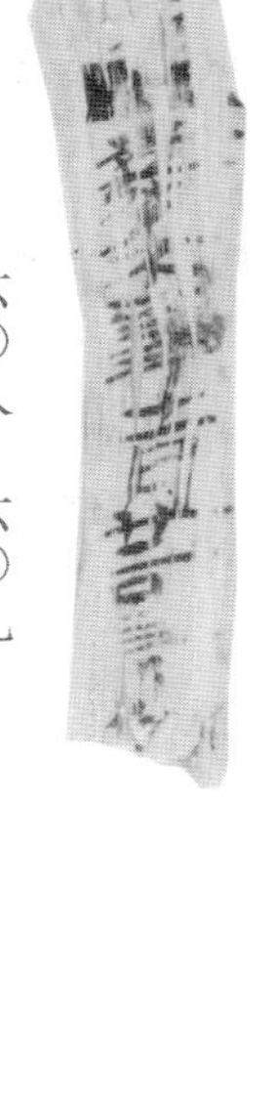
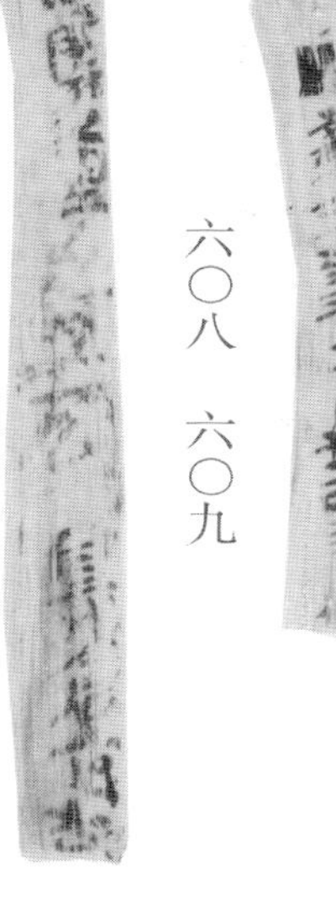
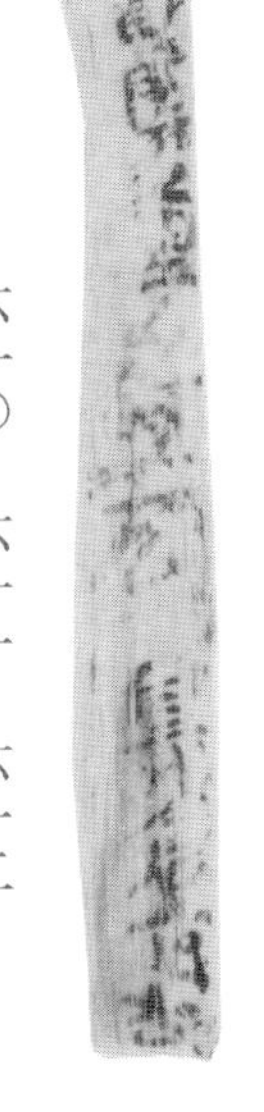
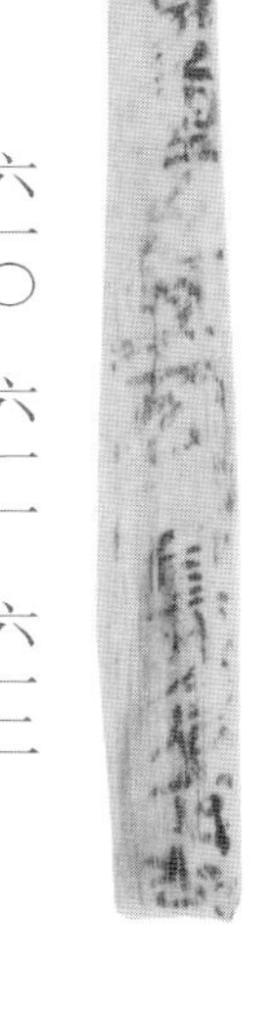
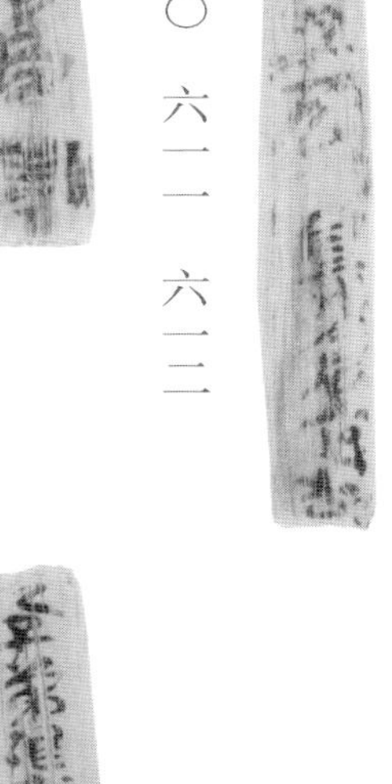
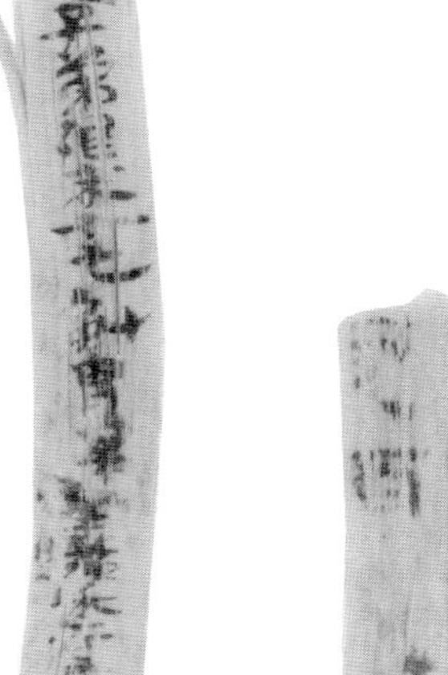
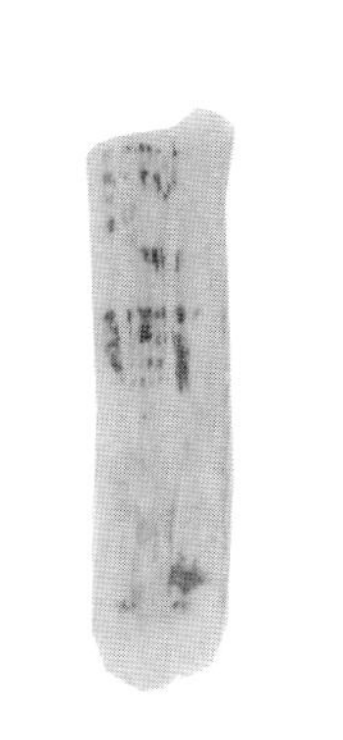
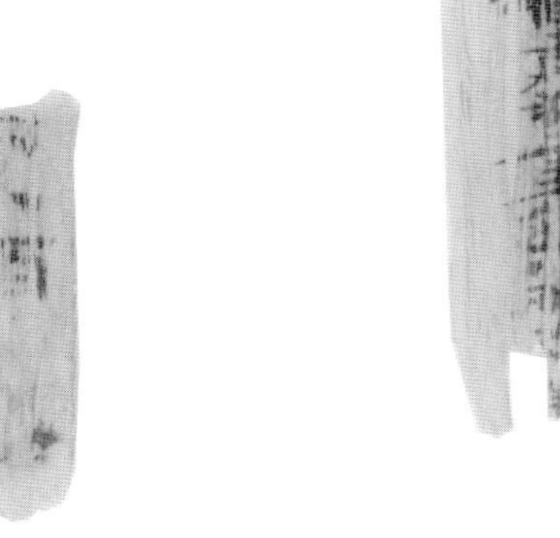
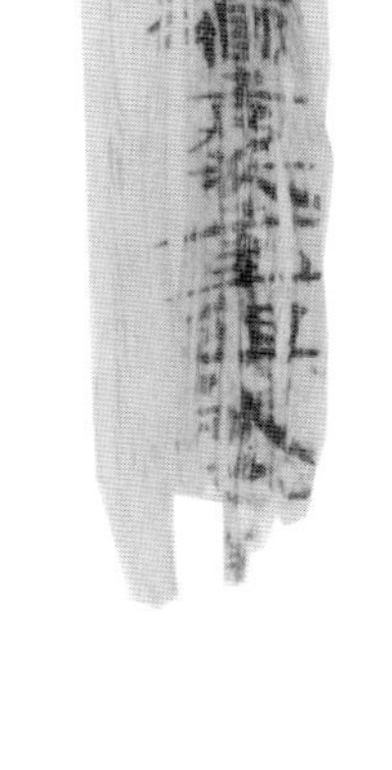
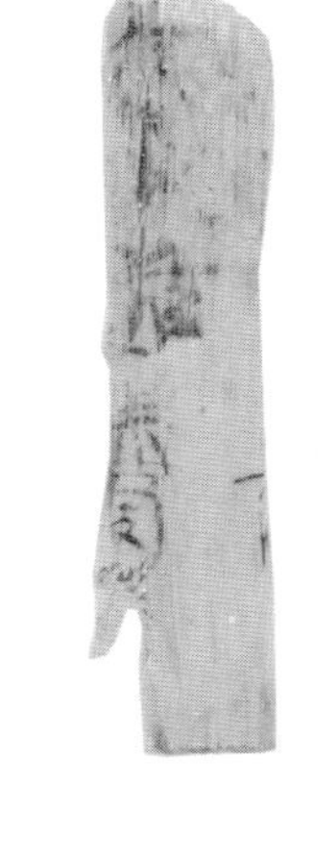
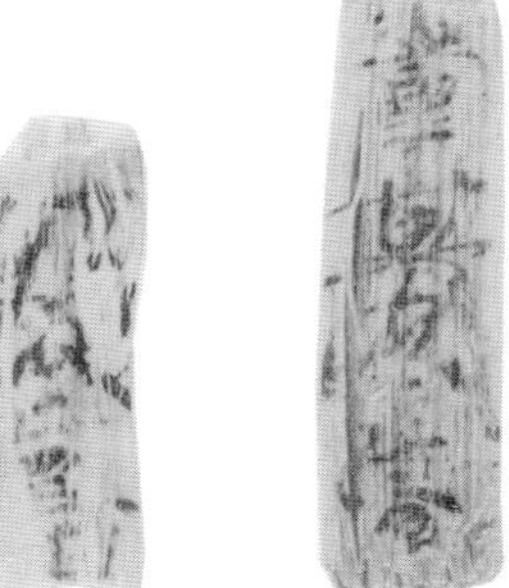
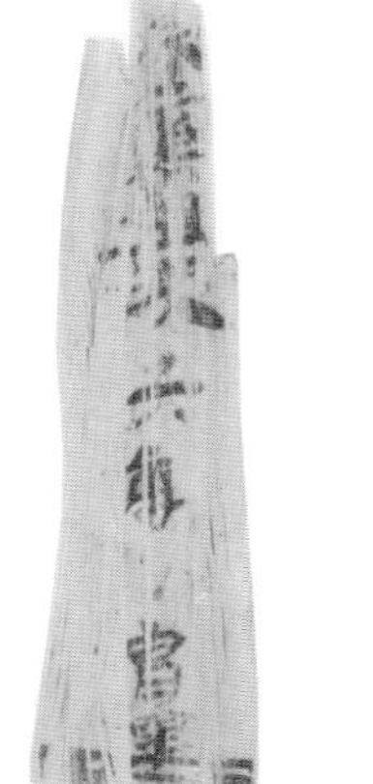

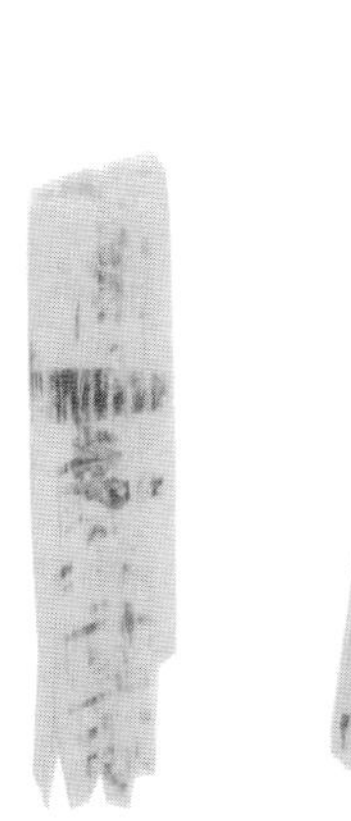
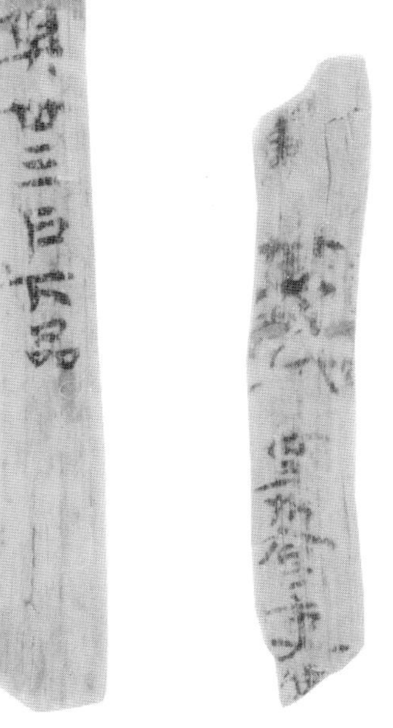

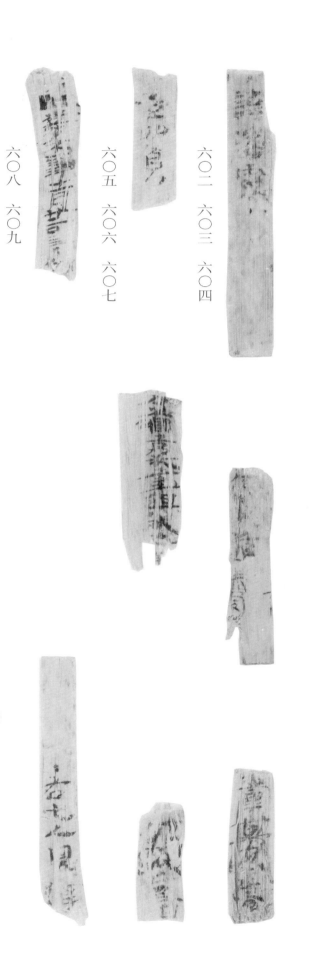

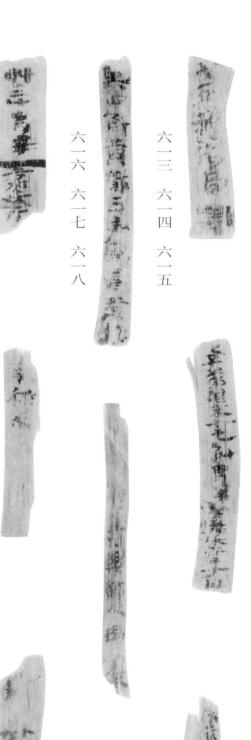

六二四　六二五

六二六　六二七

六二八　六二九　六三〇

六三一　六三二　六三三

六三四　六三五　六三六

六三七　六三八　六三九

六四〇　六四一　六四二

六四三　六四四　六四五

六四六　六四七　六四八

六四九　六五〇　六五一　六五二

六五三　六五四　六五五　六五六

六五七　六五八　六五九

六六〇　六六一

六六二　六六三

六六四　六六五

六六六　六六七　六六八

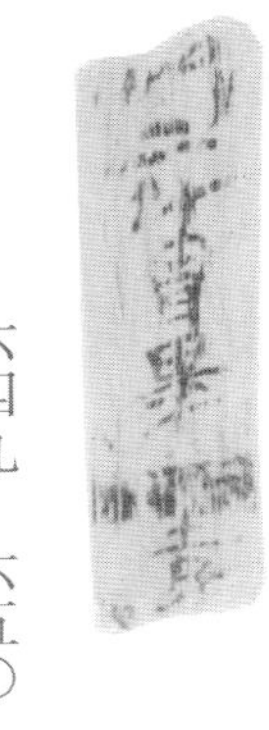
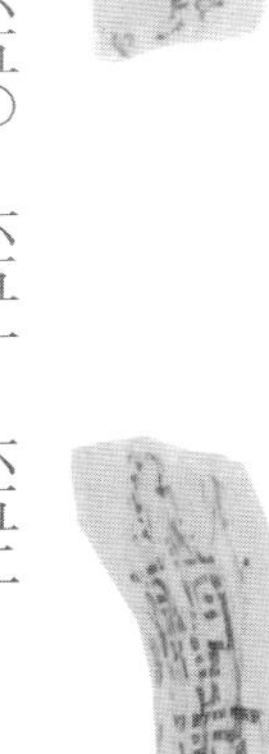
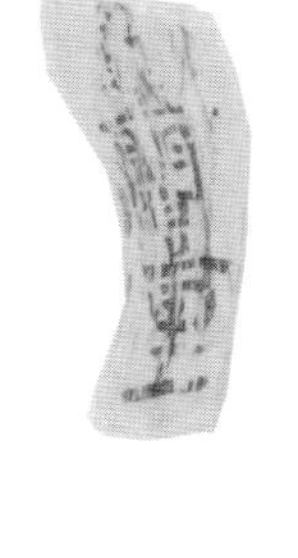

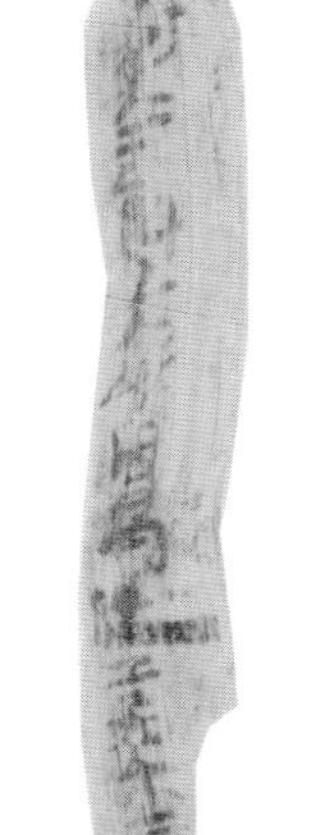
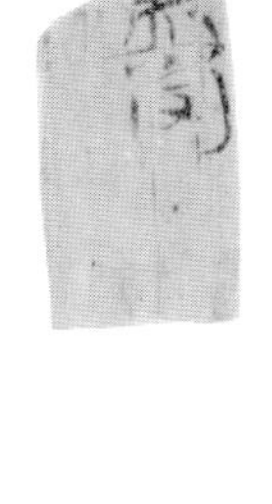
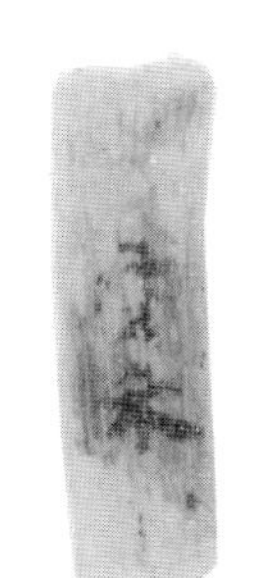
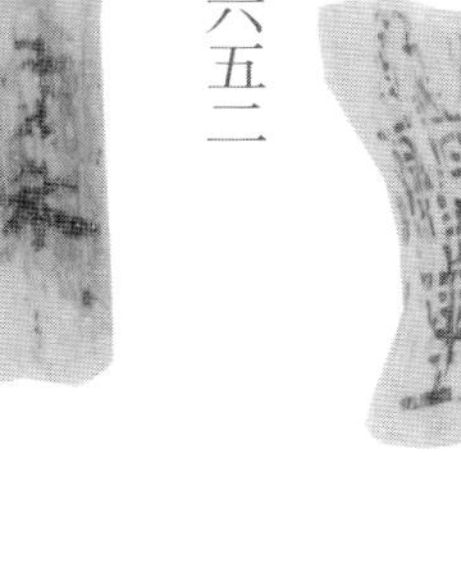
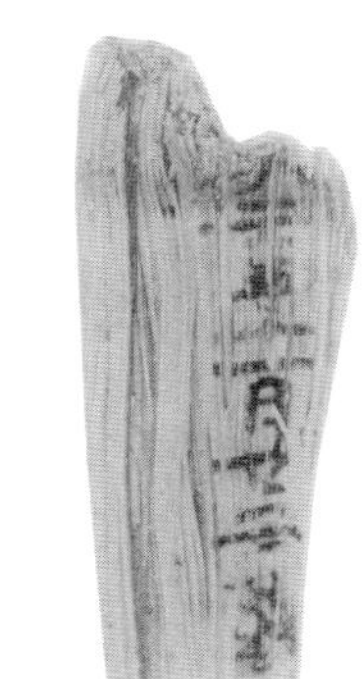
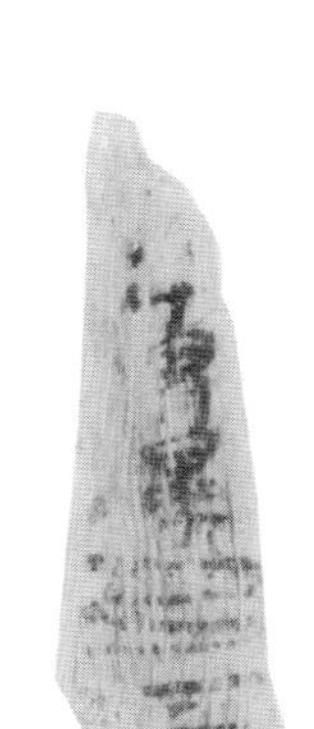
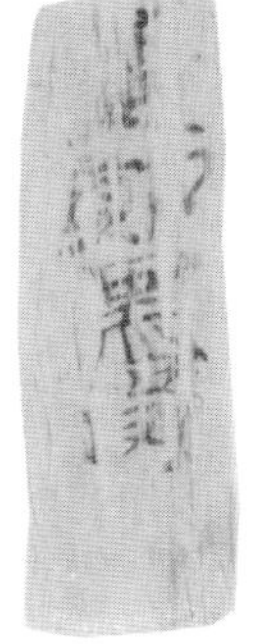
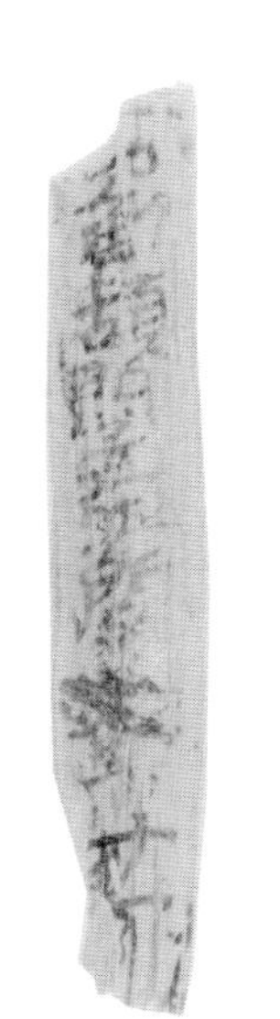
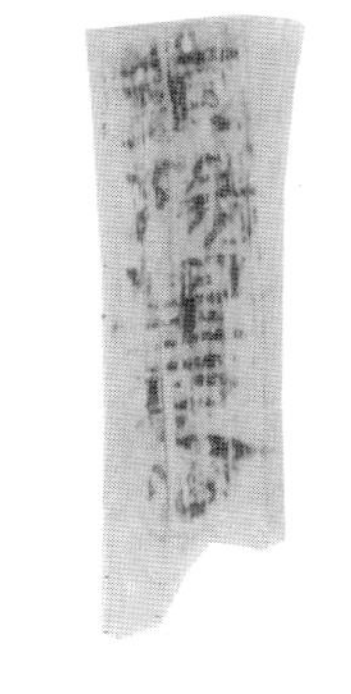

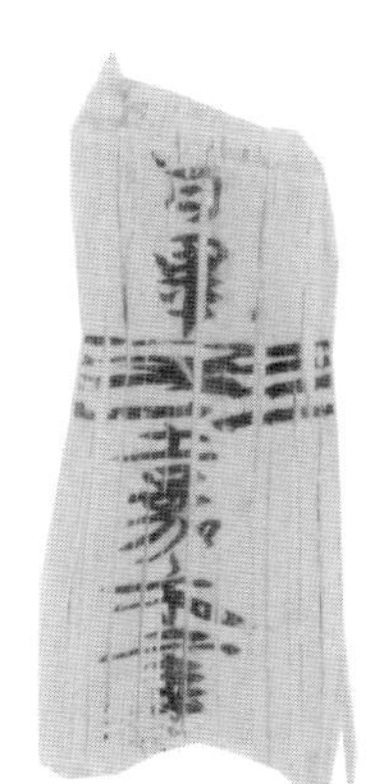

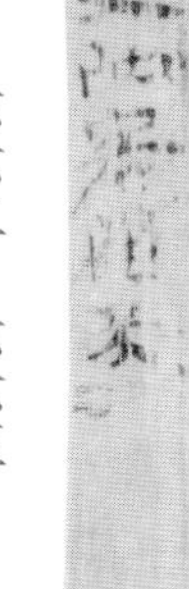
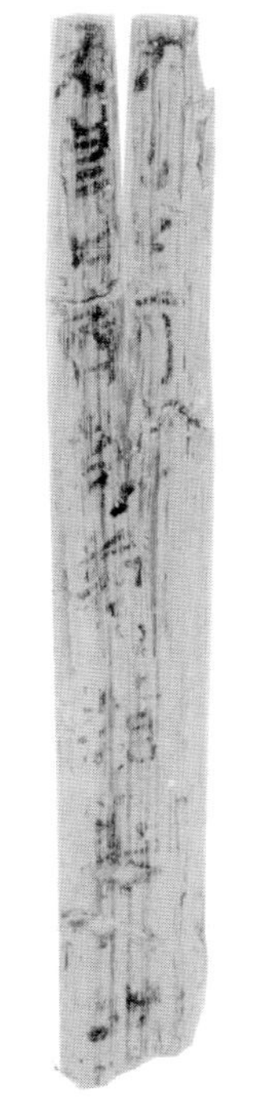
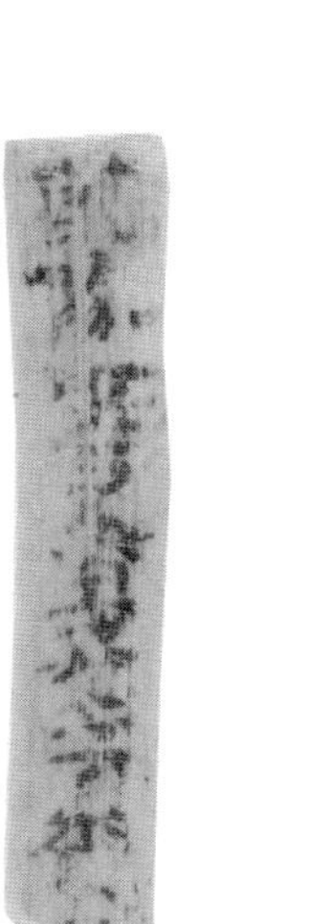
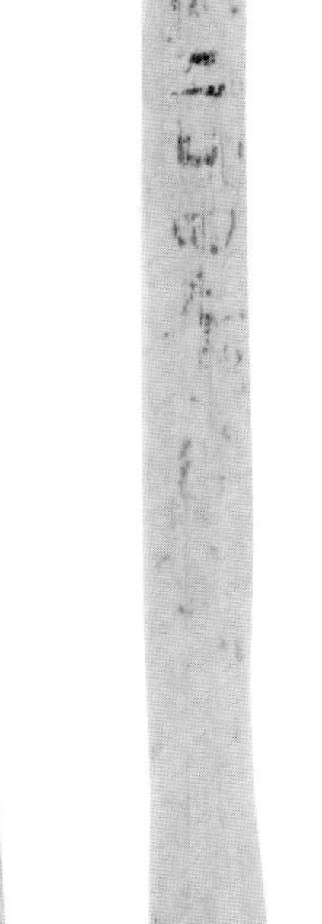
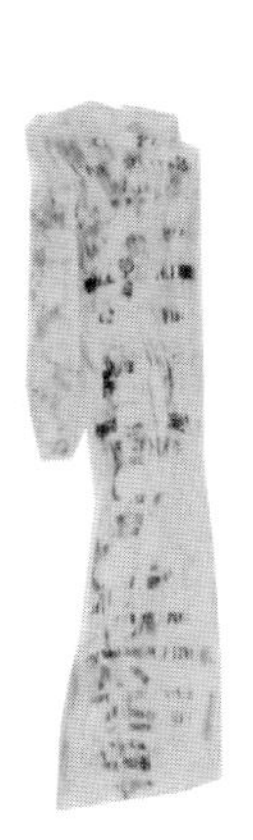

六六九　六七〇　六七一

六七二　六七三　六七四

六七五　六七六　六七七

六七八　六八一

六七九　六八二

六八〇　六八三

六八四

六八五　六八六

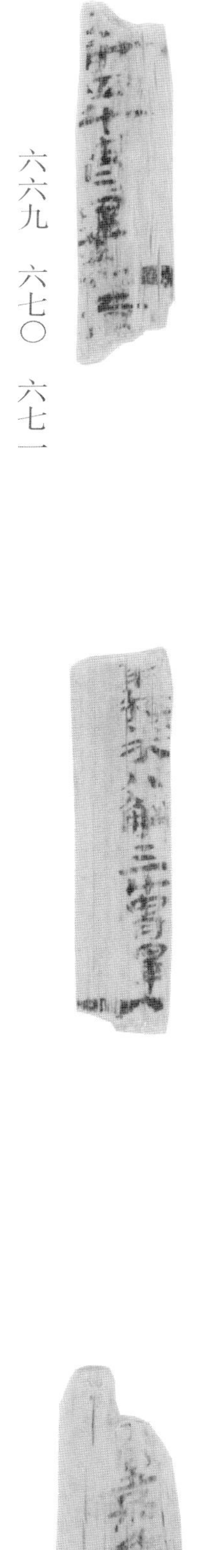
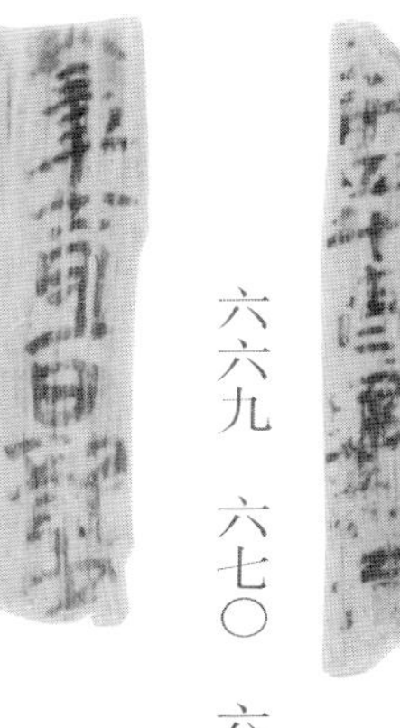
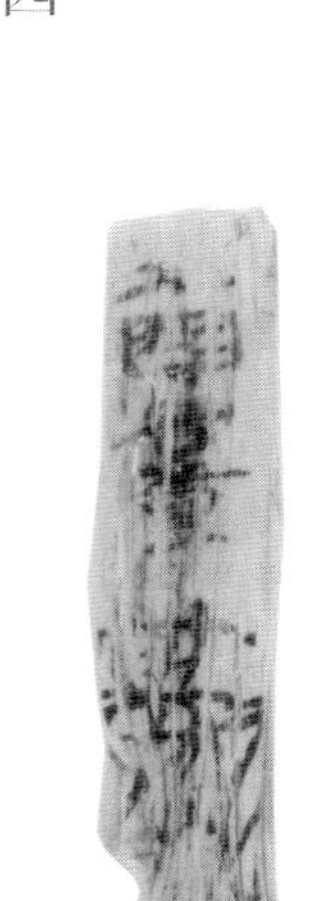
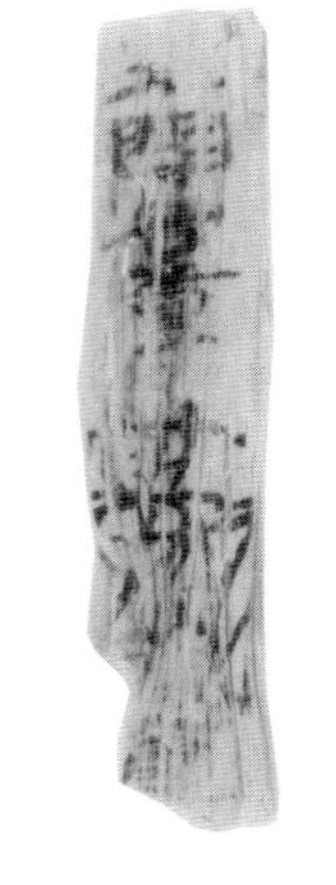
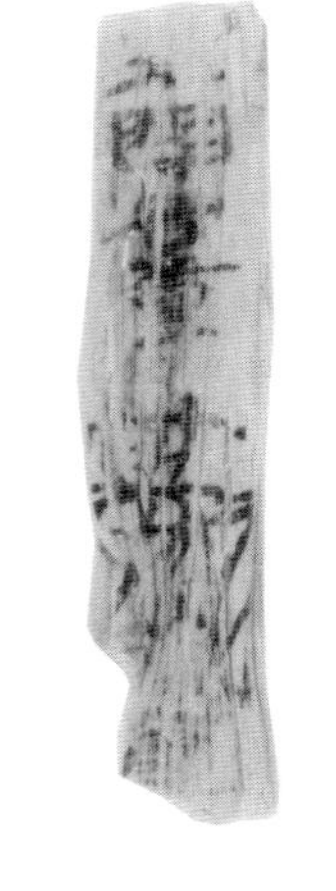
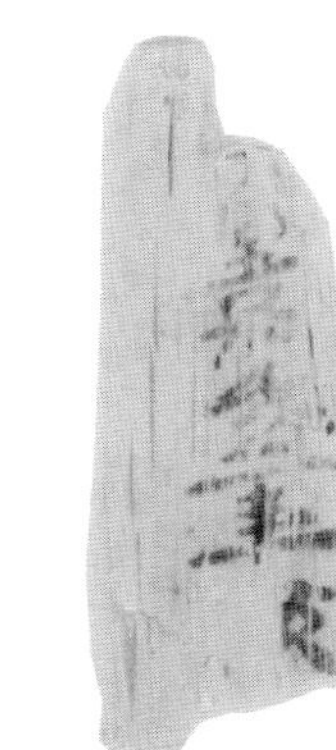
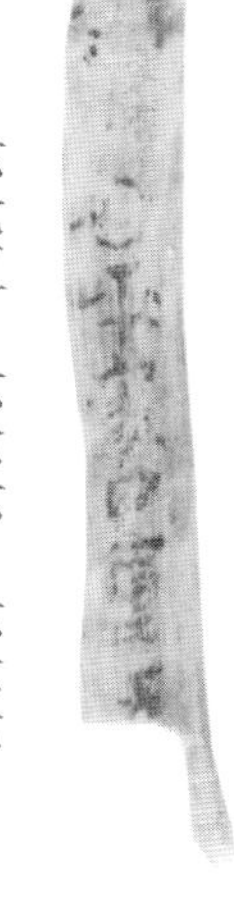
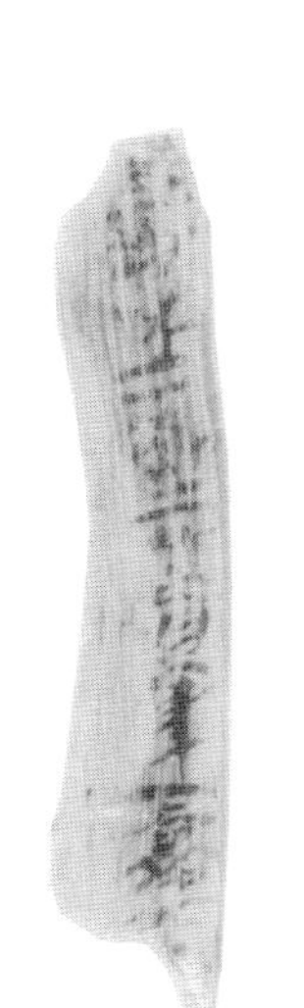
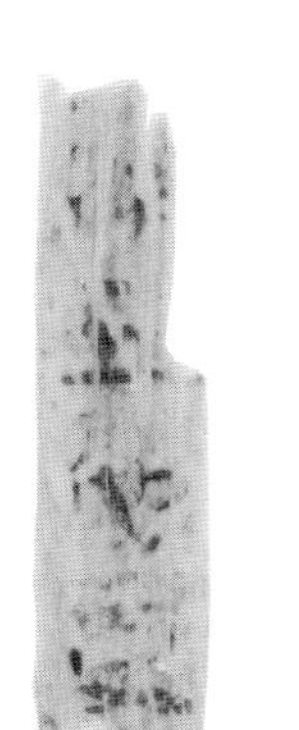

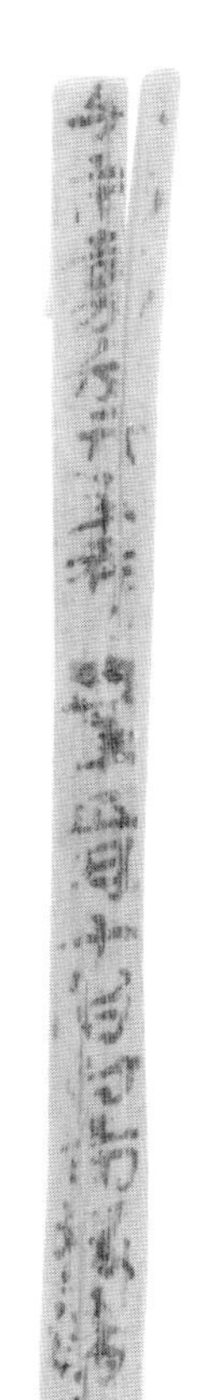
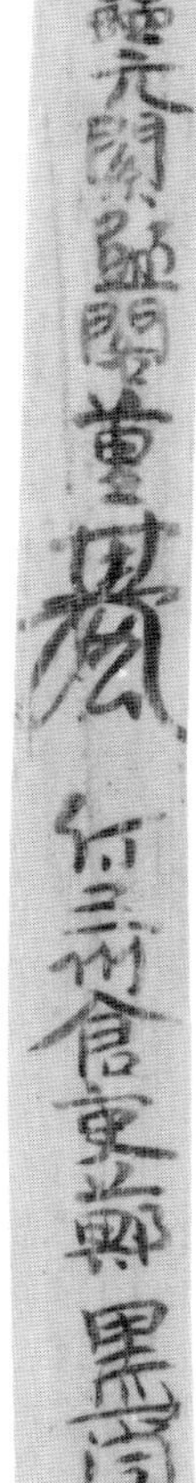
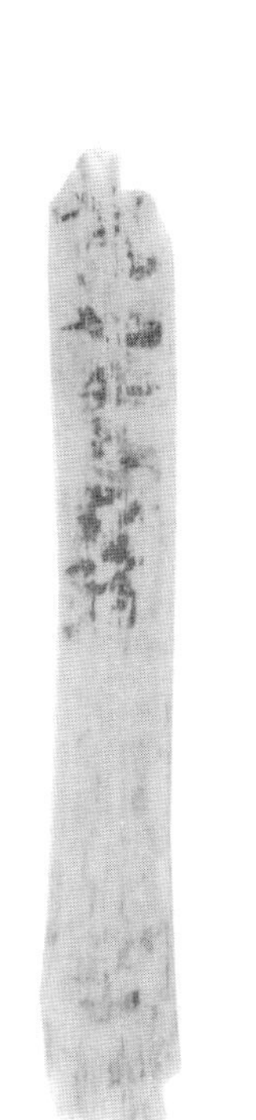

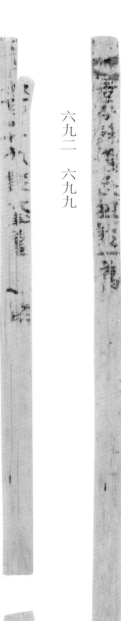

六八七　六八八

六八九　六九六

六九〇　六九七

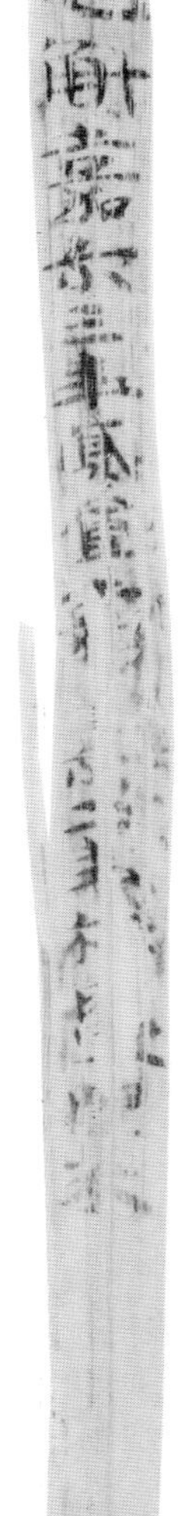

六九一　六九八

六九二　六九九

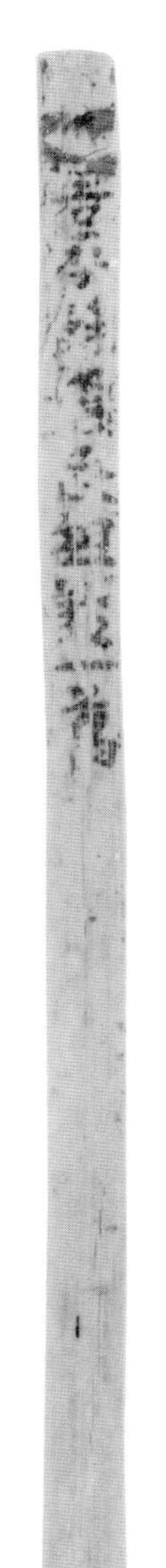

六九三　七〇〇

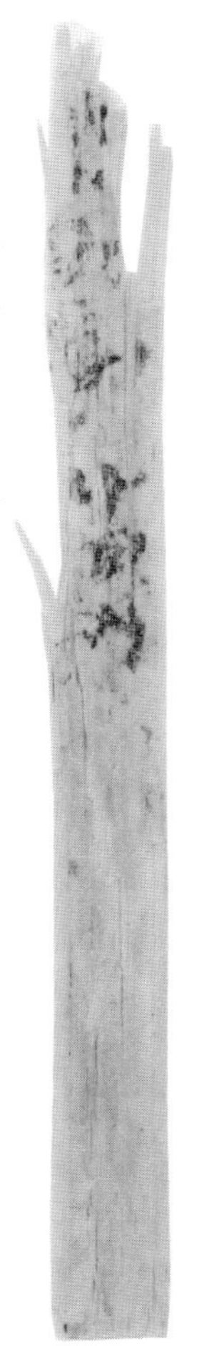

六九四　七〇一

六九五　七〇二

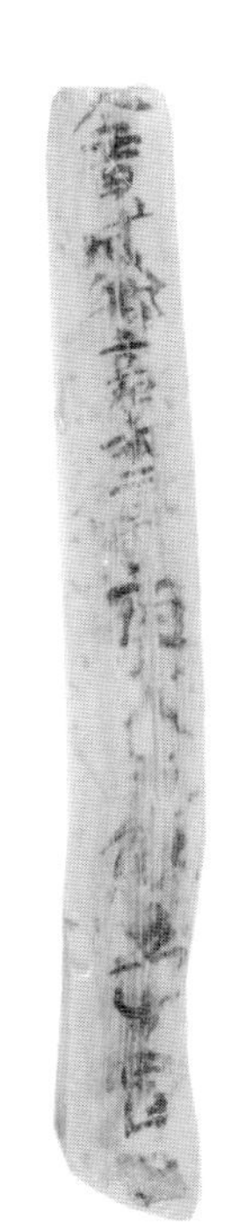

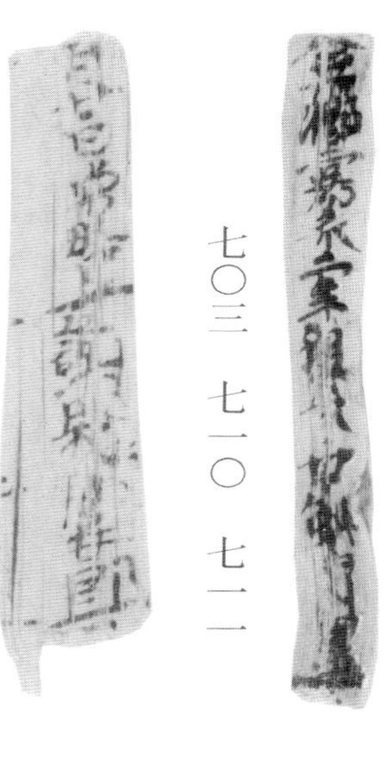
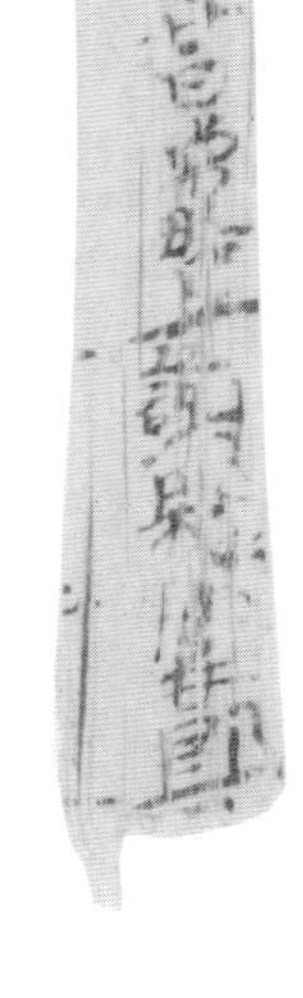
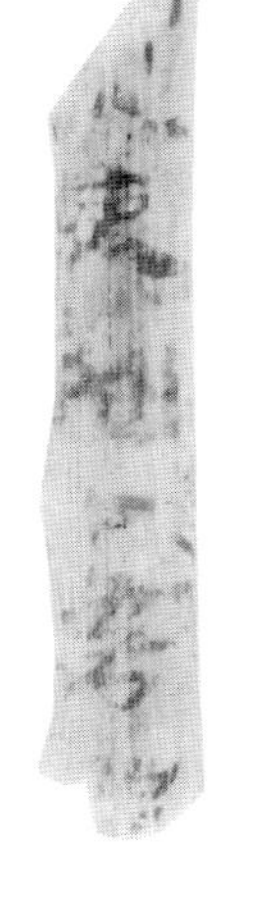
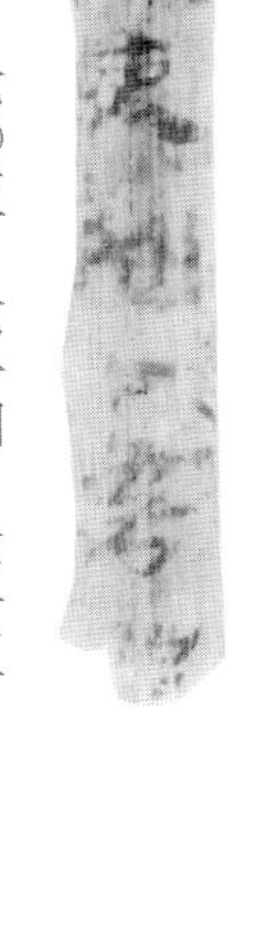
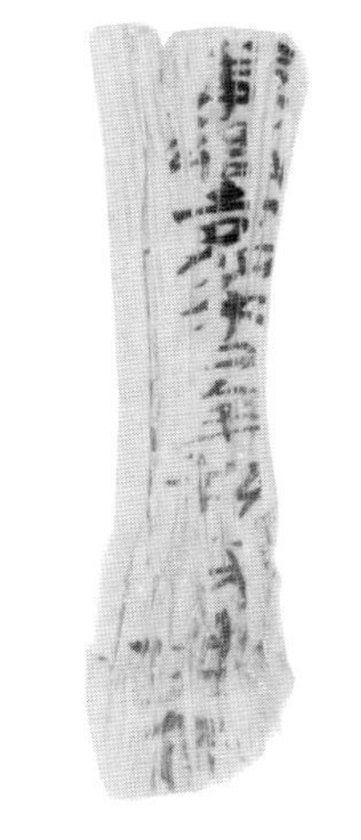
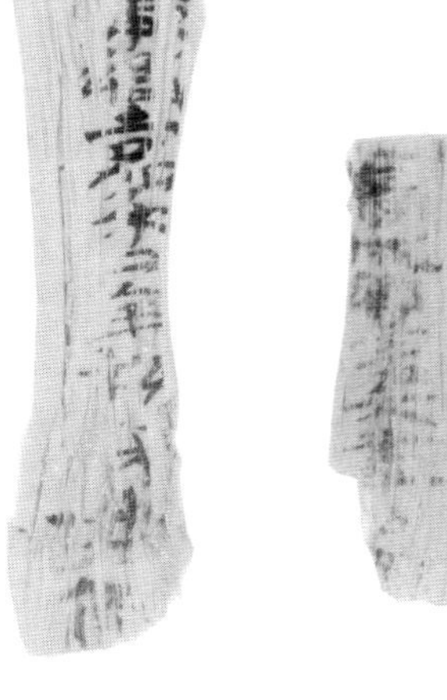
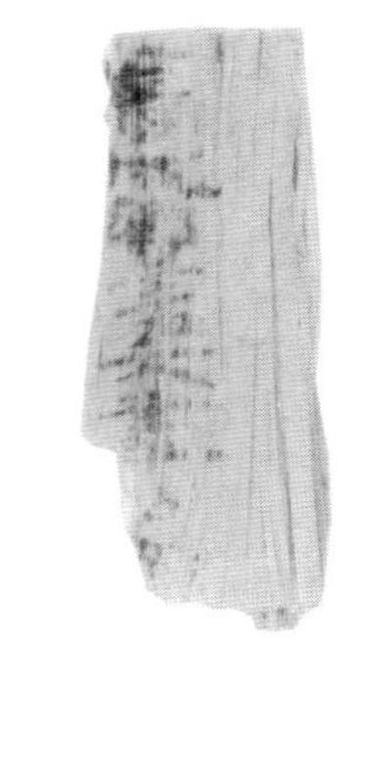

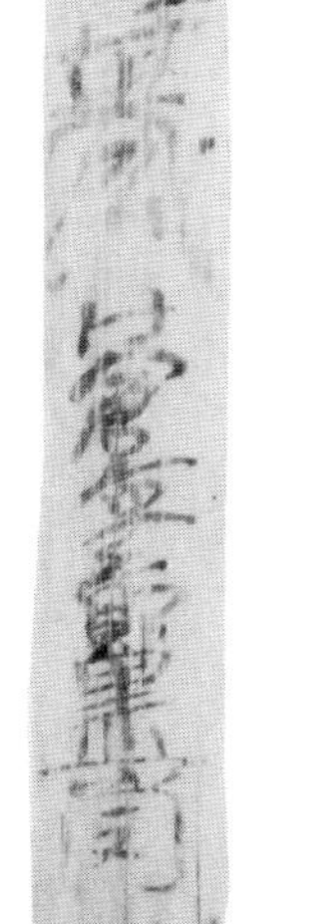
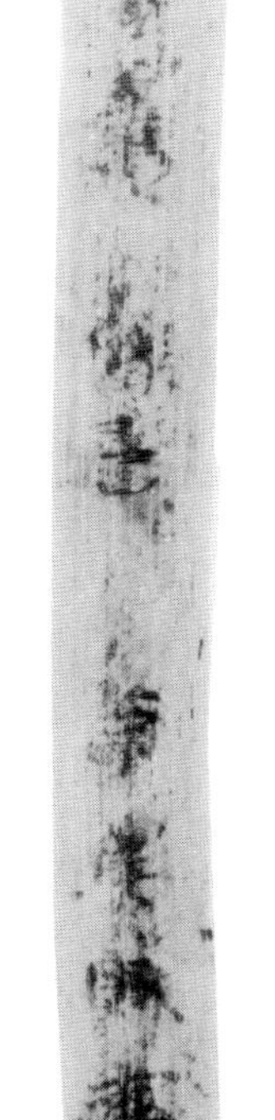
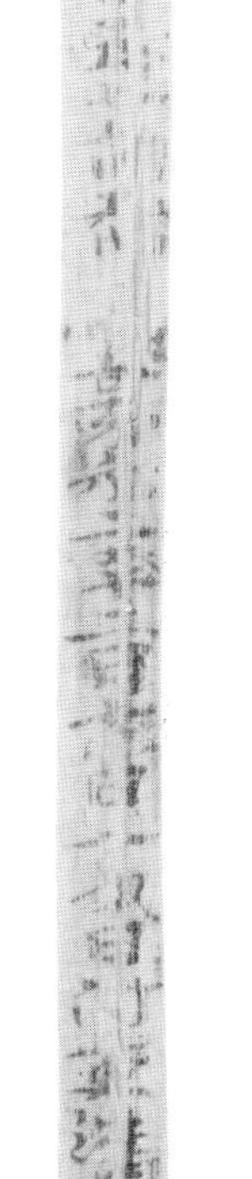
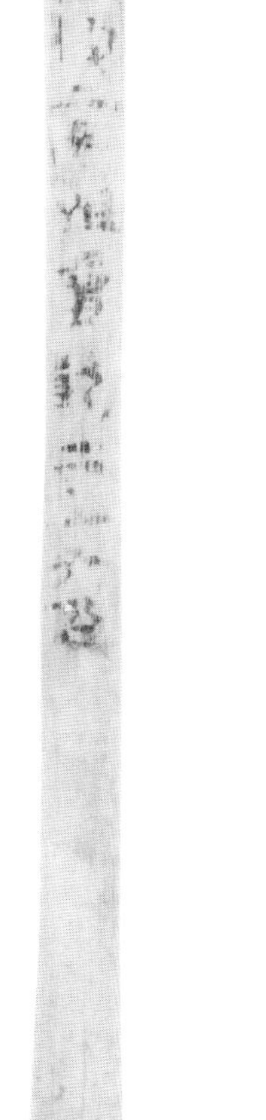

七〇三　七一〇　七一一

七〇四　七一二　七一三

七〇五　七一四　七一五

七〇六　七一六

七〇七　七一七

七〇八　七一八

七〇九　七一九

七二〇

七二一

七二二

七二三　七二四

七二五　七二六

七二七　七二八　七二九

七三〇　七三一

七三二　七三三

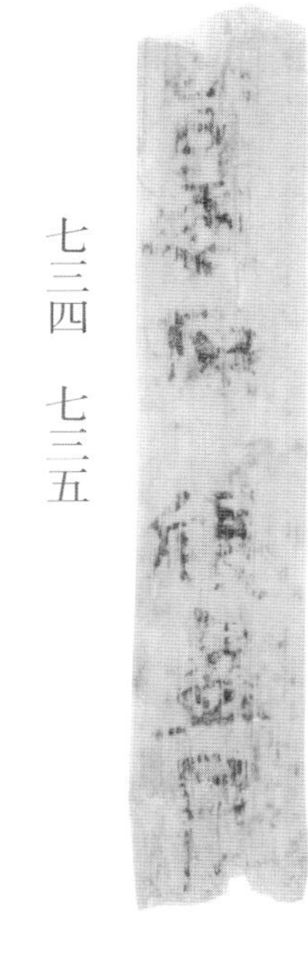

七三四　七三五

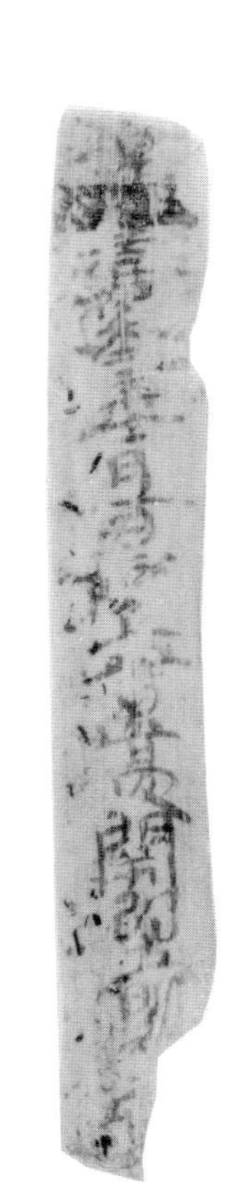

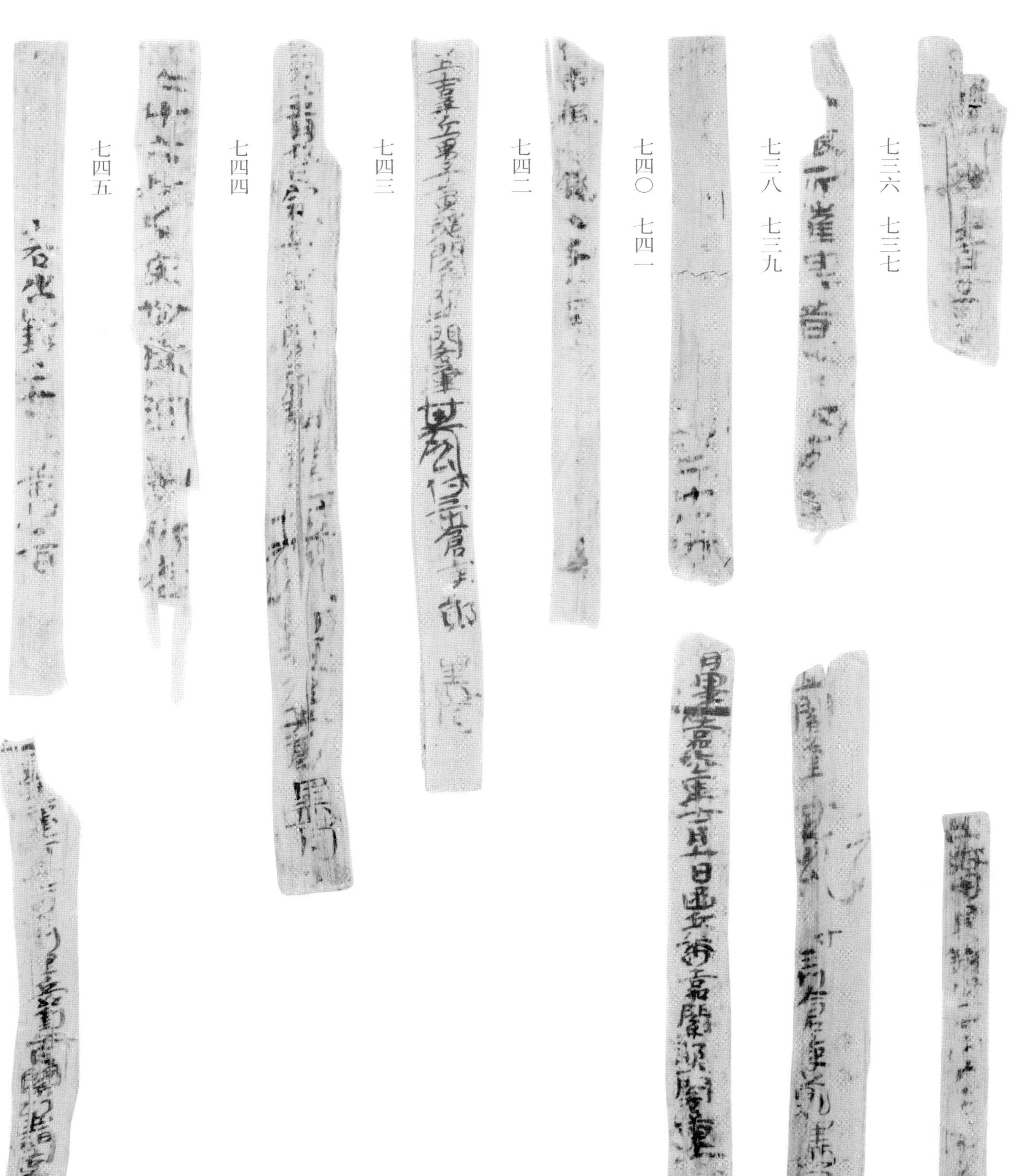

七三六　七三七

七三八　七三九

七四〇　七四一

七四二

七四三

七四四

七四五

七四六　七四七

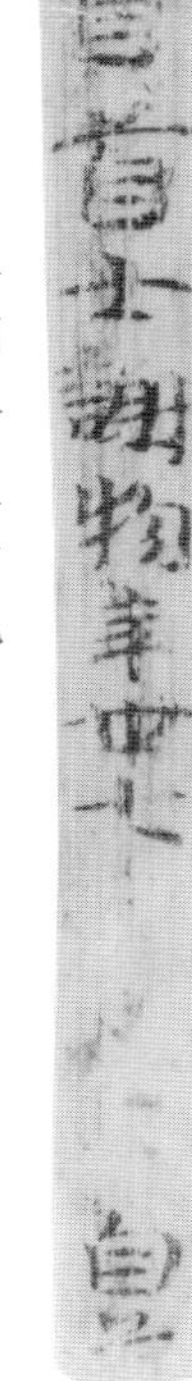

七四八　七四九

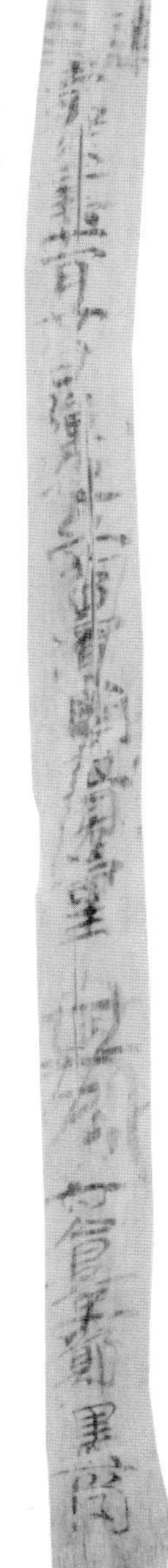

七五〇

七五一

七五二

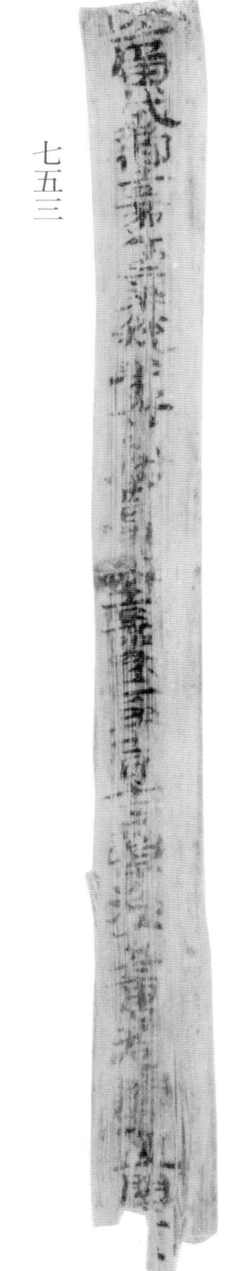

七五三

七五四

七五五

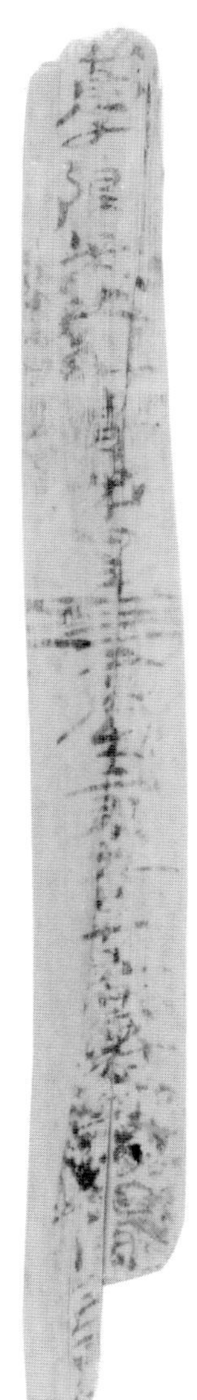

七五六

七五七
七五八
七五九
七六〇
七六一
七六二
七六三
七六四

七六五　七七一

七六六　七七二

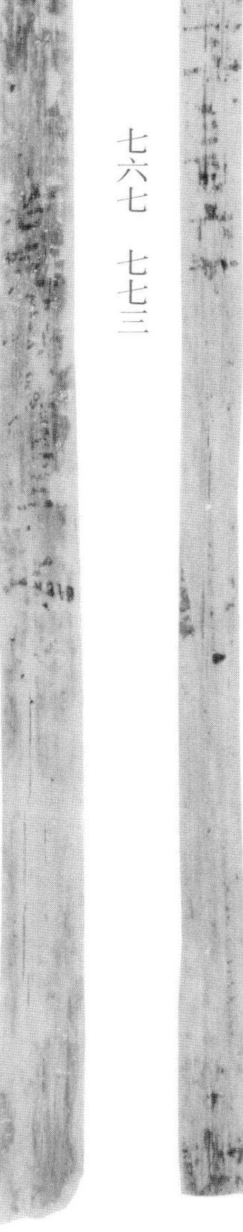
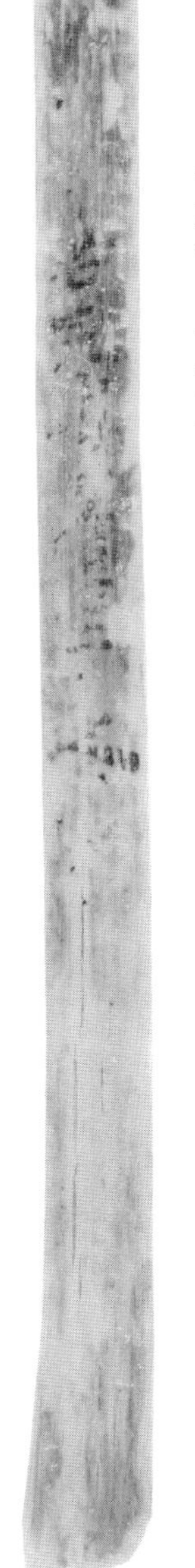
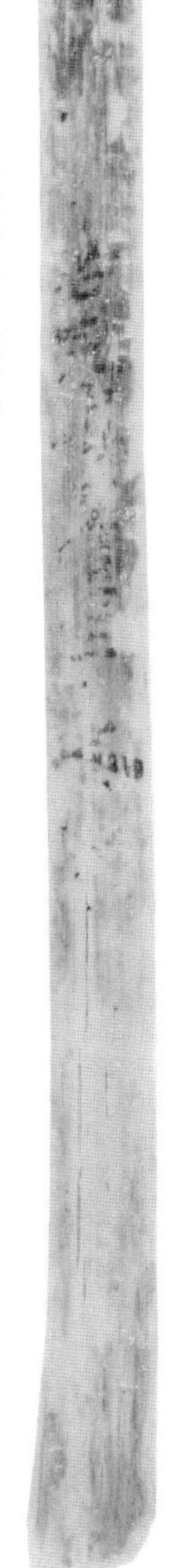

七六七　七七三

七六八　七七四

七六九　七七五

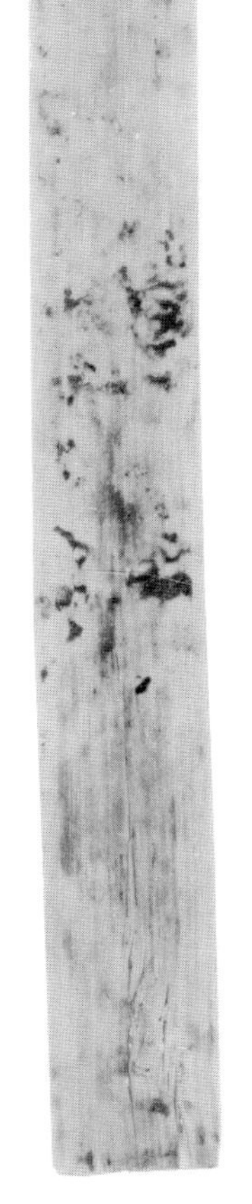
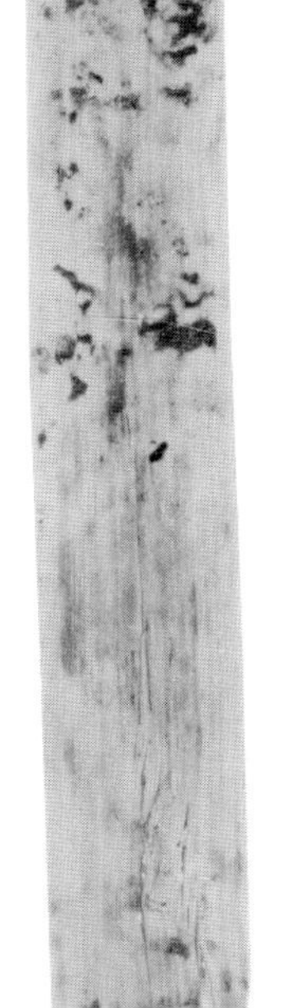

七七〇　七七六

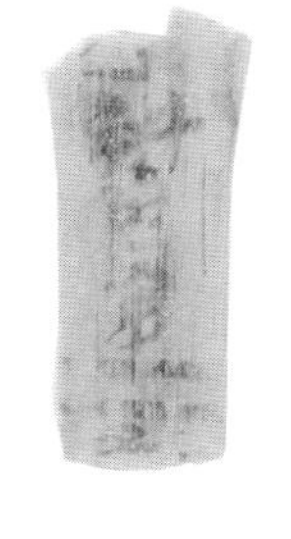

七七七　七七八　七七九　七八〇

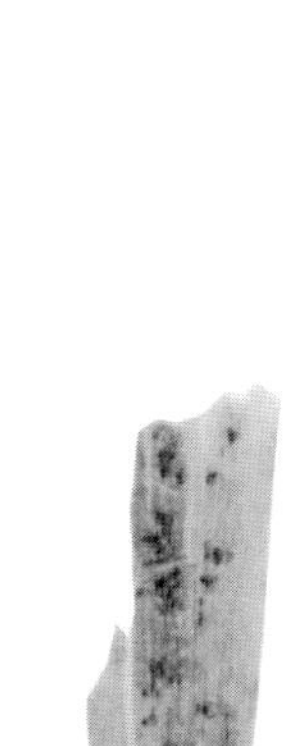

七八一　七八二　七八三　七八四

七八五　七八六　七八七

七八八　七八九　七九〇

七九一　七九二　七九三　七九四

七九五　七九六　七九七

七九八　七九九　八〇〇　八〇一

八〇二　八〇三　八〇四

八〇五　八〇六

八〇七　八〇八

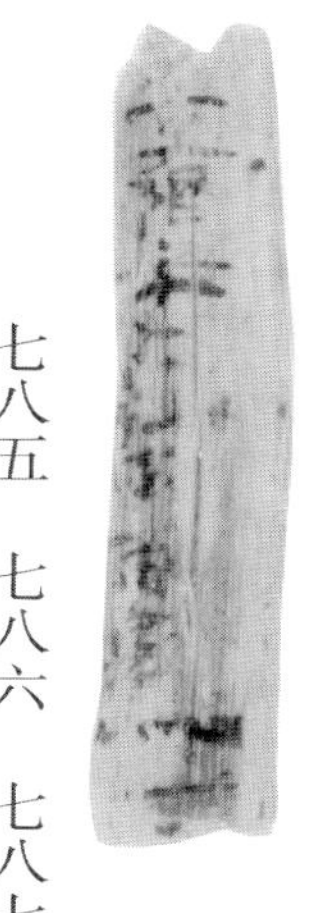
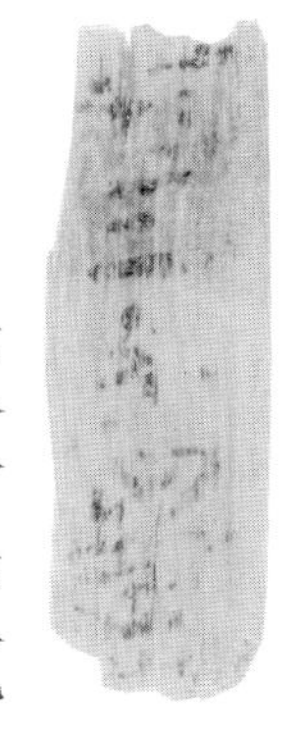
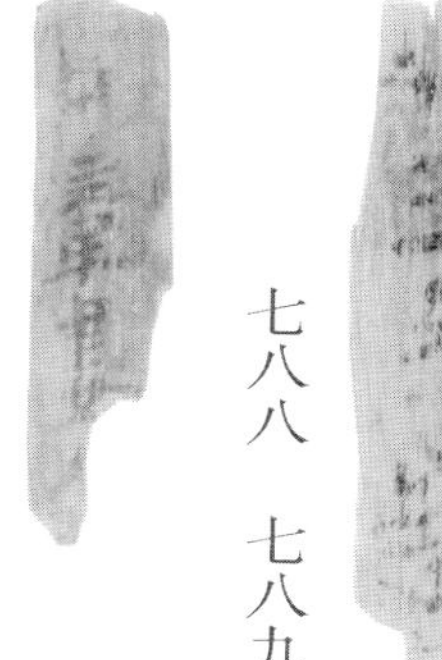

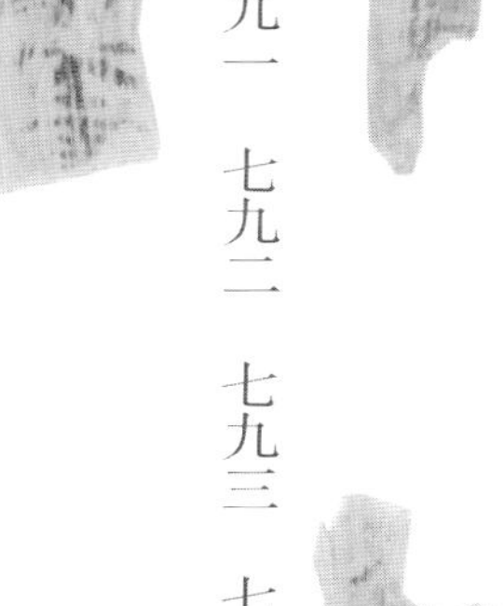
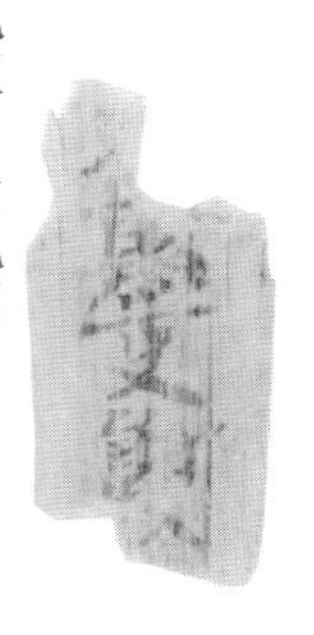

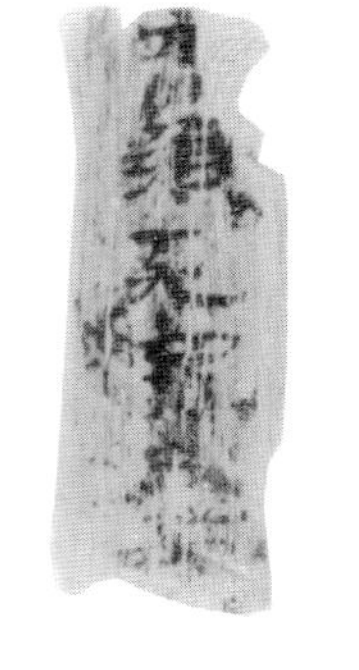
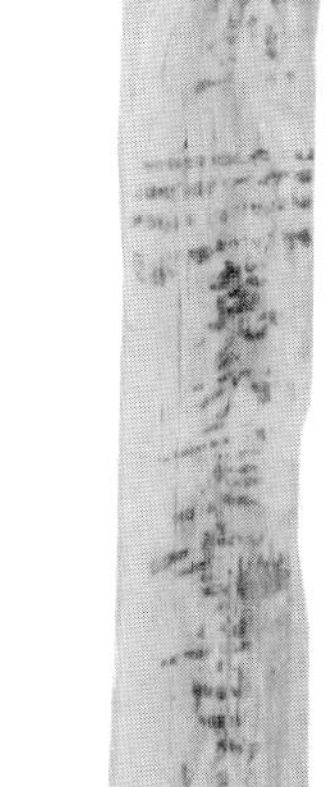
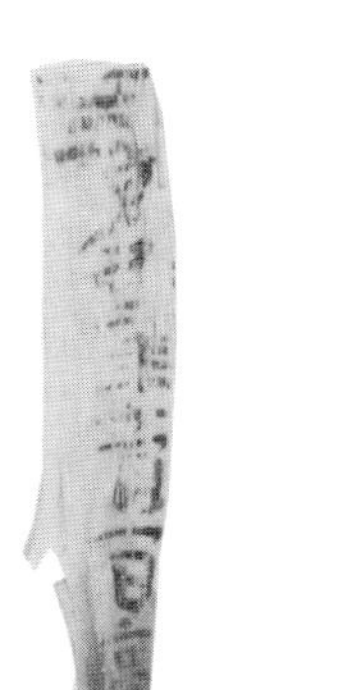
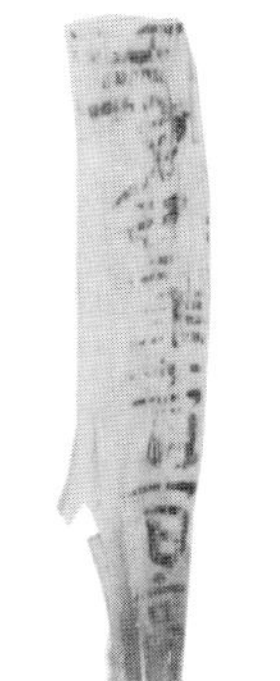
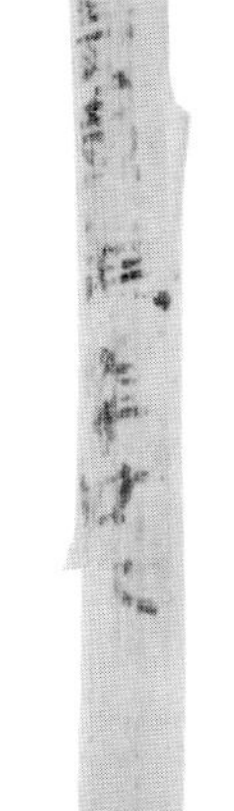

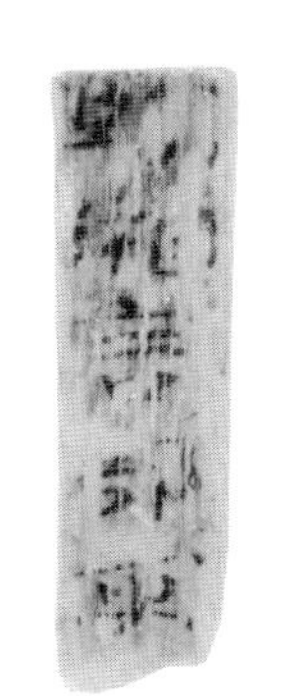

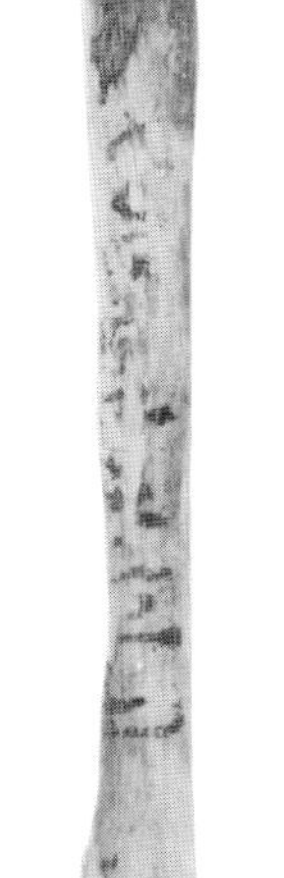
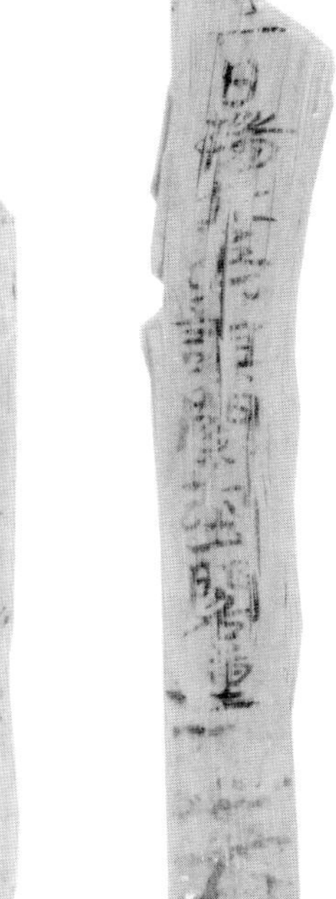
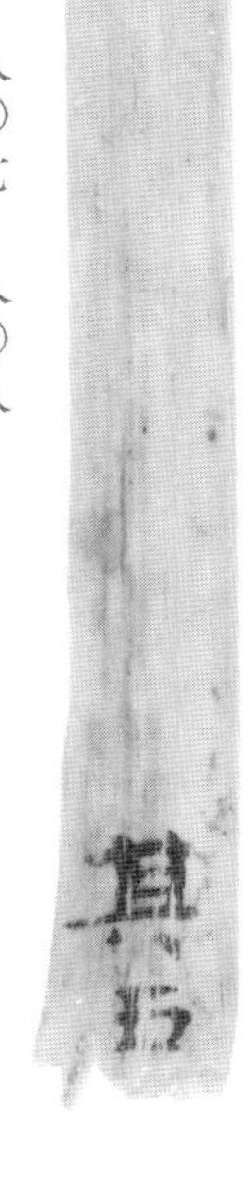

八〇九　八一〇　八一一

八一二　八一三　八一四

八一五　八一六　八一七

八一八　八一九　八二〇

八二一　八二二　八二三　八二四

八二五　八二六　八二七　八二八

八二九　八三〇　八三一　八三二

八三三　八三四　八三五　八三六

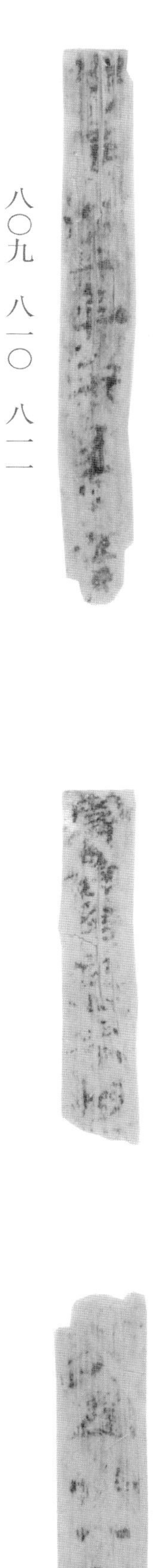

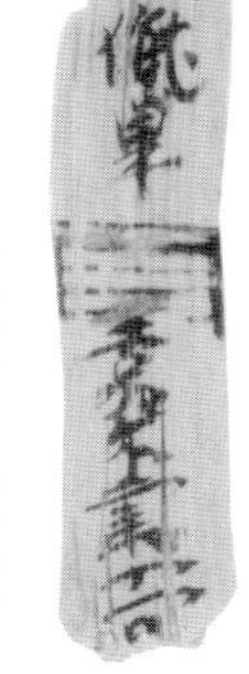
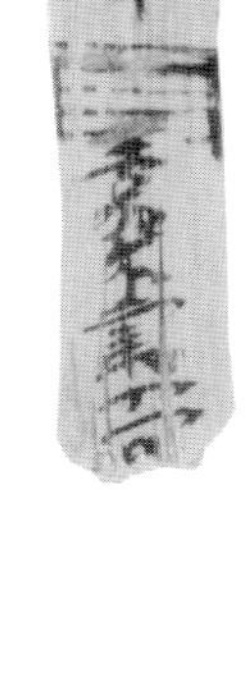
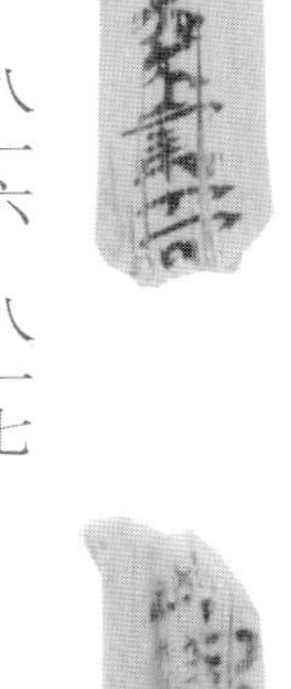
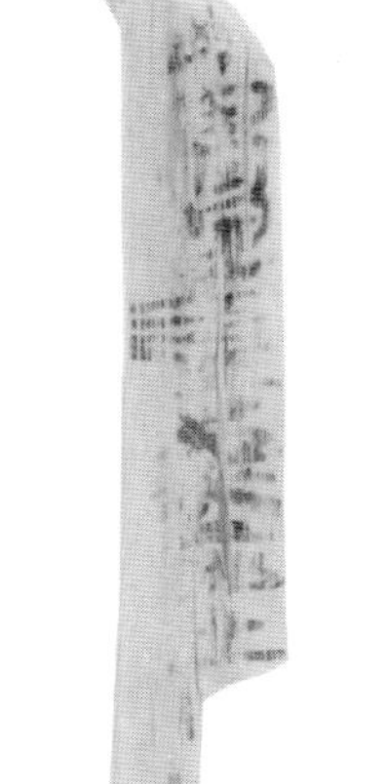
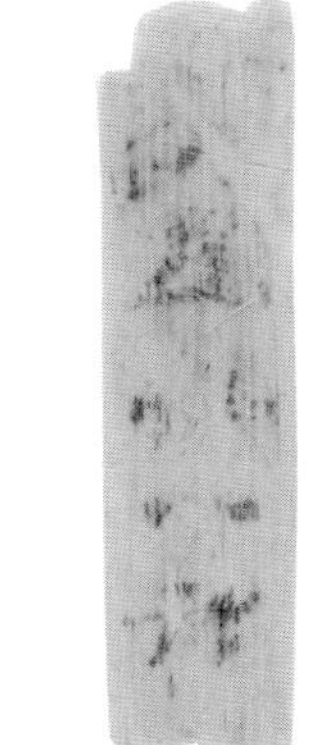
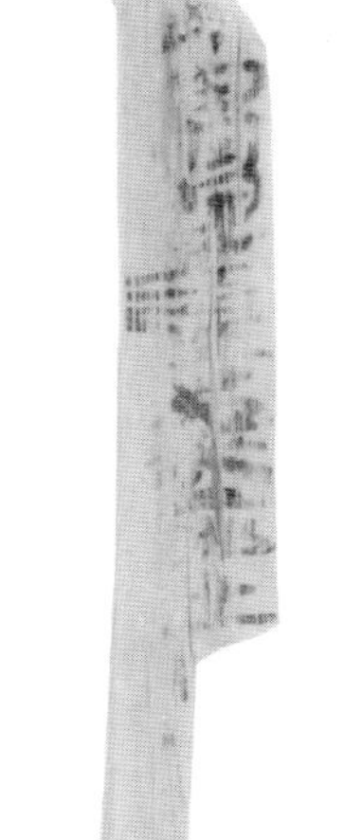
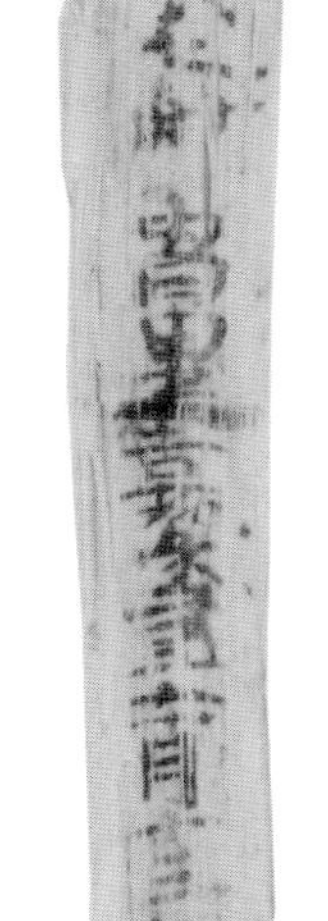
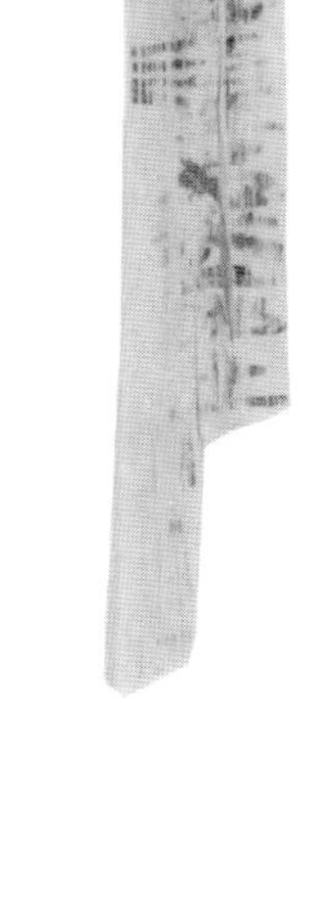

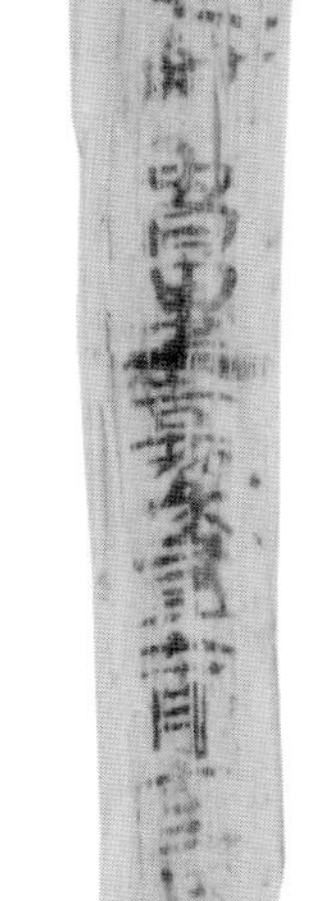
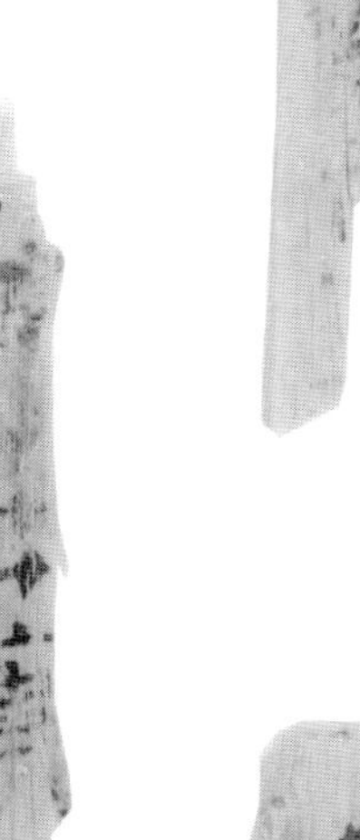
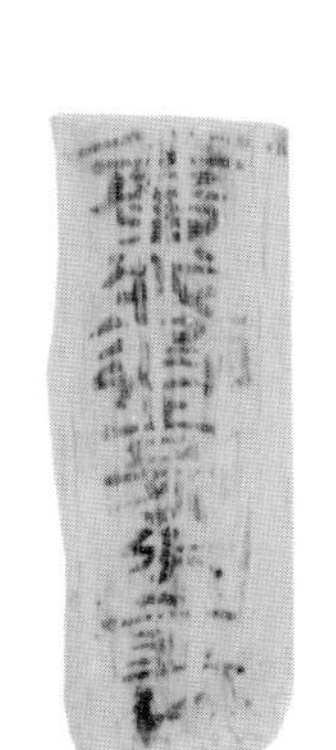
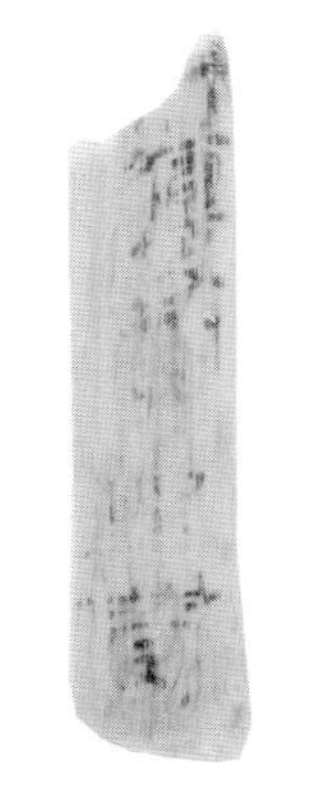
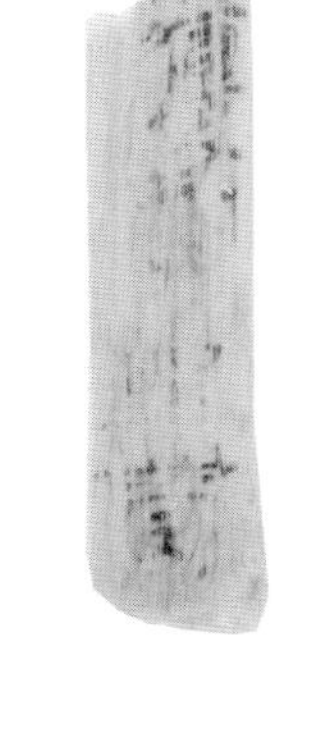
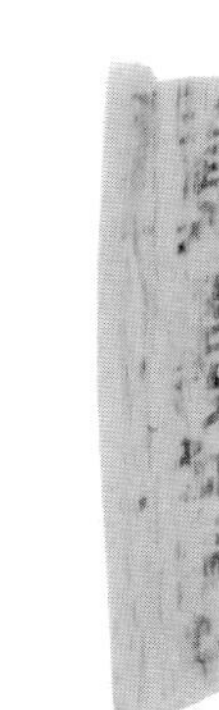

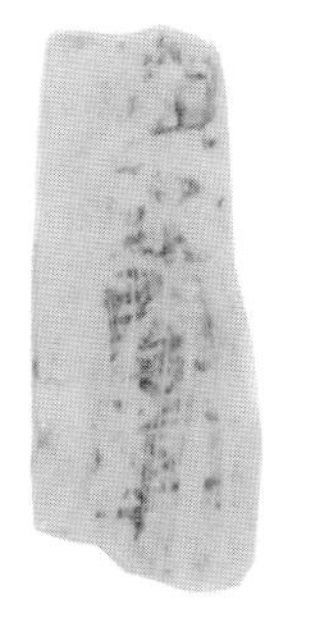
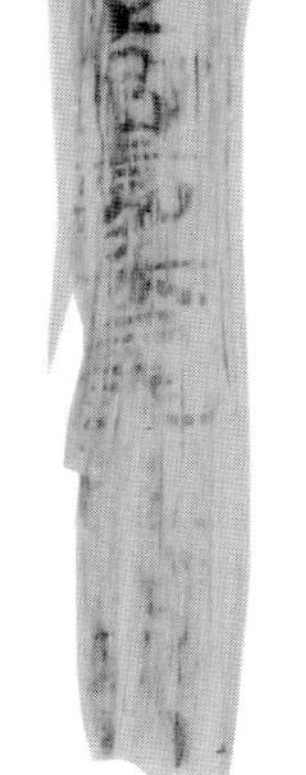
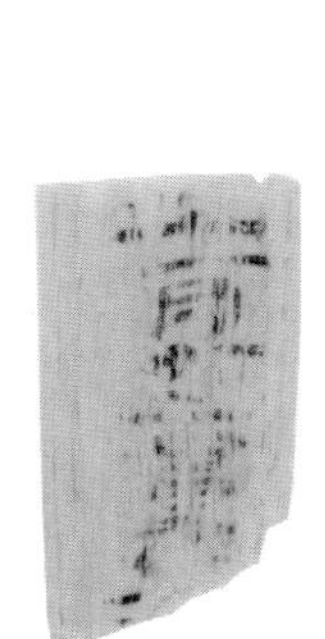
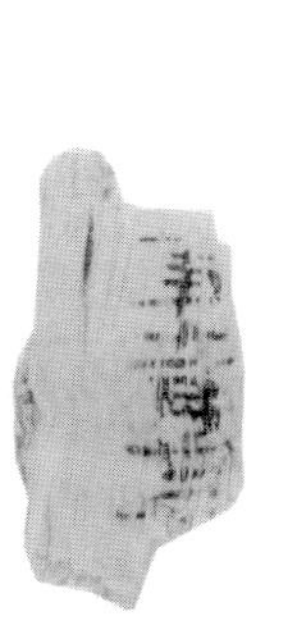

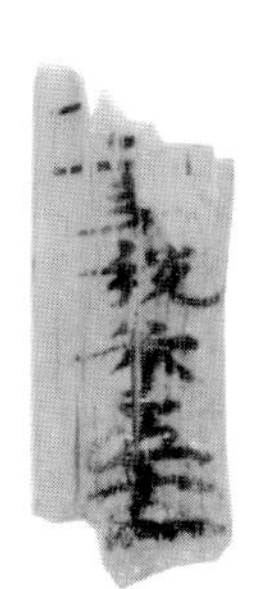

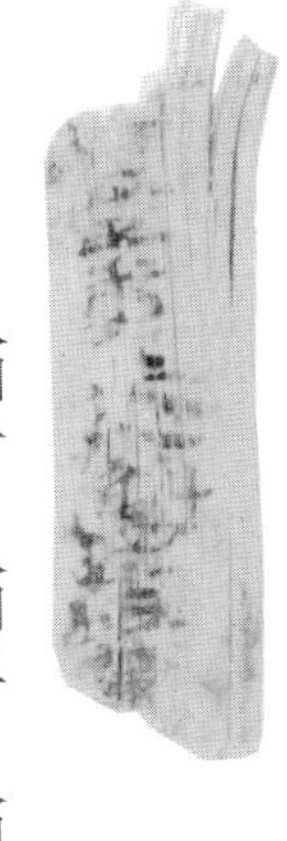

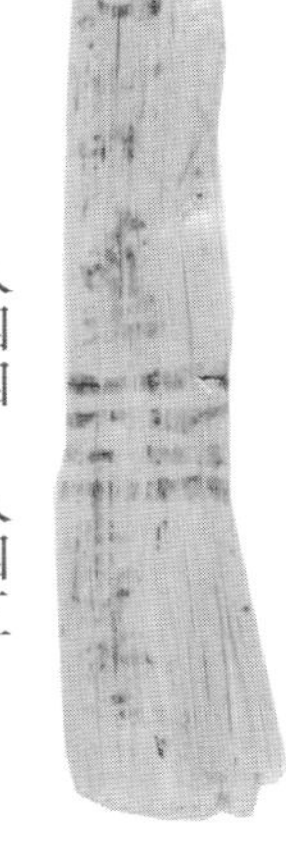

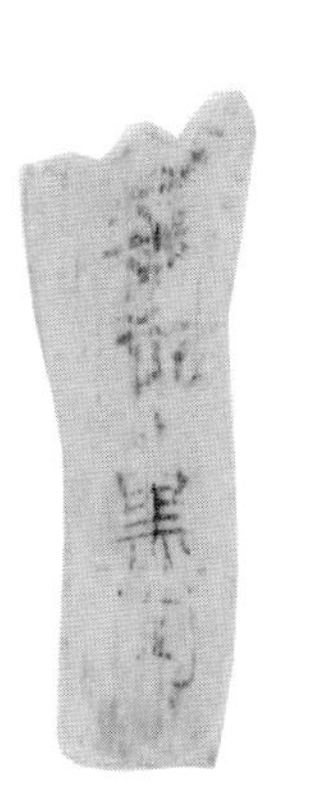
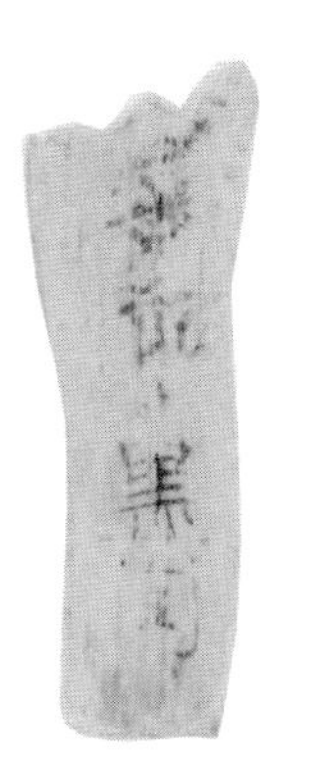
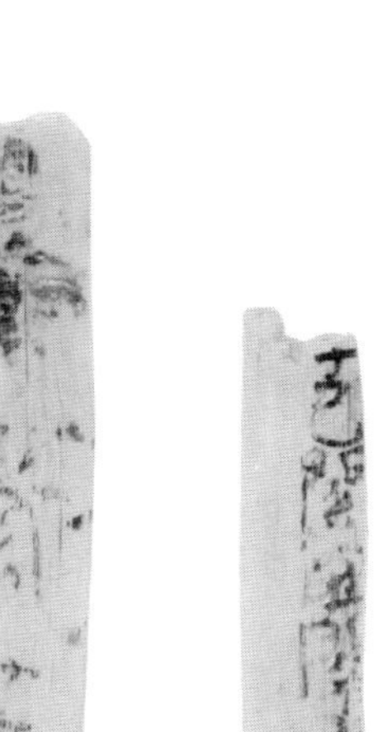
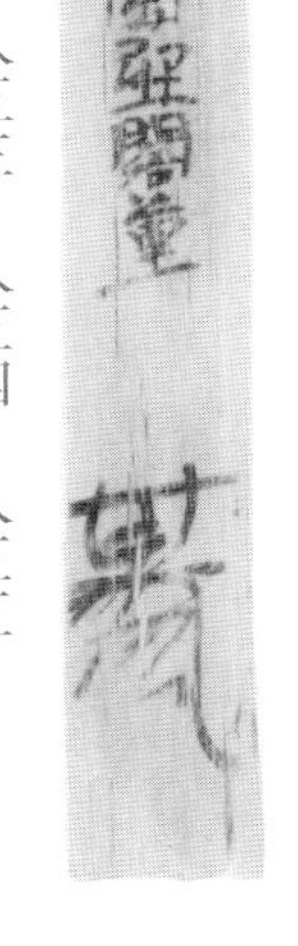
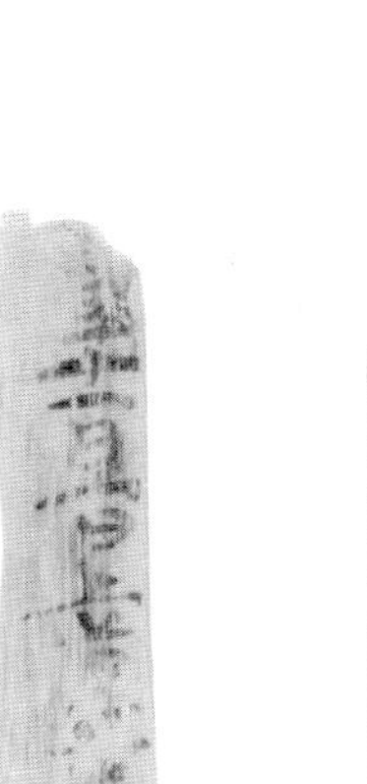
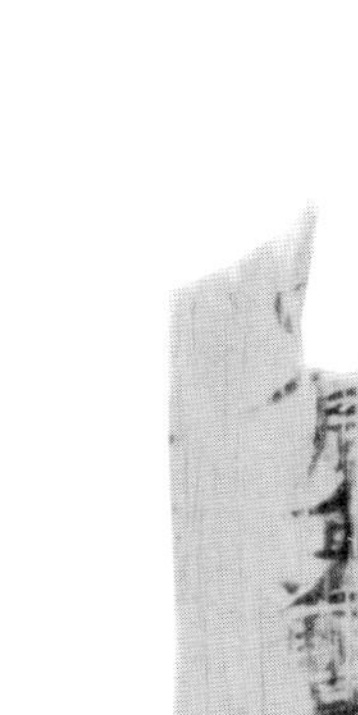
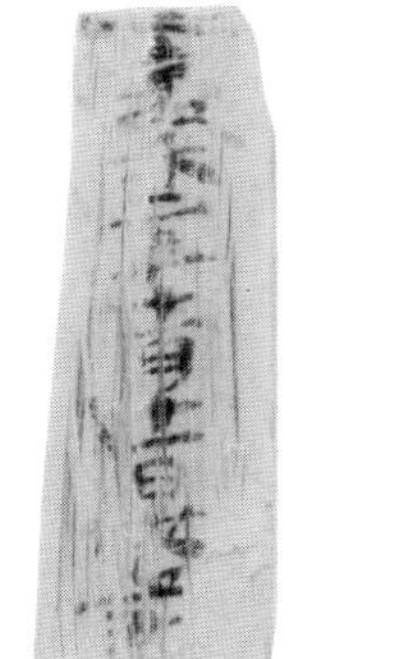

八三七　八三八　八三九　八四〇

八四一　八四二　八四三

八四四　八四五

八四六　八四七

八四八　八四九　八五〇

八五一　八五二

八五三　八五四　八五五

八五六　八五七　八五八

八五九　八六〇　八六一　八六二

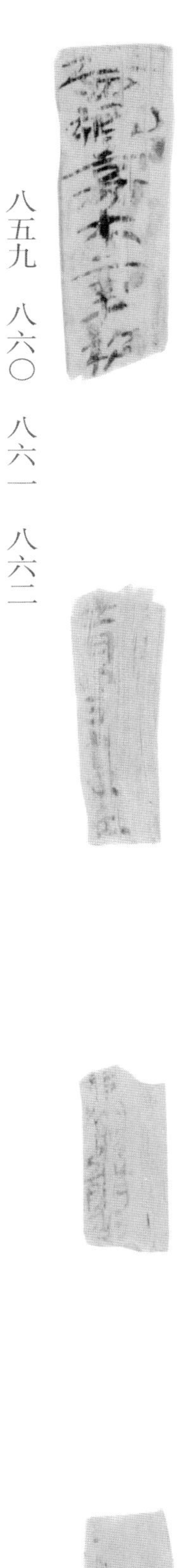

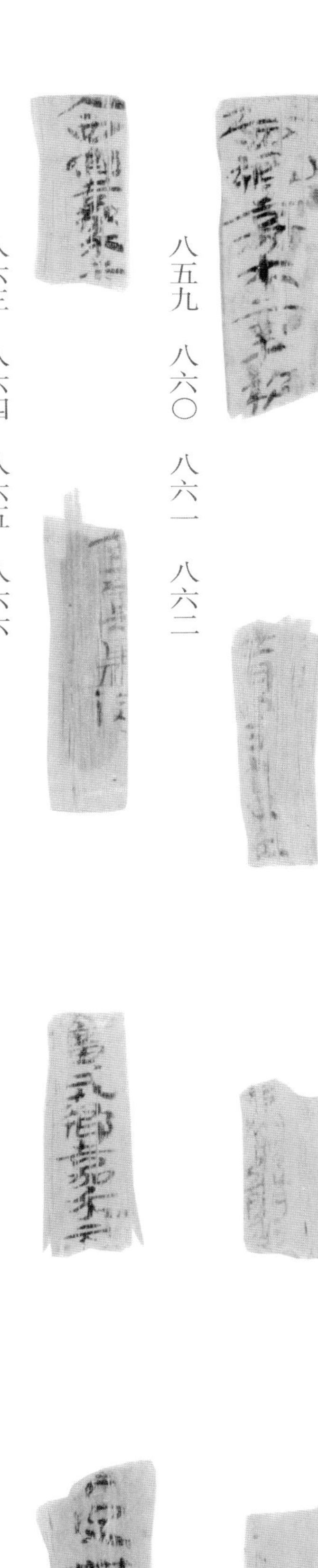

八六三　八六四　八六五　八六六

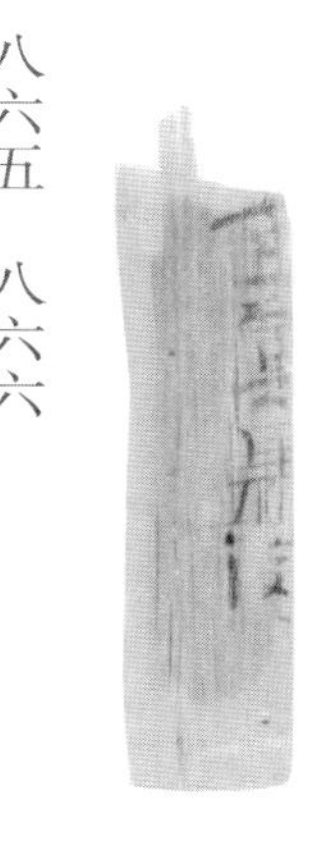

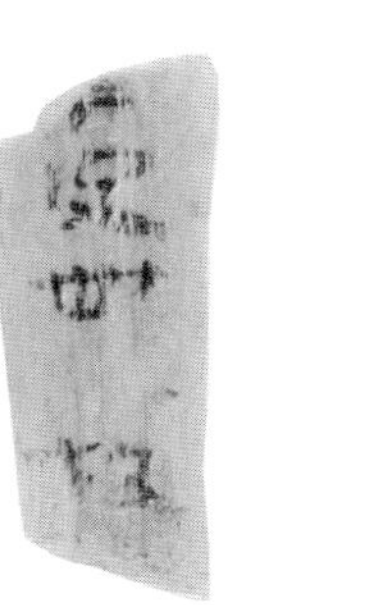

八六七　八六八　八六九

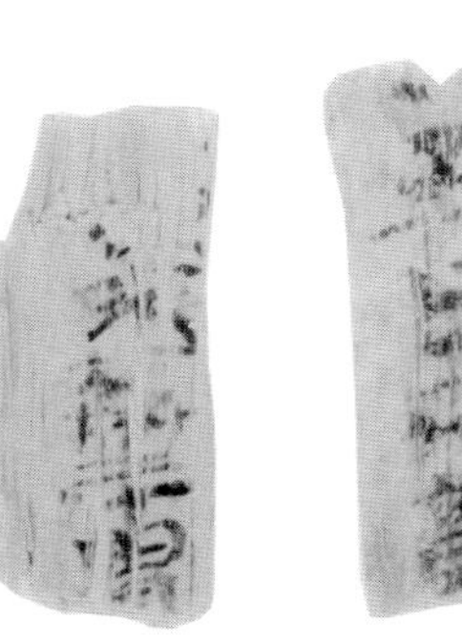

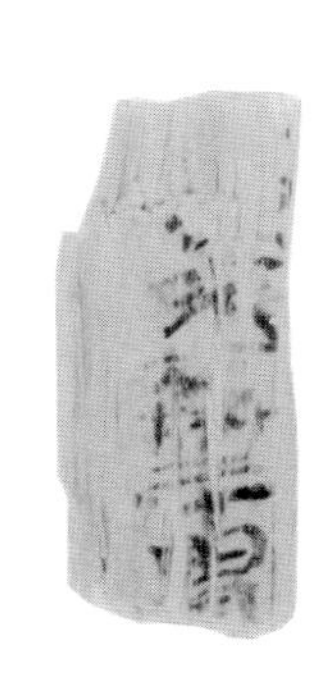

八七〇　八七一　八七二

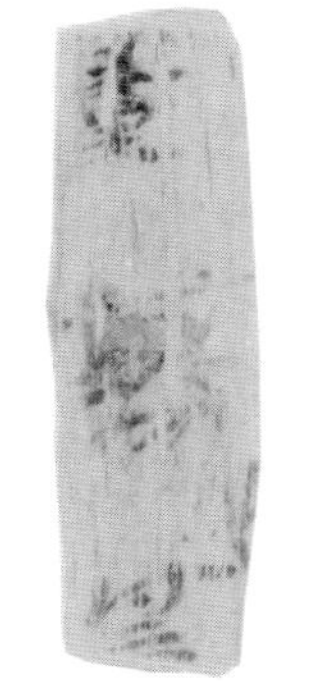

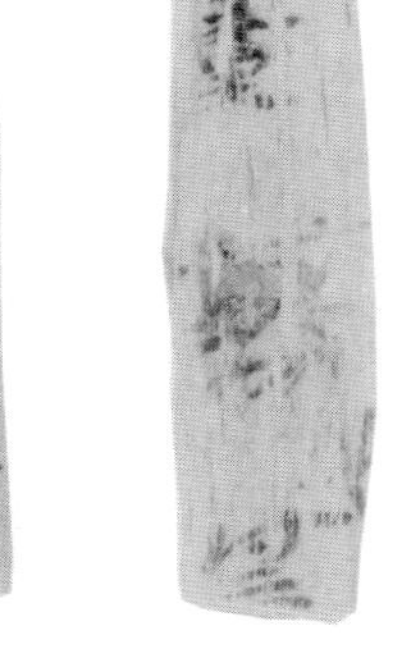

八七三　八七四　八七五

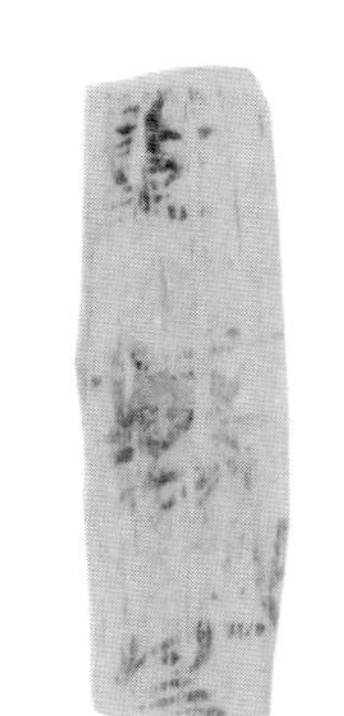

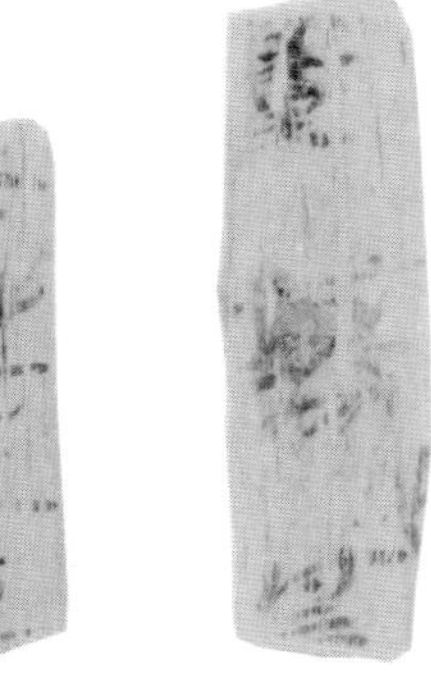

八七六　八七七　八七八　八七九

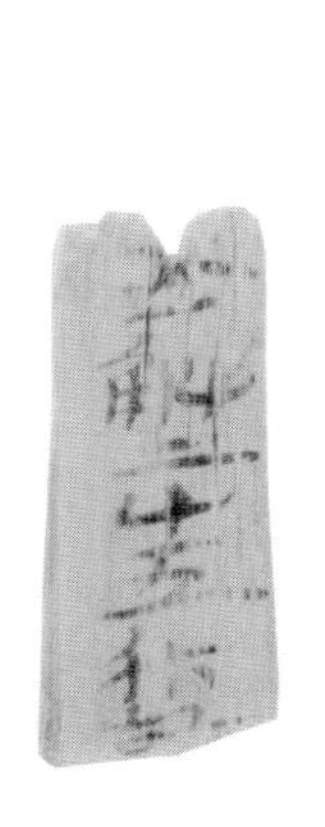

八八〇　八八一

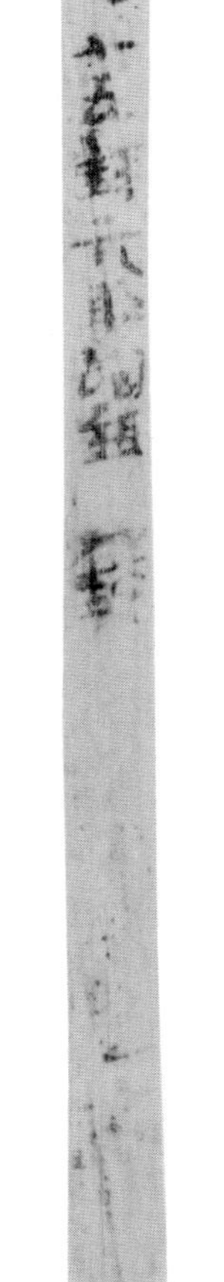

八八二　八八三

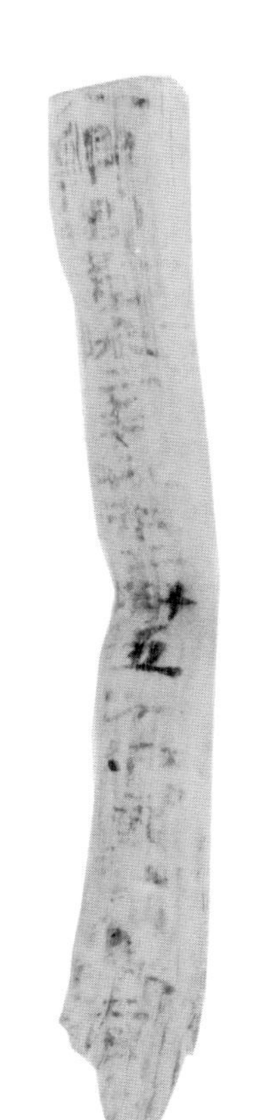

八八四　八八五

八八六　八八七

八八八

八八九　八九〇

八九一　八九二

八九三　八九四

八九五　八九六　八九七

八九八　八九九　九〇〇

九〇一 九〇二 九〇三

九〇四

九〇五

九〇六

九〇七

九〇八

九〇九 九一〇 九一一

九一二 九一三 九一四

九一五　九一六

九一七　九一八

九一九　九二〇

九二一　九二二　九二三

九二四　九二五　九二六　九二七

九二八　九二九　九三〇

九三一　九三二　九三三

九三四　九三五　九三六

九三七　九三八　九三九

九四〇　九四一　九四二

九四三　九四四　九四五

九四六　九四七

九四八　九四九　九五〇　九五一

九五二　九五三　九五四

九五五　九五六

九五七　九五八

九五九　九六〇　九六一　九六二

九六三　九六四　九六五　九六六

九六七　九六八　九六九　九七〇

九七一　九七二　九七三

九七四　九七五　九七六

九七七　九七八　九七九

九八〇　九八一　九八二　九八三

九八四　九八五　九八六　九八七

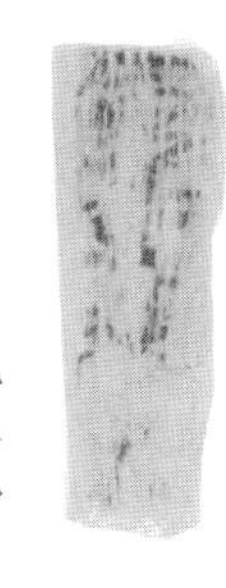

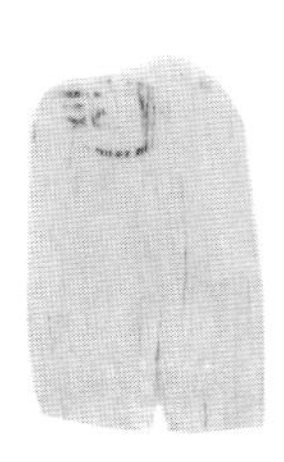

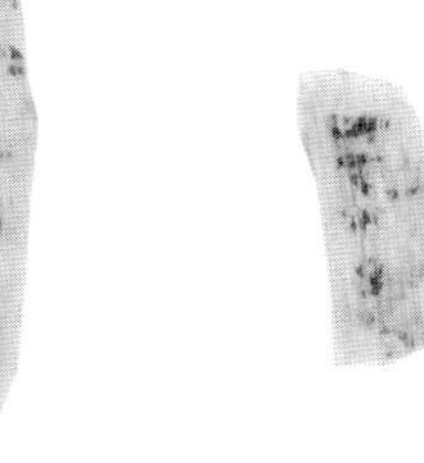
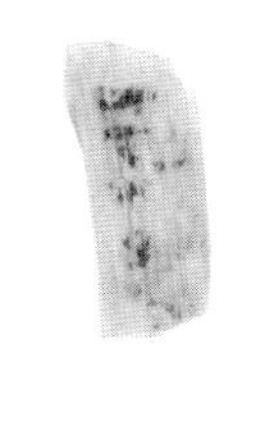
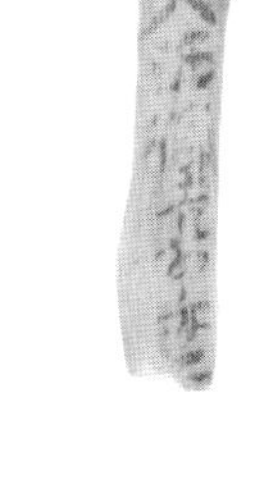
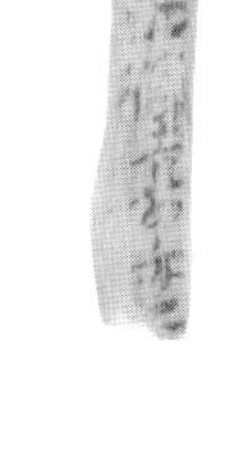

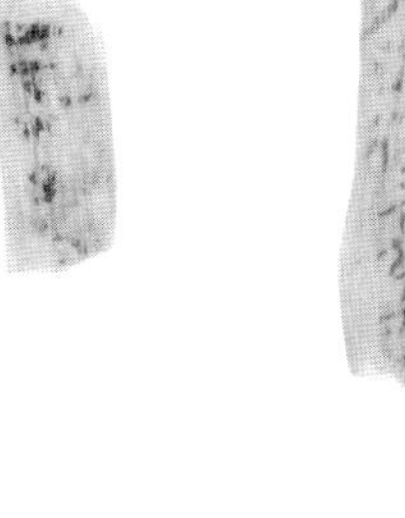
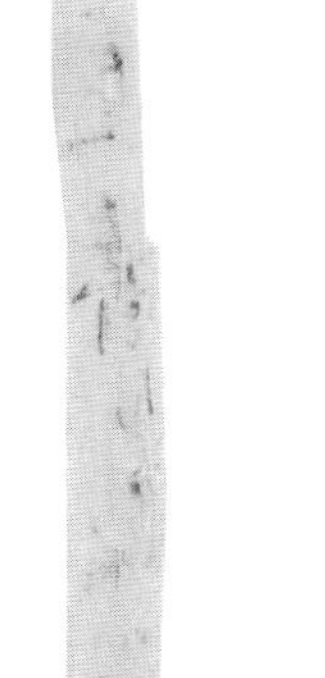

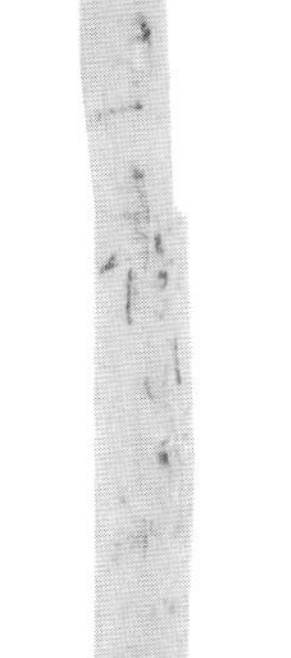
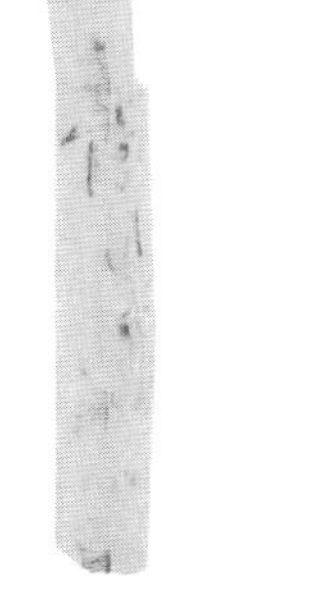

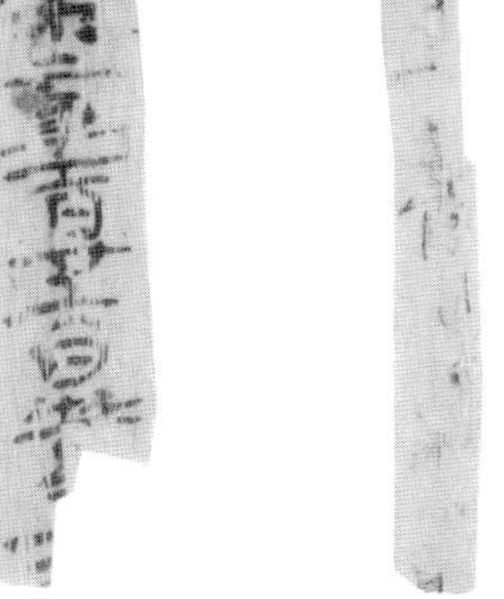
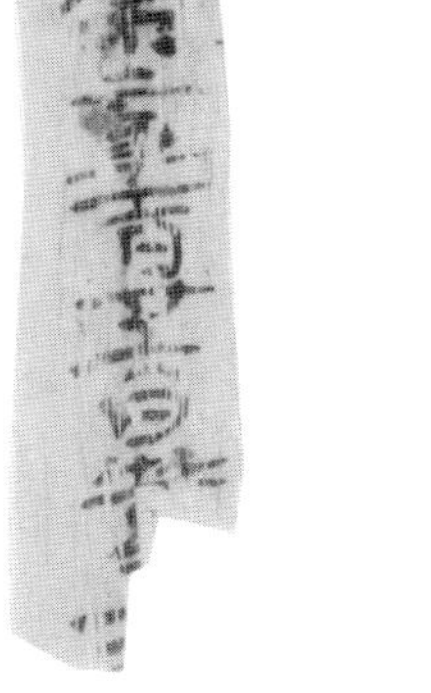
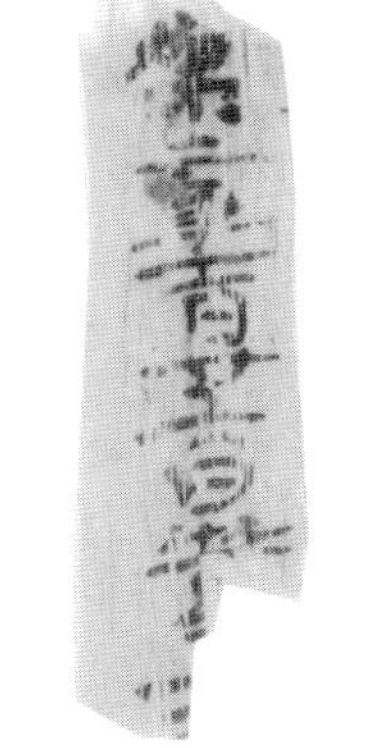
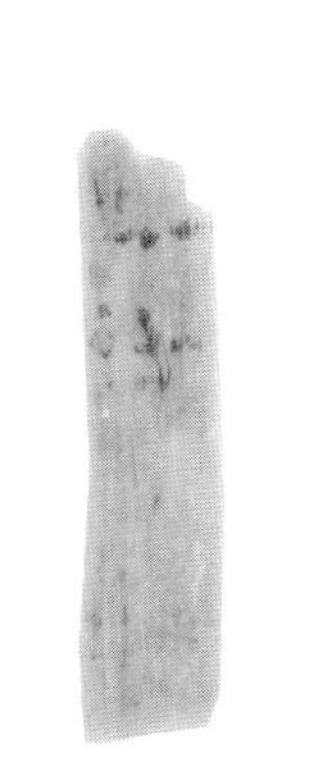

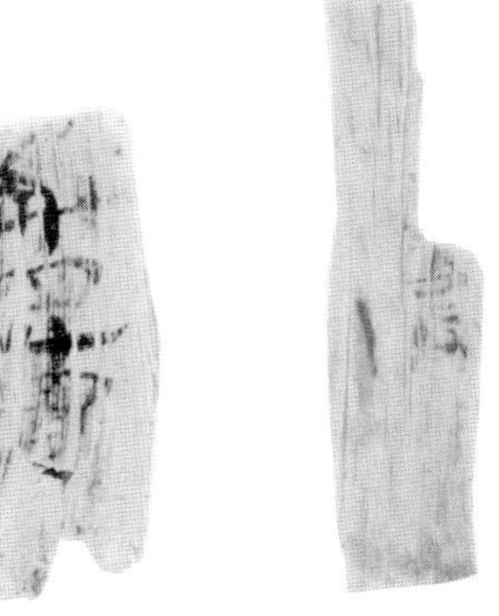

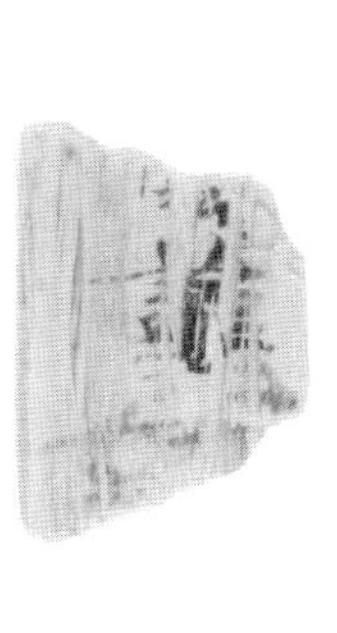
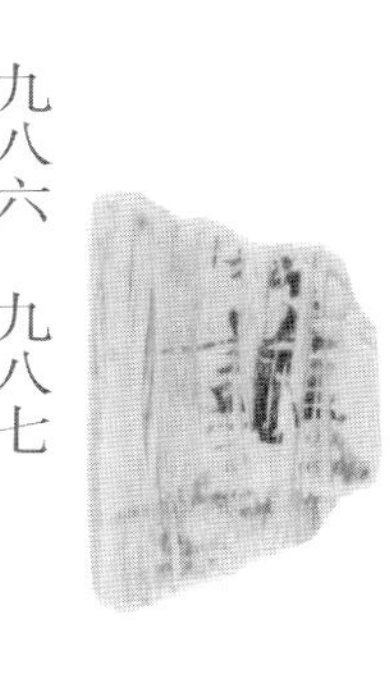

一〇九五　一〇九九

一〇九六　一一〇〇

一〇九七　一一〇一

一〇九八　一一〇二

一一〇三　一一〇四　一一〇五　一一〇六

一一〇七　一一〇八　一一〇九　一一一〇

一一一一　一一一二　一一一三

一一一四　一一一五　一一一六　一一一七

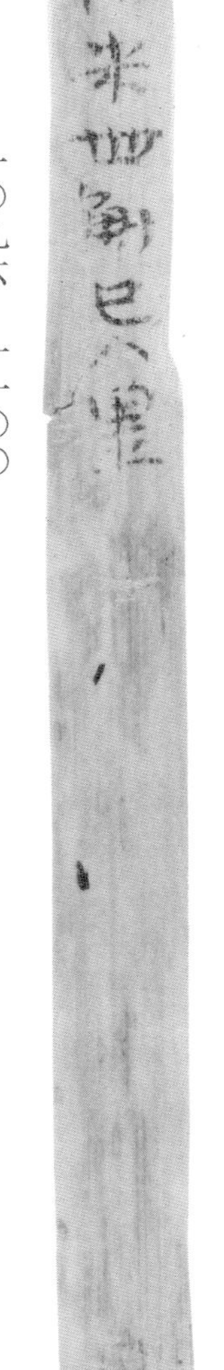
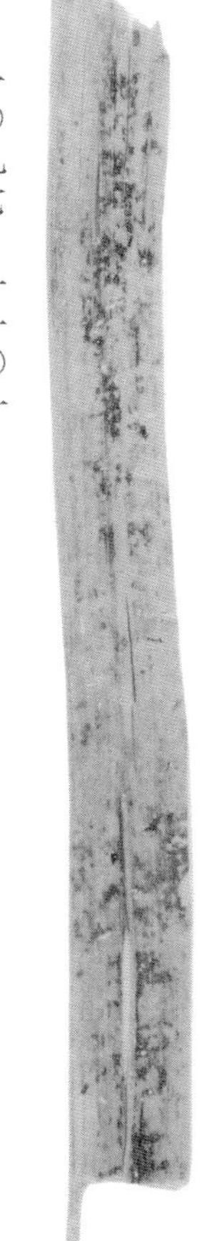

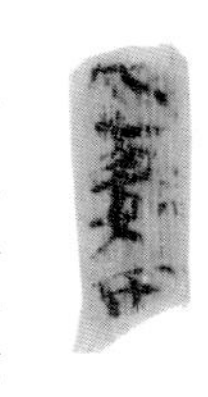
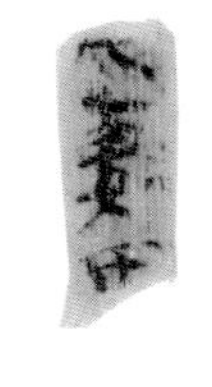
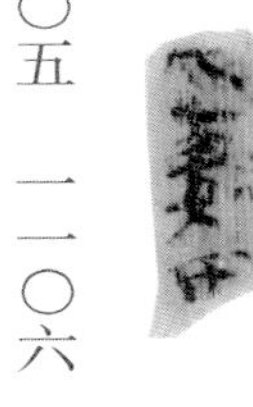
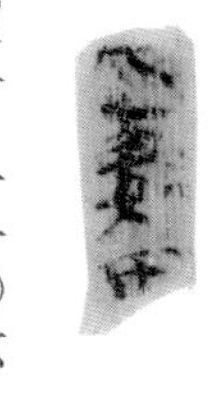

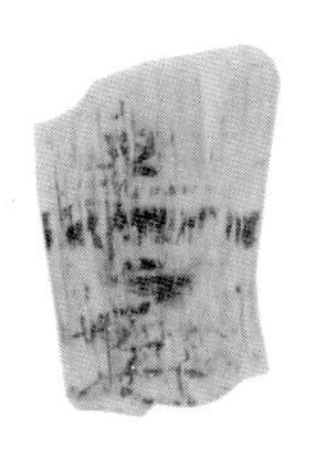
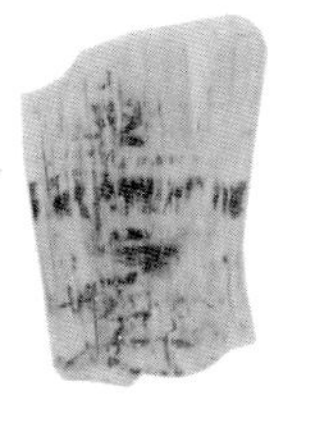
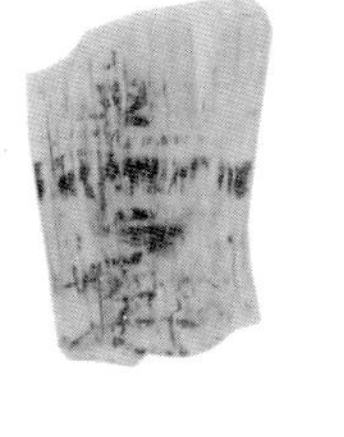

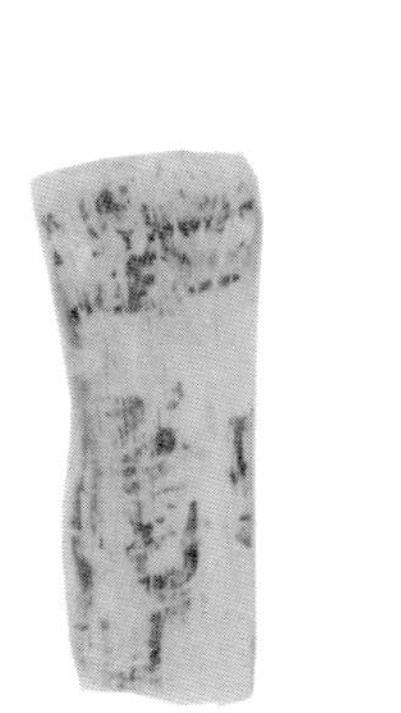
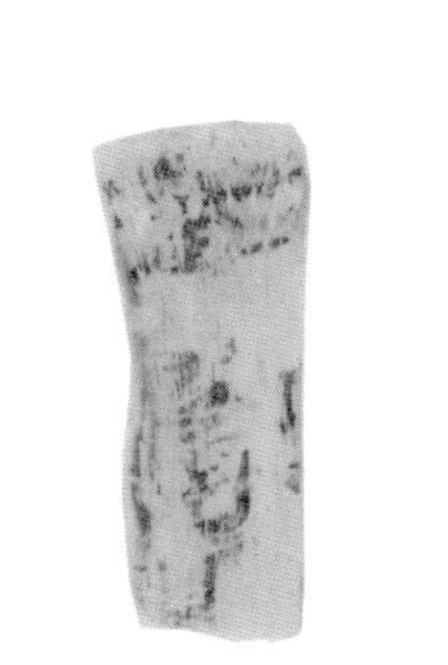

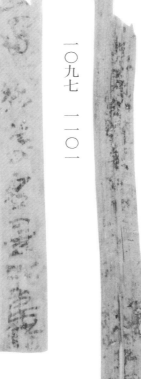

一一一八　一一一九　一一二〇　一一二一

一一二二　一一二三　一一二四

一一二五　一一二七

一一二六　一一二八

一一二九

一一三〇

一一三一

一一三二

一一三三

一一三四　一一三五

一一三六　一一四二

一一三七　一一四三

一一三八　一一四四

一一三九　一一四五

一一四〇　一一四六

一一四一　一一四七

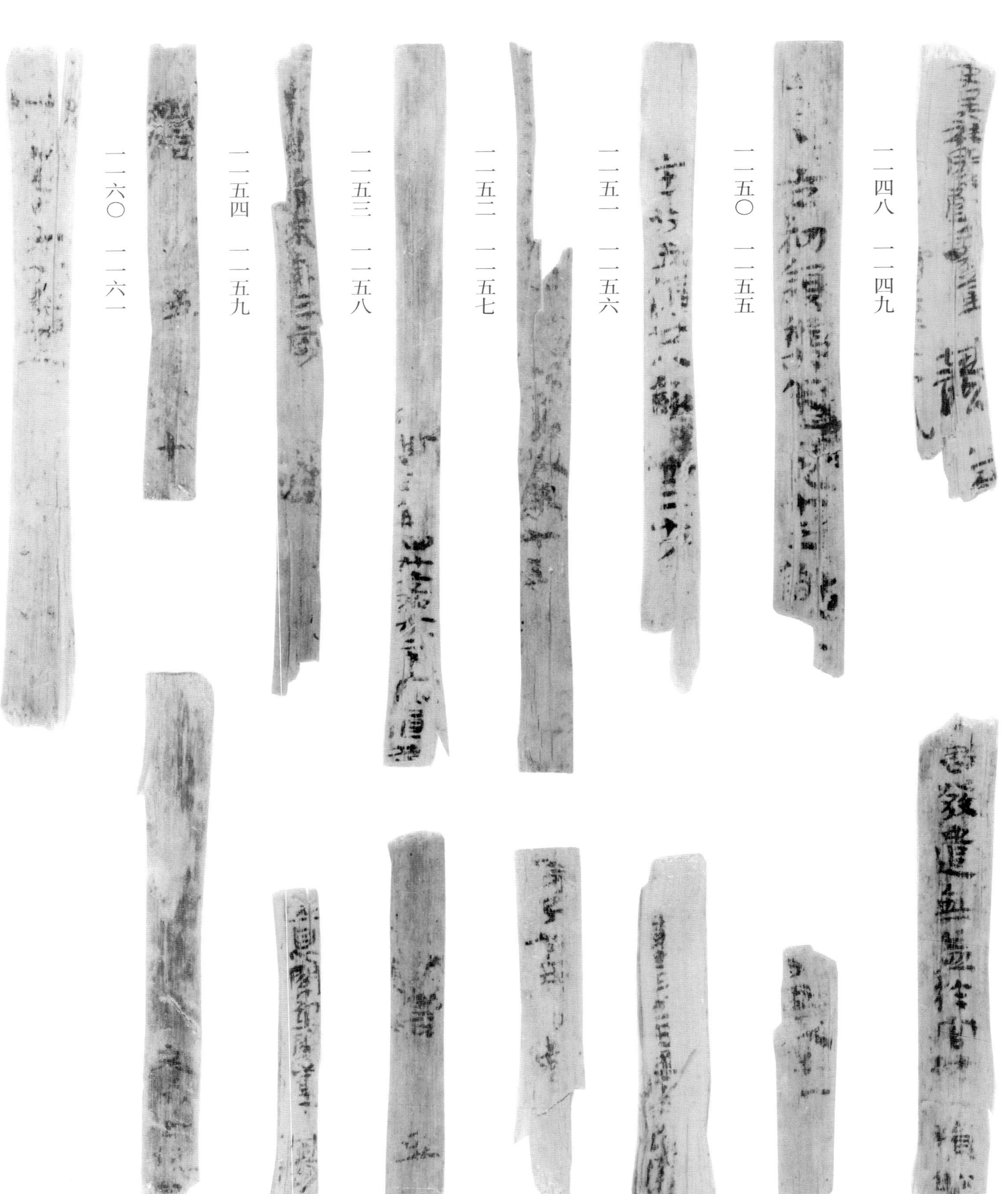

一一四八　一一四九

一一五〇　一一五五

一一五一　一一五六

一一五二　一一五七

一一五三　一一五八

一一五四　一一五九

一一六〇　一一六一

一一六二

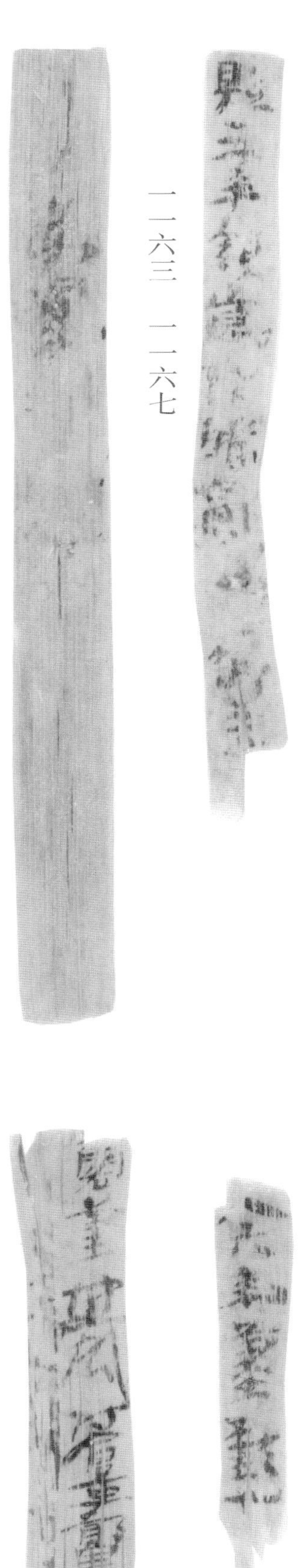

一一六三　一一六七

一一六四　一一六八

一一六五　一一六九

一一六六　一一七〇

一一七一　一一七二

一一七三　一一七六

一一七四　一一七七

一一七五　一一七八

一一七九　一一八〇　一一八一

一一八二　一一八三

一一八四　一一八五

一一八六　一一八七

一一八八　一一八九　一一九〇

一一九一　一一九二　一一九三　一一九四

一一九五　一一九六　一一九七　一一九八

一一九九　一二〇〇　一二〇一

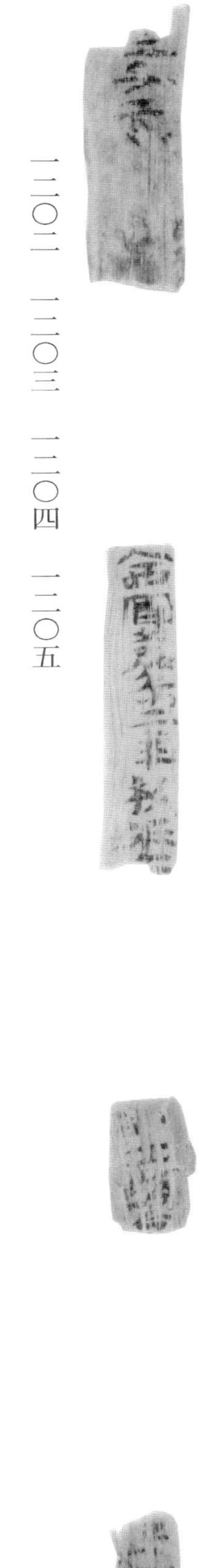
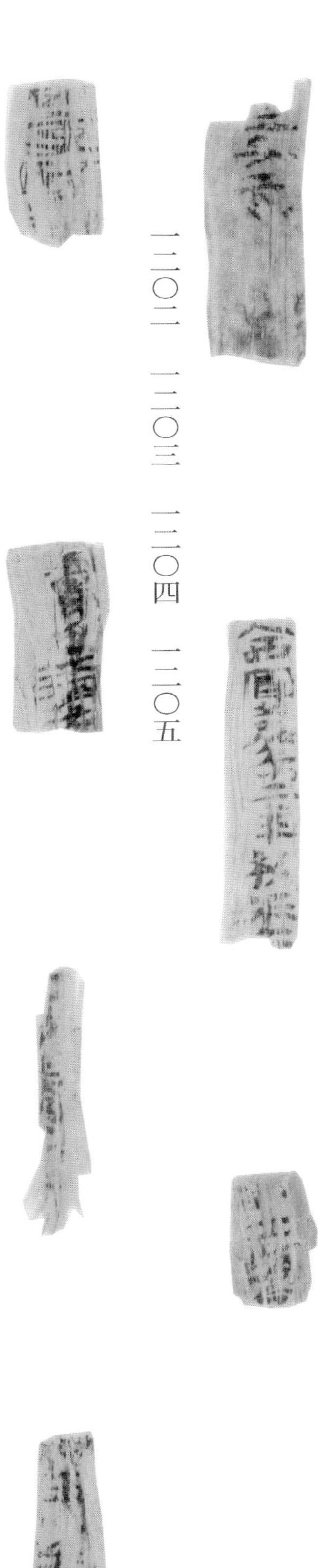

一二〇二　一二〇三　一二〇四　一二〇五

一二〇六　一二〇七　一二〇八　一二〇九

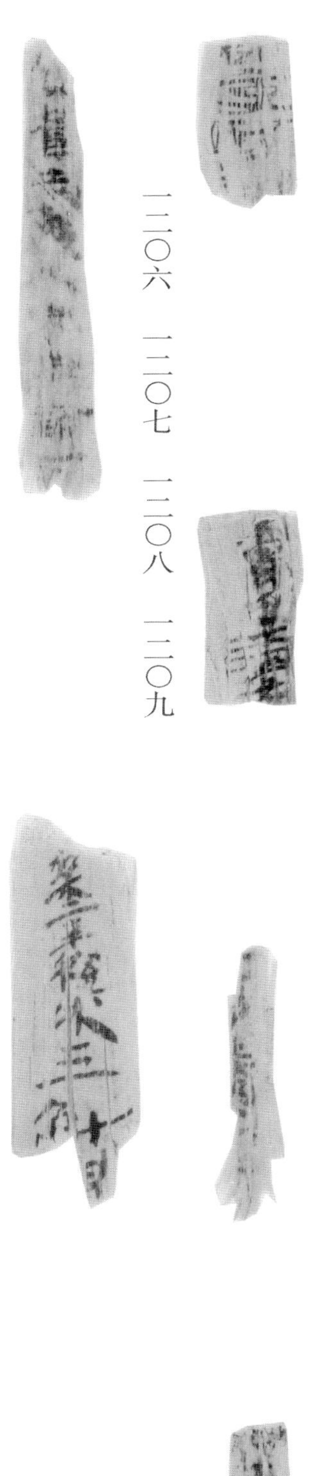

一二一〇　一二一一　一二一二

一二一三　一二一四　一二一五

一二一六　一二一七　一二一八　一二一九

一二二〇　一二二一　一二二二

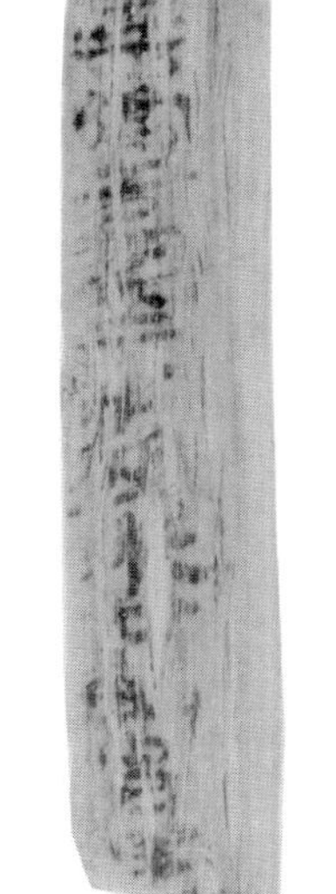

一二二三　一二二四　一二二五

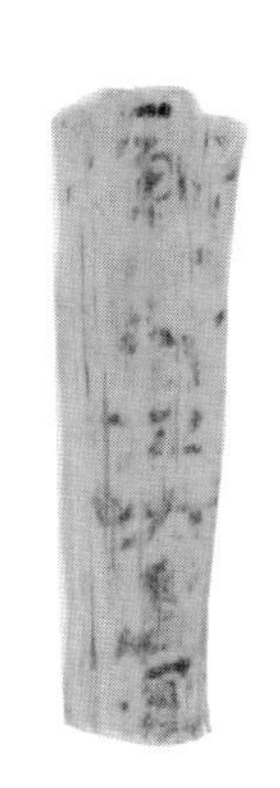
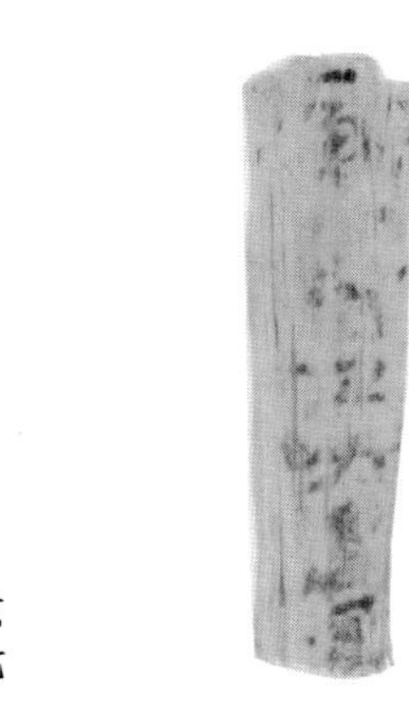

一二二六　一二二七　一二二八

一二二九　一二三〇　一二三一
一二三二
一二三三
一二三四
一二三五
一二三六
一二三七
一二三八

一二三九

一二四〇

一二四一

一二四二

一二四三

一二四四

一二四五

一二四六

一二四七
一二四八
一二四九
一二五〇
一二五一
一二五二
一二五三
一二五四

一二五五

一二五六

一二五七

一二五八

一二五九

一二六〇

一二六一

一二六二

一二六三

一二六四

一二六五

一二六六

一二六七

一二六八

一二六九

一二七〇

一二七一 一二七二 一二七三 一二七四 一二七五 一二七六 一二七七 一二七八

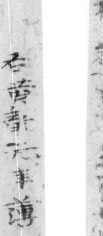

一二七九

一二八〇

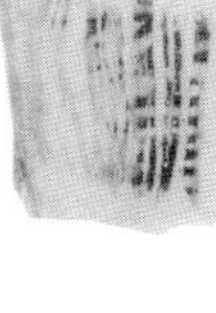

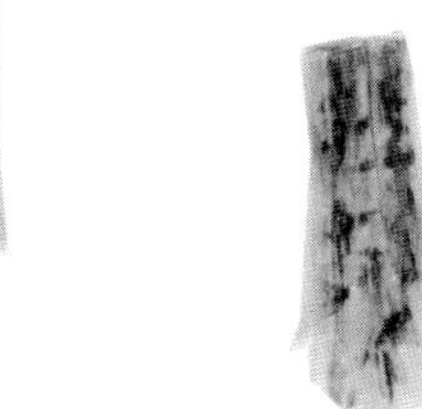

一二八一　一二八二　一二八三　一二八四

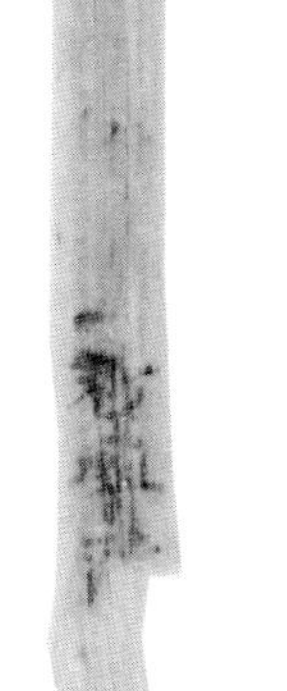

一二八五　一二八六　一二八七

一二八八

一二八九

一二九〇

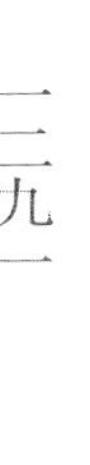

一二九一

一二九二
一二九三
一二九四
一二九五
一二九六
一二九七
一二九八
一二九九

一三〇〇
一三〇一
一三〇二
一三〇三
一三〇四
一三〇五
一三〇六
一三〇七

一三〇八

一三〇九

一三一〇

一三一一

一三一二

一三一三

一三一四

一三一五

一三一六
一三一七
一三一八
一三一九
一三二〇
一三二一
一三二二
一三二三

一三三二四

一三三二五

一三三二六

一三三二七

一三三二八

一三三二九

一三三三〇

一三三三一

一三三二

一三三三

一三三四

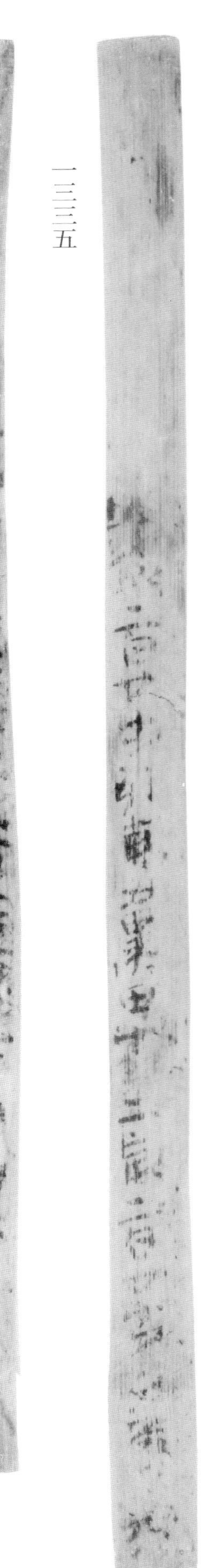

一三三五

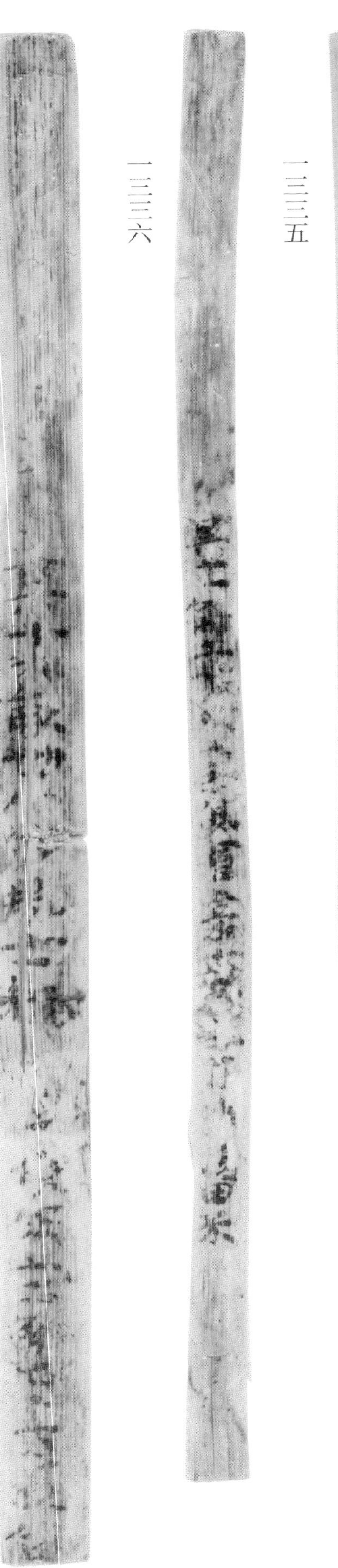

一三三六

一三三七

一三三八　一三三九

一三四〇　一三四一

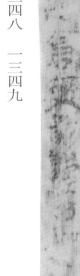

一三四二　一三四三

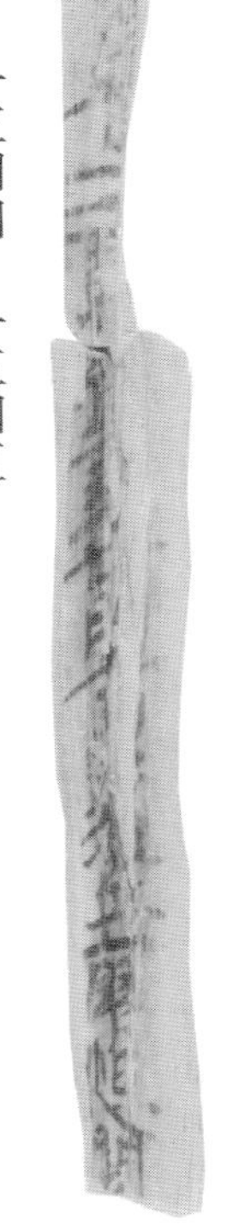
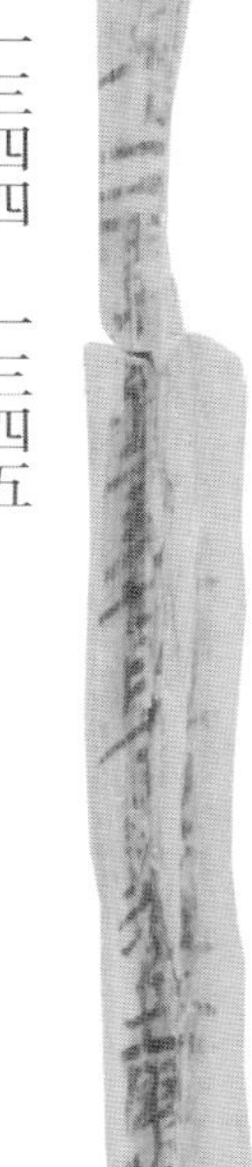

一三四四　一三四五

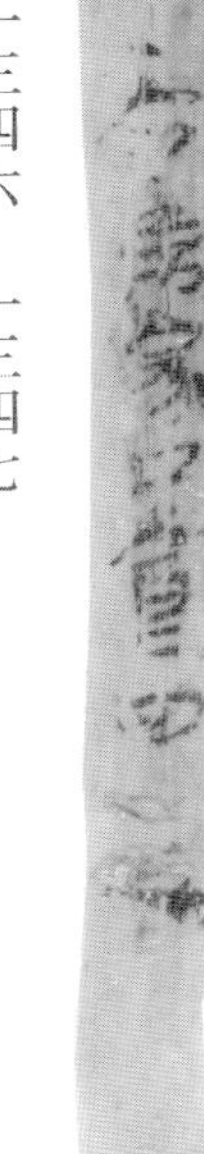

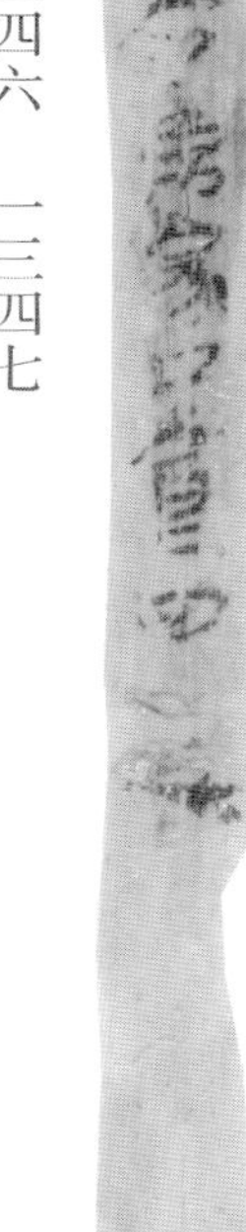

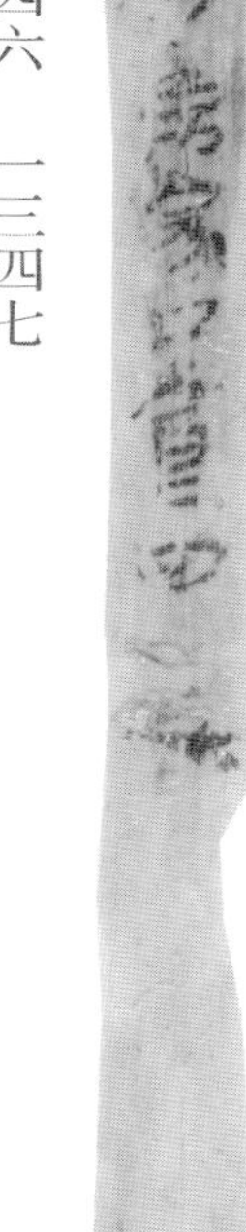

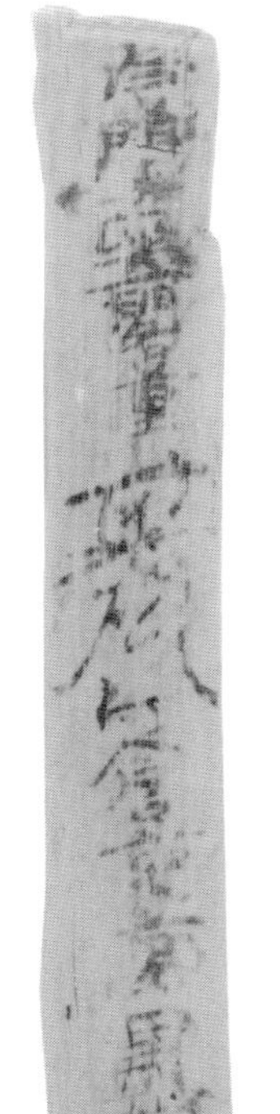

一三四六　一三四七

一三四八　一三四九

一三五〇　一三五一　一三五二

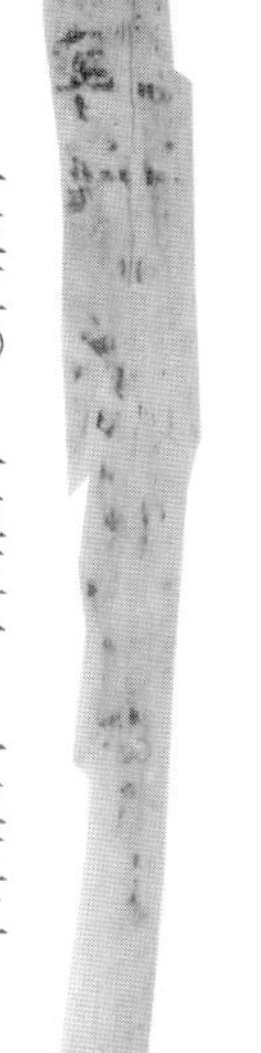
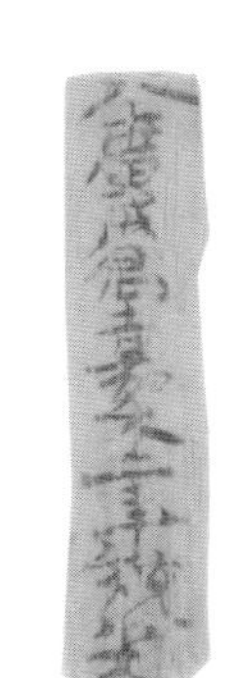
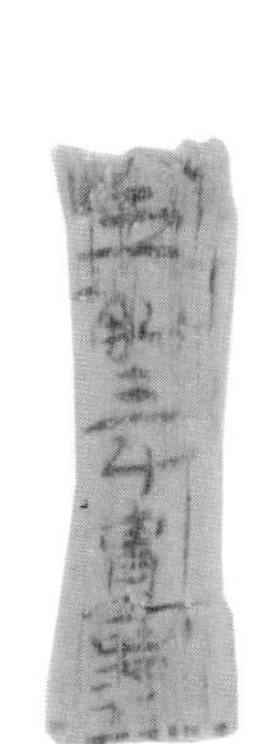

一三五三

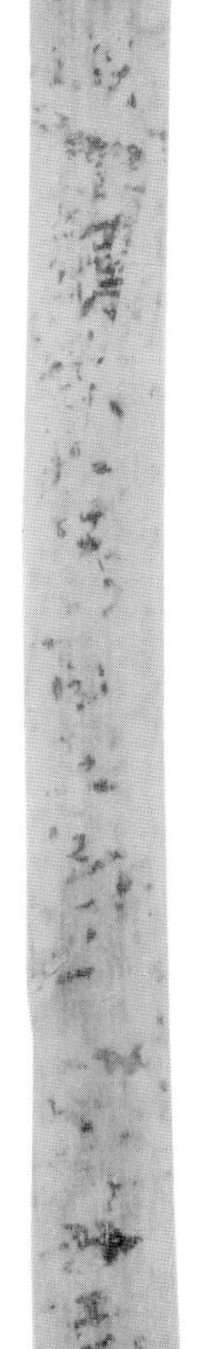

一三五四

一三五五

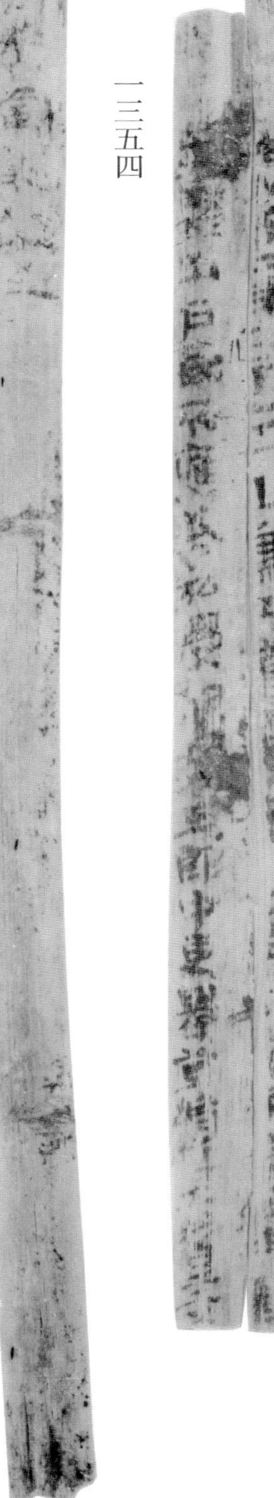

一三五六
一三五七
一三五八
一三五九
一三六〇
一三六一
一三六二
一三六三

一三六四

一三六五

一三六六

一三六七

一三六八

一三六九

一三七〇

一三七一

一三七二

一三七三

一三七四

一三七五

一三七六

一三七七

一三七八

一三七九

一三八〇

一三八一　一三八二　一三八三

一三八四　一三八五　一三八六　一三八七

一三八八　一三八九　一三九〇　一三九一

一三九二　一三九三　一三九四　一三九五

一三九六　一三九七　一三九八　一三九九

一四〇〇　一四〇一　一四〇二

一四〇三　一四〇四　一四〇五　一四〇六

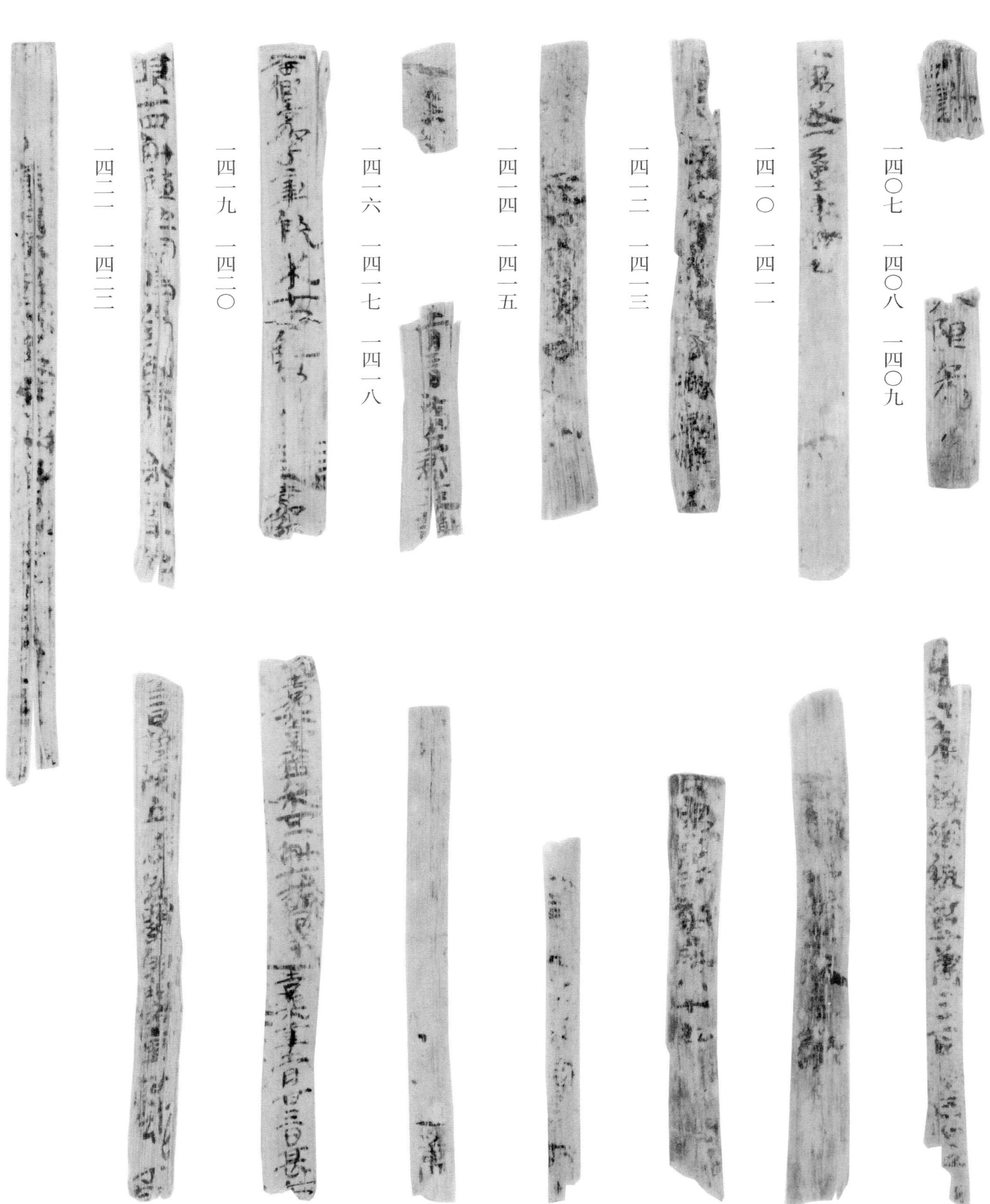

一四〇七　一四〇八　一四〇九

一四一〇　一四一一

一四一二　一四一三

一四一四　一四一五

一四一六　一四一七　一四一八

一四一九　一四二〇

一四二一　一四二二

一四二三

一四二四　一四二五　一四二六　一四二七　一四二八　一四二九　一四三〇　一四三一　一四三二　一四三三　一四三四

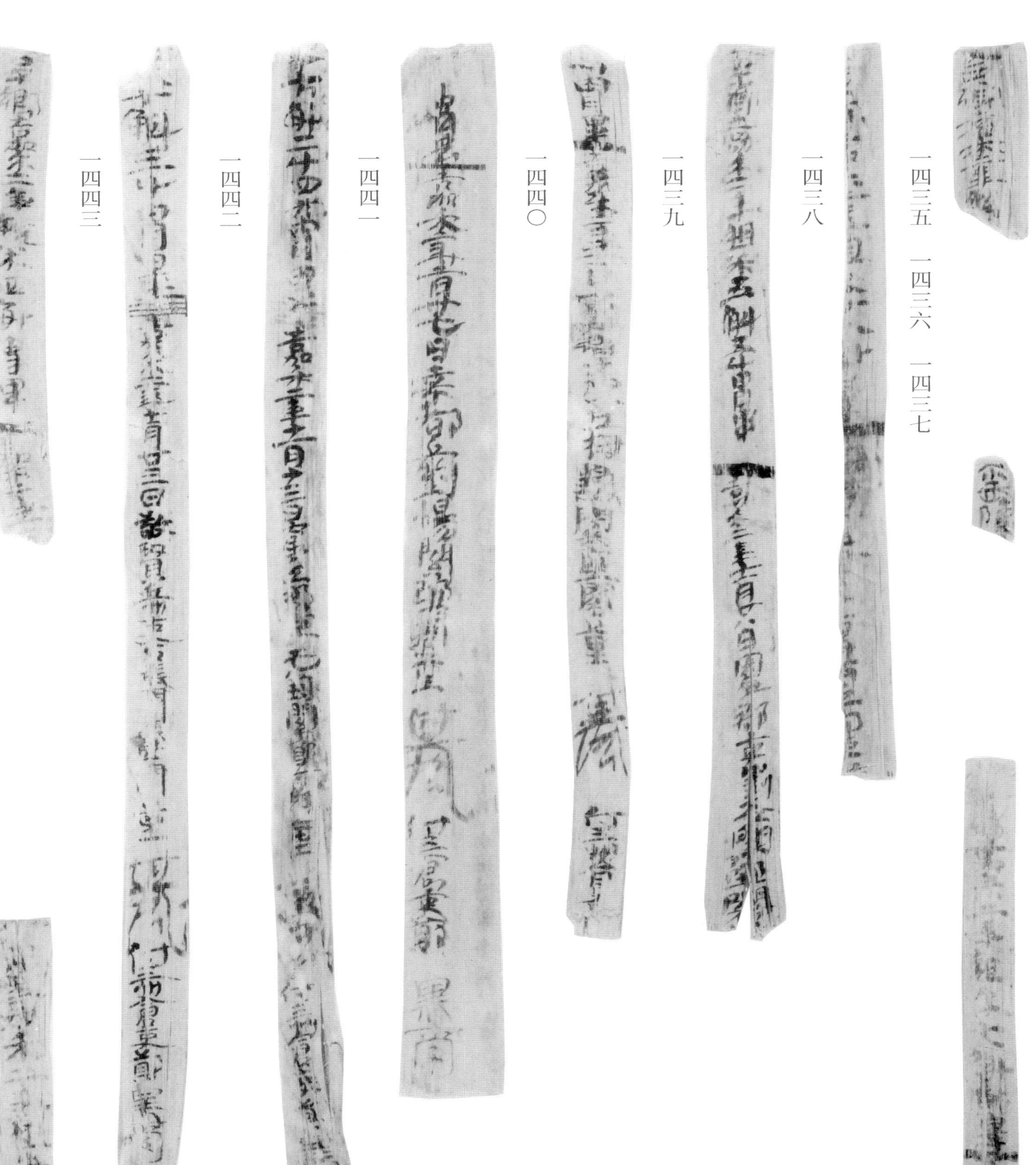

一四三五　一四三六　一四三七

一四三八

一四三九

一四四〇

一四四一

一四四二

一四四三

一四四四　一四四五

一四四六　一四四八

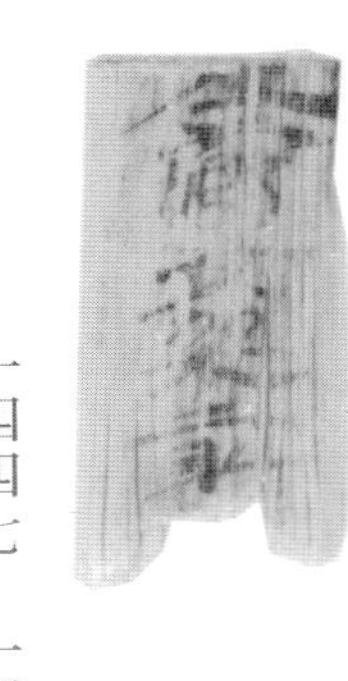

一四四七　一四四九

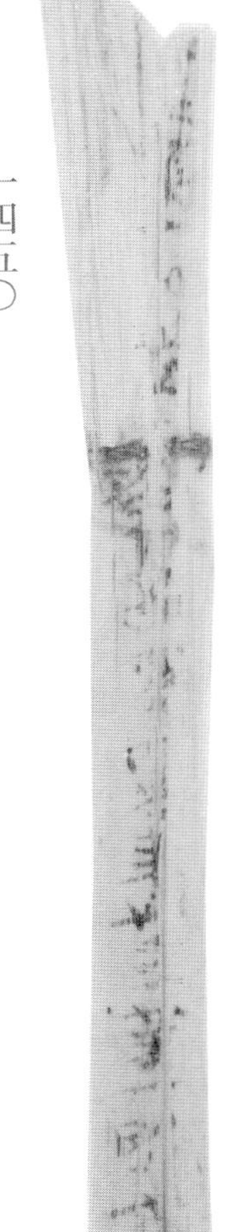

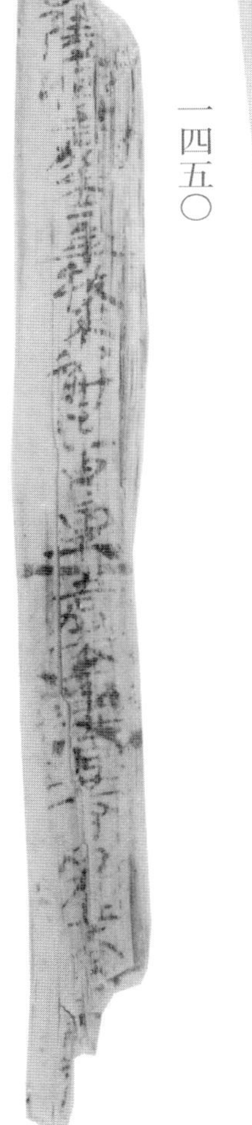

一四五〇

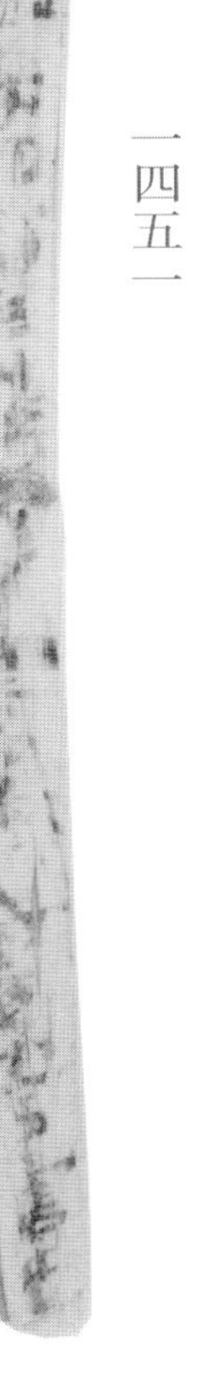

一四五一

一四五二

一四五三

一四五四

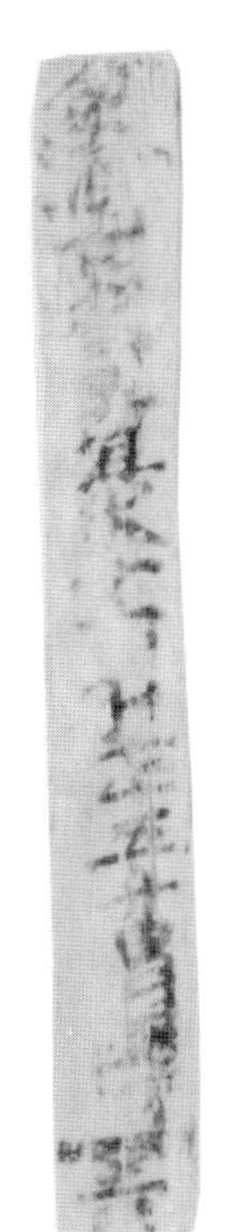

一四五五　一四五六

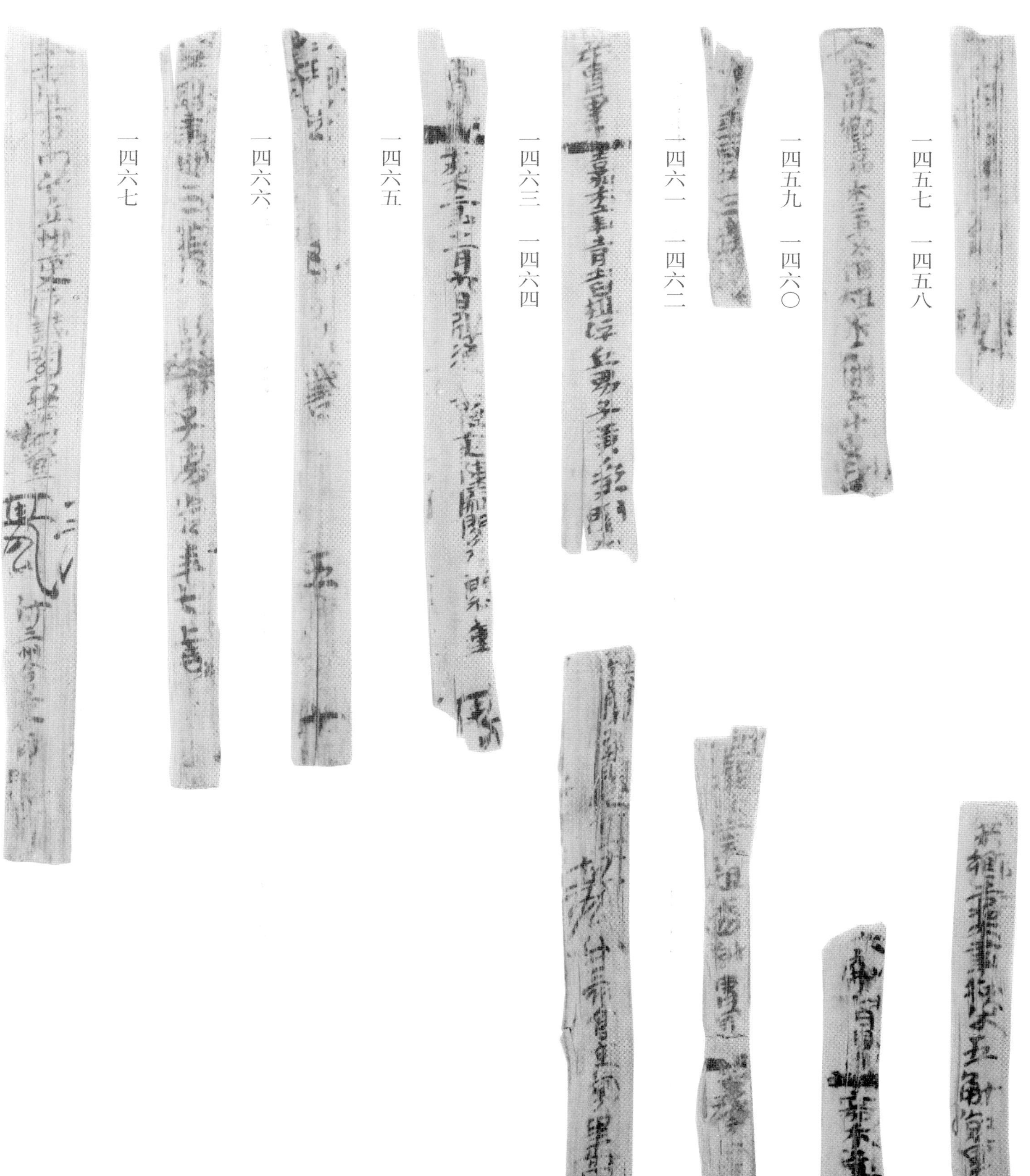

一四五七　一四五八

一四五九　一四六〇

一四六一　一四六二

一四六三　一四六四

一四六五

一四六六

一四六七

一四六八

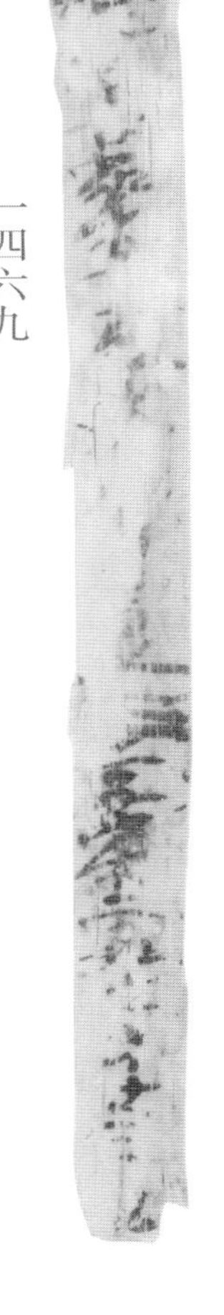
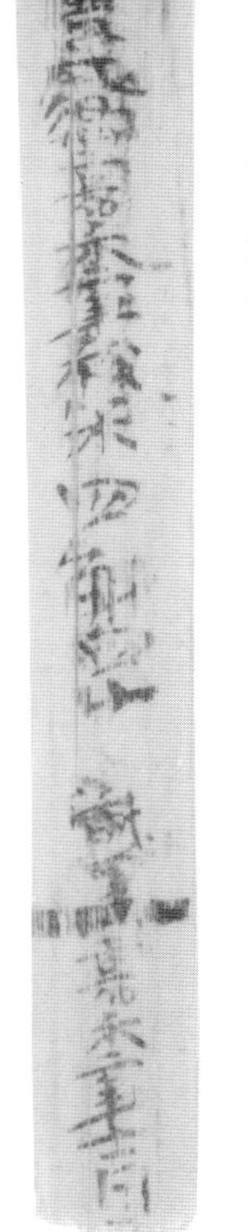
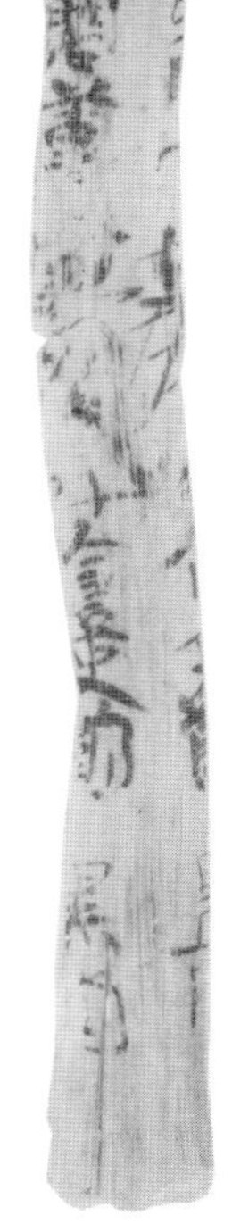
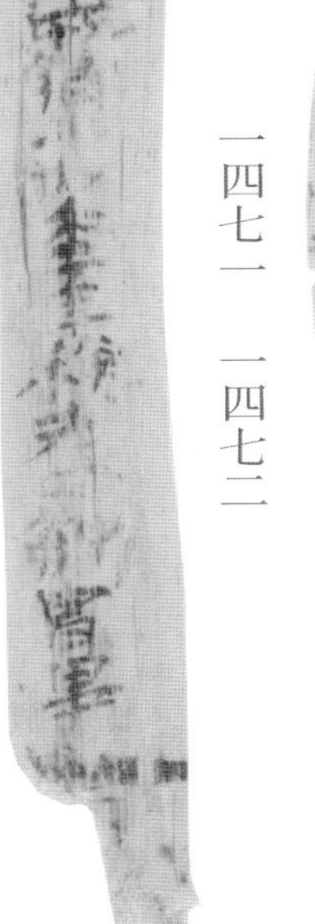

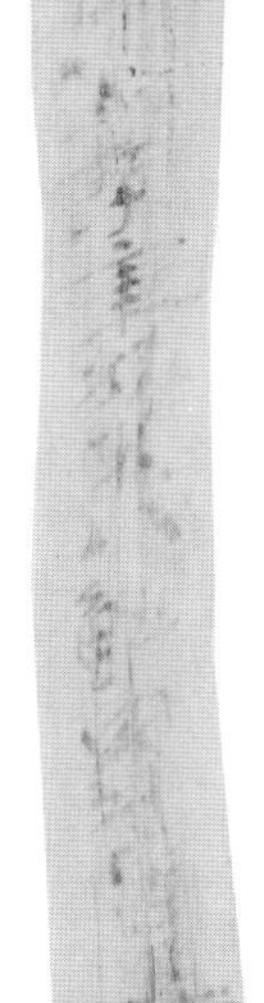
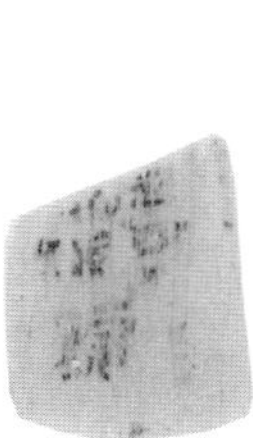

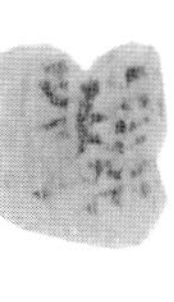

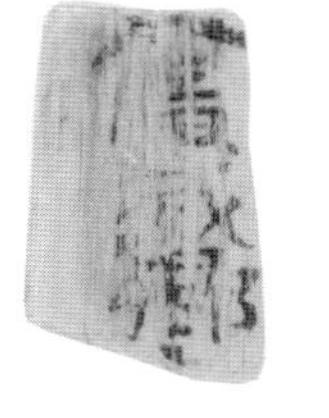
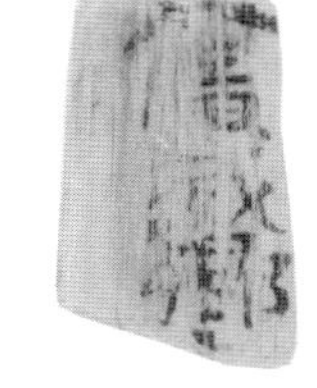
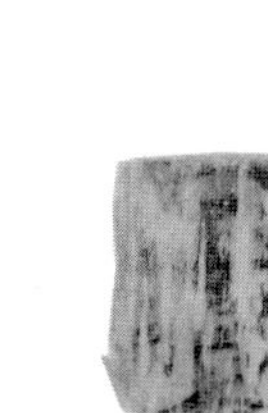
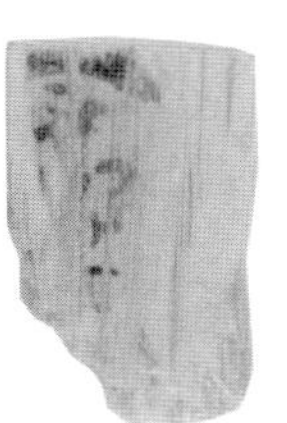
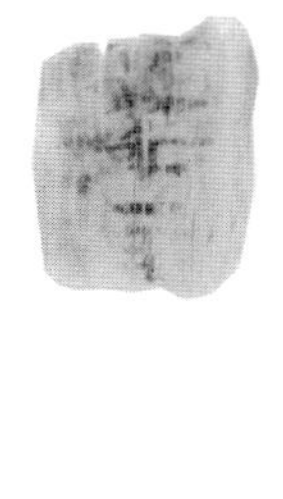
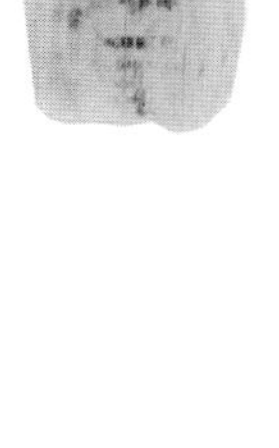

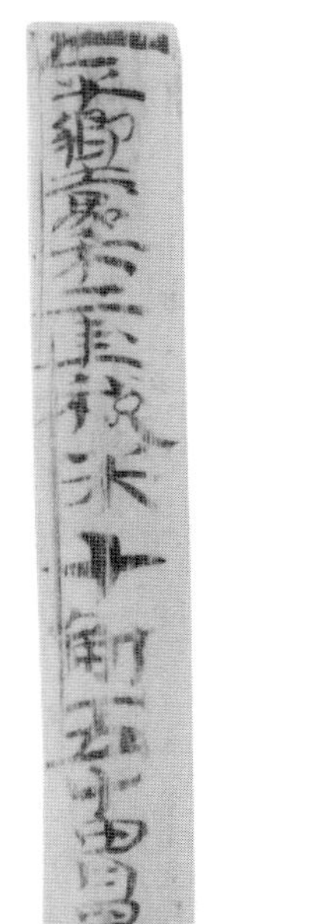
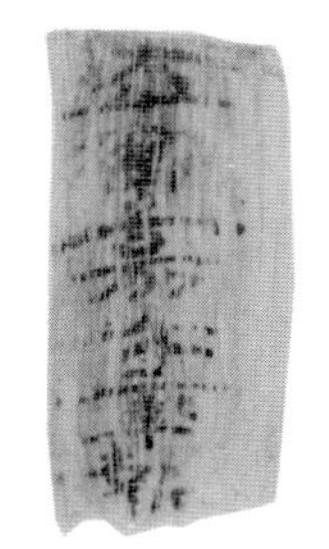

一四六九

一四七〇

一四七一　一四七二

一四七三　一四七四

一四七五　一四七六　一四七七

一四七八　一四七九　一四八〇　一四八一

一四八二　一四八三　一四八四　一四八五

一四八六　一四八七　一四八八　一四八九

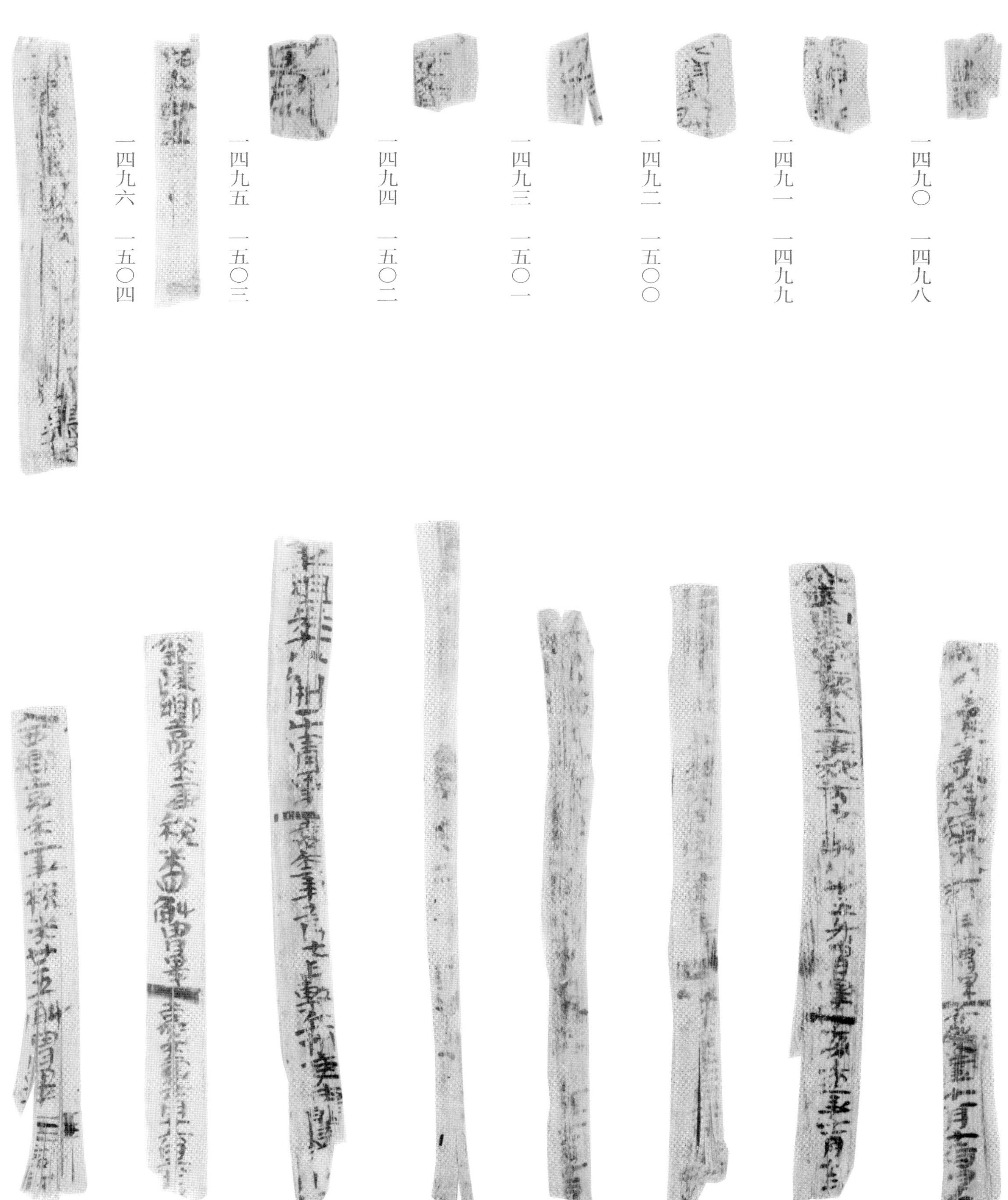

一四九〇　一四九八

一四九一　一四九九

一四九二　一五〇〇

一四九三　一五〇一

一四九四　一五〇二

一四九五　一五〇三

一四九六　一五〇四

一四九七　一五〇五

一五〇六　一五〇七

一五〇八　一五〇九

一五一〇

一五一一

一五一二

一五一三

一五一四

一五一五

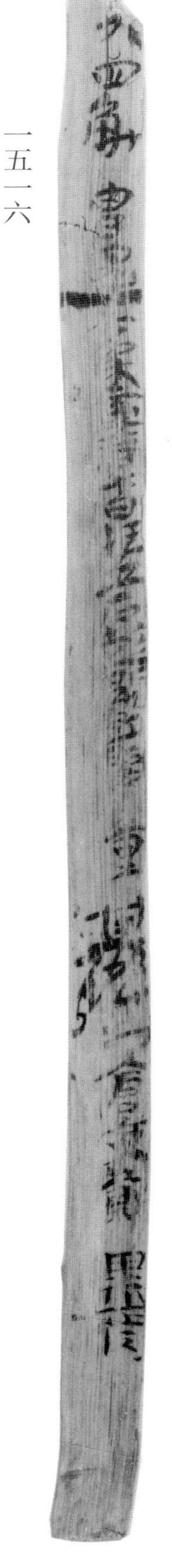

一五一六

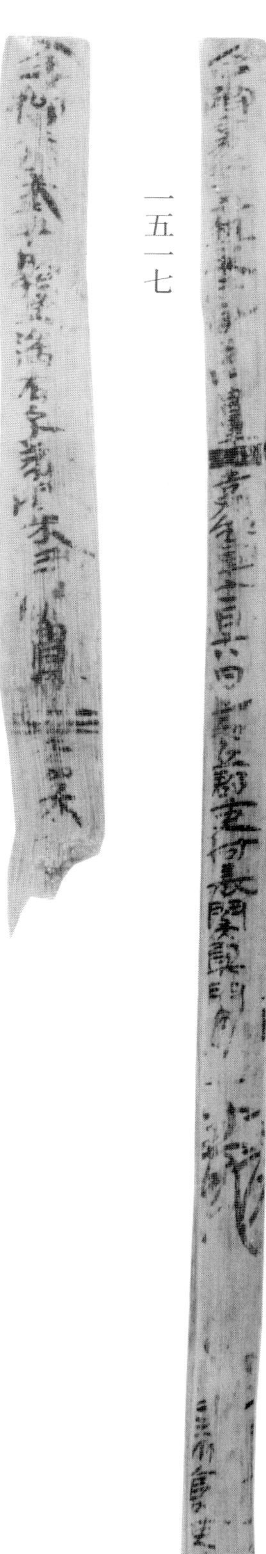

一五一七

一五一八

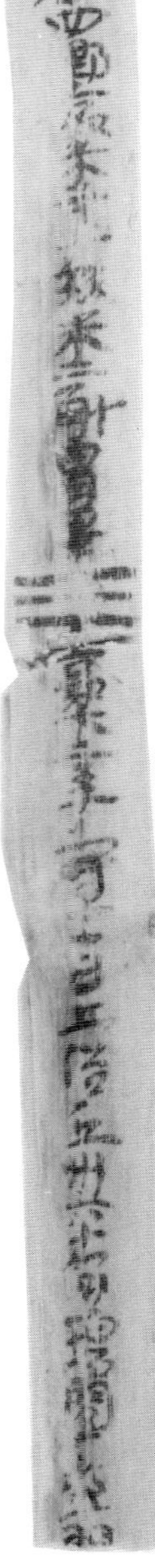

一五一九

一五二〇

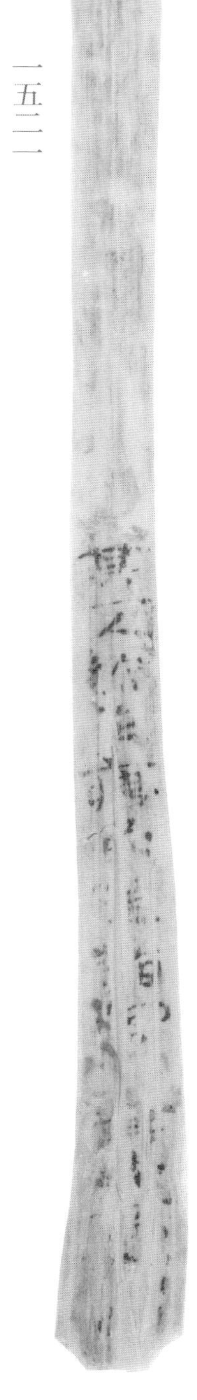

一五二一

一五二二

一五二三

一五二四 一五二五 一五二六 一五二七 一五二八 一五二九 一五三〇 一五三一

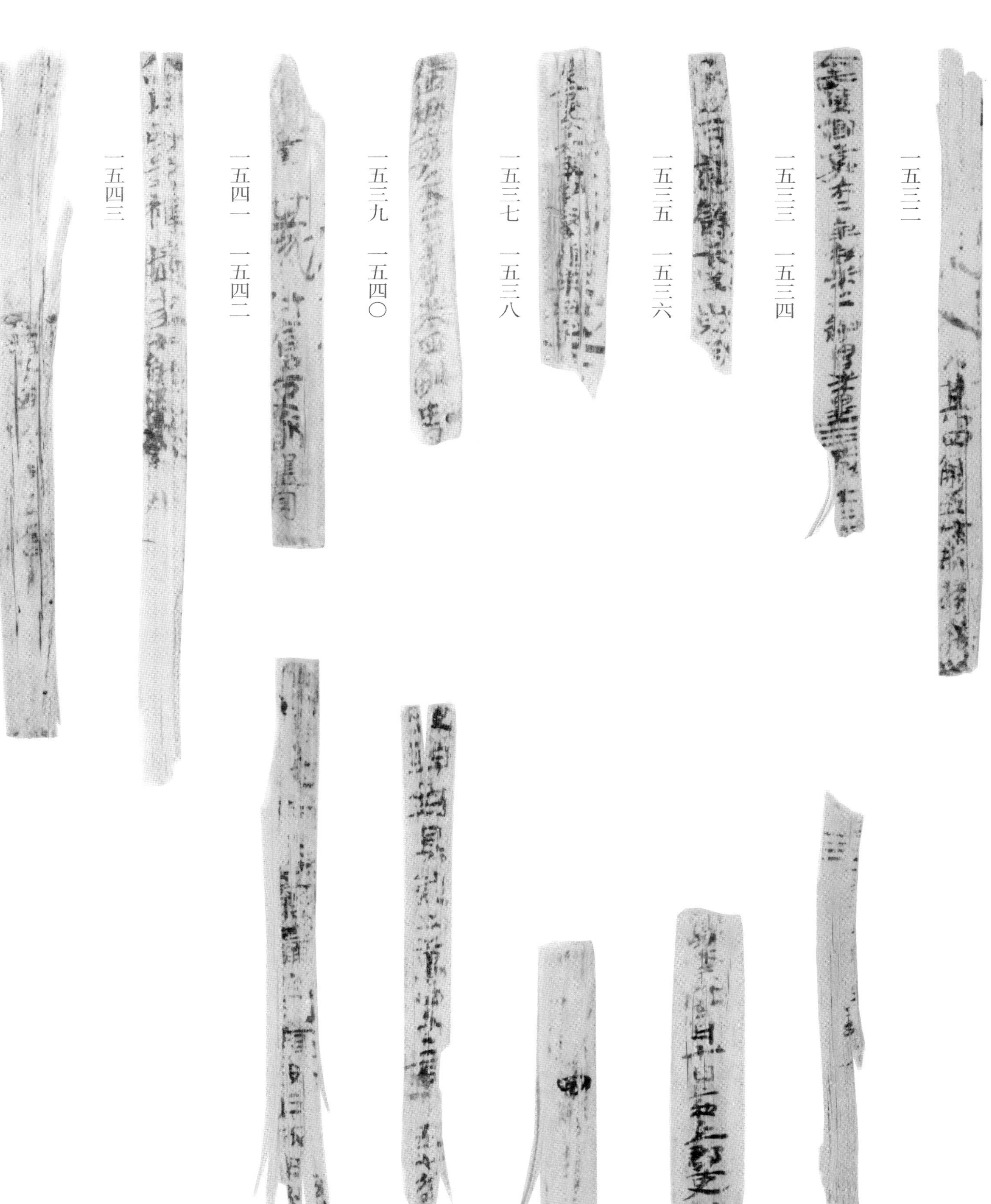

一五三二
一五三三　一五三四
一五三五　一五三六
一五三七　一五三八
一五三九　一五四〇
一五四一　一五四二
一五四三
一五四四

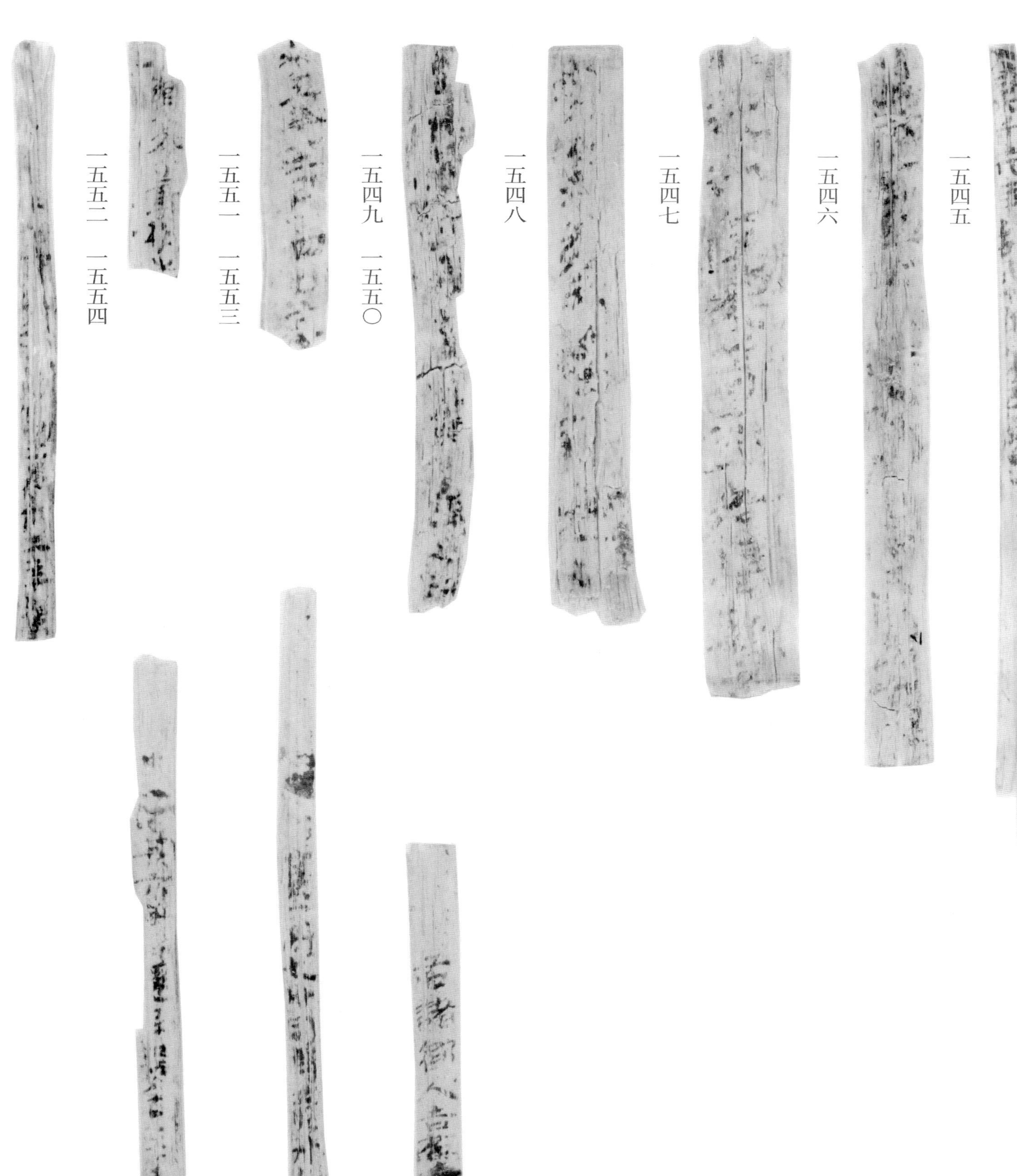

一五四五

一五四六

一五四七

一五四八

一五四九　一五五〇

一五五一　一五五三

一五五二　一五五四

一五五五

一五五六

一五五七

一五五八

一五五九

一五六〇　一五六一

一五六二　一五六三　一五六四

一五六五　一五六七

一五六六　一五六八

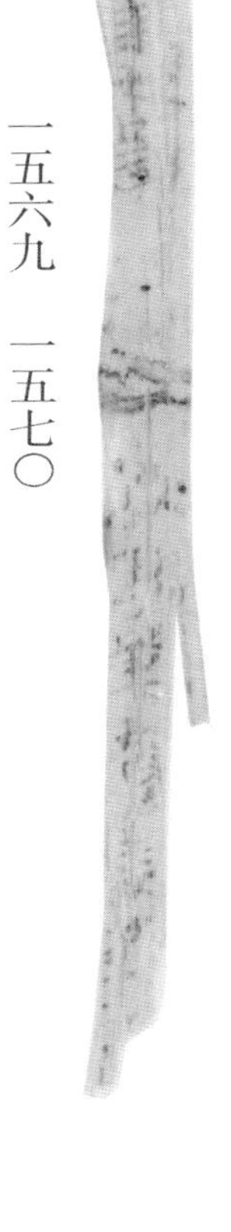

一五六九　一五七〇

一五七一

一五七二

一五七三

一五七四

一五七五

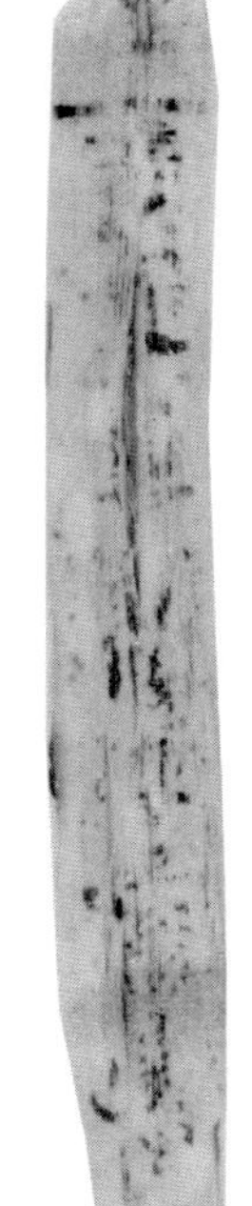

一五七六　一五七七

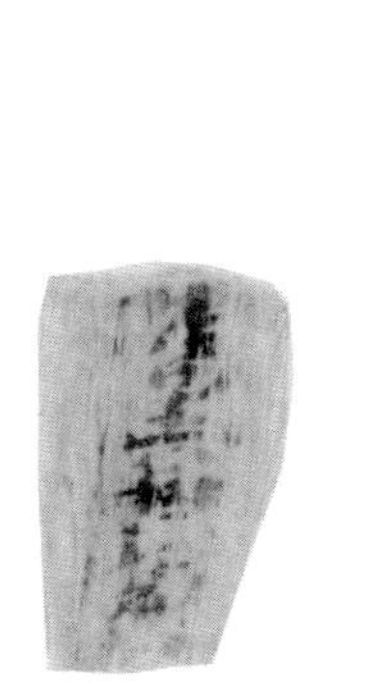

一五七八　一五七九　一五八〇

一五八一

一五八二

一五八三

一五八四

一五八五

一五八六

一五八七

一五八八　一五八九

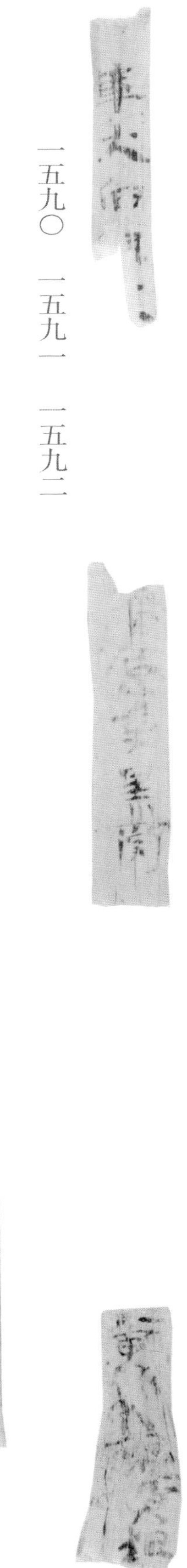

一五九〇　一五九一　一五九二

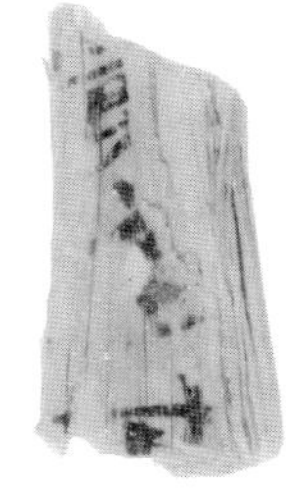

一五九三　一五九五

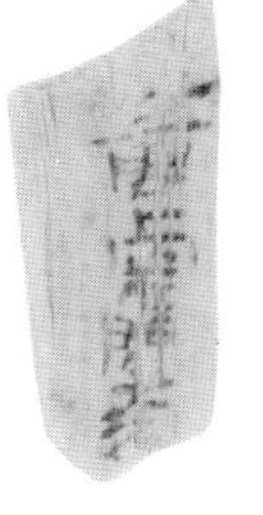

一五九四　一五九六

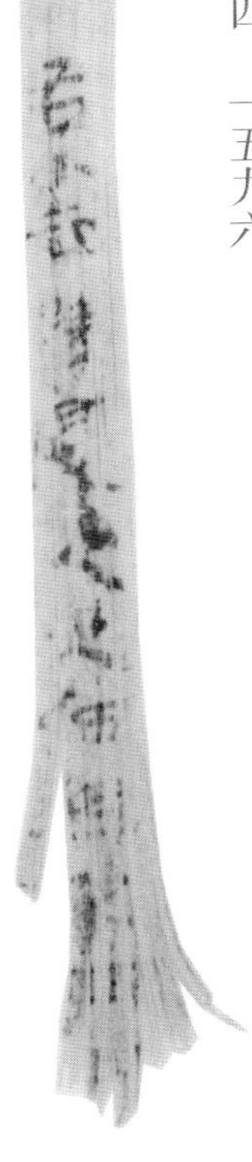

一五九七

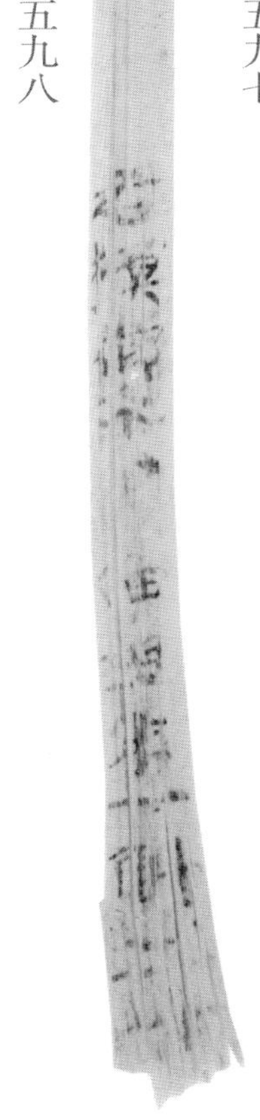

一五九八

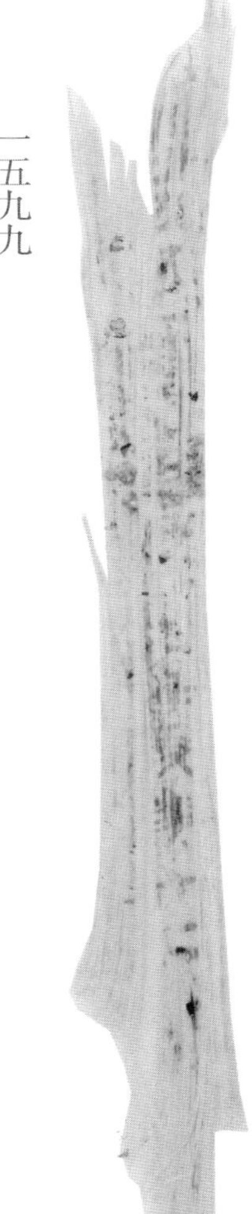

一五九九

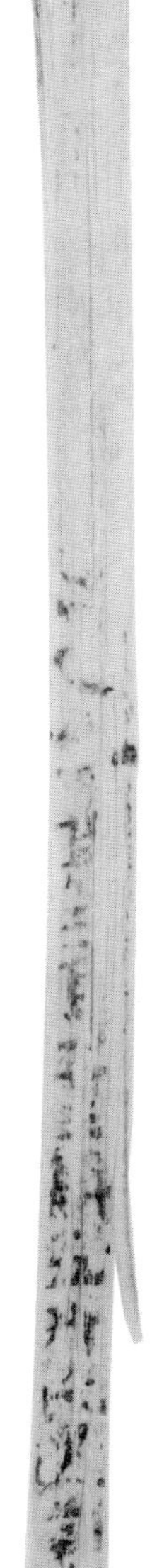

一六〇〇

一六〇一

長沙走馬樓三國吴簡·竹簡〔玖〕圖版(一五九〇——一六〇一)

一六〇二　一六〇三

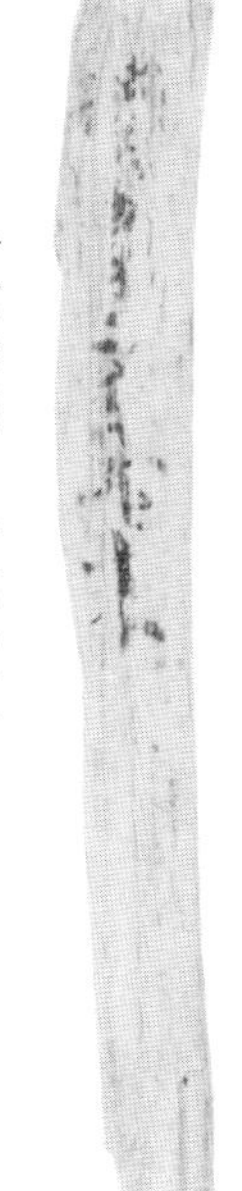

一六〇四　一六〇五

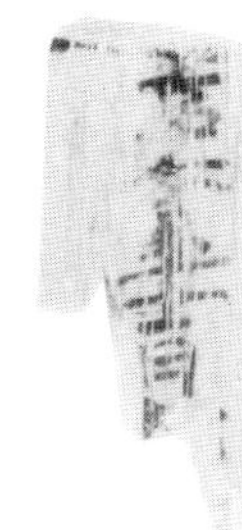

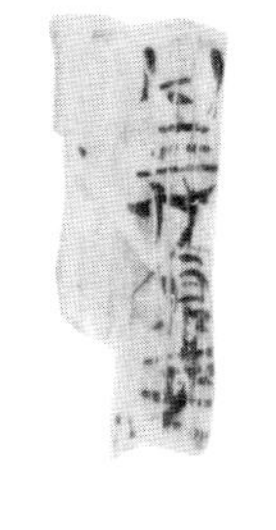

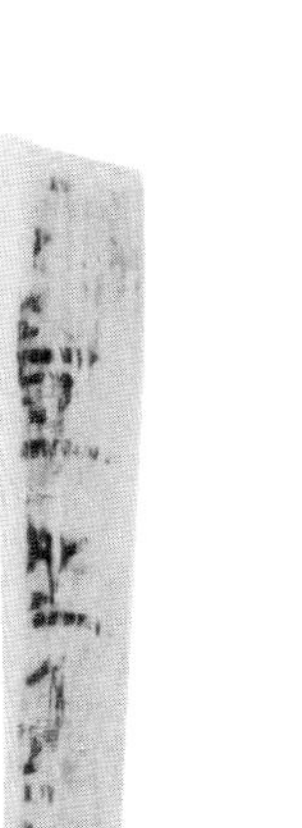

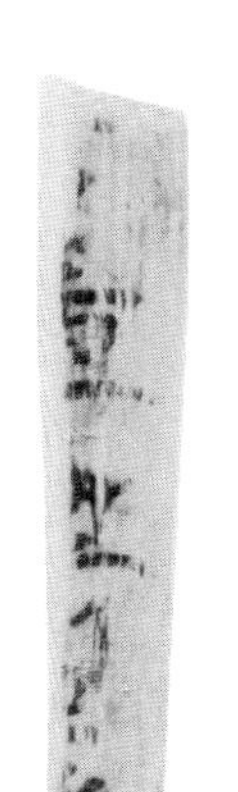

一六〇六　一六〇七　一六〇八

一六〇九　一六一〇

一六一一

一六一二

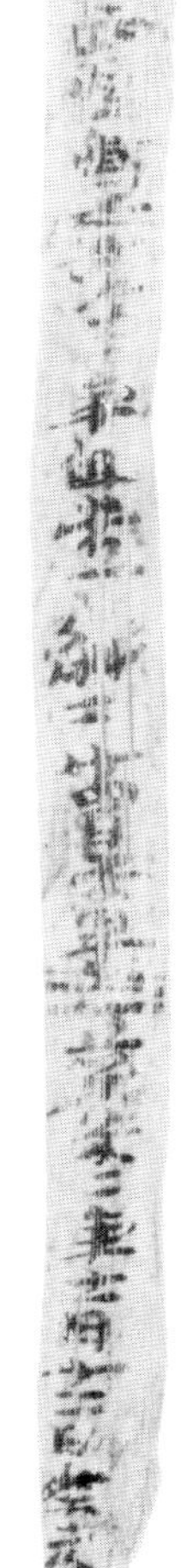

一六一三

一六一四

一六一五　一六一六

一六一七　一六一八

一六一九　一六二〇

一六二一　一六二二　一六二三

一六二四　一六二五

一六二六　一六二七

一六二八

一六二九

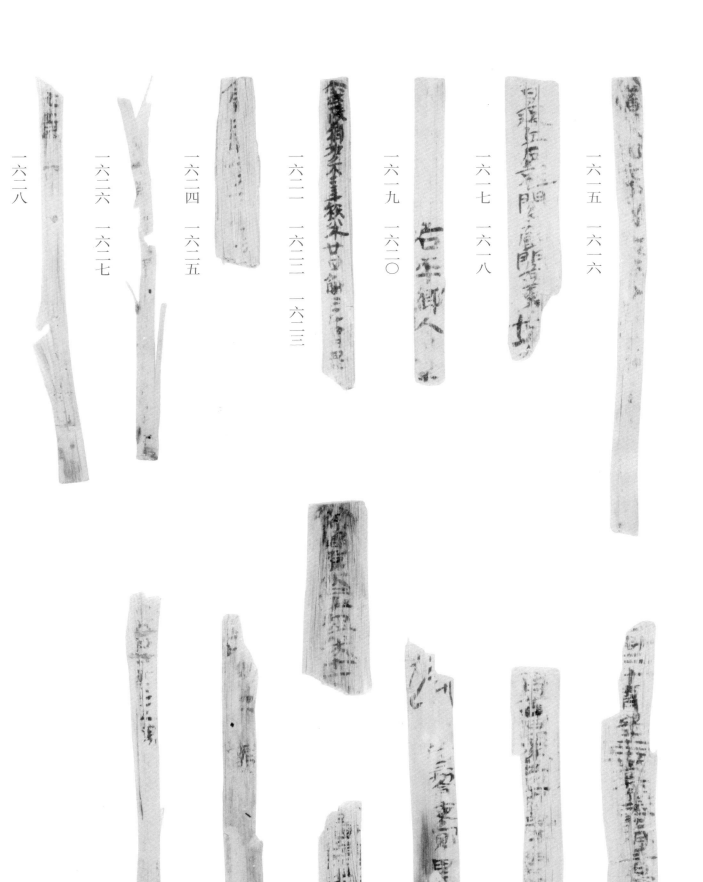

一六三〇
一六三一
一六三二
一六三三
一六三四　一六三七
一六三五　一六三八
一六三六　一六三九
一六四〇

一六四一
一六四二
一六四三
一六四四　一六四五
一六四六　一六四七
一六四八　一六四九　一六五〇
一六五一
一六五二

一六五三 一六五四 一六五五 一六五六 一六五七 一六五八 一六五九 一六六〇 一六六一 一六六二 一六六三 一六六四 一六六五 一六六六

一六六七　一六六八　一六六九

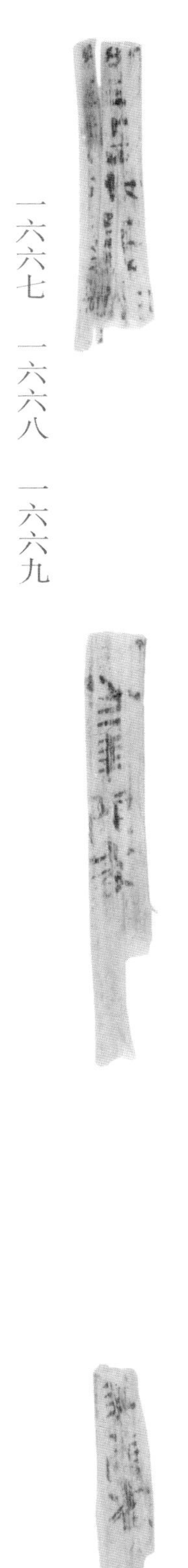

一六七〇　一六七一　一六七二

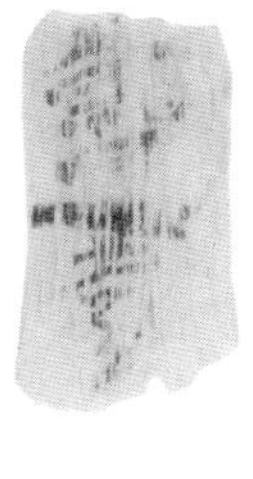

一六七三　一六七四　一六七五

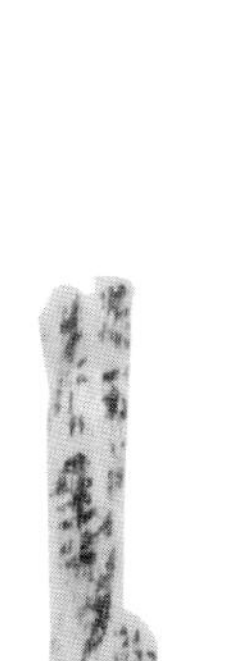

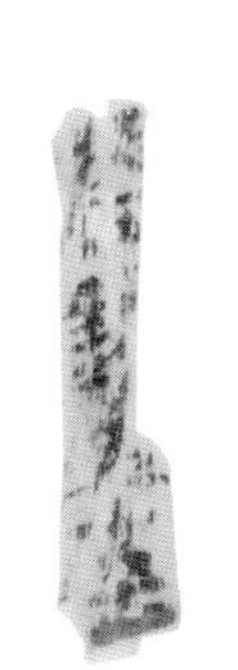

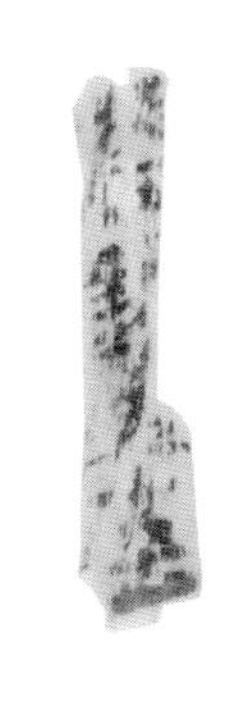

一六七六

一六七七

一六七八

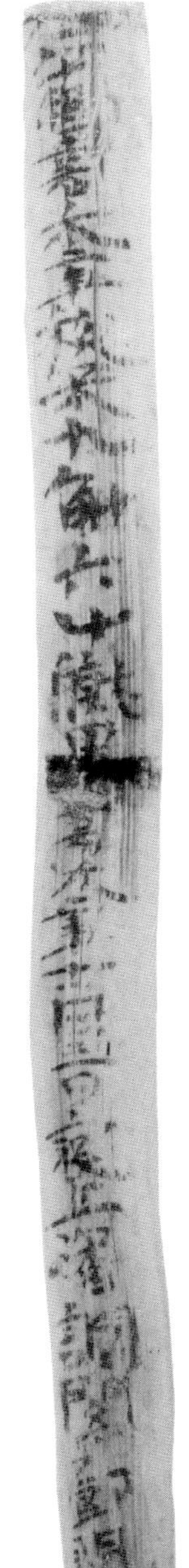

一六七九

一六八〇

一六八一

一六八二

一六八三　一六八四　一六八五

一六八六　一六八七

一六八八　一六八九

一六九〇　一六九一

一六九二

一六九三　一六九四

一六九五　一六九六

一六九七　一六九八

一六九九　一七〇〇　一七〇一

一七〇二　一七〇三　一七〇四

一七〇五　一七〇六　一七〇七

一七〇八　一七〇九　一七一〇

一七一一　一七一二　一七一三

一七一四　一七一五

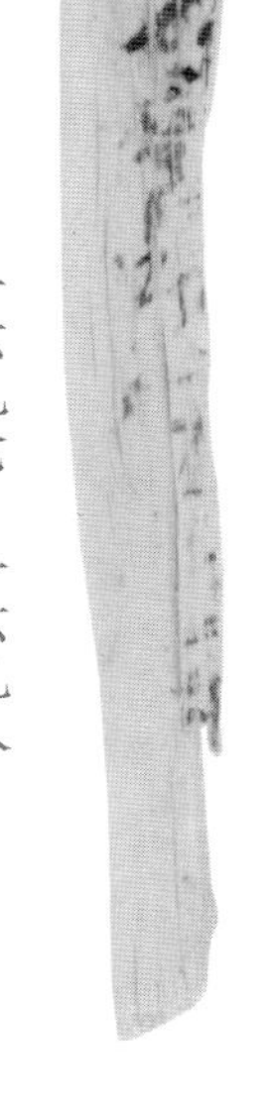
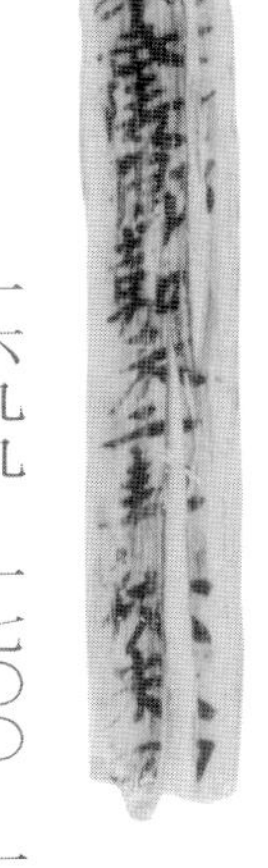
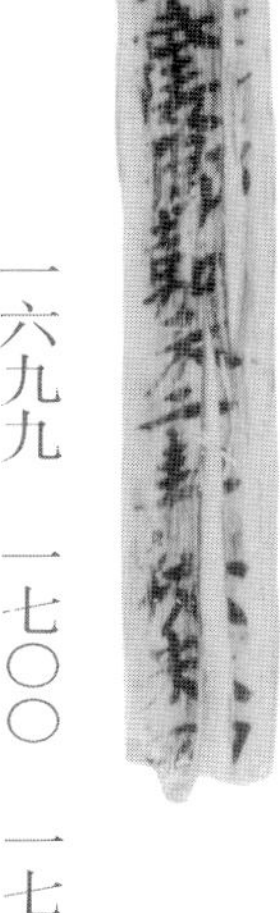
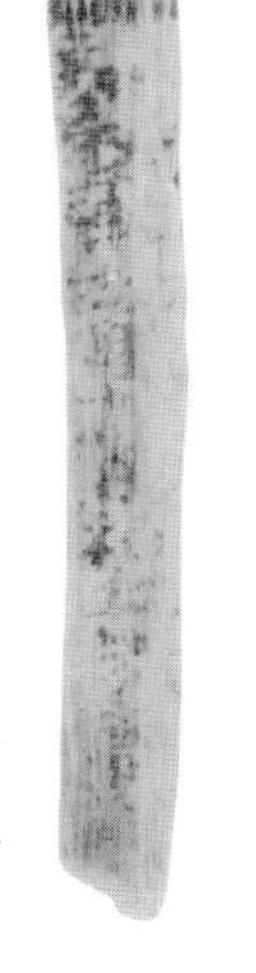
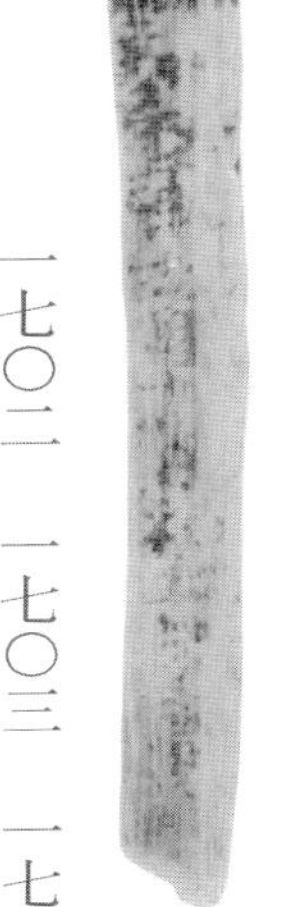
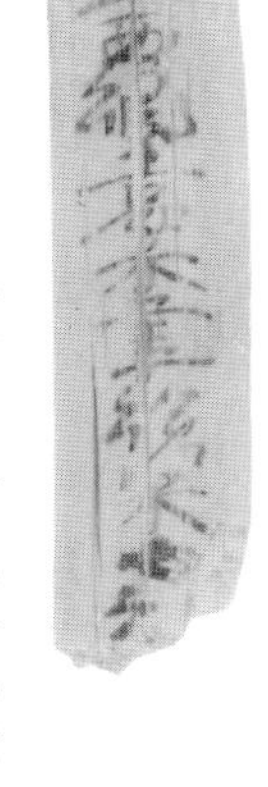

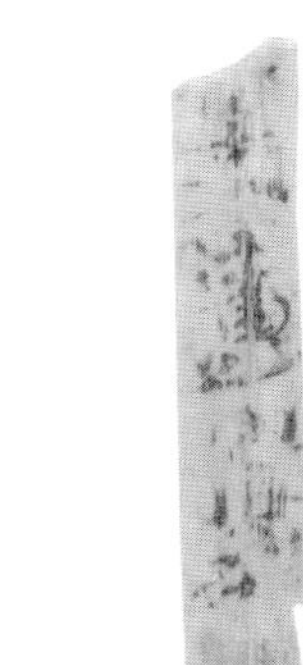

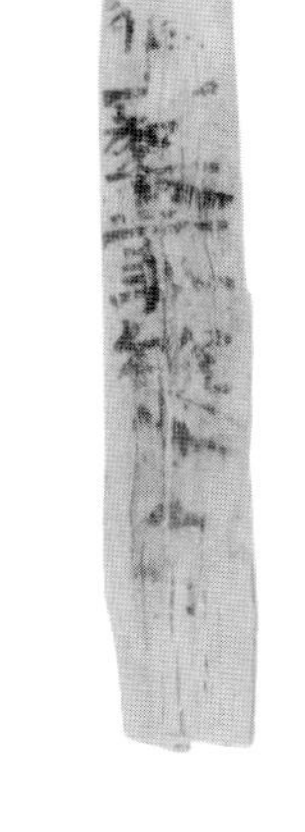
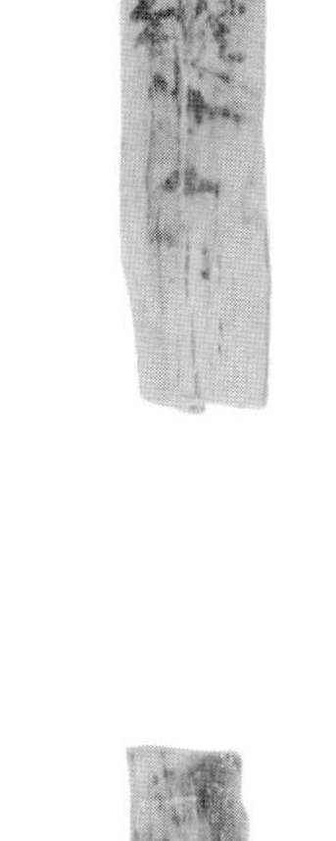

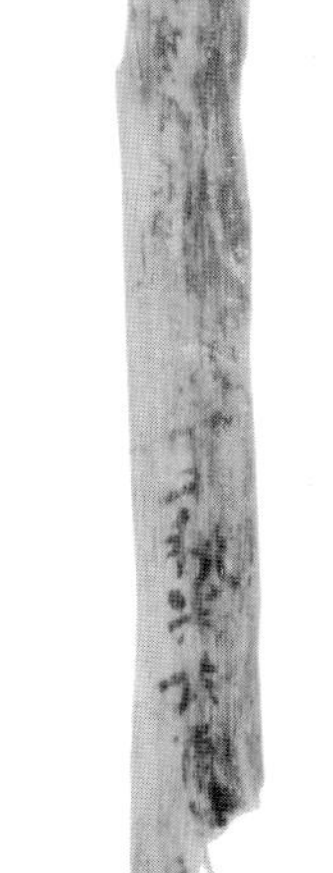

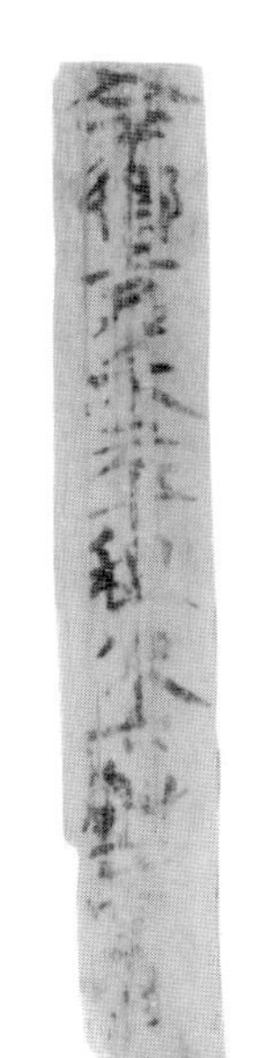

一七一六　一七一七　一七一八

一七一九　一七二〇　一七二一

一七二二　一七二三

一七二四　一七二五

一七二六　一七二七

一七二八　一七二九　一七三〇

一七三一　一七三二

一七三三　一七三四

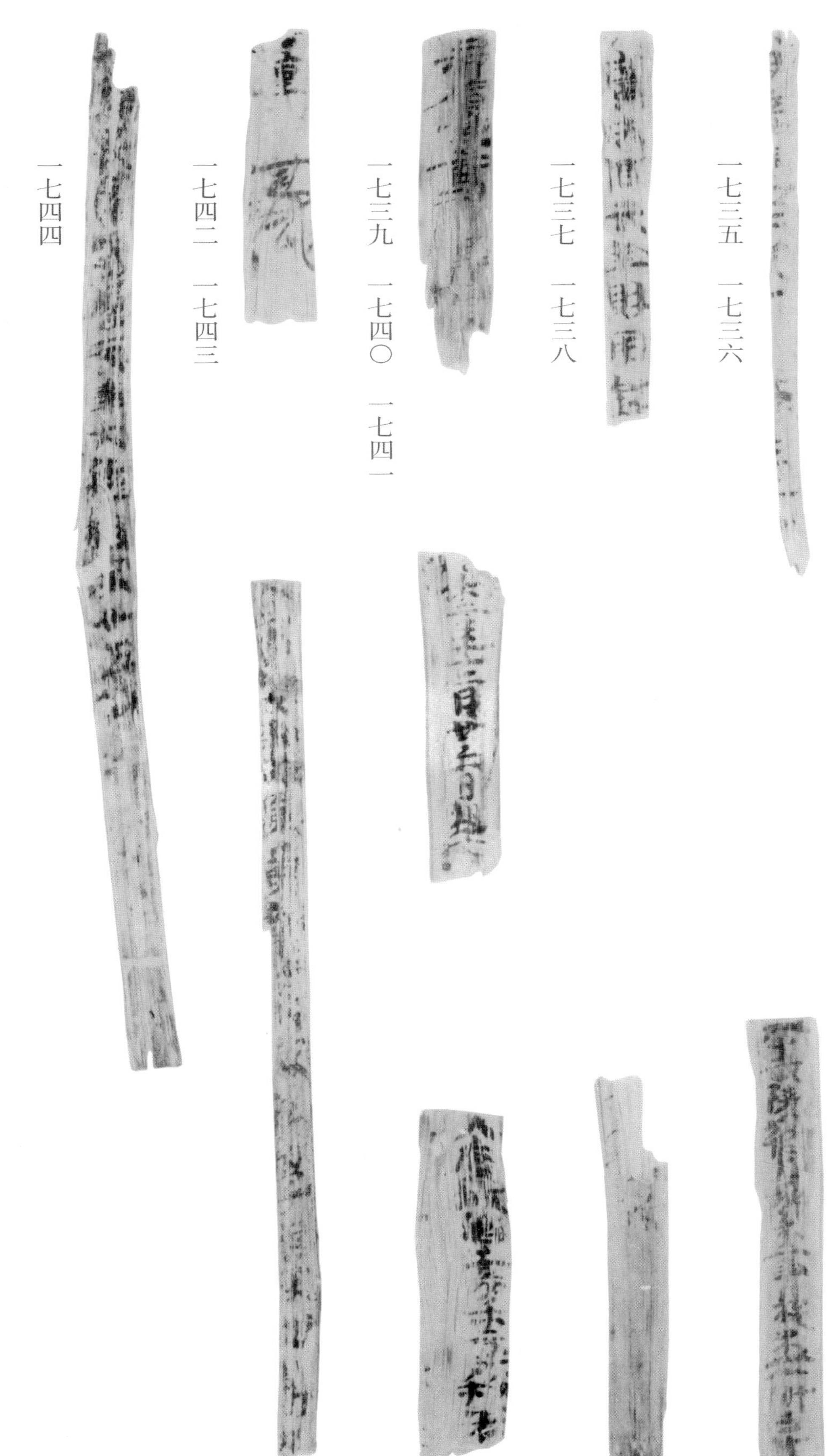

一七三五　一七三六

一七三七　一七三八

一七三九　一七四〇　一七四一

一七四二　一七四三

一七四四

一七四五

一七四六

一七四七　一七四八

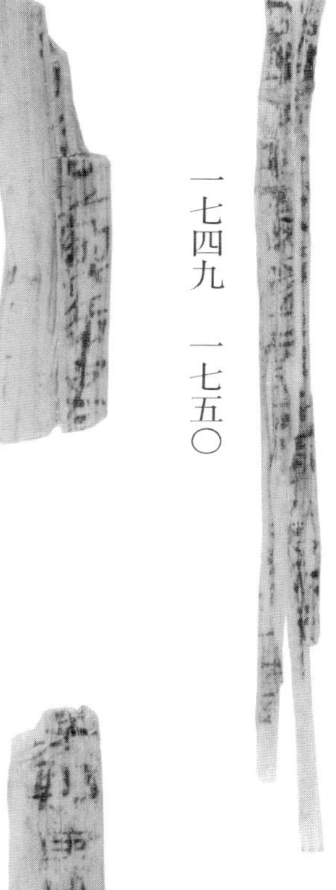

一七四九　一七五〇

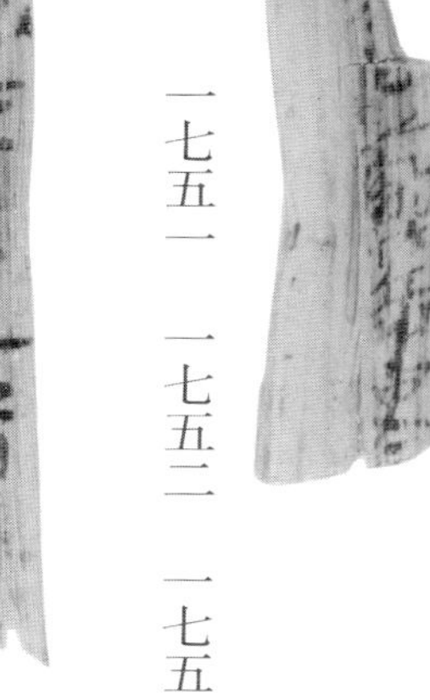

一七五一　一七五二　一七五三

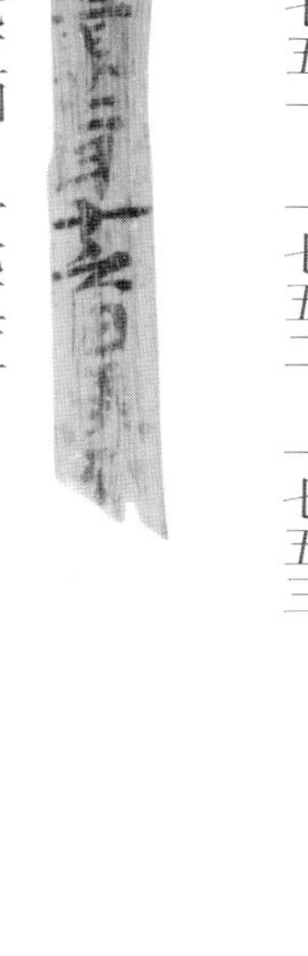

一七五四　一七五五

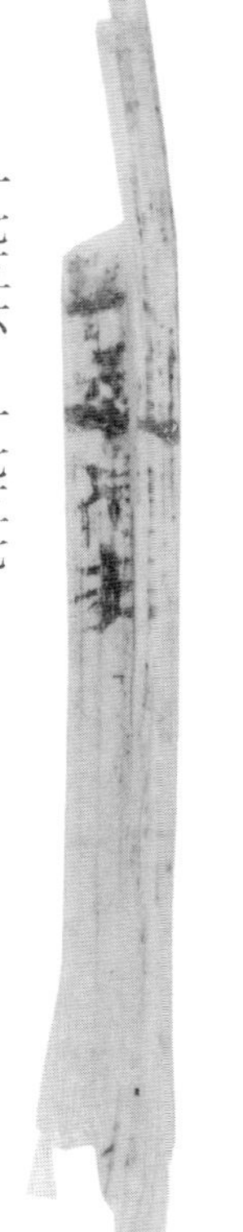

一七五六　一七五七

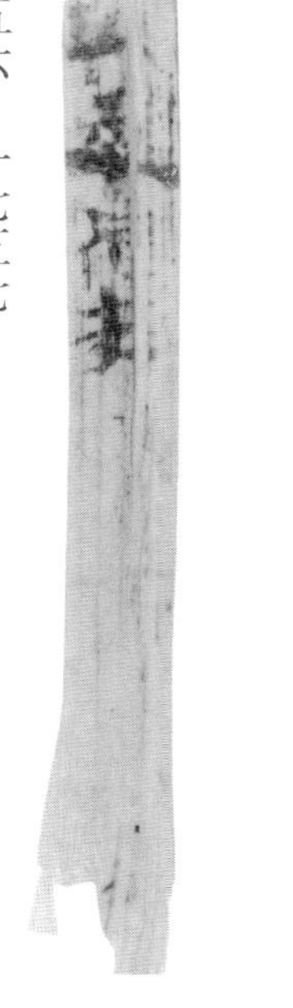

一七五八　一七五九

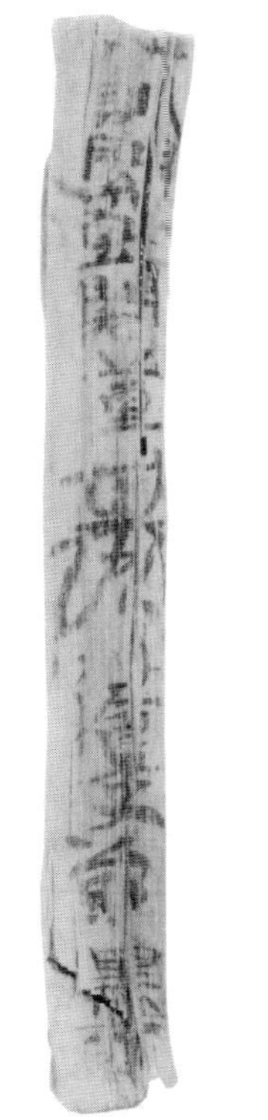

一七六〇　一七六一

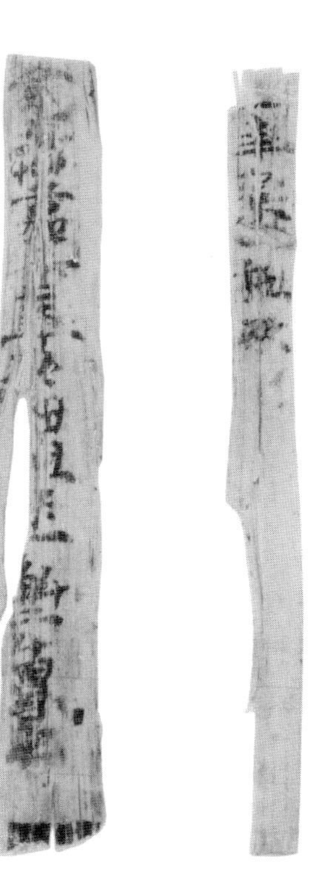

一七六二

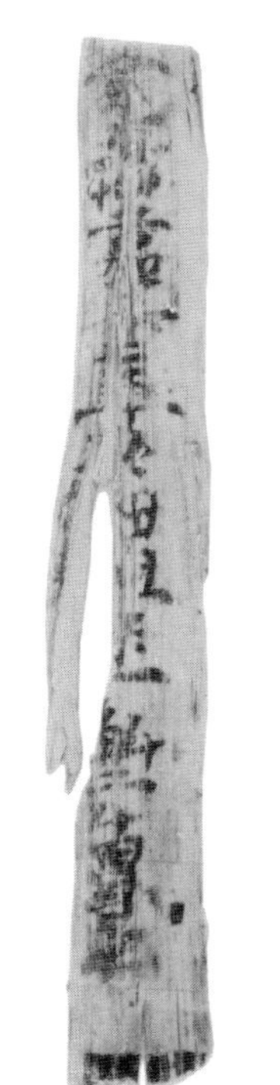

一七六三

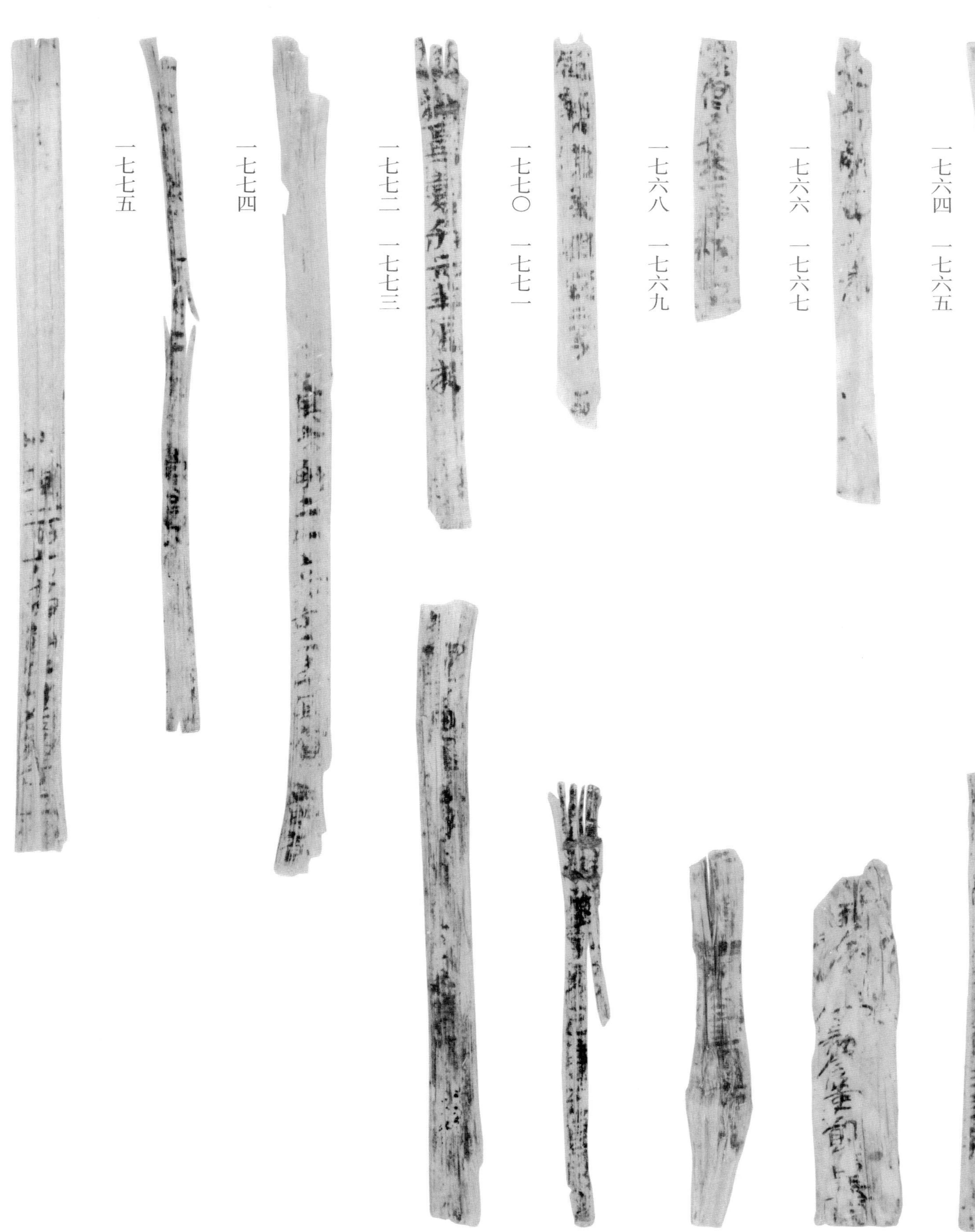

一七六四　一七六五

一七六六　一七六七

一七六八　一七六九

一七七〇　一七七一

一七七二　一七七三

一七七四

一七七五

一七七六

一七七七

一七七八

一七七九　一七八〇

一七八一　一七八二

一七八三　一七八四　一七八五

一七八六　一七八七

一七八八　一七八九

一七九〇　一七九一

一七九二　一七九三

一七九四　一七九五

一七九六　一七九七　一七九八

一七九九　一八〇〇　一八〇一

一八〇二　一八〇三　一八〇四

一八〇五　一八〇六

一八〇七　一八〇八

一八〇九　一八一〇　一八一一

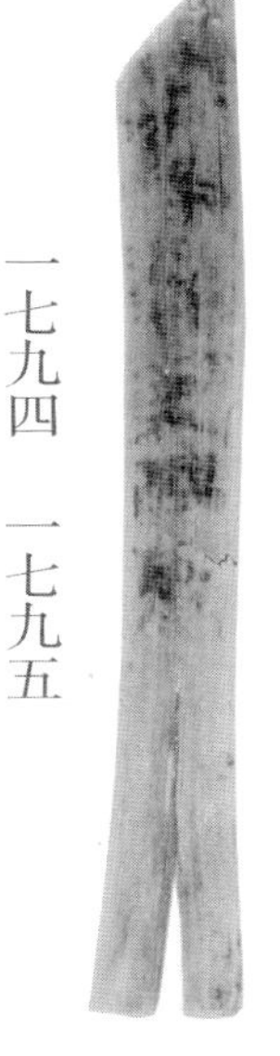
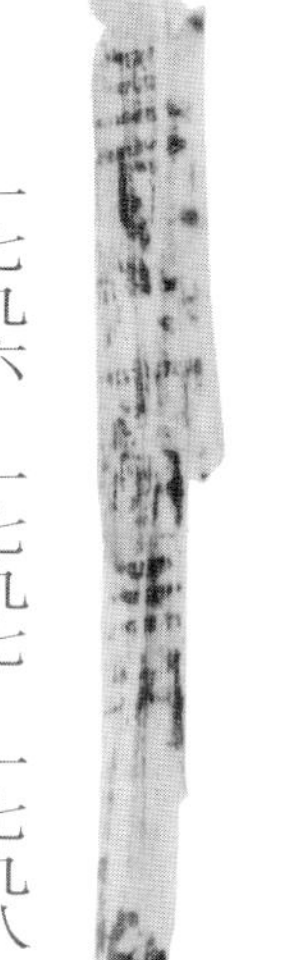
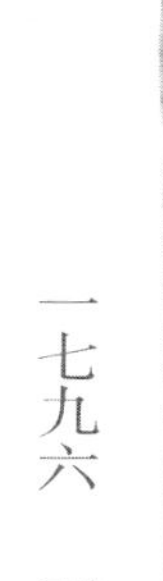
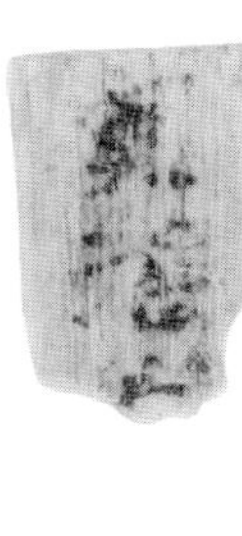
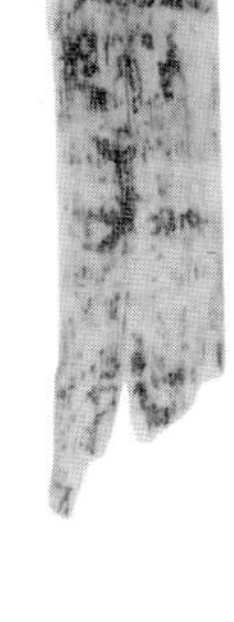
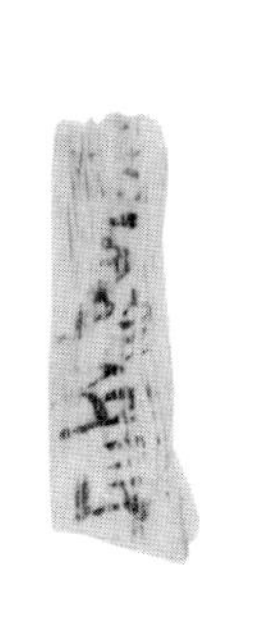
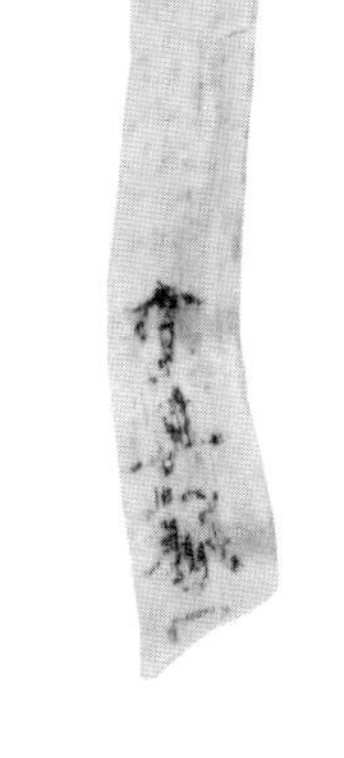
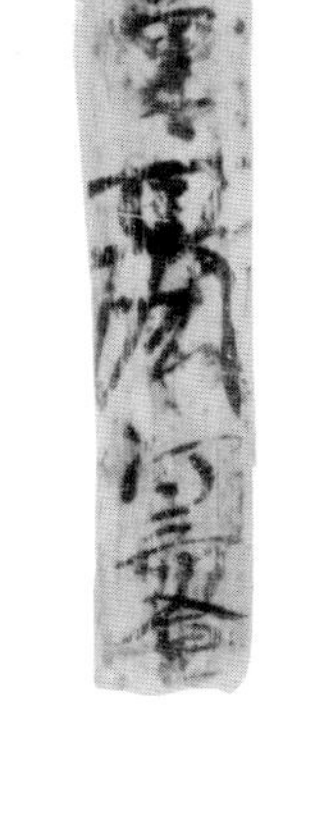
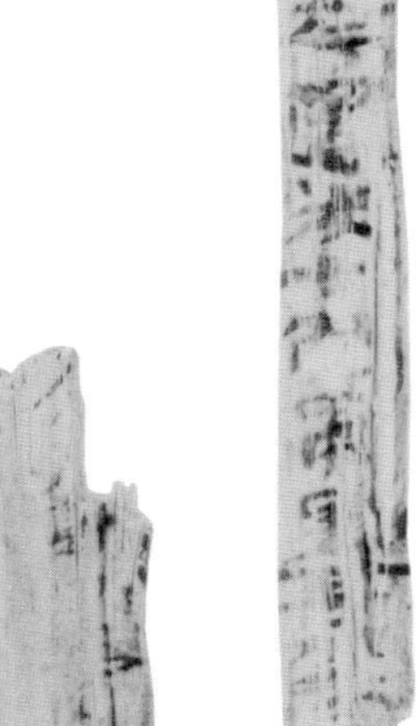

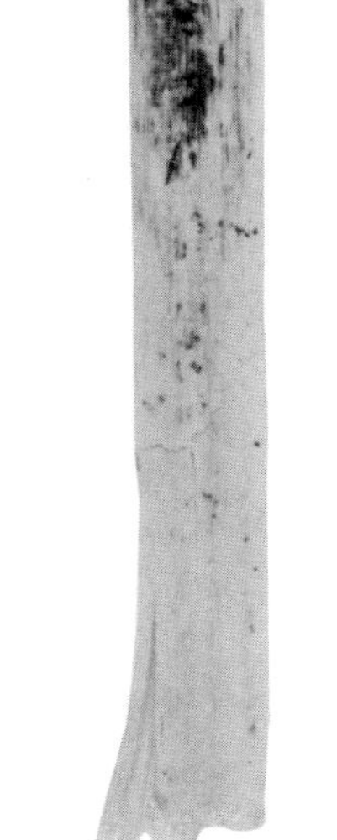
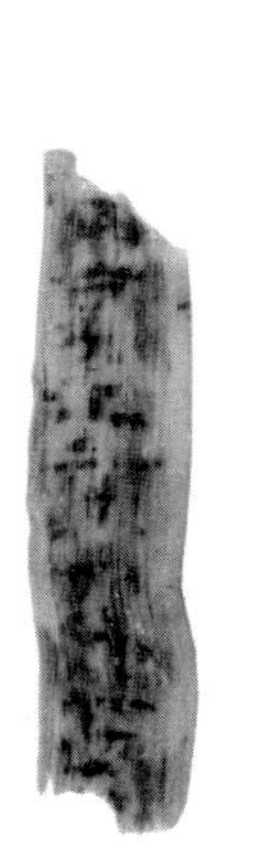
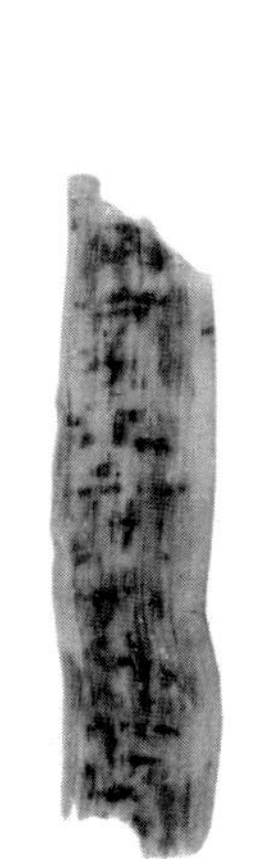

一八一二　一八一三　一八一四

一八一五　一八一六　一八一七　一八一八

一八一九　一八二〇

一八二一

一八二二

一八二三

一八二四

一八二五

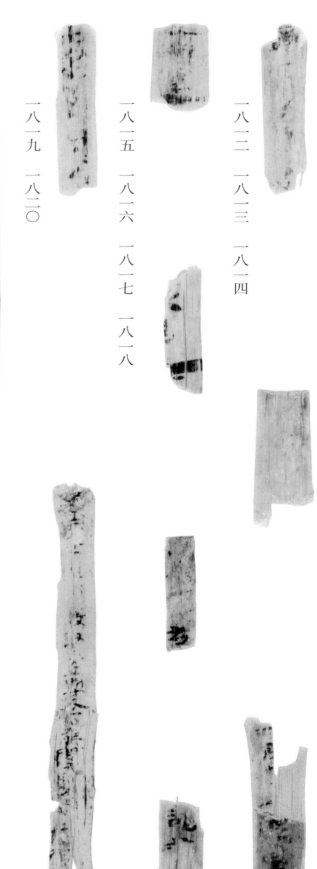

一八二六

一八二七　一八二八

一八二九　一八三〇　一八三一

一八三二　一八三三

一八三四　一八三五

一八三六

一八三七

一八三八　一八三九

一八四〇　一八四一

一八四二　一八四三

一八四四　一八四五

一八四六

一八四七

一八四八

一八四九

一八五〇

一八五一　一八五二

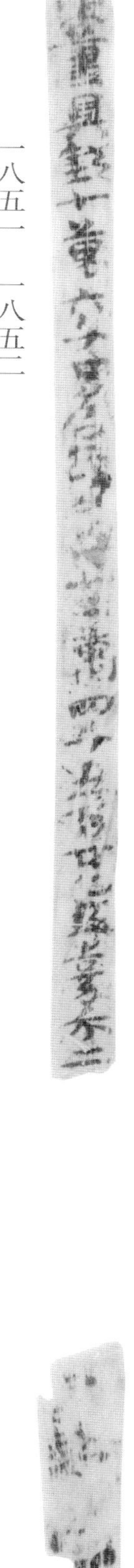

一八五三　一八五四　一八五五

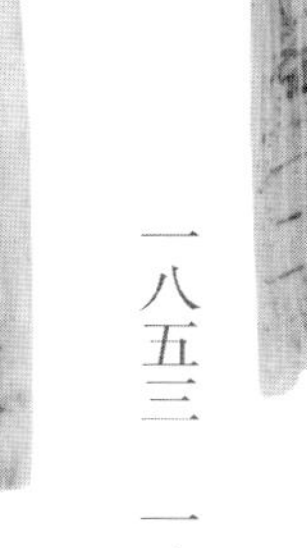

一八五六　一八五七　一八五八

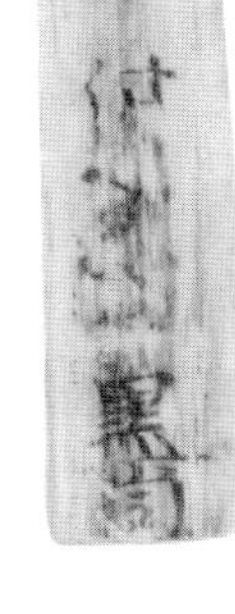

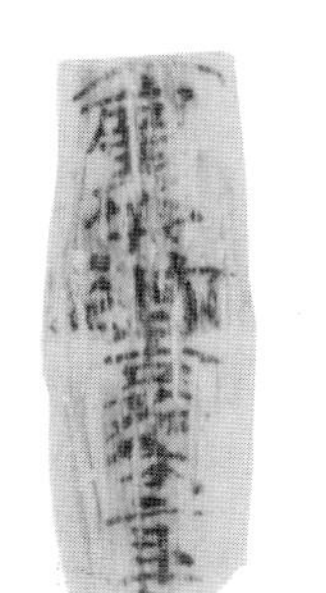

一八五九　一八六〇

一八六一

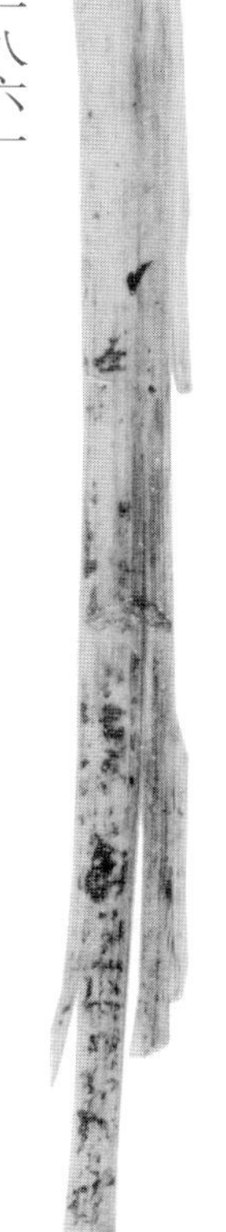

一八六二

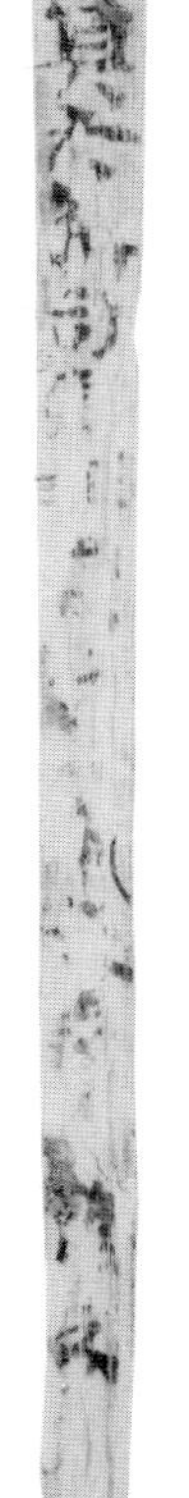

一八六三

一八六四

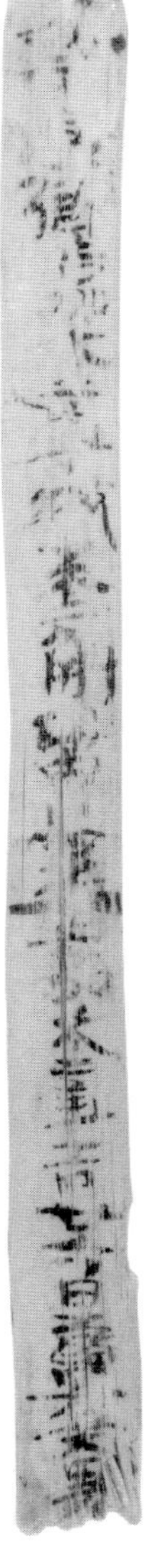

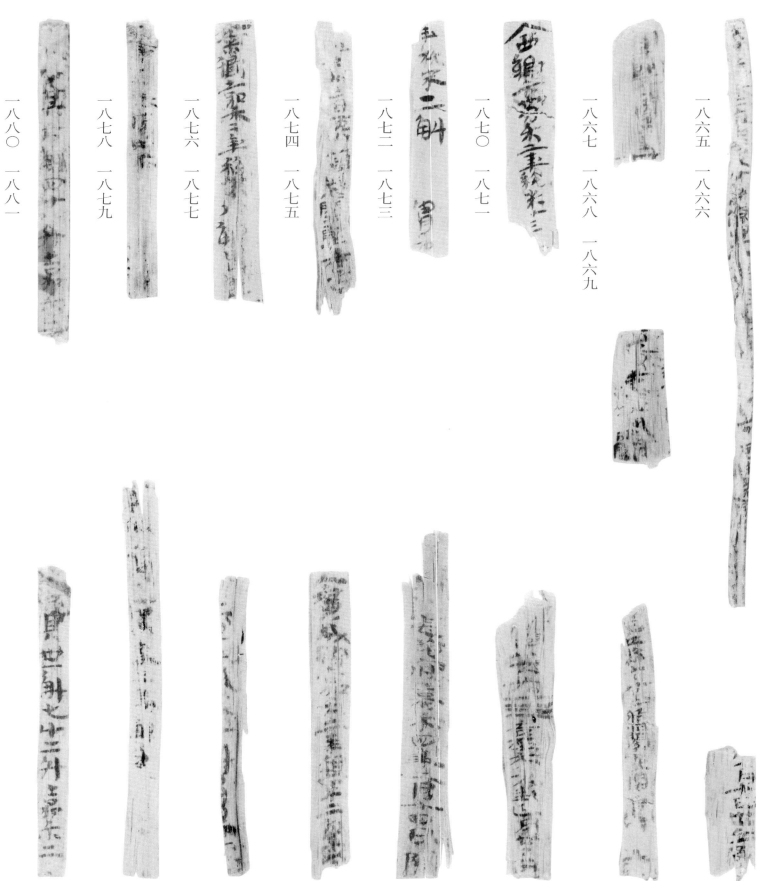

一八六五　一八六六

一八六七　一八六八　一八六九

一八七〇　一八七一

一八七二　一八七三

一八七四　一八七五

一八七六　一八七七

一八七八　一八七九

一八八〇　一八八一

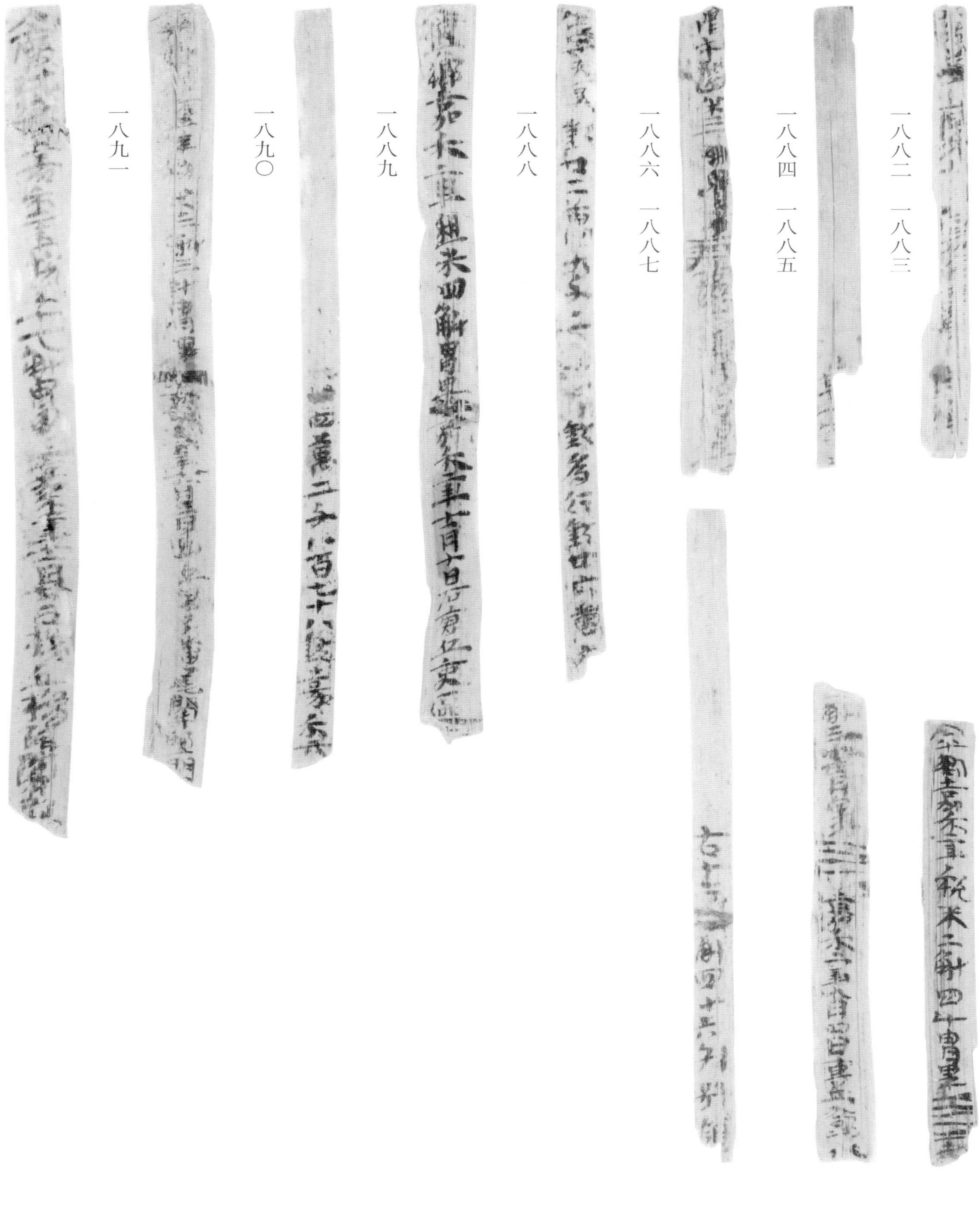

一八八二　一八八三

一八八四　一八八五

一八八六　一八八七

一八八八

一八八九

一八九〇

一八九一

一八九二

一八九三

一八九四　一八九五

一八九六　一八九七

一八九八　一八九九

一九〇〇　一九〇一　一九〇二

一九〇三　一九〇四

一九〇五　一九〇六

一九〇七

一九〇八　一九〇九

一九一〇　一九一一

一九一二　一九一三

一九一四

一九一五

一九一六

一九一七

一九一八

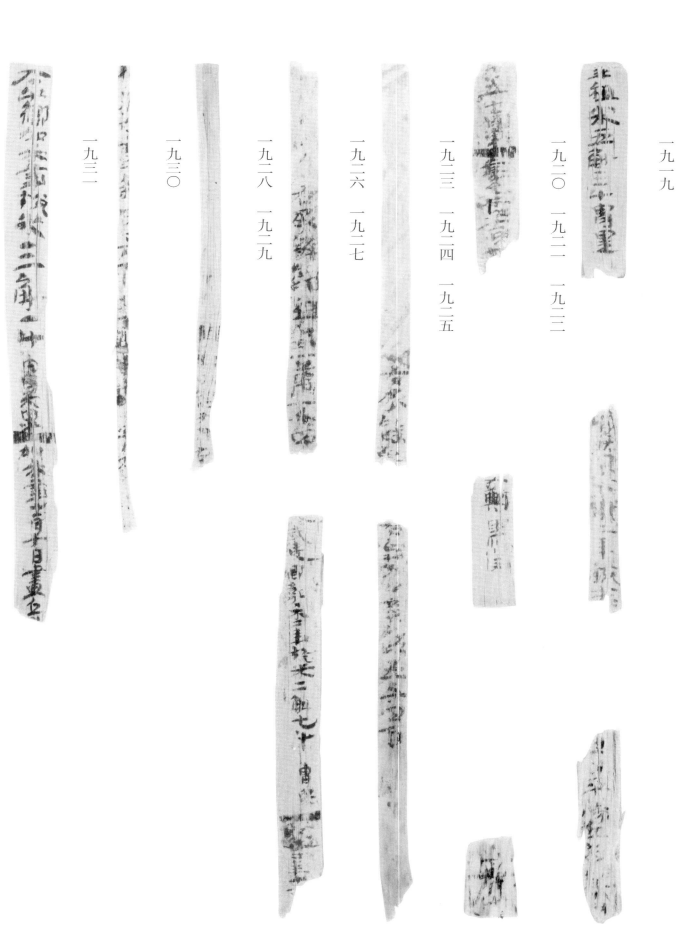

一九一九

一九二〇　一九二一　一九二二

一九二三　一九二四　一九二五

一九二六　一九二七

一九二八　一九二九

一九三〇

一九三一

一九三二

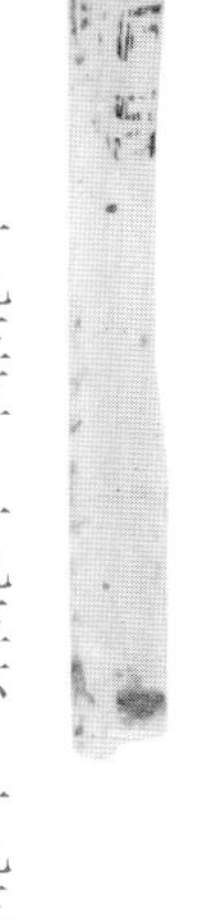
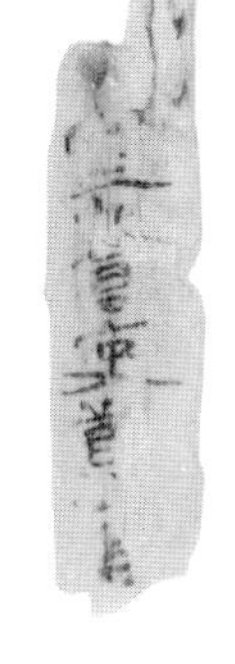
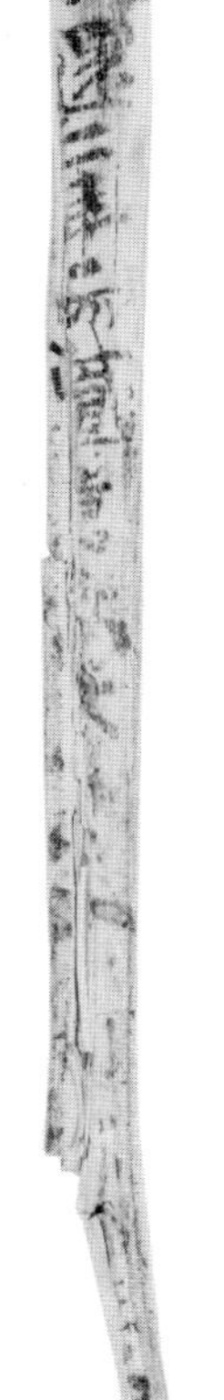
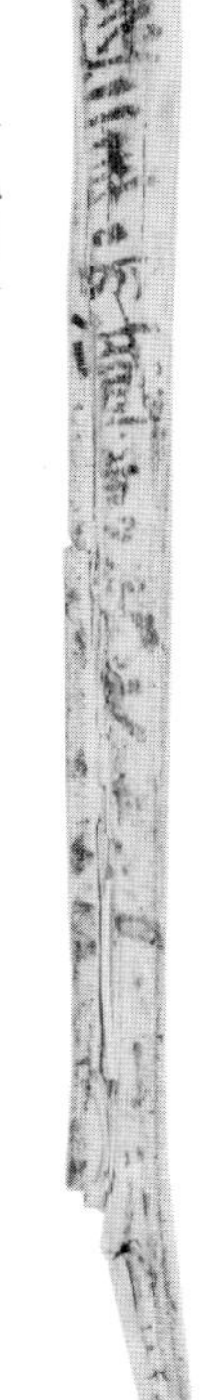

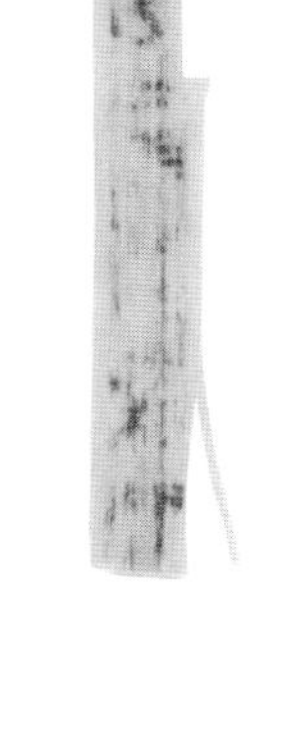
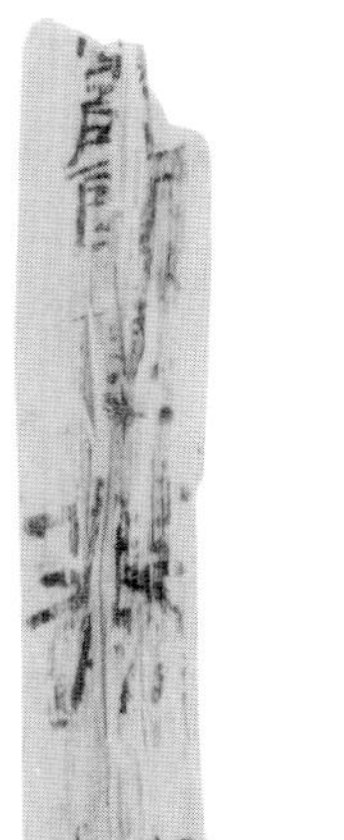
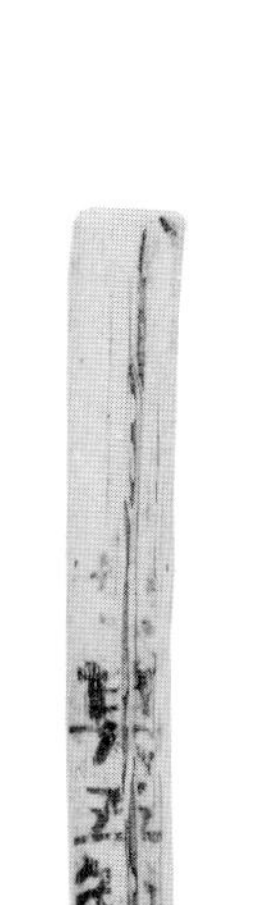

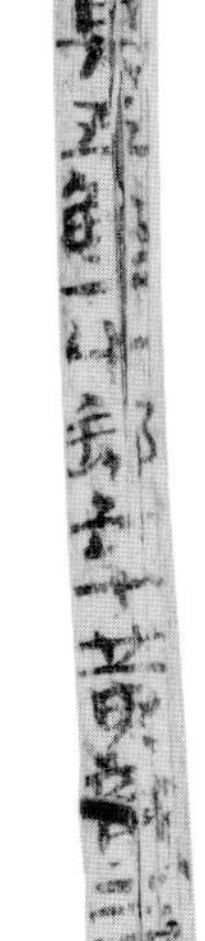
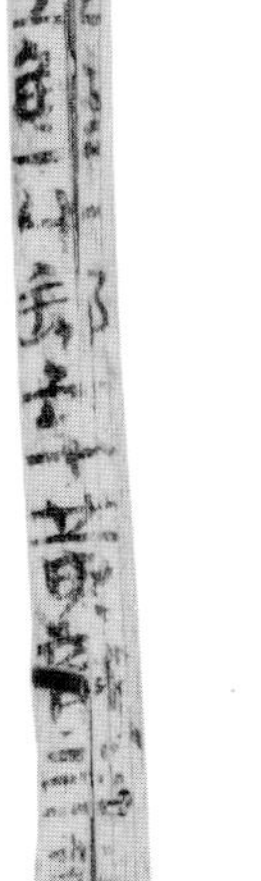
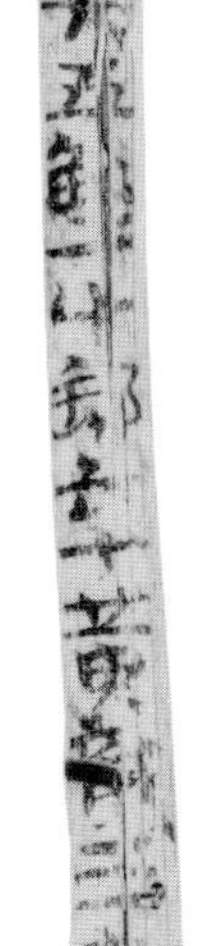
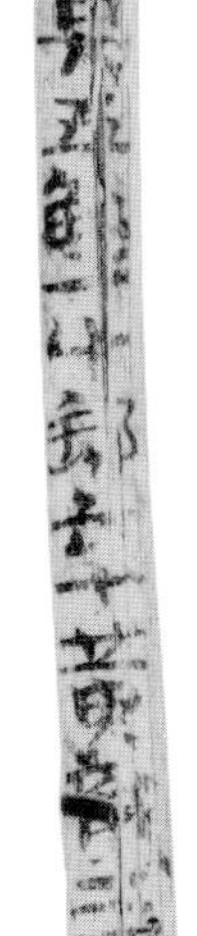

一九三三　一九三四

一九三五　一九三六　一九三七

一九三八　一九三九　一九四〇

一九四一

一九四二

一九四三

一九四四

一九四五

一九四六
一九四七
一九四八　一九四九
一九五〇　一九五一　一九五二
一九五三　一九五四
一九五五
一九五六
一九五七

一九五八

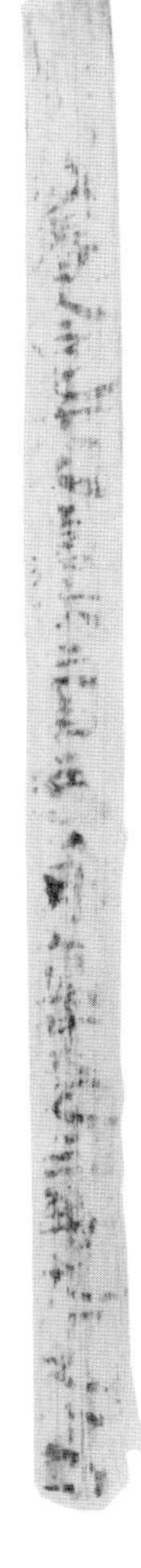

一九五九

一九六〇

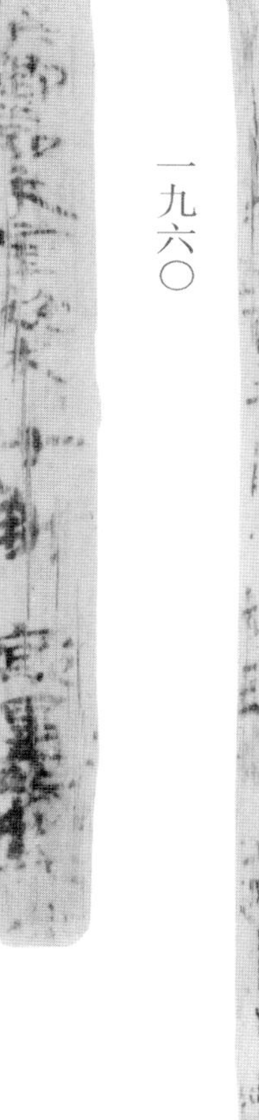

一九六一　一九六二

一九六三　一九六四

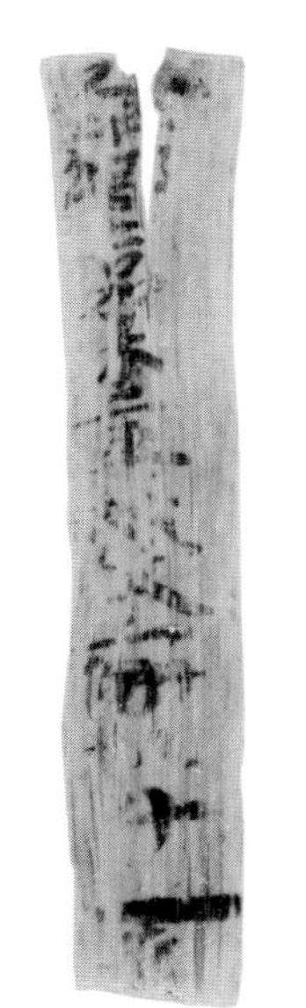

一九六五　一九六六

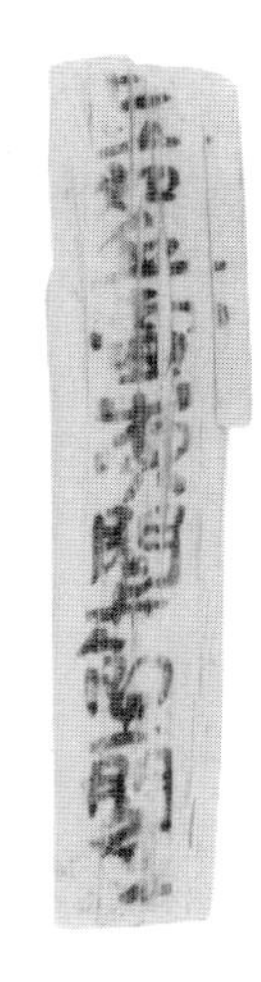

一九六七　一九六八　一九六九

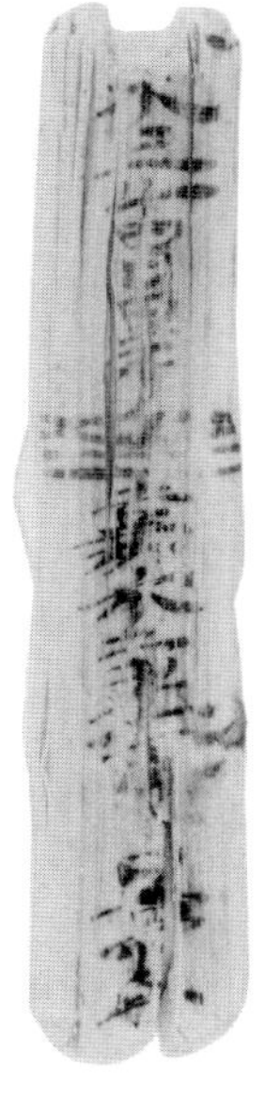

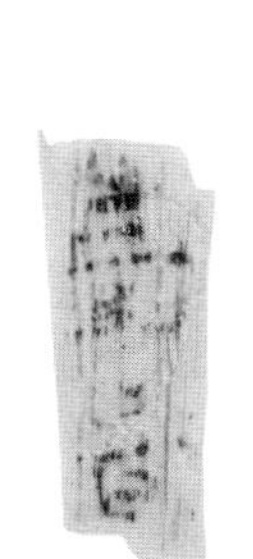

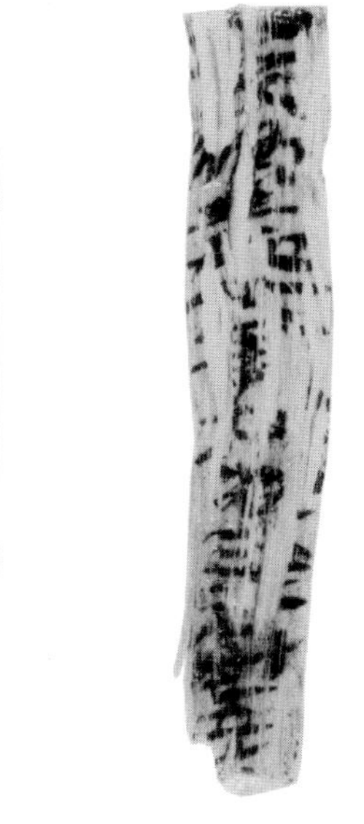

一九七〇　一九七一

一九七二　一九七三

一九七四　一九七五

一九七六　一九七七

一九七八　一九七九　一九八〇

一九八一　一九八二　一九八三

一九八四　一九八五　一九八六

一九八七　一九八八　一九八九

一九九〇　一九九一

一九九二　一九九三

一九九四

一九九五

一九九六

一九九七　一九九八

一九九九　二〇〇〇

二〇〇一　二〇〇二

二〇〇三　二〇〇四

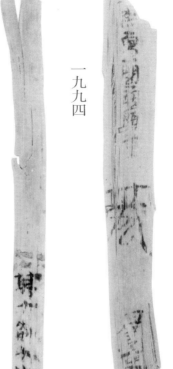

二〇〇五 二〇一〇
二〇〇六 二〇一一
二〇〇七 二〇一二
二〇〇八 二〇一三
二〇〇九 二〇一四
二〇一五 二〇一六 二〇一七
二〇一八 二〇一九
二〇二〇 二〇二一

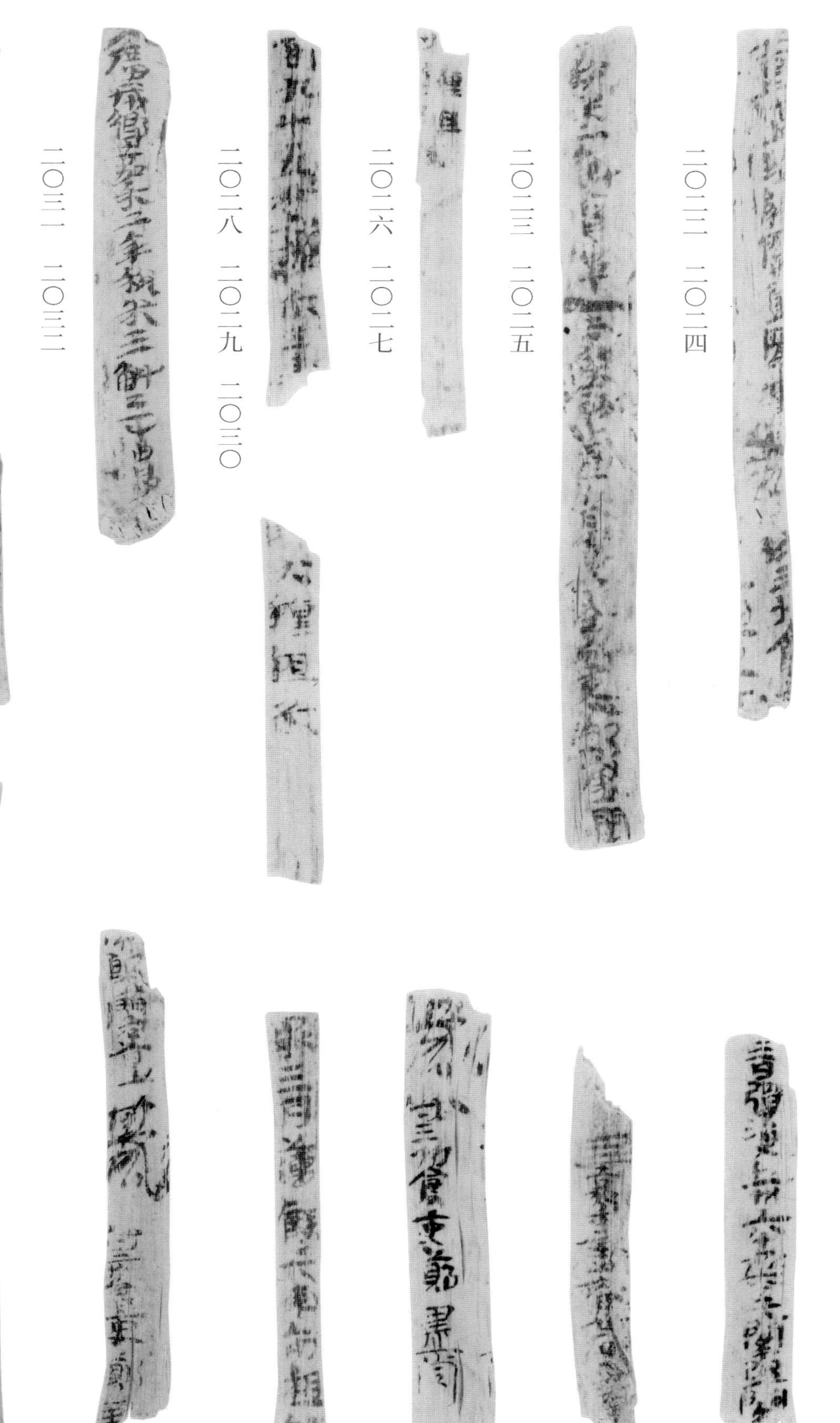

二〇二二 二〇二四

二〇二三 二〇二五

二〇二六 二〇二七

二〇二八 二〇二九 二〇三〇

二〇三一 二〇三二

二〇三三 二〇三四

二〇三五

二〇三六

二〇三七

二〇三八　二〇三九

二〇四〇　二〇四一

二〇四二　二〇四三　二〇四四

二〇四五　二〇四六　二〇四七

二〇四八　二〇四九　二〇五〇

二〇五一　二〇五二　二〇五三

二〇五四　二〇五五　二〇五六

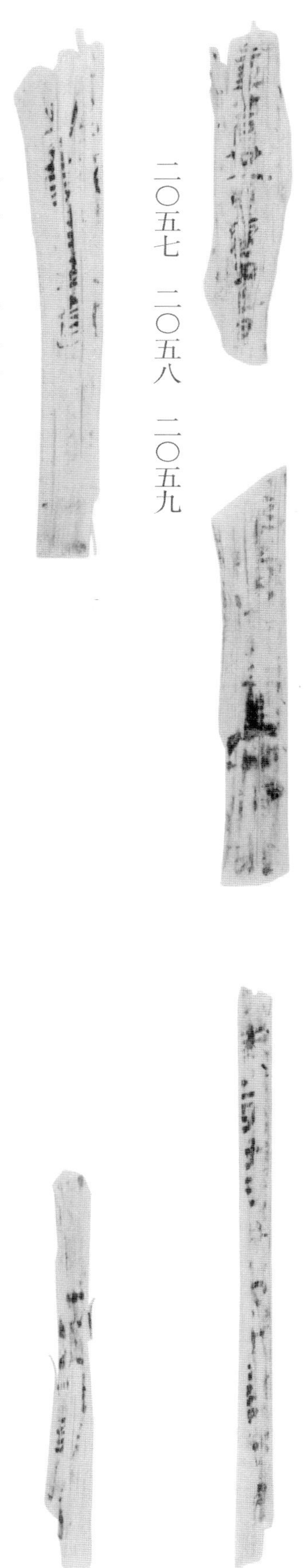
二〇五七　二〇五八　二〇五九

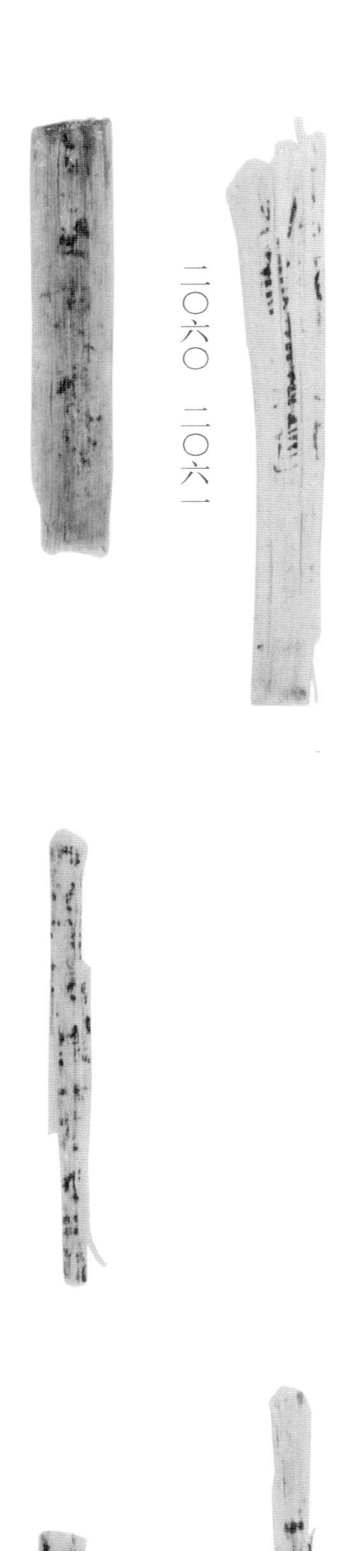
二〇六〇　二〇六一

二〇六二　二〇六三　二〇六四

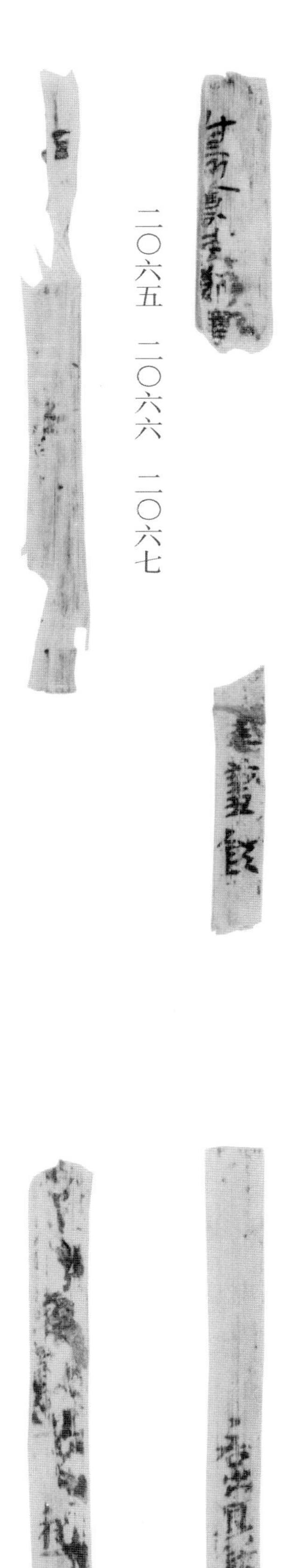
二〇六五　二〇六六　二〇六七

二〇六八　二〇六九

二〇七〇　二〇七一

二〇七二　二〇七三

二〇七四　二〇七五　二〇七六

二〇七七　二〇七八　二〇七九　二〇八〇

二〇八一　二〇八二　二〇八三　二〇八四

二〇八五　二〇八六　二〇八七　二〇八八

二〇八九　二〇九〇　二〇九一　二〇九二

二〇九三　二〇九四　二〇九五

二〇九六　二〇九七　二〇九八

二〇九九　二一〇〇　二一〇一

二一〇二　二一〇三　二一〇四　二一〇五

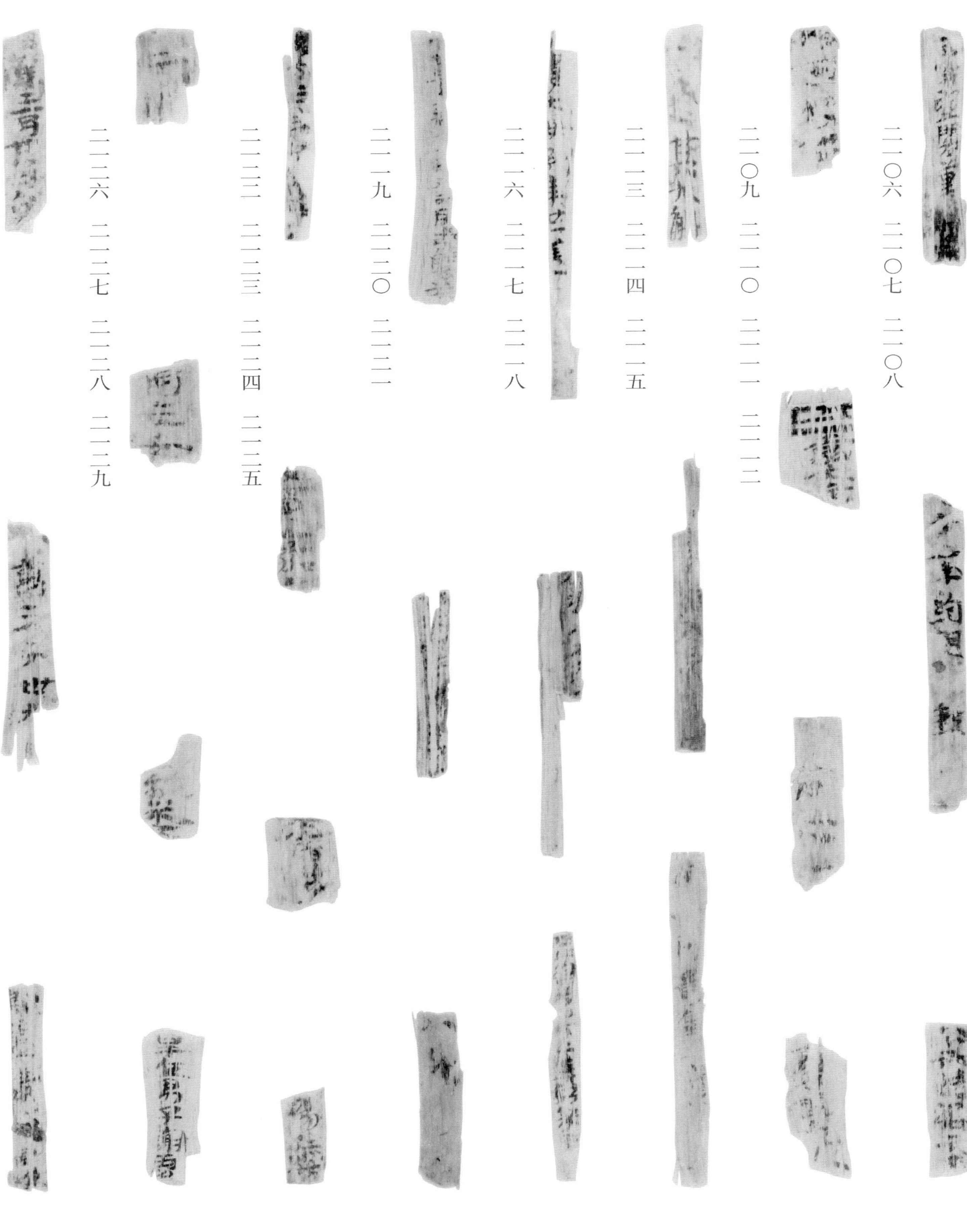

二一〇六 二一〇七 二一〇八

二一〇九 二一一〇 二一一一 二一一二

二一一三 二一一四 二一一五

二一一六 二一一七 二一一八

二一一九 二一二〇 二一二一

二一二二 二一二三 二一二四 二一二五

二一二六 二一二七 二一二八 二一二九

二一三〇 二一三一 二一三二

二一三三　二一三四　二一三五　二一三六

二一三七　二一三八　二一三九

二一四〇　二一四一　二一四二　二一四三

二一四四　二一四五　二一四六　二一四七

二一四八　二一四九　二一五〇　二一五一

二一五二　二一五三　二一五四　二一五五

二一五六　二一五七　二一五八　二一五九

二一六〇　二一六一　二一六二　二一六三

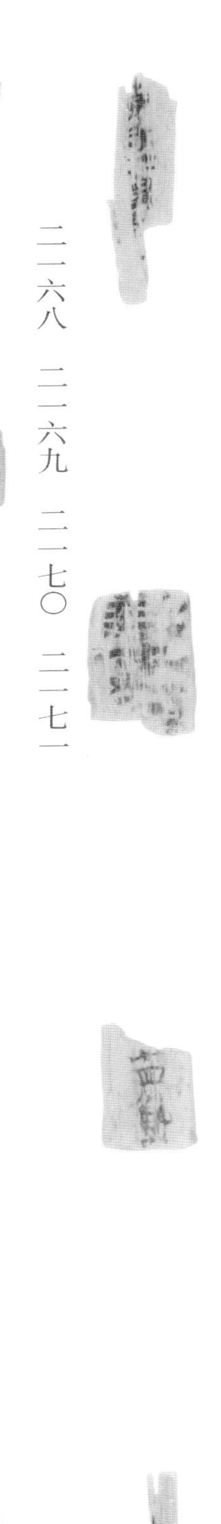
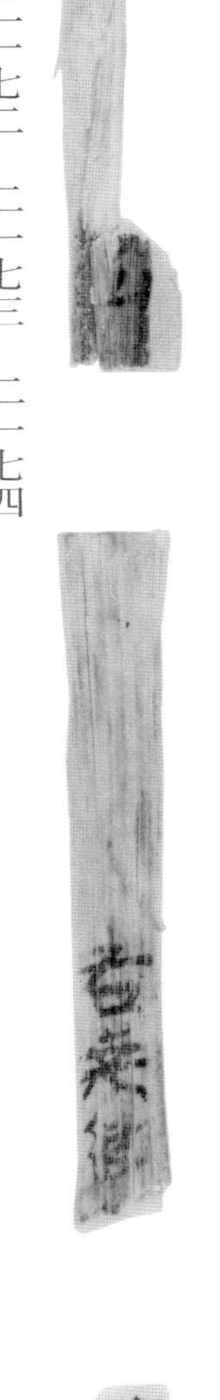
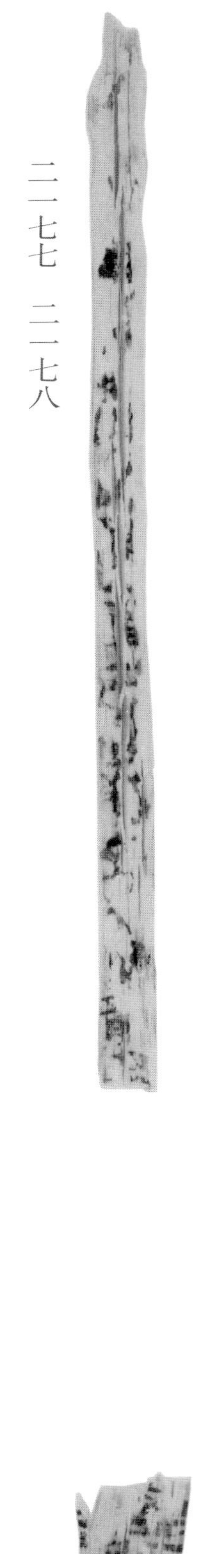

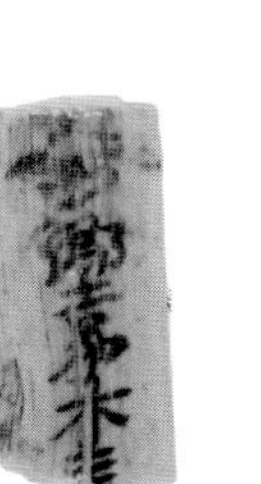

二一六四　二一六五　二一六六　二一六七

二一六八　二一六九　二一七〇　二一七一

二一七二　二一七三　二一七四

二一七五　二一七六

二一七七　二一七八

二一七九　二一八〇　二一八一　二一八二

二一八三　二一八四　二一八五　二一八六

二一八七　二一八八　二一八九　二一九〇

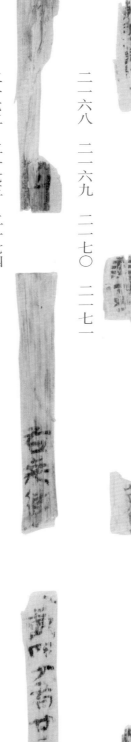

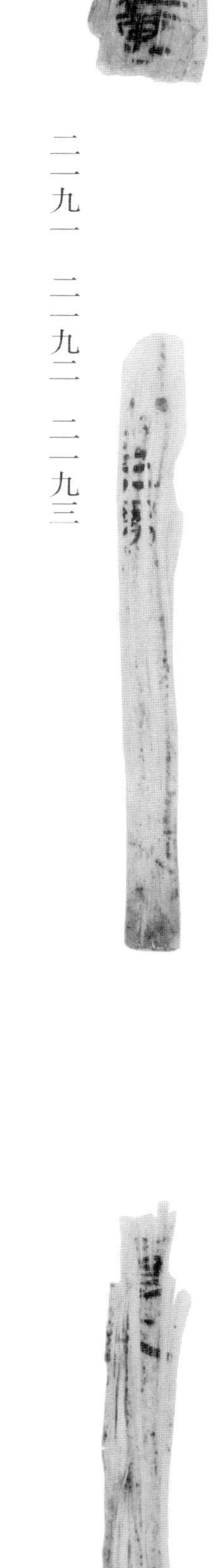
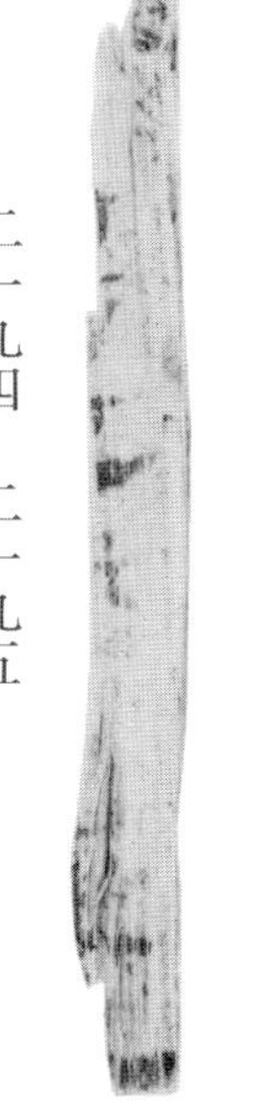
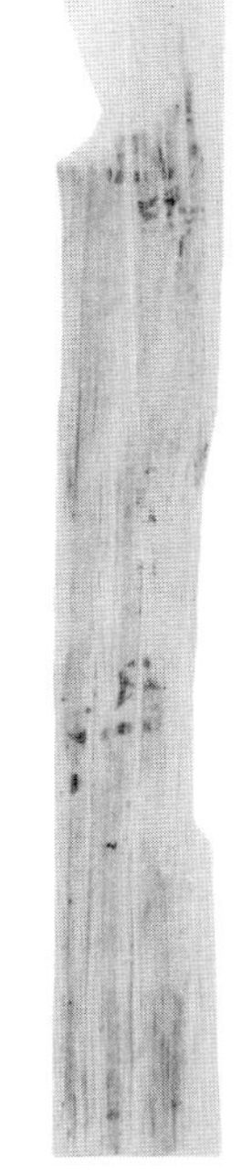
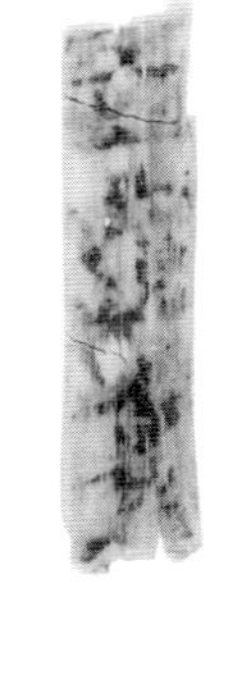

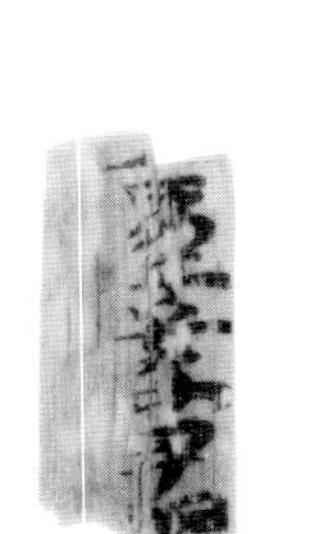
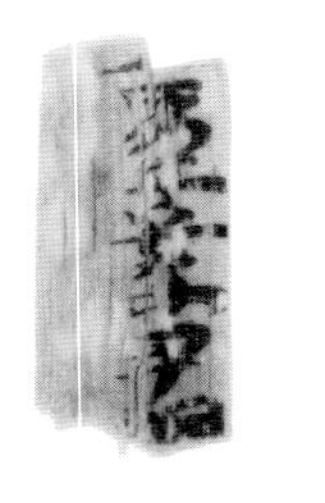
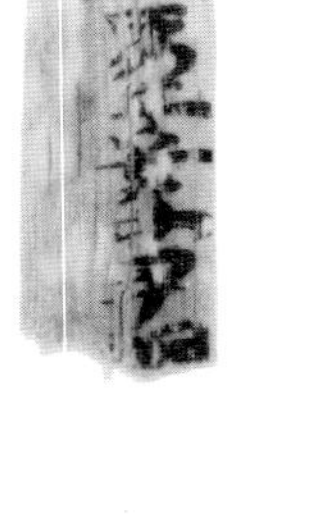

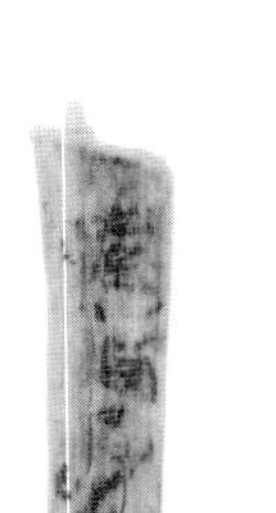
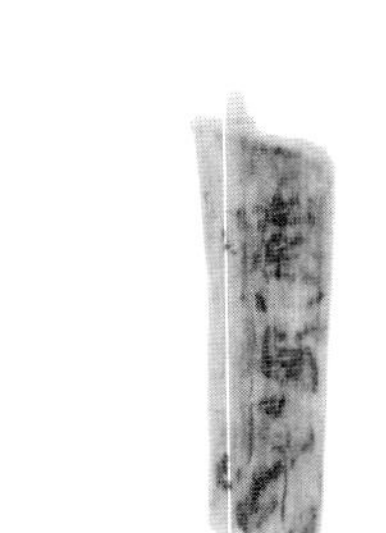

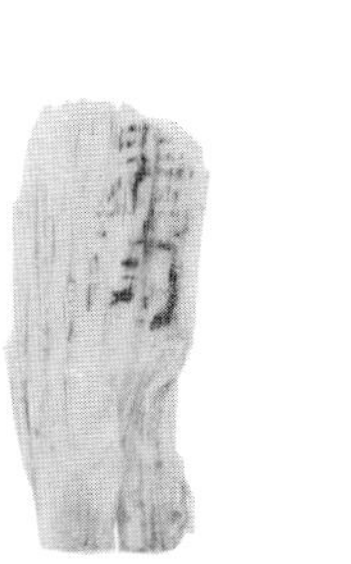

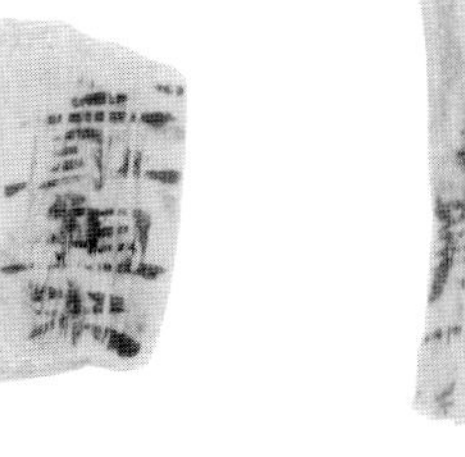

二二九一　二二九二　二二九三

二二九四　二二九五

二二九六　二二九七

二二九八　二二九九　二三〇〇　二三〇一

二三〇二　二三〇三　二三〇四　二三〇五

二三〇六　二三〇七　二三〇八　二三〇九

二三一〇　二三一一　二三一二　二三一三

二三一四　二三一五　二三一六　二三一七

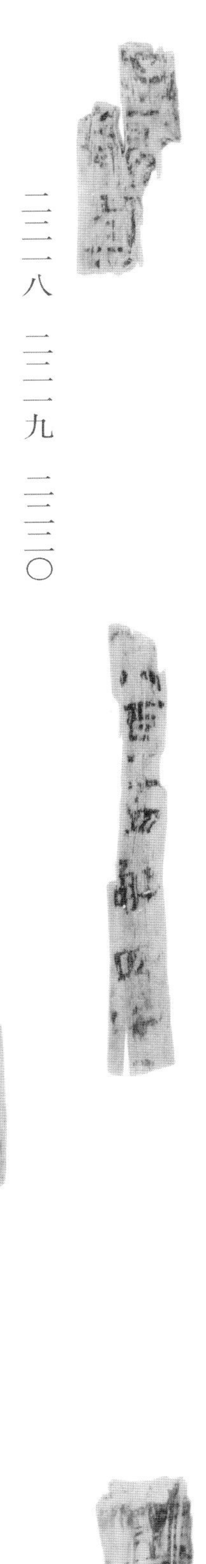
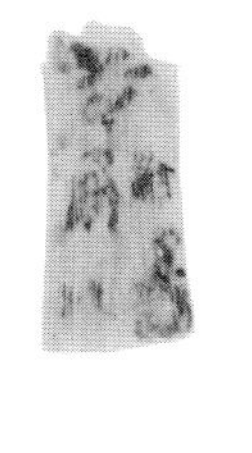
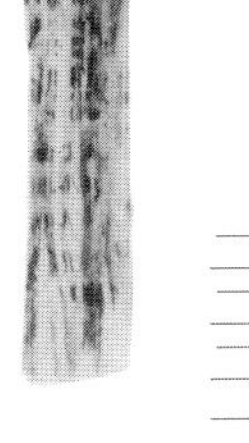
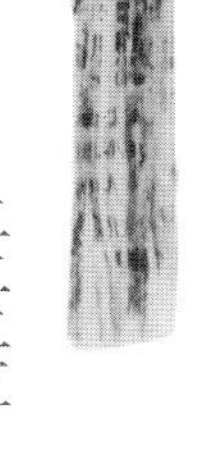
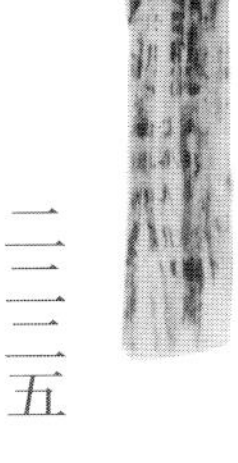
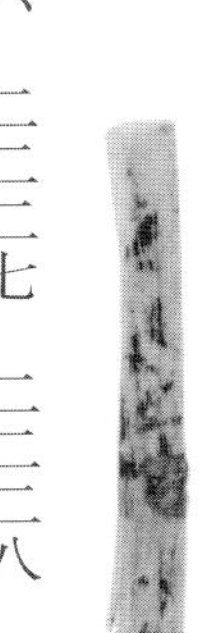
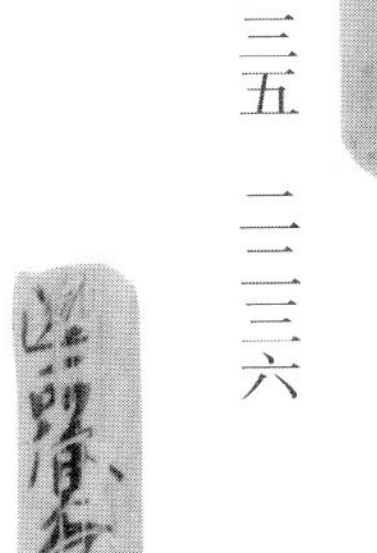
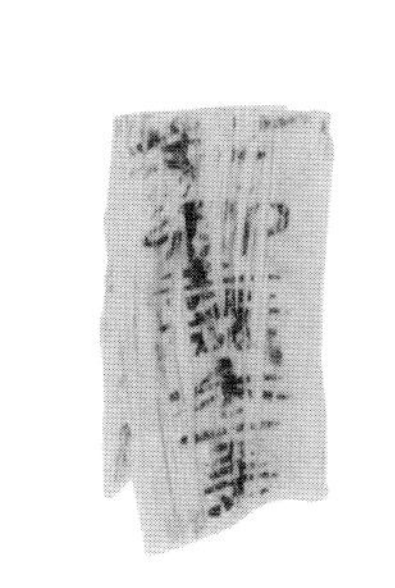
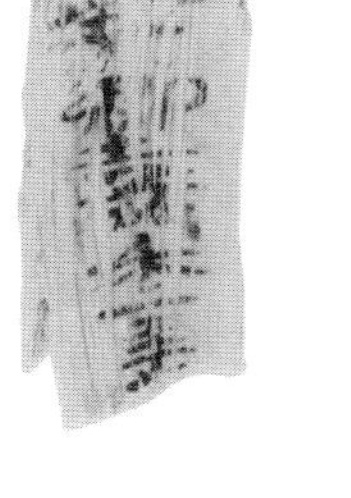
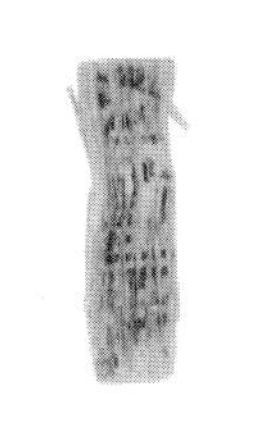
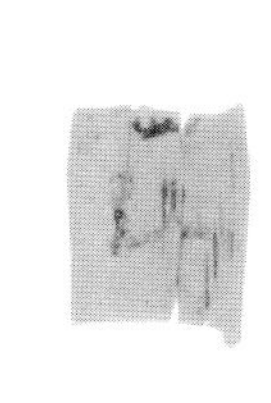

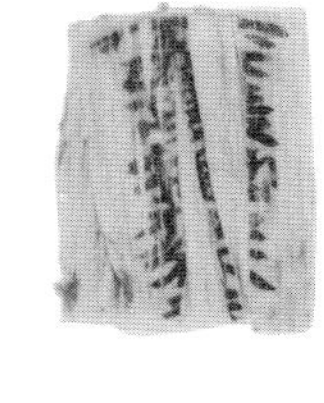
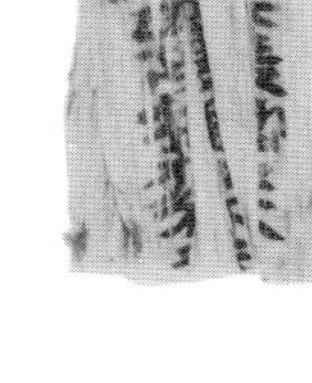
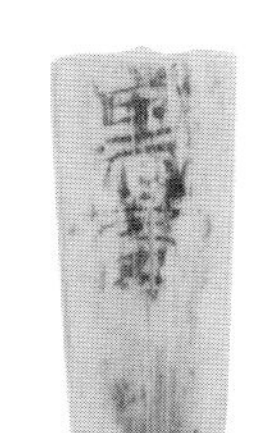
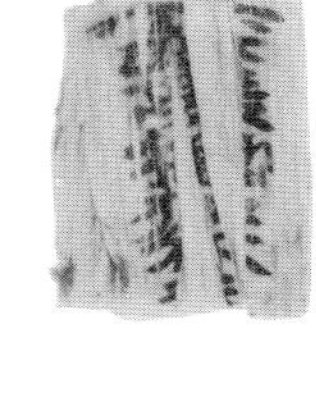

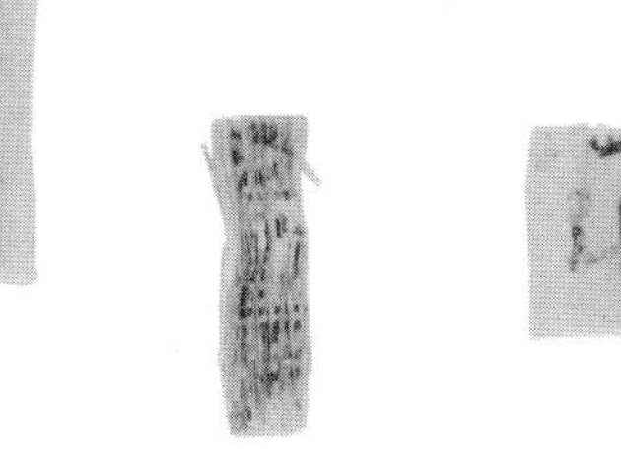
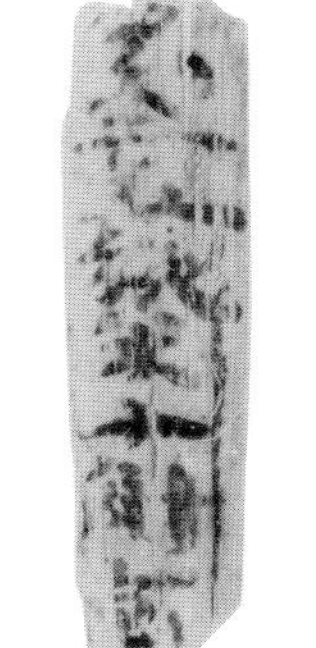

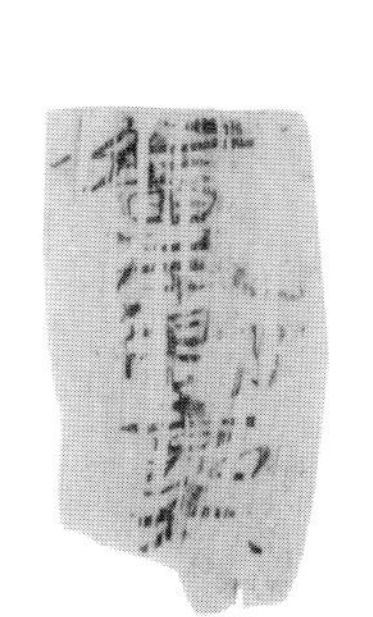

二二一八　二二一九　二二二〇

二二二一　二二二二　二二二三　二二二四

二二二五　二二二六　二二二七　二二二八

二二二九　二二三〇　二二三一　二二三二

二二三三　二二三四　二二三五　二二三六

二二三七　二二三八　二二三九

二二四〇　二二四一　二二四二

二二四三　二二四四　二二四五

二二四六　二二四七　二二四八

二二四九　二二五〇　二二五一

二二五二　二二五三　二二五四　二二五五

二二五六　二二五七　二二五八

二二五九　二二六〇　二二六一

二二六二　二二六三　二二六四

二二六五　二二六六　二二六七

二二六八　二二六九　二二七〇　二二七一

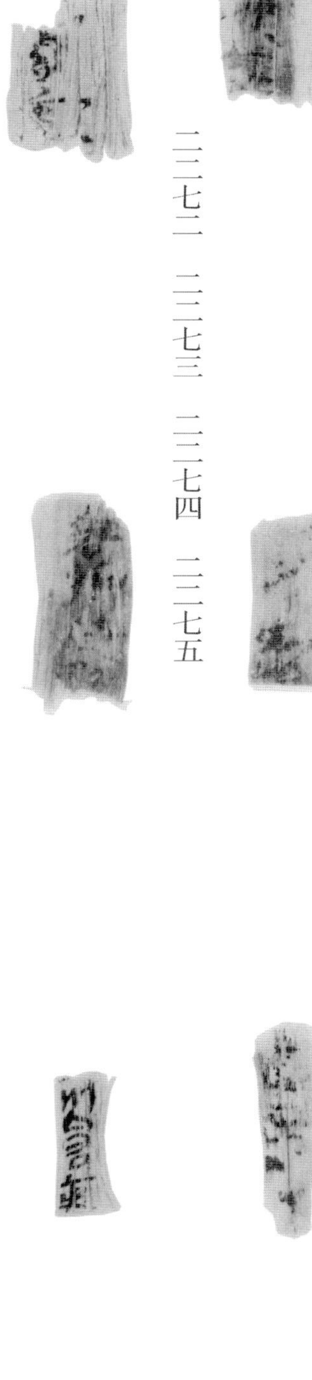

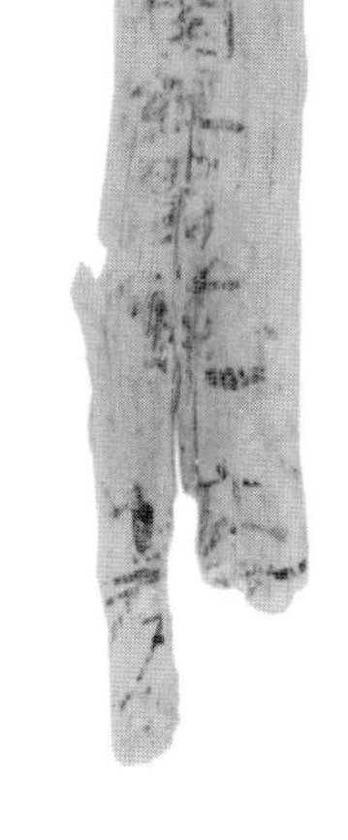
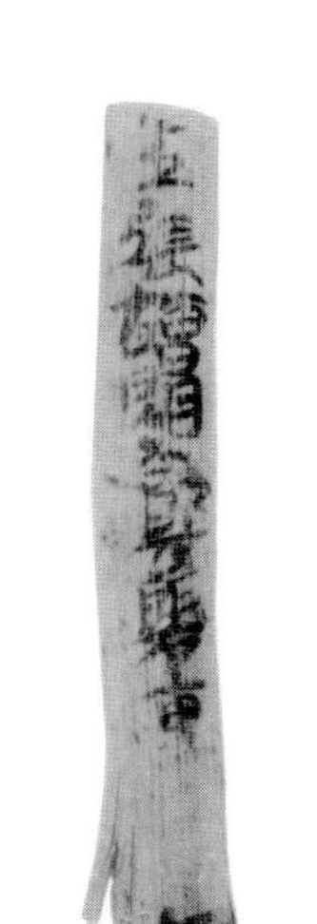

二二七二　二二七三　二二七四　二二七五

二二七六　二二七七　二二七八　二二七九

二二八〇　二二八一　二二八二

二二八三　二二八四　二二八五

二二八六　二二八七　二二八八

二二八九　二二九〇　二二九一

二二九二　二二九三　二二九四

二二九五　二二九六　二二九七

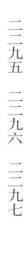

二二九八　二二九九

二三〇〇　二三〇一

二三〇二　二三〇三　二三〇四

二三〇五　二三〇六　二三〇七

二三〇八　二三〇九　二三一〇

二三一一　二三一二

二三一三　二三一四

二三一五　二三一六　二三一七

二三一八

二三一九

二三二〇

二三二一

二三二二

二三二三　二三二四

二三二五　二三二六

二三二七

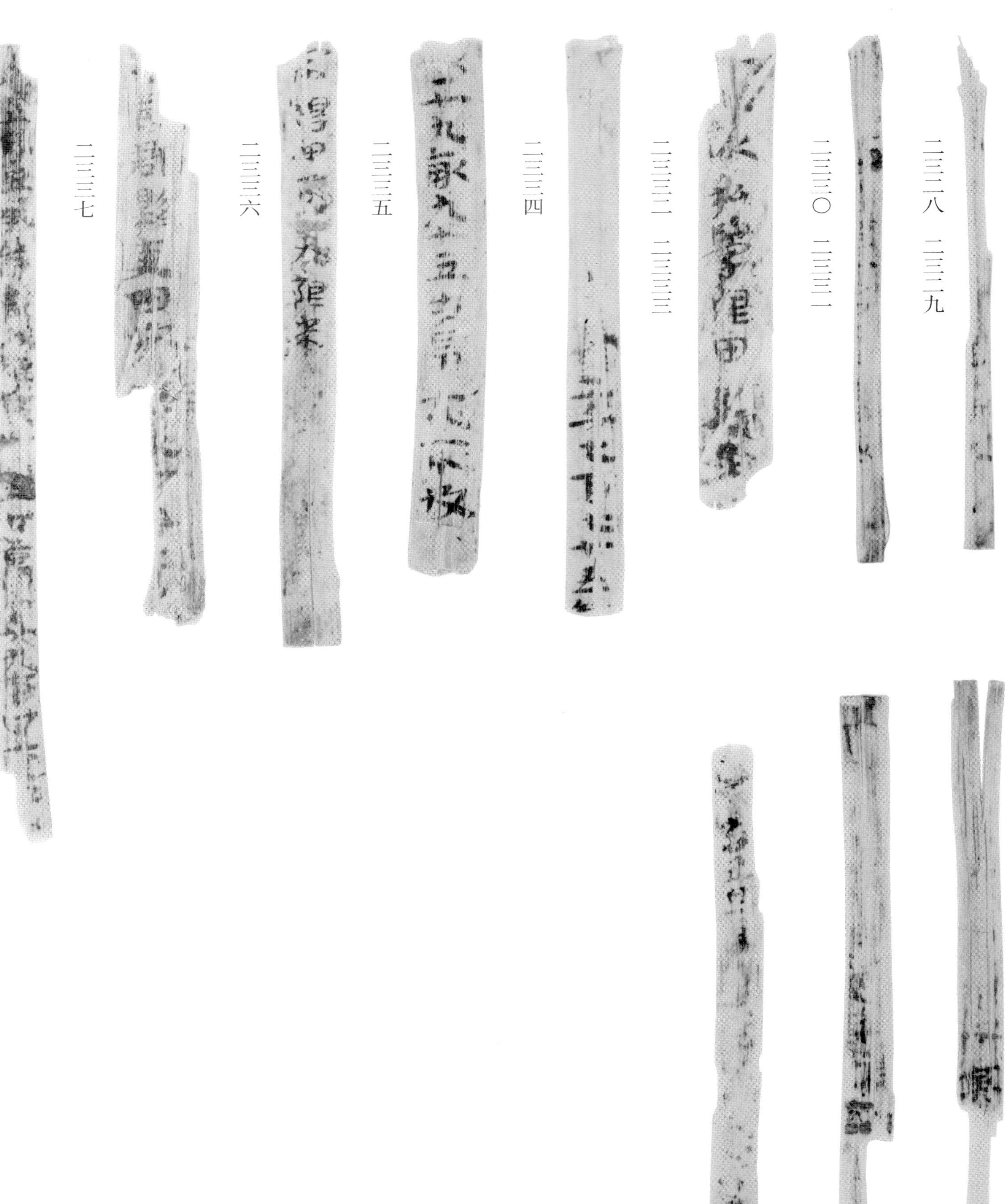

二三二八　二三二九

二三三〇　二三三一

二三三二　二三三三

二三三四

二三三五

二三三六

二三三七

二三三八

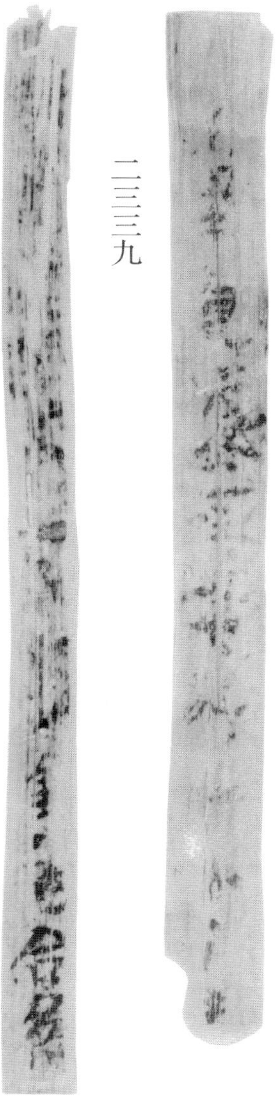
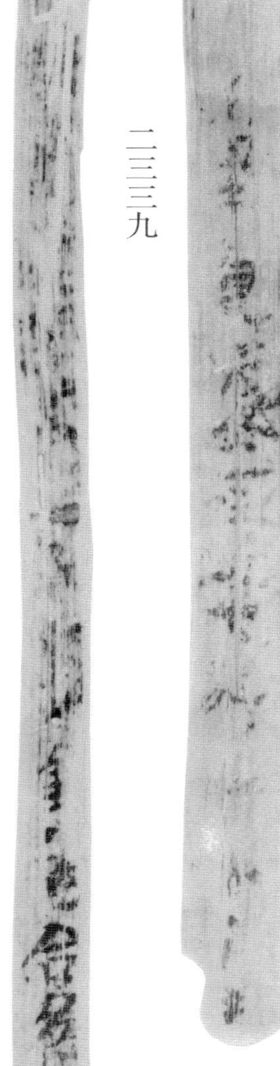
二三三九

二三四〇

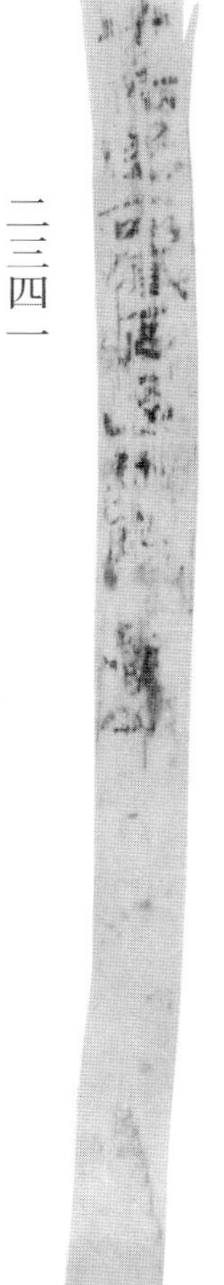
二三四一

二三四二　二三四三

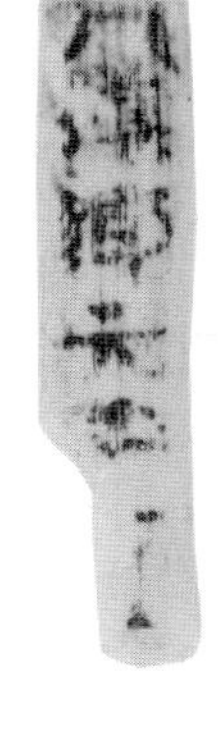
二三四四　二三四五

二三四六

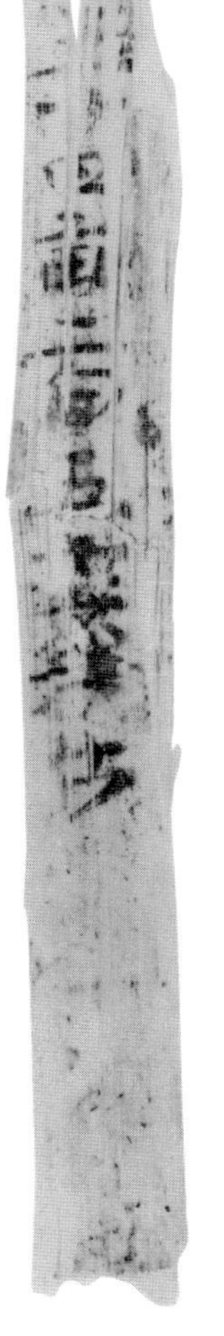
二三四七

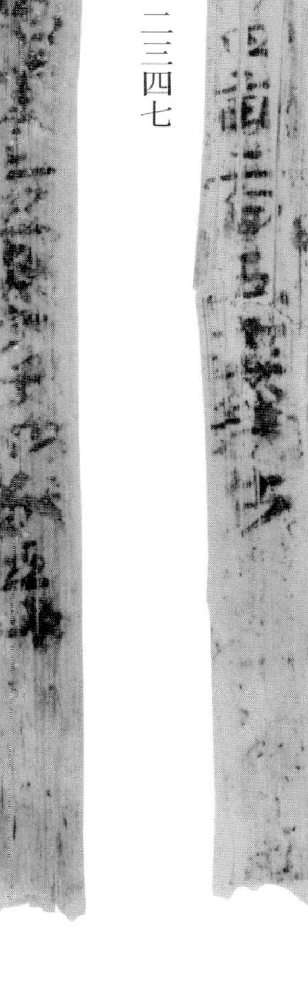
二三四八

二三四九

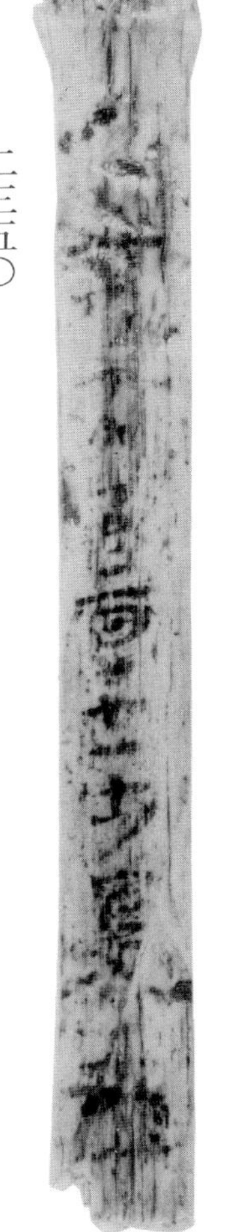

二三五〇

二三五一

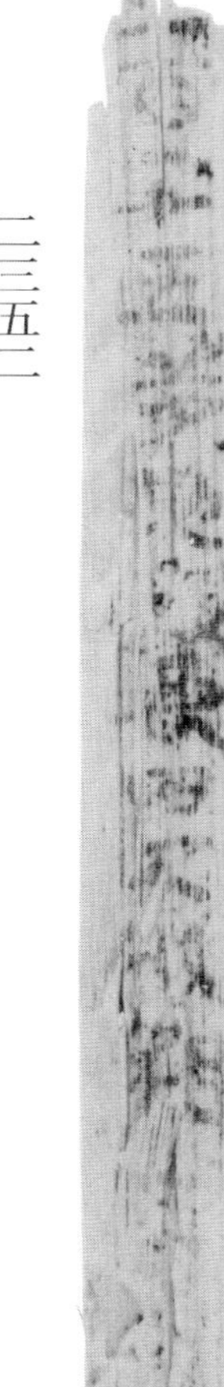

二三五二

二三五三　二三五四

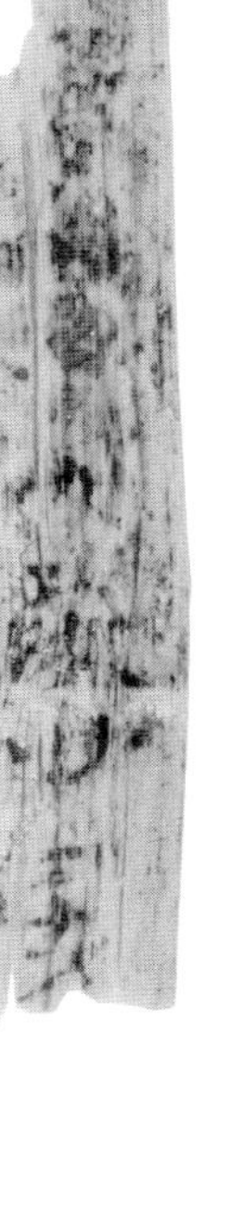

二三五五　二三五六

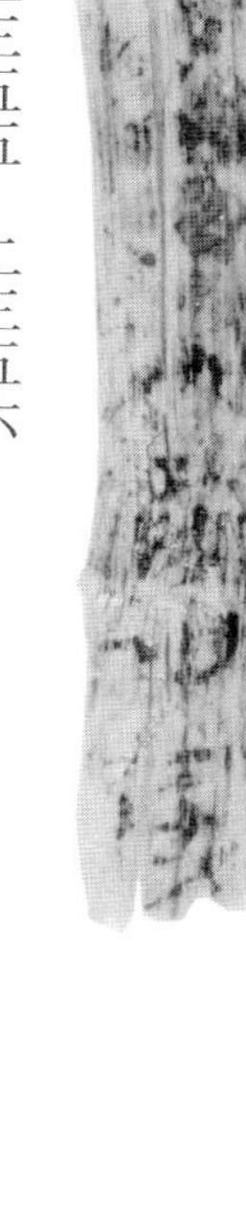

二三五七　二三五八

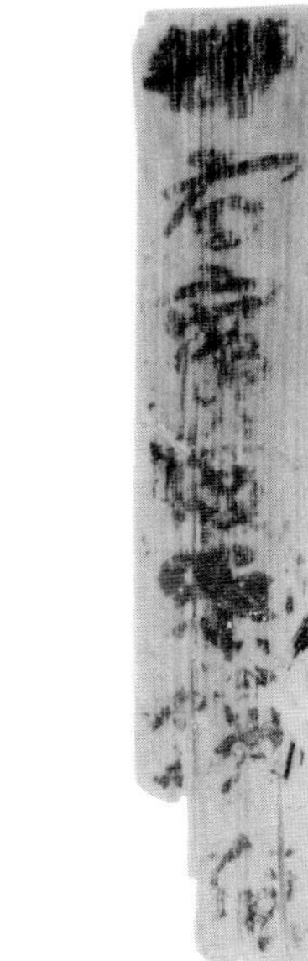

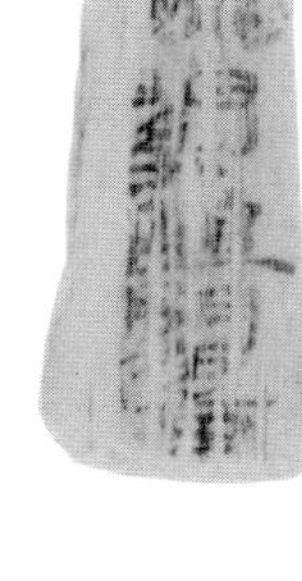
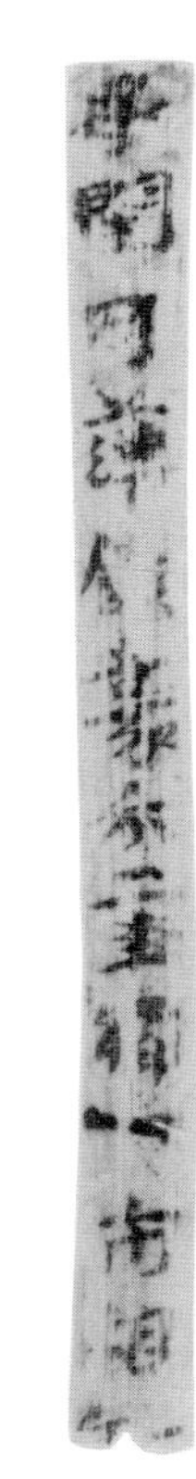

二三五九　二三六〇

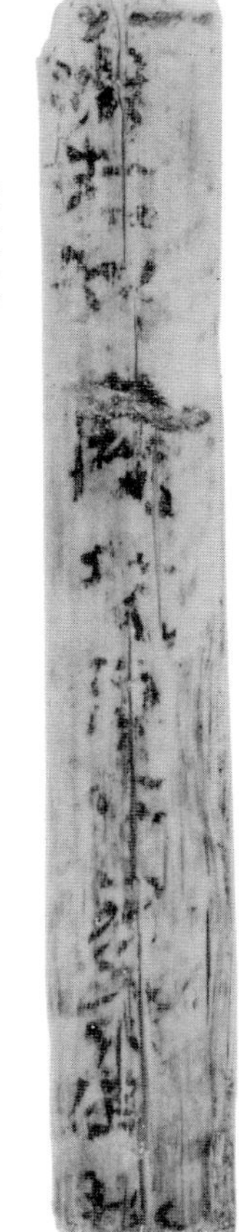

二三六一

二三六二

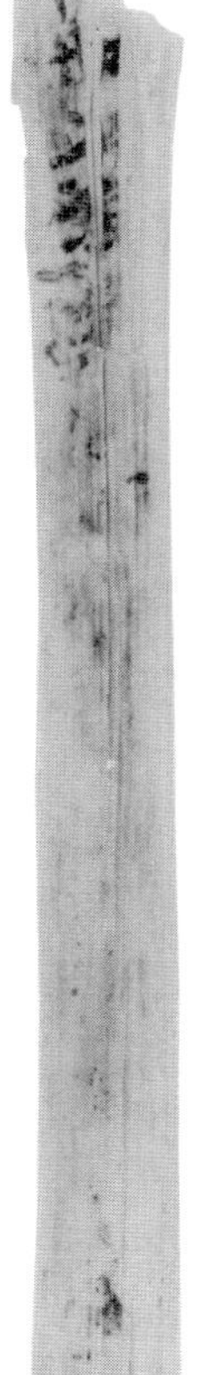

二三六三

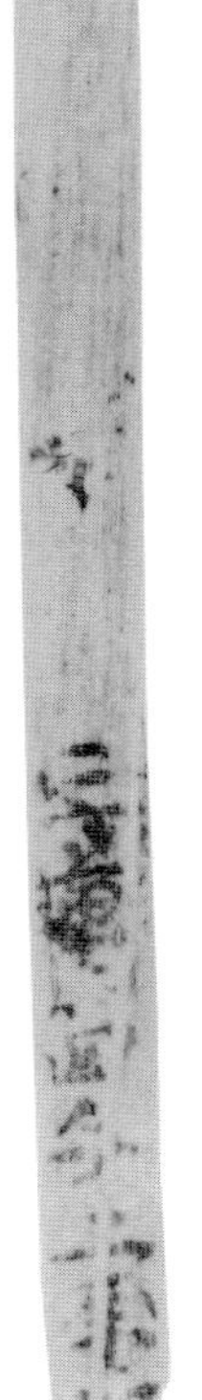

二三六四

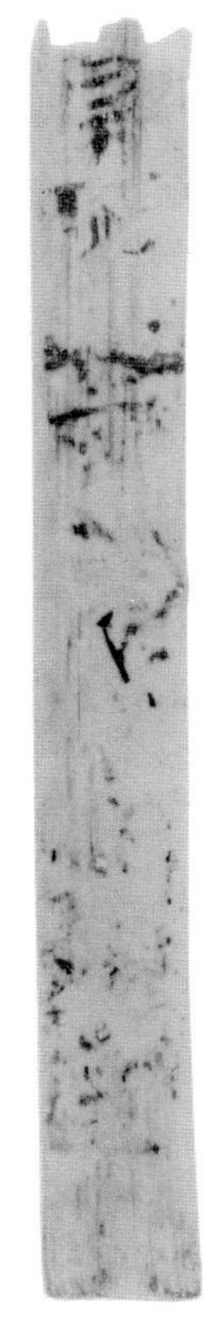

二三六五

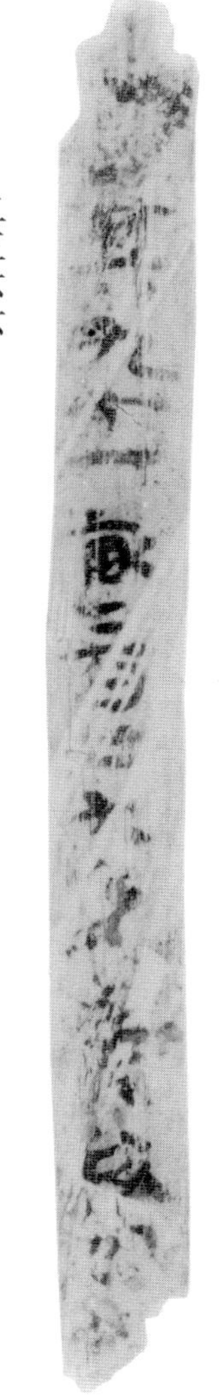

二三六六

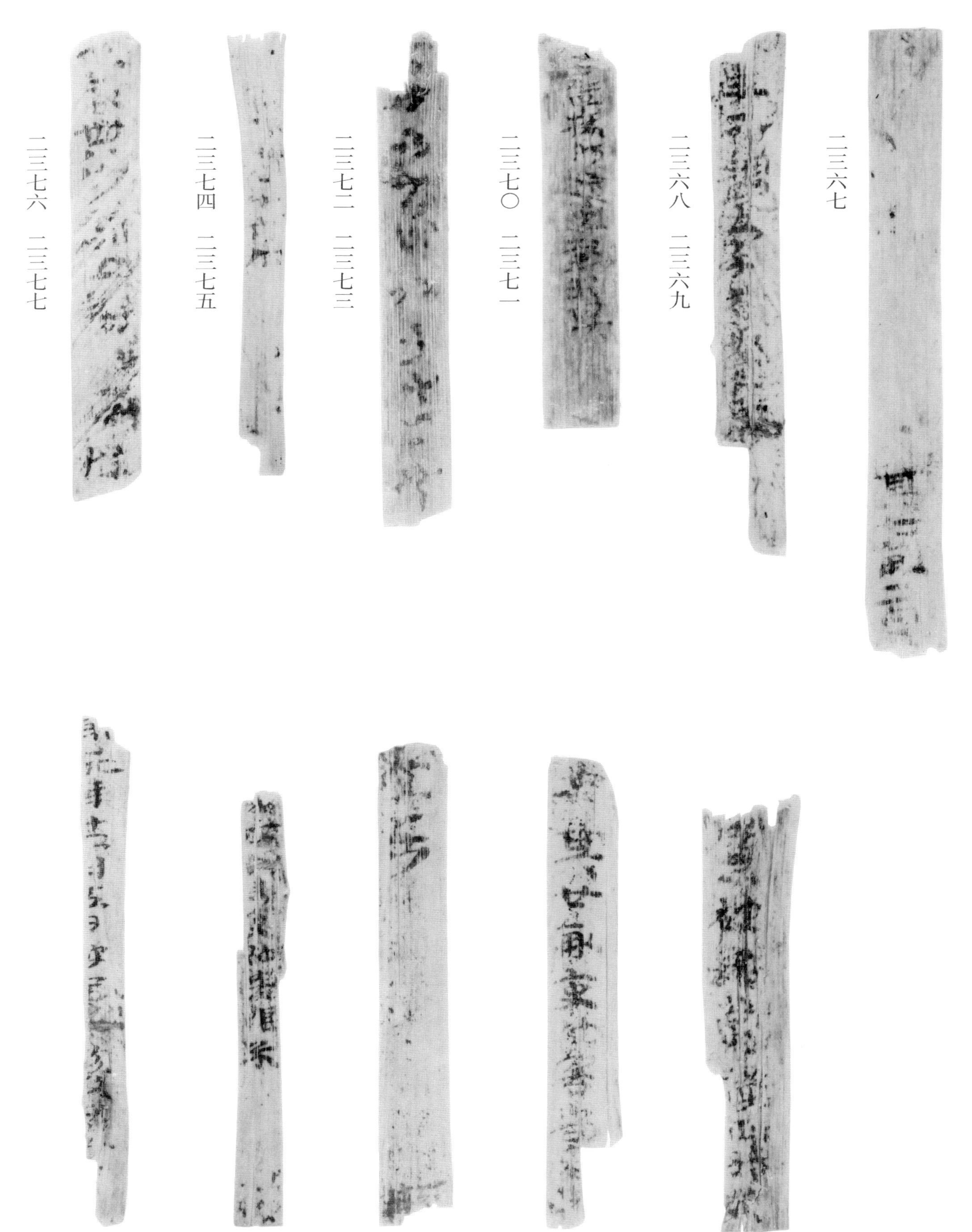

二三六七

二三六八　二三六九

二三七〇　二三七一

二三七二　二三七三

二三七四　二三七五

二三七六　二三七七

二三七八

二三七九

二三八〇

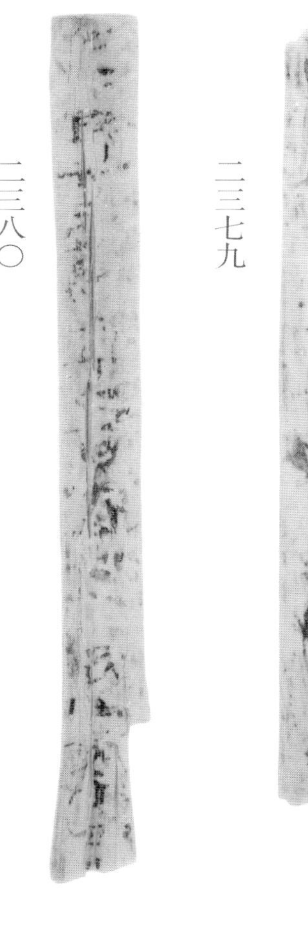

二三八一　二三八二

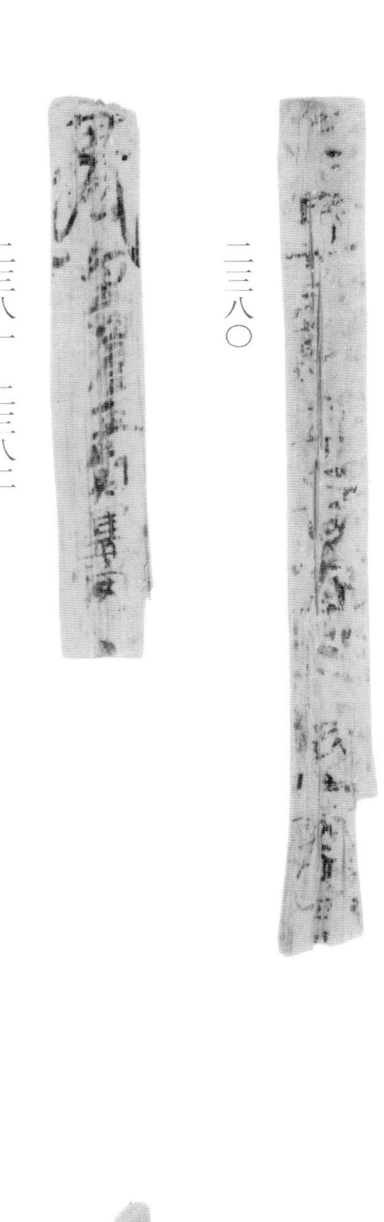

二三八三　二三八四

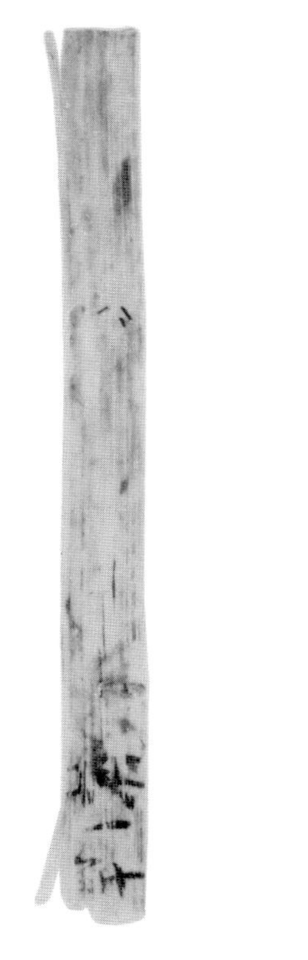

二三八五

二三八六

二三八七　二三八八

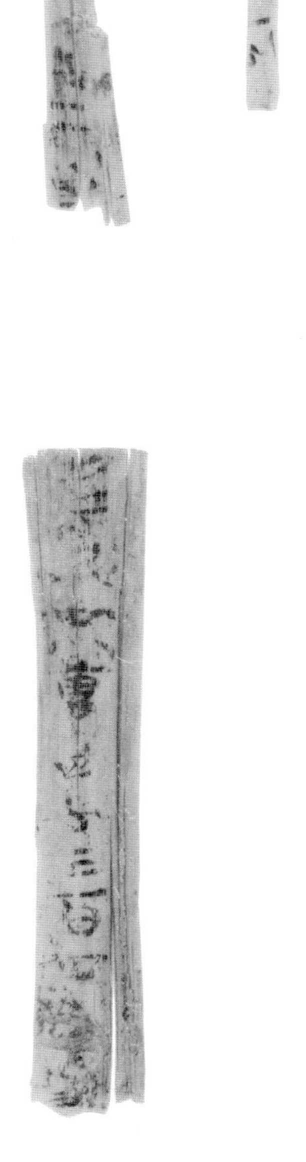

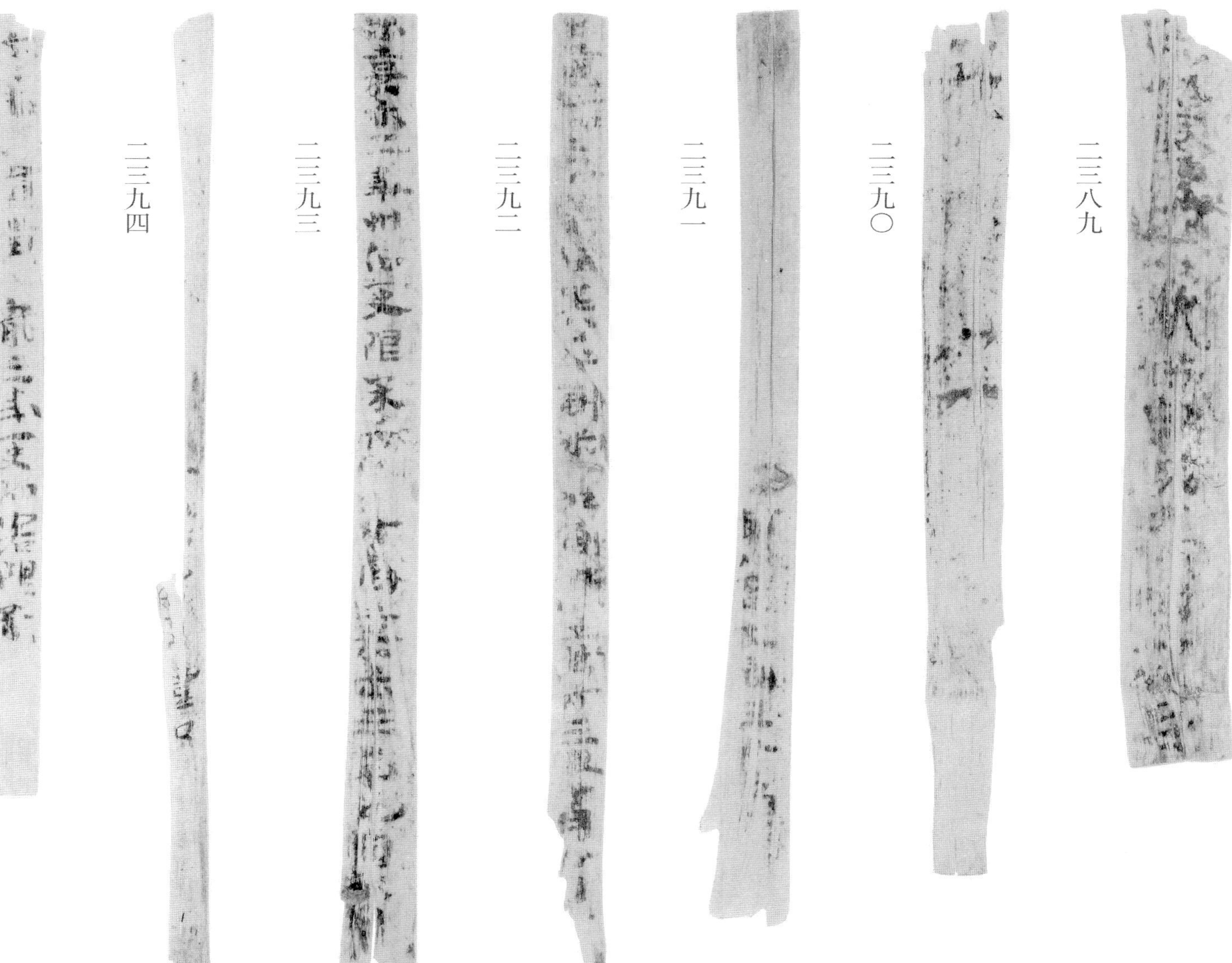

二三八九 二三九〇 二三九一 二三九二 二三九三 二三九四 二三九五

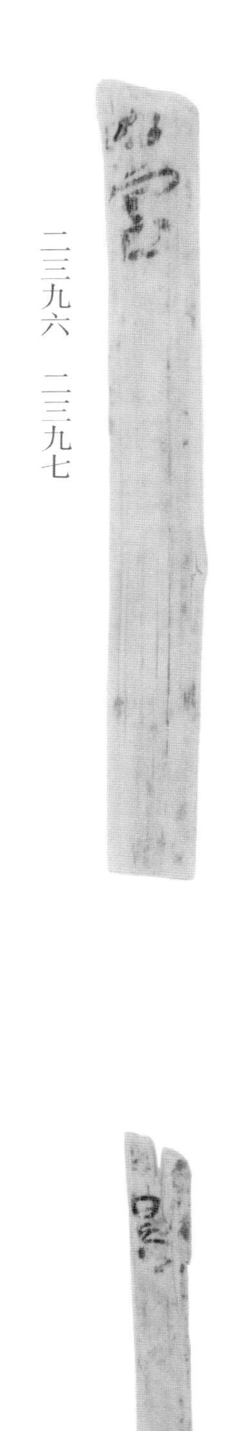

二三九六　二三九七

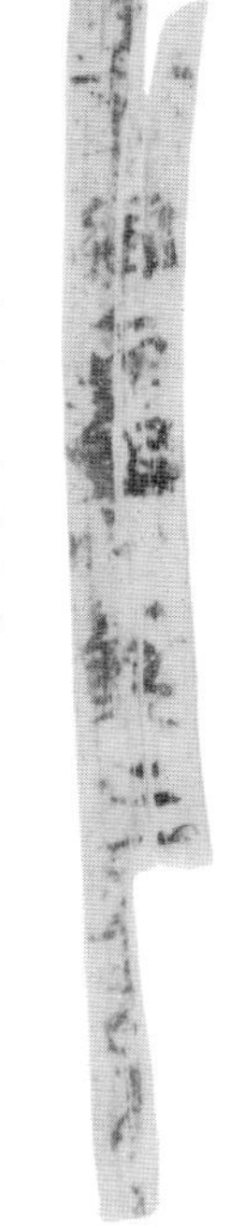

二三九八　二三九九

二四〇〇　二四〇一

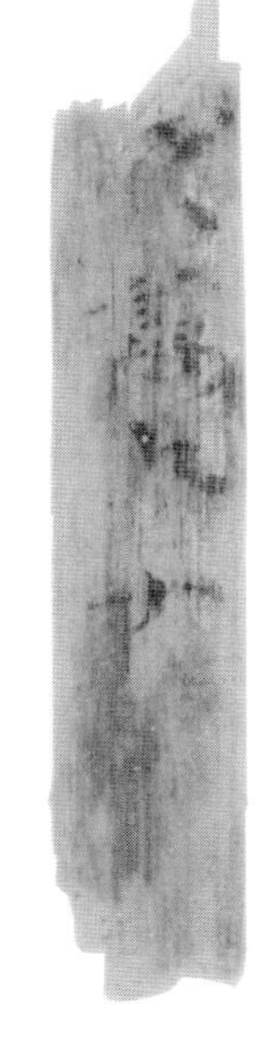

二四〇二　二四〇三

二四〇四

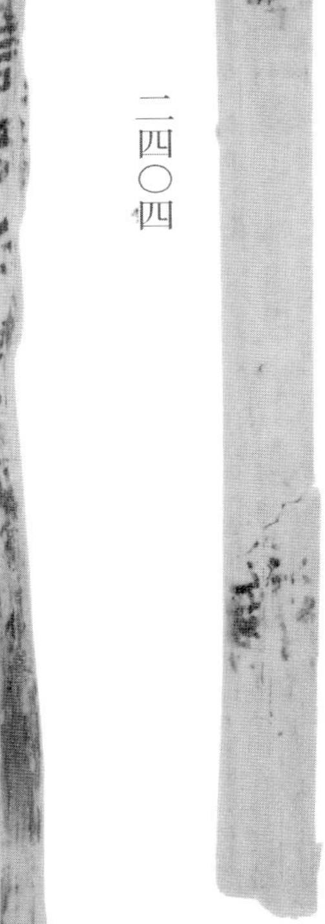

二四〇五

二四〇六

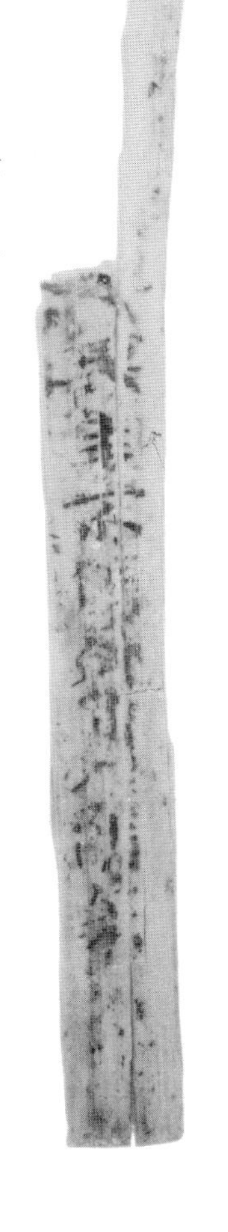
二四〇七

二四〇八

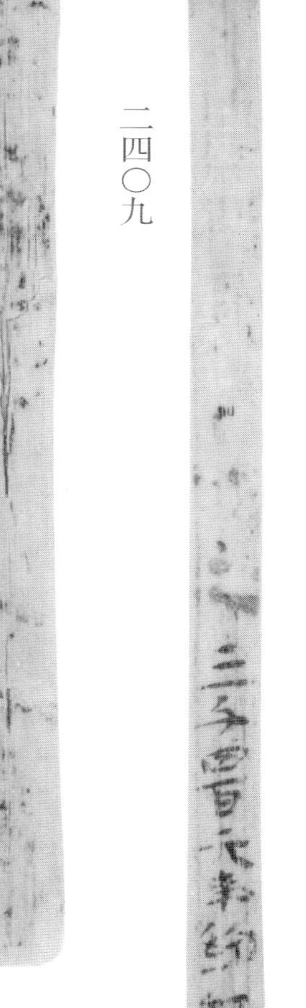
二四〇九

二四一〇

二四一一

二四一二 二四一三

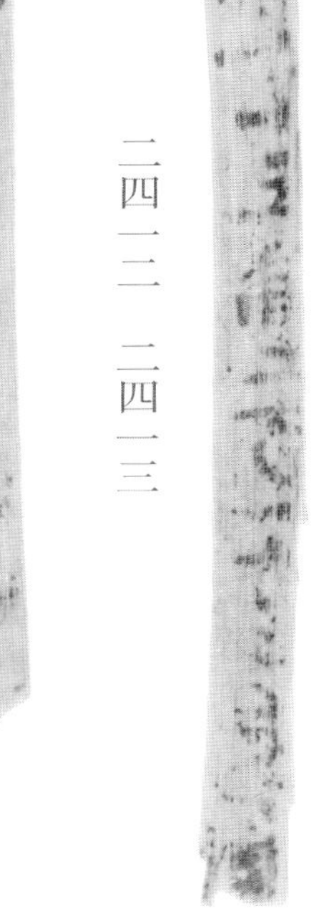
二四一四 二四一五

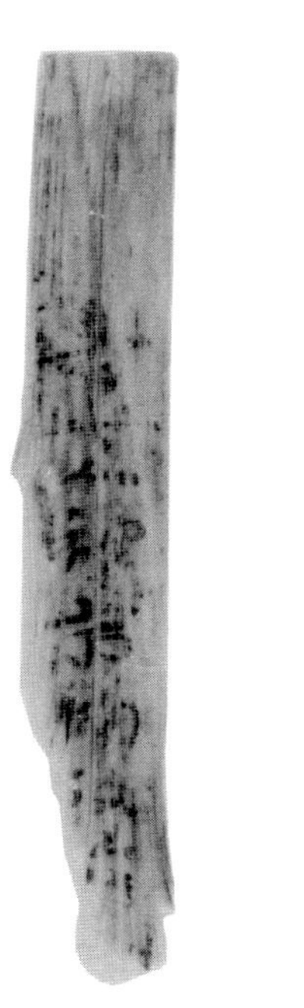

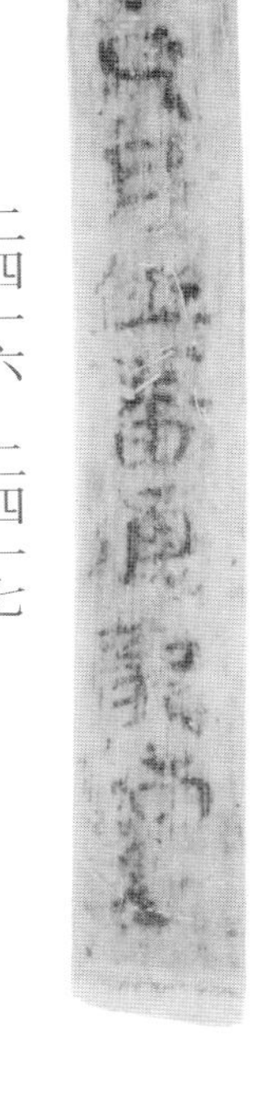

二四一六　二四一七

二四一八

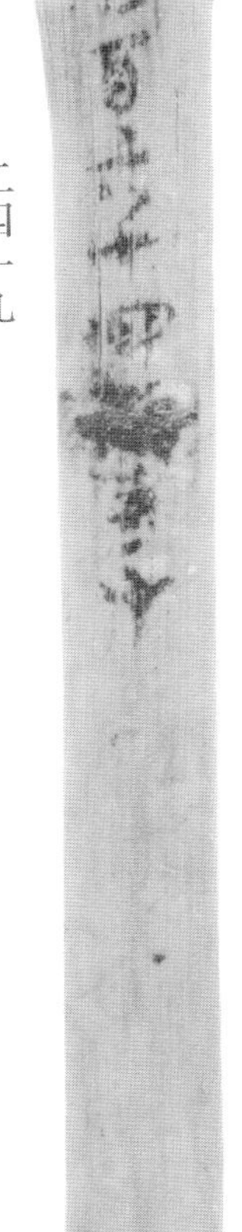

二四一九

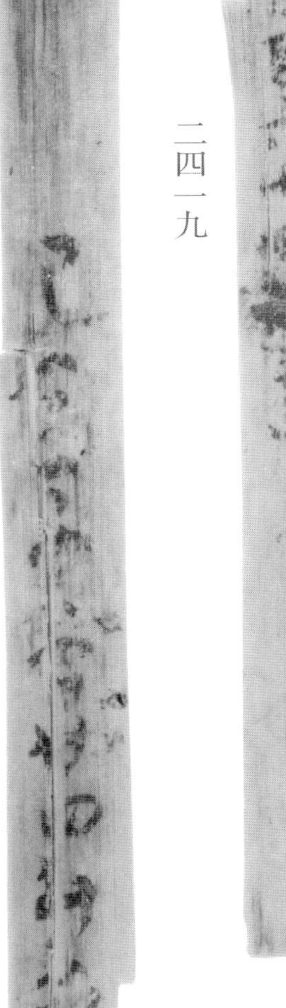

二四二〇（正）

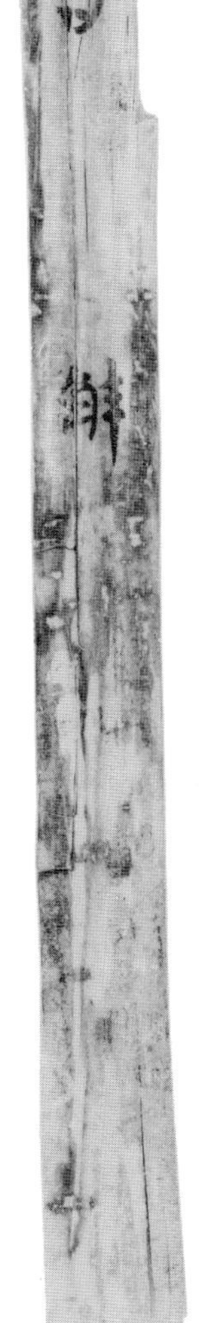

二四二〇（背）

二四二一

二四二二

二四二三　二四二四

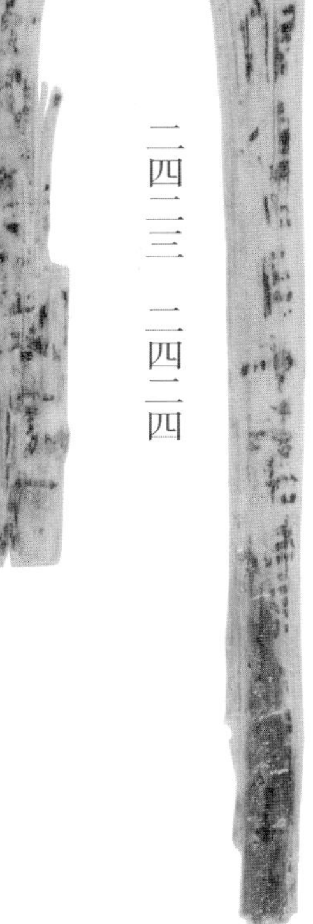

二四二五　二四二六

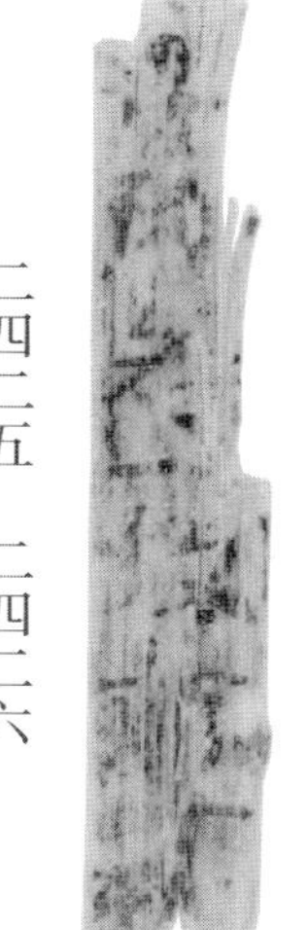

二四二七　二四二八　二四二九

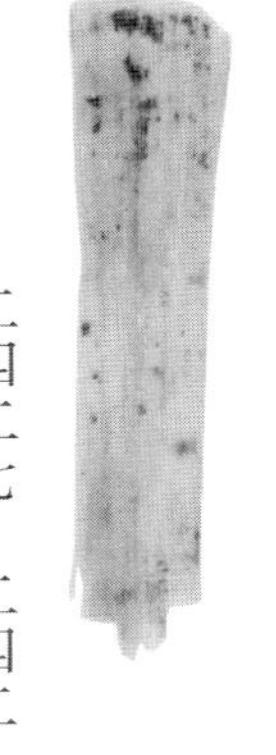

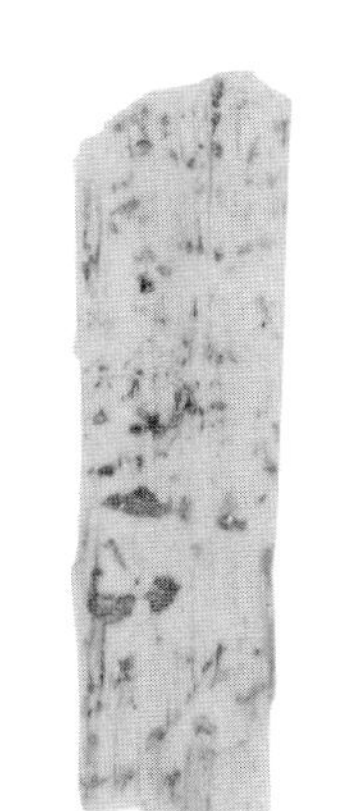

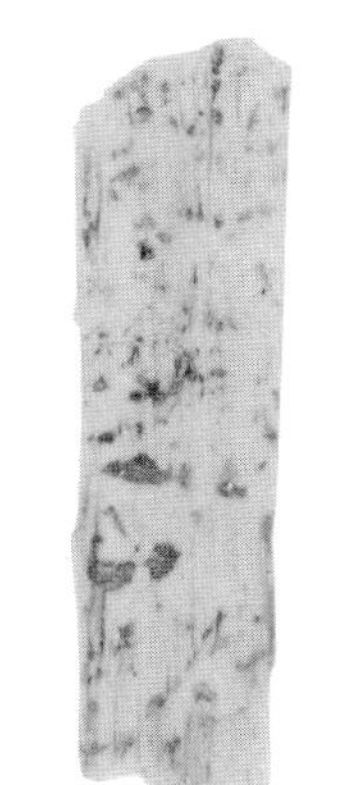

二四三〇

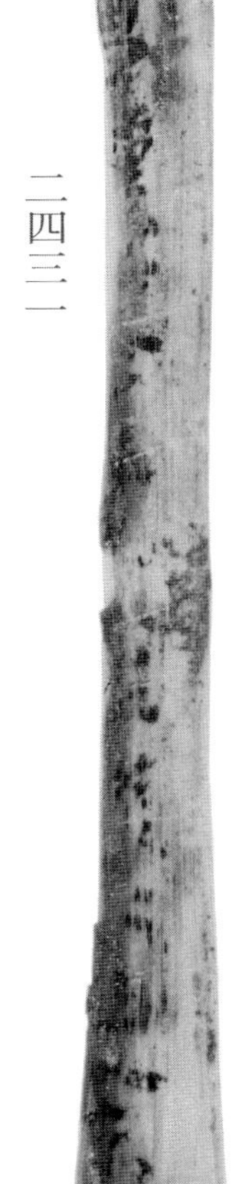

二四三一

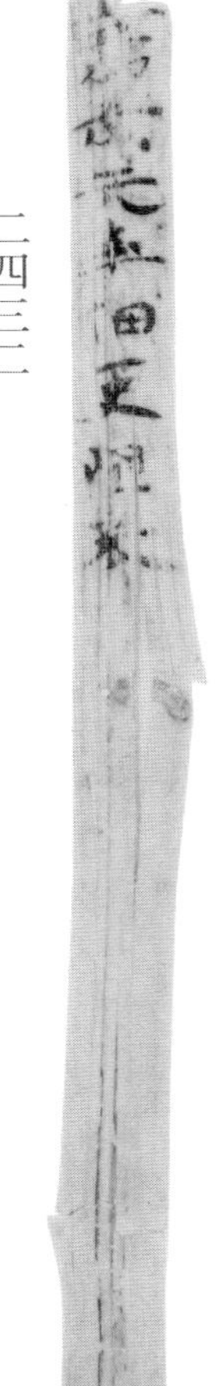

二四三二

二四三三

二四三四

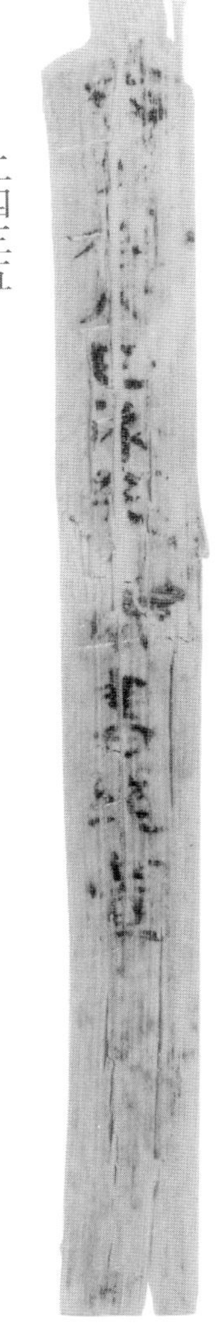

二四三五

二四三六

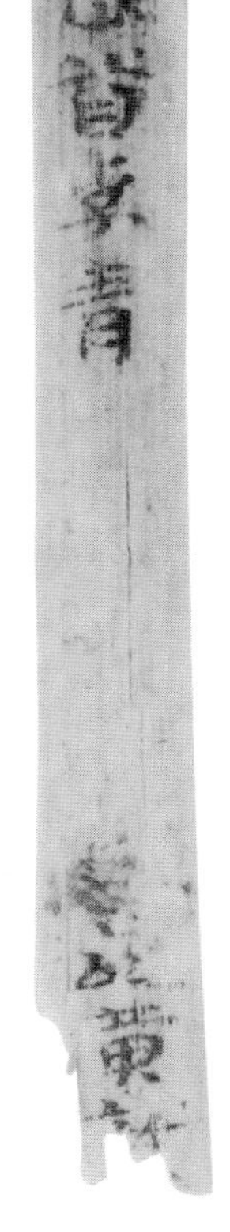

二四三七　二四三八

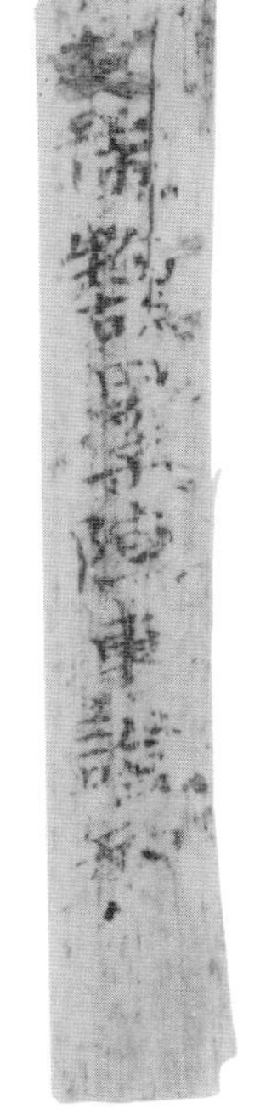

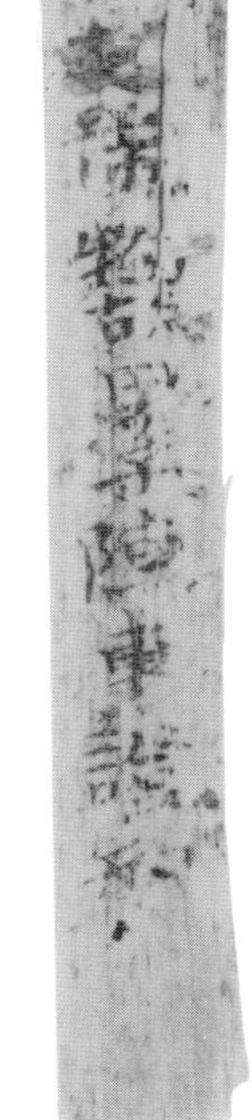

二四三九　二四四〇

二四四一　二四四二

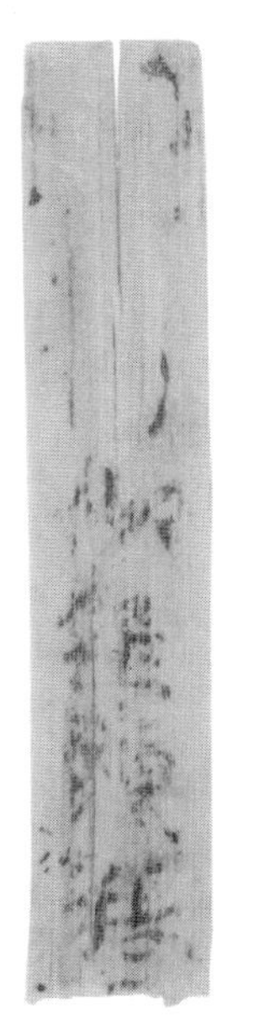

二四四三　二四四四

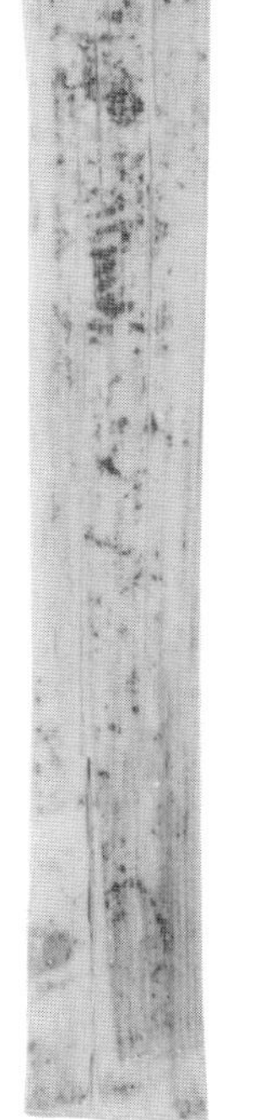

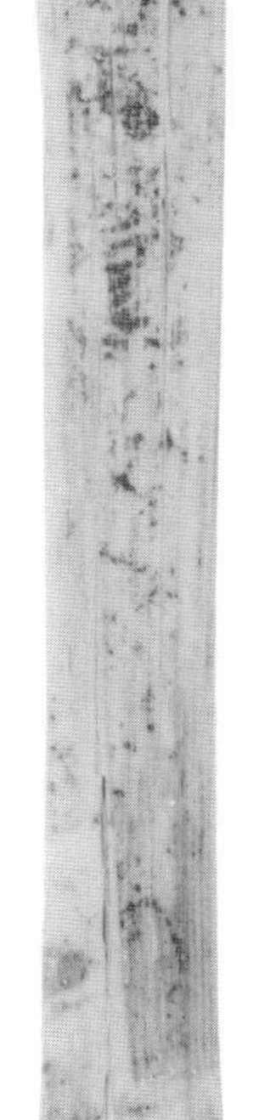

二四四五　二四四六

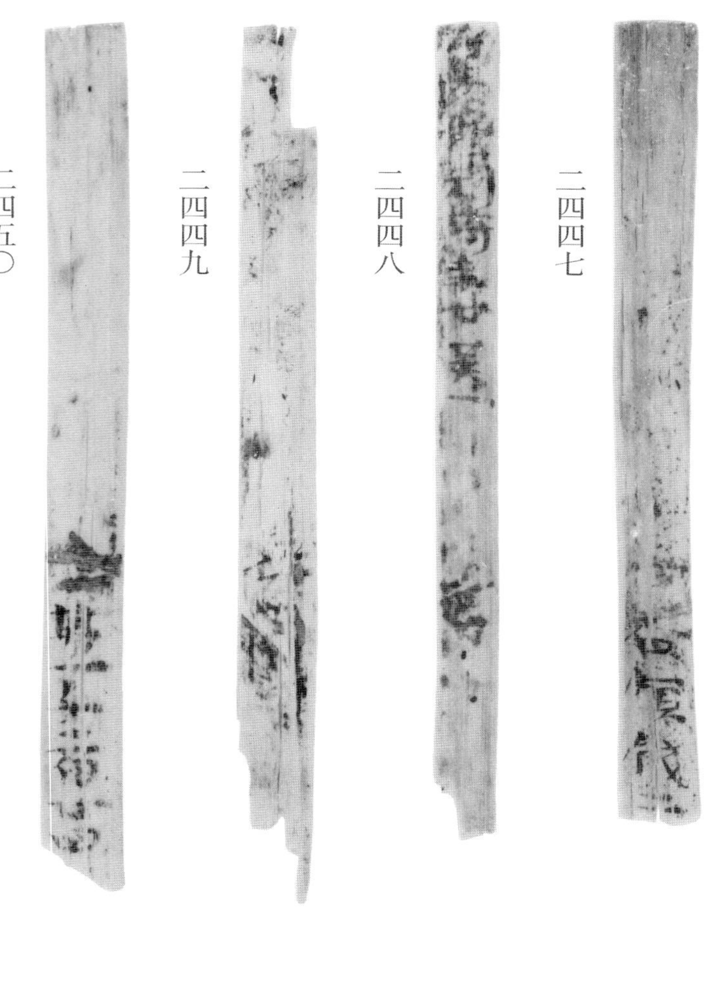

二四四七

二四四八

二四四九

二四五〇

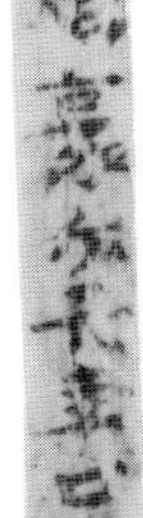

二四五一

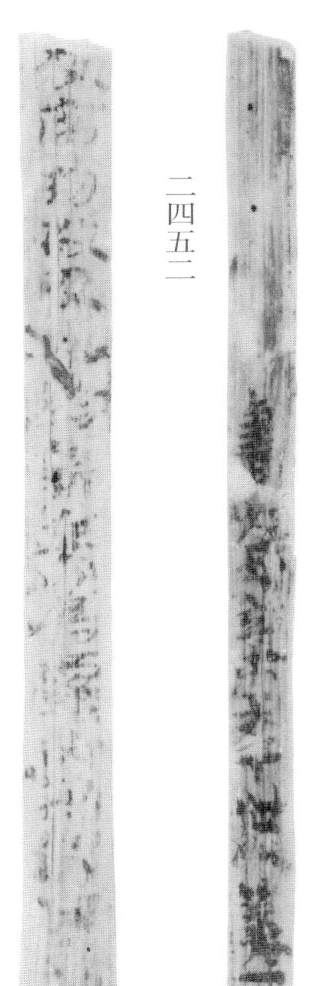

二四五二

二四五三

二四五四

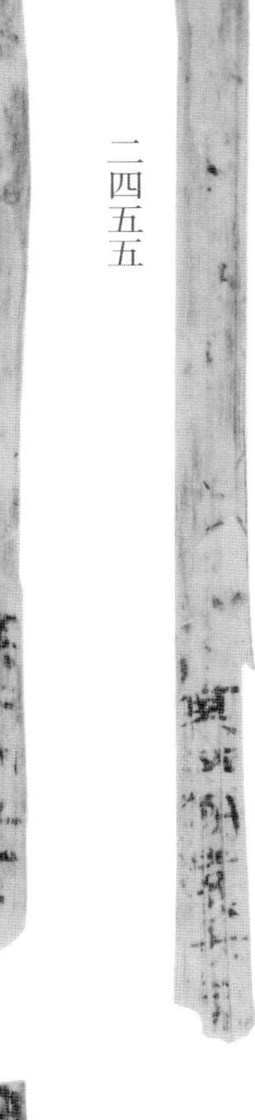
二四五五

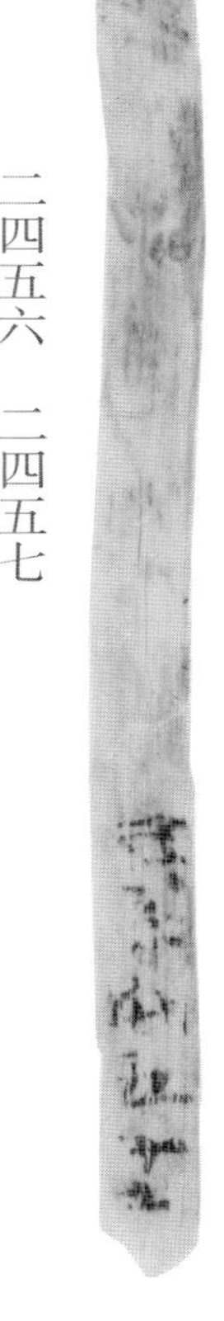
二四五六　二四五七

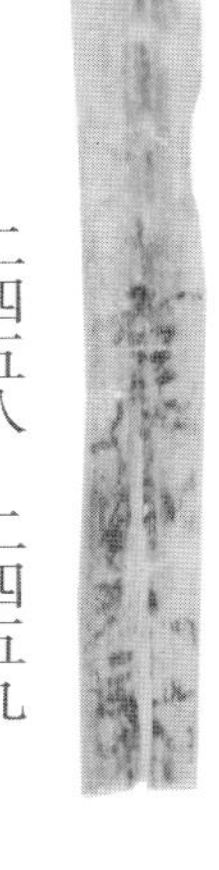
二四五八　二四五九

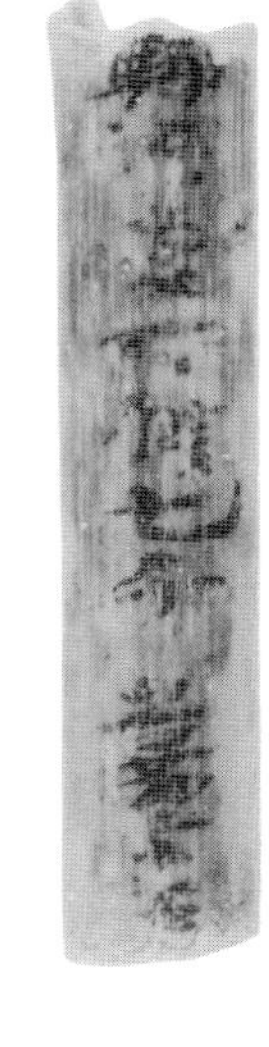
二四六〇　二四六一

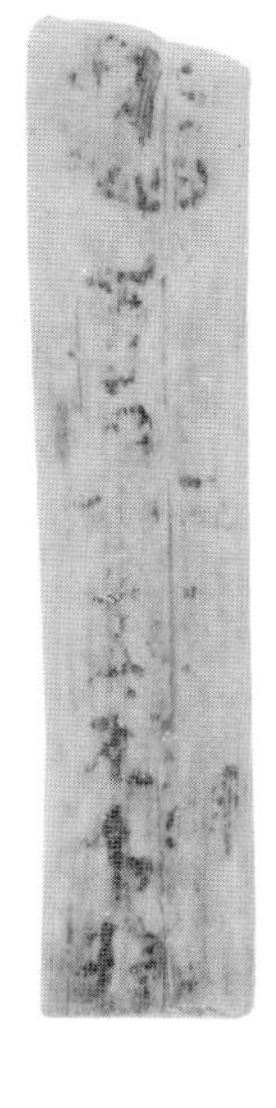
二四六二　二四六三

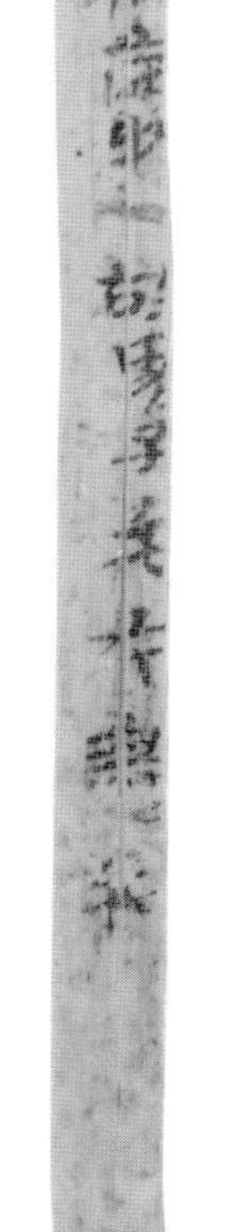
二四六四　二四六五

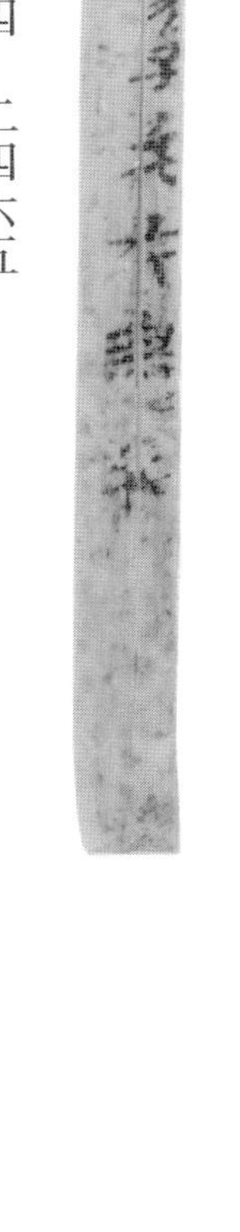
二四六六　二四六七

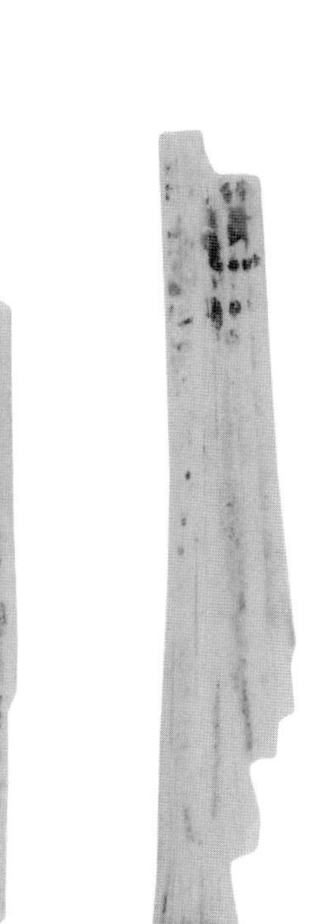

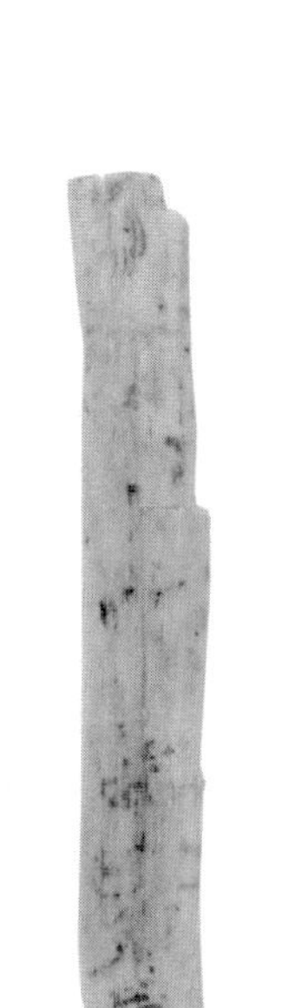
二四六八　二四六九

二四七〇　二四七一　二四七二

二四七三　二四七四　二四七五

二四七六　二四七七

二四七八　二四七九

二四八〇　二四八一

二四八二

二四八三

二四八四

二四八五

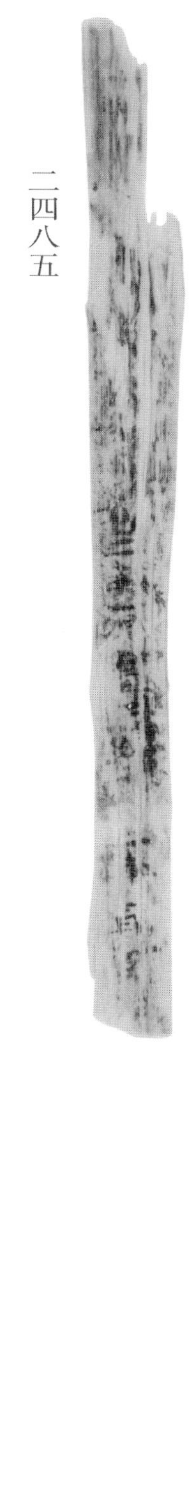

二四八六　二四八七

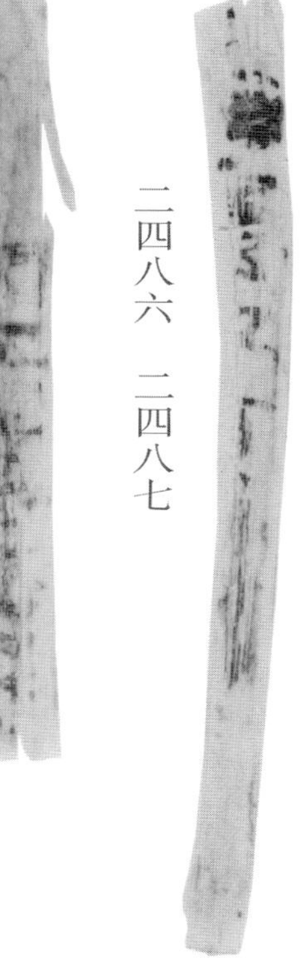

二四八八　二四八九

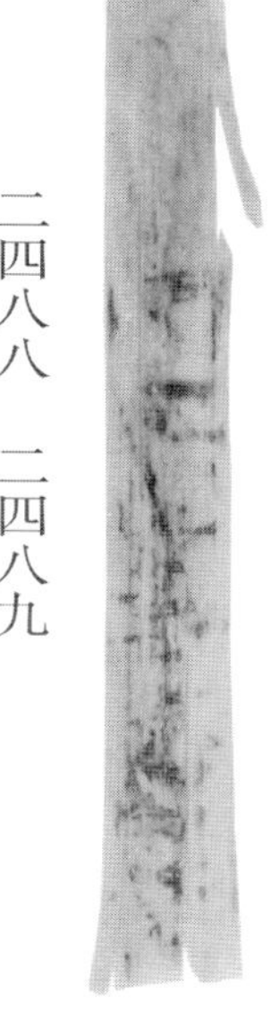

二四九〇　二四九一　二四九二

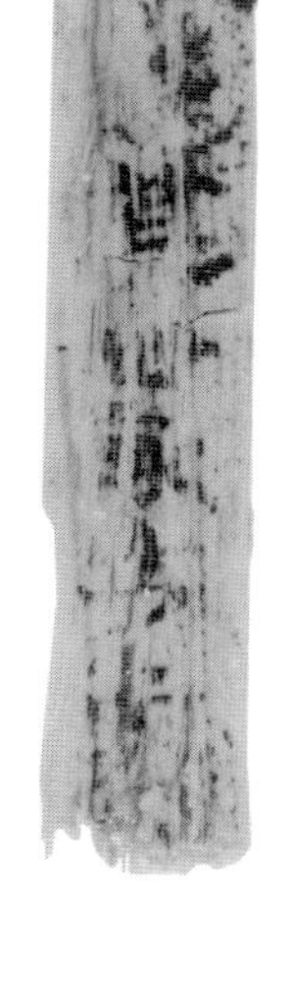

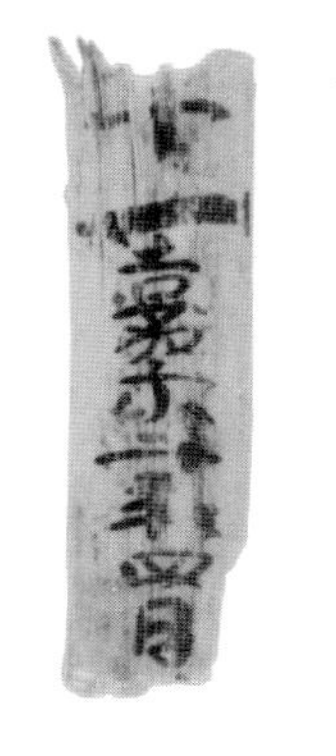

二四九三　二四九四

二四九五　二四九六

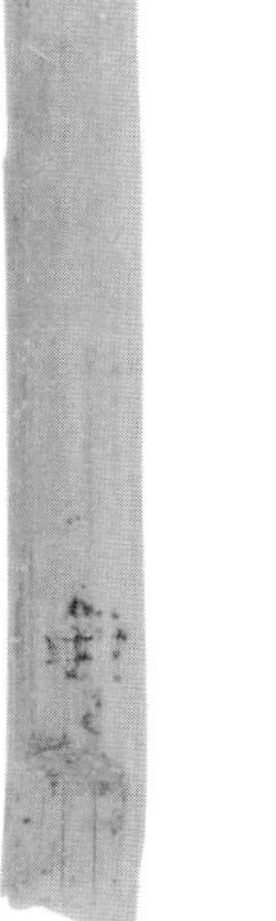

二四九七　二四九八

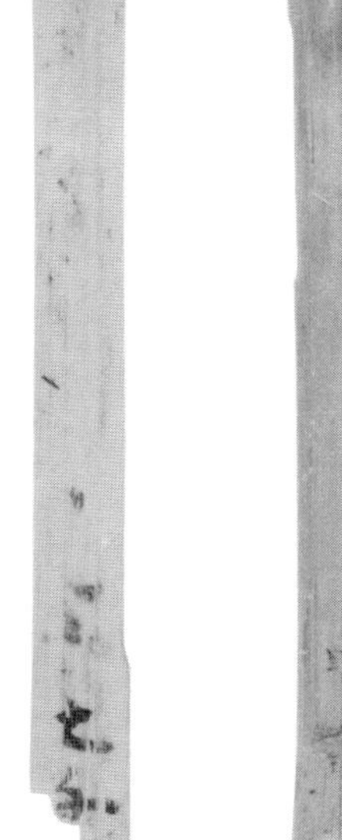

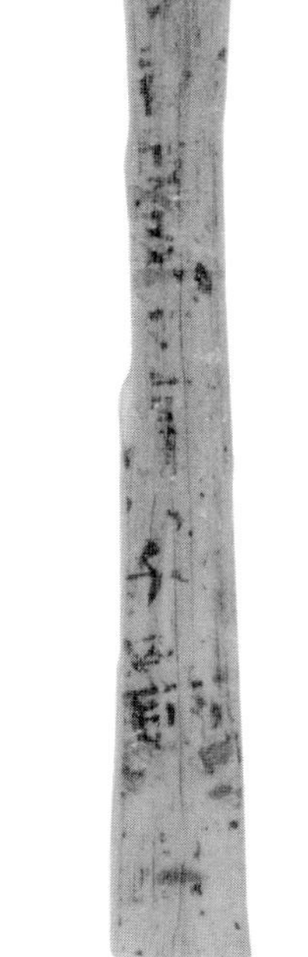

二四九九　二五〇〇

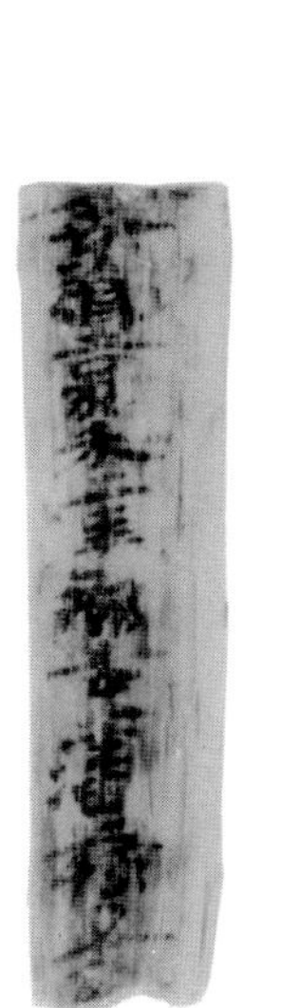

二五〇一　二五〇二

二五〇三　二五〇四

二五〇五　二五〇六

二五〇七

二五〇八

二五〇九　二五一〇

二五一一　二五一二

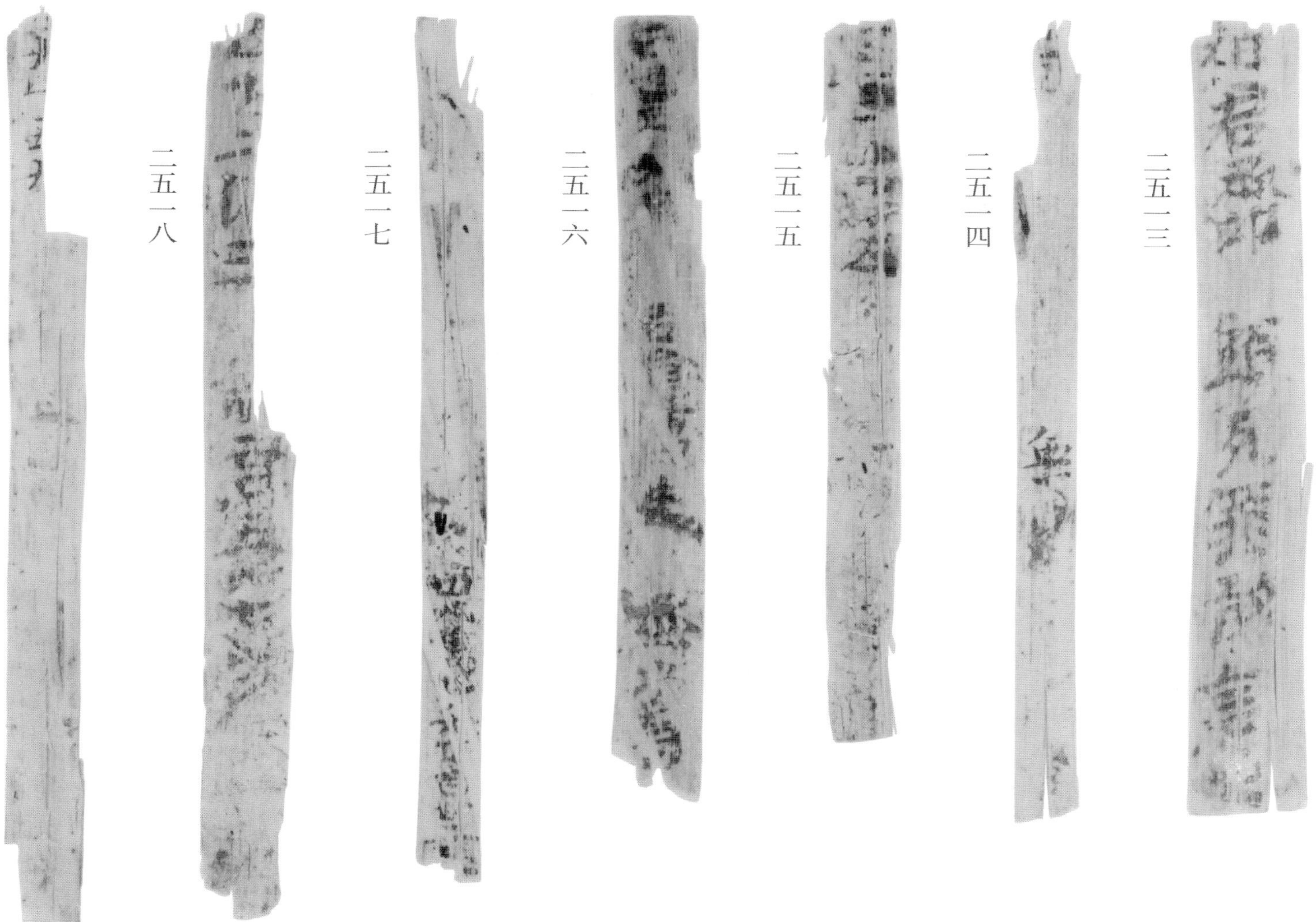
二五一三 二五一四 二五一五 二五一六 二五一七 二五一八 二五一九

二五二〇

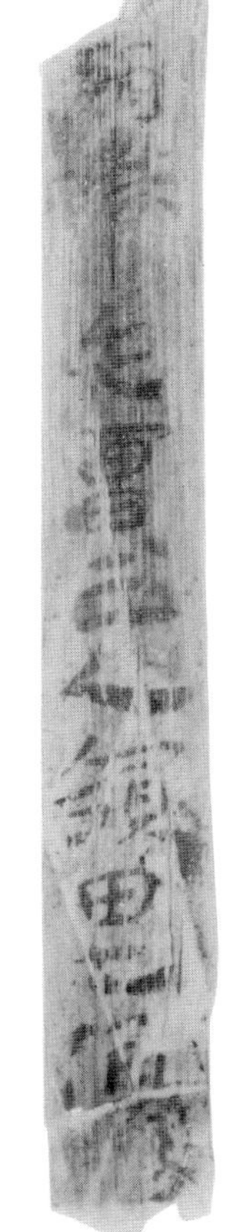

二五二一

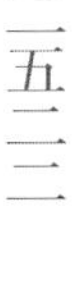

二五二二

二五二三

二五二四

二五二五

二五二六

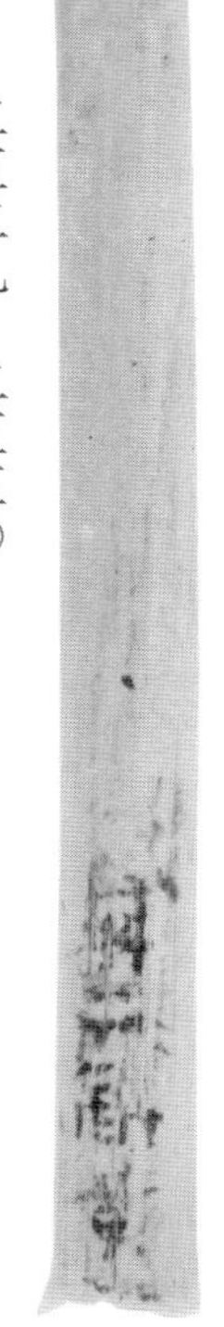

二五二七　二五二八

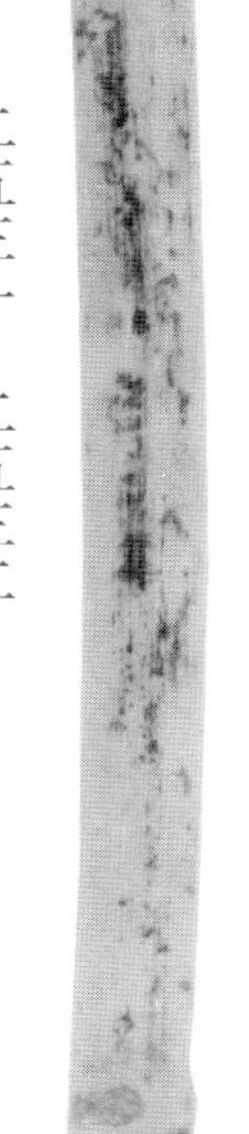
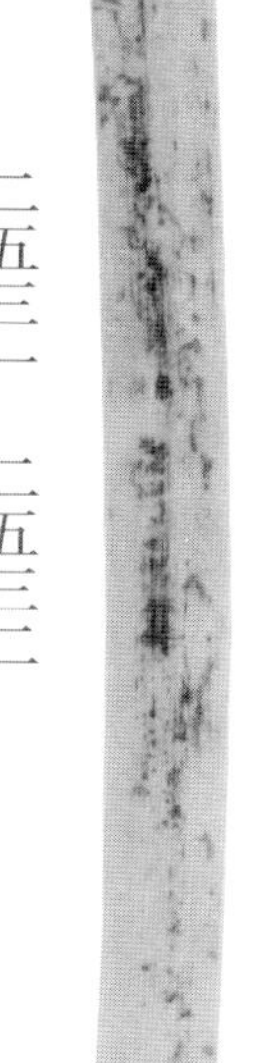

二五二九　二五三〇

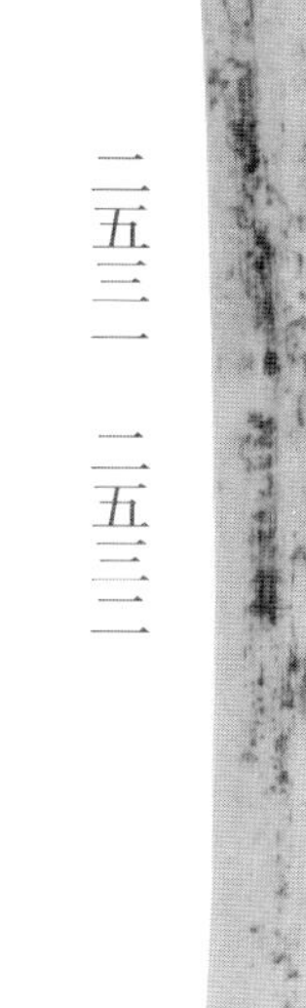
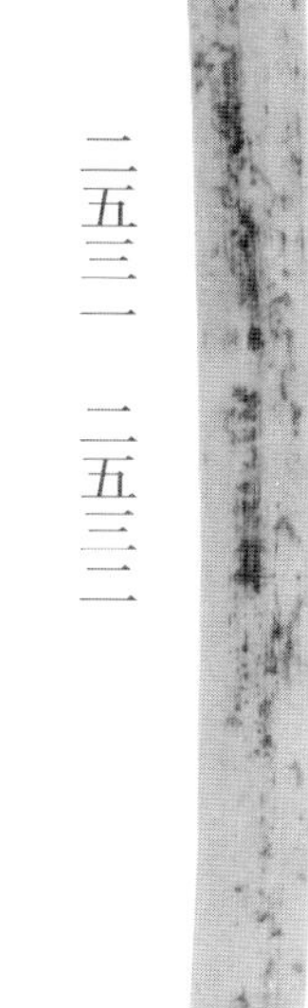

二五三一　二五三二

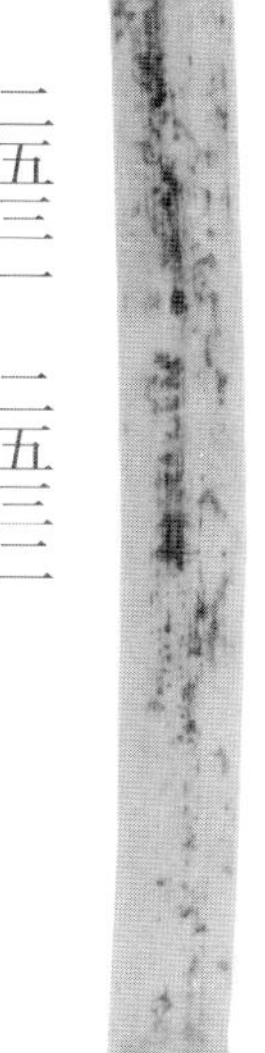
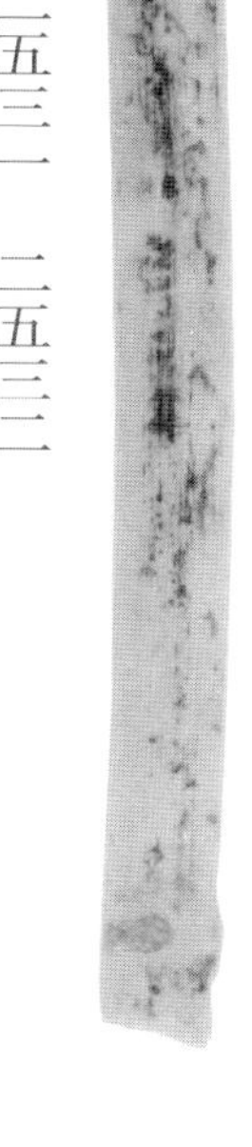

二五三三　二五三四

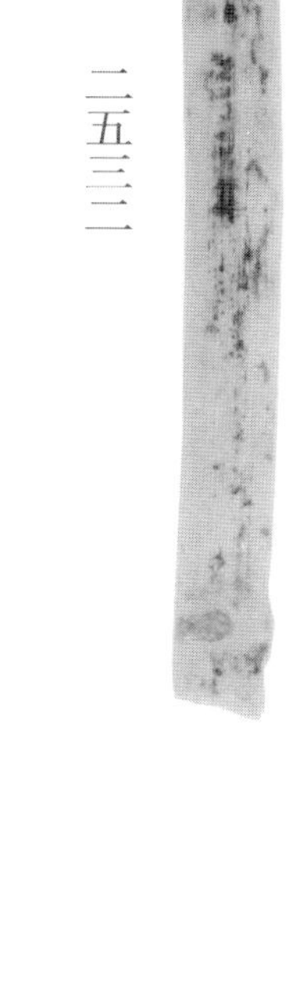

二五三五

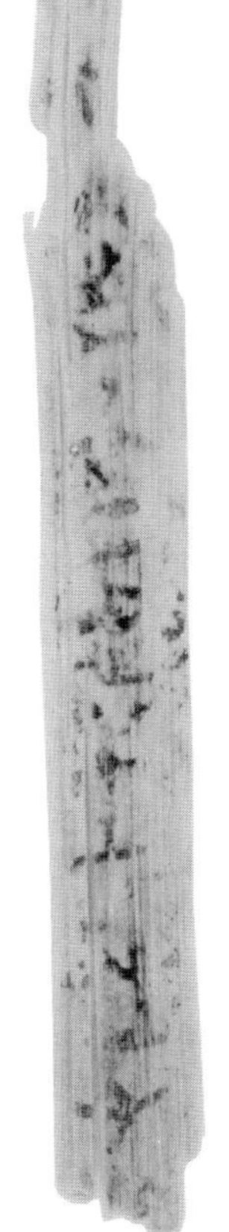

二五三六

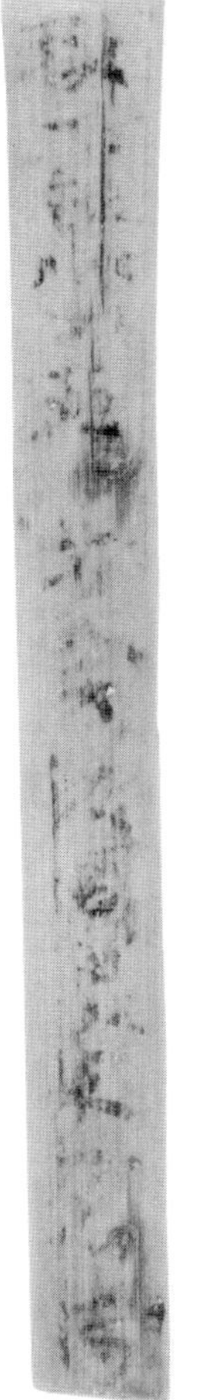
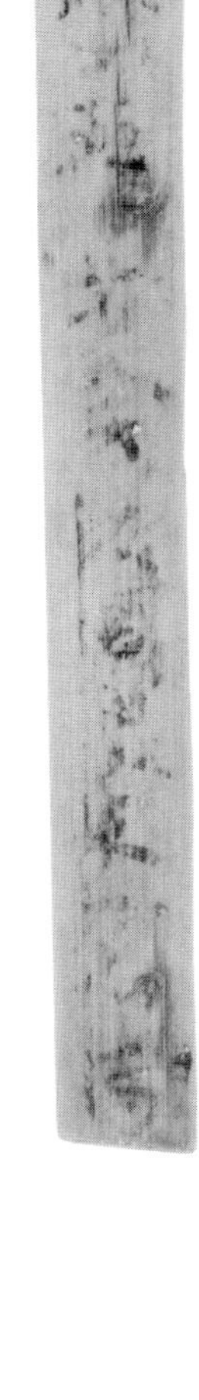

二五三七

二五三八

二五三九

二五四〇

二五四一　二五四二

二五四三　二五四四

二五四五　二五四六

二五四七　二五四八

二五四九　二五五〇

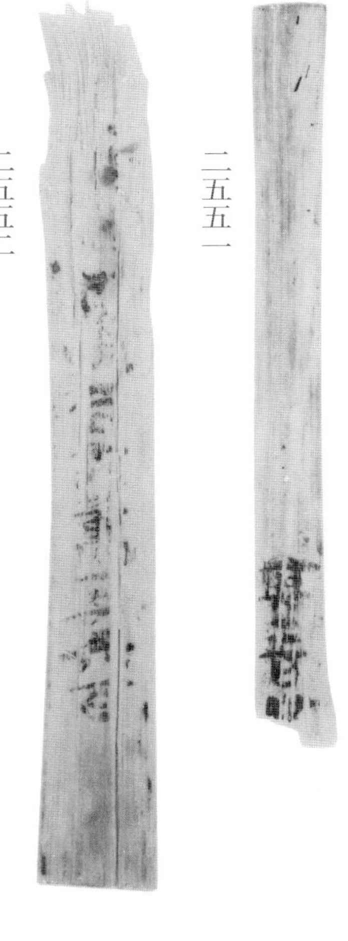

二五五一

二五五二

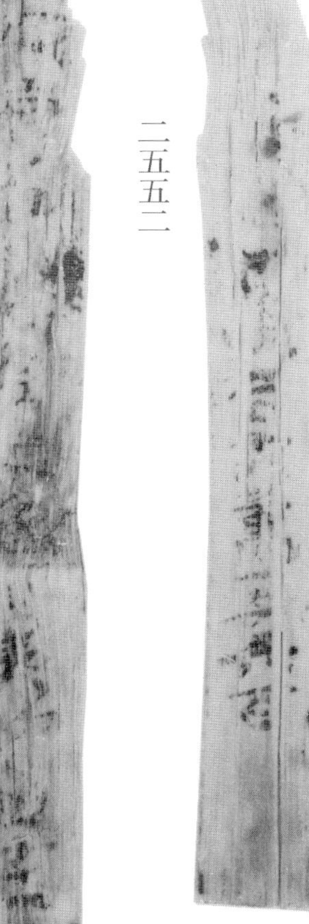

二五五三

二五五四

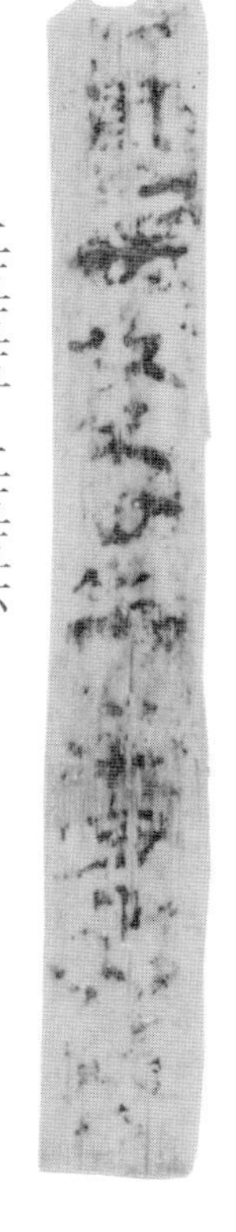

二五五五　二五五六

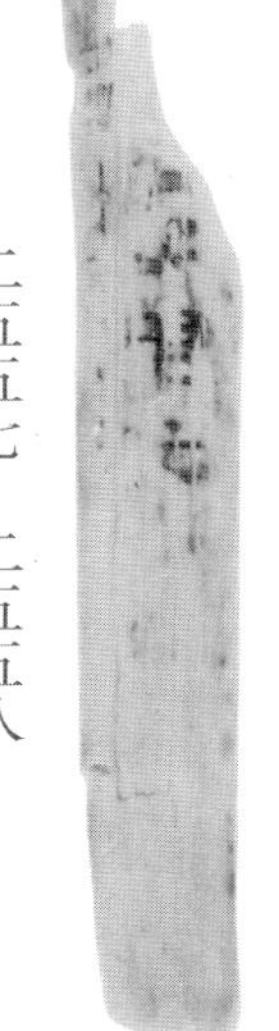

二五五七　二五五八

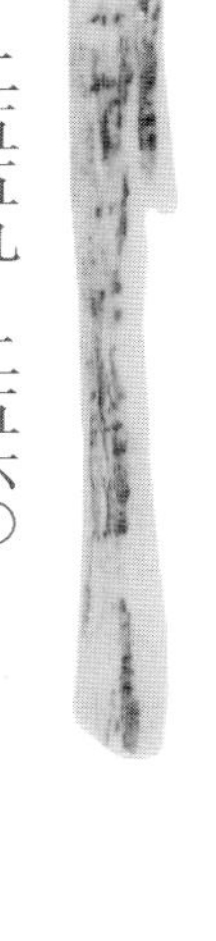

二五五九　二五六〇

二五六一　二五六二

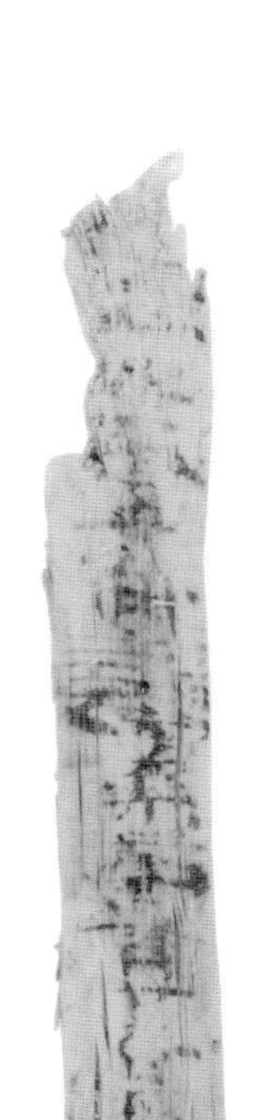

二五六三

二五六四

二五六五

二五六六

二五六七

二五六八

二五六九

二五七〇　二五七一

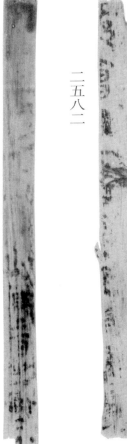

二五七二　二五七三

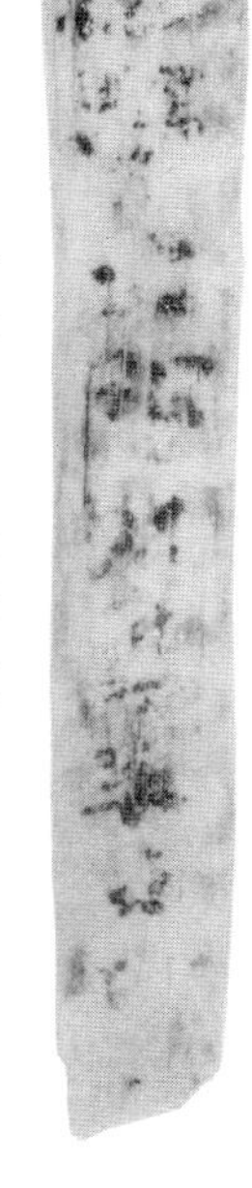

二五七四　二五七五

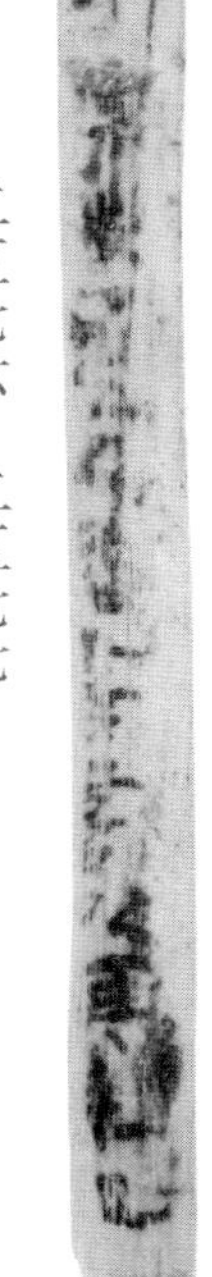

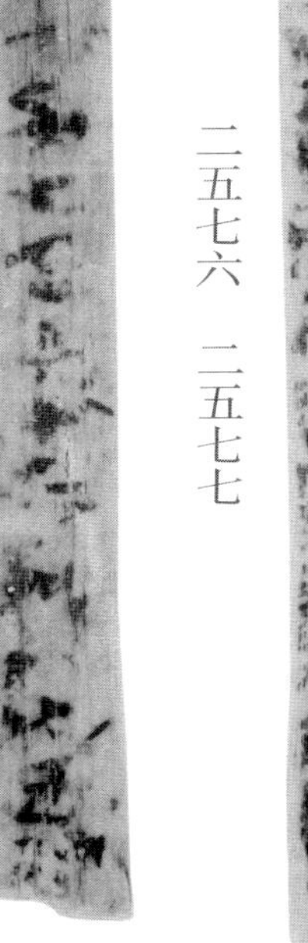

二五七六　二五七七

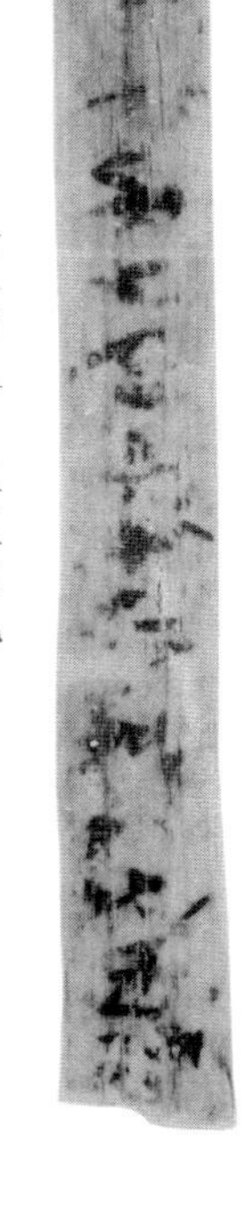

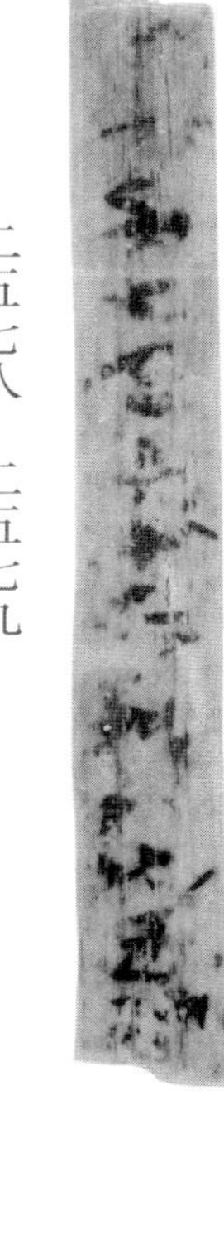

二五七八　二五七九

二五八〇

二五八一

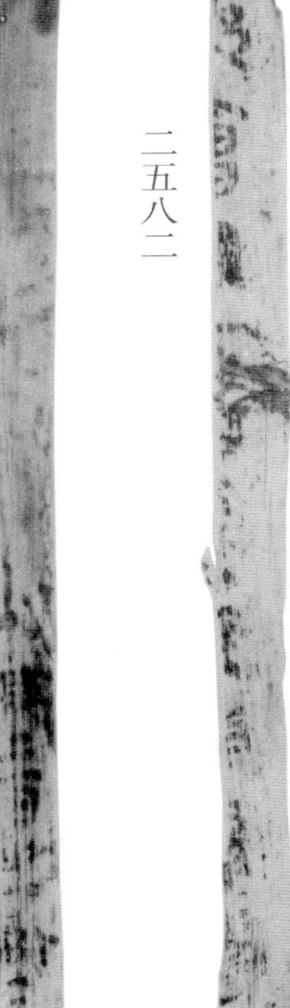

二五八二

二五八三

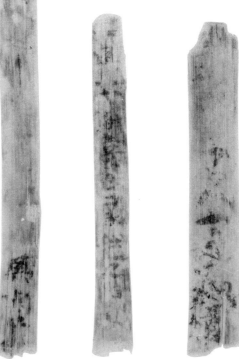

二五八四　二五八五

二五八六　二五八七

二五八八　二五八九

二五九〇

二五九一

二五九二

二五九三

二五九四

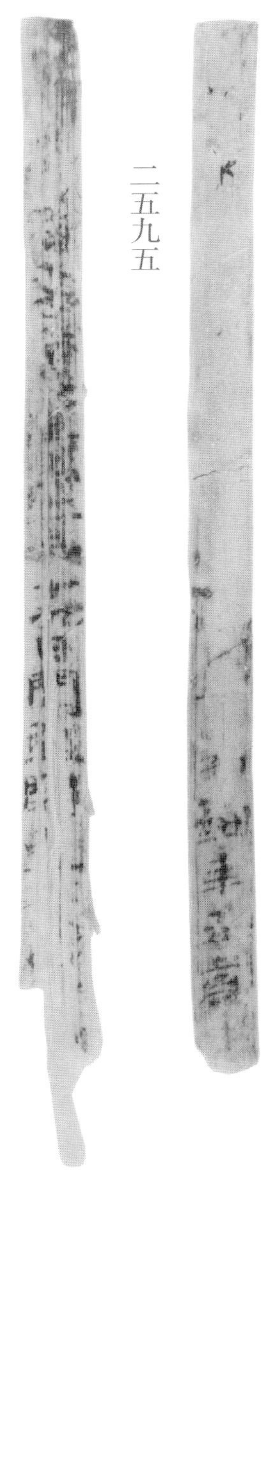

二五九五

二五九六

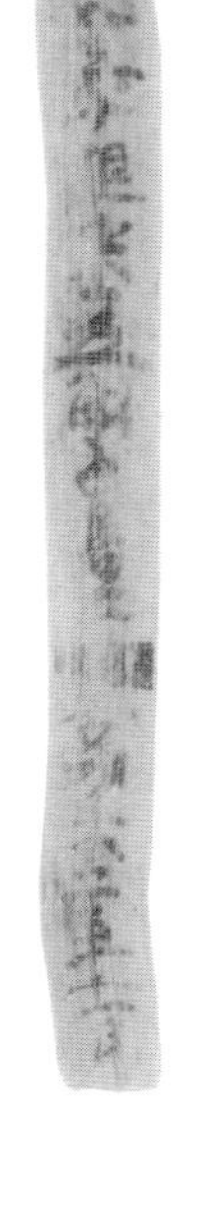

二五九七　二五九八

二五九九　二六〇〇

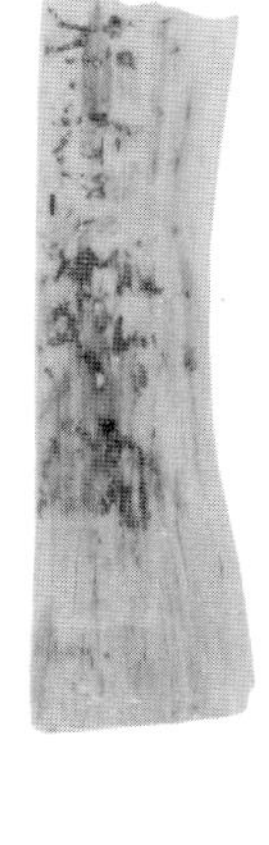

二六〇一　二六〇二　二六〇三

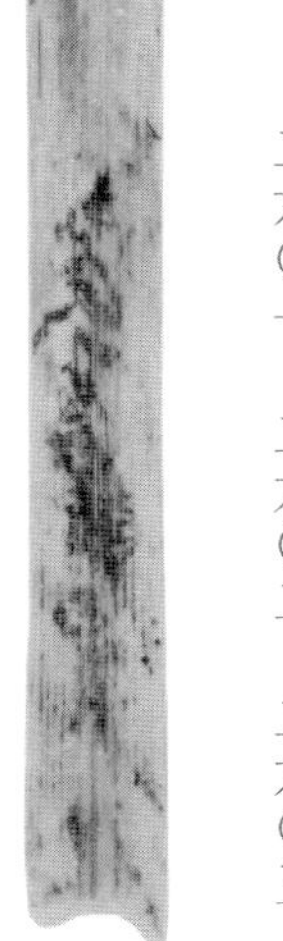

二六〇四　二六〇五

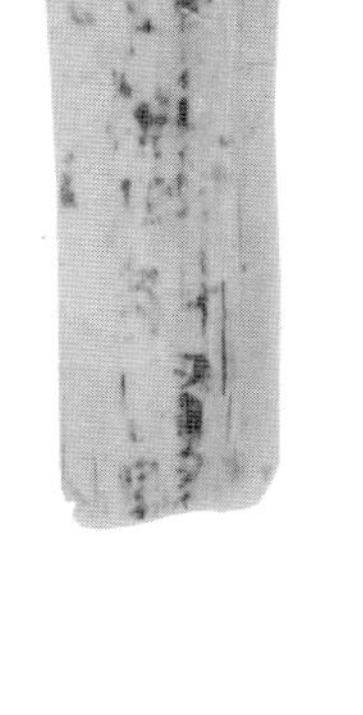

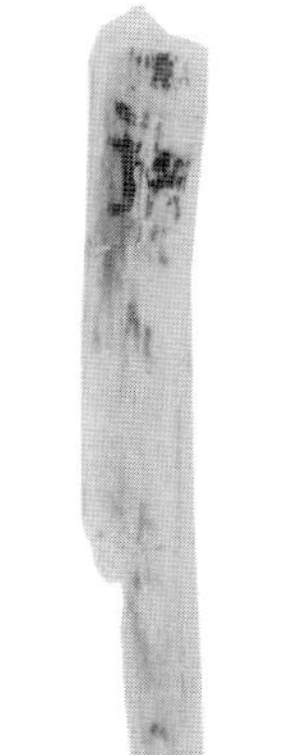

二六〇六　二六〇七

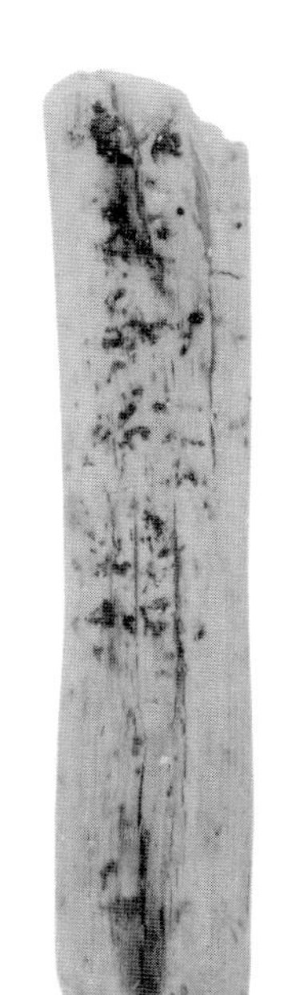

二六〇八　二六〇九

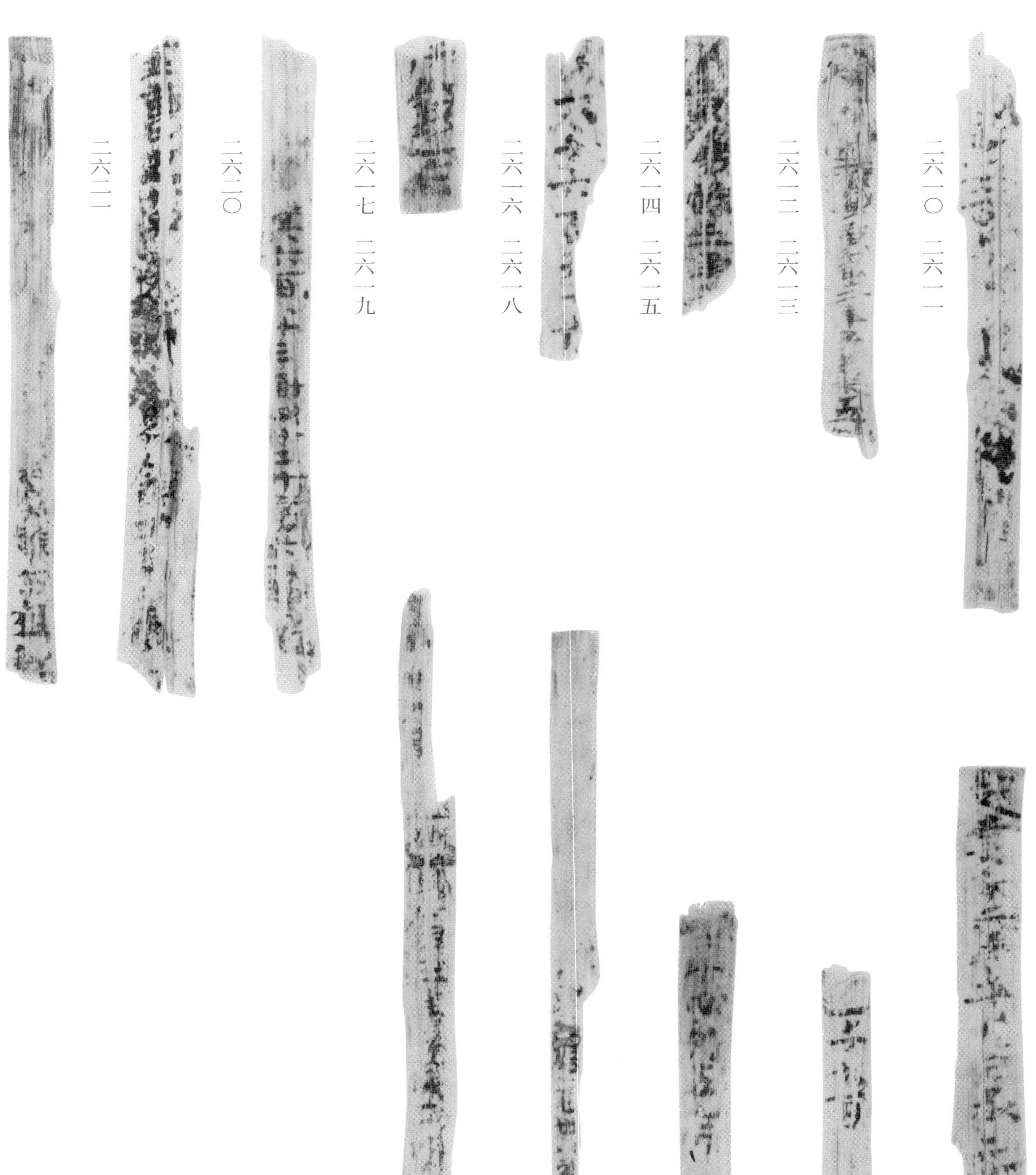

二六一〇　二六一一

二六一二　二六一三

二六一四　二六一五

二六一六　二六一八

二六一七　二六一九

二六二〇

二六二一

二六二二

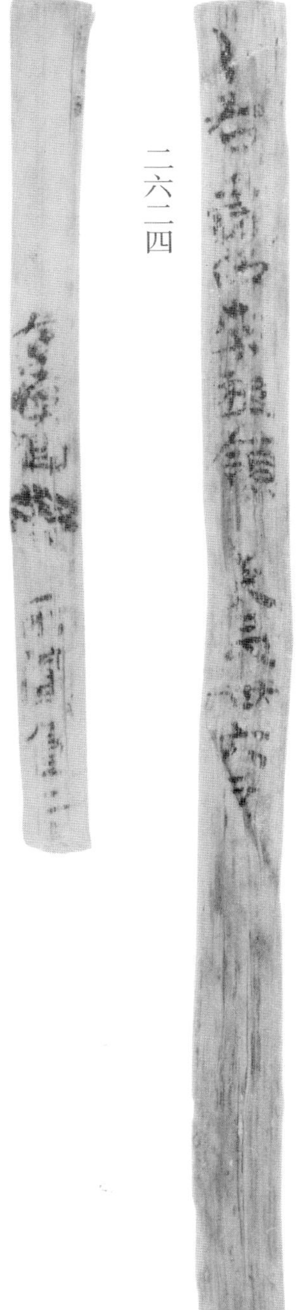
二六二三
二六二四
二六二五

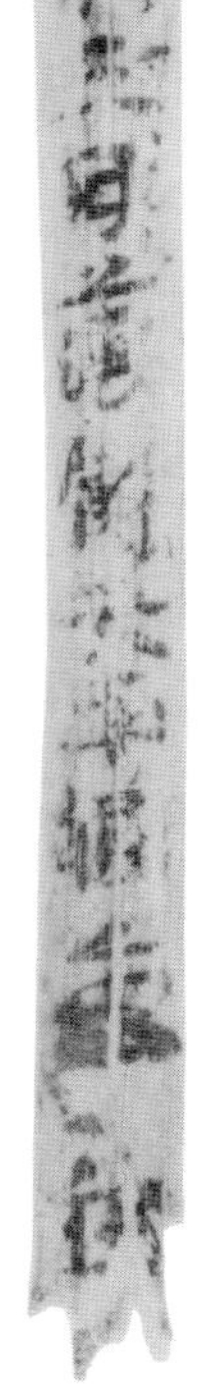
二六二六　二六二七

二六二八　二六二九

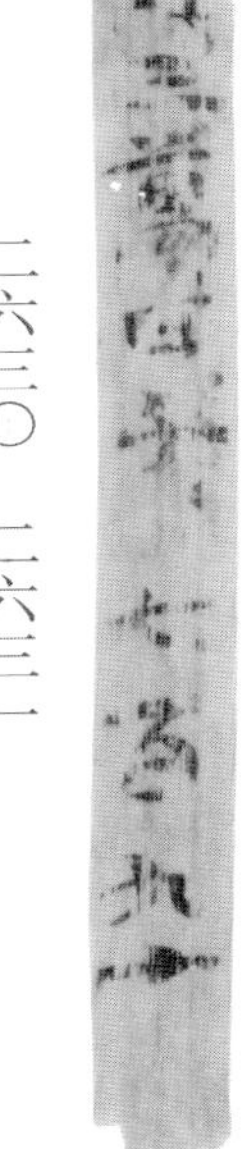
二六三〇　二六三一

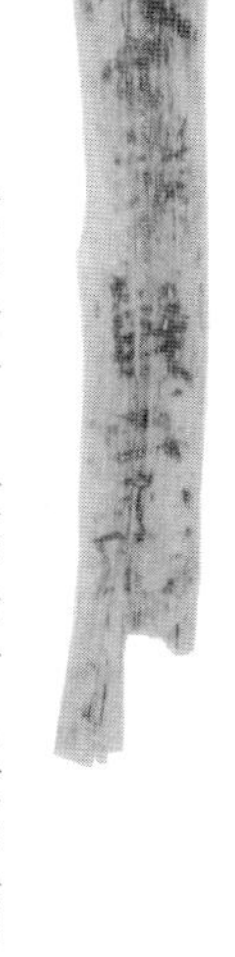
二六三二　二六三三　二六三四

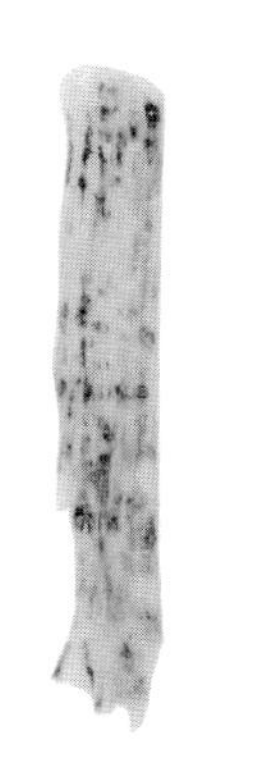
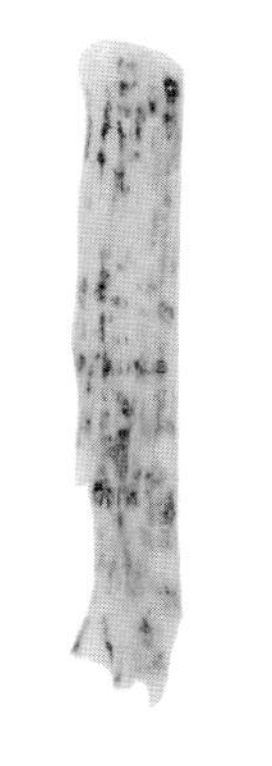
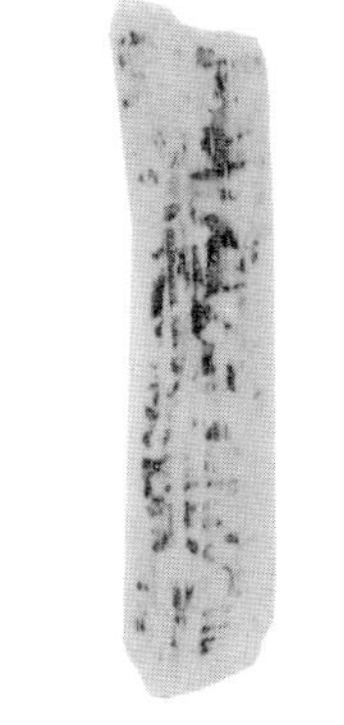
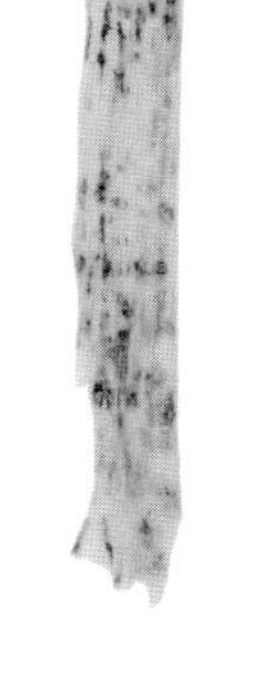
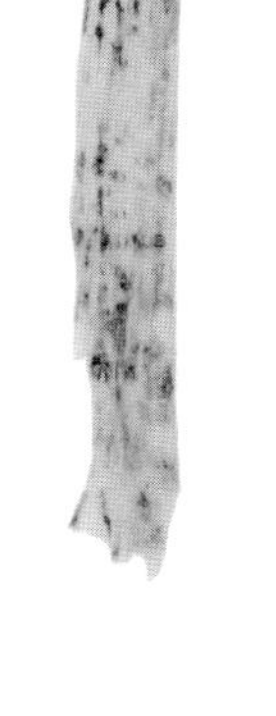
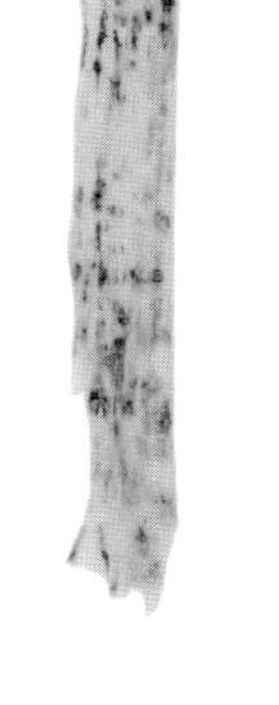
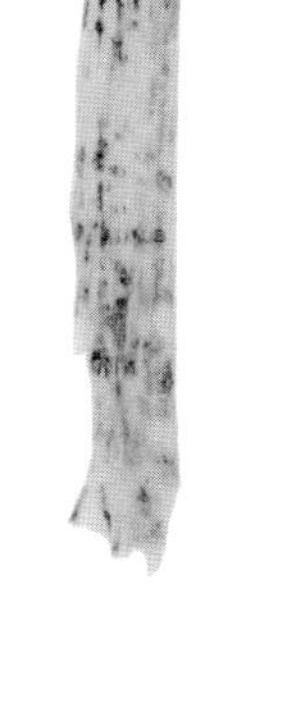

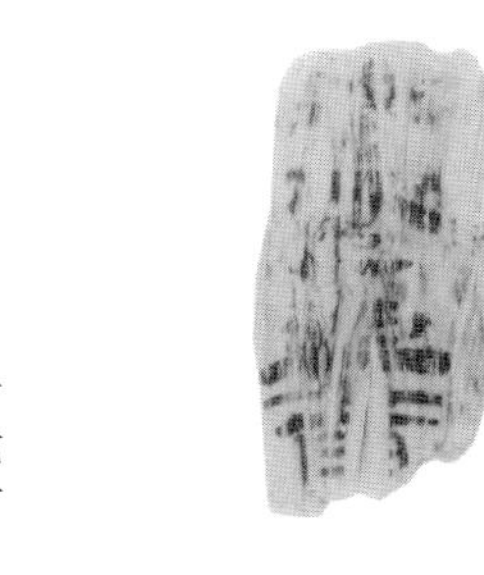
二六三五　二六三六　二六三七

二六三八　二六三九　二六四〇　二六四一

二六四二　二六四三　二六四四

二六四五　二六四六　二六四七

二六四八　二六四九　二六五〇

二六五一　二六五二

二六五三　二六五四

二六五五

二六五六

二六五七

二六五八

二六五九

二六六〇

二六六一　二六六二

二六六三　二六六四

二六六五　二六六六　二六六七

二六六八　二六六九

二六七〇　二六七一　二六七二
二六七三　二六七四
二六七五　二六七六
二六七七　二六七八　二六七九
二六八〇　二六八一　二六八二
二六八三　二六八四　二六八五
二六八六　二六八七　二六八八
二六八九　二六九〇　二六九一

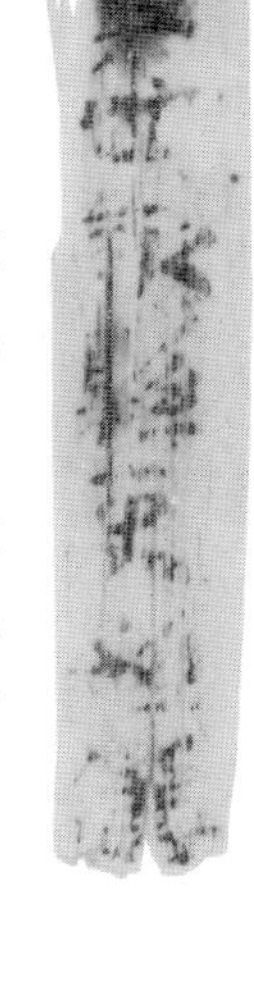

二六九二　二六九三

二六九四　二六九五

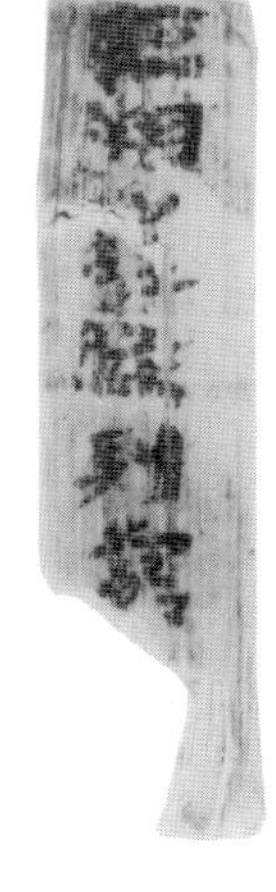
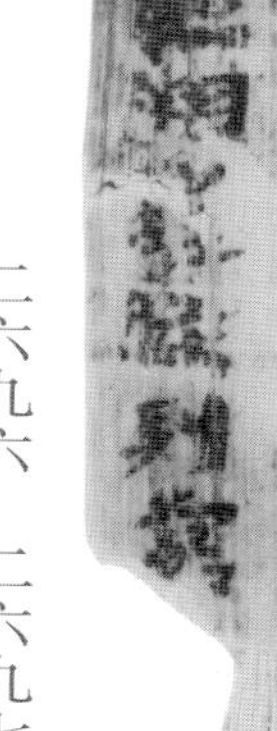

二六九六　二六九七　二六九八

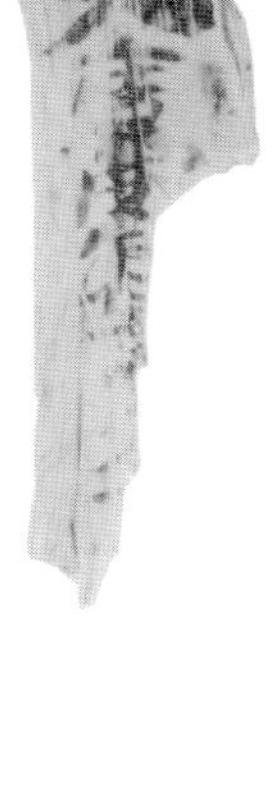
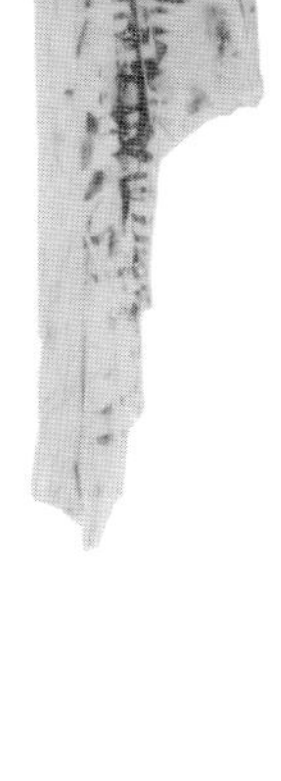

二六九九　二七〇〇　二七〇一

二七〇二　二七〇三　二七〇四

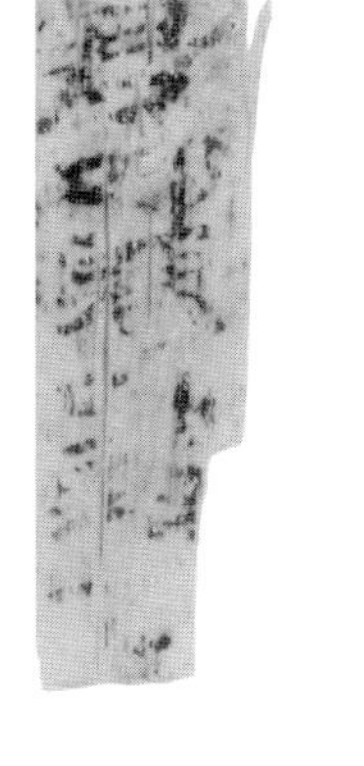
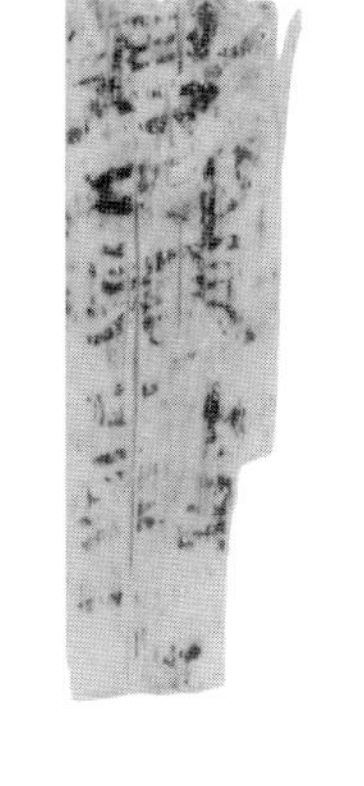
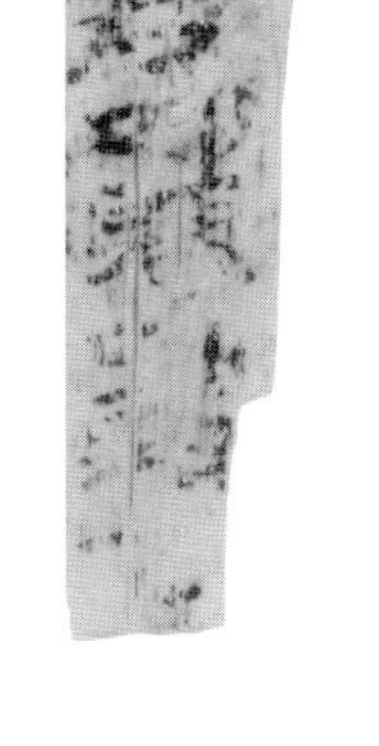

二七〇五　二七〇六　二七〇七

二七〇八　二七〇九

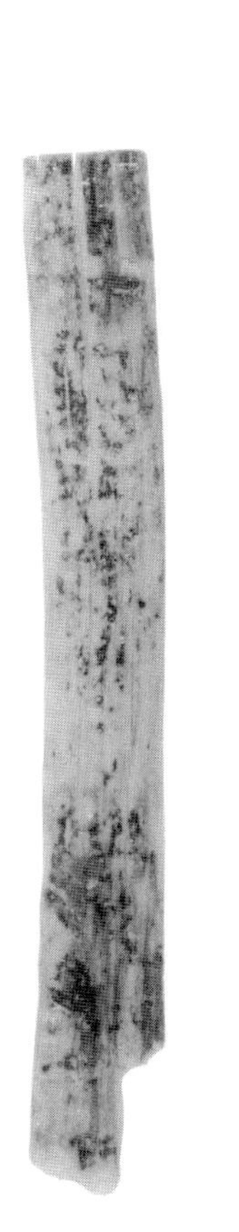
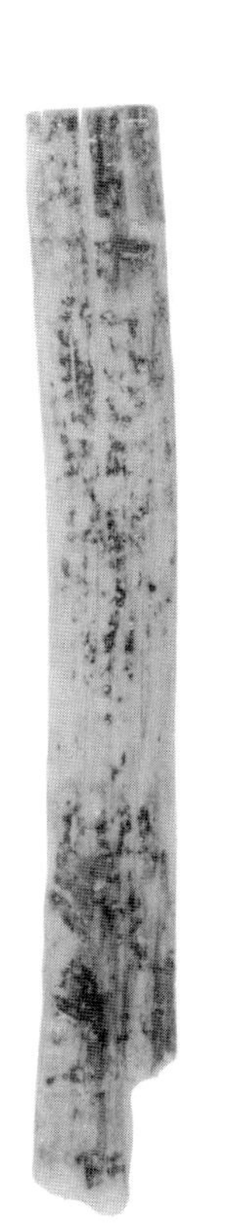

二七一〇　二七一一

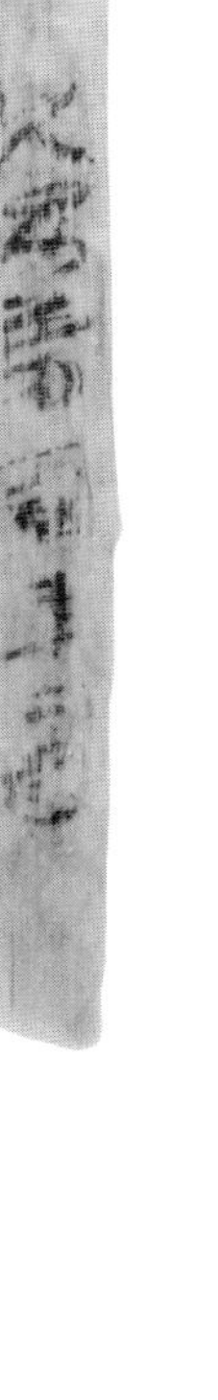

二七一二　二七一三

二七一四　二七一五

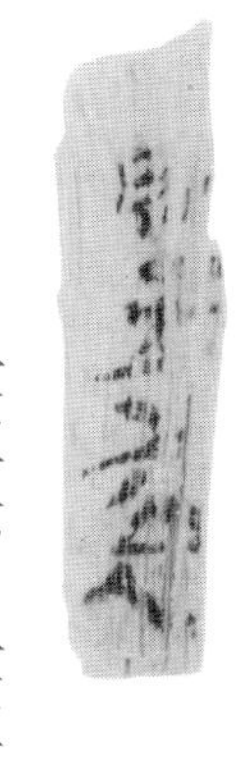

二七一六　二七一七

二七一八　二七一九

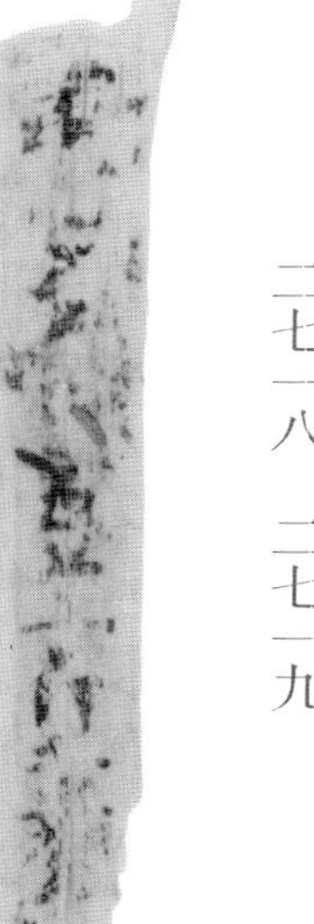

二七二〇　二七二一

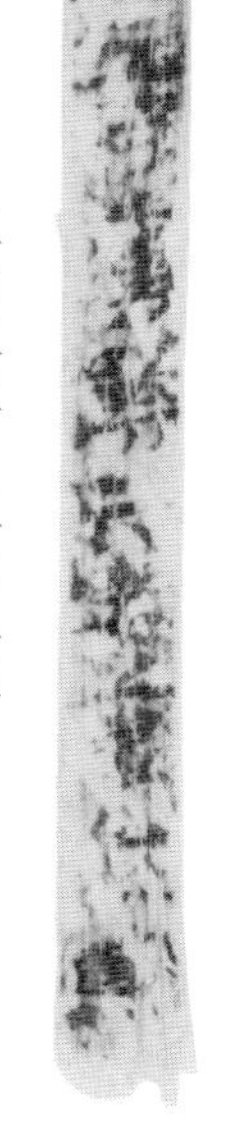

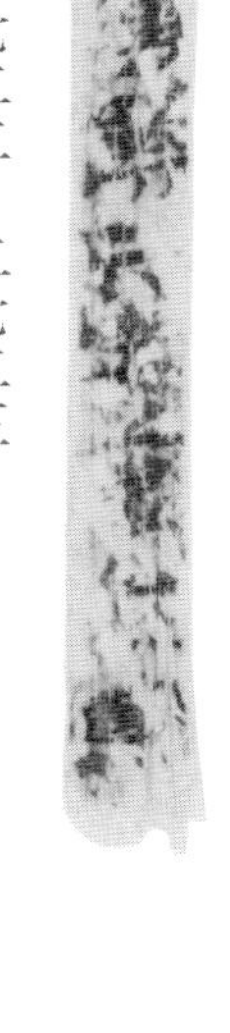

二七二二　二七二三

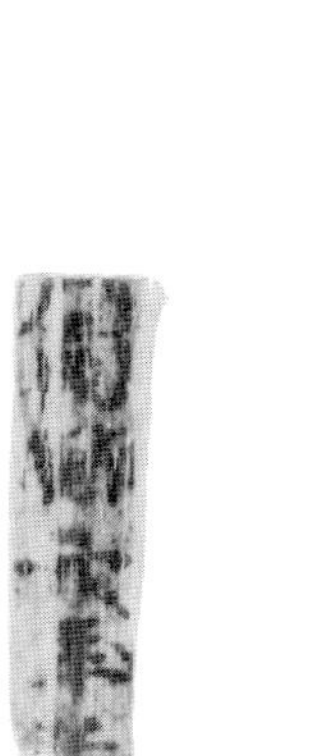

二七二四　二七二五　二七二六

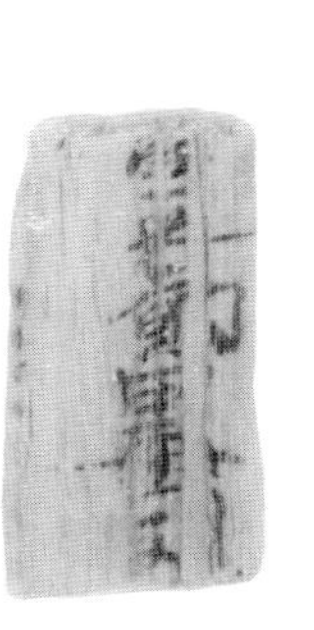

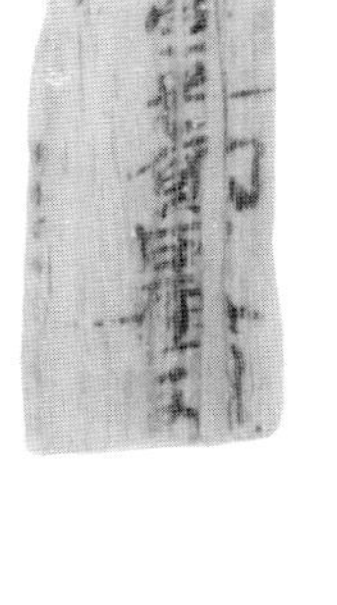

二七二七　二七二八　二七二九

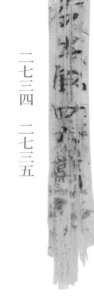

二七三〇　二七三一

二七三二　二七三三

二七三四　二七三五

二七三六

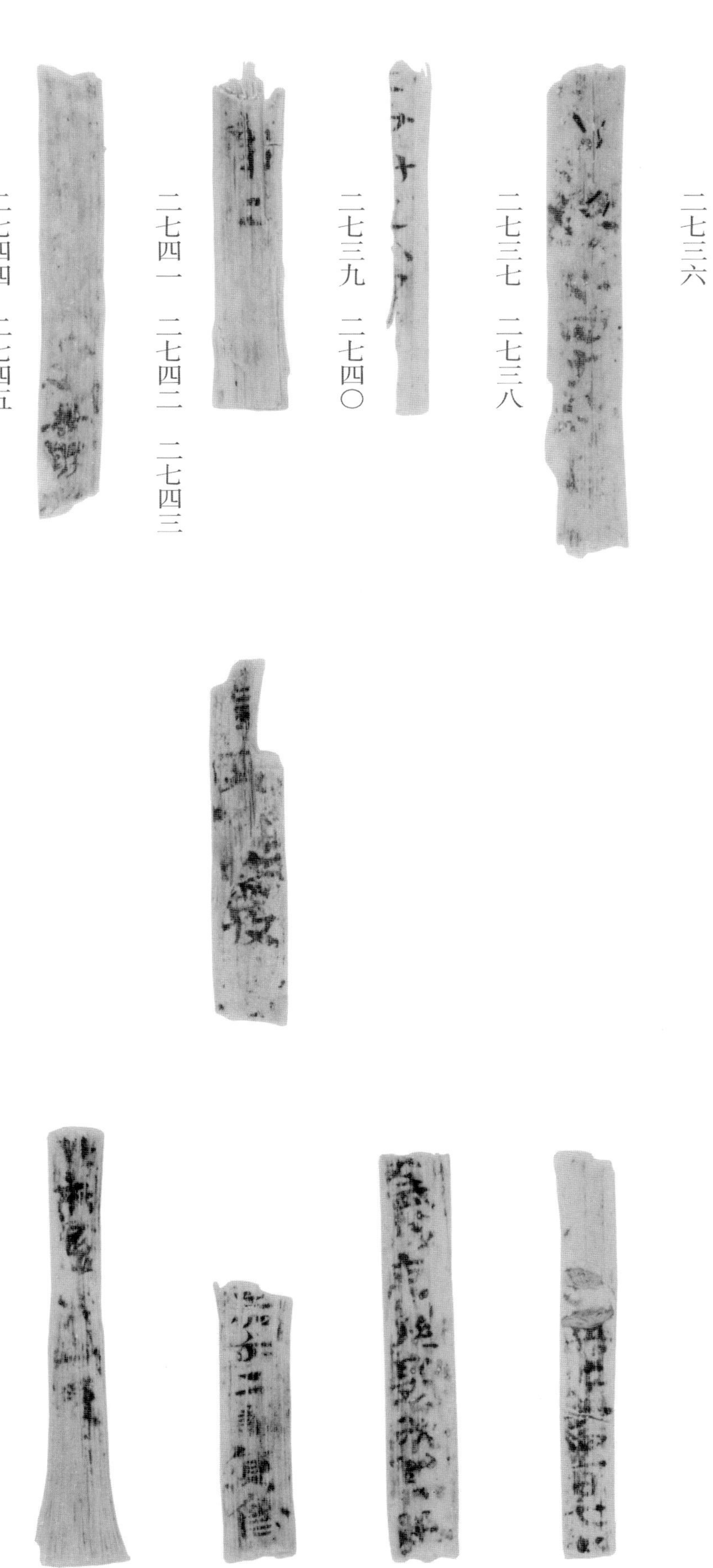

二七三七　二七三八

二七三九　二七四〇

二七四一　二七四二　二七四三

二七四四　二七四五

二七四六　二七四七

二七四八　二七四九　二七五〇

二七五一　二七五二

二七五三　二七五四

二七五五　二七五六

二七五七　二七五八

二七五九　二七六〇

二七六一　二七六二

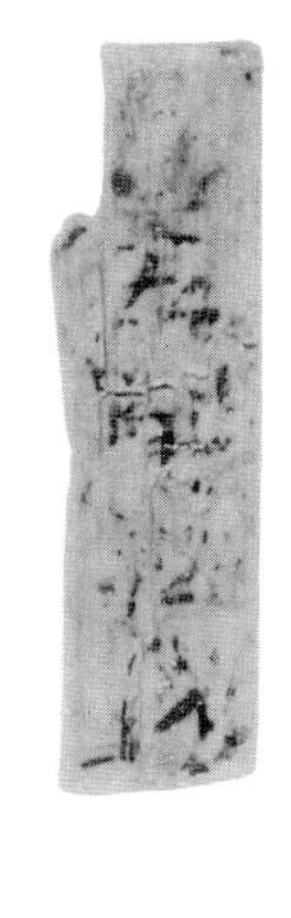

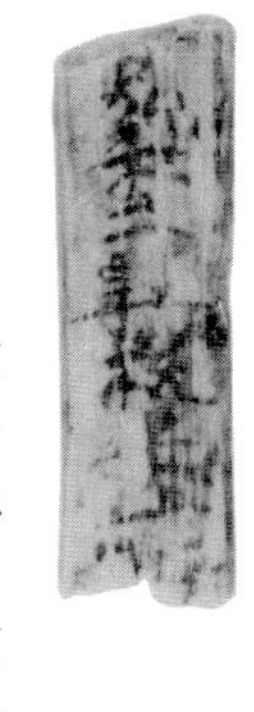
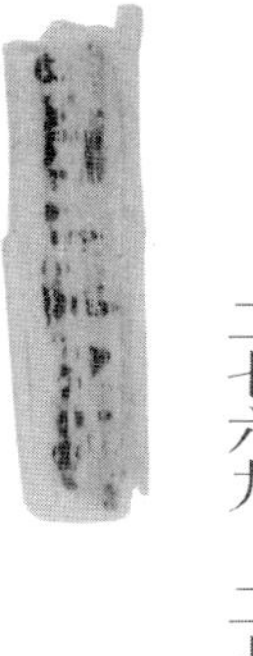

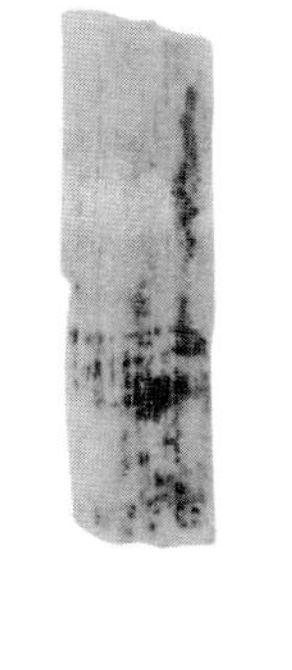
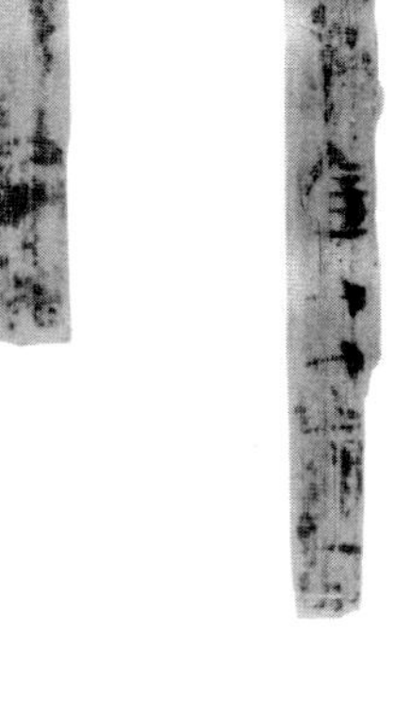
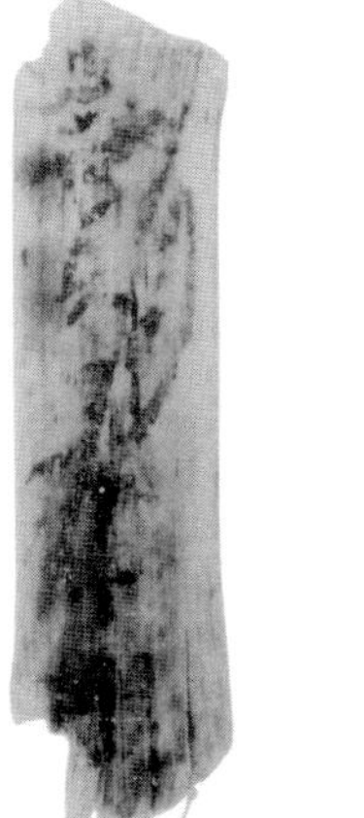
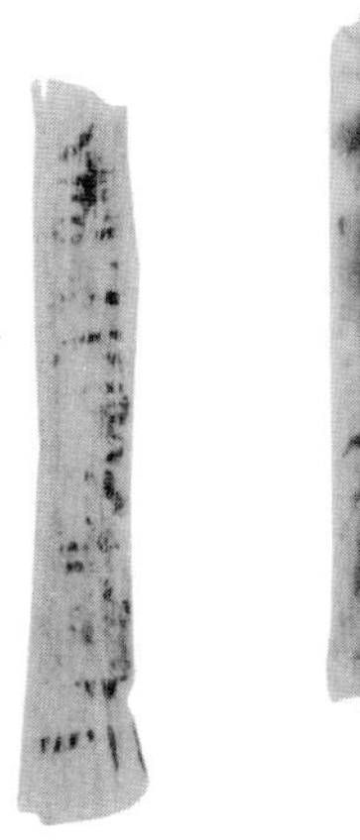
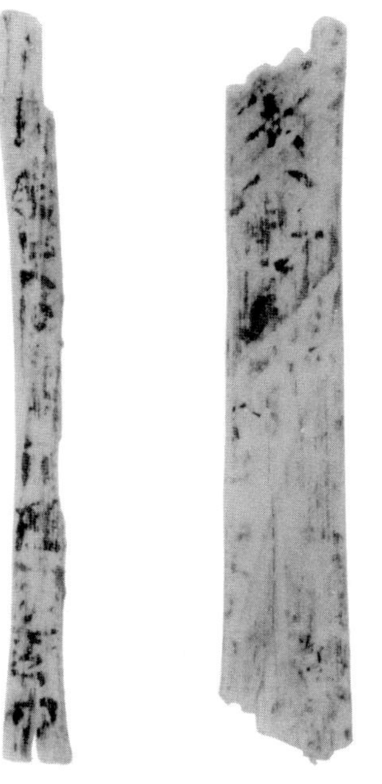
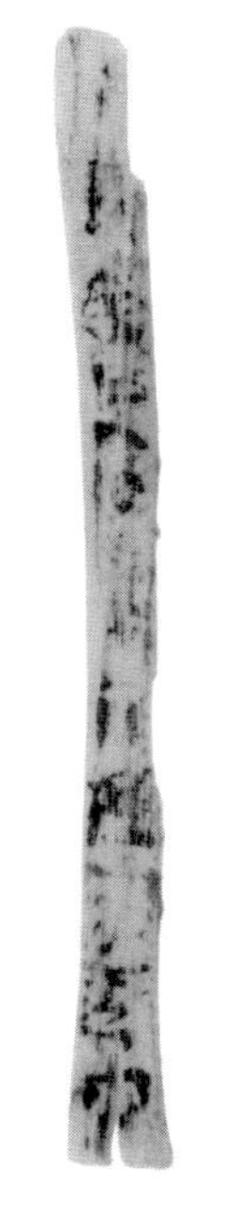

二七六三　二七六四

二七六五　二七六六

二七六七　二七六八

二七六九　二七七〇　二七七一

二七七二　二七七三　二七七四

二七七五　二七七六

二七七七　二七七八

二七七九　二七八〇

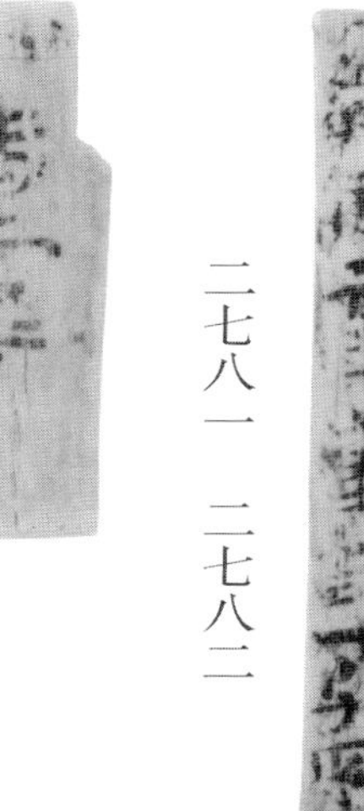
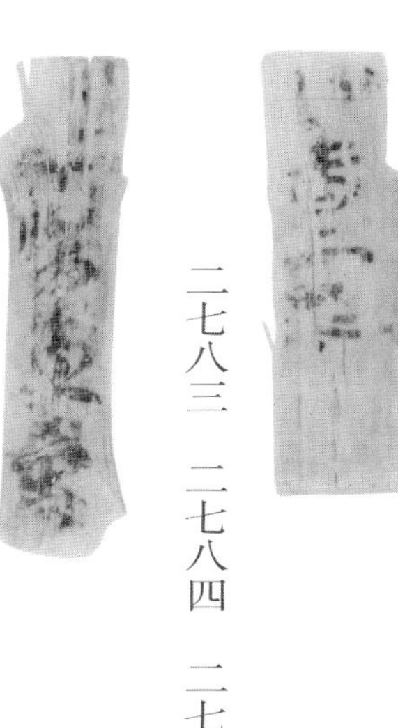
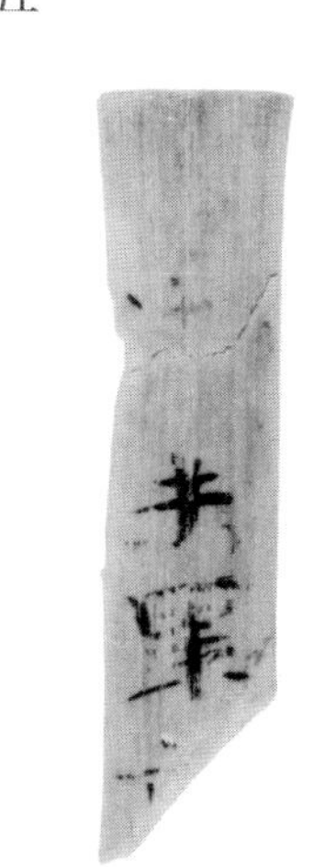

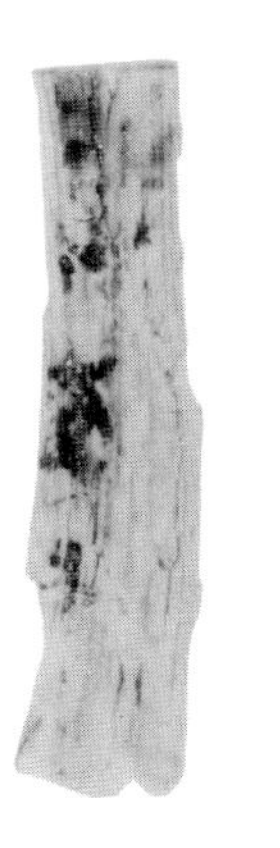
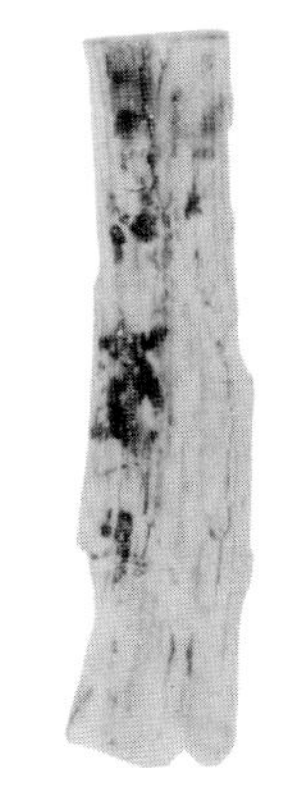
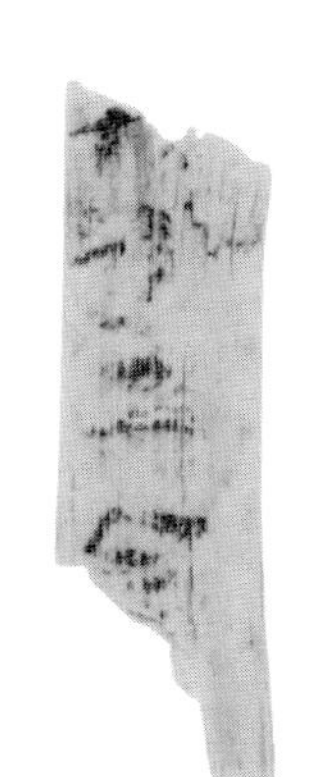
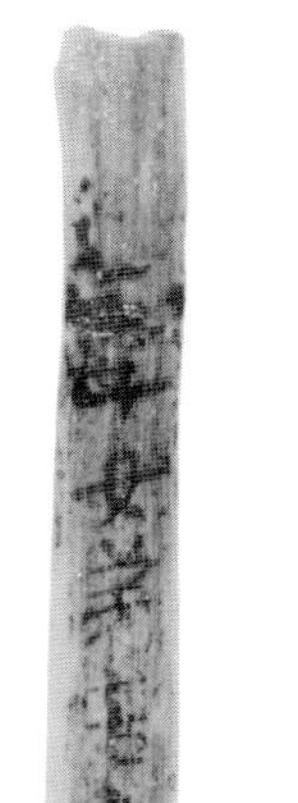
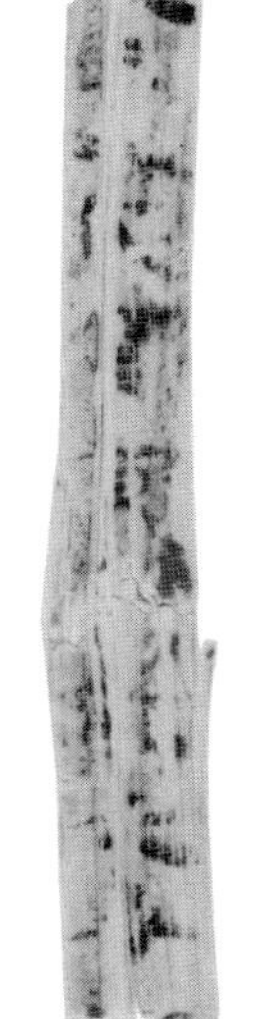
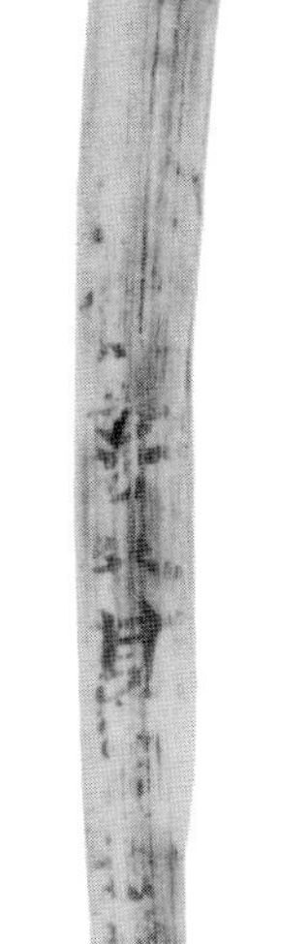
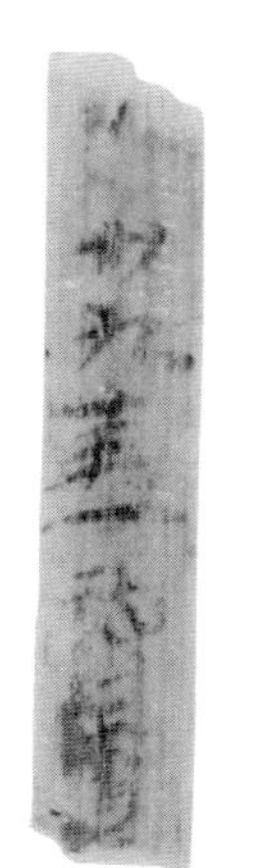
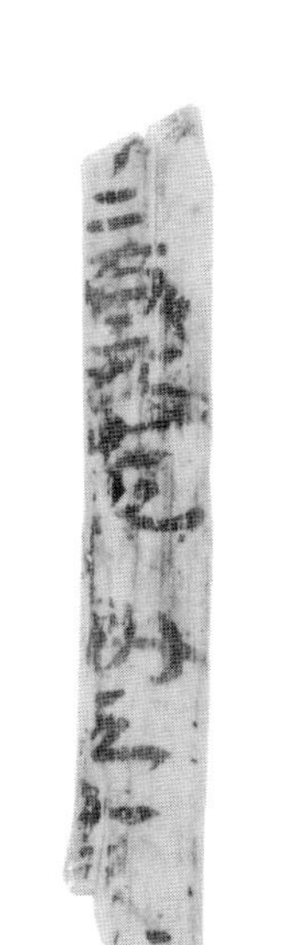
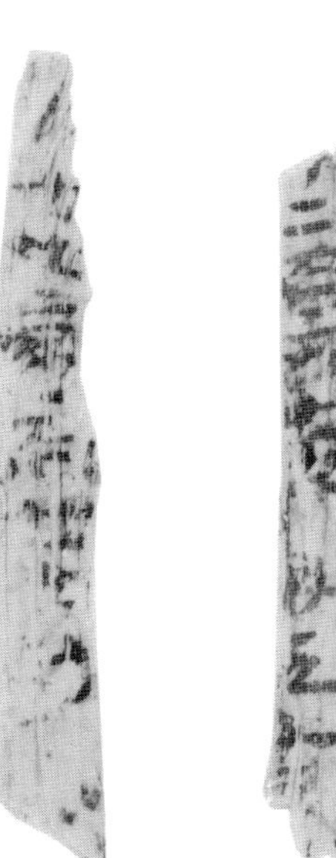

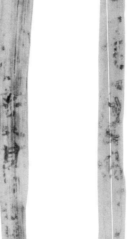

二七八一　二七八二

二七八三　二七八四　二七八五

二七八六　二七八七　二七八八

二七八九　二七九〇

二七九一　二七九二

二七九三　二七九四　二七九五

二七九六　二七九七

二七九八　二七九九

二八〇〇　二八〇一

二八〇二　二八〇三　二八〇四

二八〇五　二八〇六　二八〇七

二八〇八　二八〇九

二八一〇　二八一一　二八一二

二八一三　二八一四

二八一五　二八一六　二八一七

二八一八　二八一九　二八二〇

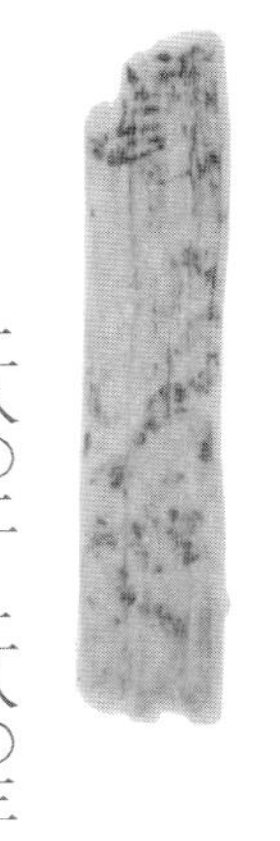
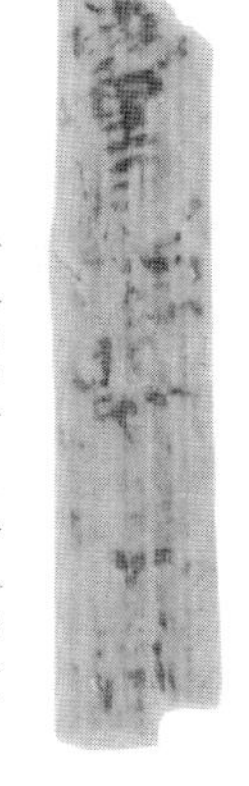
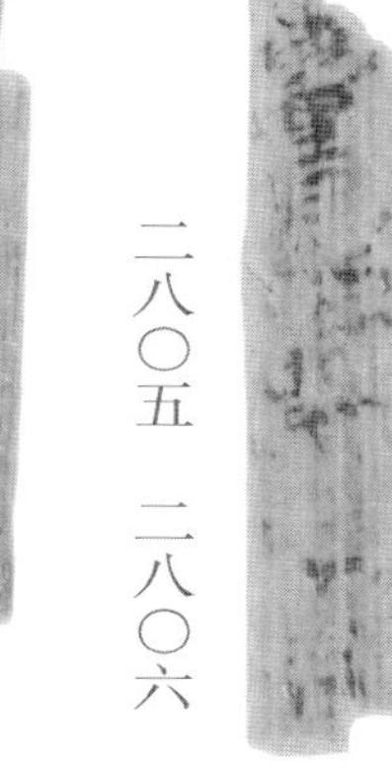
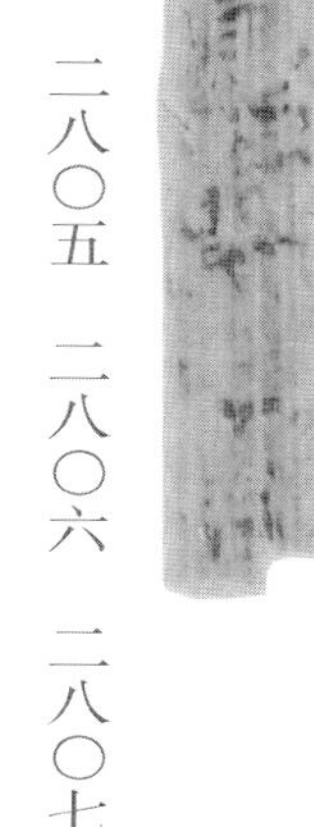
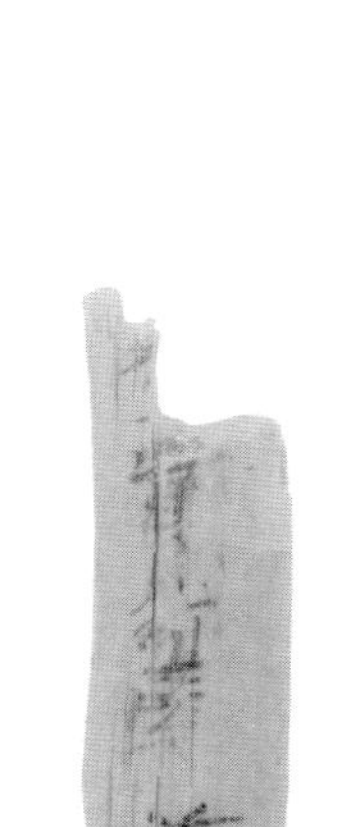
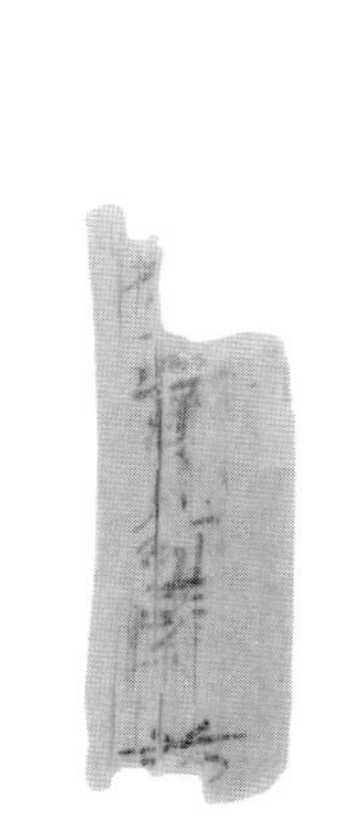

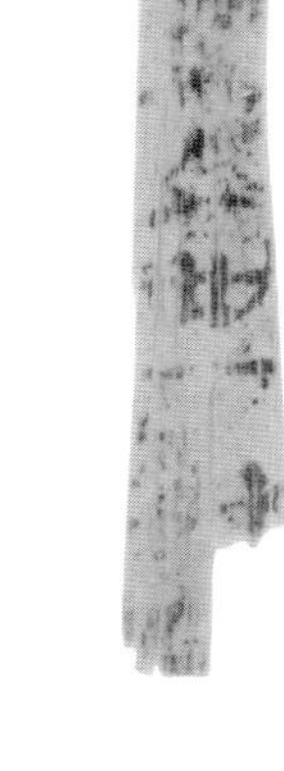
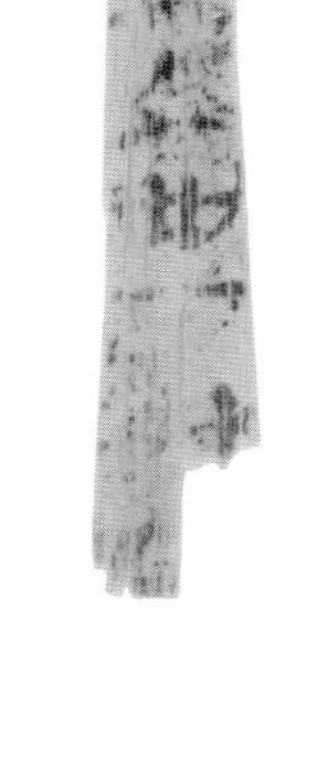
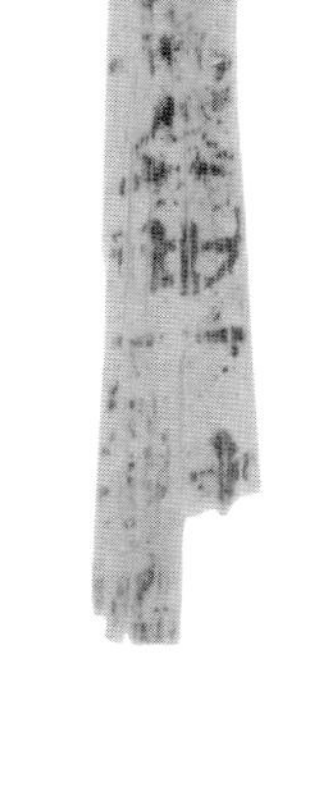

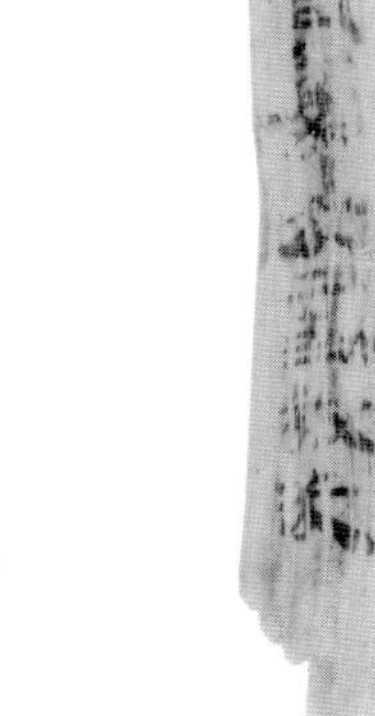

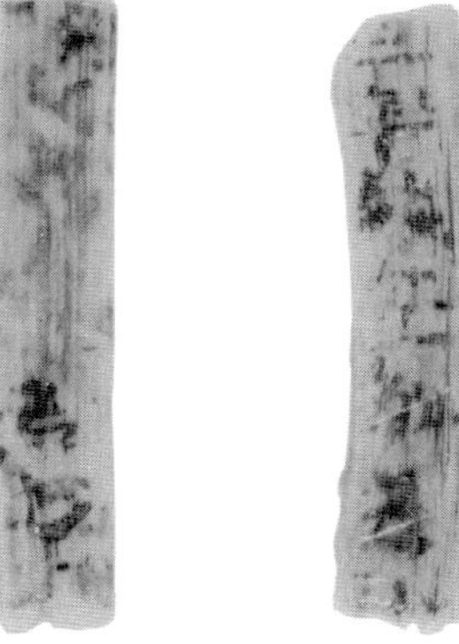
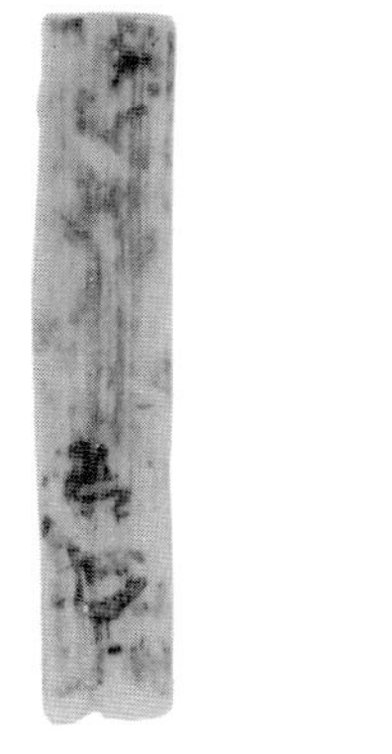
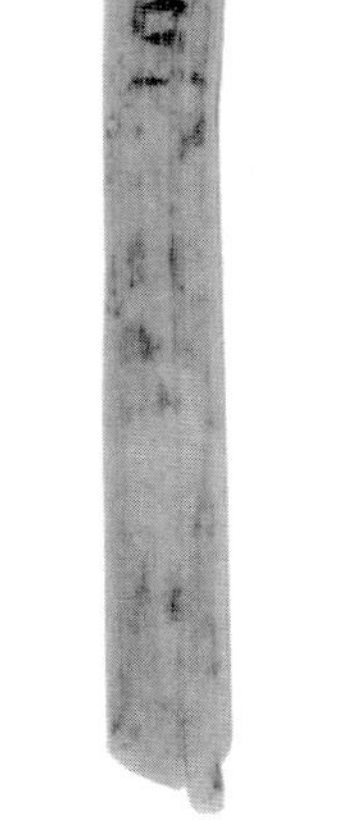

二八二一　二八二二　二八二三

二八二四　二八二五　二八二六

二八二七　二八二八　二八二九

二八三〇　二八三一　二八三二

二八三三　二八三四　二八三五

二八三六　二八三七　二八三八

二八三九　二八四〇　二八四一

二八四二　二八四三　二八四四　二八四五

二八四六　二八四七　二八四八

二八四九　二八五〇　二八五一

二八五二　二八五三　二八五四

二八五五　二八五六　二八五七

二八五八　二八五九　二八六〇

二八六一　二八六二　二八六三

二八六四　二八六五　二八六六

二八六七　二八六八　二八六九

二八七〇　二八七一　二八七二
二八七三　二八七四
二八七五　二八七六　二八七七　二八七八
二八七九　二八八〇　二八八一　二八八二
二八八三　二八八四　二八八五
二八八六　二八八七　二八八八
二八八九　二八九〇　二八九一
二八九二　二八九三

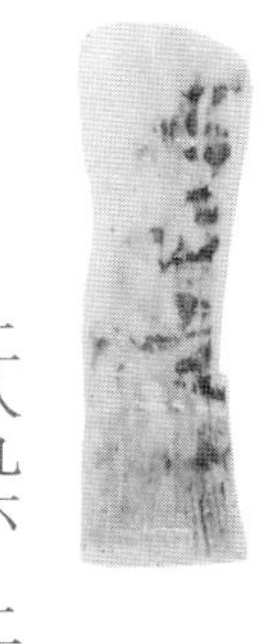
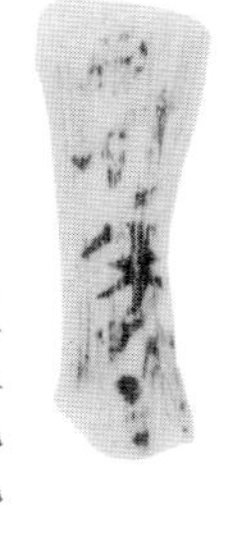
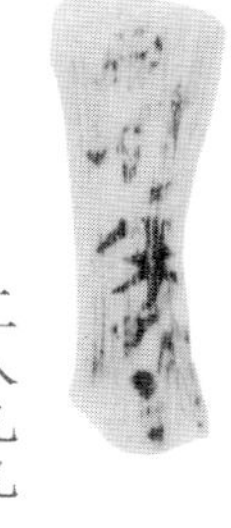
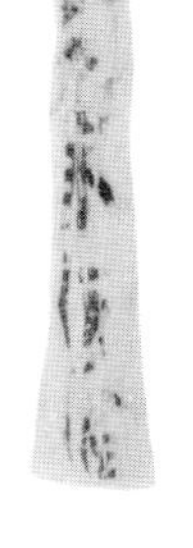
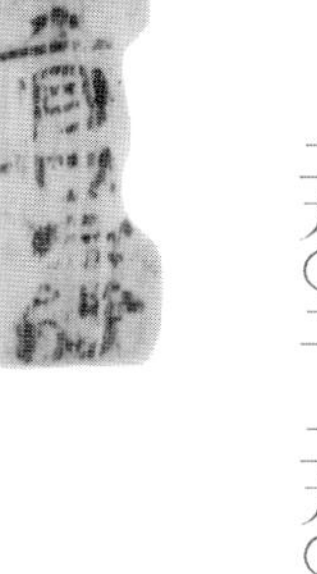

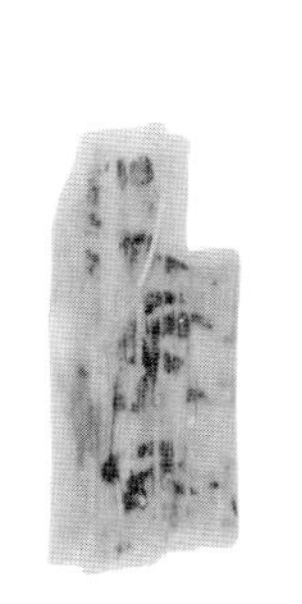
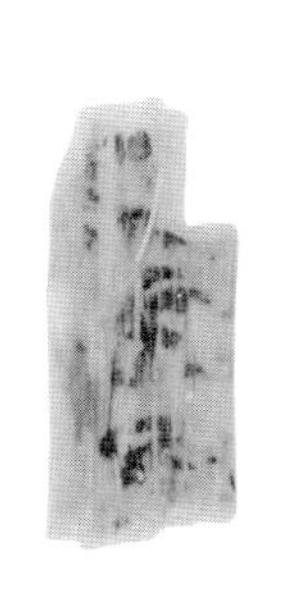
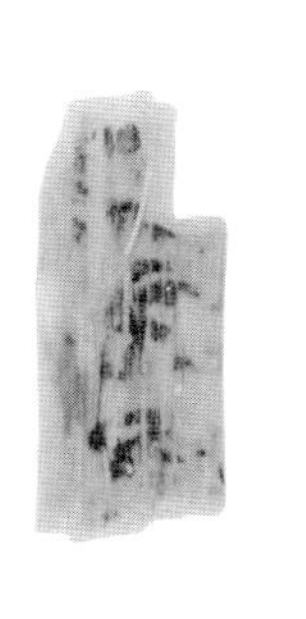
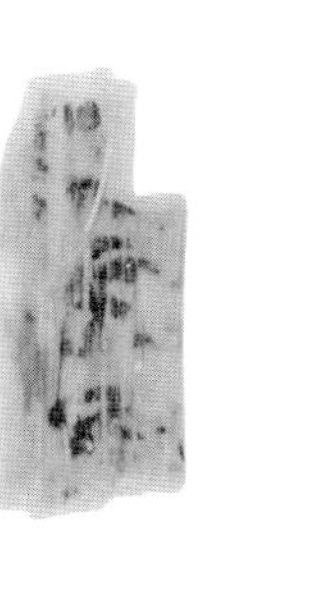
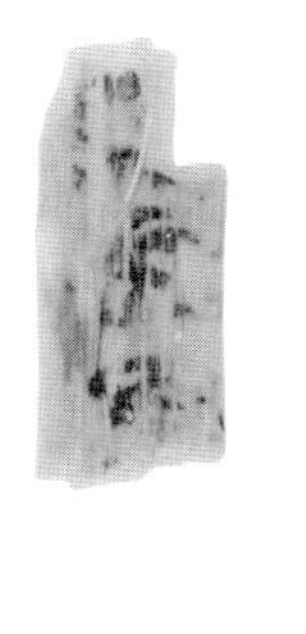
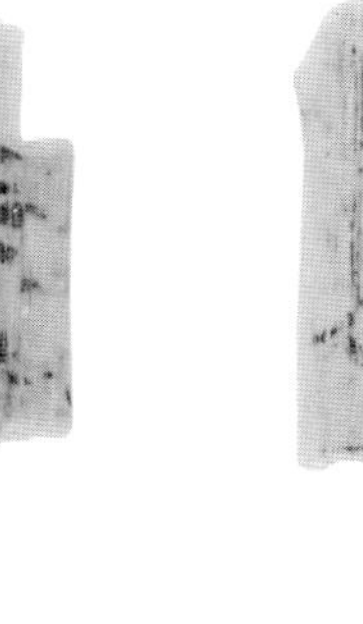
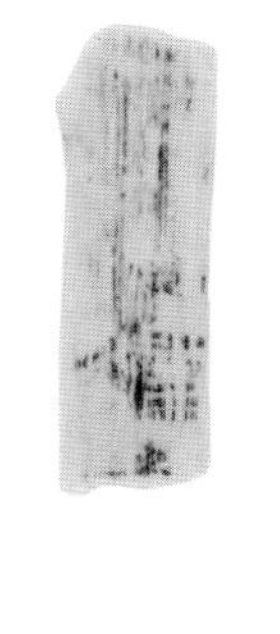
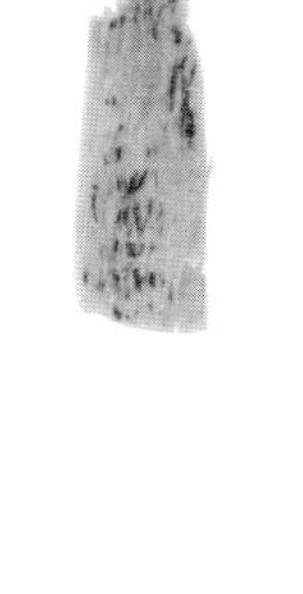
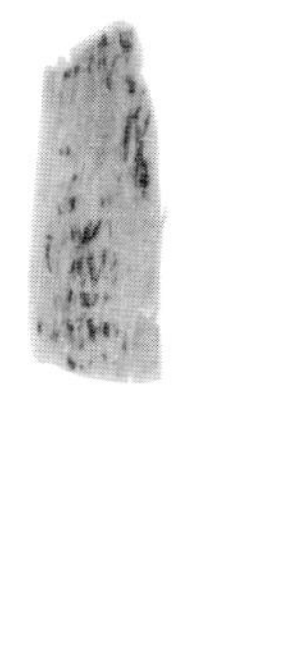
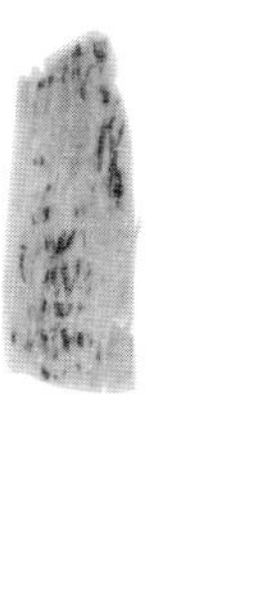
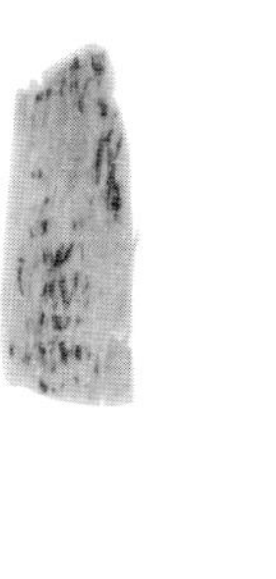
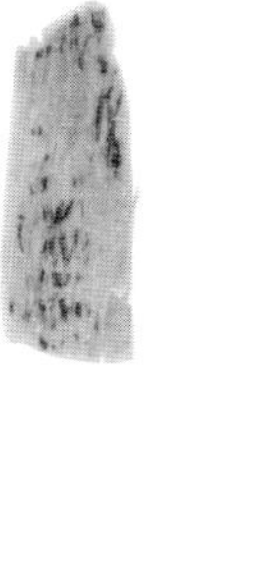
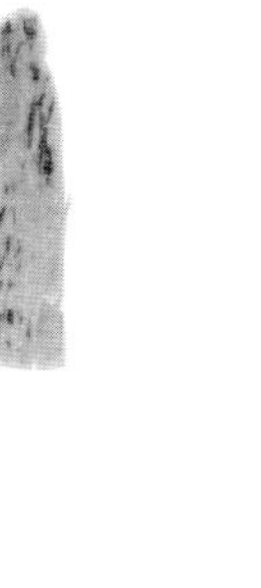
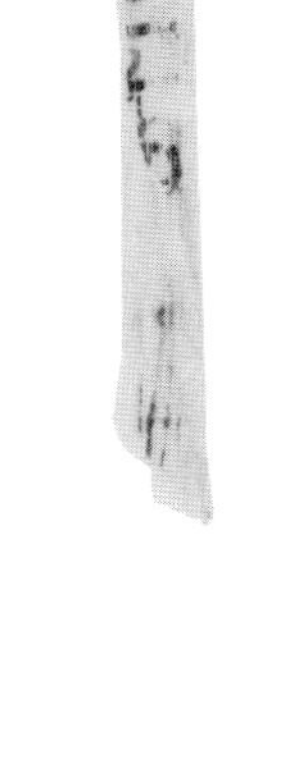
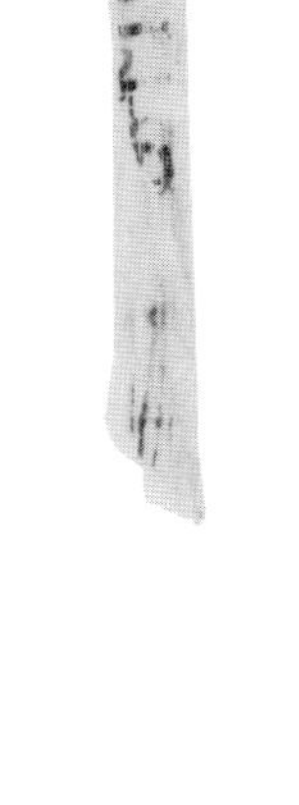
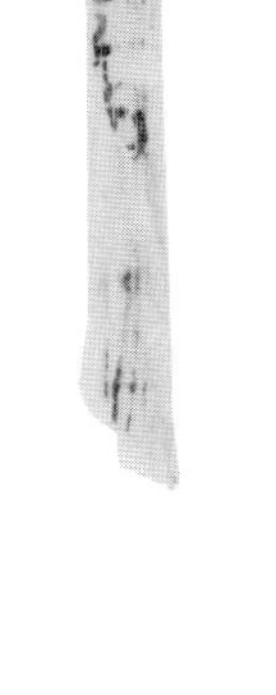
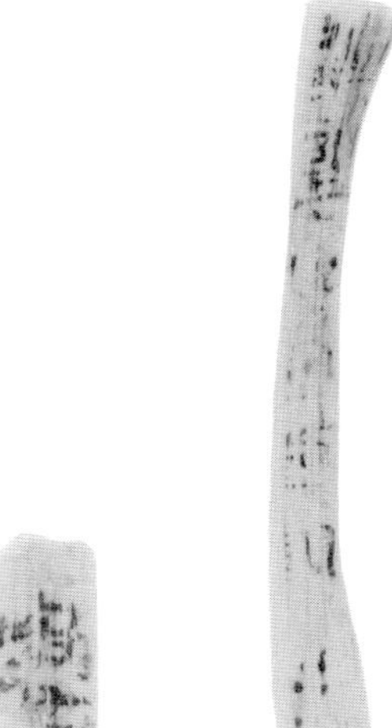

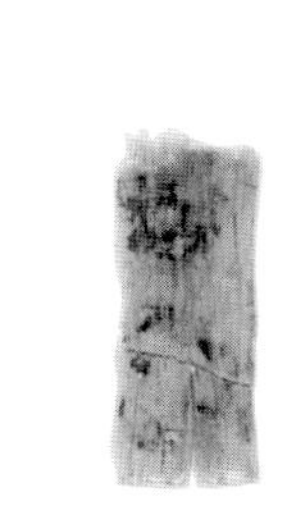
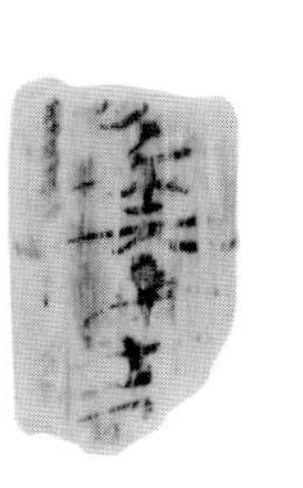
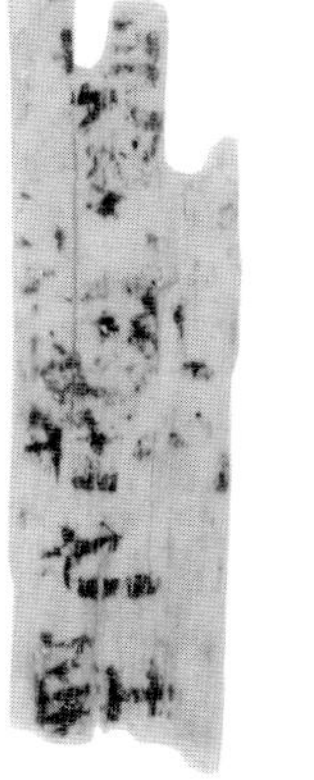
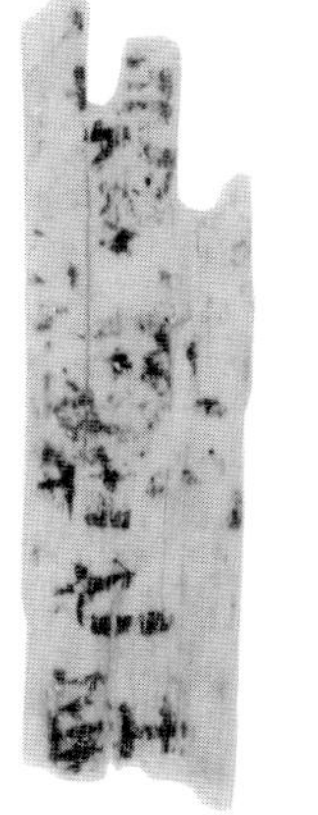

二八九四　二八九五

二八九六　二八九七　二八九八

二八九九　二九〇〇　二九〇一

二九〇二　二九〇三　二九〇四

二九〇五　二九〇六　二九〇七

二九〇八　二九〇九　二九一〇

二九一一　二九一二　二九一三

二九一四　二九一五　二九一六

二九一七 二九一八 二九一九

二九二〇 二九二一 二九二二

二九二三 二九二四 二九二五

二九二六 二九二七 二九二八

二九二九 二九三〇

二九三一 二九三二 二九三三

二九三四 二九三五 二九三六

二九三七 二九三八 二九三九

二九四〇　二九四一　二九四二

二九四三　二九四四　二九四五

二九四六　二九四七　二九四八

二九四九　二九五〇

二九五一　二九五二　二九五三

二九五四　二九五五　二九五六

二九五七　二九五八　二九五九

二九六〇　二九六一

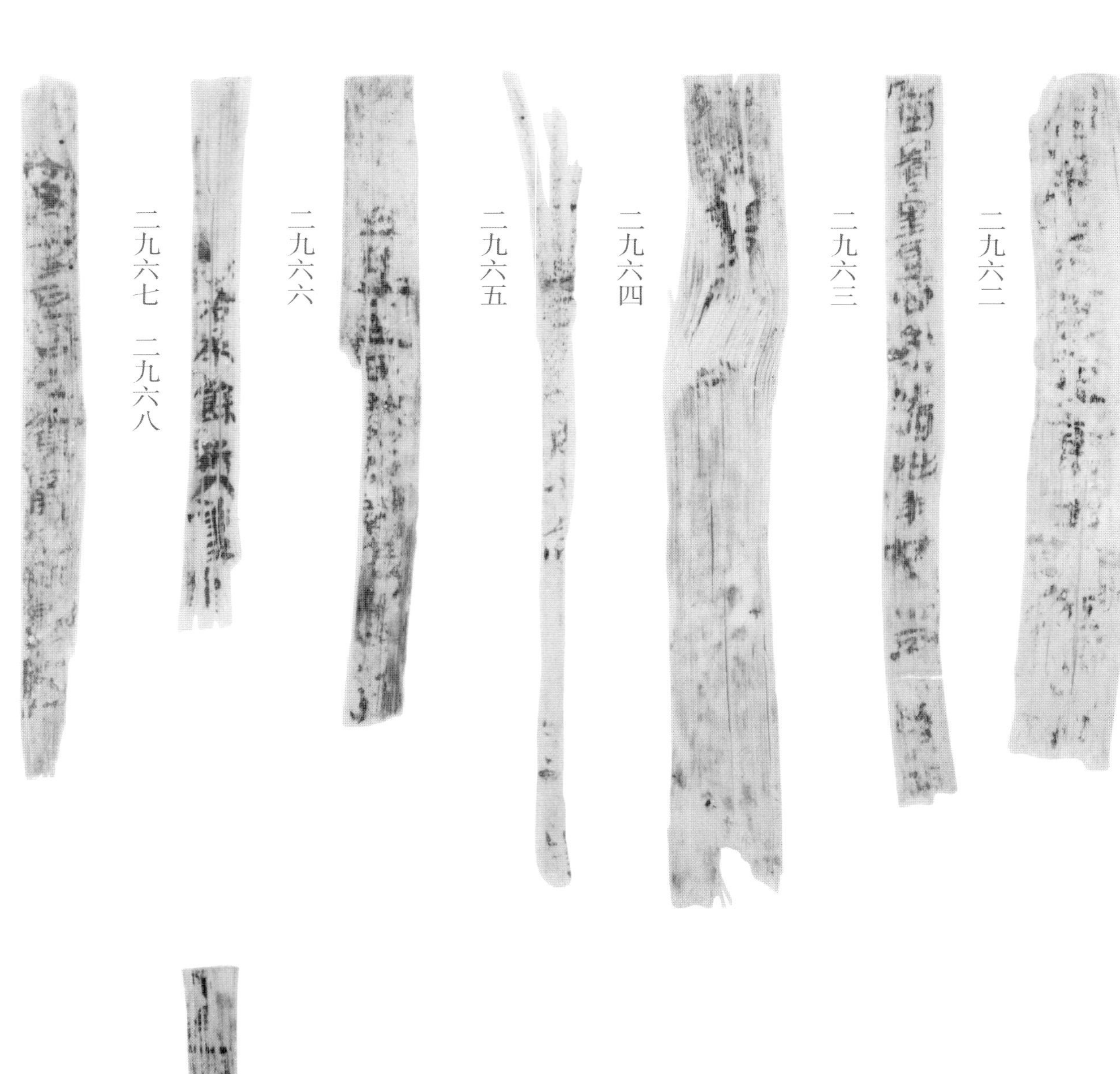

二九六二

二九六三

二九六四

二九六五

二九六六

二九六七　二九六八

二九六九

二九七〇　二九七一　二九七二

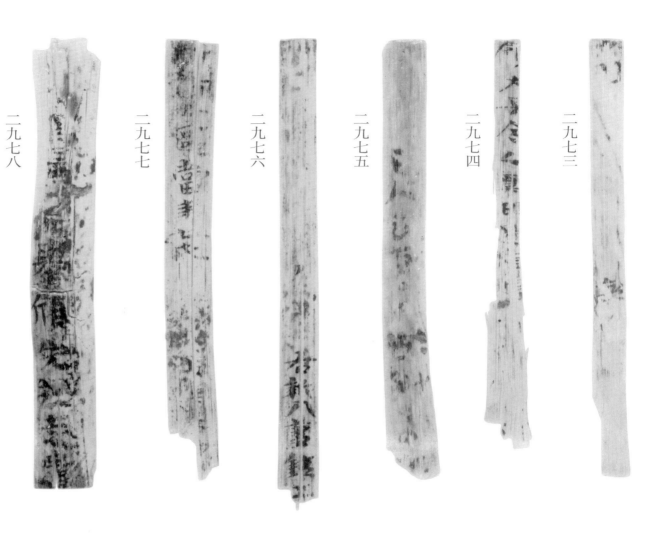

二九七九　二九七八　二九七七　二九七六　二九七五　二九七四　二九七三

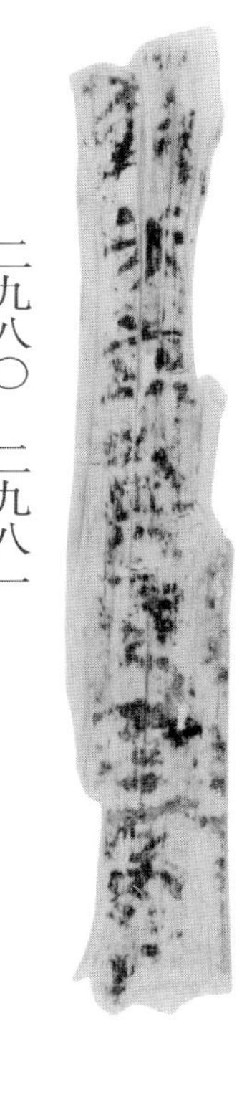
二九八〇　二九八一

二九八二　二九八三

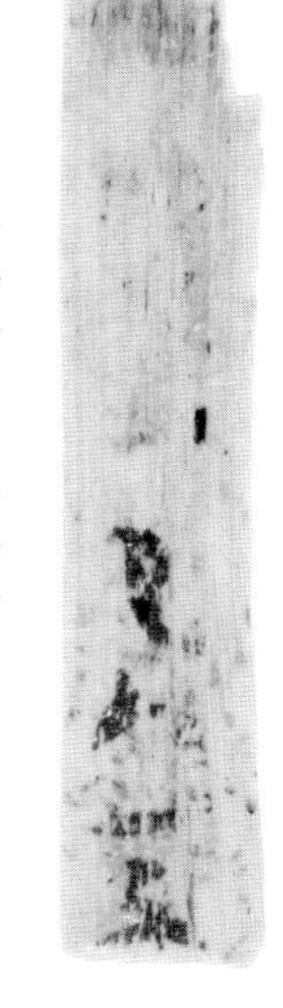
二九八四　二九八五

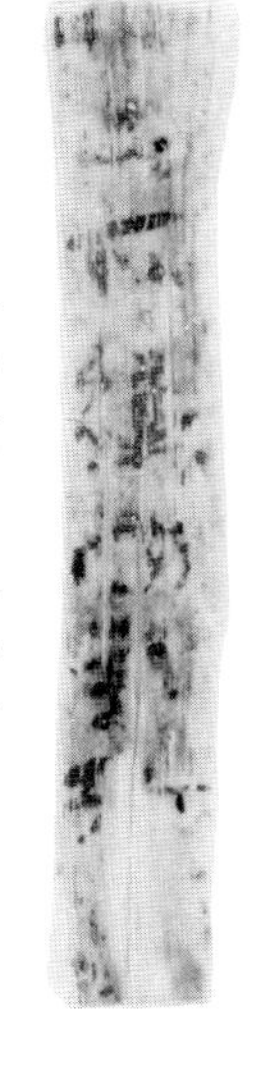
二九八六　二九八七

二九八八　二九八九

二九九〇

二九九一

二九九二

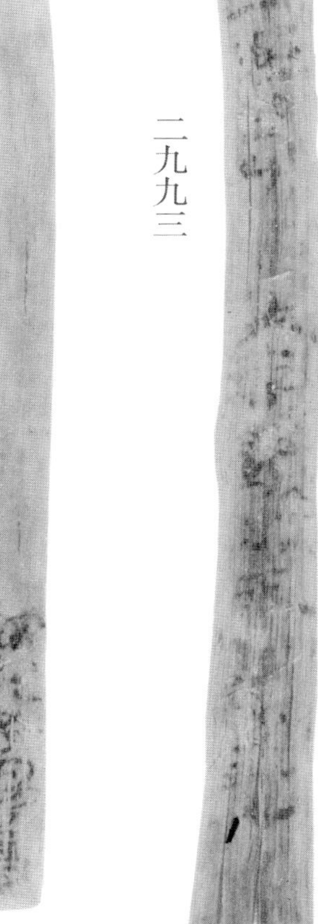
二九九三

二九九四

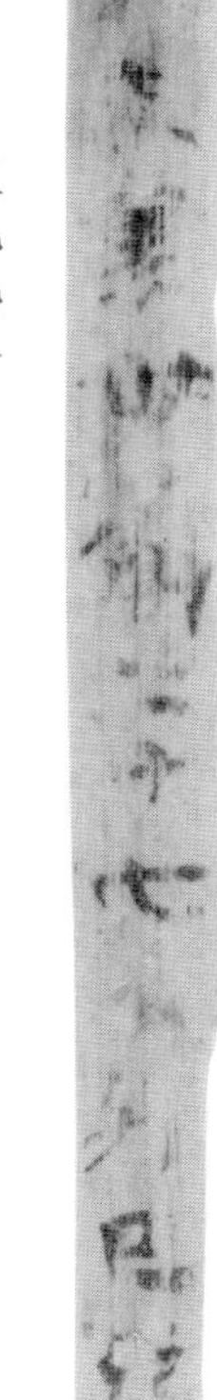
二九九五

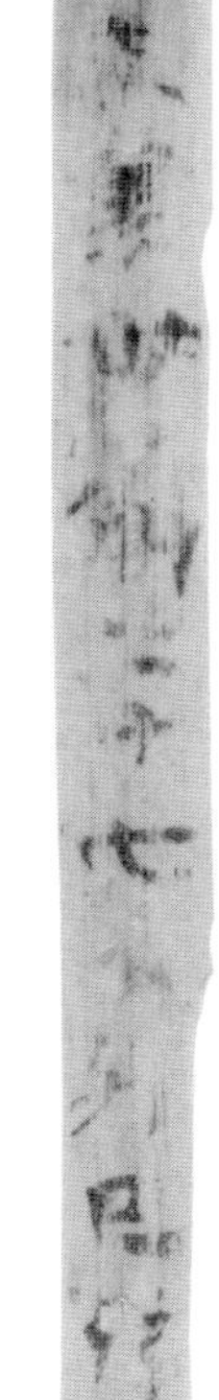
二九九六

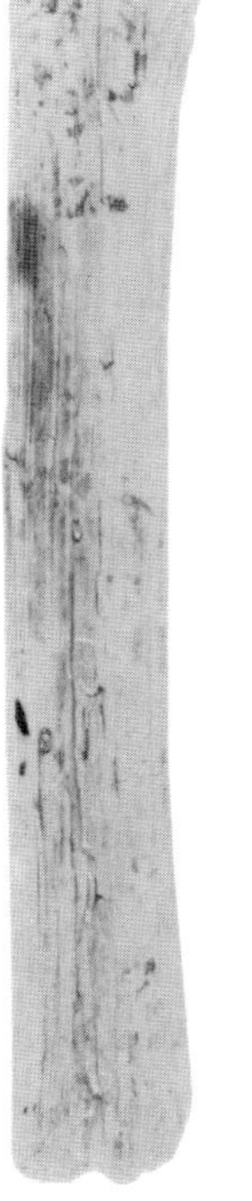
二九九七　二九九八

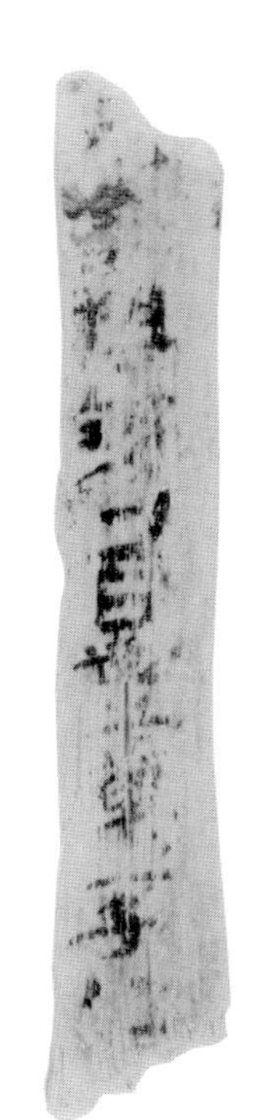

二九九九　三〇〇〇

三〇〇一

三〇〇二

三〇〇三

三〇〇四

三〇〇五

三〇〇六

三〇〇七

三〇〇八　三〇〇九

三〇一〇 三〇一一

三〇一二 三〇一三

三〇一四

三〇一五 三〇一六

三〇一七

三〇一八

三〇一九

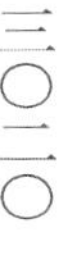

三〇二〇

三〇二一

三〇二二　三〇二三

三〇二四　三〇二五

三〇二六　三〇二七

三〇二八　三〇二九

三〇三〇

三〇三一

三〇三二

三〇三三　三〇三四　三〇三五　三〇三六　三〇三七　三〇三八　三〇三九　三〇四〇　三〇四一　三〇四二　三〇四三

三〇四四

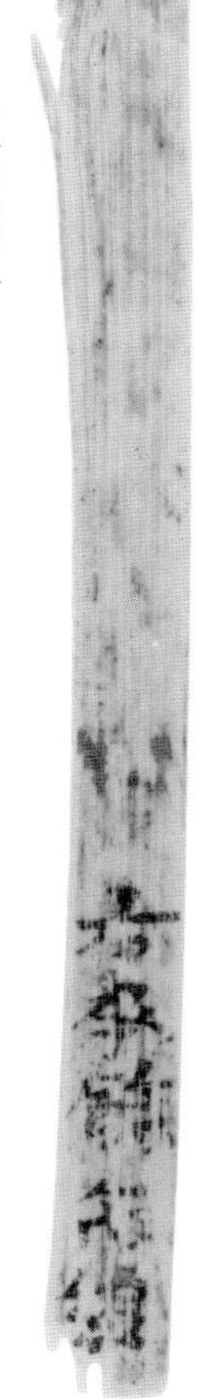

三〇四五

三〇四六

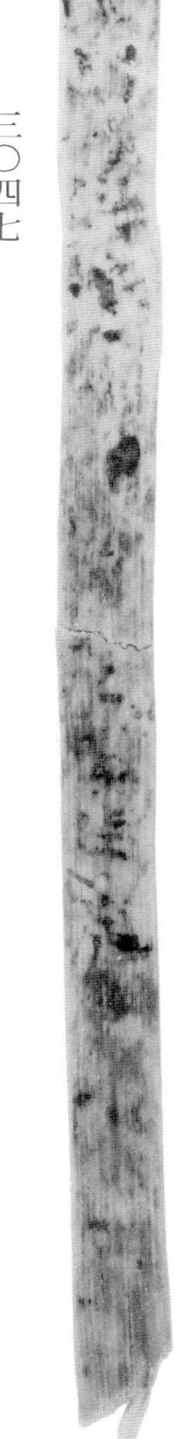

三〇四七

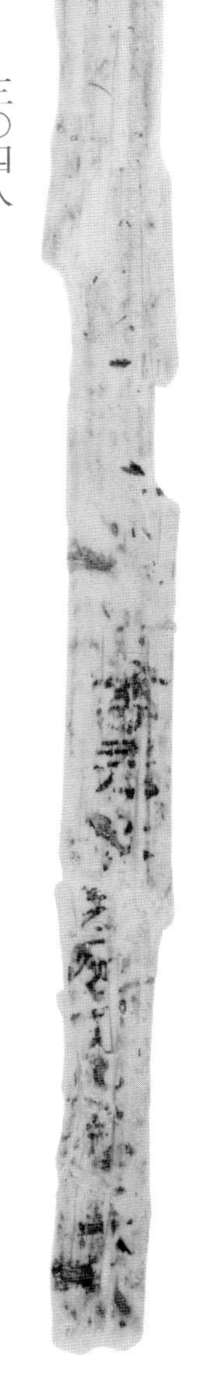

三〇四八

三〇四九

三〇五〇

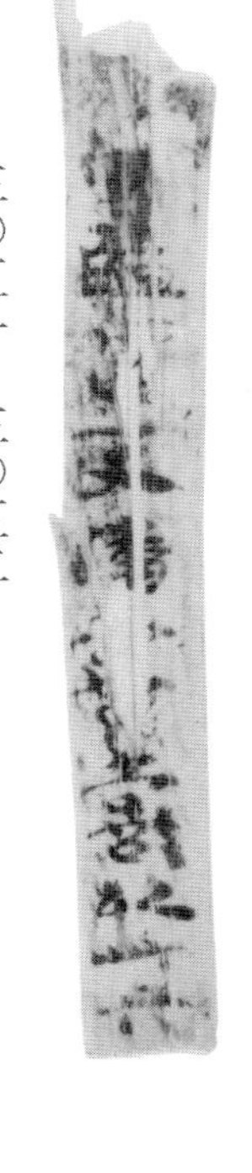
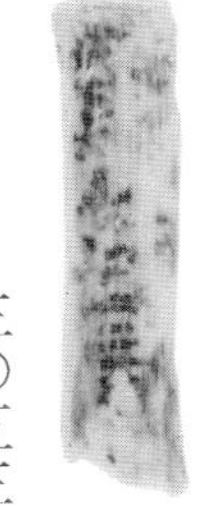
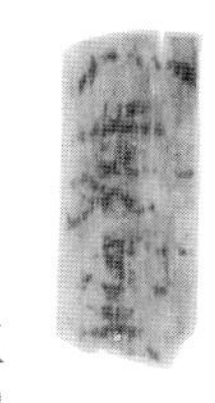
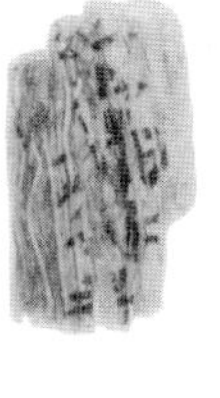
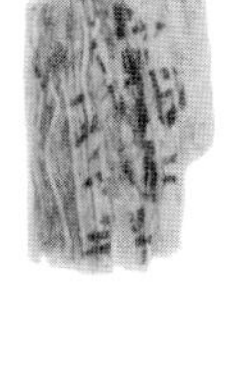
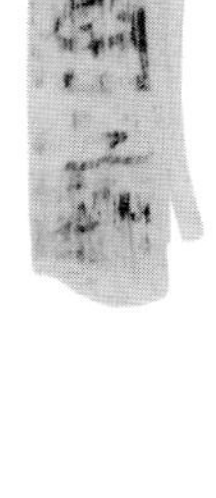
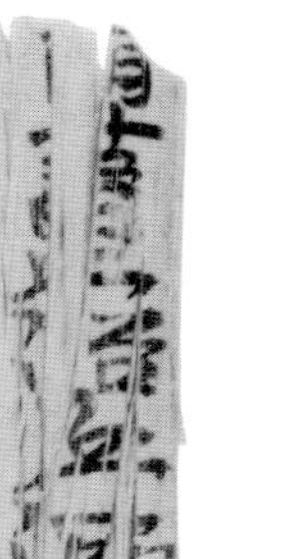
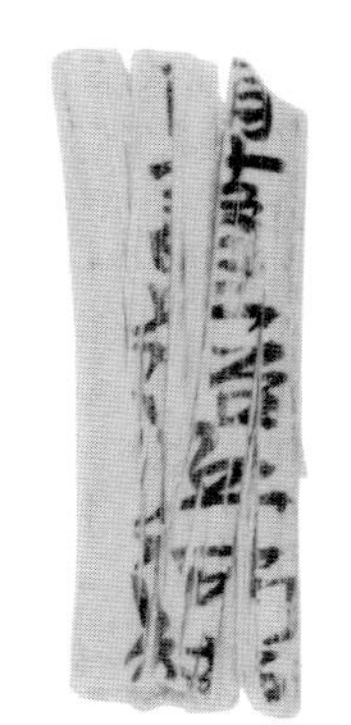
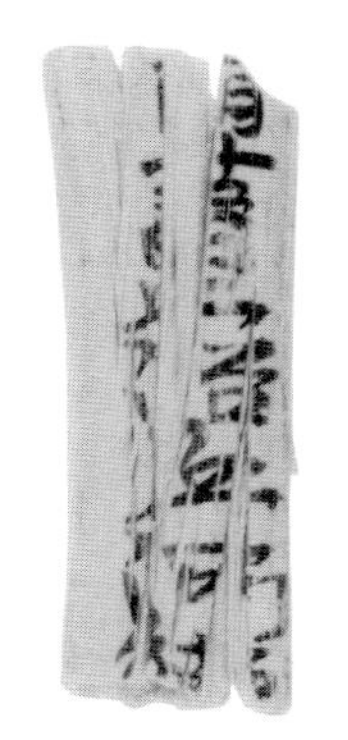
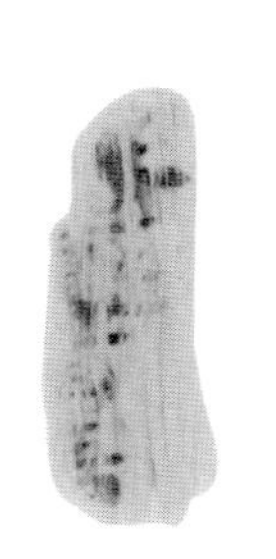
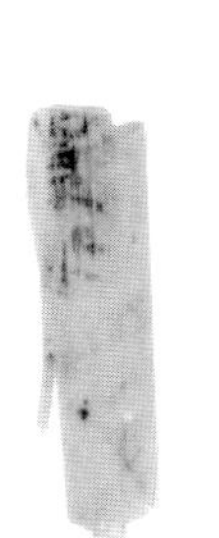
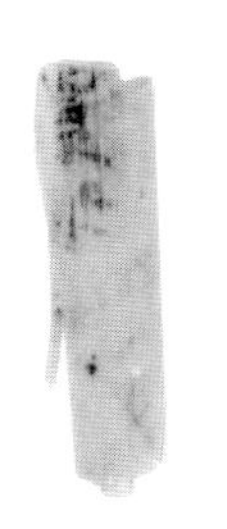
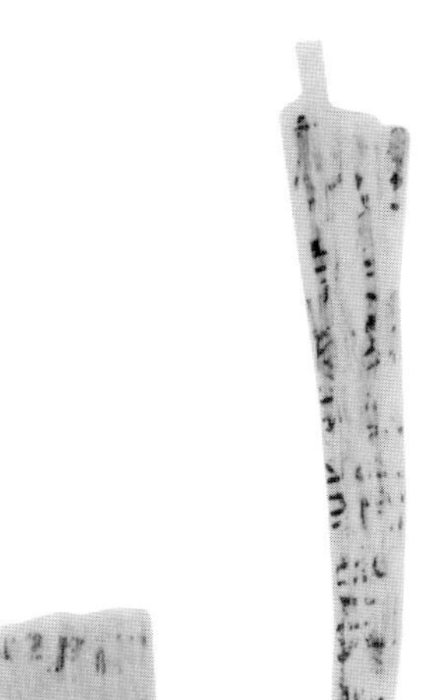

三〇五一　三〇五二

三〇五三　三〇五四　三〇五五

三〇五六　三〇五七　三〇五八

三〇五九　三〇六〇　三〇六一

三〇六二　三〇六三　三〇六四

三〇六五　三〇六六　三〇六七

三〇六八　三〇六九　三〇七〇

三〇七一　三〇七二　三〇七三

三〇七四　三〇七五　三〇七六

三〇七七　三〇七八　三〇七九

三〇八〇　三〇八一　三〇八二

三〇八三　三〇八四　三〇八五

三〇八六　三〇八七　三〇八八

三〇八九　三〇九〇　三〇九一

三〇九二　三〇九三　三〇九四

三〇九五　三〇九六　三〇九七

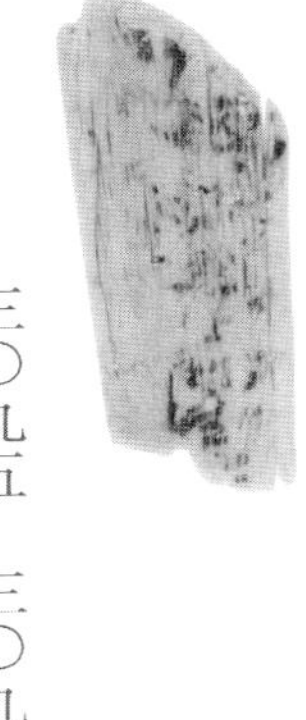

三〇九八　三〇九九　三一〇〇

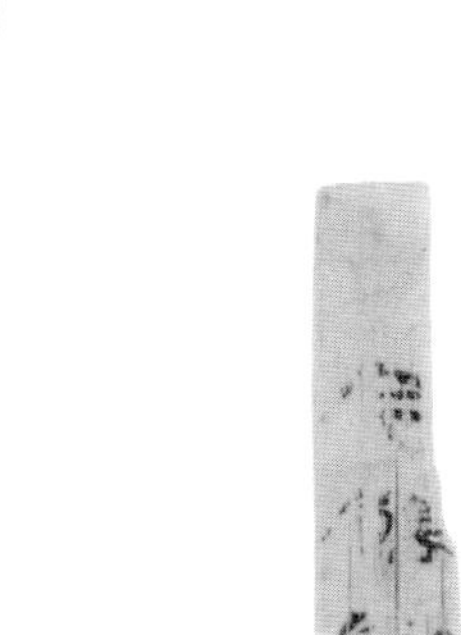

三一〇一　三一〇二

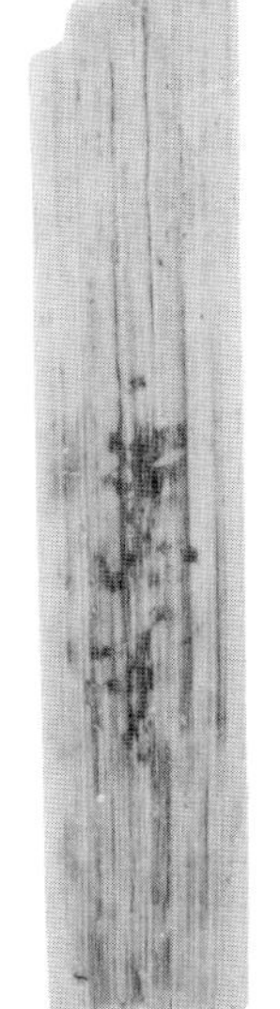

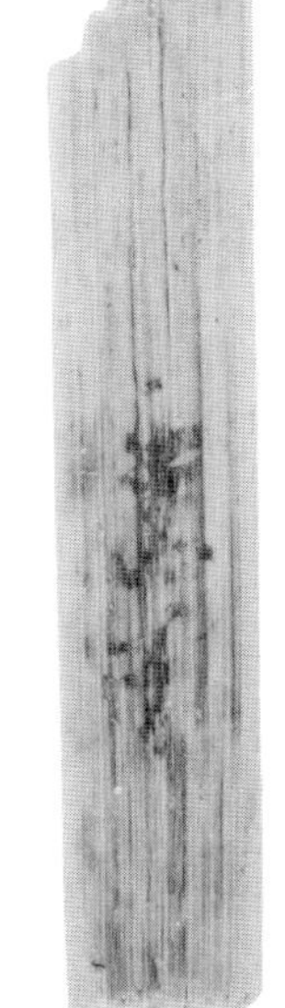

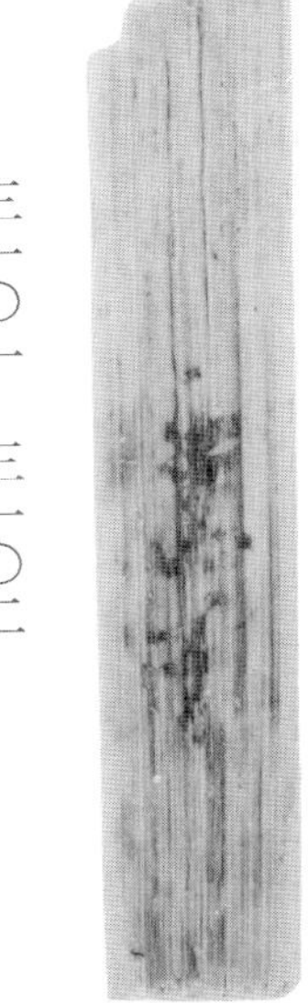

三一〇三　三一〇四

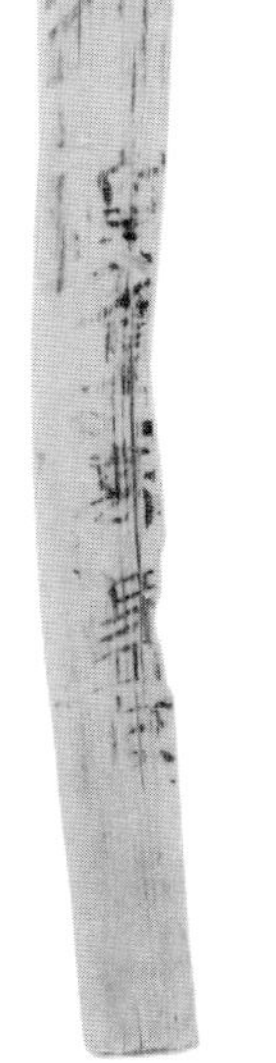

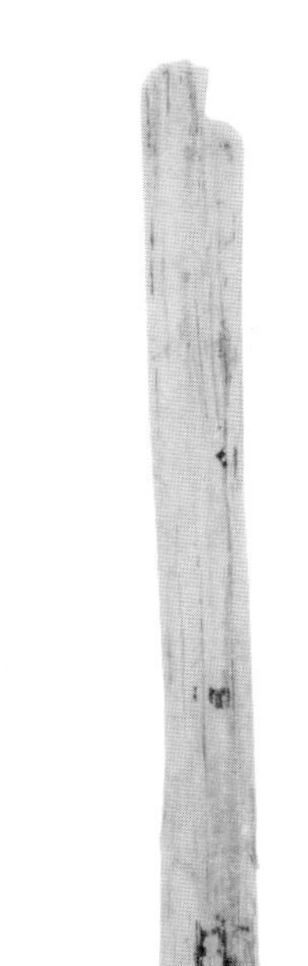

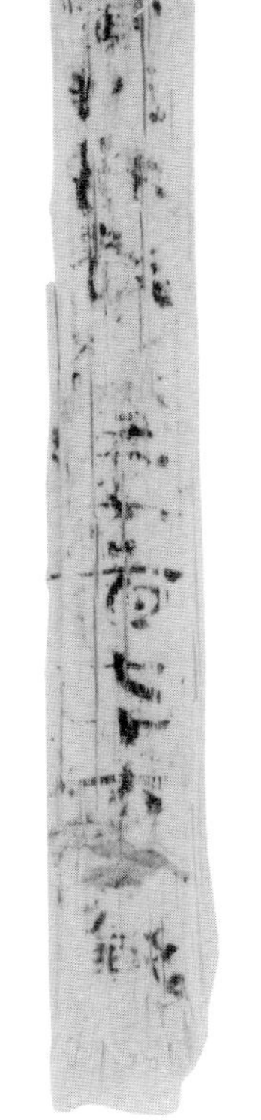

三一〇五

三一〇六

三一〇七　三一〇八

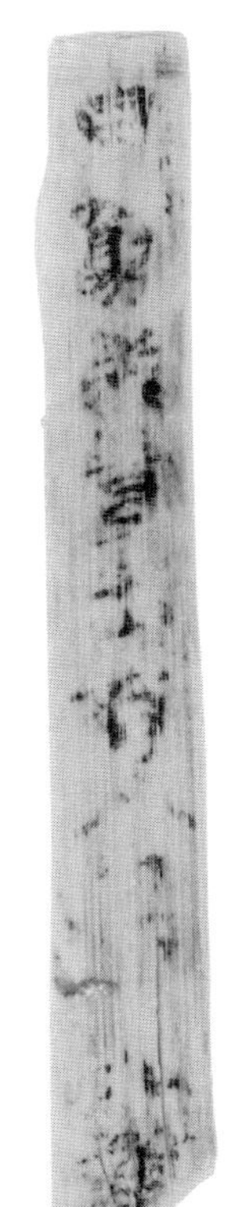

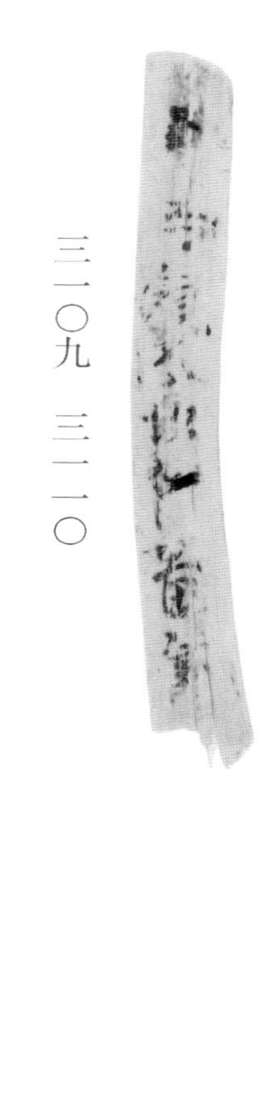

三一〇九　三一一〇

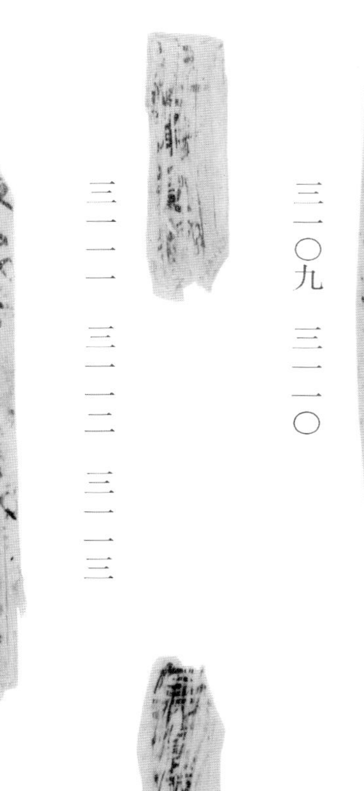

三一一一　三一一二　三一一三

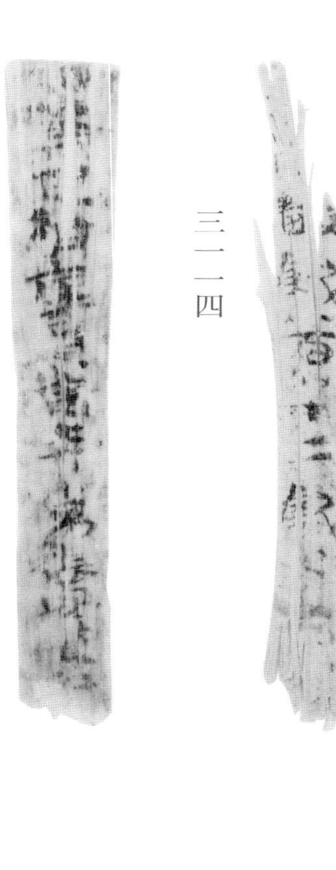

三一一四

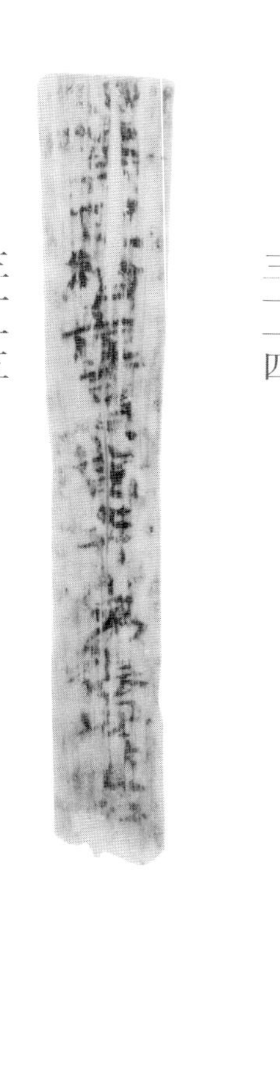

三一一五

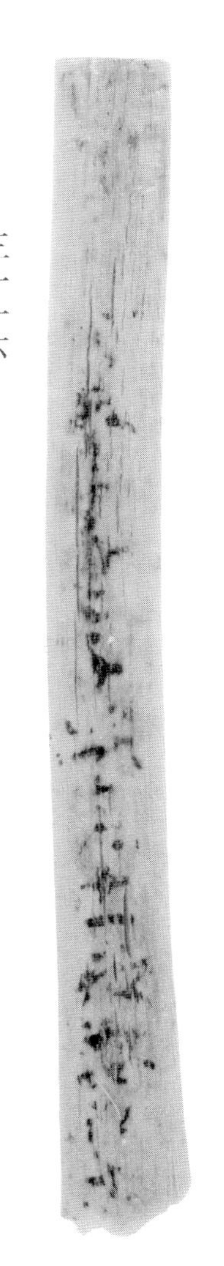

三一一六

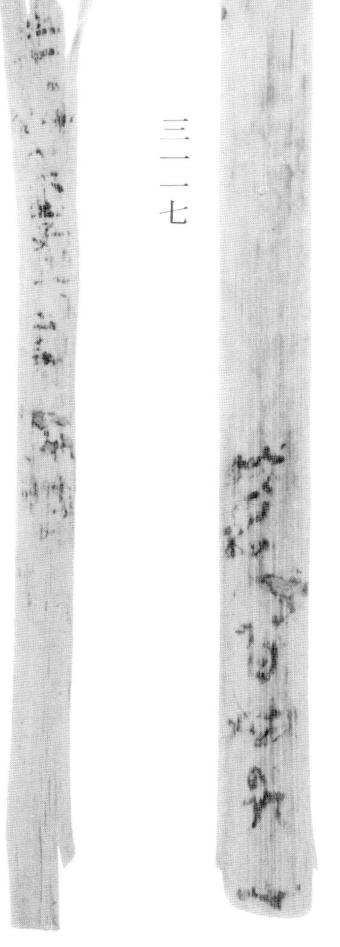

三一一七

三一一八

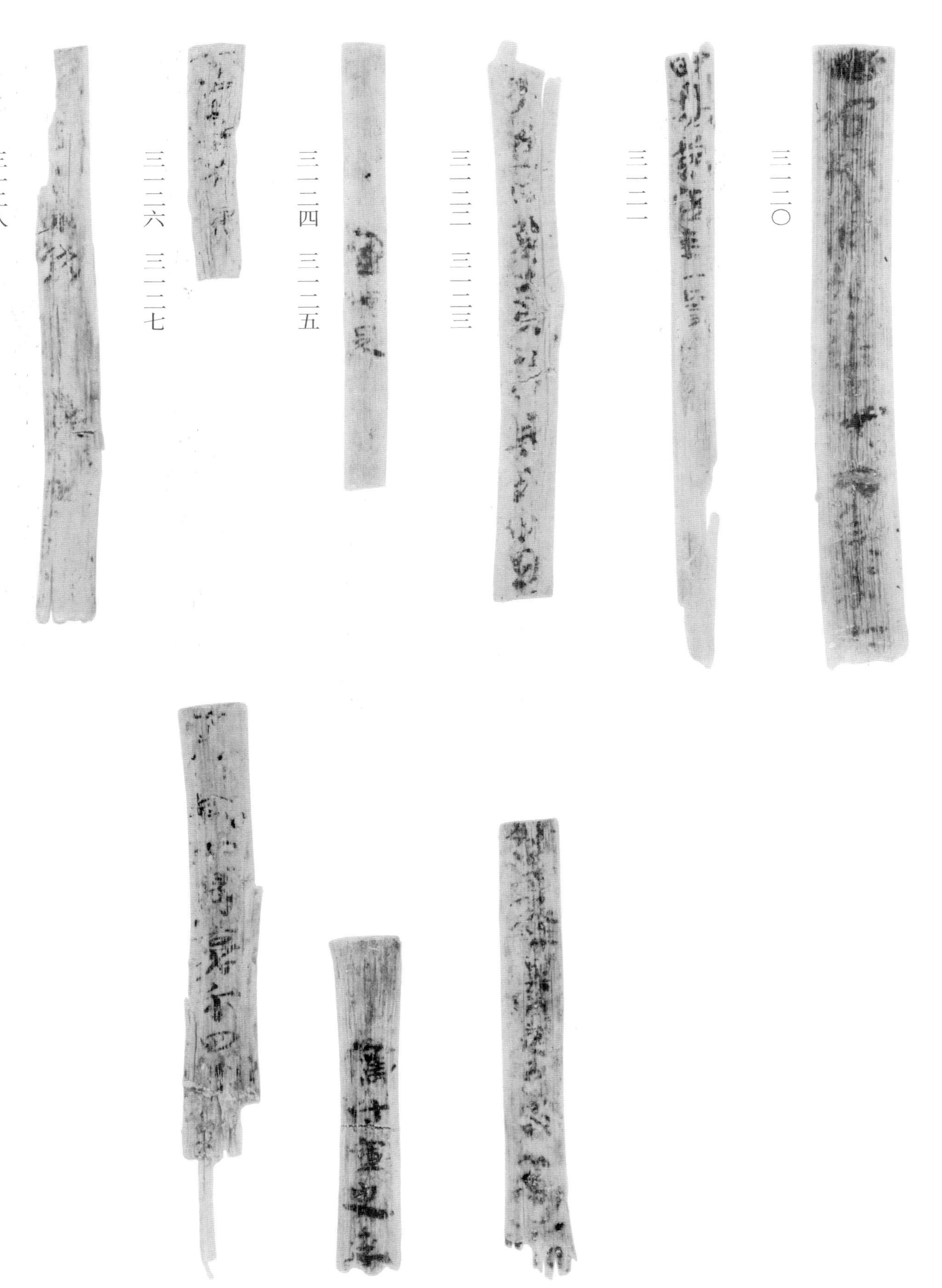

三二一九　三二二〇　三二二一　三二二二　三二二三　三二二四　三二二五　三二二六　三二二七　三二二八

三一二九

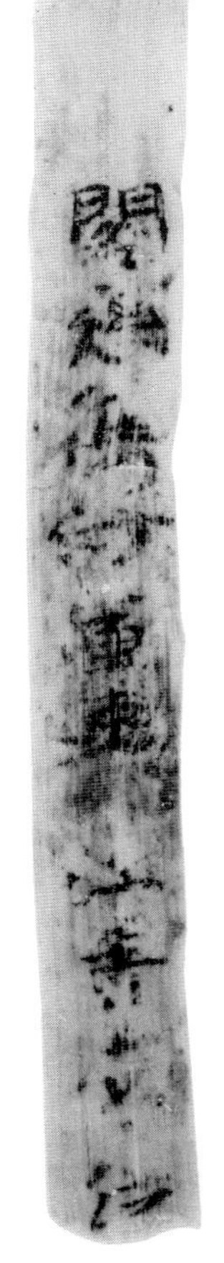
三一三〇

三一三一

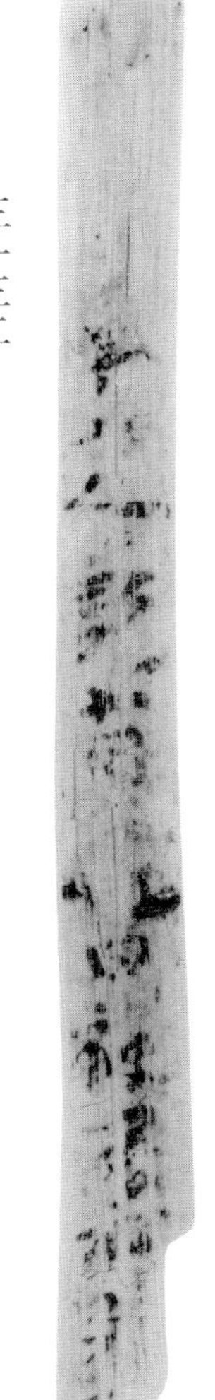
三一三二

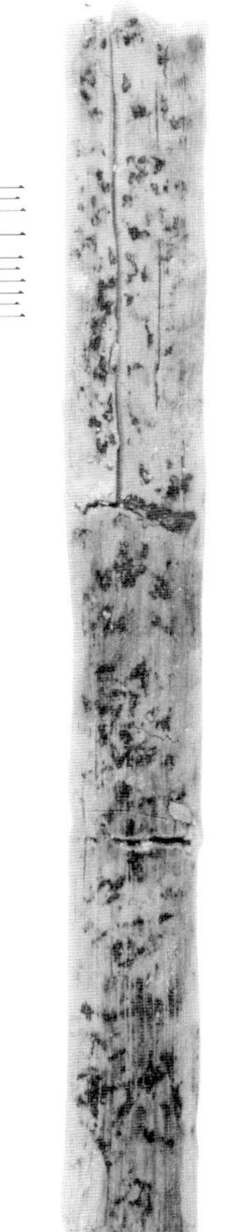
三一三三

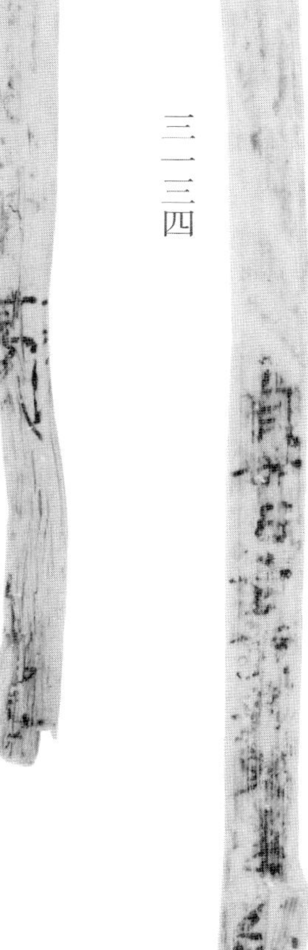
三一三四

三一三五　三一三六

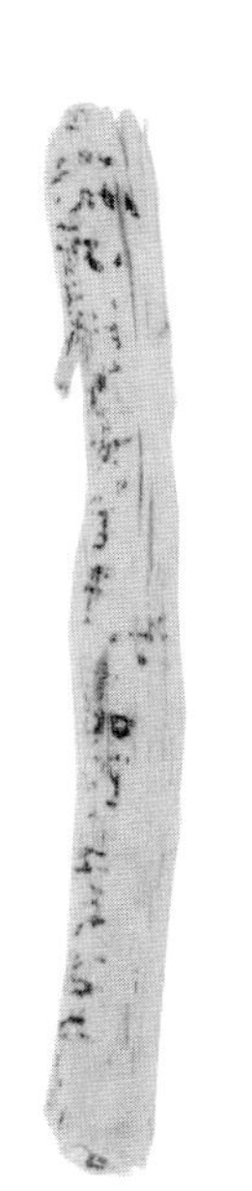

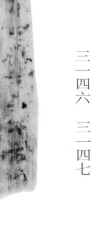

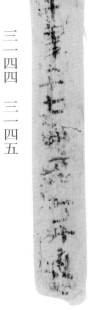

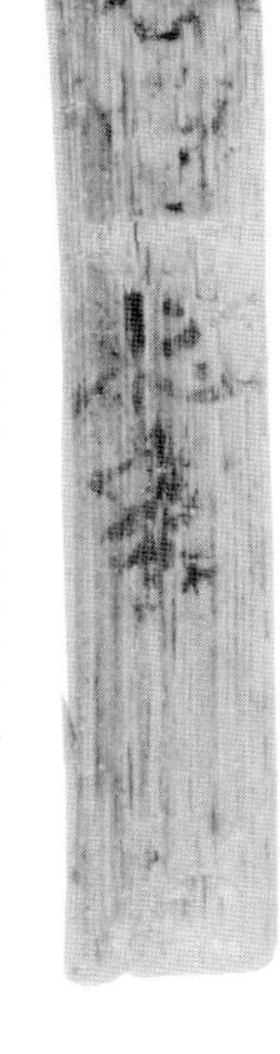

三一三七　三一三八

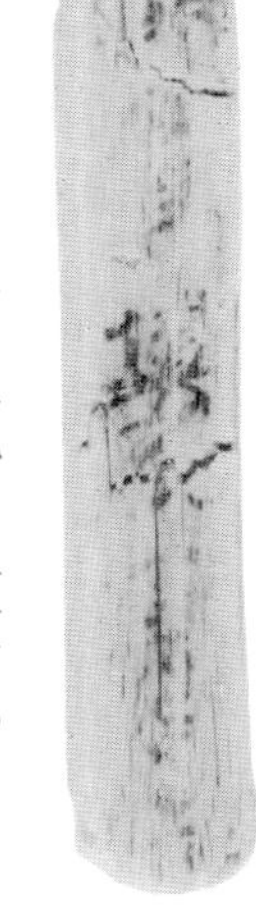

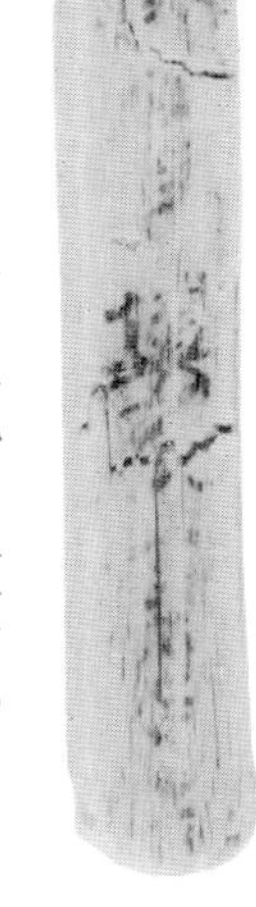

三一三九　三一四〇

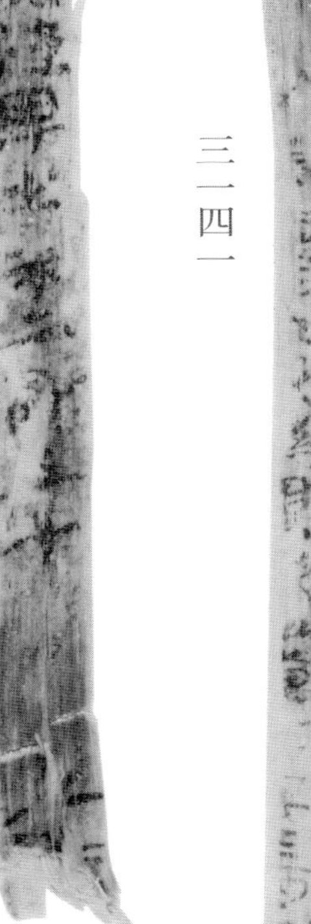

三一四一

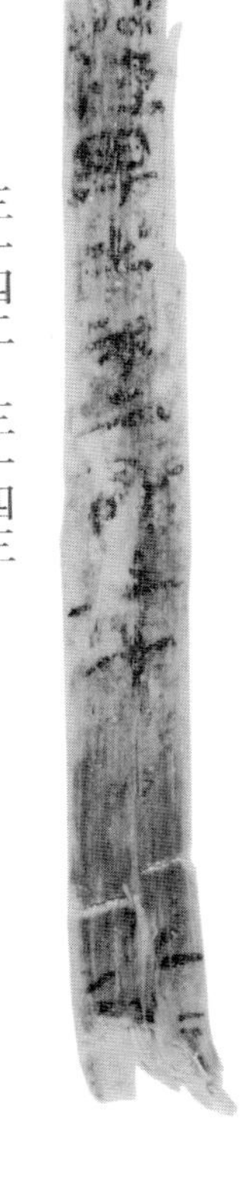

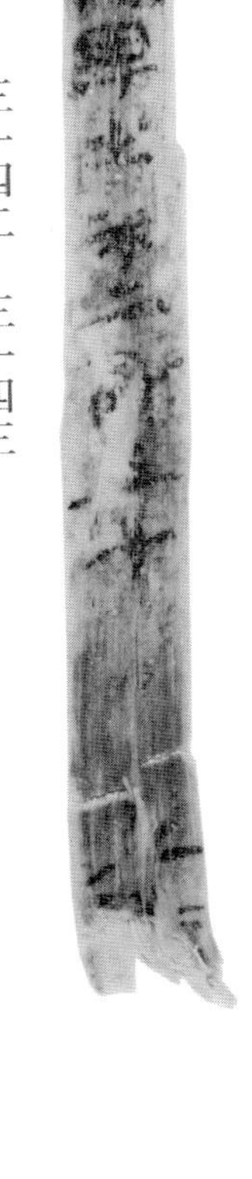

三一四二　三一四三

三一四四　三一四五

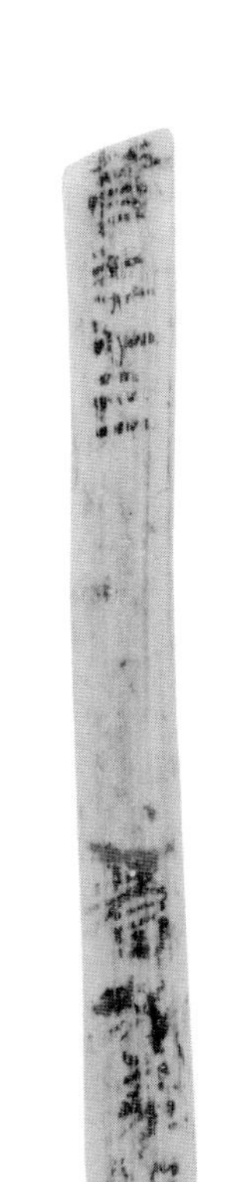

三一四六　三一四七

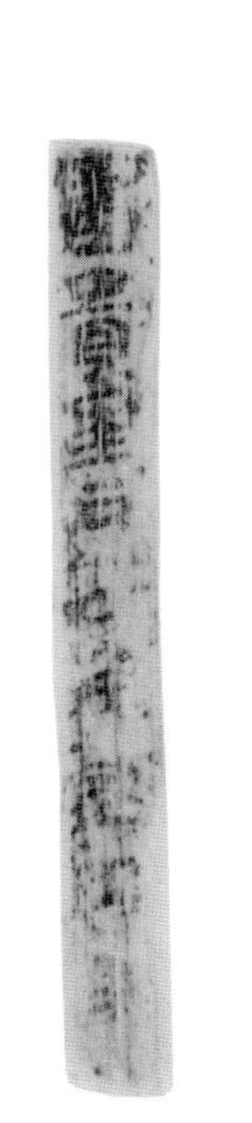

三一四八　三一四九

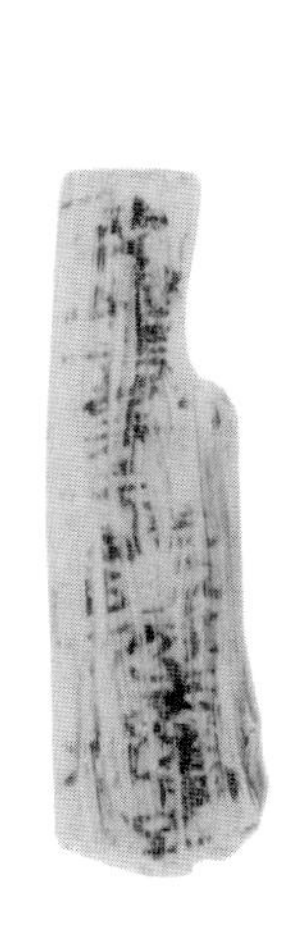

三一五〇　三一五一　三一五二

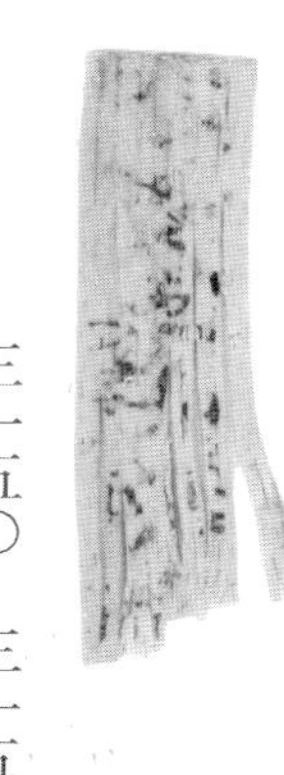

三一五三　三一五四　三一五五

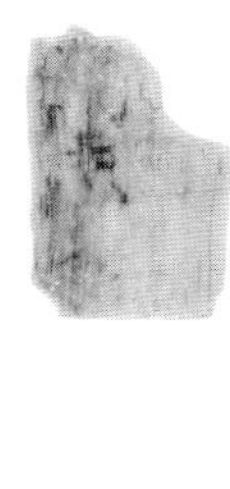

三一五六　三一五七

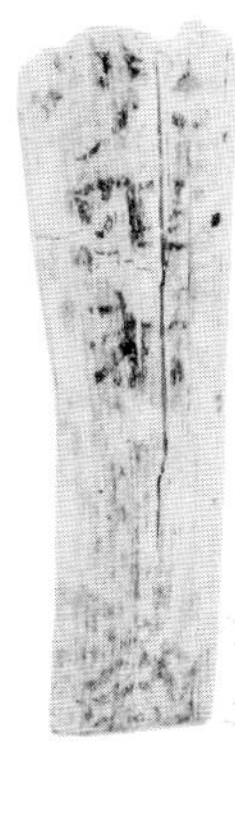

三一五八　三一五九

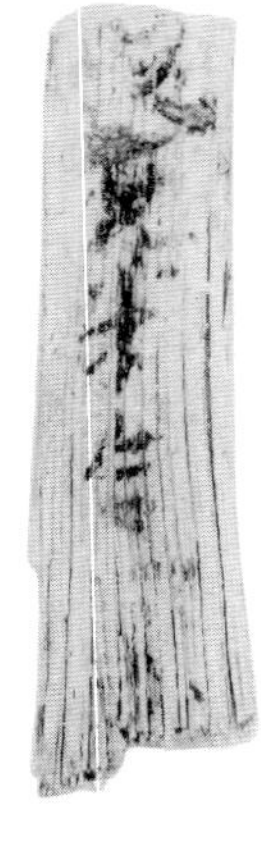

三一六〇　三一六一

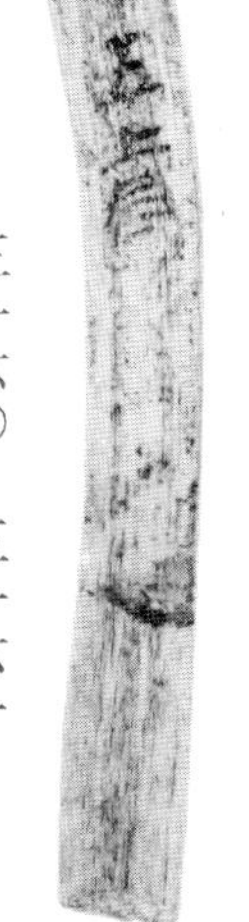

三一六二　三一六三

三一六四　三一六五

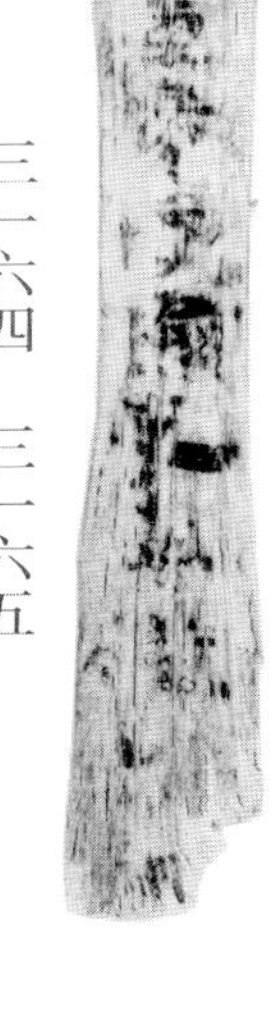

三一六六　三一六七　三一六八

三一六九　三一七〇　三一七一

三一七二　三一七三

三一七四　三一七五　三一七六

三一七七　三一七八　三一七九

三一八〇　三一八一　三一八二

三一八三　三一八四　三一八五

三一八六　三一八七　三一八八

三一八九　三一九〇　三一九一

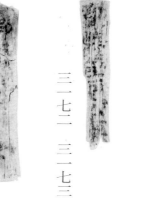

三一九二

三一九三

三一九四

三一九五

三一九六

三一九七

三一九八

三一九九　三二〇〇　三二〇一

三三〇二　三三〇三　三三〇四

三三〇五　三三〇六

三三〇七　三三〇八

三三〇九　三三一〇

三三一一

三三一二

三三一三　三三一四　三三一五

三三一六　三三一七　三三一八

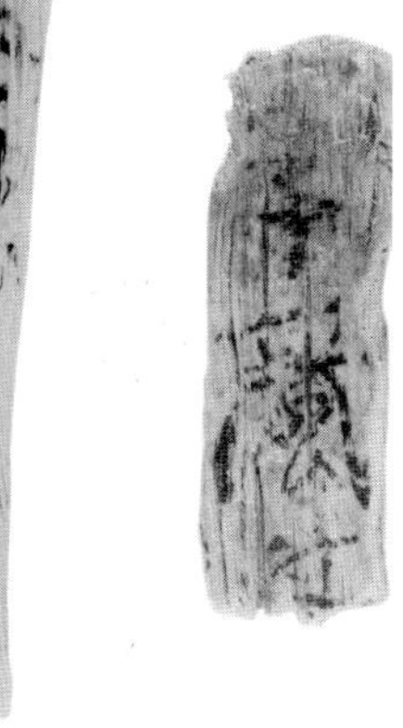

三三一九　三三二〇　三三二一

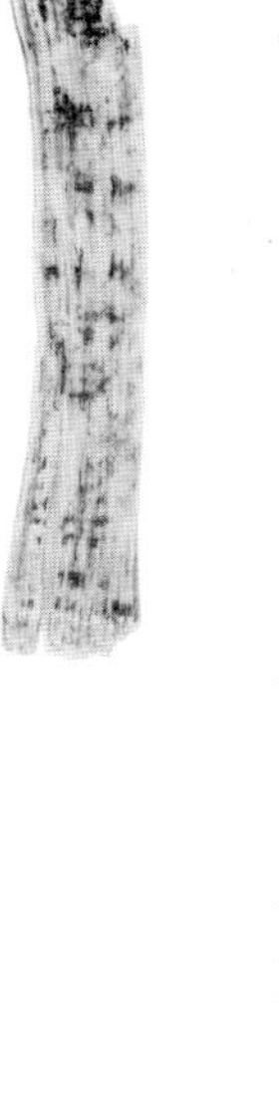
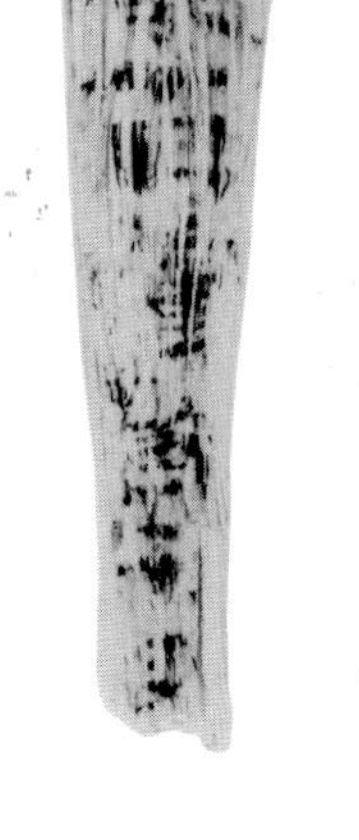

三三二二　三三二三　三三二四

三三二五　三三二六

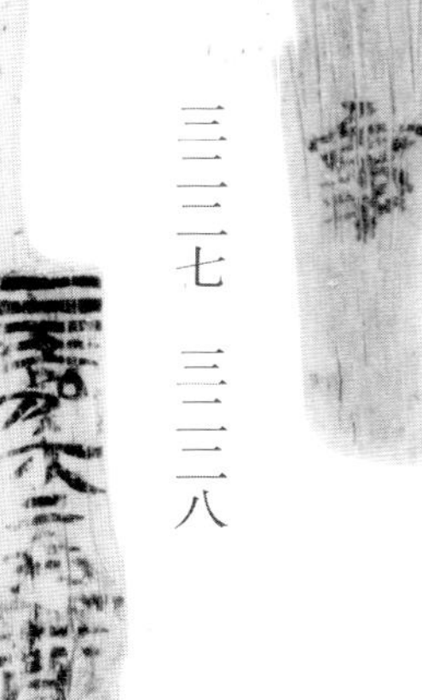
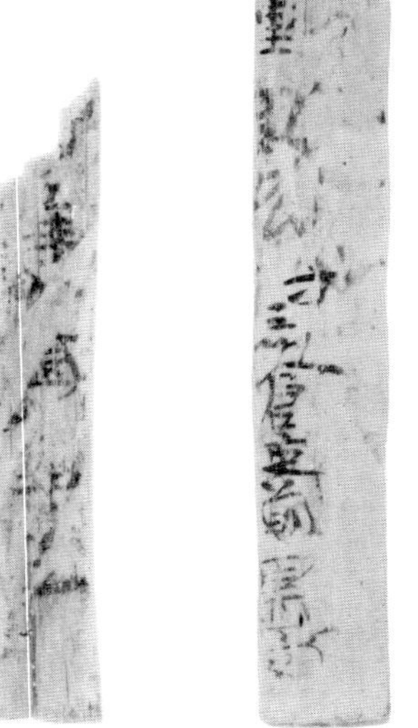

三三二七　三三二八

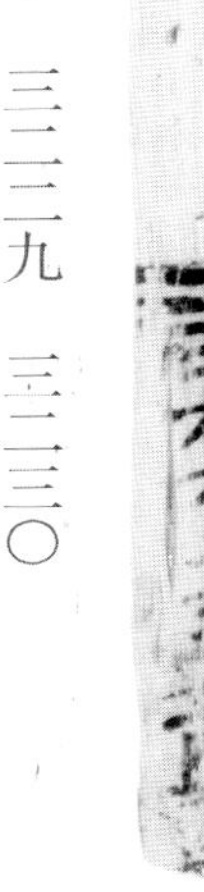

三三二九　三三三〇

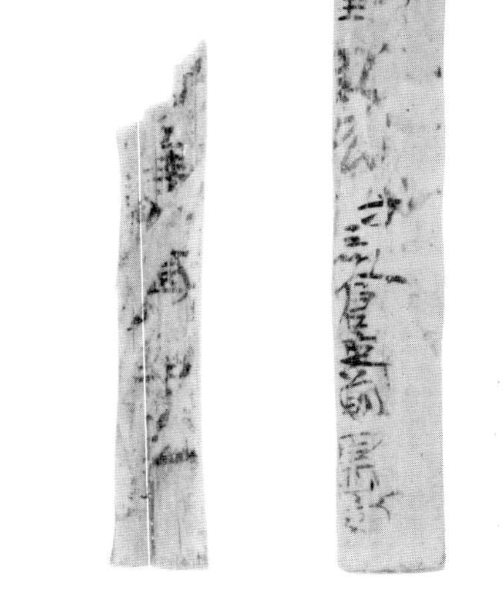

三三三一　三三三二

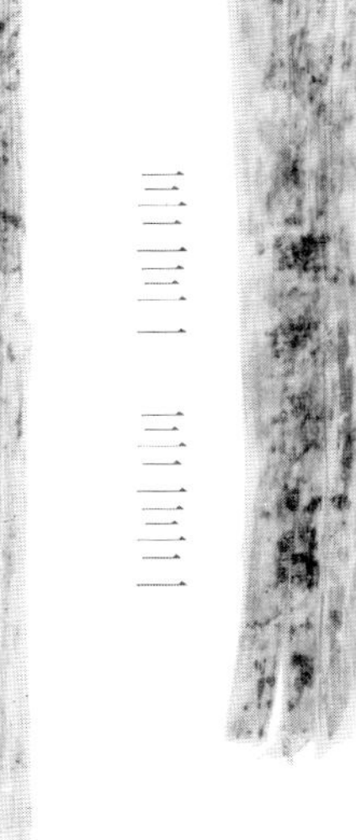
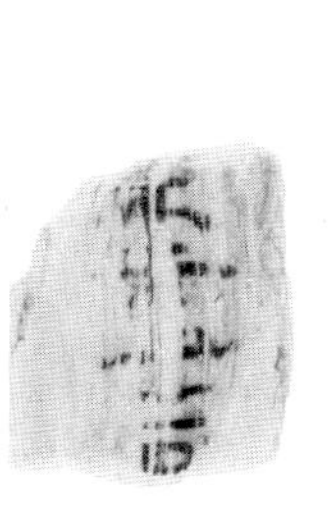

三三三三　三三三四　三三三五

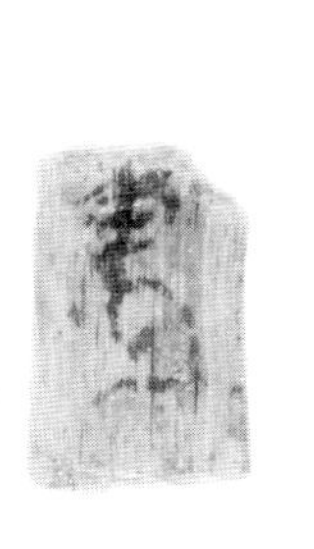
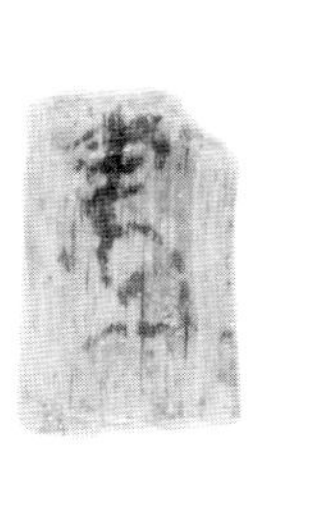
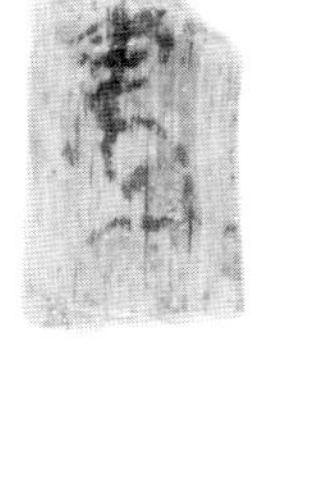

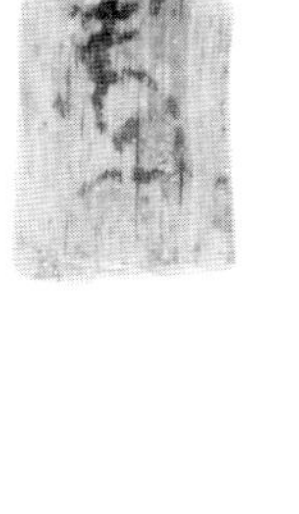

三三三六　三三三七　三三三八

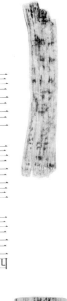

三二三九　三二四〇

三二四一　三二四二　三二四三

三二四四　三二四五　三二四六

三二四七　三二四八　三二四九

三二五〇　三二五一　三二五二

三二五三　三二五四　三二五五

三二五六　三二五七　三二五八

三二五九　三二六〇　三二六一

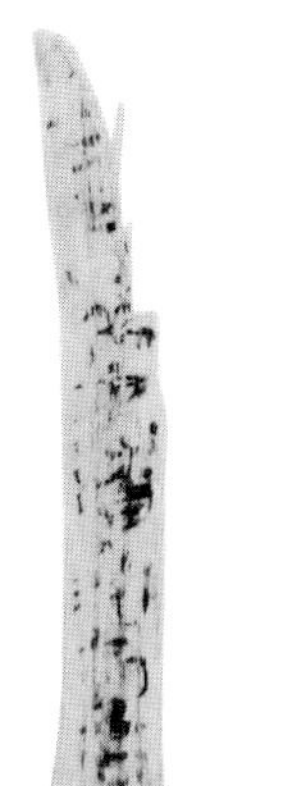

三二六二　三二六三　三二六四

三二六五　三二六六　三二六七

三二六八　三二六九

三二七〇　三二七一

三二七二　三二七三　三二七四

三二七五　三二七六　三二七七

三二七八　三二七九　三二八〇

三二八一　三二八二

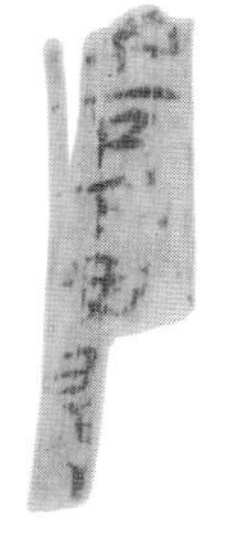

三二八三　三二八四　三二八五

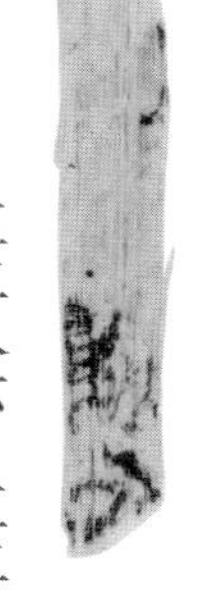

三二八六　三二八七　三二八八

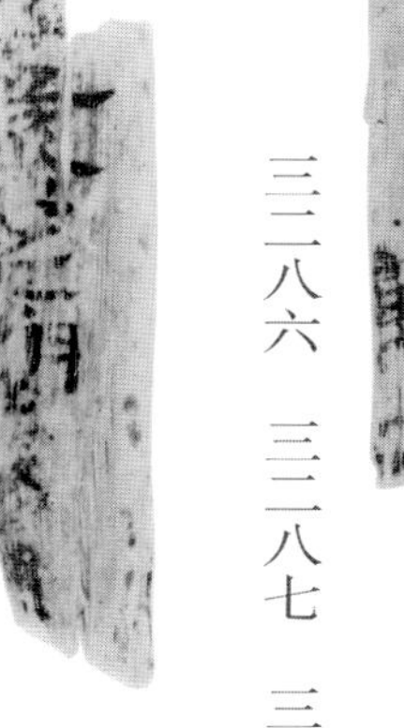

三二八九　三二九〇　三二九一

三二九二　三二九三

三二九四　三二九五

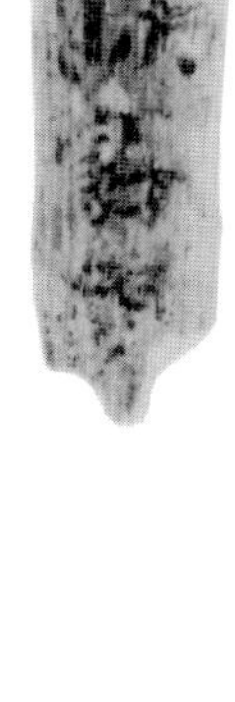

三二九六　三二九七

三二九八　三二九九　三三〇〇

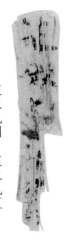

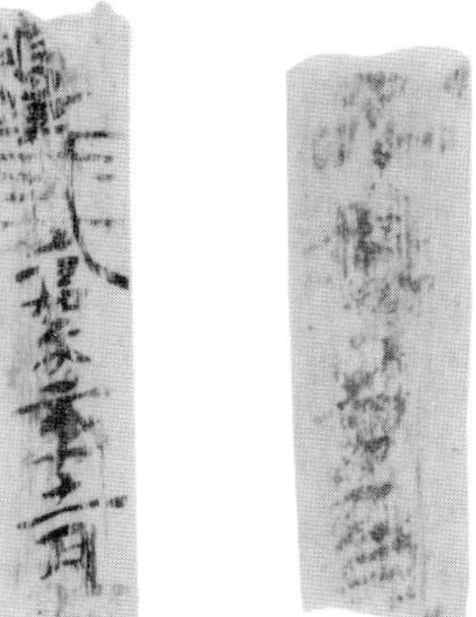
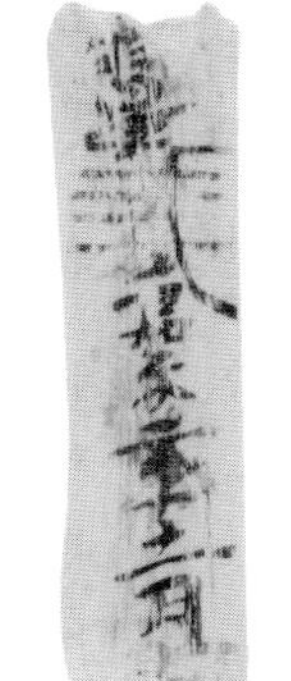

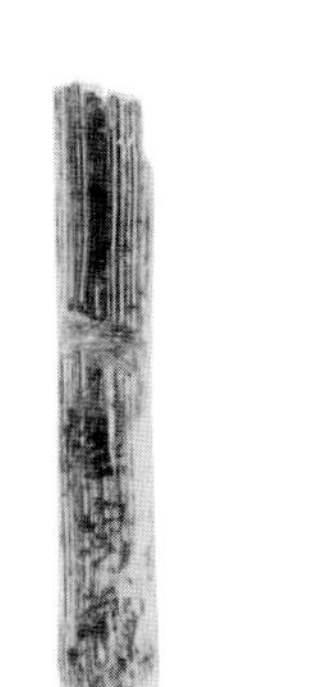
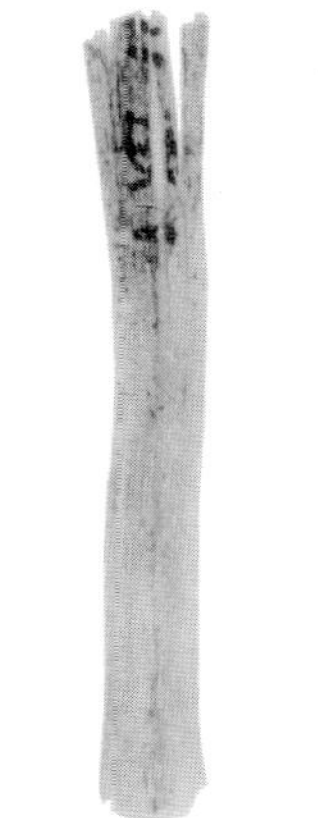
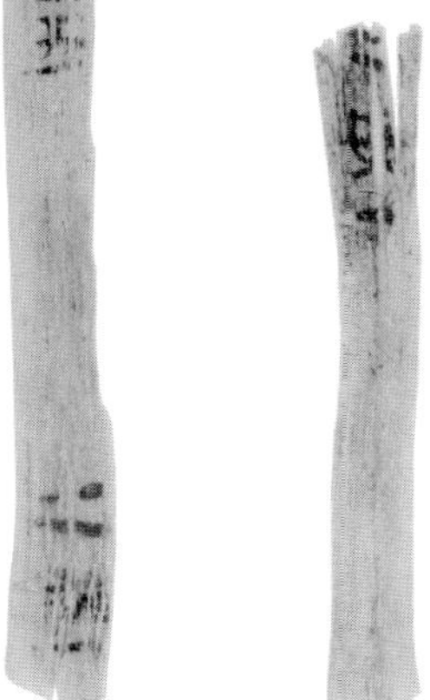
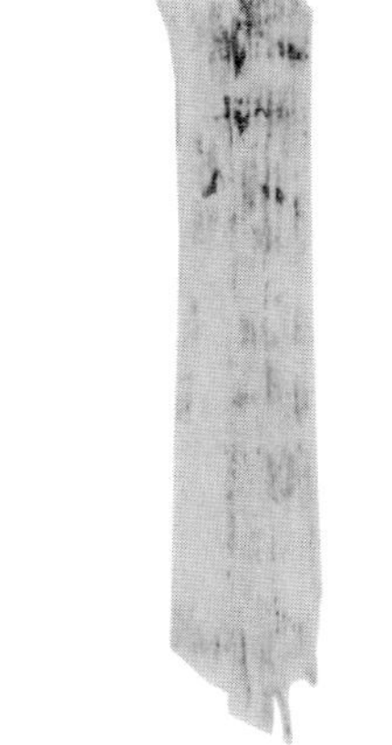
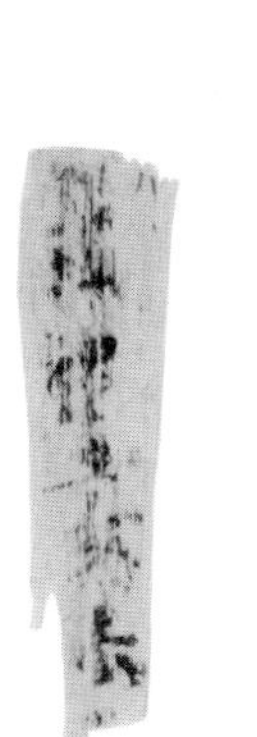

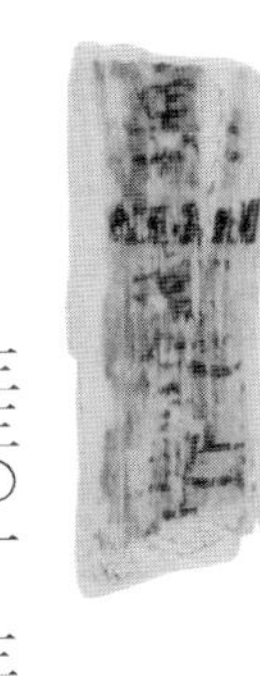
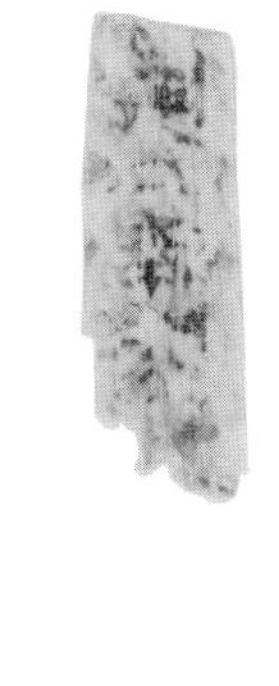

三三〇一　三三〇二　三三〇三

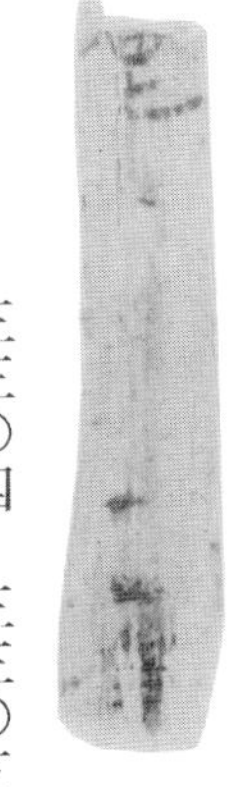

三三〇四　三三〇五

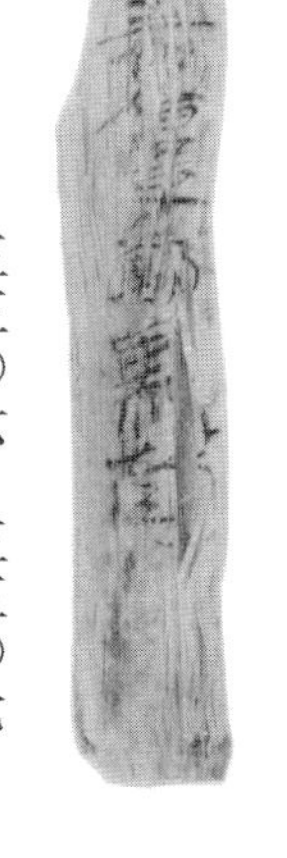

三三〇六　三三〇七

三三〇八　三三〇九

三三一〇　三三一一

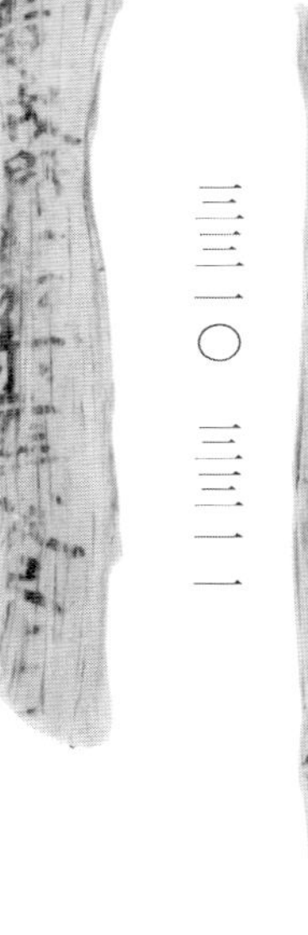

三三一二　三三一三

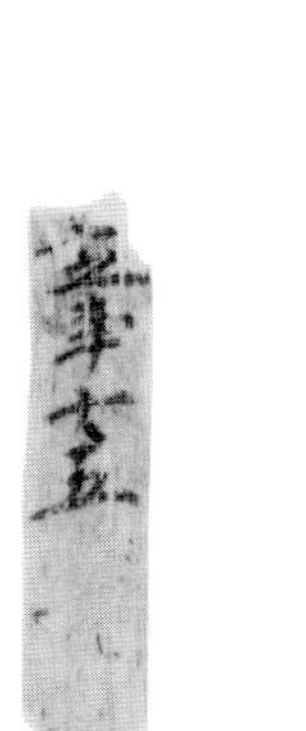
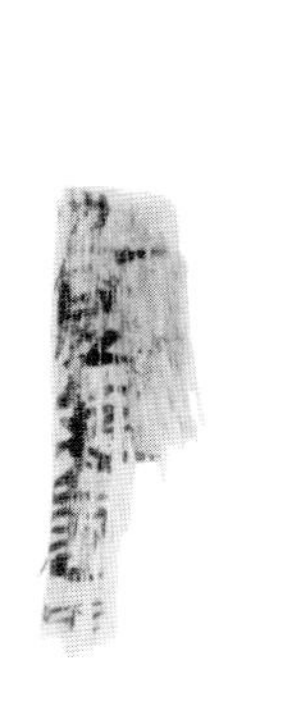

三三一四　三三一五　三三一六

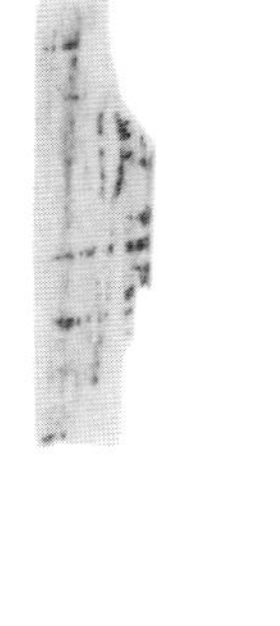
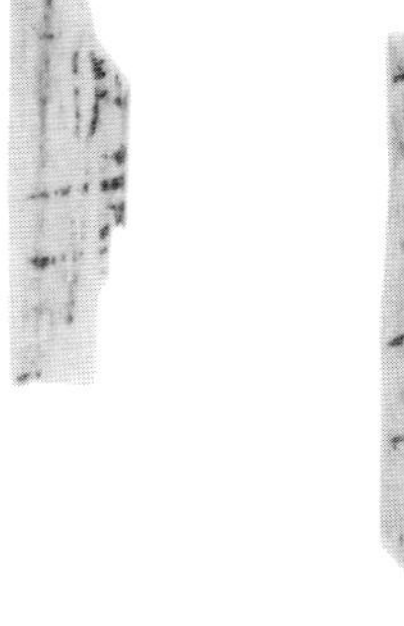
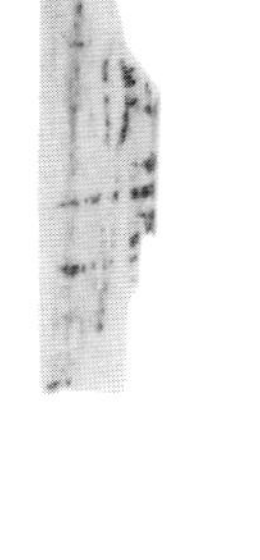
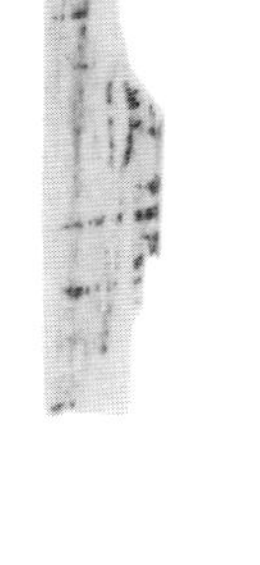

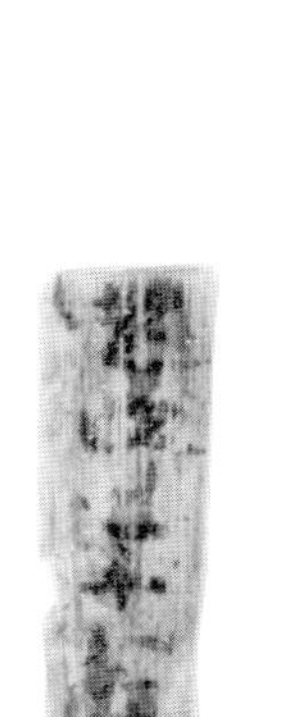

三三一七　三三一八　三三一九

三三二〇　三三二一

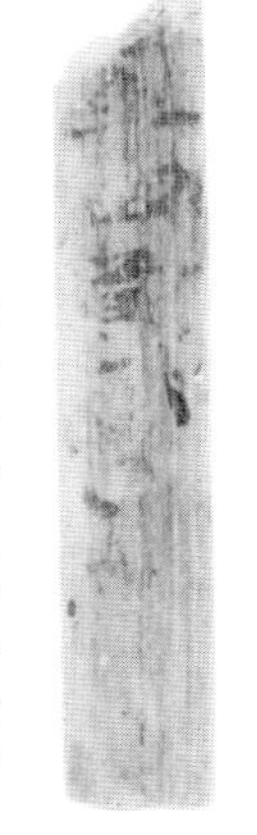

三三二二　三三二三

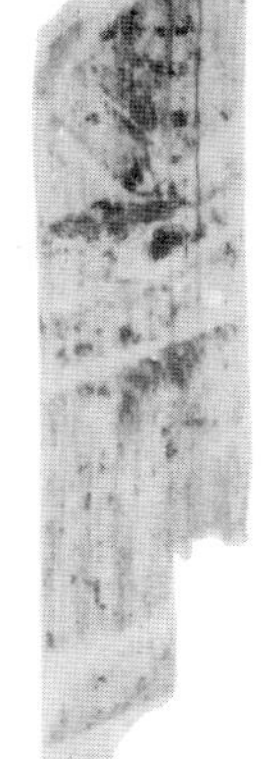

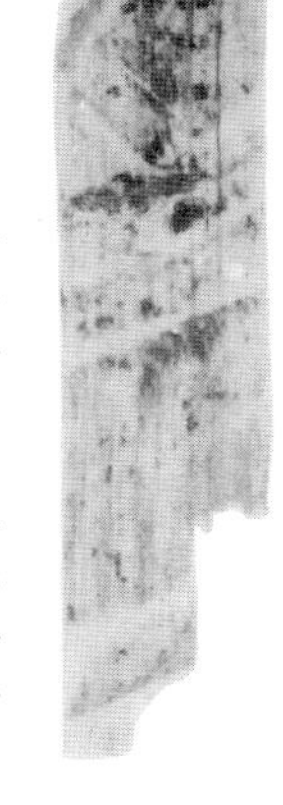

三三二四　三三二五

三三二六

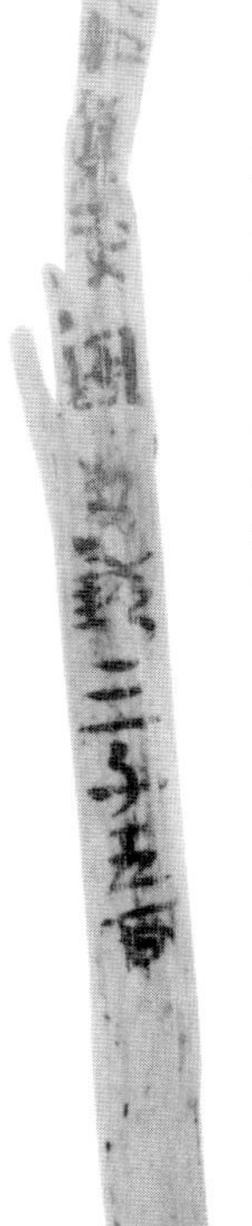

三三二七

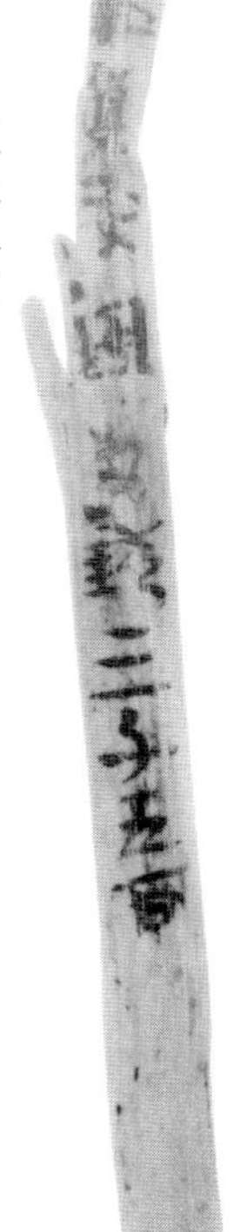

三三二八

三三二九

三三三〇

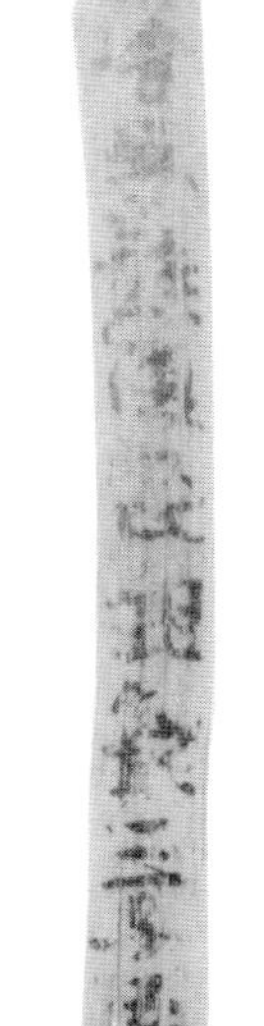

三三三一

三三三二

三三三三　三三三四

三三三五　三三三六

三三三七　三三三八

三三三九

三三四〇

三三四一

三三四二

三三四三　三三四四

三三四五

三三四六

三三四七

三三四八　三三四九

三三五〇　三三五一

三三五二　三三五三

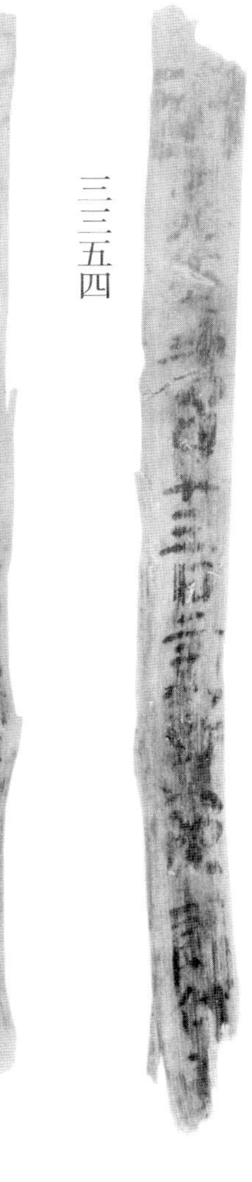
三三五四

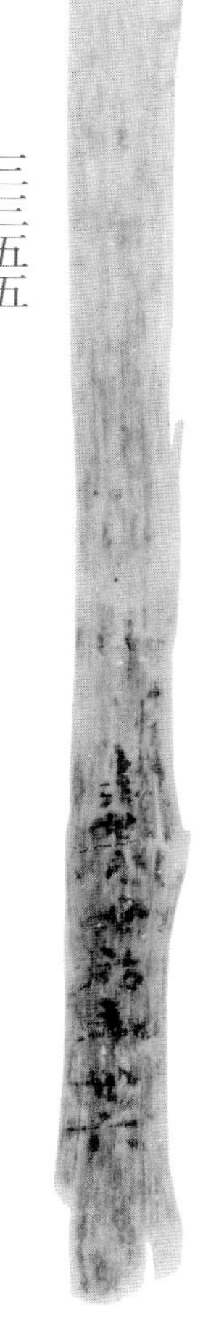
三三五五

三三五六

三三五七

三三五八

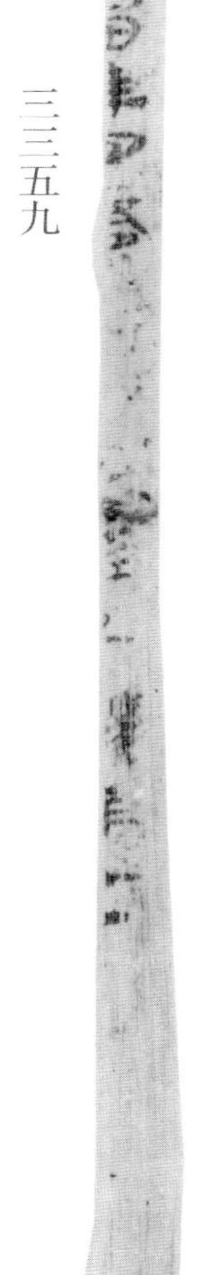
三三五九

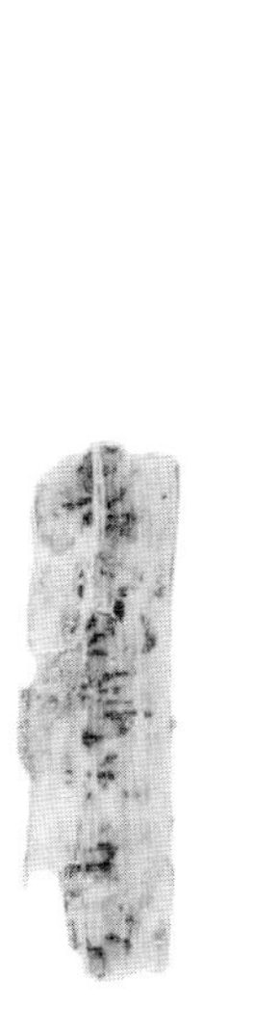
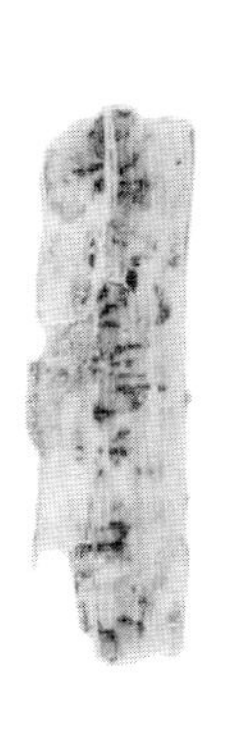

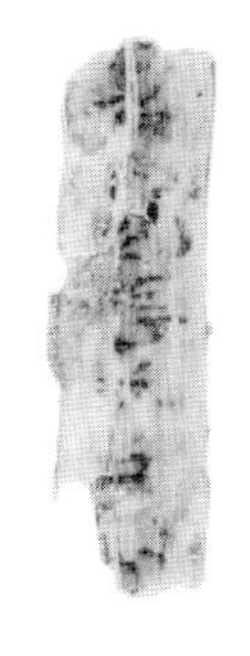
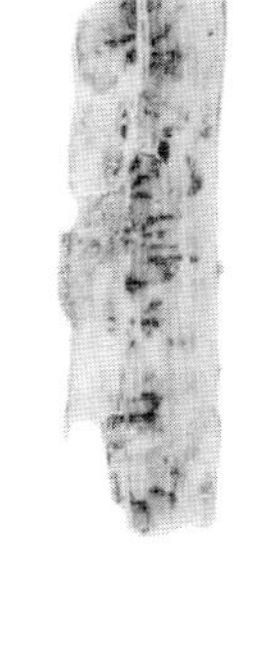
三三六〇　三三六一　三三六二

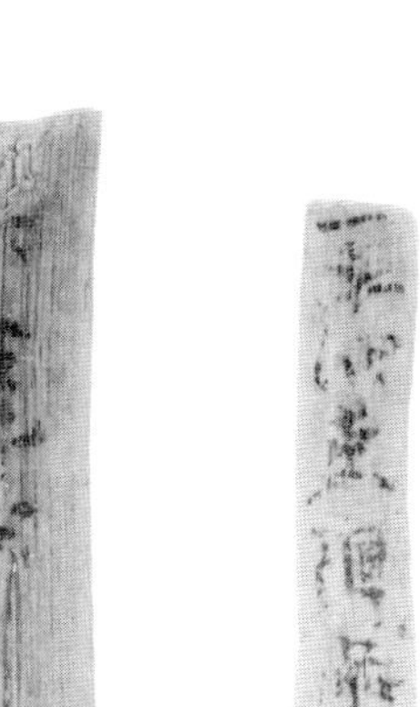
三三六三　三三六四

三三六五　三三六六

三三六七　三三六八

三三六九

三三七〇

三三七一

三三七二

三三七三

三三七四　三三七五

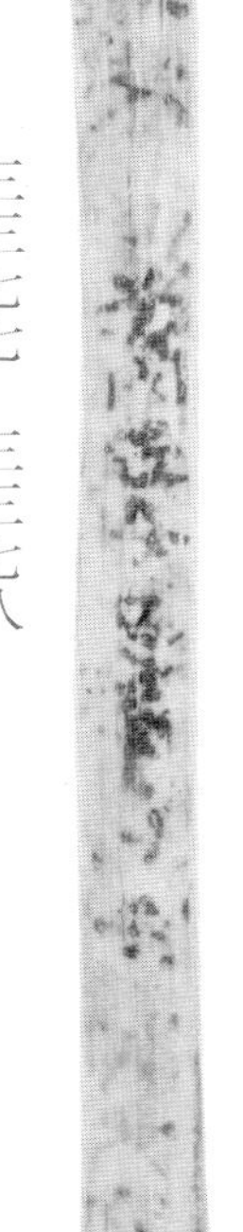
三三七六

三三七七　三三七八

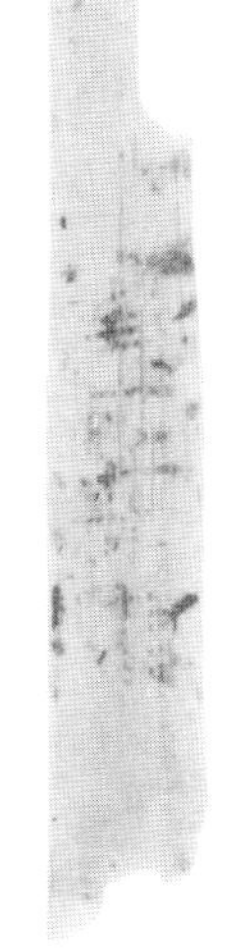
三三七九　三三八〇

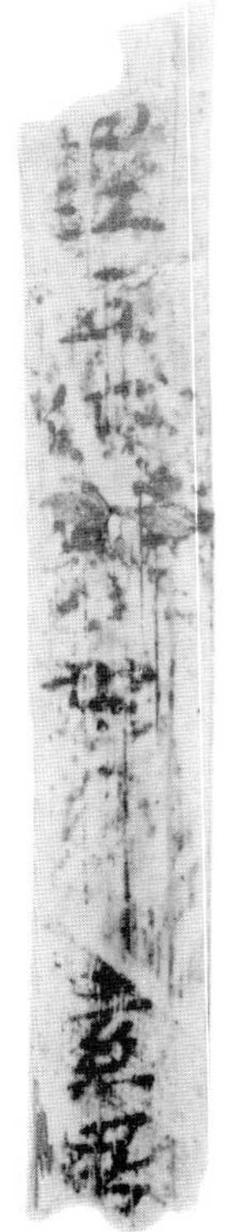
三三八一

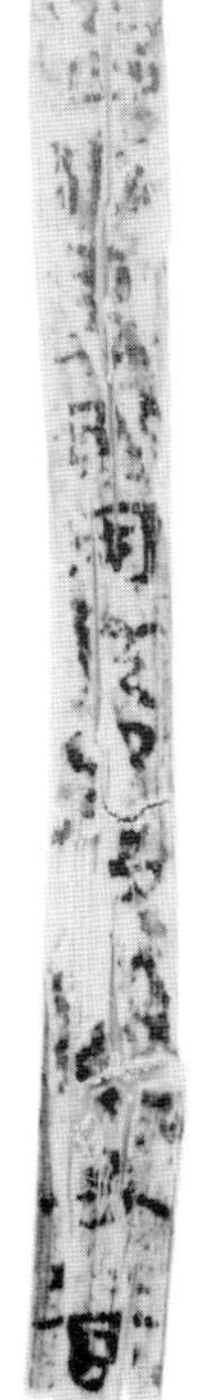
三三八二

三三八三

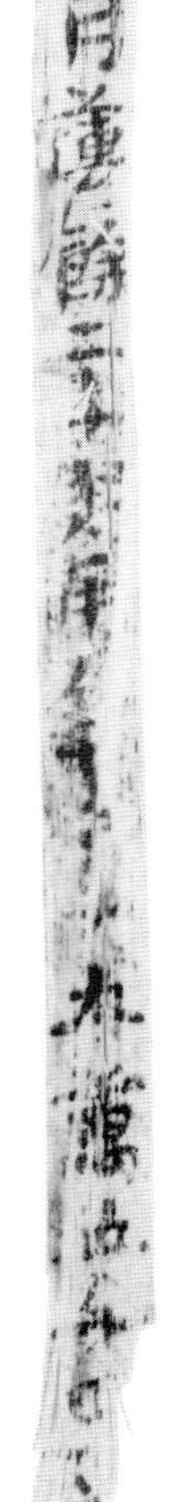
三三八四

三三八五　三三八六　三三八七

三三八八　三三八九

三三九〇　三三九一　三三九二

三三九三　三三九四　三三九五

三三九六　三三九七

三三九八　三三九九　三四〇〇

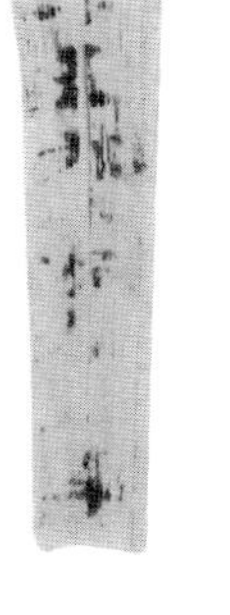

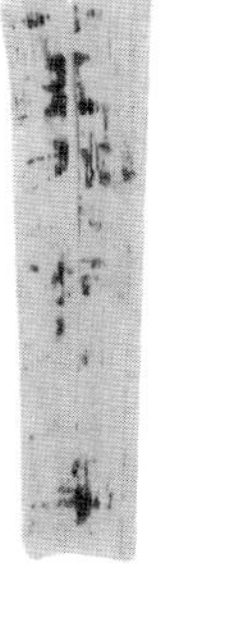

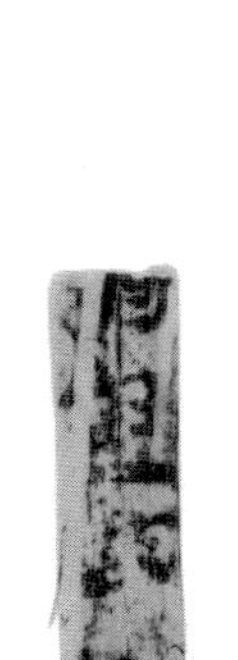

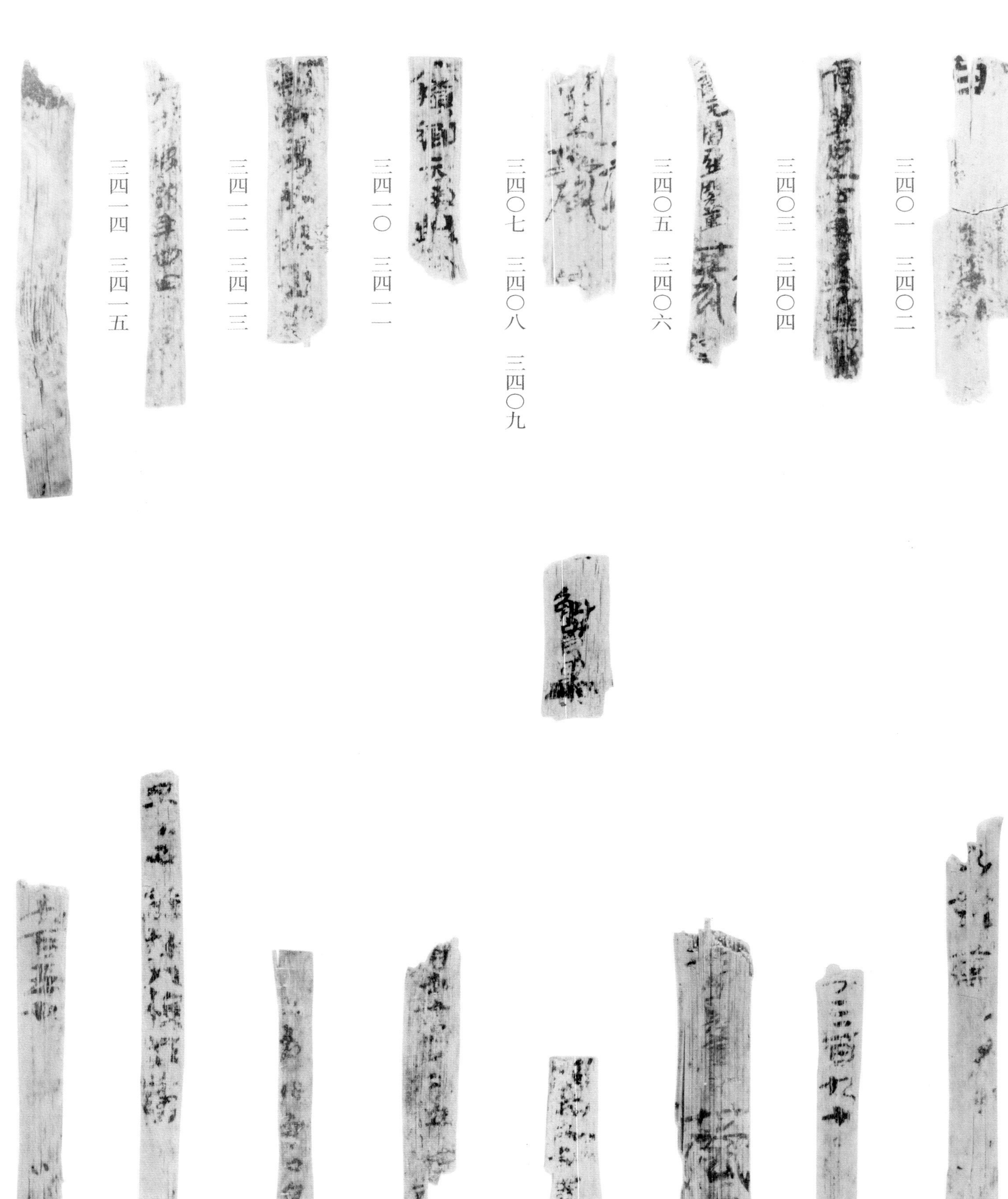

三四〇一　三四〇二

三四〇三　三四〇四

三四〇五　三四〇六

三四〇七　三四〇八　三四〇九

三四一〇　三四一一

三四一二　三四一三

三四一四　三四一五

三四一六　三四一七

三四一八　三四一九

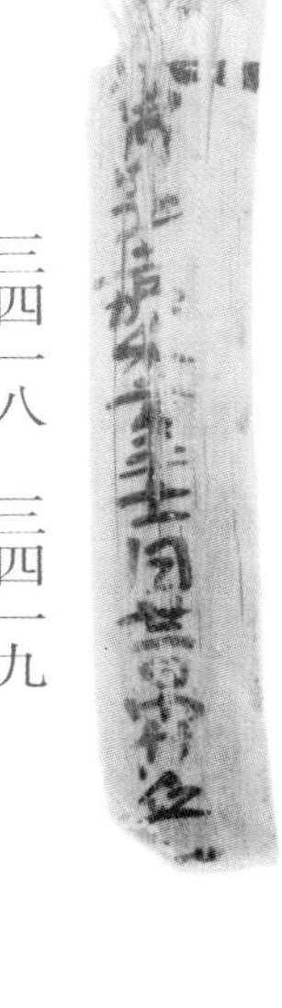

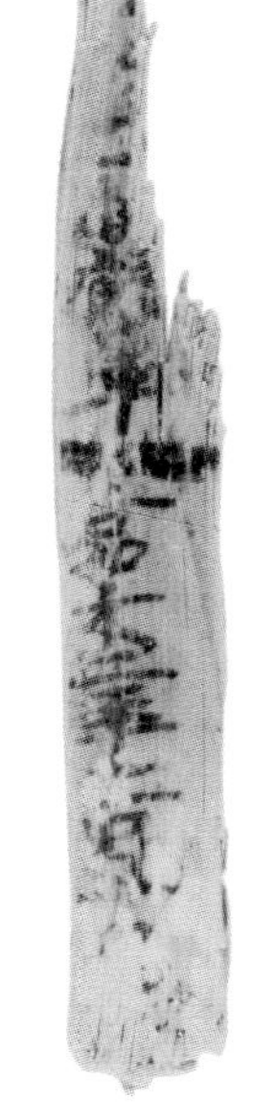

三四二〇

三四二一

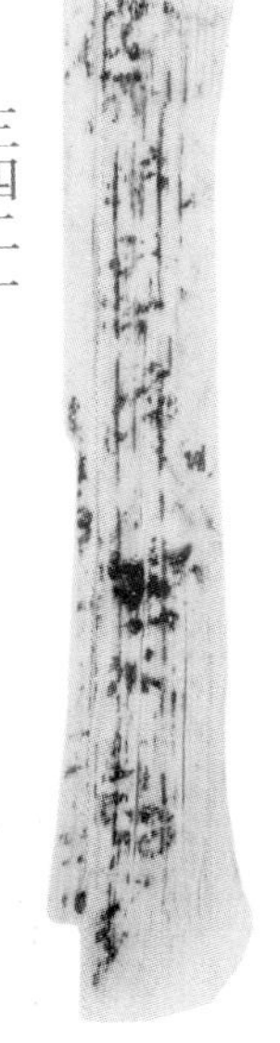

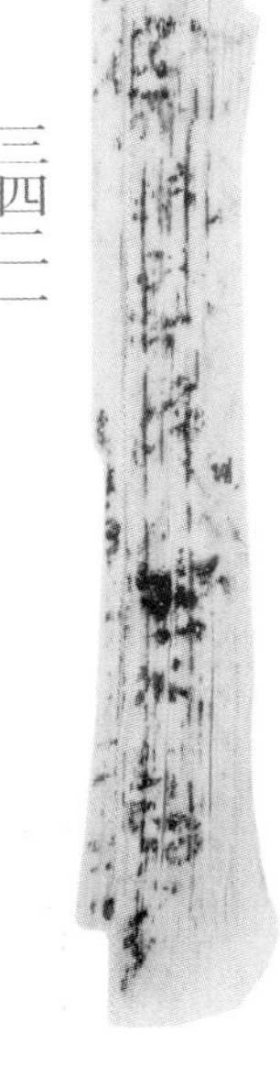

三四二二

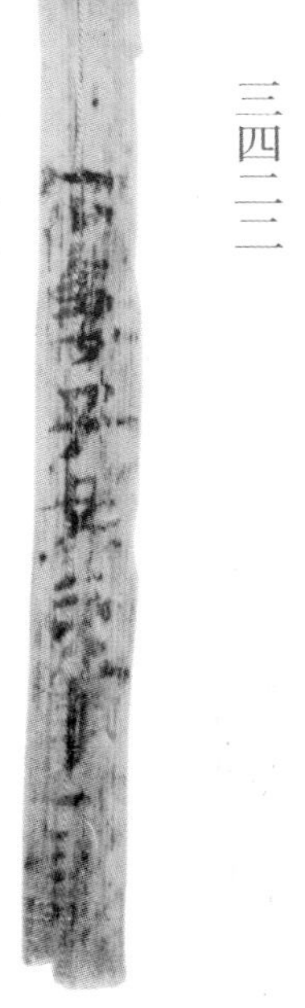

三四二三

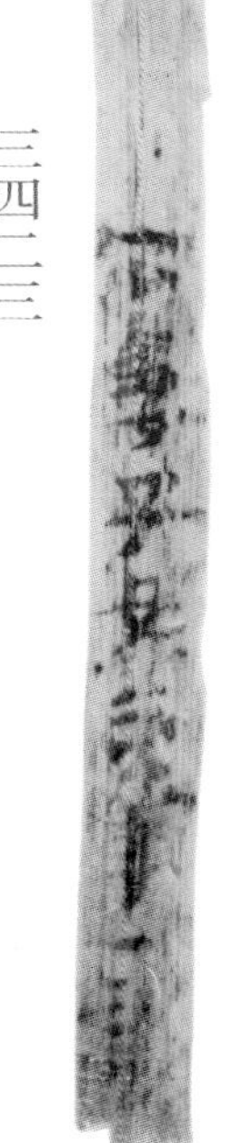

三四二四　三四二五

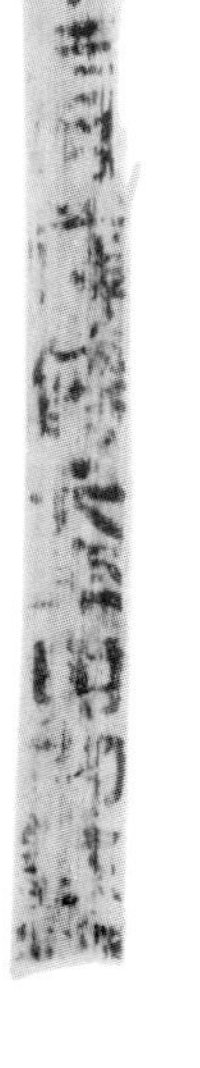

三四二六　三四二七

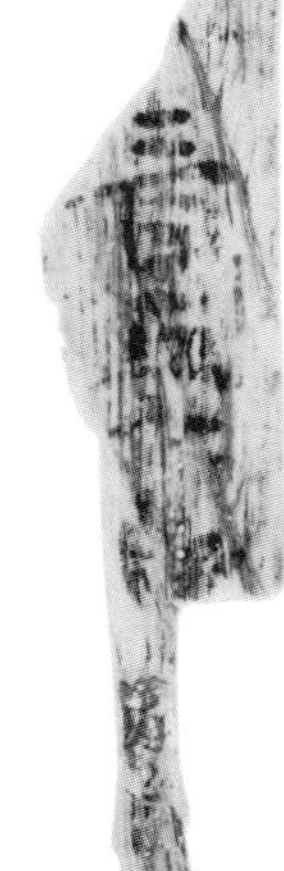

三四二八　三四二九

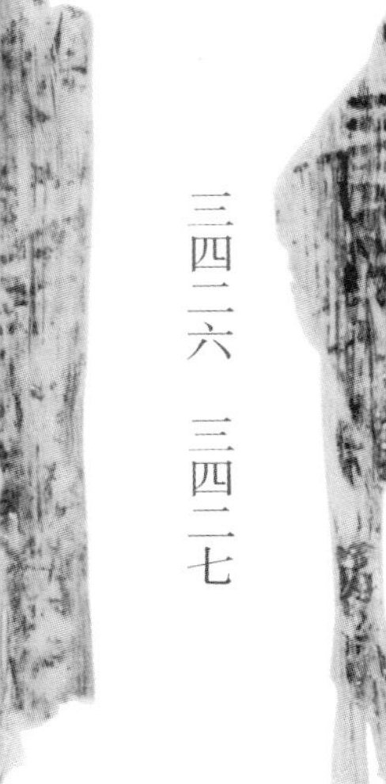

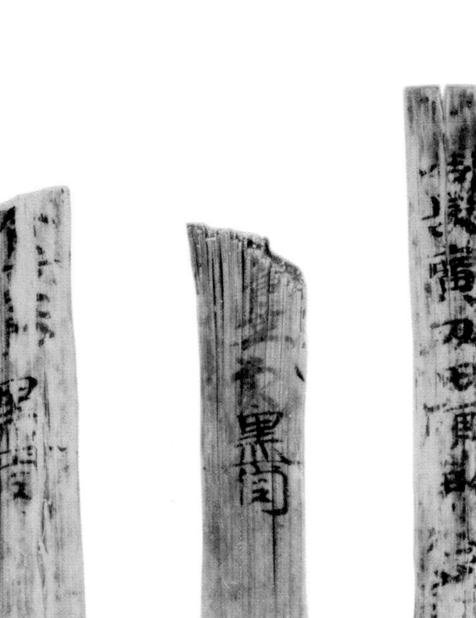

三四三〇　三四三一

三四三二　三四三三

三四三四

三四三五

三四三六

三四三七

三四三八

三四三九　三四四〇

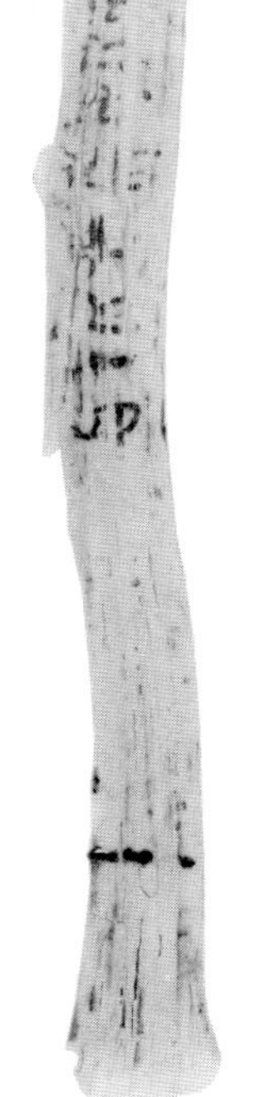

三四四一　三四四二

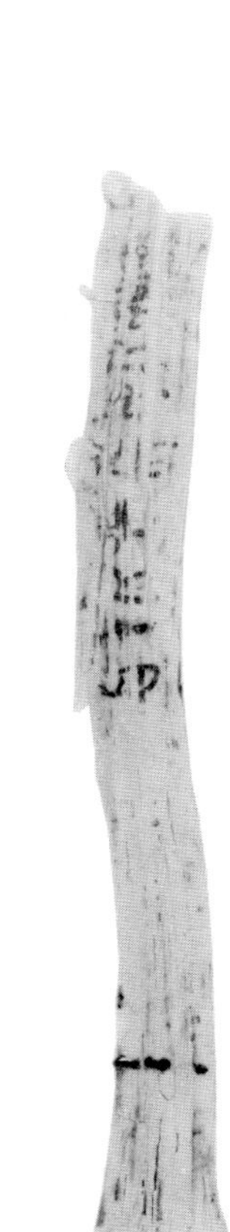

三四四三　三四四四

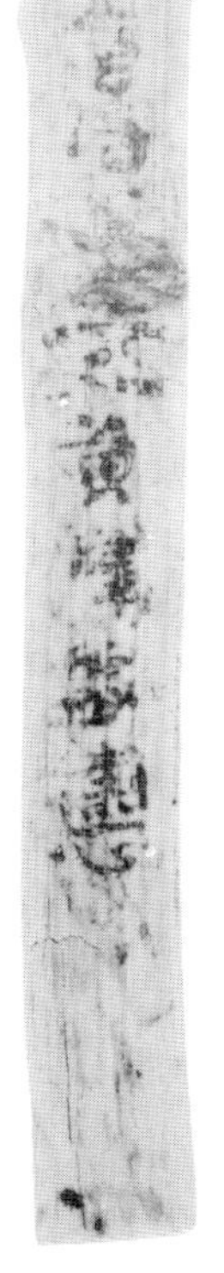

三四四五

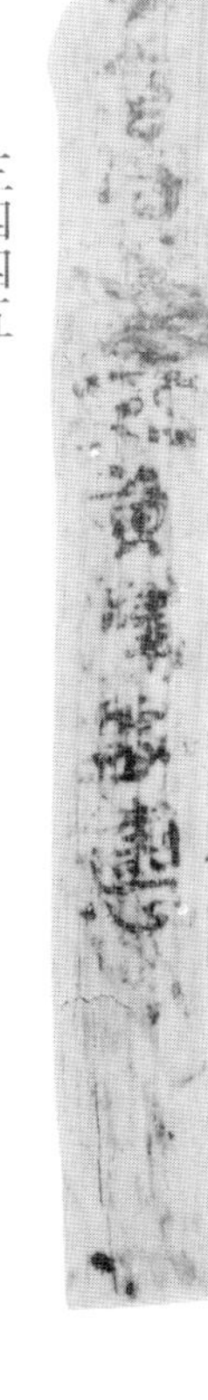

三四四六

三四四七

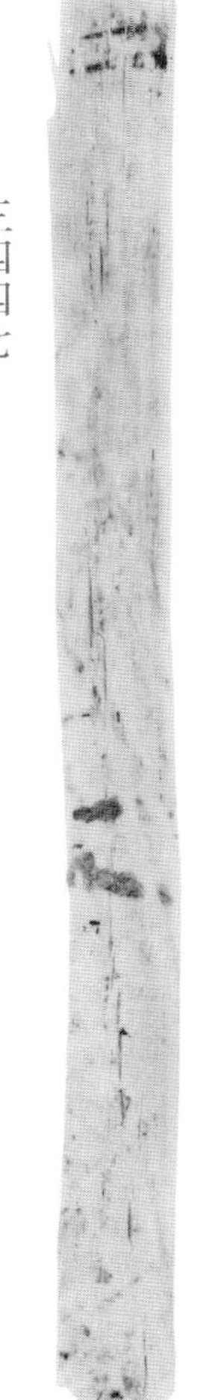

三四四八

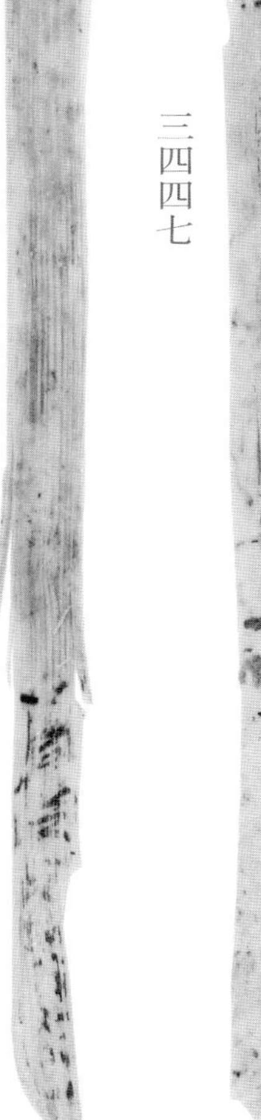

三四四九

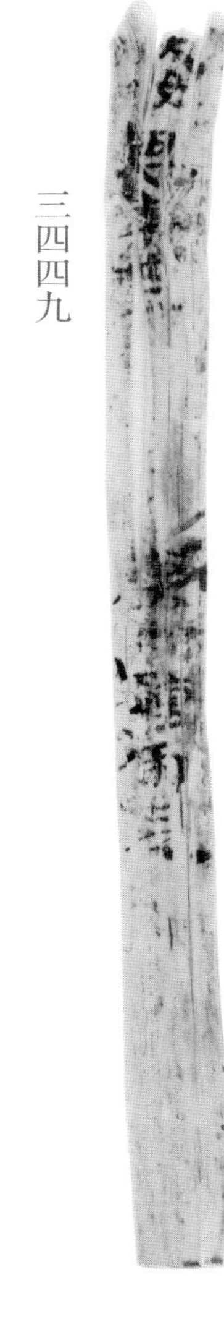

三四五〇

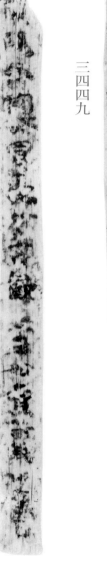

三四五一

三四五二　三四五三

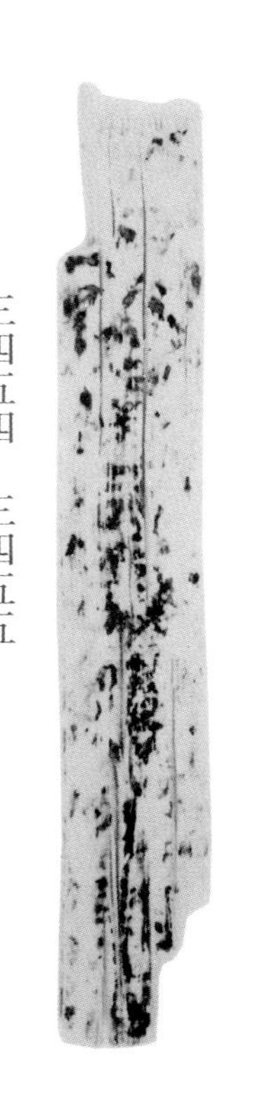

三四五四　三四五五

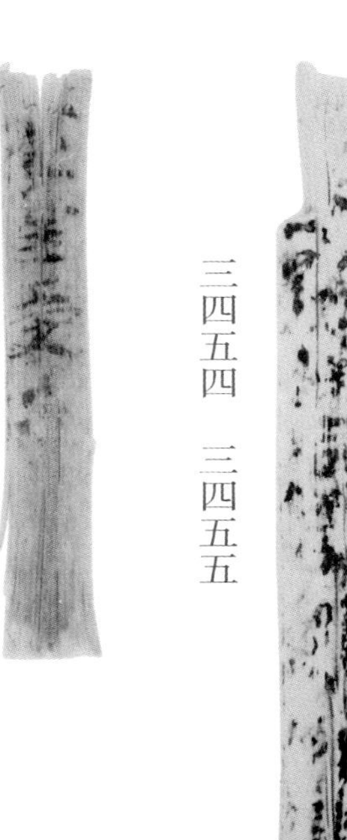

三四五六　三四五七

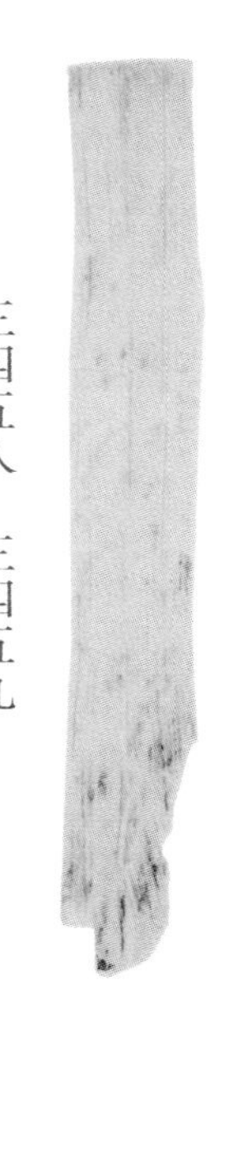

三四五八　三四五九

三四六〇　三四六一

三四六二　三四六三

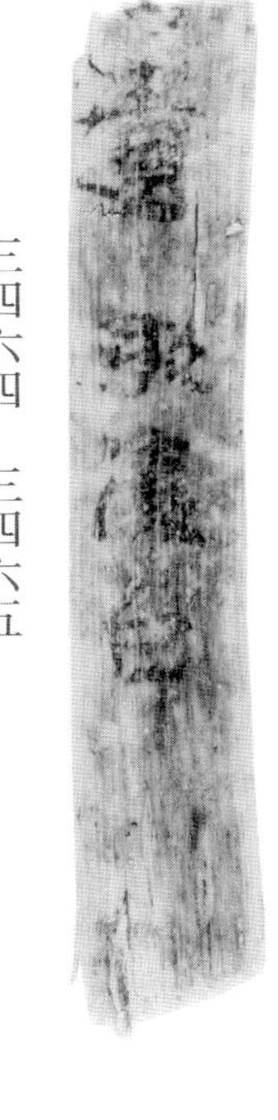

三四六四　三四六五

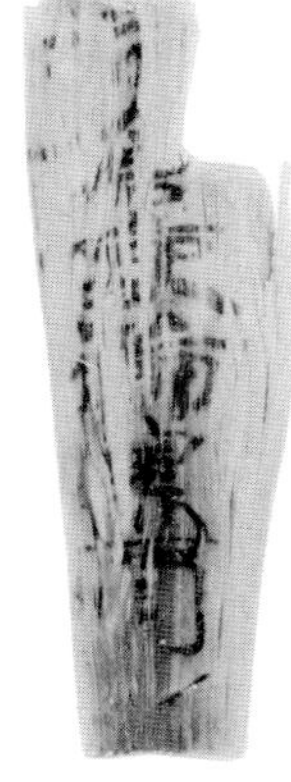

三四六六　三四六七

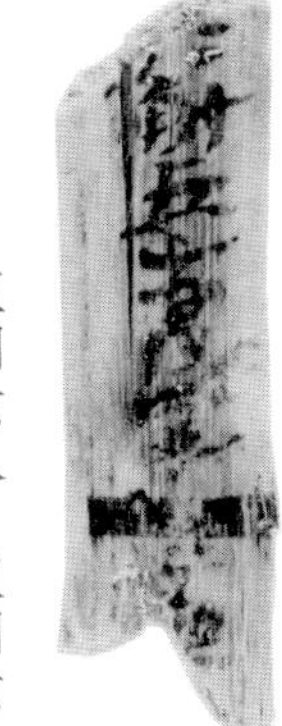

三四六八　三四六九

三四七〇　三四七一　三四七二

三四七三　三四七四　三四七五

三四七六　三四七七　三四七八

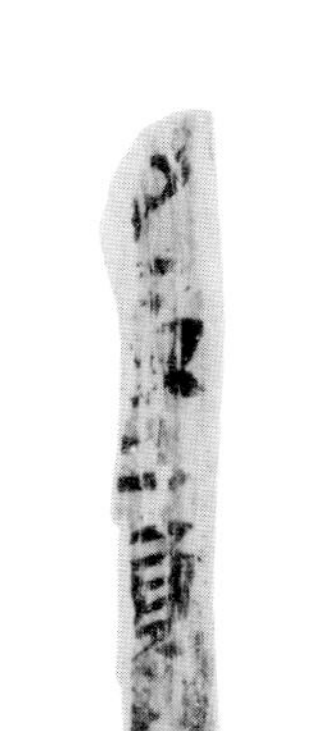

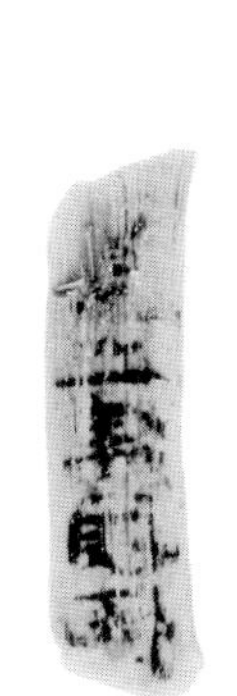

三四七九　三四八〇

三四八一　三四八二

三四八三　三四八四

三四八五　三四八六

三四八七　三四八八

三四八九　三四九〇

三四九一　三四九二　三四九三

三四九四　三四九五

三四九六　三四九七

三四九八　三四九九　三五〇〇

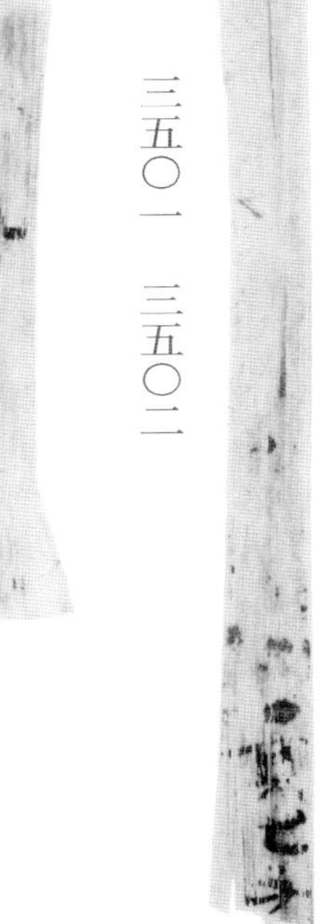

三五〇一　三五〇二

三五〇三　三五〇四

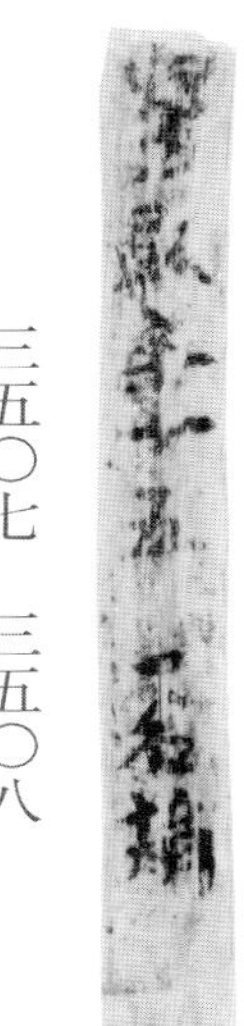

三五〇五　三五〇六

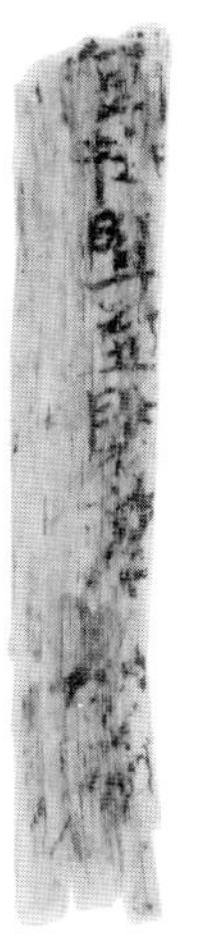

三五〇七　三五〇八

三五〇九　三五一〇

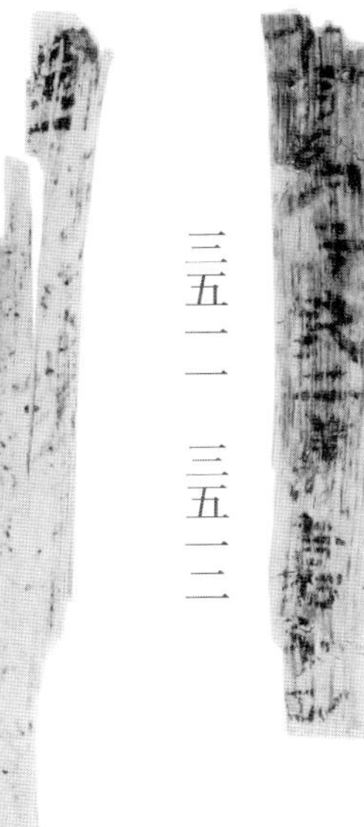

三五一一　三五一二

三五一三　三五一四

三五一五　三五一六　三五一七

三五一八　三五一九

三五二〇　三五二一　三五二二

三五二三　三五二四

三五二五

三五二六

三五二七

三五二八　三五二九

三五三〇　三五三一

三五三二　三五三三　三五三四

三五三五　三五三六

三五三七　三五三八

三五三九　三五四〇

三五四一

三五四二　三五四三

三五四四　三五四五

三五四六　三五四七　三五四八

三五四九　三五五〇

三五五一　三五五二

三五五三　三五五四

三五五五

三五五六

三五五七

三五五八　三五五九

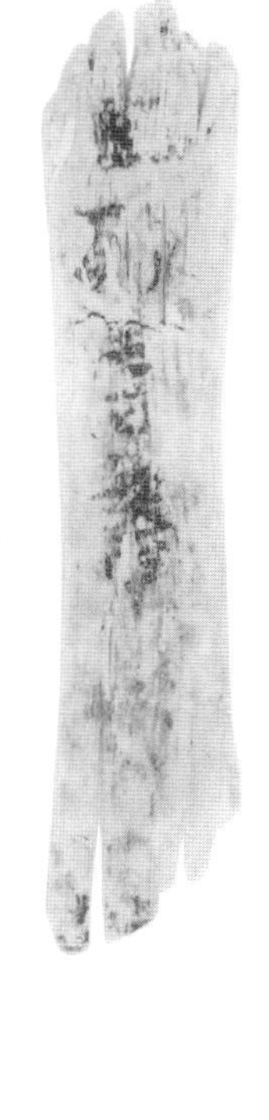

三五六〇　三五六一

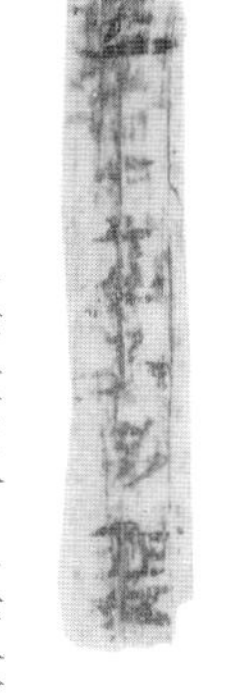

三五六二　三五六三

三五六四　三五六五

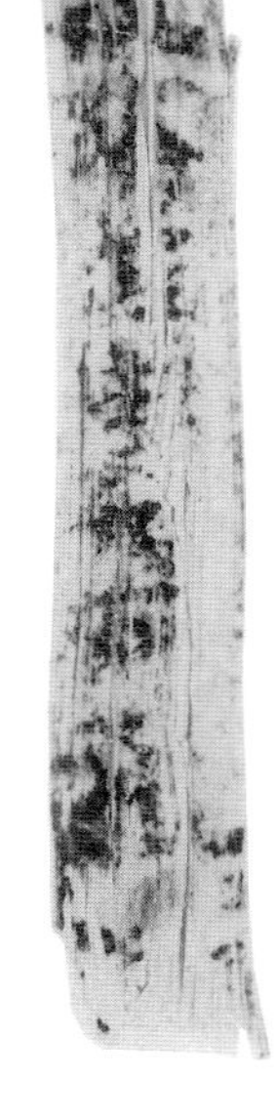

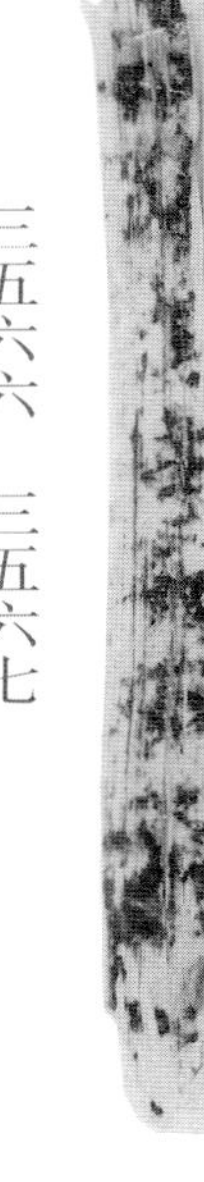

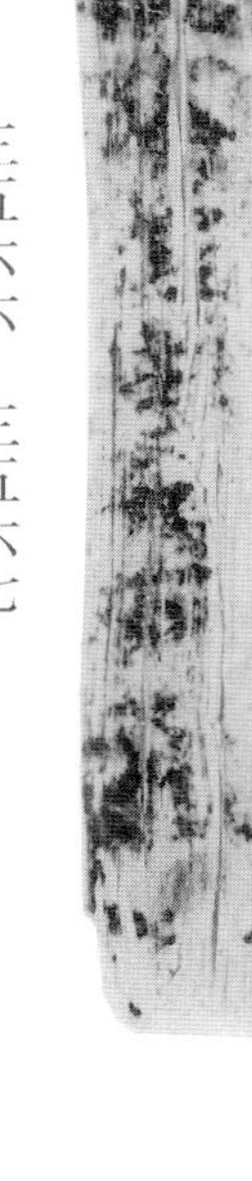

三五六六　三五六七

三五六八　三五六九

三五七〇　三五七一

三五七二

三五七三

三五七四　三五七五

三五七六　三五七七

三五七八　三五七九

三五八〇

三五八一

三五八二

三五八三

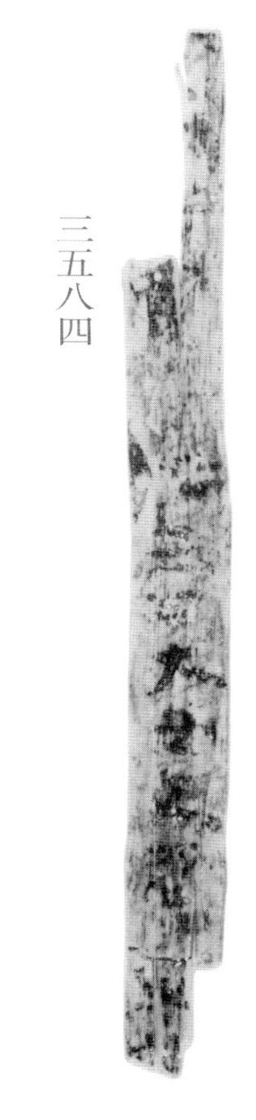

三五八四

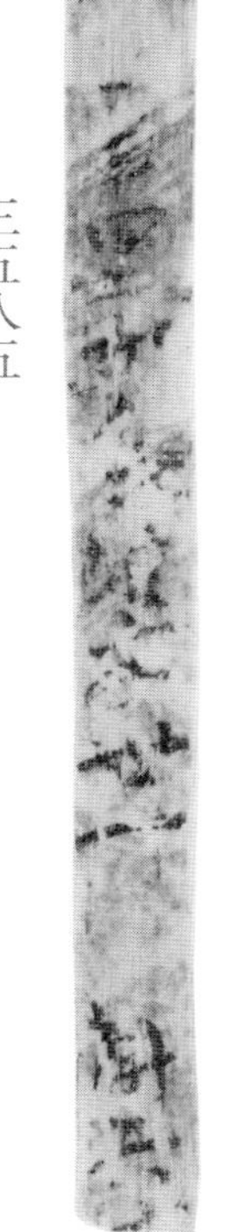

三五八五

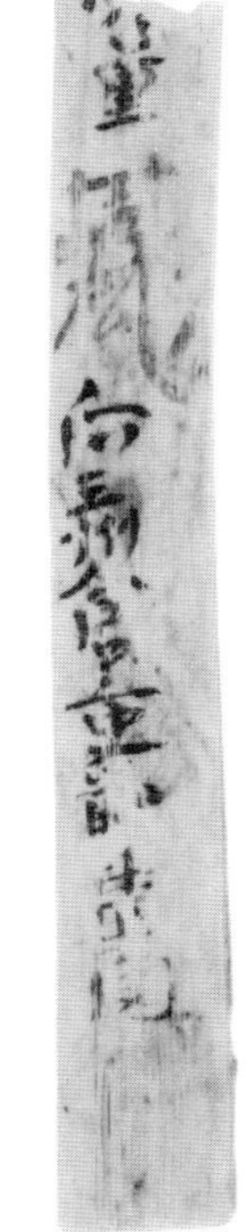

三五八六

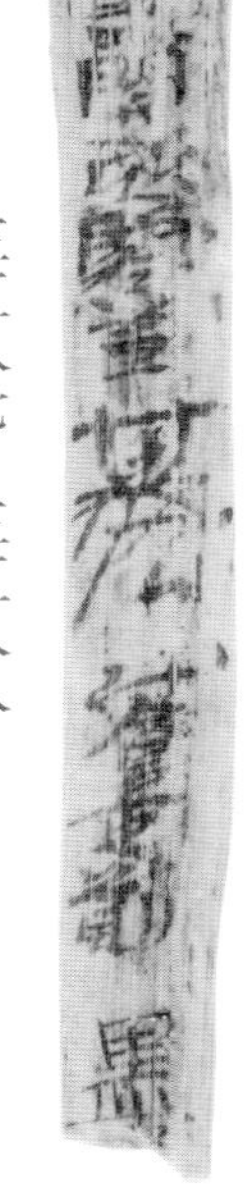

三五八七　三五八八

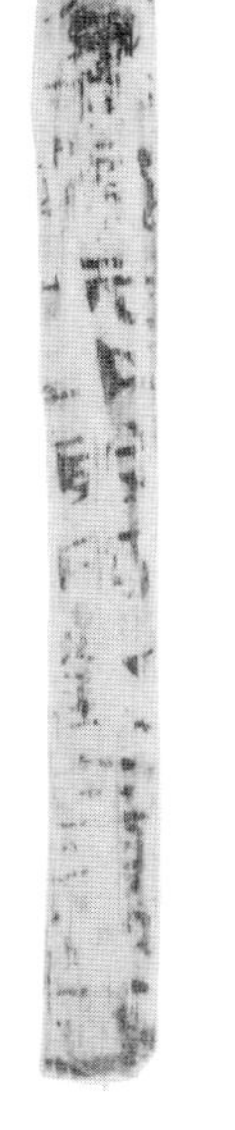

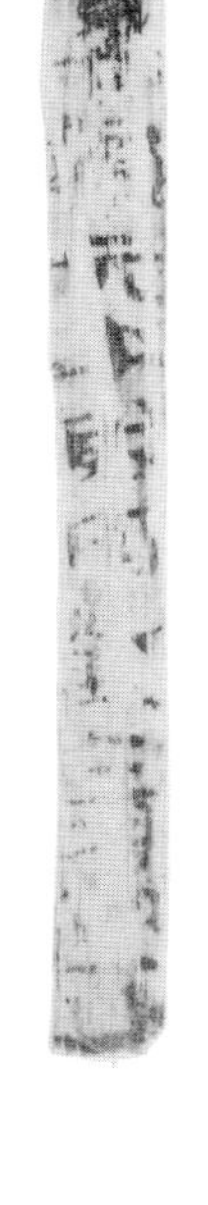

三五八九　三五九〇

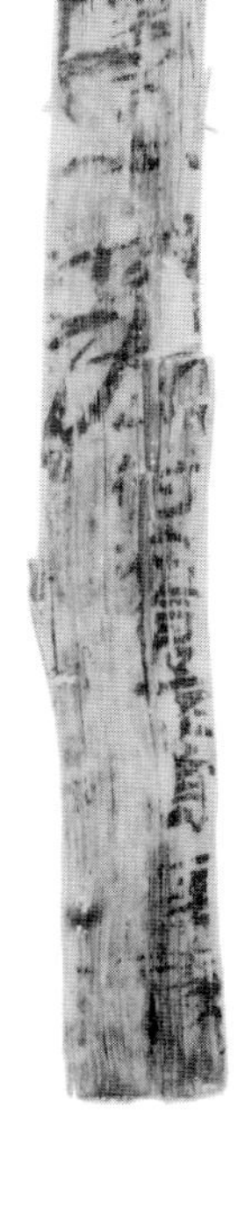

三五九一　三五九二

三五九三　三五九四

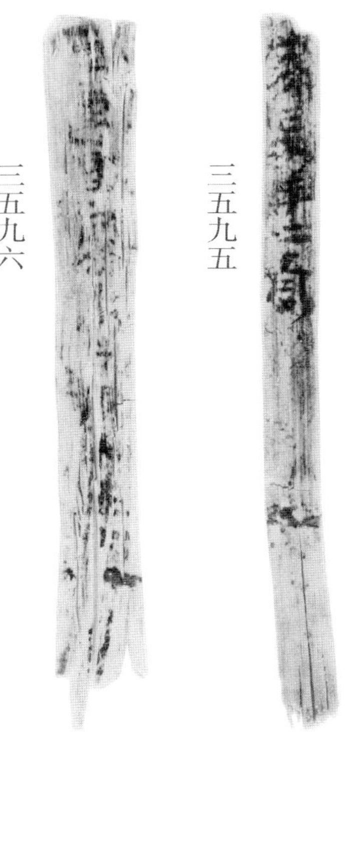
三五九五 三五九六

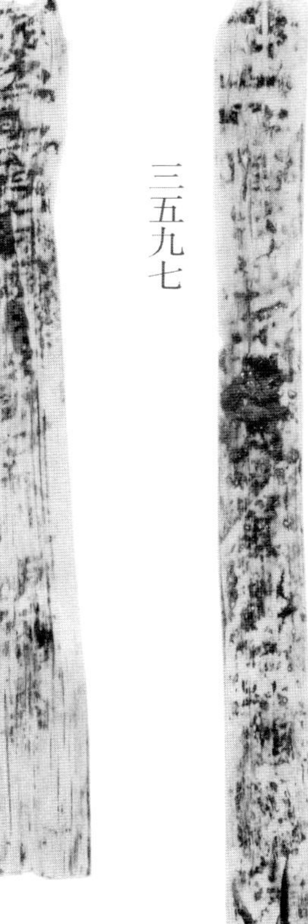
三五九七 三五九八 三五九九

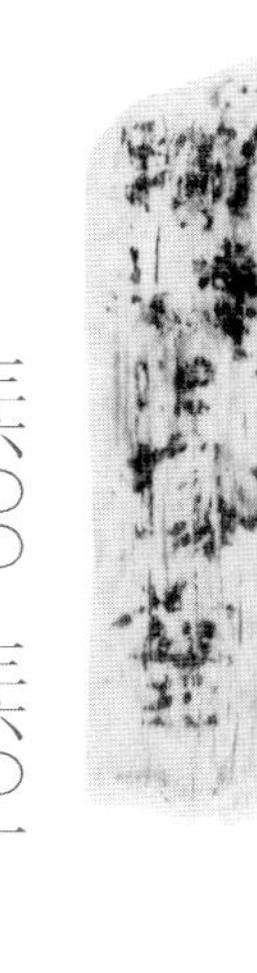
三六〇〇 三六〇一

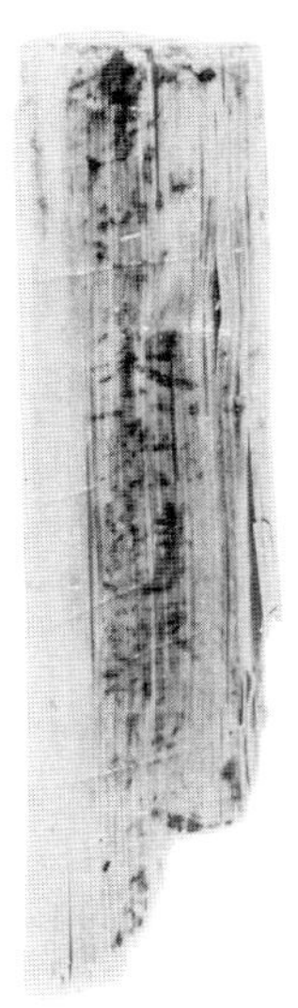
三六〇二 三六〇三

三六〇四 三六〇五

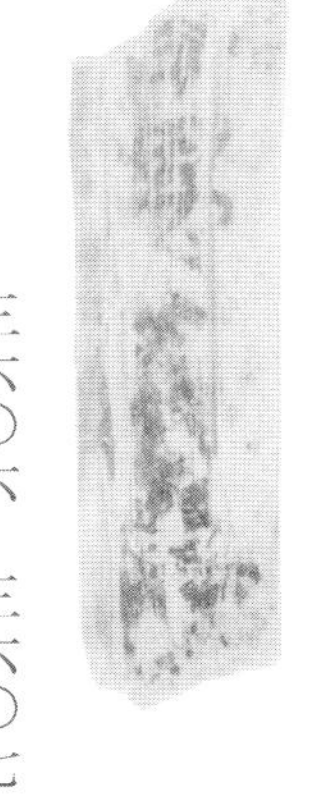
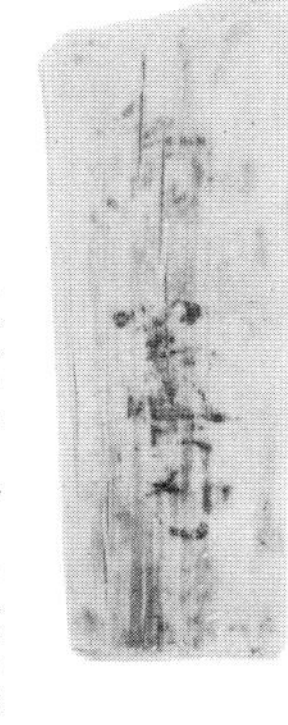
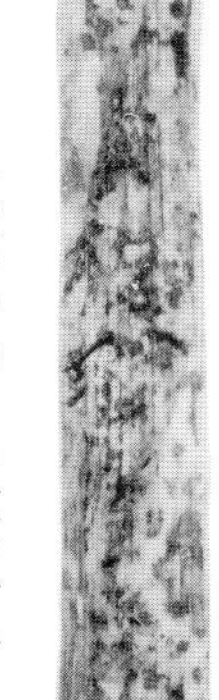
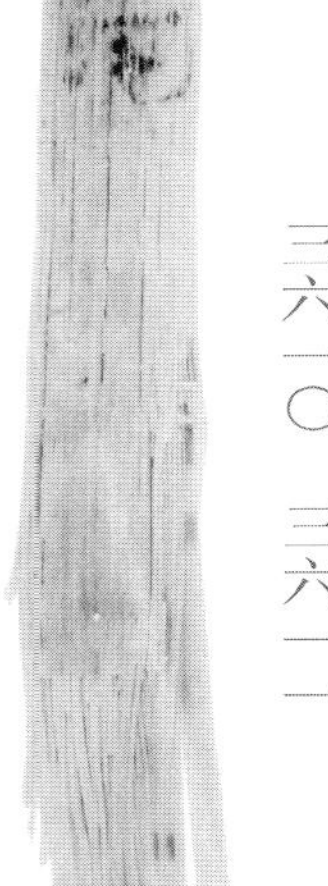
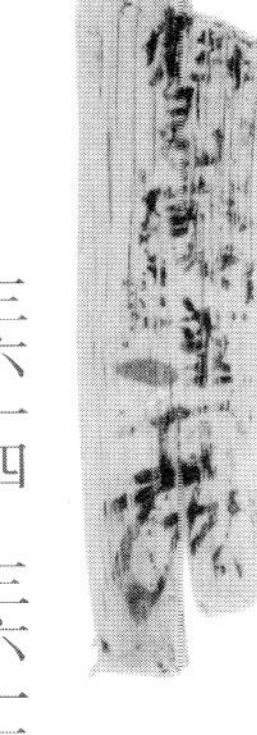
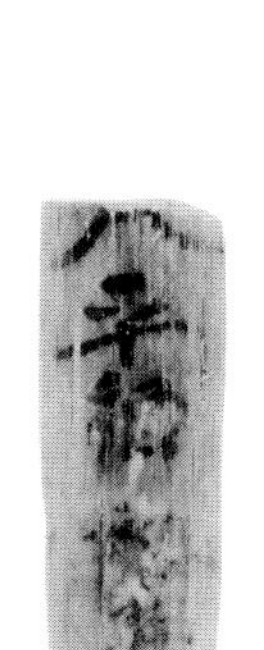
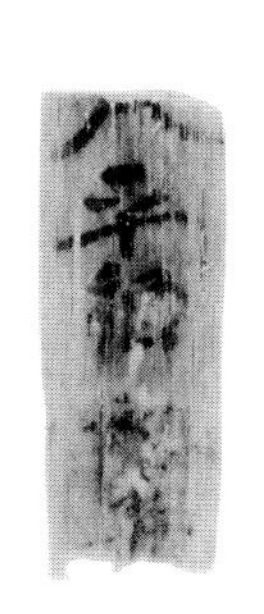

三六〇六　三六〇七

三六〇八　三六〇九

三六一〇　三六一一

三六一二　三六一三

三六一四　三六一五

三六一六　三六一七　三六一八

三六一九　三六二〇

三六二一　三六二二　三六二三

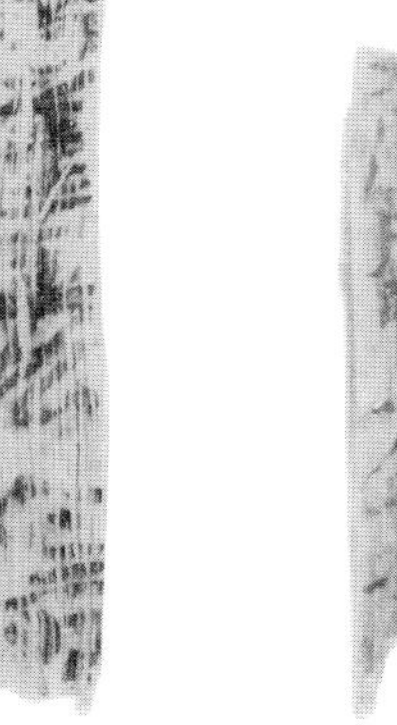

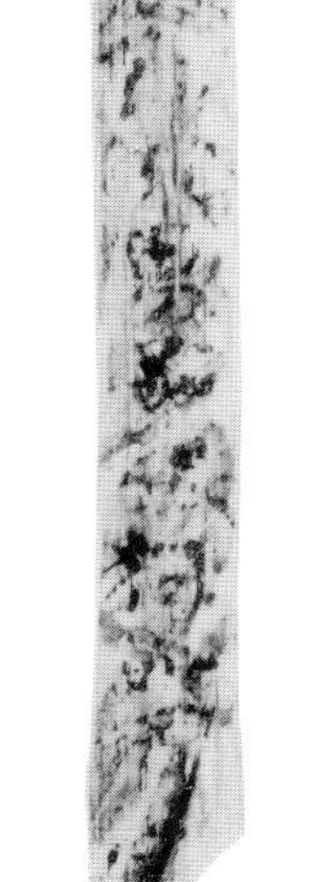
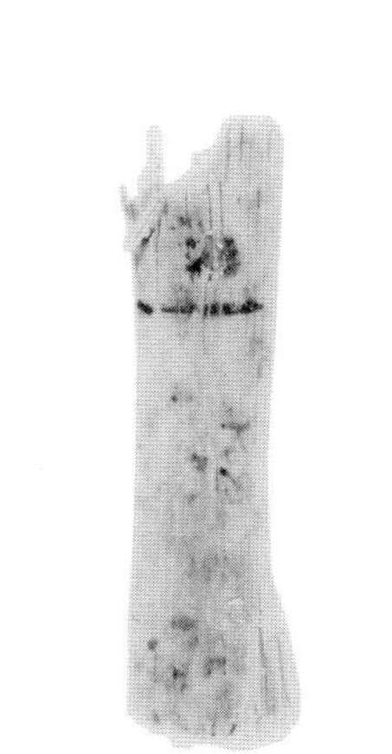

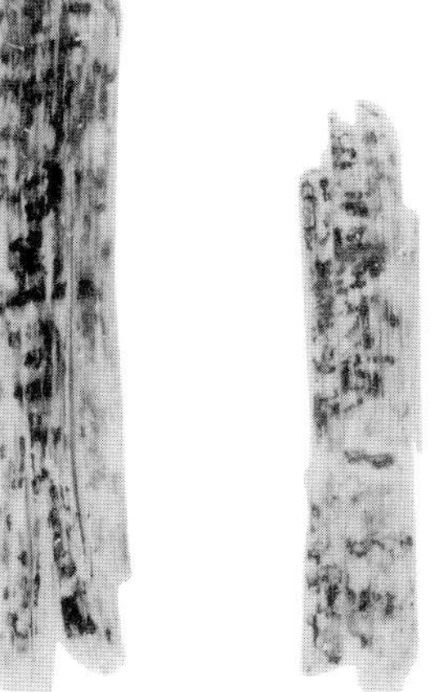

三六二四 三六二五

三六二六 三六二七

三六二八 三六二九

三六三〇 三六三一

三六三二

三六三三

三六三四

三六三五

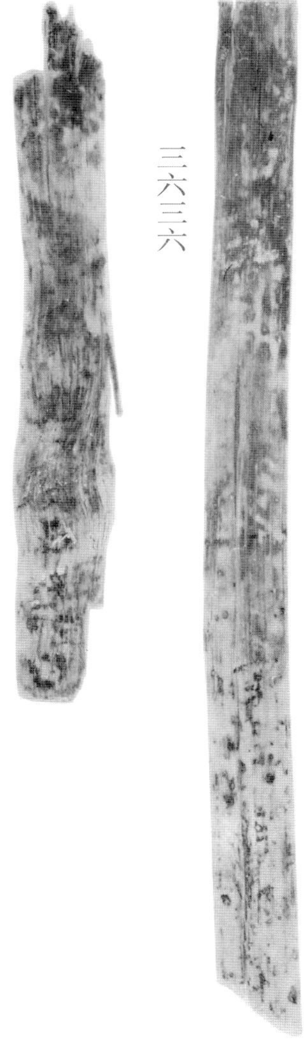

三六三六

三六三七

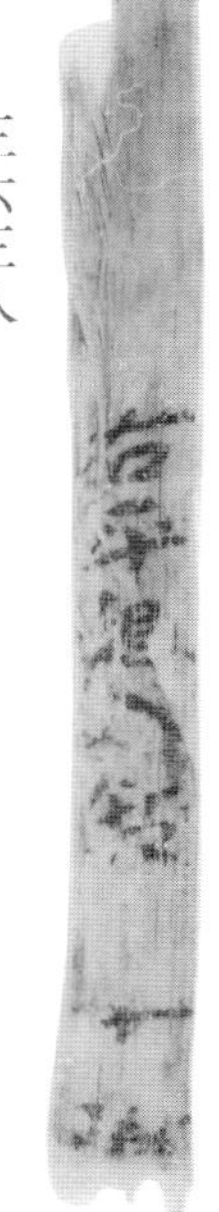

三六三八

三六三九　三六四〇

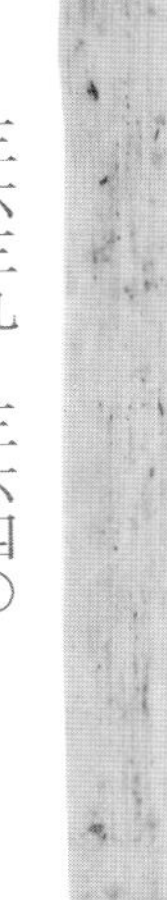

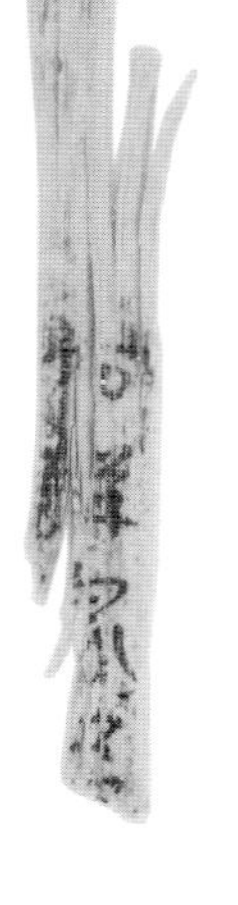

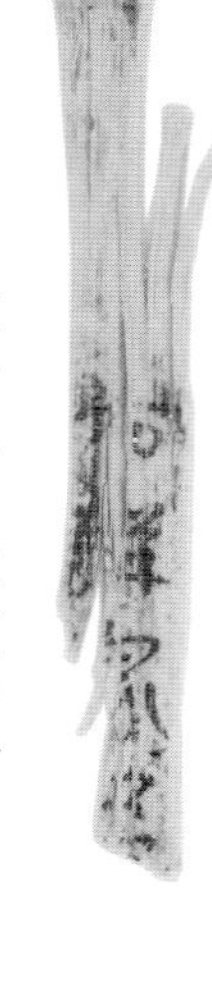

三六四一　三六四二

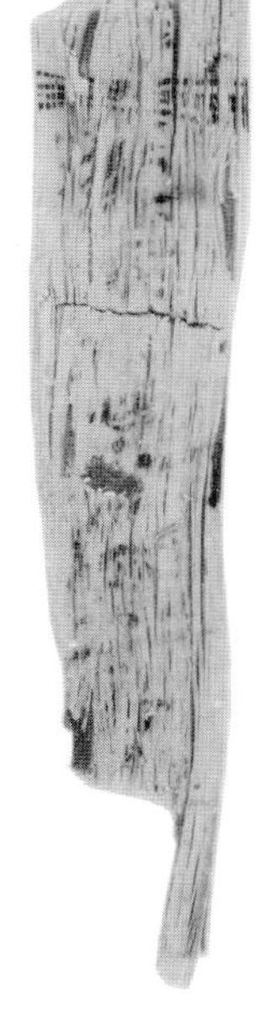

三六四三　三六四四

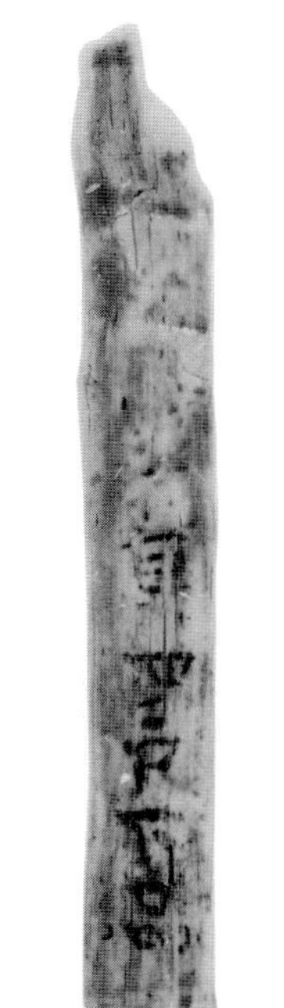

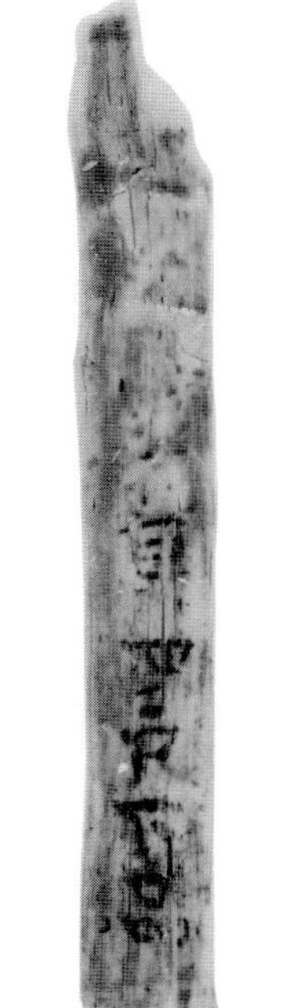

三六四五

三六四六

三六四七

三六四八

三六四九　三六五〇

三六五一　三六五二

三六五三　三六五四

三六五五　三六五六

三六五七　三六五八

三六五九

三六六〇

三六六一

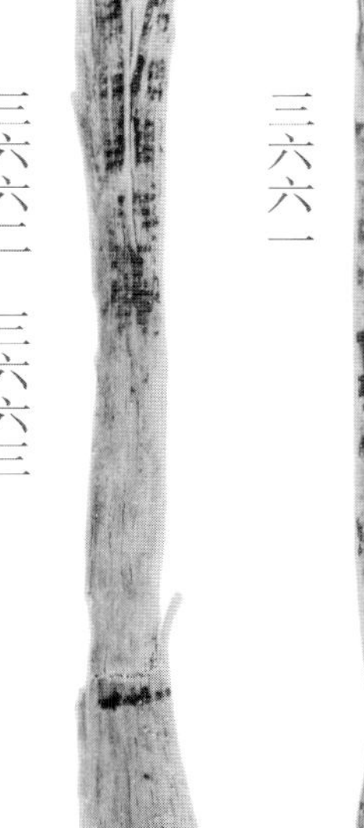

三六六二　三六六三

三六六四　三六六五

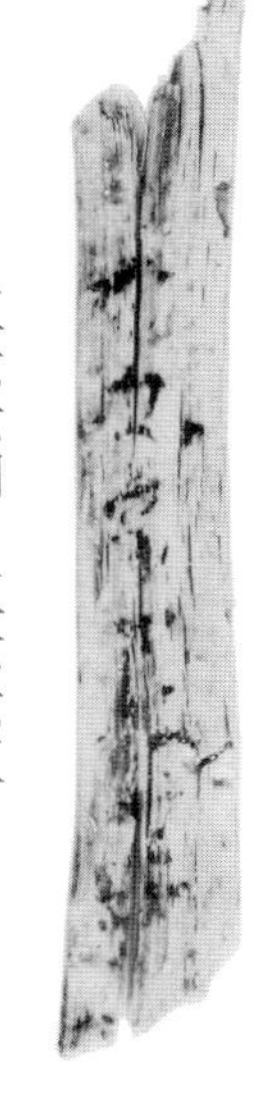

三六六六　三六六七　三六六八

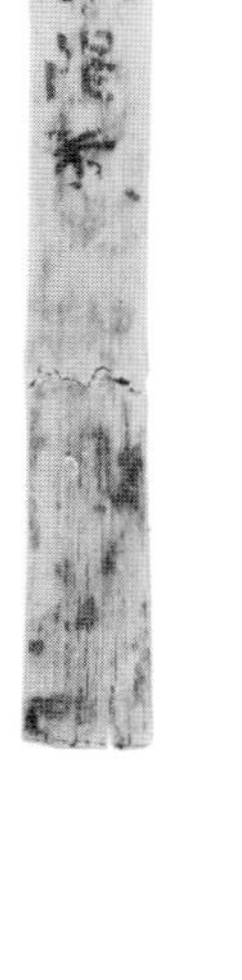

三六六九　三六七〇

三六七一　三六七二

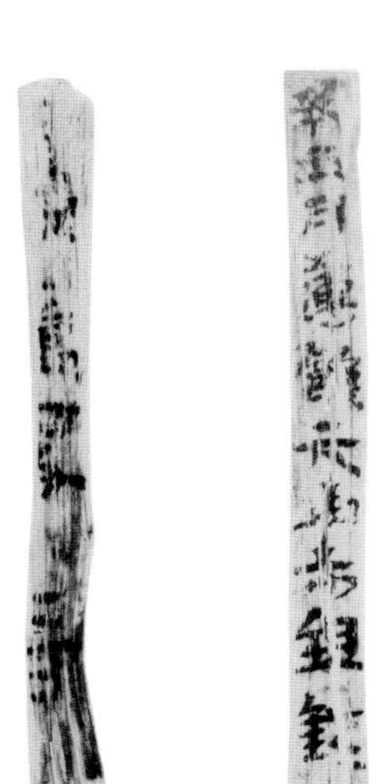

三六七三

三六七四
三六七五
三六七六　三六七七
三六七八　三六七九
三六八〇　三六八一
三六八二　三六八三
三六八四　三六八五
三六八六　三六八七

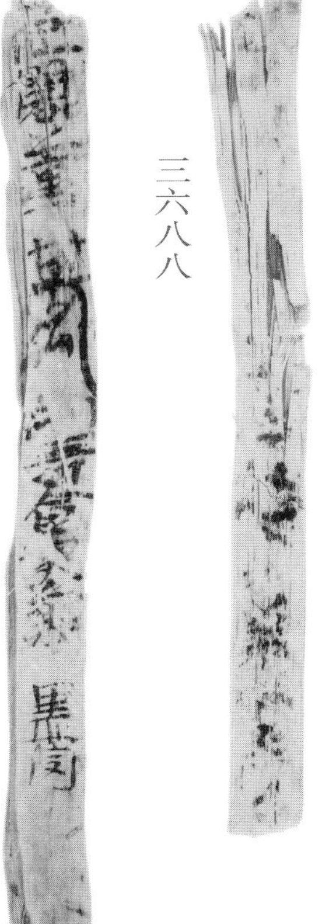

三六八八

三六八九

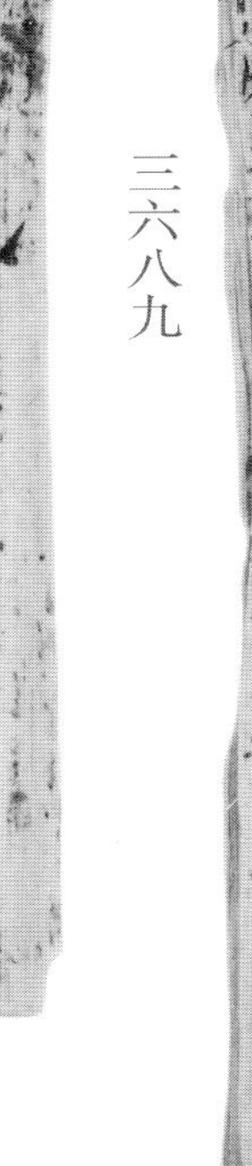

三六九〇　三六九一

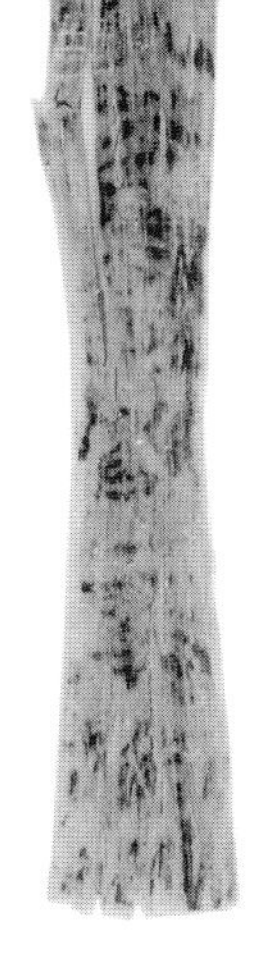

三六九二　三六九三

三六九四　三六九五　三六九六

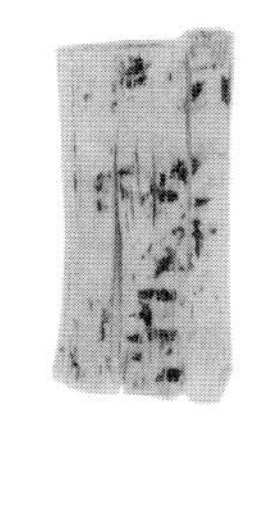

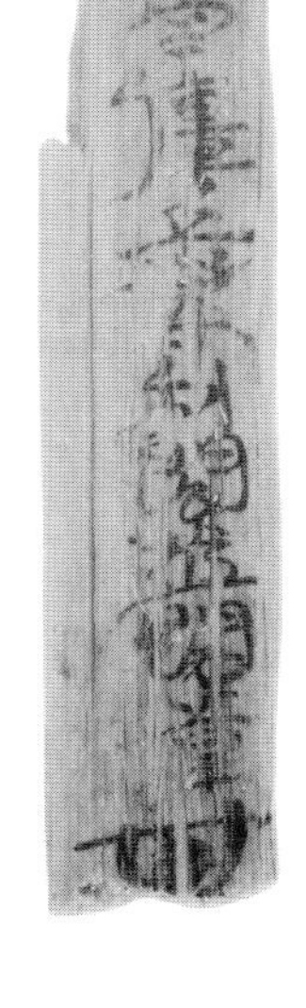

三六九七　三六九八

三六九九　三七〇〇

三七〇一　三七〇二

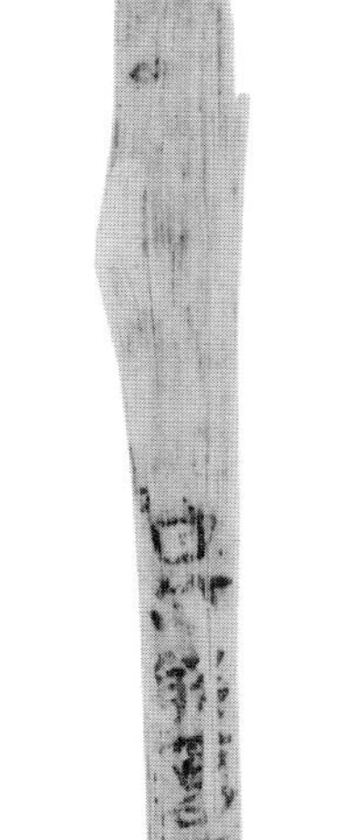

三七〇三　三七〇四

三七〇五　三七〇六　三七〇七

三七〇八　三七〇九　三七一〇

三七一一　三七一二　三七一三

三七一四　三七一五　三七一六

三七一七　三七一八

三七一九　三七二〇

三七二一　三七二二

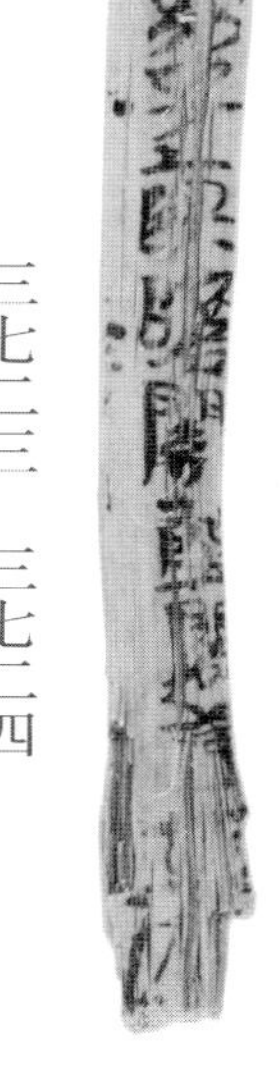
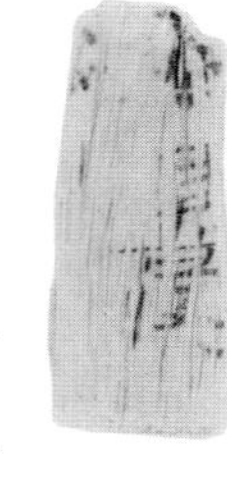
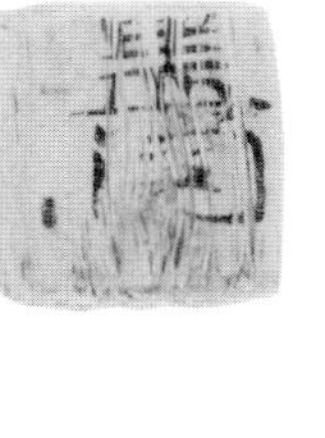
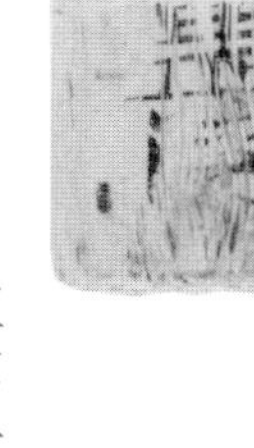

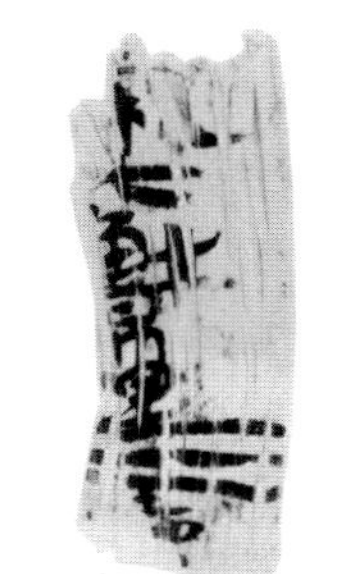

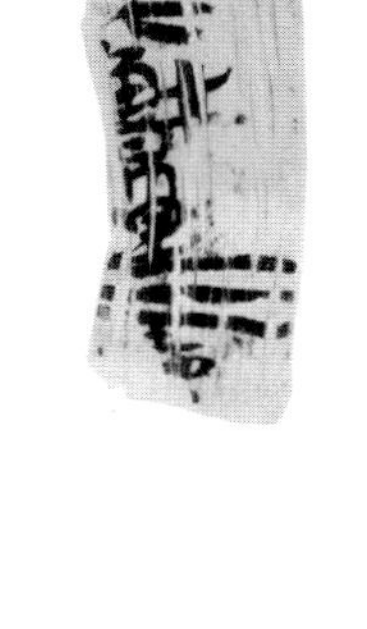
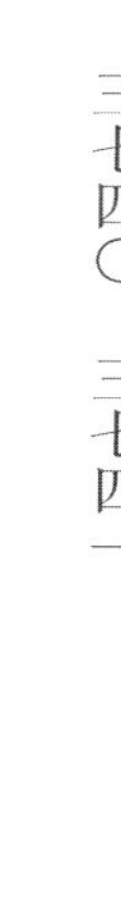

三七二三　三七二四

三七二五　三七二六　三七二七

三七二八　三七二九　三七三〇

三七三一　三七三二

三七三三　三七三四

三七三五　三七三六　三七三七

三七三八　三七三九

三七四〇　三七四一

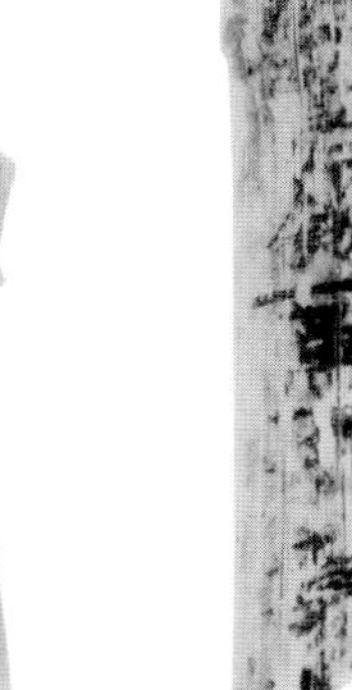
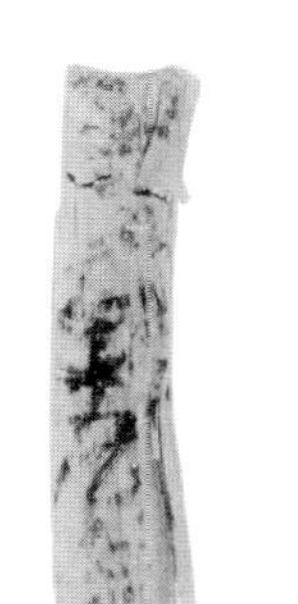
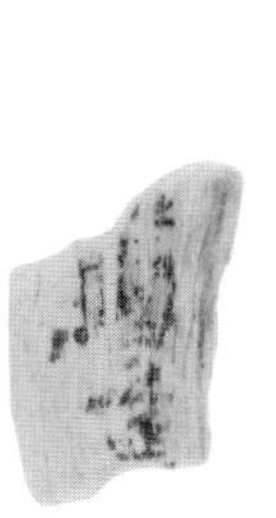
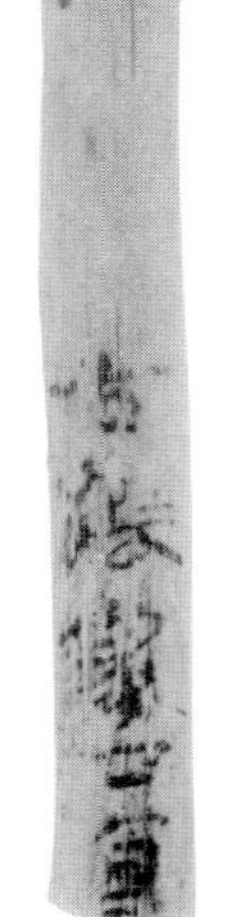
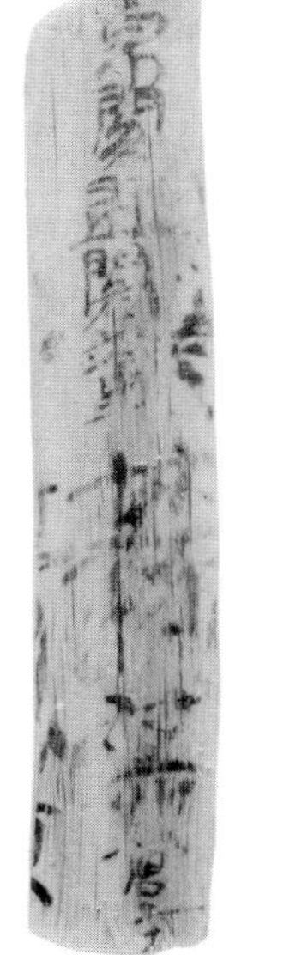

三七四二　三七四三

三七四四

三七四五

三七四六

三七四七

三七四八

三七四九　三七五〇

三七五一　三七五二

三七五三　三七五四

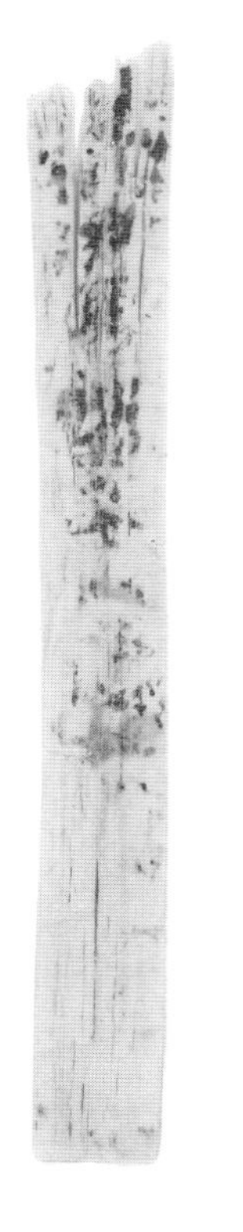

三七五五　三七五六

三七五七　三七五八

三七五九　三七六〇

三七六一　三七六二

三七六三　三七六四

三七六五　三七六六　三七六七

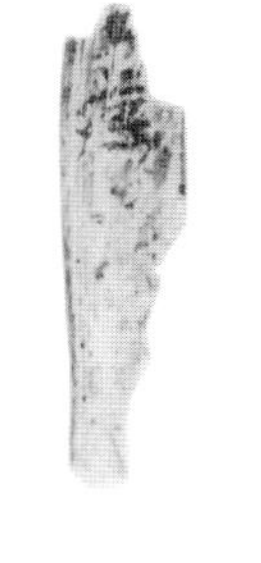

三七六八　三七六九　三七七〇

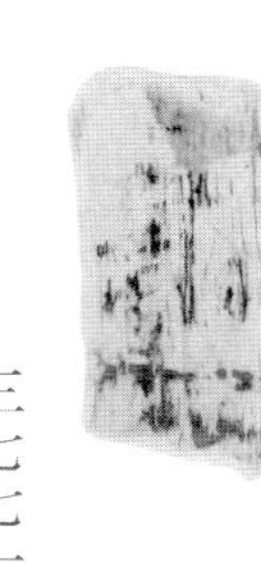
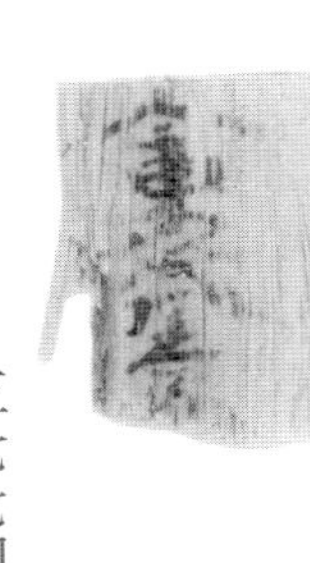
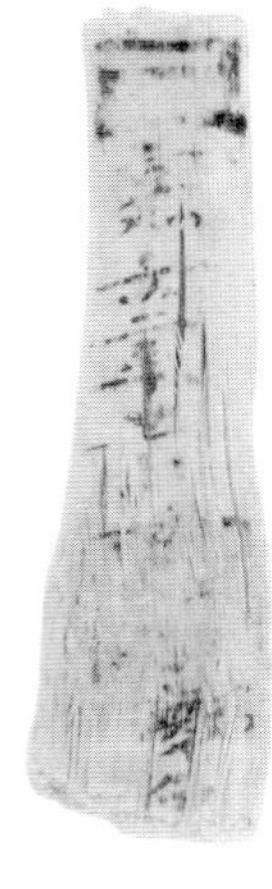
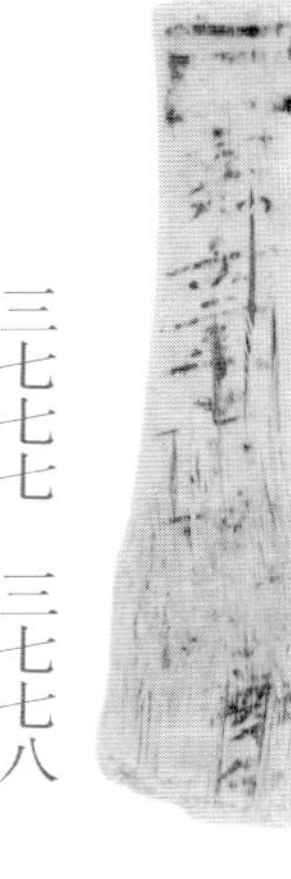
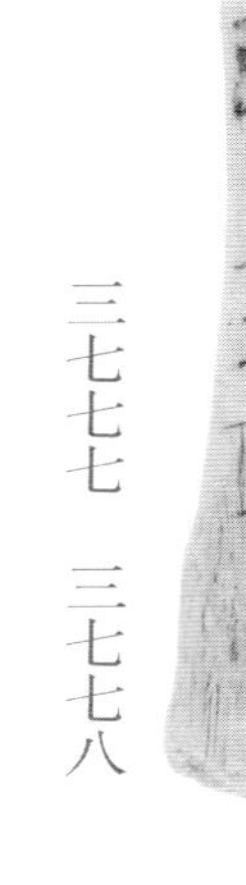
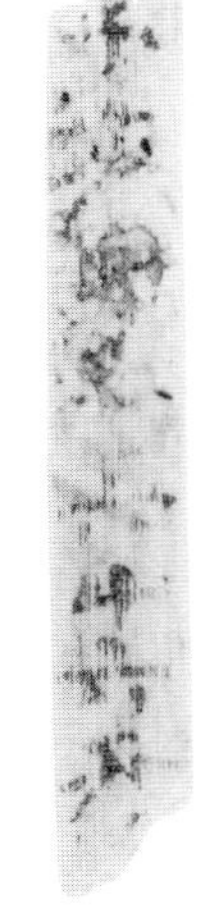
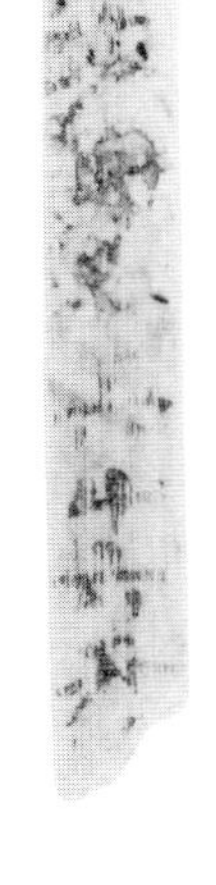

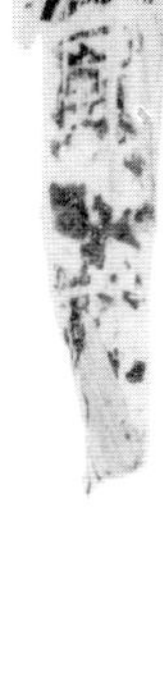
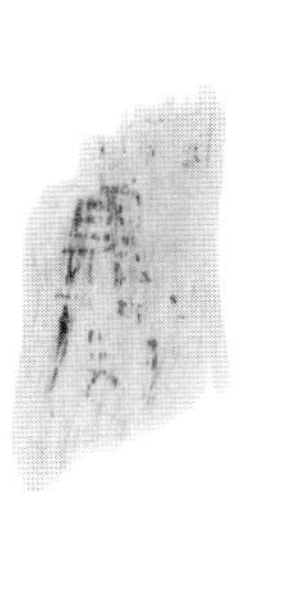
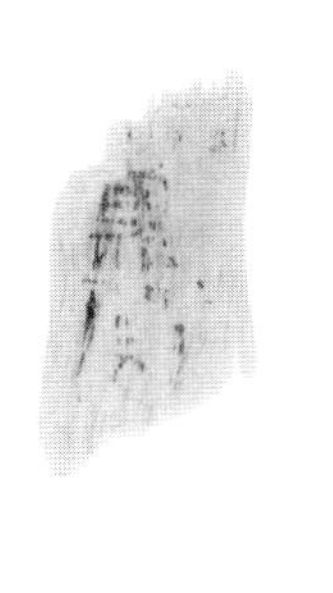
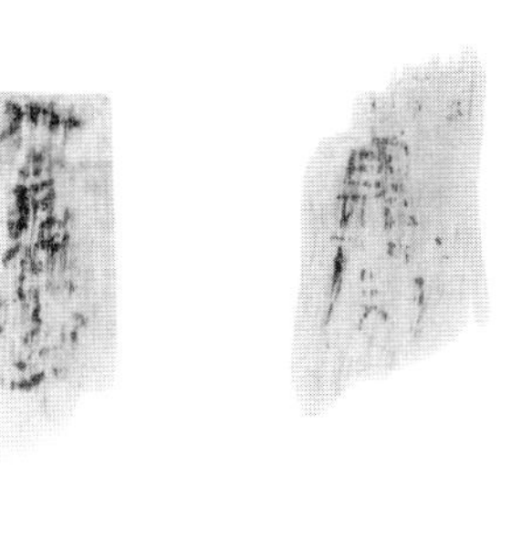
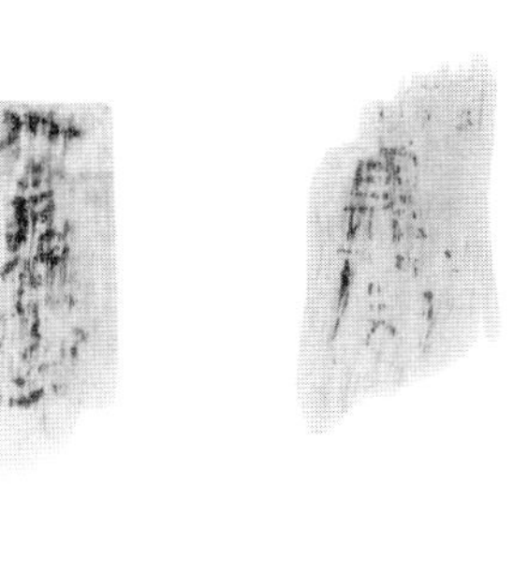
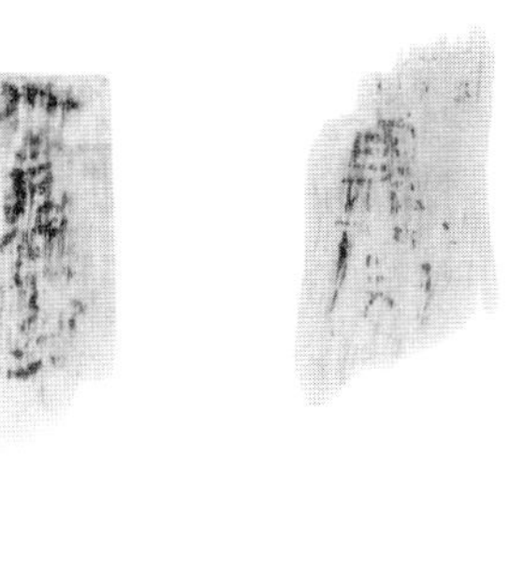
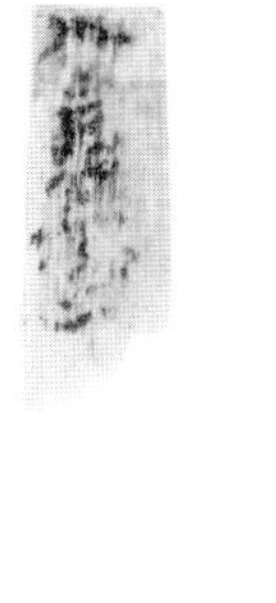
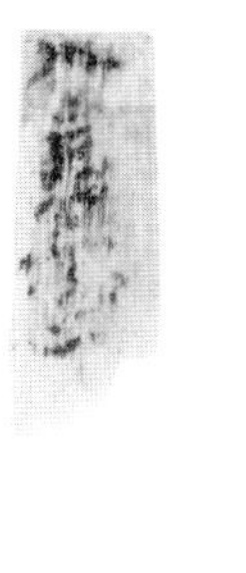
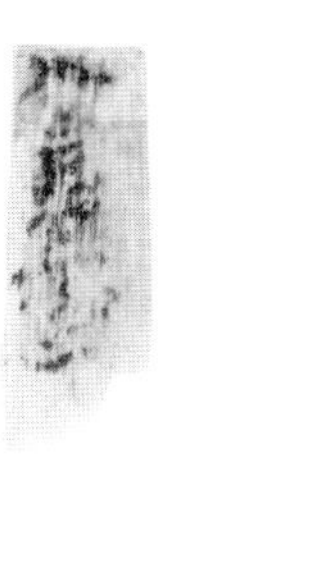

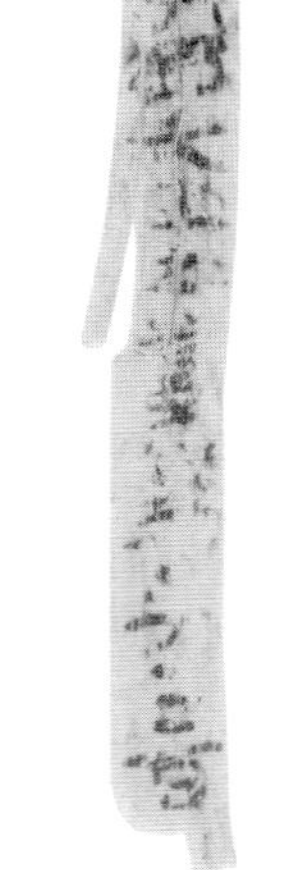

三七七一　三七七二　三七七三

三七七四　三七七五　三七七六

三七七七　三七七八

三七七九　三七八〇

三七八一　三七八二

三七八三　三七八四　三七八五

三七八六　三七八七　三七八八

三七八九　三七九〇　三七九一

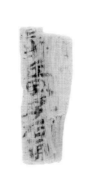

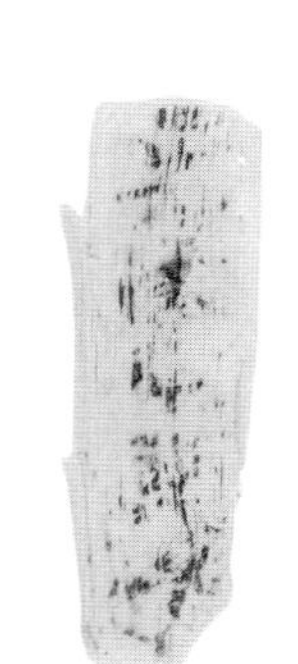
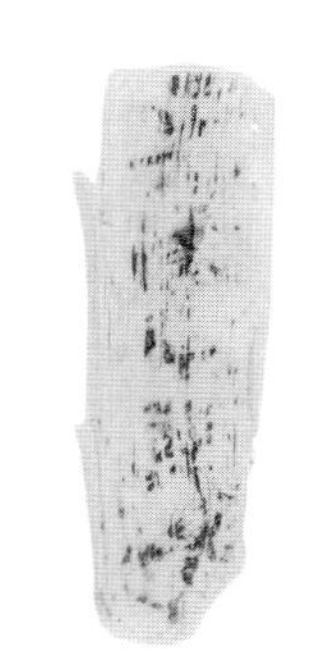

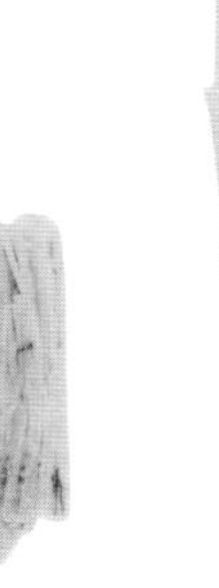

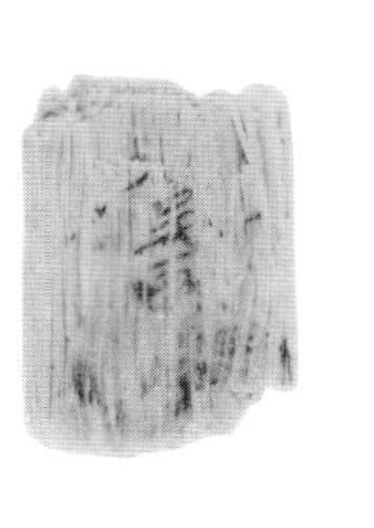

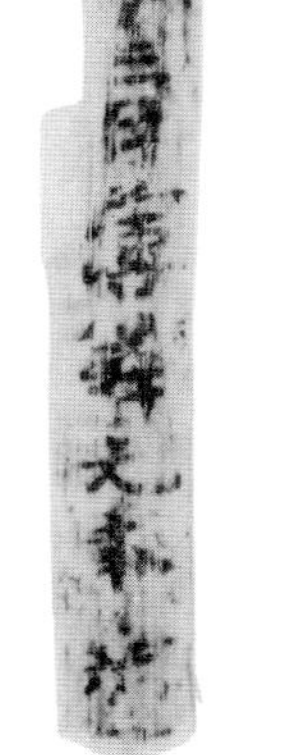

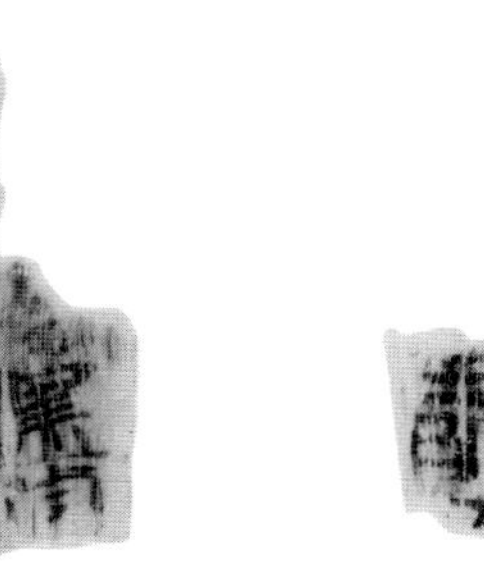
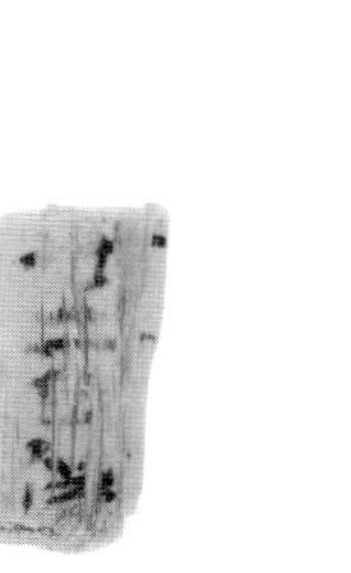

三七九二　三七九三

三七九四　三七九五

三七九六　三七九七　三七九八

三七九九　三八〇〇　三八〇一

三八〇二　三八〇三　三八〇四

三八〇五　三八〇六　三八〇七

三八〇八　三八〇九　三八一〇

三八一一　三八一二　三八一三

三八一四　三八一五　三八一六

三八一七　三八一八　三八一九

三八二〇　三八二一

三八二二　三八二三

三八二四　三八二五

三八二六　三八二七

三八二八　三八二九

三八三〇　三八三一　三八三二

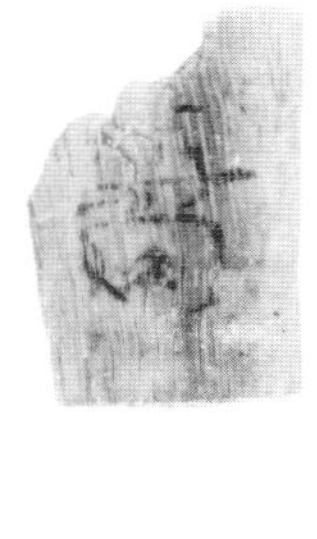
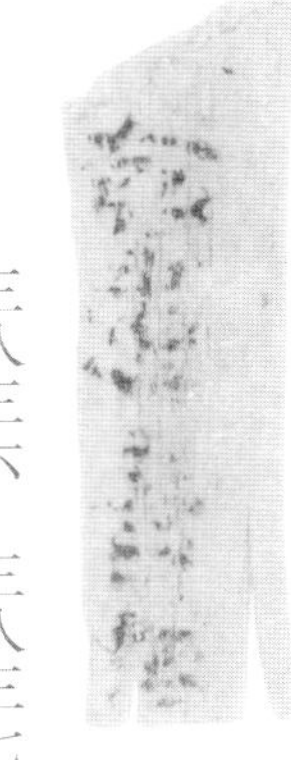
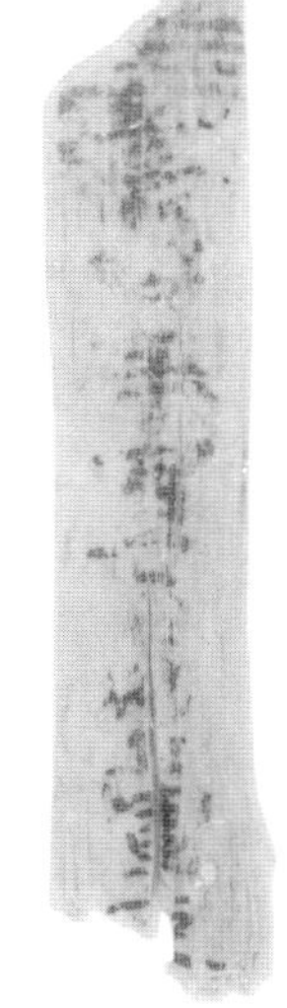
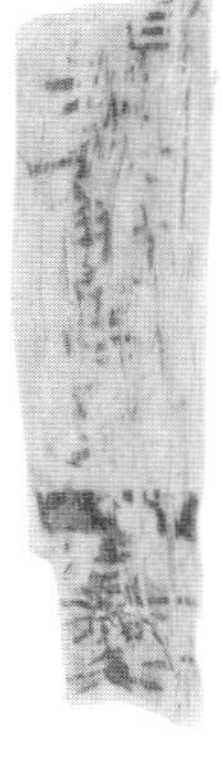
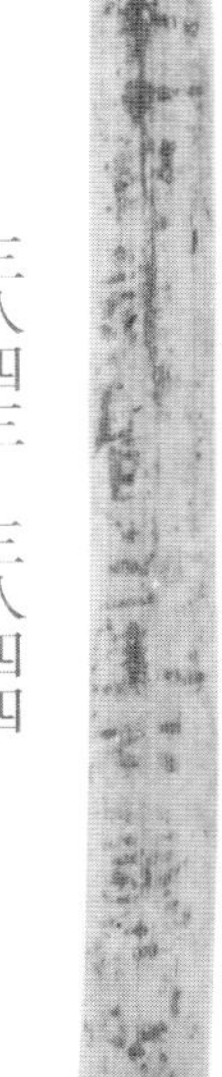
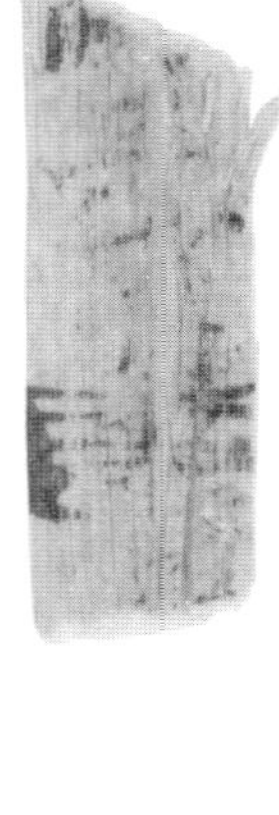
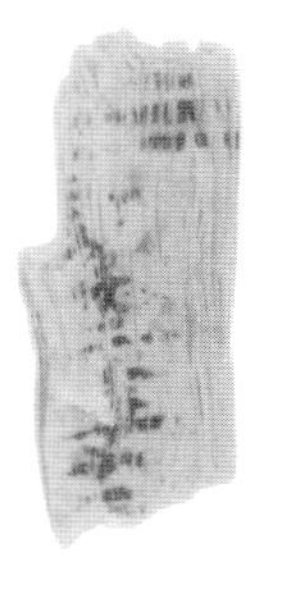
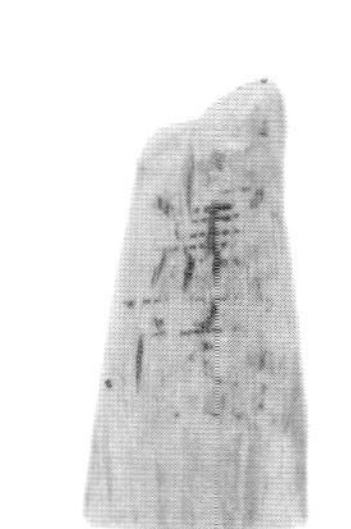
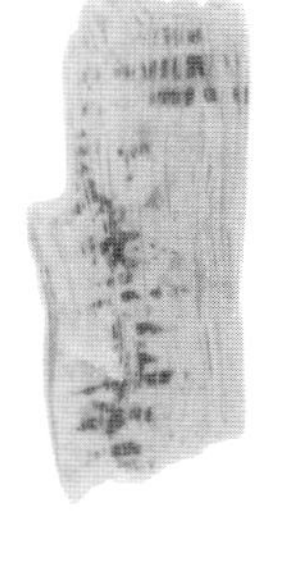
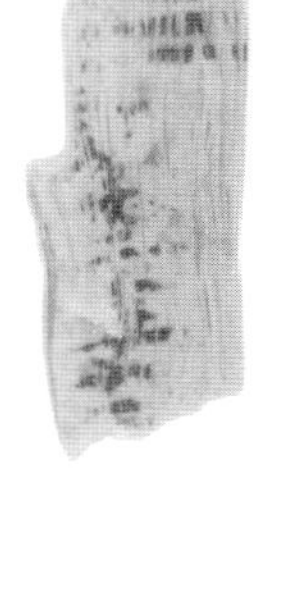
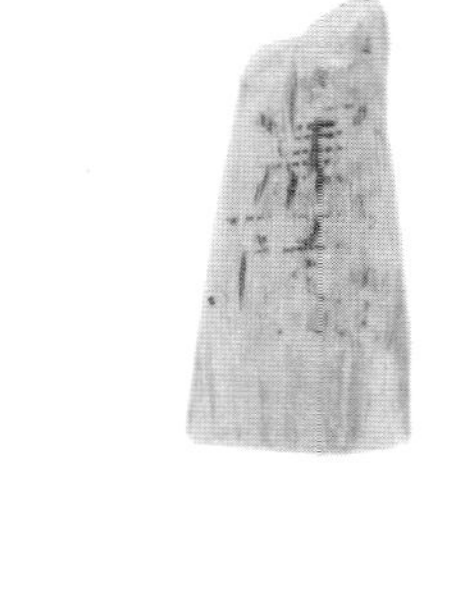
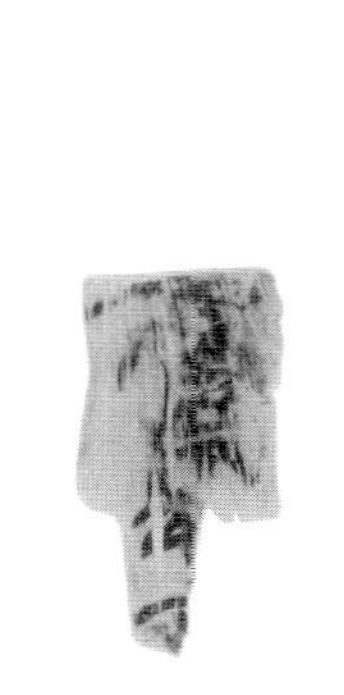

三八三三　三八三四　三八三五

三八三六　三八三七　三八三八

三八三九　三八四〇

三八四一　三八四二

三八四三　三八四四

三八四五　三八四六　三八四七

三八四八　三八四九　三八五〇

三八五一　三八五二　三八五三

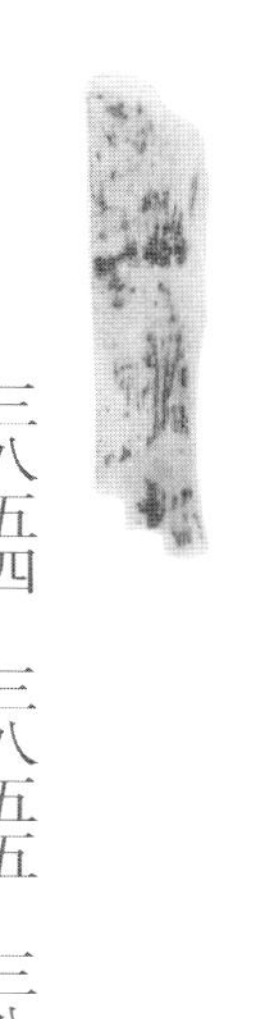

三八五四　三八五五　三八五六

三八五七　三八五八

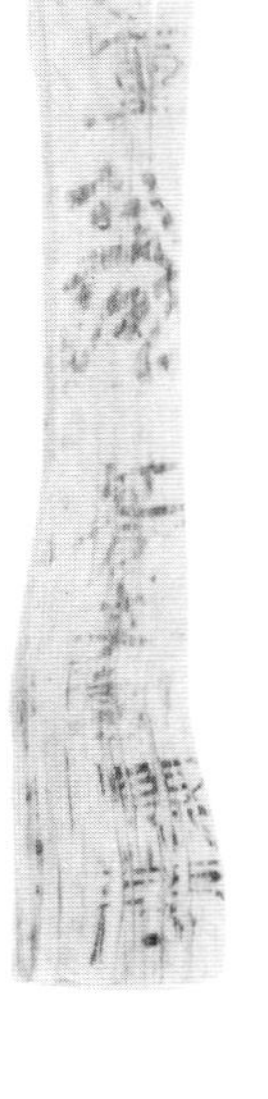

三八五九　三八六〇

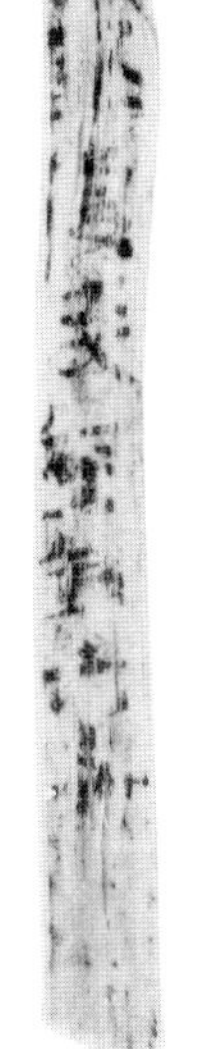

三八六一　三八六二

三八六三

三八六四

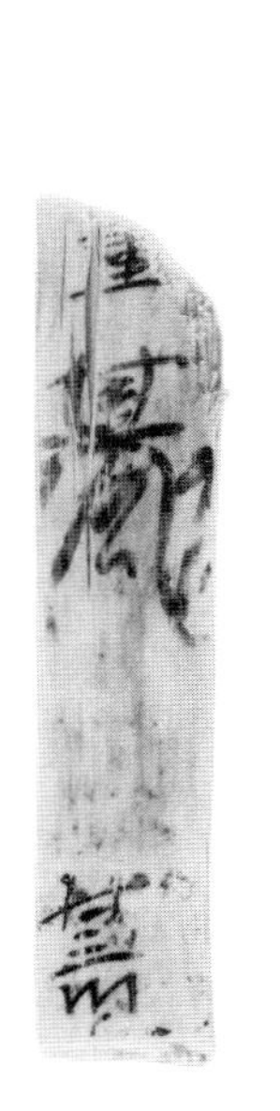

三八六五　三八六六

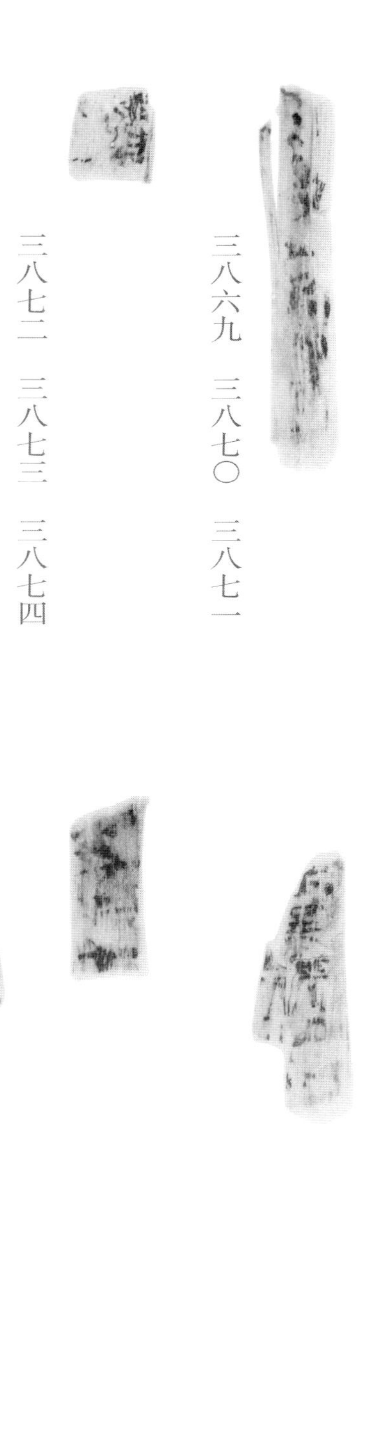
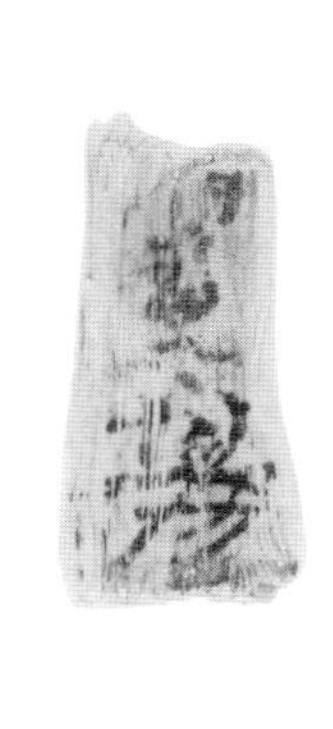
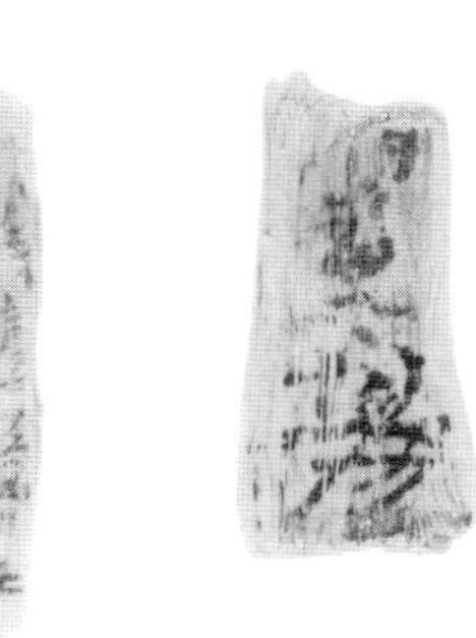
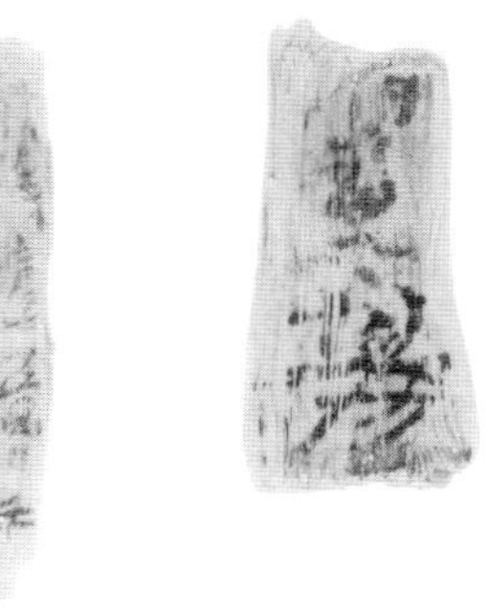

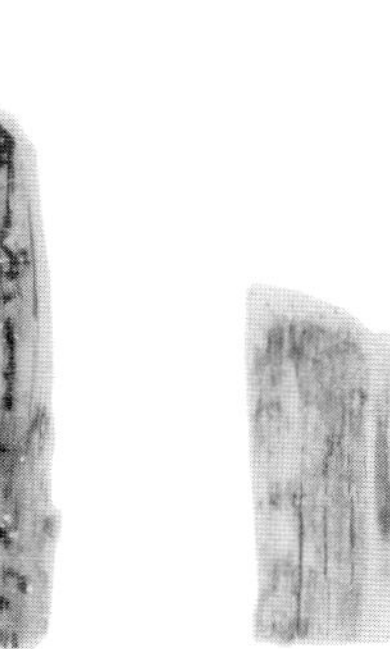

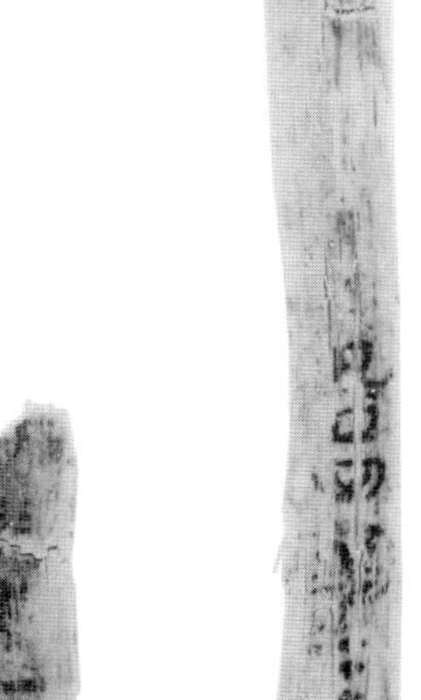

三八六七　三八六八

三八六九　三八七〇　三八七一

三八七二　三八七三　三八七四

三八七五　三八七六　三八七七

三八七八　三八七九　三八八〇

三八八一　三八八二

三八八三　三八八四

三八八五　三八八六

三八八七　三八八八　三八八九　三八九〇

三八九一　三八九二　三八九三

三八九四　三八九五

三八九六　三八九七

三八九八　三八九九

三九〇〇

三九〇一

三九〇二

三九〇三

三九〇三（一）

三九〇四

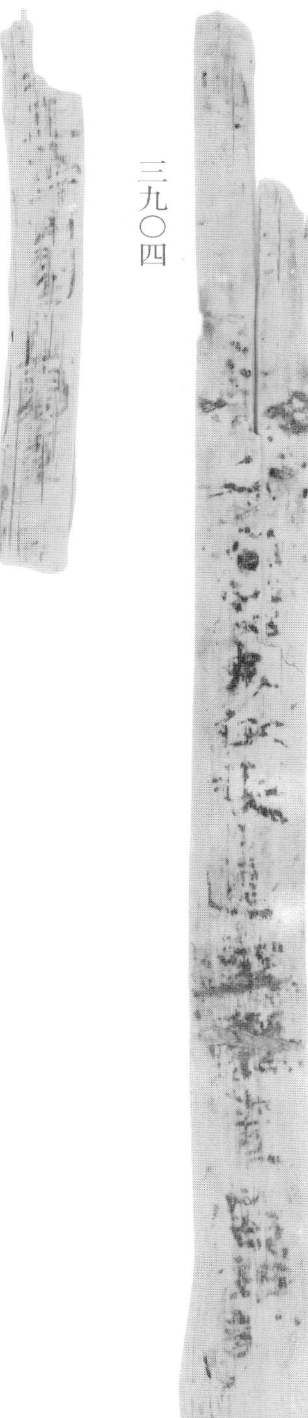
三九〇五

三九〇六

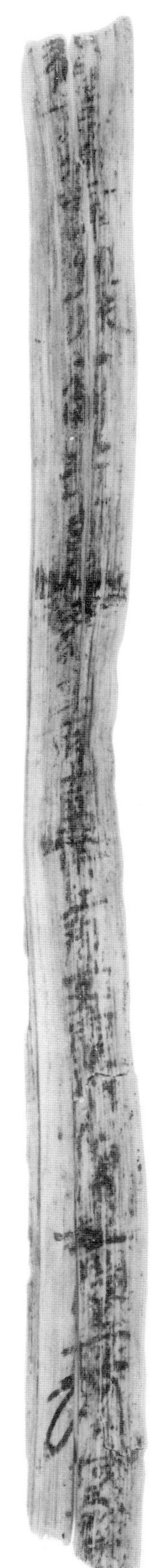
三九〇七

三九〇八
三九〇九
三九一〇
三九一一
三九一二
三九一三
三九一四

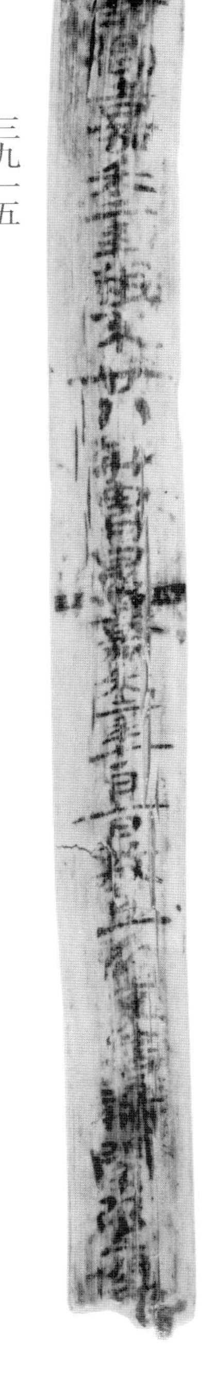
三九一五

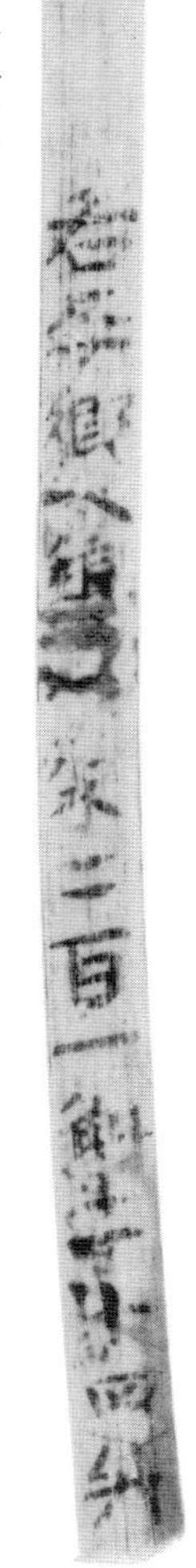
三九一六

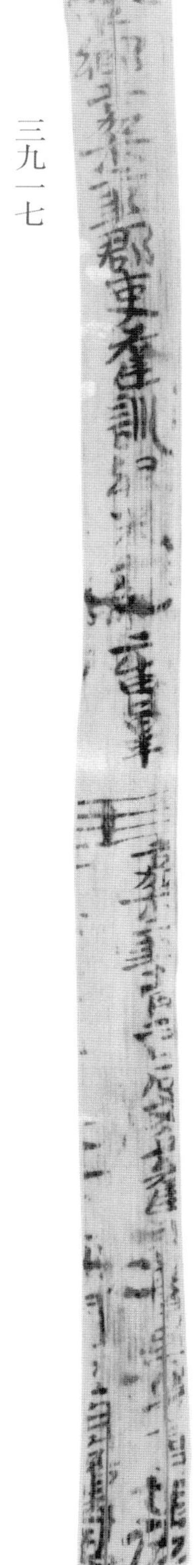
三九一七

三九一八

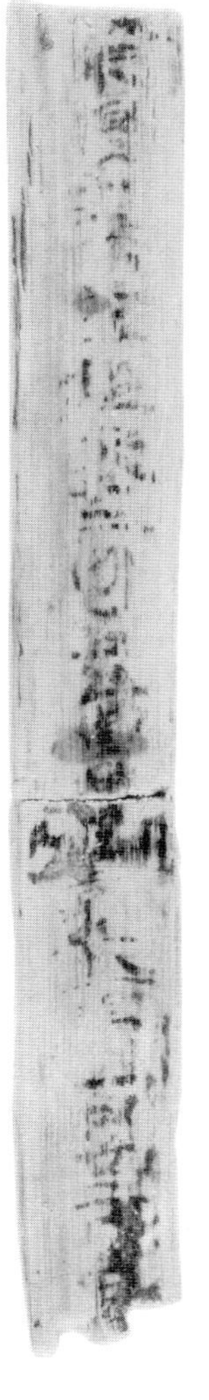
三九一九

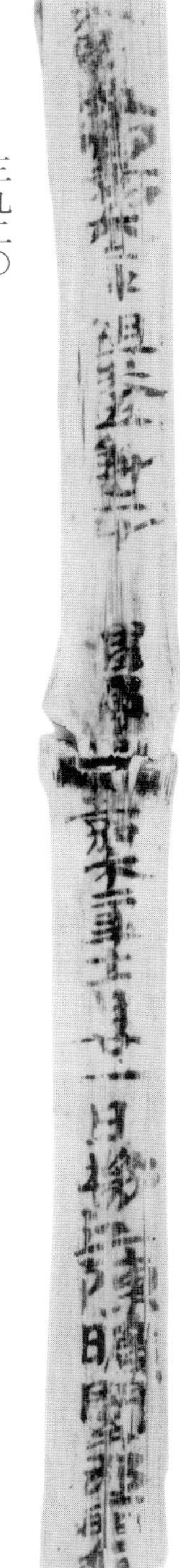
三九二〇

三九二一

三九二二

三九二三

三九二四

三九二五

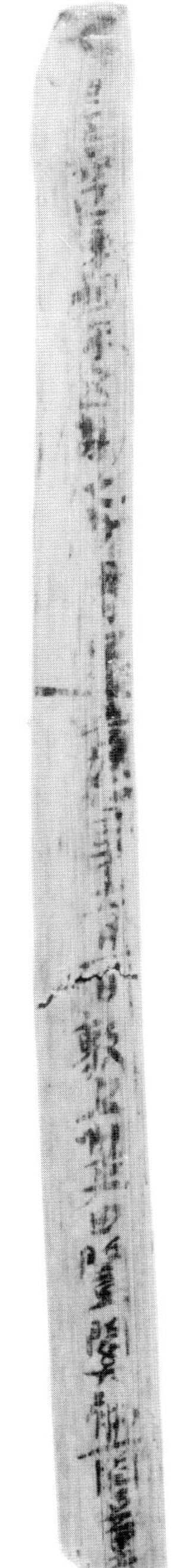

三九二六

三九二七

三九二八

三九二九

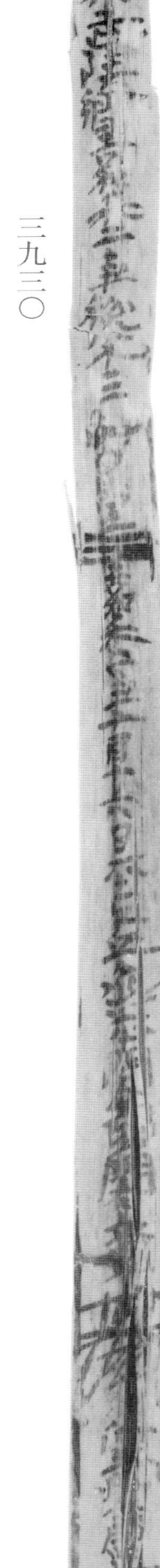
三九三〇

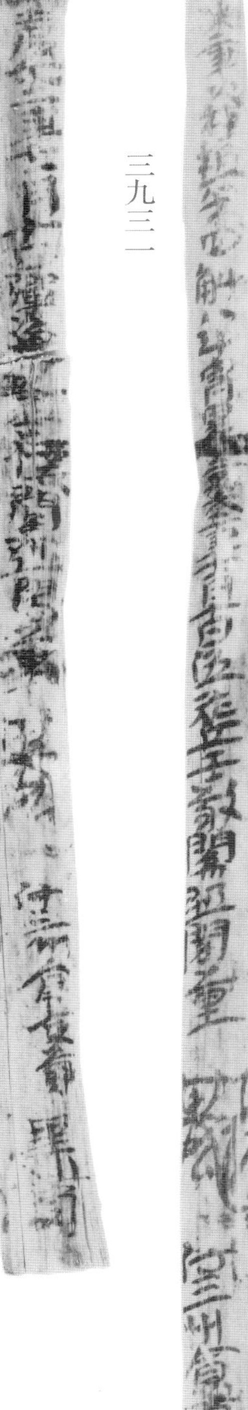
三九三一

三九三二

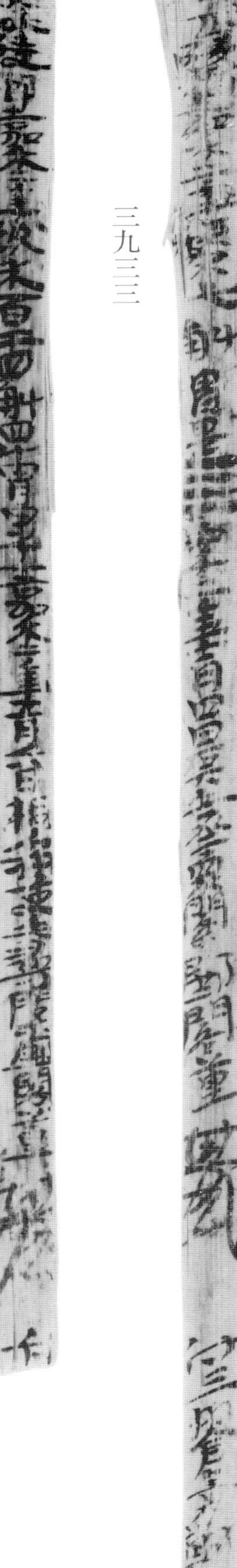
三九三三

三九三四

三九三五

三九三六
三九三七
三九三八
三九三九
三九四〇
三九四一
三九四二
三九四三

三九四四

三九四五

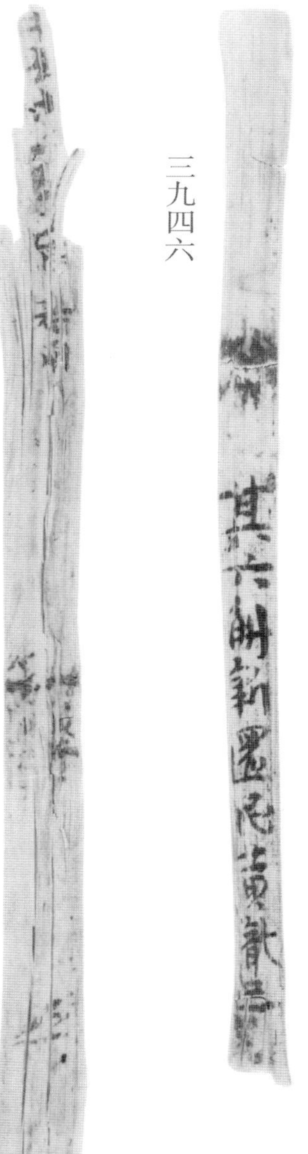

三九四六

三九四七

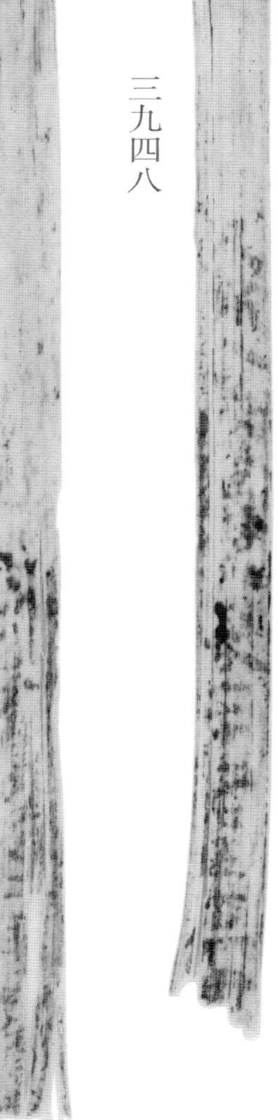

三九四八

三九四九

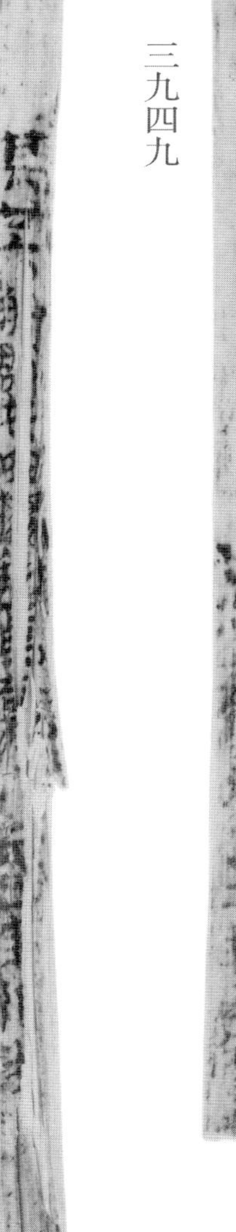

三九五〇

三九五一

三九五二

三九五三

三九五四

三九五五

三九五六

三九五七

三九五八

三九五九

三九六〇

三九六一

三九六二

三九六三

三九六四

三九六五

三九六六

三九六七

三九六八

三九六九

三九七〇

三九七一

三九七二

三九七三

三九七四

三九七五

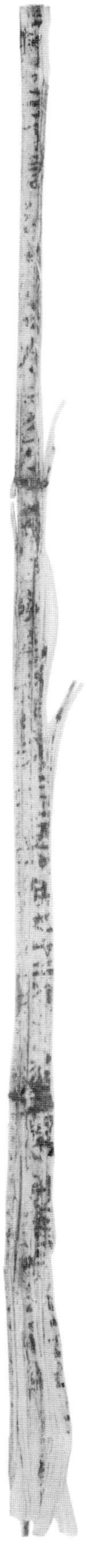

三九七六

三九七七

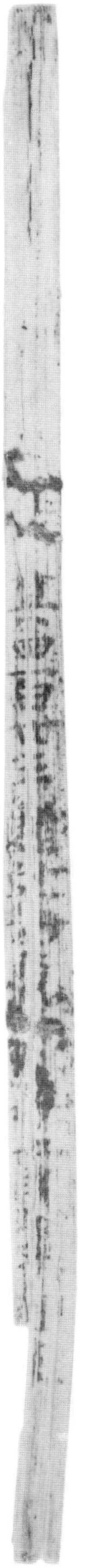

三九七八

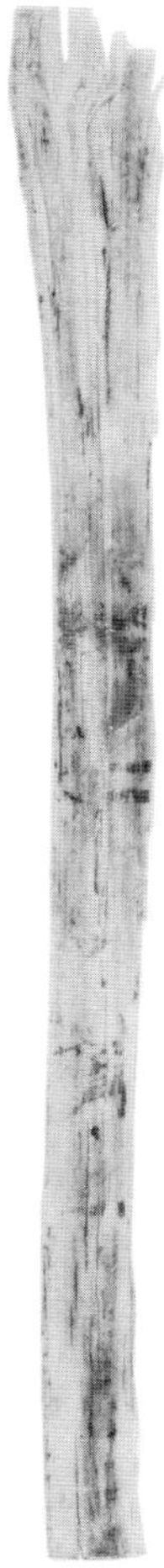

三九七九

三九八〇

三九八一

三九八二

三九八三

三九八四
三九八五
三九八六
三九八七
三九八八
三九八九
三九九〇
三九九一

三九九二

三九九三

三九九四

三九九五

三九九六

三九九七

三九九八

三九九九

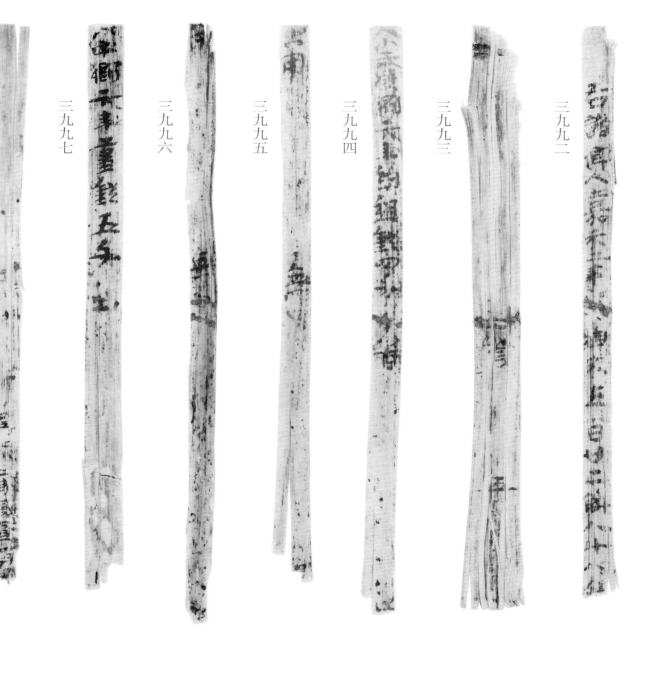

四〇〇〇

四〇〇一

四〇〇二

四〇〇三

四〇〇四

四〇〇五

四〇〇六

四〇〇七

四〇〇八
四〇〇九
四〇一〇
四〇一一
四〇一二
四〇一三
四〇一四
四〇一五

四〇一六
四〇一七
四〇一八
四〇一九
四〇二〇
四〇二一
四〇二二
四〇二三

四〇二四

四〇二五

四〇二六

四〇二七

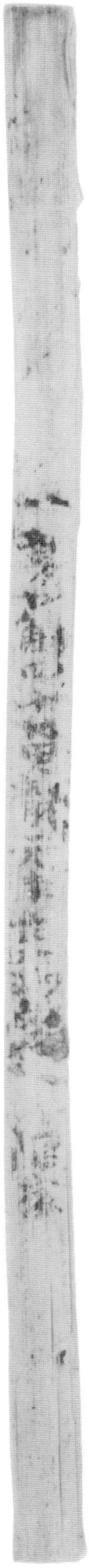

四〇二八

四〇二九

四〇三〇

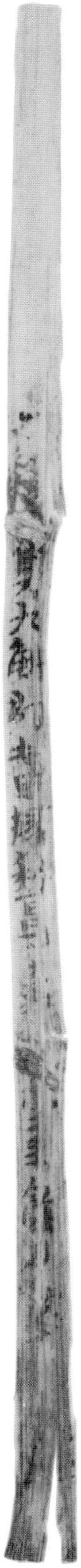

四〇三一

四〇三二

四〇三三

四〇三四

四〇三五

四〇三六

四〇三七

四〇三八

四〇三九

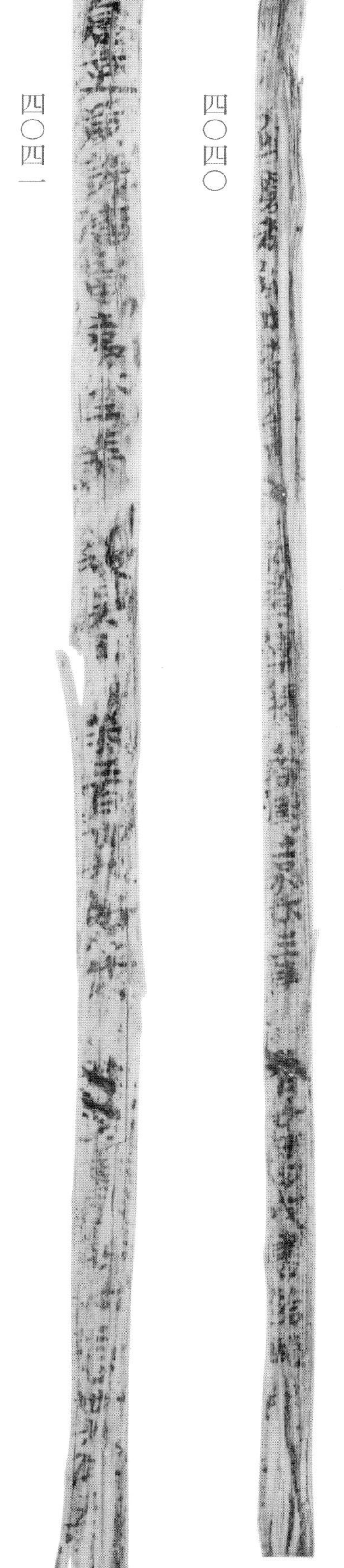

四〇四〇

四〇四一

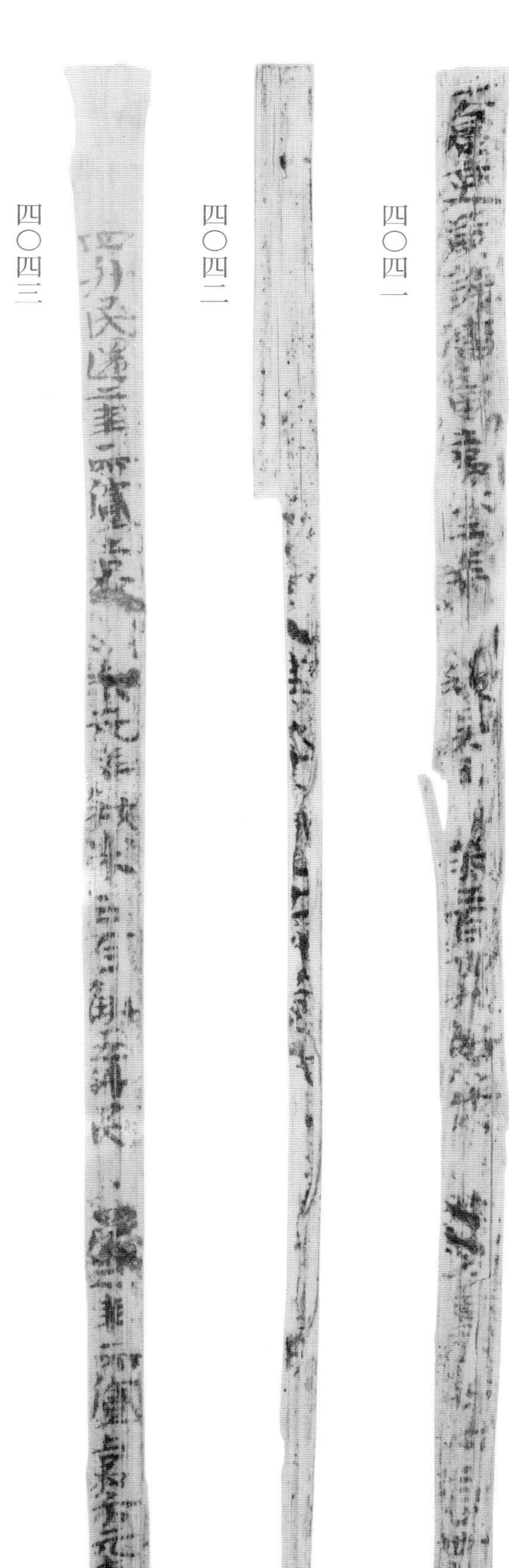

四〇四二

四〇四三

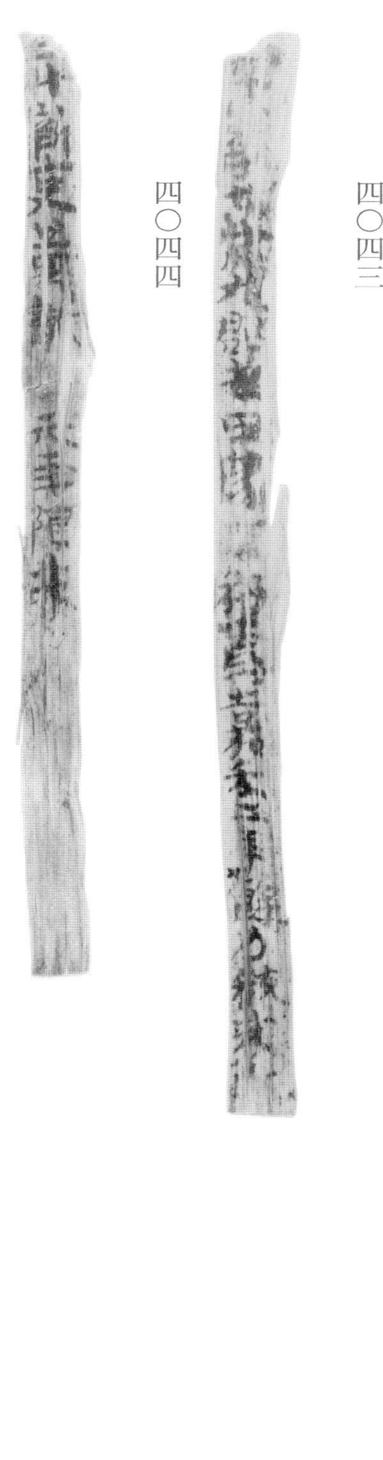

四〇四四

四〇四五

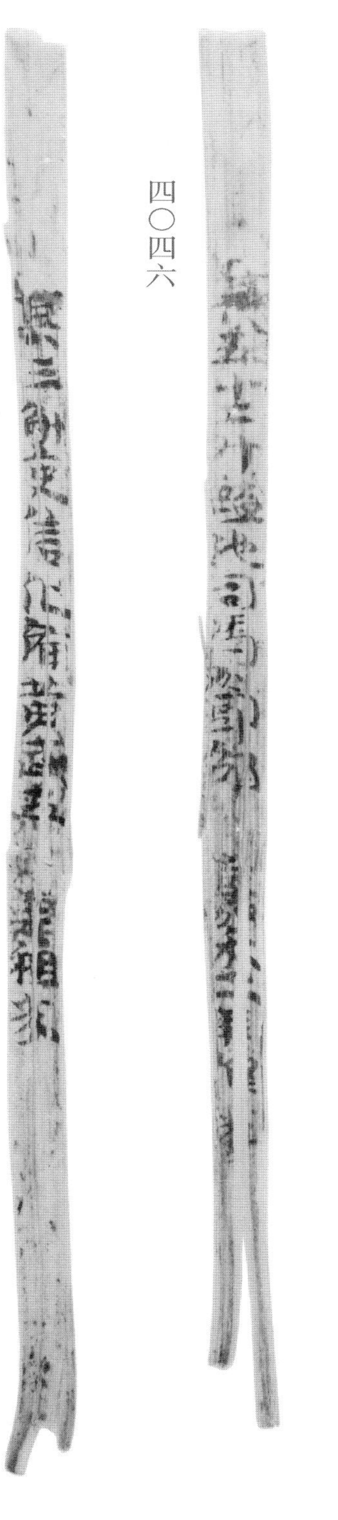

四〇四六

四〇四七

四〇四八

四〇四九

四〇五〇

四〇五一

四〇五二

四〇五三

四〇五四

四〇五五

四〇五六

四〇五七

四〇五八

四〇五九

四〇六〇

四〇六一

四〇六二

四〇六三

四〇六四

四〇六五

四〇六六

四〇六七

四〇六八

四〇六九

四〇七〇

四〇七一

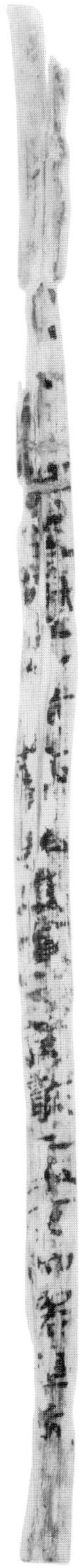

四〇七二

四〇七三

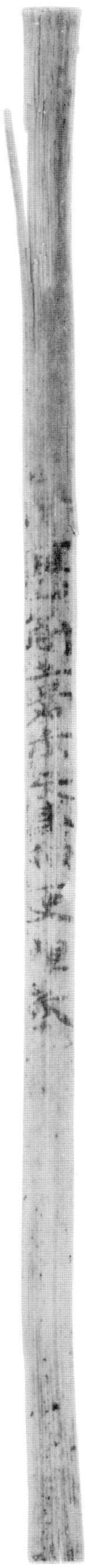

四〇七四

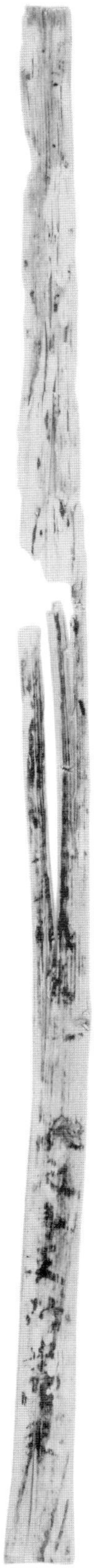

四〇七五

四〇七六

四〇七七

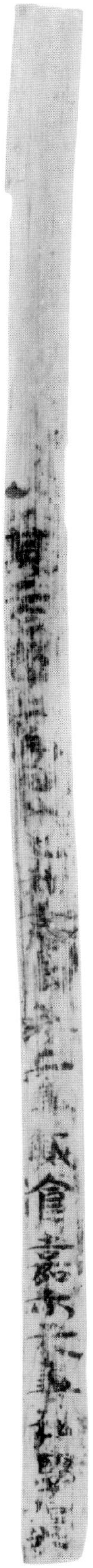

四〇七八

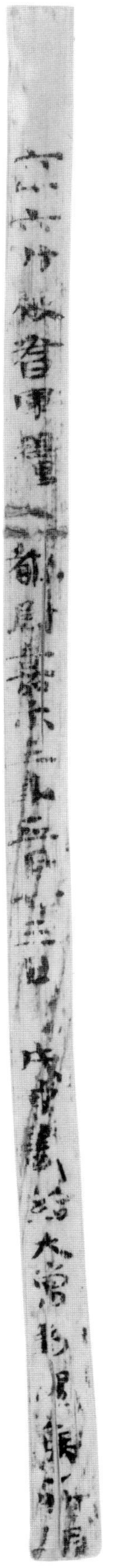

四〇七九

四〇八〇
四〇八一
四〇八二
四〇八三
四〇八四
四〇八五
四〇八六
四〇八七

四〇八八

四〇八九

四〇九〇

四〇九一

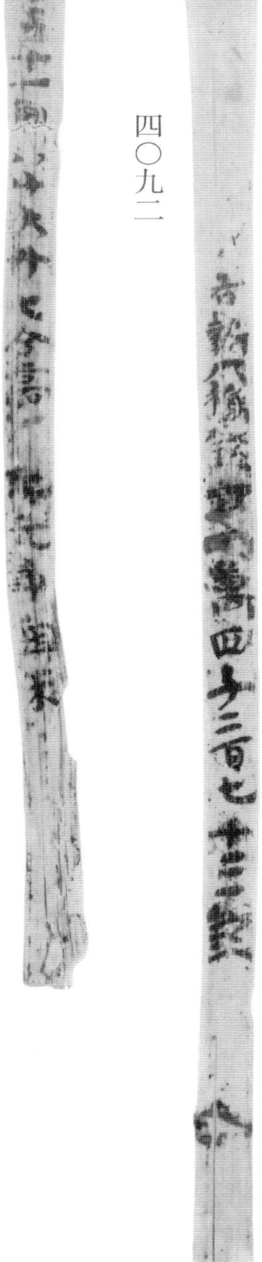

四〇九二

四〇九三

四〇九四

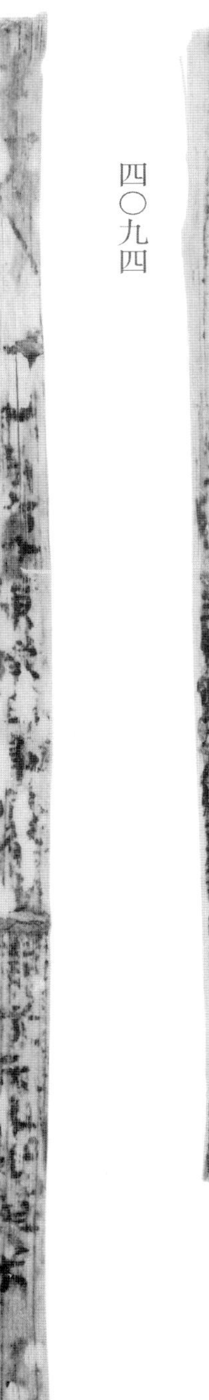

四〇九五

四〇九六

四〇九七

四〇九八

四〇九九

四一〇〇

四一〇一

四一〇二

四一〇三

四一〇四

四一〇五

四一〇六

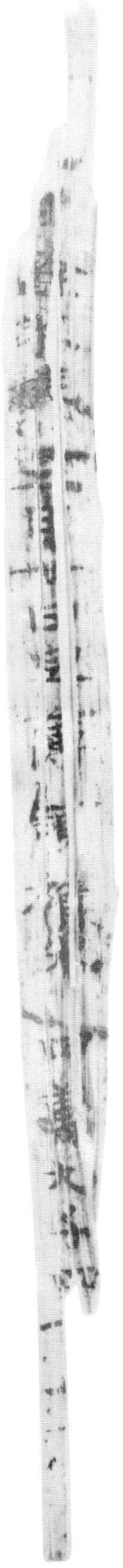

四一〇七

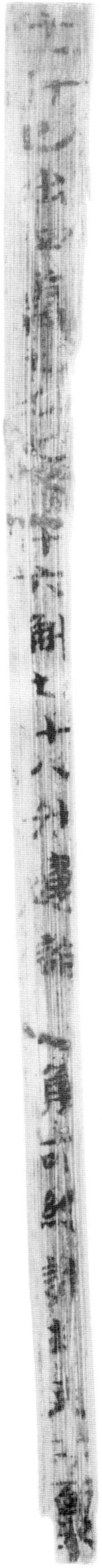

四一〇八

四一〇九

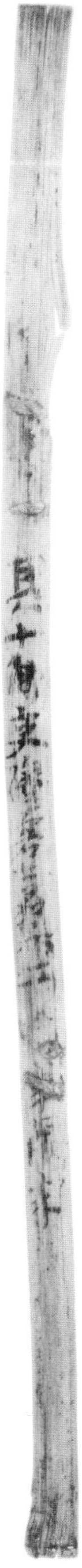

四一一〇

四一一一

四一一二
四一一三
四一一四
四一一五
四一一六
四一一七
四一一八
四一一九

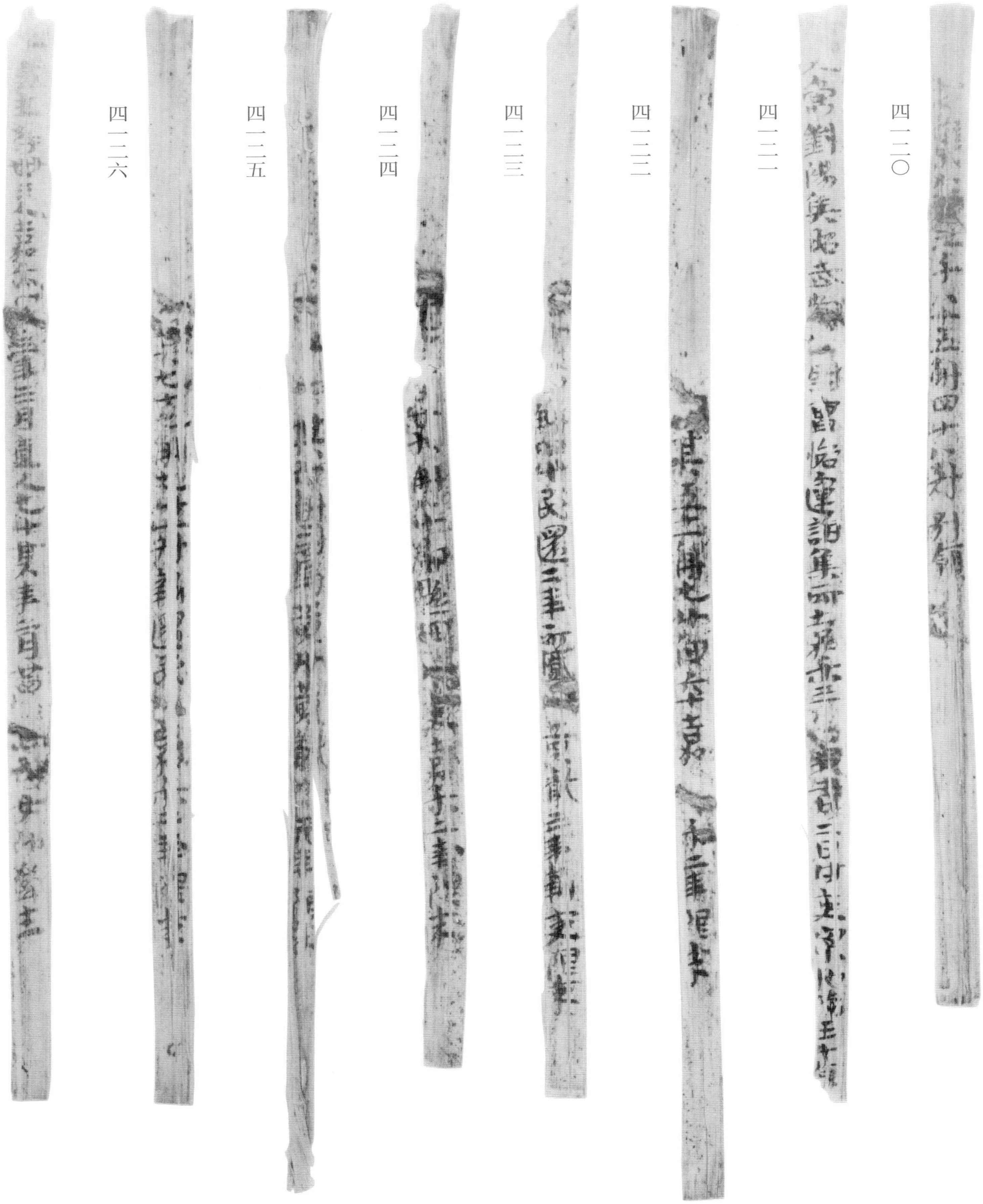

四一二〇

四一二一

四一二二

四一二三

四一二四

四一二五

四一二六

四一二七

四一二八

四一二九

四一三〇

四一三一

四一三二

四一三三

四一三四

四一三五

四一三六 四一三七 四一三八 四一三九 四一四〇 四一四一 四一四二 四一四三

四一四四
四一四五
四一四六
四一四七
四一四八
四一四九
四一五〇
四一五一

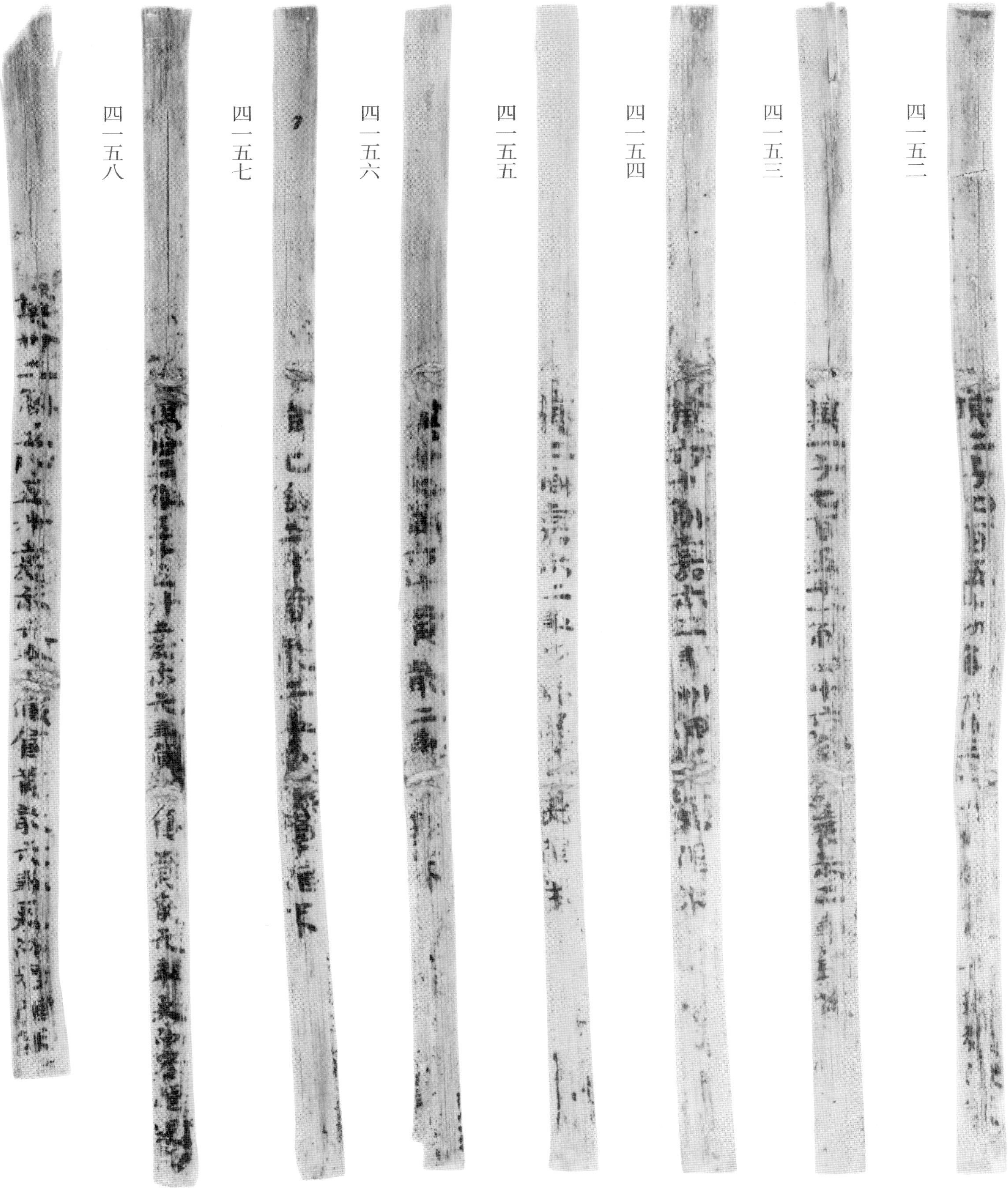

四一五二

四一五三

四一五四

四一五五

四一五六

四一五七

四一五八

四一五九

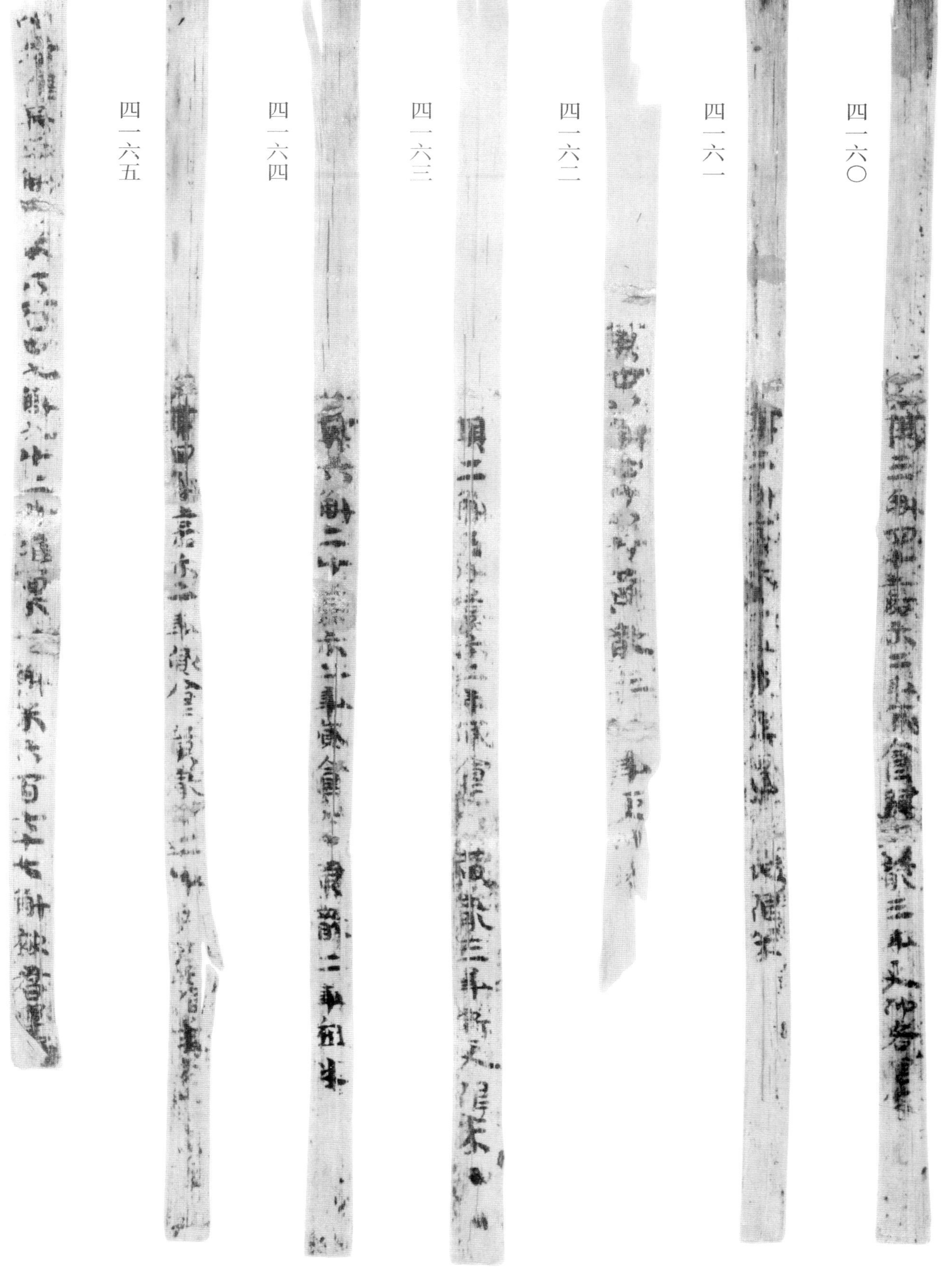
四一六〇
四一六一
四一六二
四一六三
四一六四
四一六五
四一六六
四一六七

四一六八

四一六九

四一七〇

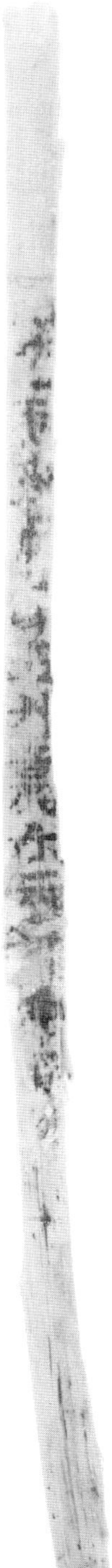

四一七一

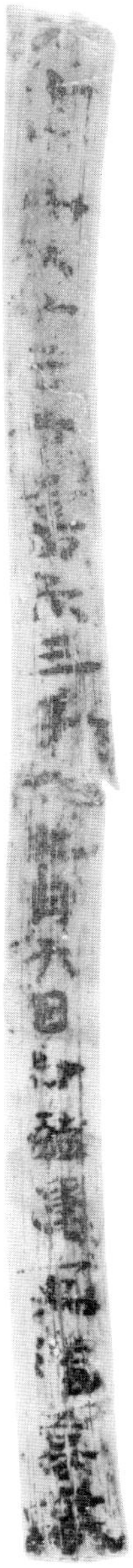

四一七二

四一七三

四一七四

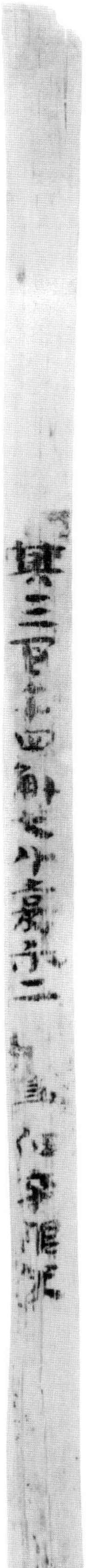

四一七五

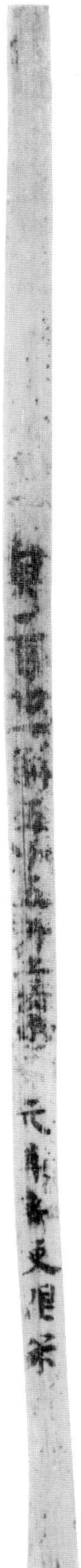

四一七六

四一七七

四一七八

四一七九

四一八〇

四一八一

四一八二

四一八三

四一八四

四一八五

四一八六

四一八七

四一八八

四一八九

四一九〇

四一九一

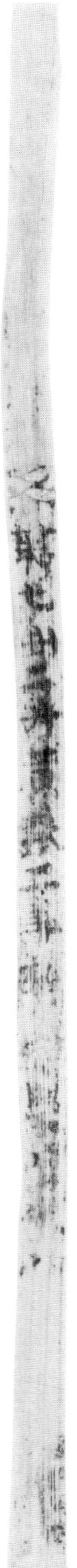

四一九二

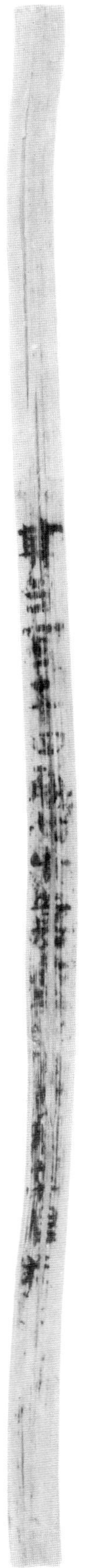

四一九三

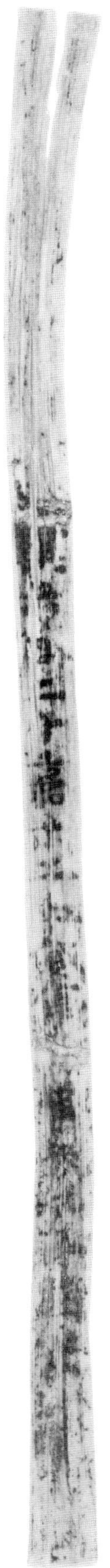

四一九四

四一九五

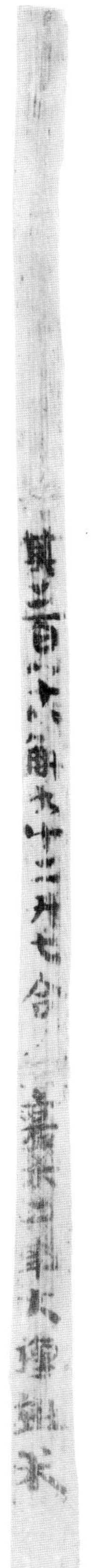

四一九六

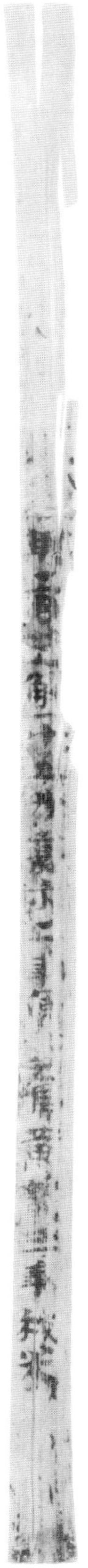

四一九七

四一九八

四一九九

四二〇〇

四二〇一

四二〇二

四二〇三

四二〇四

四二〇五

四二〇六

四二〇七

四二〇八 四二〇九 四二一〇 四二一一 四二一二 四二一三 四二一四 四二一五

四二一六

四二一七

四二一八

四二一九

四二二〇

四二二一

四二二二

四二二三

四二二四

四二二五

四二二六

四二二七

四二二八

四二二九

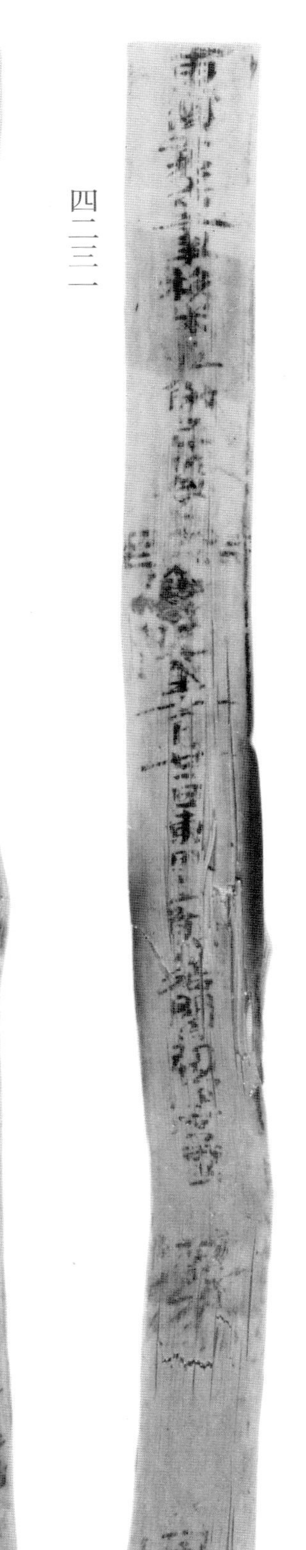

四二三〇

四二三一

四二三二

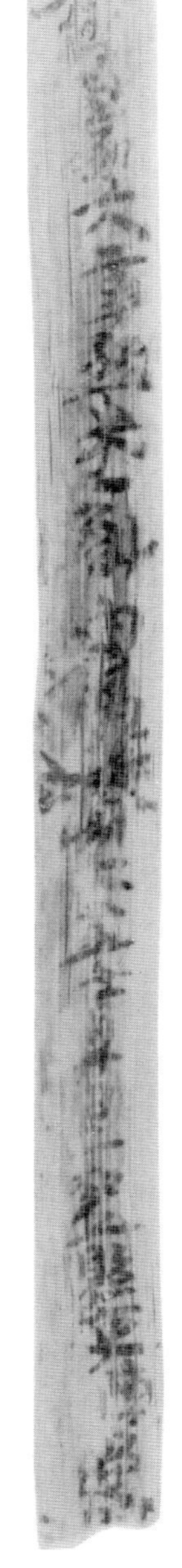

四二三三

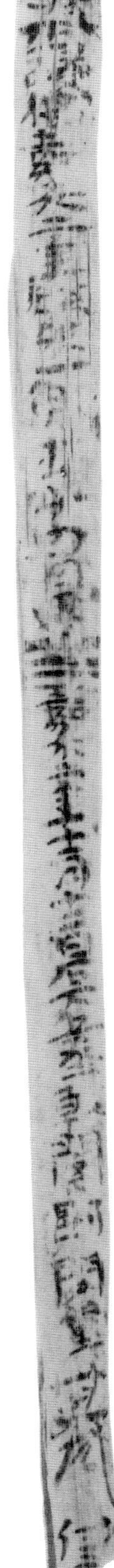

四二三四

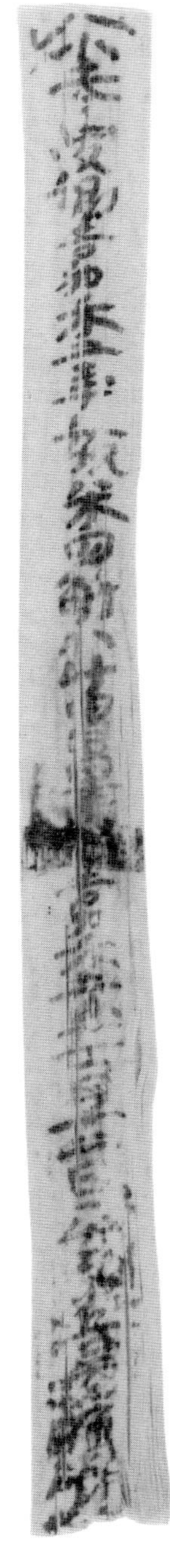

四二三五

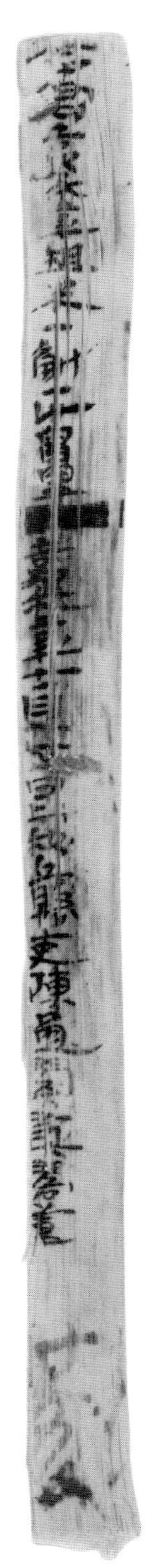

四二三六

四二三七
四二三八
四二三九
四二四〇
四二四一
四二四二
四二四三
四二四四

四二四五

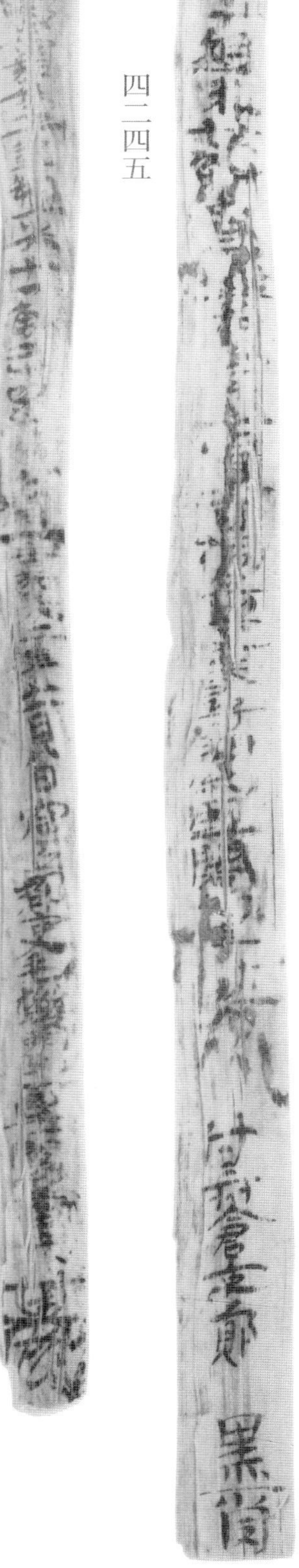

四二四六

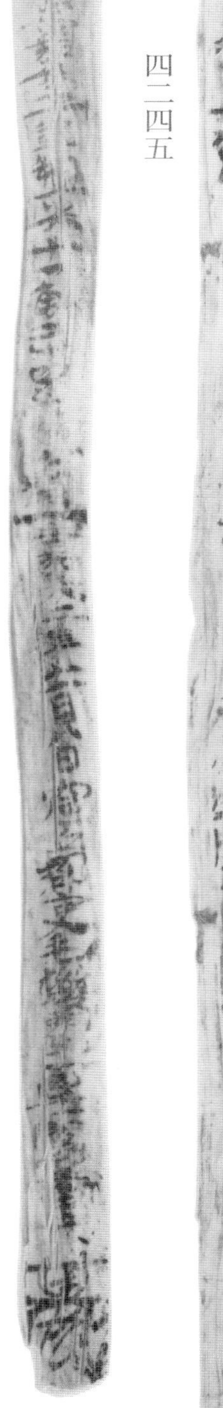

四二四七

四二四八

四二四九

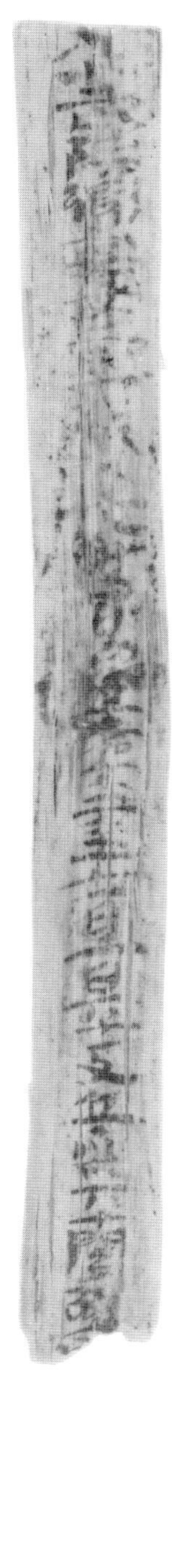

四二五〇

四二五一

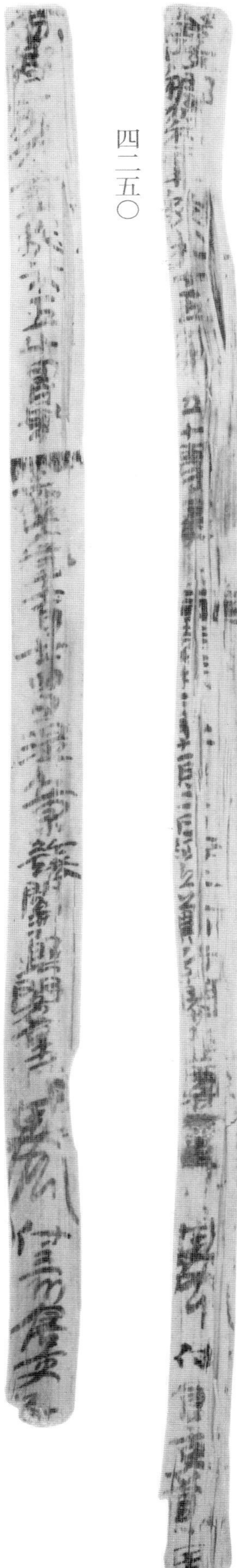

四二五二

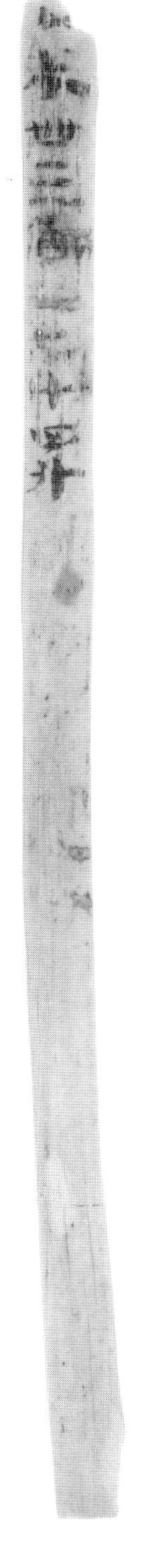

四二五三
四二五四
四二五五
四二五六
四二五七
四二五八
四二五九
四二六〇

四二六一

四二六二

四二六三

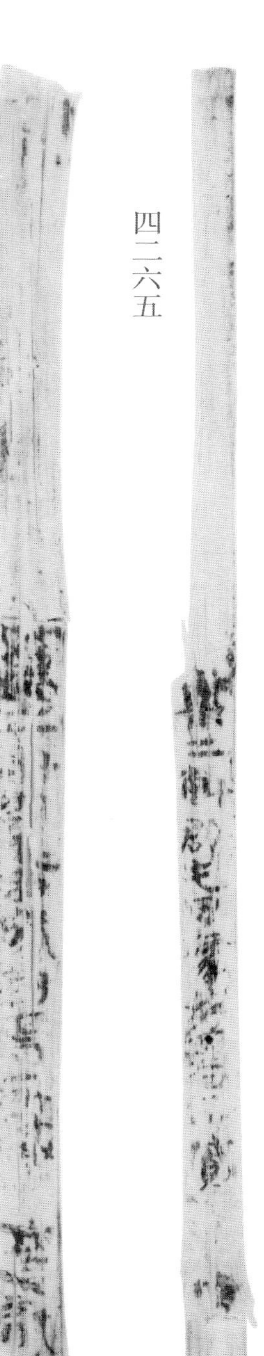

四二六四

四二六五

四二六六

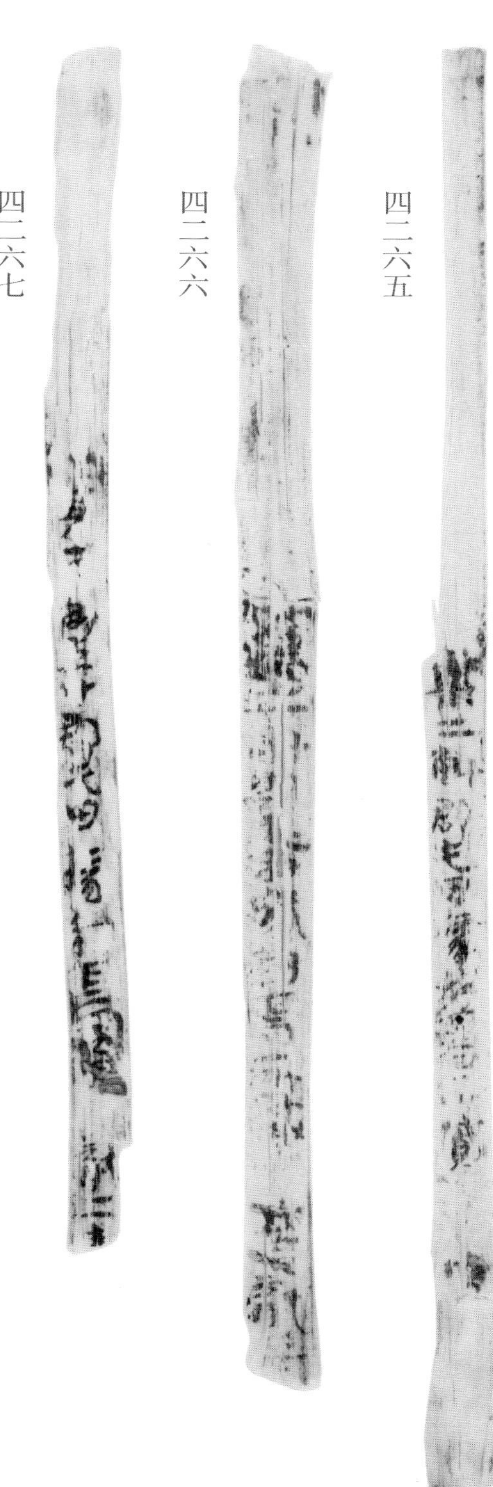

四二六七

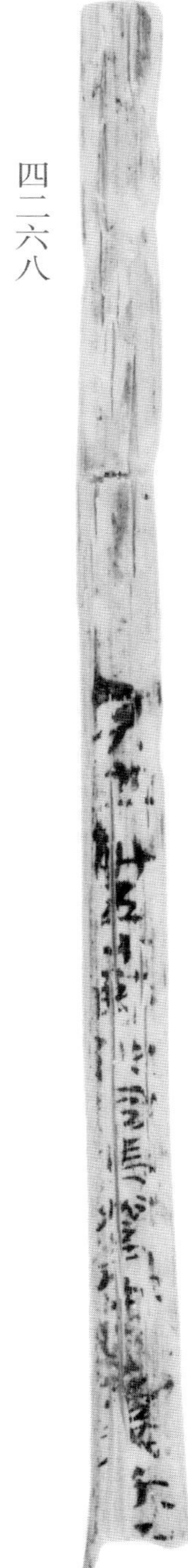

四二六八

四二六九

四二七〇

四二七一

四二七二

四二七三

四二七四

四二七五

四二七六

四二七七

四二七八

四二七九

四二八〇

四二八一

四二八二

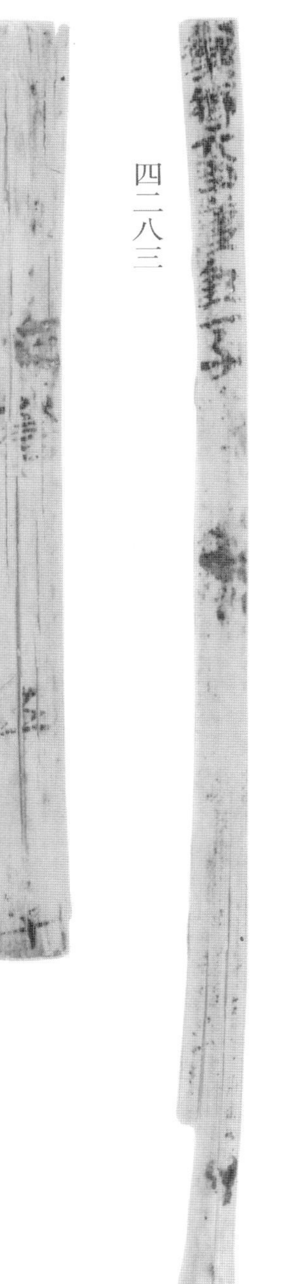

四二八三

四二八四

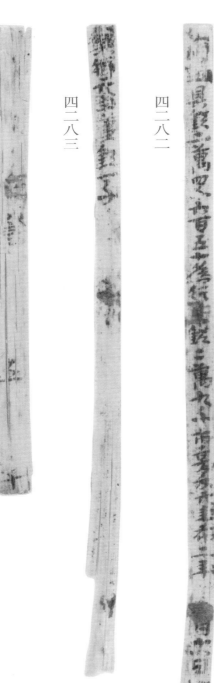

四二八五

四二八六

四二八七

四二八八

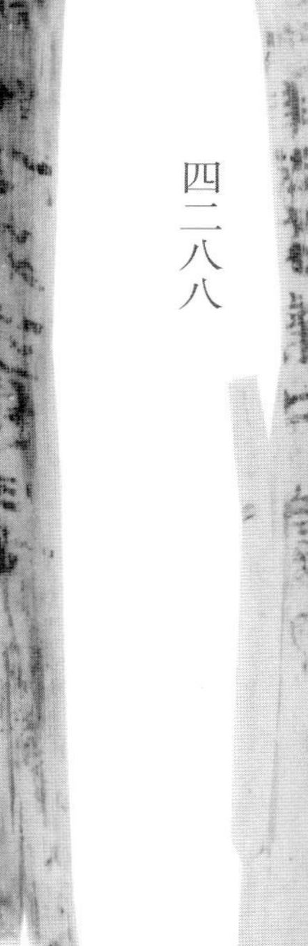

四二八九

四二九〇

四二九一

四二九二

四二九三

四二九四

四二九五

四二九六

四二九七

四二九八

四二九九

四三〇〇

四三〇一　四三〇二　四三〇三　四三〇四　四三〇五　四三〇六　四三〇七　四三〇八

四三〇九

四三一〇

四三一一

四三一二

四三一三

四三一四

四三一五

四三一六

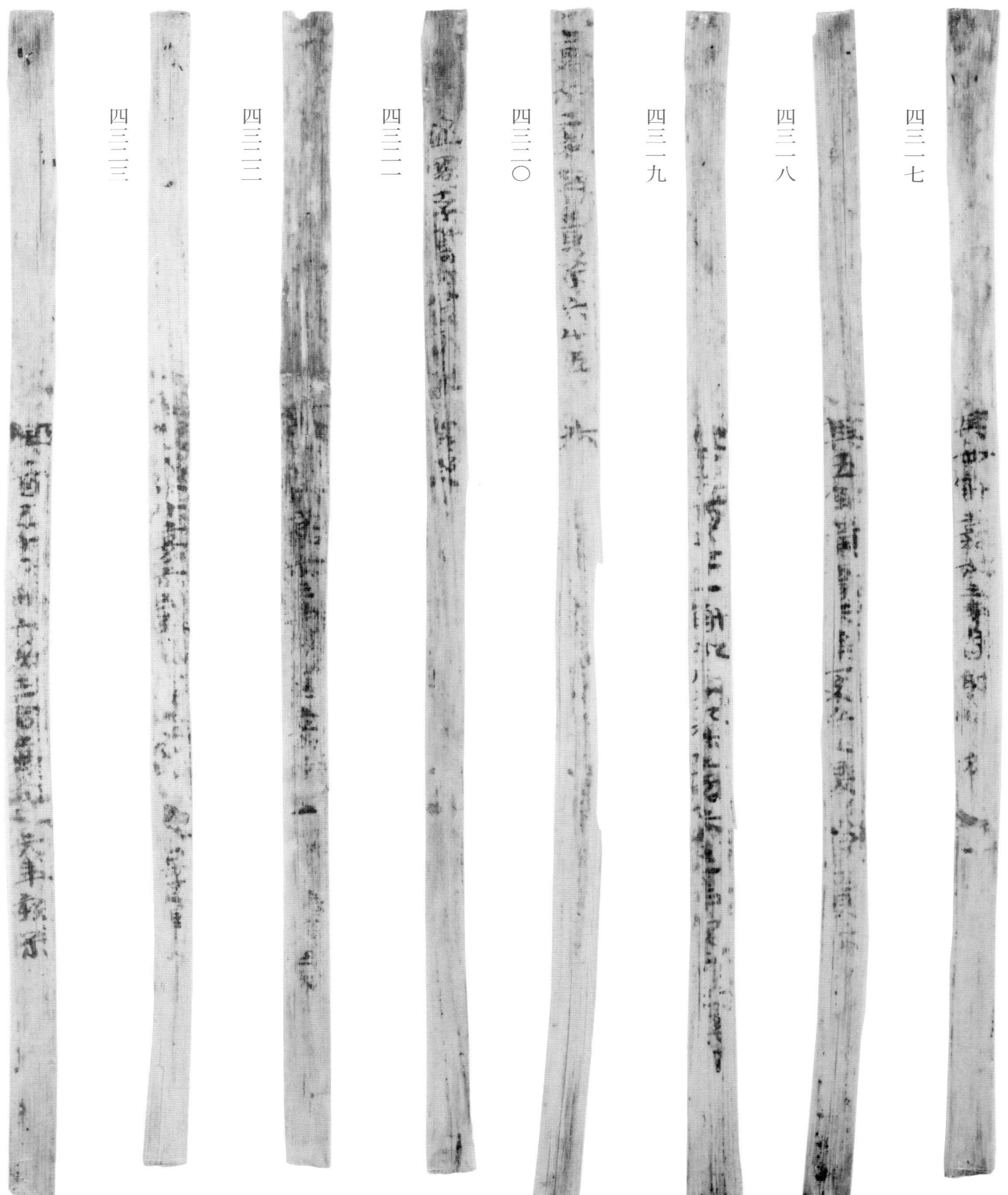

四三一七

四三一八

四三一九

四三二〇

四三二一

四三二二

四三二三

四三二四

四三二五

四三二六

四三二七

四三二八

四三二九

四三三〇

四三三一

四三三二

四三三三
四三三四
四三三五
四三三六
四三三七
四三三八
四三三九
四三四〇

四三四一

四三四二

四三四三

四三四四

四三四五

四三四六

四三四七

四三四八

四三四九
四三五〇
四三五一
四三五二
四三五三
四三五四
四三五五
四三五六

四三五七

四三五八

四三五九

四三六〇

四三六一

四三六二

四三六三

四三六四

四三六五

四三六六

四三六七

四三六八

四三六九

四三七〇

四三七一

四三七二

四三七三

四三七四

四三七五

四三七六

四三七七

四三七八

四三七九

四三八〇

四三八一

四三八二

四三八三

四三八四

四三八五

四三八六

四三八七

四三八八

四三八九

四三九〇

四三九一

四三九二

四三九三

四三九四

四三九五

四三九六

四三九七

四三九八

四三九九

四四〇〇

四四〇一

四四〇二

四四〇三

四四〇四

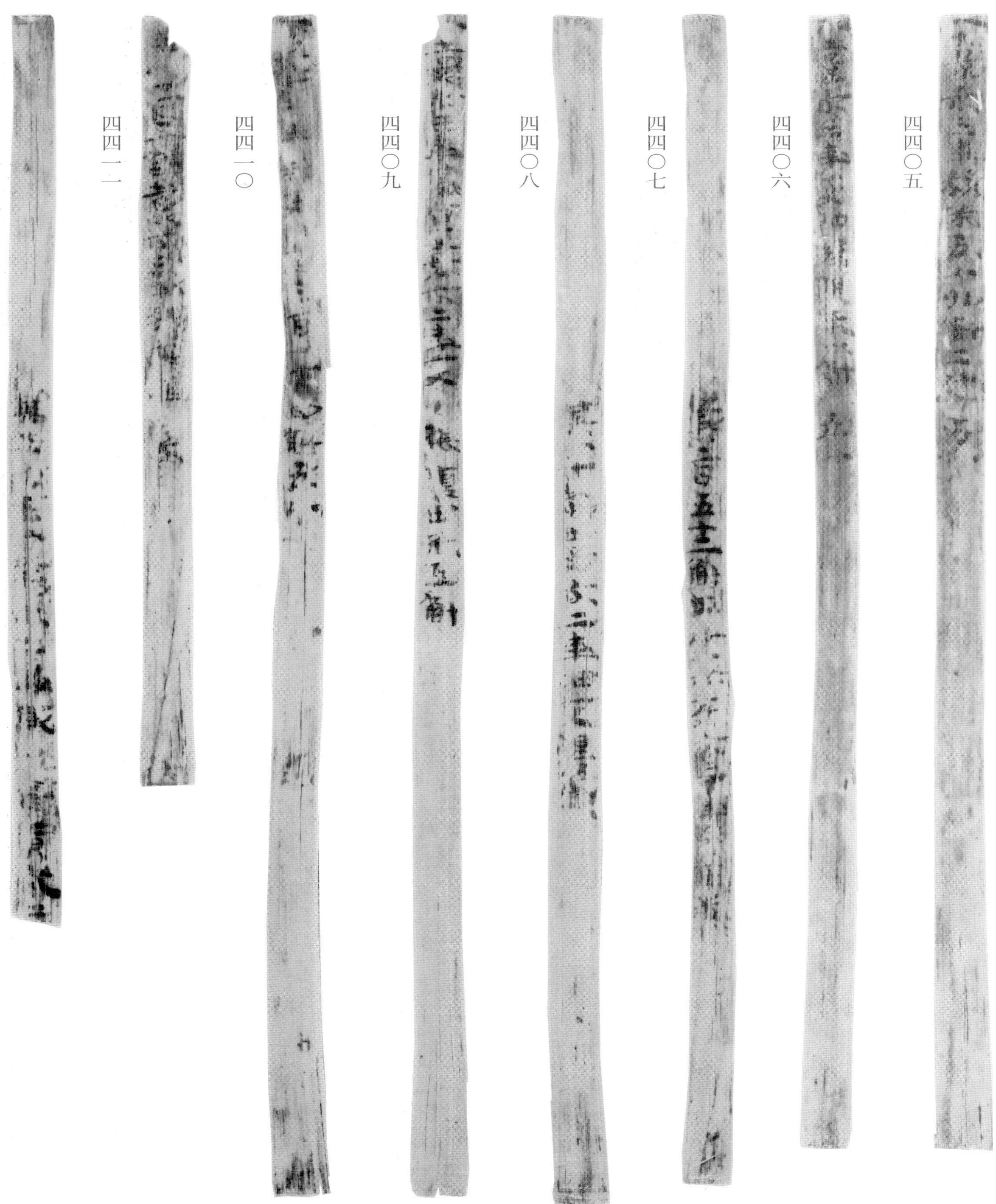
四四〇五
四四〇六
四四〇七
四四〇八
四四〇九
四四一〇
四四一一
四四一二

四四一三

四四一四

四四一五

四四一六

四四一七

四四一八

四四一九

四四二〇

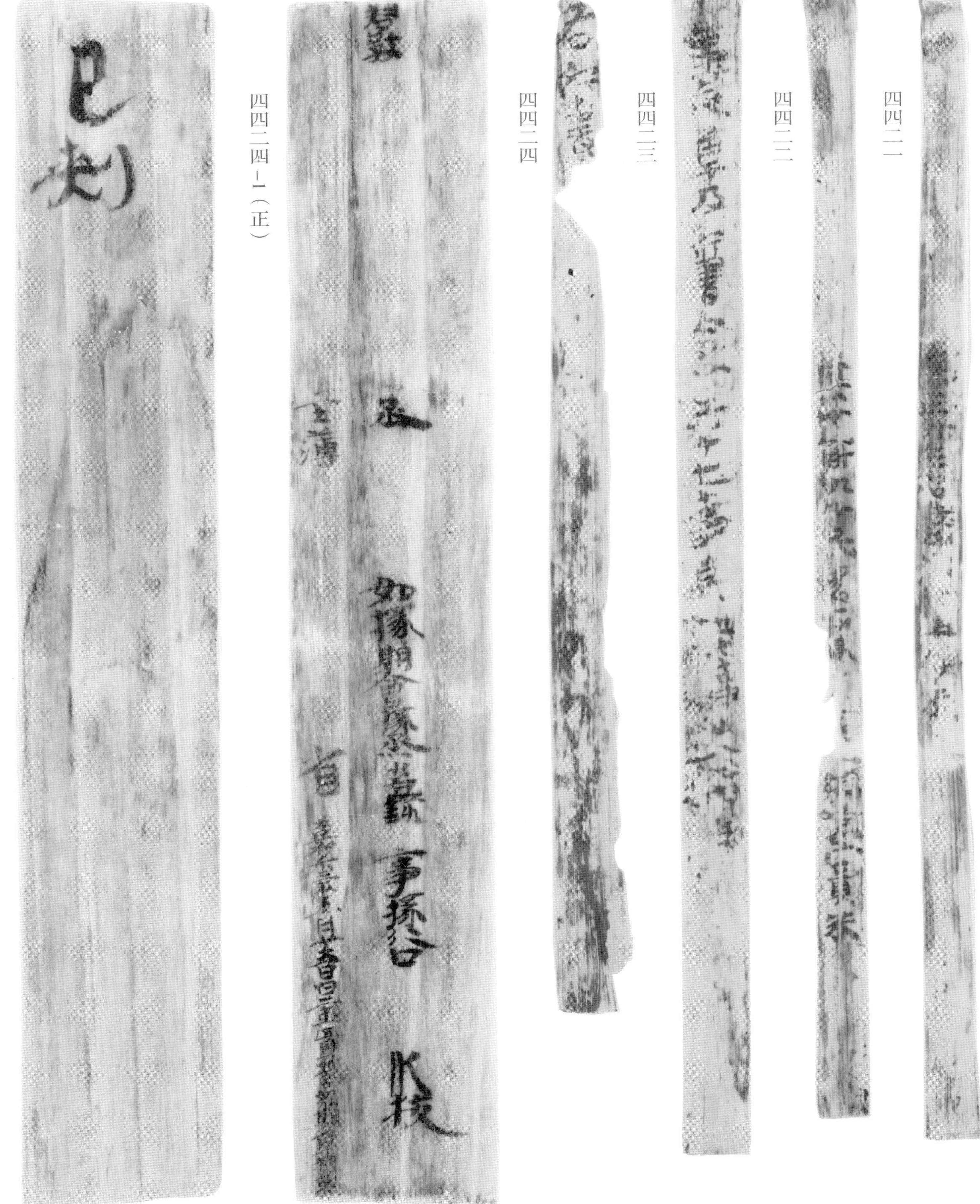

四四二四-1（背）　四四二四-1（正）　四四二四　四四二三　四四二二　四四二一

四四二五

四四二六

四四二七

四四二八

四四二九

四四三〇

四四三一

四四三二

四四三三
四四三四
四四三五
四四三六
四四三七
四四三八
四四三九
四四四〇

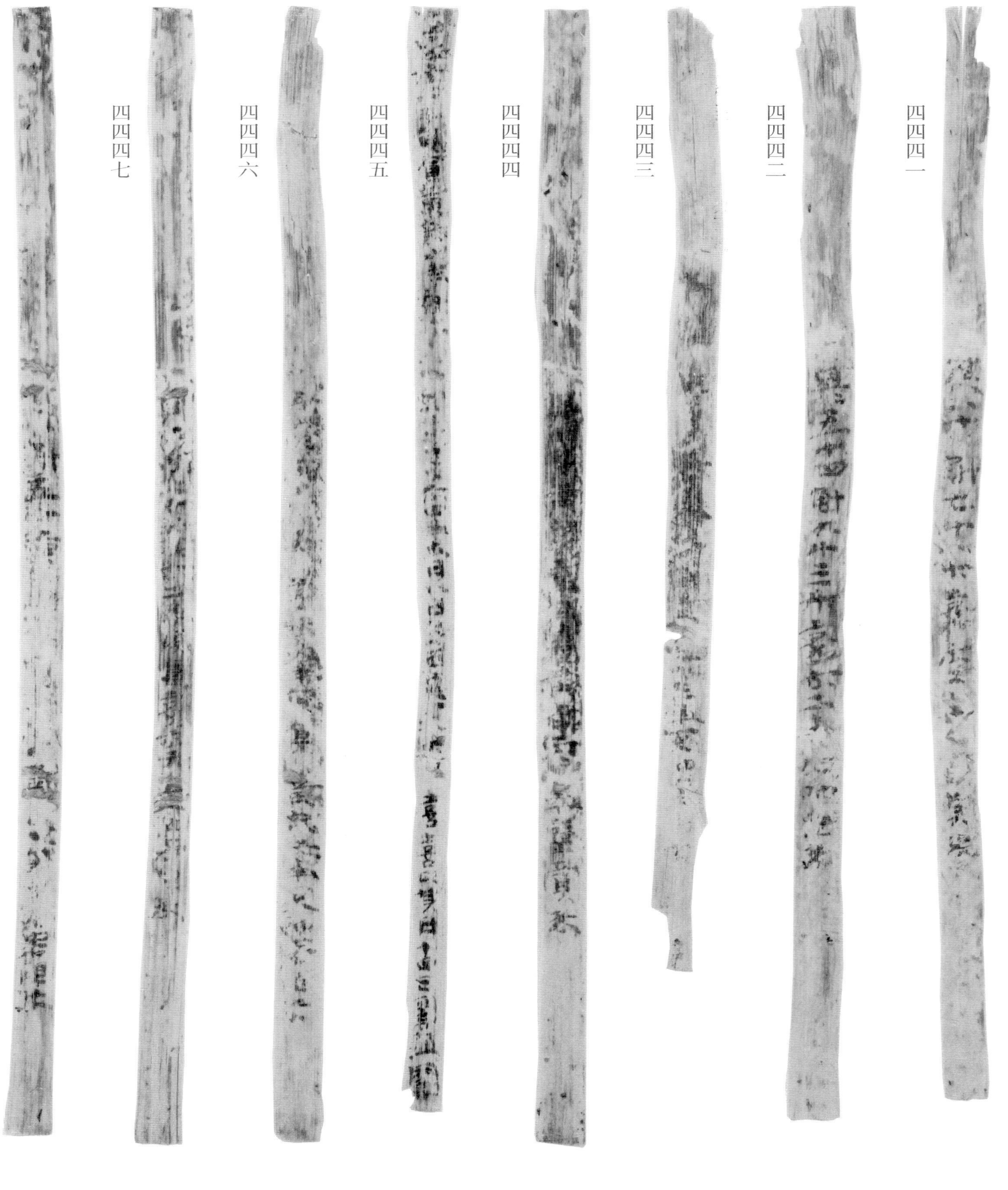

四四四一

四四四二

四四四三

四四四四

四四四五

四四四六

四四四七

四四四八

四四四九

四四五〇

四四五一

四四五一—1（正）

四四五一—1（背）

四四五二

四四五三

四四五四

四四五五

四四五六

四四五七

四四五八

四四五九

四四六〇

四四六一

四四六二

四四六三

四四六四

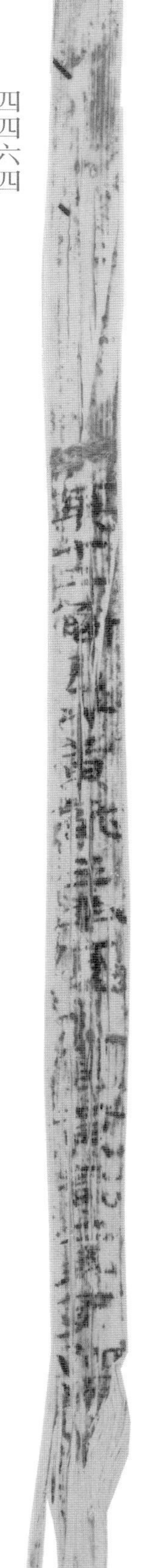

四四六五

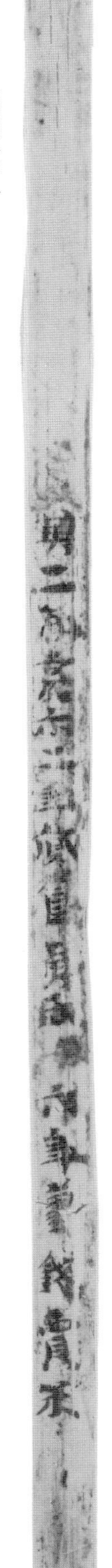

四四六六

四四六七

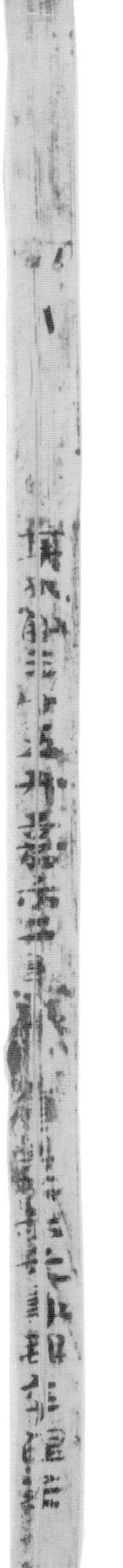

四四六八

四四六九

四四七〇

四四七一

四四七二

四四七三

四四七四

四四七五

四四七六

四四七七

四四七八

四四七九

四四八〇

四四八一

四四八二

四四八三

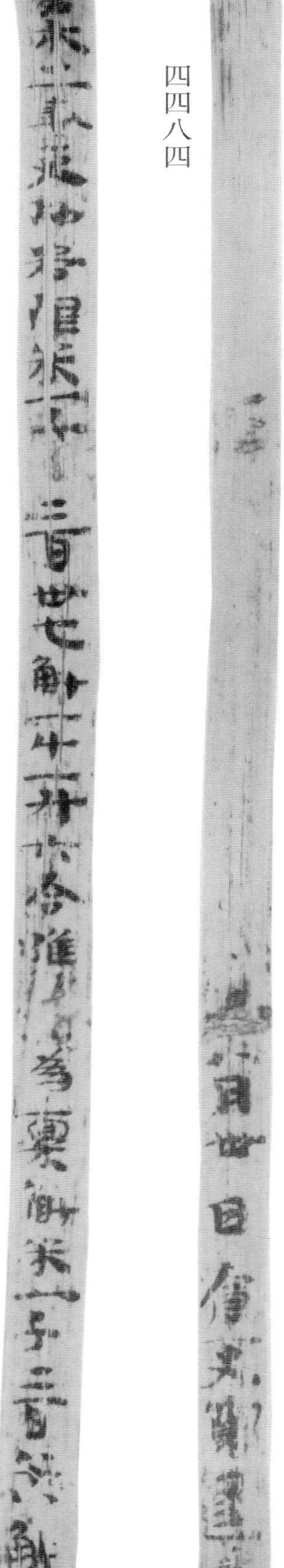

四四八四

四四八五

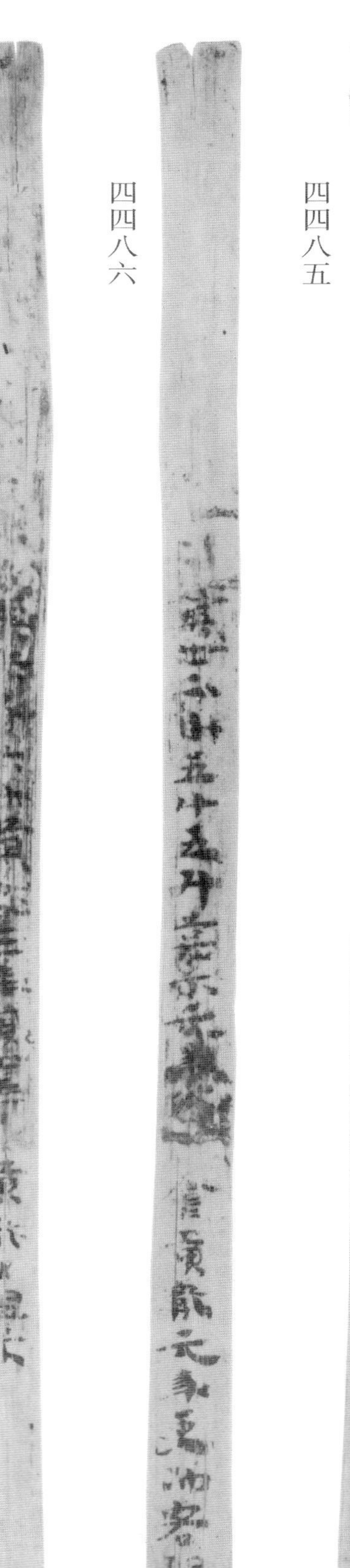

四四八六

四四八七

四四八八

四四八九

四四九〇

四四九一

四四九二

四四九三

四四九四

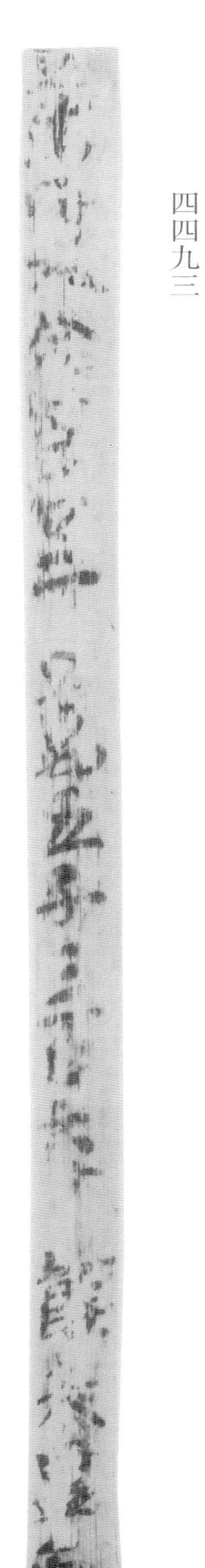

四四九五

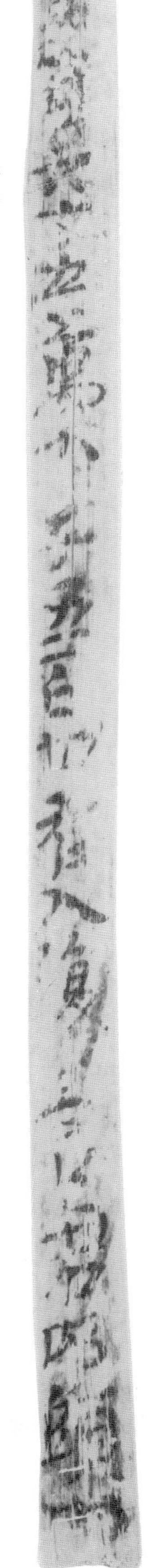

四四九六

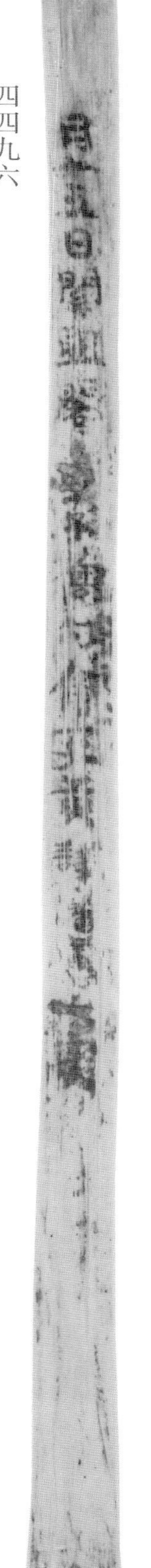

四四九七

四四九八

四四九九

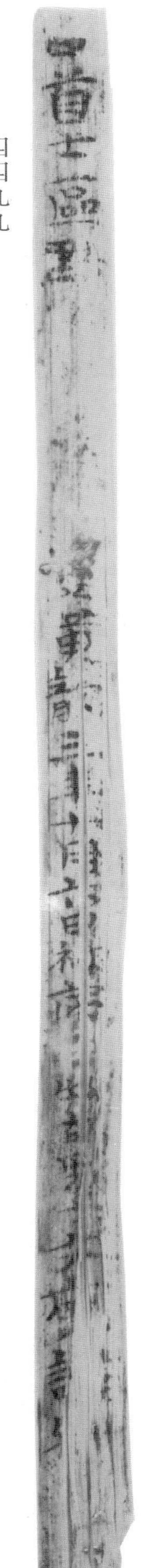

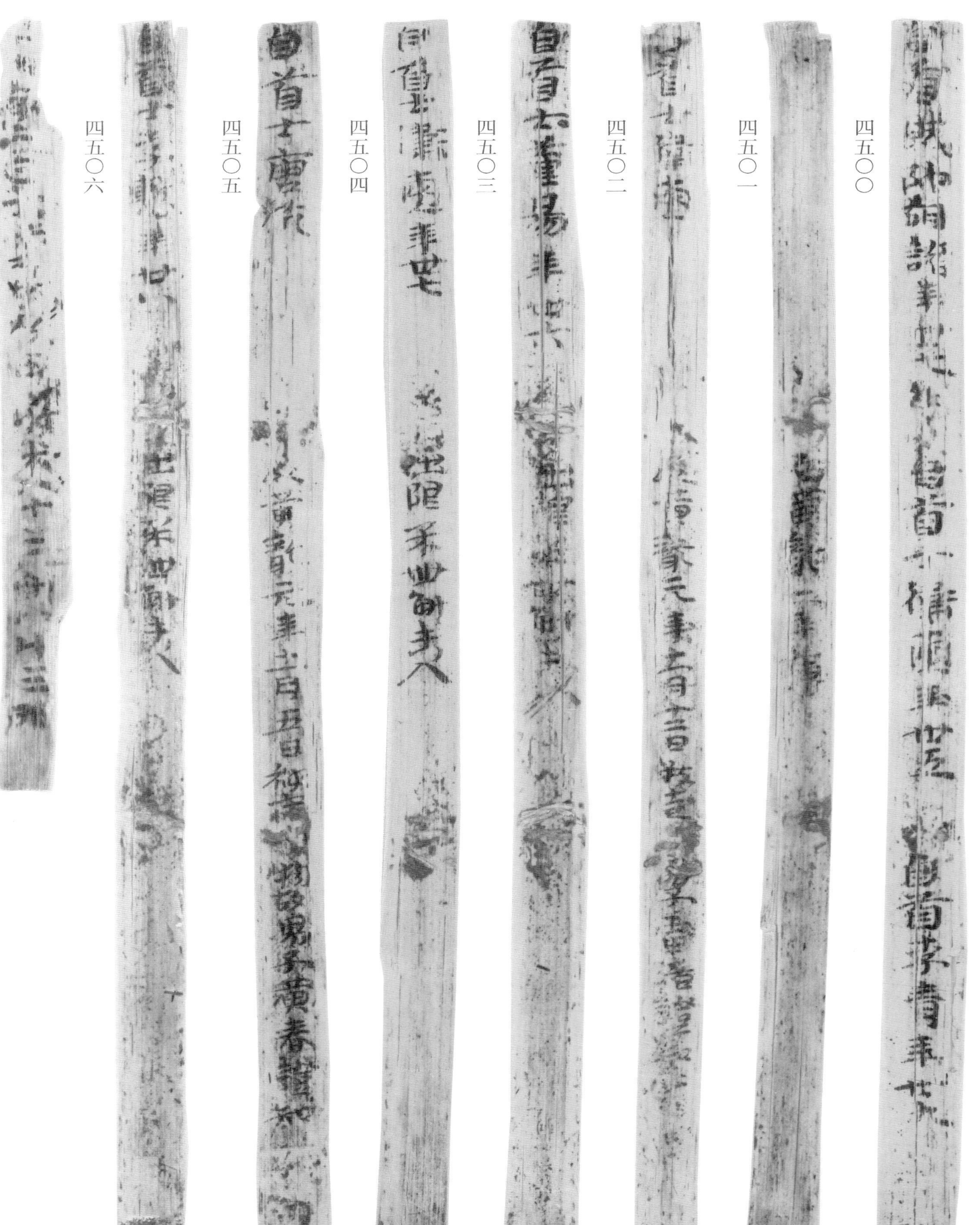

四五〇〇

四五〇一

四五〇二

四五〇三

四五〇四

四五〇五

四五〇六

四五〇七

長沙簡牘博物館
中國文化遺產研究院
北京大學歷史學系
故宫研究院古文獻研究所
走馬樓簡牘整理組　編著

長沙走馬楼三國吴簡

竹簡〔玖〕

（中）

文物出版社

圖版

（四〇五八——七八一〇）

四五〇八

四五〇九

四五一〇

四五一一

四五一二

四五一三

四五一四

四五一五

四五一六 四五一七 四五一八 四五一九 四五二〇 四五二一 四五二二 四五二三

四五二四
四五二五
四五二六
四五二七
四五二八
四五二九
四五三〇
四五三一

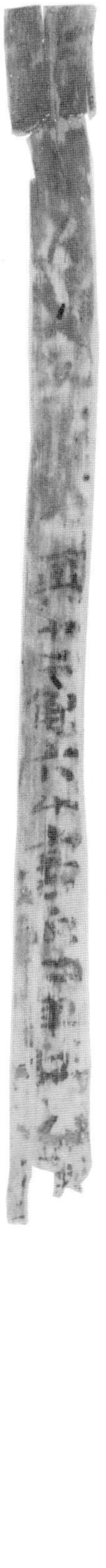
四五三二

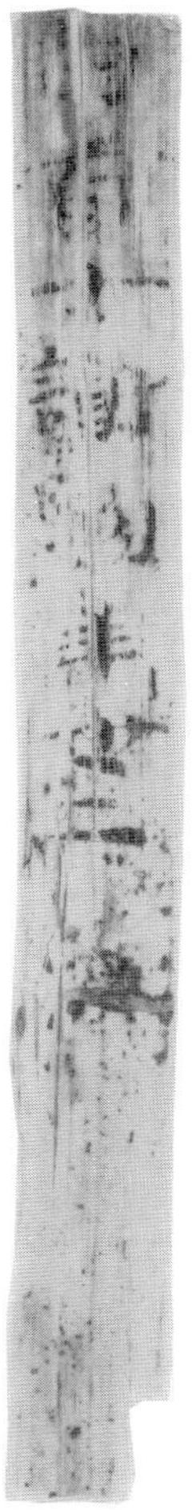
四五三三

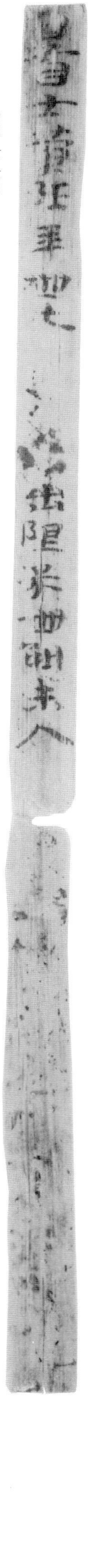
四五三四

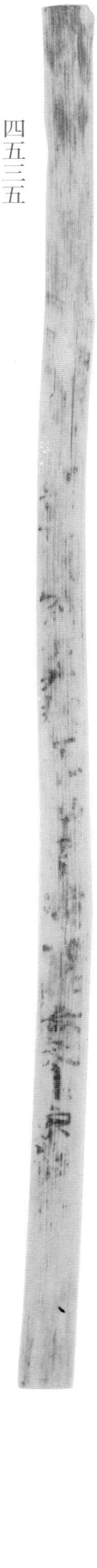
四五三五

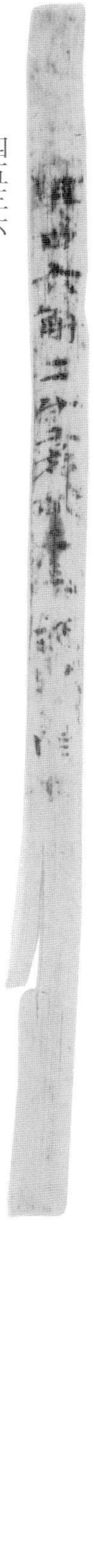
四五三六

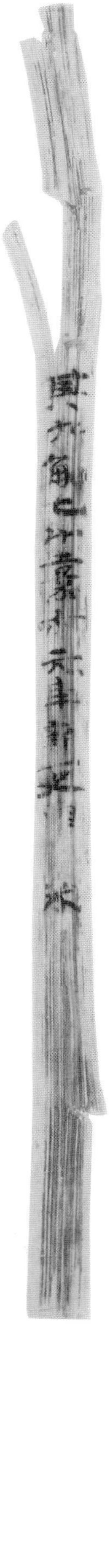
四五三七

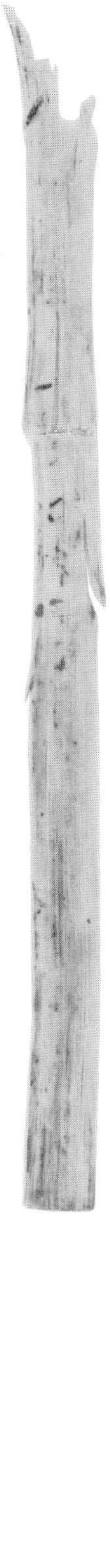
四五三八

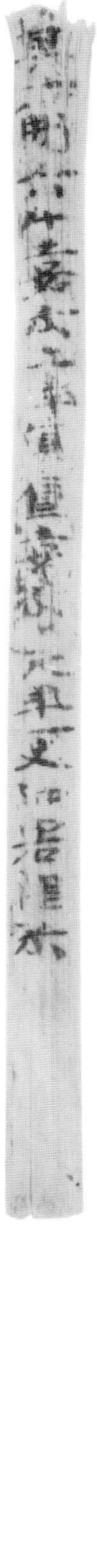
四五三九

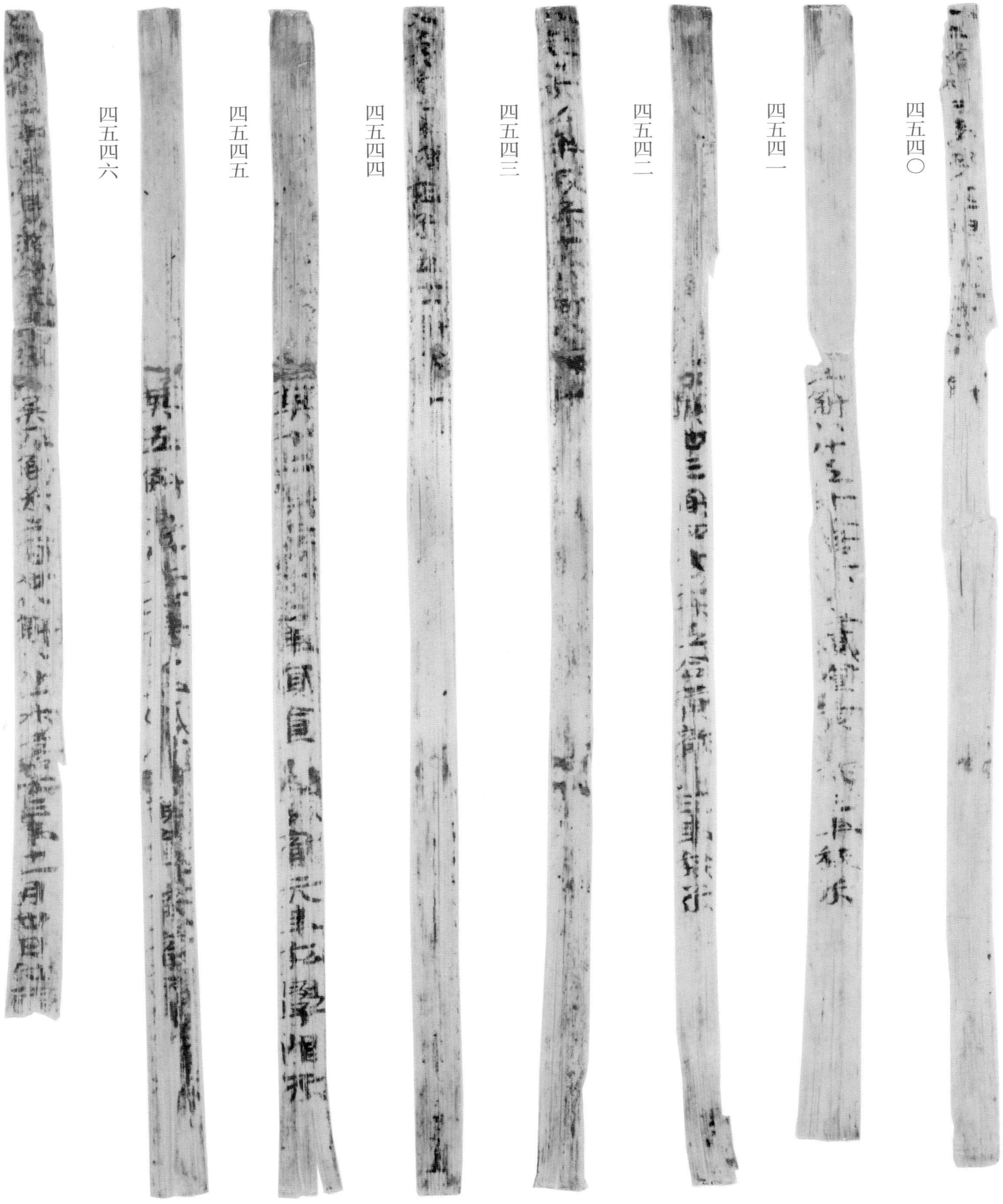

四五四〇

四五四一

四五四二

四五四三

四五四四

四五四五

四五四六

四五四七

四五四八

四五四九

四五五〇

四五五一

四五五二

四五五三

四五五四

四五五五

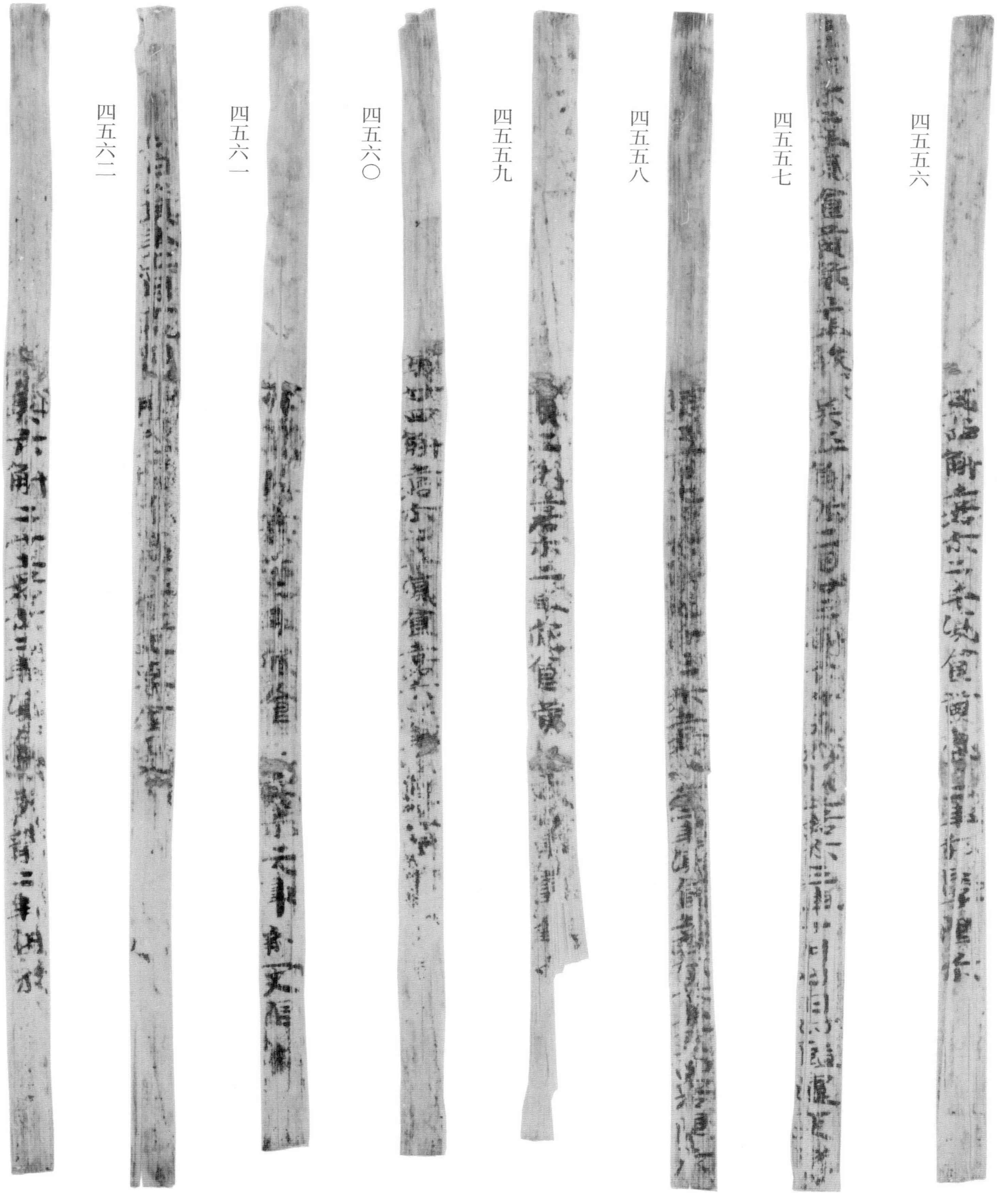

四五五六

四五五七

四五五八

四五五九

四五六〇

四五六一

四五六二

四五六三

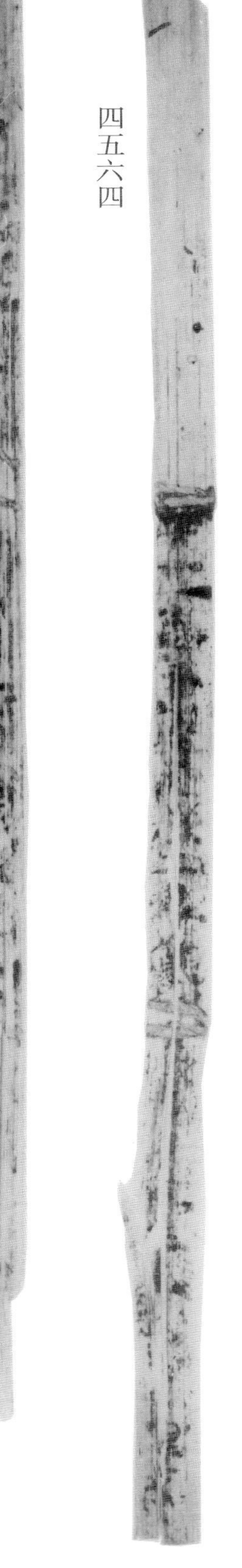

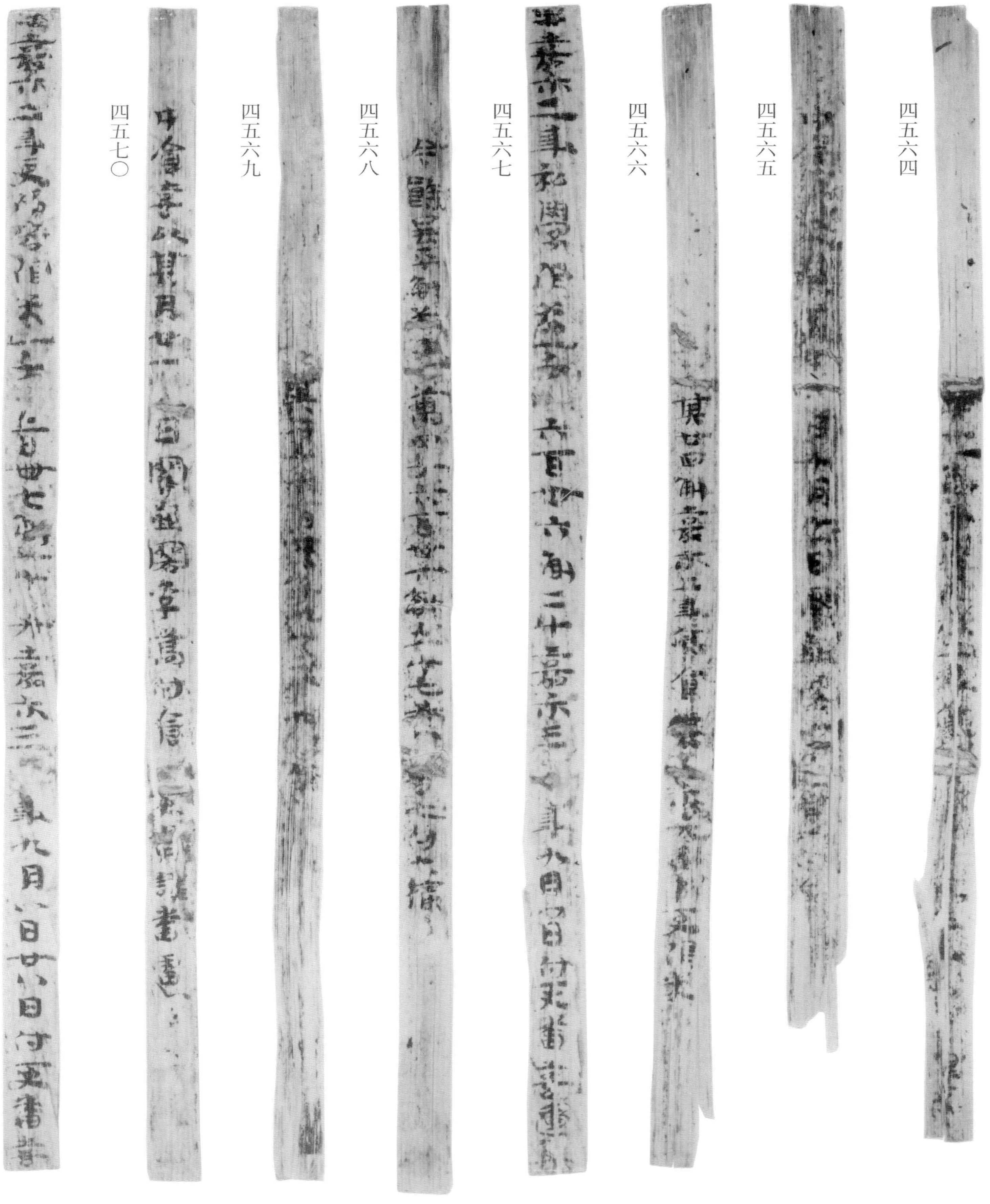

四五六四

四五六五

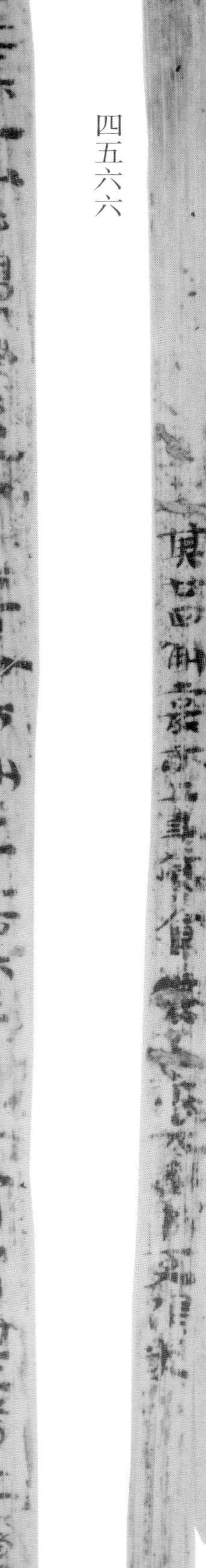

四五六六

四五六七

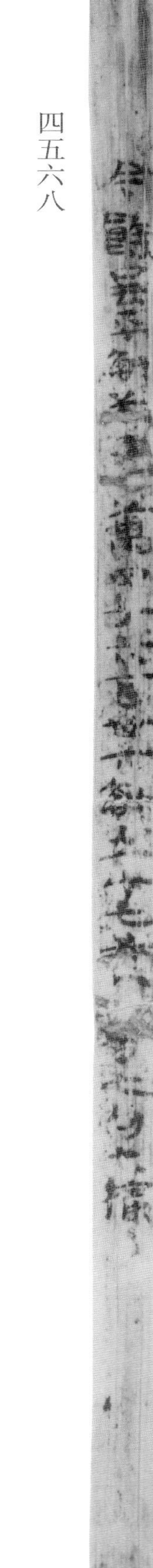

四五六八

四五六九

四五七〇

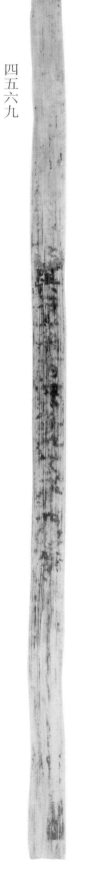

四五七一

四五七二

四五七三

四五七四

四五七五

四五七六

四五七七

四五七八

四五七九

四五八〇

四五八一

四五八二

四五八三

四五八四

四五八五

四五八六

四五八七

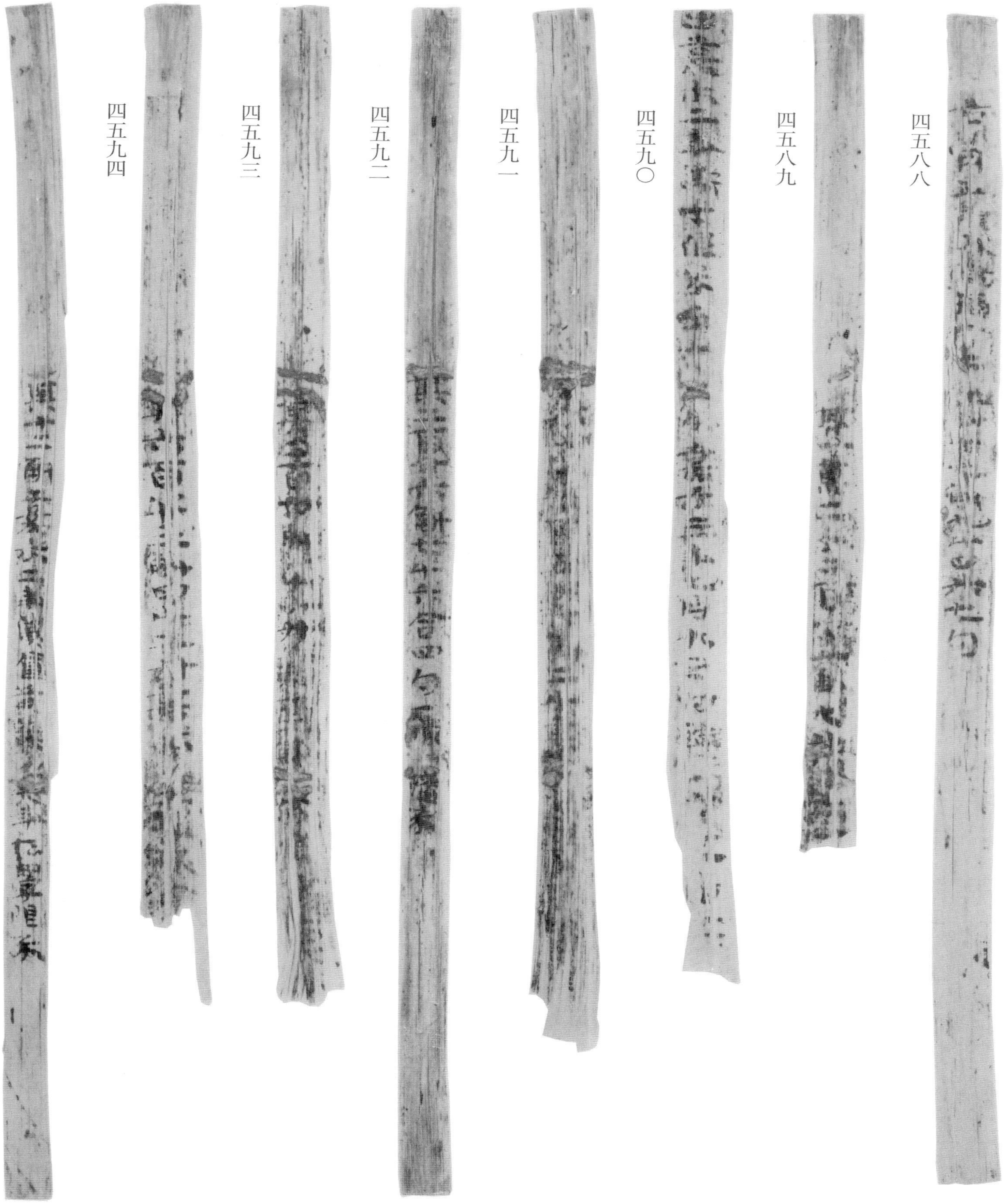

四五八八

四五八九

四五九〇

四五九一

四五九二

四五九三

四五九四

四五九五

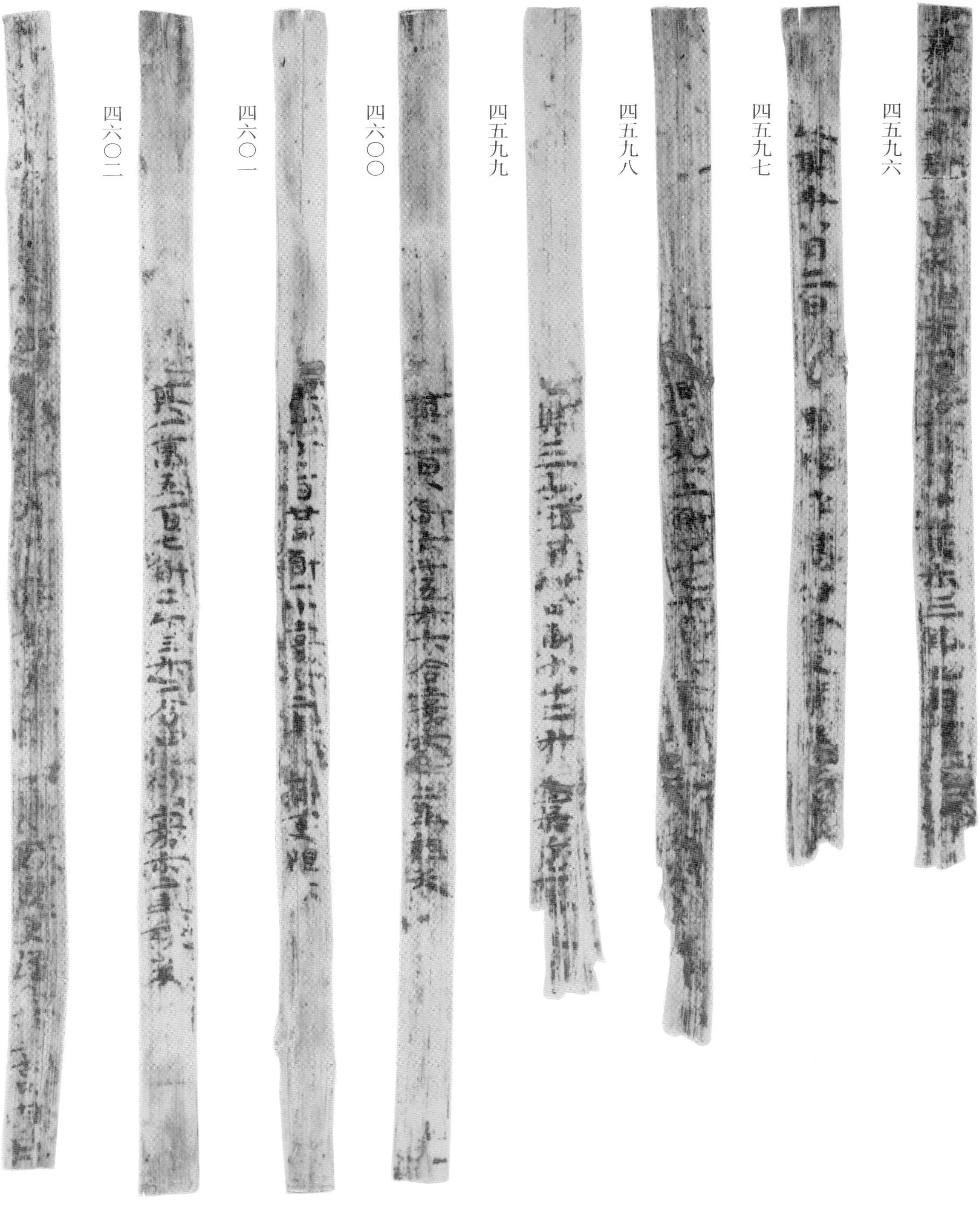

四五九六 四五九七 四五九八 四五九九 四六〇〇 四六〇一 四六〇二 四六〇三

四六〇四

四六〇五

四六〇六

四六〇七

四六〇八

四六〇九

四六一〇

四六一一

四六一二

四六一三

四六一四

四六一五

四六一六

四六一七

四六一八

四六一九

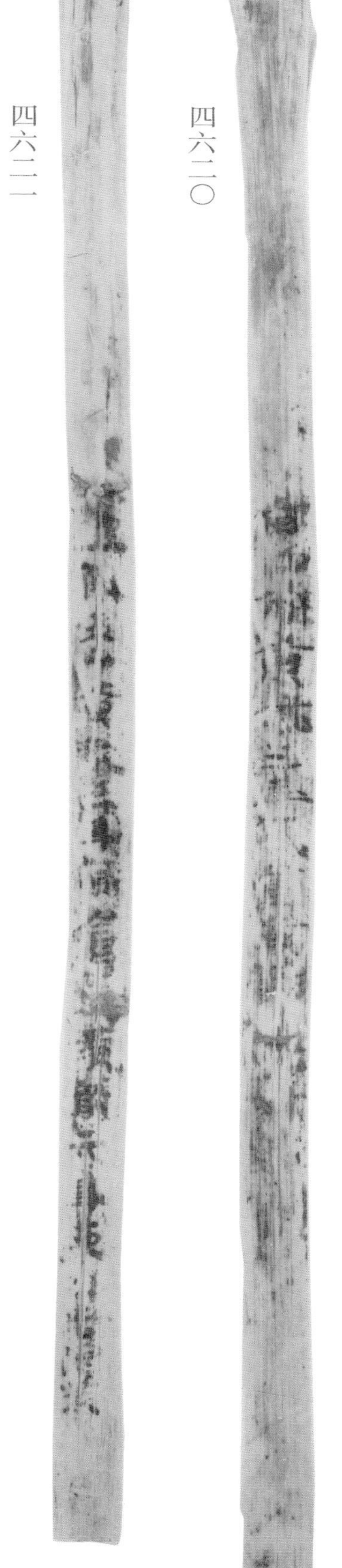

四六二〇

四六二一

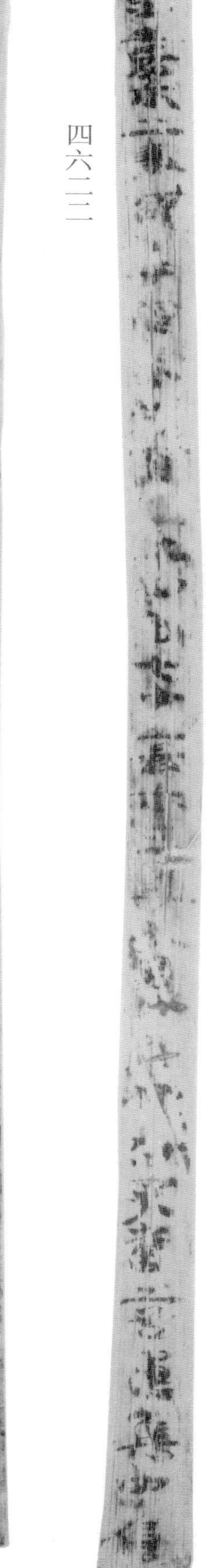

四六二二

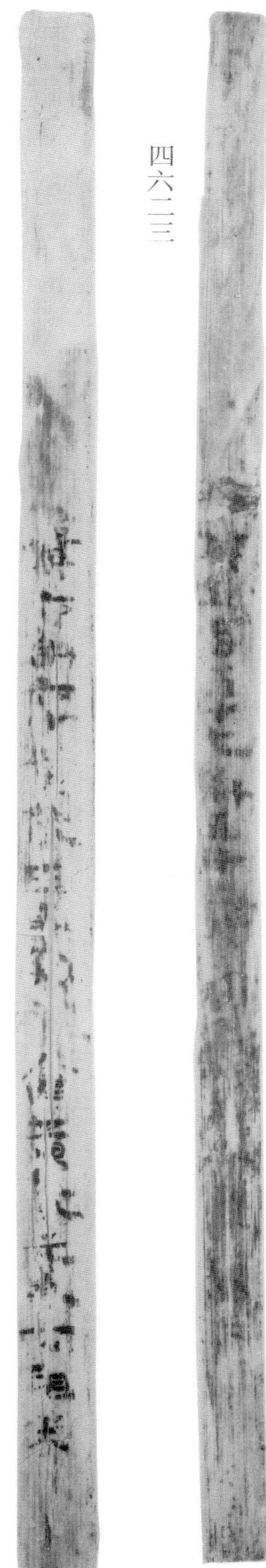

四六二三

四六二四

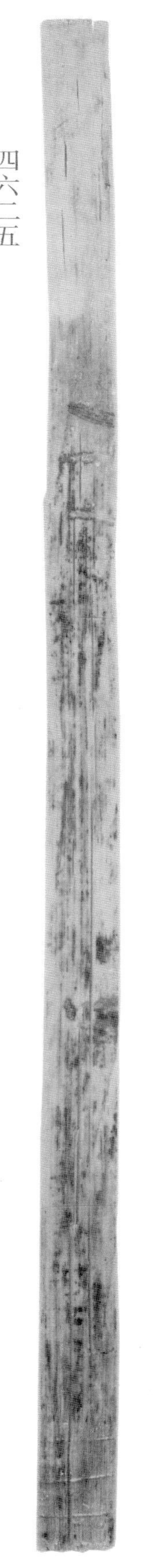

四六二五

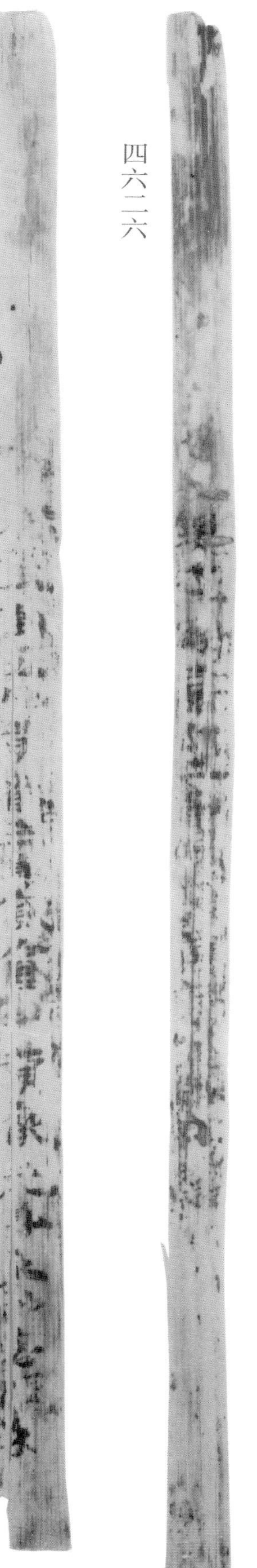

四六二六

四六二七

四六二八

四六二九

四六三〇

四六三一

四六三二

四六三三

四六三四

四六三五

四六三六

四六三七

四六三八

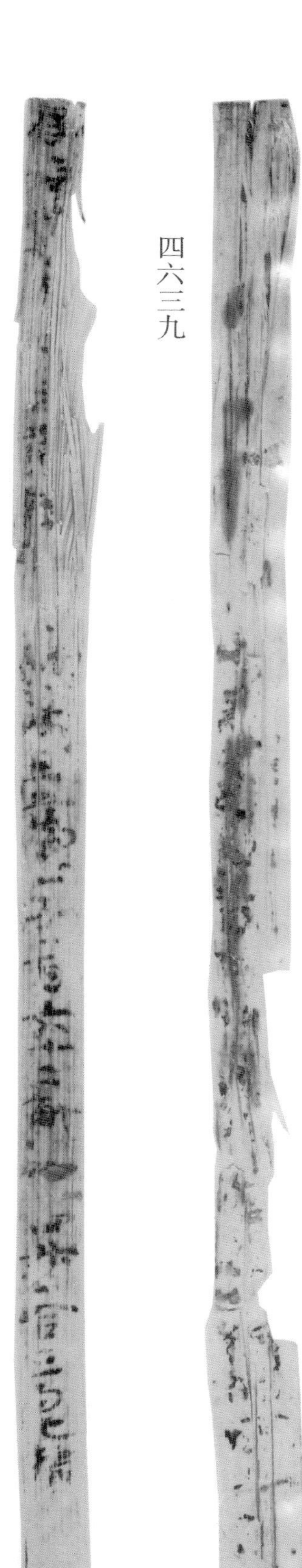

四六三九

四六四〇

四六四一

四六四二

四六四三

四六四四
四六四五
四六四六
四六四七
四六四八
四六四九
四六五〇
四六五一

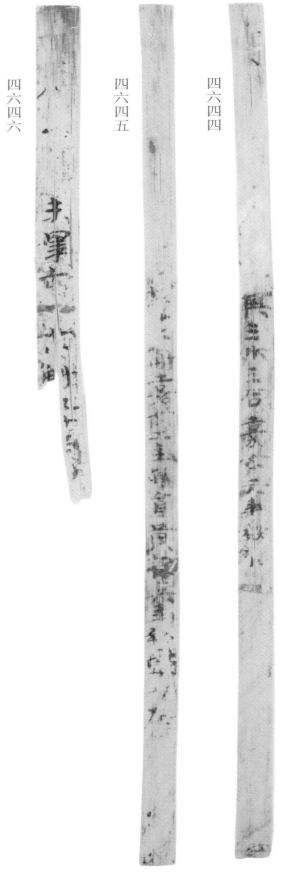

四六五二

四六五三

四六五四

四六五五

四六五六

四六五七

四六五八

四六五九

四六六〇

四六六一

四六六二

四六六三

四六六四

四六六五

四六六六

四六六七

四六六八

四六六九

四六七〇

四六七一

四六七二

四六七三

四六七四

四六七五

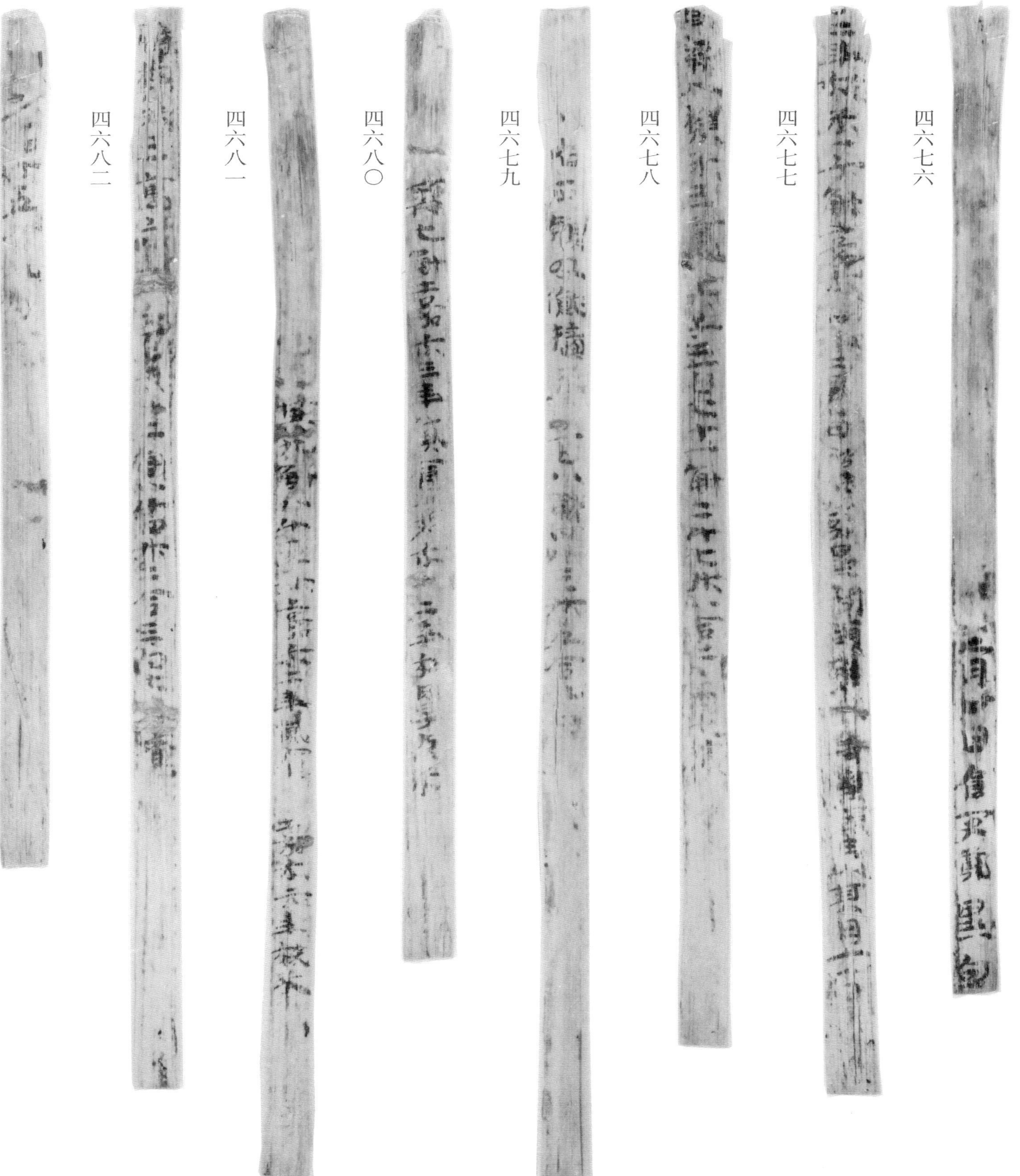

四六七六

四六七七

四六七八

四六七九

四六八〇

四六八一

四六八二

四六八三

四六八四

四六八五

四六八六

四六八七

四六八八

四六八九

四六九〇

四六九一

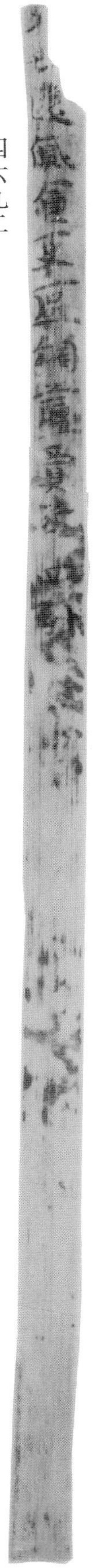

四六九二

四六九三

四六九四

四六九五

四六九六

四六九七

四六九八

四六九九

四七〇〇

四七〇一

四七〇二

四七〇三

四七〇四

四七〇五

四七〇六

四七〇七

四七〇八
四七〇九
四七一〇
四七一一
四七一二
四七一三
四七一四
四七一五

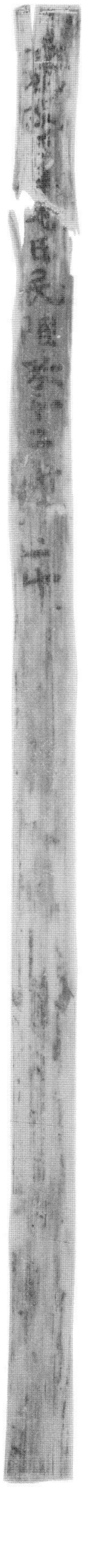
四七一六

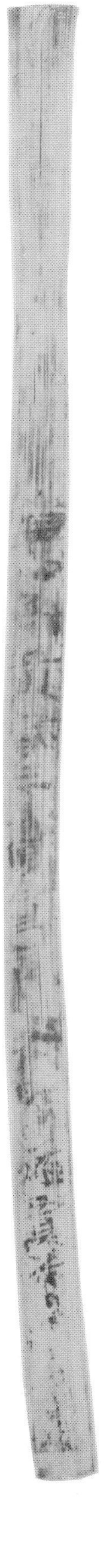
四七一七

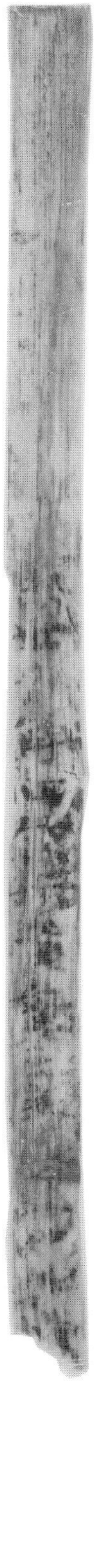
四七一八

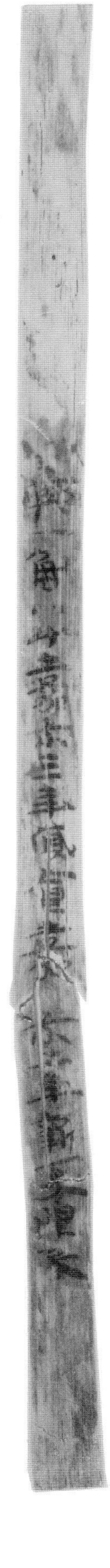
四七一九

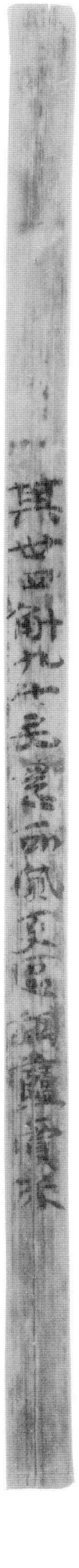
四七二〇

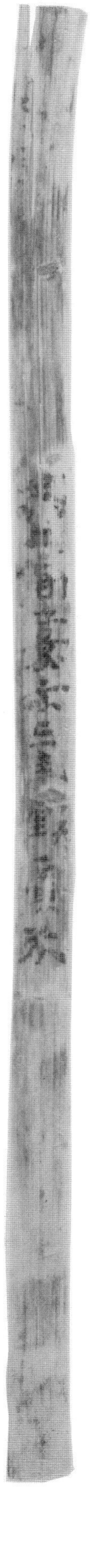
四七二一

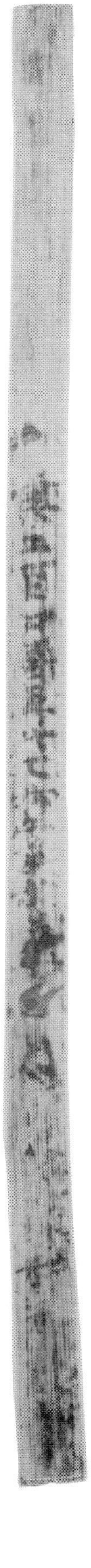
四七二二

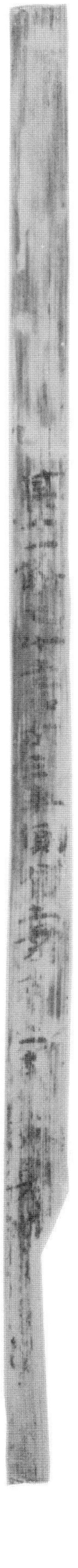
四七二三

四七二四 四七二五 四七二六 四七二七 四七二八 四七二九 四七三〇 四七三一

四七三二
四七三三
四七三四
四七三五
四七三六
四七三七
四七三八
四七三九

四七四〇

四七四一

四七四二

四七四三

四七四四

四七四五

四七四六

四七四七

四七四八

四七四九

四七五〇

四七五一

四七五二

四七五三

四七五四

四七五五

四七五六
四七五七
四七五八
四七五九
四七六〇
四七六一
四七六二

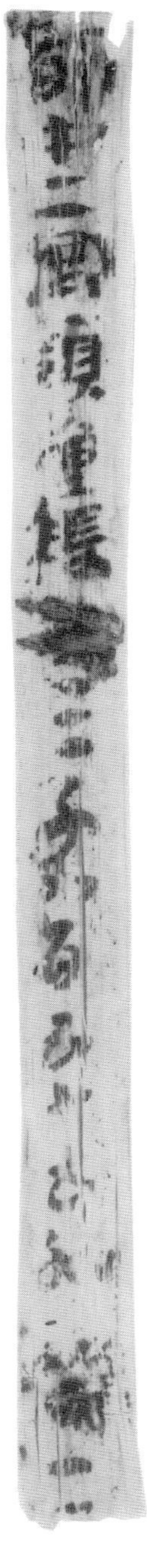
四七六三

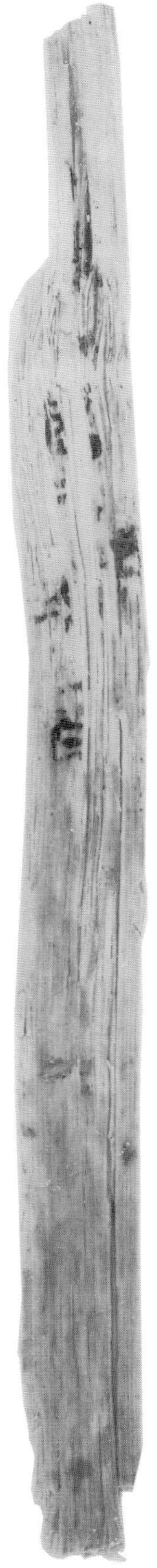
四七六四

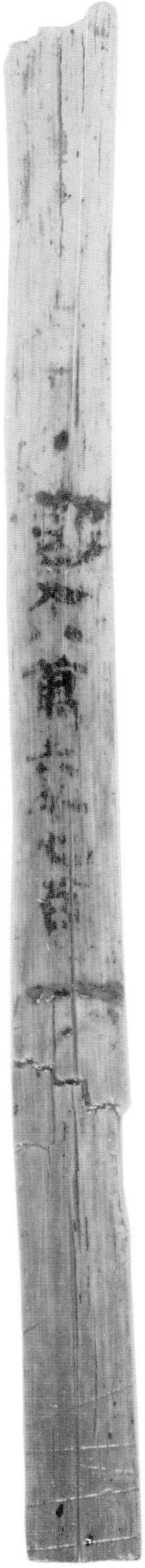
四七六五

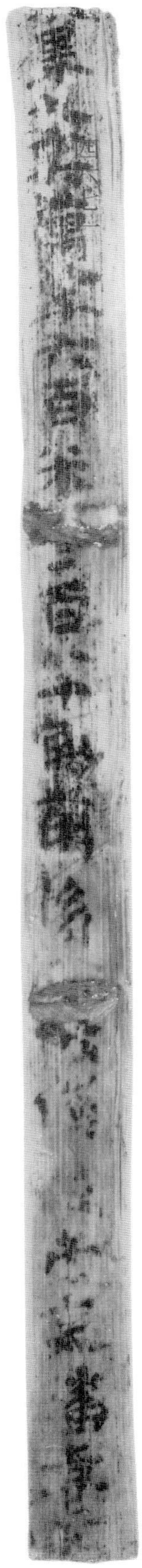
四七六六

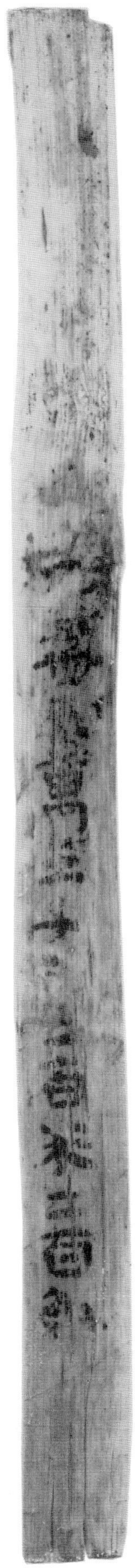
四七六七

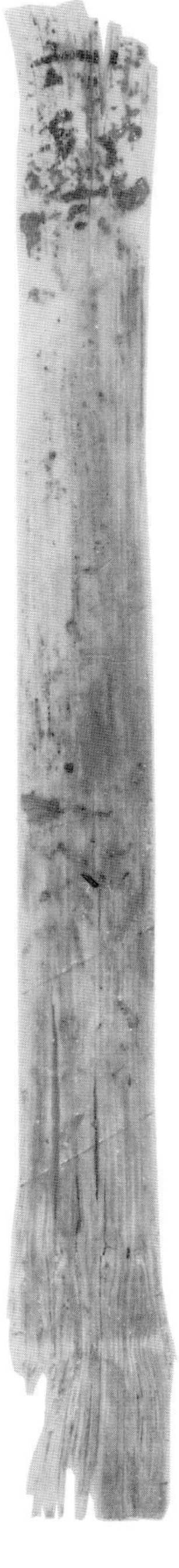
四七六八

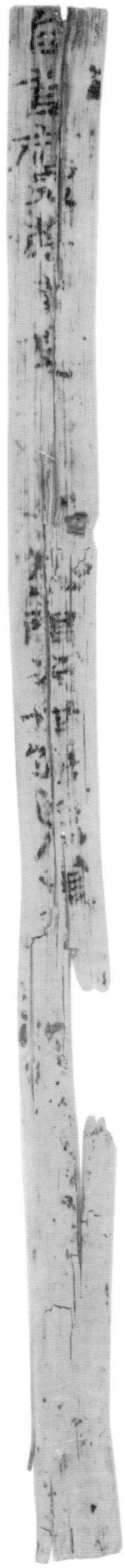
四七六九

四七七〇
四七七一
四七七二
四七七三
四七七四
四七七五
四七七六

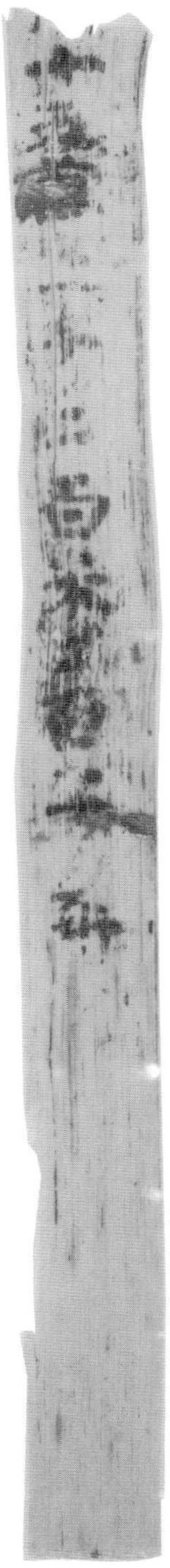

四七七七

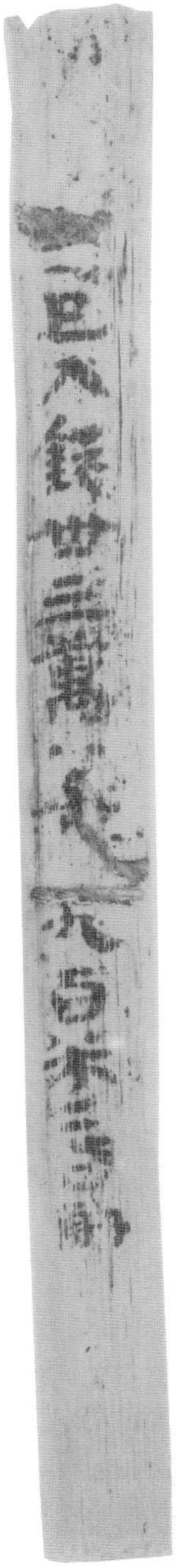

四七七八

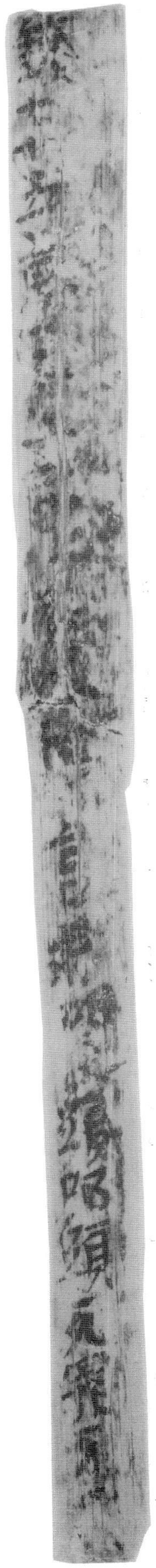

四七七九

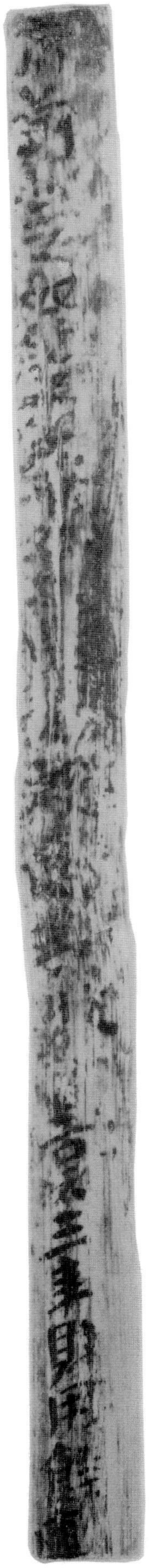

四七八〇

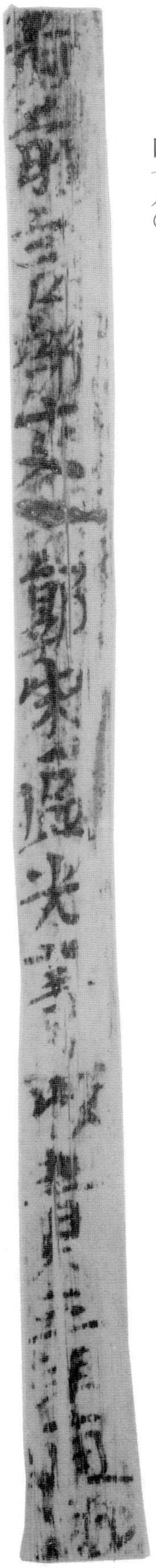

四七八一

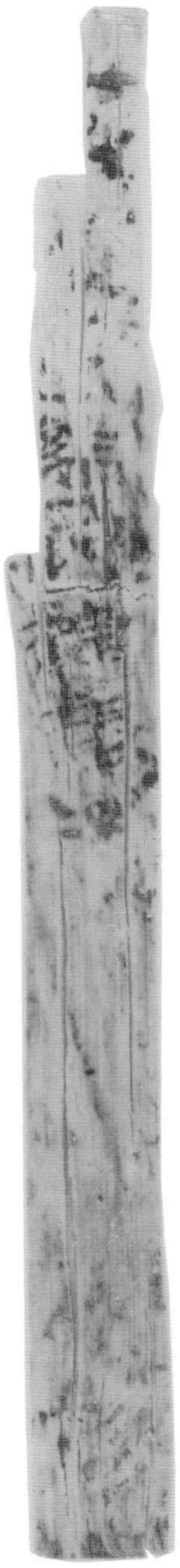

四七八二

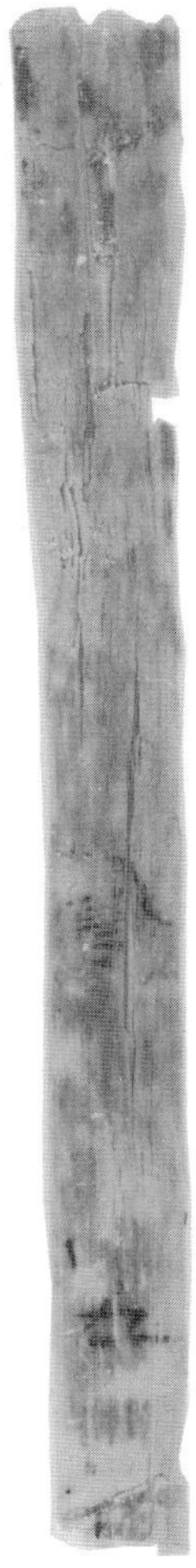

四七八三

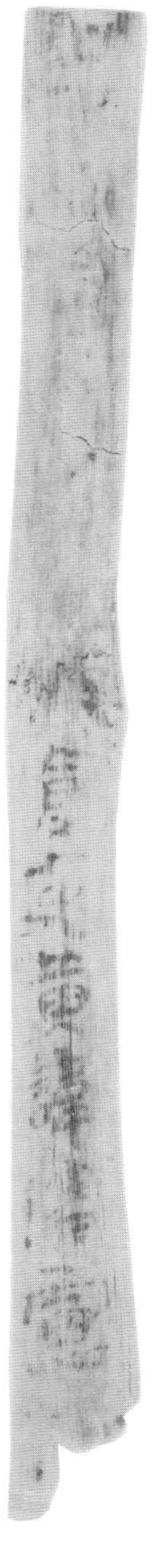

四七八四

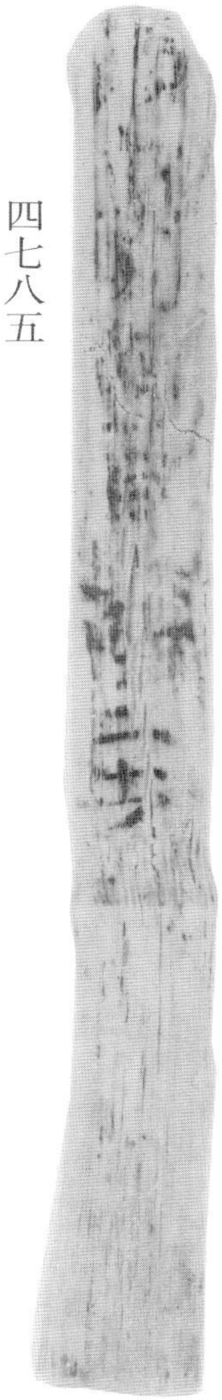

四七八五

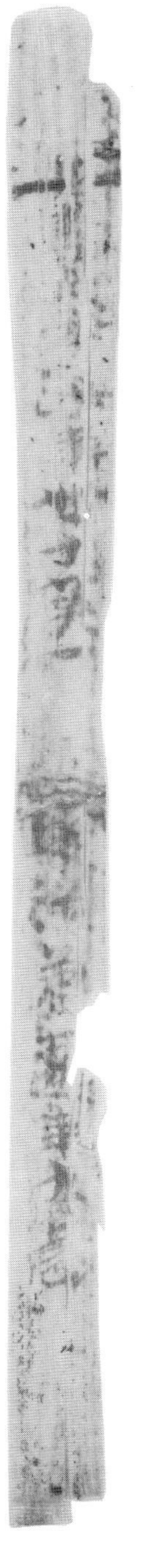

四七八六

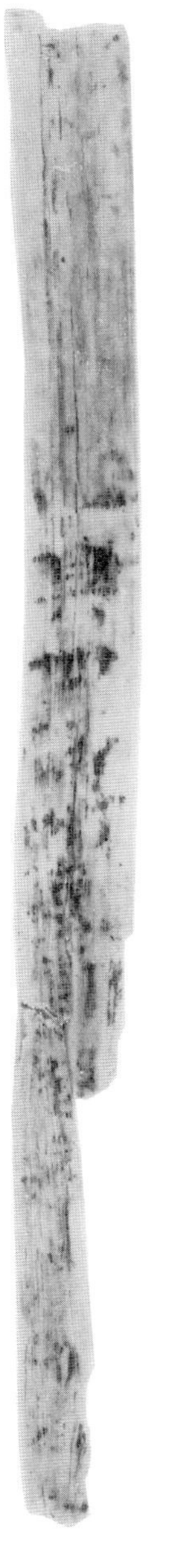

四七八七

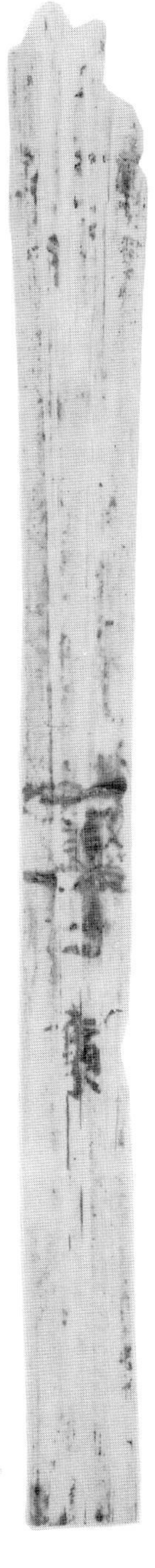

四七八八

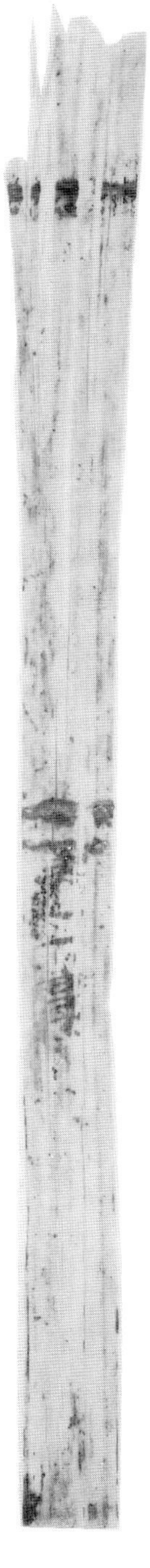

四七八九

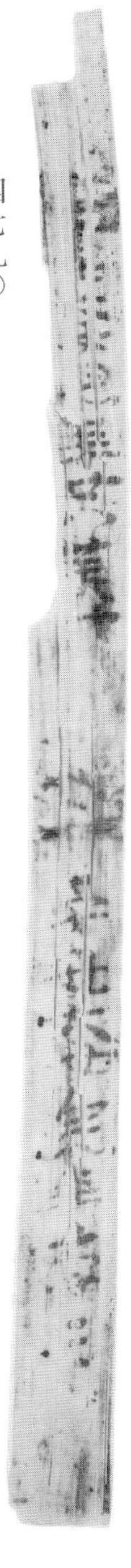

四七九〇

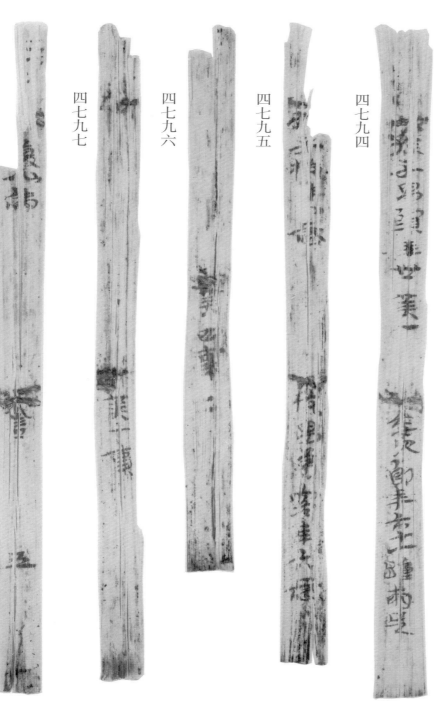

四七九八 四七九七 四七九六 四七九五 四七九四 四七九三 四七九二 四七九一

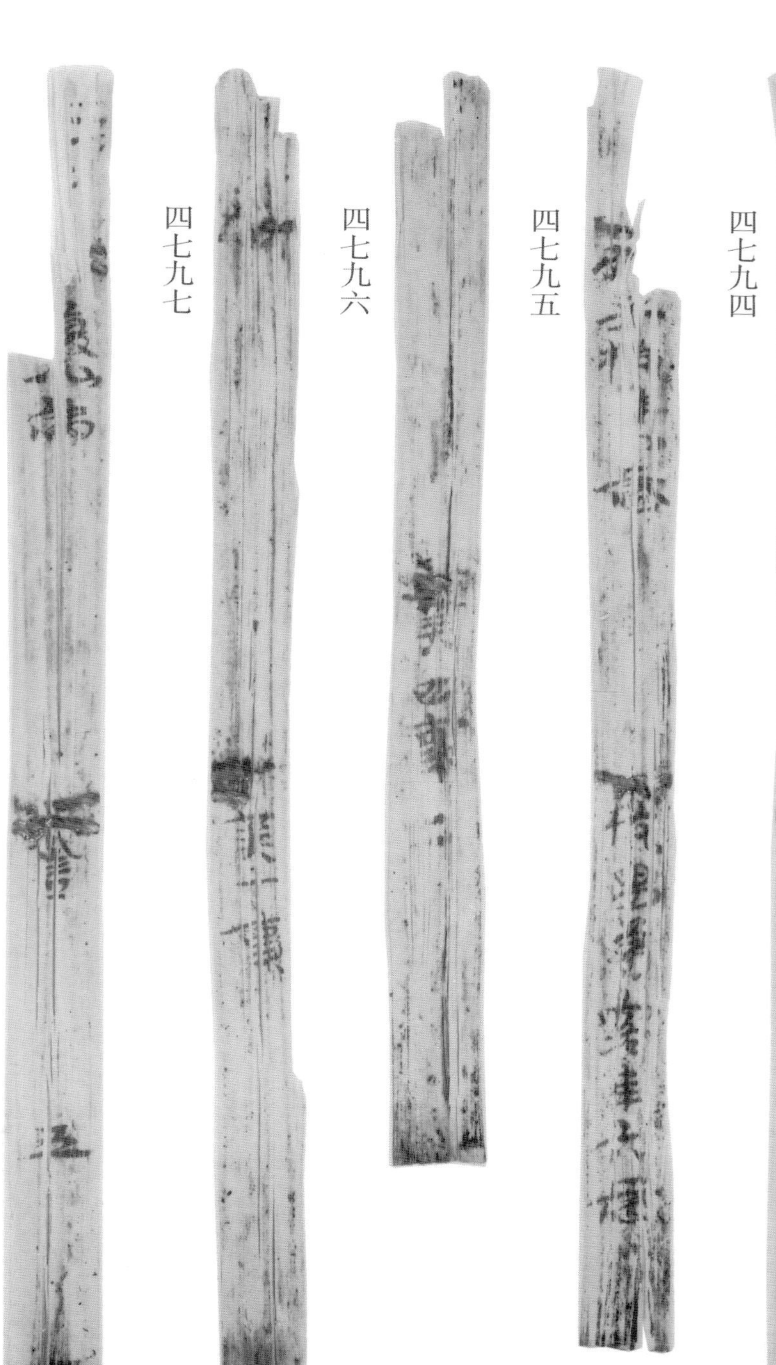

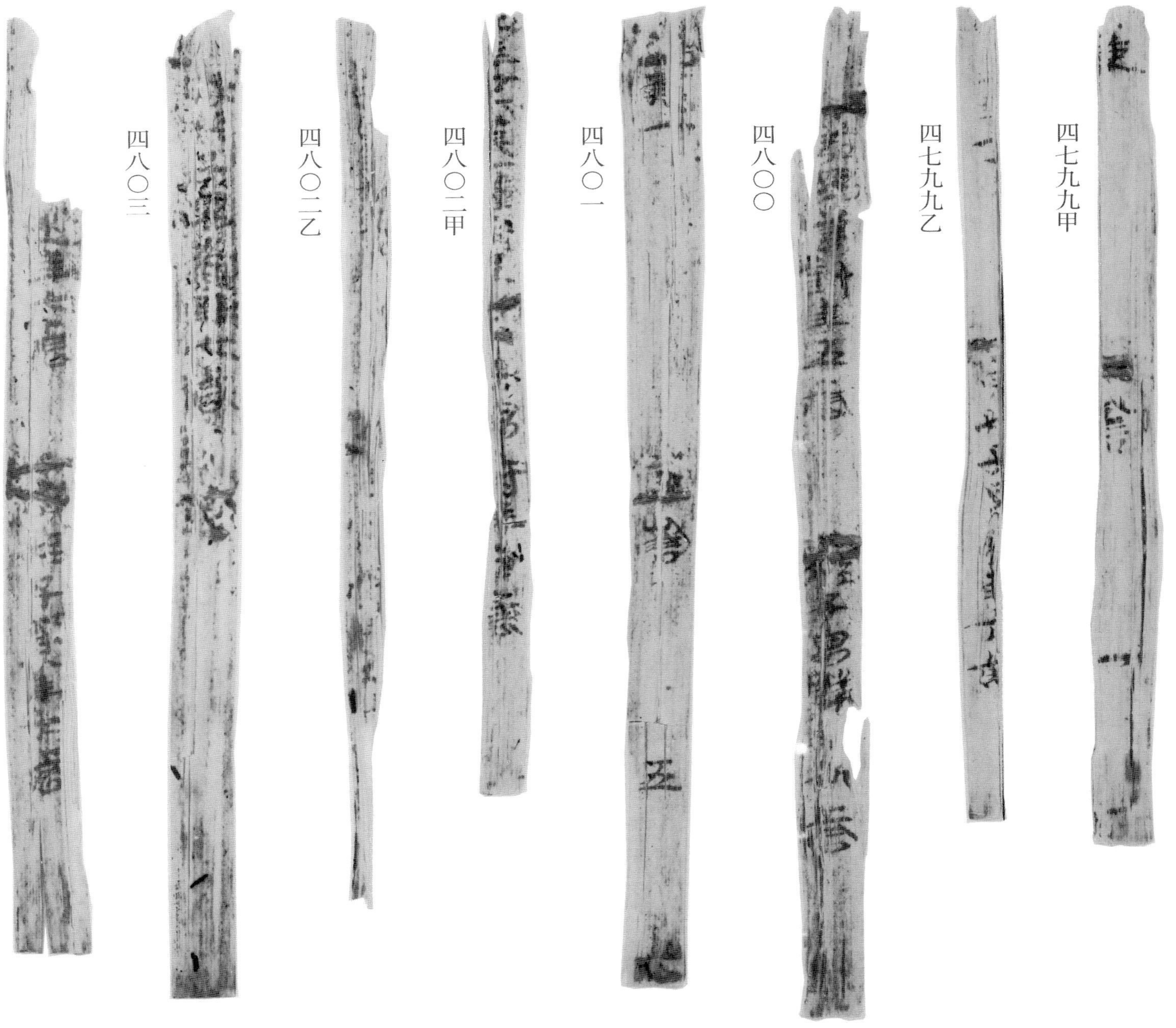

四七九九甲

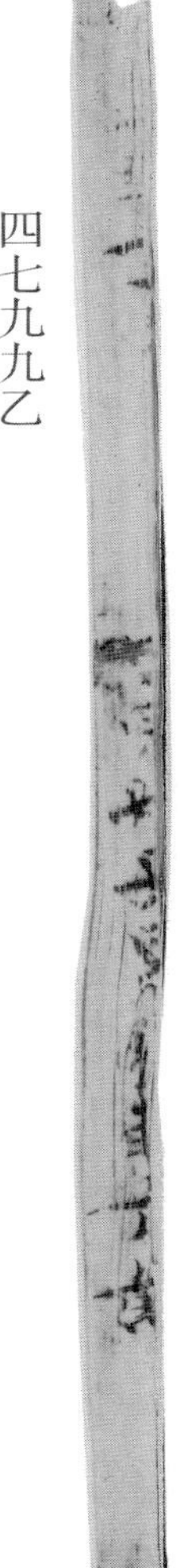

四七九九乙

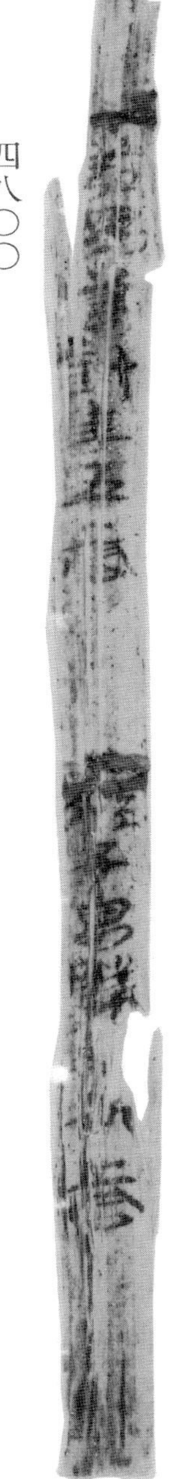

四八〇〇

四八〇一

四八〇二甲

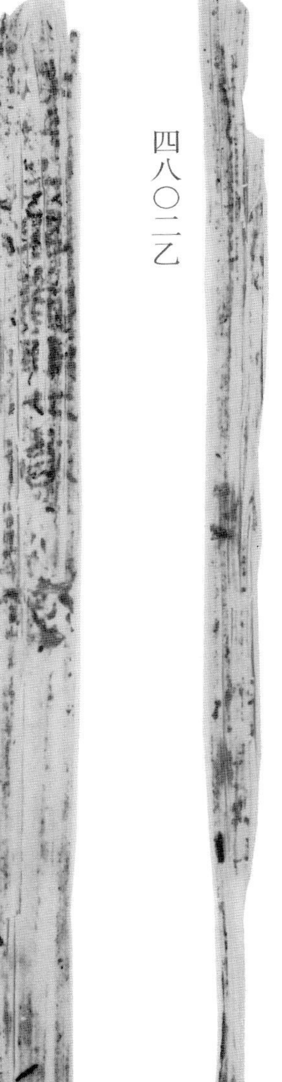

四八〇二乙

四八〇三

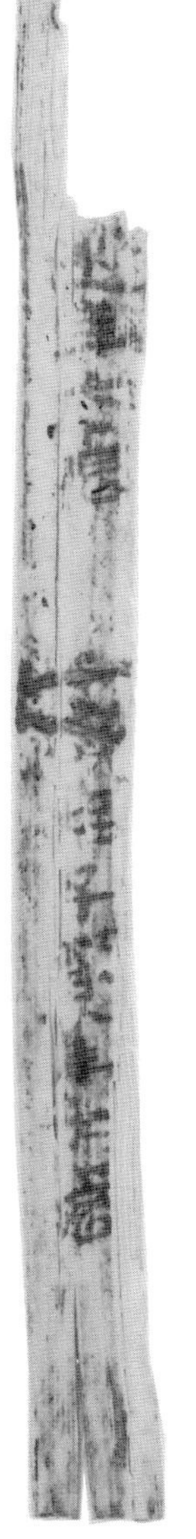

四八〇四

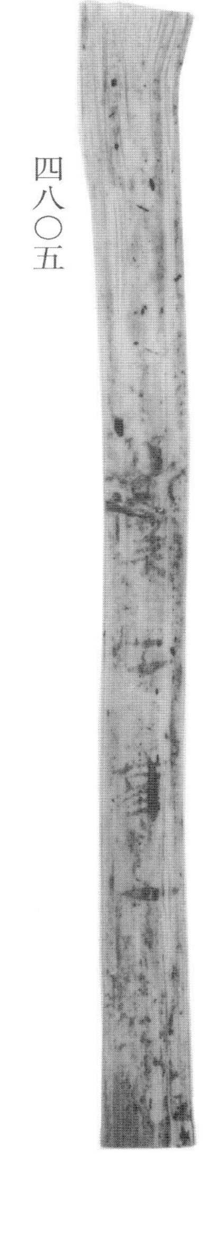
四八〇五

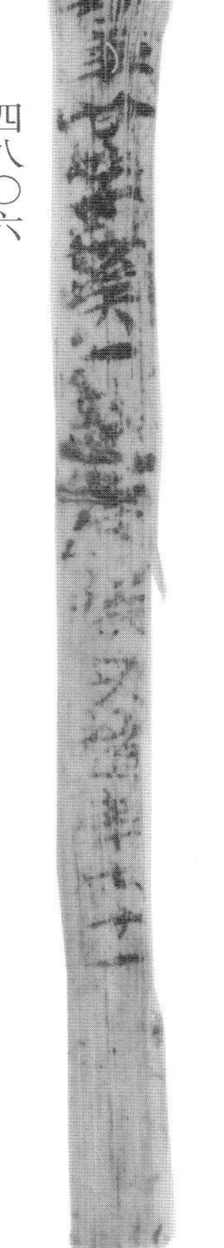
四八〇六

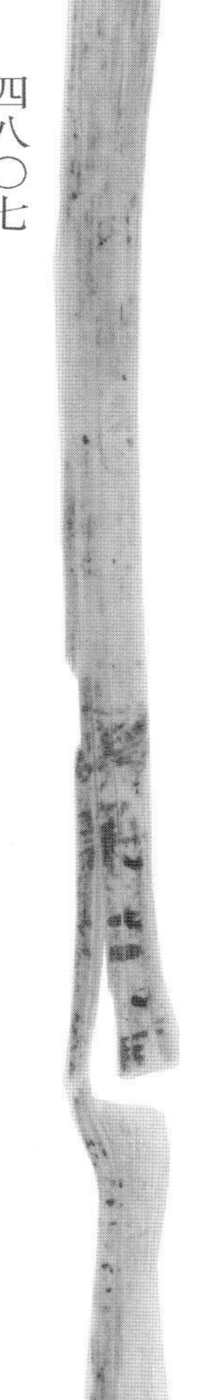
四八〇七

四八〇八

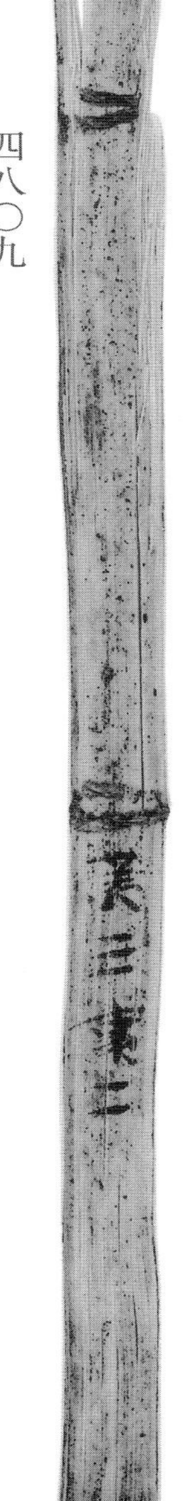
四八〇九

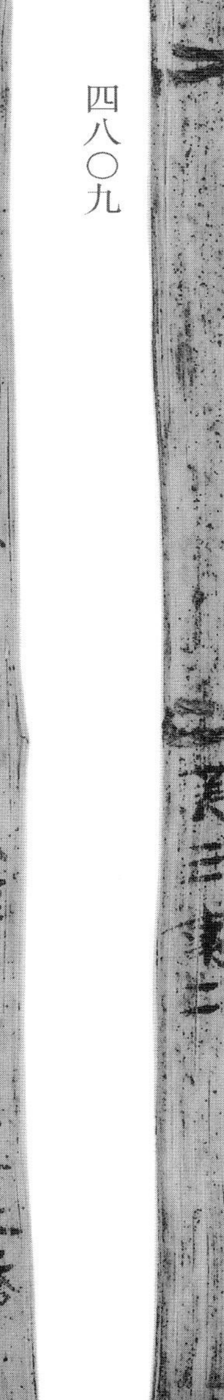
四八一〇

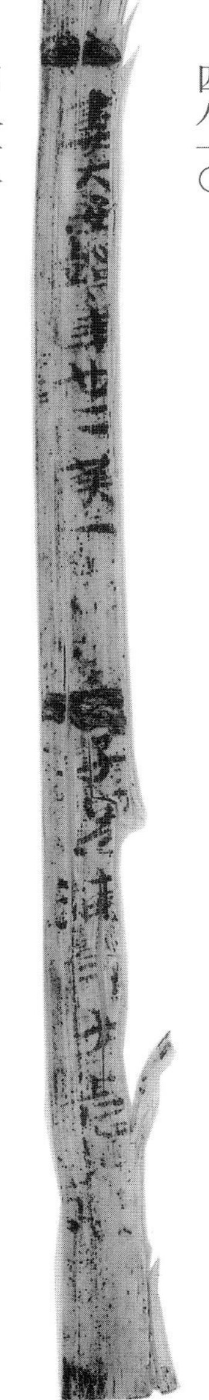
四八一一

四八一二

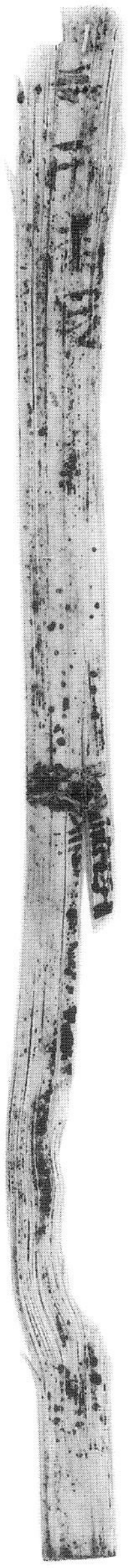
四八一三

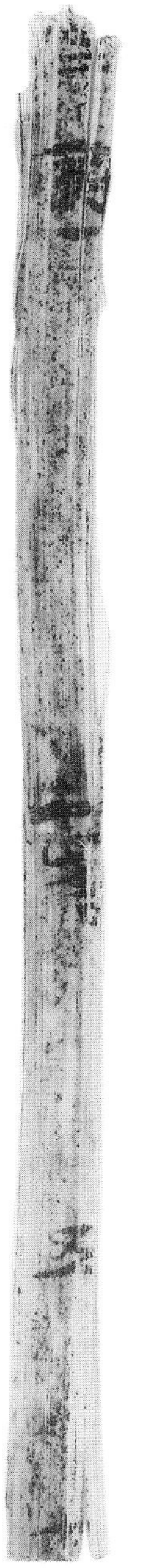
四八一四

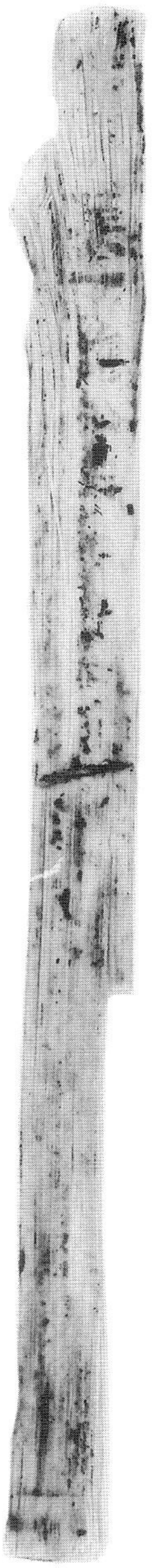
四八一五

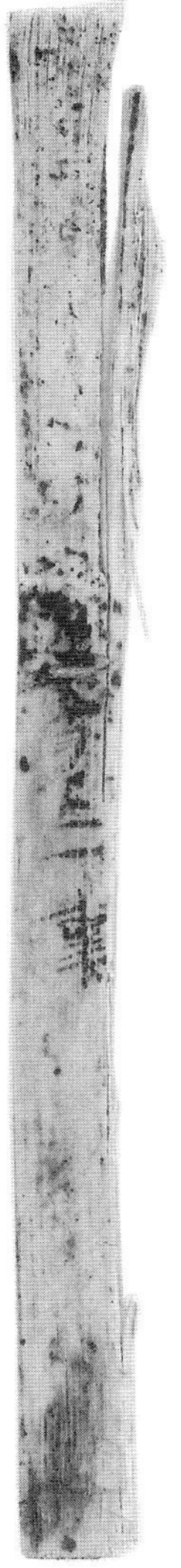
四八一六

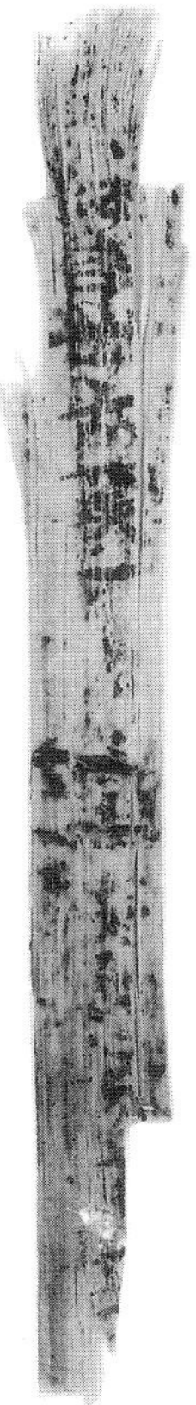
四八一七

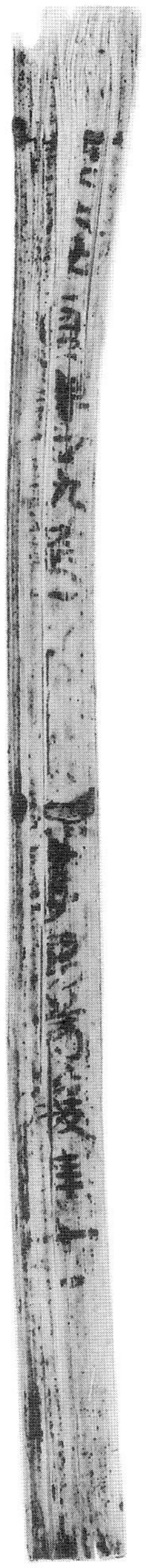
四八一八

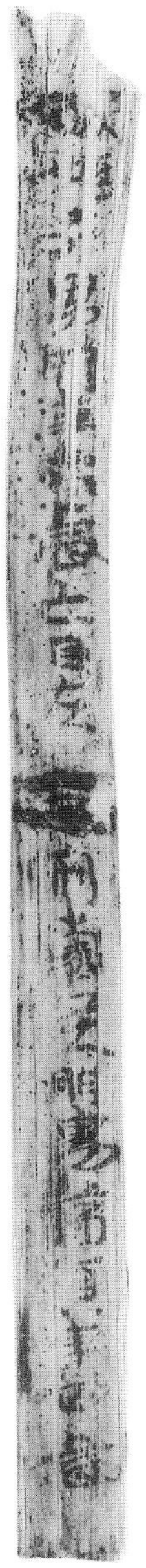
四八一九

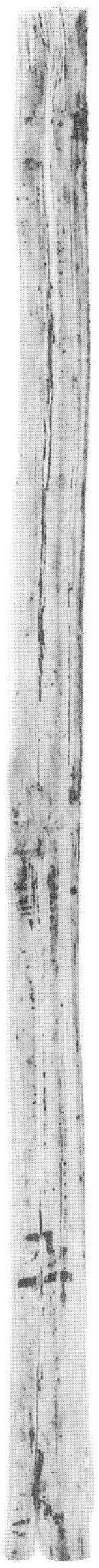
四八二〇

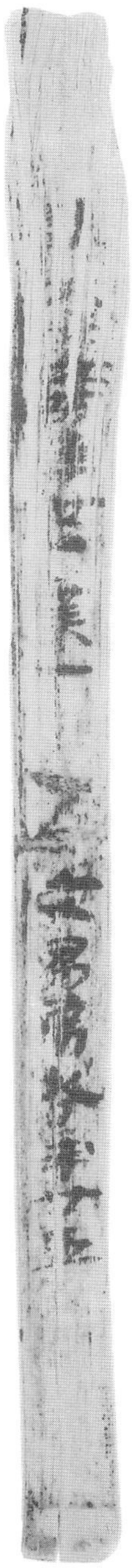
四八二一

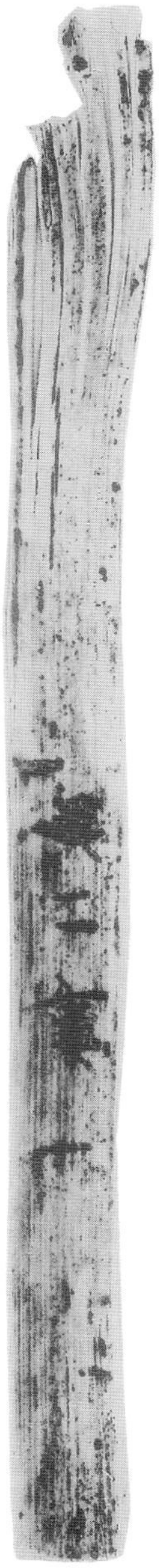
四八二二

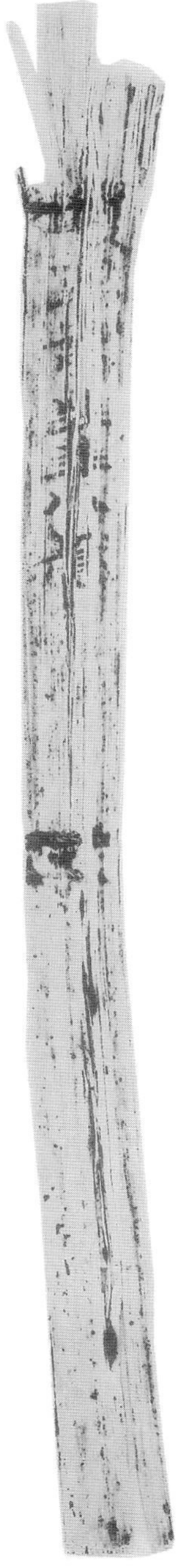
四八二三

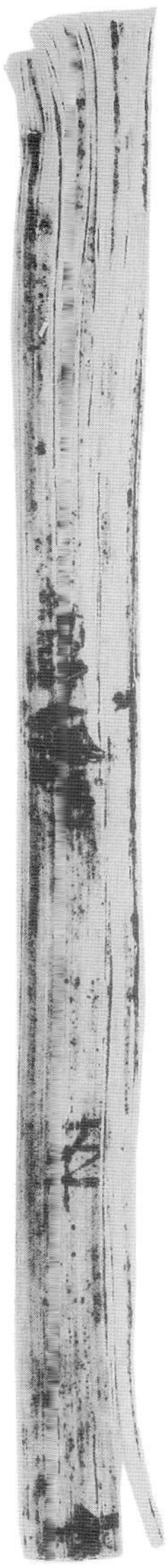
四八二四

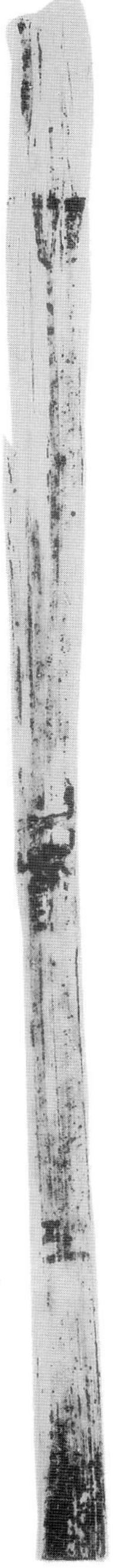
四八二五

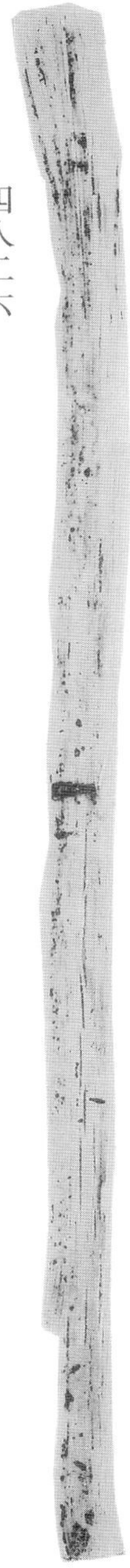
四八二六

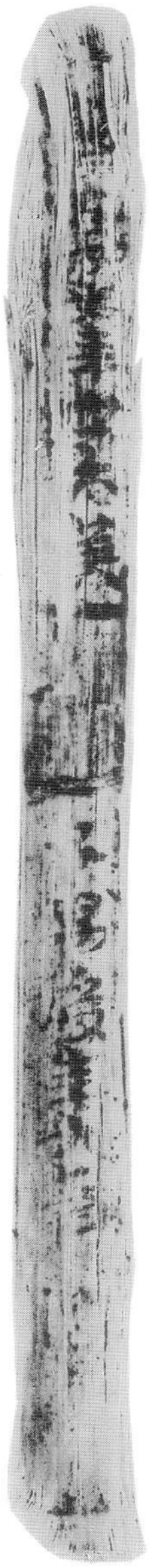
四八二七

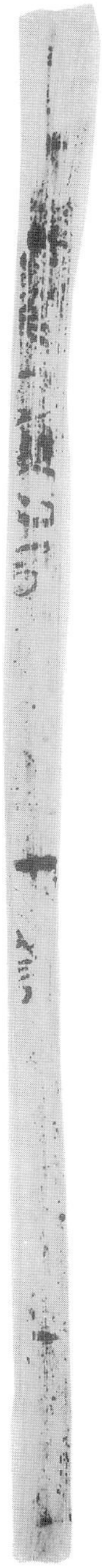
四八二八

四八二九

四八三〇

四八三一

四八三二

四八三三

四八三四

四八三五

四八三六

四八三七

四八三八

四八三九

四八四〇

四八四一

四八四二

四八四三

四八四四

四八四五
四八四六
四八四七
四八四八
四八四九
四八五〇
四八五一
四八五二

四八五三

四八五四

四八五五

四八五六

四八五七

四八五八

四八五九

四八六〇

四八六一

四八六二

四八六三

四八六四

四八六五

四八六六

四八六七

四八六八

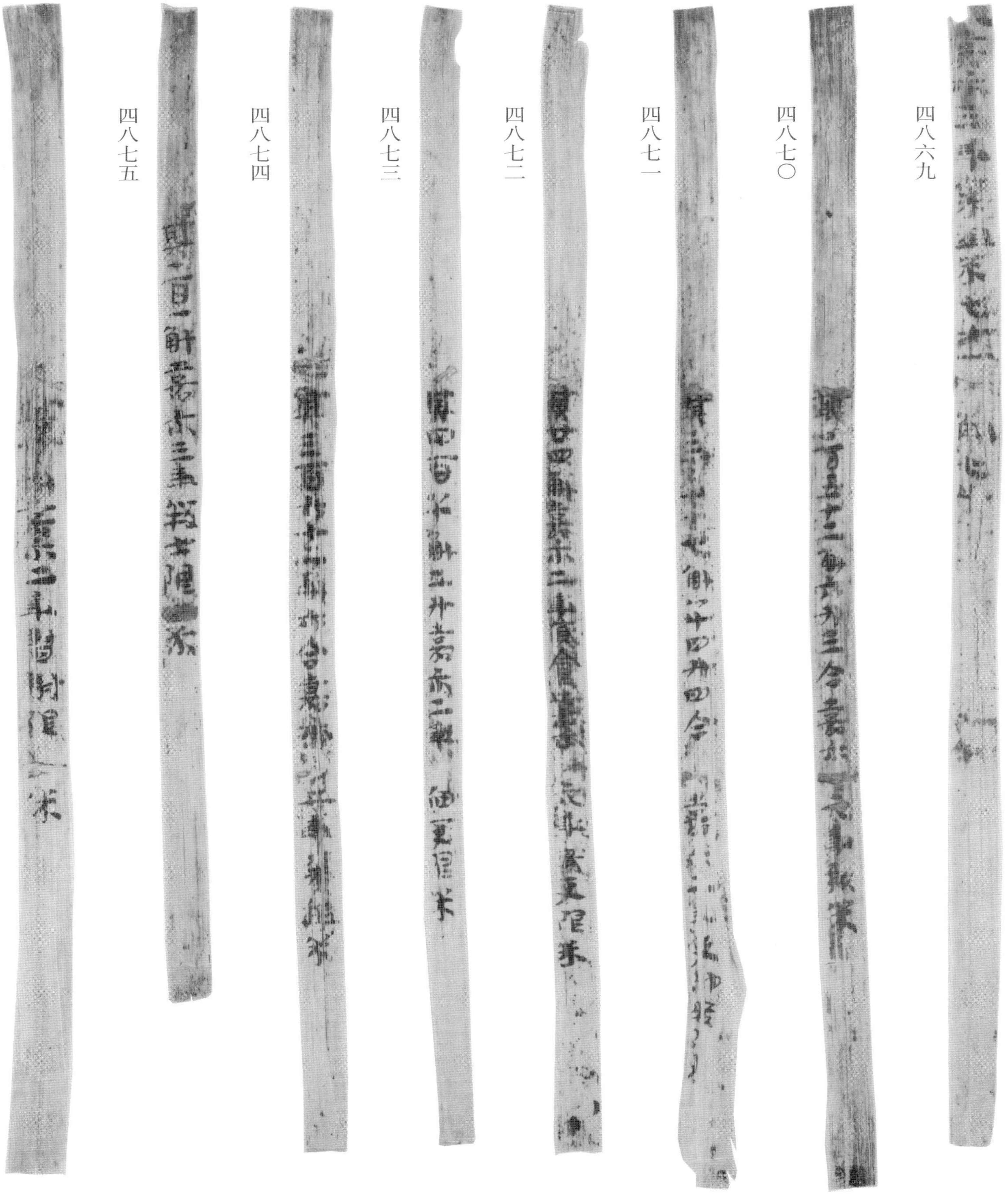

四八六九

四八七〇

四八七一

四八七二

四八七三

四八七四

四八七五

四八七六

四八七七
四八七八
四八七九
四八八〇
四八八一
四八八二
四八八三
四八八四

四八八五

四八八六

四八八七

四八八八

四八八九

四八九〇

四八九一

四八九二

四八九三
四八九四
四八九五
四八九六
四八九七
四八九八
四八九九
四九〇〇

四九〇一

四九〇二

四九〇三

四九〇四

四九〇五

四九〇六

四九〇七

四九〇八

四九〇九　四九一〇　四九一一　四九一二　四九一三　四九一四　四九一五　四九一六

四九一七

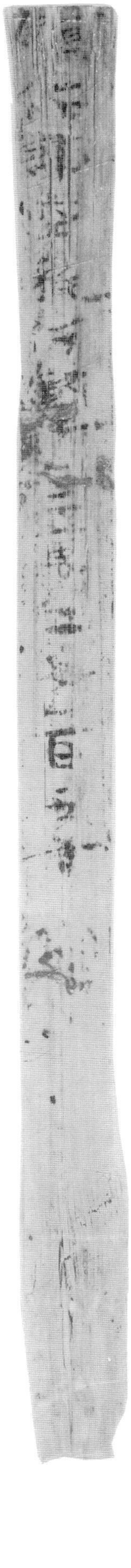

四九一八

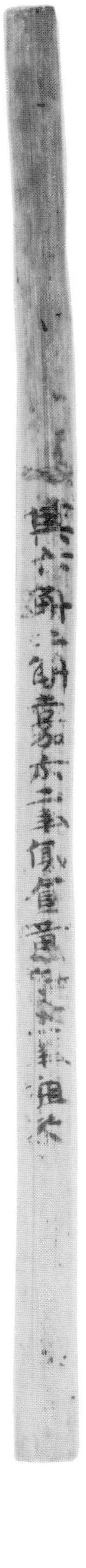

四九一九

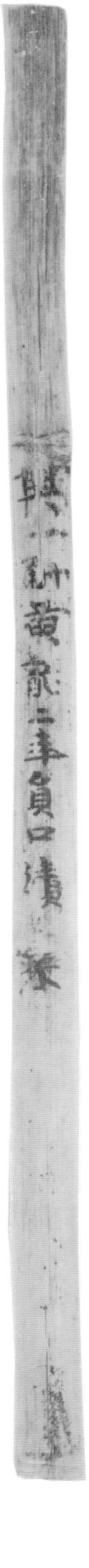

四九二〇

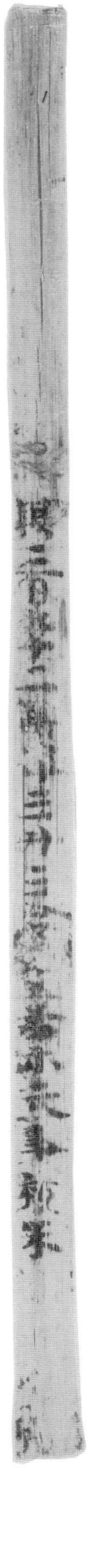

四九二一

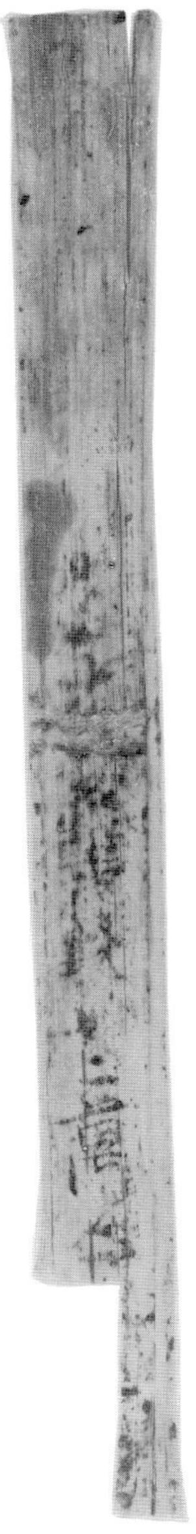

四九二二

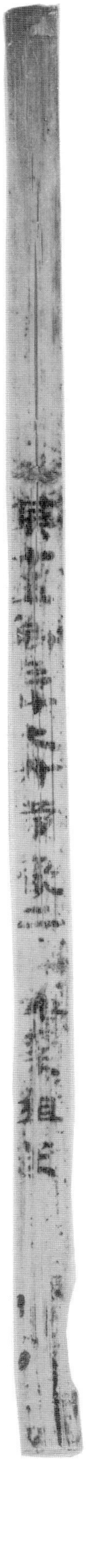

四九二三

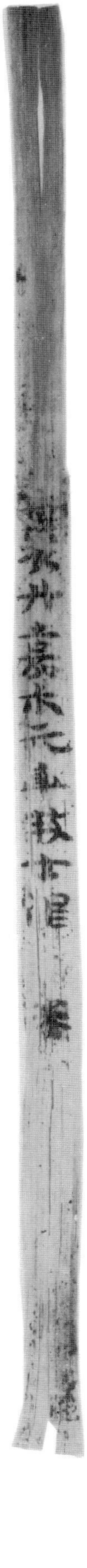

四九二四

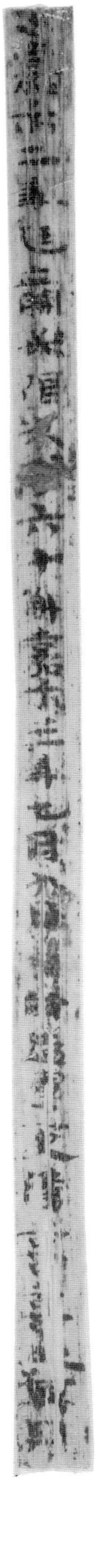

四九二五
四九二六
四九二七
四九二八
四九二九
四九三〇
四九三一
四九三二

四九三三

四九三四

四九三五

四九三六

四九三七

四九三八

四九三九

四九四〇

四九四一
四九四二
四九四三
四九四四
四九四五
四九四六
四九四七
四九四八

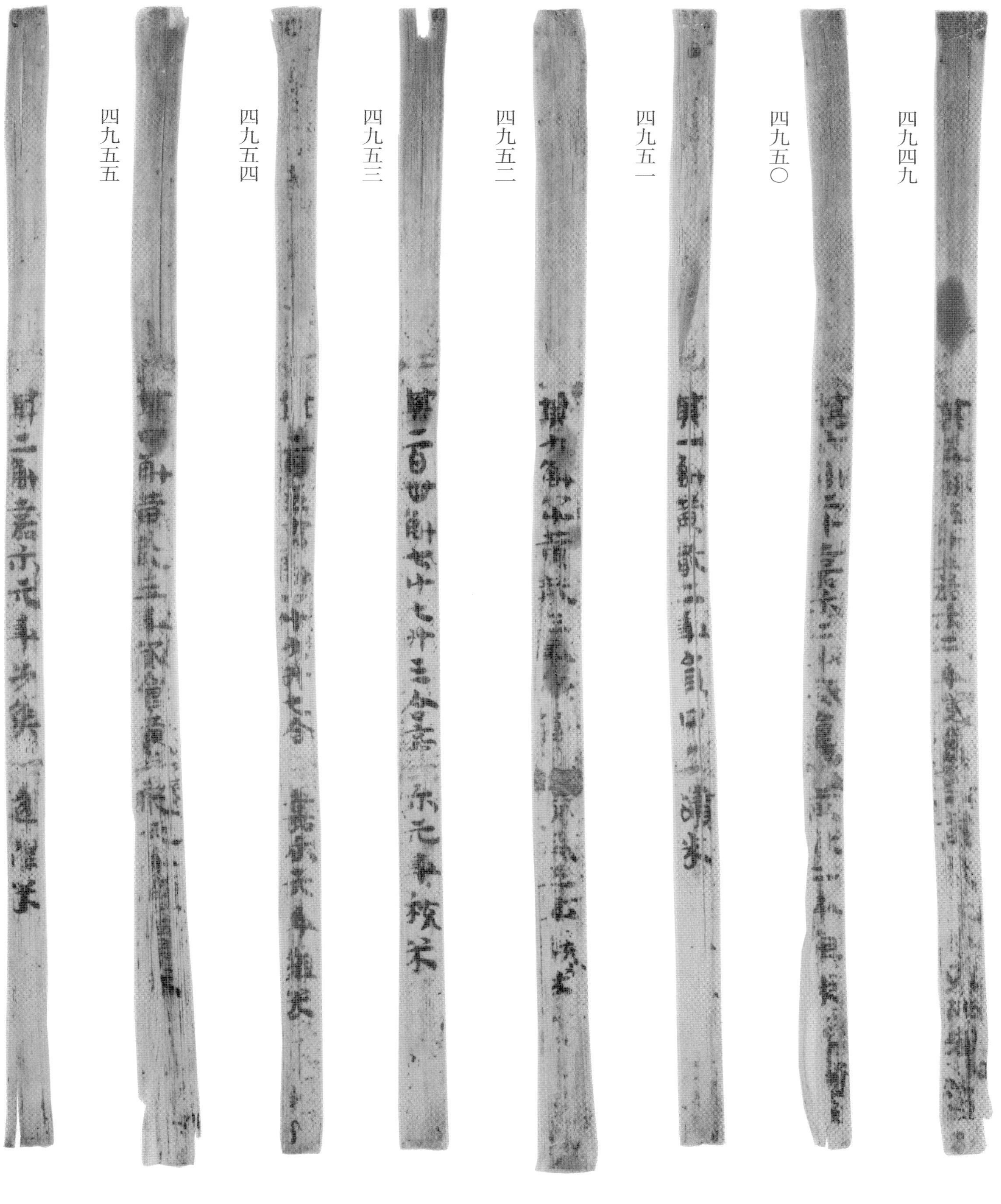

四九四九

四九五〇

四九五一

四九五二

四九五三

四九五四

四九五五

四九五六

四九五七

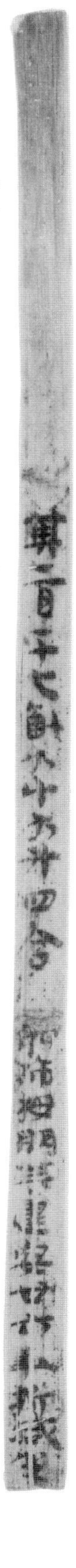

四九五八

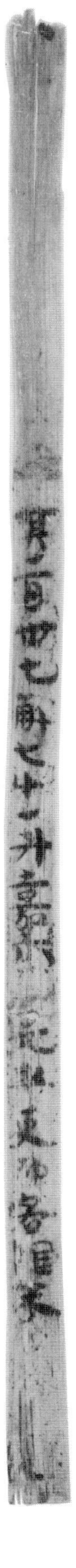

四九五九

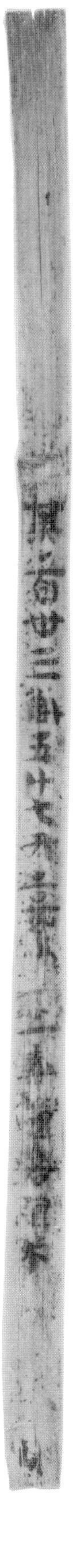

四九六〇

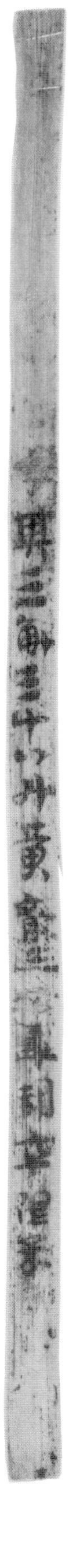

四九六一

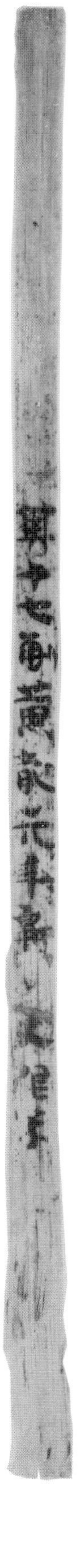

四九六二

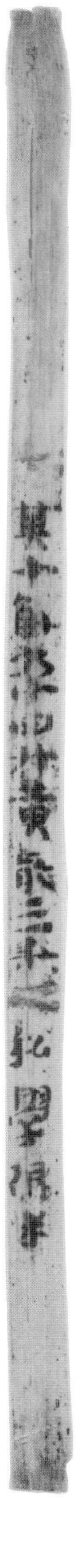

四九六三

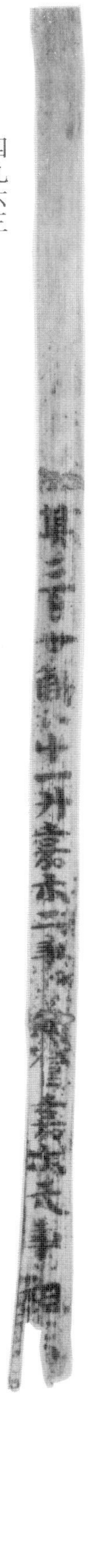

四九六四

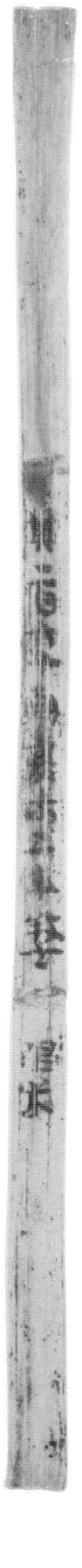

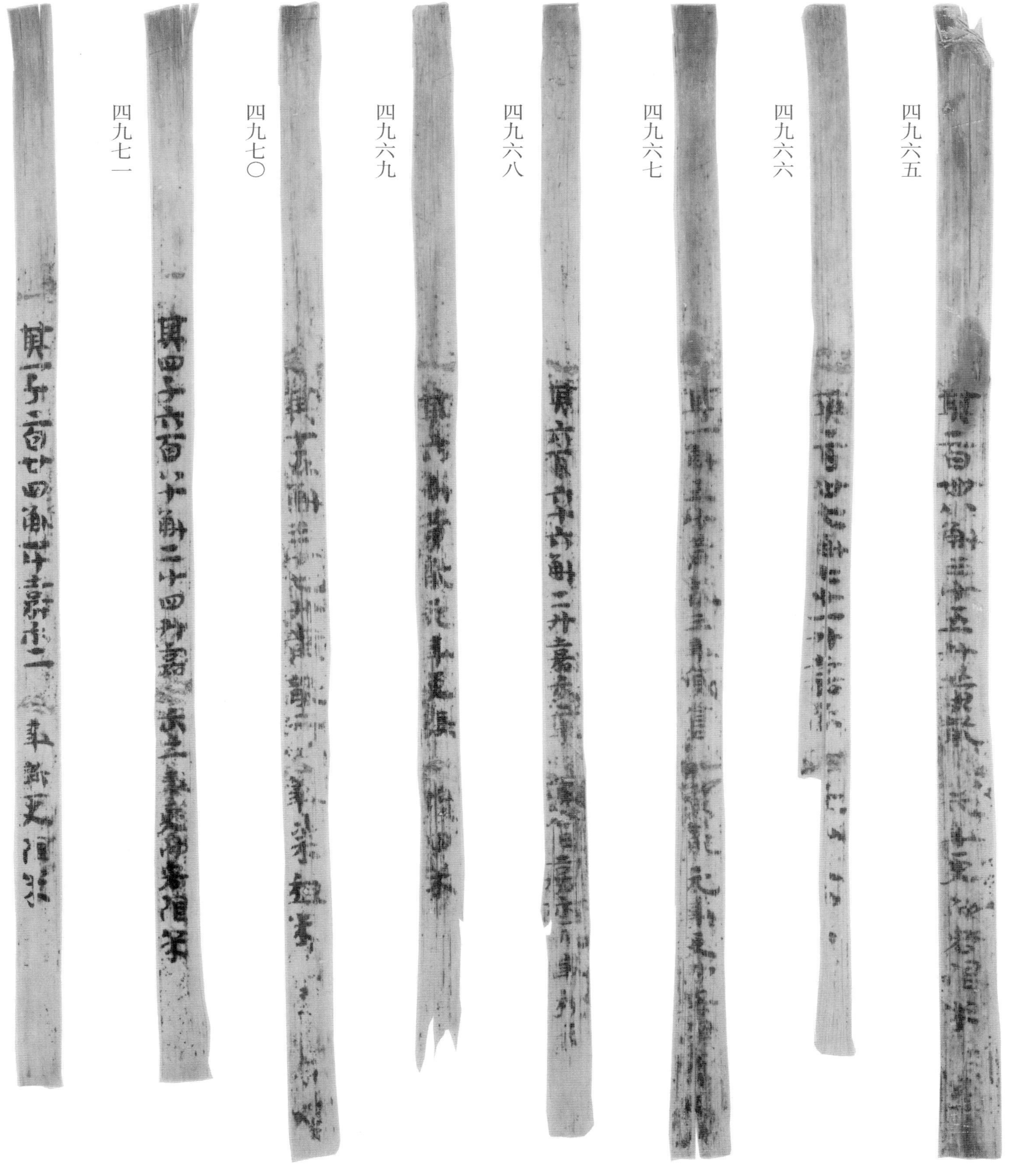

四九六五

四九六六

四九六七

四九六八

四九六九

四九七〇

四九七一

四九七二

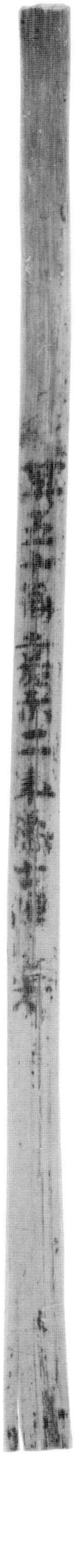
四九七三

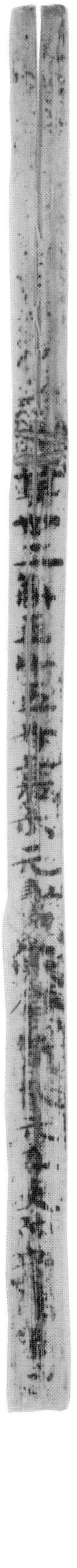
四九七四

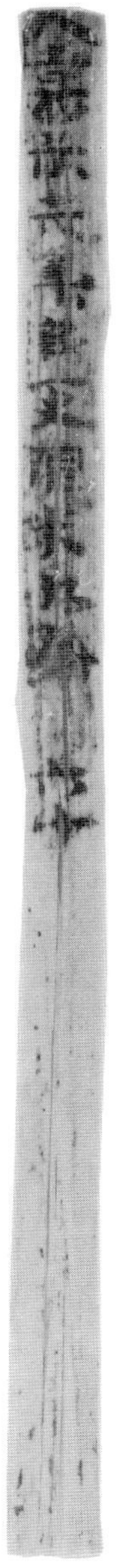
四九七五

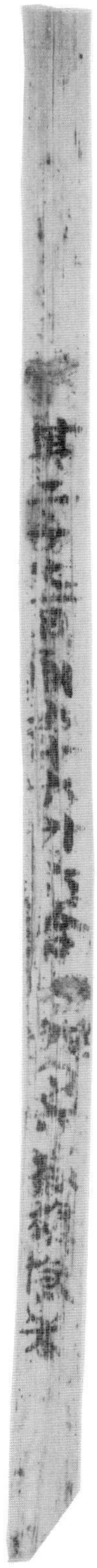
四九七六

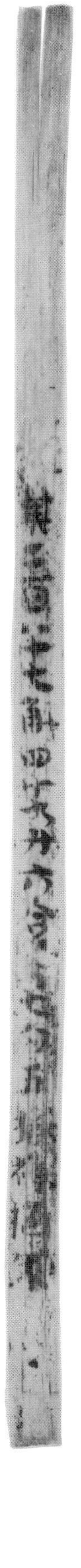
四九七七

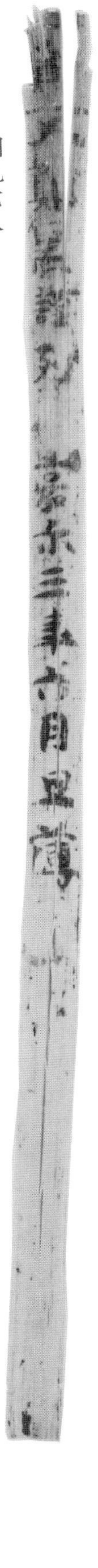
四九七八

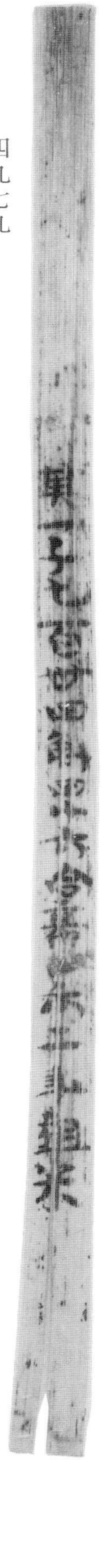
四九七九

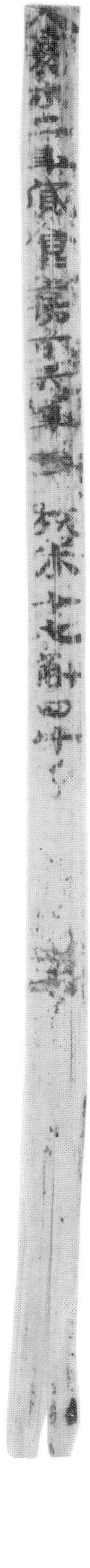
四九八〇

四九八一

四九八二

四九八三

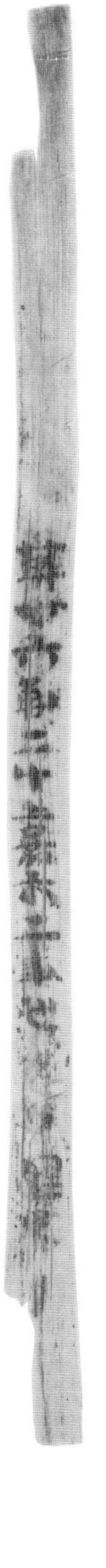

四九八四

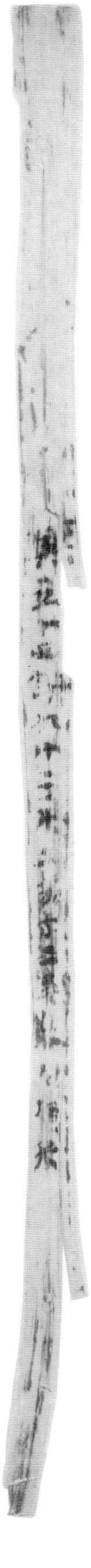

四九八五

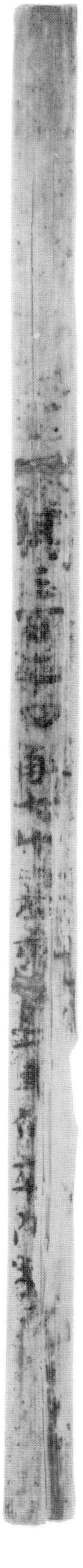

四九八六

四九八七

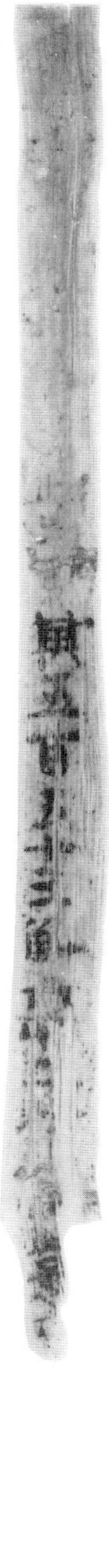

四九八八

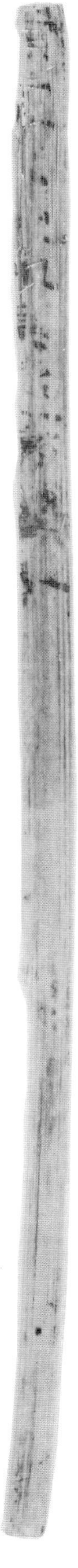

四九八九
四九九〇
四九九一
四九九二
四九九三
四九九四
四九九五
四九九六

四九九七
四九九八

四九九九
五〇〇〇
五〇〇一

五〇〇二
五〇〇三
五〇〇四

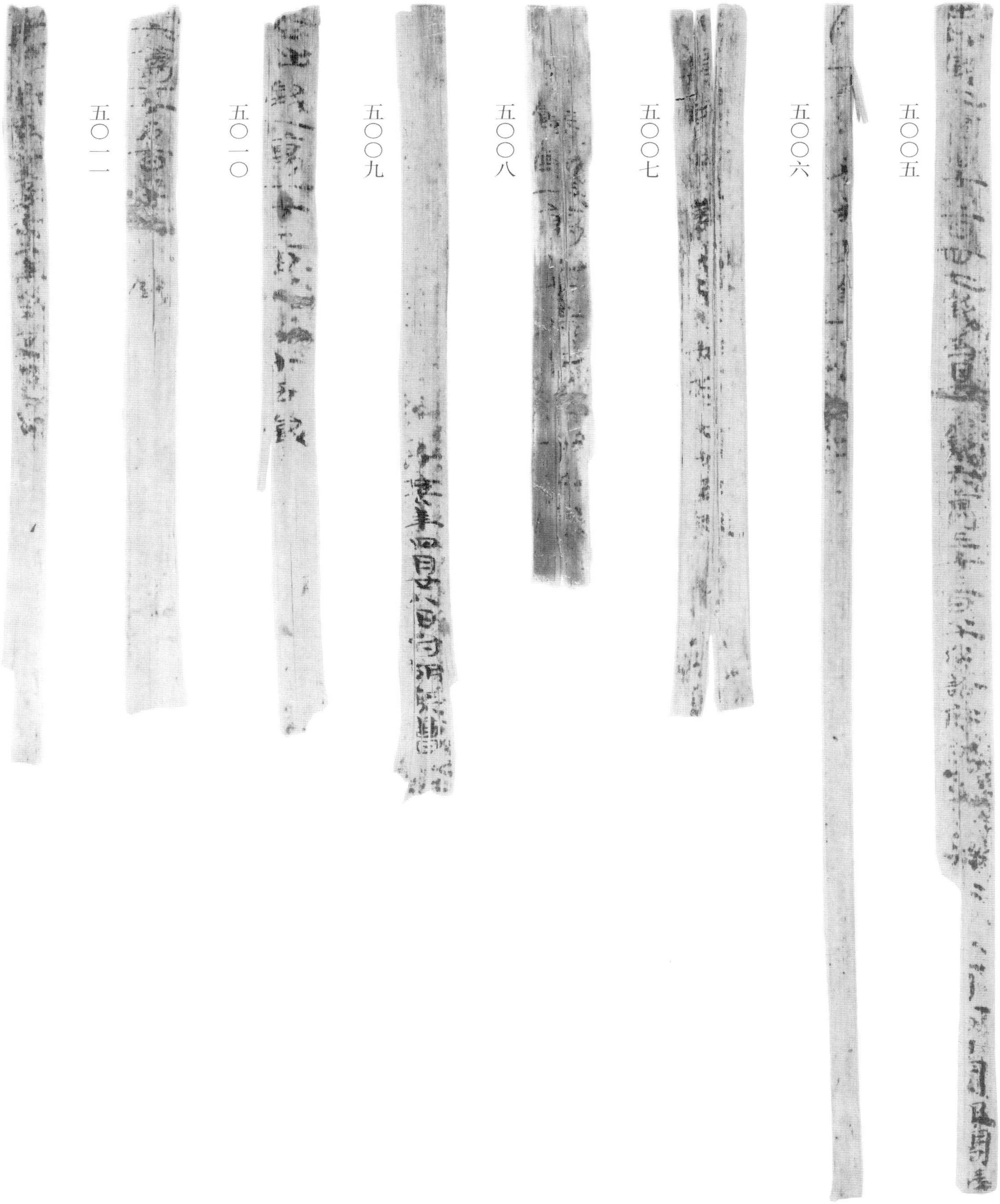

五〇〇五

五〇〇六

五〇〇七

五〇〇八

五〇〇九

五〇一〇

五〇一一

五〇一二

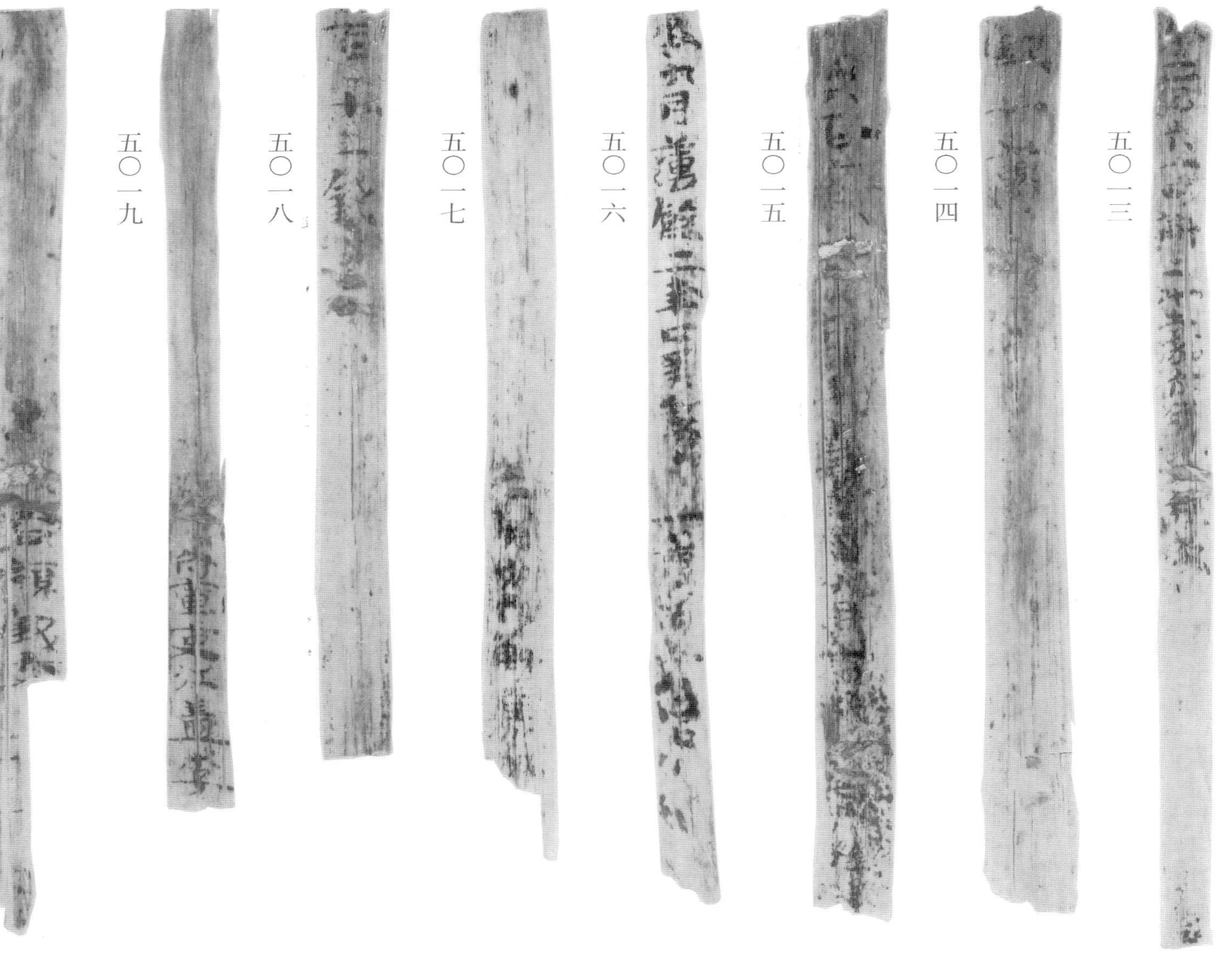
五〇一三
五〇一四
五〇一五
五〇一六
五〇一七
五〇一八
五〇一九
五〇二〇

五〇二一
五〇二二
五〇二三
五〇二四
五〇二五
五〇二六
五〇二七
五〇二八

五〇二九　五〇三〇　五〇三一　五〇三二　五〇三三　五〇三四（甲）　五〇三四（乙）　五〇三五

五〇三六
五〇三七
五〇三八
五〇三九
五〇四〇
五〇四一
五〇四二

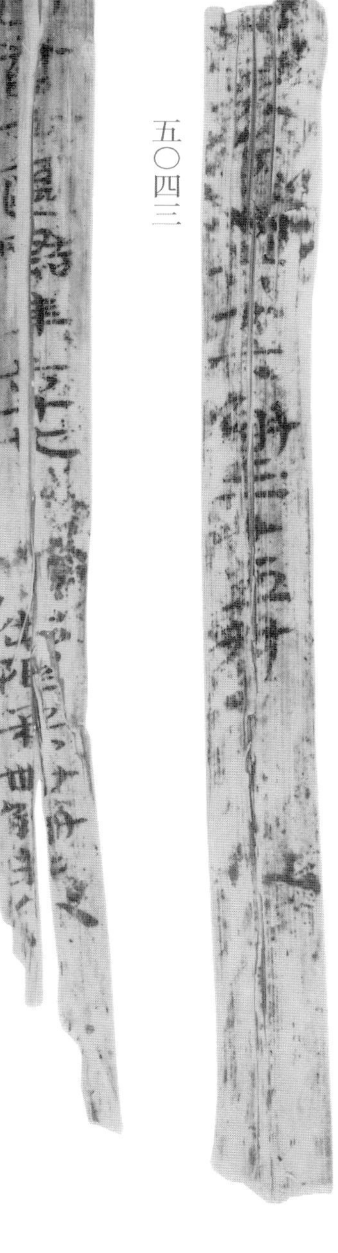

五〇四三

五〇四四

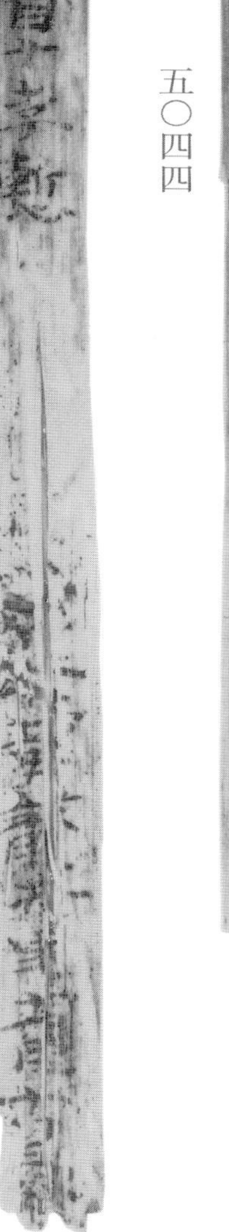

五〇四五

五〇四六

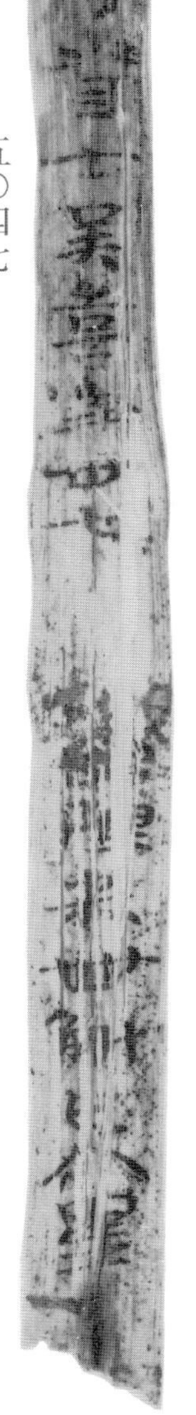

五〇四七

五〇四八

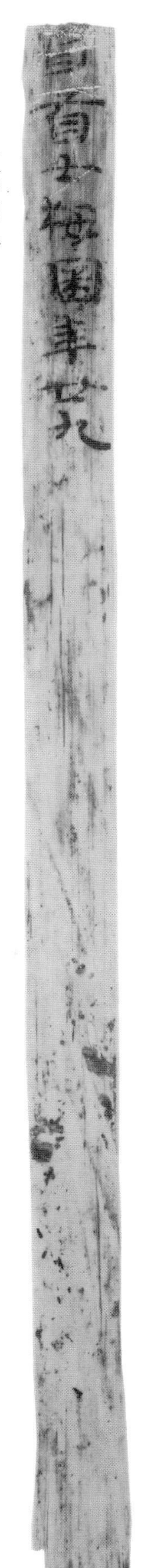

五〇四九

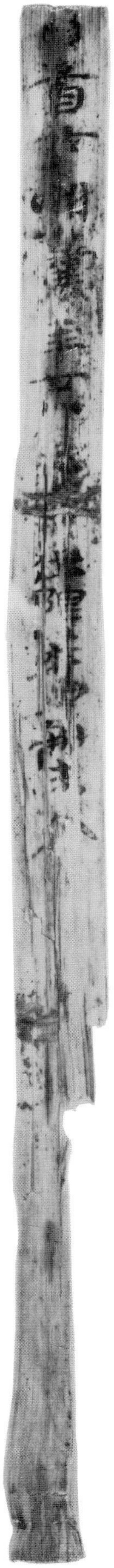

五〇五〇

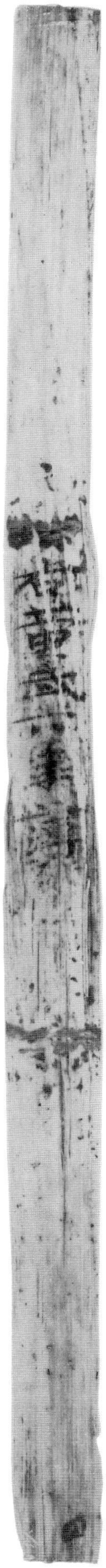

五〇五一

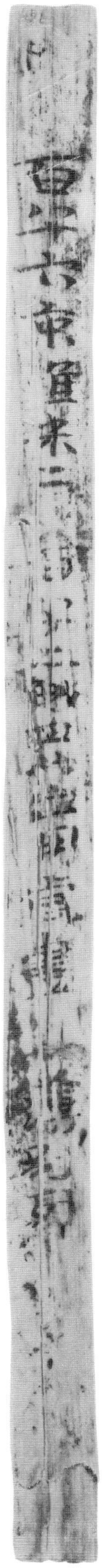

五〇五二

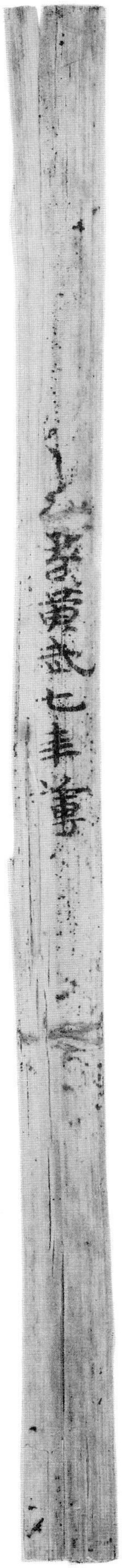

五〇五三

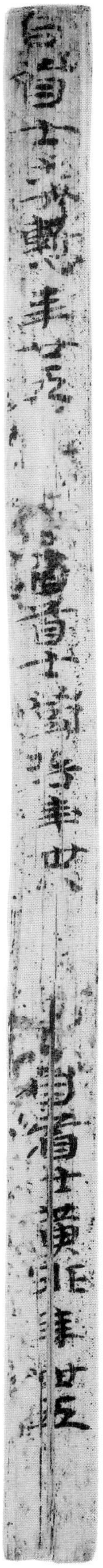

五〇五四

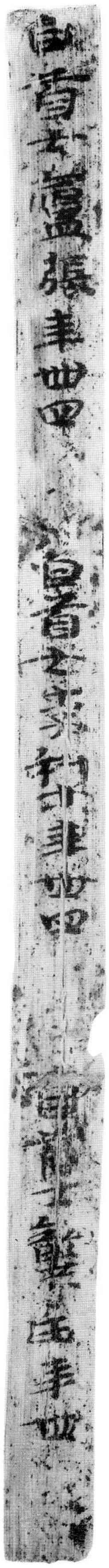

五〇五五

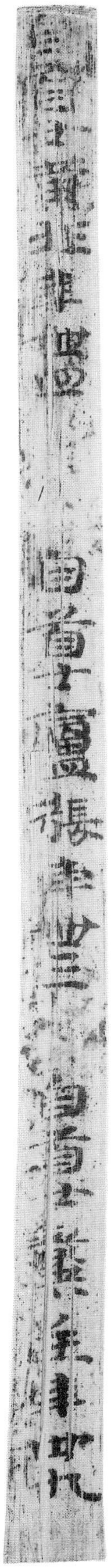

五〇五六

五〇五七

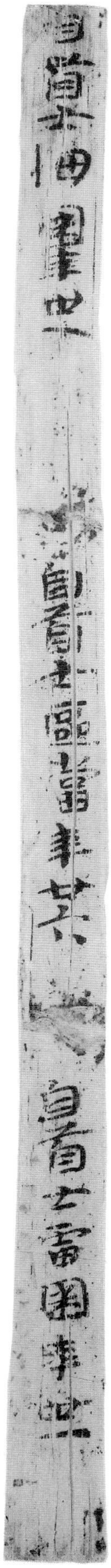

五〇五八

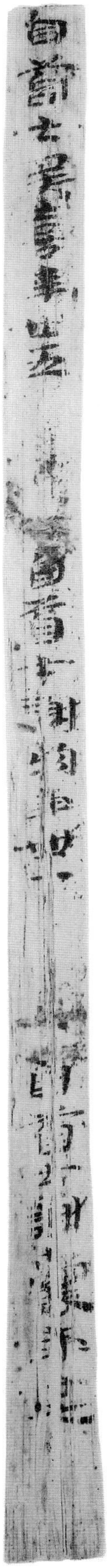

五〇五九

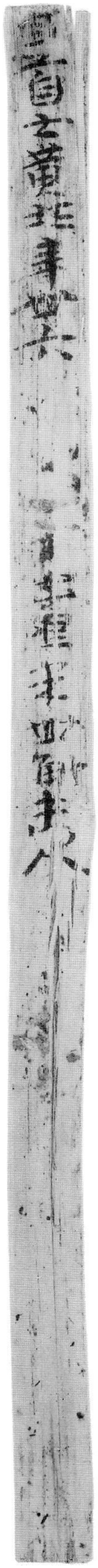

五〇六〇

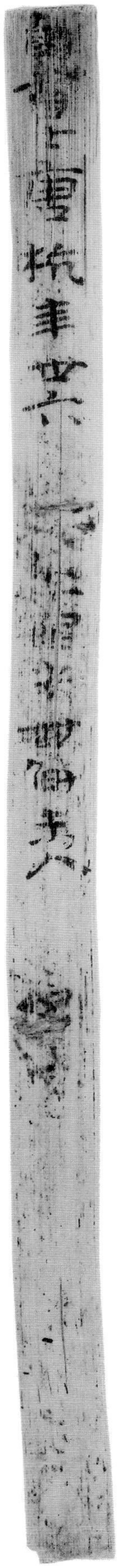

五〇六一

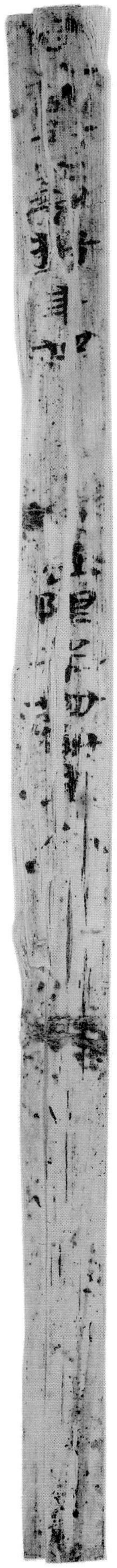

五〇六二

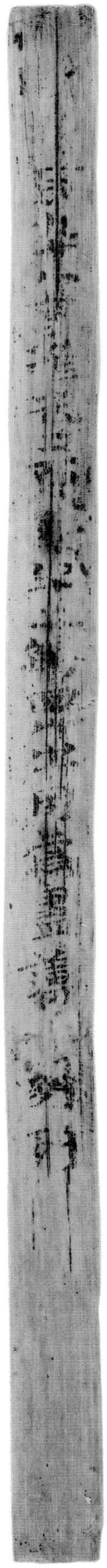

五〇六三

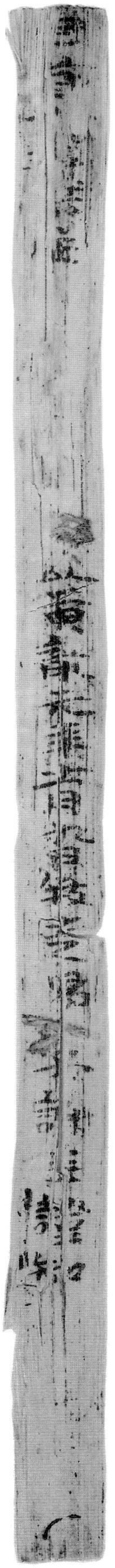

五〇六四

五〇六五

五〇六六

五〇六七

五〇六八

五〇六九

五〇七〇

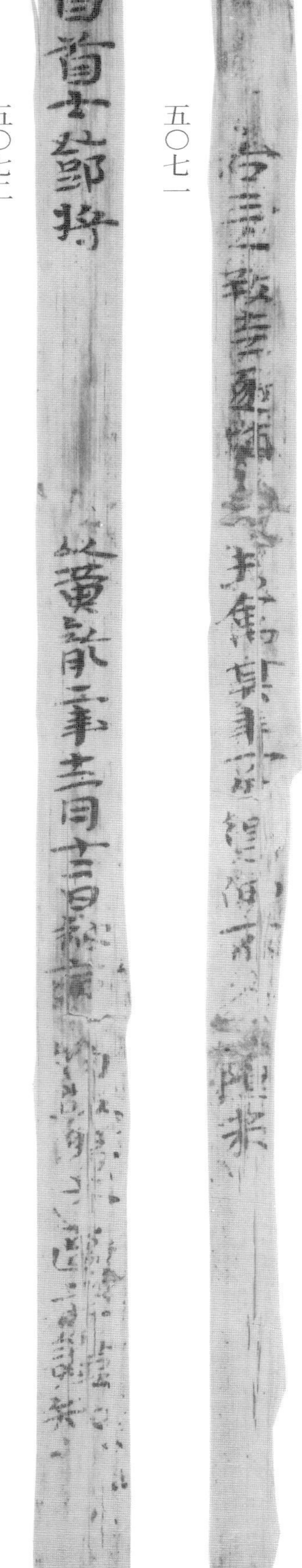

五〇七一

五〇七二

五〇七三

五〇七四

五〇七五

五〇七六

五〇七七

五〇七八

五〇七九

五〇八〇

五〇八一

五〇八二

五〇八三

五〇八四

五〇八五

五〇八六

五〇八七

五〇八八

五〇八九

五〇九〇

五〇九一

五〇九二

五〇九三

五〇九四

五〇九五

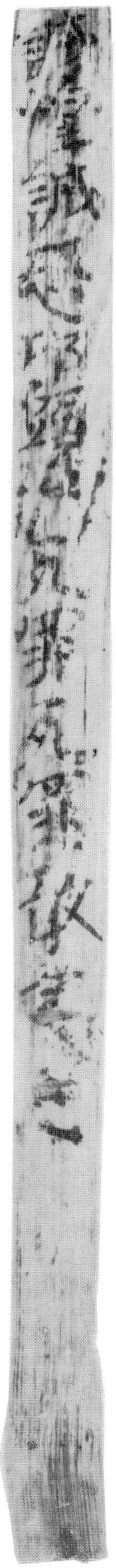

五〇九六

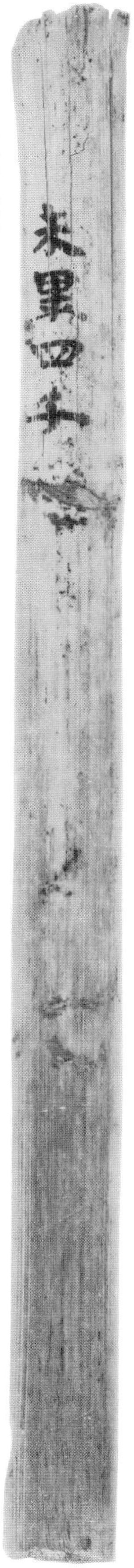

五〇九七

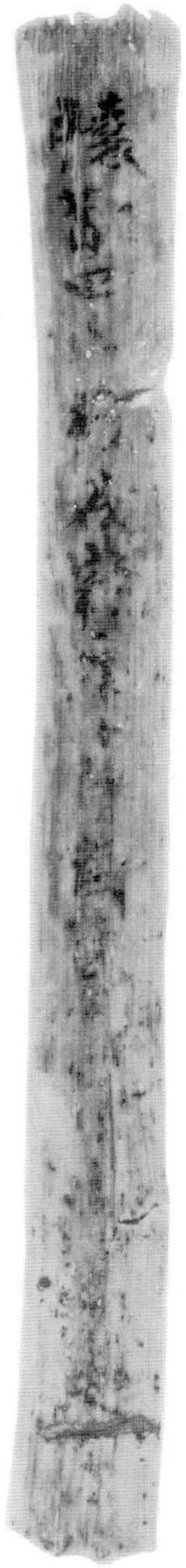

五〇九八

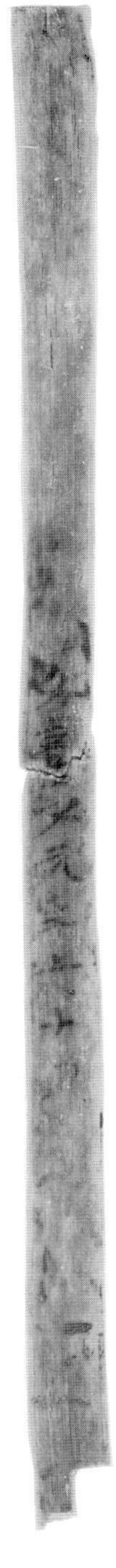

五〇九九

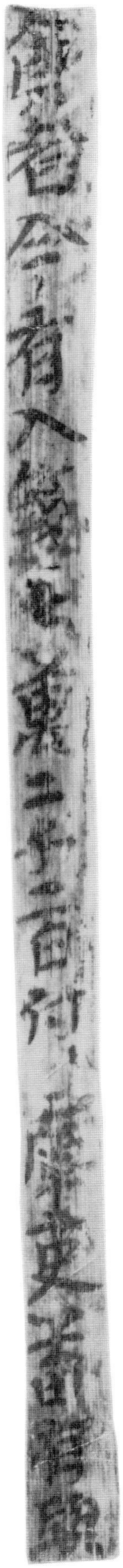

五一〇〇

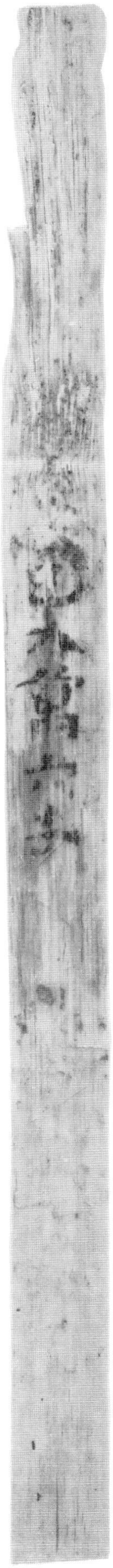

五一〇一

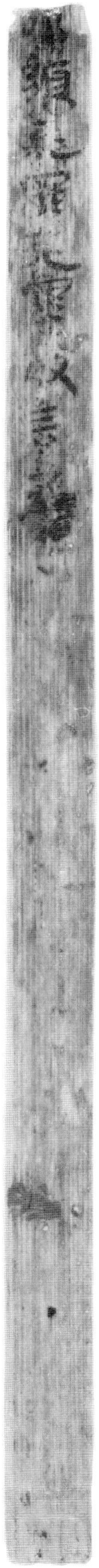

五一〇二 五一〇三 五一〇四（正） 五一〇四（背） 五一〇五 五一〇六 五一〇七

五一〇八

五一〇九

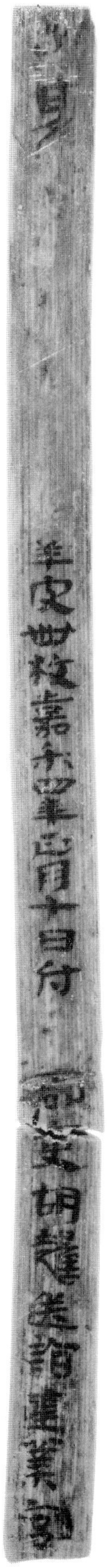

五一一〇

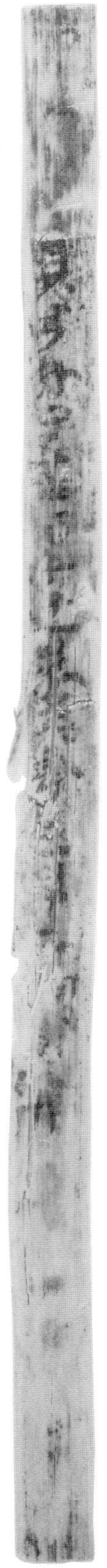

五一一一

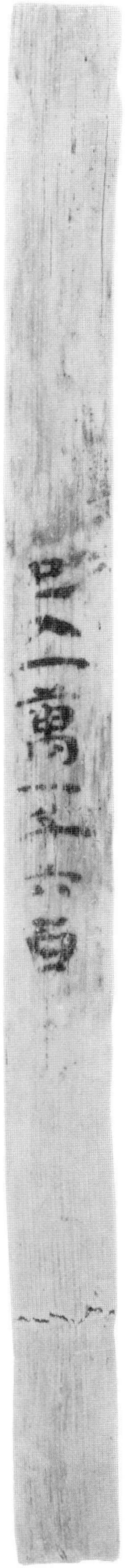

五一一二

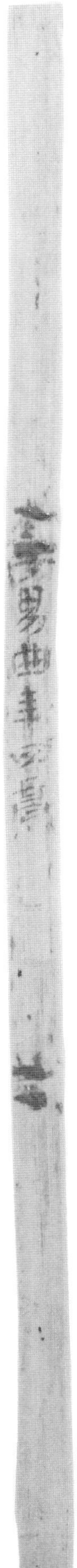

五一一三

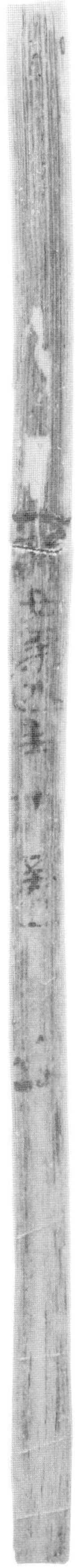

五一一四

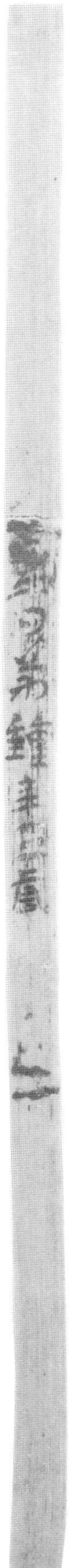

五一一五　五一一六　五一一七　五一一八　五一一九　五一二〇　五一二一　五一二二

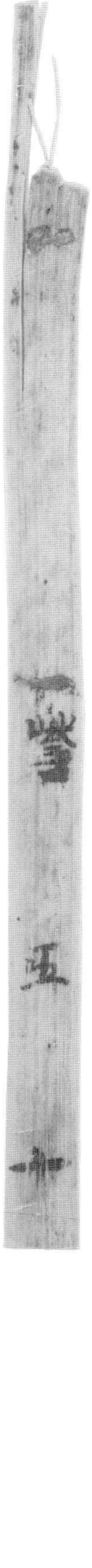

五一二三

五一二四

五一二五

五一二六

五一二七

五一二八

五一二九

五一三〇

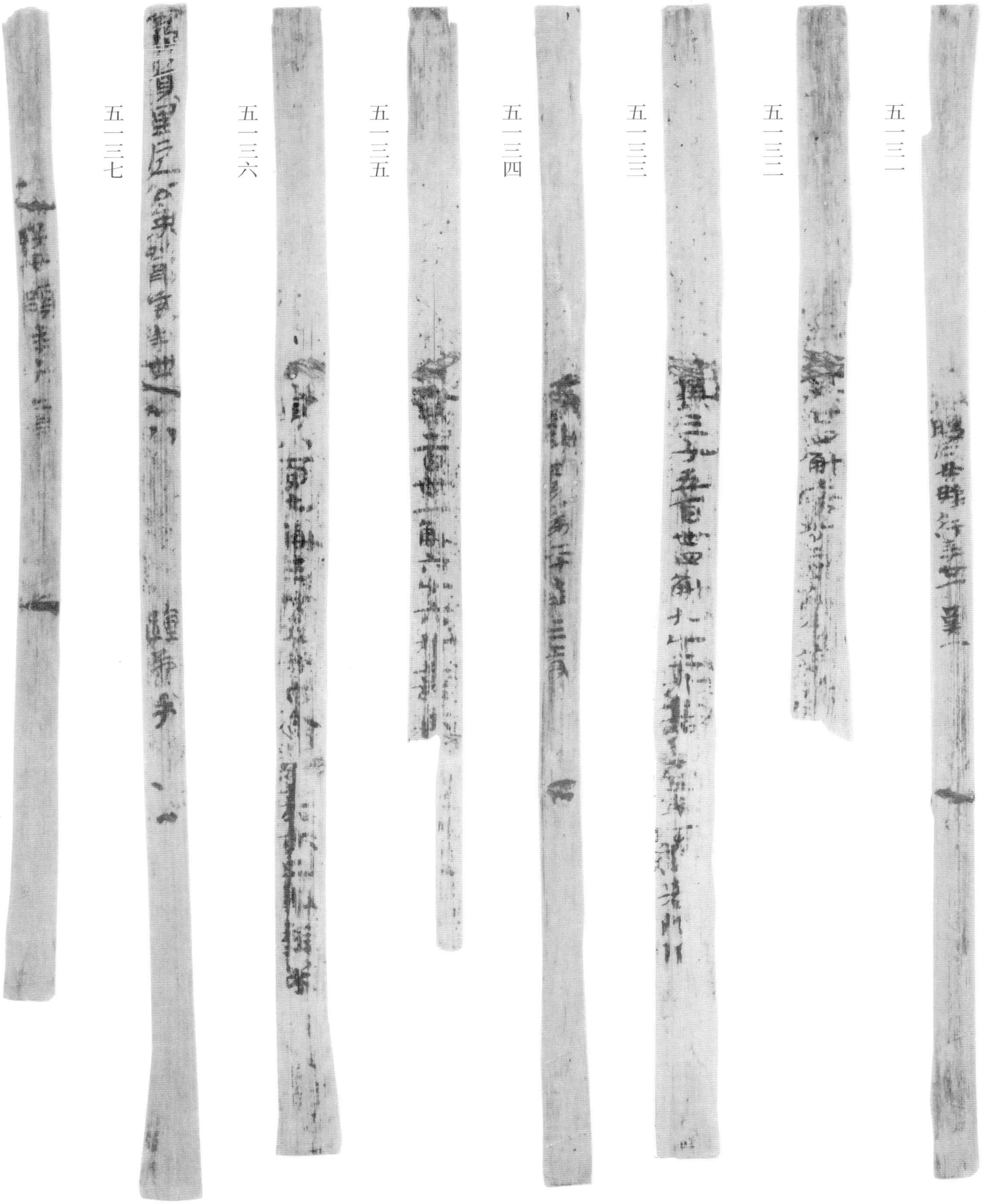

五一三一　五一三二　五一三三　五一三四　五一三五　五一三六　五一三七　五一三八

五一三九

五一四〇

五一四一

五一四二

五一四三

五一四四

五一四五

五一四六

五一四七

五一四八

五一四九

五一五〇

五一五一

五一五二

五一五三

五一五四

五一五五 五一五六 五一五七 五一五八 五一五九 五一六〇 五一六一 五一六二

五一六三

五一六四

五一六五

五一六六

五一六七

五一六八

五一六九

五一七〇

五一七一　五一七二　五一七三　五一七四　五一七五　五一七六　五一七七　五一七八

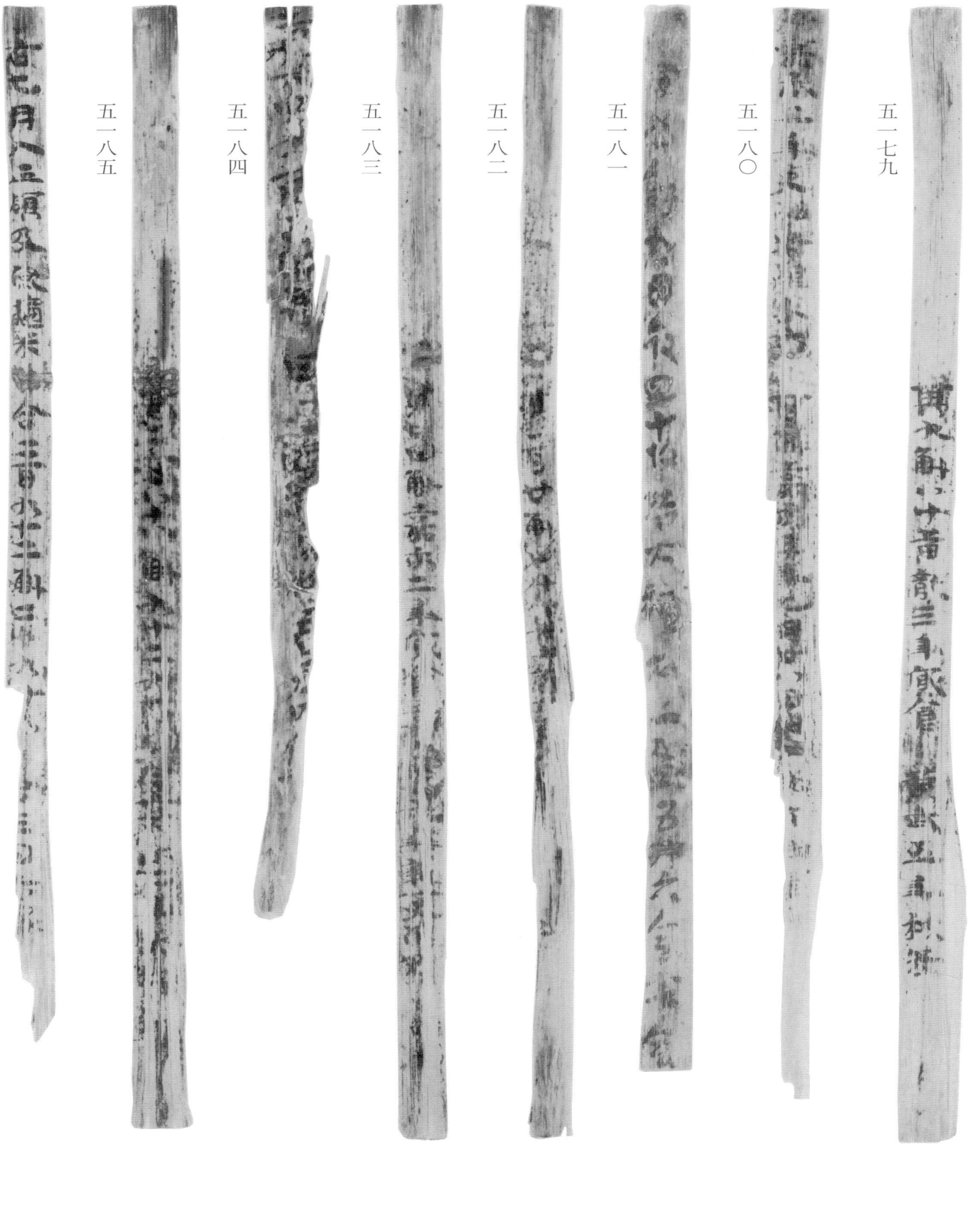

五一七九

五一八〇

五一八一

五一八二

五一八三

五一八四

五一八五

五一八六

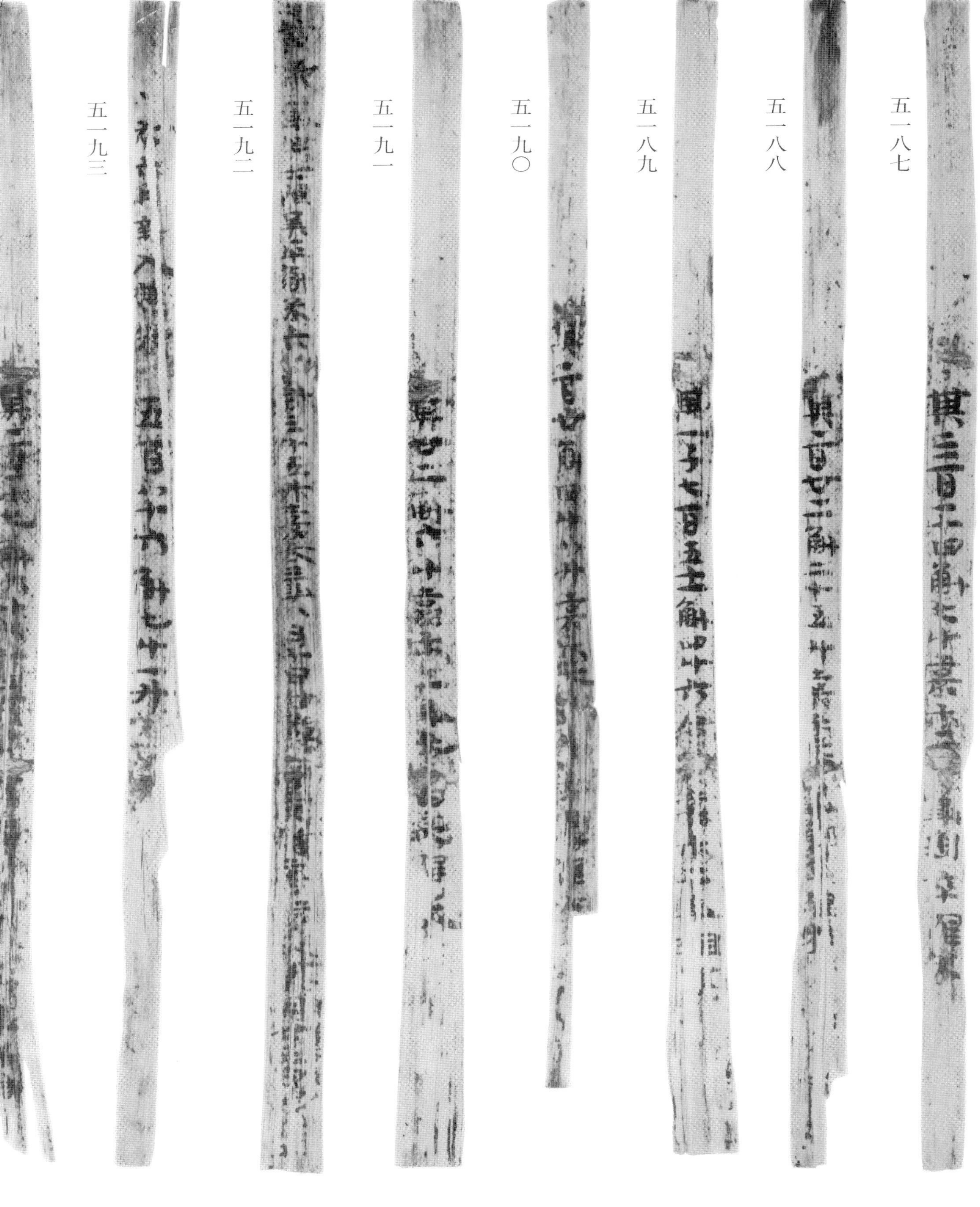

五一八七

五一八八

五一八九

五一九〇

五一九一

五一九二

五一九三

五一九四

五一九五

五一九六

五一九七

五一九八

五一九九

五二〇〇

五二〇一

五二〇二

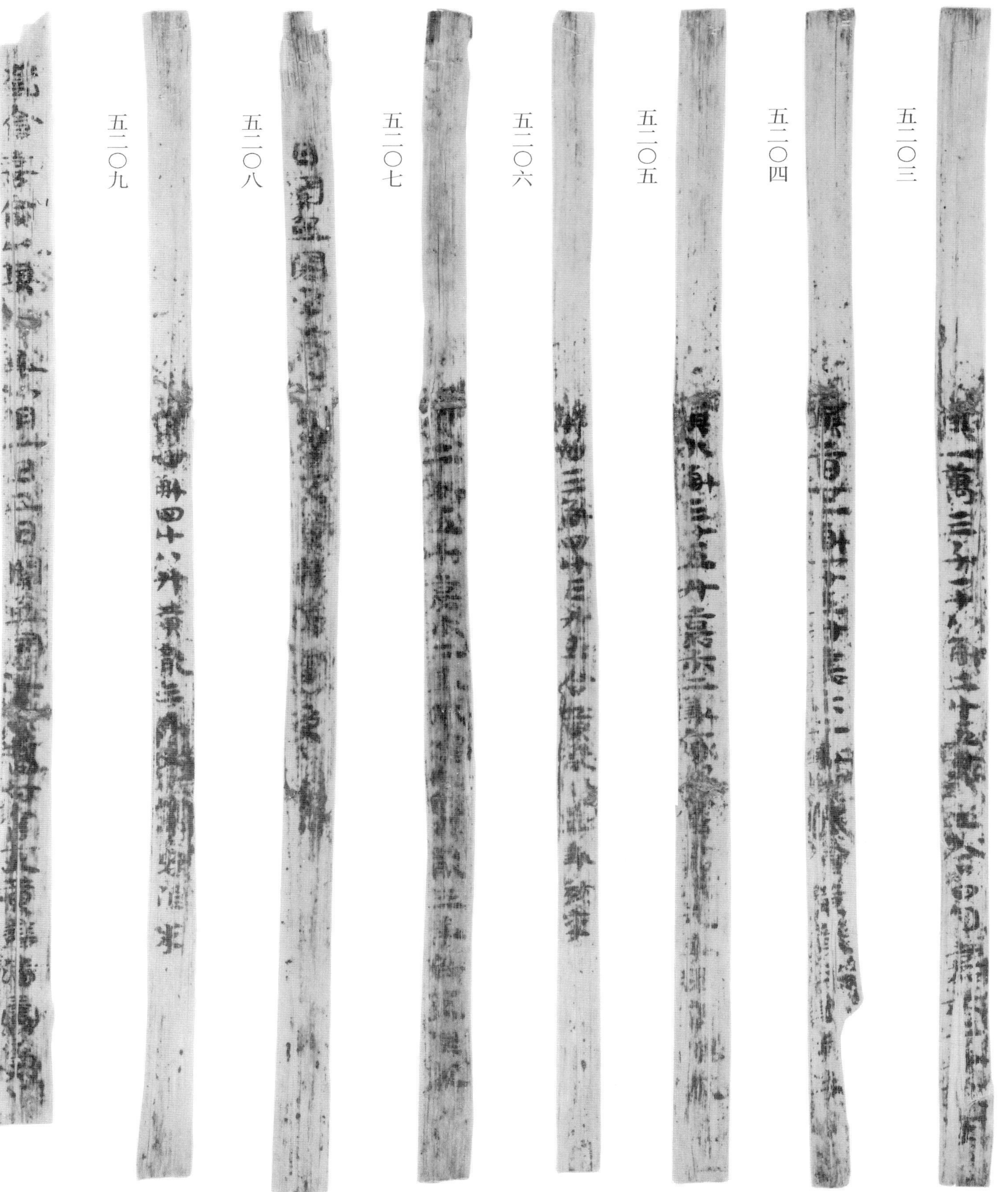

五二〇三

五二〇四

五二〇五

五二〇六

五二〇七

五二〇八

五二〇九

五二一〇

五二一一 五二一二 五二一三 五二一四 五二一五 五二一六 五二一七 五二一八

五二一九

五二二〇

五二二一

五二二二

五二二三

五二二四

五二二五

五二二六

五二二七

五二二八

五二二九

五二三〇

五二三一

五二三二

五二三三

五二三四

五二三五
五二三六
五二三七
五二三八
五二三九
五二四〇
五二四一
五二四二

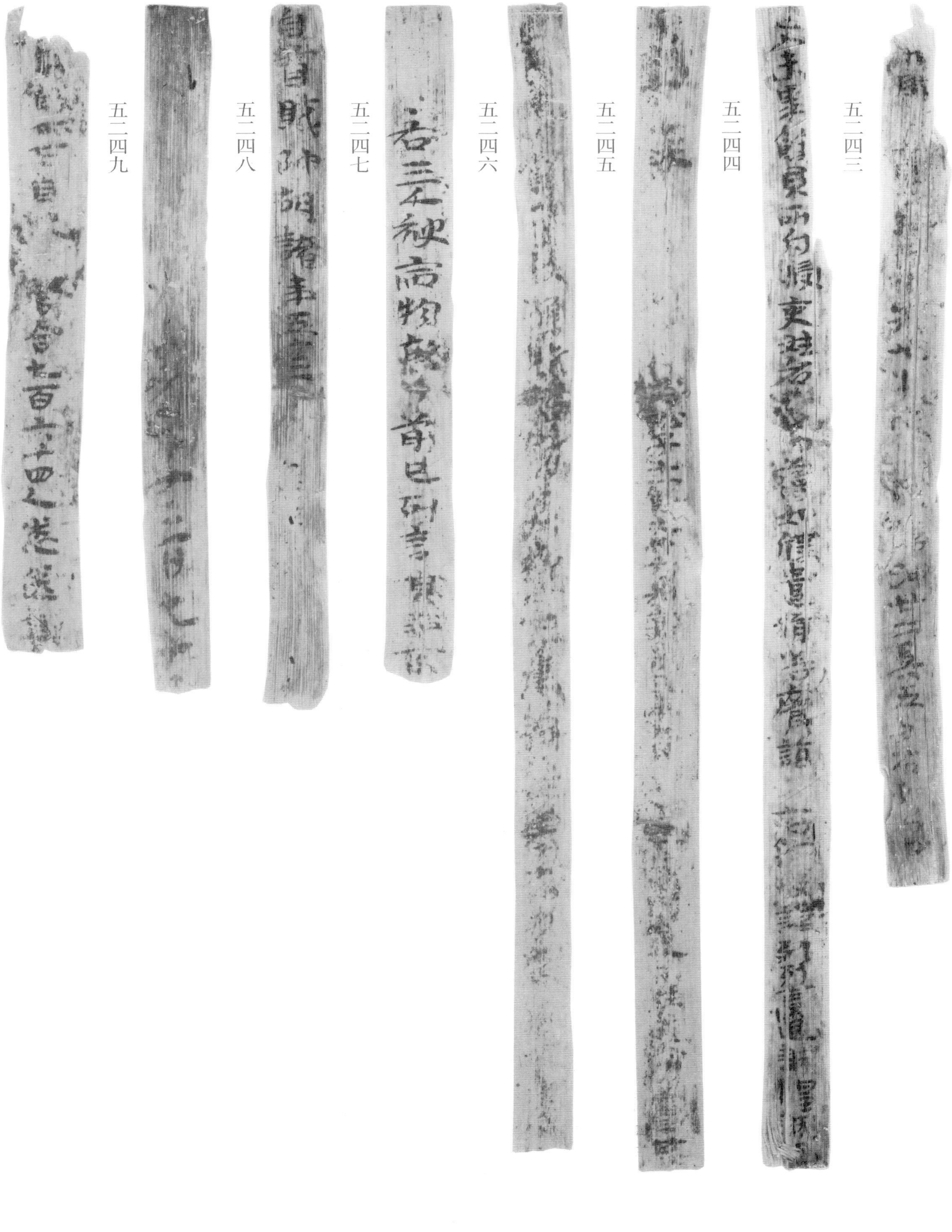

五二四三

五二四四

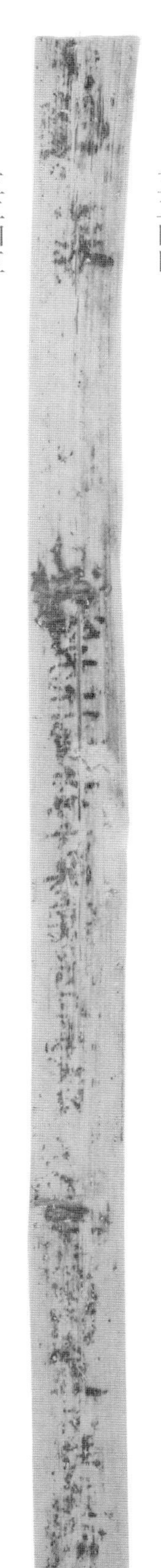

五二四五

五二四六

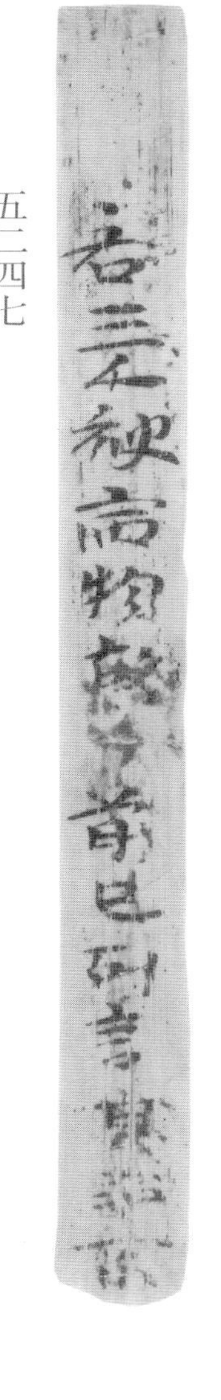

五二四七

五二四八

五二四九

五二五〇

五二五一

五二五二

五二五三

五二五四

五二五五

五二五六

五二五七

五二五八

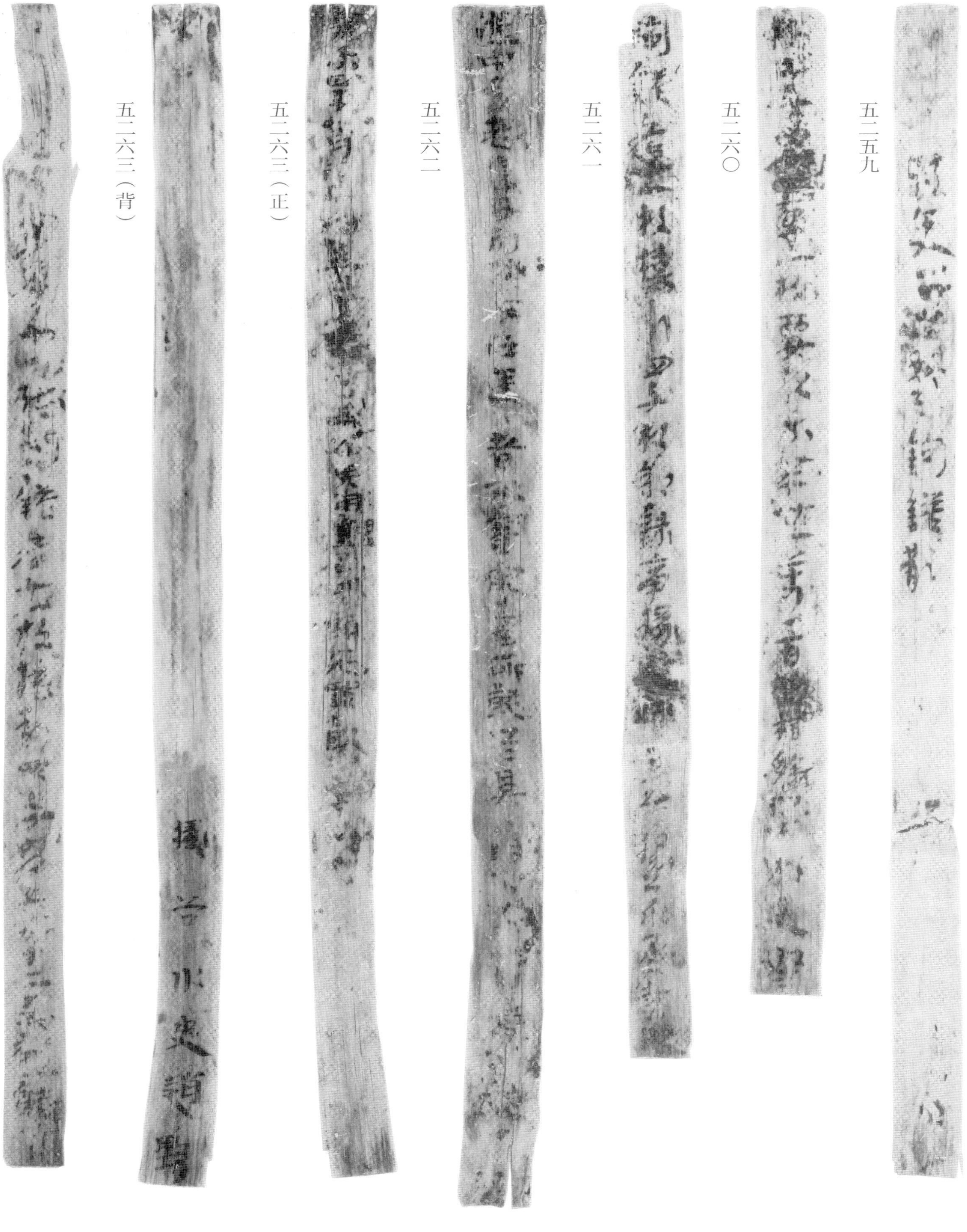

五二五九

五二六〇

五二六一

五二六二

五二六三（正）

五二六三（背）

五二六四

五二六五
五二六六
五二六七
五二六八
五二六九
五二七〇
五二七一

五二七二

五二七三

五二七四

五二七五

五二七六

五二七七

五二七八

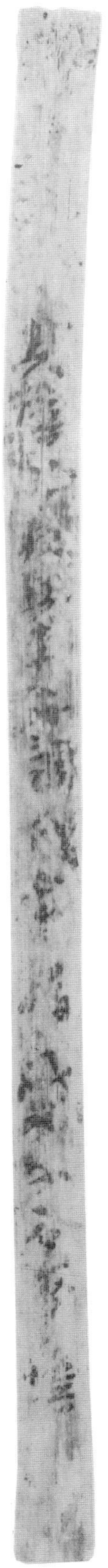
五二七九

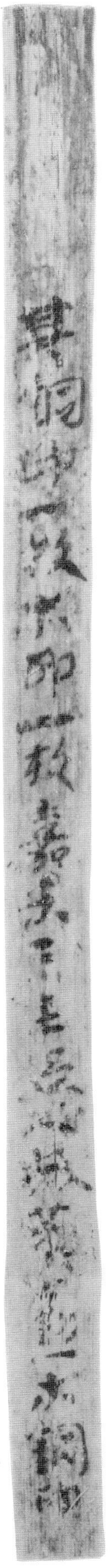
五二八〇

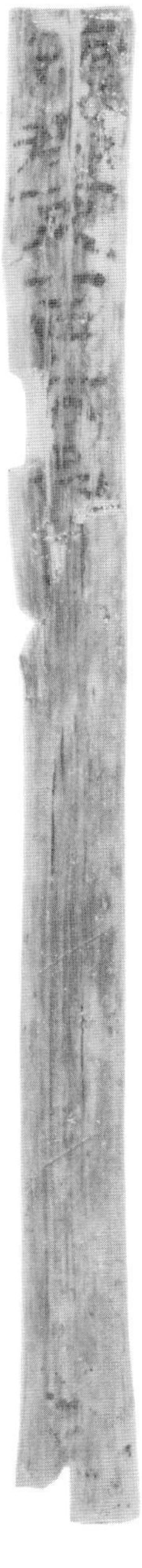
五二八一

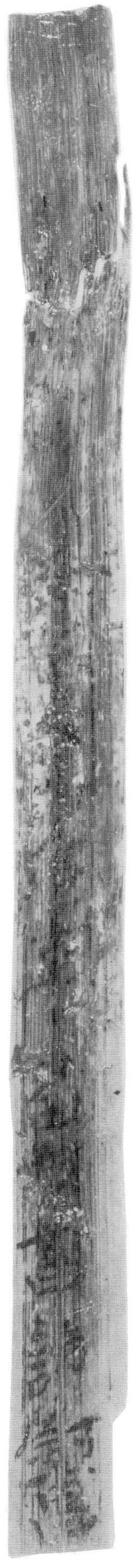
五二八二

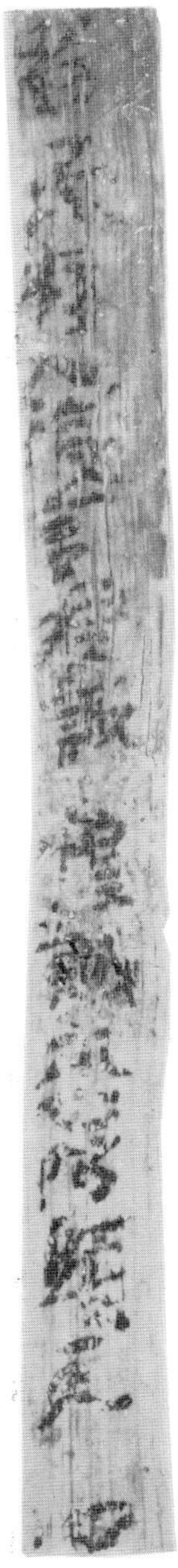
五二八三

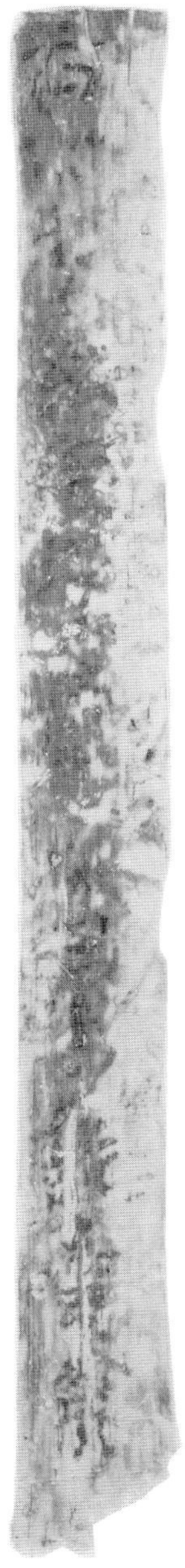
五二八四

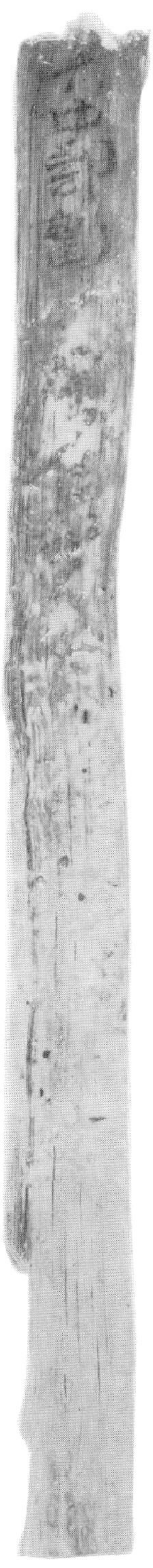
五二八五

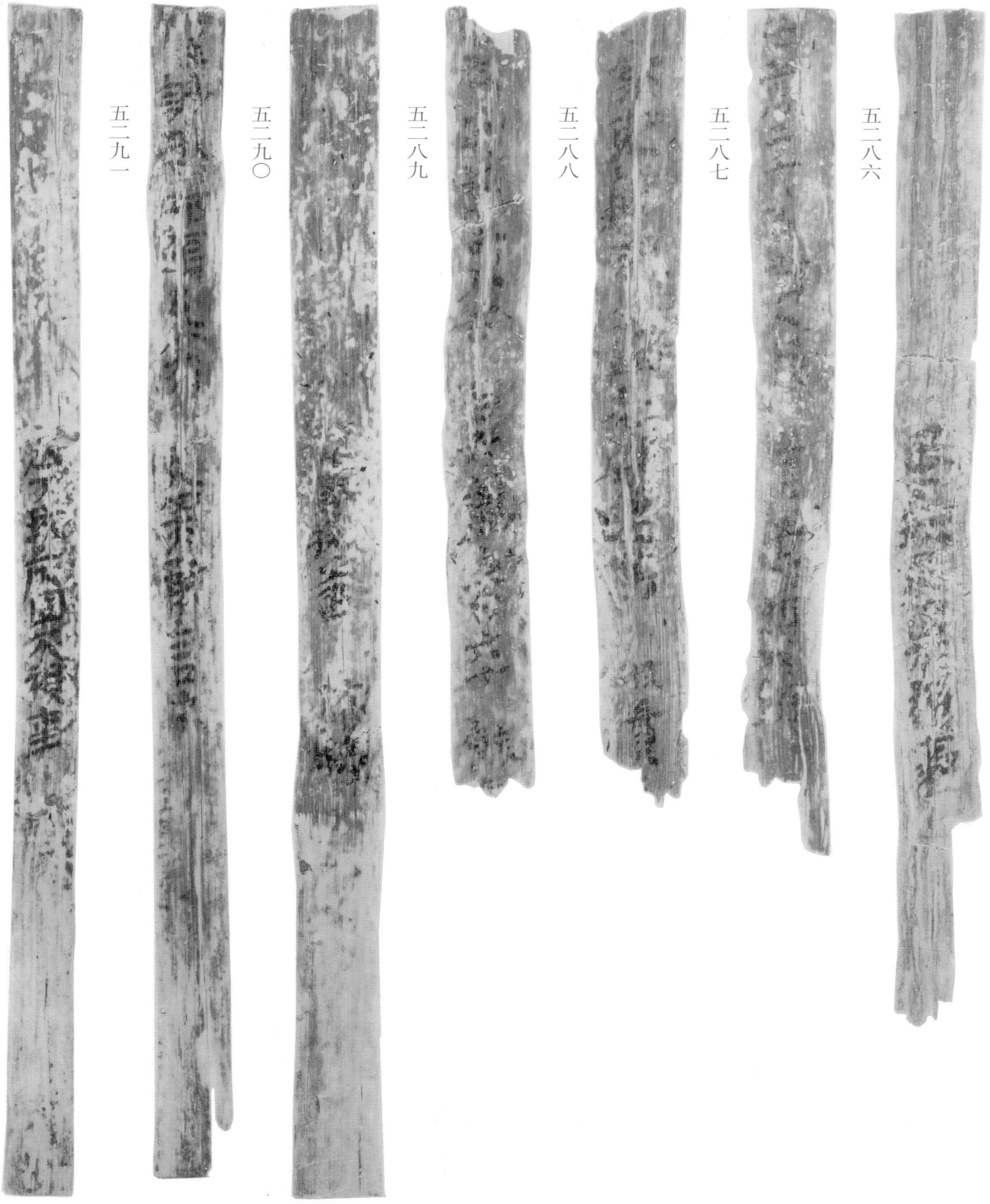

五二八六

五二八七

五二八八

五二八九

五二九〇

五二九一

五二九二

五二九三

五二九四

五二九五

五二九六

五二九七

五二九八

五二九九

五三〇〇

五三〇一

五三〇二

五三〇三

五三〇四

五三〇五

五三〇六

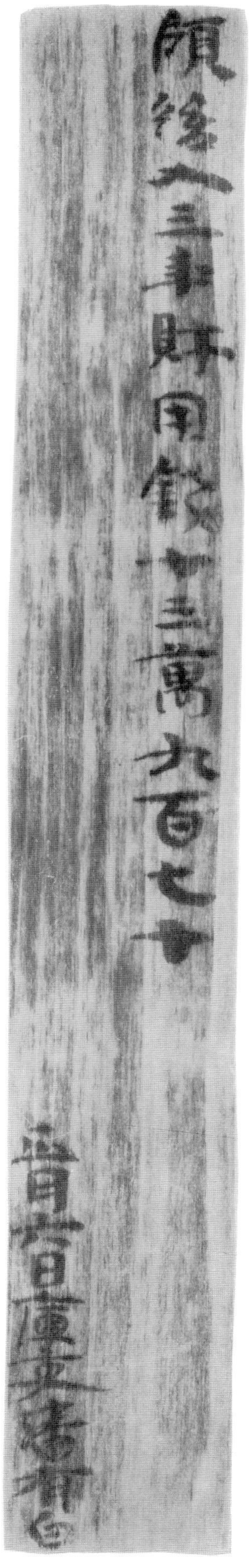

五三〇六（一）

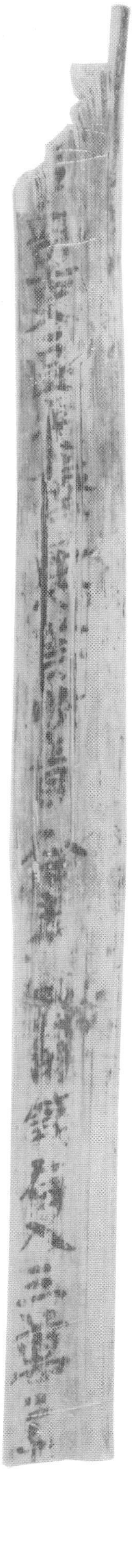

五三〇七

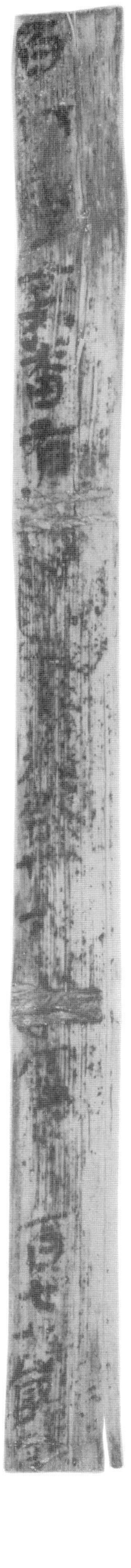

五三〇八

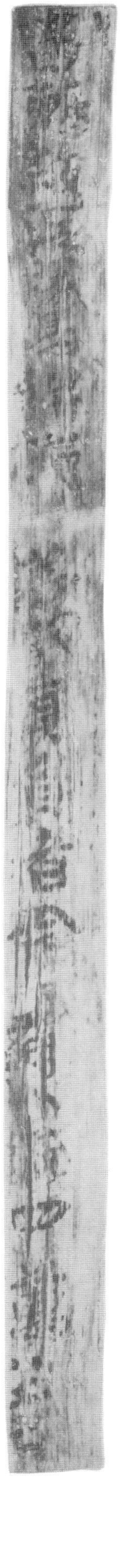

五三〇九

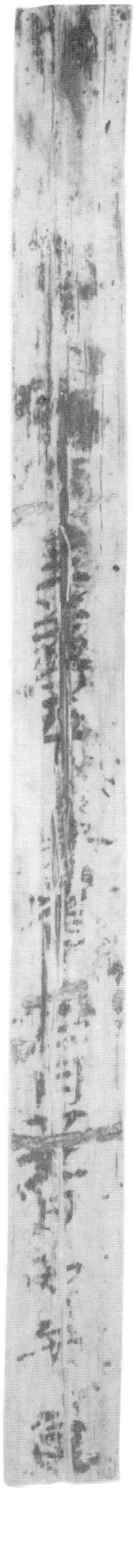

五三一〇

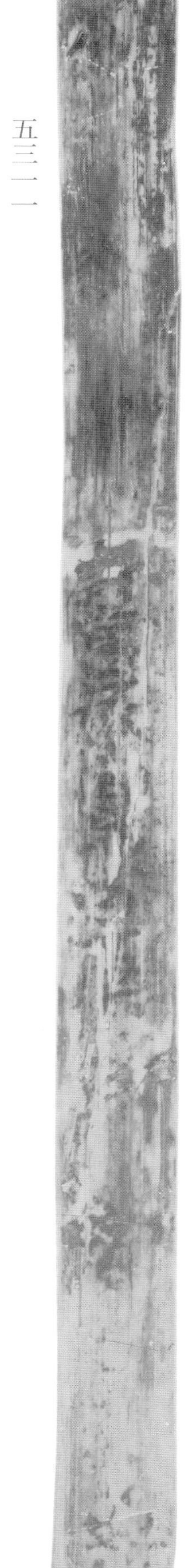

五三一一

五三一二

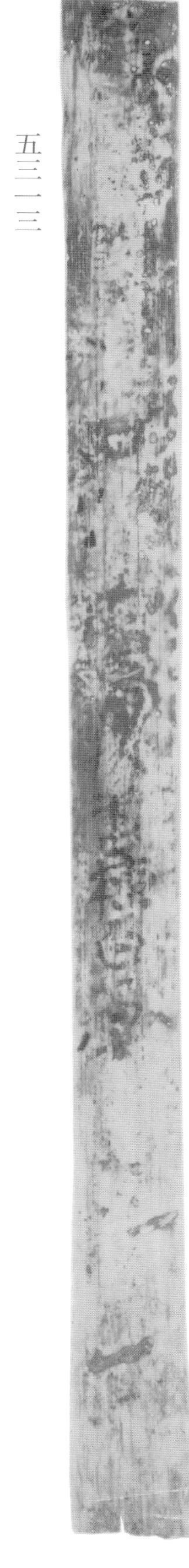

五三一三

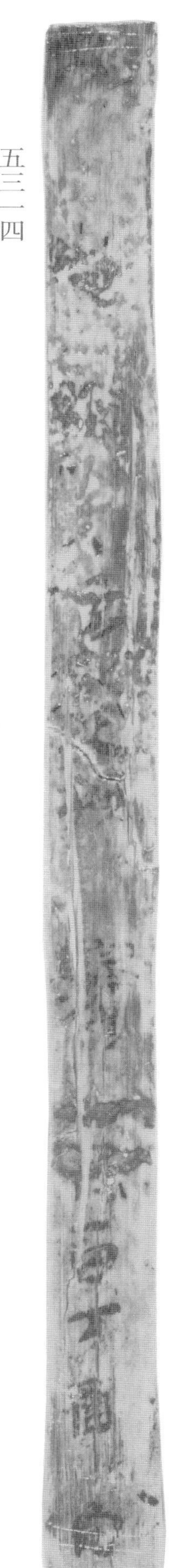

五三一四

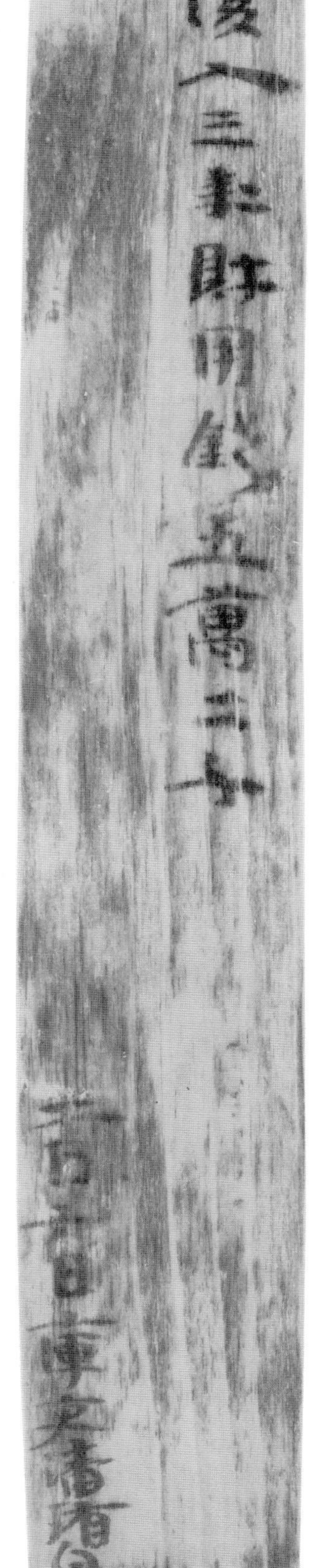

五三一四（一）

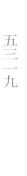

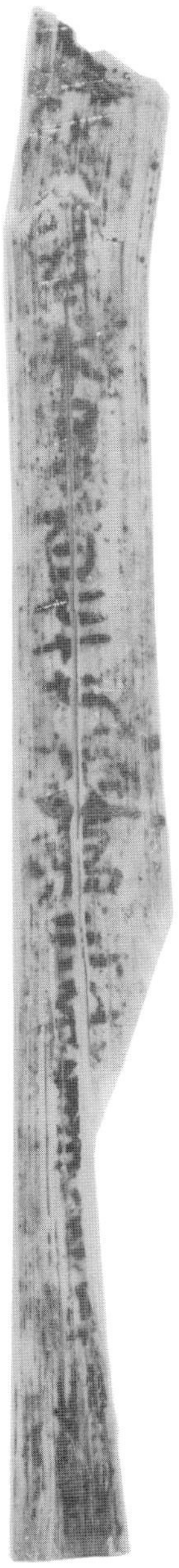
五三一五

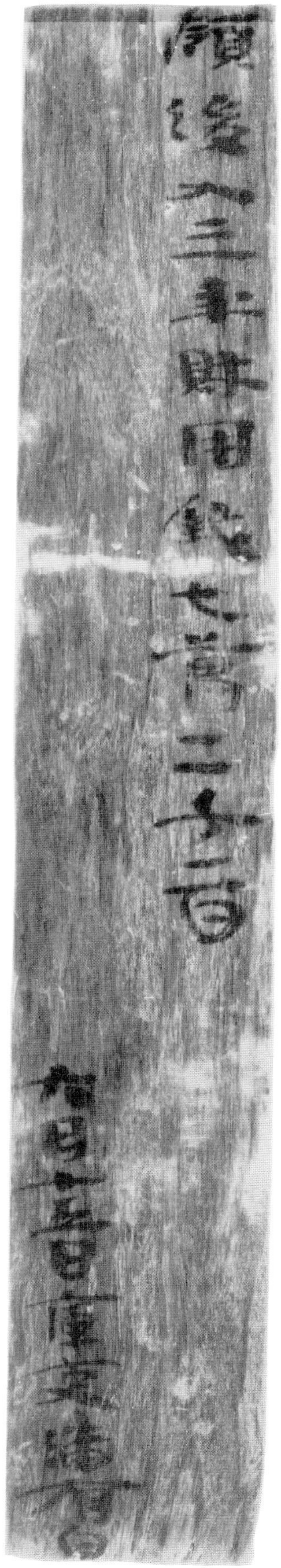
五三一五（一）

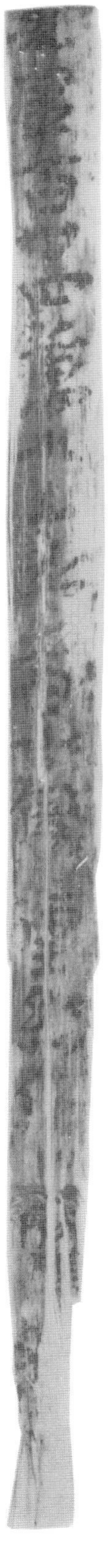
五三一六

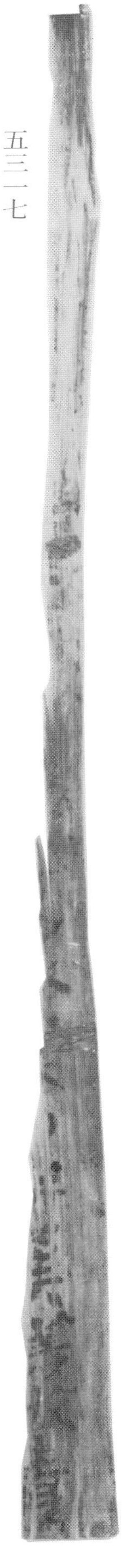
五三一七

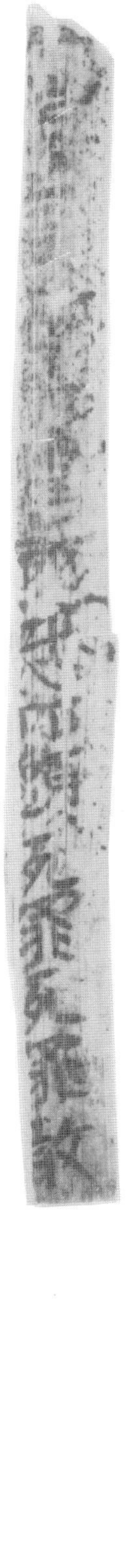
五三一八

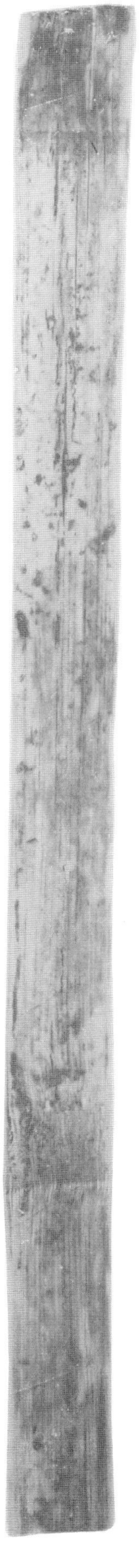
五三一九

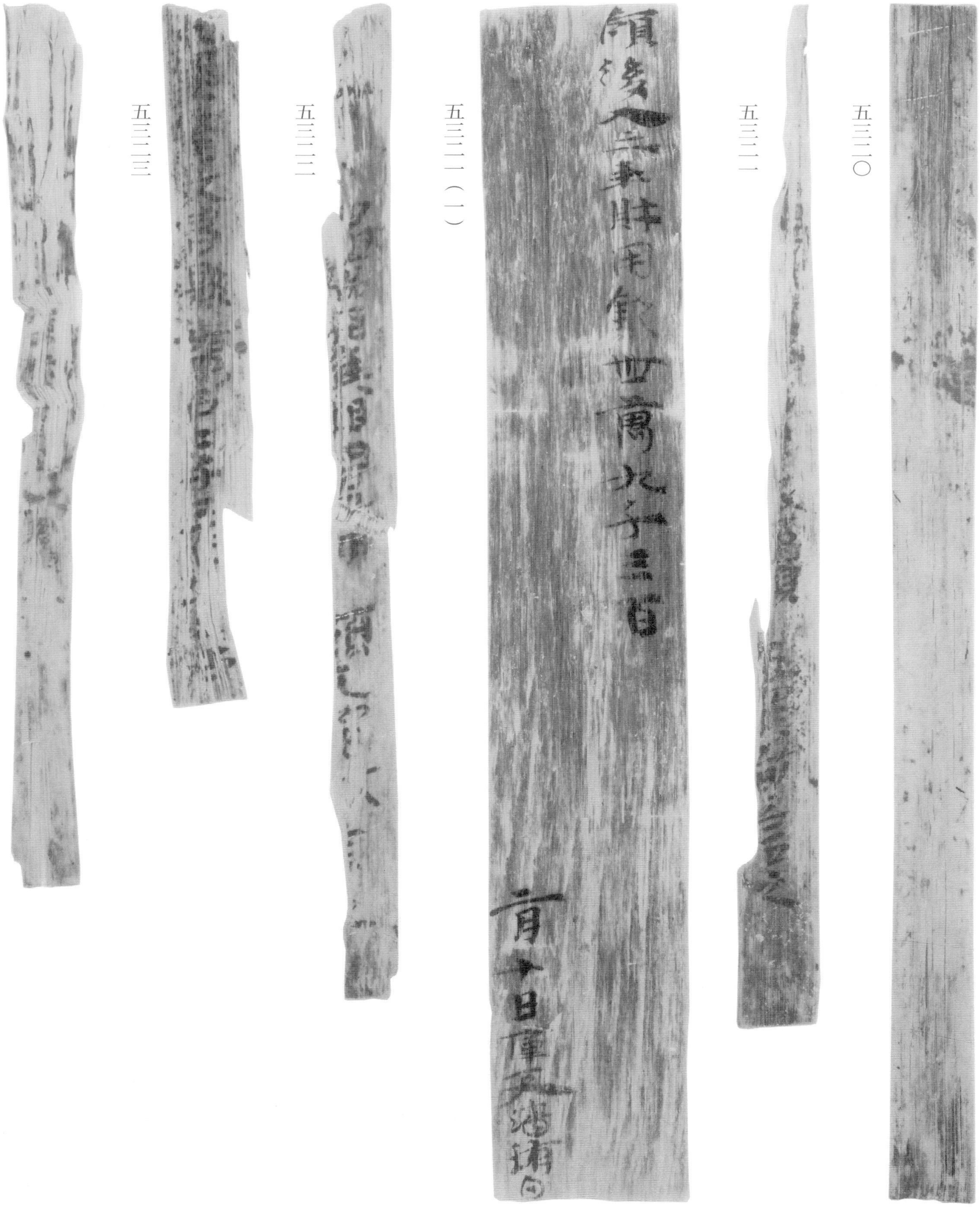

五三二〇

五三二一

五三二一（一）

五三二二

五三二三

五三二四

五三二五

五三二六

五三二七

五三二八

五三二九

五三三〇

五三三一

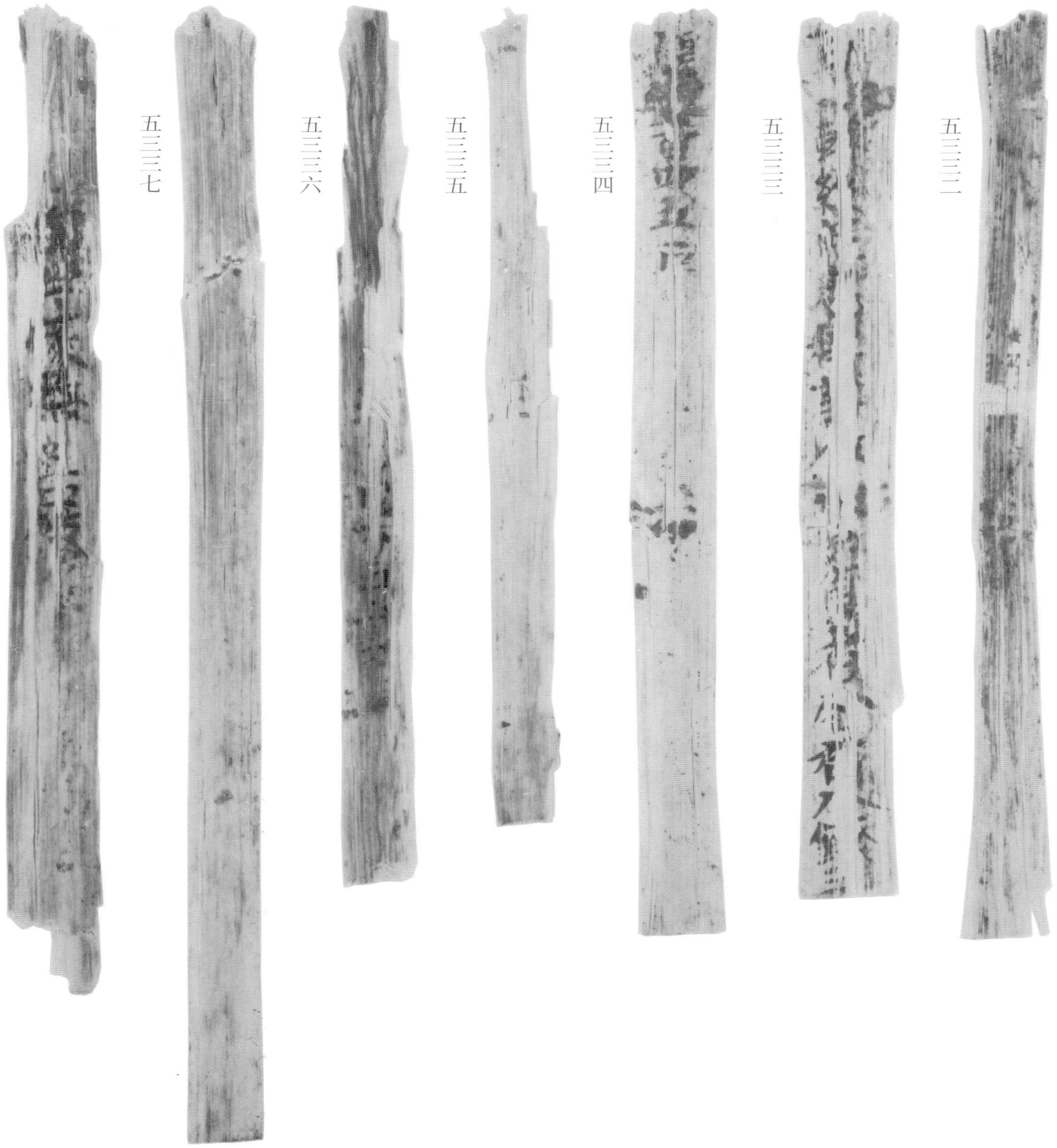

五三三二

五三三三

五三三四

五三三五

五三三六

五三三七

五三三八

五三三九
五三四〇
五三四一
五三四二
五三四三
五三四四
五三四五
五三四六

五三四七

五三四八

五三四九

五三五〇

五三五一

五三五二

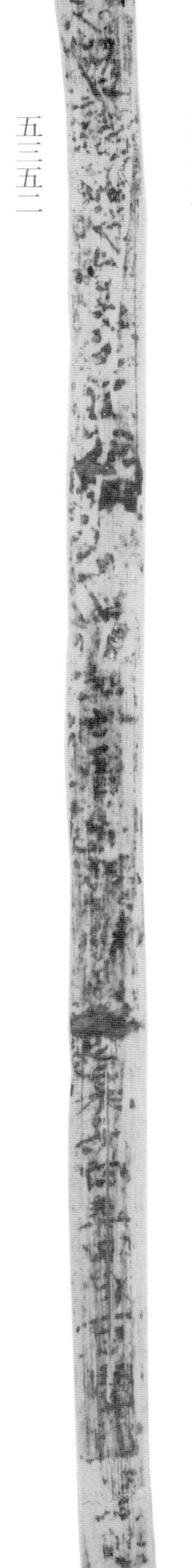

五三五三

五三五四

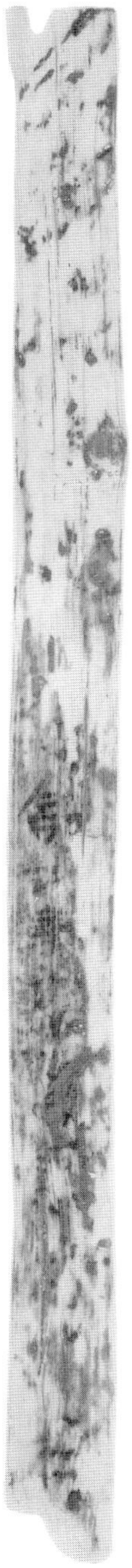

五三五五

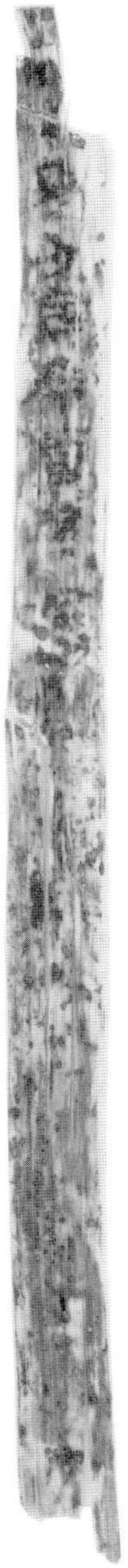

五三五六

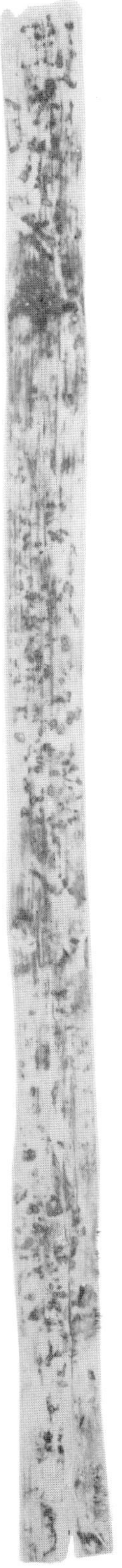

五三五七

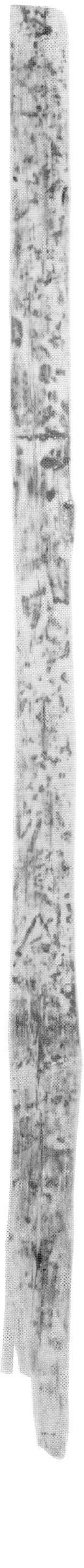

五三五八

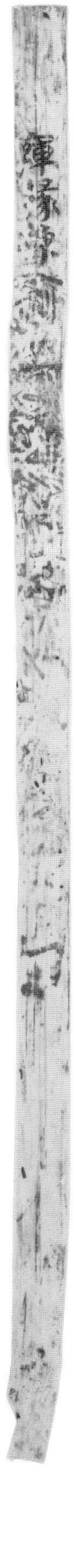

五三五九

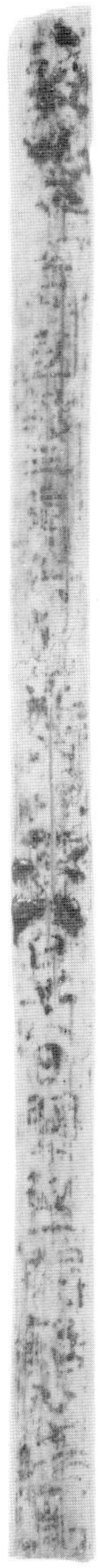

五三六〇

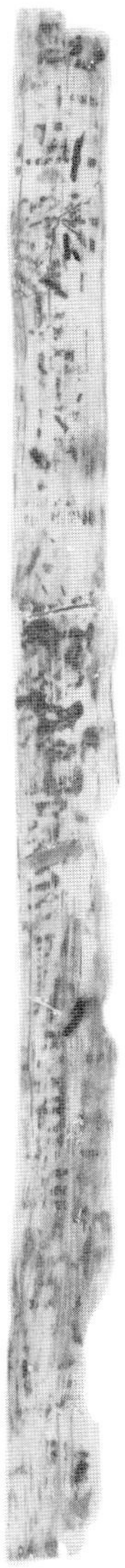

五三六一

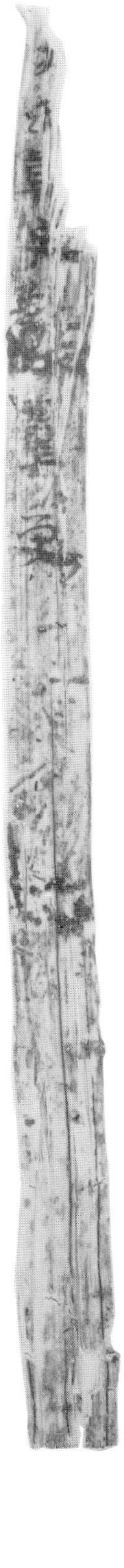

五三六二

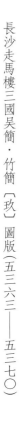

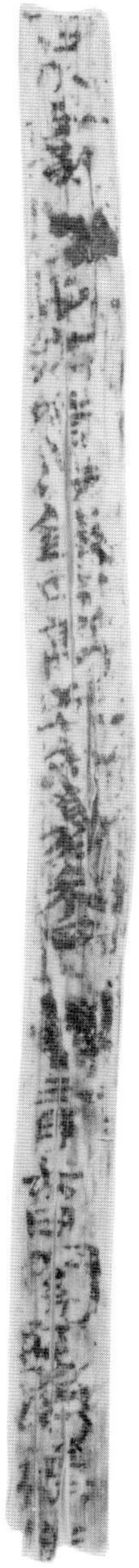
五三六三

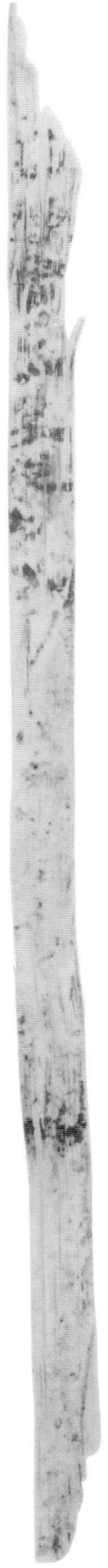
五三六四

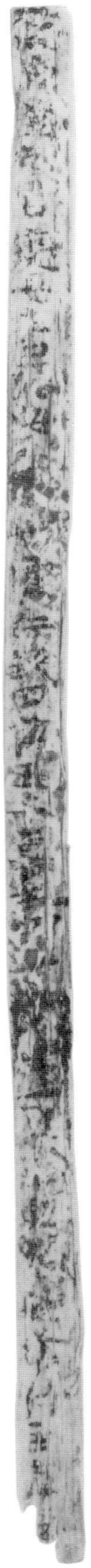
五三六五

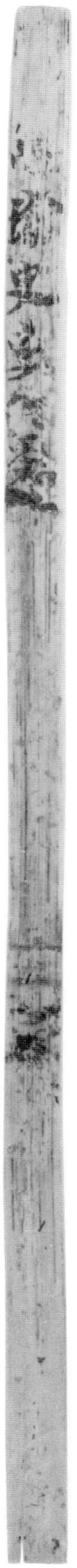
五三六六

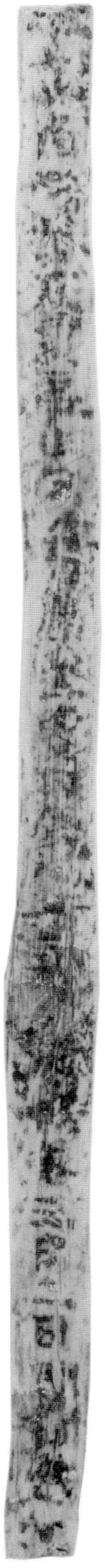
五三六七

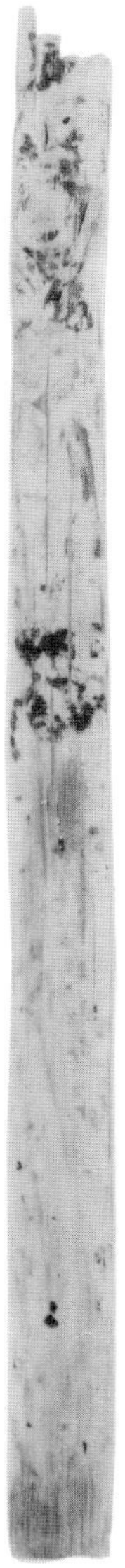
五三六八

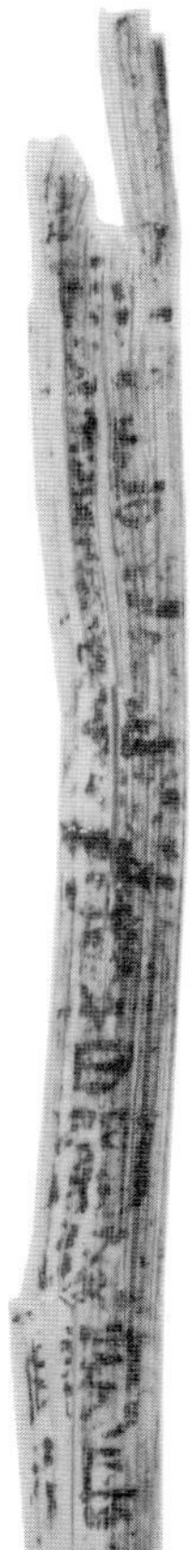
五三六九

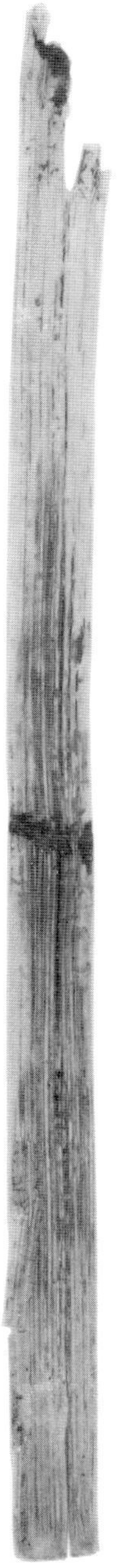
五三七〇

五三七一
五三七二
五三七三
五三七四
五三七五
五三七六
五三七七
五三七八

五三七九

五三八〇

五三八一

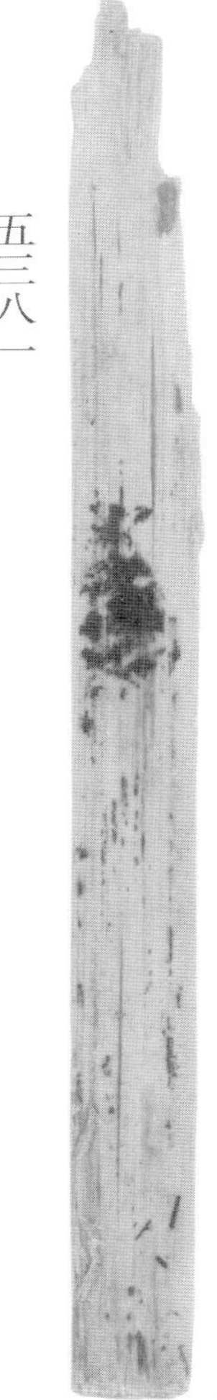

五三八二

五三八三

五三八四

五三八五

五三八六

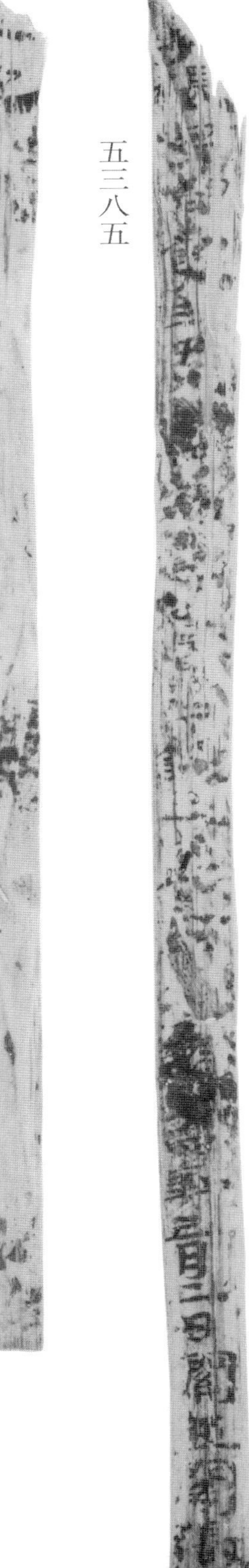

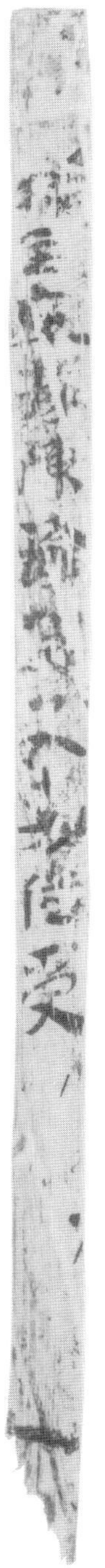
五三八七

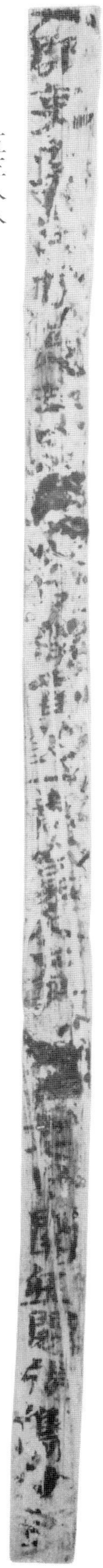
五三八八

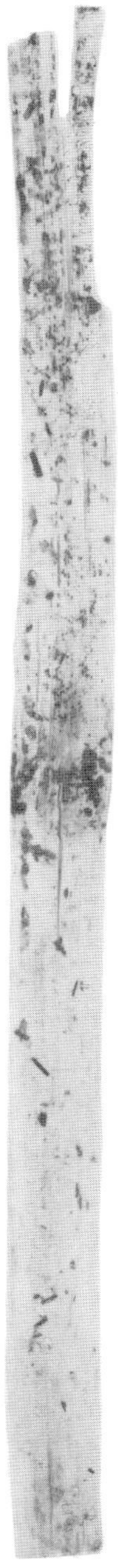
五三八九

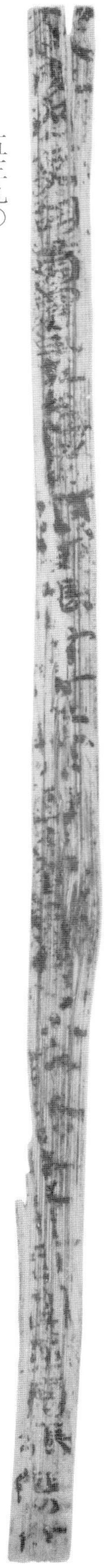
五三九〇

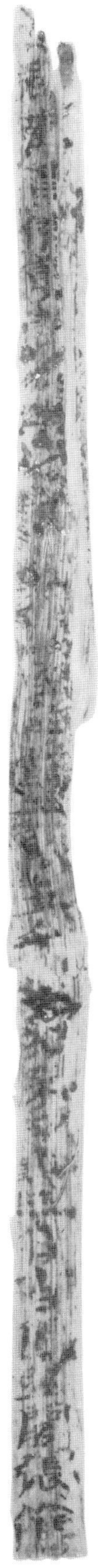
五三九一

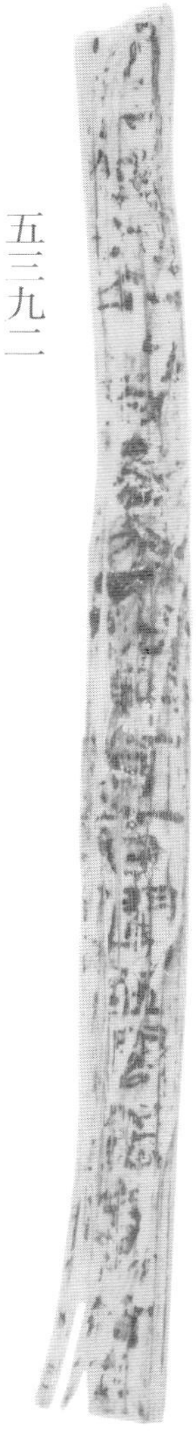
五三九二

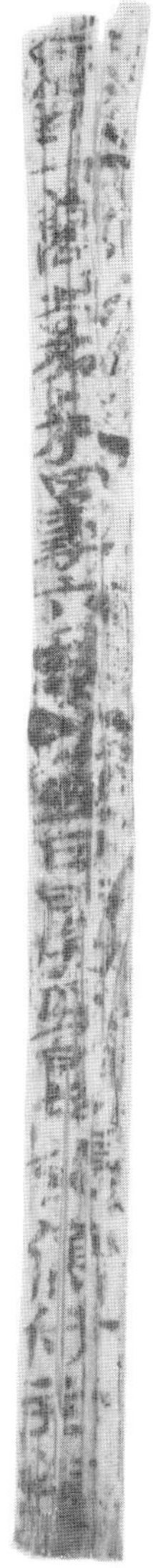
五三九三

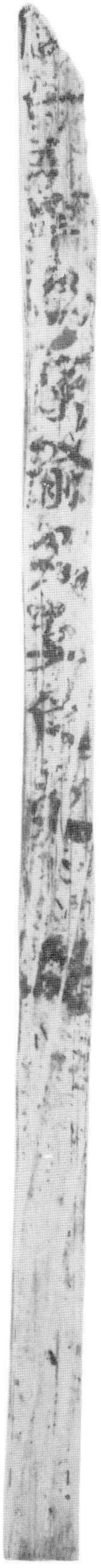
五三九四

五三九五

五三九六

五三九七

五三九八

五三九九

五四〇〇

五四〇一

五四〇二

五四〇三
五四〇四
五四〇五
五四〇六
五四〇七
五四〇八
五四〇九
五四一〇

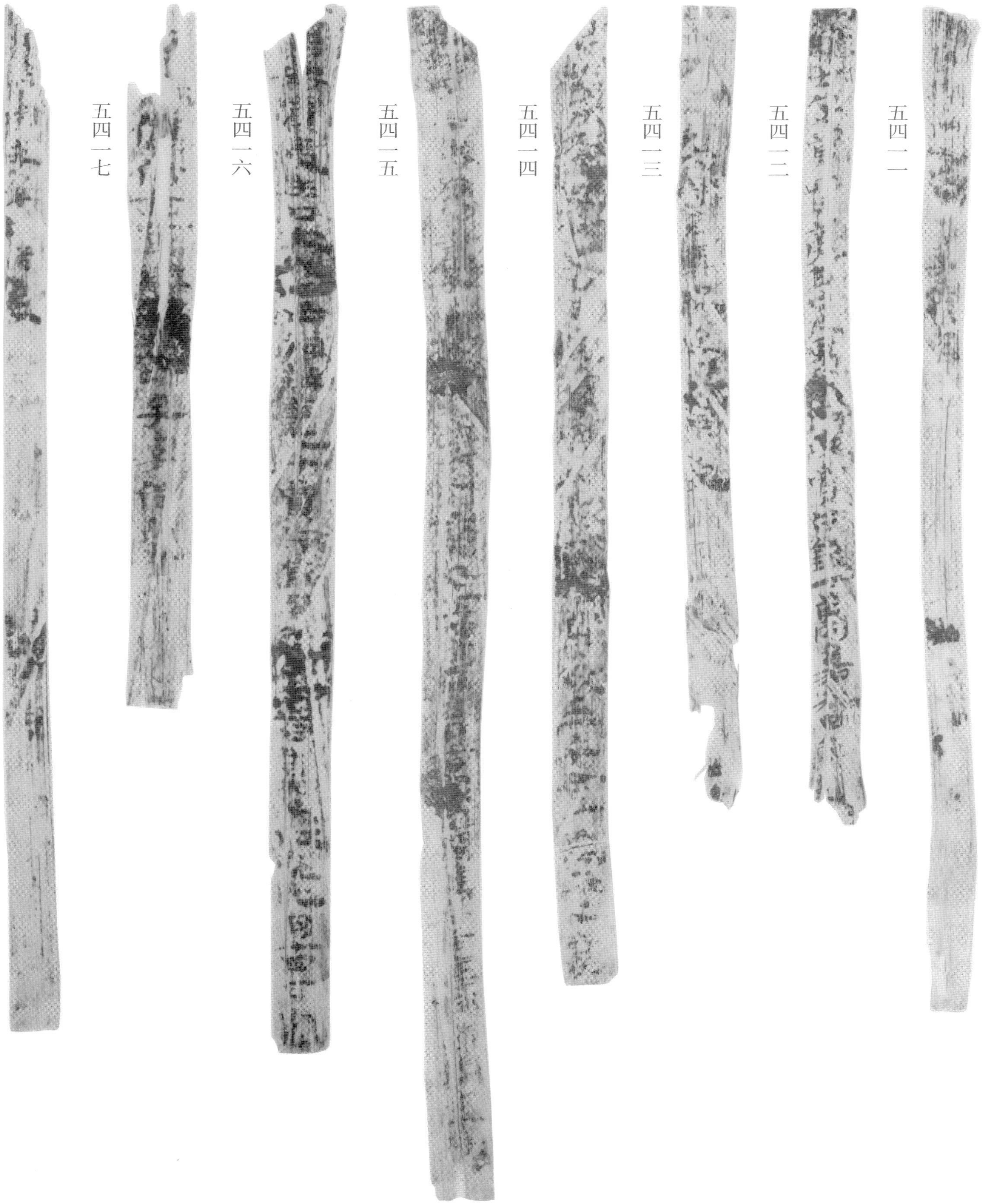

五四一一

五四一二

五四一三

五四一四

五四一五

五四一六

五四一七

五四一八

五四一九
五四二〇
五四二一
五四二二
五四二三
五四二四
五四二五
五四二六

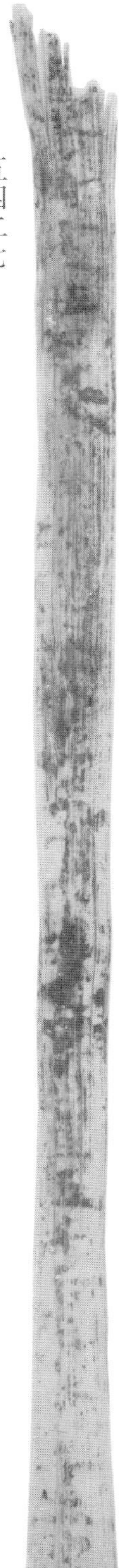

五四二七

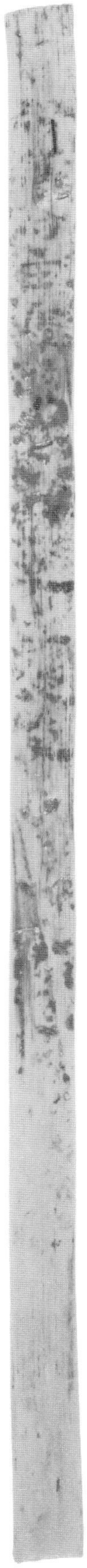

五四二八

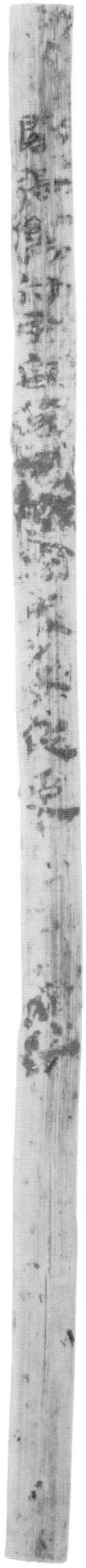

五四二九

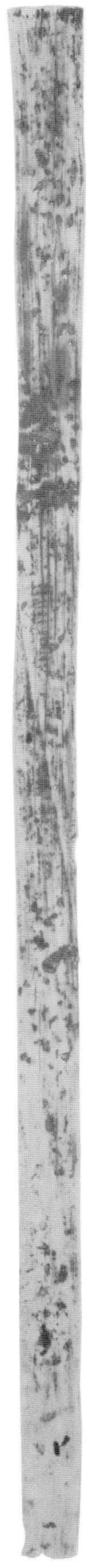

五四三〇

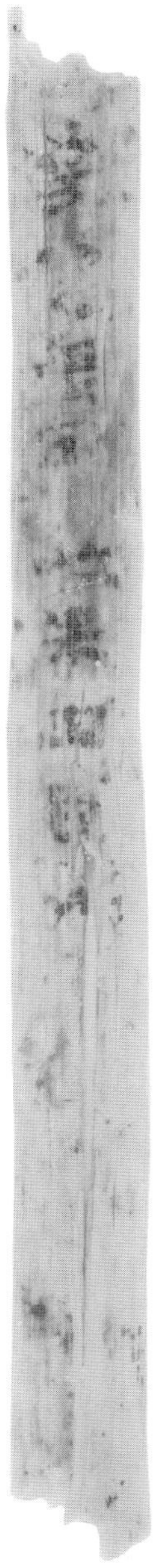

五四三一

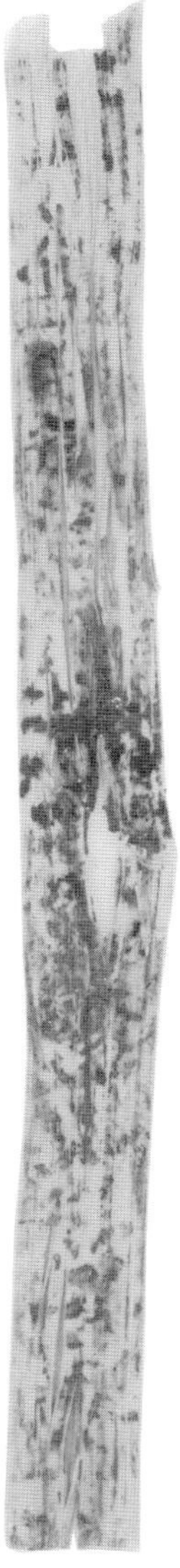

五四三二

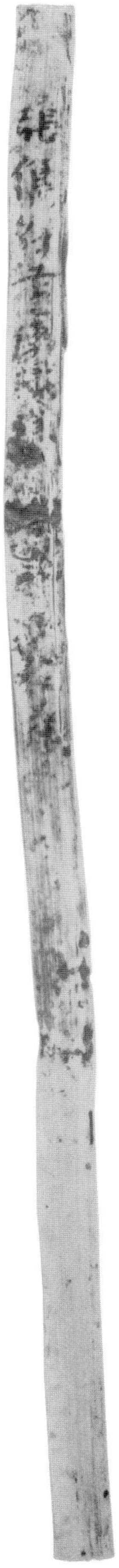

五四三三

五四三四

五四三五 五四三六 五四三七 五四三八 五四三九 五四四〇 五四四一 五四四二

五四四三

五四四四

五四四五

五四四六

五四四七

五四四八

五四四九

五四五〇

五四五一

五四五二

五四五三

五四五四

五四五五

五四五六

五四五七

五四五八

五四五九

五四六〇

五四六一

五四六二

五四六三

五四六四

五四六五

五四六六

五四六七
五四六八
五四六九
五四七〇
五四七一
五四七二
五四七三
五四七四

五四七五 五四七六 五四七七 五四七八 五四七九 五四八〇 五四八一 五四八二

五四八三

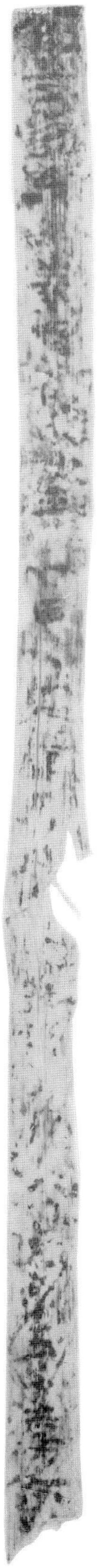

五四八四

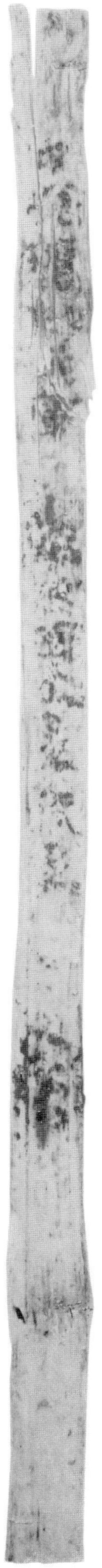

五四八五

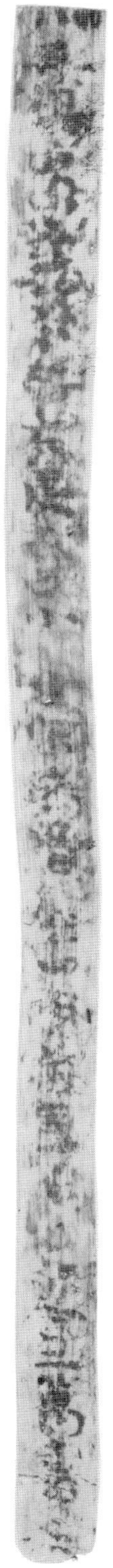

五四八六

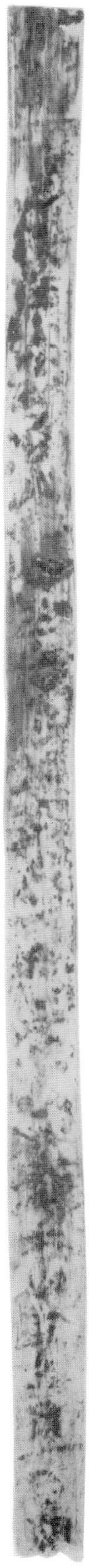

五四八七

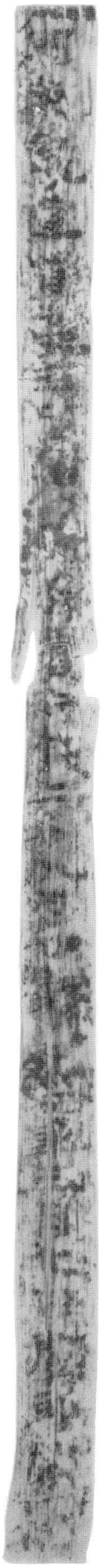

五四八八

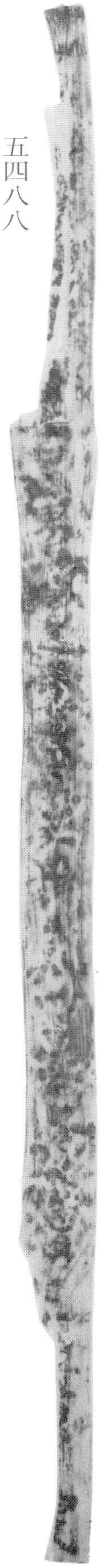

五四八九

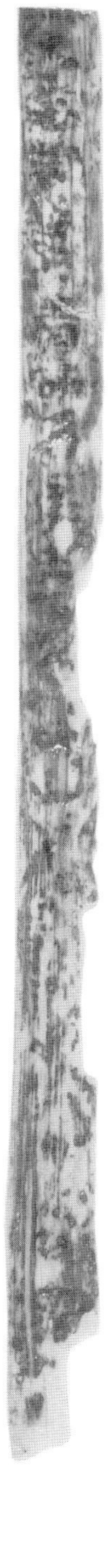

五四九〇

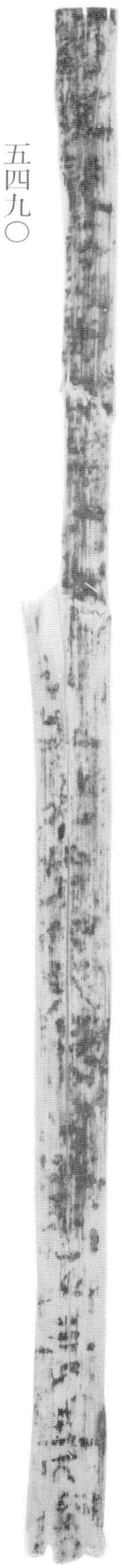

五四九一

五四九二

五四九三

五四九四

五四九五

五四九六

五四九七

五四九八

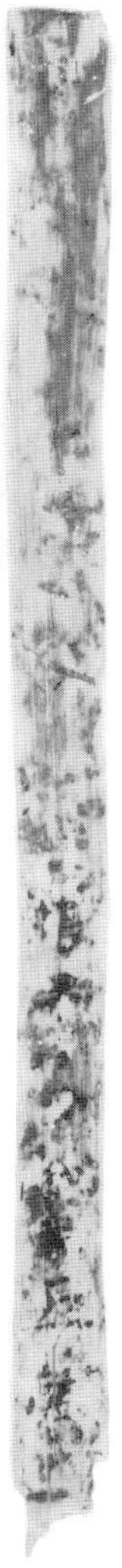
五四九九

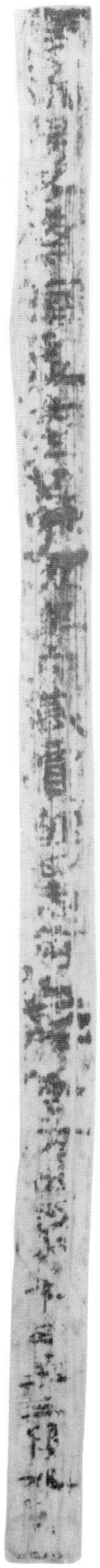
五五〇〇

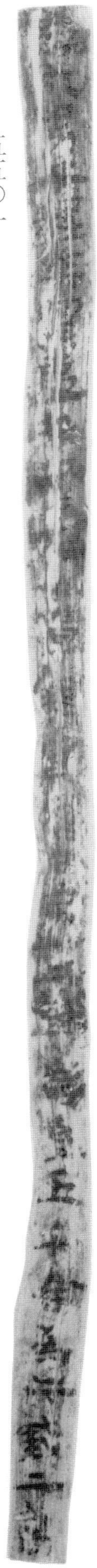
五五〇一

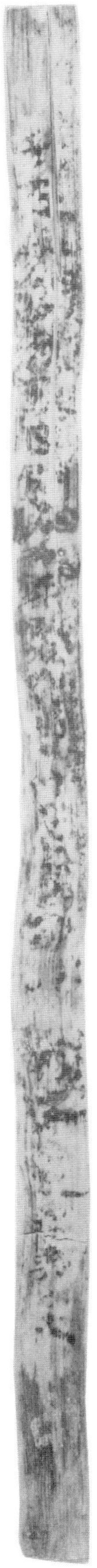
五五〇二

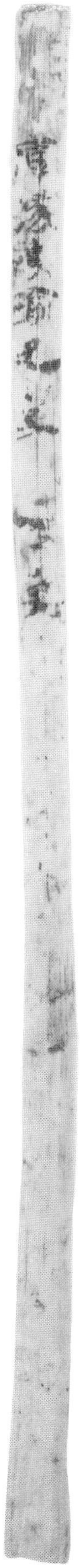
五五〇三

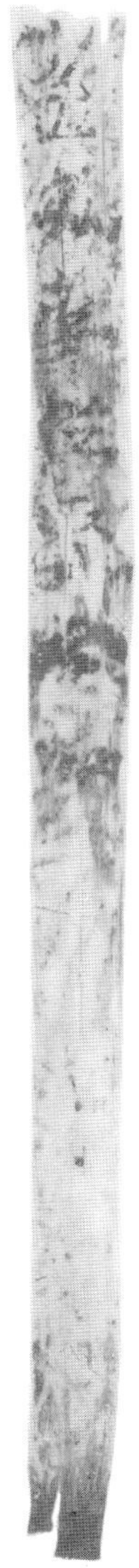
五五〇四

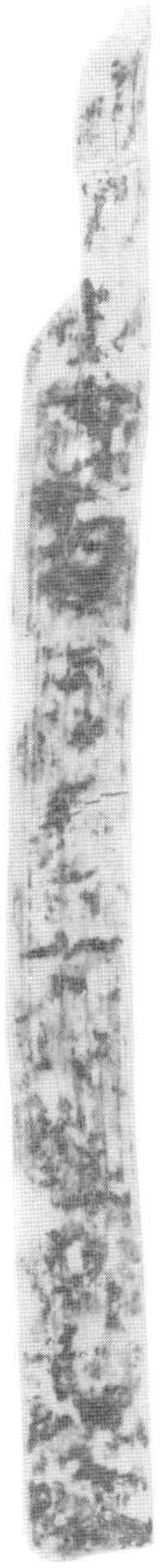
五五〇五

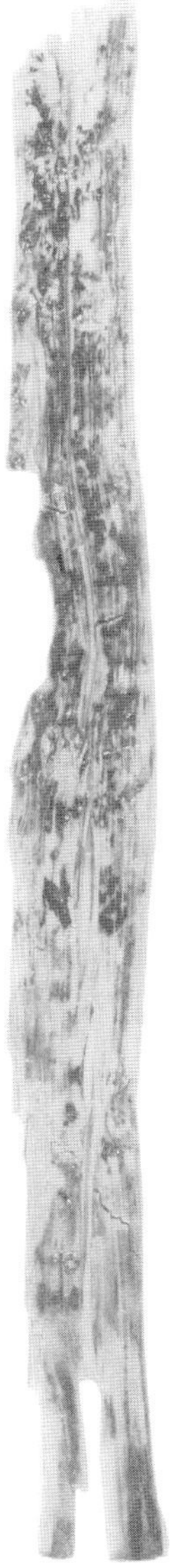
五五〇六

五五〇七

五五〇八

五五〇九

五五一〇

五五一一

五五一二

五五一三

五五一四

五五一五 五五一六 五五一七 五五一八 五五一九 五五二〇 五五二一 五五二二

五五二三
五五二四
五五二五
五五二六
五五二七
五五二八
五五二九
五五三〇

五五三一
五五三二
五五三三
五五三四
五五三五
五五三六
五五三七
五五三八

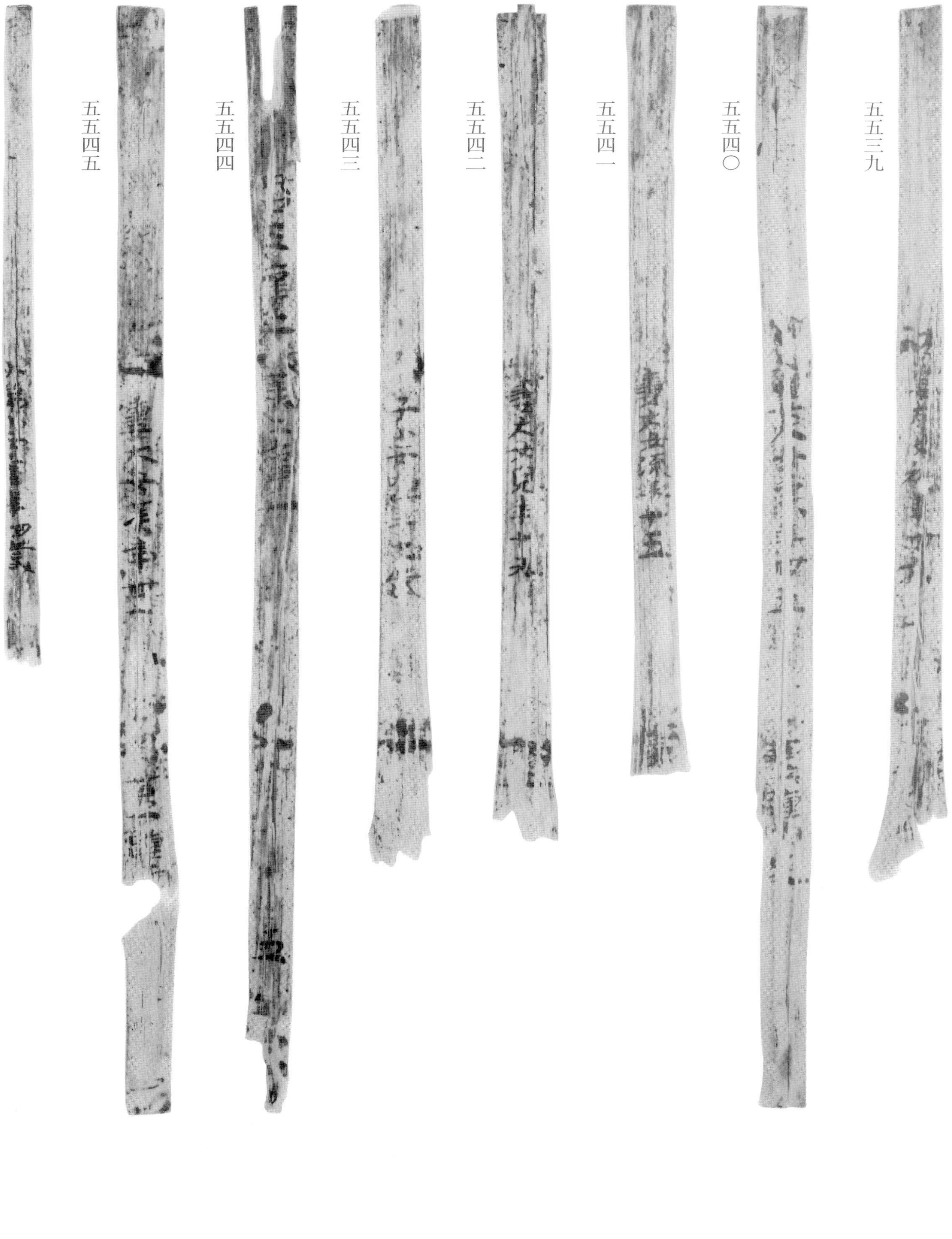

五五三九 五五四〇 五五四一 五五四二 五五四三 五五四四 五五四五 五五四六

五五四七

五五四八

五五四九

五五五〇

五五五一

五五五二

五五五三

五五五四

五五五五
五五五六
五五五七
五五五八
五五五九
五五六〇
五五六一
五五六二

五五六三

五五六四

五五六五

五五六六

五五六七

五五六八

五五六九

五五七〇

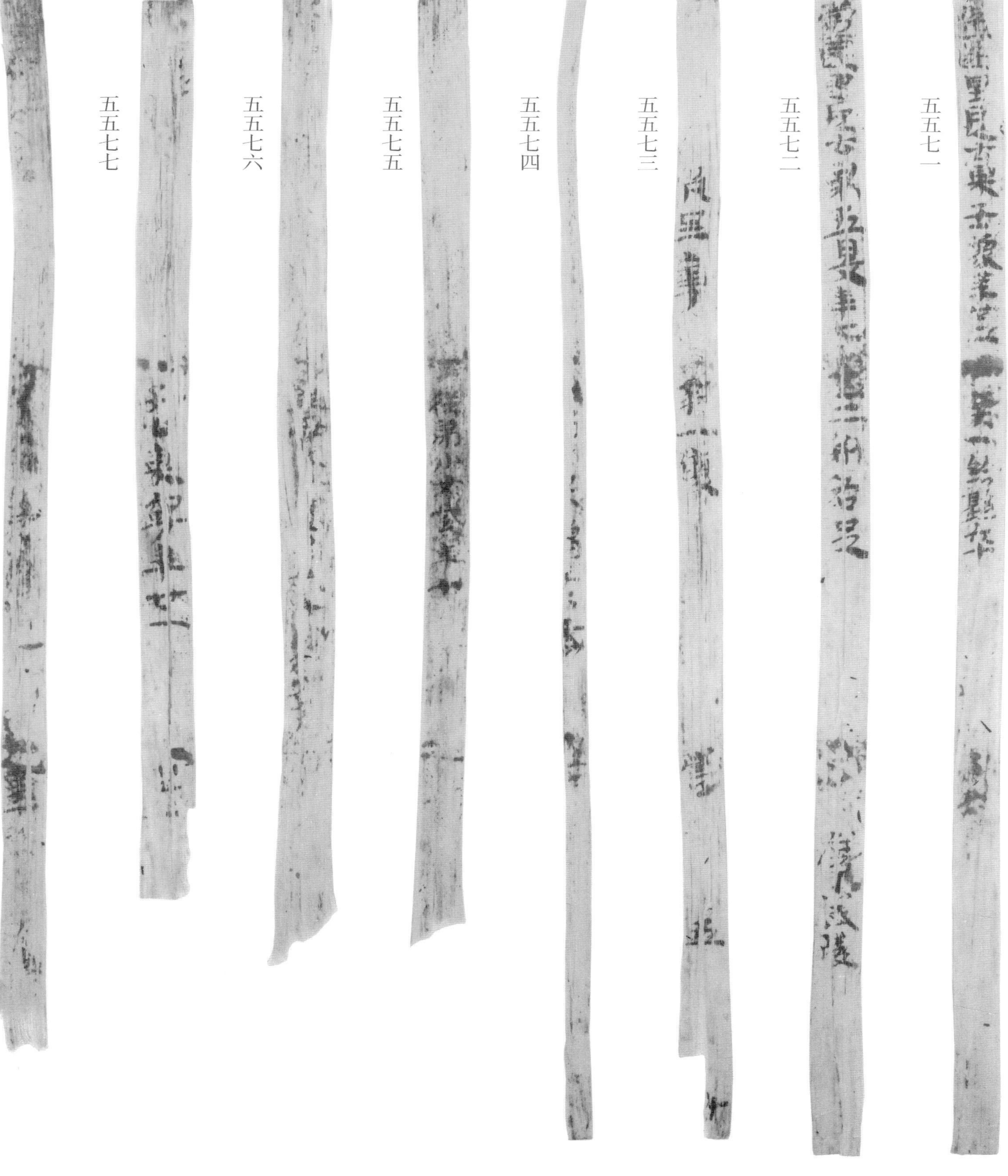

五五七一
五五七二
五五七三
五五七四
五五七五
五五七六
五五七七
五五七八

五五七九　五五八〇　五五八一　五五八二　五五八三　五五八四　五五八五　五五八六

五五八七
五五八八
五五八九
五五九〇
五五九一
五五九二
五五九三
五五九四

五五九五
五五九六
五五九七
五五九八
五五九九
五六〇〇
五六〇一
五六〇二

五六〇三（甲）　五六〇三（乙）
五六〇四
五六〇五
五六〇六
五六〇七
五六〇八
五六〇九
五六一〇

五六一一
五六一二
五六一三
五六一四
五六一五
五六一六
五六一七
五六一八

五六二五
五六二四
五六二三
五六二二
五六二一
五六二〇
五六一九

五六二六

五六二七

五六二八

五六二九

五六三〇

五六三一

五六三二

五六三三

五六三四

五六三五

五六三六

五六三七

五六三八

五六三九

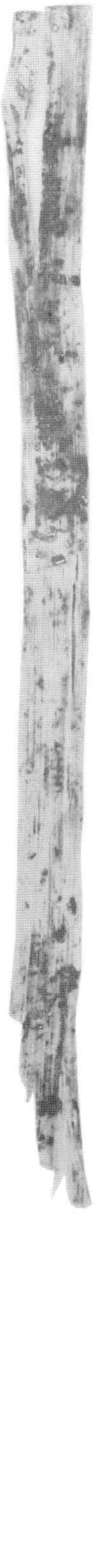
五六四〇

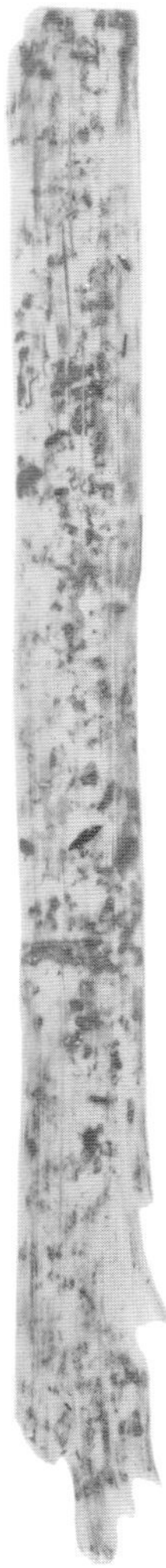
五六四一

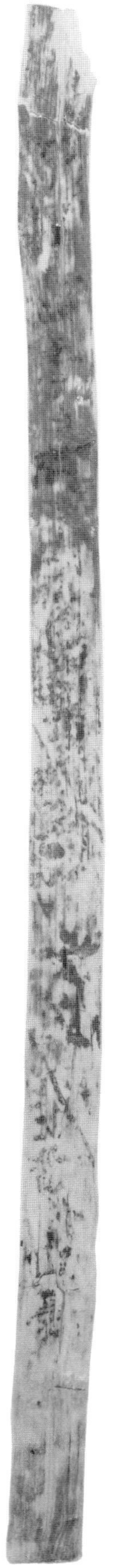
五六四二

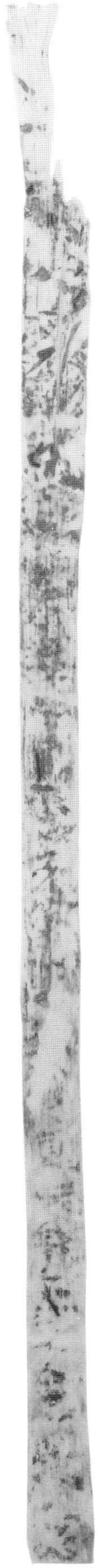
五六四三

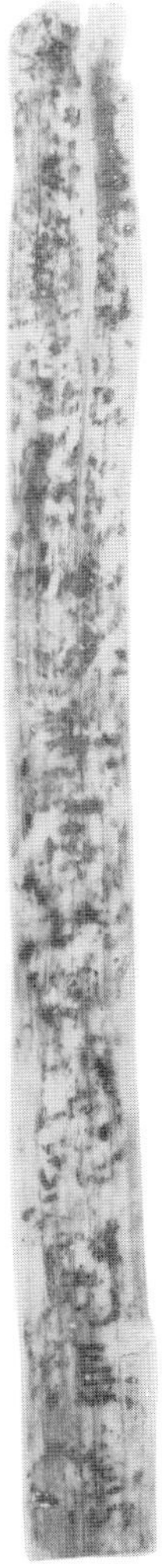
五六四四

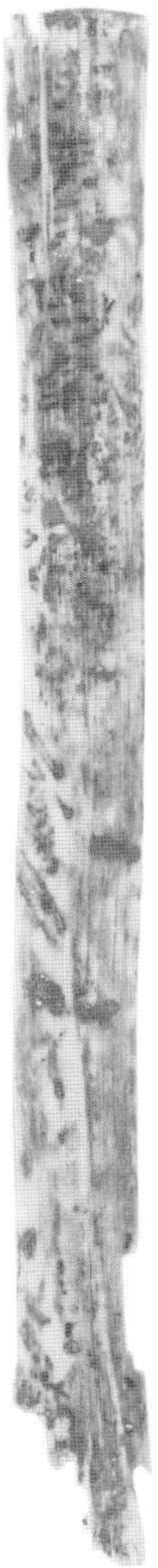
五六四五

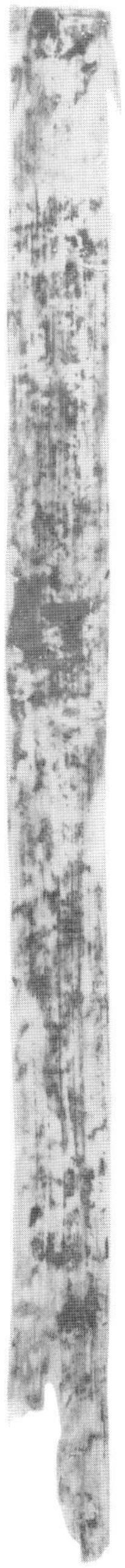
五六四六

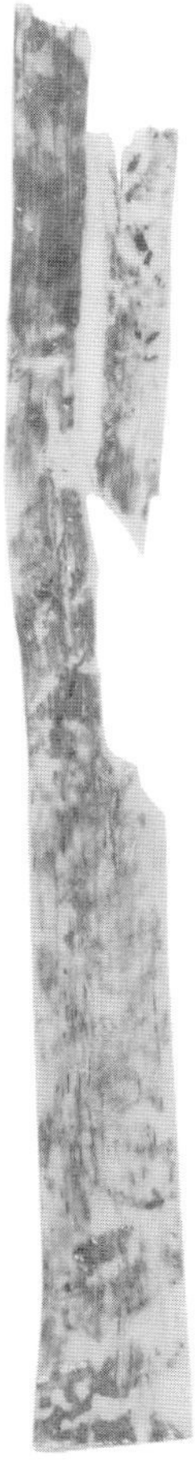

五六四七

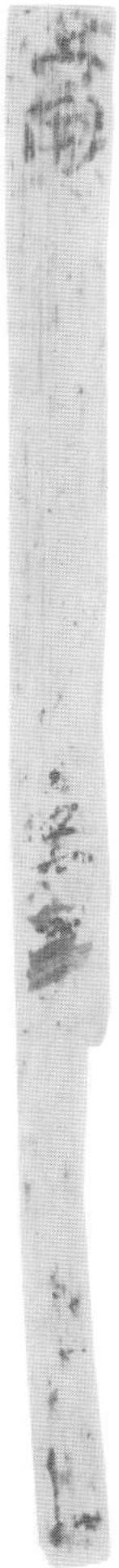

五六四八

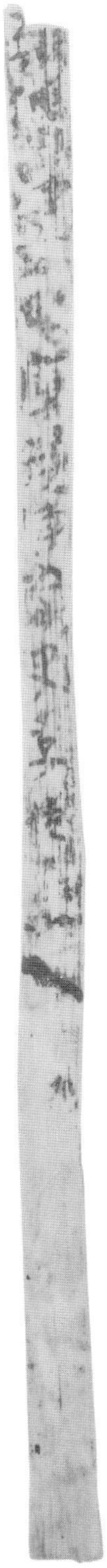

五六四九

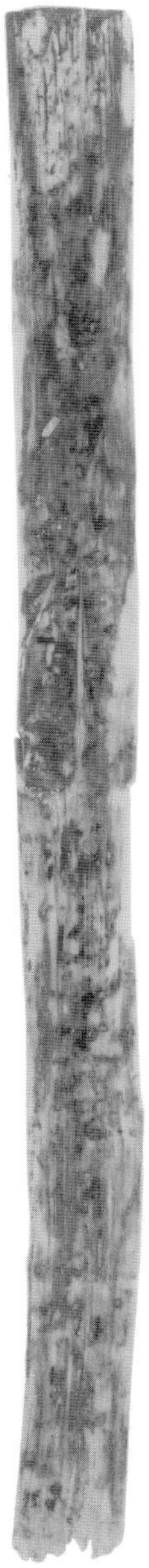

五六五〇

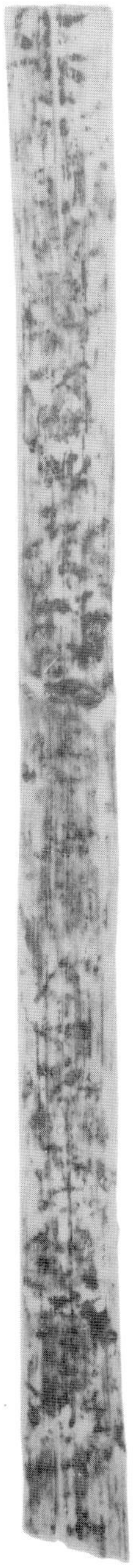

五六五一

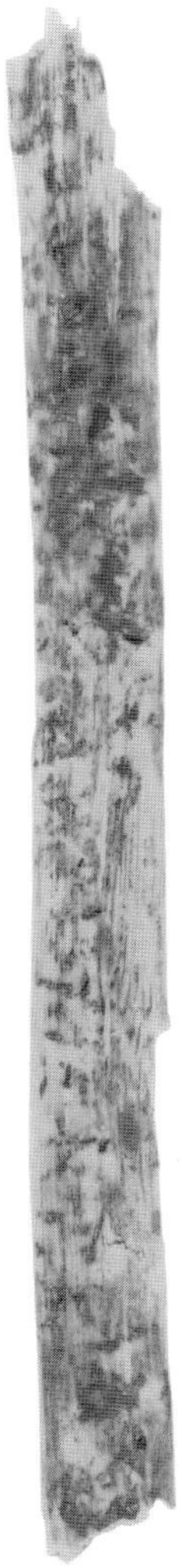

五六五二

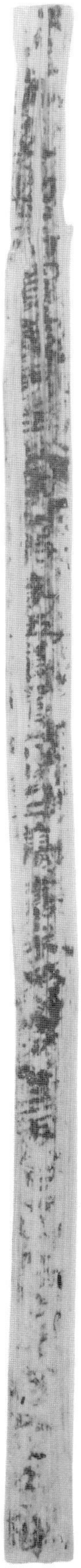

五六五三

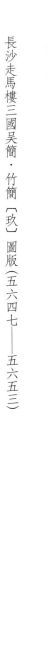

五六五四

五六五五

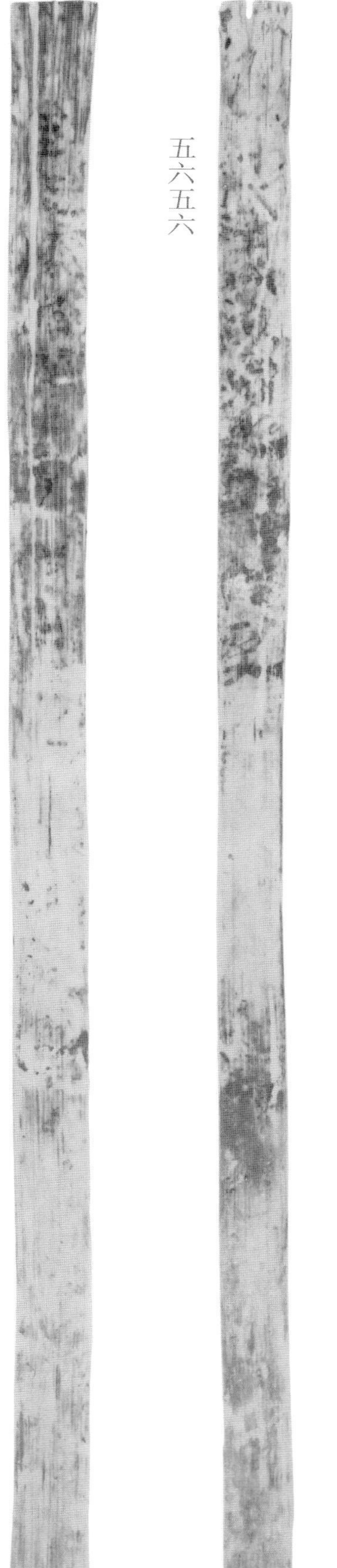

五六五六

五六五七

五六五八

五六五九

五六六〇

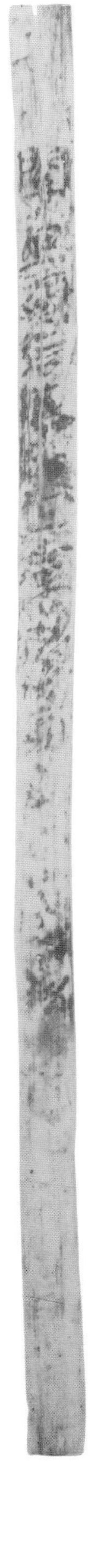
五六六一

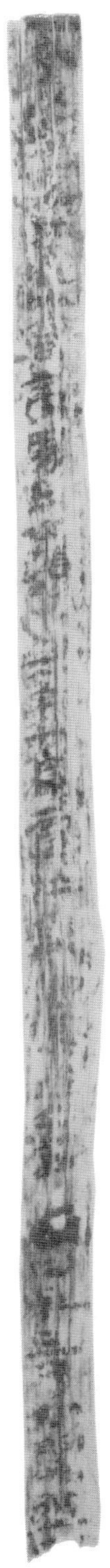
五六六二

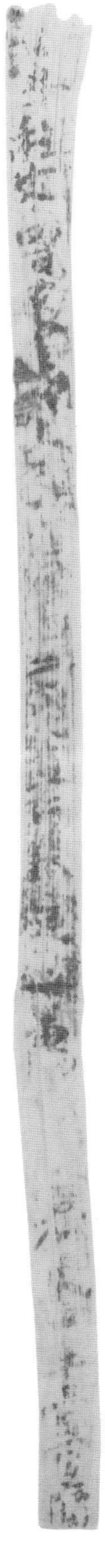
五六六三

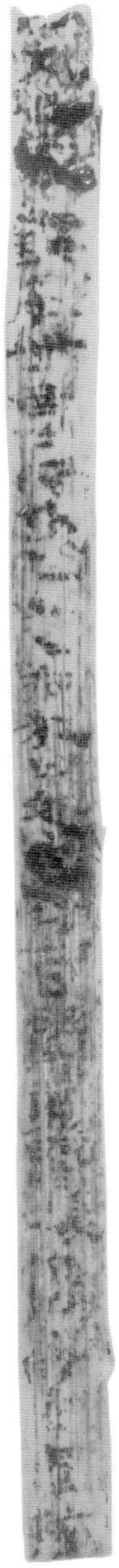
五六六四

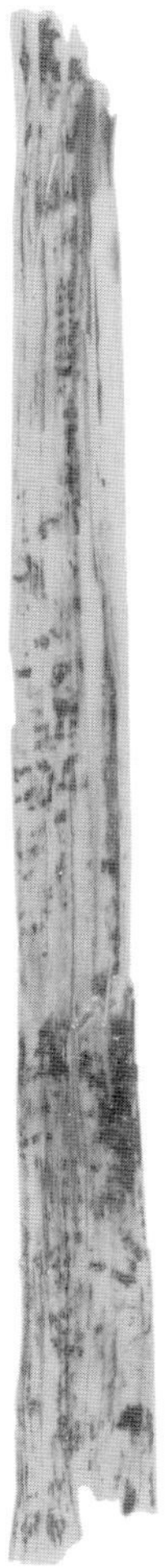
五六六五

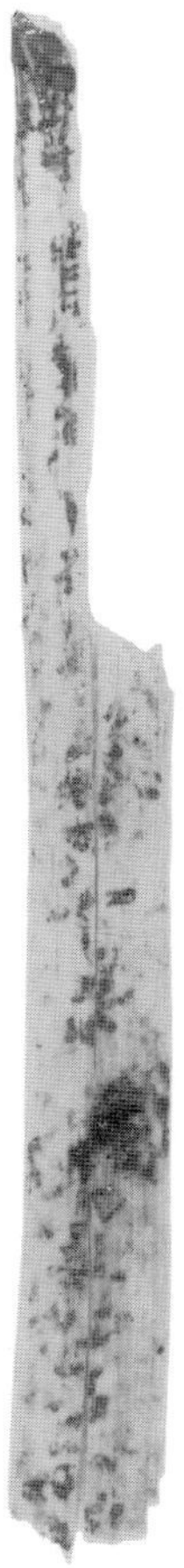
五六六六

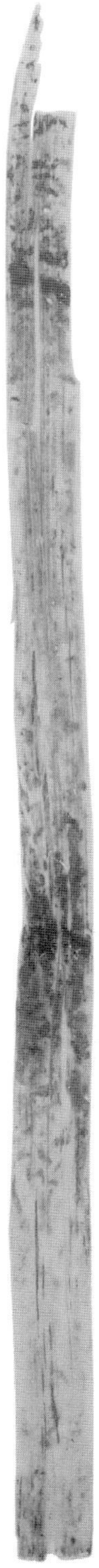
五六六七

五六六八

五六六九

五六七〇

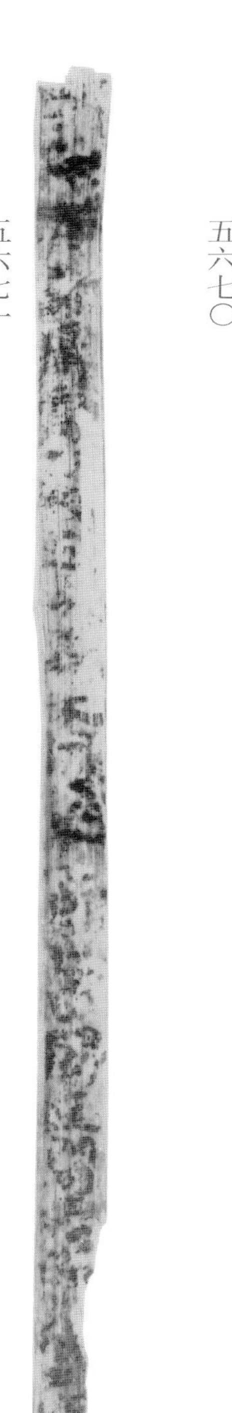

五六七一

五六七二

五六七三

五六七四

五六八一

五六八〇

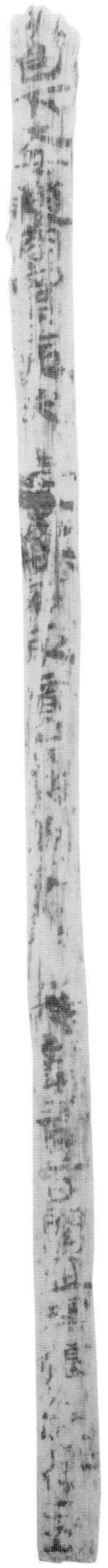

五六七九

五六七八

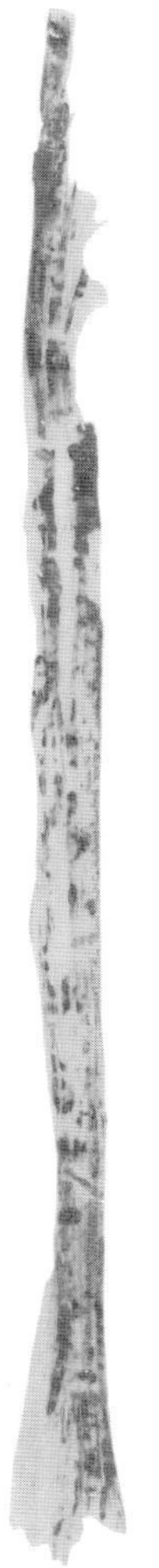

五六七七

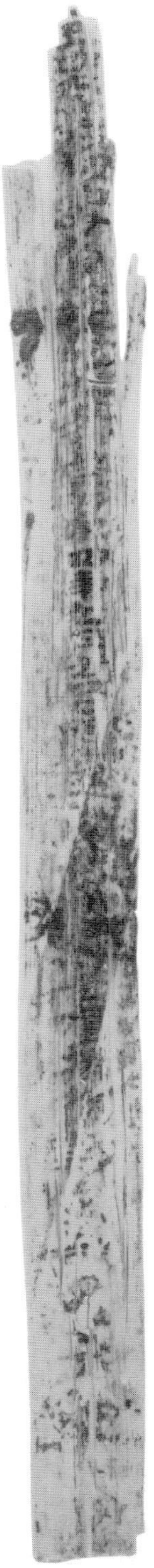

五六七六

五六七五

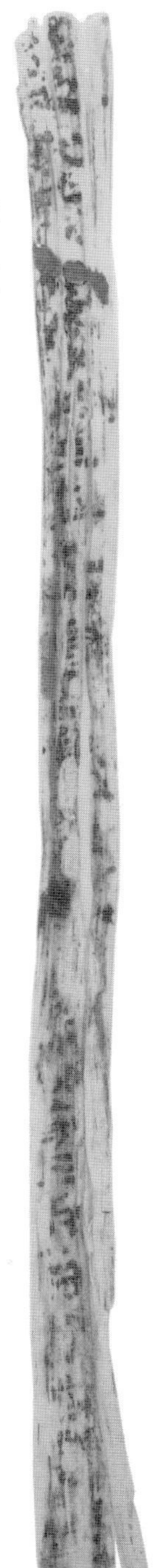

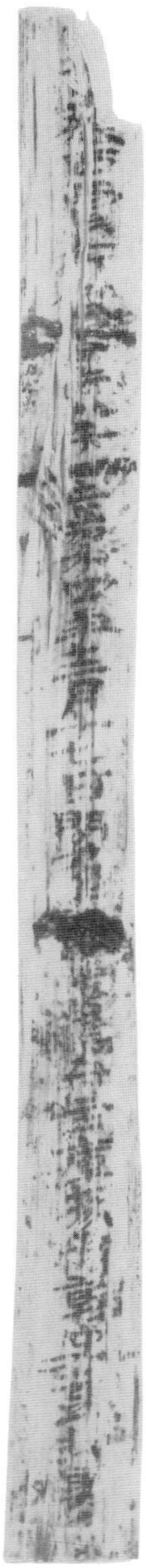
五六八二

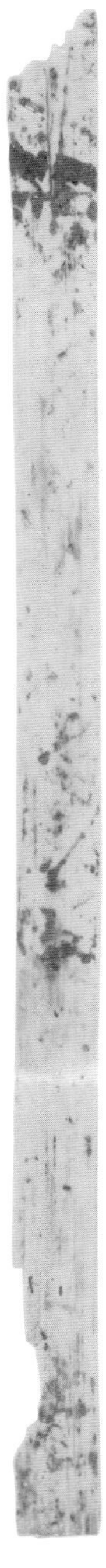
五六八三

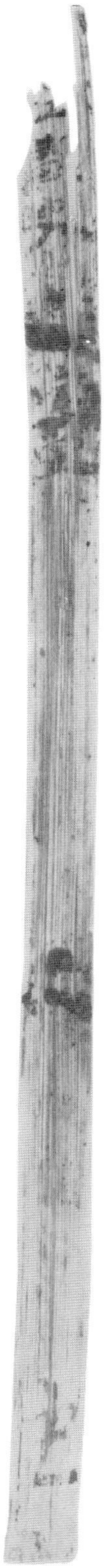
五六八四

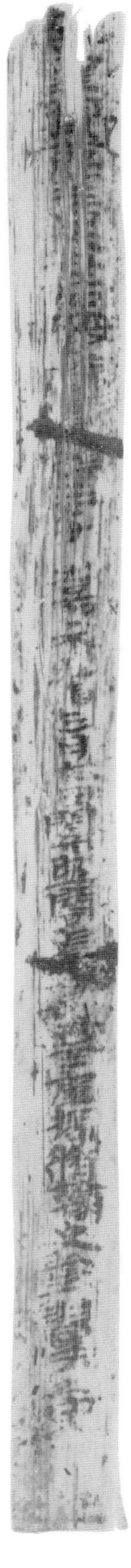
五六八五

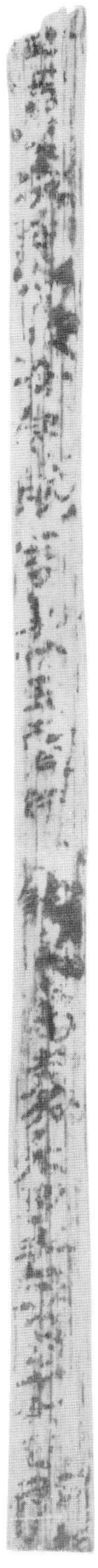
五六八六

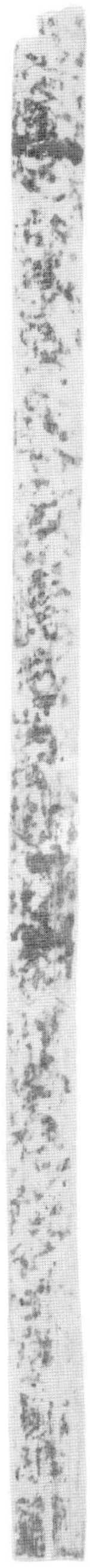
五六八七

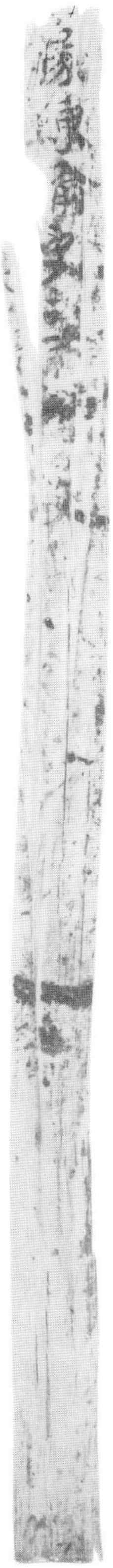
五六八八

五六八九

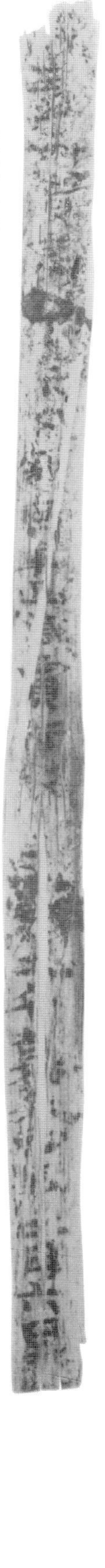

五六九〇

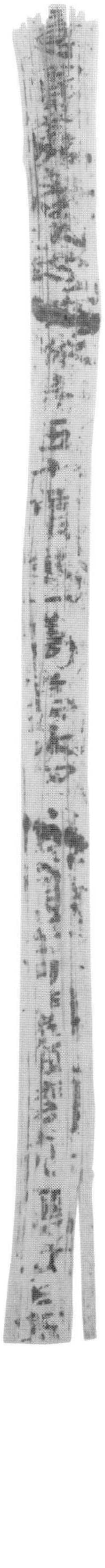

五六九一

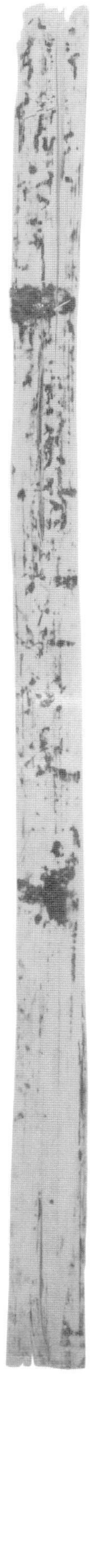

五六九二

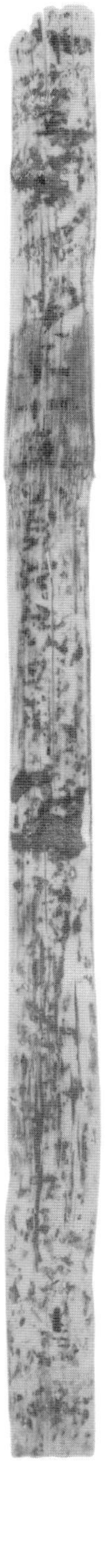

五六九三

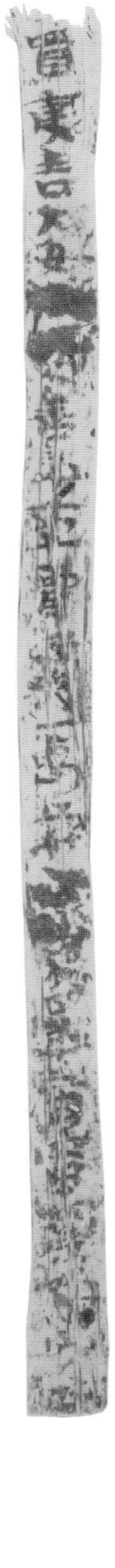

五六九四

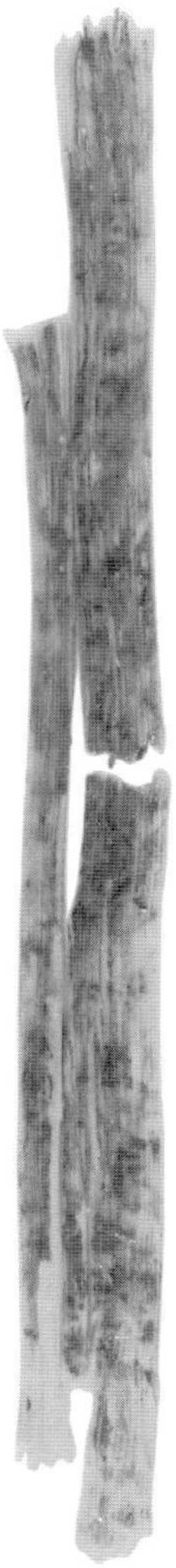

五六九五

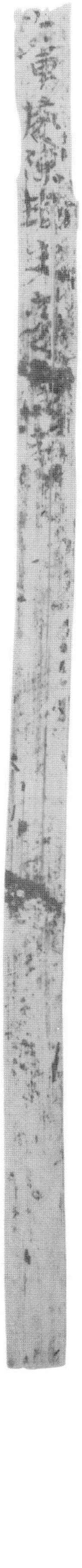

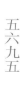

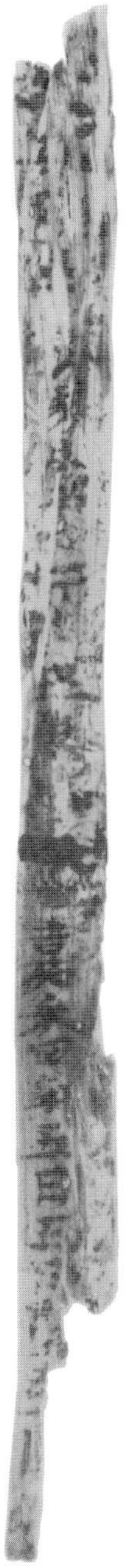
五六九六

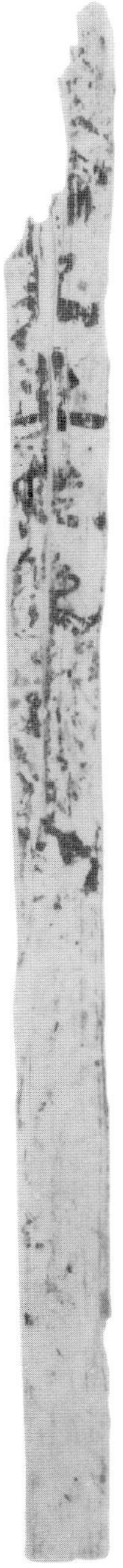
五六九七

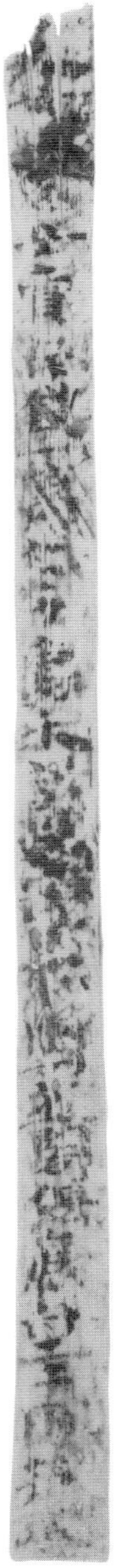
五六九八

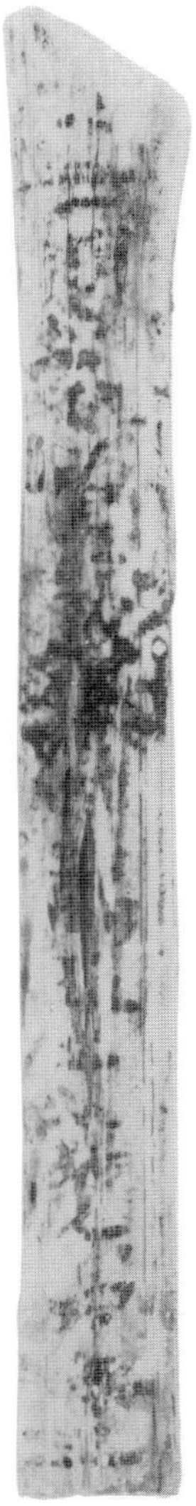
五六九九

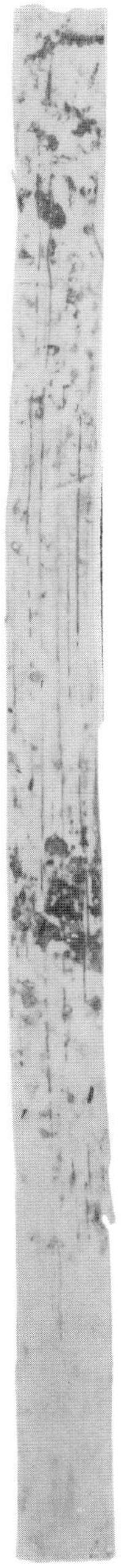
五七〇〇

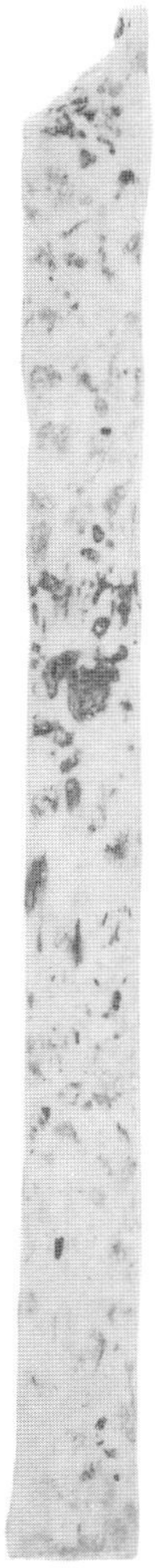
五七〇一

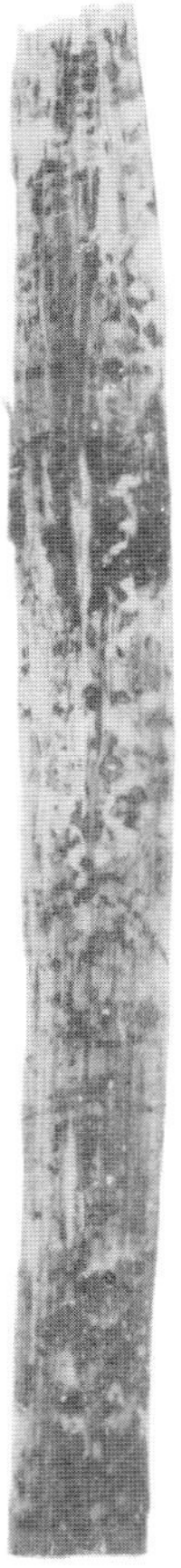
五七〇二

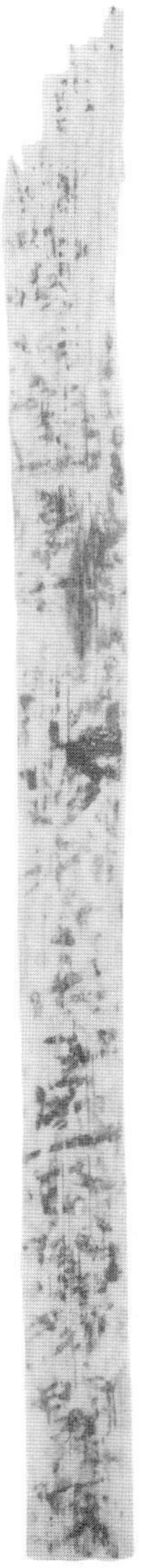
五七〇三

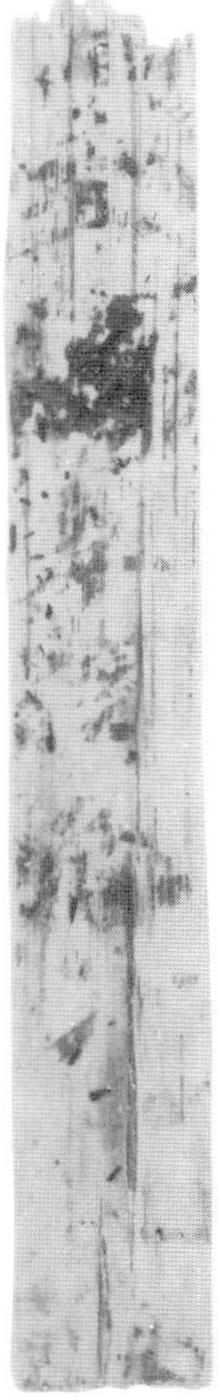
五七〇四

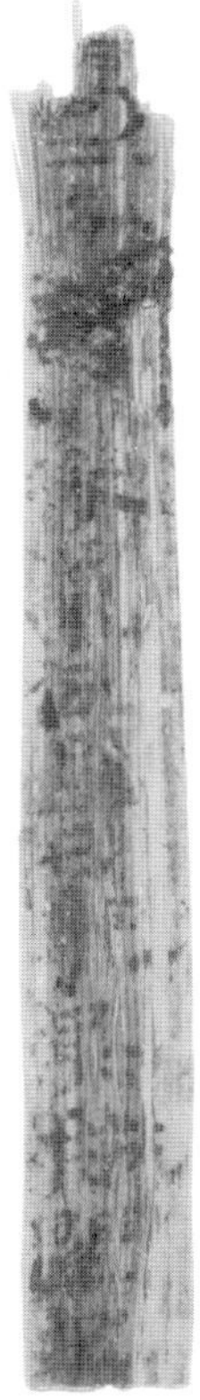
五七〇五

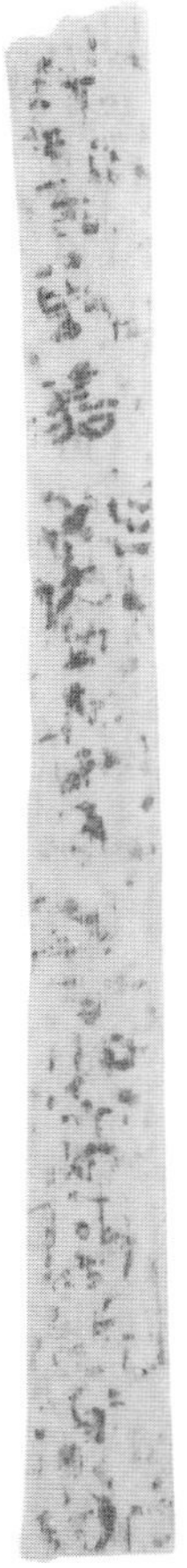
五七〇六

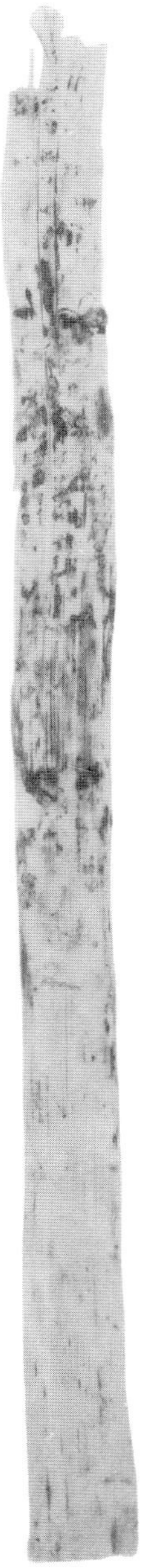
五七〇七

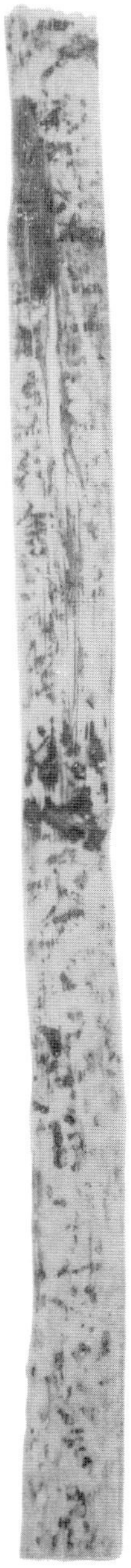
五七〇八

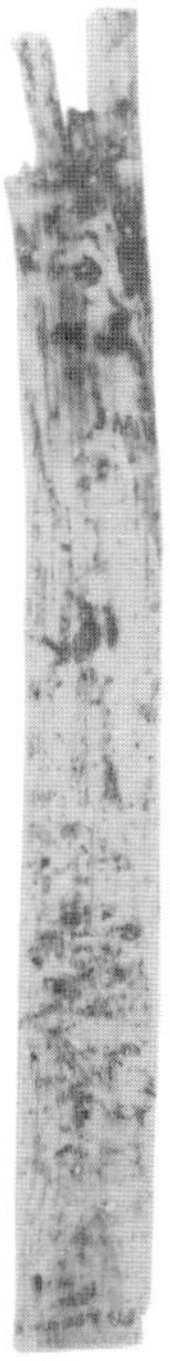
五七〇九

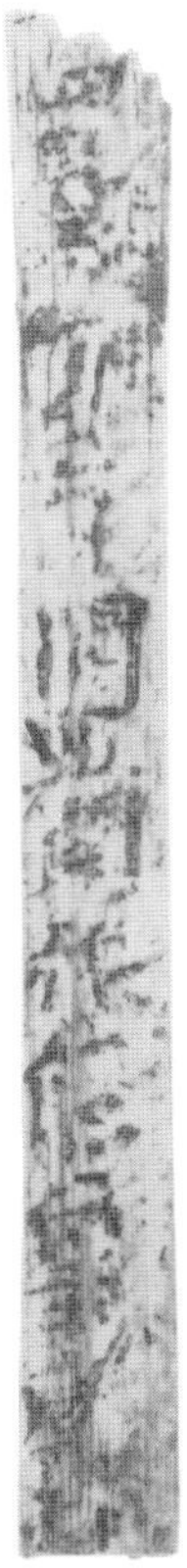

五七一〇

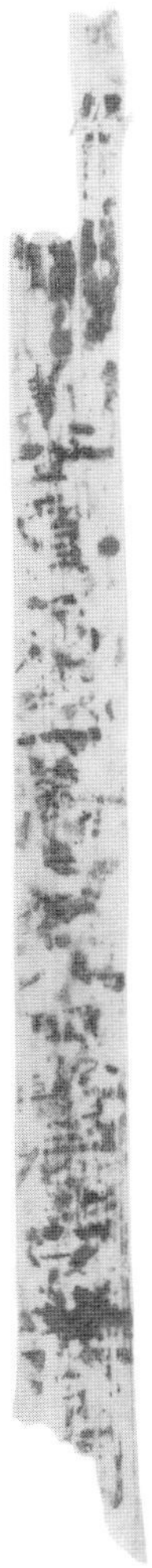

五七一一

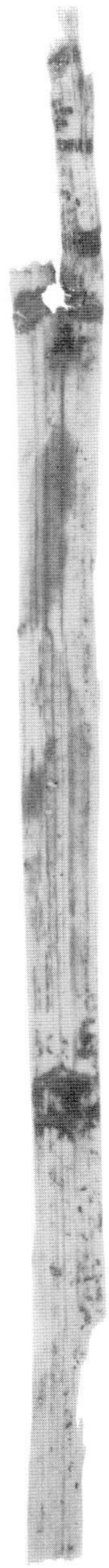

五七一二

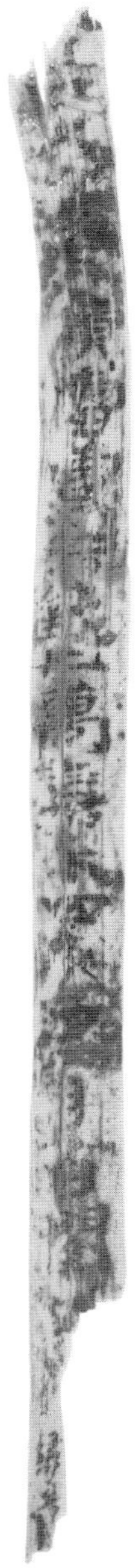

五七一三

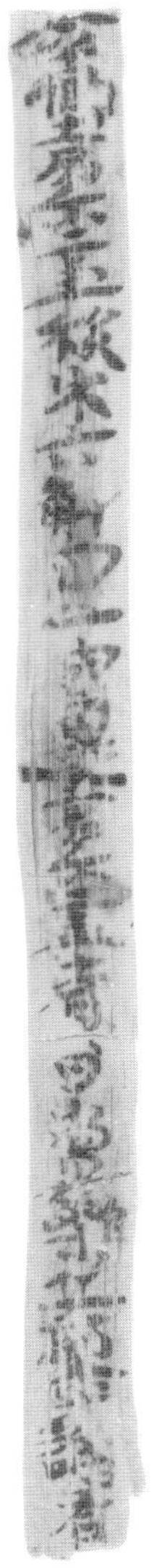

五七一四

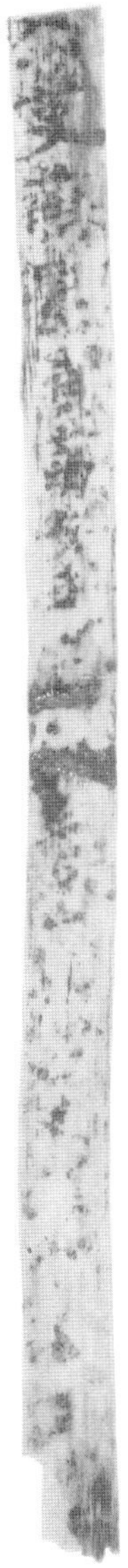

五七一五

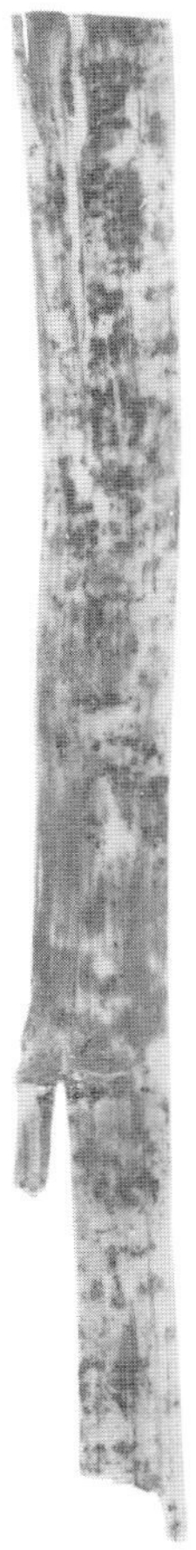

五七一六

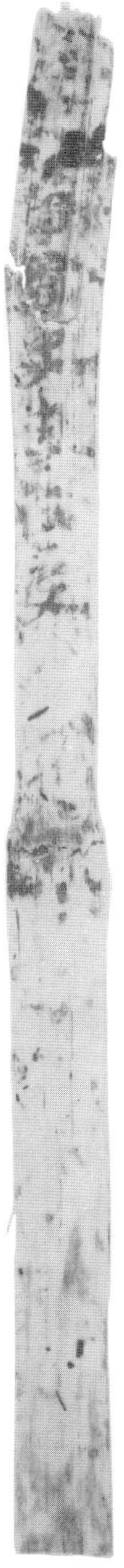
五七一七

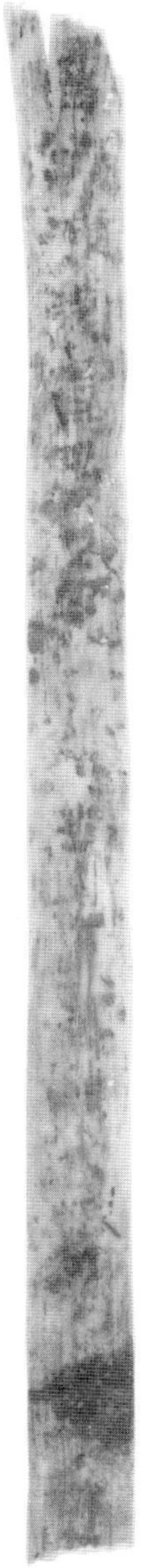
五七一八

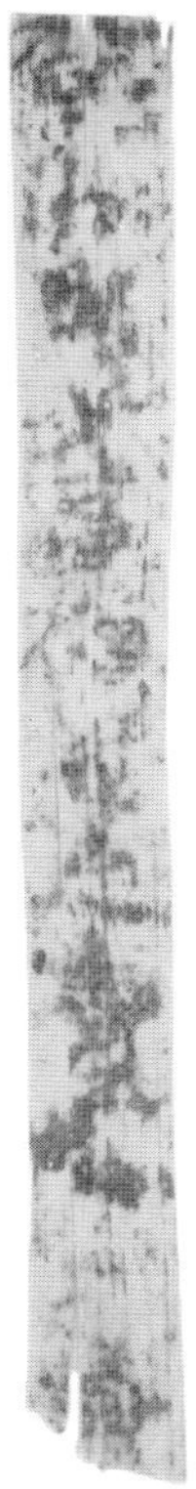
五七一九

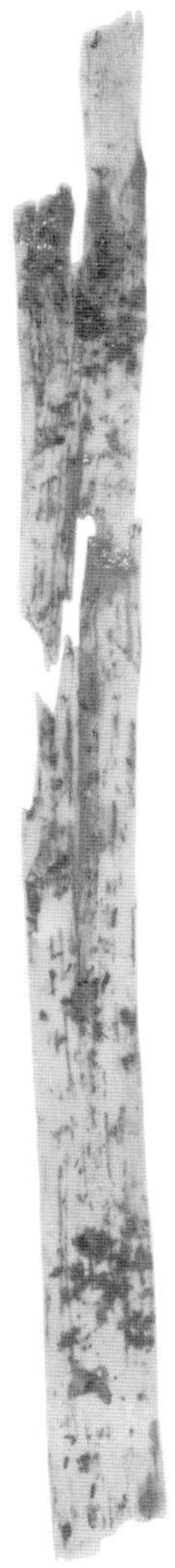
五七二〇

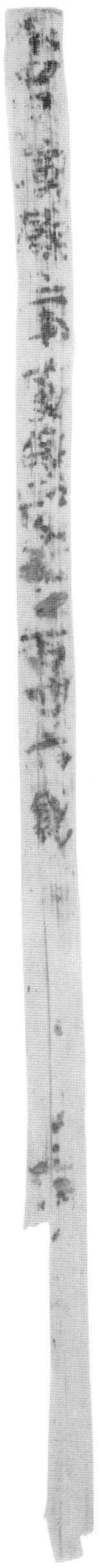
五七二一

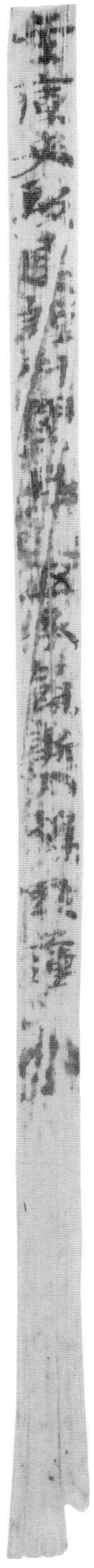
五七二二

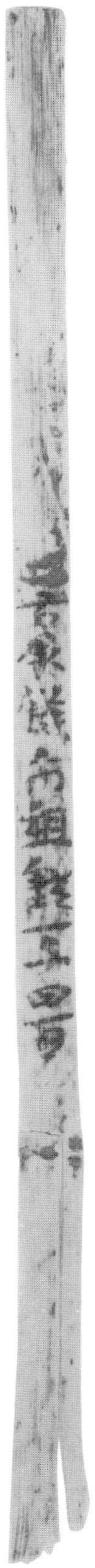
五七二三

五七二四 五七二五 五七二六 五七二七 五七二八 五七二九 五七三〇

五七三一

五七三二

五七三三

五七三四

五七三五

五七三六

五七三七

五七三八

五七三九

五七四〇

五七四一

五七四二

五七四三

五七四四

五七四五

五七四六

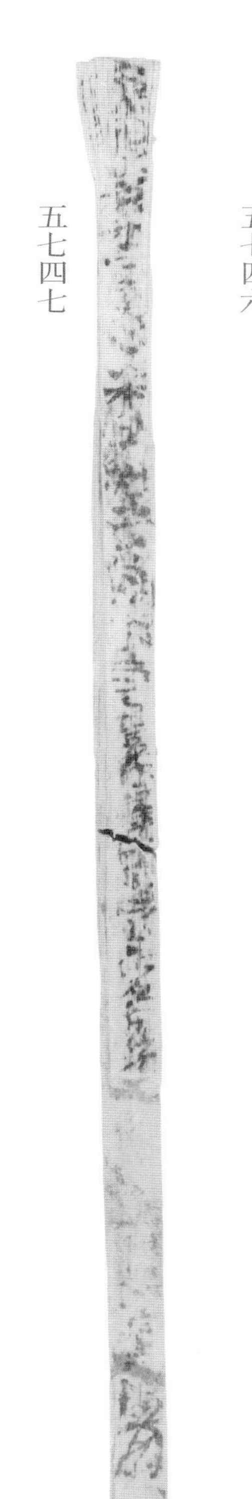

五七四七

五七四八

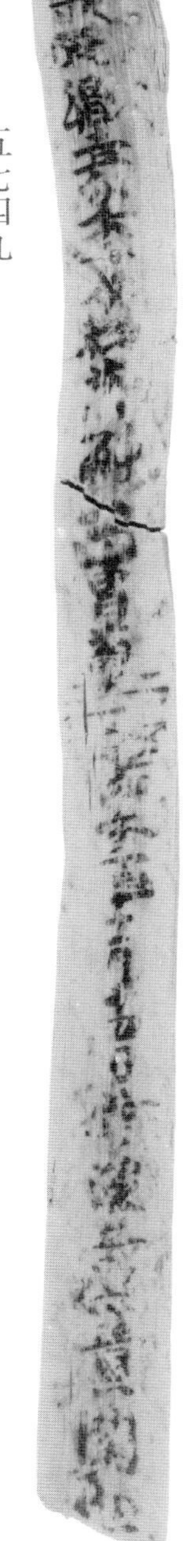

五七四九

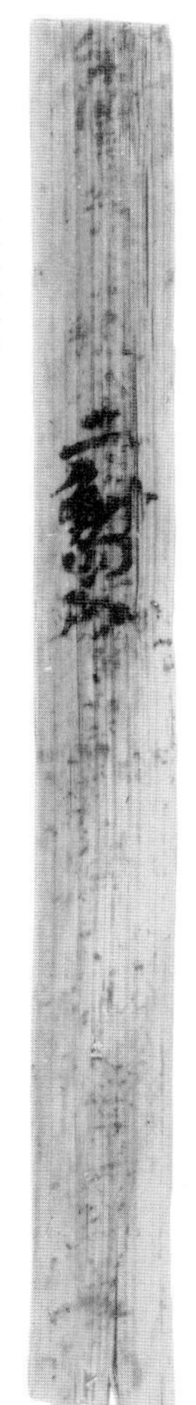

五七五〇

五七五一

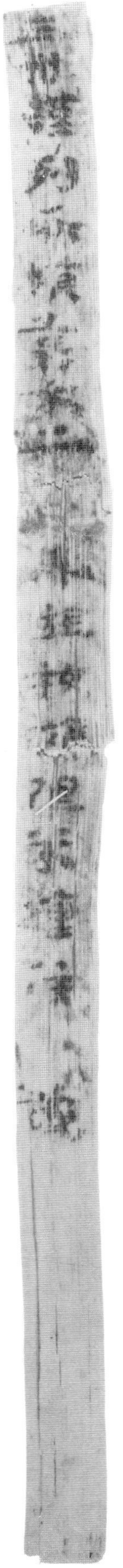

五七五二

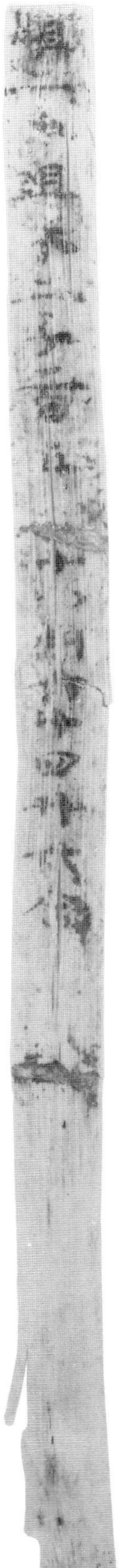

五七五三

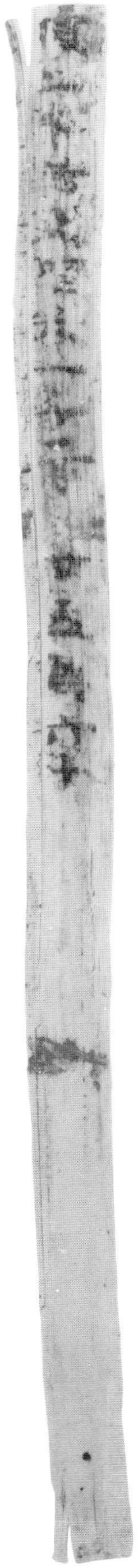

五七五四

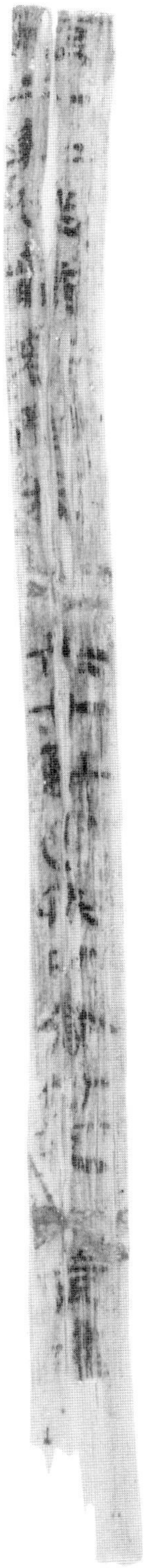

五七五五

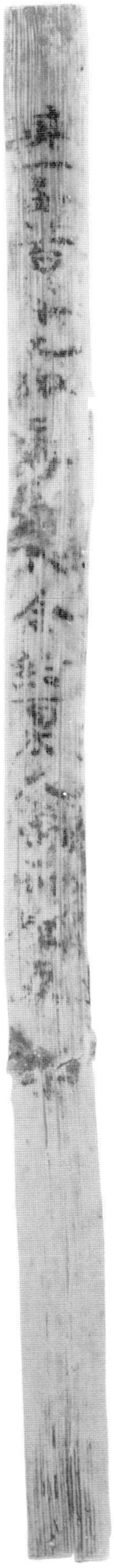

五七五六

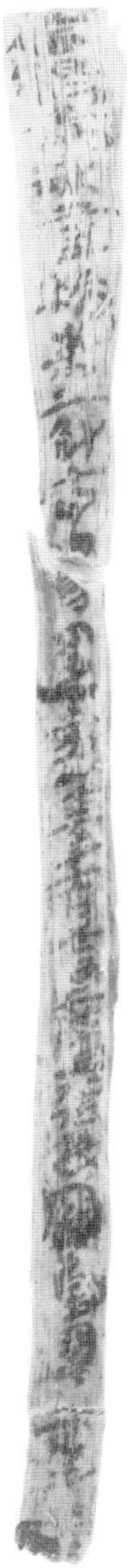

五七五七

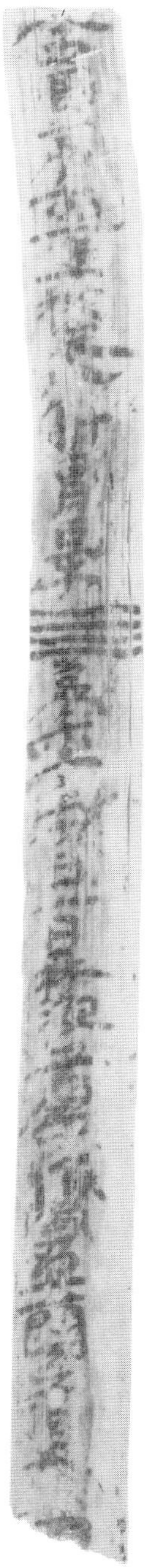

五七五八

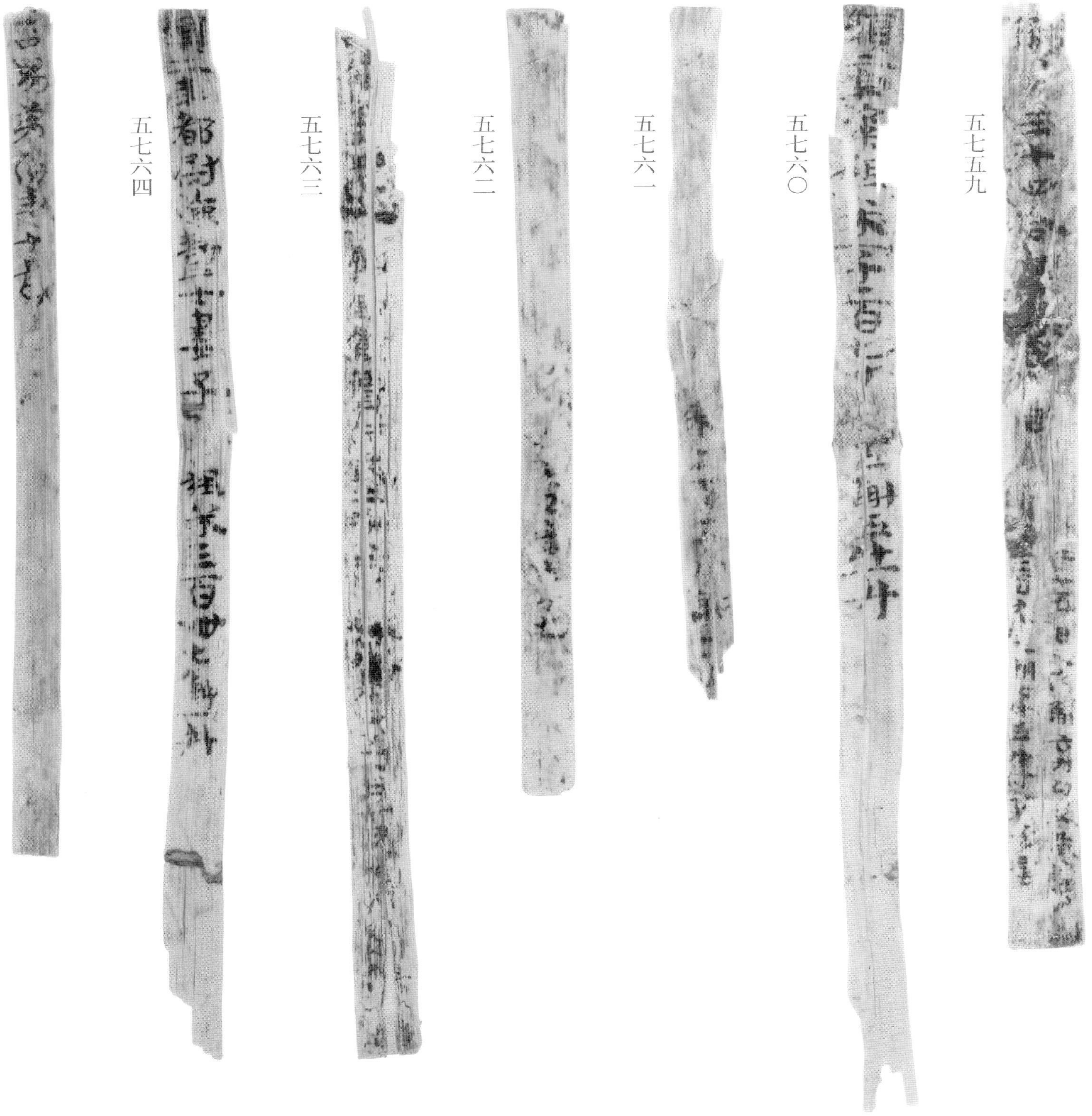

五七五九
五七六〇
五七六一
五七六二
五七六三
五七六四
五七六五

五七六六
五七六七
五七六八
五七六九
五七七〇
五七七一
五七七二

五七七三　五七七四　五七七五　五七七六　五七七七　五七七八　五七七九

五七八〇
五七八一
五七八二
五七八三
五七八四
五七八五
五七八六

五七八七

五七八八

五七八九

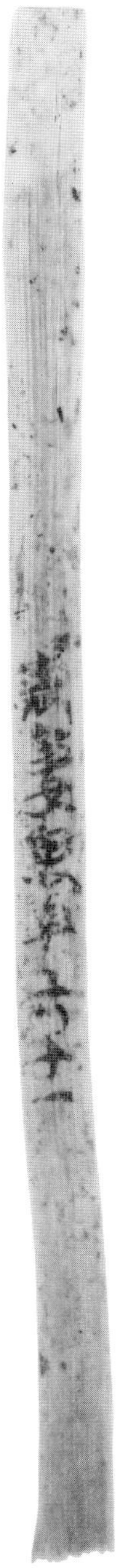

五七九〇

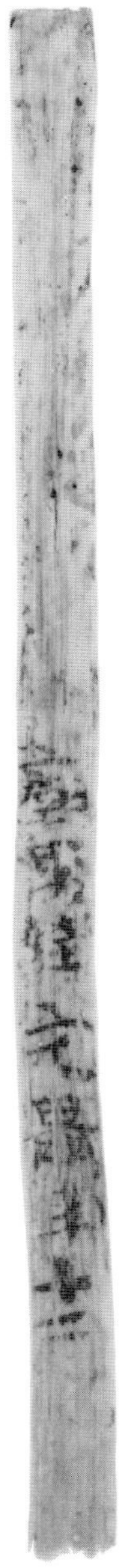

五七九一

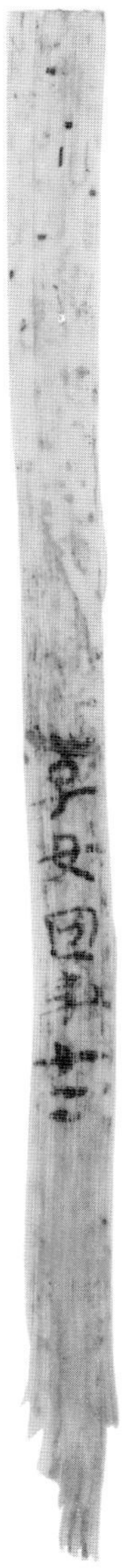

五七九二

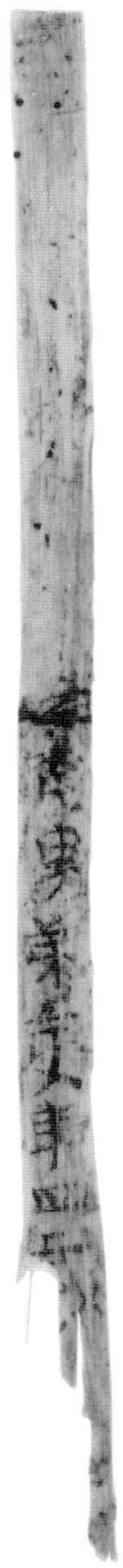

五七九三

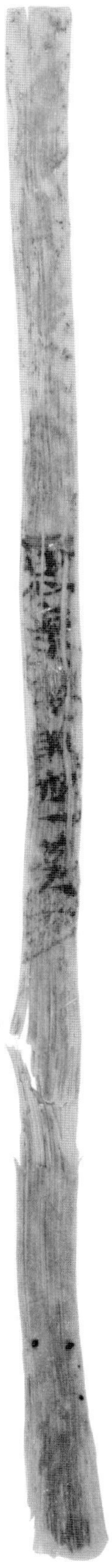

五七九四
五七九五
五七九六
五七九七
五七九八
五七九九
五八〇〇

五八〇一

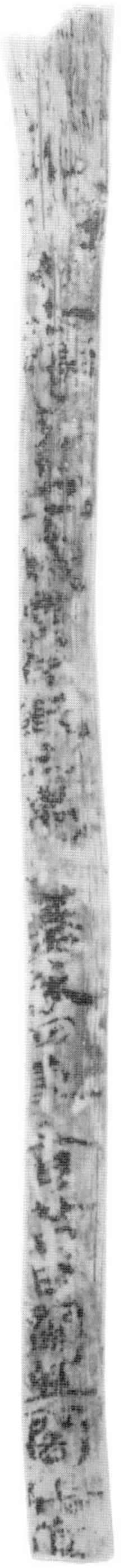

五八〇二

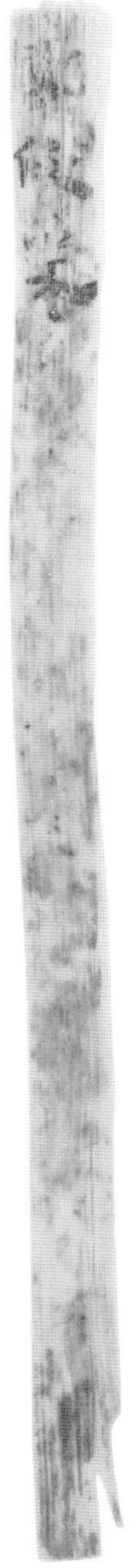

五八〇三

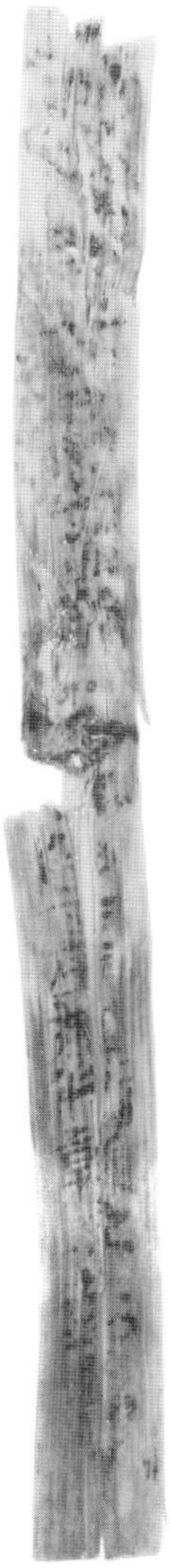

五八〇四

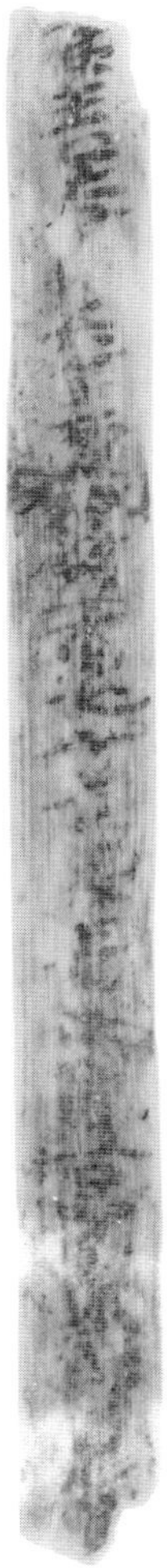

五八〇五

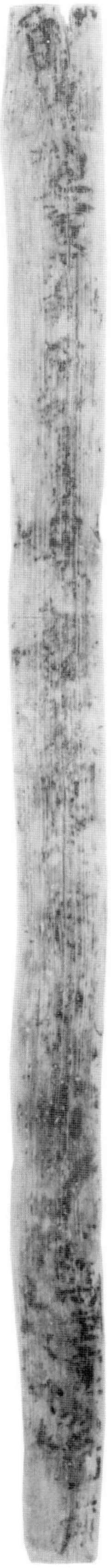

五八〇六

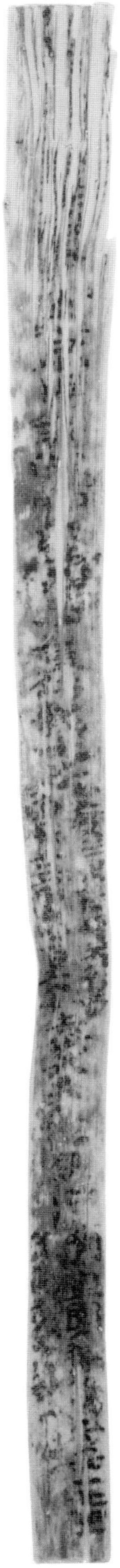

五八〇七

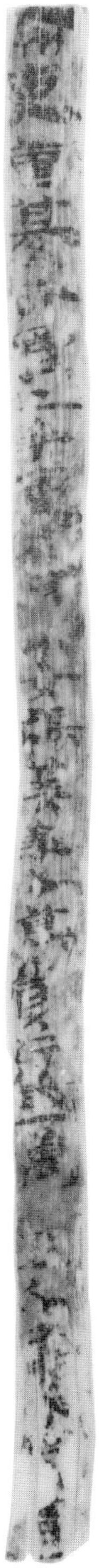

五八〇八

五八〇九

五八一〇

五八一一

五八一二

五八一三

五八一四

五八一五

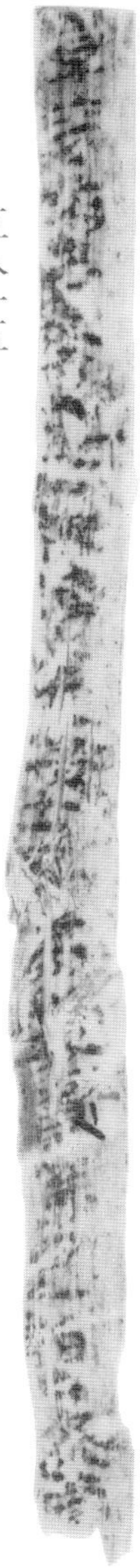

五八一六

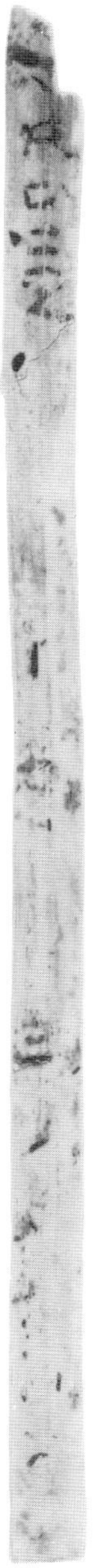

五八一七

五八一八

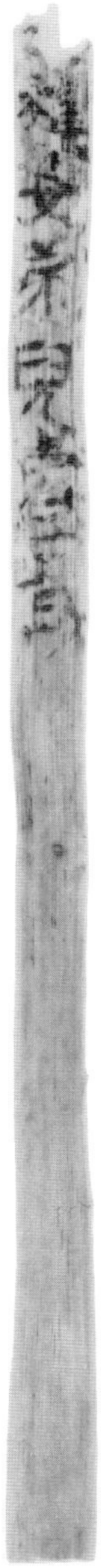

五八一九

五八二〇　五八二一

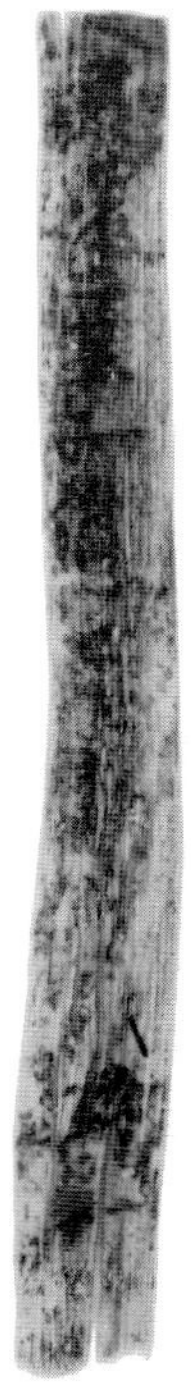

五八二二

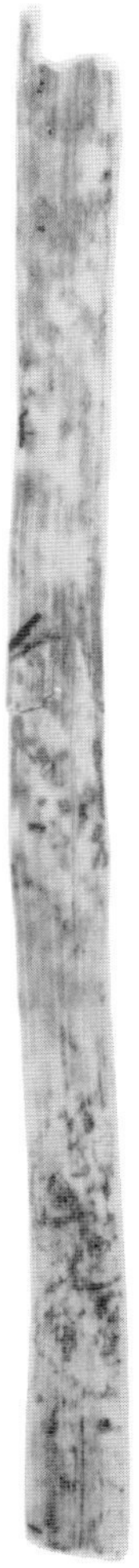
五八二三

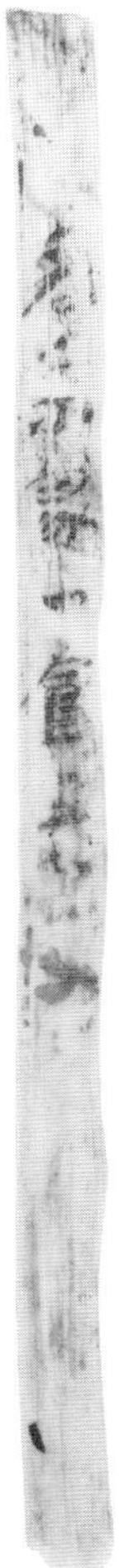
五八二四

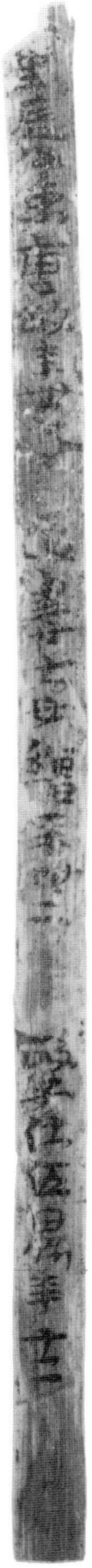
五八二五

五八二六

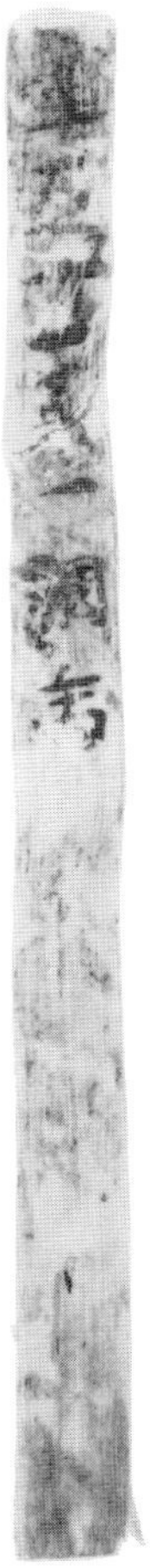
五八二七

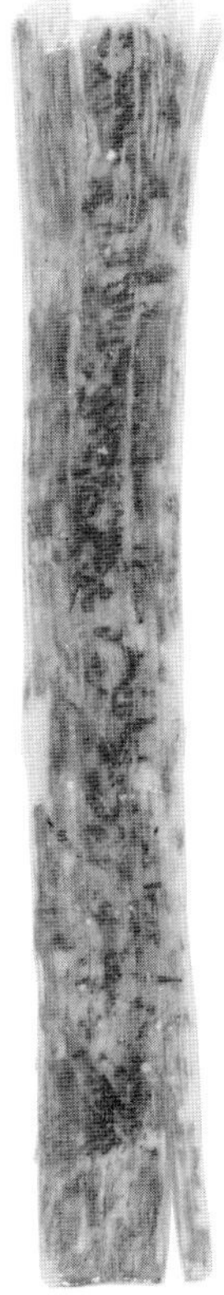
五八二八

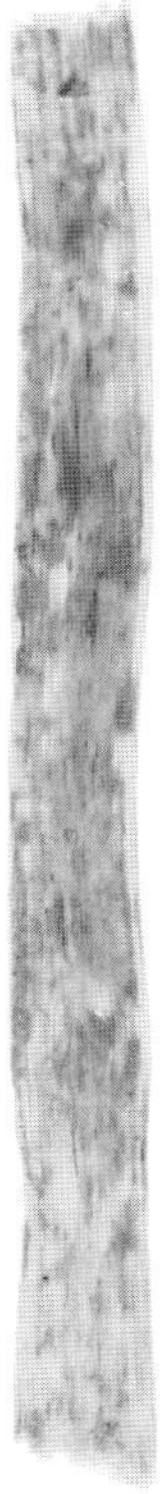
五八二九

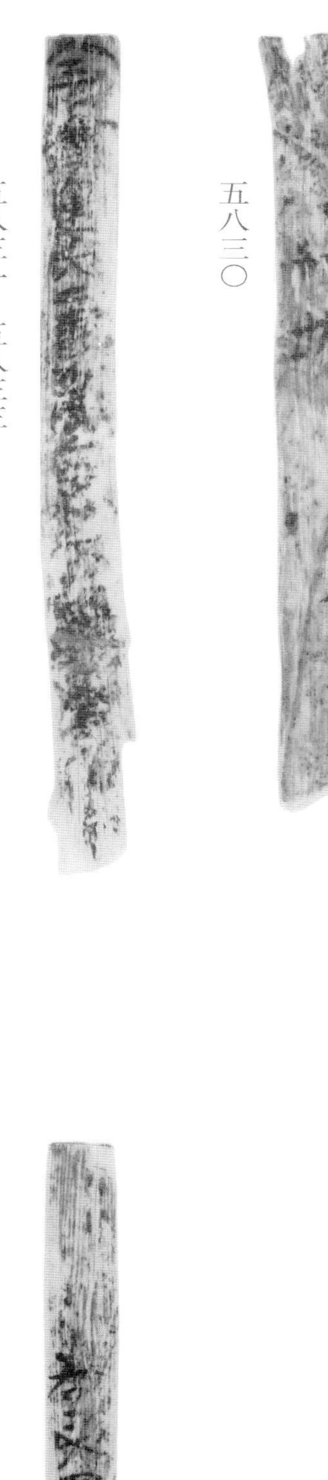
五八三〇
五八三一　五八三三

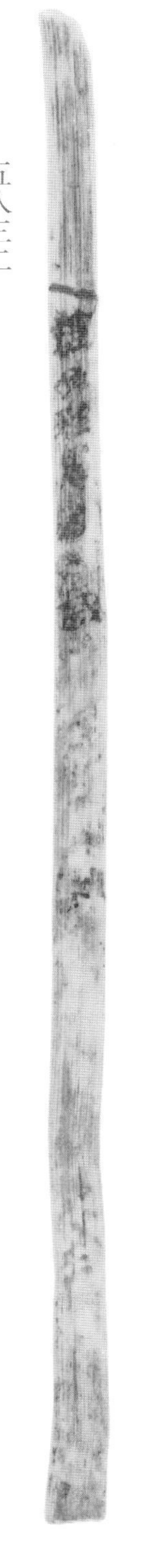
五八三二

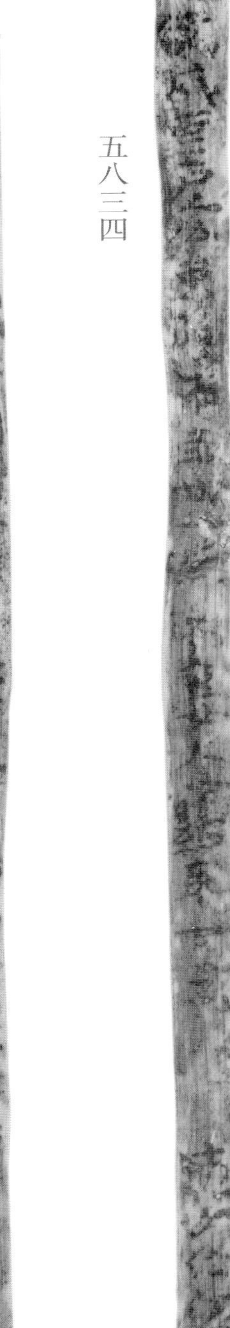
五八三四

五八三五

五八三六

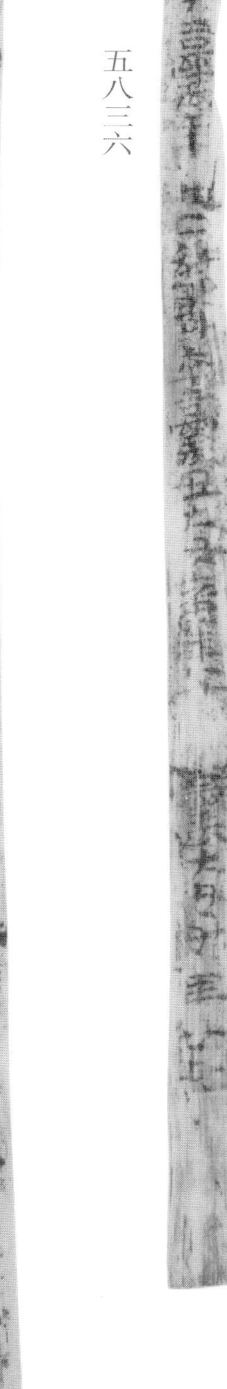
五八三七

五八三八 五八三九 五八四〇 五八四一 五八四二 五八四三 五八四四

五八四五

五八四六

五八四七

五八四八

五八四九

五八五〇

五八五一

五八五八 五八五七 五八五六 五八五五 五八五四 五八五三 五八五二

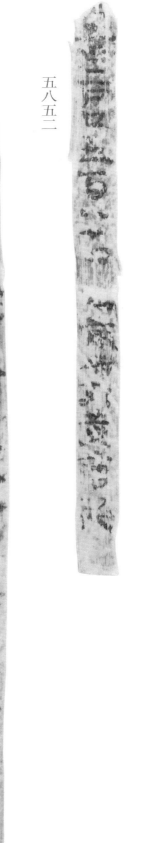

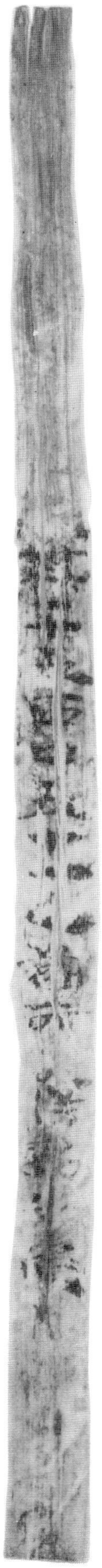

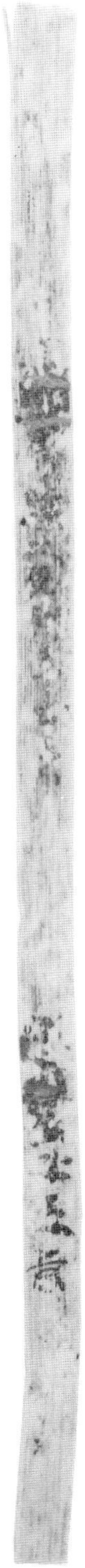

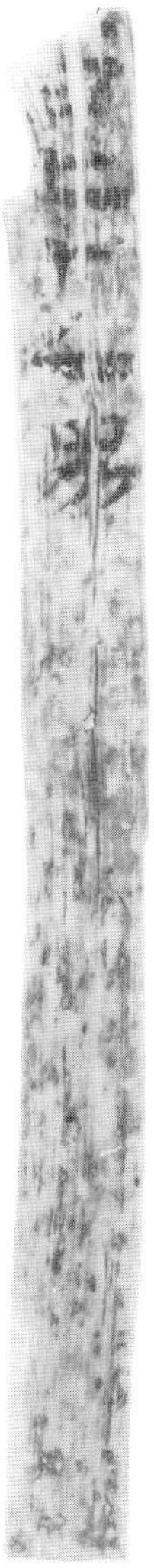

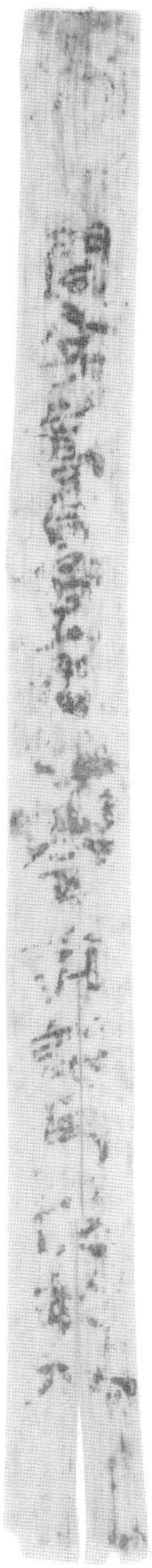
五八五九

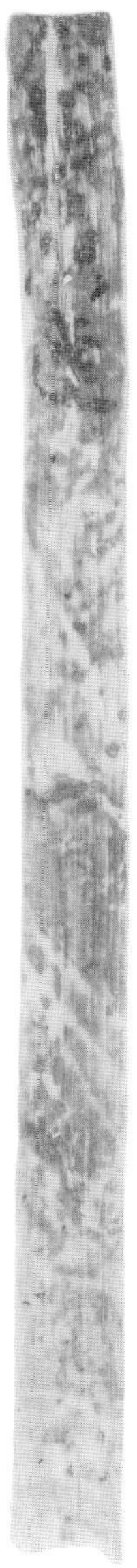
五八六〇

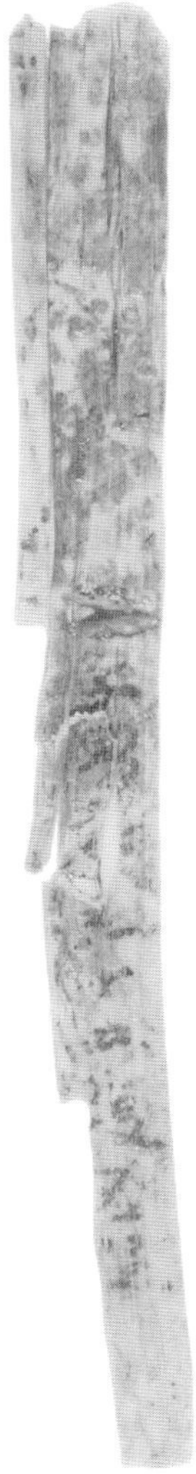
五八六一

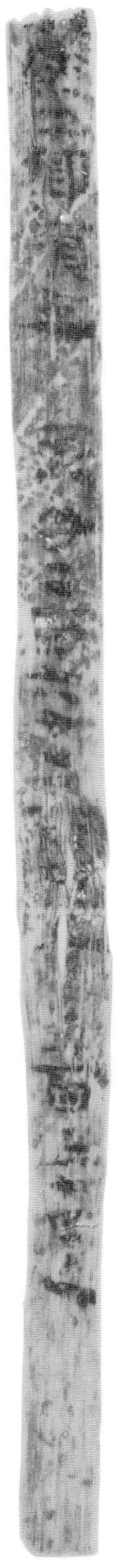
五八六二

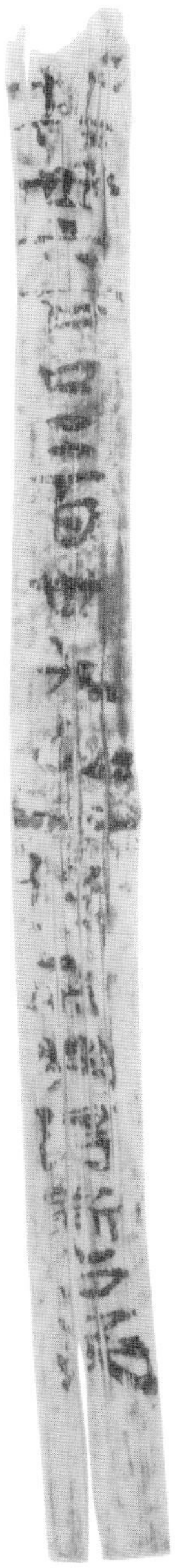
五八六三

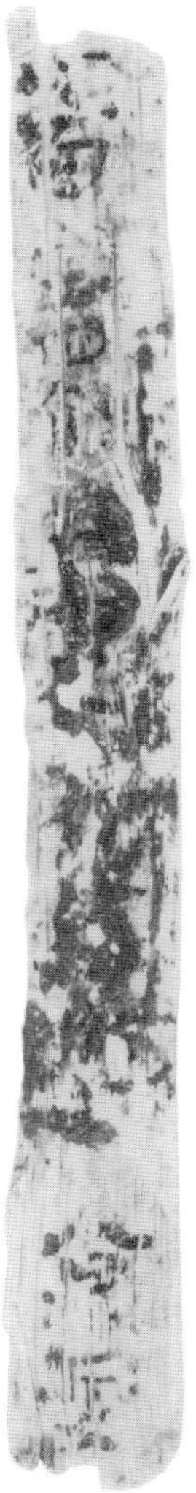
五八六四

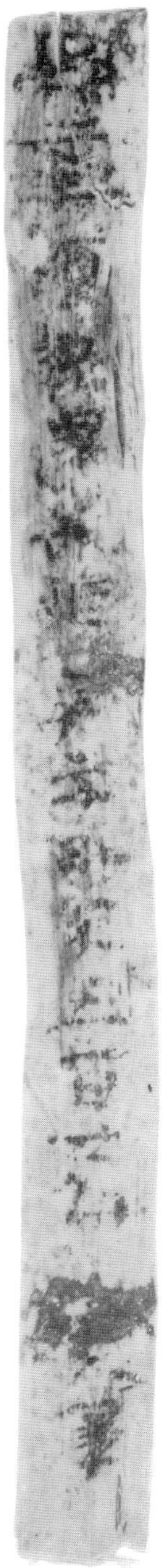
五八六五

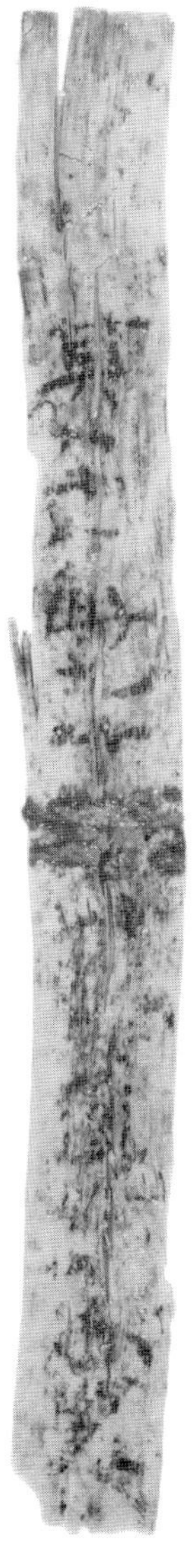
五八六六

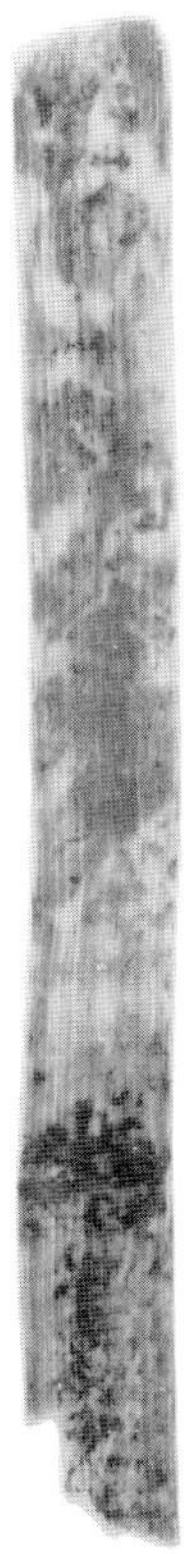
五八六七

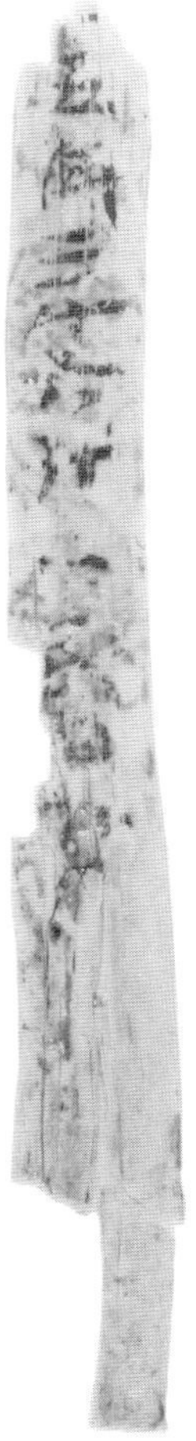
五八六八

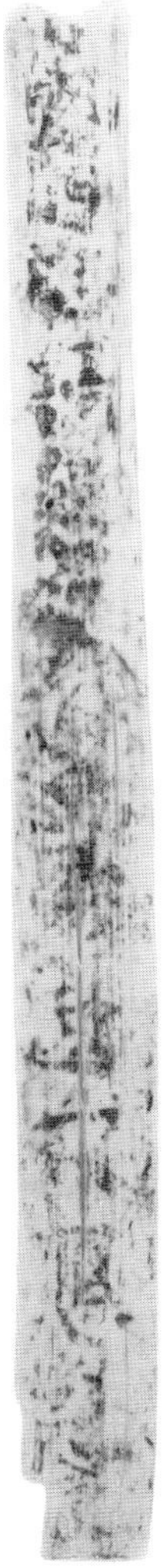
五八六九

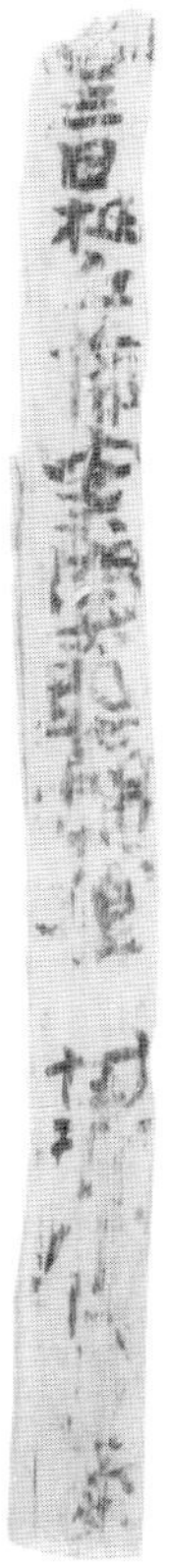
五八七〇

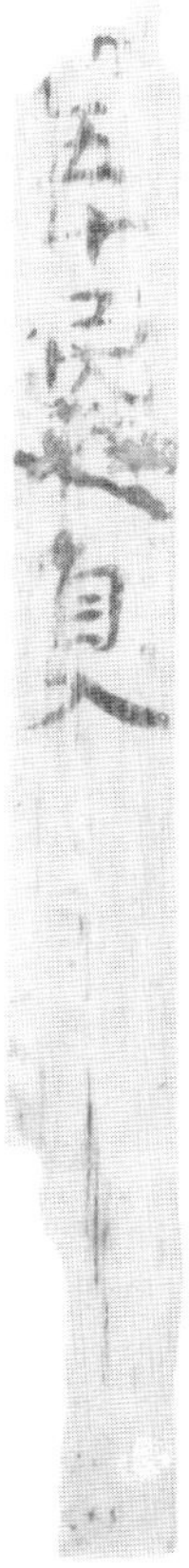
五八七一

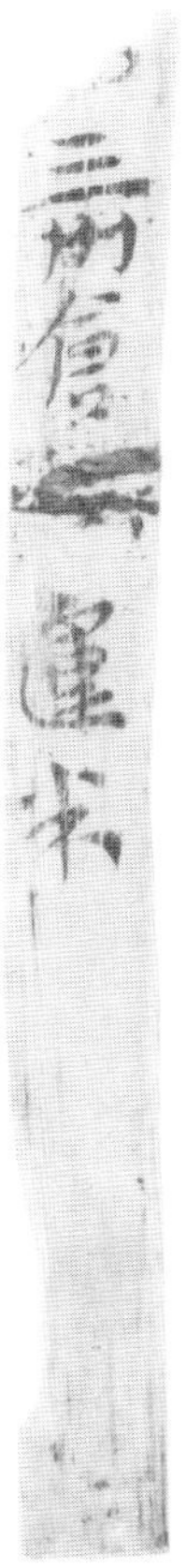
五八七二

五八七三

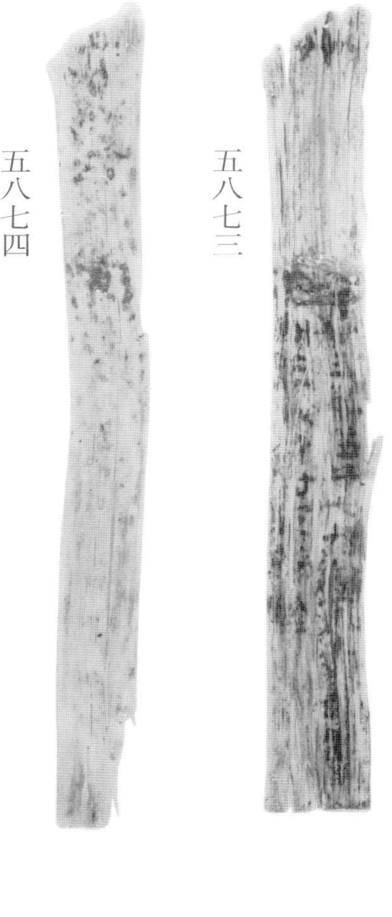

五八七四

五八七五

五八七六

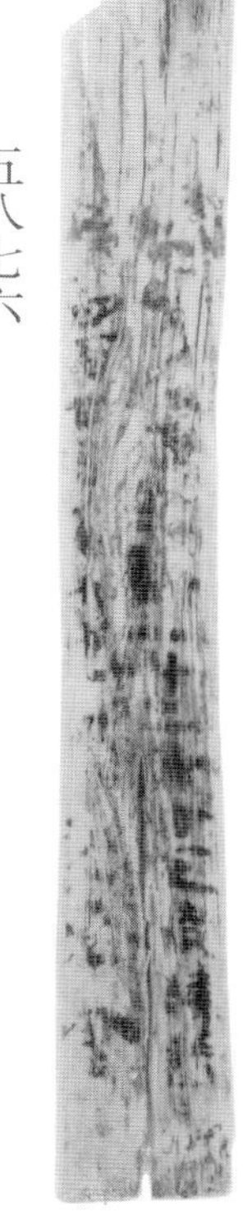

五八七七

五八七八

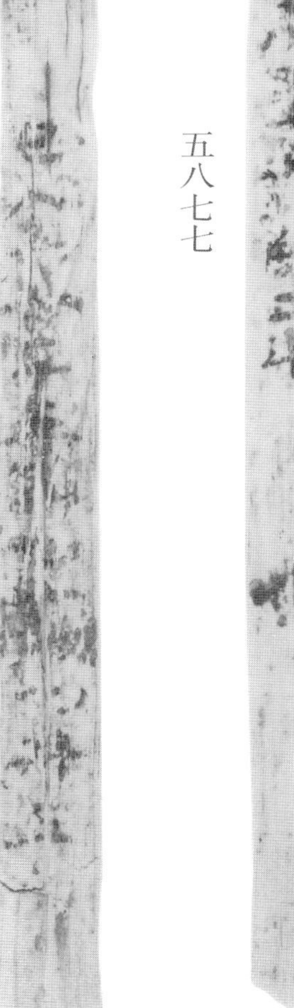

五八七九

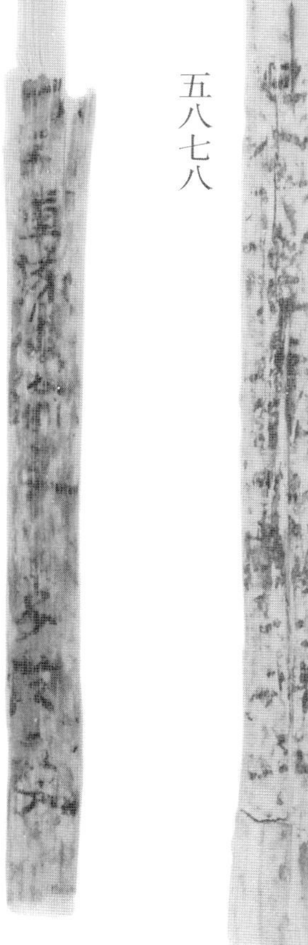

五八八〇
五八八一
五八八二
五八八三
五八八四
五八八五
五八八六

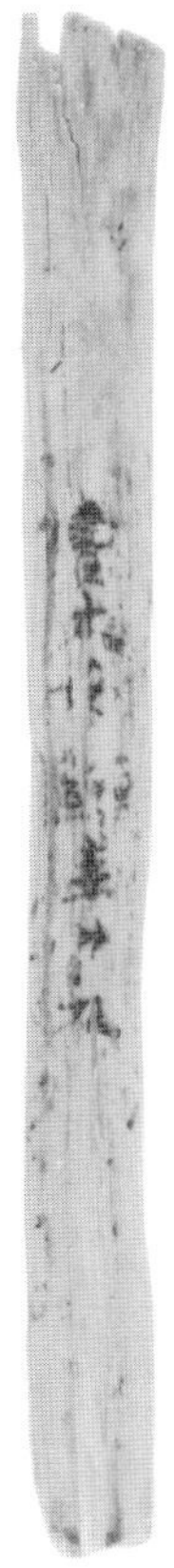

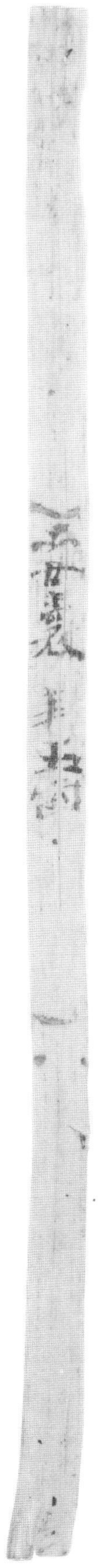

五八八七

五八八八

五八八九

五八九〇

五八九一

五八九二

五八九三

五八九四

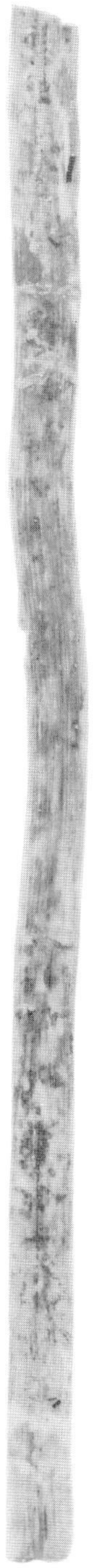

五八九五

五八九六

五八九七

五八九八

五八九九

五九〇〇

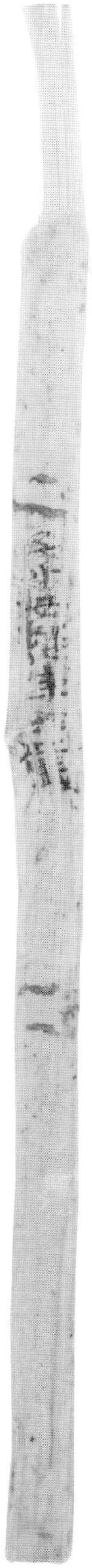

五九〇一

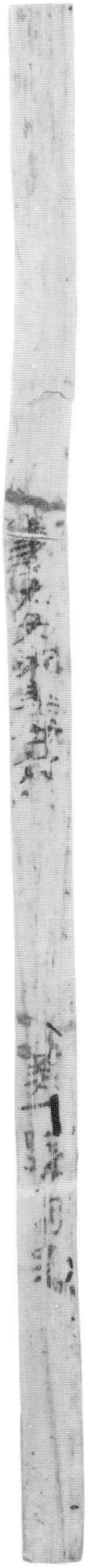

五九〇二

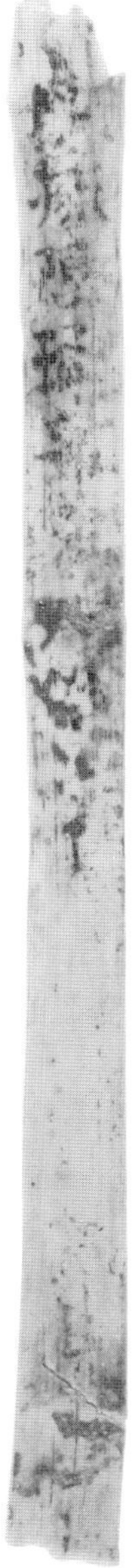

五九〇三

五九〇四

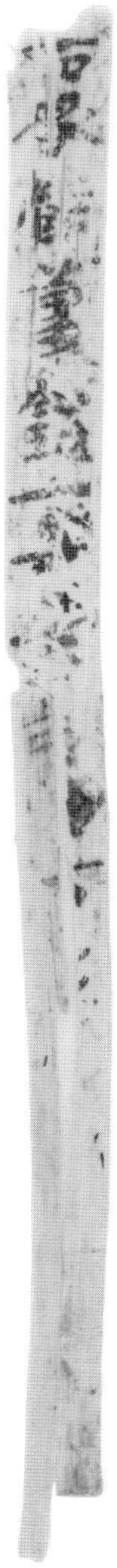

五九〇五

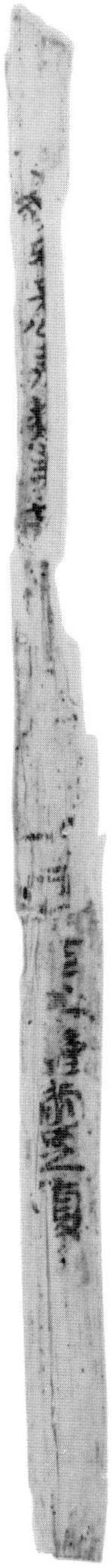

五九〇六

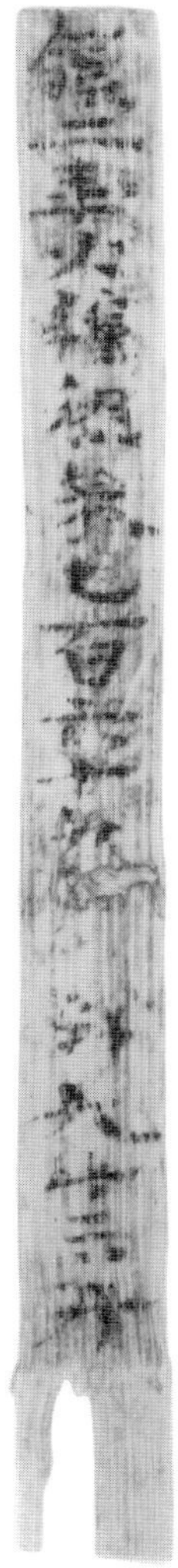

五九〇七

五九〇八

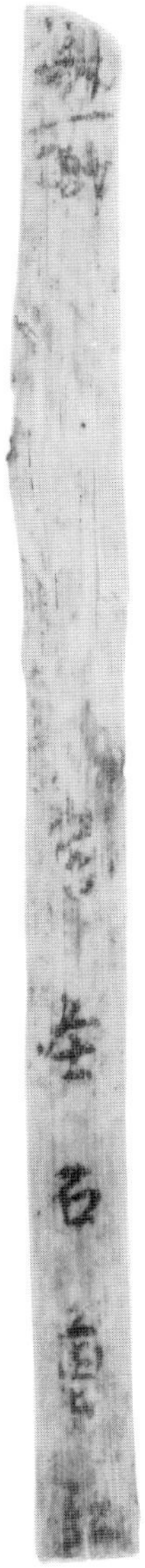

五九〇九

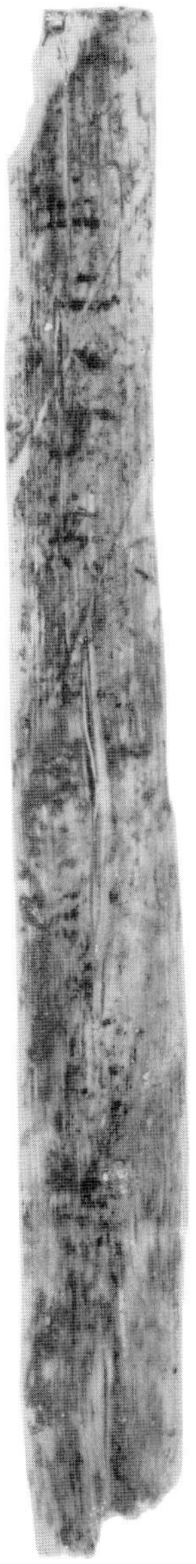

五九一〇

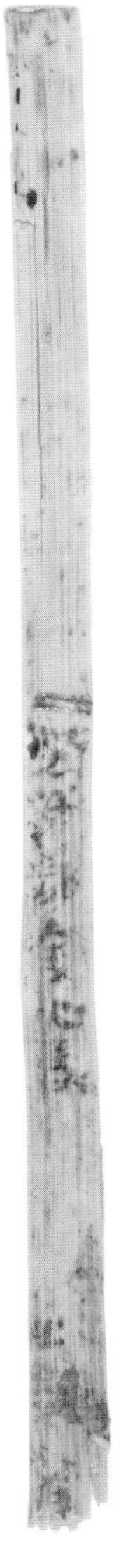

五九一一

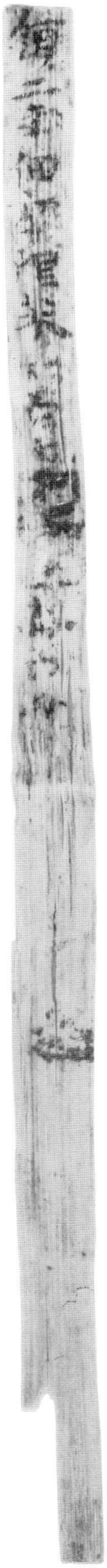

五九一二

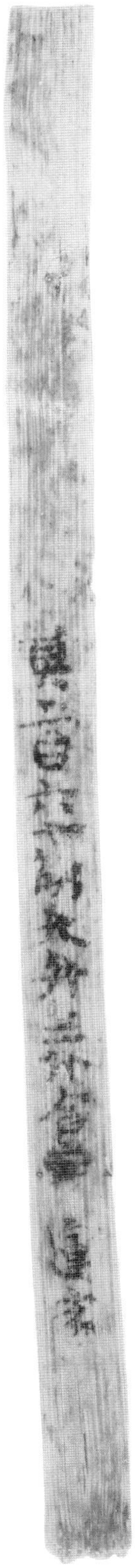

五九一三

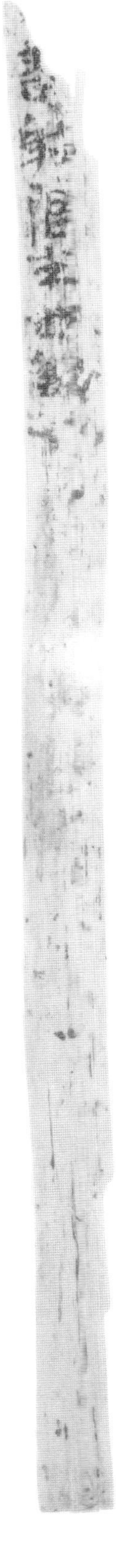

五九一四

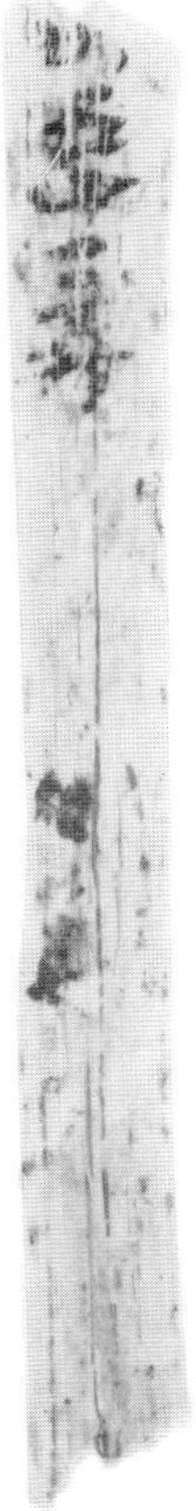

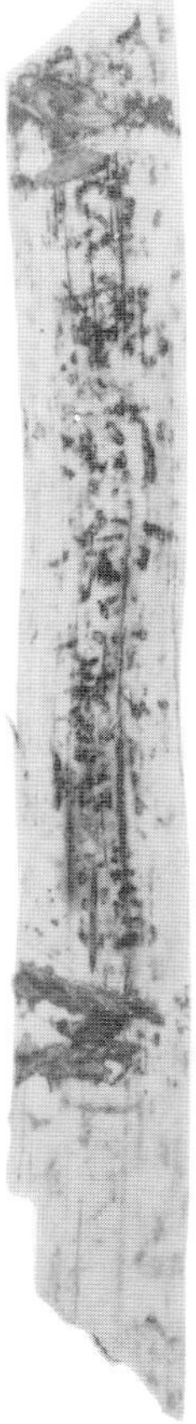

五九一五

五九一六

五九一七

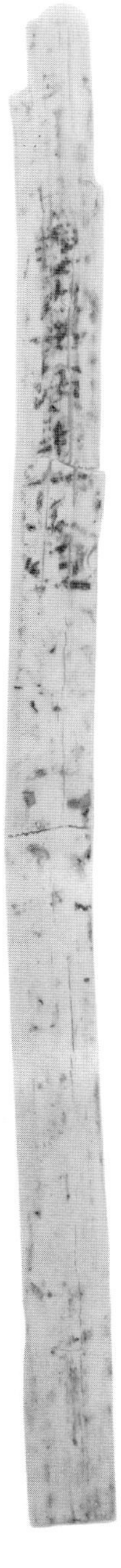

五九一八

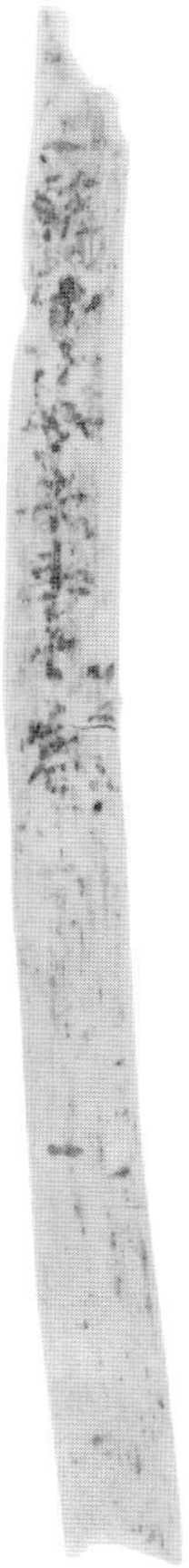

五九一九

五九二〇

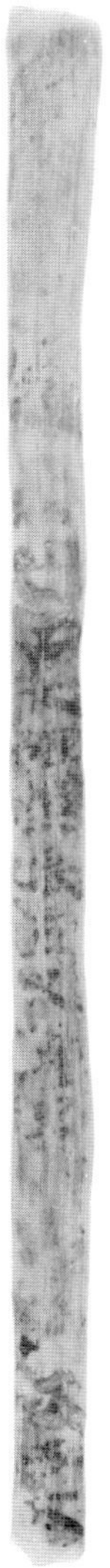

五九二一

五九二二
五九二三
五九二四
五九二五
五九二六
五九二七
五九二八

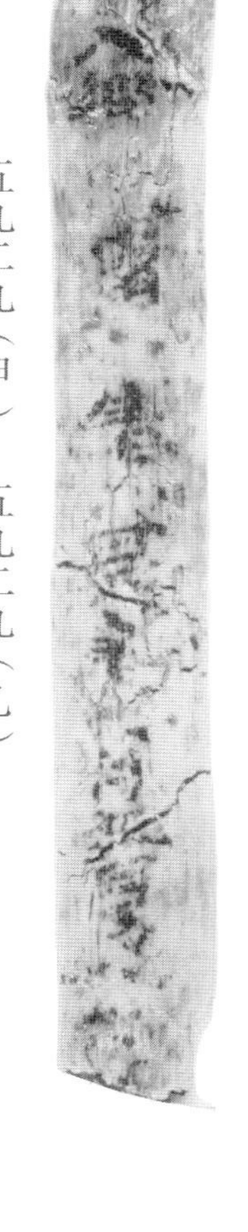

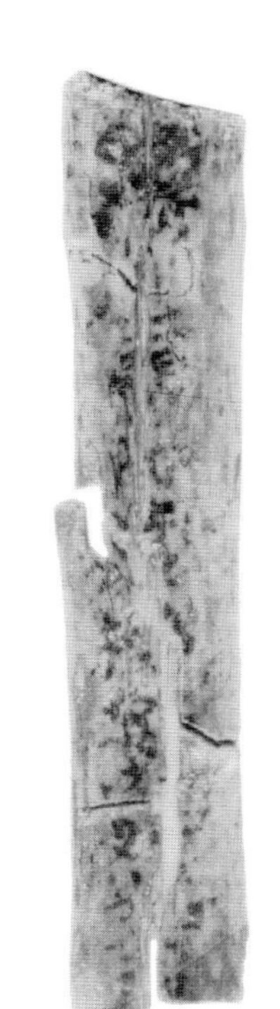

五九二九（甲）、五九二九（乙）

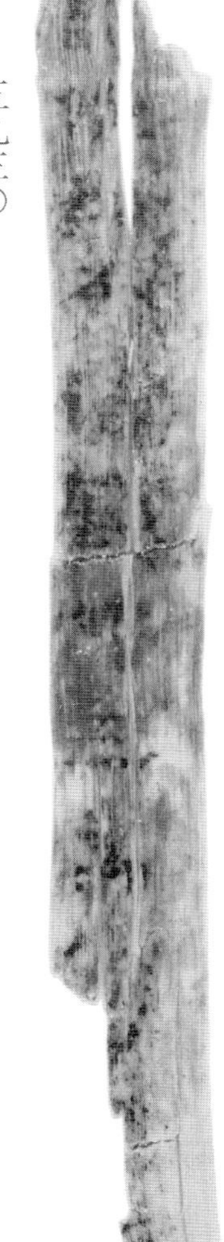

五九三〇

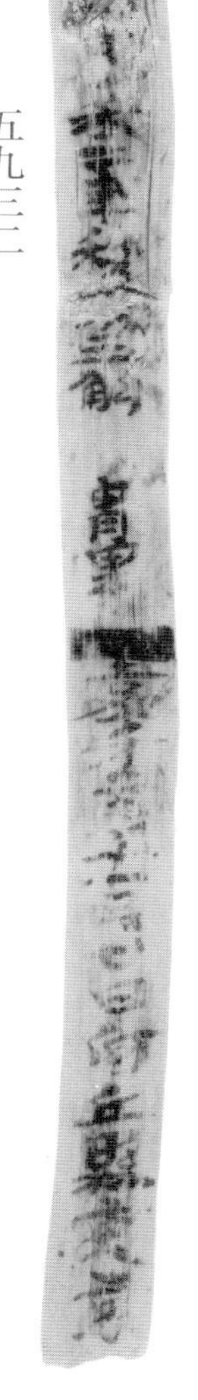

五九三一

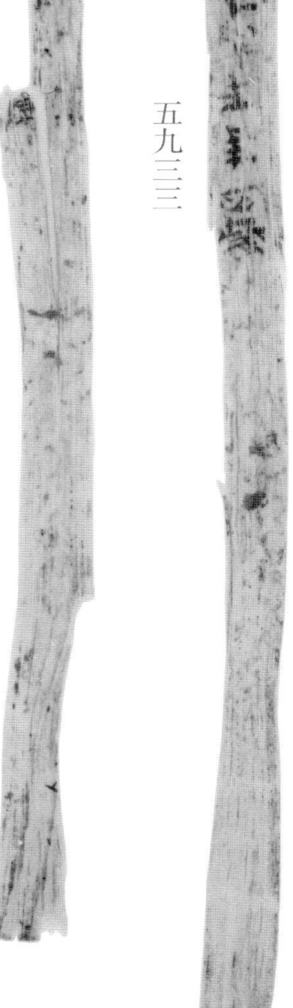

五九三二

五九三三

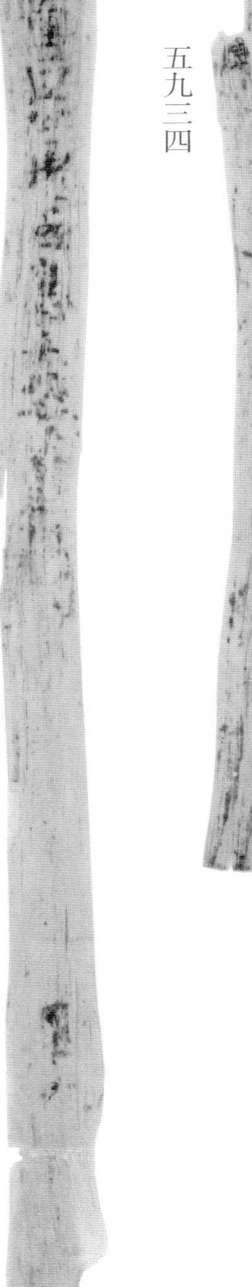

五九三四

五九三五

五九三六
五九三七
五九三八
五九三九
五九四〇
五九四一
五九四二

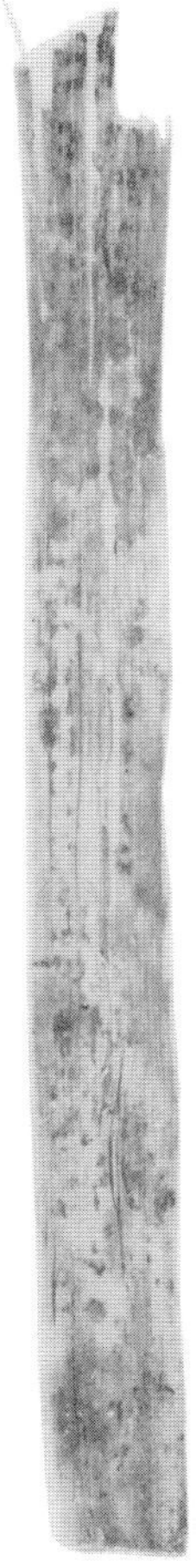

五九四三

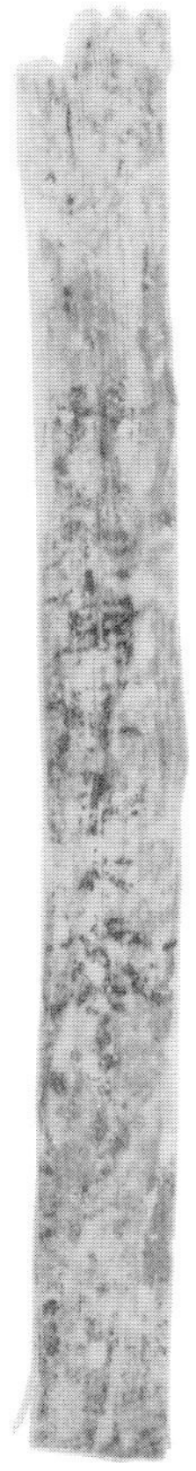

五九四四

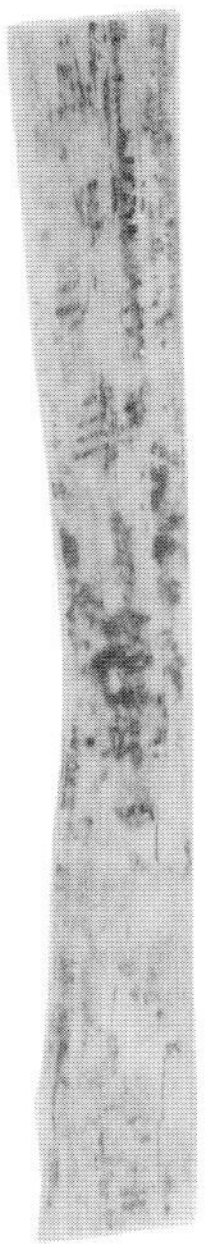

五九四五

五九四六

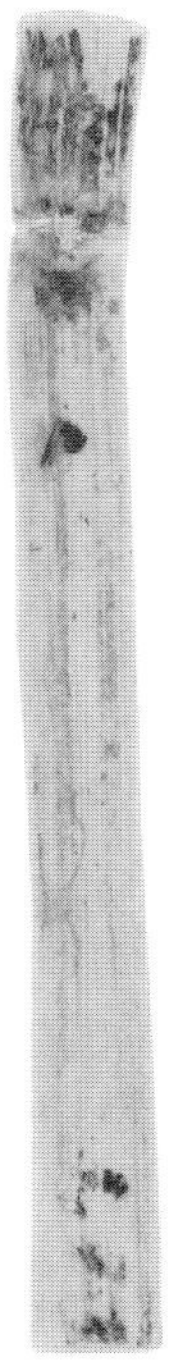

五九四七

五九四八

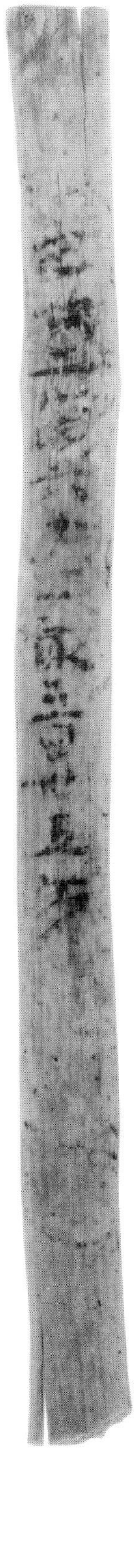

五九四九

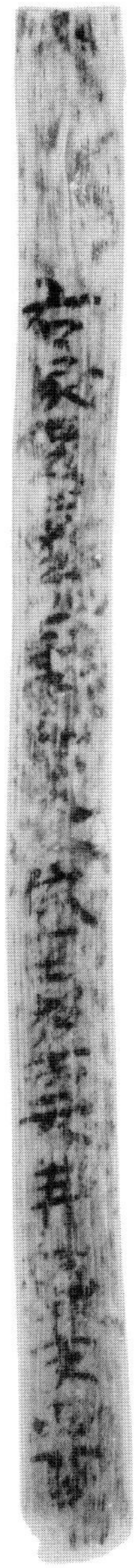

五九五〇

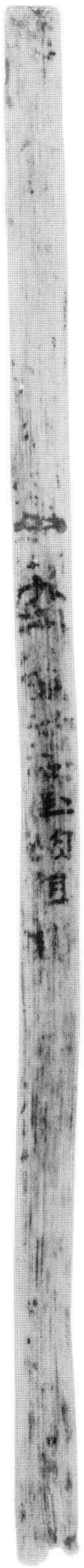

五九五一

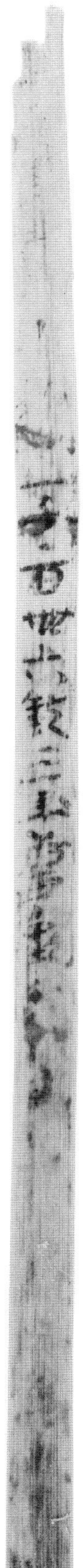

五九五二

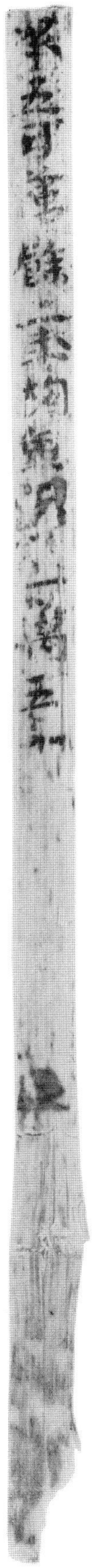

五九五三

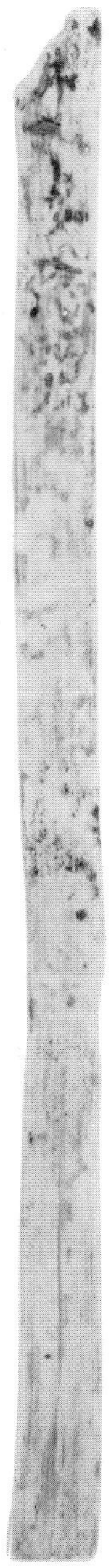

五九五四

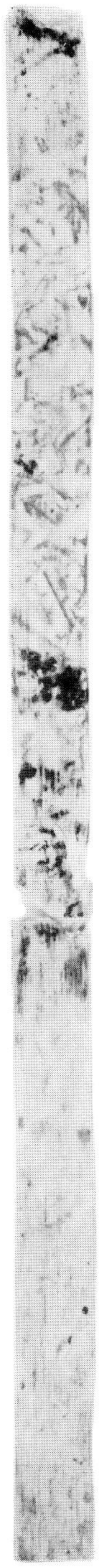

五九五五

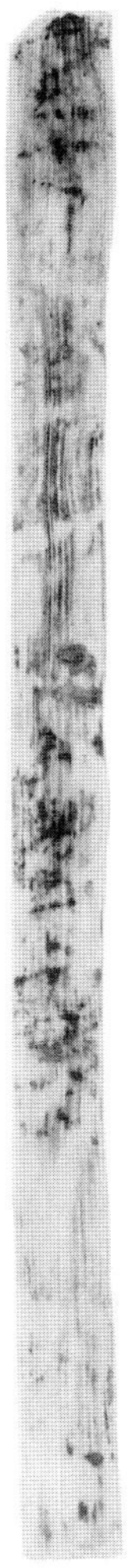

五九五六

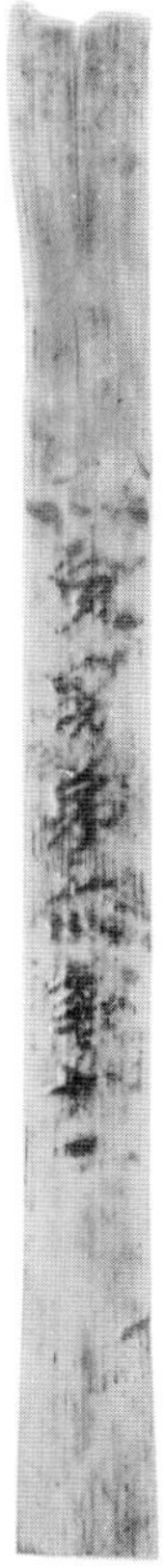
五九五七

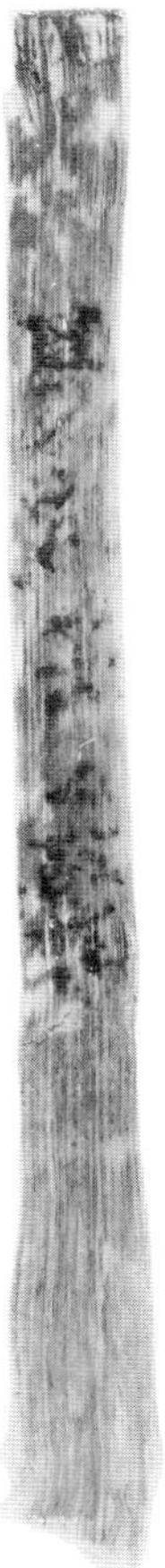
五九五八

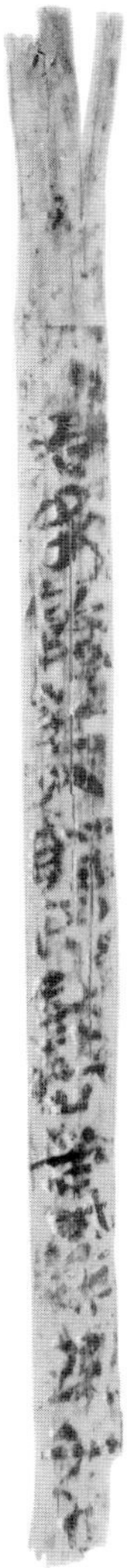
五九五九

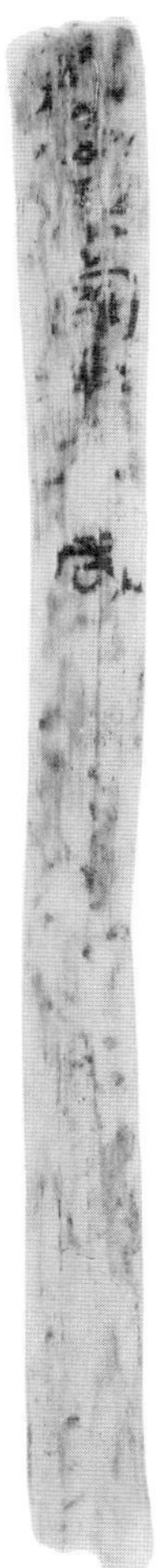
五九六〇

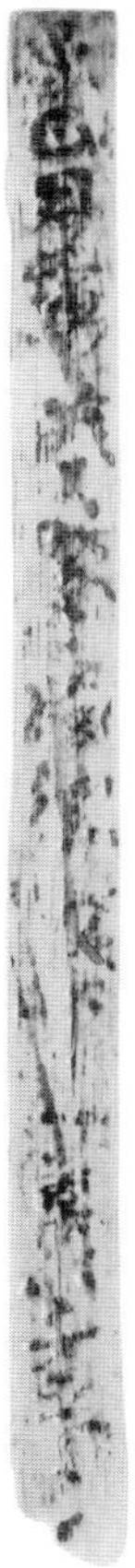
五九六一

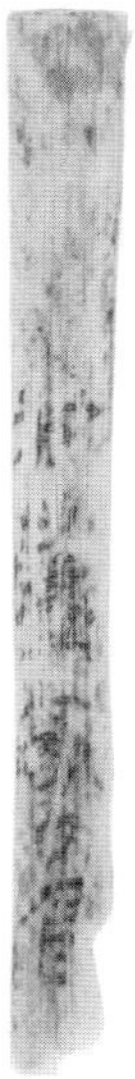
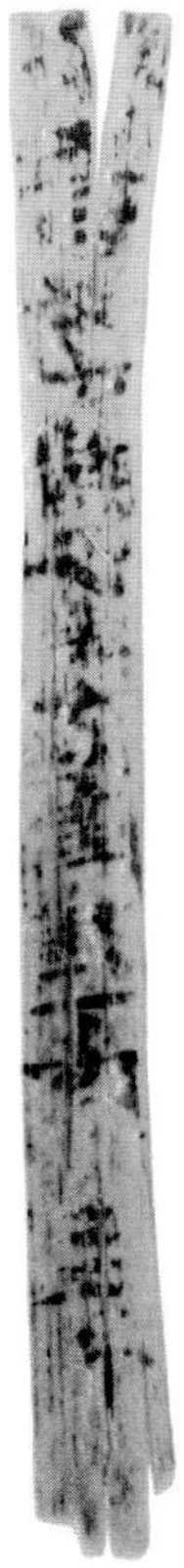
五九六二　五九六三

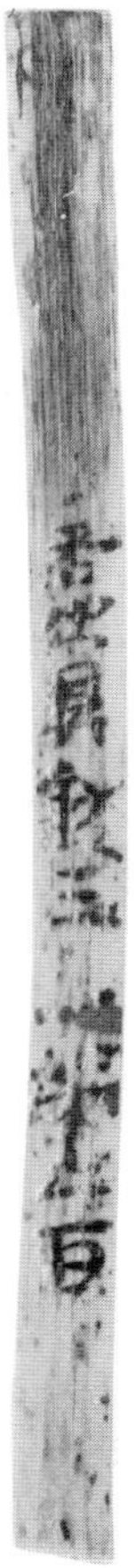
五九六四

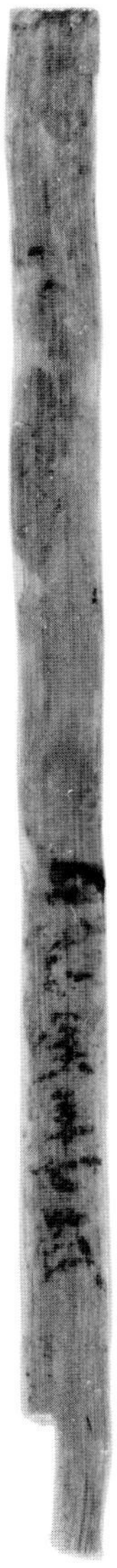
五九六五

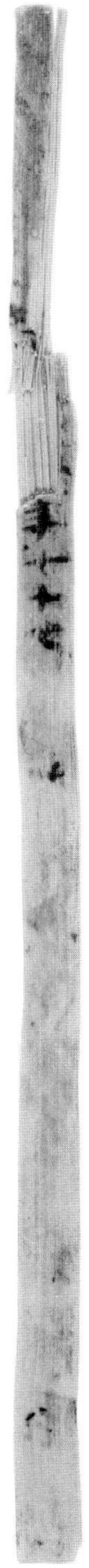
五九六六

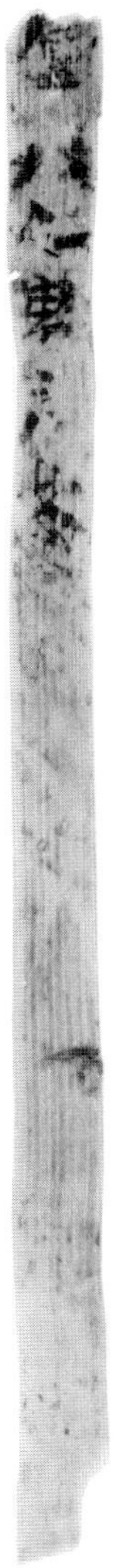
五九六七

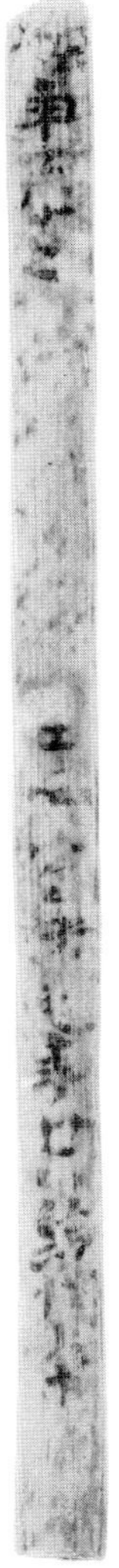
五九六八

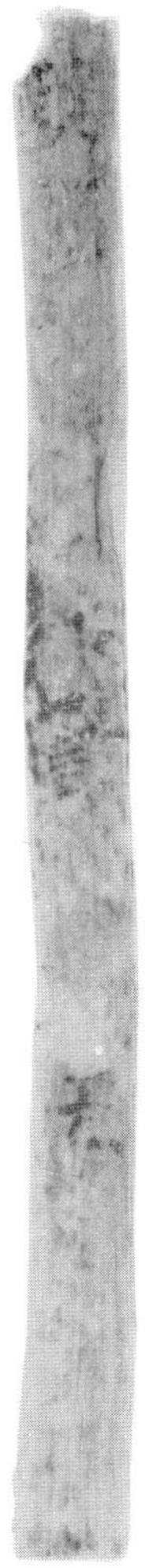
五九六九

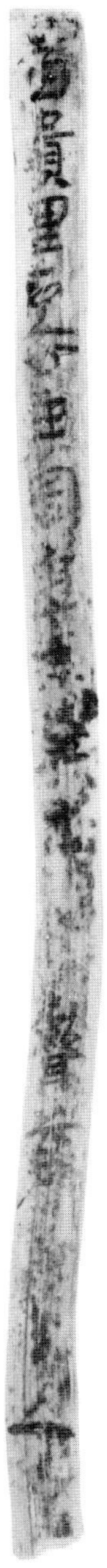
五九七〇

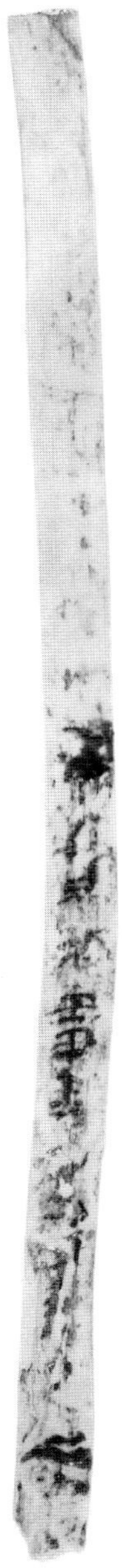
五九七一

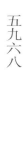

五九七二

五九七三

五九七四

五九七五

五九七六

五九七七　五九七八

五九七九

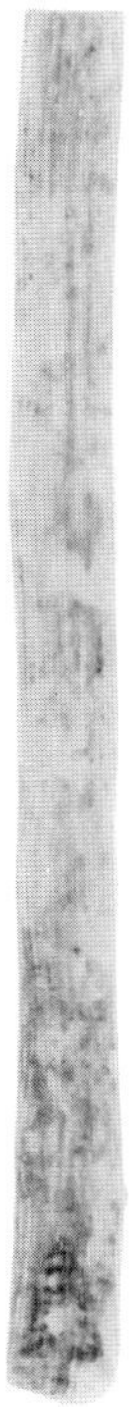

五九八〇 　五九八一

五九八二

五九八三

五九八四

五九八五

五九八六

五九八七

五九八八 五九八九 五九九〇 五九九一 五九九二 五九九三 五九九四 五九九五

五九九六
五九九七
五九九八
五九九九
六〇〇〇
六〇〇一
六〇〇二
六〇〇三

六〇〇四
六〇〇五
六〇〇六
六〇〇七
六〇〇八
六〇〇九
六〇一〇
六〇一一

六〇一二

六〇一三

六〇一四

六〇一五

六〇一六

六〇一七

六〇一八

六〇一九

六〇二〇

六〇二一

六〇二二

六〇二三

六〇二四

六〇二五

六〇二六(甲)　六〇二六(乙)

六〇二七

六〇二八　六〇二九　六〇三〇　六〇三一　六〇三二　六〇三三　六〇三四　六〇三五

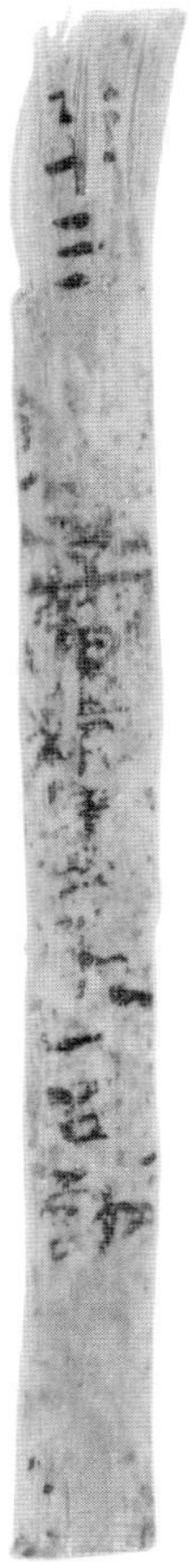

六〇三六

六〇三七

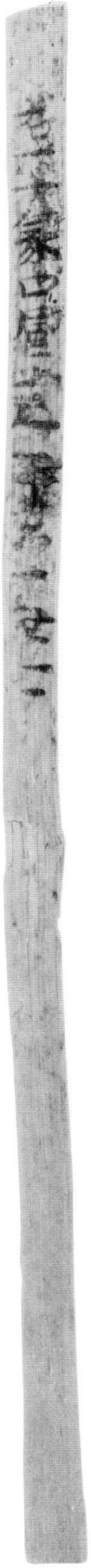

六〇三八

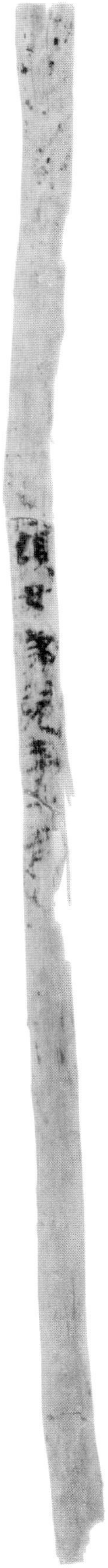

六〇三九

六〇四〇

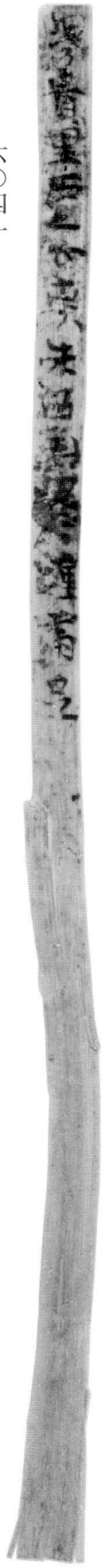

六〇四一

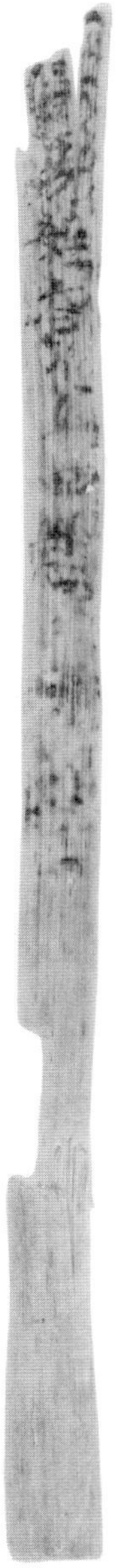

六〇四二

六〇四三

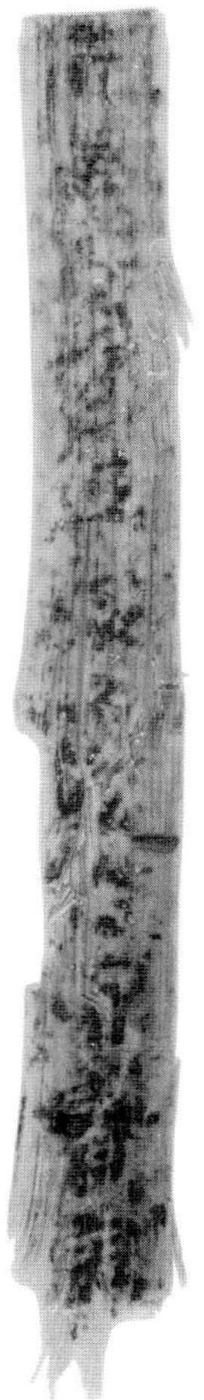
六〇四四

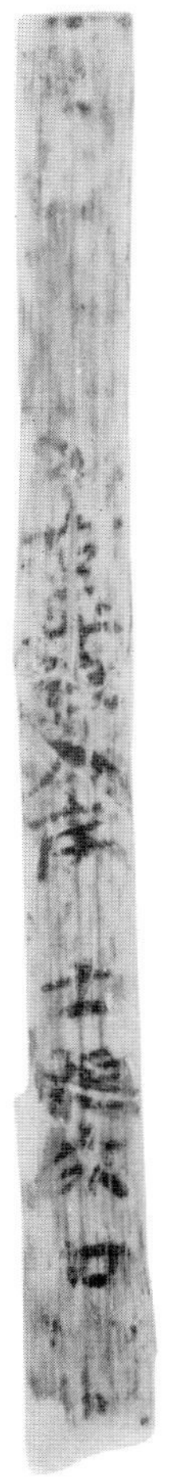
六〇四五

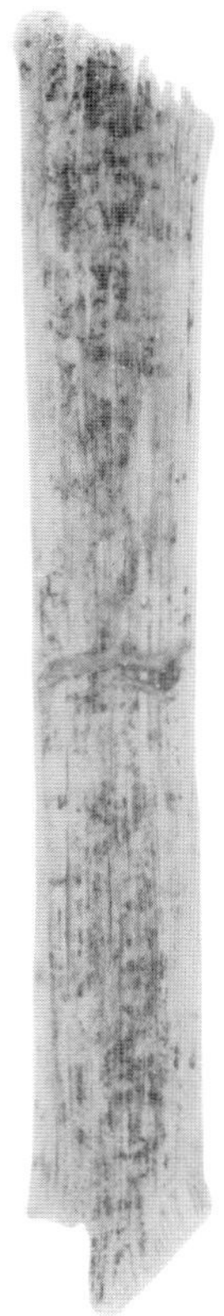
六〇四六

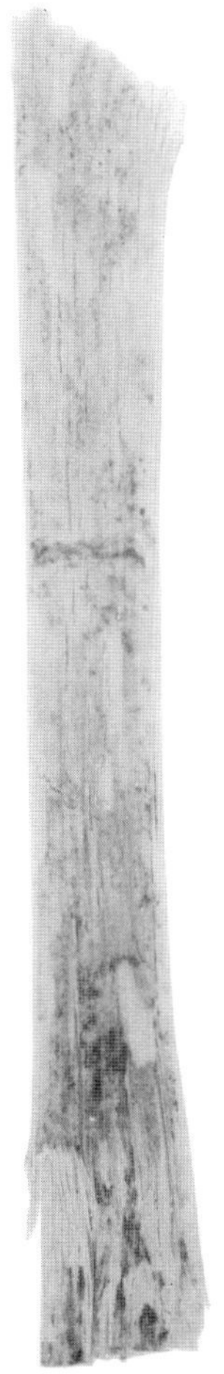
六〇四七

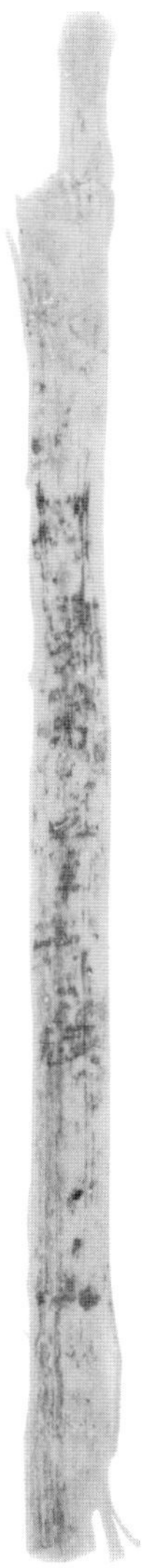
六〇四八

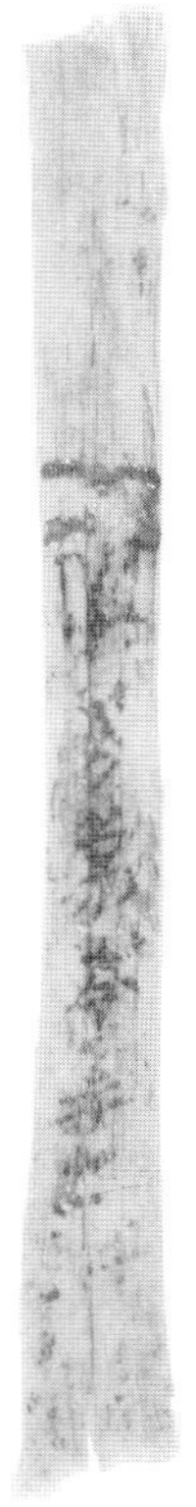
六〇四九

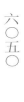

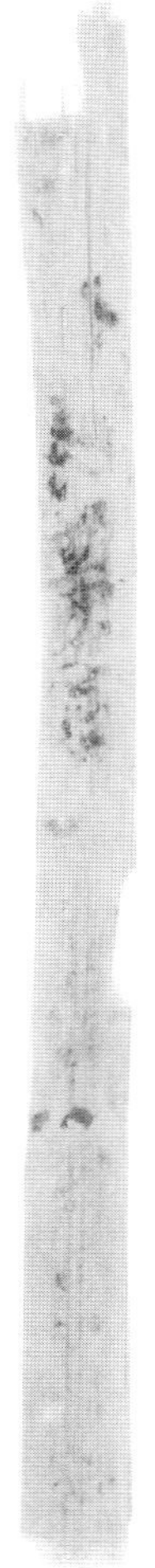
六〇五〇

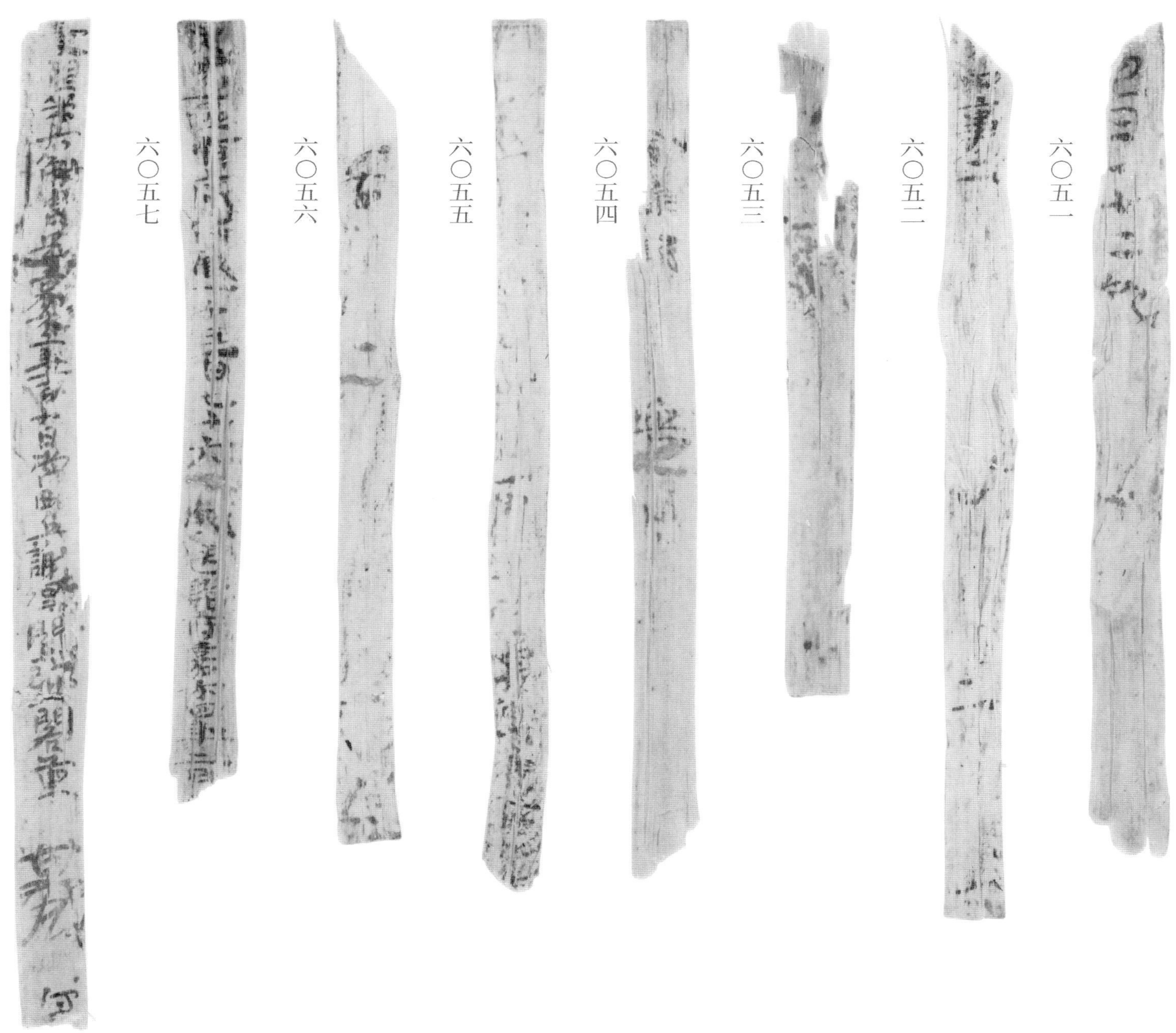

六〇五一 六〇五二 六〇五三 六〇五四 六〇五五 六〇五六 六〇五七 六〇五八

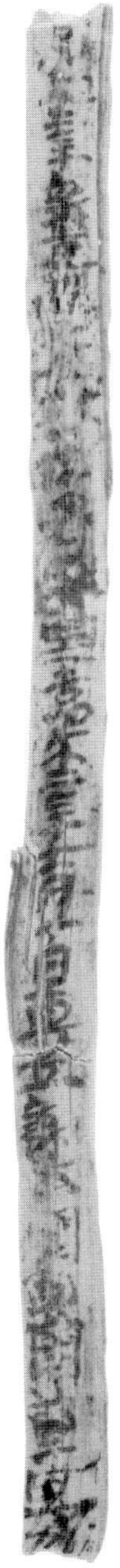
六〇五九

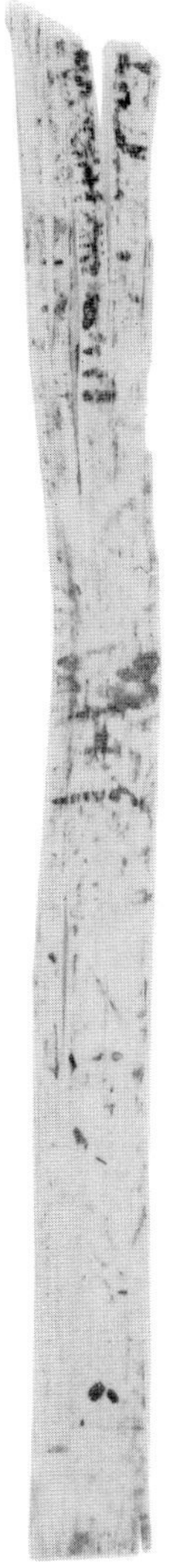
六〇六〇

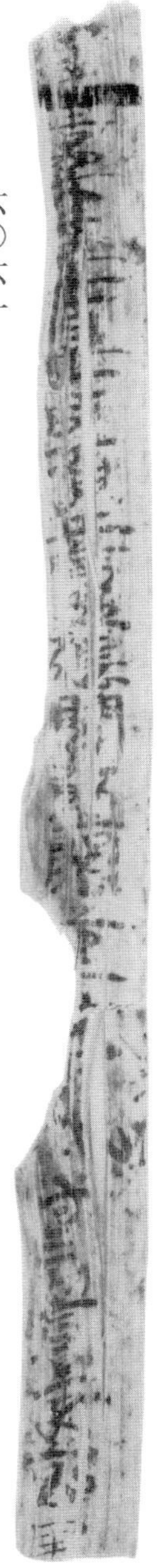
六〇六一

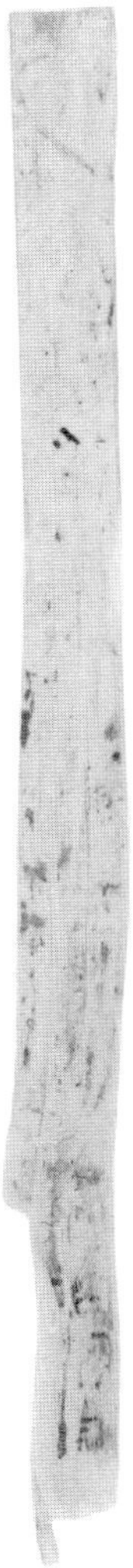
六〇六二

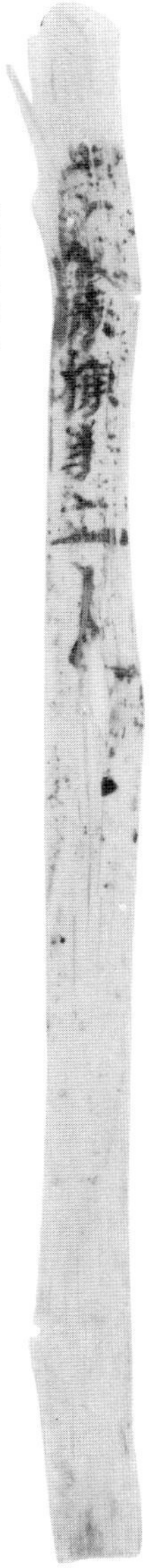
六〇六三

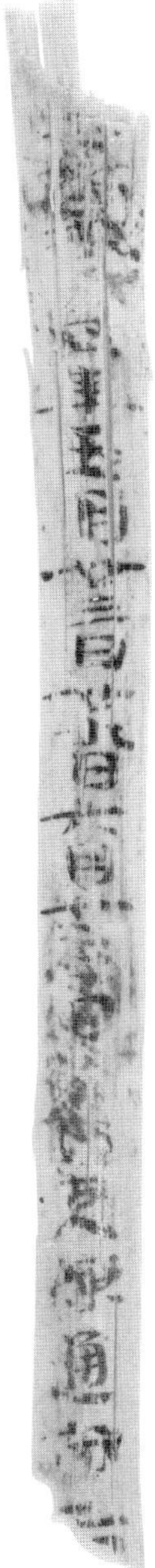
六〇六四

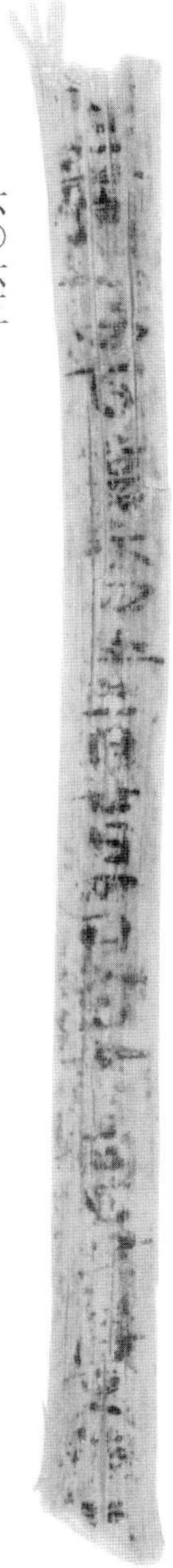
六〇六五

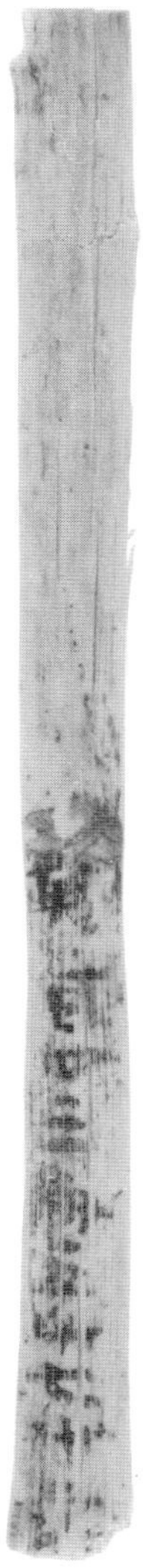

六〇六六

六〇六七

六〇六八

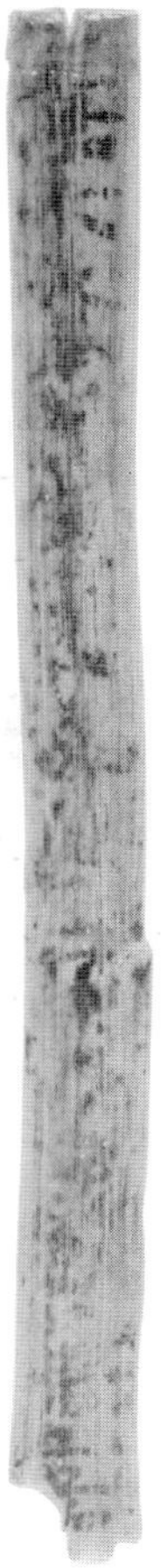

六〇六九

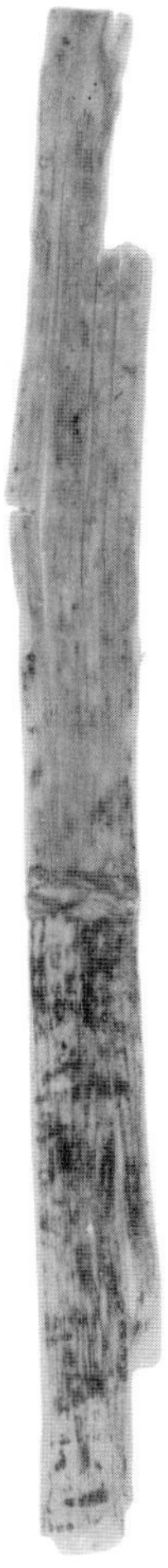

六〇七〇

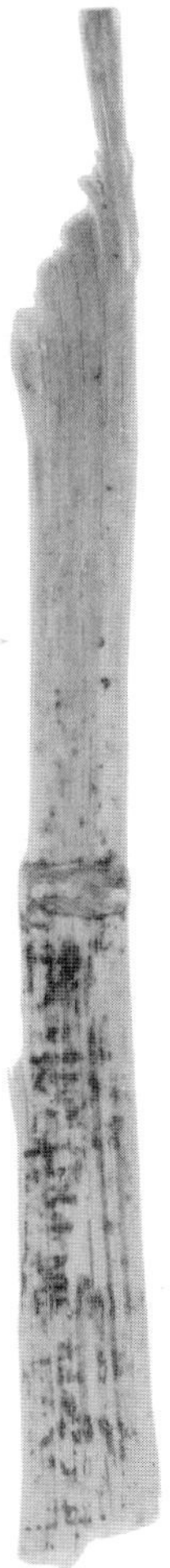

六〇七一

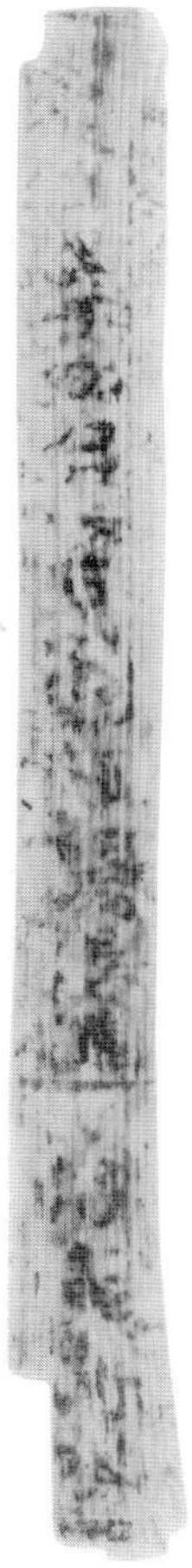

六〇七二

六〇七三

六〇七四

六〇七五

六〇七六

六〇七七

六〇七八

六〇七九

六〇八〇

六〇八一

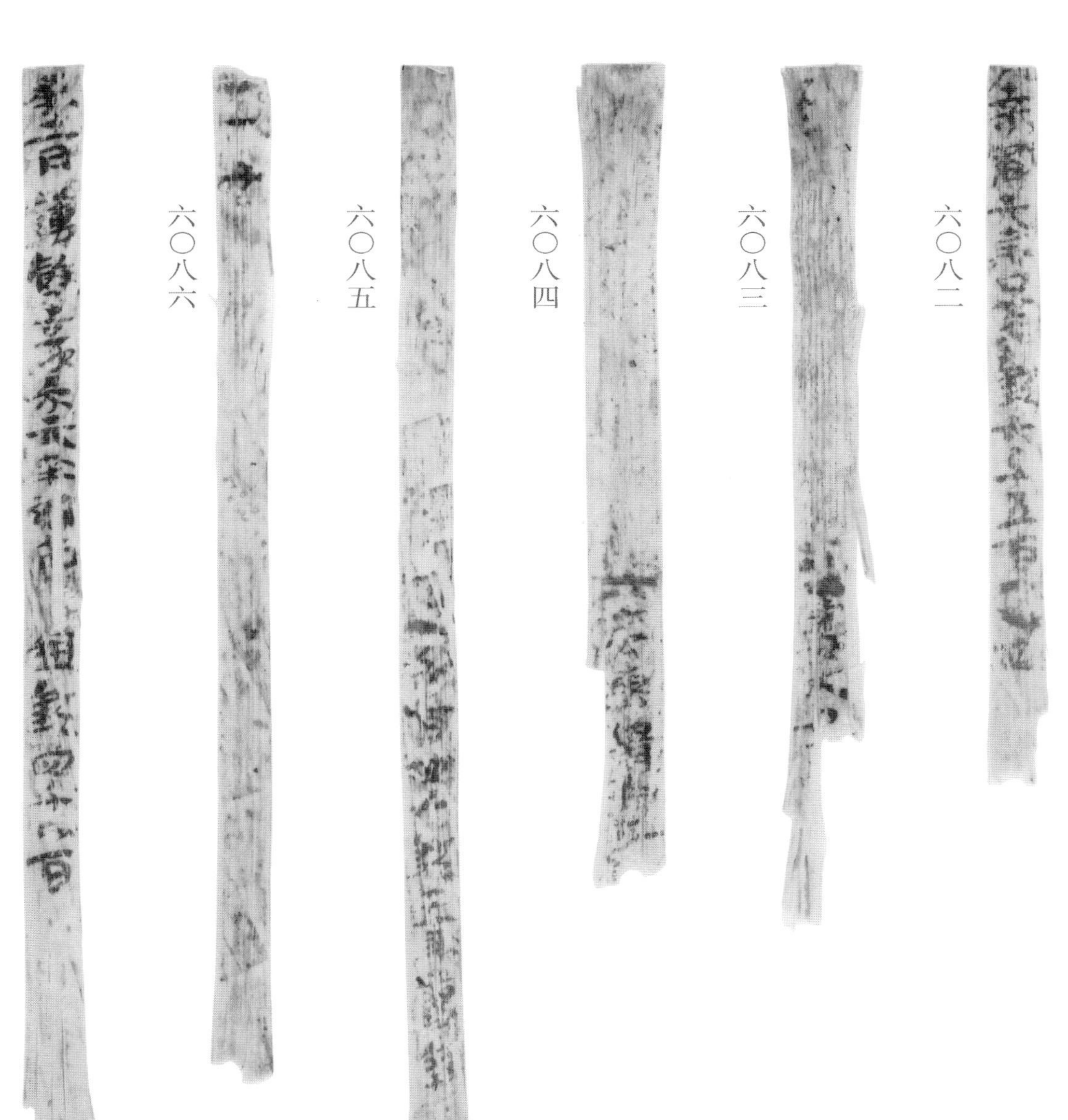

六〇八二

六〇八三

六〇八四

六〇八五

六〇八六

六〇八七

六〇八八

六〇八九

六〇九〇

六〇九一

六〇九二

六〇九三　六〇九四

六〇九五

六〇九六

六〇九七

六〇九八

六〇九九

六一〇〇

六一〇一

六一〇二

六一〇三

六一〇四

六一〇五　六一〇六

六一〇七

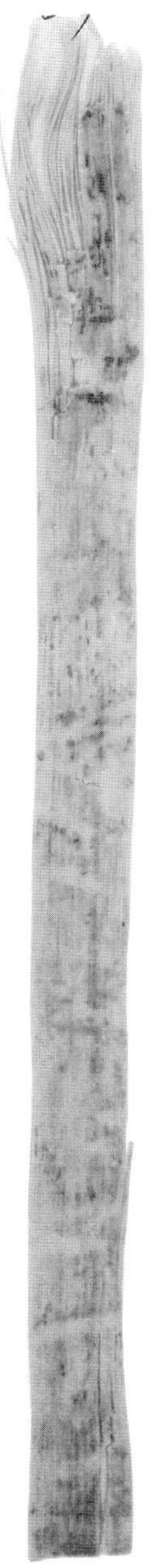

六一〇八

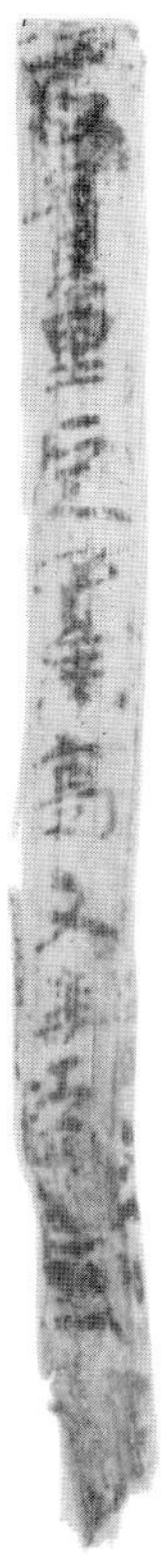

六一〇九

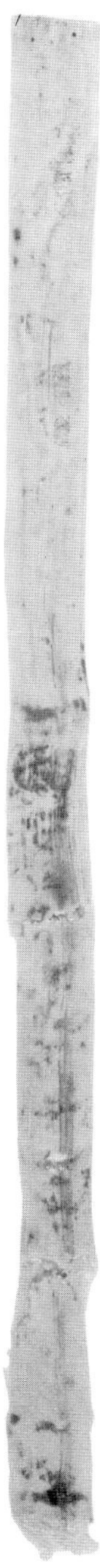

六一一〇

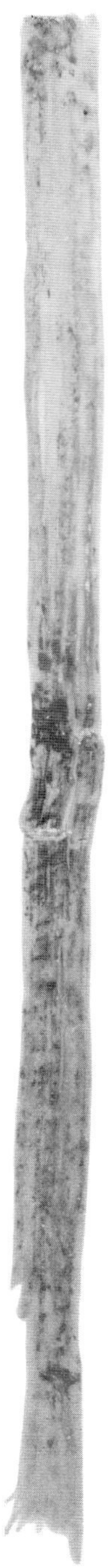

六一一一

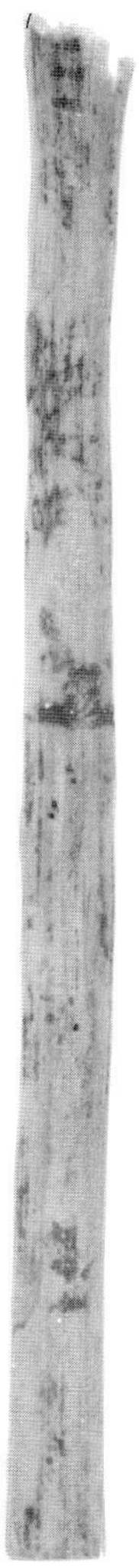

六一一二

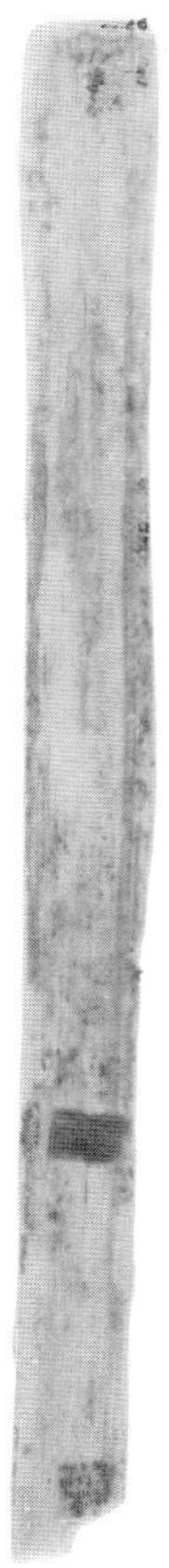

六一一三

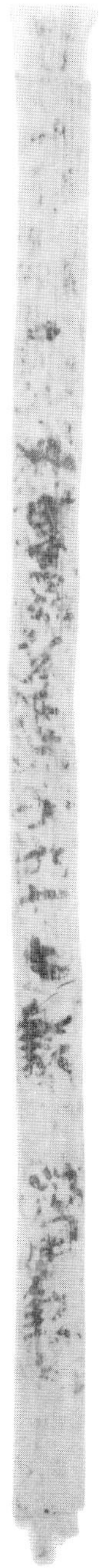

六一一四

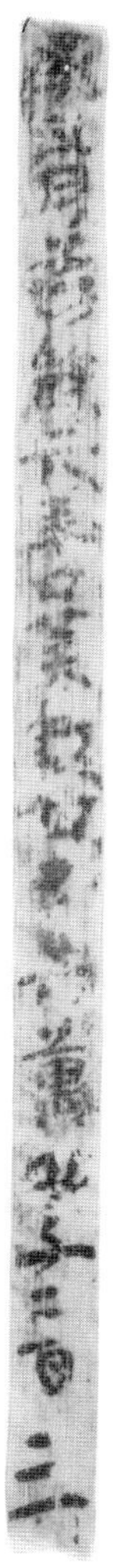

六一一五

六一一六 六一一七 六一一八 六一一九 六一二〇 六一二一 六一二二 六一二三

六一二四 六一二五 六一二六 六一二七 六一二八 六一二九 六一三〇

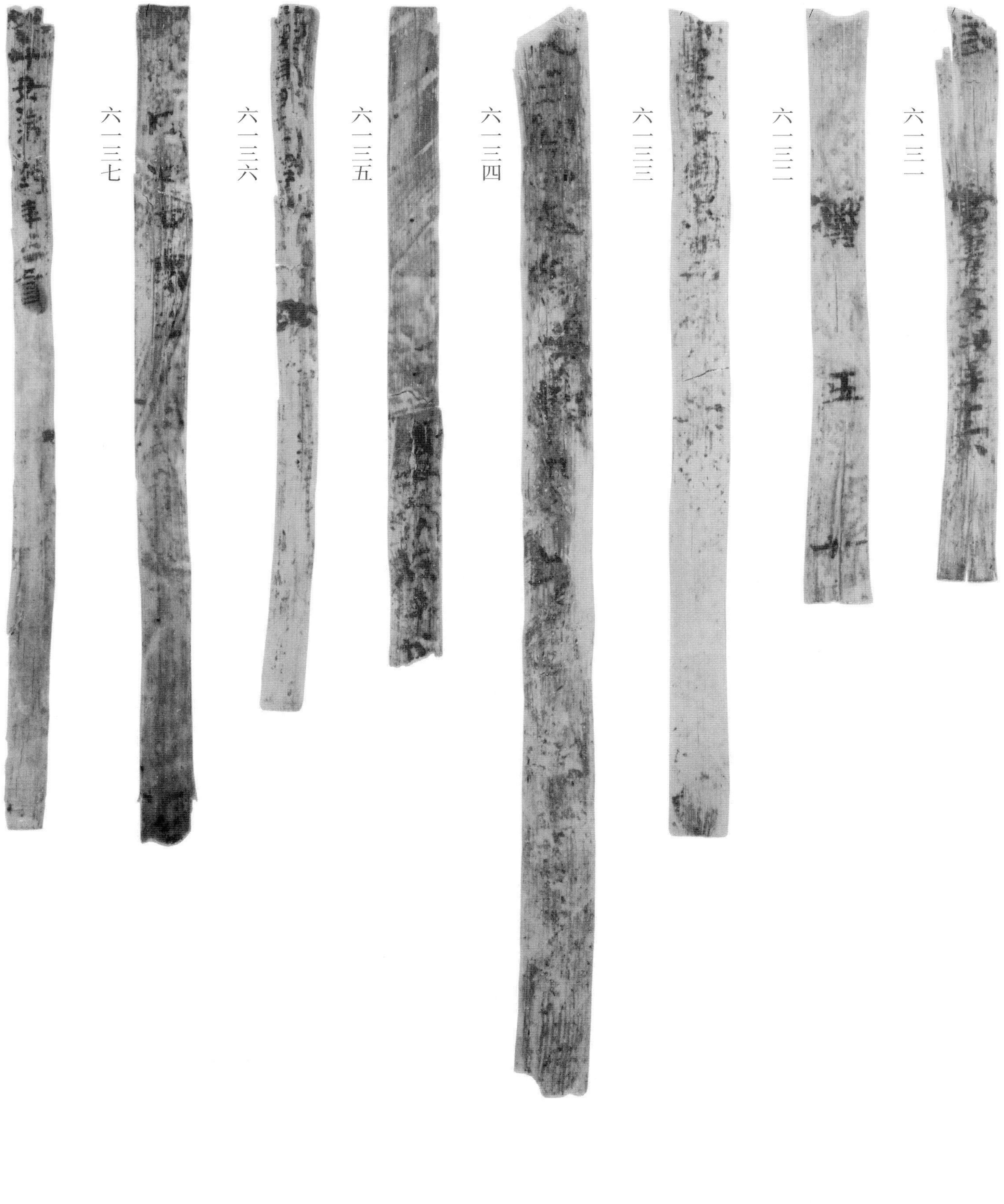

六一三一

六一三二

六一三三

六一三四

六一三五

六一三六

六一三七

六一三八

六一三九 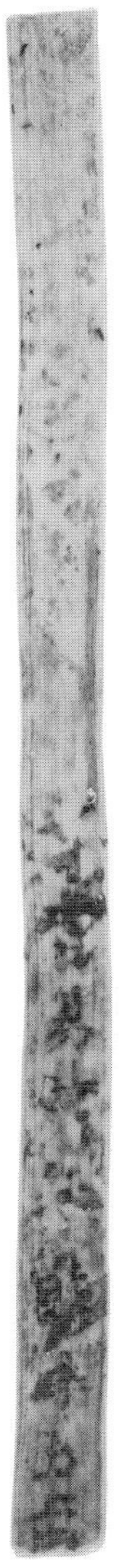
六一四〇
六一四一
六一四二
六一四三
六一四四
六一四五
六一四六

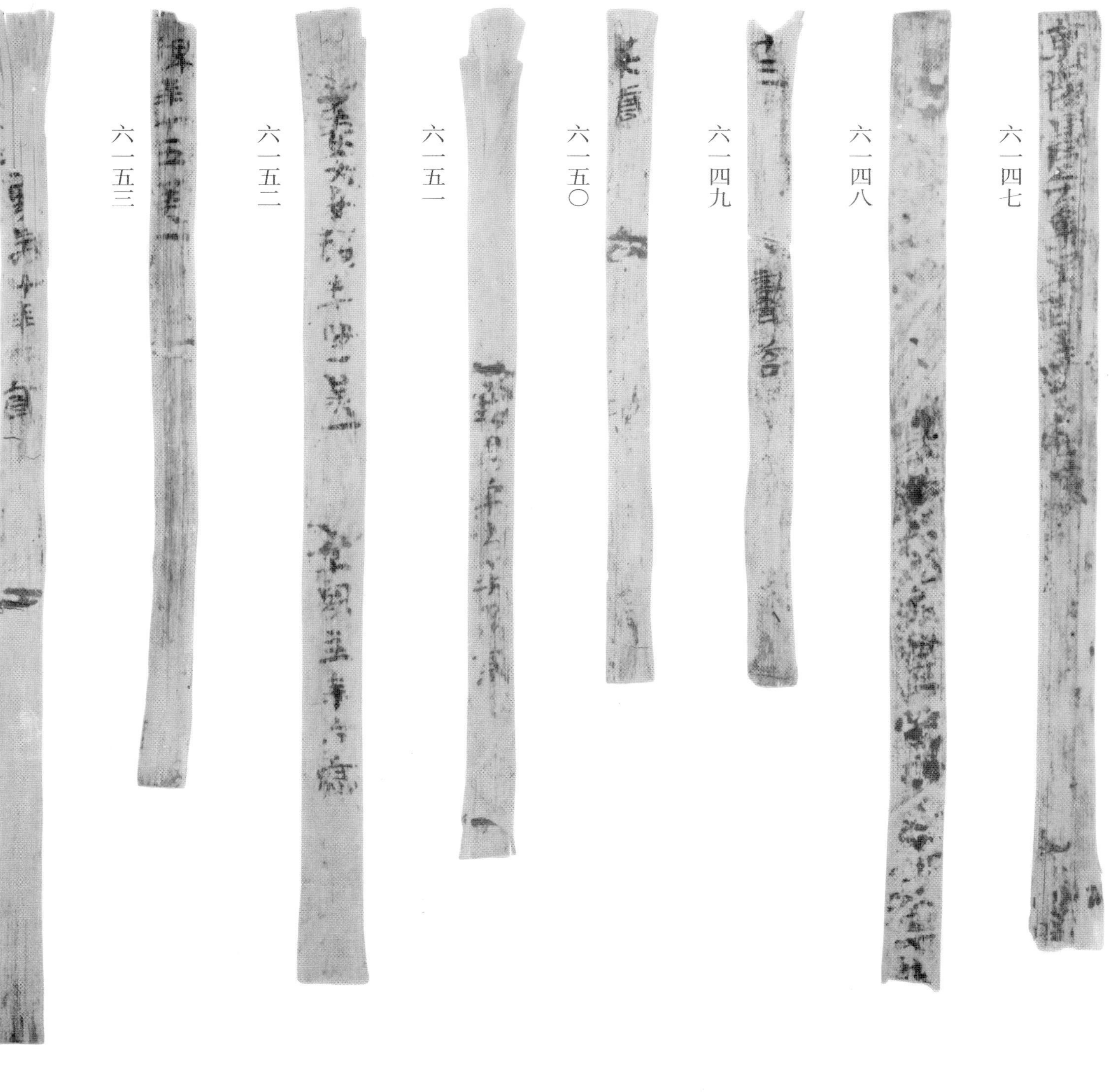
六一四七
六一四八
六一四九
六一五〇
六一五一
六一五二
六一五三
六一五四

六一五五
六一五六
六一五七
六一五八
六一五九
六一六〇
六一六一
六一六二

六一六三　六一六四　六一六五　六一六六　六一六七　六一六八　六一六九　六一七〇

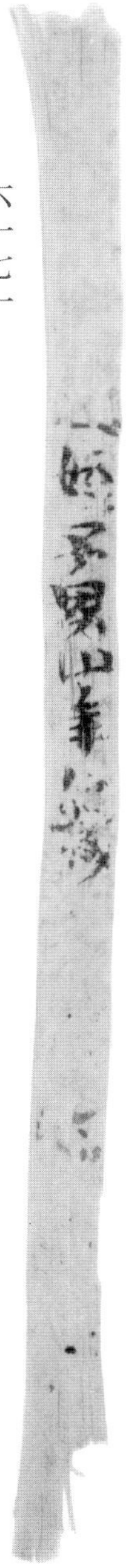
六一七一

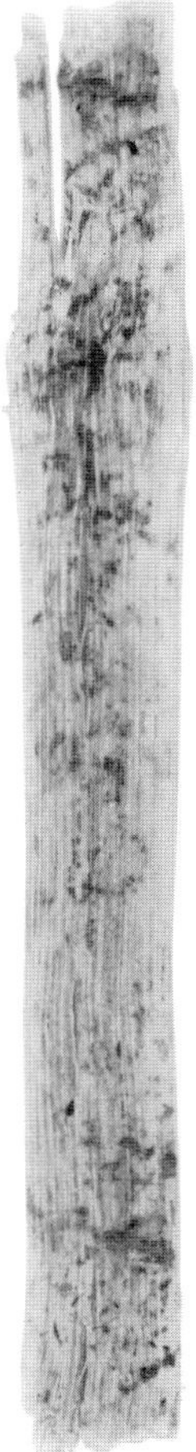
六一七二

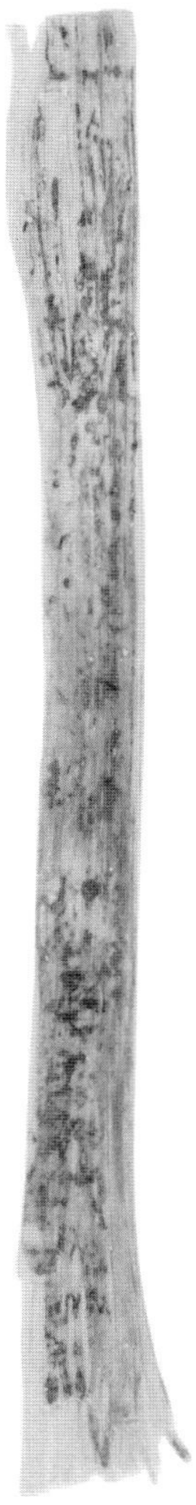
六一七三

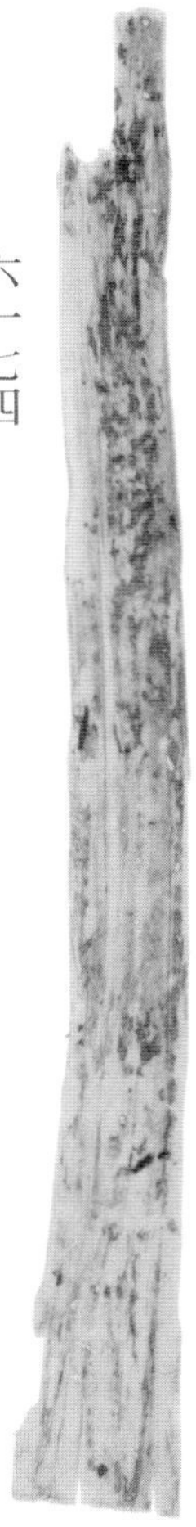
六一七四

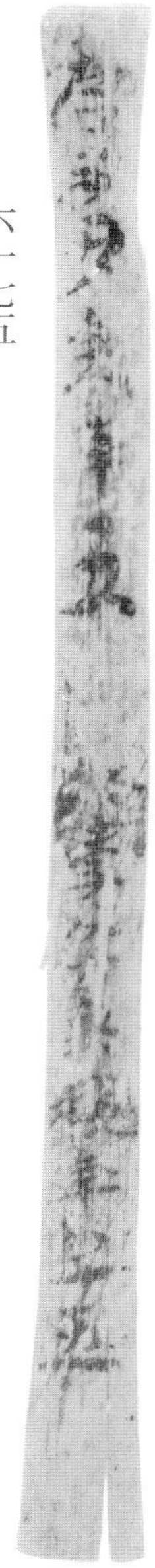
六一七五

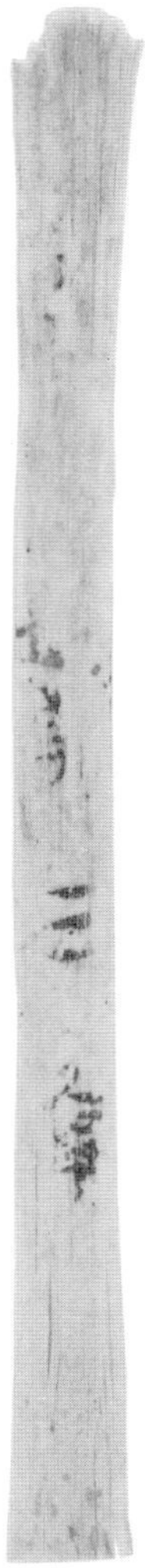
六一七六

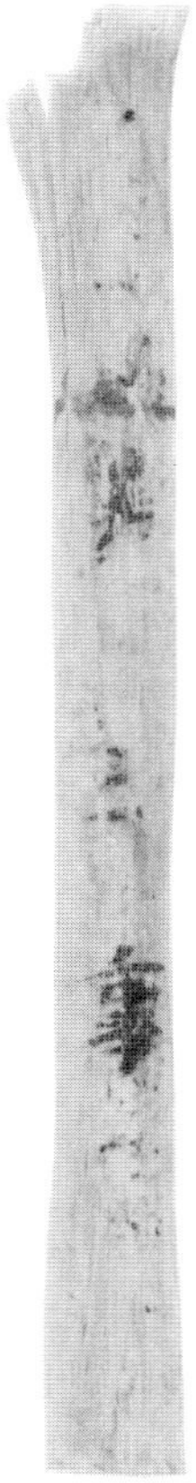
六一七七

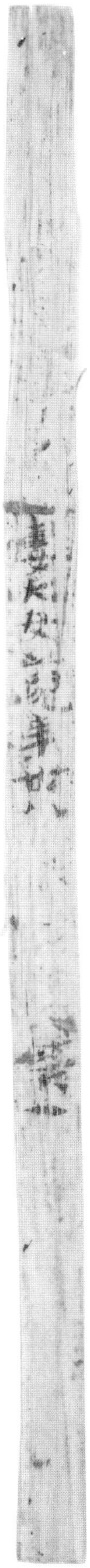
六一七八

六一七九

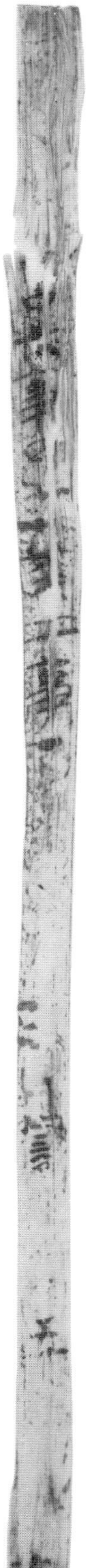

六一八〇

六一八一

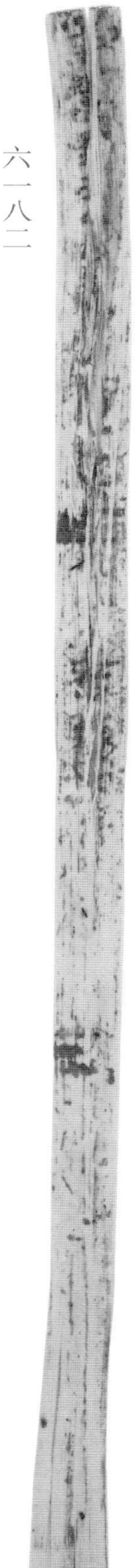

六一八二

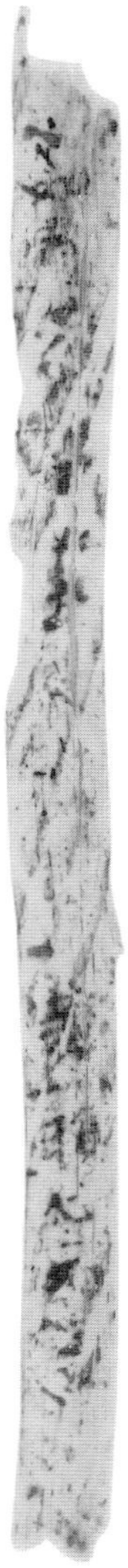

六一八三

六一八四

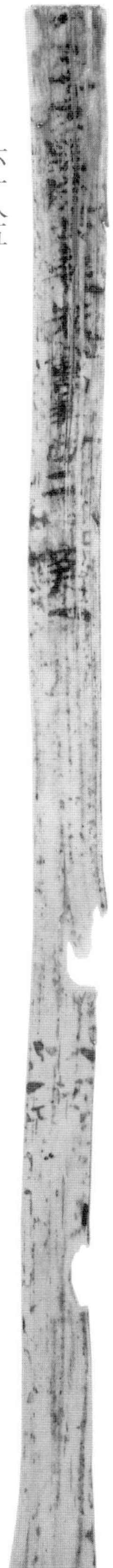

六一八五

六一八六

六一八七
六一八八
六一八九
六一九〇
六一九一
六一九二
六一九三
六一九四

六一九五 六一九六 六一九七 六一九八 六一九九 六二〇〇 六二〇一 六二〇二

六二〇三

六二〇四

六二〇五

六二〇六

六二〇七

六二〇八

六二〇九

六二一〇

六二一一　六二一二　六二一三　六二一四　六二一五　六二一六　六二一七　六二一八

六二一九

六二二〇

六二二一

六二二二

六二二三

六二二四

六二二五

六二二六

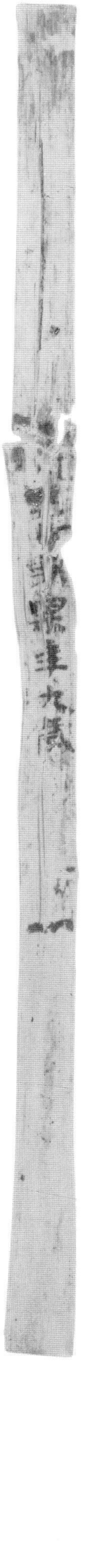
六二二七

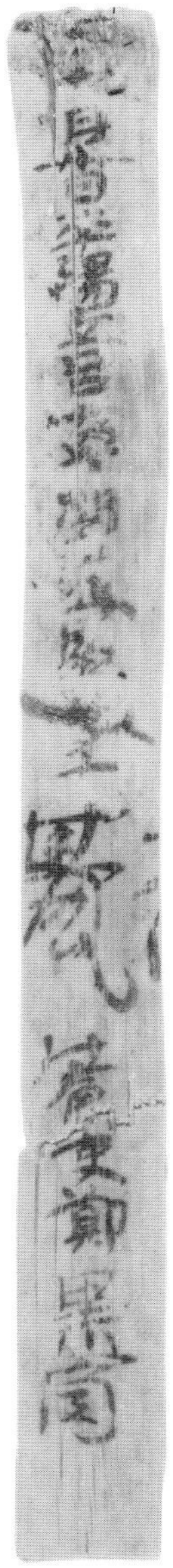
六二二八

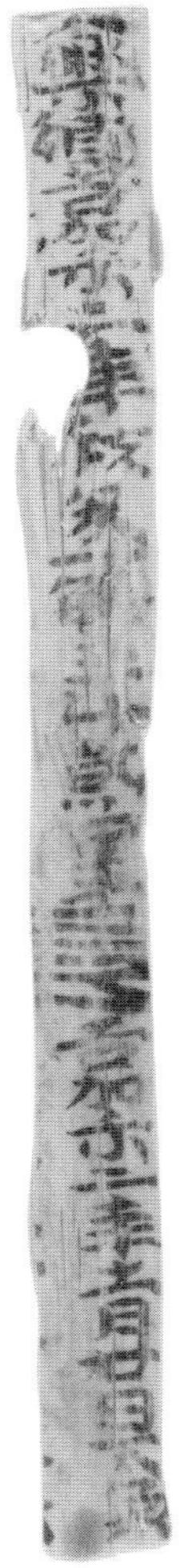
六二二九

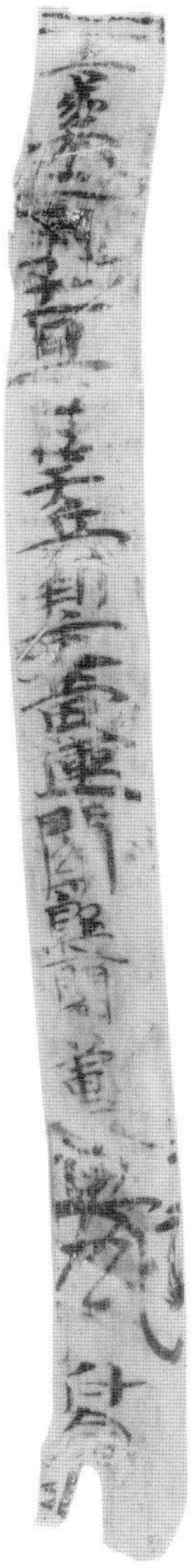
六二三〇

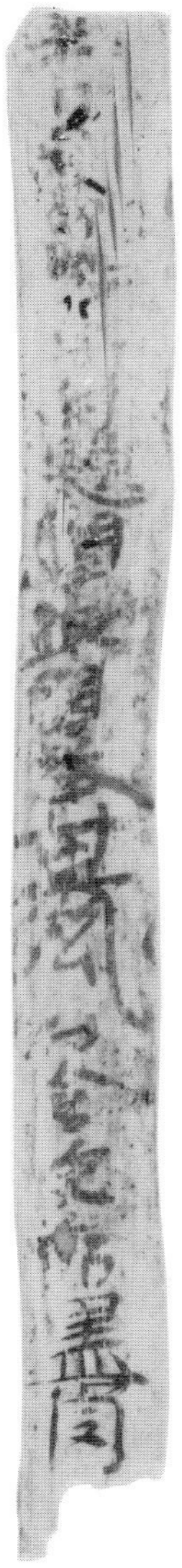
六二三一

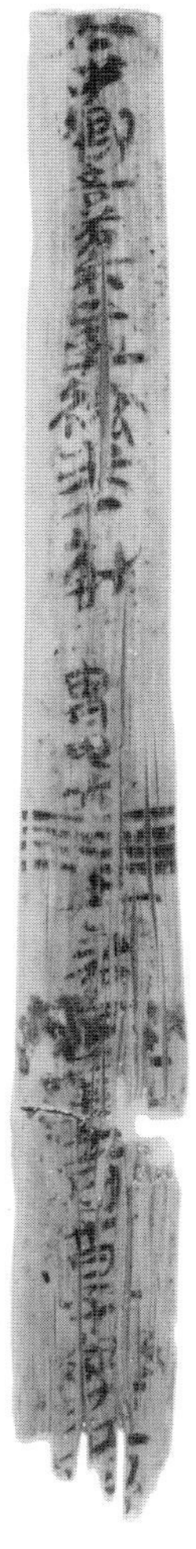
六二三二

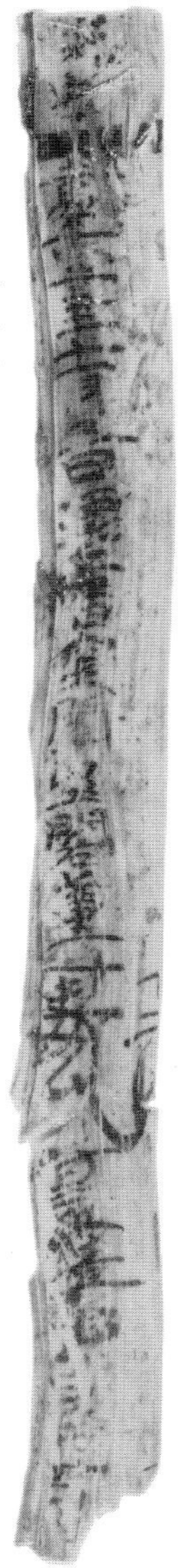
六二三三

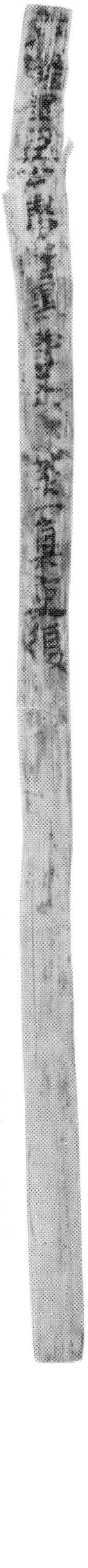
六二三四

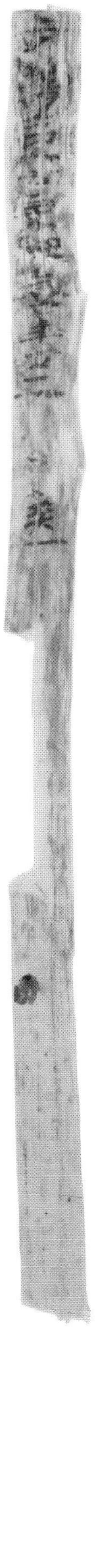
六二三五

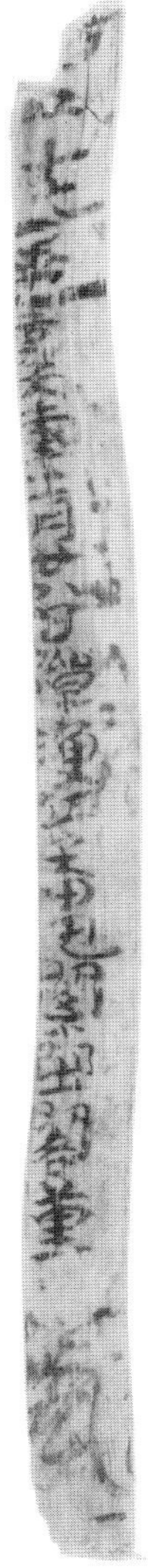
六二三六

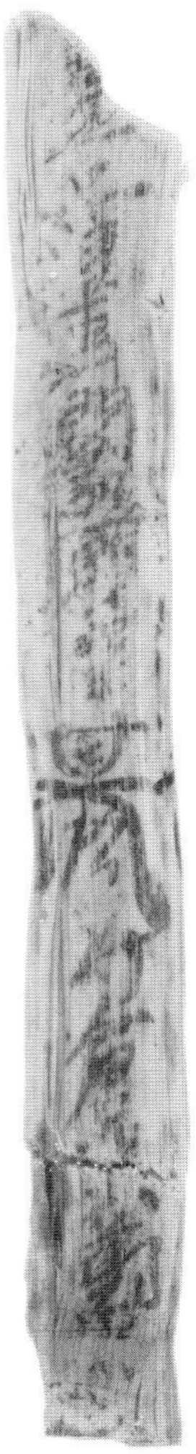
六二三七

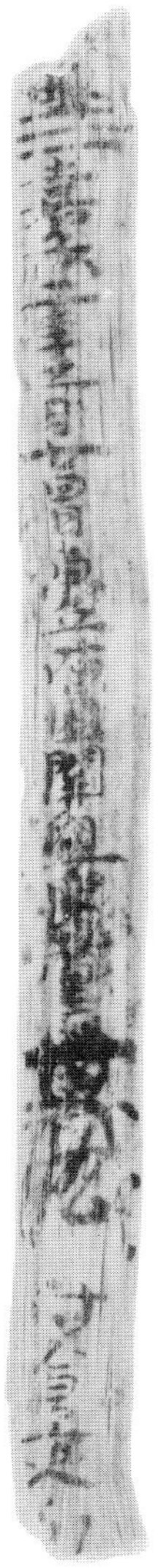
六二三八

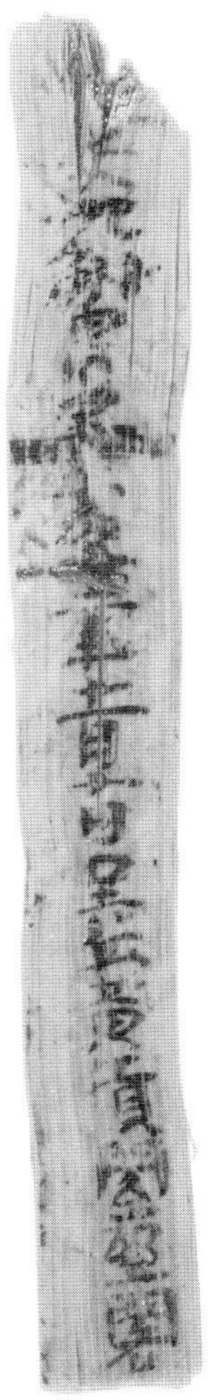
六二三九

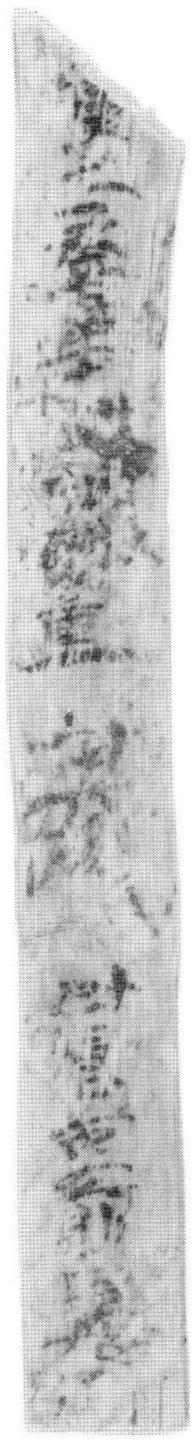
六二四〇

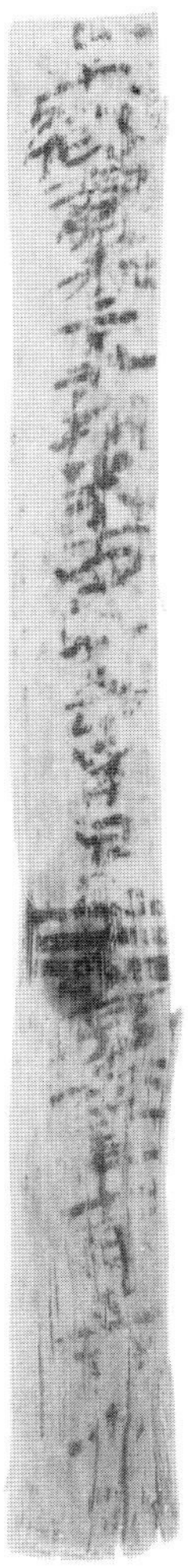
六二四一

六二四二

六二四三

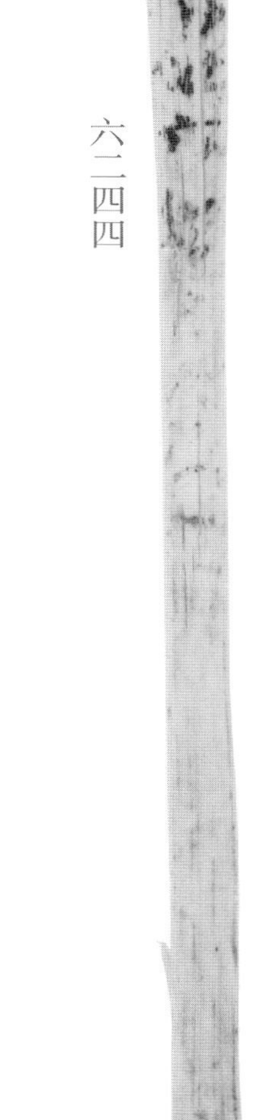

六二四四

六二四五

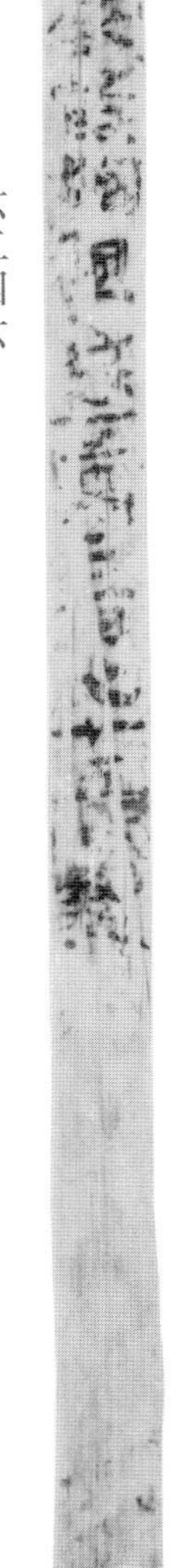

六二四六

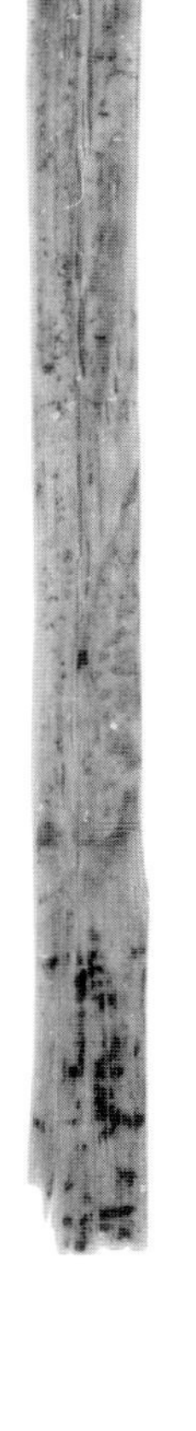

六二四七

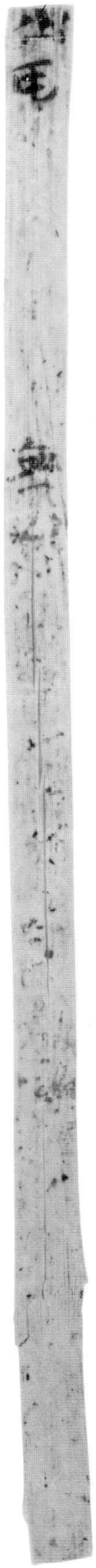

六二四八

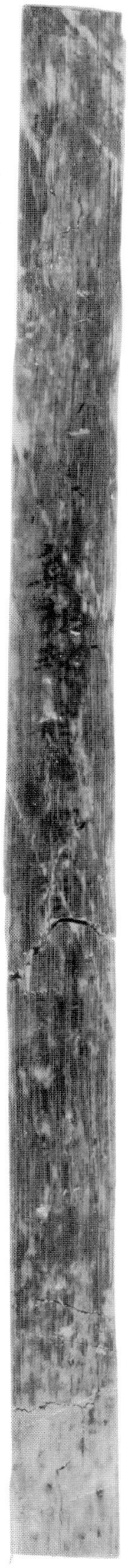

六二四九

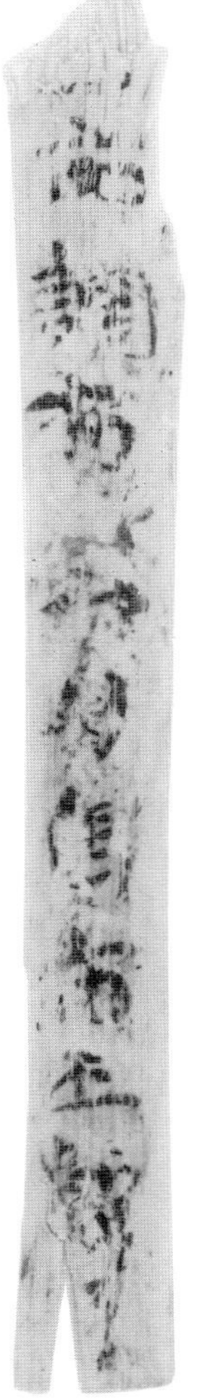

六二五〇

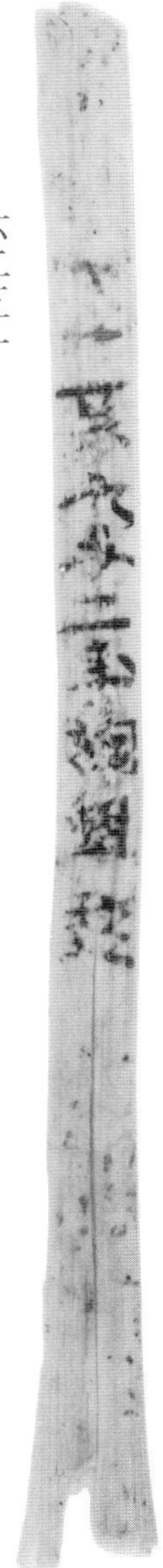

六二五一

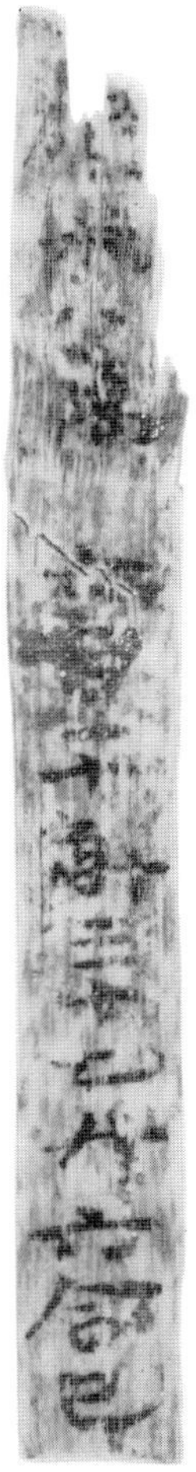

六二五二

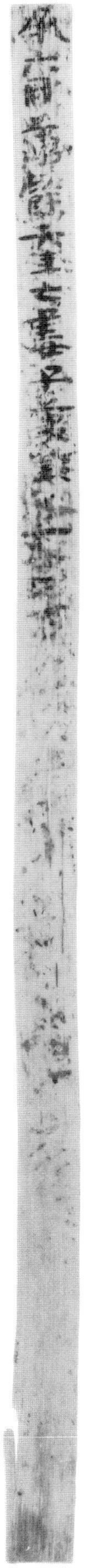

六二五三

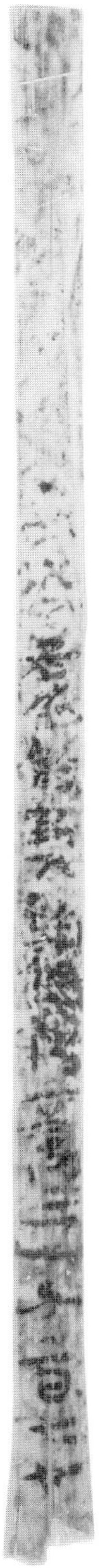

六二五四

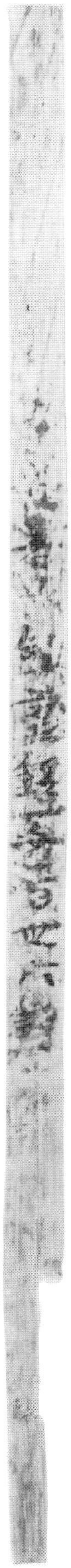

六二五五

六二五六　六二五七　六二五八　六二五九　六二六〇　六二六一　六二六二　六二六三

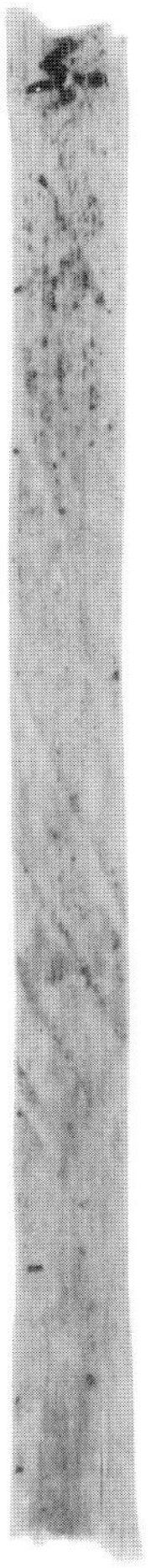
六二六四

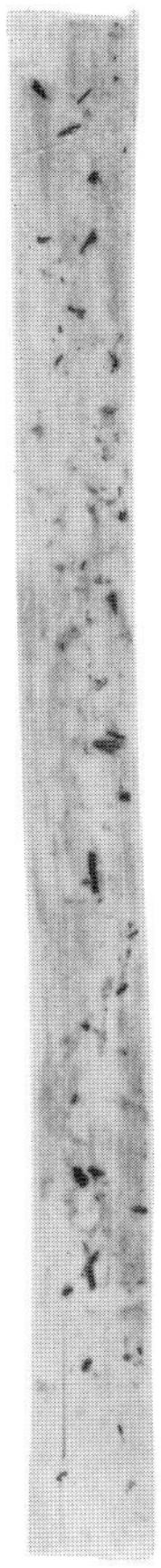
六二六五

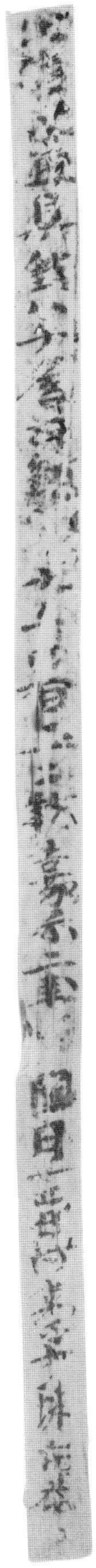
六二六六

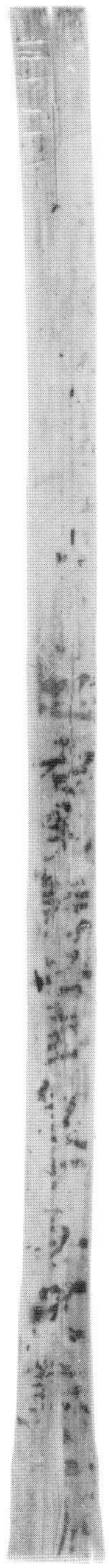
六二六七

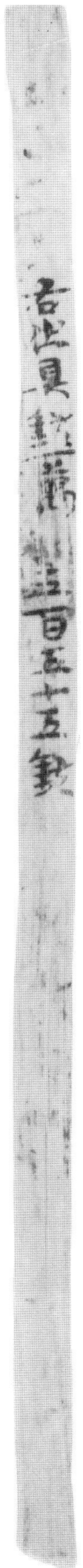
六二六八

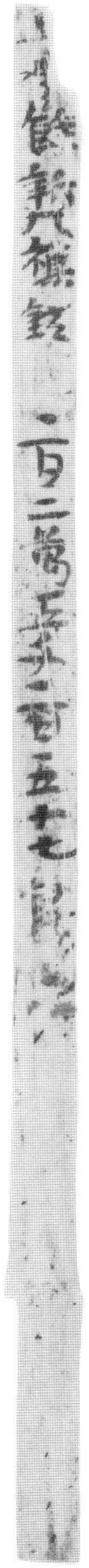
六二六九

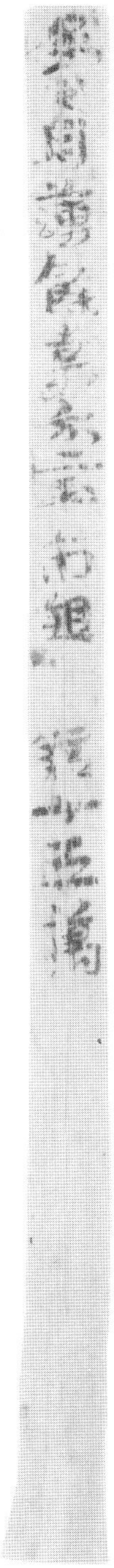
六二七〇

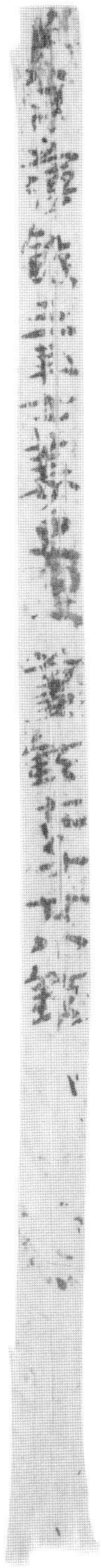
六二七一

六二七二　六二七三
六二七四
六二七五
六二七六
六二七七
六二七八
六二七九
六二八〇

六二八一

六二八二

六二八三

六二八四

六二八五

六二八六

六二八七

六二八八

六二八九

六二九〇

六二九一

六二九二

六二九三

六二九四

六二九五

六二九六

六二九七

六二九八

六二九九

六三〇〇

六三〇一

六三〇二

六三〇三

六三〇四

六三〇五

六三〇六

六三〇七

六三〇八

六三〇九

六三一〇

六三一一

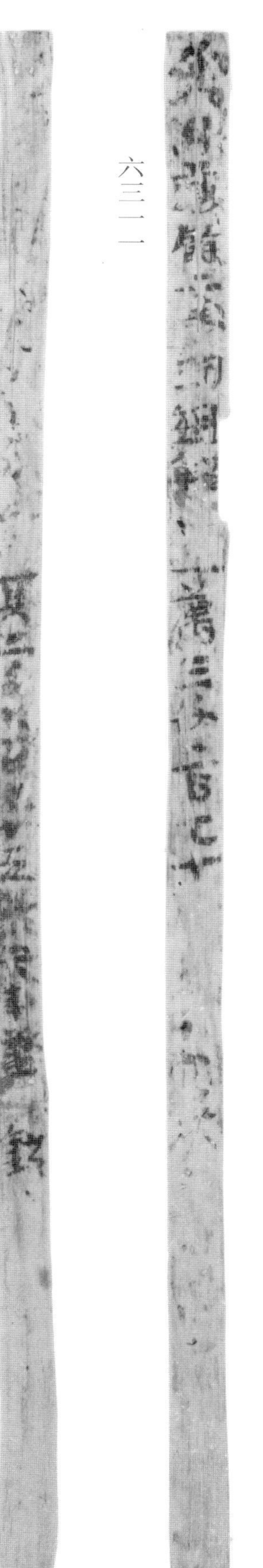

六三一二

六三一三

六三一四

六三一五

六三一六

六三一七

六三一八

六三一九

六三二〇

六三二一

六三二二

六三二三

六三二四

六三二五

六三二六

六三二七

六三二八

六三二九
六三三〇
六三三一
六三三二
六三三三
六三三四
六三三五
六三三六

六三三七

六三三八

六三三九

六三四〇

六三四一

六三四二

六三四三

六三四四

六三四五
六三四六
六三四七
六三四八
六三四九
六三五〇
六三五一
六三五二

六三五三

六三五四

六三五五

六三五六

六三五七

六三五八

六三五九

六三六〇

六三六一

六三六二

六三六三

六三六四

六三六五

六三六六

六三六七

六三六八

六三六九
六三七〇
六三七一
六三七二
六三七三
六三七四
六三七五
六三七六

六三七七

六三七八

六三七九

六三八〇

六三八一

六三八二

六三八三

六三八四

六三八五
六三八六
六三八七
六三八八
六三八九
六三九〇
六三九一
六三九二

六三九三

六三九四

六三九五

六三九六

六三九七

六三九八　六三九九

六四〇〇

六四〇一

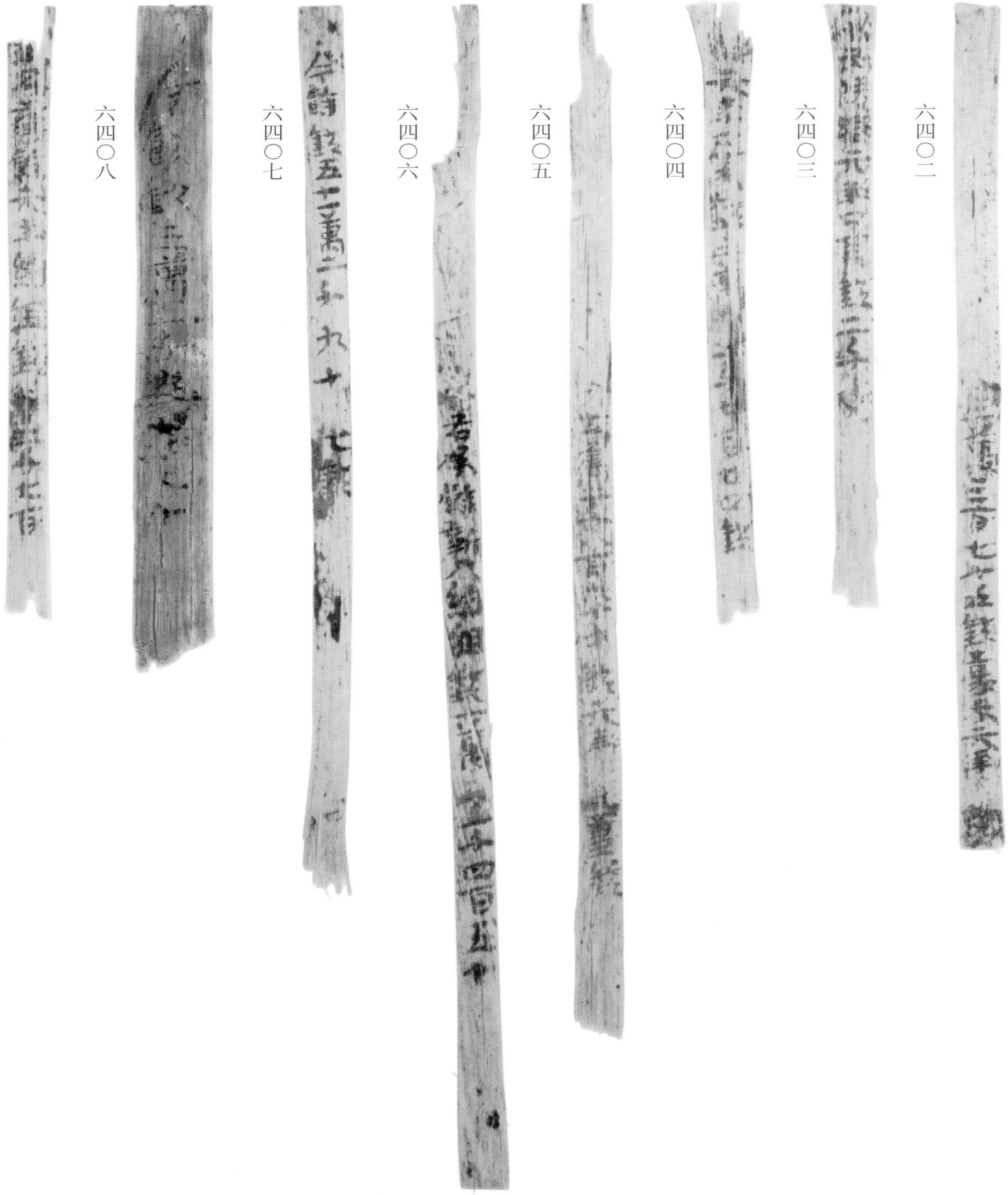

六四〇二

六四〇三

六四〇四

六四〇五

六四〇六

六四〇七

六四〇八

六四〇九

六四一〇

六四一一

六四一二

六四一三

六四一四

六四一五

六四一六

六四一七

六四一八
六四一九
六四二〇
六四二一
六四二二　六四二三
六四二四
六四二五
六四二六

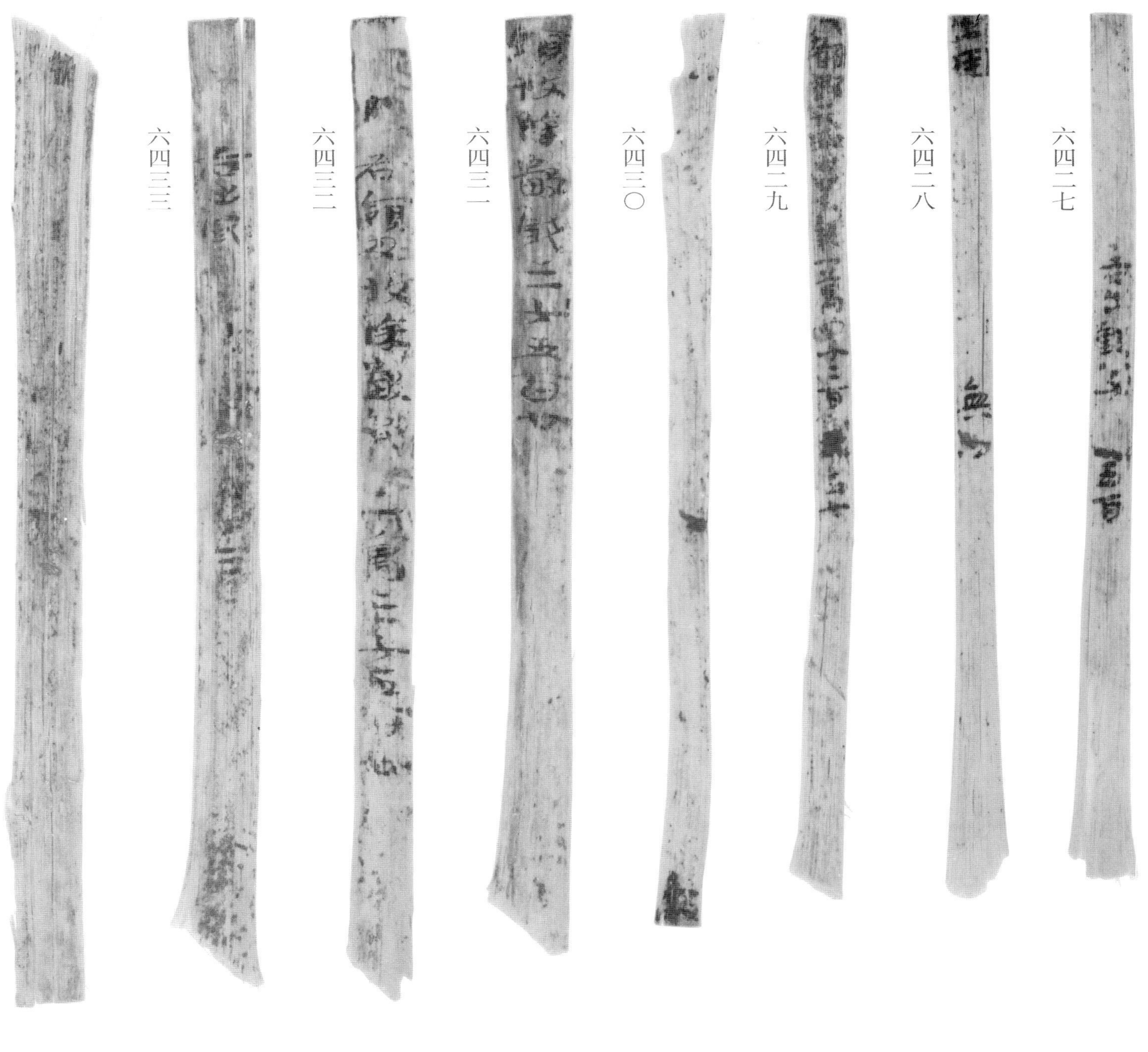

六四二七

六四二八

六四二九

六四三〇

六四三一

六四三二

六四三三

六四三四

六四三五

六四三六

六四三七

六四三八

六四三九

六四四〇

六四四一

六四四二

六四四三

六四四四

六四四五

六四四六

六四四七

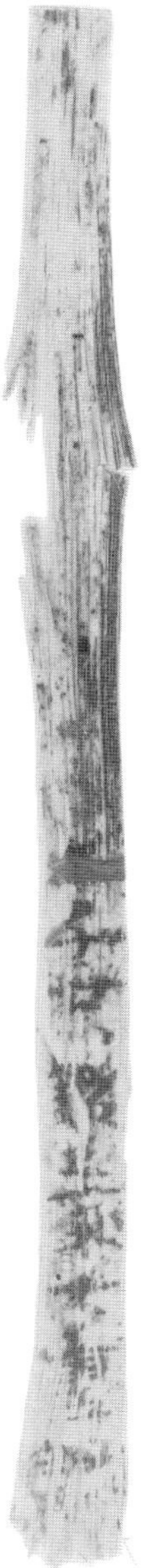

六四四八　六四四九

六四五〇

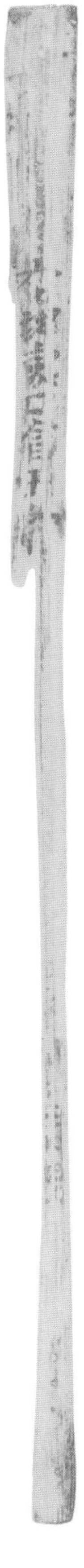

六四五一

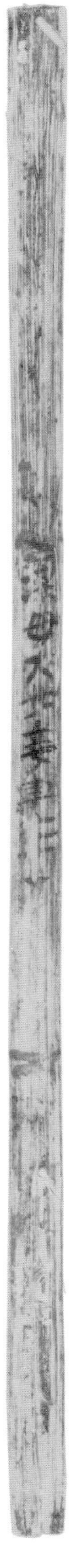

六四五二

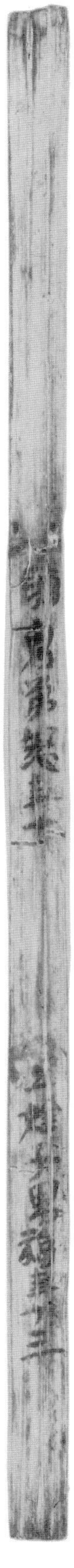

六四五三

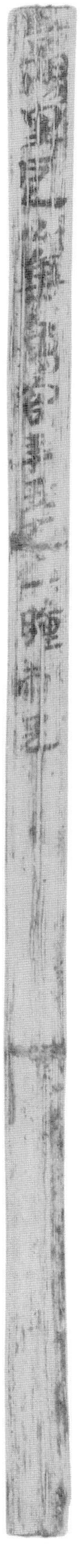

六四五四

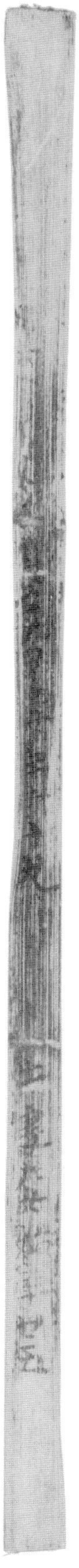

六四五五

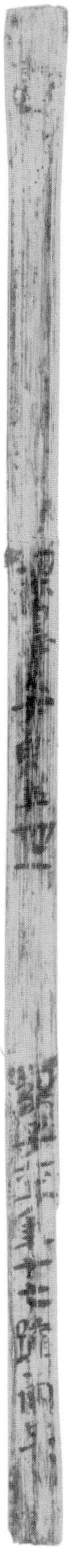

六四五六

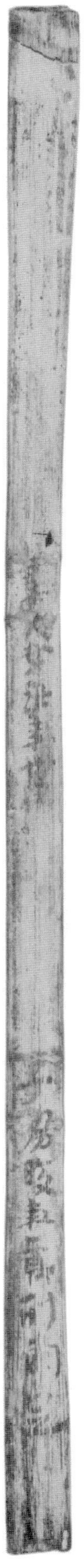

六四五七

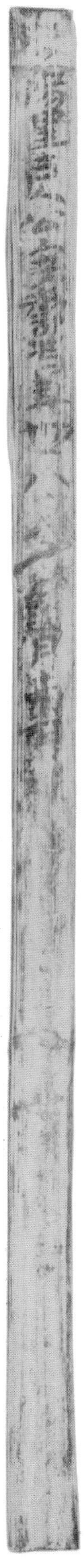

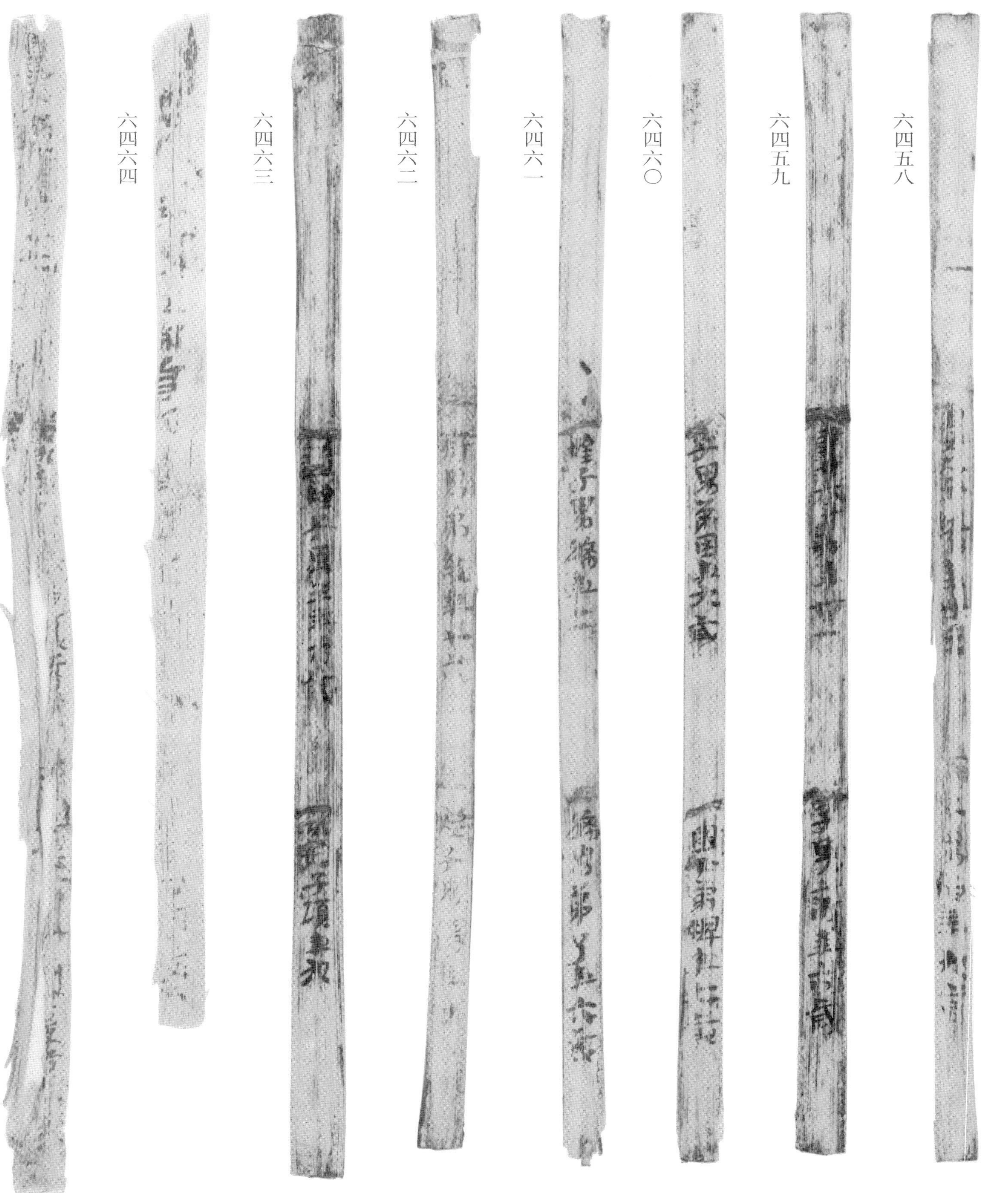

六四五八

六四五九

六四六〇

六四六一

六四六二

六四六三

六四六四

六四六五

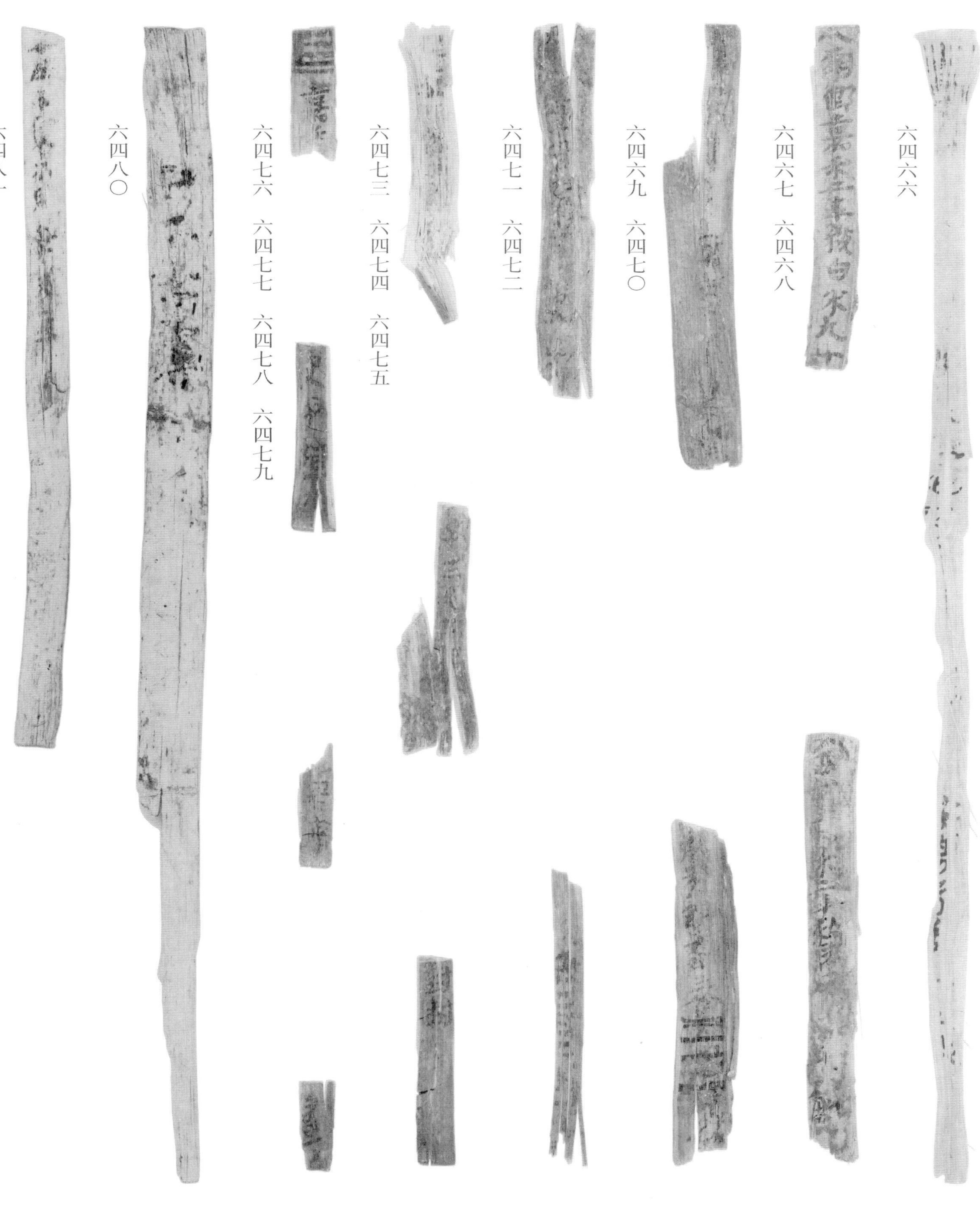

六四六六

六四六七　六四六八

六四六九　六四七〇

六四七一　六四七二

六四七三　六四七四　六四七五

六四七六　六四七七　六四七八　六四七九

六四八〇

六四八一

六四八二

六四八三

六四八四

六四八五

六四八六　六四八七

六四八八　六四八九

六四九〇　六四九一

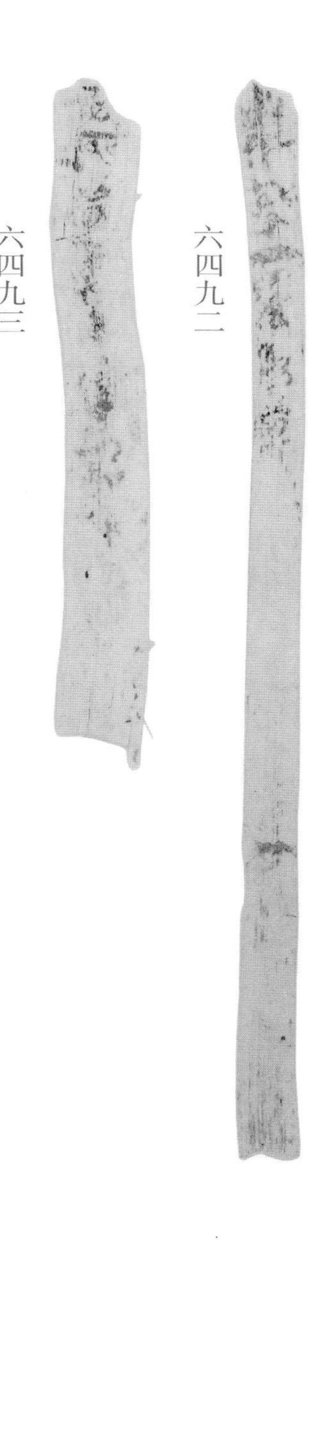

六四九二

六四九三

六四九四

六四九五

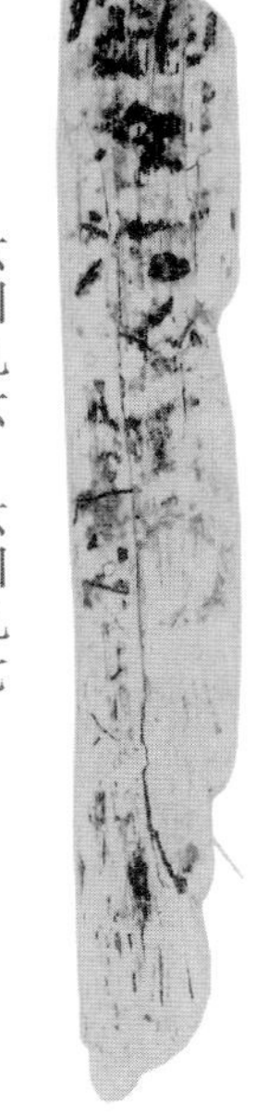

六四九六　六四九七

六四九八　六四九九

六五〇〇　六五〇一

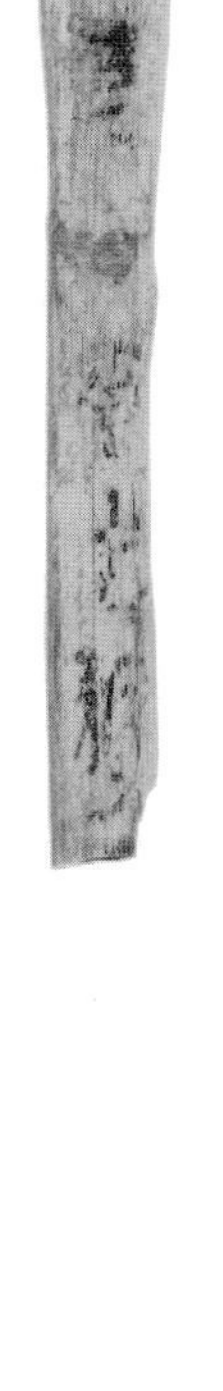

六五〇二　六五〇三

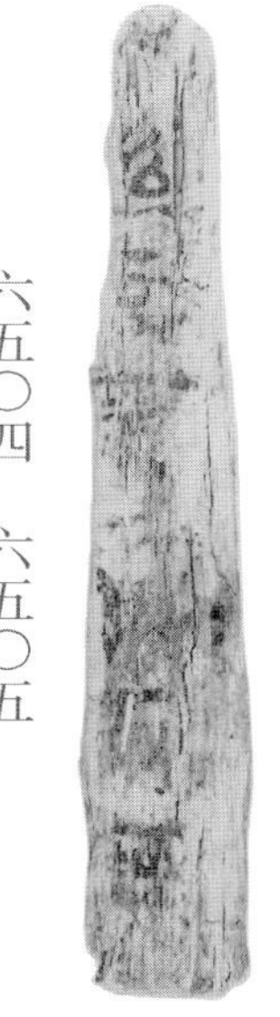
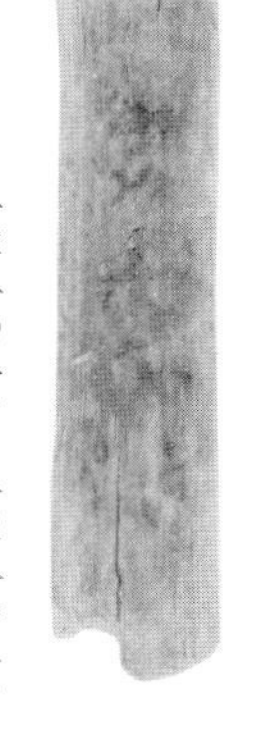
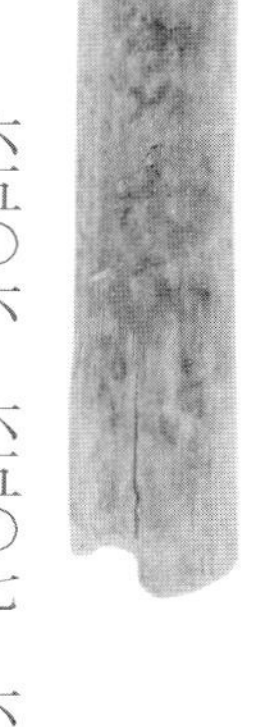

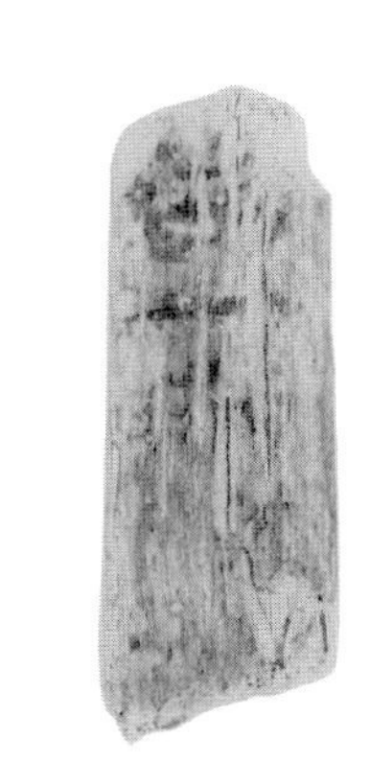

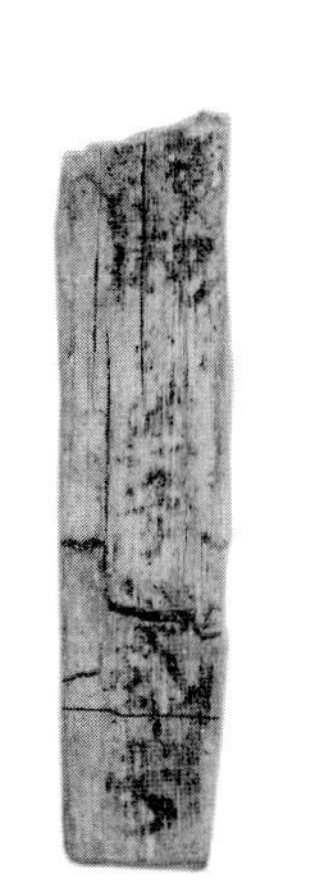

六五〇四　六五〇五

六五〇六　六五〇七　六五〇八

六五〇九　六五一〇　六五一一

六五一二　六五一三　六五一四

六五一五　六五一六　六五一七

六五一八　六五一九　六五二〇

六五二一　六五二二　六五二三

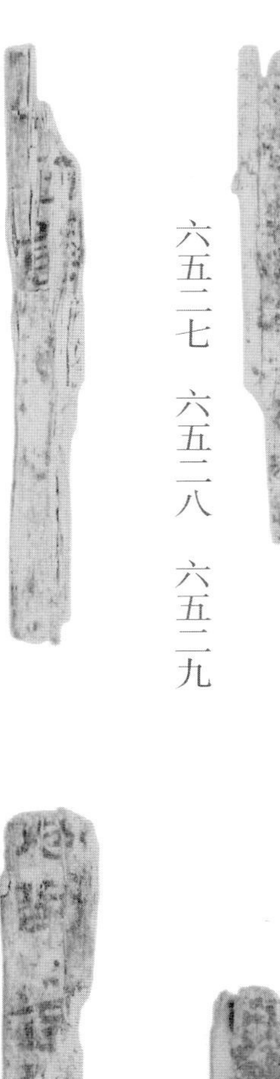

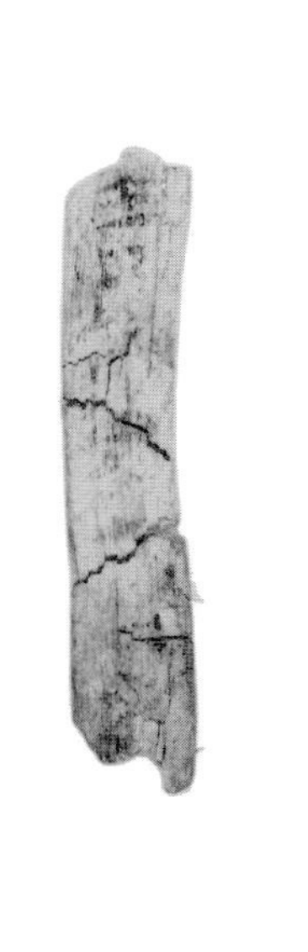

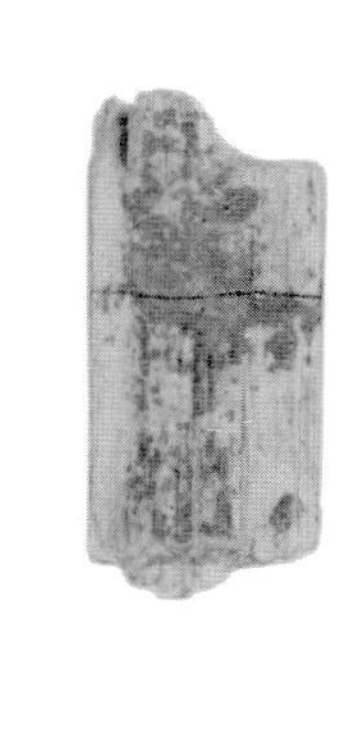
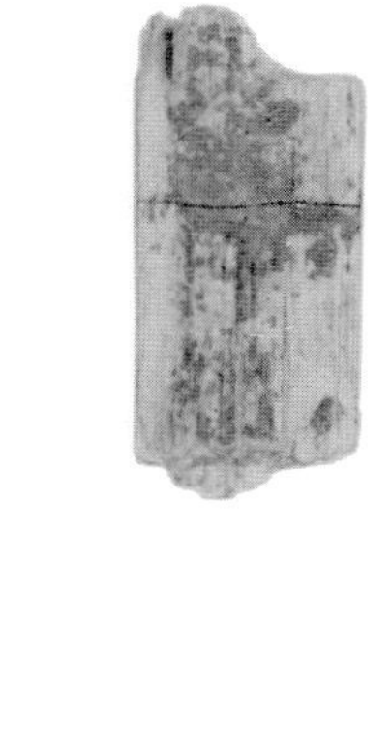

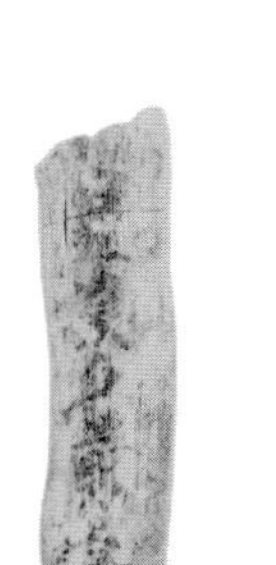

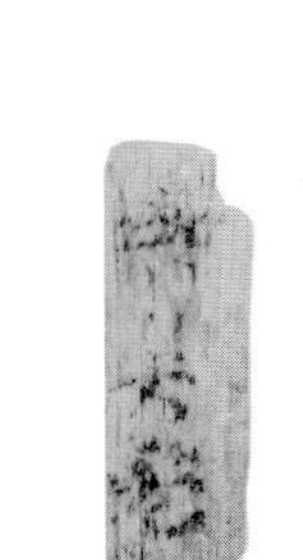
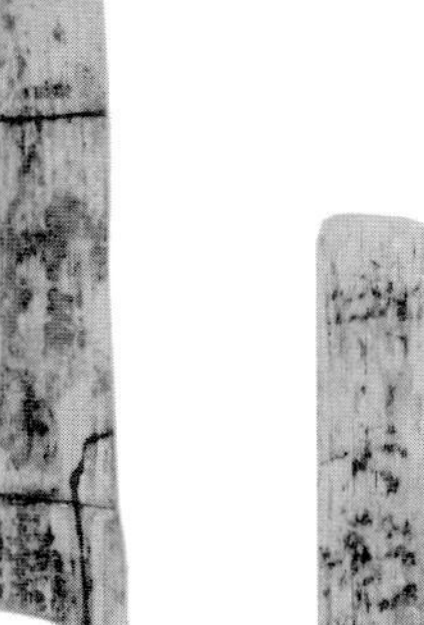

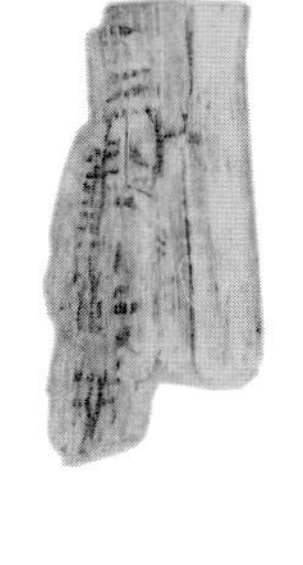

六五二四　六五二五　六五二六

六五二七　六五二八　六五二九

六五三〇　六五三一　六五三二

六五三三　六五三四　六五三五

六五三六　六五三七　六五三八

六五三九　六五四〇　六五四一

六五四二　六五四三　六五四四

六五四五　六五四六　六五四七

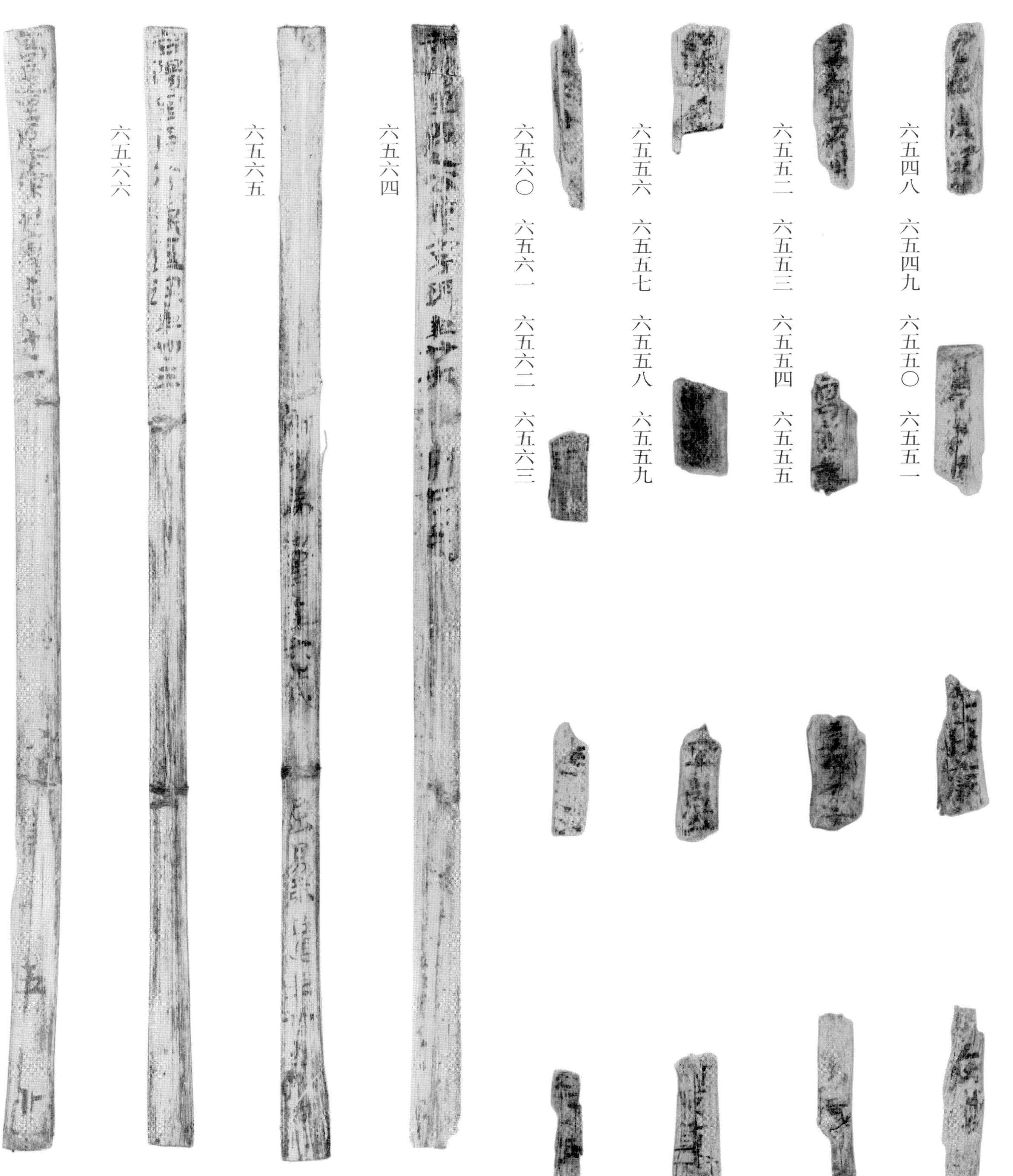

六五四八　六五四九　六五五〇　六五五一

六五五二　六五五三　六五五四　六五五五

六五五六　六五五七　六五五八　六五五九

六五六〇　六五六一　六五六二　六五六三

六五六四

六五六五

六五六六

六五六七

六五六八

六五六九

六五七〇

六五七一　六五七二

六五七三　六五七四

六五七五

六五七六

六五七七

六五七八　六五七九

六五八〇

六五八一

六五八二

六五八三

六五八四

六五八五

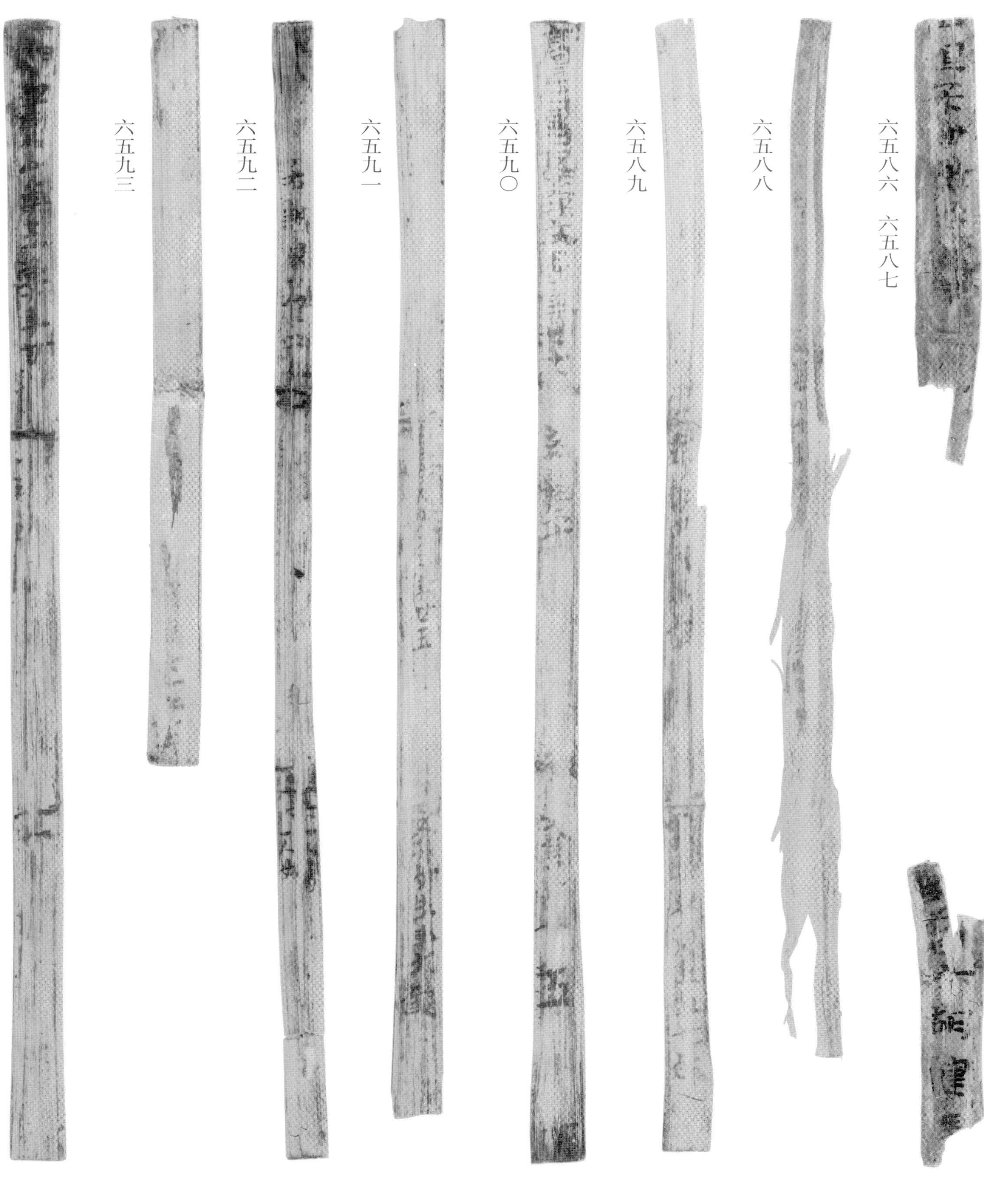
六五九四　六五九三　六五九二　六五九一　六五九〇　六五八九　六五八八　六五八六　六五八七

六五九五　六五九六　六五九七　六五九八　六五九九　六六〇〇　六六〇一　六六〇二

六六一〇 六六〇九 六六〇八 六六〇七 六六〇六 六六〇五 六六〇四 六六〇三

六六一一 六六一二 六六一三 六六一四 六六一五 六六一六 六六一七 六六一八

六六一九

六六二〇

六六二一

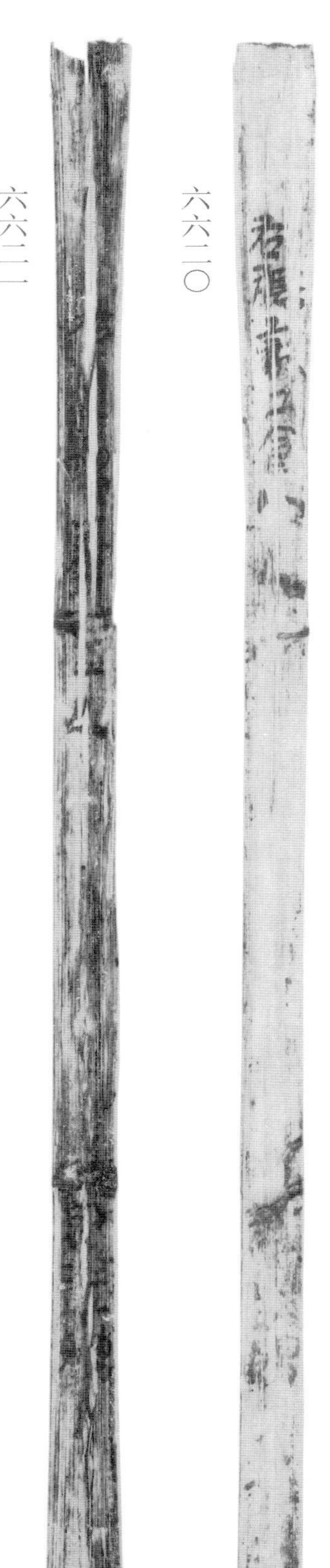

六六二二

六六二三

六六二四

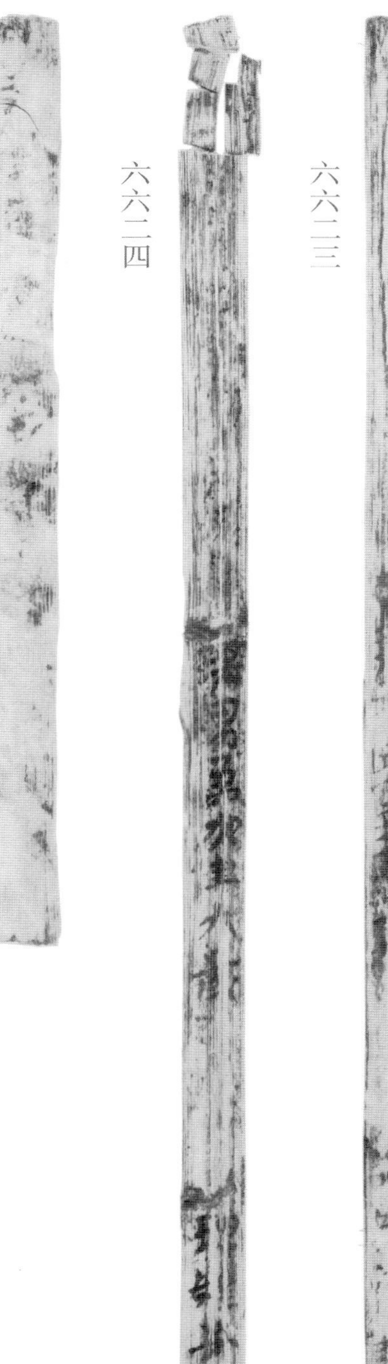

六六二五

六六二六

六六二七

六六二八

六六二九

六六三〇　六六三三

六六三一

六六三二

六六三四

六六三五

六六三六

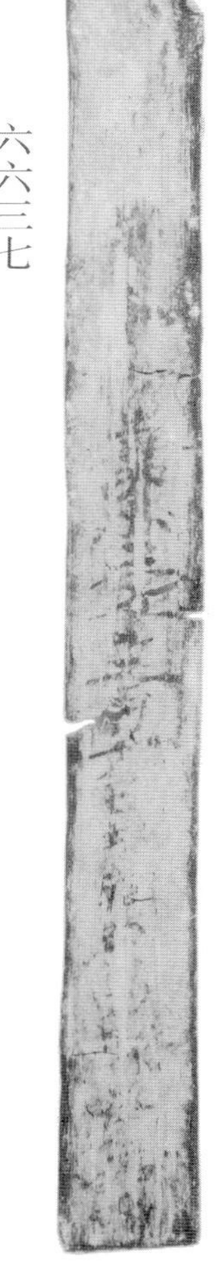

六六三七

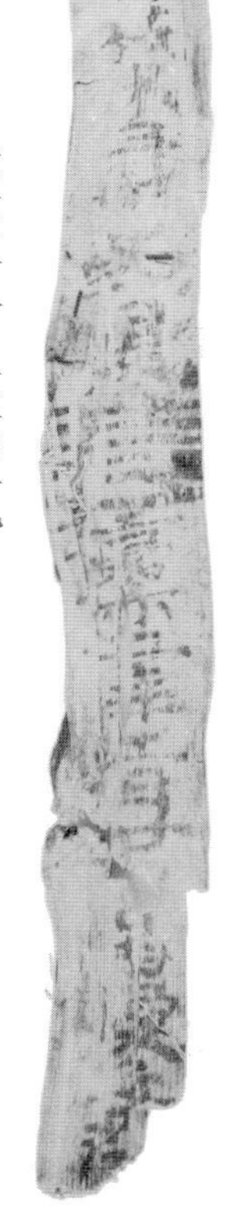

六六三八　六六三九

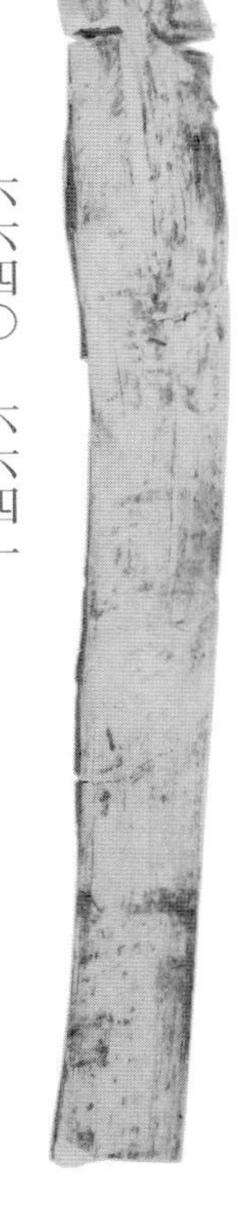

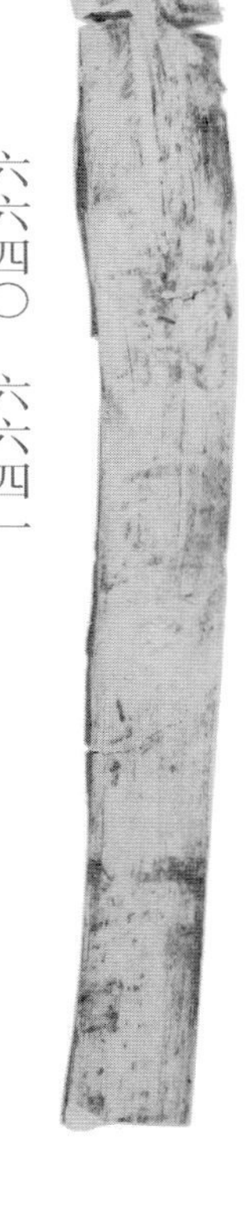

六六四〇　六六四一

六六四二

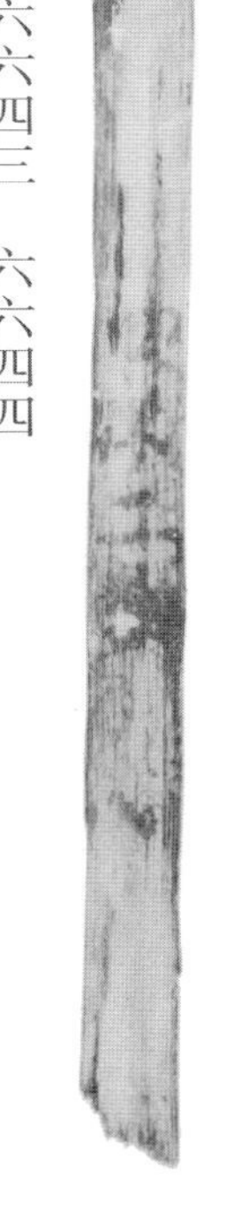

六六四三　六六四四

六六四五　六六四六

六六四七　六六四八

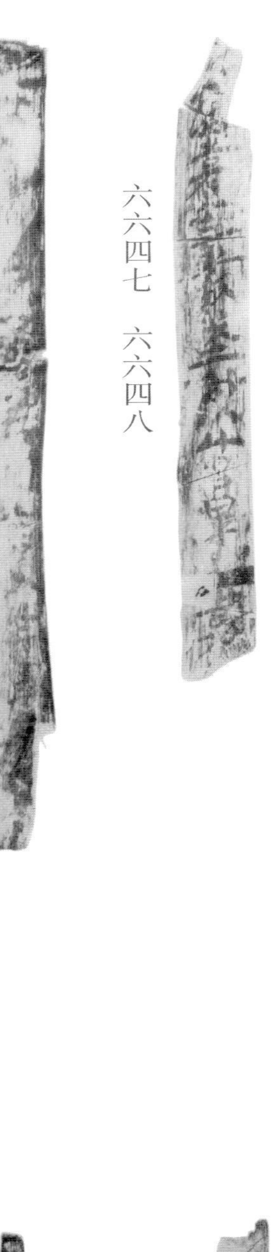

六六四九　六六五〇

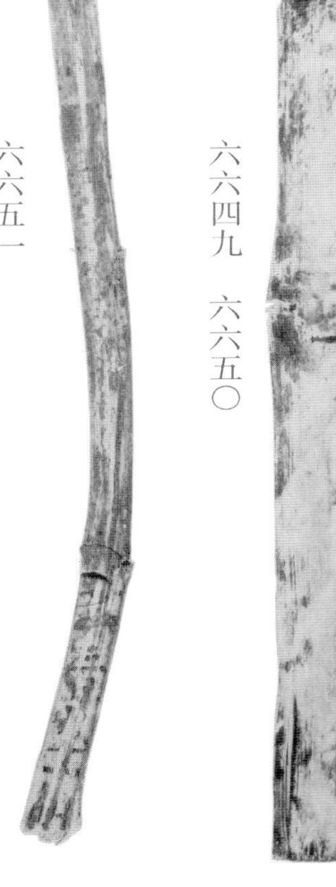

六六五一

六六五二　六六五三

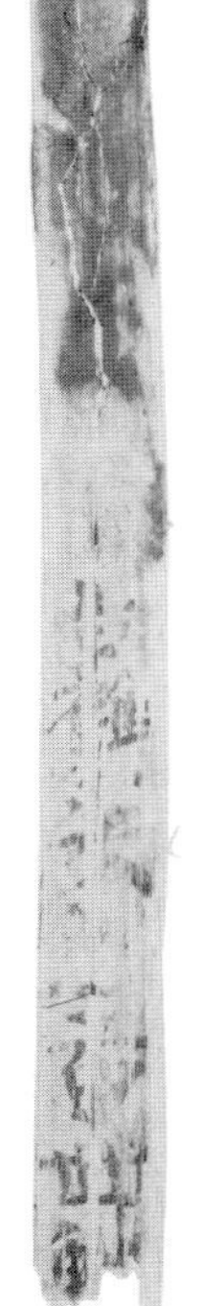

六六五四　六六五五

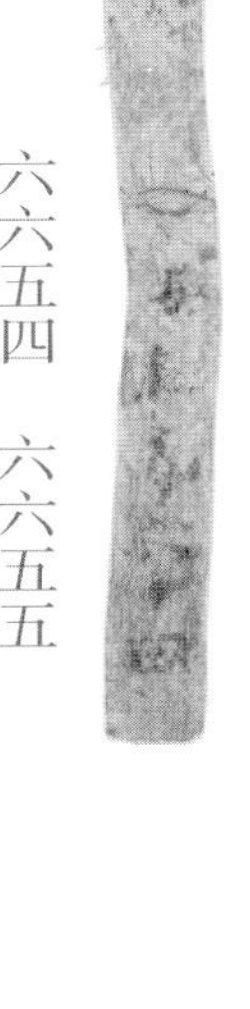

六六五六　六六五八

六六五七　六六五九

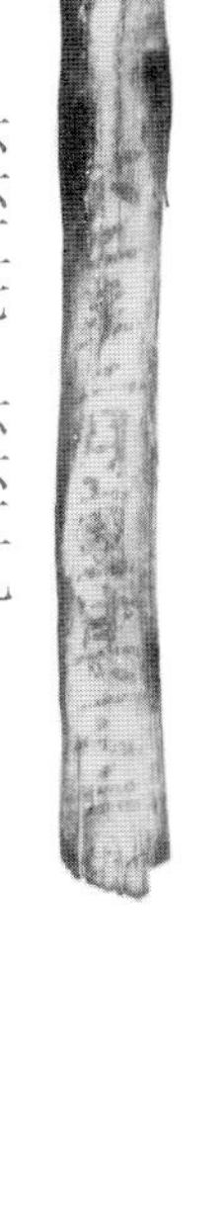

六六六〇　六六六一

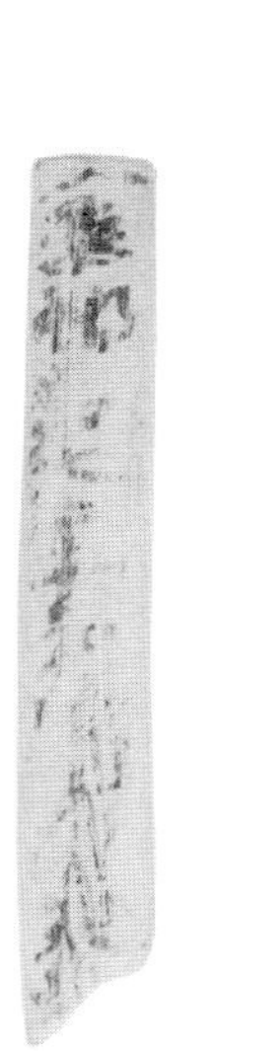

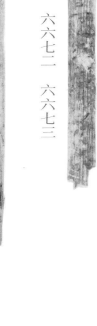

六六六二　六六六三　六六六四

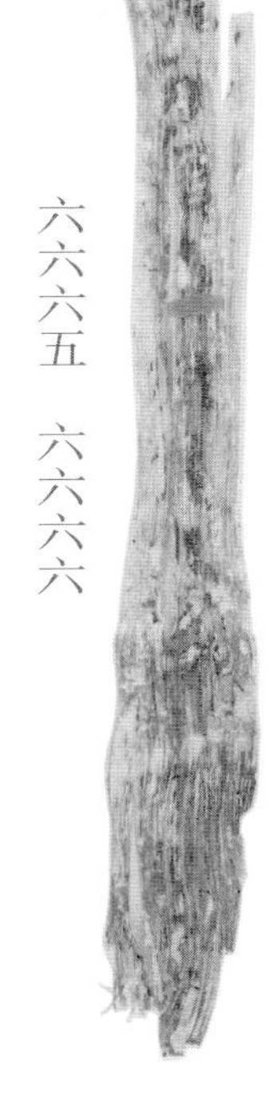

六六六五　六六六六

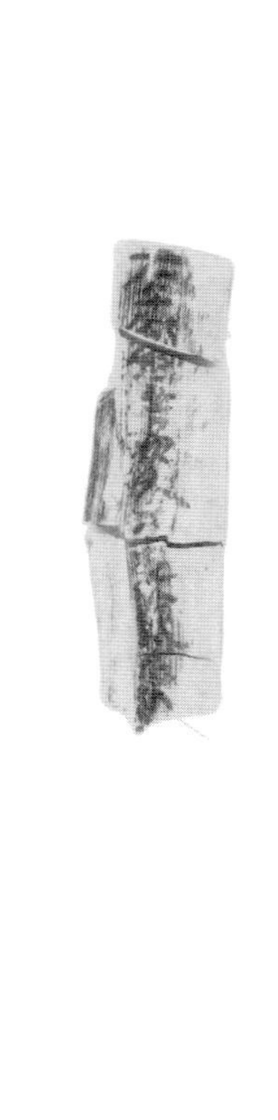

六六六七　六六六八　六六六九

六六七〇　六六七一

六六七二　六六七三

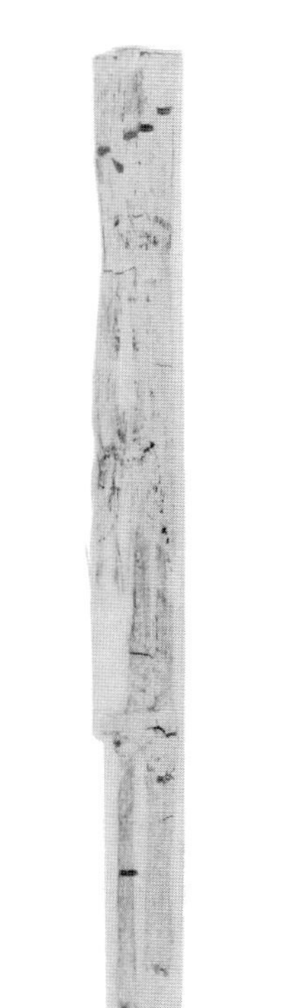

六六七四　六六七五

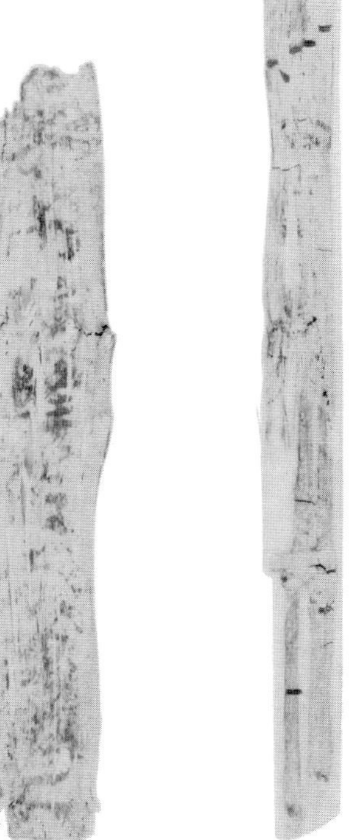

六六七六　六六七七

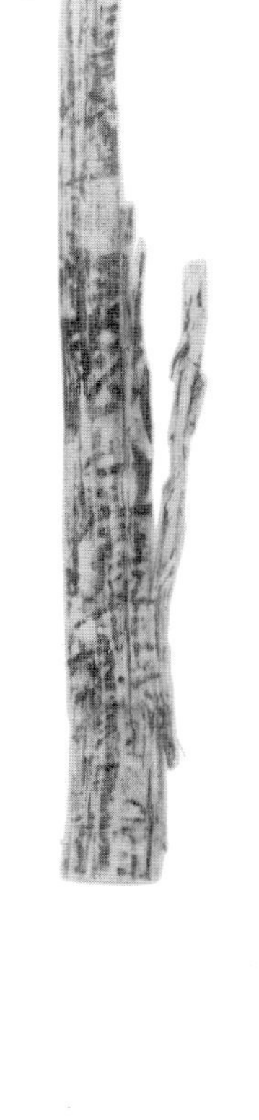

六六七八

六六七九

六六八〇 六六八一

六六八二 六六八三 六六八四

六六八五 六六八六 六六八七

六六八八 六六八九

六六九〇 六六九一

六六九二 六六九三

六六九四 六六九五

六六九六　六六九七

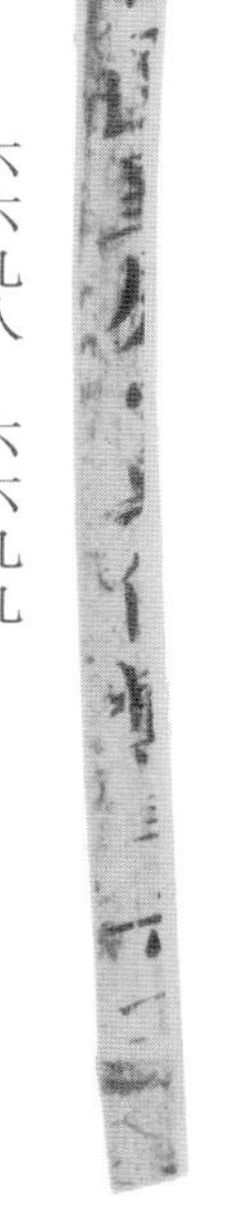

六六九八　六六九九

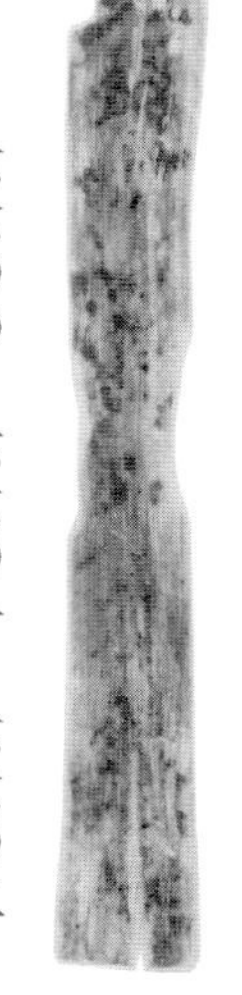

六七〇〇　六七〇一　六七〇二

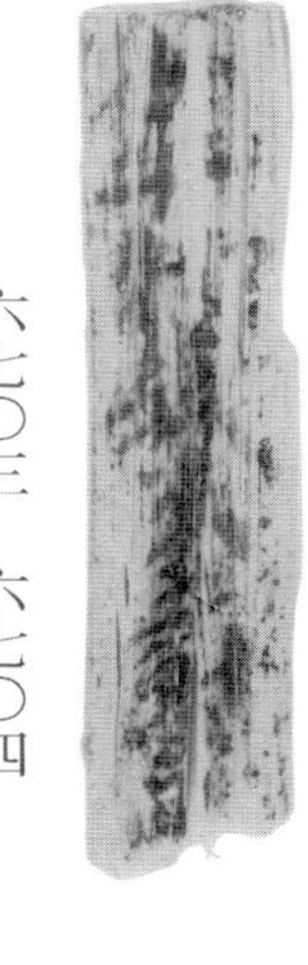

六七〇三　六七〇四

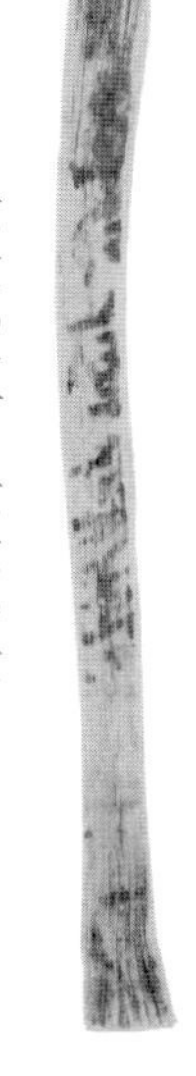

六七〇五　六七〇六

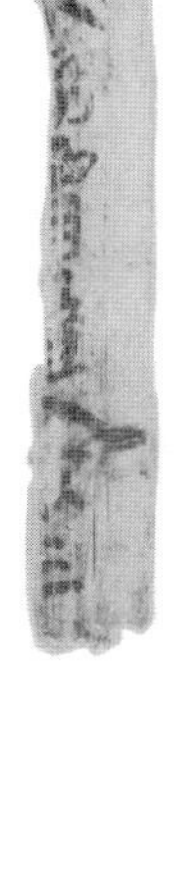

六七〇七　六七〇八　六七〇九

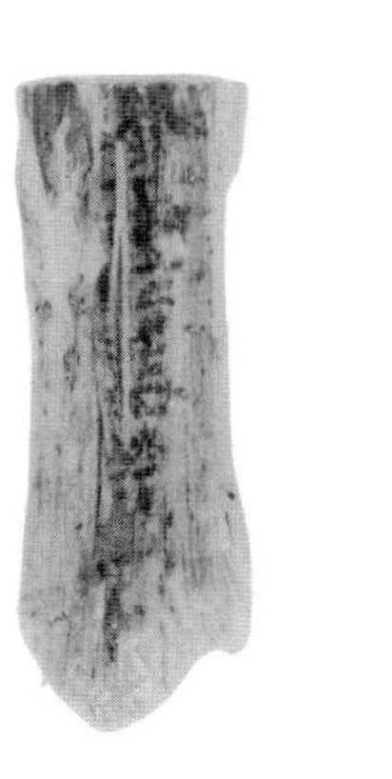

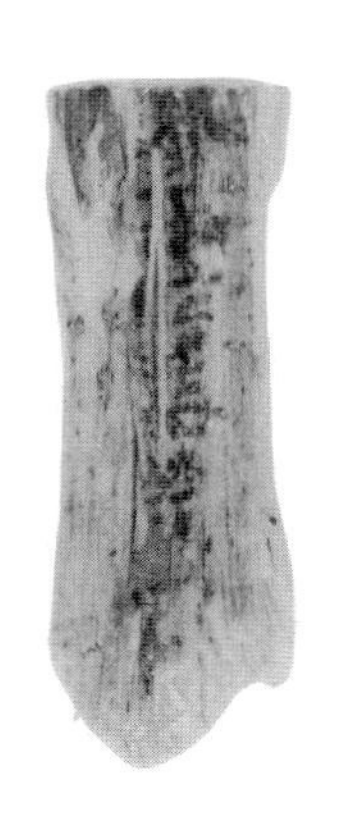

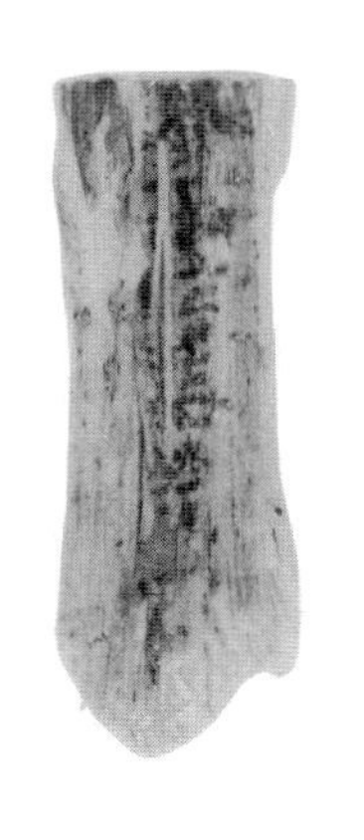

六七一〇　六七一一　六七一二

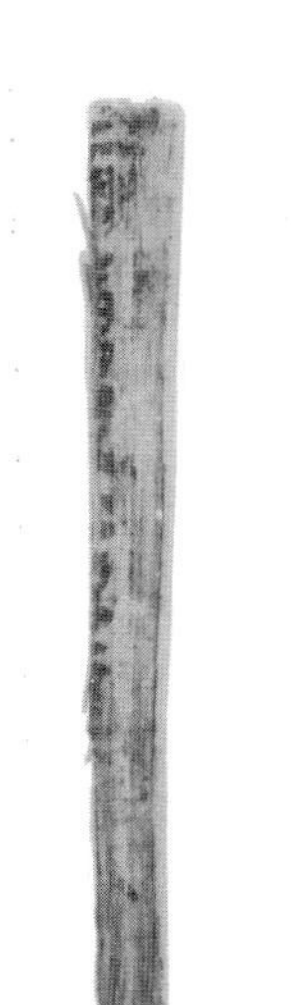

六七一三　六七一四　六七一五

六七一六　六七一七

六七一八　六七一九　六七二〇

六七二一

六七二二　六七二三　六七二四

六七二五　六七二六

六七二七　六七二八

六七二九　六七三〇　六七三一

六七三二　六七三三

六七三四　六七三五

六七三六

六七三七　六七三八

六七三九　六七四〇

六七四一　六七四二

六七四三　六七四四

六七四五　六七四六

六七四七　六七四八

六七四九　六七五〇

六七五一　六七五二

六七五三　六七五四　六七五五

六七五六　六七五七　六七五八

六七五九

六七六〇

六七六一

六七六二

六七六三　六七六四

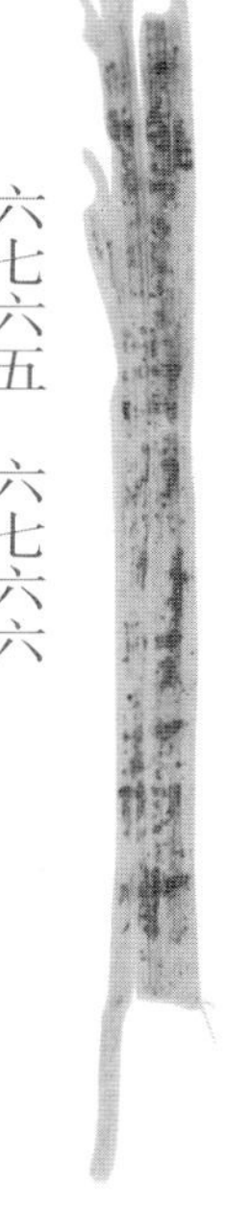

六七六五　六七六六

六七六七　六七六八　六七六九

六七七〇　六七七一　六七七二

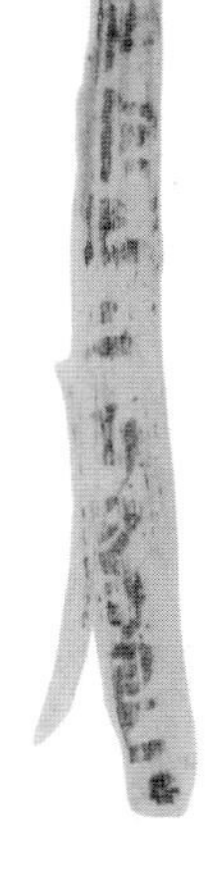

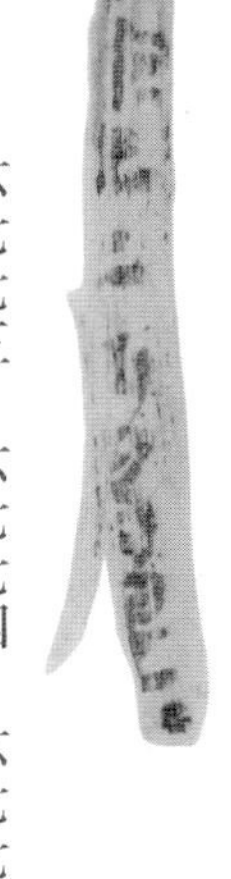

六七七三　六七七四　六七七五

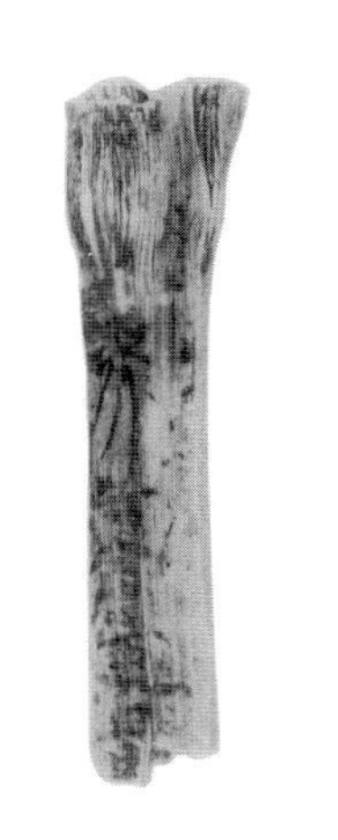

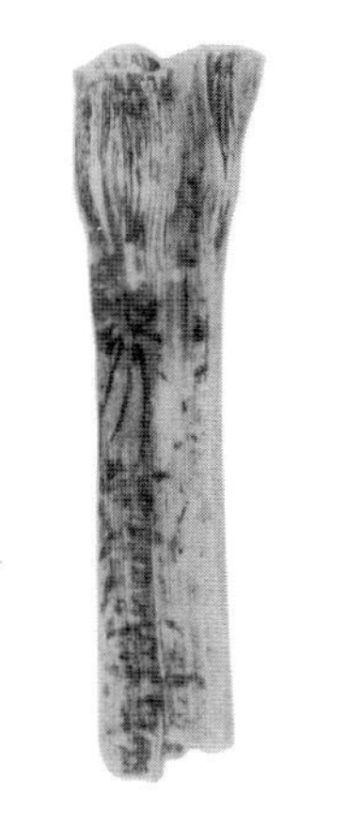

六七七六　六七七七　六七七八

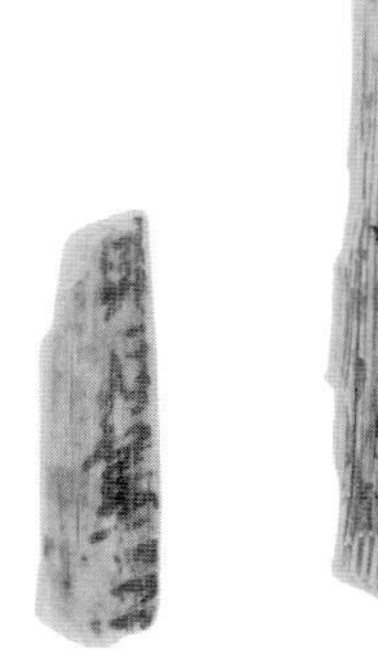

六七七九　六七八〇　六七八一

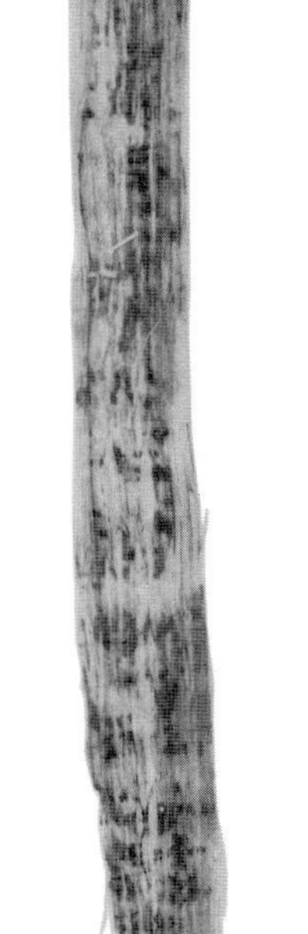

六七八二　六七八三

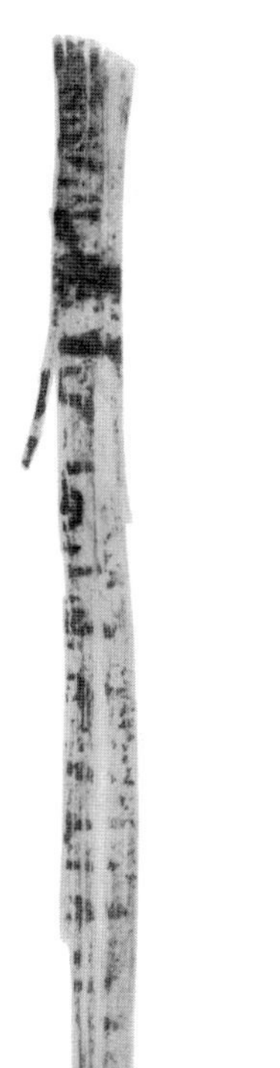

六七八四

六七八五

六七八六

六七八七

六七八八

六七八九

六七九〇　六七九一　六七九二

六七九三　六七九四　六七九五

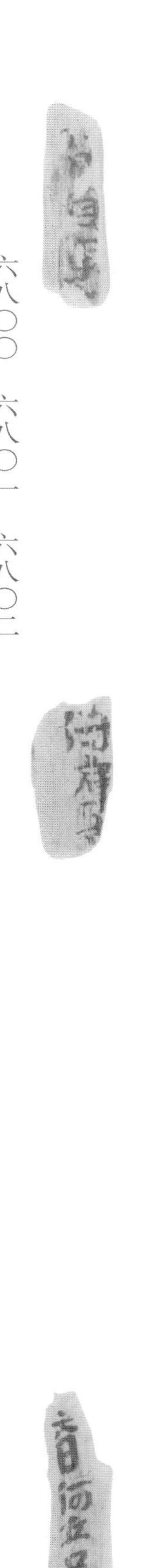

六七九六　六七九七　六七九八　六七九九

六八〇〇　六八〇一　六八〇二

六八〇三　六八〇四　六八〇五

六八〇六　六八〇七　六八〇八

六八〇九　六八一〇　六八一一

六八一二　六八一三

六八一四　六八一五

六八一六　六八一七

六八一八

六八一九　六八二〇

六八二一　六八二二　六八二三

六八二四　六八二五

六八二六　六八二七　六八二八

六八二九　六八三〇

六八三一　六八三二　六八三三

六八三四　六八三五

六八三六　六八三七

六八三八　六八三九

六八四〇　六八四一

六八四二　六八四三

六八四四　六八四五

六八四六　六八四七

六八四八

六八四九　六八五〇

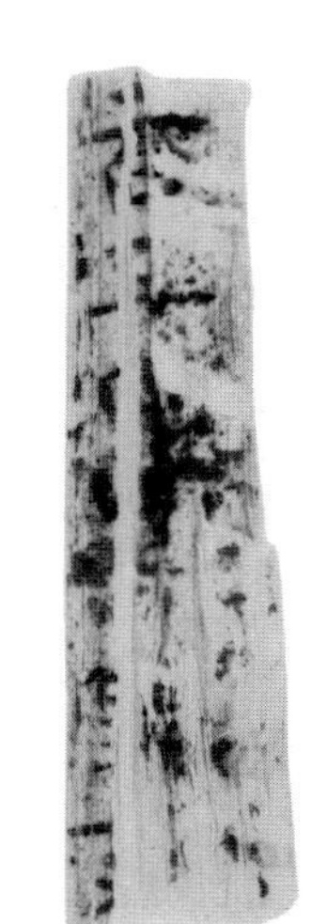

六八五一　六八五二

六八五三　六八五四

六八五五

六八五六　六八五七

六八五八

六八五九

六八六〇

六八六一　六八六二

六八六三　六八六四　六八六五

六八六六　六八六七　六八六八

六八六九　六八七〇　六八七一

六八七二　六八七三　六八七四

六八七五　六八七六

六八七七　六八七八　六八七九

六八八〇　六八八一

六八八二

六八八三

六八八四

六八八五

六八八六

六八八七

六八八八

六八八九

六八九〇

六八九一　六八九二
六八九三　六八九四
六八九五　六八九六
六八九七　六八九九
六八九八
六九〇〇　六九〇一
六九〇二　六九〇三　六九〇四
六九〇五　六九〇六

六九〇七　六九〇八　六九〇九

六九一〇　六九一一

六九一二　六九一三　六九一四

六九一五　六九一六　六九一七

六九一八　六九一九

六九二〇

六九二一　六九二二

六九二三　六九二四

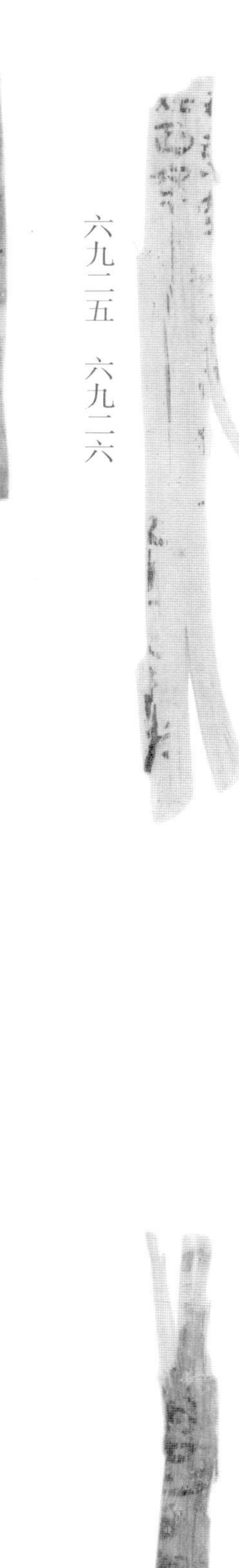
六九二五　六九二六

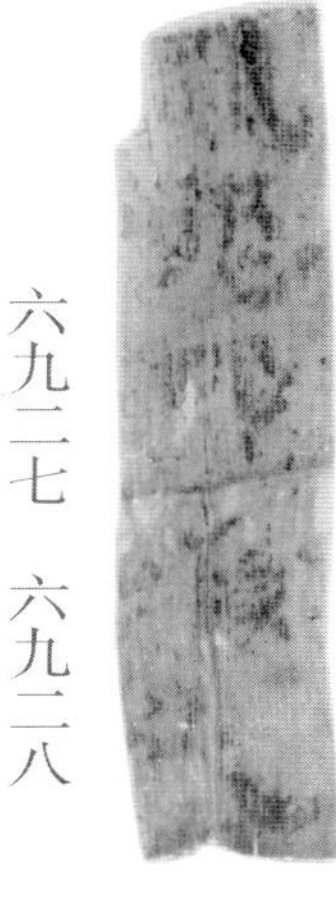
六九二七　六九二八

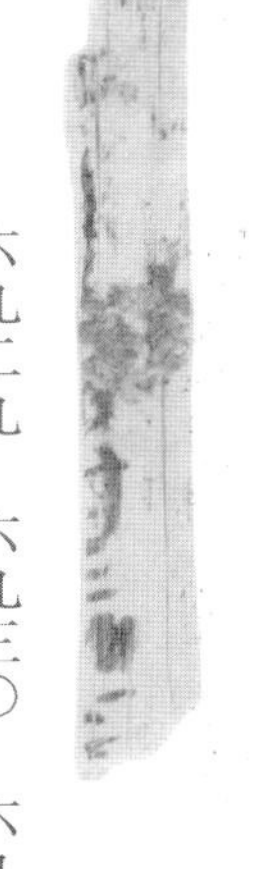
六九二九　六九三〇　六九三一

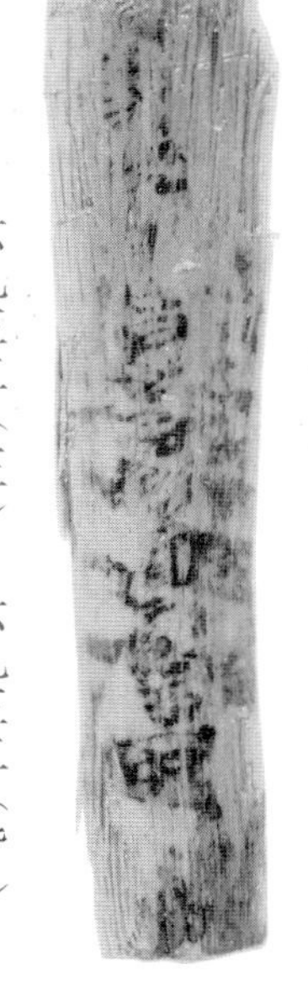
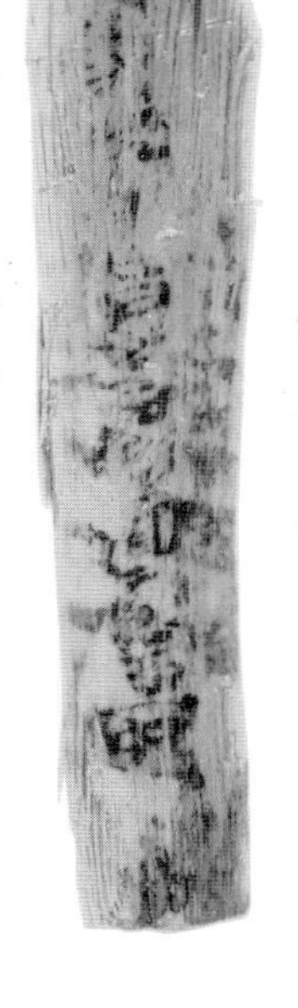
六九三二（正）　六九三二（背）

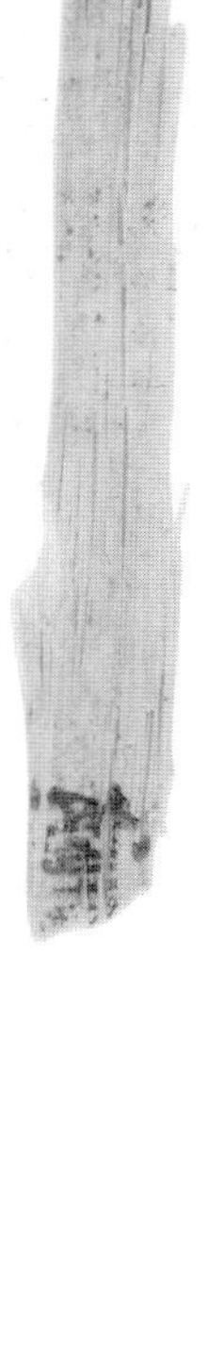
六九三三　六九三四

六九三五　六九三七

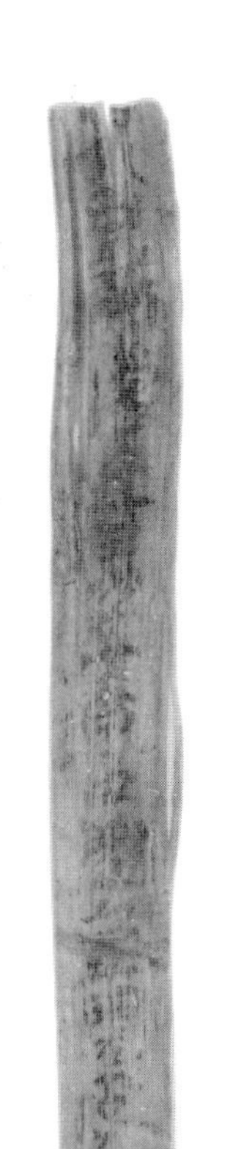
六九三六　六九三八

六九三九　六九四〇

六九四一　六九四二

六九四三　六九四四

六九四五　六九四六

六九四七　六九四八

六九四九　六九五〇　六九五一

六九五二　六九五三　六九五四

六九五五　六九五六

六九五七

六九五八

六九五九　六九六三

六九六〇　六九六四

六九六一

六九六二

六九六五　六九六六　六九六七

六九六八

六九六九　六九七〇　六九七一　六九七二　六九七三　六九七四　六九七五　六九七六　六九七七

六九七八
六九七九　六九八六
六九八〇
六九八一　六九八七
六九八二　六九八八
六九八三　六九八九
六九八四　六九九〇
六九八五　六九九一

六九九二　六九九三　六九九四
六九九五　六九九六
六九九七　六九九八
六九九九　七〇〇〇　七〇〇一
七〇〇二　七〇〇三　七〇〇四
七〇〇五　七〇〇六　七〇〇七
七〇〇八　七〇〇九
七〇一〇　七〇一一　七〇一二

七〇一三　七〇一四　七〇一五

七〇一六　七〇一七　七〇一八　七〇一九

七〇二〇　七〇二一　七〇二二　七〇二三

七〇二四　七〇二五　七〇二六　七〇二七

七〇二八　七〇二九

七〇三〇　七〇三一

七〇三二　七〇三三

七〇三四　七〇三五　七〇三六

七〇三七　七〇三八

七〇三九　七〇四〇

七〇四一　七〇四二　七〇四三

七〇四四　七〇四五　七〇四六

七〇四七　七〇四八　七〇四九

七〇五〇　七〇五一

七〇五二　七〇五三　七〇五四

七〇五五　七〇五六　七〇五七　七〇五八

七〇五九　七〇六〇　七〇六一

七〇六二　七〇六三　七〇六四

七〇六五　七〇六六　七〇六七

七〇六八　七〇六九　七〇七〇

七〇七一　七〇七二　七〇七三

七〇七四　七〇七五　七〇七六

七〇七七　七〇七八

七〇七九

七〇八〇

七〇八一

七〇八二　七〇八三

七〇八四　七〇八五

七〇八六

七〇八七

七〇八八

七〇八九

七〇九〇　七〇九一　七〇九二

七〇九三　七〇九四　七〇九五　七〇九六

七〇九七　七〇九八　七〇九九　七一〇〇

七一〇一　七一〇二　七一〇三　七一〇四

七一〇五　七一〇六　七一〇七　七一〇八

七一〇九　七一一〇　七一一一　七一一四

七一一二　七一一五

七一一三　七一一六

七一一七　七一一八　七一一九

七一二〇　七一二一　七一二二

七一二三　七一二四

七一二五　七一二六　七一二七

七一二八　七一二九　七一三〇

七一三一　七一三二　七一三三

七一三四　七一三五　七一三六

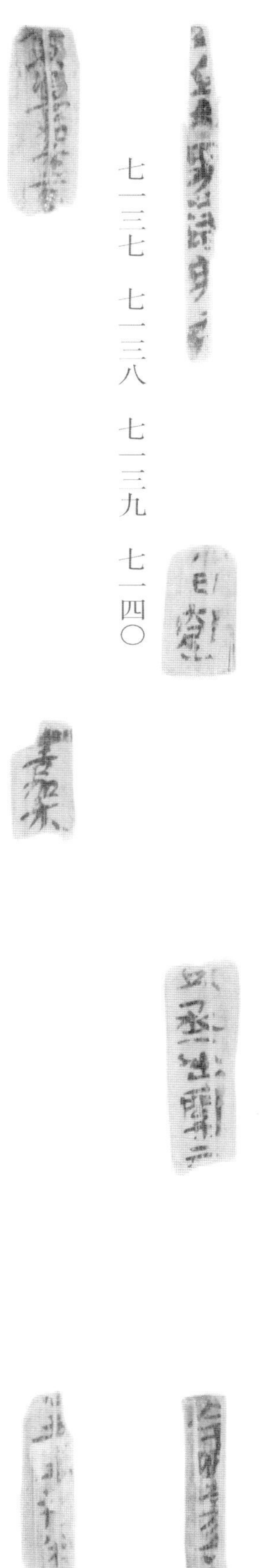
七一三七　七一三八　七一三九　七一四〇

七一四一　七一四二　七一四三

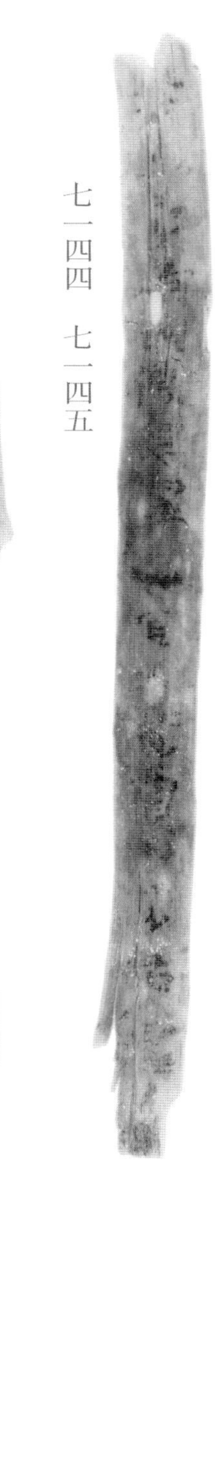
七一四四　七一四五

七一四六　七一四七

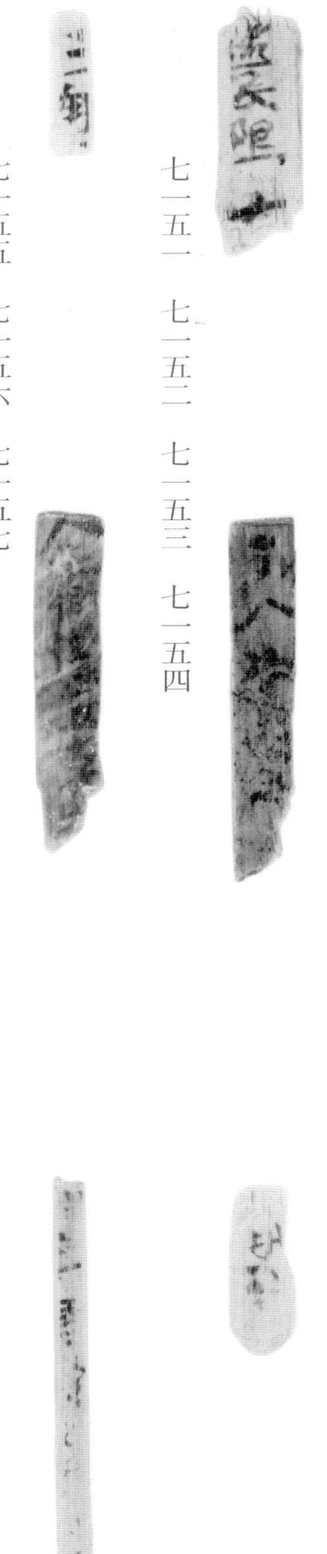
七一四八　七一四九　七一五〇

七一五一　七一五二　七一五三　七一五四

七一五五　七一五六　七一五七

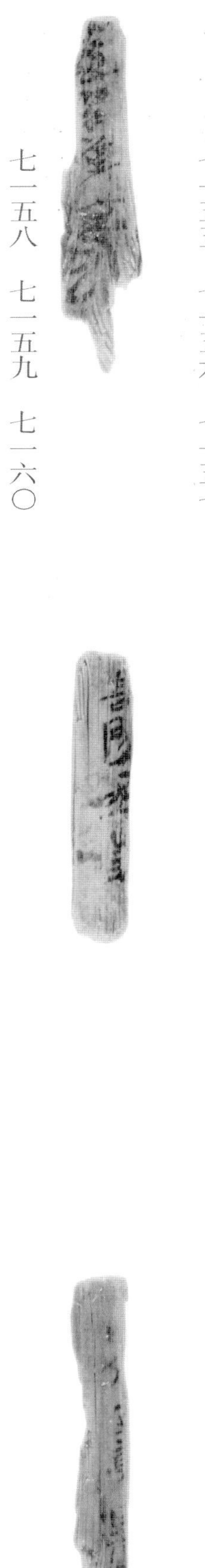
七一五八　七一五九　七一六〇

七一六一　七一六二　七一六三

七一六四　七一六五　七一六六　七一六七

七一六八　七一六九　七一七〇　七一七一

七一七二　七一七三　七一七四　七一七五

七一七六　七一七七　七一七八

七一七九　七一八〇

七一八一　七一八二

七一八三　七一八四　七一八五

七一八六　七一八七　七一八八

七一八九　七一九〇　七一九一

七一九二　七一九三　七一九四

七一九五　七一九六　七一九七

七一九八　七一九九　七二〇〇

七二〇一　七二〇二　七二〇三

七二〇四　七二〇五　七二〇六

七二〇七　七二〇八　七二〇九

七二一〇　七二一一　七二一二

七二一三　七二一四　七二一五

七二一六　七二一七　七二一八

七二一九　七二二〇　七二二一　七二二二

七二二三　七二二四　七二二五

七二二六　七二二七　七二二八　七二二九

七二三〇　七二三一　七二三二

七二三三　七二三四　七二三五　七二三六

七二三七　七二三八　七二三九　七二四〇

七二四一　七二四二　七二四三

七二四四　七二四五　七二四六

七二四七　七二四八　七二四九

七二五〇　七二五一　七二五二　七二五三

七二五四　七二五五　七二五六　七二五七

七二五八　七二五九　七二六〇　七二六一

七二六二　七二六三　七二六四

七二六五　七二六六　七二六七

七二六八　七二六九　七二七〇

七二七一　七二七二　七二七三　七二七四

七二七五　七二七六　七二七七

七二七八　七二七九　七二八〇

七二八一

七二八二

七二八三

七二八四　七二八六

七二八五　七二八七

七二八八　七二八九　七二九〇

七二九一　七二九二　七二九三　七二九四

七二九五　七二九六　七二九七

七二九八　七二九九　七三〇〇　七三〇一

七三〇二　七三〇三　七三〇四

七三〇五　七三〇六　七三〇七

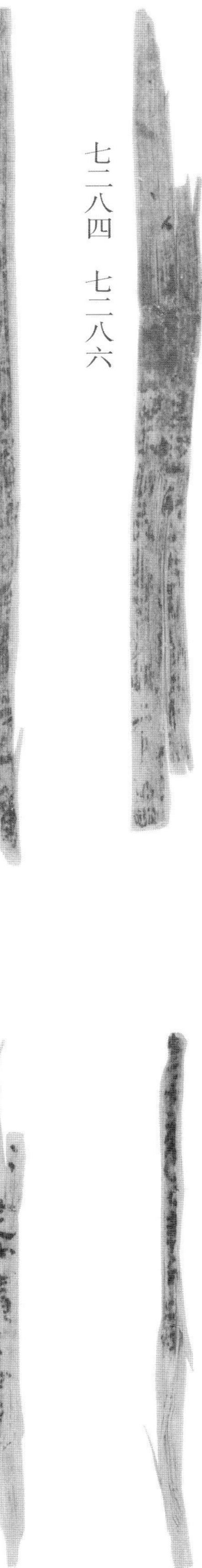

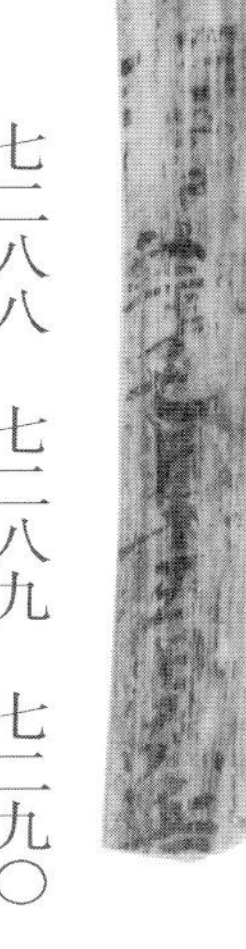

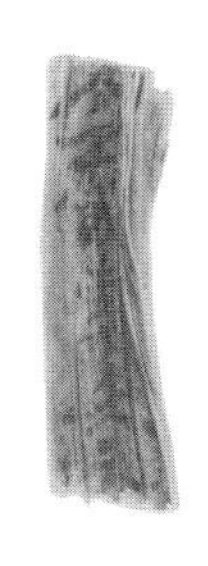

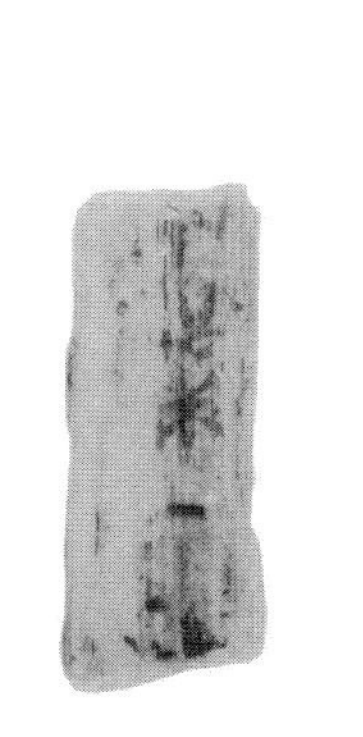
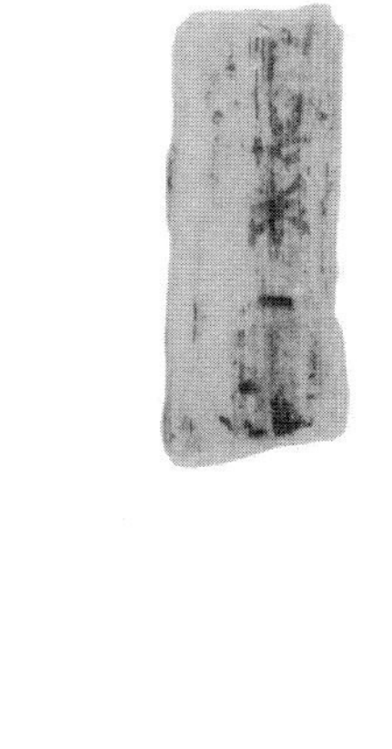
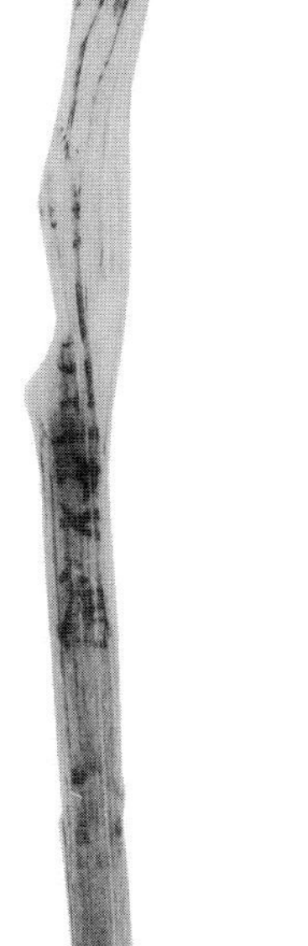
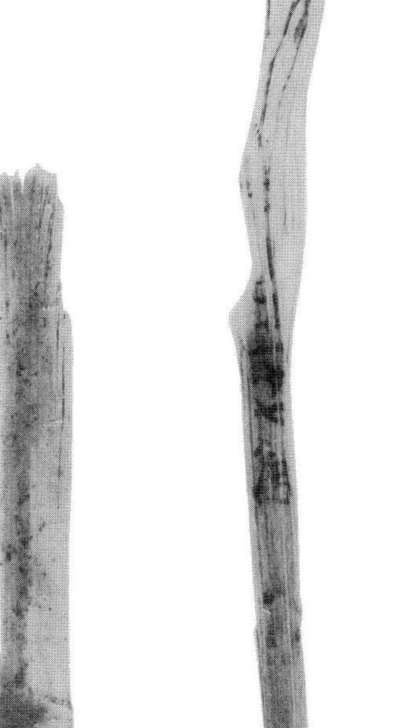

七三〇八

七三〇九　七三一〇

七三一一　七三一二

七三一三　七三一四

七三一五　七三一六

七三一七　七三一八

七三一九　七三二〇　七三二一

七三二二

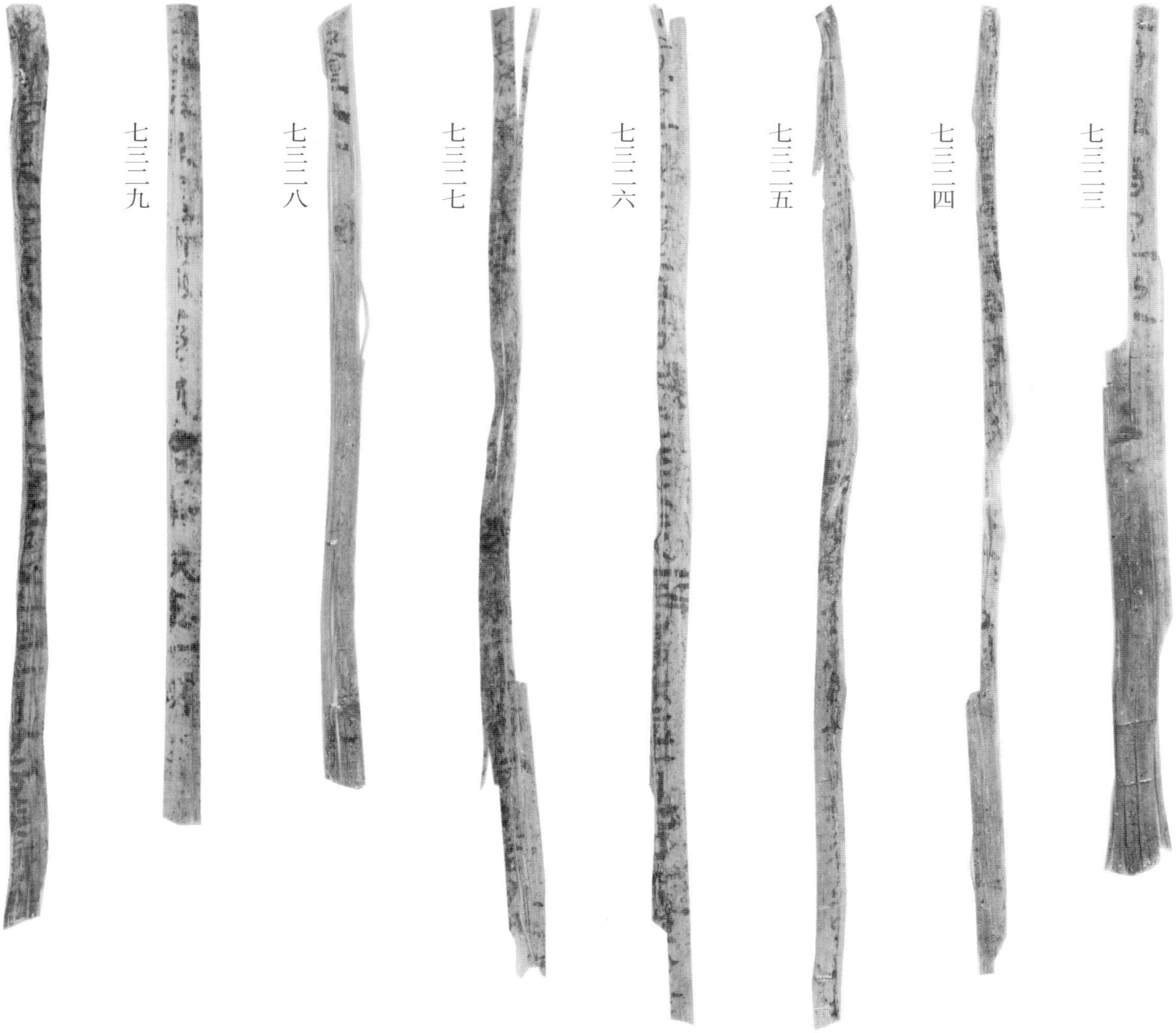

七三二三

七三二四

七三二五

七三二六

七三二七

七三二八

七三二九

七三三〇

七三三一

七三三二

七三三三

七三三四 七三三五

七三三六 七三三七

七三三八 七三三九

七三四〇

七三四一 七三四二

七三四三
七三四四　七三四五
七三四六　七三四七
七三四八　七三四九
七三五〇　七三五一
七三五二　七三五三　七三五四
七三五五　七三五六　七三五七
七三五八　七三五九　七三六〇

七三六一　七三六二　七三六三
七三六四　七三六五　七三六六
七三六七　七三六八　七三六九　七三七〇
七三七一　七三七二　七三七三
七三七四　七三七五　七三七六
七三七七　七三七八　七三七九
七三八〇
七三八一　七三八二

七三八三　七三八四

七三八五　七三八六　七三八七

七三八八　七三八九　七三九〇

七三九一　七三九二　七三九三

七三九四　七三九五　七三九六

七三九七　七三九九

七三九八　七四〇〇

七四〇一　七四〇二

七四〇三 七四〇四
七四〇五 七四〇六 七四〇七
七四〇八 七四〇九
七四一〇 七四一一 七四一二
七四一三 七四一四 七四一五 七四一六
七四一七 七四一八 七四一九
七四二〇
七四二一

七四二九

七四二八

七四二七

七四二六

七四二五

七四二四

七四二三

七四二二

七四三〇　七四三一

七四三二　七四三三　七四三四

七四三五　七四三六　七四三八

七四三七　七四三九

七四四〇　七四四一

七四四二　七四四三

七四四四　七四四五

七四四六　七四四七

七四四八　七四四九
七四五〇　七四五一
七四五二　七四五三
七四五四　七四五五
七四五六　七四五七
七四五八
七四五九　七四六〇
七四六一　七四六二

七四六三

七四六四　七四六五

七四六六　七四六七

七四六八　七四六九

七四七〇

七四七一　七四七二

七四七三　七四七四

七四七五　七四七六　七四七七　七四七八

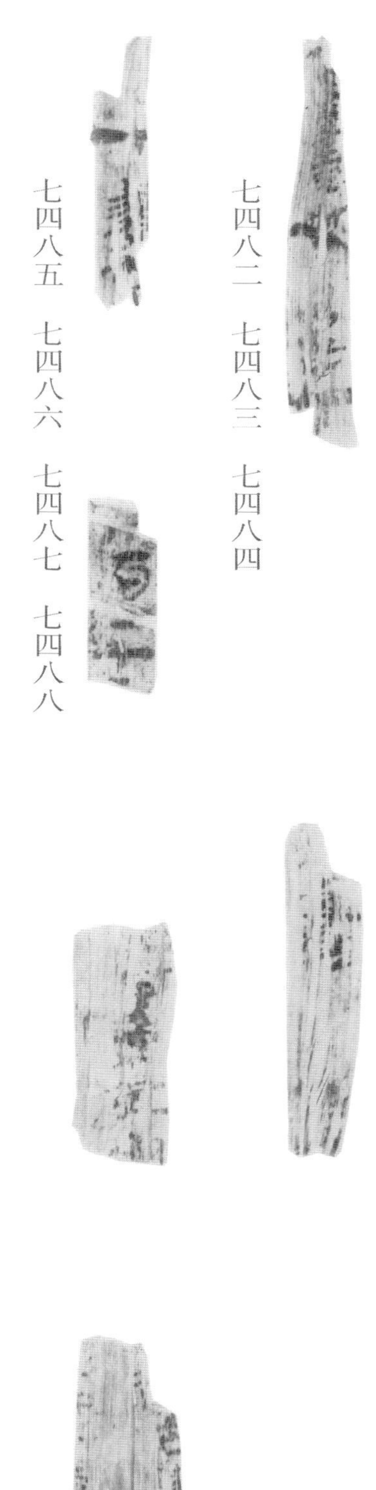
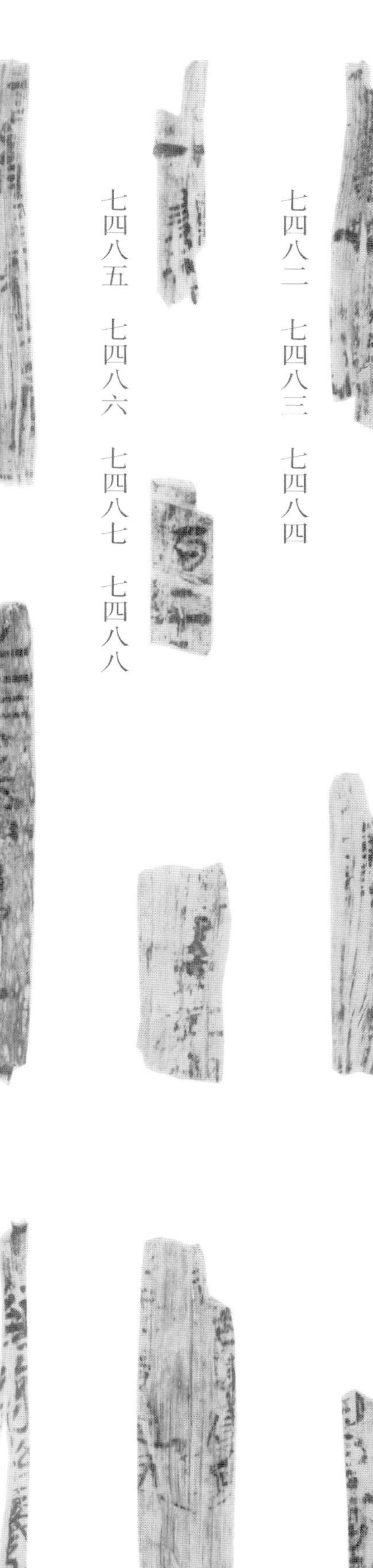
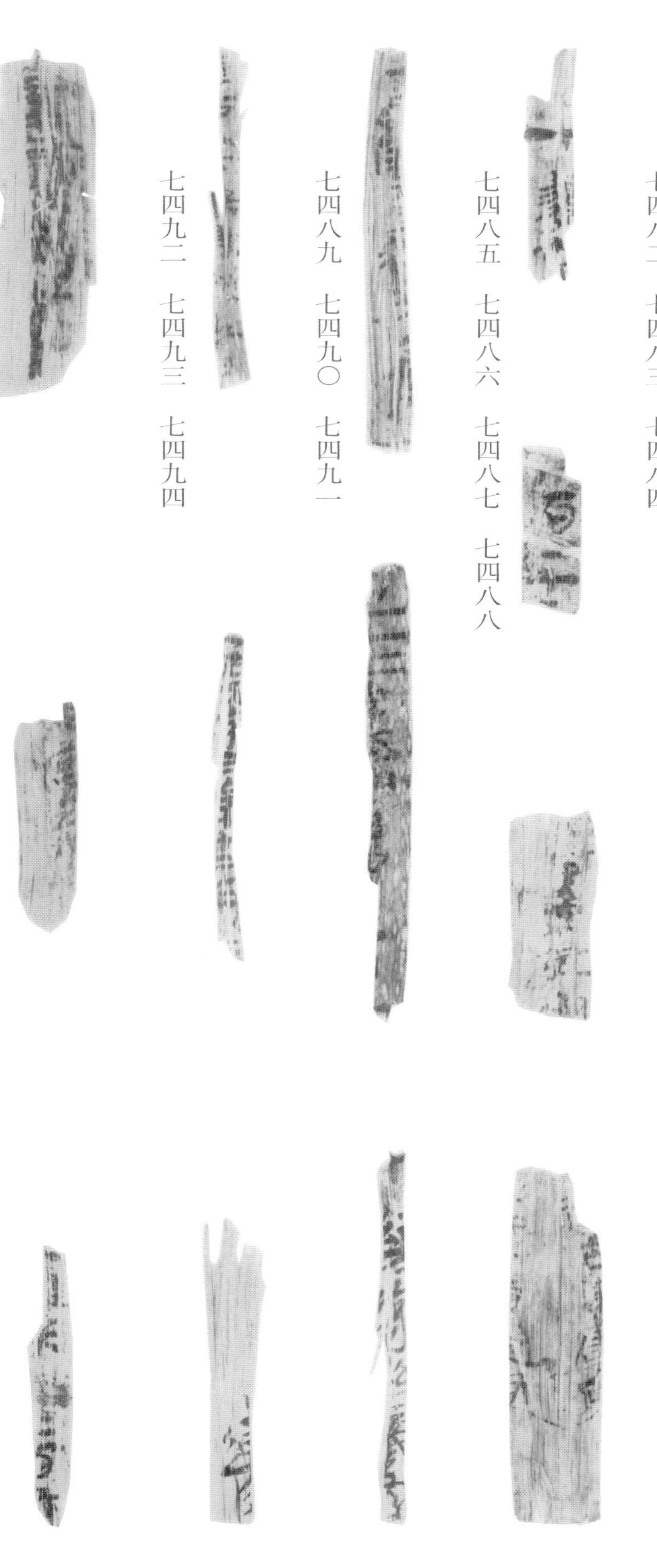

七四七九　七四八〇　七四八一

七四八二　七四八三　七四八四

七四八五　七四八六　七四八七　七四八八

七四八九　七四九〇　七四九一

七四九二　七四九三　七四九四

七四九五　七四九六　七四九七

七四九八　七四九九

七五〇〇　七五〇一　七五〇二

七五〇三　七五〇四　七五〇五

七五〇六　七五〇七　七五〇八

七五〇九　七五一〇　七五一一

七五一二　七五一三　七五一四

七五一五　七五一六　七五一七

七五一八　七五一九　七五二〇　七五二一

七五二二　七五二三　七五二四

七五二五　七五二六　七五二七

七五二八　七五二九　七五三〇

七五三一　七五三五

七五三二　七五三六

七五三三　七五三七

七五三四　七五三八

七五三九　七五四〇

七五四一　七五四二

七五四三　七五四四

七五四五　七五四六　七五四七

七五四八　七五四九

七五五〇　七五五一

七五五二

七五五三

七五五四

七五五五

七五五六

七五五七

七五五八

七五五九　七五六一

七五六〇　七五六二

七五六三　七五六四　七五六五

七五六六　七五六七　七五六八

七五六九　七五七〇　七五七一

七五七二

七五七三 七五七四 七五七五 七五七六 七五七七 七五七八 七五七九 七五八〇

七五八八 七五八七 七五八六 七五八五 七五八四 七五八三 七五八二 七五八一

七五八九
七五九〇
七五九一　七五九二
七五九三　七五九四　七五九五　七五九六
七五九七　七五九八　七五九九　七六〇〇
七六〇一　七六〇二　七六〇三　七六〇四
七六〇五　七六〇六　七六〇七

七六〇八

七六〇九

七六一〇　七六一一

七六一二正

七六一二背

七六一三　七六一四

七六一五　七六一六

七六一七　七六一八　七六一九

七六二〇 七六二一 七六二二

七六二三 七六二四 七六二五

七六二六 七六二七 七六二八

七六二九

七六三〇

七六三一

七六三二

七六三三

七六三四

七六三五　七六三六

七六三七　七六三八　七六三九

七六四〇

七六四一

七六四二

七六四三

七六四四

七六四五

七六四六　七六四七

七六四八　七六四九

七六五〇　七六五一

七六五二　七六五三

七六五四

七六五五

七六五六

七六五七

七六五八（正）

七六五八（背）

七六五九

七六六〇

七六六一　七六六二

七六六三　七六六四　七六六五

七六六六　七六六七　七六六八

七六六九　七六七〇　七六七一　七六七二

七六七三　七六七四　七六七五

七六七六

七六七七

七六七八

七六七九

七六八〇

七六八一　七六八二

七六八三 七六八四 七六八五 七六八六 七六八七 七六八八 七六八九 七六九〇

七六九一

七六九二

七六九三

七六九四　七六九五

七六九六　七六九七　七六九八

七六九九　七七〇〇

七七〇一　七七〇二　七七〇三

七七〇四　七七〇五

七七〇六　七七〇八

七七〇七　七七〇九　七七一〇

七七一一

七七一二

七七一三

七七一四

七七一五

七七一六

七七一七　七七一八　七七一九　七七二〇　七七二一　七七二二　七七二三　七七二四　七七二五

七七二六　七七二七　七七二八　七七二九　七七三〇　七七三一　七七三二正　七七三二背　七七三三

七七三四

七七三五

七七三六

七七三七

七七三八

七七三九

七七四〇

七七四一

七七四二　七七四三

七七四四　七七四五

七七四六　七七四七

七七四八　七七四九

七七五〇　七七五一

七七五二　七七五三

七七五四　七七五五

七七五六　七七五七

七七五八
七七五九
七七六〇
七七六一
七七六二
七七六三
七七六四　七七六五

七七六六　七七七一

七七六七　七七七二

七七六八　七七七三

七七六九

七七七〇

七七七四　七七七五

七七七六

七七七七

七七七八

七七七九

七七八〇

七七八一

七七八二

七七八三

七七八四　七七八五

七七八六　七七八七

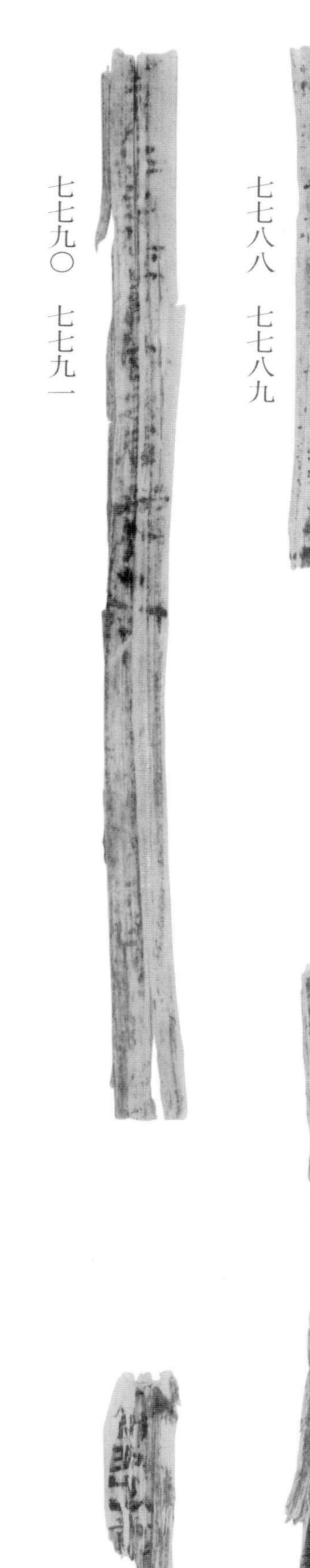

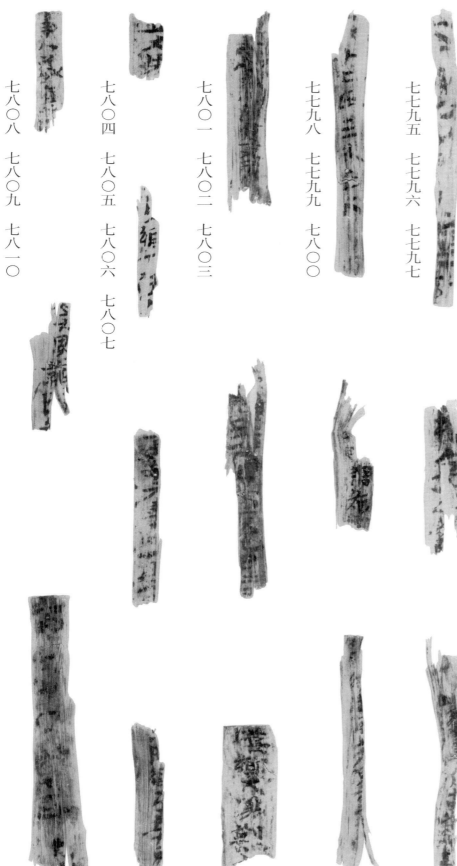

七七八八　七七八九

七七九〇　七七九一

七七九二　七七九三　七七九四

七七九五　七七九六　七七九七

七七九八　七七九九　七八〇〇

七八〇一　七八〇二　七八〇三

七八〇四　七八〇五　七八〇六　七八〇七

七八〇八　七八〇九　七八一〇